기독교 사회복지학 총론 (증보판)

CHRISTIAN SOCIAL WELFARE
IN TODAY'S WORLD (REVISED EDITION)

김 장 대 지음

화산문화기획

기독교 사회적 책임과 시대정신에 즈음하여

오늘날 사회는 세계화·다변화·선진화를 향하여 정보와 지식에 기반을 두고 변화하는 사람만이 살아남는 무한경쟁시대로 나아가고 있다. 인종과 국경을 넘어 '네티즌'만이 공유하는 사이버 공간은 먼 곳에 있는 사람과 쉽게 정보를 나눌 수 있는 유비쿼터스(Ubiquitous)시대를 열어가고 있으며, 사회는 갖고자 하는 자와 잃지 않으려는 자 사이 치열한 투쟁과 갈등의 현실로 치닫고 있다. 이 시점에 교회는 무한 경쟁에서 도태된 주변인(Marginal People)들에 대한 사회적 책임(Social Responsibilities)을 공감하고, 변화를 주도하는 시대정신(Zeitgeist)이 절실히 요청되고 있다.

이 책은 열린 보수주의(New Right)와 복지사회(Welfare Society) 건설을 도모하는 가치관에 초점을 두고, 새로운 선교패러다임(Mission Paradigm)을 모색하는 미래지향적 사역자들에게 진취적인 의욕과 신선한 감동을 주기에 충분하다.

추천에 즈음하여 한국기독교의 시대정신(Zeitgeist)을 이끌어가는 선구적인 책이 되기를 바라며 독자들에게 이 책을 권하고 싶다.

2006년 11월 11일

김 진홍 목사
두레교회 담임
뉴 라이트 전국연합 상임의장

추천에 즈음하여

오늘날 세계는 미개척 분야에 초점을 두고 블루 오션(Blue Ocean)전략을 구상하고 있다. 그로 인하여 무한경쟁 시대로 진입하고 있는 현대 사회는 변화에 적응하는 사람만이 살아남는 치열한 적자생존의 정글 법칙이 일반화 되었다. 물질문명과 지식정보화 시대를 살고 있는 세계인들은 가시적인 찬란한 문명 속에 인간성의 상실을 초래하였고, 경쟁으로부터 도태된 보이지 않는 이웃들이 주변을 메우게 되었다. 이 즈음에 교회는 그들을 위하여 무엇을 하여야 할 것인가에 대해 깊이 고민하여야 할 것이다.

이 책은 교회가 변화하는 사회 속에서 어떻게 빛과 소금의 역할을 감당할 것이며, 나아가 풍요 속에 빈곤을 겪고 있는 사람들에게 어떻게 새로운 도전과 미래의 희망을 제시해 줄 것인가를 함축하고 있다. 저자를 지도해 온 교수로서 미래 지향적인 교회사역자들과 기독교 사회복지를 열망하는 독자들에게 이 책을 권하고 싶다.

2006년 11월 24일

행정대학원 원장
경희대학교

추 천 사

21세기는 아날로그시대를 마감하고 디지털 시대로 진입하면서 새롭게 유비쿼터스(Ubiquitous)시대로 나아가고 있다. '네티즌'만이 누릴 수 있는 사이버 공간은 장소의 감각을 무색하게 하고, 무한경쟁시대 속에 살고 있는 인류사회는 변화에 적응하는 사람만이 살아남을 수 있는 현실이다. 인터넷은 먼 곳에 있는 사람과 쉽게 정보를 공유할 수 있게 하지만, 가까이 있는 이웃과 정감을 나누는데 자못 걸림돌이 될 수 있다. 이즈음에 우리 이웃에는 경쟁에서 도태된 주변인(Marginal People)들이 많이 있다. 교회는 이들에 대한 사회적 책임을 공감한다.

이 책은 기독교가 전통적인 교리학습중심에서 현장목회 중심으로 나아가는 복지사회화의 흐름을 명확히 진단하고, 시대의 변화에 대한 교회의 적응력에 초점을 두고 있다. 여유 있는 삶의 현장 속으로 초대하는 예화와 기독교의 'Omnibus Omnia (모든 이에게 모든 것)'을 나눠 주는 삶의 모범들과 미래에 도래할 보다 진취적인 목회의 방향을 역설하고 있다.

21세기 유비쿼터스 시대에 변화를 원하는 목회자들과 이웃과 함께 새롭게 도약하기를 원하는 교역자들에게 이 책을 권하고 싶다.

2005년 12월

조 원길 목사
한국기독교장로회 남성교회

추 천 사

세계화·정보화·다양화의 물결은 21세기를 유비쿼터스(Ubiquitous)시대로 진입시키면서 인종과 국경을 넘어 세계를 지구마을로 만들어 가고 있다. 이념과 문화의 경계는 사이버 공간을 통하여 점차 사라지고 있으며, 지식기반 사회의 도래는 변화에 적응하는 사람만이 살아남을 수 있는 무한경쟁시대를 열어 놓았다. 경쟁을 통하여 가진 자와 잃은 자 사이의 보이지 않는 투쟁과 갈등이 심화되고 있다. 이 시점에 교회는 경쟁에서 도태된 주변인(Marginal People)들에 대한 사회적 책임을 공감하고, 시대의 변화에 따른 새로운 선교 패러다임을 모색하고 있다.

이 책은 이웃사랑과 봉사신학에 초점을 두고, 교회의 복지 사회화와 시민 친화적 목회현장을 중심으로, 선교의 비전을 제시해 주고 있다. 여유 있는 삶의 현장 속으로 초대하는 모범들은 미래를 향하여 도약하는 목회자들에게 진취적인 의욕과 신선한 감동을 주기에 충분하다.

21세기에 무한한 도전과 가능성을 찾고 있는 사역자들과 기독교 사회복지의 참된 의미를 이해하고자 하는 모든 독자들에게 이 책을 권하고 싶다.

2006년 5월
김 영 한 목사

숭실대학교 기독교학 대학원 원장

서 문

  기독교사회복지의 핵심은 'Omnibus Omnia (모든 이에게 모든 것)'을 값없이 주는 삶과 'Noblesse oblige (명예만큼 의무를 다함)'이다. 사람들은 무엇인가를 받기를 원하지만 하나님께서는 무엇이든 주시기를 원하시므로 하나님과 사람의 관계와 하나님으로부터 많은 것을 받은 사람은 그 만큼 다른 사람을 위해 살아야 한다는 이웃관계를 함축한다. 이러한 삶을 위하여 수많은 그리스도인들은 희생과 봉사로 아름답고 평화로운 세상을 추구하며, 부한 자나 가난한 자나, 병든 자나 건강한 자나, 백인이나 흑인이나, 국경과 이념을 넘어 더불어 사는 공동체를 소망하며 인류의 복지에 공헌하여 왔다.

  오늘날 세계는 국가 간 경제자유무역협정(Free Trade Agreement)과 미 개척 지대에 초점을 둔 블루오션(Blue Ocean)전략 경영에 박차를 가하고 있고, 코로나 펜데믹은 유비쿼터스(Ubiquitous, 재택근무))시대를 열었으며, 마침내 AI(인공지능) 시대를 열어 가고 있다. 이러한 시대적 흐름에 따라 기독교의 선교 방식에 새로운 변화가 요구되며, 그 변화의 핵심에 기독교 사회복지가 자리 잡고 있다.

  COVID-19 펜데믹을 겪으면서 인류는 "내 이웃이 건강하지 아니하면 자신의 건강도 보장될 수 없다"는 이웃사랑의 교훈을 얻게 되었다. 그러나 2014년부터 시작되어 2022년 양국 간의 전면전으로 확대된 러시아와 우크라이나 전쟁에서 보듯이 더 가지려는 자와 빼앗기지 않으려는 자의 전쟁으로 수많은 생명들이 희생되고 있다. 국내적으로는 이념갈등을 위시하여, 가정, 노인, 청소년, 자살, 외국인 노동자, 탈북자, 교육, 실업자, 연금, 저출산 등 수많은 난제들과 함께 2025년 4월 대통령의 탄핵으로 정치적, 사회적으로 혼란이 한층 가중되었다.

  교회는 이러한 국가적, 사회적 문제들에 적절히 대처하지 못하고, 아직도 지교회 성장 위주의 구시대적인 부흥회와 강단의 설교에만 연연하여 교회의 사회적 책임은 등한시 하고 있다. 특히 코로나 사태를 겪으면서 한국교회는 1만여 개 이상의 교회가 문을 닫았고, 교회에 나가지 않고 집에서 SNS로 예배드리는 교인이 증가하였으며, 급기야 가나안 교인(교회 안 나가는 교인)이 많아 졌다.

지금부터라도 한국교회는 다가오는 한반도 통일시대를 맞이하기 위하여 철저히 사회정책을 주도하고 구심점에 서야 한다. 그러므로 오늘날 시대정신인 기독교사회복지 사역이야 말로 남북한의 새로운 이웃들을 교회의 품으로 돌아오게 하는 "예수한국, 복음통일"의 진정한 대안이라고 본다.

1998년에 처음으로 출간된「기독교사회복지학」은 2006년에 새롭게 개정되어「기독교사회복지학 총론」으로 출간되었다. 그들은 그 당시 연구되어 온 전문목회 분야를 망라하여, 그 시대적 특성에 적합한 교회복지의 이론과 실제를 정립하면서 새로운 선교 패러다임을 모색하고자 노력하였다. 약 20~30여년이 지난 2025년 현재 급변한 문명의 혁신이 우리 사회를 빠르게 변화시켜왔다. 2025년에 출간되는「기독교사회복지학 총론」(증보판)은 국내외의 한국인들의 현실적인 복지와 관련하여 더욱 심도 있게 통찰하였다.

제 1편에서는 기독교 사회복지의 이론적 기초에 초점을 두고 교회와 국가, 그리고 복지의 상관관계에서 신학자와 기독교지도자들의 사상들을 살펴보았다. 특히 기독교사회복지학의 학문적인 의미로서 청빈복지사상과 청부복지사상을 다루면서 고령화 사회에서 암환우와 말기환우를 돕는 호스피스 사역을 소개하며 새로운 기독교사회복지의 블루오션(Blue Ocean, 미개척지)을 제시해 보았다.

제 2편에서는 인간의 본성과 가치관에 초점을 두고 내적 교회복지의 이론들을 다루었다. 인간의 욕구와 동기부여, 내적치유와 목회상담의 틀 안에서 인간의 도덕적 가치기준을 성경 교훈과 접목시키고 있다.

제 3편에서는 현상적 교회복지를 복지행정적인 측면에서 조명하고, 일반 조직이론과 인적자원관리를 교회조직에 접목시켜 보았다. 교회조직 관리와 리더십은 교회운영 전반에 걸쳐 교회성장에 많은 영향을 미치는 현상적인 요소이므로, 일반 조직관리의 기법으로 교회조직을 진단하여, 코로나 사태 전후를 비교하면서 보다 효율적인 교회조직관리 방법을 찾고자 노력하였다.

제 4편은 한국과 호주의 복지제도 및 내용들을 비교하여 보았다. 특히 호주의 캐어 서비스 기술에 대하여 구체적 내용을 소개하면서 바람직한 한국의 보건복지 정책의 방향을 제시하고 있다.

제 5편은 기독교 사회복지의 유형들을 대상별, 내용별, 영역별로 분류하여, 일반적으로 사회복지 영역에서 다루는 요소들을 교회복지적 차원에서 조명하

여 보았다. 특히 복지의 영역별로 인성교육문제, 청소년문제, 교정교육문제, 가정문제, 노동시장과 노동자의 현실을 보다 심층적으로 다루었다.

　이 책은 저자가 약 40년 간 한국의 기독교 사회복지를 연구한 자료와 대학 강의 및 교회 세미나, 그리고 해외에서 기독교 사회 복지에 대한 연구 활동 및 현장 사역 경험 등을 토대로 성경적 기초 위에 기독교 사회복지학의 이론을 한국인의 사고에 적절하도록 정립시켜 본 것이다. 그러나 저자의 능력과 시간 의 부족으로 불충분한 점이 많이 있으리라 생각하여 이 책의 여러 가지 미비한 점에 관하여는 다시 보충할 수 있는 기회를 마련하겠으니 항상 독자 여러분의 기탄없는 비판과 채찍이 있기를 바란다.

　이 책은 「기독교사회복지학 총론」(2006년)의 〈증보판(增補版)으로 당시에 저자의 학문적 성장을 위해 지도해 주신 경희대학교 행정학과 교수님들과 호주 시드니 대학교 교육복지학부 Dr. Nigel F. Bagnall을 비롯한 여러 교수님, 그 리고 저의 목회생활에 많은 도움을 주신 호주 연합신학교(United Theological College)학장이셨던 Rev. Dr. Gordon S. Dicker와 Commonwealth Bible College (CBC/ICI)의 선교학 교수이셨던 John Olise 목사님에게 감사를 표하며, 또한 2006년 당시 이 책을 추천하여 주신 두레교회 김 진홍 목사님과 경희대학교 김 승태 교수님, 그리고 숭실대학교 기독교학대학원장이셨고, 현재 샬롬나비행동 의 대표로 활동하고 계신 김 영한 교수님께 심신한 감사를 드립니다. 아울러 저자로 하여금 경희대학교에서 복지행정을 연구할 수 있도록 지도하여 주신 박 연호 교수님과 이 계탁 교수님, 그리고 호주호스피스협회 모든 회원과 봉 사자들, 암으로 투병 중에도 곁에서 조력을 아끼지 않은 사랑하는 아내 성 순 자와 세 딸 하리스, 엘리스, 사랑이에게 고마움을 전합니다.

2025년 5월
호주호스피스협회 시드니 사무실에서
저자 씀

목　차

제 1 편 기독교 사회복지의 기초이론

제 1 장 교회와 국가

제 1 절 개관 3

제 2 절 교회의 본질 48

제 3 절 국가의 본질 59

제 4 절 기독교세계관과 복지 72

제 3 편 현상적 교회복지와 인적자원관리

제 4 편 한국과 호주의 보건복지 비교

제 3 장 한국의 케어 서비스 실태와 개선방안 599

제 1 절 한국의 장애인 · 노인 케어 서비스 599

제 2 절 한국 케어복지 현실과 개선방안 614

제 4 장 바람직한 한국 보건복지 정책 방향 619

제 1 절 개관 619

제 2 절 원격 케어 보건복지 서비스 628

제 3 절 원격 케어 보건복지 서비스 실행 과제 632

제 5 편 기독교 사회복지의 유형

▣ 도표

▣ 그림

제 1 편

기독교 사회복지의 기초이론

하나님 아버지 앞에서 정결하고 더러움이 없는 경건은 곧 고아와 과부를
그 환난 중에 돌아보고 또 자기를 지켜 세속에 물들지 아니하는 이것이니라.
(야고보서 1장 27절)

제 1 장 교회와 국가

여유 있는 삶

제 2차 세계대전 때 미국의 많은 젊은이들이 전쟁터의 이슬로 사라졌다. 병력이 부족하고 또 졸지에 일어난 전쟁이었기 때문에 각 지방의 젊은 청년들은 영장을 받은 후 큰 도시로 집결해서 기차를 타고 훈련소로 갔다. 당시 국민들의 마음을 안정시키기 위해 장정들을 태운 기차는 주로 밤늦게 떠났다. 그러므로 워싱턴에도 밤마다 유니온 기차 정거장에는 수백 명의 장정들이 몰려들었고 국민들이 나와서 그들의 편의를 도와주고 있었다. 그때 사람들 가운데 밤마다, 밤늦게까지 다리를 절면서 뜨거운 코코아 잔을 쟁반에 들고 젊은 장정들에게 봉사를 한 사람이 있었다. 어떤 때는 임시로 마련된 주방에서 코코아를 끓이기도 했다. 어느 장정 하나가 그 노인을 자세히 살펴보니 보통 사람이 아니었다. 그는 분명히 대통령이었다. 각하, 루즈벨트 대통령이 아니십니까? 루즈벨트 대통령은 육체적으로 자유스러운 사람이 아니었다. 육체의 불편을 무릅쓰고 밤마다 기차 정거장에 나와 기차로 떠나는 청년들에게 뜨거운 코코아를 들고 다니며 봉사했다. 대통령이 친히 기차 정거장에 나와서 따라주는 코코아를 마신 청년들의 사기는 대단했다.

-프랭클린 D. 루즈벨트 (Franklin D. Roosevelt 제 32대, 1933-1945)

제 1 절 개관

1. 교회, 국가 그리고 복지

21세기에 접어들면서 도래한 유비쿼터스(Ubiquitous)시대[1]는 2019년에 발생한 COVID-19 펜데믹(Corona Pandemic)[2]으로 인해 직장의 개념을 출퇴근

---

[1] 사람들은 삶의 터전인 직장을 한정된 장소에 출퇴근하는 개념이 아니라 어디든지 자신이 가진 정보를 공유할 수 있는 곳, 즉 인터넷과 SNS(Social Networking Service)로 연결될 수 있는 곳이 바로 직장이 되었다. 원래 '유비쿼터스'라는 말의 의미는 '그리스도의 편재'를 의미한다.

하는 공간의 의미에서 재택근무를 생활화하는 시간의 개념으로 급속히 바꾸어 놓았다. 유비쿼터스 시대에서 성공과 출세는 지식과 정보를 갖추고 있는 사람, 즉 준비된 신지식인에게만 주어지게 된다. 미리 준비하지 못한 사람, 혹은 변화에 적응하지 못하는 사람은 아무리 소중한 자원을 가지고 있다고 할지라도 무한경쟁의 사회구조 속에서 도태되기 마련이다.

현대 인류사회는 COVID-19 펜데믹이라는 초유의 사태를 겪으면서 배운 교훈 중 하나는 '이웃이 건강하지 않으면 자신의 건강도 보장될 수 없다'는 것이다. 사회적 지위고하(地位高下), 주류와 비주류를 막론하고 인류가 사회를 구성하고 있는 한, 전염병은 혼자만의 자기보호에는 한계가 있다. 다시 말하면 COVID-19는 사람들에게 이웃의 사랑과 도움을 더욱 필요로 하게 만들었다.

COVID-19를 통하여 이웃의 중요성을 깨달았음에도 불구하고, 2022년 발생한 러시아와 우크라이나 (Russo-Ukrainian War)전쟁, 2023년 이스라엘과 팔레스타인 무장단체 하마스 (Israel-Hamas War)전쟁에서 보듯이, 가진 자는 더 가지려고 온갖 수단과 방법을 동원하고, 갖지 못한 자는 갖기 위하여 전쟁과 테러(Terrorism)를 자행하는 신자유주의적 양극화 현실 속에 우리가 살고 있다.

더구나 2019년 코로나 사태를 겪으면서 전염병관리를 위해 예배모임이 국가의 통제 속에 처참히 무너져 버렸고, 교회의 권위는 국가권력과 과학지상주의에 의해 희석되어 버렸다. 2019년 코로나 펜데믹 사태 이후 인류문명은 과학을 바탕으로 인공지능 (AI: Artificial Intelligence)[3]이라고 하는 신흥종교를 만들게 되었다. 이것은 출애굽기에 기록된 아론이 금송아지 우상을 만든 경우와 비슷하다.

---

[2] 2019년 12월 중국 후베이성 우한 시에서 처음 확인된 SARS-CoV-2의 감염증인 코로나바이러스감염증-19(COVID-19)가 전 세계적으로 유행하고 있는 상황을 말한다. 세계보건기구 (WHO)는 2020년 1월에 국제적 공중보건 비상사태를 선언하였고, 3월에는 세계적 범 유행으로 격상시켰다. 2022년 3월 18일 기준으로 수십 억 이상의 확진자와 그 후 608만 명 이상의 사망자가 나타났다. 대한민국은 2024년 5월 1일부터 코로나19(COVID-19) 위기 단계가 현행 '경계'에서 가장 낮은 단계인 '관심'으로 하향되었다.

[3] 인공지능(AI)은 4차 산업혁명의 핵심으로 빠르게 진화하면서 AI는 알고리즘에 따라 데이터를 학습하고, 의료계, 법조계 등 다양한 전문 영역에도 이미 도입되어 활약 중이다. AI의 발달은 생활의 불편함을 해결해 주는 편리성의 문제를 일부 해결할 수 있겠지만 문제는 깊이 내재된 거짓 데이터 (Deep fake data)로 인한 결과물이다. 선과 악의 개념이 바뀌어서 악이 선으로 둔갑하는 것에 대한 인류사회의 어두운 그림자가 해결과제이다.

"아론이 그들에게 이르되 너희의 아내와 자녀의 귀에서 금 고리를 빼어 내게로 가져오라 모든 백성이 그 귀에서 금 고리를 빼어 아론에게로 가져가매 아론이 그들의 손에서 금 고리를 받아 부어서 조각칼로 새겨 송아지 형상을 만드니 그들이 말하되 이스라엘아 이는 너희를 애굽 땅에서 인도하여 낸 너희의 신이로다 하는지라 아론이 보고 그 앞에 제단을 쌓고 이에 아론이 공포하여 이르되 내일은 여호와의 절일이니라 하니 이튿날에 그들이 일찍이 일어나 번제를 드리며 화목제를 드리고 백성이 앉아서 먹고 마시며 일어나서 뛰놀더라. 여호와께서 모세에게 이르시되 너는 내려가라 네가 애굽 땅에서 인도하여 낸 네 백성이 부패하였도다. 그들이 내가 그들에게 명령한 길을 속히 떠나 자기를 위하여 송아지를 부어 만들고 그것을 예배하며 그것에게 제물을 드리며 말하기를 이스라엘아 이는 너희를 애굽 땅에서 인도하여 낸 너희 신이라 하였도다." (출애굽기32:2~8)

AI 신흥종교의 형성과정을 살펴보면, 제2차 세계대전 이후 각자 개인의 보석과 같은 지식이 컴퓨터에 보관되었다가 2024년에 접어들면서 모든 선진 강대국들이 AI 기술을 선점하기 위하여 SNS 망과 다양한 정보통신망을 통하여 무한 데이터 수집에 돌입하였다. 러시아와 우크라이나 전쟁에서 보듯이 군인의 수보다 선진기술이 전쟁의 승패를 좌우하게 되었고, 핵무기를 사용하지 않을지라도 드론(Drones)과 미사일(Missiles)기술의 발달로 대량학살이 순식간에 이뤄지게 되었다. 또한 AI 로봇 기술을 동원하여 로봇을 전쟁에 투입하므로 군인을 대체하는 AI 로봇전쟁의 시대가 열리고 있다. 다시 말하면 인공지능(AI)을 인류 문명의 주체, 즉 인간의 대체물로 주도적 역할을 하게 만들었다. 요컨대, AI 데이터 기술문명은 국가의 기능들이 종교가 추구하는 이상을 초월하는 권력을 갖게 하였다.

이런 맥락에서 오늘날 인류 사회는 국가 간, 민족 간, 사회구성원 간, 투쟁과 방어의 치열한 경쟁으로 인하여 소외되는 이웃, 즉 경계인(marginal people)들이 세계 도처에서 급속히 많아지고 있다. 경쟁과 도태를 전제로 하는 선진화된 사회에는 경계인과 같은 어두운 구석이 있기 마련이고, 비록 성공한 사람일지라도 그들이 보편적으로 겪게 되는 심리적 고충은 양심과 현실의 괴리로 인한 갈등일 것이다. 교회는 이들에게 무엇을 하여야 할 것인가? 그들은 교회에 무엇을 원하는가? 인류사회는 어느 때보다 오늘날 교회의 사회적 책임이 절실히 요구되는 현실이다.

예수님의 지상 사역의 핵심은 마태복음 9장 35절에 "예수께서 모든 도시와
마을에 두루 다니 사 그들의 회당에서 가르치시며, 천국복음을 전파하시며 모
든 병과 모든 약한 것을 고치시니라"라는 말씀에 함축되어 있다. 즉 가르치는
교육사역(teaching ministry), 복음을 전하는 선교사역(evangelical missions),
그리고 병든 자와 약한 자를 돌보는 복지사역(welfare work)이다. 이 세 가지
기독교핵심 사역 중에서 복지사역은 오늘날 더 큰 의미를 부여하고 있다.

기독교사회복지의 핵심은 'Omnibus Omnia (모든 이에게 모든 것)'을 값없이
주는 삶과 'Noblesse oblige (명예만큼 의무를 다함)'이다. 사람들은 무엇인가
를 받기를 원하지만 하나님께서는 무엇이든 주시기를 원하시므로 하나님과 사
람의 관계와 하나님으로부터 많은 것을 받은 사람은 그 만큼 다른 사람을 위해
살아야 한다는 이웃관계를 함축한다. 이러한 삶을 위하여 수많은 그리스도인들
은 희생과 봉사로 아름답고 평화로운 세상을 추구하며, 부한 자나 가난한 자나,
병든 자나 건강한 자나, 백인이나 흑인이나, 국경과 이념을 넘어 더불어 사는
공동체를 소망하며 인류의 복지에 공헌하여 왔다. 오늘날 COVID-19과 같은
신종 전염성 질병관리와 무한경쟁에서 도태된 경계인의 돌봄은 국경과 민족과
사회구성원을 초월하여 경제와 삶의 질에 직접적인 관계를 형성하고 있다.

이런 맥락에서 미국의 클린턴 대통령(William Clinton)은 1993년 11월 20일
Blake 섬에서 역사적인 APEC 정상회담이 끝난 뒤, "모든 인간관계와 같이 우
리가 자리를 같이 하면 할수록 더욱 허물이 없는 사이가 된다(Like all human
relationships, the more we're together, the more natural it is.)"고 하여 국
가의 이념과 사상이 다르다 할지라도 서로가 자주 만나 대화를 나누면 허물이
없고, 평화로운 좋은 세상을 만들 수 있다고 말하였다.4) 다시 말하면 하나님의
형상을 따라 창조된 인간의 본 모습을 통하여 참된 인류의 평화와 복지를 회복
하자는 의미가 깊이 담겨져 있다고 볼 수 있다.

복지란 영어에서 'welfare' 혹은 'commonwealth'로 표현되는데 그 어원을
살펴보면 두 가지 요소를 내포하고 있다. 'welfare'는 wel(좋은, 풍요로운)과
fare(평등)의 합성어이며, 'commonwealth'는 common(공통)과 wealth (부요)
의 합성어임으로 복지란 좋고 풍요로운 것을 서로가 평등하게 나누는 것 이라

---

4) *The Korea Herald* (No.12, 493, 1993. 11. 23.), 박연호, 「현대인간관계론」 (서울: 박영사),
   1994, p.4. 재인용.

고 볼 수 있다. 이러한 복지의 어원적 개념을 사회학적인 측면에서 살펴보면 다음과 같다. MaCarov는 복지를 다섯 가지의 요인으로 해석하고 있다.[5]

첫째는 상호부조의 정신인데, 이것은 인간의 욕구충족을 사회복지의 기초로 보고, 서로의 욕구를 충족하기 위한 사회복지 프로그램의 개발에서 복지의 의미를 찾는 것이다.

둘째는 종교적 계명인데, 이것은 거의 모든 종교가 같은 종교를 믿는 사람들끼리 또는 곤경에 처한 사람들에게 자선을 베풀도록 가르치고 있다는 점에서 그 의미를 찾는다.

셋째는 정치적 이익추구로서 종교와 정부가 분리됨에 따라 사회복지분야는 점차 종교의 책임으로부터 필연적으로 정부가 개입하게 되었다는 것이다.

넷째는 경제적인 요인으로서 이것은 사회복지 프로그램을 운영하기 위하여 정부는 종교와의 관계가 필수적인 요소로 작용한다는 것이다.

다섯째는 이념적인 요인으로서 이것은 민주주의, 인간의 존엄성, 공동체 의식, 인도주의, 평등의 실현 등의 이념을 추구하고자 하는 동기에서 사회복지가 요청된다는 것이다. 그러므로 복지라는 개념 하에서 종교와 정부는 서로 깊은 상호관계를 맺고 있다고 볼 수 있다.

국가와 종교의 관계를 복지의 맥락에서 살펴보면, 역사적으로제2차 세계대전 후 성경에 바탕을 둔 이념은 크게 둘로 나누어졌다. 하나는 자유를 바탕으로 한 자본주의와 다른 하나는 통제를 중심으로 한 공산주의이다. 자본주의는 돈을 우상으로 공산주의는 사상을 우상으로 만들었다.

그 후 1991년에 이르러 구소련 서기장 미하일 고르바초프 (Mikhail Gorbachev)의 개혁개방정책(Glasnost·Perestroika)은 이념을 넘어 경제에 초점을 두고 국민의 편의와 복지를 향한 정책으로 변경되었다. 오늘날에는 COVID-19 펜데믹이 가져 온 유비쿼터스 시대를 넘어 정부의 경제우선순위 정책들은 국민의 편의와 복지 증진에 초점을 맞추고 있으므로 종교와 정부와의 관계는 더욱 긴밀해 졌다.

기독교의 맥락에서 살펴 볼 때, 사람은 홀로 살 수 없는 사회적 동물로서 갈등관계이든지, 아니면 협력관계이든지, 두 사람 이상의 상호작용을 통하여 성

---

5) David MaCarov, *The Design of Social Welfare*, N.Y.: Holt, Rinehart and Winston Ltd.1978, pp.15~50.

장하며 발달하도록 하나님께서 창조하셨다. 창조의 섭리로부터 인간의 타락 후 하나님의 본성 안에서 공의와 사랑은 이미 존재하고 있었다.

하나님의 본성인 공의와 사랑으로부터 국가와 교회의 근본적 차이는 시작 된 다. 하나님께서는 세상에서 공의를 실현하기 위해 국가가 필요하고 사랑을 이 행하기 위해 교회를 사용하신다. 예수님께서도 국가와 교회를 동시에 허용하셨 다. 마 22:15~22에서 바리새인들과 헤롯당원들이 함께 모여 예수님을 올무에 걸리게 할 궁리를 찾다가 몇 사람을 예수께 보내어 가이사에게 세금을 바치는 것이 옳은 일인지를 질문 한다. 그 때 예수님께서 저희의 간계함을 아시고 "가 이사의 것은 가이사에게 하나님의 것은 하나님께 바치라"(마22:21)고 말씀하 신다. 그러므로 그리스도인으로서 국가와 교회의 관계는 국가 속에 교회가 존 재하는 것, 즉 "분리의 원리"인지 아니면 교회 속에 국가가 존재하는 것, 즉 "상생의 원리"인지의 차이이다. 교회는 사회변화와 시대정신에 따라 적절히 대 처해 왔다.

구체적으로 살펴보면, 국가의 이상이 평화롭고 좋은 세상을 만드는 복지국가 건설이라고 한다면, 교회의 이상은 하나님을 중심으로 온 인류가 개인의 행복 을 추구하면서 서로 간에 허물없이 지내는 복지사회 건설이라고 볼 수 있다. 이 러한 관점에서 교회와 국가는 모두가 내재적이든 현실적이든 복지를 강조하고 있다. 특히 교회는 인간의 본성과 내재적인 복지를 더 강조하는데 비해, 국가는 사회적이며 현실적인 안녕, 즉 현상적 복지를 더 강조한다.

이스라엘도 사사시대를 거쳐 왕정시대로 이어지는 신정정치를 통하여 교회 와 국가의 본질이 하나님의 영광과 사회의 복지를 위한 것이라는 점에서 원칙 적으로 일치한다. 그러나 시대적 환경과 현실에 따라 복지의 성격은 서로가 달 리 하여 왔다. 원래 인류복지의 본성은 창조의 섭리와 관련되어 있다.

이성적으로 인간은 천지만물이 창조된 후 마지막에 창조되었으므로 인간 창조 이전의 일들은 알지 못한다. 아무리 인간이 과학적으로 창조를 증명하려 해도 증명할 수 없다. 아무리 그럴지라도 과학과 이성을 통하여 어렴풋이 복지 의 의미를 짐작할 수 있지만, 복지의 본질은 신학과 관련된 창조의 섭리와 연관 되어 있으므로 하나님과 인간의 관계를 이해해야만 알 수 있다.

2. 교회와 국가의 성격

교회의 본질이 하나님께서 인간에게 나타내신 사랑의 실현이라고 한다면 인간공동체에서 교회는 하나님과의 관계회복을 위한 기초적 모델이 되어야 할 것이다. 한편 국가의 본질에 대하여 20세기 초에 메키버(R. M. MacIver)는 말하기를 "사회의 형태는 공동체와 결사체(community and association)로 구성되어 있는데, 공동체는 가족, 종족, 민족, 부락, 도시 등과 같이 기초적이고 자연적인 인간의 공동생활을 위한 지역적 제 영역을 의미하며, 결사체는 이러한 공동체의 기반 위에서 일정한 목적과 제한된 기능을 수행하기 위한 도구로써 인위적으로 형성된 집단을 의미한다."6)고 하였다. 그러므로 국가는 이러한 결사체의 일종으로써 사회질서 유지를 위하여 다른 결사체들도 통제할 수 있는 강제력을 가질 수 있는 조직인 것이다.

교회와 국가는 근본적으로 인간생활에 필요 불가결한 현상적 조직으로서, 시대에 따라 그 조직체들은 항상 변화하고 발전하여 왔다. 그들은 일반적으로 두 가지 가치를 필요로 한다. 하나는 인간의 욕구, 정서, 감정, 이성 등 심리적 기준을 강조하는 인간생활의 도덕적 가치이고, 다른 하나는 이러한 도덕적 가치들을 체계화하여 사회질서를 유지하기 위한 사실적 가치이다. 전자를 심리적, 종교적 공동체라고 한다면, 후자는 사회적, 당위적 결사체라고 할 수 있다. 공동체와 결사체의 관계는 전 인류역사를 통해 계속적으로 변천 되어 왔다.

고대사회는 공동체와 결사체의 구별이 없는 제정일치제도이었다면, 중세사회는 교회(교황)와 국가(황제)의 제정분리 현상7)이 뚜렷하였다. 그 예로 고대사회에는 함무라비 법전에도 잘 나타나 있는 바와 같이, 바벨론의 함무라비 왕은 신의 아들로서 세상을 다스릴 특권을 신으로부터 부여 받았다고 하였다. 반면에 중세사회에는 교황과 황제의 치열한 권력다툼에 의한 제정분리의 역사였다고 할 수 있다. 그러나 교황권에는 교회를 국제적인 혼란으로부터 보호하고 국제적 연합의 도구로 삼고자 하는 윤리적 이상이 내포되어 있다. 물론 이와 같

---

6) R. M. MacIver, *The Web of Government*, 1953, pp.3~12.
7) 중세 군주제 하에서는 종교가 정치에 개입하는 현상을 막기 위해 종교를 정치에서 분리하기 위하여 제정분리라는 용어를 사용하였으나, 근세 이후 공화정과 민주주의 체제에서는 국가정치가 종교를 통제 혹은 개입하는 것을 방지하기 위해 정교분리라는 용어를 사용한다.

은 교황권의 정치적이고 제국주의적인 시도는 성공을 거두지는 못했다. 그리고 종교개혁시대를 거치면서 만인사제론과 직업소명설 등이 제정분리 혹은 정교분리 현상을 퇴색시켰다.

정교분리(政敎分離)는 이념적으로는 국가정치와 종교의 분리를 의미하고, 제도적으로는 국가(정부)와 종교단체(교회)의 분리를 주장하는 것을 의미한다. 원래 정교분리의 출발은 미국헌법이 만들어질 때[8] 국교를 부인하고 자유의 원리에 기초를 두었기 때문에 시작되었다. 미국의 수정 헌법 1조에 교회와 국가의 분리라는 말을 처음 사용하였는데, 그 후에 '정교분리'라는 용어가 세계적으로 일반화되어 갔다. 하지만 오늘날 서유럽과 북미를 제외한 지역에서는 교회-국가의 분리라는 말보다 '정교분리'가 더 일반적으로 사용되고 있다.

상징적인 개념에서 정교분리란 '국가는 국민의 세속적, 현세적 생활에만 관여할 수 있고, 내면적, 신앙적 생활은 국민의 자율에 맡겨 개입하지 않는다'는 원칙으로 국가의 종교적 중립성 내지 비종교성을 의미한다. 하지만 그 개념이 지닌 추상성 때문에 '정교분리'는 '정치의 종교에 대한 불간섭'이 아니라 '교회의 정치에 대한 불간섭'으로 와전되는 경향이 강해졌다.

칼뱅주의는 개인이 자신의 욕구를 통제하고 천성적인 게으름을 정복하기만 하면 영적이고 윤리적인 생활을 영위할 수 있다고 생각하고, 절제, 근면, 절약, 정직이라는 개인적인 덕목이 강조되었으며, 이 덕목들을 토대로 '각자의 직

---

[8] 1776년 각 식민지 대표로 구성된 대륙 회의가 미국독립선언을 하고, 공화정을 채택하여 13개 연방이 탄생했다. 1781년에 영국과의 독립전쟁을 승리한 미국 각 주의 대표자들은 연합 규약 (혹은 연방헌장, Articles of Confederation, 1781년~1788년)을 채택하였다. 1787년 5월 25일에서 9월 17일까지 펜실베이니아 주 필라델피아에서 열린 필라델피아 제헌회의(헌법회의, Constitutional Convention)를 기원으로 하여, 1789년 13개 주에서 '인민'(the People)의 이름으로 비준한 미국 헌법은 총 7개 조이며, 1969년 7월까지 26회 수정해서 현재 50개 주 정치의 규범이 되었다. 미국 수정 헌법 제1조(The First Amendment 또는 Amendment I)는 특정 종교를 국교로 정하거나(국교금지조항), 자유로운 종교 활동을 방해하거나, 언론의 자유를 막거나, 출판의 자유를 침해하거나, 평화로운 집회의 자유를 방해하거나, 정부에 대한 탄원의 권리를 막는 어떠한 법 제정도 금지하는 미국의 헌법 수정안이다. 이것은 권리 장전을 구성하는 10개의 개정안 중 하나로 1791년 12월 15일 채택되었다. 헌법 제1조 7절에서 입법과정에서 대통령이 거부한 법안이 10일 내(일요일은 제외)에 다시 돌아오지 못하도록 정하였다. 여기서 일요일은 기독교의 주일을 의미한다. 제6조에서 공직자를 선출하는 기준에서 종교에 따른 시험을 치르지 않도록 하였다. 이것은 연방정부의 권한은 종교의 자유권에 대하여 개인과, 주정부의 권리로 놓아둠으로 종교에 대한 간섭을 극소화하기 위한 것이다.

업에 대한 하나님의 소명‘을 인식할 때, 새로운 사회가 건설될 수 있다고 보았다. 칼뱅주의는 개인의 이상과 제어하기 어려운 사회의 권력들 사이의 갈등문제에 정면으로 맞서지 않은 채 경제적 성공, 사회적 복리는 종교생활의 필연적인 열매라고 주장했다. 그러나 그것은 ‘종교는 고독한 명상을 통해서만이 아닌 타인과 관계하는 삶에서 비롯된다.’는 사실을 간과하였다. 그 결과 칼뱅주의는 내적인 인격성을 드높이기는 했지만 집단의 비윤리성을 깊이 있게 꿰뚫어 보는 일에는 실패했다.

현대사회에서 교회와 국가 간의 관계는 ‘세분화된 각 영역별로 분리 혹은 통합’을 견인하고 있다. 대체로 자본주의 사회에서 정치와 경제 영역에서는 분리현상이 작용하지만, 반면에 교육과 복지영역에서는 국가와 교회가 추구하는 이상이 통합과 일치 현상이 두드러지게 나타나고 있다.

그러나 각 나라와 시대에 따라 그들의 관계는 영역을 초월하여 나타날 수 있다. 그 특별한 예로서 남미에서 발생한 해방신학 운동은 교회가 국가 정치에 깊이 관여하고 있으며, 좀 더 넓은 의미에서 세계교회협의회(World Council of Churches, WCC)는 교회일치운동 (ECUMENISM)을 활성화하여 세계평화 무드를 조성하고자 국가의 일에 깊이 관여하고 있다. 또 다른 예로는 국가가 종교 활동에 대해 세금면제의 혜택을 주고, 그 종교 활동들을 활용해 국가가 목표로 하는 복지국가건설을 위해 전략을 세우는 경우도 있다.

그러므로 오늘날 대부분 국가들이 주창하는 복지국가 건설은 종교적 사상과 국가의 이념에는 많은 차이가 있을지라도 그 결과는 복지국가 건설에 목표를 두고 있다. 대표적인 예가 바로 러시아[9]를 비롯한 공산권 국가들이 초기에는 국방에 주력하였으나 국방과 경제는 동전의 양면이란 사실을 알고 경제력에 차츰 집중하게 되어 오늘날 국가의 사상과 종교의 이념을 초월하여 독재를 통한 그들의 복지국가건설을 위해 총력을 기울이는 이유가 바로 그것이다.

그래서 러시아는 공산주의 자, 스탈린을 거쳐, 수정자본주의 혹은 사회공산

---

[9] 러시아는 1917년 볼세비키 혁명을 거쳐 1918년 “혁명동지회”에서 “평등”을 내세워 (1) 교회 재산 몰수 (2) 종교교육 금지 (3) 종교는 인민의 아편과 같은 법을 만들었다. 그 후 1953년 스탈린(Joseph Vissarionovich Stalin) 사후 집권한 소련의 흐루쇼프(Nikita Khrushchev)는 스탈린을 경제를 망친 독재자로 규정하고 국가적으로 스탈린 격하운동을 벌였고, "평화 공존 정책"을 부르짖으며 서방과 화해를 모색하며 수정자본주의 노선으로 복지국가 건설을 도모하였다.

주의 자, 흐루쵸프와 개혁개방의 고르바쵸프(Mikhail Gorbachev)에 거쳐 오늘날 러시아 대통령 블라디미르 푸틴(Vladimir Vladimirovich Putin)의 서방교류 정책, 즉 서방국가와의 에너지 파이프라인 건설, 위성 항법 시스템 글로나스 복원, 2014년 소치 동계 올림픽 유치 인프라 구축 등과 같이 서방 자본주의 국가들과의 경제적 교류 없이는 국가경제 부흥과 인민의 삶의 질 향상이 어렵다는 것을 스스로 인정하였다. 더구나 2022년 2월 21일 저녁 푸틴 대통령의 대국민 연설에서 우크라이나를 가리켜 볼셰비키 정책의 결과로 생겨난 국가라 지칭하고, 우크라이나인을 가리켜 러시아인이라고 부르면서 우크라이나 국가 자체를 부정하는 가치관을 드러냈다. 2022년 2월 24일 현지시간 새벽 4시 50분(한국시간 오전 11시 50분), 러시아가 우크라이나 전역에 폭격을 가해 러-우 전쟁이 전면전으로 확대되었다. 침공의 빌미는 1989~91년 국제 냉전이 종결된 후 서방의 군사동맹인 북대서양조약기구(NATO)가 러시아를 향해 계속 동진해 러시아가 안보 위협을 느꼈기에 어쩔 수 없이 그것에 맞섰다는 주장이다.

또한 중국은 1966년 5월 16일 마오쩌둥의 중화인민공화국 공산주의 문화대혁명[10] 을 거쳐, 덩샤오핑에 의한 사상해방운동은 잠시동안 개성의 해방, 인성과 인권의 존중, 인간의 심리성과 잠재 능력의 발휘를 강조했을 뿐만 아니라 예술의 순수성을 강조하여 예술의 비예술적 요소의 간섭을 막고 예술로 하여금 스스로 환원하도록 만들었다. 덩샤오핑은 1970년대에서 1990년대에 이르기까지 중국에서 실질적인 지배력을 행사했는데, 그의 경제정책은 흑묘백묘론(검은

---

[10] 중국의 문화 대혁명의 배경에는, 1966년 5월 16일 중국 공산당의 중앙위원회 주석이었던 마오쩌둥이 소련 서기장 흐루쇼프가 펼친 이오시프 스탈린에 대한 격하 운동에 언제든지 자신도 격하되거나 비판받을 수 있다고 하는 경각심과 긴장감을 느끼게 하였으므로 일으킨 사건이다. 마오쩌둥은 소련이 공산주의 노선에서 어긋나고 있다고 지적하면서 소련을 공산주의 실패 국가로 규정하고, 부르주아 계급의 자본주의와 봉건주의, 관료주의 요소를 제거하는 것, 뿐만 아니라 전통 도덕과 관습을 제치고, 마오쩌둥 사상이 중국에서 모든 것들을 이끄는 중심논리가 되게 하였던 것이 문화 대혁명이다. 중국의 홍위병, 즉 청년 학생들과 민중들이 사상과 행동을 규합해 인민민주독재를 더욱 확고히 실현키 위해 "혁명 후의 영구적 계급투쟁"을 통해 이런 브르조아적 요소들을 분쇄시켜야 한다고 주장했다. 특히 소수민족의 전통 문화에 파괴적이었는데, 티베트에서는 티베트인 홍위병도 참여하여 6,000개의 사찰이 파괴되었다. 내몽골에서는 "내몽골 인민당"에 의해 79만 명의 인물이 박해받았고, 이슬람이 전통종교인 신장 위구르 자치구에서는 꾸란이 불살라지고, 연변 조선족 자치주에서는 조선어로 수업하는 민족학교들이 파괴되었고, 윈난성에서는 다이족의 왕의 궁전이 불살라졌다.

고양이든 흰 고양이든 쥐만 잘잡으면 된다)을 통한 실용주의 노선을 추진하고, 정치는 기존의 사회주의 체제를 유지하는 정경분리의 정책을 통해 중국 특색 사회주의인 덩샤오핑 이론을 창시했다. 오늘날에 이르러 주석 시진핑의 일대일로(一帶一路), 즉 실크로드 경제 벨트와 21세기 해상 실크로드 개척 등은 공산주의 사상적 이념보다는 경제를 통한 복지국가의 이념을 중시하고 있다고 볼 수 있다.

세계의 이념분쟁 종식은 공산주의의 몰락과 자본주의의 승리를 의미하는 것이 아니라 공산주의 국가들이 그들의 잘못된 정치 현상들을 과감히 수정·개혁해 나감으로써 사회공산주의의 하드웨어를 기초로 하여 자본주의의 소프트웨어를 도입하는 방식으로 복지국가 건설을 도모하는 것이다.

서구 자본주의 국가들도 그들의 개혁에 대한 새로운 대응책 마련에 부심하고 있는 실정이다. 그 대응책으로 민주자본주의의 거대한 모순인 부익부 빈익빈, 양극화 현상을 해소하기 위해서 사회복지를 위한 다양한 정책들, 즉 무상 교육과 무상 의료정책들을 강구하고 있는데, 이것들은 이미 사회공산주의 진영에서는 실시하고 있는 현실이다. 따라서 서구 자본주의 국가들은 자본주의의 하드웨어를 기초로 하여 사회공산주의의 소프트웨어를 개발하고 있는 실정이다. 이러한 시대정신에 부응하기 위해 교회는 세상의 사상들을 이끌어 갈 수 있도록 각 나라마다 적당한 대응책이 필요하다.

오늘날 교회는 국가정치의 시대적 변화에 따라 신본주의적 복지국가 건설을 위해 외부적으로는 국가정책 결정자에게 충분한 조언과 권고를 아끼지 말아야 하고, 내부적으로는 적당한 시대적 변화에 부응하여 새로운 전도의 전략을   수립하고 효율적으로 인적·물적 자원을 활용할 수 있도록 노력할 때, 교회는 세상을 향해 참된 길잡이의 청사진을 제시할 수 있을 것이다.

이런 맥락에서 교회와 국가의 관계는 크게 두 가지 관점으로 요약해 볼 수 있다. 하나는 정치적인 해석과 종교적인 해석을 서로 구분하여 보는 분리의 관점이고, 다른 하나는 그 둘의 해석을 상호 보완하여 보는 상생의 관점이다. 이두 견해를 몇몇 학자들을 통하여 알아보겠다.11)

---

11) 김장대, 『기독교사회복지학총론』 전게서, pp.5~9.

3. 칼 바르트(Karl Barth)

Karl Barth(1885.5.10~1968.12.10)[12]는 신학자인 아버지 Johann Friedrich "Fritz" Barth (1852~1912)와 어머니 Anna Katharina (Sartorius) Barth (1863~1938)사이에 태어났다. 신학자가 되기로 결심한 계기는 신학자인 아버지의 가르침이 큰 영향을 미쳤다. 1909년 제네바의 한 개혁교회 부목사로 부임하면서 그의 신학적인 여정이 본격적으로 시작됐다. 1911년부터 1921년까지 Barth는 Aargau주의 Safenwil 마을에서 개혁파 목사로 일하면서 1913년에 그는 Nelly Hoffmann과 결혼하여 딸과 아들 네 명을 두었다. 그는 탄광지역인 자펜빌(Safenwil)에서 단독목회를 하며 광부들이 받는 사회적인 억압과 소외에 큰 충격을 받고, 1915년 사회민주당에 가입해 인권운동에 뛰어들었다. 이때 그는 '붉은 목사'라는 별명을 얻었다.

결정적인 계기는 1914년 8월 당시 존경받는 스승인 Adolf von Harnack을 포함한 스승들이 "문명세계에 대한 93명 독일 지식인 선언문"에 서명하여 빌헬름 2세의 전쟁정책을 지지하고 나선 것이다. 그때까지 세상의 불의와 거짓을 개혁할 수 있는 도구로 믿었던 자유주의의 비열한 속성에 혐오감을 느낀 바르트는 신학에서도 자유주의와 결별하게 된다. 그는 1917년부터 1919년까지 유럽 혁명의 영향을 받았고, 그 혁명에 대한 사회적 반동으로, 그는 혁명은 혁명 이전 정권보다 훨씬 더 독재적이 된다는 사실을 깨달았다.

그의 신학사상은 1911~1921년까지 스위스 Aargau주의 Safenwil 마을에서 농민·노동자 계층과 목회를 시작하면서 추상적인 이론을 지양하고 인간의 실존과 보다 높은 '하나님의 말씀' 사이의 관계를 변증법적으로 정립하여 마침내 1919년에 유명한 『로마서 주해』(Der Romerbrief)[13]를 완성하게 되고,

---

[12] Karl Barth 는 자신이 배운 자유주의 신학이 하나님의 거룩함과 정의에 대해 설교하지 않고 성경을 윤리 책으로 오해하는데 대해 한계를 느꼈다. 특히 1914년 8월 자유주의 신학자들의 대부분이 히틀러의 전쟁을 지지한 '어둠의 날'은 자신이 배운 자유주의 신학에 대해 환멸을 느끼게 하였고, 자유주의 신학을 신랄하게 비판하는 계기가 되었다. 당시 로마 가톨릭 신학자 Karl Adam 은 'Karl Bart 가 자유주의 신학자들의 놀이터에 폭탄을 던졌다'고 말할 정도로 유럽신학계의 충격이 컸으며, 바르트 자신도 '나는 우연히 잡은 교회종의 줄을 잡아당겨, 마을 사람들을 모두 잠에서 깨게 한 사람 같았다'고 할 정도였다.

[13] K. Barth, *The Epistle to the Romans*, 1922. (ISBN 0-19-500294-6)

1922년에 증보판을 내었다.

바르트는 로마서 주석에서 예수 그리스도의 구원은 모든 인류에게 부여된 '은총 위의 은총'이라는 점을 강조해 자유주의 신학자들에게 '계시되고, 기록되고, 선포되는 하나님의 말씀'이신 예수 그리스도의 절대성을 재인식 시켰다. 그는 철학적 합리주의(Rationalism), 현실주의(Realism), 객관주의 (Objectivism), 그리고 인격주의(Personalism)를 활용해 변증신학의 영역을 개척했는데, 그의 신학은 인본주의에 기초한 문화적 또는 자유주의적 신학과 구별되는 신 정통주의로 불려졌다.

신 정통주의로 불리는 것은 바로 그의 가장 독특한 신학적 개념이 실천(praxis)이기 때문이다. 바르트는 이론과 실천 또는 믿음과 온전한 성화의 조화를 강조한다. 바르트는 당시 유럽사회의 허무주의와 비관주의의 원인이 아가페적 사랑의 실천이 결핍된 관념주의에 기인한다고 보고 이를 극복하기 위해 기독교인의 성결한 삶, 즉 실천을 강조했다. 믿음은 실천을 통해 극대화될 수 있고 실천은 믿음의 단적인 증거라고 바르트는 주장한다. 이러한 그의 신 정통주의 신학사상은 에밀 브루너 (Emil Brunner), 구스타프 아울렌(Gustaf Aulen), 라인홀드 니버(Reinhold Niebuhr), 프리드리히 고가르텐(Friedrich Gogarten) 등에 영향을 미치게 되었다. 그 후 칼 바르트는 독일의 괴팅겐(1921~1925), 뮌스터(1925~1930), 본(1930~1935)대학교에서 신학 교수가 되었다.

그는 2차 대전 당시 독일 교회는 독재자 히틀러에 굴복했다고 주장하고, 1934년 바르멘 선언(Barmen Declaration)을 선포한다.

"교회의 머리는 오직 예수 그리스도이시다. 국가의 통치자들을 포함해 모든 인간들은 죄인이며 이들은 모두 그리스도의 구원이 필요한 사람들이다"

바르트는 이 선언으로 교수직을 박탈당하고 1935년 독일에서 추방되어 바젤에서 교수가 되었고, 그는 1935년부터 1962년까지 바젤에서 교수직을 유지하였다. 그는 인간사회의 질서에 대한 판단은 오직 하나님께만 맡겨져야 한다고 함으로써 정치와 종교를 하나님의 질서에 대한 관점에서 보았다. 그는 말하기를 민주주의 정권이든 그렇지 않든 간에 그 정권 안에 존재하고 있는 규정은 하나님에 대항하는 인간의 규정으로 나타날 수 있다고 하였다. 통치자와 정부는 그들의 추종 세력들이 더 많은 권력을 얻기 위해 거짓을 주장할지 모른다. 비록 이 땅에서 신정정치라 할지라도 최악의 잘못을 저지를 수 있다는 것이다.

그러므로 정치혁명의 과정에서 혁명은 이전 정권을 대치하기 위하여 일시적인 힘으로부터 쟁취한 또 다른 하나의 정권을 세우는데 불과하고, 그것은 이전 질서 속에 남아있는 요소들을 더욱 위험스럽게 만들 수도 있다. 왜냐하면 그 혁명 자체가 악에 의해서 극복되는 것이지 용서에 의해서 성취되는 것이 아니기 때문이다.

따라서 정권의 심판은 하나님 홀로 가지고 계시므로 하나님의 질서를 이런 방법으로는 세울 수 없다. 오직 교회적 정통성 위에 있는 최후의 심판과 함께 그리고 특별한 정권의 일시적 입법안에서만 그 질서는 유지 될 수 있다.

1962년 그가 미국 프린스턴 신학대학교(Princeton Theological Seminary) 강의를 하고 있었을 때 한 학생이 질문을 하였다. "하나님께서는 다른 종교에도 자신을 계시하셨습니까? 아니면 기독교에만 계시하셨습니까?" 그때 칼 바르트는 엄중하고 단호하게 번개가 치듯이 말했다. "아닙니다. 하나님은 어떤 종교에도 자신을 계시하지 않았습니다. 기독교에서 조차도 자신을 계시하지 않았습니다. 하나님은 오직 그의 아들 안에서만 자신을 계시하셨습니다." 하나님께서는 기독교가 아니라 교파가 아니라 교단이 아니라 교권이 아니라 오직 말씀이 육신이 되신 예수 그리스도에게만 자신을 계시해 주셨습니다. 그 후 바르트는 1968년 12월 10일 모차르트의 소나타를 들으며 이 땅에서의 생을 마쳤다.

요약하면, K. Barth는 로마서 13장1절 "각 사람은 위에 있는 권세들에게 복종하라 권세는 하나님으로부터 나지 않음이 없나니 모든 권세는 다 하나님께서 정하신 바라."는 말씀자체 그대로의 해석보다 오히려 사회적 맥락과 함께 정치를 이해하는 입장이다.

결국 그는 사회질서 유지를 위하여 국가의 당위성을 강조하지만 독일의 마지막 군주 빌헬름 2세의 전쟁혁명은 히틀러의 나치혁명으로 대체되는 경험을 하게 된다. 그 때 그는 나치정권을 비판하는 고백 교회의 기초를 다지는 일을 하였다. 이로 볼 때 바르트는 국가의 당위성과 교회의 정통성은 구별된다고 보고 있다.

4. 라인홀드 니버(Reinhold Niebuhr)

Reinhold Niebuhr(1892.6.21~1971.6.1)[14]는 교회와 국가는 윤리적으로 서로 분리된다고 하였다.[15] 그가 윤리적 이분설을 주장하는 데는 1914년부터 1927년까지 그가 목회할 당시 겪었던 미국의 경기침체에 의해 영향을 받았다. 그는 현대 산업사회에 무지한 목회자들의 설교가 이 사회의 본질적인 문제점들을 개선하는 데 전혀 기여하지 못하고 있음을 비판했다. 여성흡연과 같은 비본질적인 문제들에 대해서는 거침없는 비판을 쏟아내는 목사들이 부유한 청중들이 가진 경제적 편견을 바꾸지 못했던 것이다. 교회는 주식 조작으로 부를 축적하는 부도덕성을 비판하기는커녕 오히려 그 돈을 헌금으로 내도 이를 아무런 비판 없이 받아들였다고 비난하였다. 디트로이트에서 산업사회의 비인간성을 경험하면서 니버는 사회복음주의의 피상성(naivete)을 비판하기 시작했다. 니버는 참된 종교는 금욕주의적인 태도로 우주의 인격성 안에서 인간의 인격성을 깊이 있게 성찰하는 동시에 사회집단의 비윤리성을 꿰뚫어 보는 사회적 지성을 갖춘 이원론적 종교여야 함을 강조했다.

그의 윤리적 이분설의 배경에는 철저한 국가 역할의 당위성과 교회의 본질적 역할이 내재되어 있다. 인간 집단은 언제나 이익에 의하여 움직이며 결코 양심에 따라 움직이지 않기 때문에 국가가 필요하다. 예컨대, 가족관계에서는 구성

---

14) Reinhold Niebuhr 는 미국에서 독일 선교사인 Gustav Niebuhr 목사의 아들로 태어났다. 그의 아버지 구스타프 니버(Gustav Niebuhr)은 그리스도의 신성, 성경의 초자연적 영감 등을 믿었던 복음주의자 이었다. 동시에 그는 "복음은 개인적인 것일 뿐만 아니라 사회적인 것이며, 기독교인은 종교적인 회심을 위해서만이 아니라 사회 개선을 위해서도 일해야 한다는 자유주의적 신념"을 가지고 있다. 그는 아버지의 영향을 받아 열 살 때부터 목사가 되기로 결심한다. 아버지가 1913년 4월 당뇨병으로 세상을 떠나자 그는 아버지의 뒤를 이어 5개월 동안 아버지가 목회하던 교회 담임목사직을 맡았고, 1915년 대학 졸업직후에 드디어 그는 디트로이트에서 18가정으로 이루어진 베델복음교회를 맡아 목회를 시작하게 된다. 목회를 시작한지 13년 만에 교인수가 800명으로 늘어났다. 그는 1931년 영국의 신학자 우르술라 케셀 콤프턴(Ursula Kessel-Compton)과 결혼하여 슬하에 아들과 딸이 각각 1 명 있다. 그는 미시간 주 Detroit시의 산업화가 노동자들에게 끼친 비도덕화에 괴로워하여 헨리 포드를 비판하였으며, 설교를 통해 노조를 조직하도록 돕거나 공장의 조립 라인이 초래하는 비인간적인 노동조건과 잘못된 근로관행에 관한 글을 썼고, 저항하였다.

15) R. Niebuhr, *Moral Man and Immoral Society: A Study of Ethics and Politics*, Charles Scribner's Sons (1932), Westminster John Knox Press 2002. (ISBN 0-664-22474-1)

원들이 서로 따뜻한 애정으로 관계를 맺지만, 가족 그 자체는 다른 가족들을 희생시키면서까지 자기 가족의 이익을 추구한다. 한 가족의 아버지는 자기 자신을 위해서가 아니라 가족을 위해서라면 본질적으로 이기적인 추구도 도덕적으로 자랑스럽게 생각한다. 이른바 '가족본능(family instinct)'이라는 것이 존재하기 때문인데, 이 가족본능이 사유재산권을 신성시하는 근거가 되기도 한다고 보았다. 그래서 국가는 개인적 이기심과 가족본능에 의한 이기주의를 법에 의해 단속과 통제를 하고, 교회는 이러한 개인본능에 의한 이기심과 가족본능에 의한 이기심을 이타적인 사랑으로 극복하도록 해야 한다는 것이다.

그는 1928년에 뉴욕소재 유니온 신학교의 교수가 되고 급진적 사회비평을 다룬 칼 마르크스의 글들과 대공황으로 초래된 경제적 재난에 대한 경험 등에 자극을 받아 1929년에 사회당에 가입했다. 1930년 초반 Niebuhr 는 사회주의 기독교인연합(The Fellowship of Socialist Christians)의 창립을 주도했고, 급진적 종교(Radical Religion) 잡지의 편집에 참여하기도 했다.

자유주의 전통 하에서 자란 그는 미시간 주 Detroit시에서 산업현장을 통해 많은 것을 배우게 되었다. 특히 자동차 산업에서의 현장경험이 그를 윤리에 대해 깊은 관심을 갖게 하였다. 예일대학교에서 신학사와 석사를 받은 Niebuhr는 그곳에서 복음적 자유주의자인 더글라스 클라이드 매킨토시(Douglas Clyde Macintosh)의 영향을 받았으며, 역사비평적인 성경연구 방법을 받아들였다.

자유주의의 신앙사상은 무지(無智)와 이기주의(利己主義)를 우리 인간사회의 가장 큰 적으로 여겨서 무지는 교육을 통하여 이기주의는 그리스도인의 이타적 사랑으로 극복될 수 있을 것이라 믿었다.

그러나 그는 Detroit시의 산업을 통하여 자유주의가 주장하는 기독교의 사랑에 대한 개념이 잘못 오도된 사회적 현상으로 나타났다는데 확신을 가지고 개인과 사회의 윤리를 강조하게 되었다. Niebuhr는 1932년 출간된 그의 저서 『도덕적 인간과 비도덕적 사회(Moral Man and Immoral Society)』에서 주제가 된 개인의 도덕과 집단의 도덕 간의 괴리에 대한 고민이 이미 나타나 있었다. 즉 정치와 종교의 현저한 구분을 시도했다. 그는 개인의 윤리와 사회의 윤리를 구별하였는데 개인은 이타주의를 요구하며 사회는 정의를 요청한다는 것이다. 즉 그는 "복음은 개인적인 것일 뿐만 아니라 사회적인 것이며, 기독교인은 종교적인 회심을 위해서만이 아니라 사회 개선을 위해서도 일해야 한다는 자유주의적 신념"을 가지고 있다.

  그들은 서로 전적으로 배타적인 것은 아니다. 예로 들면 개인의 도덕과 양심으로부터의 통찰은 사회가 정의를 이해하는데 필수적이며, 이러한 통찰 없이는 정의는 곧 퇴보해 버린다. 반면에 그들은 완전히 조화를 이룰 수 없다. 이타주의가 개인의 도덕성에 필수적이지만, 자기주장은 특수한 사회의 생존을 위하여 필수적이기 때문이다. Niebuhr가 강조하는 것은 개인들, 즉 정치권에 포함되어 있는 사람이라 할지라도 인간 도덕성의 가장 높은 규범에는 여전히 복종하여야만 하며, 심지어는 그것으로 인하여 그들 자신이 그들의 단체로부터 분리되기까지 할지도 모른다는 것이다.

  1939년 니버는 미국의 고립주의를 천명한 선언서인 『중립조례(The Neutrality Act)』가 일본의 만주침략을 사실상 묵인했음을 간파하고 이 조례를 철폐할 것을 요구했고, 미국의 참전을 촉구했다. 또한 1944년에는 민주주의 정치이론을 다룬 『빛의 아들들과 어두움의 아들들 (The Children of Light and the Children of Darkness)』을 출간하여 "인간이 지닌 정의의 능력이 민주주의를 가능케 하며, 불의를 향하는 능력이 민주주의를 필요하게 만든다."라고 하였다.

  인간은 도덕적 존재라는 의미에서 빛의 아들인데, 빛의 아들은 공동체의 조화를 성취할 수 있다. 인간은 또한 이기적인 권력을 추구한다는 점에서 어두움의 아들인 바, "어두움의 아들의 이기심은 견제되어야 하며, 이 작업을 가장 잘 수행할 수 있는 정치제도가 민주주의이다."라고 했다.

  1952년에 『미국 역사의 아이러니』에서 자신의 정치, 이데올로기, 도덕, 종교적 투쟁에 대해 썼는데, 젊은 시절 몸담았던 자유주의적인 사회복음주의(social gospel liberalism)을 비판하고 대안을 모색하면서 한동안 마르크스주의와 기독교를 융합하는 시도를 하였다. 여러 가지 정치적인 경험과 기독교적 가치의 깊은 뿌리가 이데올로기 편향적 자세를 버리고, 자신의 고유한 정치적 지혜와 개혁주의 신학의 어거스틴 사상을 결합시켰다.

  그는 1969년 『민주주의의 경험 (The Demoratic Experience)』에서는 정의를 실현하기 위한 단체적 노력에 성공적이었던 유럽의 민주주의와는 대조적으로 미국의 부르주아적 민주주의는 정의를 실현하기 위한 집단적 노력을 경시하고 개인의 자유만을 절대가치로 숭상하는 유토피아적 자유방임주의를 넘어

서지 못하고 있다고 비판하였다. 그러므로 기독교 정치인들과 같은 개인들은 그들이 그들의 정치적 역할을 성취하기 위하여 윤리적으로 적당한지 개인의 이타심을 실천에 옮겨 봐야만 알 수 있다는 것이다. 여기서 Niebuhr는 한 개인으로서의 교회의 윤리와 사회 구성원으로서의 국가의 윤리를 구분하는 윤리적 이분설을 주장하였다.

5. 디트리히 본회퍼(Dietrich Bonhoeffer)

  Dietrich Bonhoeffer (1906.2.4. ~1945.4.9.)[16]는 1906년 2월4일 독일 브레슬라우에서 태어났다. 그는 튀빙겐대학교와 베를린대학교에서 신학공부를 하고 21세 때인 1927년 「성도의 교제」 라는 학위논문으로 박사학위를 받은 수재였다. 그는 독일 루터교회 목사이자, 신학자이며, 고백교회 설립자 가운데 한 사람이다. 그가 1937년에 덴마크의 기독교 사상가 키르케고르의 영향으로, 출간한 「나를 따르라 (Nachfolge)」 는 값비싼 은혜, 제자직으로의 부름, 단순한 순종, 제자직과 십자가, 제자직과 개체, 세례, 그리스도의 몸, 보이는 교회, 성도들, 그리스도의 형상 등의 내용을 담고 있는데, 그 책은 기독교가 세상에서 해야 하는 역할을 정리한 신앙고백서와 같다.
  그 책에서 그는 예수님의 값비싼 은혜와 반대로 독일교회가 값싼 은혜를 나누고 있다고 비판하고, 값싼 은혜는 "죄에 대한 고백이 없는 성만찬, 죄에 대한 회개 없이 용서받을 수 있다는 설교, 예식을 무시한 세례, 회개가 없는 면죄의 확인"[17]등 성례전을 통해서 주어지는 하나님의 은혜를 너무 값싸게 만들고 있

---

16) Dietrich Bonhoeffer는 아돌프 히틀러를 암살하고자 외국 첩보국이 세운 계획인 7·20 음모에 가담하였다가 1943년 3월에 체포되어 감옥에 갇혔고, 결국 1945년 4월 교수형에 처해졌다. 그가 처형된 3주일 뒤 히틀러는 자살했고, 1945년 5월8일 독일은 패배했고 연합군은 승리했다. 그가 사형당한 후 1년이 지난 1946년 3월에 한 편지에 의해 일화가 소개됐다. "함께 감옥에 수감된 이탈리아 장교 출신 수감자가 자신의 지인에게 보낸 편지에서 본회퍼 목사는 '만약 쿠담거리(베를린 시내의 한 거리)에서 한 미친 사람이 그의 자동차를 인도를 넘어 운전한다면 저는 목사로서 죽은 자들을 위해 장례를 치른다거나 희생자들과 관련된 이들에게 위로를 하는 일만을 하지는 않을 겁니다. 만약 제가 이와 같은 상황에 처해 있다면, 저는 차 위로 뛰어올라 운전대에서 운전자를 끌어내려야만 하지 않겠습니까?'라고 주장했다. 참조: (시사저널 2019.12.3.)
https://www.sisajournal.com/news/articleView.html?idxno=194563

다고 하였다. 값싼 은혜는 죄인을 의롭다고 하는 것이 아니라 죄를 의롭다고 하는 것이다. 은혜가 홀로 모든 것을 알아서 처리해줄 테니 모든 것이 케케묵은 상태로 있어도 된다는 의미이다. 즉, 그리스도의 제자로서의 삶이 없는 신앙은 싸구려 신앙에 불과하다는 것이다.

1933년 1월 30일 히틀러가 집권한 나치의 독재에 대해서 독일교회는 예언자적인 목소리를 내지 못하였고, 오히려 현재 독일의 "경제적, 사회적 구원을 위해 하나님께서 히틀러를 보내주었다."고 주장하기도 하였다.18) 그래서 본회퍼는 라디오 방송을 통해서 독일교회가 히틀러라는 우상을 숭배하게 한다고 경고하는 예언자적인 목소리를 내었고, 결국 방송은 중단 당하고 말았다. 하지만 본회퍼는 나치의 탄압에 굴복하지 않고, 자신이 발표한 원고를 신문에 싣게 되자 나치의 박해가 시작되었다. 당시 독일교회에서는 본회퍼처럼 그리스도인의 양심을 지키기 위해서 나치에 반대하는 신학자들도 있었는데, 이들은 고백교회를 결성하여 그들의 양심을 실천했다.

본회퍼는 유니온 신학교 교수로 일하던 라인홀드 니버(Reinhold Niebuhr)가 신학 교수로 초대장을 보냈기 때문에 미국으로 망명할 수도 있었다. 그러나 그는 1939년 6월 21일 미국 유니언 신학교에서 유학할 때, 안전하게 미국에 머물 것이냐, 생명의 위협을 무릅쓰고 독일로 갈 것이냐를 두고 고민하던 즈음 기록한 일기가 대표적이다. 그는 그날의 로중 (비밀 말씀 나눔) '말라기 3장 3절'을 두고 묵상한 뒤 일기에 "하나님은 은을 정련하여 깨끗하게 하신다. 나는 나를 더는 알지 못하지만 하나님은 나를 아신다. 결국 모든 행동과 실천은 분명하고 깨끗하게 될 것이다"고 적었다. 본회퍼는 "독일 국민들과 고난을 함께 하지 않는다면, 전쟁이 끝났을 때 독일교회를 재건하는 일에 동참할 수 없다"면서 미국에 머무는 것을 거부했다. 그가 독일로 돌아온 지 두 달이 채 못돼 히틀러의 군대가 폴란드를 침공했다. 2차 세계대전의 시작이었다. 독일 행을 택한 그는 반 나치 운동으로 대항하다 히틀러 암살을 모의했다는 죄목으로 투옥 중 제2차 대전 종전을 한 달여 앞둔 4월 9일, 39세에 교수형으로 생애를 마쳤다. 그

---

17) "열혈제자 본회퍼가 제시하는 제자의 길," 《빛과 소금》 (두란노). 2005년 9월. 2007년 9월 29일에 원본 문서에서 보존된 문서. 2007년 8월 28일에 확인함.
18)
https://ko.wikipedia.org/wiki/%EB%94%94%ED%8A%B8%EB%A6%AC%ED%9E%88_%EB%B3%B8%ED%9A%8C%ED%8D%BC

는 처형되는 날 아침까지 감옥에서 로중으로 묵상하고 예배를 드렸다.

본회퍼는 자신이 경험했던 반나치 운동을 통해서 이상적인 교회 상을 끄집어 내었다. 그는 삐뚤어진 세상 즉, 독재가 가능한 그 당시의 현실에 저항하는 교회상을 그려 내면서, 신학적 교리를 배우고 논쟁하는 교회가 아닌, 세상의 불의와 싸우는 정의에 불타는 교회를 원했다. 그런 그의 생각에 신학을 맞추어 낸 것이 교회와 세상이 변증법적으로 통일되는 것이었다. 그는 하나님의 위임들을 '노동', '결혼', '정부 혹은 문화', '교회'의 네 가지를 통하여 발견하였고, 교회가 하나님을 대신하는 대리자로 행동한다고 보았다.[19] 기독교인들은 반드시 세속의 삶을 살아야 하며, 그 속에서 하나님의 고난을 나누어야 한다. 그의 신학은 고난을 함께 나누는 삶의 실천이었다.

본회퍼가 영향을 받은 세계관은 임마누엘 칸트의 주관주의 선험론과 구성설에 나오는 인간 인식의 특성, 게오르크 빌헬름 프리드리히 헤겔의 낙관론적 변증법, 마르틴 루터가 인간 안에 내재된 헛된 교만을 '자기 안으로 구부러진 마음'이라고 했듯이 본회퍼도 동의하였다. 그 외에 칼 바르트, 폴 틸리히, 라인홀드 니버 등이 있다.[20]

하지만 나치의 탄압으로 고백교회 참여자들은 박해받았고, 본회퍼의 경우 1943년 4월 체포되어 2년간 수용소를 전전했다. 이때 그가 친구와 가족들에게 보낸 편지는 「옥중서간」으로 출판되었다. 이후 본회퍼가 히틀러를 암살하려고 하였다는 증거가 확보되면서, 1945년 4월 9일 새벽, 플로센뷔르크 수용소 (Flossenbürg concentration camp)에서 교수형으로 처형되었다. 그의 유언은 "죽음은 끝이 아니라, 영원한 삶의 시작이다."였으며, 그의 묘비에 새겨진 문장은 "디트리히 본회퍼-그의 형제들 가운데 서 있는 예수 그리스도의 증인"이다.

본회퍼 목사는 목숨 잃을 것을 알면서도 하나님의 선한 능력으로 보호받고 있으며, 앞으로 일어날 일들을 믿음으로 기대하였다. 싸늘한 감옥에서 두려움으로 떨리고 외롭고 슬픈 옥중의 시한부 인생 가운데에서도 그의 영혼을 감싸 안는 하나님의 선하고 강한 힘과 능력을 확신했다. 찬송가 "선한 능력으로"는

---

[19] Todt, Heinz Eduard. *Authentic Faith: Bonhoeffer's Theological Ethics in Context*. Wm. B. Eerdmans. June 2007, p.3. ISBN 978-0-8028-0382-5.

[20] 크리스천투데이 (2021년 1월 2일). "본회퍼 "인간은 왜, 선과 악 중에 악을 먼저 선택하는가?" 2021년 1월 8일에 확인함.

제2차 세계 대전 당시 디트리히 본회퍼 목사가 1944년 약혼자, 마리아 폰 베데 마이어 (Maria von Wedemeyer, 1924~1977)에게 성탄절을 맞이하여 감옥에 서 죽음을 앞두고 마지막으로 쓴 편지 내용이다. 「옥중 서신」으로서 그의 마 지막 편지 시에 독일 교회 음악가 지그프리트 피에츠(Siegfried Fietz)가 곡을 붙여 만든 찬양곡이다.

선한 능력으로(Von Guten Machten) -옥중서신 중에서 -

선한 능력에 언제나 고요하게 둘러쌓여서,
보호받고 위로받는 이 놀라움 속에
여러분과 함께 오늘을 살기 원하고
그리고 여러분들과 함께 새로운 한 해를 맞이하기 원합니다.
옛 것은 여전히 우리의 마음을 괴롭게 하고
어두운 날들의 무거운 짐은 여전히 우리를 누르지만,
오 주님, 내몰려 버린 우리의 영혼에게
주님께서 예비하신 구원을 주옵소서!
주님께서 쓰라리고 무거운 고통의 잔을
가득 채워 저희에게 주셨으므로
저희는 그 잔을 주님의 선하고 사랑스런 손으로부터
떨림없이 감사함으로 받습니다.
그럼에도 주님께서는 저희에게 이 세상에서 기쁨과
빛나는 햇빛을 주기 원하십니다.
그러기에 저희는 지나간 일들을 회상하며
저희의 생명을 온전히 주님께 맡깁니다.
주님께서 우리의 어두움을 밝히신 촛불은
오늘도 밝고 따뜻하게 타오르게 해 주십시오,
우리가 다시 하나 되게 하여 주십시오.
우리는 압니다. 당신의 빛이 밤을 비추고 있음을.
이제 저희 주변 깊은 곳에 고요가 편만할 때,
저희 주변을 보이지 않게 에워싼 세상에

온전히 울려 퍼지는 소리를
저희들로 하여금 듣게 하옵소서.
주님의 모든 자녀들이 소리 높여 부르는 찬양을.
선한 능력에 우리는 너무 잘 보호받고 있으며
믿음으로 일어날 일들을 기대하고 있습니다.
하나님께서는 밤이나 아침이나 우리 곁에 계십니다.
또한 매일의 새로운 날에 함께 하십니다.
(Dietrich Bonhoeffer, Brevier. 1944년12월)

이상에서 보는 바와 같이 본회퍼는 2차 대전 당시 독일교회가 국가의 정치에 동조하면서 비성경적인 방향으로 갔지만, 그는 독일 고백교회의 설립자 중 한 사람으로서 하나님의 주권 안에서 교회와 국가는 역할이 다르다는 입장이었다.

6. 템플 주교(William Temple)

William Temple(1881.10.15~1944.10.26)[21]은 영국 성공회 사제로, 맨체스터 주교(1921~1929년), 요크 대주교(1929~1942년), 캔터베리 대주교(1942~1944년)를 지냈다. 그는 유명한 교사이자 설교자로서 1942년 출간한 책인 『Christianity and Social Order (기독교와 사회 질서)(1942)』로 가장 잘 알려져 있는데, 이 책은 주로 신앙과 사회주의를 결합하려고 했다.[22] 성공회 사회 신학과 정의로운 전후 사회를 구성하는 비전을 제시했다.

그는 1941년에 개최된 교회와 사회에 대한 Malvern 회의를 소집하여 기독교에 기초한 사회에 대한 여섯 가지 필수조건을 제안했다.[23] 첫째, 어린이는

---

21) William Temple 은 성공회 캔터베리 대주교인 Frederick Temple (1821~1902) 주교의 둘째 아들로 태어났다. 그는 1928년 탄광에서 일하는 노동자들과 자본가의 노동쟁의를 중재하면서, 부유층들의 지나친 탐욕을 경계하고 사회경제적 취약계층들을 배려하는 사회개혁을 지지하였다.

22) David Kynaston, *Austerity Britain 1945-51*. London: Bloomsbury, 2008, p.55. (ISBN 978-0-7475-9923-4)

23) Grant, Robert. "A Communication: William Temple (1881-1944)", *The Sewanee Review, Spring 1945*, pp.288-290.

예의와 존엄성을 갖춘 가정의 일원이 되어야 한다. 둘째 모든 어린이는 성인이 될 때까지 교육을 받을 기회를 가져야 한다. 셋째, 모든 시민은 가정을 꾸리고 자녀를 제대로 키울 수 있을 만큼 소득이 있어야 한다. 넷째, 모든 근로자는 자신이 근무하는 사업이나 산업의 운영에 있어서 발언권을 가져야 한다. 다섯째, 모든 시민은 충분한 여가를 가져야하며 일주일에 2일의 휴식과 유급 연차휴가가 있어야 한다. 여섯째, 모든 시민은 신앙, 언론, 집회, 결사의 자유를 보장받아야 한다. 또한 1942년에 템플은 Chief Rabbi Joseph Hertz (조셉 허츠 수석 랍비)와 함께 유대인에 대한 편견에 맞서기 위해 기독교인과 유대인 협의회를 공동으로 설립했다. 또한 그는 노동계 운동을 옹호하고 경제 및 사회 개혁을 지지하고, 노동자 교육 협회의 초대 회장(1908~1924)으로서 영국 노동당에 가입했다. 그는 또한 에큐메니칼 운동에 참여했고, 1927년 로잔 회의에 참여했으며, 1937년 에든버러에서 열린 세계 교회 회의를 준비하는 데 도움을 주었다.

템플은 말하기를 일반적으로 교회는 원리 및 원칙들과 관련이 있고, 동시에 각 개인으로써 그리스도인은 이 원칙들을 상세히 이해하여야만 한다고 주장하며, 그는 말하기를 "The Church is the only society that exists for the benefit of those who are not its members(교회는 교회구성원이 아닌 사람들의 유익을 위하여 존재하는 유일한 사회이다)"[24] 라고 하였다. 비록 그리스도인의 신앙이 교회의 원칙들에 대한 정당성을 지켜 줄 수 있을지는 모르지만, 그리스도인의 신앙, 그것 자체로는 경제나 사회과학, 그리고 다른 요소들과 별개로 사회정책을 수립하고 이해하는 데는 한계가 있다.[25]

왜냐하면 그리스도인의 신앙은 인간의 안정과 평화에 우선순위를 두고 있지만, 정치적·경제적 제도들은 사회의 정의를 실현하는데 우선순위를 두고 있기 때문이다.[26] 그러나 사회정의의 실현에 앞서 인간의 안전을 먼저 고려해야 함으로 하나님의 자녀로서 각 개인의 사고는 사회·정치·경제적인 고려보다 앞서야 하며, 사회는 사람들의 개인적 역할을 최대한으로 배려해 주어야 한다는 것이다.

1943년 3월, 템플은 상원에서 연설할 때, 아돌프 히틀러가 반대 없이 유럽을

---

24) W. Temple, *Church and Nation*. 1915.
25) David Kynaston. *et. al.*, p.55. (SBN 9780747599234.
26) Marr, Andrew, *A History of Modern Britain. Macmillan*. 2008, p.4. ISBN 978-0-330-43983-1.

정복했다면 평화주의자들은 그에 반대하지 않았다는 점에서 이에 대한 책임을 기꺼이 받아들여야 한다고 주장했다.[27] 그리고 템플은 1944년 여름 노르망디를 방문하였다.[28] 중세 이후로 전투에 직접 나선 최초의 캔터베리 대주교가 되었다. 그는 사회주의자였음에도 불구하고 1928년 보수당 정부에 의해 요크 대주교로 지명되었고 이듬해에 취임했다.[29] 1942년에 그는 캔터베리 대주교로 임명되었고, 2년 반 만에 63세의 나이로 재임 중에 사망했다.[30] 루즈벨트 대통령은 템플의 죽음에 대해 조지 6세에게 편지를 써서 미국 국민의 동정을 표하며 "그는 기독교 원칙에 기반을 둔 국제 협력의 열렬한 옹호자로서 전 세계에 깊은 영향을 미쳤습니다."[31]라고 말했다.

딜리스톤의 견해에 따르면, 템플은 "기독교와 세상, 교회와 국가, 신학과 철학, 종교와 문화 사이에 근본적인 구분을 두지 않았다."[32] 그러므로 교회와 국가는 그 관심의 대상에서 서로 조화를 이루고 있다고 볼 수 있다.

7. 교황 요한23세(John XXⅢ, Angelo Giuseppe Roncalli)

교황 John XXIII(1881.11.25~1963.6.3)[33]은 이탈리아 베르가모 지방의 작

---

27) Stephen E Lammers,. "William Temple and the Bombing of Germany: An Exploration in the Just War Tradition". *The Journal of Religious Ethics* (Spring 1991). 19 (1): 71-92.

28) https://en.wikipedia.org/wiki/William_Temple_(bishop)

29) David Kynaston. *et.al*

30) 전쟁 기간 동안 Temple은 영국을 계속 여행하면서 하루에 여러 번 연설하기도 했다. 그는 평생 통풍을 앓았고, 업무 부담으로 인해 통풍이 점점 악화되어 1944년 10월 초 캔터베리에서 구급차로 이송되어 웨스트게이트온 시에 있는 호텔로 옮겨졌는데, 그곳에서 1944년 10월 26일에 심장마비로 사망했다. 그의 장례식은 10월 31일에 캔터베리 대성당에서 열렸다. 그는 화장으로 장례식을 한 최초의 대주교였다.

31) Baker, A. E.; Bell, George. *William Temple and his Message*. London: Penguin, 1946, p.11.

32) Dillistone, F. W. "William Temple: A Centenary Appraisal", *Historical Magazine of the Protestant Episcopal Church*, June 1983, pp.101-112.

33) Pope John XIII 의 본명은 Angelo Giuseppe Roncalli 인데, 그는 1931년부터 교황청의 외교관으로 활약하여 1953년에는 추기경, 베네치아의 총대주교를 거쳐 1958년 10월 9일 비오 12세가 사망한 후 12차 투표에서 1958년 10월 28일에 261번째 교황으로 선출되었다. 평범한 성직자로 남기를 원하였으나 프랑스와 그리스 등에서 활동한 외교적 성과가 높이 인정되어 교황으로 선출되었다. 온화하고 탈권위적이었던 그는 재위기간 중에 일부 추기경들의 반대에도

은 시골 마을인 Sotto il Monte에서 태어났다. 1904년 8월 10일 사제로 서품되었고 제 1차 대전 동안 이탈리아 왕립군에 상사로 징집되어 의료사제로 복무했다. 그 후 그는 로마로 가서 교회법 박사학위를 받았다. 1925년 3월 불가리아의 사도적 방문자로 임명되어 그의 바티칸 외교관으로서의 봉사가 시작되었다. 그 후 1944년 말에 샤를 드골에 의해 해방된 프랑스에 교황 대사로 임명되었다. 1958년 10월 28일 교황으로 선출된 후 그의 사목철학은 "교회를 최신으로 만들고(aggiornaménto)"라는 목표로 영적 쇄신을 위해 일하는 것이었다. 그는 종교 개혁 이래로 가톨릭교가 재활성화와 개혁이 필요하다는 것을 솔직하게 인정한 최초의 교황이었다. 교황은 제2차 바티칸 공의회(1962~1965)가 사목 공의회로 소집되었음을 분명히 했고, 교회는 무엇보다도 자신이 주인이 아니라 인류의 하인임을 인정하고, 새로운 교리를 선포해서는 안 되지만, 오래된

불구하고 로마 가톨릭교회에 대변혁을 불러일으키게 되는 제2차 바티칸 공의회(1962.10.11.~1965.12.8.), 즉 로마 가톨릭 교회의 21번째 에큐메니칼 공의회를 1962년 10월 11일 소집하였으며, 1963년 4월 11일 최초로 가톨릭 신자들에게만이 아니라 선의(善義)의 모든 사람에게 보낸 회칙 《지상의 평화》(Pacem in Terris)를 반포하였다. 세계 평화, 빈부격차 문제, 노동 문제 등 현대 인류 사회의 여러 가지 현안 문제의 해결에 기여하려 노력한 점이 높이 평가된다. 특히 그는 당시 미국과 소련 사이에 고조되었던 핵 전쟁의 기운을 차단하고 분쟁을 조절하였다. 1963년 교황으로서는 최초로 타임지 올해의 인물에 선정되었다. 교황 요한 23세는 교황의 정식 의례를 사용한 마지막 교황이었으며, 그 중 많은 부분이 바티칸 2차 공의회 이후 폐지되었다. 그는 1962년 9월 23일, 처음으로 위암 진단을 받았고, 1963년 6월 3일 오전 11시, 교황 사제장인 Petrus Canisius Van Lierde 가 죽어가는 교황의 침대 옆에 서서 그에게 기름을 부을 준비를 했다. 교황은 마지막으로 말을 시작한다. "저는 겸손하고 가난하지만 주님을 두려워하는 그리스도인 가정에서 태어나는 큰 은총을 받았습니다. ... 지상에서의 제 시간은 끝나가고 있습니다. 하지만 그리스도께서는 살아 계시고 교회에서 계속 일하십니다. 영혼들이여, 영혼들이여, Ut omnes unum sint," 그런 다음 반 리르데(Van Lierde)는 그의 눈, 귀, 입, 손, 발에 기름을 바르는데, 감정에 압도되어 그는 기름을 바르는 올바른 순서를 잊었다. 그 때 교황 요한은 그를 부드럽게 도와준다. 그런 다음 교황은 그와 다른 모든 구경꾼에게 마지막 작별 인사를 하였다. 교황은 1963년 6월 3일 오후 7시 49분(현지 시간) 81세의 나이로 세상을 떠났다. 그는 1963년 6월 6일에 매장되어 4년 7개월 6일의 통치를 마쳤다. 1963년 12월 6일, 미국 대통령 린든 B. 존슨은 교황 요한과 미국 사이의 좋은 관계를 인정하여 미국 최고의 민간인 상인 대통령 자유 훈장을 사후에 수여했다. 많은 이들에게 애정 어린 "착한 교황 요한"과 "역사상 가장 사랑받는 교황"으로 알려졌고, 많은 개신교 단체에서 기독교 개혁가로 존경을 받고 있다. 매년 6월 3일에는 미국 복음주의 루터교회가, 6월 4일에는 캐나다 성공회가 그를 기념한다. 2014년 4월 27일 교황 요한 바오로 2세와 함께 합동 시성식을 통해 성인으로 시성되었다.

교리와 규율은 재검토해야 해야 한다고 주장하였다. 제2차 바티칸 공의회는 로마 가톨릭 교회 역사상 처음으로 여성이 주교 회의에 참석할 수 있도록 허용되었으나 여성의 참여는 참관인으로 제한되었다. 그는 "새로운 오순절", 즉 성령의 새로운 부어주심을 추구했다.

교황 요한23세의 계획에 따르면, 이 공의회는 과거의 적대감을 제쳐두고 분열된 기독교의 스캔들에 대한 가톨릭의 책임을 인정함으로써 기독교의 통일을 달성하기 위한 새로운 시작을 알렸다. 동방 정교회에서 오랜 경험을 쌓은 교황 요한23세는 기독교 에큐메니즘에 관심을 갖는 것이 당연하다고 보고, 그는 동방 정교회, 성공회, 개신교 종교 지도자들을 극도의 정중함으로 맞이했고, 바티칸 공의회에 참관인을 파견하여 주도록 요청했다. 그는 유대인에게 모욕적인 특정 단어를 교회의 공식 전례에서 제거했는데, 어느 날 그는 유대인 방문객들에게 "나는 여러분의 형제 요셉입니다"라는 성경 구절로 자신을 소개했다.

그는 교회의 정치성을 없애기 위해 바티칸의 통치자로서의 자신의 지위를 낮추고 교황의 전통적인 칭호인 "하느님의 하인들의 하인"이라는 자신의 역할을 강조했다. 그런 정신으로 그는 이탈리아 대통령을 방문했고 성공회 캔터베리 대주교(14세기 이후 처음으로 그런 만남을 가짐)와 스코틀랜드 교회의 감독 등을 바티칸에서 접견하였다.

1962년 쿠바 미사일 위기 동안 교황은 미국과 소련에 신중과 자제를 공개적으로 촉구했고 존 F. 케네디(John F. Kennedy)대통령과 흐루쇼프(Khrushchev) 총서기의 찬사를 받았다.

모든 인류에게 보낸 그의 주요 회칙인 "Pacem in Terris(지구의 평화)"는 전 세계에서 따뜻하게 받아들여졌고 정치인과 성직자 모두로 부터 칭찬을 받았다. 직설적이고 솔직하게 낙관적인 이 회칙은 외교적 언어를 피하고 심오하게 인간적인 용어로 세계 평화의 요구 사항을 제시했다. 그는 마르크스주의 철학과 그것이 탄생시킨 실제 정부를 구별하면서 서방과 공산주의 동방의 평화로운 공존이 바람직할 뿐만 아니라 인류가 살아남으려면 실제로 공존이 필요하다고 제안했다. 그는 그렇게 함으로써 전임자가 형성한 호전적인 정책의 결과로 냉전에 쏟아진 종교적 에너지를 희석시켰다.

교황 요한23세는 자신을 화해자로 여겼으며, 성명을 통해 세계에서 초정치적, 영적 세력으로서 교회의 중요성을 강조했다. 그러나 그가 세상에서 가장 사랑받는 이유는 공식적인 진술보다는 그의 따뜻한 성격 때문이었다고 말한다.

그는 로마 감옥의 수감자들에게 "당신이 나에게 올 수 없었기 때문에 내가 당신에게 왔습니다."라고 말했다. 또한 그가 성 베드로 대성당을 지나갈 때 초라한 시골 여인이 그를 만지려고 손을 내밀었을 때 그는 멈춰서 그녀의 손을 잡으면서 그는 "요르단 국왕처럼 가까이 다가가지 못할 이유가 없습니다."라고 말했다. 평등에 대한 그의 견해는 "우리는 모두 신의 형상으로 만들어졌으며, 따라서 우리는 모두 신성합니다."[34]라는 그의 진술에서 요약된다.

결론적으로 교회를 정치적 실체로 받아들일 수 있는 일반적인 원칙들은 권리와 의무라는 용어와 함께 이해되어져야 한다고 주장하였다. 즉 그는 상호관계가 있는 권리와 의무에 대한 자연법 개념은 개인들 사이와 마찬가지로 국가들 사이에도 적용된다고 했다.

근세 자연법에서 '권리는 의무를 수반하며 의무는 권리를 전제로 한다'는 명제는 교회의 관심과 국가의 관심이 서로 상관관계를 가지고 있다는 의미이다. 다시 말하면 도덕적 질서의 실체와 진리의 객관성은 개인에 의해서든 국가에 의해서든 공통된 선으로 추구된다는 것이다. 그러므로 각 그리스도인은 그들 자신들이 공공업무를 위하여 헌신해야 하며, 사회를 변화시키도록 노력해야 한다. 이것은 '혁명'이라는 개념이 아니라 의무와 사랑의 정신과 함께 점차적으로 변화시키는 것을 말한다. 그는 이처럼 자연법의 개념 안에서 교회와 국가의 조화를 강조하고 있다.

8. 그룬트비(Nikolaj Frederik Severin Grundtvig)

Nikolaj Frederik Severin Grundtvig(1783.9.8.~1872.9.2.)[35]는 덴마크의

---

34) 'Canonisation of Blessed John Paul II and Blessed John XXIII,' T*he National Catholic Church of the United Kingdom and Ireland*, 4 July 2013, archived from the original on 7 April 2014.; Gormley, Beatrice (2017). *Pope Francis : the people's pope*. New York: Aladdin. ISBN 978-1481481410. OCLC 973067191.

35) Nikolaj Frederik Severin Grundtvig는 덴마크의 신학자, 루터교 목회자, 시인이며 정치가인 그는 덴마크인 철학자이기도 한 쇠렌 오뷔에 키르케고르(Søren Aabye Kierkegaard)의 실존주의 철학 이론을 극찬하였으며 아울러 같은 덴마크인 작가이기도 한 한스 크리스티안 안데르센(Hans Christian Andersen)의 동심 사랑을 좋아하기도 한 그는 덴마크 셸란 지역의 작은

신학자·시인·역사가·정치가인데, 그는 "하나님을 사랑하고, 이웃을 사랑하며, 땅을 사랑하자..."라고 호소하며 박토인 조국 덴마크를 개척하였고 덴마크를 세계적인 아름다운 나라로 개혁하는데 크게 이바지하여 "덴마크 중흥의 국부(國父)"라 일컬어진다. 그에 의하여 대중교육 (popular education)이 덴마크 전통에서 삶에 대한 학습 개념과 밀접하게 연관되게 되었다. 그룬트비는 다른 저명한 덴마크인 키르케고르(Søren Aabye Kierkegaard, 1813~1855)와 안데르센(Hans Christian Andersen, 1805~1875)과 함께 더불어 동시대에 살았다. 그는 종종 매우 극심한 우울증에 시달렸으며 만약 현대였다면 '조울증'으로 진단받았을 것이다.

1808년 문학가로서 Grundtvig 는 "Northern Mythology"로 큰 성공을 거두었고, 1809년에는 역사 드라마 "The Fall of the Heroic Life in the North"로 다시 성공을 거두었다. Grundtvig는 1810년 첫 설교에서 도시의 성직자들을 담대하게 비난했다.36) 그가 3주 후에 설교문「기독교적 각성」을 발표했을 때 그것은 교회 당국을 화나게 했고, 그들은 그에게 처벌을 요구했다.37) 그의 신학의 주요 특징은 사도적 주석 대신 '살아있는 말씀'의 권위를 강조하고, 각 회중이 실질적으로 독립적인 공동체로 행동할 것을 요청했다. 그는 제도가 아니라 삶을 통한 정신적 연결에 기초한 유기적인 공동체(Folkeoplysning)를 주장하였다. 공동체적 삶에서 중요한 것은 서로의 다양성과 다름을 인정하는 가운데, 개인의 가치를 존중하는 것이다.

1810년에 그룬트비히는 종교적 위기를 겪었고 강력한 루터교로 개종했다.

섬마을, 질란드(Zealand)에서 독실한 루터교 목사인 Johan Ottosen Grundtvig의 아들로서 매우 종교적인 분위기에서 자랐지만 그의 어머니는 고대 노르드 전설과 전통에 대한 큰 존경심을 가지고 있었다. 그는 3세 때부터 5세 때까지 부모를 따라 프로이센 왕국의 수도 베를린에서 2년간 어린 시절을 보내었으며 이어 5세 때부터 6세 때까지도 부모를 따라 스웨덴의 수도 스톡홀름에서 1년간 어린 시절을 보내었고 6세 때 덴마크에 귀국하여 고국 덴마크의 향리에서 초등학교·중학교·고등학교 졸업을 거쳐 덴마크 코펜하겐 대학교 신학과에서 수석으로 졸업하였으나 첫 목사고시에서 설교제목이 "덴마크 목사들이여 회개하라"이었기에 시험관에게 괘심 죄에 걸려 낙방하였다. 그 후 루터교 목사 자격을 얻고 향리 교회에서 소박한 농민들의 신앙을 지도하였다. 그는 세 번 결혼했고, 마지막으로 결혼한 것은 76세 때였다.

36) Abrahamowitz, Finn, Grundtvig Danmark til lykke (in Danish), Copenhagen: Høst & Søns Forlag, 2000, ISBN 87-14-29612-8.

37) Reich, Ebbe Kløvedal, Solskin og Lyn — Grundtvig og hans sang til livet (in Danish), Copenhagen: Forlaget Vartov, 2000, ISBN 87-87389-00-2.

그는 아버지의 시골 교구인 우드비로 은퇴하여 사목자가 되었다.[38] 그의 새롭게 찾은 확신은 1812년에 유럽 역사를 소개하는 책인 「The First World Chronicle(Kort Begreb af Verdens Krønike i Sammenhæng)」에서 그는 인간 역사 전반에 걸쳐 신이 어떻게 존재하는지 설명하려고 시도했고, 많은 저명한 덴마크인의 이념을 비판했다.[39] 1813년에 아버지가 소천하자 그룬트비히는 교구에서 그의 후임자가 되기 위해 지원했지만 거절당했다.

코펜하겐 대학교의 신학 교수인 Henrik Nicolai Clausen (1793 ~ 1877)은 성경이 기독교의 주요 토대이기는 하지만 그 자체로는 그 완전한 의미를 충분히 표현하지 못하므로 교회를 "일반적인 종교성을 증진하기 위한 공동체"라고 설명했다.[40] Grundtvig는 Clausen을 반기독교 교사로 비난하고 기독교는 성경에서 파생되어 학자들이 정교화해야 할 이론이 아니라고 주장하며, 신학자들이 성경을 해석할 권리가 있는지 의문을 제기했다.[41] 그래서 1825년 Grundtvig는 Clausen의 개신교와 천주교의 교리, 의식 및 헌법에 대한 작업에 대한 응답인 「교회의 대답 (The Church's Rejoinder, Kirkens Gienmæle)」이란 저서를 발표하여 신앙의 자유를 호소하였는데, 이 책에서 당시의 합리주의를 공격했는데, Grundtvig 는 명예 훼손 혐의로 공개 기소되었고 벌금을 물었고 루터교회는 그가 7년 동안 설교하는 것을 금지했다.

이 기간 동안 그는 신학 작품집을 출판했고, 영국을 세 번(1829~31) 방문했으며, 앵글로색슨어를 공부했다.[42] 그는 두 번 째 방문 때 1932년 6월 24일 저녁 만찬에서 클라라와의 대화에서 많은 영향을 받았다. 그는 기독교의 목적은 세상에서 인간을 구원함이 아니라 오히려 그 반대이다. 우리의 삶을 위하여 인간을 자유롭게 하는 것이 목적이다. 세속의 삶에서 끊임없이 일어나는 시련과 과정에서 우리를 구원하는 것이 아니라, 우리를 자유롭게 하여 선과 악을 포함한 모든 삶의 면면을 받아들이고 포용하는 것에 있었다. 그는 인간의 삶이 우리

---

38) Pia Andersen, *N.F.S.Grundtvig*. 2005, Forfatterweb. Retrieved 15 December 2015.
39) Allchin, Arthur Macdonald, *NFS Grundtvig*, Århus: Århus University Press, 1997, ISBN 87-7288-656-0.
40) *Ibid*.
41) Lundgreen-Nielsen, Flemming, *NFS Grundtvig* (Biografi) (in Danish), DK: Arkiv for Dansk Litteratur, archived from the original on 3 July 2007, retrieved 8 August 2007.
42) Allchin, Arthur Macdonald, *NFS Grundtvig*, Århus: Århus University Press, 1997. ISBN 87-7288-656-0.

에게 주어진 귀중한 선물임을 깨닫게 되었다.[43]

1832년 그룬트비히는 다시 설교 허가를 받았고, 1839년 그는 코펜하겐의 바르토프 병원의 구빈원 교회의 목사로 부름을 받고, 죽을 때까지 그 직책을 유지했다. 1837년에서 1841년 사이에 그는 풍부한 성시집인 「Sang-Værk til den Danske Kirke(덴마크 교회를 위한 노래)」를 출판했다. 1838년에는 초기 스칸디나비아 시를 발췌하여 출판했으며, 1840년에는 앵글로색슨어로 쓰여 진 시, 「베오울프 (Beowulf, Bjovulfs (1820)」를 현대 덴마크어로 번역하면서 큰 영감을 받았다.

그의 정치활동은 1843년에는 네 번째로 영국을 방문하여 1844년부터 1차 슐레스비히 전쟁 이후까지 그룬트비히는 정치에서 두드러진 역할을 했으며, 보수주의자에서 자유주의자로 발전했다. 1848년 코펜하겐 제11구에서 국회 의원에 출마하였으나, 56표의 차로 낙선했다. 그 후 1848년 덴마크의 수도 코펜하겐 보궐 선거에서 무소속 국회의원으로 무투표로 당선된 후, 국방의 의무(義務)·신앙·언론·출판·집회 등의 자유를 위하여 지도적인 발언을 했다. 그리고 누구나 각자 자기 자신의 토지를 소유할 권리가 있음을 역설하였다. 1861년에 그는 주교라는 직함을 받았지만, 교구는 받지 못했다가, 다시 1866년 국회의원이 되었다. 그는 국민성과 루터주의의 근저(根低)에 돌아감으로써 국민 생활을 개선하기 위해 "하나님을 사랑하자·이웃을 사랑하자·땅을 사랑하자" 라는 구호를 제시하고, 마침내 이 목적을 위하여 대중고등학교의 창설을 주창했다.

그의 설교와 애국정신과 교육정신에 감동을 받은 일꾼들은 새로운 덴마크를 건설하는 일에 헌신하게 되었다. 그렇게 시작된 국민교육기관이 '폴케호이스콜레', '덴마크자유학교'이다. 자유학교는 하나님에 대한 신앙, 개척정신, 자유정신 그리고 과학정신으로 죽어가던 메마른 땅 덴마크를 개척해서 세계적으로 아름다운 나라로 만드는 데 크게 공헌했다. 그는 국가란 국민들의 행복을 위한 결사체이고 교회는 그 결사체의 방향과 정신을 제공하는 나침판으로 보았다. 즉 수도원의 신앙생활보다는 사회 속에서 행동하는 신앙을 강조하였다. 그러므로 국가와 교회는 상생의 길을 걸아가야 한다는 의미로 해석되어 진다.

---

[43]
https://www.jayuskole.net/%ED%8F%B4%EC%BC%80%ED%98%B8%EC%9D%B4%EC%8A%A4%EC%BD%9C%EB%A0%88/%EA%B7%B8%EB%A3%AC%ED%8A%B8%EB%B9%84

9. 카이퍼(Abraham Kuyper)

Abraham Kuyper(1837.10.29~1920.11.28.)[44]는 네덜란드의 수상(1901~1905)이자 신학자이며, 신 칼뱅주의 (Neo-Calvinism) 운동이 그에 의해 시작된 운동이다.[45] 그는 1837년 10월 29일 네덜란드 마스루이스 (Maassluis)에서 그의 아버지 Jan Frederik Kuyper의 장남으로 태어났다. 그의 아버지는 Hoogmade, Maassluis, Middelburg 및 Leiden의 네덜란드 개혁 교회의 목사로 일했다.

1862년에 카이퍼는 "Disquisitio historico-theologica, exhibens Johannis Calvini et Johannis à Lasco de Ecclesia Sententiarum inter se compositionem (Theological-historical dissertation showing the differences in the rules of the church, between John Calvin and John Łaski)" 즉 "교회 규칙에서 장 칼빈과 장 라스키의 차이점을 보여주는 신학-역사적 논문"이라는 제목으로 신학 박사학위를 취득했다.[46] 1862년 5월에 그는 목사 자격을 얻고, 1863년에 Beesd 마을의 네덜란드 개혁 교회의 목사가 되었으며, 같은 해에 그는 Johanna Hendrika Schaay(1842-1899)와 결혼하고, 아들 다섯 명과 딸 세 명을 두었다.

1864년에 카이퍼는 반혁명 국회의원인 기욤 그로엔 반 프린스터러 (Guillaume Groen van Prinsterer, MP)와 서신을 주고받기 시작했는데, 그는 카이퍼의 정치적, 신학적 견해에 큰 영향을 미쳤다. 그러던 중 1866년경에 카이퍼는 네덜란드 개혁 교회 내의 정통적 경향에 공감하기 시작했고, 그는 30대 초반의 독신 여성인 피에트예 발투스(Pietje Baltus)의 강력한 개혁 신앙에서

---

44) 아브라함 카이퍼(Maassluis, 1837년 10월 29일- Den Haag, 1920년 11월 8일)는 일반적으로 아브라함 카이퍼로 알려진 네덜란드의 정치인, 언론인, 정치가, 신학자입니다. 그는 반혁명 당을 창당했고 1901년부터 1905년까지 네덜란드의 총리를 지냈다. 신 칼뱅주의가 그에 의해 시작된 운동이다. 암스테르담 자유 대학교를 설립하고 기독교 정당인 반혁명당을 설립하였다.
45)
   https://ko.wikipedia.org/wiki/%EC%95%84%EB%B8%8C%EB%9D%BC%ED%95%A8_%EC%B9%B4%EC%9D%B4%ED%8D%BC
46) https://en.wikipedia.org/wiki/Abraham_Kuyper#CITEREFMouw2011

영감을 받았다.47)

그 영향으로 카이퍼는 교회의 중앙 집권화와 왕의 역할에 반대하면서 그는 1871년에 「De Heraut(The Herald)」에 기고문을 쓰기 시작하다가, 1872년에 자신의 신문인 「De Standaard(The Standard)」를 창간했는데, 이 신문은 카이퍼가 창간한 개혁 조직(Reformed pillar) 네트워크의 토대를 마련했다. 그는 현대주의(Modernism) 신학을 '현실에 대한 피상적인 관점에 기반한 새로운 유행'으로 보고 반대하였고, 뿐만 아니라 현대주의 신학은 하나님, 기도, 죄, 교회의 현실을 놓쳤다고 주장했다. 결국 현대주의 신학은 '짜낸 레몬 껍질'처럼 쓸모없게 될 것이지만 전통적인 종교적 진리는 살아남을 것이라고 말했다.48)

1873년에 카이퍼는 국회의원 총선에 후보로 출마했지만 실패하였다가 보궐선거에서 당선되고, 그 후 1876년 그는 반혁명당의 토대를 마련한 「우리의 프로그램(Our Program)」이라는 책을 썼다. 이 책에서 그는 종교(개혁교회와 천주교)와 비종교 간의 갈등과 대립은 항상 존재한다고 보고, 모든 인간 권위와 마찬가지로 정부의 권위는 신의 권위에서 비롯된다고 주장하였다. 특히 가족과 교회를 포함한 삶의 다른 영역들 사이에서 정부의 적절한 역할을 강조하였다.

카이퍼는 1877년에 건강 문제로 인해 의회를 떠났다가 다시 1878년에 정계로 복귀하여 종교 학교에 더 큰 불이익을 줄수 있는 새로운 교육법에 반대하는 청원을 했다.49) 이것을 원동력으로 하여 그는 1879년 기독교 정당인 "반혁명당 (the Anti-Revolutionary Party (ARP), 1879~1920)"을 설립하였고, 1920년에 사망시까지 반혁명당의 확실한 지도자로서 활동하였다. 그가 이끈 반혁명당은 기독교 정당으로서 프랑스 혁명을 강하게 반대한 흐룬 판 프린스테러르 (Guillaume Groen van Prinsterer, 1801.8.21.~1876.5.19.)로부터 영향을 받아 작은 정부와 공화주의를 따르는 정당이 되었다.50) 그는 1880년 암스테르담

---

47) Richard J. Mouw, Abraham Kuyper: A Short and Personal Introduction, Grand Rapids: Wm. B. Eerdmans, 2011, ISBN 978-0-8028-6603-5

48) Arie L. Molendijk, "'A Squeezed Out Lemon Peel'. Abraham Kuyper on Modernism", *Church History and Religious Culture*, 91 (3): 2011, 397-412, doi:10.1163/187124111X609397, ISSN 1871-241X

49) https://en.wikipedia.org/wiki/Abraham_Kuyper

50) 마틴 로이드존스, 「청교도 신앙 그 기원과 계승자들」. 생명의 말씀사. 2002, pp.473-474. ISBN 89-04-09029-6.

자유 대학교(Vrije Universiteit Amsterdam)를 설립하고 그곳에서 신학 교수가 되었다가 다시 1894년 총선에서 그는 Sliedrecht 지역의 하원 의원으로 재선에 성공한다

국회의원으로서 두 번째 임기 동안 그는 교육보다 참정권, 노동, 외교 정책과 같은데 더 많은 관심을 보였는데, 특히 외교 문제에서 제2차 보어 전쟁(Second Boer War)[51]을 네덜란드어를 사용하는 개혁 농부와 영어를 사용하는 성공회 사이의 갈등에서 발생한 것으로 판단하고, 그는 보어 편을 들면서 영국에 강력히 반대했다. 카이퍼는 1879년 이후 여러 번의 국회의원 선거에 패배와 당선을 반복하면서 정치인으로서, 언론인으로서의 직업을 계속 유지했다.

1898년에는 네덜란드 언론인 협회의 의장이 되었고, B. B. Warfield (벤저민 워필드)의 초대로 카이퍼는 프린스턴 신학교에서 강연을 하였다. 그 강연은 1898년 10월 10~11일(14일)과 19~21일에 진행되었는데, 그가 강연한 "스톤 강의(Stone Lectures)"[52]는 북미 청중에게 처음으로 알려졌다. 그는 칼뱅주의와 철학, 종교, 정치, 과학, 예술, 미래와의 관계에 대해 토론하고, 칼빈주의가 신학 그 이상이라고 주장했다. 이 강연으로 그는 프린스턴 대학교로부터 명예 법학 박사 학위를 받았고,

미국에 있는 동안 미시간과 아이오와주의 여러 네덜란드 개혁 교회에서 설교를 하였으며, 오하이오와 뉴저지의 장로교 집회에서도 설교를 하였다. 그의 칼뱅주의 강연은 포괄적인 세계관을 제공했고, 실제로 현대 사회의 제도와 가치에 긍정적 요인임이 입증되었다고 보았다. 이러한 계기가 그의 유명한 목회철학인 '영역주권론'의 기초를 마련하였다.

카이퍼는 내각 의장 (수상, 1901~1905)으로 있는 동안, 교육 분야에서 종교학교의 재정 상황을 개선하기 위해 여러 교육법을 변경했다. 즉 신앙 기반 대학

---

51) 제2차 보어 전쟁(아프리칸스어: Tweede Vryheidsoorlog, 직역하면 '제2차 자유 전쟁', 1899년 10월 11일 ~ 1902년 5월 31일)은 보어 전쟁, 트란스발 전쟁, 영국-보어 전쟁 또는 남아프리카 전쟁으로도 알려져 있으며, 영국 제국과 두 보어 공화국(남아프리카 공화국과 오렌지 자유국) 사이에서 제국의 남부 아프리카 영향력을 놓고 벌어진 갈등이었다.

52) LECTURES ON CALVINISM BY DR. ABRAHAM KUYPER, Former Prime Minister of the Netherlands, Six Lectures Delivered at Princeton University, Under Auspices of the L. P. Stone Foundation (1931, Reprinted 1999); Molendijk, Arie L. (2008), "Neo-Calvinist Culture Protestantism: Abraham Kuyper's Stone Lectures", *Church History and Religious Culture*, 88 (2): 235–50, doi:10.1163/187124108X354330, ISSN 1871–241X.

의 졸업장을 공립 대학의 졸업장과 동등하게 만드는 그의 고등 교육법은 상원
에서 부결되었는데, 그 때 카이퍼는 상원을 해산했고, 새로운 상원이 선출된 후
법안이 수용되게 하였다. 1908년, 카이퍼는 국무 장관이라는 명예 칭호를 받았
고, 제1차 세계 대전 동안 그는 보어 전쟁 이후로 영국에 반대해 왔기 때문에
독일 편을 들었다. 1918년에 카이퍼는 샤를 루이즈 드 베렌브룩53)이 이끄는
첫 내각 구성에서 중요한 역할을 하다가 1920년 83세의 나이로 헤이그에서 사
망했으며 대중의 큰 관심 속에 매장되었다.

카이퍼는 칼뱅주의 세계관의 맥락에서 일반 은혜의 원리를 공식화하였는데,
가장 중요한 것은 일상생활에서 하나님의 역할에 대한 그의 견해이다. 그는 하
나님이 신자들의 삶에 지속적으로 영향을 미치고 일상적인 사건들이 하나님의
작용을 보여줄 수 있다고 믿었다.

카이퍼는 "오, 우리의 정신세계의 어떤 부분도 나머지 부분과 완전히 분리되
어서는 안 되며, 우리 인간 존재의 전체 영역에서 모든 것의 주권자인 그리스도
께서 '내 것!'이라고 외치지 않는 어떠한 곳도 없다."54) 즉 하나님의 주권과 통
치는 교회뿐 아니라 정치, 경제, 문화등 모든 세상 분야에 적용되어야 한다는
것이다. 하나님은 은혜의 행위를 통해 우주를 끊임없이 재창조하시며, 하나님
의 행위는 피조물의 지속적인 존재를 보장하는 데 필요하다. 그의 직접적인 활
동이 없다면 피조물은 스스로 파괴될 것이다.

카이퍼가 주장하는 영역 주권의 개념55)은 모든 권리가 개인에서 유래한 프
랑스의 인민 주권과 모든 권리가 국가에서 유래한 독일의 국가 주권을 거부했
다. 대신에 그는 학교와 대학, 언론, 기업과 산업, 예술 등과 같은 사회의 "중
간 기관"을 존중하고, 각각은 자체 영역에서 주권을 가진다는 것이다. 공평한
경쟁 환경을 위해 그는 모든 종교 공동체(그 중에는 인본주의자와 사회주의자

53) Charles Joseph Marie Ruijs de Beerenbrouck (1873.12.1.~1936.4.17.)는 로마 가톨릭 국
가당(RKSP)의 네덜란드 정치인이었습니다. 그는 1918년 9월 9일부터 1925년 8월 4일까지,
1929년 8월 10일부터 1933년 5월 26일까지 각료회의 의장(수상)을 역임했다.
54) Charles Bloomberg, *Christian Nationalism and the Rise of the Afrikaner Broederbond in
South Africa, 1918-48*, Palgrave Macmillan, 1989. ISBN 978-1-349-10694-3; Kuyper,
Abraham (1998). "Sphere Sovereignty". In Bratt, James D. (ed.). *Abraham Kuyper: A
Centennial Reader*. Grand Rapids: Wm. B. Eerdmans. ISBN 978-0-8028-4321-0.
55) Abraham Kuyper, "Sphere Sovereignty". In Bratt, James D. (ed.). *Abraham Kuyper: A
Centennial Reader.* Grand Rapids: Wm. B. Eerdmans.1998, p.461.

가 포함됨)가 자체 학교, 신문, 병원, 청소년 운동 등을 운영할 권리를 갖고, 모든 종교 기관에 동등한 정부 재정을 지원하고자 했다.

카이퍼는 네덜란드의 헤르만 바빙크, 미국의 벤저민 워필드와 더불어 세계 3대 칼뱅주의 신학자로 알려져 있으며, 그가 주장한 일반은총과 하나님의 영역주권사상은 개혁신학에 많은 영향을 주었다. 또한 그는 존 오언의 성령론에 이어 개혁주의 성령론에 대한 책에서 오순절적인 성령 강림은 다시는 없다고 주장하였다.56)

10. 가필드(James Abram Garfield)

James Abram Garfield (1831.11.19.~1881.9.19.)57) 미국의 제20대 대통령으로, 1881년 3월부터 그해 7월 암살당할 때까지 4개월간 재임했던 미국 대통령 중에서 두 번째로 짧은 기간 동안 재임했다.58) 설교자, 변호사, 남북 전쟁 장군이었던 가필드는 미국 하원에서 9선 의원을 지냈으며, 하원에서 유일하게 대통령으로 선출된 현직 의원이다. 그는 대통령 후보로 출마하기 전에 오하이오 주 의회에서 미국 상원 의원으로 선출되었지만, 대통령으로 선출되자 상원 의원 직을 거절했다.

가필드는 오하이오주 클리블랜드(Cleveland) 근처의 오렌지 통나무집에서 다섯 자녀 중 막내로 태어났으며, 그의 부모 에이브럼(Abram)과 일라이자 가필드,(Eliza Garfield)는 동부에서 건너온 개척자들이었다.59) 1833년 초,

---

56) 크리스천투데이 (2004년 2월 4일). "해방 이후에 소개된 개혁파 성령론". 2020년 2월 26일에 원본 문서에서 보존된 문서. 2020년 2월 26일에 확인함.

57) 가필드는 미국의 제20대 대통령이며, 취임 후 총격으로 사망해 미국의 대통령 중에서 두 번째로 짧은 기간 동안 재임했다. 그는 또한 프레더릭 더글러스(워싱턴 증서 기록인), 로버트 엘리엇(재무부의 특별 대리인), 존 M. 랭스턴(아이티 주재 공사)와 블랜치 브루스(재무부에 등록) 같은 몇몇의 흑인들을 연방 고위직으로 임명하였다.

58) https://ko.wikipedia.org/wiki/%EC%A0%9C%EC%9E%84%EC%8A%A4_A._%EA%B0%80%ED%95%84%EB%93%9C

59) Jerry Bryant Rushford. *Political Disciple: The Relationship Between James A.* "Garfield and the Disciples of Christ" (PhD), (August 1977). *Churches of Christ Heritage Collection*. Item 7. University of California, Santa Barbara. Retrieved December 17, 2022.

Abram과 Eliza Garfield는 Stone-Campbell 교회에 가입했는데, 이 결정은 막내 아들의 삶에 영향을 미쳤다.[60]

아버지 Abram은 그해 말에 가필드가 18개월 때 사망하였고,[61] James Garfield는 의지가 강한 어머니가 이끄는 가정에서 가난하게 자랐다.[62] 1848년 그는 오하이오 주 조가 카운티 체스터 타운십(Chester Township, Geauga County, Ohio)에 있는 조가 신학교(Geauga Seminary)에서 공부를 시작했다.[63] 가난하고 아버지 없는 가필드는 동료들에게 조롱을 받았고 평생 무시당하는 것에 민감했다. 가필드는 1848년부터 1850년까지 남녀공학인 조가 신학교에 다녔고, 같은 급우인 루크레시아 루돌프(Lucretia Rudolph)를 만났다.[64] 10대 후반인 1850년 3월 4일에 차그린 강의 얼음물에 잠겨 그리스도 안에서 세례를 받고 거듭났다.

1851년부터 1854년까지 그는 오하이오주 Hiram에 있는 Western Reserve Eclectic Institute(나중에 Hiram College로 명명)에 다녔는데, 이 학교는 Christian Church(Disciples of Christ)가 설립하고 여전히 그 교회에 소속되어 있었다. 1854년까지 가필드는 이 학교에서 배울 수 있는 모든 것을 배웠고 전임 교사가 되었다가, 그 후 그는 매사추세츠주 윌리엄스타운에 있는 윌리엄스 칼리지(Williams College in Williamstown, Massachusetts)에 3학년으로 등록하였다.

1856년 그는 윌리엄스 대학의 Phi Beta Kappa[65]을 졸업한 후, 하이럼 대학

60) Allan Peskin, *Garfield : A Biography*. Kent, Ohio: Kent State University Press, 1978, pp.6~7. ISBN 978-0-87338-210-6
61) Lester G. McAlister; William E. Tucker, *Journey in Faith: A History of the Christian Church* (Disciples of Christ). St. Louis, Missouri: Chalice Press, 1975, ISBN 978-0-8272-1703-4.
62) Allan Peskin, *Garfield: A Biography*. Kent, Ohio: Kent State University Press. ISBN 978-0-87338-210-6, 1978, pp.8~10.
63) Allan Peskin, *Garfield: A Biography*. Kent, Ohio: Kent State University Press. ISBN 978-0-87338-210-6, 1978, pp.14~17.
64) https://en.wikipedia.org/wiki/James_A._Garfield
65) Phi Beta Kappa (파이 베타 카파 협회(ΦBK))는 미국에서 가장 오래된 학술 명예 협회이다. 1776년 12월 버지니아주 윌리엄 앤 메리 대학에서 설립되었다. 파이 베타 카파는 인문학과 과학 분야에서 우수성을 장려하고 옹호하며, 선정된 미국 대학에 예술과 과학 분야의 뛰어난 학생을 영입하는 것을 목표로 한다. 창립 이래로 17명의 미국 대통령, 42명의 미국 대법원 판사, 136명의 노벨상 수상자 등을 배출하였다.

교(Hiram College)로 다시 돌아와 고대 언어학과 문학의 교수가 되었고, 다음 해에 26세의 나이로 대학의 학장이 되었다. 또한 그 당시 그는 Stone-Campbell 교회의 설교자였다.

1858년 11월 11일 가필드는 오하이오 농민의 딸 루크레샤 루돌프(Lucretia Rudolph, 1832~1918)와 결혼하였다. 결혼 직후 법학을 공부하고 1861년에 변호사가 되었고, 7명의 자식을 두었는 데, 2명은 유아로서 사망하였다.

1856년에 공화당 대통령 후보였던 존 C. 프레몬트(John Charles Frémont, 1813.1.21.~ 1890.7.13.)의 선거 운동을 지지하면서 정치에 관심을 보인 가필드는 3년 후에 오하이오주 상원에 선출되었다. 지역 공화당 지도자들은 지역 주 상원 의원 의석의 유력한 후보였던 사이러스 프렌티스(Cyrus Prentiss)가 사망하자 가필드는 정계에 입문하는 기회가 되었고, 가필드는 6차 투표를 거쳐 당 대회에서 선출되어 1860년부터 1861년까지 재임했다.[66]

1861년에 아브라함 링컨(Abraham Lincoln, 1809.2.12.~1865.4.15.)이 대통령으로 선출된 후, 여러 남부 주가 연방에서 탈퇴하여 새로운 정부인 미국 남부 연합을 구성한다고 발표했다. 1861년 4월, 반군은 남부의 마지막 연방 전초 기지 중 하나인 섬터 요새(bombarded Fort Sumter)를 포격하여 남북 전쟁을 시작했다.[67] 가필드는 남부 연합의 탈퇴에 반대했고, 남북 전쟁이 발발하면서 오하이오 주지사 윌리엄 데니슨 2세(William Dennison's)는 가필드를 오하이오 의용군의 중령으로 임명하였다.[68] 그는 1862년 1월 9일 켄터키주의 미들 크리크(Battle of Middle Creek)에서 벌어진 전투에서 승리를 거두었고, 연소자 준장으로 진급하였다.

1862년에 여전히 육군 복무 중에 가필드는 그 해 10월 총선에서 그는 38대 의회에서 의석을 차지하기 위해 D.B. 우즈를 2대 1로 이겼다.[69] 의회 임기가 시작되기 며칠 전, 가필드는 세 살 된 큰딸 엘리자를 잃었고, 불안해하고 갈등하며 "마음이 황폐해져서" "군대의 거친 삶"으로 돌아가야 할지도 모른다고 생

66) Allan Peskin, *Garfield: A Biography*. Kent, Ohio: Kent State University Press, 1978, pp.60~61. ISBN 978-0-87338-210-6.
67) *Ibid*, pp.86~87.
68) https://en.wikipedia.org/wiki/James_A._Garfield
69) Ira Rutkow, *James A. Garfield*. New York, New York: Macmillan Publishers, 2006, p.17. ISBN 978-0-8050-6950-1. OCLC 255885600

각했다.[70]

그래서 링컨 대통령을 만나기로 결정하였는데, 그 회동에서 링컨은 말하기를 장군들은 많지만, 행정부 의원, 특히 군사 문제에 대한 지식이 있는 의원이 부족하기 때문에 하원 의석을 차지할 것을 권고했다. 가필드는 이 권고를 받아들였고 그렇게 하기 위해 군사 위원회에서 사임하게 되었다.[71]

그러던 중 다시 입대하여 1863년 그는 윌리엄 S. 로즈크랜스(William S. Rosecrans) 장군의 참모로 지내면서 가필드는 Middle Creek, Shiloh, Chickamauga 전투에서 전과를 거두어 소장으로 진급하였다. 그는 1863년 12월까지 자신의 군 지위를 사임하지 않았다.

가필드는 1863년 12월에 의회 의원이 된 후, 링컨이 남부를 강하게 압박하는 것을 꺼려하므로 그를 좌절시켰다. 그 일은 펜실베이니아의 태디어스 스티븐스가 이끄는 하원의 많은 급진파가 반군이 소유한 토지를 몰수하기를 원했다. 하지만 링컨은 이들이 제안하는 모든 법안에 거부권을 행사하겠다고 위협했기 때문이다. 하원에서 열린 토론에서 가필드는 공화당 급진파가 주장한 반군소유 토지 몰수 입법을 지지했고,[72] 영국의 영광스러운 혁명을 논의하면서 링컨이 이에 반대했다는 이유로 대통령직에서 물러날 수도 있다고 생각했다.[73] 그러나 가필드는 링컨의 노예해방 선언을 강력히 지지했다.

그는 의회에서 재임하는 동안 금본위제를 확고히 지지했고, 뛰어난 연설가로 명성을 얻었다. 그는 처음에는 재건에 대한 급진 공화당의 견해에 동의했지만 나중에는 해방 노예의 시민권 집행에 대한 온건 공화당과 일치하는 접근 방식을 선호했고, 가필드는 하원에 8선을 거두게 된다. 가필드는 1865년에 개인 재정을 개선하기 위해 변호사 업무를 시작했다. 그의 노력은 그를 월가로 이끌었고, 1865년 4월 15일 링컨이 암살된 다음 날, 폭동을 일으킨 군중을 진정시키려고 즉흥 연설을 했다. "국민 여러분! 구름과 어둠이 그를 둘러싸고 있습니다! 그의 천막은 어두운 물과 하늘의 두꺼운 구름입니다! 정의와 판단은 그의 보좌

70) Allan Peskin, *Garfield: A Biography.* Kent, Ohio: Kent State University Press, 1978, p.219. ISBN 978-0-87338-210-6
71) *Ibid,* p.219.
72) *Ibid,* p.233.
73) Robert Granville Caldwell, [1931]. *James A. Garfield: Party Chieftain.* New York, New York: Dodd, Mead & Co. 1965, pp.139~142, OCLC 833793627

의 확립입니다! 자비와 진실이 그의 얼굴 앞에 나아갈 것입니다! 국민 여러분! 신이 통치하고 워싱턴의 정부는 여전히 살아 있습니다!"74)

링컨에 대한 언급이나 칭찬이 없는 이 연설에 대하여 가필드의 전기 작가 로 버트 G. 콜드웰(Robert G. Caldwell)에 따르면 "그 안에 담긴 것만큼이나 담고 있지 않은 것에서도 매우 중요합니다."75) 라고 하면서 가필드를 옹호했다.

그 후 몇 년 동안 가필드는 링컨을 더 많이 칭찬했다. 링컨이 죽은 지 1년 후, 가필드는 "이 모든 발전 가운데 가장 위대한 것은 에이브러햄 링컨의 성격과 명예"라고 말했고, 1878년에는 링컨을 "권력과 함께 지혜가 증가한 몇 안 되는 위대한 통치자 중 한 명"이라고 불렀다.76) 가필드는 워싱턴에 있을 때 버몬트 애비뉴 크리스천 교회에 다녔는데, 이 교회는 나중에 내셔널 시티 크리스천 교 회가 되었고, 그의 제자들이 건설하고 자금을 지원한 건물이었다.77)

1880년 공화당 전당대회에서 공화당은 당내 후보로 뉴욕주 상원 로스코 콩 클링(Roscoe Conkling)와 메인주 상원 제임스 G. 블레인(James Gillespie Blaine)로 나누어져는데, 블레인이 대통령 후보되는 것을 콩클린이 저지하기 위해 35번의 투표를 해야 했다. 당시 가필드는 하원에서 공화당의 원내 총무였 었는데 대의원들은 백악관을 노리지 않았던 가필드를 36번째 비밀투표에서 타 협적인 대통령 후보로 선택했다. 1880년 대선에서 그는 조용한 현관 캠페인을 벌였고 경쟁 상대인 민주당 후보인 윈필드 스콧 핸콕(Winfield Scott Hancock) 을 1,898표 차이로 간신히 이겼고, 부통령으로 Chester Alan Arthur (1829.10.5. ~1886.11.18.)를 임명하였다.

대통령으로서 가필드의 업적에는 행정 임명에서 상원의 예우에 반하는 대통 령의 권위 주장, 우체국의 부패 청산, 대법원 판사 임명이 포함되었다. 그는 농 업 기술, 교육받은 유권자, 아프리카계 미국인의 시민권을 옹호했으며, 흑인들

---

74) Allan Peskin, Garfield: A Biography. Kent, Ohio: Kent State University Press, 1978, p.250. ISBN 978-0-87338-210-6
75) Robert Granville Caldwell, [1931]. James A. Garfield: Party Chieftain. New York, New York: Dodd, Mead & Co. 1965, pp.154~155, OCLC 833793627
76) Ibid pp.155~156.
77) Rushford, Jerry B. "James Abram Garfield (1831-1881)". In Foster, Douglas A.; Blowers, Paul M.; Dunnavant, Anthony L.; Williams, D. Newell (eds.). The Encyclopedia of the Stone-Campbell Movement: Christian Church (Disciples of Christ), Christian Churches/Churches of Christ. Grand Rapids, MI: Wm. B. Eerdmans, 2004. ISBN 978-0-8028-3898-8.

을 연방 고위직에 임명하였다.[78] 그는 또한 상당한 공무원 제도 개혁을 제안했
는데, 이는 1883년 의회에서 펜들턴 공무원 제도 개혁법으로 통과되었다.
1881년 7월 2일 가필드가 암살되자 그의 후임자로 부통령인 체스터 A. 아서가
그 해 9월 9일 대통령직위를 승계하고 그 공무원 제도 개혁법에 서명했다.

1881년 7월 2일 가필드는 윌리엄스 대학교에서 자신의 클래스 25회 동창회
를 참석하러 워싱턴을 떠날 직전이었다. 그가 역의 대합실을 지나갈 때 그에게
두 발의 총알이 발사되었다. 찰스 J. 귀토(Charles Julius Guiteau)[79]가 워싱턴
의 볼티모어 앤 포토맥 철도역에서 가필드를 총으로 쏘았던 것이다.

가필드는 여러 번 수술을 받았으나 78일 만이 9월 19일 뉴저지주 엘버론에
서 패혈증까지 겹치며 취임한지 넉 달 만에 향년 50세에 사망하였다.[80] 그의
시신은 클리블랜드에 안장되었으며, 그의 친구들은 가필드의 부인과 자식들을
도우기 위하여 대대적인 모금을 하였다. 그의 짧은 재임 기간 때문에 역사가들
은 가필드를 평균 이하의 대통령으로 평가하는 경향이 있지만 그는 부패 방지
와 시민권 옹호 입장으로 많은 칭찬을 받았다.[81]

가필드는 교회와 국가의 관계를 상생의 원리로 이해하고 국가는 노예제도 폐
지와 같은 일들을 직접 집행하여야 한다고 이해하였다.

11. 정교분리(政敎分離)와 상생

"그는 때와 계절을 바꾸시며 왕들을 폐하시고 왕들을 세우시며 지혜자에게 지혜를 주시고 총
명한 자에게 지식을 주시는도다."(다니엘 2:21)

---

[78] 노예제도 패지론 자인 Frederick Douglass 프레더릭 더글러스(워싱턴 증서 기록인), 로버트
엘리엇(재무부의 특별 대리인), 존 M. 랭스턴(아이티 주재 공사)와 블랜치 브루스(재무부에 등
록) 같은 몇몇의 흑인들을 연방 고위직으로 임명하였다.

[79] 1881년 7월 2일 돈으로 공직을 사려다 좌절된 찰스 귀토는 가필드 대통령이 모교 윌리엄스
대학을 방문한다는 소식을 듣고 모교 윌리엄스 대학에서 가필드를 총으로 쐈고 찰스 기토는
그 자리에서 잡혔다. 체포되어 재판을 받은 기토는 사형이 선고되어 40세의 나이로 처형되었
고 가필드 대통령은 고통스럽게 80일을 버티다가 9월 19일 죽었다.

[80] 그 상처는 즉시 치명적이지는 않았지만 의사들이 상처를 치료하는 데 사용한 비위생적인 방
법으로 인한 감염으로 가필드는 9월 19일에 사망했다.

[81] "Total Scores/Overall Rankings | C-SPAN Survey on Presidents 2021 | C-SPAN.org".
www.c-span.org. Retrieved February 16, 2024.

인류역사의 주체이신 하나님께서 어둠의 세상에서 빛으로 왕들을 세우시고 폐하시며 시대에 따라 지혜자를 세우신다. 국가와 교회의 관계는 하나님의 공의와 사랑의 관계와 맞물려 있다. 즉 "국가속의 교회"와 "교회속의 국가"라는 의미는 "공의 속에 사랑" 혹은 "사랑 속에 공의"의 관계와 일맥상통하다고 볼 수 있다. 하나님은 시대적 상황을 통하여 지혜자를 세우셔서 "공의와 사랑" 그 두 개념 중 하나가 시대정신을 주도하도록 허락하셨다.

요컨대, 앞에서 언급한 여러 기독교 학자들과 사상가들의 견해를 종합해 보면 그들의 사상은 시대적 배경을 초월할 수 없었다는 것이다. 달리 말하면 시대적 배경이 그들의 사상을 낳았고 볼 수 있다. 이런 맥락에서 기독교 사상은 각 시대마다 장소에 따라 하나님의 공의를 우선시하는 "국가 속에 교회"와 하나님의 사랑을 우선시하는 "교회 속에 국가"의 두 개념으로 요약된다. 다시 말하면 국가 속에 교회가 존재하는 것, 즉 "분리의 원리"인지, 아니면 교회 속에 국가가 존재하는 것, 즉 "상생의 원리"인지의 선택이 시대정신을 주도하였다.

그들이 살았던 시대적 배경이 그들의 사상을 낳았다는 전제하에 그들의 사상은 세계대전 이전시대, 세계대전 절정기시대, 그리고 세계대전 이후시대의 시대적 배경과 밀접한 관계가 있다. "분리"와 "상생"의 두 개념을 여덟 명의 기독교사상가에 국한하여 구별하기에는 무리한 부분이 있지만, 약 100여년이 지난 오늘날까지 그들이 기독교사상에 주도적인 영향을 미치고 있으며, 그들이 미친 시대정신의 영향은 기독교 신학과 다양한 기독교 학문의 영역에서 교본이 되고 있기 때문이다.

"분리"와 "상생"의 구분은 당시 시대정신을 주도하였던 상기 여덟 명의 기독교사상가 자신들이 직접 정당 설립 혹은 정당 가입을 하였는지를 기준으로 하고, 그들의 글과 말을 통하여 그들이 "분리의 원리"에 속하는지, 아니면 "상생의 원리"에 속하는지를 규정하여 보았다.

그들의 시대정신을 오늘날 기독교사회복지와 관련하여 유추해 볼 때, 두 차례에 걸친 세계전쟁 이전에 경제침체를 기독교 신앙으로 극복한 Grundtvig와 Kuyper는 경제부흥을 통한 복지국가 건설에 목적을 두고 국가와 교회의 "상생의 원리"에 치중하였고, 미국의 국가형성 초반기의 Garfield는 하나님의 특별계시 속에 "노예제도 폐지"라는 천부인권의 목표를 향해 국가와 교회의 "상생의 원리"를 강조하였다.

〈도표 1〉 정교분리와 상생

	시대적 배경	정치적 관계	사회적 관계	종교적 관계
Karl Barth (1885~1968)	유럽혁명 시기 (1917~'19) 교황 Pius XII: "토마스 아퀴나스 이후 가장 중요한 신학자였다"고 함.	혁명은 혁명이전의 정권보다 더 독재가 된다.	악은 악에 의해 정복된다. (국가 안의 교회)	분리의 원리: 교회의 정통성과 국가의 당위성
Reinhold Niebuhr (1892~1971)	경제침체기 (1914~'27) Detroit 시의 산업현장; 도덕적 인간과 비도덕적 사회의 관계 강조.	교회와 국가의 윤리적 이분설; 사회주의기독교인 연합을 창당.	개인은 이타주의를 요구하고 사회는 정의를 요청한다. (교회 안의 국가)	상생의 원리: 무지는 교육을 통하여, 이기주의는 이타적 사랑으로 극복된다.
Dietrich Bonhoeffer (1906 ~1945)	세계 제2차 대전 (1942~'45) 미국에서 독일로 입국하여 히틀러 암살단에 가입하고 수감 중 순교.	운전수가 반대 차선으로 운전한다면 교회는 운전수를 끌어 내려야 한다.	하나님의 통치 안에 국가가 존재 한다.교회는 세상의 불의와 선한 능력으로 대적한다. (국가 안의 교회)	분리의 원리: 값 싼 은혜를 배척하고 교회는 사회에 대하여 침묵하지 말고 행동하여야 한다.
William Temple (1881~1944)	영국 성공회 주교(1942~'44)로서 전쟁 절정기에 활동 (저서: Christianity and Social order)	교회는 국가를 수반하는 원칙론	그리스도인은 사회 정의 실현에 앞장서야 한다. (교회 안의 국가)	상생의 원리: 교회와 국가는 관심의 대상에서 서로 조화를 이룸
John XXIII (1881~1963)	Pius XII 후임 교황(1958~1963)으로 서 전쟁 이후 안정된 시기	교회는 국가를 수용한다고 하는 법칙론	권리와 의무 사이의 법칙적 관계 (교회 안의 국가)	상생의 원리: 자연법의 사상을 강조
Nikolaj Frederik Severin Grundtvig (1783~1872)	덴마크 경제 침체 (1800년대 초) "덴마크 중흥의 국부(國父)"; 쇠렌 오뷔에 키르케고르 (Søren Aabye Kierkegaard, 1813~1855) 의 실존주의 철학의 영향 받음	"힘(제도)이 아니라 국민성(삶을 통한 정신적 연결)으로 위대한 국가(유기적 공동체)를 건설하자"	1866년 국회의원으로서 애국과 교육은 국가의 기본 정신: "하나님을 사랑하자·이웃을 사랑하자·땅을 사랑하자" (교회 안의 국가)	상생의 원리: 첫 목사고시에서 설교제목이 "덴마크 목사들이여 회개하라"고 하여 낙방 함. 국가는 국민들의 행복을 위한 결사체이고 교회는 그 결사체의 방향과 정신을 제공하는 나침반.
Abraham Kuyper (1837~1920)	네덜란드 수상(1901~ '05)과 목사로서 국가 중흥의 영웅	작은 정부와 공화주의 주장, 세속적 정치와 종교적 정치를 구분하는 대립의 원리를 공식화 함.	영역주권론: 하나님의 주권과 통치는 교회뿐 아니라 정치, 경제, 문화 등 모든 세상 분야에 적용 됨 (교회 안의 국가)	상생의 원리: 일반 은총과 하나님의 영역 주권; Neo-Calvinism: 칼뱅의 직업소명을 새롭게 정립
James Abram Garfield (1831~1881)	20대 미국 대통령 (1881.3.~7.), 목사, 남북전쟁시기 링컨이 이끄는 북군에 입대, 공화당 입당	국가와 교회는 하나님께서 세상을 통치하시는 수단이다.	교회는 세상의 불의와 맞서 싸워야 한다. (교회 안의 국가)	상생의 원리: "하나님이 통치하고 워싱턴의 정부는 여전히 살아 있다!"; 노예 제도 해방 역군.

Temple은 영국 성공회의 주교로서 제2차 세계대전에 대답하여야 하였지만 그는 일반적인 원칙론을 주장하며 국가와 교회의 "상생의 원리"를 모색하였고, John XXIII은 1958년 교황이 되자 제2차 세계대전이 끝난 후에 냉전체제에 대해 사회적 안정과 위로를 필요로 하였기에 자연의 법칙론을 주장하면서 국가와 교회의 "상생의 원리"를 주장하였다. 주로 Temple와 John XXIII은 '교회 속의 사회'를 내세워 교회는 정치에 원칙을 제공해 주고 국가정치는 그의 원칙에 의해 실행되어 질 수 있도록 해야 한다는 논리를 전개하였다.

요컨대, Temple와 John XXIII은 이상과 현실 사이의 거리를 인간의 힘으로 조화시켜 보려는 시도이었다.

Barth는 유럽의 혁명시기를 거쳐 제2차 세계대전을 맞이하면서 적당한 시대정신으로 대처하지 못한 교회의 잘못된 방향을 신학적으로 새롭게 정립시키려 하였다. 그래서 국가 속에 교회의 역할을 강조하여 하나님의 공의와 통치에 대한 국가와 교회의 역할을 "분리의 원리"에 치중하여 오직 하나님 말씀 중심의 독일 고백교회 기반에 크게 기여하였다. Bonhoeffer는 칸트주의의 순수이성비판의 영향으로 독일교회의 "값 싼 은혜"신앙노선을 걷고 있다고 강하게 비판하였다. 독일교회가 걷고 있던 세속적 자유주의 신앙노선의 틈을 이용하여 히틀러는 독일 민족의 우수성과 1차 대전 패배에 대한 배상금 청산의 깃발을 들고 나났을 때, 대다수 독일교회는 히틀러를 옹호하였다. 히틀러가 대다수 독일교회를 굴종시키고 제2차 세계대전을 일으킨 것을 보고, Bonhoeffer는 Niebuhr의 초청으로 미국 유니온 신학교에서 강의 중 독일로 돌아가서 말씀중심으로 고백교회를 세우는데 크게 기여하였다. 그는 순교의 정신으로 히틀러 암살단에 참가할 정도로 고백교회를 통하여 독일 교회의 재건에 앞장섰던 인물로 국가 속에 교회가 존재하는 이유에 대한 명확한 대답을 함으로써 국가와 교회의 "분리의 원리"에 치중하였다. Niebuhr는 그의 저서 『도덕적 인간과 비도덕적 사회(Moral Man and Immoral Society)』에서 그의 사상과 이념은 국가와 교회의 이분설에 가깝다고 볼 수 있지만, 현실 행동에서는 그는 사회당에 가입하기도하고 사회주의 기독교인연합(The Fellowship of Socialist Christians)의 창립을 주도하면서 교회 속의 국가, 즉 "상생의 원리"를 추구하였다.

이상의 여덟 학자들의 이론을 복지사상과 관련하여 요약하여 보면 다음과 같다. 교황 John XXIII이 주장하는 자연법의 개념 안에서의 권리와 의무에 대한 개인 간 혹은 국가 간의 조화는 Barth와 Bonhoeffer가 주장하는 인간이 내세운 어떠한 정부나 통치자에 의한 질서는 그 성격상 하나님을 거슬린다는 사상과는 서로가 상반된다. 아무리 그렇다 할지라도 Barth와 Bonhoeffer도 국가의 존재를 인정하고 있다. 단지 국가가 시도하는 정치는 국가의 이상과 다르게 부패되어 있다는 것을 비판하는 것이다.

한편 Temple은 원칙론을 주장하면서 개인과 사회의 역할을 안정과 정의실현으로 보는데, 이것은 Niebuhr가 주장하는 '개인은 이타주의를 요구하고 사회는 정의를 요청한다.'라는 주장과 서로 일치한다고 볼 수 있다. 그리고 목회자로서 현실정치에 참여한 Garfield, Grundtvig, Kuyper, Niebuhr 는 교회 속에 국가라는 이념으로 "상생의 원리"를 적극적으로 현실에 도입하였다. "상생의 원리"의 가장 대표적인 표어는 Garfield의 말에서 요약된다. "기다리기만 하면 아무 것도 오지 않는다. 높은 산 정상에 서서 아래를 내려다보고 싶다면 직접 산을 오르는 수밖에 없다."

요컨대, 국가와 교회는 서로가 추구하는 공통된 가치가 존재한다는 것을 알 수 있다. 그것은 바로 하나님의 공의와 사랑 안에서 인류의 안녕과 번영, 질서와 평화를 실현하기 위한 노력, 즉 기독교 사회복지 혹은 교회복지[82]의 진정한 가치일 것이다.

상기에 언급된 맥락에서 볼 때, 후기 현대사회에서 교회는 내부적 관리, 지도, 양육뿐만 아니라 외부적 정치현상을 통하여 사회 속에서의 교회의 역할에 대한 이미지를 좀 더 부각시키기 위해 교회복지에 대한 보다 깊은 연구가 요청되고 있다. 교회복지는 교회의 외부적 기능원리에 적극적으로 대처하기 위하여 분야별로 아동·청소년복지, 노인복지, 장애인복지, 사회보험제도, 직장복지, 교정복지 등을 연구하고, 필요한 인적·물적 자원을 공급할 뿐 아니라 교회의 내부적 기능인 인간의 욕구, 동기부여, 갈등관리, 상담사역, 인적자원관리 등 모든 것을 포괄하는 일련의 시대정신에 따른 목회실천 사역이라고 볼 수 있다.

---

[82] 기독교사회복지와 교회복지는 궁극적인 내용은 동일하지만, 시대와 장소에 따라 정부와 기독교의 관계에서 기독교의 사회적 역할을 강조할 때는 기독교사회복지라는 용어를 사용하고, 사회와 교회의 관계에서 공동체의 역할을 강조할 때 교회복지라는 용어를 사용한다.

여유 있는 삶

끼아라 루빅(Chiara Lubich)이 제2차 대전 당시 포콜라레 공동체 멤버들에게 보낸 편지 중 일부 (1949년 '영적 시험' 중에 쓴 글)

"나의 사랑하는 이들아, 세상이 무너져도, 고통이 몰려와도,
하느님께서 침묵하시는 것처럼 느껴져도, 우리는 사랑할 것입니다.
사랑은 우리를 하늘까지 끌어올릴 것입니다.
사랑은 우리를 하나로 만들 것입니다.
사랑은 죽음을 이기게 할 것입니다.
그러니, 사랑이 끝났다고 느껴질 때, 바로 그때 다시 사랑하세요.
사랑이 쉬운 때에만 사랑한다면 우리는 아직 사랑을 모르는 것입니다.
가장 깊은 어둠 속에서도 '하느님은 사랑이십니다'라는 확신으로
서로를 끌어안읍시다.
하느님은 우리와 함께 계십니다.
우리는 결코 혼자가 아닙니다."

(포콜라레(벽난로, 이탈리아어, Focolare) 공동체를 설립한 끼아라 루빅(Chiara Lubich)dms 고통과 외로움 속에서도 "사랑을 다시 선택하자"고 말하는 끼아라의 정신이 살아 숨 쉬게 만든 영적 힘이었다. 포콜라레 운동(마리아 사업회)은 제2차 세계대전 중 1943년 이탈리아 트렌토에서 시작된 가톨릭 교회의 영성운동 가운데 하나다. 전쟁으로 말미암아 모든 것이 파괴되고 절망에 빠져들던 당시, 23세의 끼아라 루빅(Chiara Lubich)과 그의 친구들은 그 어떤 폭탄으로도 무너뜨릴 수 없고 사라지지 않는 이상(理想)을 갈구하였고, 결국 초자연적 힘에 이끌려 하느님을 일생의 이상으로 선택하게 되었다. 그들은 하느님께서 사랑이심을 믿었으며 자신들의 사랑으로 '하느님의 사랑'에 응답하고자 했다.

제 2 절 교회의 본질

교회는 하나님과의 관계 안에서 본질적인 인간 공동체의 모델로서 설명되어
질 수 있다. 윌라드(R. Willard)는 교회에 대한 전통적인 성서적 이미지를 그리
스도의 몸, 그리스도의 신부, 크리스천들이 그들의 영양분을 공급 받을 수 있는
성도들의 어머니, 예루살렘, 시온, 양우리, 타작마당, 포도원, 언약궤로 이해하
고 있다.83) 이와 같이 교회에 대한 역사적 이미지는 예수님의 성육신 이후부
터 창조의 때로 거슬러 올라가면 매우 다양하다. 그러므로 교회의 절대적인 표
상물을 찾는 것은 어려울 것이다. 아무리 그럴지라도 우리는 교회의 성스러운
시작과 구속사를 연구해 봄으로써 교회의 본질을 이해하고, 더 나아가 교회복
지의 의미를 살펴볼 수 있다.

1. 교회의 개념

교회는 통속적으로 에클레시아(*eklesia*)로 번역되고 있으며, 많은 신학자들
은 성경을 인류의 구속사에 대한 이야기라고 말한다. 좀 더 구체적으로 말하면
성경은 선악과와 십자가의 이야기라고 볼 수 있다. 그러므로 교회의 시작은 아
담의 시대에까지 거슬러 올라간다. 그래서 하나님께서는 인간이 타락한 직후
에 인류구원의 역사를 시작하셨기 때문이다. 하나님께서는 인간의 타락 후 악
의 권세를 추종하여 사단의 영적 후손을 상징하는 뱀과 그리스도를 상징하는
여자의 후손 사이에 일어날 일을 예언하셨다.

"내가 너로 여자와 원수가 되게 하고 너의 후손도 여자의 후손과 원수가 되
게 하리니 여자의 후손은 네 머리를 상하게 할 것이요 너는 그의 발꿈치를 상
하게 할 것이니라 하시고" (창 3:15). 그 후 "여호와 하나님이 아담과 그의 아
내를 위하여 가죽옷을 지어 입히시니라" (창 3:21)라고 성경에 기록하고 있다.

교회는 하나님께서 타락한 인간에게 최초로 그의 언약(창3:15)과 사랑(창

---

83) R. Willard, *The Blinding Homilies: Early English Manuscripts in Facsimile X*, Copenhagen,
1960, pp.451~55.

3:21)을 나타내신 이 두 말씀을 통하여 시작되었다고 볼 수 있다. 특히 하나님께서 가죽으로 옷을 지으셨다는 의미는 옷을 만드시기 전에 먼저 아담과 하와에게 옷을 입혀서 부끄러운 수치를 가려주고 구원해 주어야겠다는 그의 의지와 사랑이고, 인류의 구원은 반드시 피의 결과물인 가죽으로 옷을 만들어 죄악을 씻어 줌으로써 구원이 이루어진다는 것을 암시하신 것이다. 그러므로 전자 말씀(창3:15)의 원인에 대한 후자 말씀(창3:21)의 당연한 결과를 가져왔던 것이다. 즉 그 원인인 하나님의 의지가 바로 메시야의 약속이고, 그 약속의 성취가 십자가의 사랑인 것이다.

따라서 성경은 말씀하기를 "하나님은 사랑이시라"(요일4:8)고 하신다. 이 사랑은 원인으로부터 나타난 결과가 아니라 원인 그 자체, 즉 하나님의 본질 그 자체인 것이다. 그러므로 이 우주적인 사랑의 개념 안에는 하나님의 모든 섭리와 의지가 포함된다. 또한 하나님께서는 우리 자신의 의로움과 선행으로 인하여 구원을 받는 것이 아니라 그의 약속과 의지의 실행을 위하여 그의 백성을 구원하시고, 그의 사랑의 실현을 위하여 악을 추방하신다. 따라서 하나님께서는 분명히 이스라엘 백성에게 말씀하신다.

"네가 가서 그 땅을 얻음은 너의 의로움을 인함도 아니며 네 마음이 정직함을 인함도 아니요 이 민족들의 악함을 인하여 네 하나님 여호와께서 그들을 네 앞에서 쫓아내심이니라 여호와께서 이같이 하심은 네 열조 아브라함과 이삭과 야곱에게 하신 맹세를 이루려 하심이니라"(신9:5).

"여호와께서 다만 너희를 사랑하심을 인하여, 또한 너희 열조에게 맹세를 지키려 하심을 인하여 자기의 권능의 손으로 너희를 인도하여 내시되 너희를 그 종 되었던 집에서 애굽 왕 바로의 손에서 속량 하셨나니"(신7:8).

우리가 여기서 알 수 있는 것은 교회의 개념이 하나님께서 인간에게 나타내신 그의 의지와 사랑의 실현이라고 한다면 인류 사회에서 교회조직의 의미는 하나님과의 관계회복을 위한 모퉁이돌이 되어야 한다. 따라서 교회는 하나님의 의지와 사랑의 실행을 위해 이 땅에서 악을 추방하고 선을 가르치고 실천하여야 할 책임이 있다. 교회가 이 땅에서 선행에 대한 책임이 있다면 교회복지는 교회의 기원과 함께 항상 그림자처럼 따라 다니는 것이다.

2. 교회의 역할

호주 빅토리아 주 Anglicare 책임자이며 사제인 Ray Cleary[84]는 "그리스도 인들은 자주 구원에 관해서만 관심을 가지고 하나님의 구원사역은 단지 하나님 편에서만 이루어지고 인간과의 상호작용을 통하여 이루어진다는 것은 별로 중 요시 여기지 않았다"고 주장하였다. 그리고 그는 "많은 그리스도인들은 하나님 의 사랑과 정의가 모든 피조물에 대한 것이라는 사실과 성령의 인자하심은 무 한정이라는 사실을 깨닫지 못하고 인간의 자유의지 보다는 맹목적인 교리에 의 하여 하나님의 친절하심을 제한하여 왔다"고 하였다.

하나님과 인간의 상호작용과 하나님의 친절하심의 관점에서 볼 때, 우리는 예수님의 지상사역, 죽음과 부활은 하나님의 용서와 인자하심에 대한 약속의 성취이고, 그리스도의 십자가는 하나님의 공의와 긍휼의 최종적 완성이며, 선 한 사마리아 사람의 비유에서 "네 이웃을 네 몸과 같이 사랑하라"는 말씀은 예 수님의 성육신의 목적인 선악과 문제의 해결, 즉 "선악과를 무효로 만들 수는 없지만, 선악과를 극복할 수 있는 길은 사랑뿐이다"라는 것을 말해주고 있다고 볼 수 있다. 따라서 교회의 역할은 하나님께서 타락한 인간에게 최초로 긍휼의 표현으로 아담과 하와에게 가죽옷을 지어 입히시므로 인간은 하나님의 긍휼에 대해 감사해야 할 의무가 있다. 그 감사의 형태로써 제사를 드렸다. 가인과 아 벨이 최초로 하나님께 제사를 드렸는데, 그 제사의 요소 중에서 가장 중요한 것 은 제물 보다 하나님에 대한 인간의 마음 자세이다.

"세월이 지난 후에 가인은 땅의 소산으로(약간의 소산으로) 제물을 삼아 여호와께 드렸고(In the course of time Cain brought some of the fruits of the soil as an offering to the LORD (NIV)) 아벨은 자기도 양의 첫 새끼와 그 기름으로 드렸더니 여 호와께서 아벨과 그 제물은 열납하셨으나 가인과 그 제물은 열납하지 아니하신 지라 가인이 심히 분하여 안색이 변하니"(창4:3~5).

여기서 알 수 있듯이 가인은 그의 수확의 약간을 하나님께 드렸다는 것은 이 미 자신의 마음속에 하나님보다 더 소중한 것이 자리 잡고 있었다는 의미이며,

---

분을 내었다는 것은 이미 분을 낼 수 있는 악한 마음이 그에게 있었던 것이다.

하나님에 대한 제사의 본질은 제물의 종류나 제물의 많고 적음에 있지 않고, 정성과 인간의 감사하는 마음 자세이다. 더욱이 우리는 하나님께 제단을 쌓기 전, 즉 제사의 형태를 갖추기 전에 먼저 감사의 마음자세를 가져야 한다. 아벨은 제사를 드리기 전에 이미 그는 하나님께 제일의 소산과 최고의 것을 드려야겠다는 마음이 앞섰기 때문에 하나님께서 그 제물을 열납하셨다. 따라서 예수님께서도 친히 제사드릴 때의 마음 자세를 강조하셨다.

"그러므로 예물을 제단에 드리다가 거기서 네 형제에게 원망들을 만한 일이 있는 줄 생각나거든 예물을 제단 앞에 두고 먼저 가서 형제와 화목하고 그 후에 와서 예물을 드리라"(마5:24). 이 말씀은 원망 속에 감사가 없기 때문이다.

또한 예수님께서는 예배의 정성에 대해 다음과 같이 말씀하셨다.

"한 가난한 과부는 와서 두 렙돈 곧 한 고드란트를 넣는지라. 예수께서 제자들을 불러다가 이르시되 내가 진실로 너희에게 이르노니 이 가난한 과부는 연보 궤에 넣는 모든 사람보다 많이 넣었도다. 저희는 다 풍족한 중에서 넣었거니와 이 과부는 그 구차한 중에서 자기 모든 소유 곧 생활비 전부를 넣었느니라 하셨더라"(막12:42~44). 이상에서 본 바와 같이 교회의 역할은 인간의 하나님에 대한 감사와 그의 사랑을 이 땅에서 실천하는 것이다. 따라서 성경 전체에서 볼 때, 하나님의 인간에 대한 사랑은 예수 그리스도를 이 땅에 보내셔서 죄악된 인간을 위하여 그의 죽으심에서 그 극치를 이루고 있으며, 그의 부활에서 완성하셨다. 감사의 모본을 예수님께서 직접 보여 주셨다.

"아버지께서 내게 하라고 주신 일을 내가 이루어 아버지를 이 세상에서 영화롭게 하였사오니 아버지여 창세 전에 내가 아버지와 함께 가졌던 영화로써 지금도 아버지와 함께 나를 영화롭게 하옵소서"(요17:4~5)

이 말씀은 아들이 아버지께서 시키신 일, 즉 사람들로 하여금 하나님 아버지께 감사와 영광을 돌리게 하는 일들을 하게 하였으므로 이제 아들이 창세 전에 아버지와 함께 가졌던 그 영화를 되찾게 해달라는 것이다. 그렇게 될 때 아들이 아버지의 우편에 서게 되고, 죄로 인하여 멀어진 사람들이 그 아들로 인하여 아버지와 화목하게 된다는 것이다. 이것이 인자(人子)로서 아버지 하나님께 드리는 예수님의 최고의 소명적 감사 표현이다.

또한 예수님께서는 겸손과 섬김을 실행하심으로써 사랑의 모델이 되셨다.

제자들의 발을 씻기심 (요13:5)에서 겸손과 섬김의 극치를 이루었으며, 원수를 사랑하라 (마5:44)는 말씀에서 사랑을 완성 하셨다. 이러한 하나님에 대한 감사와 사랑의 행위가 교회의 역할이라면, 그 그림자가 교회복지의 핵심이다.

교회의 기능을 살펴보면 교회는 예수님을 머리로 하는 지체들로서 유기적 공동체이다. 교회의 머리되신 예수님께서 "하나님을 사랑하고 네 이웃을 네 몸과 같이 사랑하라"고 하신 대강령을 교회의 지표로 주셨다. 그래서 교회라는 의미 속에는 예수님의 신성(divine entity)과 인성(human entity), 즉 하나님을 사랑하는 일과 이웃을 사랑하는 요소가 함축되어 있는 복합적인 유기체라고 볼 수 있다. 이러한 기능들을 수행하는 것이 교회라고 볼 수 있는데, 특히 기독교 사회복지와 관련하여 그 기능을 살펴보면 다음과 같다.

3. 에클레시아(*eklesia*. congregation, 교회)적 기능

교회는 통속적으로 에클레시아(*eklesia*)라는 어원으로부터 기인하는데, 에클레시아는 교회라는 헬라어로써 '부름을 받는다(calling).'라는 의미이다. 즉 부름을 받은 자들의 모임이 곧 교회인데 이것은 자진해서 모였다기보다는 죄 가운데에서 하나님의 부름을 받은 사람들의 모임을 말한다.(골3:1). 따라서 이 용어 뜻은 구약의 카알(assemble, congregation, 회당)과는 본질상 차이는 있지만 그 기능은 비슷하다. 카알은 율법교육과 친교를 강조하지만, 교회는 영성훈련을 통해 세상과 구별된 거룩한 무리인 성도 자신과 하나님과의 내적 관계를 강조한다. COVID-19 펜데믹을 지나면서 교회의 기능이 세속화 되어 그리스도인으로서의 선별의식이 급격히 퇴색되었다. 특히 한국교회는 번영신학으로 인해 Maga Church 붐이 1980년대 이후 일어났지만 COVID-19펜데믹 이후 교인 수가 급격히 줄게 되자 예배당이 부동산을 통하여 헐값에 매각되는 현상이 빈번하다.

4. 리튜르기아(*liturgia*. worship, 예배와 예전)적 기능

교회의 기능은 리튜르기아(liturgia)로서 그 어원은 예배(worship)와 예전

(sacrament)이라는 의미를 내포하고 있다. 예배란 하나님과의 관계(worship)와 인간과의 관계(partnership), 그리고 사물과의 관계(stewardship) 속에서 이루어지는 하나님의 창조와 구원에 대한 감사의 응답이다.

따라서 인간은 삶 자체가 예배가 되어야 참된 행복을 누릴 수 있다. 예배에 성공하는 사람들은 항상 긍정적인 사고를 가지고 하나님 중심에서 생각하고 행동 한다. 생각과 행동은 다움(being)과 쓰임(doing)의 두 바퀴를 타고 가는 수레와 같다. 그리스도인은 우리 인생 수레의 운전자가 자신이 아니라 그리스도라는 사실을 기억하여야 할 것이다. 그래서 디모데 전서 4장 4절에 "하나님께서 지으신 모든 것이 선하매 감사함으로 받으면 버릴 것이 없나니 하나님의 말씀과 기도로 거룩하여짐이라"고 하셨다.

선악과를 두신 목적은 하나님께서 만드신 모든 것이 선하므로 선만 알고 하나님을 경외함으로 행복을 누리며 살라는 의미였지만 인간은 하나님 외에 무엇인가 추구하고자 하는 욕망으로 선악과를 먹고 악을 알게 되어 범죄의 길에 들어서게 된 것이다. 선악과를 두신 이유 또한 인간이 선과 악에 대해 스스로 판단 할 수 없는 유한한 존재라는 것을 확인시켜주기 위함이었다. 이런 맥락에서 볼 때 사람이 긍정적인 사고를 갖는다는 것은 "하나님이 만드신 모든 것이 선하시다"(딤전4:4)는 말씀과 함께 시작되고, 하나님에 대한 감사의 표현으로 예배가 이루어진다고 볼 수 있다.

그럼에도 불구하고 COVID-19 펜데믹이 교회로부터 예배의 형식과 감사의 표현을 바꿔 놓았다. 예배는 직접 예배당에 출석하지 않고 인터넷 화상으로 드리는 예배를 공공연히 인정해 버렸고, 감사의 표현도 정성을 다하는 마음으로 드리는 아벨의 제사와 과부의 두 렙돈과 같은 진정성이 사라져 버렸다. 작금에 이르러 감사의 표현이 은행구좌 이체를 통해 금액의 이동 수단으로 변해 버렸다. 과연 하나님께서 이러한 예배를 기쁘게 받으시겠는가?

5. 케리그마(*kerygma*. proclamation of the words, 말씀선포)적 기능

교회의 기능으로 케리그마(*kerygma*)는 그 어원이 말씀선포(proclamation of the words)의 의미를 내포하고 있다. 예수님께서 마태복음 13장에서 씨 뿌리는 자의 비유를 말씀하실 때 바리새인들이 떠나가고 난 뒤 말씀을 선포하신다. 제자들이 "왜 바리새인들이 있을 때 말씀하시지 않았습니까?" 라고 물었을 때 예수님의 대답은 "그들은 들어도 깨닫지 못하기 때문"이라고 하셨다.

예수님께서 "회개하라 천국이 가까이 왔느니라."(마4:17)와 같이 모든 사람들을 향하여 말씀을 선포하실 때도 있었지만 주로 사람을 가려서 말씀하셨다. 구약성경에서도 "네 양 떼의 형편을 부지런히 살피며 네 소 떼에게 마음을 두라"(잠27:23)고 말씀하시면서 하나님께서 자기의 양을 보살피는데 초점을 두셨고, 요한복음에서 '양과 목자의 비유'(요10장)에서도 마찬가지로 "내 양은 나의 음성을 듣는다."라고 하셨으며, 더 나아가 마태복음에서는 내 양과 염소를 구별 하셨다(마25:32). 이것은 말씀을 선포하실 때 그 대상이 주로 하나님 아버지의 자녀들에게 한정되어 있음을 알 수 있다. 그럼에도 불구하고 오늘날 인터넷을 통하여 말씀의 홍수시대에 살고 있고, 그 말씀 속에는 케리그마의 권위가 사라져 버렸다. 더구나 이단에 의한 거짓교리와 잘못된 성경해석이 성도들의 마음을 혼잡하게 하고 진리의 말씀으로부터 멀어지게 한다. 따라서 케리그마는 오늘날 매우 중요한 교회의 기능 중 하나이다.

6. 코이노니아(*koinonia*: fellowship, 교제)적 기능

교회의 기능은 코이노니아(*koinonia*)라는 어원으로부터 찾아 볼 수 있다. 코이노니아는 보통 '친교(fellowship)'라는 의미를 가지고 있다. 헬라어의 원래 뜻은 '친구로서 사귄다.', '서로 교제한다.', '서로 나눠 가진다.'는 의미로 어떤 물건이나 자원을 공동으로 나누는 성도들의 신앙적 교제를 의미한다. 다시 말하면 교회 구성원은 그리스도의 형제, 자매로서 언제나 살아있는 인격적 교제를 통하여 공유, 공생, 상부상조의 공동체를 형성하여야 한다는 의미이다.

루엘 하우(Reuel L. Howe)는 「Man's Need and God's Actions」이라는 책에서 "인간은 근본적으로 고독한 존재다"[85]라고 하며 고독하게 되는 이유를 두 가지로 말한다. 하나는 자기가 자기 자신을 사랑하지 않기 때문이라는 것이

---

[85] Reuel L. Howe (ed.), *MAN'S NEED and GOD'S ACTION*, The Seabury Press, Inc., 1972 (ISBN-10: 0816420467)

다. 내가 나를 사랑하지 않는다면 다른 어떤 사람도 나를 사랑하지 않는다는 것이다. 다시 말하면 내가 내 자신의 지식과 능력 그리고 내게 주어진 현실을 사랑할 때 남도 나를 사랑하게 되고 그러면 나는 더 이상 고독한 존재가 아니라는 것이다.

두 번째로 이웃을 사랑하지 않기 때문에 고독하게 된다고 한다. 우리의 가장 가까운 이웃은 아내와 남편이고 부모와 자녀일 것이다. 이들을 사랑하지 않고는 결코 고독이라는 병으로부터 치유될 수 없다. 가까운 이웃을 버리고는 내가 존재하지 않는다. 그래서 수많은 사람들은 이 고독이라는 문제를 해결하기 위하여 가정과 사회라는 공동체를 구성하고 있다는 것이다. 따라서 우리는 각자 주어진 가정 공동체 현실 속에서 신앙을 통하여 보다 나은 삶을 찾기 위하여 노력하여야 한다.

그 대표적인 예로 사도행전 2장 44절에서 "믿는 사람이 다 함께 있어 모든 물건을 서로 통용하고 또 재산과 소유를 팔고 각 사람의 필요에 따라 나눠주고"라는 코이노니아의 현장을 볼 수 있다. 또한 요한일서 1장 3절에 "우리가 보고 들은 바를 너희에게도 전함은 너희로 우리와 사귐이 있게 하려 함이니 우리의 사귐은 아버지와 그의 아들 예수 그리스도와 더불어 누림이라"고 하여 성도의 교제를 초대교회에서 중요하게 여겼다.

그러므로 코이노니아는 가난한 이웃들과 함께 서로 풍요로움을 나누는 교회 복지의 의미를 내포하고 있다. 특히 성도간의 교제에서 중요한 것은 서로의 칭찬과 격려 그리고 긍정적인 사고를 갖게 함으로써 풍요로움을 공유하고 코이노니아를 통하여 성도 간에 피그말리온 효과(pygmalion effects)[86]를 극대화시켜 나가는 것이다. 예들 들면 나눔과 공유의 의미로 흔히 사용하는 '바자회'라는 용어는 원래 아랍어 '바자르'에서 나왔는데 그 의미는 시장을 뜻한다. 즉 시

---

86) 피그말리온이라는 명칭은 그리스 신화 속의 피그말리온 왕에서 유래되었다. 키프로스 (Cypriot) 피그말리온 왕은 자신이 조각한 여성상을 진심으로 사랑하게 되었고, 이를 지켜본 미의 여신 아프로디테가 그의 소원을 들어주어 조각상을 인간으로 만들었다. 이 이야기는 그리스 신화를 수록한 고대 로마의 오비디우스(Ovid)의 《변신이야기》 제10권에 수록되어 있다. 이러한 신화를 토대로 피그말리온 효과 (pygmalion effects)가 나오게 되었는데 이것은 Rosenthal-Jacobson 연구에서 교사의 기대에 따라 학습자의 성적이 향상되는 것으로 발표됨으로써 많은 사람들의 반향을 일으켰다. (참조: Robert Rosenthal & Lenore Jacobson (eds.), *Pygmalion in the classroom*. New York: Irvington. 1992)

장을 통하여 사람들은 각자 생활필수품들을 물질적 필요에 따라 가치를 지불함으로 나누는 장소이다. 이런 측면에서 교회는 각자 영적인 필요에 따라 믿음의 가치를 지불함으로 나눔과 공유를 실천하게 되고 그 나눔을 통하여 천국의 풍요를 공유하게 되는 것이다.

그럼에도 불구하고 성도간의 교제는 우리 교회 교인 간의 교제로 변모하여, 타 교회 교인에 대한 배타적인 태도를 목회자들은 강단에서 암암리에 부추기고 있다. 이러한 현상은 이단들이 자신들의 거짓 교리로 정통적인 교회에 숨어 들어와서 양육하여 놓은 양들을 훔쳐가기 때문에 울타리를 높게 치려는 방책으로 볼 수 있겠지만, 목회자는 자신이 섬기는 교회만이 최고라는 생각은 하나님 백성 간의 교제를 오히려 방해할 수 있다는 사실을 알아야 한다.

7. 디아코니아(*diakonia*: service, 섬김과 봉사)적 기능

교회의 기능은 디아코니아(*diakonia*)로부터 기인한다고 볼 수 있다. 디아코니아는 보편적으로 '섬긴다(attendance).'라는 의미를 지니고 있으며, 그 해석은 '봉사', '준비하는 일', '구제', '부조' 등으로 이해된다. 따라서 교회가 그 지역 사회를 위해서 해야 할 봉사는 선교를 위한 수단이 아니라 그 자체가 교회의 본질적인 기능인 것이다. 잠언 27장 17절에 "철이 철을 날카롭게 하는 것 같이 사람이 그 친구의 얼굴을 빛나게 하느니라."고 하셨다. 이 말씀은 서로가 섬김과 봉사 속에 신앙이 자라게 된다는 의미이다.

마가복음 10장 45절에 "인자가 온 것은 섬김을 받으려 함이 아니라 도리어 섬기려 하고 자기 목숨을 많은 사람의 대속물로 주려 함이니라(For even the Son of Man did not come to be served, but to serve, and to give his life as a ransom for many)"라는 말씀에 섬김의 모형이 집약되어 있다. 이 섬김은 예수님께서 제자들의 발을 씻기심과 십자가상에서 그 모본을 볼 수 있다.

8. 디다케(*didache*: teaching and training, 가르침과 훈련)적 기능

교회의 기능은 디다케(*didache*)라는 어원으로부터 기인한 가르침(teaching)

과 훈련(training)이라는 의미를 내포하고 있다. 현대교회를 향하여 많은 사람들은 '교인은 많은데 제자는 적다'라고 한다. 달리 말하면 '예배자는 많은데 신자는 적다'라는 의미인데, 이 말은 '예배에 대한 훈련이 부족하다'는 뜻으로 한국교회가 말씀의 신앙화를 거쳐 신앙의 생활화가 이루어지지 않고 있다고 한다.

이러한 교회의 6가지 기능으로 만약 하나님께서 한국의 그리스도인의 신앙에 대한 중간고사를 치르신다면 어떤 형태일까? 아마도 COVID-19 펜데믹을 통하여 합격과 불합격이 결정된 것은 아닐까? 그러나 중간고사를 통과하였더라도 최종 기말고사에서 점수를 올리지 못하면 불합격되는 것이다. 또한 중간고사에서 불합격하였더라도 최종 기말고사에서 점수를 만회하면 합격이 될 수 있다. 이처럼 하나님께서는 그리스도인의 신앙을 채점하고 계실 것이다. 오늘날 이러한 신앙 점검이 본훼퍼가 말한 "값 비싼 은혜, 값싼 은혜"에 대한 그리스도인으로서의 수행평가 방식이 아닐까?

개인의 신앙으로부터 시작되는 참다운 민족 복음화는 말씀의 신앙화, 신앙의 생활화를 통하여 생활의 문화화, 그리고 문화의 역사화로 이어져야 자리를 잡게 되는 것이다. 민족 복음화와 개인 신앙의 기초는 사람과의 차이를 인정하는 것에서 부터 시작된다고 볼 수 있다. 예수님은 모든 사람을 품기 위해 각자 삶의 배경과 생각들이 다른 제자들을 선택하여 한 가지의 소망으로 공유하게 만드셨다. 그러나 한국 교회는 각자의 개인차는 인정하지만 서로 한 소망으로 공유하는 데는 부족하여 많은 교파와 파벌을 조성하였다. 이것은 한국의 전통적인 놀이 문화에서 엿볼 수 있다.

옛날에 아이들이 놀이할 때 '나하고 놀 사람 여기 모여라' 라고 하면서 엄지손가락을 세우면 함께 놀 사람은 그 손가락을 잡고 그렇지 않은 아이는 다른 아이들과 놀기 위해 다른 아이의 손가락을 잡는다. 이러한 놀이 문화로부터 파벌문화가 조성되었다고 볼 수 있다. 그러나 예수님은 그렇게 하지 않으시고 그냥 같이 놀자, 함께 뛰기도 하고 웃기도 하고 그냥 함께 있자는 의미에서 누구든지 자기에게 나아오는 자들을 제자로 선택하셨다.

예수님의 무 노선 주의는 오늘날 한국 그리스도인들에게 귀감이 되고 있다. 세상은 항상 변한다. 지구도 태양도 우주도 항상 움직인다. 지구의 시간을 기준으로 할 때, 태양계를 보면 수성은 88일, 금성은 225일, 지구는 365일, 화성은

687일, 목성은 11년, 토성은 29년, 천왕성은 84.02년, 해왕성은 165년, 그리고 명왕성은 248년 만에 태양을 한 바퀴 돈다. 태양계와 같은 것이 우주에 30개 이상 존재하며 우주의 역사는 약 80억 년 쯤 된다고 과학자들은 말한다.

우주도 움직이고 변하고 있는데 티끌보다 작은 나 자신은 변하지 않으면서 우주가 변하여야 된다고 하는 어리석음과 교만한 마음을 가진 사람들이 있다. 변화에 적응하여야만 한국교회도 발전이 있다. 그렇다고 본질을 벗어나서 현상만을 쫓자는 말이 아니라 본질을 착실히 유지하면서 시대정신을 직시하여야 된다는 의미이다. 다시 말하면 보수교회와 진보교회의 공통분모를 찾자는 의미인데, 보수교회가 주류를 이루고 있는 한국교회의 실정을 감안하면 '열린 보수주의'사상이 필요하다고 본다. 이것은 바로 생각의 차이를 인정할 때 가능하다.

예를 들면 상자 속의 사과를 큰 것부터 골라먹는 사람은 그 사과를 다 먹을 때까지 언제나 그 상자에서 제일 큰 사과만을 먹게 된다. 반대로 큰 것을 아껴 놓느라고 작은 것만 골라 먹으면 다 먹을 때 까지 매번 제일 작은 사과만을 먹게 된다. 따라서 긍정적 사고를 갖게 하는 것은 예수님의 핵심 지상사역이라고 볼 수 있다. 결론적으로 교회는 예수님의 신성(divine entity)과 관련된 에클레시아, 리듀르기아, 케리그마적 기능과 인성(human entity)과 관련된 코이노니아, 디아코니아, 디다케적 기능으로 구분하여 볼 수 있는데, <도표 2>와 같다.

<도표 2> 교회의 기능

교회(Church)	신적실체 (divine entity)	인적실체 (human entity)
구체화(classification)	에클레시아 리튜아기아 케리그마	코이노니아 디아코니아 디다케
체계화(organization)	교의학	교회복지학

다시 말하면 일반적으로 교회의 기능은 교의학적인 영성훈련 기능과 현상적인 사회복지 기능으로 요약할 수 있다.[87] 예수님의 인성은 본질적으로 인류공동체의 안녕과 복지이다. 따라서 교회의 기원이 교회 복지의 시작이고 시대정신에 따라 교회 복지의 실현을 위한 현상으로써 기독교 NGO가 필요한 것이다.

---

87) 김장대, 「기독교사회복지학총론」 (대전: 교회복지연구원출판부, 2006), p.15.

제 3 절 국가의 본질

1. 국가의 개념

오래 전부터 정치학에서 국가의 개념은 각 시대에 따라 혹은 인간생활양식에 따라 나름대로 국가의 성질을 다양하게 정의하여 왔다. 국가를 그리스어로 'polis', 라틴어로 'civitas', 튜톤어로 'status' 등으로 정의하여 각 시대의 정치적 관념들을 반영해 왔는데, 특히 근대에 이르러서는 'state', 'etat', 'staat'라는 권력에 의한 지배라는 관념이 반영되고 있다.

현대 정치 연구가들은 인류역사를 통해 계속 되어온 국가의 개념에 대한 논쟁을 사회라는 개념과 다소 구분하여 국가와 사회의 개념을 체계적으로 정립하고자 한다. 그러던 중 19세기에 이르러서 비로소 국가와 사회의 개념이 정립되어 마침내 국가는 사회생활의 한 형태로써 인식되어 졌다.

따라서 20세기 초에 메키버(R. M. MacIver)는 말하기를 "사회의 형태는 공동체와 결사체(community and association)로 구성되어 있는데, 공동체는 가족, 종족, 민족, 부락, 도시 등과 같이 기초적이고 자연적인 인간의 공동생활을 위한 지역적 제 영역을 의미하며, 결사체는 이러한 공동체의 기반 위에서 일정한 목적과 제한된 기능을 수행하기 위한 도구로써 인위적으로 형성된 집단을 의미한다."[88]라고 하였다.

그러므로 국가는 이러한 결사체의 일종으로써 사회질서 유지를 위하여 다른 결사체들도 통제할 수 있는 강제력을 가질 수 있는 조직인 것이다. 결국 매키버는 국가의 기능을 사회질서 유지라는 측면에서 그 범위를 한정함으로써 인간의 공동생활과의 합리적인 연관성을 주장하였다. 반면에 메리엄(C. E. Merriam)은 "국가의 근원으로써 개성의 조절(personality Adjustment)과 사회적·문화적 제 집단의 조절 (accommodation of social and cultural groups)을 들고 있는데 이들은 인간 공동체 생활에서 항상 야기되는 문제들이므로 그 문제의 해결을 위해 적당한 사회적 상황에 따라 출현하는 것이 국가"[89] 라고 하였다.

---

88) R. M. MacIver, *The Web of Government*, 1953, pp.3~12.

이러한 두 견지에서 볼 때 정치생활에 있어서 사회는 인간생활 그 자체에 대하여 국가보다 근원적이며 창조적인 것이다. 따라서 국가는 사회의 공동이익의 입장에서 각종 갈등, 분쟁, 대립을 조절하고 통제함으로써 사회를 위기로부터 보호해야 할 책임이 있다. 뿐만 아니라 국가는 인간 공동체를 위해 필수적인 메커니즘(mechanism)으로써 인간생활을 조절하고 규제하며 조직화하고 개발하기 위한 공동사회의 규율 원리인 것이다.

한편 성서적인 교훈을 통하여 국가의 개념을 살펴보면 그 시작이 하나님에게 기인하고 있다는 것을 알 수 있다. 가인이 동생 아벨을 죽이고 유리하는 자가 되었을 때 하나님께서는 그에게 표를 주사 누구에게든지 죽임을 면케 하셨다. 그 후 가인은 놋 땅에 거하면서 성을 쌓게 된다.

최초 인류의 성이 바로 국가의 시초가 된다고 볼 수 있다. 따라서 교회의 시작이 아담의 범죄에 대한 하나님의 긍휼에 의한 것이라면, 국가의 시작은 가인의 범죄에 대한 하나님의 통치에 의한 것이라고 볼 수 있다. 이것을 도표로 보면 다음과 같다.

〈도표 3〉 국가의 성격

국가(state)		공의의 실현	안녕의 극대화
구　체　화 (classification)	영토	물리적 삶의 공간	정신적 이상의 범주
	국민	거주민	하늘나라 시민(하나님 백성)
	주권	법과 계약	믿음(신뢰)과 사랑
체계화(organization)		법의 집행	양심과 의식수준향상

국가는 국가를 구성하는 세 가지 요소, 즉 영토, 국민, 주권(통치기구)을 충족시켜야 한다. 이러한 세 가지 요소를 어떠한 방법으로든 통합시켜 규정해야만 국가로서의 기능을 수행할 수 있다. 그래서 국가는 일원론자들이 주장하는 방식인 전체사회도 아니며 다원론자들이 주장하는 부분사회도 될 수 없다. 이러한 국가의 개념을 통하여 보면 가인이 성을 쌓았을 때는 이미 이러한 세 가지 요소들을 갖추고 있었다고 볼 수 있다. 가인은 이미 자녀를 낳아서 종족을 퍼지게 하였으며, 에덴 놋 땅에 거하므로 일정한 영토를 가지고 있었고, 하나님의 보호아래에 있게 된다는 징표를 갖고 있었으므로 통치수단도 이루고 있었다.

---

89) C. E. Merriam, *Systematic Politics*, 1945, ch. I, pp.1~19.

이것은 성경적인 국가의 기원이 가인으로부터 시작되었다는 사실을 증명하고 있는 것이다. 그는 그 곳에 거하면서 자손을 퍼지게 하고 인류의 복지를 위하여 기술과 문명을 이룩하였다(창4:20~22). 그러므로 성경적인 국가의 본질은 인류의 복지라는 대명제 아래에서 통치수단을 강구하는 것이다.

2. 정치의 이해

인간의 역사적 관점에서 정치라는 말의 기원은 고대 그리스어의 'POLITIKE'에서 시작하였는데 고대에는 정치(Polis)를 인간 공동생활의 전반에 걸친 문화적, 사회적, 제도적으로 광범위하게 해석해 왔다. 플라톤(Plato)은 정치란 '영혼의 최고 선'을 실현하기 위한 것이라 하고, 아리스토텔레스(Aristotle)는 인간은 '정치적 동물(Zoon Politikon)'로서 정치의 목적은 '인간적 선' 내지 '사회전체의 선'이어야 한다고 말하였다.

중세에 걸쳐 근세 19 세기 초에 이르기까지 정치는 행정을 내포하고 있는 즉 정치과정에 의하여 수행되어지는 프로그램들의 효과적 관리라는 측면에 집중해 왔다. 그러다가 19 세기 말 Woodrow Wilson에 이르러 정치와 행정을 분리하게 되었다. 그는 말하기를 "… 행정은 정치의 적절한 영역 외에 놓여 있다. 행정적 문제들은 정치적 문제가 아니다. 비록 정치가 행정에 대한 업무들을 수행한다 할지라도 정치는 행정의 직무를 조종하도록 내버려두어서는 안 된다"[90]고 하였다.

그 후 현대에 이르러서 정치는 행정과 분리될 수 없다고 하는 새로운 학설이 대두되고 있다. 그래서 George H. Frederickson는 말하기를 "새로운 행정은 가능한 한 효율적 · 경제적으로 법의 집행을 수행할 뿐만 아니라 전체를 위하여 일반적으로 생활의 질을 향상시키는 정책들을 집행하며 그 정책 전반에 걸쳐 영향을 미치도록 해야 한다"[91]고 하였다.

그러므로 정치는 현대에 이르러서 보다 구체적인 의미, 즉 정책형성, 정책과

---

[90] Woodrow Wilson, "The Study of Administration", *Political Science Quarterly*, Vol.2, No.1, June 1887, pp.197~222.
[91] George H. Frederickson, "Toward a New Public Administration", In Frank Marini, ed., *Toward a New Public Administration*, Scranton, P.A.: Chandler, 1971, p.314.

정 그리고 정책결정 등의 의미로 사용되어지고 있다. 이러한 새로운 정치 · 행정 일원론이 대두하게 된 동기는 무엇보다도 경제적 원인에 의해 좌우되어 왔다. 특히 정치를 인간관계 안에서 분석해 본다면 1945년 2차 세계대전의 종식과 함께 사회구조는 군대조직의 계급서열을 갖춘 효율적인 관리라는 측면에서 조직의 단순한 인사행정(simple personnel model)에 집중해 왔다.

그 후 1965년부터 1975년까지는 기능적인 관리를 시도함으로써 전문기술 인력을 양성하기 위해 노동관계(labor relations model)에 의존하였고, 1975년부터 1985년까지는 인간관계관리(human resources model)를 강조하였다. 이때의 특징은 모든 분화된 인간 기능들의 통합과 전문기술 인력의 상호 협력으로 보다 더 큰 경제적 효과를 거두는 것을 목표로 하였다. 더구나 1985년부터 1990년대에는 수정된 인사관리를 목표로 창조적인 기능과 쇄신을 추구하고 있는 복잡한 관리형태(matrix model)로 나타나고 있다.[92]

여기서 우리는 이전 세대와는 달리 특별히 제2차 세계대전 후 정치의 관심이 경제, 즉 물질에 쏠리고 있는 현상이 두드러지고 있다. 다시 말하면, 1930년대의 극심한 세계 경제공황으로부터 탈출하기 위하여 인류는 세계대전을 일으켰으며, 그 때에 수많은 무기 공장들이 가동됨으로써 세계 경제는 차츰 활기를 띠게 되었다. 그 후 제2차 세계대전이 끝났을 때 인류사회는 특별히 '보이는 전쟁인 전투'보다는 '보이지 않는 전쟁인 경제'에 관심을 쏟게 되었다.

이와 같이 정치는 그 시대가 추구하는 목표 가치(goal value)인 동시에 물리적 강제력을 지닌 특수한 수단이며, 인간의 상호협력을 통한 이해관계의 조직 능력인 것이다. 따라서 1990년대 이후에는 정치가 복잡한 관리 형태로써 대표되므로 행정력(administrative power)에 목표를 두고 복지를 실현하려고 노력하였으나 2000년대 이후에는 정치가 새로운 저출산, 고령화 및 양극화와 같은 새로운 사회적 이슈들에 초점을 두고, 현실적인 복지문제 해결을 위해 국민적 합의를 찾으려고 노력하였다. 더구나 2019년 말에 발생한 COVID-19 펜데믹은 전 세계의 정치가 보건과 경제에 집중하게 만들었으며, 2024년에 코로나 사태를 넘기면서 정치는 'Artificial Intelligence (인공지능), AI'라는 컴퓨터 공학과 우주산업이 주류를 이루고 있다. 그러므로 앞으로 'AI'의 발달로 도태될 직

---

[92] Dexter Dumphy, "The Historical Development of Human Resource Management in Australia", *Human Resource Management Australia*, July, 1987, pp.40~47.

종으로는 1만 직종 이상이 될 것으로 예측한다. 그 결과 국가의 복지행정은 정치의 관점보다는 시대적 조류에 맞게 노동과 직업, 인류안녕의 영역에서 재조정되어야 할 것이다.

위에서 보는 바와 같이 정치학을 이해하기 위하여 우리는 세 가지 접근 방법을 고려해야 한다. 첫째는 정치를 국가와의 필연적 관계로 이해하며 국가의 근본적인 제 활동들을 지칭하는 것으로 보는 국가학적 측면이고, 둘째는 정치를 인간 공동체 전체에 걸쳐 일반적으로 일어나는 제 현상으로 보는 사회학적 측면이며, 마지막으로 정치를 인간과 인간, 인간과 하나님과의 관계 안에서 인류의 안녕을 이해하려는 교회학적 또는 성서학적 측면이다.

2. 국가학적 정치이해

국가학적 접근은 정치란 국가를 주체로 하는 제 현상들, 즉 국가의 근본활동 또는 작용의 전부 또는 일부로 보는 견해로서 국가의지의 창조와 결정 및 그 행사를 둘러싼 사람들의 활동이라고 보는 학설이다. 그러나 국가학적 접근방법의 문제점은 다음과 같다.

첫째는 국가 그 자체의 근본활동에 정치를 국한함으로써 보편적·일반적인 정치현상, 즉 국가라는 결사체 이전의 사회 및 정치현상을 설명할 수 없다는 것이다.

둘째는 정치를 국가의 작용에 국한함으로써 사회적 성질보다 제도적 성질을 갖게 되므로 사회적 분석의 대상으로써 정치를 이해하기에는 한계가 있다는 것이다.

셋째는 단지 정부 관리와 행정에만 집중하므로 국가의 세 가지 구성 요소인 영토. 국민. 주권 중에서 영토와 국민의 개념은 통합과 분리 등과 같은 기능적 관계로써 해결할 수 있을지 모르지만, 국가의 주권을 분석하는 데는 어려움이 있다는 것이다. 즉 이 접근방법으로써 행정부의 교체에 따라 주권자가 왕이 될 수 있고, 혹은 국민이 될 수도 있기 때문이다.

넷째는 이 접근이 행정부에만 집중함으로써 주권에 대한 지속적 발전적 연구가 어렵고, 더 나아가 인간본질에 대한 사회학적 연구로써 정치를 이해하기 어렵게 된다는 것이다. 그 결과로써 국가의 본질인 인류의 복지를 하나님과 인간 사이의 관계에서 이해하지 못하므로 국가가 하나님의 법을 수행하는데 문제가 있게 된다.

위의 네 가지 문제점으로 말미암아 이 접근방법으로 정치학을 이해하는 데는 한계를 지니고 있다.

3. 사회학적 정치이해

사회학적 접근은 정치란 국가에만 관련된 현상으로 보지 않고, 국가뿐만 아니라 인간의 공동체 생활과 관련된 사회일반의 현상으로 보는 것을 말한다. 이 견해 중 하나의 학설은 정치를 개인 또는 집단 간의 권력관계에서 이해하는 계급투쟁설 혹은 실력설이다.

그러나 정치가 반드시 계급이나 권력의 상호관계만을 의미하는 것은 아니다. 왜냐하면 민족의식과 인류애 의식으로부터 나오는 에너지는 단지 계급과 권력의 관계로써 설명하기 어렵기 때문이다. 그러므로 이 학설은 인간의 본질적 문제를 다루지 않고 정치를 단지 일반 사회적 현상으로만 봄으로써 한계에 부딪힌다.

한편 이와는 달리 정치를 국가가 가지는 주권의 절대성보다도 국가와 동일한 지위로써 존재하는 다른 집단들, 즉 종교단체, 경제단체 등으로부터 나오는 에너지에 의해 사회적 목적은 실현된다고 보는 다원적 국가론이 있다.

즉 국가도 고유의 기능인 치안유지, 국가방위 등의 입장에서는 다른 집단을 통제할 수 있으나 학문, 예술, 종교 등의 가치판단의 입장에서는 통제할 수 없다는 것이다.

이 다원론적 국가론이 20 세기의 민주국가들, 특히 영·미에서 개인과 단체의 자유로운 활동을 보장하기 위한 하나의 디딤돌을 마련하였다. 따라서 이 학설의 특질은 인간의 질적 가치판단의 한계를 무시하고 인간의 무한한 잠재적 가능성을 전제로 하여 인본주의의 국가건설을 지향하는 것이다. 그러나 만약 다양한 각 집단들에 의해서 국가가 주권적 결사체로써의 의미가 약해질 때, 그 단체들은 그들의 이익을 위해 하나의 이익단체의 성격을 갖게 될 것이므로 참된 인류의 복지를 실현하는 데는 한계가 있다. 더구나 인간은 사회 공동체의 구성원이 되기보다는 단지 그들이 속해 있는 이익집단의 일원이 될 것이므로 인간은 기능적 인간 형태로 전락한다. 한편 인간은 자기의 이익을 위해 존재하는 이기적 · 경제적 동물이 되어 마침내 물질의 노예로 전락하게 된다.

그 결과 인간의 존엄성은 상실되며 경쟁사회를 조성하게 되어 파레토 효과 (Pareto Efficient), 즉 '다른 사람이 나빠지지 아니하면 결코 자기가 나아질 수 없다'93)고 하는 사회적 모순에 빠지게 되었다.

결국 이 학설에 따라 자본주의 사회는 풍요 속에 빈곤, 발전 속에 상실의 현상을 초래하게 되었다. 결론적으로 이 사회학적 접근방법도 인간의 고유한 본성을 간과하여 정치의 본질을 해석하는 데는 실패하였다.

즉 인간과 사회, 인간과 물질과의 관계 속에서 정치를 이해하려 하므로 결코 인류복지에 대한 해답을 찾을 수 없다. 따라서 인간은 이러한 사회학적 접근에서도 정치를 이해하는데 한계에 부딪쳤다. 그러므로 우리는 정치를 이해하기 위하여 인간의 존엄성을 하나님과의 관계 속에서 찾아야 한다.

4. 성서적 정치이해

성서적 배경 안에서 볼 때 정치의 본질적 문제는 하나님의 창조의 섭리로부터 찾아볼 수 있다. 하나님께서 천지를 창조하시면서 우주의 질서와 조화를 하나님의 뜻에 맞도록 지으셨다.

창조라는 뜻을 가진 원어에는 몇 가지 뜻이 있는데, 첫째로 바라(Barah)는 창세기 1장 1절에 사용된 용어로 무에서 유를 창조하신 것을 의미하며, 둘째는 바라와 같은 의미로 아사(Ahsah)가 있는데, 이것은 창조된 물질로부터 새로운 사물을 만드는 것을 말하며, 이 용어는 창1:16에 해, 달, 별을 만드실 때와 창1:25에 육축을 만드실 때 그리고 창1:26에 사람을 만드시고자 하실 때 사용되었다. 그리고 셋째로 야찰 (Yachal)이 있는데 이 용어는 하나님 자신의 뜻에 맞도록 조물하시는 것을 말하는데, 창2:7,9에서 아담과 하와를 만드실 때 사용한

---

93) E. Roy Weintraub, "On the Existence of a Competitive Equilibrium: 1930~1954", *Journal of Economic Literature*, Vol.21, No.1, March 1983, pp.1~39.

용어이다.

그러므로 성서 안에서 정치의 개념은 '아사(Ahsah)'라는 용어에서 그 의미를 찾아 볼 수 있다. 이것은 우주의 질서를 하나님께서 세우시고자 하여 해로 낮을 주관하게 하시고 달로 밤을 주관하게 하셨기 때문이다. 또한 창1:26에서 사람을 만드시고 하늘과 땅과 바다에 있는 모든 생물을 다스리게 하셨기 때문이다. 여기서 주관하게 하고 다스리게 하자는 것은 이미 하나님의 섭리 안에 정치의 개념이 포함되어 있다는 것을 알 수 있다.

하나님께서는 인간을 창조하신 후 아담과 하와에게 "생육하고 번성하여 땅에 충만 하라"(창1:28)고 하시고 모든 생물을 다스리라고 하셨다. 여기에서 정치의 개념이 하나님의 섭리 안에서 이제 인간에게 전가되었다는 사실을 알 수 있다. '다스리라'는 용어는 King James Version 성서에 'have dominion over'로 나타나 있는데, 이 용어의 근본적인 의미는 '모든 것보다 우세하여 통치권을 행사하라'고 하는 강력한 의미가 내포되어 있다.

인간의 타락 후 하나님께서는 또한 남편에게 아내를 다스리는 권한을 주셨다(창3:16). 그러나 여기서 다스리라는 용어는 King James Version 성서에 'rule over'이라고 해서, 즉 '통치하라' '지시하라'는 의미로서의 권력행사보다는 권위의 인정이라는 측면에서 '권면하라' '보살피라'는 의미로 해석되어질 수 있다.

그러므로 인간세계에서의 통치개념 혹은 정치개념은 하나님의 본질로부터 두 가지로 구분하여 볼 수 있다. 하나는 인간이 다른 동물들과 생물들을 '통치하며 지배한다' 는 권력의 행사로서 해석되고, 다른 하나는 인간이 인간을 '치리 한다' 는 권위의 인정으로 해석되어 진다. 따라서 남편과 아내 사이와 마찬가지로 인간과 인간 사이에도 하나님으로부터 전가된 권위 혹은 권세는 타율적 의미에서 보다 자율적인 의미에서 치리와 순종의 개념으로 이해되어야 한다.

사도 바울은 "각 사람은 위에 있는 권세들에게 굴복하라 권세는 하나님께로 나지 않음이 없나니 모든 권세는 다 하나님의 정하신 바라"(롬13:1)고 하였다. 그러나 때로는 권세가들이 정당하지 않게 인간에게 권력을 행사할 경우가 있다. 바벨론 왕 느브갓네살은 금으로 큰 신상을 만들어 백성들에게 그 신상에 절하기를 강요하였다.

그러나 사드락, 메삭, 아벳느고는 그 신상에 절하지 않으므로 왕의 권력에 굴복하지 않았다. 그 결과로 그 셋은 풀무 불에 던져지는 벌을 받게 되었지만, 단

지 하나님에게만 영광을 돌렸던 그들을 하나님께서는 구원해 주셨다(단3:13~
18). 느브갓네살 왕의 권세가 비록 하나님으로부터 나왔다고 할지라도, 그의 권
력행위가 하나님의 영광을 위한 것이 아니라 자신의 영광을 위할 때, 문제가 된
다. 그러므로 베드로와 다른 사도들도 유대 교권자들 앞에 서서 그들의 교권을
인정했으나 "사람보다 하나님을 순종하는 것이 마땅하니라"(행5:29)고 했다.

그런데 하나님으로부터 받은 그 권세를 잘못 사용하는 자 그는 하나님으로부
터 직접 간섭을 받게 된다는 것이다. 바벨론 왕 느브갓네살의 경우 그가 궁중
지붕을 거닐면서 그의 모든 권세와 영광을 자기 자신에게로 돌릴 때, 그의 왕위
는 폐위되어 버렸다(단4:30~31). 또한 바벨론 왕 벨사살도 자기가 하나님이
되어 예루살렘의 기명들로 술을 마실 때, 그의 왕권은 즉시 떠나게 되었으며(단
5:22~31) 이스라엘의 사울 왕도 그가 블레셋 사람과 싸우려 할 때 하나님의
법칙을 어기고 제사장만이 드릴 수 있는 제사권을 그가 행사했을 때, 그의 왕위
가 길지 못했다(삼상13:13~14).

그러므로 예수님께서는 "실족케하는 일이 없을 수 없으나 실족케하는 그 사
람에게는 화가 있도다(마18:7)"라고 말씀 하셨다. 이 말씀은 곧 권세자들이 백
성 혹은 시민들에게 실정 할 때, 즉 권세를 남용 혹은 잘못 사용할 때, 그 권세
자에게 책임이 있다는 것이다. 그래서 위정자들 혹은 교권자들에게는 더욱 막
중한 책임이 주어져 있는 것이다. 이것을 오늘날 프랑스어로 '노블리스 오블리
쥬(Noblesse Oblige)'라고 하며 영어로 그 의미는 '"Noblesse oblige" is
generally used to imply that with wealth, power and prestige come
responsibilities. (명예만큼 의무를 다함)'이다.

이상에서 알 수 있는 바와 같이, 정치의 본질은 하나님으로부터 기원하며, 하
나님께서 참된 인류의 복지를 위하여, 하나님의 절대적 주권 안에서만 성립되
어진다. 그러나 정치의 본질과는 달리 정치의 기능은 상황적 요소에 의해 좌우
될 수 있다. 그 실례로 하나님께서 인간에게 채소와 열매만을 식물로 주셨다(창
1:29). 그러나 노아의 홍수 이후 모든 짐승들도 식물로 주셨으며 전적으로 인
간의 손에 붙이셨다(창9:23). 이와 같이 정치의 기능은 상황에 의해 영향을 받
는다. 그러나 정치의 본질에는 변화가 없다. 왜냐하면 하나님께서 그의 주권으
로 그 권리를 인간에게 주신 것이지, 인간의 노력으로 짐승들을 먹을 수 있는
권리를 쟁취한 것이 아니기 때문이다.

결론적으로 성서학적 입장에서 정치를 정의 할 때, 정치는 하나님께로부터 인간에게 전가된 권한을 하나님의 법칙 안에서 인간이 그들의 복지를 위하여 사용하는 자유의지인 것이다. 이러한 성서적 정치의 개념을 복지행정과 관련하여 이해해 보면, 복지행정은 하나님으로부터 나온 권한을 위로는 하나님의 영광을 위하고 아래로는 인류의 복지를 위하여 보다 효율적으로 관리·보존·체계화·조직화 시키려는 인간 자유의지의 최고 미학인 것이다.

5. 정치윤리

2011년 11월 18일 기독교 학술원(Academia Christiana)에서 주최한 학술대회에서 스위스 출신 신학자 및 정치과학자인 Girardin Benoit 교수[94]는 "정치윤리는 시대에 따라 어떤 큰 가치의 테두리 안에서 서로 융통성 있게 변화되어왔다고 볼 수 있다."고 정의하면서 그러한 큰 가치의 범주를 정의라고 보았다. 그러한 증거로 인류 역사의 흐름 속에서 변화되어온 정치 윤리에 대하여 다음과 같이 언급하였다.[95]

석가(釋迦, Buddha, Gautama Siddhartha, BC. 563?~483?), 공자(孔子, Confucius, BC. 551~479), 맹자(孟子, Mencius, B.C. 372?~289), 노자(老子, Lao Tse, B.C. 604?~531)는 정치적인 중독과 열정을 버리고 신의를 회복하고 법을 세우도록 하며 흘러가는 것을 잡으려는 의지에 대해 회의적이었다.

인류의 조상으로 언급한 힌두교의 법전을 제정한 자인 마누(Manu)와 간디(Mohandas Karamchand Gandhi, 1869.10.2~1948.1.30)는 권력을 확대하거나 지키는 것이 필요했던 통치자들과 정책입안자들은 도덕적이어야 한다고 주장하며, 권력은 힘이 아니라 핵심적인 정치목적과 의제가 되어야 한다고 주장하였다.

소크라테스(Σωκράτης, BC. 470~399.5.7), 플라톤(Πλάτων, BC. 427~347),

---

94) Girardin Benoit 교수는 스위스 출신의 신학자로서 아프리카 르완다 기독교대학의 총장으로서 대사를 지내고 기독교정치윤리에 관한 많은 글을 쓴 정치가며 기독교 학자이다.(제4회 해외석학초청 강좌, 기독교학술원, 2011년 11월 18일 금요일 오후 4시)
95) Girardin Benoit, *Ethics in Politics. Why it matters more than ever and how it can make a difference*, Geneva 2011.(unpublished).

아리스토텔레스(Αριστοτέλης, BC. 384~322)는 정의란 공동체에 좋은 것이어야 하며 법에 의하여 주어져야 하지만, 그러나 정치제도들은 대부분 문제를 가지고 있다. 특히 소크라테스의 '악법도 법이다'(라틴어: Dura lex, sed lex)라는 말은 오늘날에도 그 영향을 미치고 있다.

유대교(Judaism)와 기독교(Christianity) 전통에서는 통치자들의 권력이 지나치거나 자기 의를 드러내려고 하는 것과 그러한 권력을 가지러하는 것을 제한한다. 이슬람교(Islam Muslim)에서는 정치권력과 종교지도력이 서로 공통되며 권력의 제한보다 오히려 어떻게 통치하는가에 초점을 두고 있다.

아프리카의 전통은 다른 두 종류의 유형을 갖고 있는데 하나는 무한한 권력의 상징적인 의미이고 다른 하나는 전임자를 상쇄해 버리는 현실적인 의미이다. 이때 추장이 그 가속들을 단기간 통치하지만 여전히 그의 흔적은 남게 된다. 그래서 가장 중요한 정치력은 추장이 죽거나 사라질 때 나타난다.

이처럼 정치윤리를 정의하기란 매우 난해하다. 그럼에도 불구하고 정치윤리는 위에서 언급된 정치사상들과 관련하여 볼 때, 도덕성(moralism)과 냉소주의(cynicism), 회의론(scepticism)과 실용주의(pragmatism) 사이에 항상 갈등하며 존재하여왔다고 볼 수 있다. 다시 말하면 정직을 강조하는 도덕성이 있는 반면에 도덕성에 전혀 관심이 없는 회의론(amoral scepticism)이 있고, 또 다른 측면에서 비도덕적인 현실 정치(immoral real politics)에 대한 냉소주의가 있는가 하면 실용적인 가치를 중요시하는 실용주의가 있다. 이들의 관계를 다음과 같은 그림으로 나타낼 수 있다.

〈그림 1〉 정치윤리의 역학관계

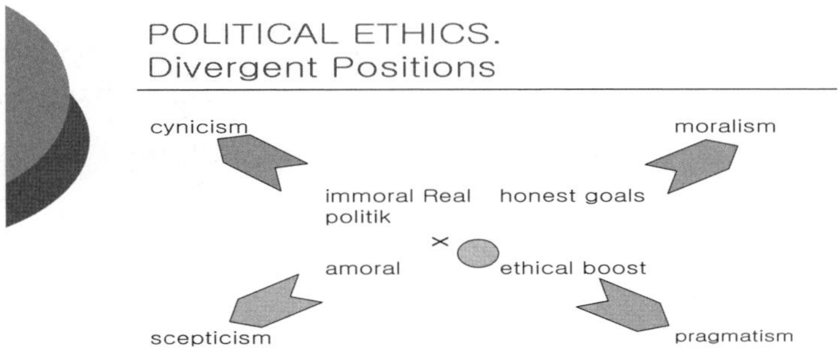

좀 더 구체적으로 이들을 살펴보면 정치윤리는 사회적 가치와 관련을 갖고 있다는 것을 알 수 있고 그 가치는 정의와 연결되어 있으므로 정의의 개념을 연구해 보면서 정치윤리를 이해하고자 한다. 정치윤리로써 정의는 공평성(fairness), 평등성(equity), 그리고 법 규정(rule of law)과 같은 포괄적인 가치이다. 세부적으로 정의의 실현방법으로는 다음 여섯 가지 요소, 즉 책임성(responsibility), 평등(equity), 연대(solidarity), 지구력(sustain-ability), 안보(security) 즉 안전과 평화(security and peace), 주권(sovereignty) 즉 다양성 속에서 통합(unity along with diversity)등이 활용되었는데 이들의 관계는 다음과 같다.

<그림 2> 정치윤리로서의 정의

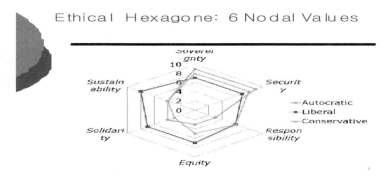

다시 말하면 모든 정권에서는 위의 여섯 가지요소들 중에서 어느 부분을 더 강조하느냐의 문제일 뿐이다. 예를 들면 여섯 요소의 최고 강조점을 10으로 했을 때, 독재정권에서는 주권(9)-안보(9)-지구력(4)-연대(4)-책임(3)-평등(3) 순으로 그 강조점이 이루어지고 있으므로 최우선적으로 주권과 안보가 '9'이고 평등은 최하위인 '3'으로서 그들 사이의 차이가 '6'으로 난다는 것은 매우 정치가 기형적이라는 것을 나타낸다. 다음으로 자유정권에서는 지구력(8)-연대(7)-평등(7)-주권(7)-안보(7)-책임(6) 순으로 거의 모두가 균형을 이루고 있다. 특히 최상위(8)와 최하위(6)와의 차이가 '2'이므로 매우 안정적인 사회라고 볼 수 있다. 그리고 보수정권에서는 주권(8)-안보(8)-책임(6)-평등(5)-지구력(4)-연대(3)의 순으로 나타나서 최상위(8)와 최하위(3)의 차이가 '5'이므로 독재정권과 같이 주권과 안보를 중요시하면서 책임도 소홀히 하지 않고 있다. 그러나 사회적 연대에 있어서는 약한 편이다. 이것을 숫자로 나타내면 <도표 4>와 같다.

<도표 4> 제 정권의 강조분야

	Autocratic(독재정권)	Liberal (자유정권)	Conservative(보수정권)
Sovereignty (주권: 10)	9	7	8
Security (안보: 10)	9	7	8
Responsibility (책임: 10)	3	6	6
Equity (평등: 10)	3	7	5
Solidarity (연대: 10)	4	7	3
Sustain ability (지구력: 10)	4	8	4
Total (합계: 60)	32	42	34

이와 같이 모든 정권은 정의를 표방하고 있지만, 그 강도에 따라 독재정권과 자유정권이 구분되어 지는데, 무엇보다 정치윤리를 구성하는 요소들 간의 균형이 중요하다. 그 균형을 이루는 것이 반드시 이상적인 정치윤리이라고는 볼 수 없지만 적어도 최선의 것이 되도록 하는 것이 정치윤리의 원칙이라고 본다.

이들 여섯 요소들은 사회적 가치(social values)와 국익(interests) 사이의 역학관계에 의하여 우선순위가 결정되므로 정치윤리란 사회적 가치와 국익의 균형에 의하여 이루어지는 사회적 합의라고 정의되어 질 수 있다. 가치는 쉽게 변질될 수 없지만 국익은 항상 변할 수 있으므로 최고의 가치보다는 최선의 선택에 초점을 두는 것이 정치윤리이다. 이런 맥락에서 기독교 정치윤리는 항상 성경의 교훈에 최고의 가치를 두고 사회적 유익을 위하여 최선의 선택을 하는 국민과의 합의라고 볼 수 있다. 더 나아가 정치윤리는 사회적 유익을 위하여 지향하는 사상과 깊은 관련을 갖고 있으므로 교회가 시대정신을 주도해 나가는 것이 무엇보다 중요하다고 볼 수 있다.

시대정신을 주도해 나가기 위하여 기독교 NGO운동은 개인의 의식변화와 사회구조적 역학관계, 그리고 시민의 합의를 이끌어 가기 위해 국가 정책을 면밀히 살펴보아야 할 것이다. 좀 더 구체적으로 개인윤리는 '나와 너'라는 개념의 틀 속에서, 사회윤리는 '우리와 너희들'이라는 개념의 틀 속에서, 그리고 정치윤리는 '그들과 어떤 사람들'이라는 틀 속에서 서로 공유하면서 상생할 수 있는 공통적인 가치를 생성해 가는 것이 필요하다. 따라서 기독교 시민운동가들은 시대적 가치의 내용과 원리를 간파하는 것이 중요하다.

제 4 절 기독교세계관과 복지

1. 기독교세계관의 개요

일반적으로 세계관이란 '형이상학적 관점에서의 세계에 관한 통일적 파악'[96] 이라고 알고 있지만 세계관을 정의하기란 쉬운 일이 아니다. 세계관은 흔히 시대에 따라, 또는 국민에 따라, 종족에 따라, 계급에 따라, 또 철학자의 머릿수만큼 서로 다른 세계관이 있을 수 있다.

그렇다면 이와 같이 다양한 세계관을 어떻게 정리해야 하는가? 독일의 철학자 빌헬름 딜타이 (Wilhelm Dilthey, 1833.11.19~1911.10.1)[97]는 세계관이 형성되는 근원에는 각각 다른 삶의 체험이 있다고 생각하여 세계관의 유형을 종교 · 시 · 형이상학으로 대별하고 형이상학적 세계관을 ① 자연주의(데모크리토스, 에피쿠로스, 포이어바흐, 콩트 등) ② 자유의 관념론(플라톤, 아우구스티누스, 칸트, 피히테 등) ③ 객관적 관념론(헤라클레이토스, 브루노, 스피노자, 라이프니츠, 괴테, 셸링, 헤겔 등)으로 분류하였다.

또한 독일의 카를 야스퍼스 (Karl Theodor Jaspers, 1883.2.23~1969.2.26)[98]도 스스로 세계관을 정립하려고 하는 '예언적 철학'과 세계관의 여러 유형을 비교 고찰하는 '세계관의 심리학'을 구별하여 요해심리학(了解心理學) 또는 정신 병리학적 관점에서 근대적 세계관의 분류를 시도하였다. 또한 독일의 문호 J.C.F.실러(Johann Christoph Friedrich von Schiller, 1759~1805)[99]가 ① 유대적 · 기독교적, ② 그리스적, ③ 자연과학적이라는 세 가지 유형을 구별하고, 니체(Friedrich Wilhelm Nietzsche, 1844~1900)[100]가 아폴론적과 디오니소스적이라는 두 가지 유형을 생각한 것은 잘 알려진 사실이다. 유물론자

---

96) 두산백과사전, 참조.
97) https://plato.stanford.edu/entries/dilthey/
98) https://en.wikipedia.org/wiki/Karl_Jaspers
99) https://en.wikipedia.org/wiki/Friedrich_Schiller
100) https://en.wikipedia.org/wiki/Friedrich_Nietzsche

는 계급적 견지에서는 부르주아적과 프롤레타리아적, 철학적 견지에서는 관념론과 유물론이라는 대립을 설정하려고 한다.

이런 맥락에서 볼 때 세계관이란 철학자나 사상가에 국한된 호사품이 아니라, 사람이라면 반드시 갖고 있는 것으로써 단순한 사고의 체계가 아니라 인식의 틀이며, 사물을 인지하는 방식이다.101) 따라서 세계관은 삶에 대한 시각만이 아니라 삶을 위한 시각도 된다. 하나의 세계관은 그 세계관을 가진 사람이 세상에서 지향해 나아갈 세계의 모델을 제공 할 뿐 아니라 문화와 언어들은 세계관에 의해 형성되기도 하고, 세계관을 삶의 양식에 반영하기도 한다.

제임스 사이어(J. W. Sire)102)는 "세계관이란 우리 세계(세상)의 기본적인 구성에 대해 우리가 (의식적으로나 무의식적으로) 견지하는 바 일련의 전제들(혹은 가정들)이다."라고 설명한다. 또한 세계관이란 다음과 같은 질문에 대한 근본적 해답을 포함하고 있다고 설명한다. 즉 ① 참된 최고의 실제(reality)는 무엇인가? ② 인간은 무엇인가? ③ 인간의 사후에는 어떠한 일이 일어나는가? ④ 도덕의 기초는 무엇인가? ⑤ 인간 역사의 의미는 무엇인가? 등이 그것이다.

김영한 교수103)는 세계관이란 "세계를 보는 관점이며 세계를 해석하고 행동하는 틀이고 어떤 논리적 체계가 아니라 우리의 인식과 사유에 근본 전제로서 활동하는 신념체계"라고 하였다. 그러면서 세계관을 인식의 틀, 사고의 준거 내지 지침, 사고와 행동의 근본 전제, 삶의 비전, 세계상, 그리고 행위의 지침 등 여섯 가지 범주로 정의하였다. 기독교 신학에 대한 근본적인 인식은 세 가지 기초 위에 세워진다. 첫째 삼위일체 신의 계시, 둘째 인간의 정신적 삶의 심오한 차원, 셋째 인간의 사회적 삶의 총체이다. 구체적으로 살펴보면 다음과 같다.104)

이와 같은 세계관에 대한 의미를 기초로 해서 교회복지에 대한 학문적 근거를 제시하고자 한다.

---

101) Middleton, J. Richard & Brian Walsh, *The Transforming vision : shaping a Christian world view* (황영철 옮김, 「그리스도인의 비전」 한국기독학생회출판부, 1987.05.01, (ISBN 10-8932845026, ISBN 13-9788932845029)

102) James W. Sire, *The Universe Next Door: A Basic World view Catalog,* (김헌수 옮김, 「기독교 세계관과 현대사상」', IVP. 1985).

103) 김영한, 「기독교세계관 -21c 시대의 올바른 지침서-」, (서울: 숭실대학교출판부, 2010), p.22.

104) 김영한, 「한국기독교 문화신학」 (서울: 도서출판 불과 기둥, 2005), pp.20~27.

2. 계시종교(엡1:3~14)

기독교는 삼위일체 하나님의 계시에 기초하고 있다. 하나님의 자기 계시에 기초하고 있는 기독교는 세계 종교사에 나타난 주관적인 종교나 객관적인 종교 이상의 독특성을 지니고 있다. 주관적인 종교는 인간의 경건성을 주관적인 신(神) 경험으로 표현함으로써 신과 인간의 융합 혹은 신적 몰입을 나타내는 원시적 샤머니즘적인 사상, 혹은 보다 세련된 형태로 나타난 정신적 신비주의인 영지주의 사상을 말한다.

객관적인 종교는 신적인 것에 인격적인 특성을 부여하고 의식 자체가 종교의 중심이 되는 것을 말한다. 예를 들면 유교의 제사의식 혹은 도덕적 수행과 같은 것이 있다. 그러나 기독교는 하나님의 계시 종교이다. 예수 그리스도 안에 나타난 하나님의 계시는 인간과 신(神) 사이를 잇는 무한한 틈과 간격을 시인하고, 인간의 구원은 오로지 신의 은총에 의존하고 있다는 사실을 인식한다. 기독교는 고독한 명상뿐 아니라 타인과 관계하는 삶에서 비롯된다. 기독교인의 생활은 사회생활과 묶여 있다. 기독교적 인식이란 충동과 이익을 넘어 이웃의 삶이 자신의 삶과 동등한 가치가 있는 것으로 인식할 때 유지될 수 있다. 즉 기독교는 사회와 조화를 이루어내는 생명력으로 작용한다.105) 우주 안에서 발견되는 인격적 가치란 곧 하나님의 본성을 의미하며, 하나님 자신이 인격자이시고 인간이 인격자라면 인간은 하나님의 자녀가 된다. 기독교는 인간으로 하여금 동료 인간을 하나님의 자녀로 볼 것을 요청하며 하나님의 자녀이기 때문에 자신들의 형제로 간주하도록 설득한다.

따라서 모든 인간은 하나님의 자녀이지만 동시에 타락한 자들로서 본성 속에 악을 내포하고 있는 자들이다. 이 악은 인간과 사물과의 관계 안에서 그 모습을 드러내며, 필연적으로 이웃에게 해를 끼치게 된다. 이때 인간이 서로에게 끼치는 악을 극복하지 않고서는 사회의 유지는 불가능하다. 이 악을 극복하는 방편으로 용서의 기술이 필요한데, 이 기술은 오직 '기독교라는 학교'에서만 배울 수 있다. 용서가 소극적인 태도라면 사랑은 적극적인 태도이다. 인간 사회에서는 사랑에 근접한 태도가 혈연관계에서만 나타나는데, 기독교는 혈연관계에서

---

105) 이상원, 「라인홀드 니버 (Reinhold Niebuhr)」 (서울: 살림, 2006), p. 57.

나타나는 이 태도를 타인을 포함하여 모든 삶의 영역에 적용할 것을 요청한다. 이것이 그리스도를 통하여 인간사회에 나타난 하나님의 계시이다.106)

이런 맥락에서 니버(Reinhold Niebuhr)는 일반계시를 세 가지로 요약한다.107) 첫째, 인간은 존재의 궁극적 근원이 하나님의 위대함을 경외하고, 감정적으로 그에 의존한다. 곧 인간은 창조주의 실제를 인정한다. 둘째, 자기를 초월한 곳에서 부여되는 도덕적 의무를 가지며, 동시에 스스로가 심판자 앞에서 도덕적으로 무가치한 존재임을 느끼게 된다. 곧 인간은 하나님을 심판자로 인식한다. 셋째, 인간은 용서를 갈망한다. 곧 인간은 하나님을 구속주로 확신한다. 그러므로 인간은 자신의 도덕적 결단에 의해 악을 행한 죄인들이라는 뜻이다.

성경적 종교는 세계가 하나님에 의해 창조되었다는 근거를 토대로 창조의 선함을 일관성 있게 주장한다. 그러면 왜 악은 존재하는가? 성경전체는 선악과와 십자가의 이야기이다. 선악과가 없었다면 십자가도 없다. 성경전체의 흐름은 하나님께서 창조 하실 때 사람을 영생하도록 만드셨으며 에덴동산에 선악과를 두셨다. 그러나 선악과는 인간이 먹기 전에는 아무런 능력이 없었다. 인간이 선악과를 먹은 후 생명과에 접근하지 못하게 되었고 에덴동산에서 추방당하여 결국 세상에서 육체적 죽음과 고통을 맞이하게 되었으며, 마침내 이 세상에는 선과 악이 공존하게 되었다. 그러면 악은 무엇인가? 악이란 물리적 세계에 내재되어 있는 것이 아니라 인간의 도덕적 결단에 있으며, 악은 인간이 자신의 연약성, 유한성, 의존성을 깨닫고 인정하기를 의도적으로 거부하고, 인간의 한계를 초월한 권력과 안전에 대한 욕망을 갖게 한다. 즉 악은 피조물의 한계 너머에 있는 신적인 지식을 소유할 수 있는 듯이 허세를 부리려는 의도 또는 성향이라고 볼 수 있다. 악이 세상을 영원히 지배하는 듯 허세를 부릴 때, 메시야께서 탄생하셔서 그가 선에 대하여 설명하여 주셨고, 십자가상에서 모든 악으로 나타난 결과인 죄를 친히 짊어지시고 모본을 보이셨다. 결국 메시야께서 선과 악이 공존하는 세계에서 선과 악을 완전히 구별하여 주셨다. 그의 가르치신 선을 성경에서는 복음이라 하며, 최종적으로 복음에 나타난 선을 행한 자는 그의 나라로 인도하시고, 그 복음을 거부하고 여전히 악을 행하는 자를 지옥으로 나누시면서 그의 창조와 계시를 완성하신다.

---

106) 상게서, p.59.
107) 상게서, pp.71~79.

3. 초월적 정신종교 (골2:8; 갈4:9; 마5:44)

기독교는 인간의 정신적 삶의 심오한 차원에 관계한다. 기독교는 도덕을 내포하고 있으나 도덕과 동일시 될 수 없으며, 도덕이상의 것으로써 인간의 정신적 삶의 심오한 차원에 관계한다. 왜냐하면 기독교는 삼위일체 신의 구속계시에 근거하고 있으며 이 신의 계시는 인간의 윤리의식을 초월하는 힘을 지니고 있기 때문이다.

창세기 22장에서 아브라함을 향해 아들을 모리아 산에서 번제로 드리라고 하는 명령은 인간의 생각으로 볼 때 하나님은 스스로 자신의 계명을 어기는 결과를 초래하였다고 볼 수 있다. 아버지가 어떻게 아들을 죽여야 하는가? 그리고 어떻게 인간을 제물로 바치라고 하는가? 이것은 인간의 도덕률에 어긋나는 것이다. 그러나 하나님께서는 아브라함에게 인간의 윤리의식을 초월하여 순종과 믿음이라는 절대적인 힘에 의존할 것을 요구하셨다.

이것은 예수님의 십자가 교훈과도 일맥상통한다. 하나님께서는 예수를 "이는 나의 아들 곧 택함을 받은 자"(눅9:35)라고 선포하셨다. 그런데 십자가상에서 그를 전적으로 의지하고 신뢰하는 그의 아들 예수를 십자가의 죽음에 냉정하게 버려두시는 하나님, 처절하게 몸부림치는 아들의 모습에 침묵하시는 하나님, 과연 아버지로서 그분의 행위가 인간의 도덕과 윤리적인 측면에서 볼 때 용납될 만한 일들인가? 그러므로 기독교는 인간의 도덕과 윤리보다 높은 차원이다.

뿐만 아니라 기독교는 신에 대해 감사하고 경배하며, 헌신하는 마음을 갖는 경건한 감정보다 더 깊다. 다시 말하면 기독교는 인간 정신적 삶의 어떤 특수한 기능이 아니라 정신적 삶의 모든 차원에 관계되는 총체적인 실체이므로 도덕적 영역, 지식적 영역, 심미적 영역의 궁극적인 근원이 된다. 그러므로 좁은 의미에서 기독교 신앙은 서구 기독교적인 종교의식, 예배, 교회기구로써 이해될 수 있지만, 넓은 의미에서 기독교 신앙은 인간 정신적인 삶의 궁극적인 차원에 내재하는 최초의 원인이며, 인간 두뇌로 파악할 수 없는 초월적인 영역으로부터 미래를 내다보는 예지와 신의 섭리에 의해 삶의 목표를 향해 달릴 수 있는 원동력이다.

4. 생활종교(살전5:16~18)

기독교는 인간의 사회적 삶의 총체적 영역에 관계한다. 기독교 신앙은 초월적 인격신에 대한 궁극적인 만남을 역사적인 삶의 영역에서 표현한다. 기독교 신앙은 초월적인 인격신과의 내면적인 관계에 머물지 않고 이 만남에서 변화받은 내면성과 새 인간성을 사회적 관계 속에서 표현한다.[108] 이것은 고린도전서 3장 21~23절 "그런즉 누구든지 사람을 자랑하지 말라 만물이 다 너희 것임이라 바울이나 아볼로나 게바나 세계나 생명이나 사망이나 지금 것이나 장래 것이나 다 너희의 것이요 너희는 그리스도의 것이요 그리스도는 하나님의 것이니라."는 말씀에 근거하고 있다.

그러므로 삶의 모든 영역은 하나님의 현현(顯現)의 처소요, 하나님의 보이지 아니하시는 섭리가 역사하는 곳이므로 그리스도 안에서 거룩한 영역과 세속의 영역이 분리되지 않는다. 즉 하나님은 그리스도 안에서 종교의 영역뿐만 아니라 세속영역의 통치자로서 계신다는 의미이다. 따라서 하나님이 세속영역의 주인이시기는 하지만 세속영역은 여전히 하나님의 주권을 인정하지 않고 있으므로 그리스도인들은 세속영역에서 하나님의 주권을 인정하도록 사회개혁 및 문화 변혁을 주도하여야 한다는 의미이다. 따라서 기독교의 철학적 의미를 요약해 보면 다음과 같다.

〈도표 5〉 기독교의 철학적 의미

기독교(Christianity)		사회 안의 교회	교회 안의 사회
구 체 화 (classification)	계시종교	특별계시	일반계시
	초월적 정신종교	신의 계명	도덕윤리
	생활종교	내면적 관계	사회적 관계
체계화(organization)		개인구원 (내적 치유)	사회구원 (NGO 운동)

〈도표 5〉에서 보는 바와 같이 기독교 신학에 대한 근본적인 인식은 세 가지 기초 위에 세워진다. 첫째 삼위일체 신의 계시, 둘째 인간의 정신적 삶의 심오한 차원, 셋째 인간의 사회적 삶의 총체이다.[109] 다시 말하면 기독교는 계시종

---

108) 김영한, 「한국기독교 문화신학」, 전게서, p.25.
109) 상게서, pp.20~27.

교이고, 정신종교이며, 생활종교의 성향을 지니고 있다고 볼 수 있다. 이런 맥락에서 약 2천년이 흐르는 동안 기독교가 세계 인류역사에 미친 영향은 엄청나다. 복음이 미치는 민족, 국가, 사회 모든 계층에 복음적 결실은 무척 아름다웠고, 기독교는 각 시대마다 NGO단체를 통한 의식개혁 운동(노예제도 폐지운동, 금연 금주운동, 기독교 청년운동 등)을 전개하여 수많은 인류 복지사업(빈민구제사업, 교육사업, 의료사업 등)에 기여하여 왔으며 문화변혁을 주도해 왔다.

5. 기독교세계관과 교회복지

만약 당신이 나에게 '신학이 무엇이냐?' (What is theology?)라고 묻지 않는다면 나는 신학이 무엇인지 알고 있다. 그러나 만약 당신이 나에게 '신학이 무엇이냐?'라고 묻는다면 나는 당신에게 그 대답을 할 수 없다. 신학 (theology)이란 우리가 느끼고 있는 많은 것들 중에 하나 혹은 전체 일 수도 있다.

원래 'theology'라는 어원은 헬라어로부터 유래되었는데 두 가지 측면에서 그 의미를 살펴 볼 수 있다. 즉 'theo-(God)'와 '-logy(word)'라는 의미 속에서 'theology' 는 감춰진 진리를 내포하고 있다. John Macquarrie(1919.6.27.~2007.5.28)교수는 말하기를 'theology'는 'God-talk'라고 했으며, 그 의미는 'anglo(ἄγγελος:, angel)-saxon(σαρξ:, flesh)' 이라는 말의 어형과 비슷하다고 풍자하기도 하였다.110)

그러나 'theology'는 우리가 하나님에 관하여 말하는 것 이상의 그 어떤 것이라는 사실이다. 다시 말하면 'theology'는 신적 실체인 'God' 과 인간의 응답인 'talk' 사이에 그 의미가 존재하는 것일 수도 있지만, 단지 '-logy'라는 의미를 '말하는 것(talk)'이라고 정의해서는 안 된다.

따라서 'theology'는 성스러운 하나님에 관하여 인간이 원리를 연구하여 합리적으로 말 하려고 하는 시도로써 우리가 'theology'를 연구할 때에는 먼저 신학에 영향을 미치는 모든 요소들, 즉 성서(scripture), 전통(tradition), 경험(experience), 이성(reason), 창작력(imagination), 문화(culture) 등 여섯 요소를 이해해야만 할 것이다.111)

---

110) John Macquarrie, *Principles of Christian Theology*, New York: Charles Scribner's Sons, 1977.
111) Gordon S. Dicker, *Faith with Understanding*, Unichurch Publishing, Sydney, 1981, pp.6~12.

(1)성서(scripture): 성경을 보는 관점에는 두 가지가 있다. 하나는 "성서는 하나님의 말씀이다." (The Scripture is the Word of God.) 라는 관점이고, 다른 하나는 "성서는 예수 그리스도를 통하여 하나님의 말씀이 되었다. (The Scripture bacame the Word of God through Christ Jesus.)라는 관점이다. 보편적으로 전자는 보수적 신학의 관점이고 후자는 진보적 신학의 관점이다. 성경에서 "눈이 범죄 하면 눈을 빼 버리고, 손이 범죄 하면 손을 잘라라(마 5:29~30)"고 하였지만 장님도 죄를 범한다. 또한 "무릇 내게 오는 자가 자기 부모와 처자와 형제와 자매와 및 자기 목숨까지 미워하지 아니하면 능히 나의 제자가 되지 못하고 누구든지 자기 십자가를 지고 나를 좇지 않는 자도 능히 나의 제자가 되지 못하리라(눅14:25~26)"고 하였는데 이것은 하나님의 선물인 부모, 형제, 처자와 선물을 주신 분을 구별하라는 의미이지 결코 부모, 형제, 처자를 미워하라는 의미는 아니다. 그러므로 신학이란 성서에서 글자대로 해석하는 것 외의 다른 뉘앙스(nuance, 어감) 요소를 포함하고 있다는 의미이다.

(2) 이성(reason): 씨 뿌리는 자의 비유(마11:16), 천국비유(마13:44)와 같이 비유(parable)를 사용하여 신학은 이성적인 판단을 주문한다.

(3) 창작력(imagination): 창세기와 요한 계시록에서 뱀을 사탄으로 이미지화하고, 양과 염소 (마25:33)를 의인과 악인으로 이미지화 한 부분을 신학은 간과해서는 안된다.

(4) 전통(tradition): 한 사회의 시대적 배경과 관습 또한 신학에 영향을 미친다. 예수님께서 유대인들의 전통에 따라 회당에서 성경을 읽으셨고, 바울도 관습에 따라 결례를 행했다(행21:26). 따라서 전통도 신학의 중요한 요소이다.

(5) 경험(experiences): 바울의 신앙관은 베드로의 신앙관과 달랐다. 시대적 배경과 삶의 현장에 따라 니버(Reinhold Niebuhr)와 본 훼퍼(Dietrich Bonhoeffer)112)의 신앙관이 달랐으며, 제2차 대전 당시 칼 바르트(K. Barth)

United Theological College (호주연합교단 신학교 1989년 당시 학장)

112) 본 훼퍼는 반정부 활동으로 나치 당국에 체포되어 2년간 수용소에 수감된 뒤, 1944년 시도된 히틀러 암살 계획에 가담하여, 독일의 항복 선언을 약 한 달 남겨놓은 시점에서 교수형을 당한 인물이다. 본회퍼는 동료 수감자가 "기독교인인 당신이 어떻게 (정교분리 원칙을 무시하고) 국가의 미움을 받으면서까지 그렇게 정치적인 일에 관여하게 되었나?"질문에 "미친 자가 운전대를 잡고 운전하는 것을 볼 때, 목회자가 할 일은 그 자동차에 치어 죽는 이들의 장례를 주관하는 것보다 먼저 그 미친 자를 운전대로부터 끌어내리는 일이다"라고 답했다.

는 독일을 탈출하여 활동하였으나 본훼퍼는 독일에 입성하여 활동하였으므로 그들의 신학사상도 달랐다. 따라서 경험 또한 신학의 중요한 요소이다.

(6) 문화(culture): 바울은 헬라인에게 복음을 전하기 위해 헬라인처럼 되라고 하면서 문화신학의 근거를 제공하였다. 예수님께서도 사마리아 여인에게 접근하실 때 그들의 문화를 이해하고 접근하셨다. 그러므로 문화 또한 신학의 중요 요소이다.

이상에서 본바와 같이 성서·이성·창작력의 분야를 집중적으로 연구하는 학문을 이론 신학이라 하고, 전통·경험·문화 분야의 연구에 학문적 근거를 두고 있는 것을 실천신학이라고 한다. 이론 신학의 기조를 이루는 것이 조직신학(systematical theology)이라고 한다면 실천신학의 기조를 이루는 것은 기독교사회복지(Christian social welfare)이다. 따라서 인류의 문화와 전통, 그리고 경험을 연구하여 성서에 기록된 실제적 상황과 배경을 이성을 통해 창작력을 이해함으로써 성도의 삶에 적용시키고 사회를 변화시켜 나가는 원동력이 교회가 지향해야할 기독교사회복지이다. 더 나아가 AI가 주도할 미래사회는 반 기독교정신을 쇄신할 제도적 장치(mechanism)로서 기독교 NGO의 역할이 요청된다.

<도표 6> 기독교세계관과 교회복지의 이해

신학(theology)	이론신학	실천신학
구 체 화 (classification)	성서	전통
	이성	경험
	창작	문화
체계화(organization)	조직신학 (거울, QT)	기독교사회복지학 (창문, NGO)

<도표 6>에서 보는 바와 같이 조직신학과 기독교사회복지의 상호관계는 동일한 재료로 만들어진 거울(mirror)과 창문(window)의 관계와 같다. 즉 거울은 자신만을 보지만 창문은 그 뒤쪽에 있는 사물들도 관찰할 수 있다. 다시 말하면 조직신학은 주로 사람이 거울을 보듯이 자신의 장점과 단점을 성경을 통해 반성(Quite Time)함으로써 믿음의 체계를 이루어 주는 시도라고 한다면, 기독교사회복지는 사람이 창문을 통해 만물들을 바라보듯이 성경의 배후에 있는 인간의 윤리와 도덕을 시대정신에 따라 보다 더 효과적(effective), 효율적

(efficient), 접근성(accessibility)있게 성도의 생활에 적용시키려는 시도이다.

특히 실천신학을 구성하는 주요 요소 중에 전통과 경험은 과거 지향적이지만 '문화'는 시대정신을 대변하여 주는 역동적인 부분으로써 문화변혁을 주도해 나갈 제도적인 장치가 요구되는데, 그 제도적인 장치가 오늘날 기독교 NGO 혹은 기독교시민단체 운동으로 대변되고 있다고 볼 수 있다.

여유 있는 삶

경원선 종단 점, 즉 '철마는 달리고 싶다' 표지판이 있는 경기도 연천군 신서면 대광리의 신탄리역에 내려서 고대산 입구에 이르면 슬레이트 지붕으로 된 40여 평의 민가 '안나의 집'이 나온다.

이 안나의 집에서는 수녀 출신인 '인간천사' 김유선(71 여)씨가 17년째 인근 지역에서 찾아온 오갈 데 없거나 병든 할머니들을 돌보며 살고 있다. 서울 길음동에 있는 성가소비녀 소속 수녀로 신앙생활을 하면서 지난 1989년 최전방인 연천 지역에 조그만 사글세방 노인수용시설을 마련한 그녀는 지난 1996년 수녀를 그만두고 매년 10~20명의 버림받은 할머니들을 계속 보살펴왔다.

김 씨가 할 수 있는 일은 할머니들의 의식주 해결은 물론 거동이 불편한 할머니 환자들에 대한 간병치료와 할머니들이 편안하게 죽음을 맞이하도록 도와주는 호스피스 역할이다. 오직 신앙과 사랑으로 이웃사랑을 실천하고 있는 김 씨 품에서 평화스럽게 죽음을 준비해가며 숨져간 할머니들만도 90여명에 이른다.

김 씨는 이기적으로 살아가는 것보다 남을 위해 봉사하며 사는 삶을 습관화하면 외로움을 느끼지 못한다고 말했다.

제 5 절 복지국가의 이상과 위기

1. 복지국가의 개념

복지국가에 대한 개념을 명확히 정의하는 것은 어렵다. 그것은 복지국가
(Welfare State, Wohl-fahrtstaat)라고 일컬어지는 나라마다의 상황과 특징이
다를 뿐만 아니라 복지국가를 이념형으로 규정하는 데에서 학자마다 견해를 달
리하고 있기 때문이다. R. M. Titmuss[113]는 사적인 시장 기구를 통해 제공될
수 없는 특별한 서비스를 받을 권리가 모든 국민에게 인정되어 있는 국가를 복
지국가라고 보았으나, 그는 복지국가란 정의하기도 어렵고, 구체적으로 그 본
질을 포착하기도 쉽지 않다고 하였다.[114] 그럼에도 불구하고 복지국가에 관한
개념을 정의한 몇몇 학자들의 견해를 살펴보면 다음과 같다.

David. C. Marsh[115]는 사회적 서비스를 제공하고 경제체제를 지도함으로써
모든 사람의 합리적 생활수준 및 기회의 균등을 달성해 줄 의무가 있는 국가로
보았으며, Piet Thoenes[116] 는 복지국가를 자본주의적 생산체제를 유지하면
서 모든 시민에게 집단적 사회보호를 보장하고, 정부가 지원하는 민주적인 복
지제도에 의하여 특징 지워지는 것으로 보았다. H. I. Wilensky[117]는 모든 국
민에게 소득과 영양, 보건, 주택, 교육의 최저수준을 자선으로서가 아니라 정치
적 권리로서 보장하여 주는 국가라 하였고, T. H. Marshall[118]은 복지국가의
기본적 특징을 강력한 개인주의와 집합주의로 간주하였다. 한편 김한주 교
수[119]는 노동이나 재산의 시장기능에 관계없이 개인과 가족의 최저한의 소득
보장, 개인이나 가족이 위기에 처할지도 모르는 질병, 노령, 실업 등 사회적 불
의의 사고를 당할 경우 개인이나 가족에게 생활능력을 부여함으로써, 불평의

113) R. M. Titmuss, *Welfare State and Welfare Society*, 1967, pp.15~22.
114) R. M. Titmuss, *Commitment to Welfare*, Allen & Unwin, London, 1968.
115) D. C. Marsh, *The Welfare State*, 2nd ed., London and New York: Longman, 1980, p.16.
116) Piet Thoenes, *The Elite in the Welfare State*, 1996, p.125.
117) H. I. Wilensky, *The Welfare State and Equality*, Berkley: The University of California, 1975, p.1.
118) T. H. Marshall, *Sociology at the Crossroads*, 1963, p.246.
119) 김한주, 「한국사회보장론」 (서울 : 법문사, 1981), p.26.

범위를 축소시키고, 모든 국민에게 지위나 계급을 불문하고, 어떤 합의된 범위 내의 사회적 서비스를 최대한 제공하는 국가를 복지국가라 보고 있다.

따라서 학자들의 견해를 종합하여 보면 두 가지 방법으로 범주화시킬 수 있다. 첫째는 연역적 방법으로서 복지국가의 이념을 내세워 미래의 복지국가 유형을 규정하는 방법이고, 둘째는 귀납적 방법으로서 현존하는 여러 국가의 복지정책과 제도를 포함해서 복지국가의 요인들을 추출하여 규정하는 방법이다.

즉 전자는 현존하는 국가가 앞으로 나아가야 할 이상으로서의 목표를 말하는 것이며, 후자는 현실적으로 존재하는 국가의 정책과 제도 등을 중심으로 한 것이다. 이런 맥락에서 복지국가를 정의하여 보면, 복지국가란 개인의 일상적 생활보장과 위험 및 사회적 문제를 해결하고 자유와 평등을 포함한 복지 상태를 이룩하기 위하여 정부수준과 민간조직의 수준에서 복지증진에 최우선적으로 정책적 목표를 지향하고, 그의 달성을 위해 노력하는 국가라고 정의할 수 있다.

2. 복지국가의 전개과정

(1) 복지국가의 발단

복지국가라는 개념은 이데올로기적인 한 형태로서 세계 제2차 대전 전후에 즈음하여 영국에서 매우 중요한 쟁점으로 쓰이기 시작하였다. 1940년대에 영국에서 제정된 수많은 사회입법은 '후기산업사회', '혼합경제', '복지사회', 심지어는 '민주적 복지자본주의'라고 불리는 새로운 시대의 개벽을 암시하였다. 전후 주요 정치 집단들은 국가의 복지나 사회서비스의 내용을 다루는 다양한 국가서비스와 국가 활동들의 목적, 비용 및 효율성에 대하여 광범위한 논쟁을 전개하였다.[120]

사실 복지국가는 서구에서 오랜 역사를 두고 형성되어 왔고 정치·경제·사회 문화의 제 영역에 유형·무형으로 작용하면서 사람들의 일상생활에 밀접하게 연관되어 존재해 오고 있다. 그러면 이렇게 생활의 전반에 걸쳐있는 사회현상을 구체적인 용어로 표현하여 복지국가로 명명한 때는 1930년대 New Deal 정책이 시행된 이후에 일반적으로 사용되었고, 1950년대 후반과 1960년대 초

---

120) 김장대, 『기독교사회복지학총론』 전게서. pp.26~27.

기부터 매우 중요한 의미를 갖고 널리 보급되기 시작했다.

복지국가라는 용어의 어원을 찾아보면 영국에서는 엘리자베스 여왕 시대의 공동의 부(common wealth) 또는 19세기 독일의 볼팔트슈타트(Wohl-fahrtstaat)라는 말까지 거슬러 올라갈 수 있는데, 그것은 오늘날의 복지국가의 의미와는 약간 다른 것이라 하겠다.

복지국가라는 말이 오늘날과 같은 의미로 쓰여 지게된 것은 비교적 최근의 일이다. Maurice Bruce의 「복지국가의 도래(The Coming of the Welfare State)」라는 책의 서문에 의하면, 이 말은 1930년대 후반에 Alfred Zimmern이 권력국가 (Power State)에 대비하여 사용한 것이 최초의 것이며, 그 후 1941년에 William Temple이 「시민과 성직자(Citizen and Churchman)」라는 책 속에서 나치정권을'전쟁국가'라고 부르며 그것의 반대 개념으로 '복지국가'라고 부르고 나서부터 시작되었다.

그리고 '복지국가'라는 말에 구체적 의미가 부여된 것은 1942년 영국의 William Beveridge가 「사회보험과 관련 서비스(Social Insurance and Allied Services)」라는 유명한 보고서를 발표하고, 나아가 1944년에 완전고용에 관한 정부의 백서와 W. Beveridge의 새로운 보고서가 발표됨으로 광범위한 사회보장과 완전고용을 행하는 것이 국가의 책임이라고 여기게 되었다.

그 후 1945년 제2차 세계대전 후에 영국은 노동당에 의해 이 생각이 구체화되어 복지국가의 대표적인 나라가 되었다. 1980년에 대처(Margret Thatcher, 1925.10.13~)의 보수당 정부는 영국경제의 재생과 부활, 그리고 국가경쟁력을 강화하는 다양한 경제정책 및 영국사회보장제도의 40년을 재평가하는 사회보장개혁을 단행하였다.

그 후 18년간 보수당 정권에서 1997년 블레어(Tony Blair) 총리의 노동당으로 넘어오므로 복지국가 대신에 사회투자국가의 건설을 표방하여 일자리 창출을 강조하였지만, 복지정책의 기조는 보수당 정책을 벗어나지 못하였다. 영국과 함께 북구제국이나 서구대륙, 특히 독일, 프랑스 등도 이와 같은 역사적 흐름을 따라 복지국가가 서서히 형성되어 왔다. 특히 2019년 COVID-19 펜데믹을 경험하면서 전 세계는 복지국가에 몰입하고 있으며, 공산국가인 중화인민공화국 주석인 시진핑(Xi Jinping, 1953.6.15.~)[121]과 러시아의 푸틴(Vladimir Vladimirovich Putin, 1952.10.7.~)[122]도 복지국가를 내세우고 있다.

(2) 복지국가, 사회복지, 그리고 사회사업

복지국가 형태를 규정하기 전에 전제되는 것이 사회복지와 사회사업의 차이점을 살펴보고자 한다. 사회복지란 개인 또는 집단의 생활이나 건강이 만족할 수준에 도달할 수 있도록 계획된 사회적 서비스 및 제도의 조직적 체계로써 지역사회의 필요에 부합할 수 있도록 모든 개인의 능력발달과 복지증진을 가능하게 하는 개인적, 사회적 관계를 그 목표로 하는 데 비해, 사회사업이란 인간관계에 관한 과학적 지식과 기술에 기반을 둔 전문적 서비스로서 개인, 집단, 지역사회가 개인적 또는 사회적 만족과 독립을 이룩할 수 있도록 원조함을 의미한다.123)

복지국가는 사회복지와 사회사업을 포괄하는 종합적인 국가와 사회형태의

---

121) 시진핑의 집권은 덩샤오핑이 생전에 장쩌민을 자신의 후계자로 삼되 후진타오를 장쩌민의 후계자로 하는 조건으로 정권을 인수인계 해줬으므로 상하이방의 장쩌민이 공청단의 후진타오에게 정권을 양도하지만 중국 공산당 상무위원들은 대부분 상하이방으로 채우는 꼼수를 썼고 결국, 후진타오를 반쪽 짜리 주석으로 만들어 버렸다. 그러나 2006년 장쩌민이 차기 주석으로 밀던 상하이방의 황태자 천량위가 비리 문제로 낙마해 버리는데 이것은 후진타오의 공청단이 일격을 가한 것이다. 2007년에 후진타오는 17차 공산당 대회에서 자기가 후계자로 밀던 공청단의 리커창을 내세우지만 실패하자, 결국 후진타오는 상하이방도, 공청단도 아닌 태자당의 시진핑을 대안으로 올리고, 리커창은 주석이 되지 못하고 총리로 만족해야 했다. 시진핑은 2013년 중국공산당 제18회 당 대회 때 후진타오로부터 당 총서기와 중앙군사위 주석 자리를 동시에 이양받았고, 2013년 3월 후진타오의 국가 주석 임기가 끝나면서 전국인민대표대회를 통해 국가 주석 직도 승계하였다. 따라서 공식적으로는 2013년 3월 14일부터 2018년 3월 14일의 연임을 거쳐서 2023년 3월 14일에 중국과 중국 공산당 전체를 이끌 수 있는 권한을 얻게 되었다. 그러나 조용하고 관리형 주석으로 보였던 시진핑은 서서히 본색을 드러내며 10년 임기는 물론이고 종신임기까지 바라보는 만인지상의 자리에 오르게 된다. 그는 일대일로(一對一路)와 공동부유(Commonwealth)를 내세우며 국론을 통일시켜 주택공급을 중시하고 있다. 참조: https://namu.wiki/w/%EC%8B%9C%EC%A7%84%ED%95%91
122) 퓨틴은 소련 시절 KGB 소속으로 근무하던 정보요원 출신으로, 1990년대 소련 붕괴 이후 정계에 진출하여 상트페테르부르크의 부시장직과 보리스 옐친 정권의 총리직을 역임했다. 특히 2022년 우크라이나 침공 사태를 일으킨 이후로는 이해관계가 얽힌 국가들뿐만 아니라 범세계적으로 거센 비난을 사고 있다. 2000년 러시아에서 집권한 푸틴은 소비에트, 차르, 유라시아, 상징주의를 통합한 강대국-제국 민족주의를 통한 복지국가 형태를 추구하고 있다
https://namu.wiki/w/%EB%B8%94%EB%9D%BC%EB%94%94%EB%AF%B8%EB%A5%B4%20%ED%91%B8%ED%8B%B4
123) Walter A. Friedlander & R. E. Apter, *Introduction to Social Welfare*, Englewood Cliffs, N.J.: Prentice-Hall, 1974, p.4.

복지로써 개인과 민간조직의 차원에서는 일상적 생활보장과 위험 및 사회적 문제를 해결하고 공평한 복지 혜택을 누리게 하면서 동시에 정부 차원에서는 전국민의 복리증진을 위하여 안녕과 복지를 국가의 최우선 목표로 규정하고 자유와 평등을 기반으로 추진하는 국가형태를 말한다.

이런 측면에서 볼 때 복지국가는 복지 산물이 실제적으로 정부에 의해 공급되고 지불되어지는 사회를 복지국가라고 간단히 말할 수 있다. 그러나 더 중요한 것은 공급자인 국가와 수혜자인 개인 사이에 전달자인 공무원 및 관계자들이 부정부패를 일소하고 복지 산물들을 개인에게 전달해야 하는 것이 성공적 복지국가의 주요변수가 된다.

복지국가를 정확히 정의하기는 무척 어렵다. 그것은 정치가나 언론 혹은 사람들에 의해 복지국가라는 용어가 자주 사용되면서 서로가 다른 측면에서 보고 있기 때문이며, 역사적으로 복지국가는 사회적 욕구에 대한 정의가 거의 명확해진 20세기에 이르러 체계적으로 사용되었기 때문이다.

1950년 영국 Durham 석탄 광산 협회 회장이었던 Sam Watson 말하기를 "빈곤은 사라졌고, 거지는 알려지지 않고, 환자는 보살펴지고 있으며, 오랜 민속은 소중히 간직되고 있고, 우리의 자녀들은 기회의 땅에서 자라고 있다."[124] 라고 하였다. 이것이 현대적 복지국가의 가치를 알리는 시작이라고 볼 수 있다.

이러한 복지국가의 역사적 발달 과정을 살펴보면 <도표 7>과 같다.[125] 복지국가의 생성과정과 특징을 원시시대부터 중세와 근세시대를 거쳐 현대 산업사회와 후기 현대 유비쿼터스(Ubiquitous)시대를 중심으로 살펴보면 인류사회체제와 깊이 연관되어 있다는 사실을 알 수 있다.

원시시대에는 근친 간 상호부조를 통하여 촌락단위의 빈곤층을 도왔고, 고대 및 초기 중세사회에서는 사회적인 계급에 따라 사회계층별로 구빈활동이 이루어졌는데 노예계급은 구빈혜택을 받지 못하였고, 주로 종교단체에 의하여 자선과 박애 정신에 입각하여 구빈사업이 이루어졌다.

중세 봉건사회에서 본격적인 구제 사업은 영국에서 이루어졌는데, 그것은 1601년에 엘리자베스 여왕 때 구빈사업에 대한 법적 근거를 마련하게 된 구빈

---

124) John Baldock, Nick Manning & Sarah Vickerstaff (eds.), *Social Policy*, Oxford University Press, 2007, p.23.
125) 최순향, 「복지행정론」 (서울: 신원문화사, 2003), p.27. 참조.

법을 들 수 있다. 그 결과 1942년 영국에서는 W. Beveridge[126] 가 빈곤, 질병, 무지, 불결, 실업을 5대 사회악으로 규정하고 그것을 근절할 것을 의회에 보고하기에 이르렀다.

〈도표 7〉 복지국가의 역사적 전개과정

개념	사회체제	복지수혜자	복지전달방법
상호부조(mutual aid)	원시사회	촌락단위의 궁핍 자	근친 촌락의 공동부조
자선사업(charity, philanthropy)	고대 및 초기 중세사회	사회계층별(무산서민, 노예는 해당 안 됨) 종교단체의 구빈활동	자선, 박애 (민간단체 중심)
구제사업(relief)	중세 봉건사회, 절대왕권국가	빈민(paupers)	법으로 규정 (1601 구빈법)
사회사업(social work)	근대시민자본 주의사회	5대 사회악 근절 (빈곤, 질병, 무지, 불결, 실업:W. Beveridge 1942)	공적 부조 투입 (지역사회 정책)
사회복지 및 복지국가(social welfare state)	현대 산업사회	전 국민 생활문제(사회보장 및 사회복지사업의 체계화)	공적자금 투입, 국가정책
복지인류공동체(global welfare community)	후기현대사회 (유비쿼터스 시대)	국민복지와 세계 인류의 공동문제	국가이익과 인류공동체의 평화공존 정책수립

그 후 근대시민자본주의 사회에서는 사회사업들이 전 유럽을 거쳐 미국과 아시아의 일부까지 이루어졌고, 1880년대 한국에서는 외국 선교사들의 의료와 교육사업에 기초를 두고 사회복지사업이 이루어졌다.

현대 산업사회에서는 전 국민 생활문제(사회보장 및 사회복지사업의 체계화)에 관심을 두고 공적자금 투입과 국가정책으로 사회복지를 다루었으므로 참다운 복지국가의 기틀을 마련하였다.

126) 1942년 비버리지 보고서:1941년 9월 "사회보장 및 관련서비스에 관한 정부 부처 간 조사위원회"가 구성되고 비버리지(William Beverage)가 위원장으로 임명되어 1942년 11월에 처칠(Winston Churchil) 수상에게 보고되었다.

특히 COVID-19 펜데믹 이후 모든 국가들이 복지인류공동체(global welfare community)를 꿈꾸면서 국민복지와 세계 인류의 공동문제, 즉 국가이익과 인류공동체의 평화공존, 환경 및 기후문제, 의료보건 등이 주요한 이슈가 되고 있다.

3. 복지국가의 유형

Asa Briggs[127]는 '복지국가'라고 정의하기 위한 세 가지 요소로써 첫째는 최저수준의 보장 혹은 최소수입에 대한보장이고, 둘째는 비 보장 사건, 즉 재난 등에 대한 사회보호이며, 셋째는 가능한 한 최고의 수준에서 서비스를 공급하는 것을 주요 요소로 지적한다.

이러한 요소들은 실제적으로 복지의 제도적 모델이 되었고, 주된 요소는 인권에 기초한 복지서비스의 제공과 사회보호에 두고 있다. 그러나 오늘날 영국에서의 사회복지는 이러한 이상적인 것으로부터 무척 다른 현상을 보이고 있다.

보상범위가 넓지만 그러나 복지수혜와 서비스는 하위수준에 머무르고 있다. 사회보호의 공급은 균형이 잘 잡혀있지 않고 서비스는 매우 형편없다고 한다.[128] 그 원인은 기존의 복지공급이 다양화된 개인의 욕구에 미치지 못하기 때문이다.

Gøsta Esping-Anderson[129] 은 복지국가의 세 가지 유형을 말한다.

첫째, 협력조합 형태(corporatist regimes)는 일 중심적이고 개인적 기여에 기초한다. 조합주의는 프랑스의 사회연대주의와 독일의 경제우선주의를 혼합한 사상에 기초한다.

둘째, 사회민주주의 형태(social democracy)는 보편적 가치를 선호한다. 사회민주주의 국가인 스칸디나비아 국가들과 영국을 중심으로 한 제도주의 복지를 지향하는 사상이다.

127) A. Briggs, The Welfare State in historical perspective, *European Journal of Sociology*, 1961.
128) Paul Spicker, *Social policy: themes and approaches*, Prentice-Hall 1995; Yuhikaku (Tokyo) 2001; Policy Press 2008.
129) G. Esping-Andersen, *The three worlds of welfare capitalism*, Cambridge: Polity Press.1990.

셋째, 신자유주의 형태(neo-liberal)는 잔여주의 혹은 선별주의적인 경향130)
이 있다. 주로 미국과 일본, 그리고 한국도 이에 가깝다고 볼 수 있는데 특히 미
국은 최근에 신자유주의를 강하게 주창하면서 트럼프(Donald John Trump,
1946.6.14.~)131) 정권을 중심으로 신 보수주의 움직임이 있다.

이 세 유형을 평준화(de-commodification), 계층구조(stratification), 국가개
입(state intervention)으로 나누어 보면서 그들이 추구하는 이념을 살펴보면
다음 <도표 8>과 같다.

<도표 8> 현대 복지국가의 유형과 특징

	평준화	계층구조	국가개입	복지이념	국가
자유주의	low	high	시장중심개입 (regulation of markets)	잔여(선별)주의	미국, 한국
사회민주주의	high	low	재정공급(direct provision of finance)	제도주의	영국, 스웨덴
협력(조합)주의	high	high	시장, 재정규제(regulation of markets or finance)	일 중심	프랑스, 독일

그러나 이렇게 분류하는 데는 복잡한 문제가 있다. 특별한 나라들을 하나로
뭉치면 자료의 신빙성이 부족하고 각 나라의 특수성을 이해하지 못할지 모른지
만, 그러나 이렇게 분류하는 것은 어떻게 복지공급이 이루어지고 있는지를 이
해하는데 많은 도움을 준다.132)

---

130) 데살로니가 후서 3장 10절 "일하기 싫거든 먹지도 말라."라는 말씀에 근거하고 있다. 그러나
현대 자본주의 사회에서는 아무리 노력하여도 도태되고 소외되는 사람들이 있다. 그러므로
기존 복지 제도에서 혜택을 받을 수 없거나 제한적인 복지 서비스를 받는 사람들을 대상으로
하는 별도의 복지 제도를 잔여(선별)주의 복지라고 한다.
131) 트럼프는 대통령이 되기 전에는 부동산 사업가이자 베스트셀러 작가, TV쇼 진행자, 영화 출
연 등으로 미국인들에게 인지도 높은 유명한 이었고, 미국 제일주의 "American First"를 주창
하면서 미국 시민권자 중심의 복지정책을 앞세운 신보수주의자이다.
참조:
https://namu.wiki/w/%EB%8F%84%EB%84%90%EB%93%9C%20%ED%8A%B8%EB%9F%BC%ED%94%
84
132) John Baldock, Nick Manning & Sarah Vickerstaff (eds.), *Social Policy*, Oxford University
Press, 2007, p.53.

선진 5개국의 정부 지출 분야 별 경제적 지출 비율을 보면 대체로 영국과 스웨덴은 제도주의, 프랑스는 사회연대주의, 독일은 시장중심 · 조합중심 · 일 중심주의, 미국과 한국은 잔여주의 및 선별주의적인 경향을 보인다.

4. 복지국가의 가치와 이념

William A. Robson[133])에 의하면, 복지국가의 바탕을 이루고 있는 가치와 이념은 다양한 아이디어로부터 나왔다고 한다. 즉 자유, 평등, 박애의 개념은 프랑스 혁명으로부터 나왔고, 최대다수의 최대행복이란 아이디어는 영국인 Bentham과 그의 제자들의 공리주의 철학에서 나왔으며, 그리고 사회보험과 사회보장의 개념은 독일인 Bismarck와 영국의 Beveridge에게서 나왔다.

뿐만 아니라 기간산업의 공공소유와 중요한 서비스의 원리는 영국 노동당 중심의 Fabian 사회주의자에게서 나왔고, 부의 축척 원리는 미국의 Tawney에게서 나왔으며, 경기순환을 통제하고 대중실업을 막기 위한 이론은 미국 Keynes와 구빈법위원회의 소수자 보고서에서 나왔다.

한편 N. Furniss와 T. Tilton[134])은 그의 저서 「복지국가론」(The Case for the Welfare State)에서 복지국가의 가치로서 6가지를 지적하고 있는데, 그것은 평등(equality), 자유(freedom), 민주주의(democracy), 연대의식(solidarity), 안정성(security), 경제적 효율성(economic efficiency)이다.

더 나아가 그들은 복지국가의 유형을 적극국가(the Positive State), 사회보장국가(the Social Security State), 그리고 사회복지국가(the Social Welfare state)의 형태로 나누었다. 그들의 특징을 보면 다음 <도표 9>와 같다.

---

133) William A. Robson, *Welfare and Welfare Society*, George Allen & Unwin, London, 1977 (김영모 역, 복지국가와 복지사회, 경문사, 1979, pp.9~10).
134) Norman Furniss and Timothy Tilton, *The Case for the Welfare State*, Indiana University Press, Bloomingtom, 1979, pp.28~29, pp. ix~x.(김한주, 황진수 옮김, 「현대 복지국가론), 고려원, 1983, pp.51~65.; 김상균, 「현대사회와 사회정책), 서울대학교출판부, 1992, p.124).

〈도표 9〉 퍼니스와 틸톤의 복지국가모형

국가유형	적극국가	사회보장국가	사회복지국가
해당국가	미국	영국	스웨덴
국가정책의 목적	자유시장의 불안정성과 재분배의 요구로부터 자본가의 보호	국민 전체의 생활안정	국민평등과 화합
국가정책의 방향	-경제성장을 위한 정부와 기업의 협조 -완전고용정책의 극소화	-완전고용정책의 극대화 -기회균등의 실현 -모든 국민에게 직접적 혜택 부여	-정부와 노조간의 협력에 의한 완전고용정책 -환경계획 -최하계층의 욕구를 우선 고려
사회정책의 방향	-경제적 효율성에 기여할 수 있는 복지서비스만 실시 -수평적 재분배와 수익자 부담의 원칙에 입각한 사회보험 프로그램을 강조 -잔여적 복지모형 -복지정책은 사회통제의 수단	-국민최저수준의 보장(개인의 복지권과 국가의 의무인정) -기본생존수준 이하의 빈곤은 퇴치가능 -기본생존수준은 전체 국민의 생활수준의 향상에 따라 개선 -사회보험제도 외에 정부의 무상서비스의 필요성 인정	-국민최저수준 이상의 보장 -사회보장과 사회부조 프로그램의 실시를 위한 정부지원의 극대화 -권력의 분산과 시민참여의 확대

　복지국가라고 하면서도 실제로는 복지사각지대에 있는 사람들이 많다. 상대빈곤 지수를 살펴보면 선진국일수록 더욱 높은데, 2023년 일본의 경우 연간 국민소득이 3만5793달러임에도 도시 속에서 굶주리는 아이들이 많다. 우리나라도 상대빈곤지수가 높은 편인데, 인구 5000만명 이상인 나라 가운데 한국의 2023년 1인당 GNI는 미국, 독일, 영국, 프랑스, 이탈리아에 이어 6위권으로 나타났다. 국민소득이 3만 6194달러에 이르지만 노숙자들이 길거리에 많고, 근로빈곤층(working poor, 직장에서 일을 하여도 가난을 벗어나지 못하는 사람)들이 많다. 이것은 부의 불균형으로 인한 자본주의의 한계일 수 있다. 이들을 어떻게 보호해야 할지는 정부와 기독교사회복지사의 몫이 되고 있다. 특히, 21세기에는 목회자 중심에서 평신도 중심으로 목회 패러다임이 전환되고 있으며, 교회학교의 교육도 선(善)의식보다는 선(善)실천을 강조하는 신앙의 생활적용 현장 중심으로 전환되고 있다.

　더 나아가 기독교교육은 교회학교 교육 중심에서 이제는 초·중·고등학교

지역사회교육 참여 중심으로 바꿔가면서 기독교문화의 정착에 초점을 두고 있다. 뿐만 아니라 평신도의 지적 수준이 향상되어 부흥회와 같은 감성적인 교회 부흥운동은 퇴색되어가고 이성적 사고중심으로 교회생활이 변화되어가고 있다. 그래서 교회에 출석하는 성도들은 순수한 믿음에 의해서라기보다는 필요에 의해서 출석하는 경우가 점점 많아지고 있는 추세이다. 이러한 시대적 상황 속에서 어떻게 교회가 세상을 품을 수 있을지 고민하지 않을 수 없다.

특히 COVID-19 펜데믹 기간 중에 사람들의 모임을 자제 혹은 중지하는 정부 권고에 의해 교인들은 교회에 출석하지 않고 SNS 혹은 화상을 통하여 집에서 예배드렸다. 이로 인해 교회 나가지 않고 헌금도 구좌이체로 하는 일명 가나안교인(교회 안나가는 교인)이 급증하여 2024년 9월 개신교 총회기간에 교인 수를 집계해 보니 예장 통합교단에서 약 10만명 감소, 예장 합동교단에서 약10만명 감소, 기타 교단에서 약 30~40만명 감소로 이어지고 있다.[135] 이런 추세라고 한다면 한국 기독교인 수는 2010년 인구조사에서 800~900만명으로 나타났지만 2019년 COVID-19 펜데믹 이후 약 4년간 급감하여 마침내 500~600만명에서 몇 년 내에 300~400만명 정도로 감소할 것으로 예측된다.

5. 복지국가의 위기와 성서적 평가

(1) 복지국가의 위기

오늘날 사회복지는 산업사회와 자본주의 그리고 도시화에 따른 필요 불가결한 것으로 공인되고 있다. 또한 복지국가에 대한 기대는 누구에게나 매우 높은 것으로 나타나고 있다.

그러한 인간의 기대 수준과 욕구를 해결하기 위하여 국가정책의 개입이 대체적으로 복지 원리로 나타나게 되었는데, 그것이 바로 국가론의 변천을 가져왔고 결국 야경국가에서 복지국가로 전환하는 계기가 되었던 것이다. 특히, 국민의 기대욕구충족을 해결하기 위한 국가개입은 산업화, 자본주의의 발전, 노동운동의 증가 등의 요인이 상호 작용하였기 때문이다.

1929년 대공황과 1945년의 제 2차 세계대전이 인류에게 던져 준 여러 가지

---

135) 참조: https://youtu.be/UxVrK9KGGUM?si=ZhuDg2eAObZPsq5Z

문제점과 불행에 대한 해결은 국가개입주의를 통해서 어느 정도 해결의 실마리를 찾게 되었으며, 1950년대부터는 서구 제국들이 거의 공통적으로 복지정책의 지속적 확장을 경험하게 되었다.

급기야 현대 선진국가의 복지비 지출 비율이 국민소득의 증가를 능가하게 됨으로써 전체 정부지출의 증가를 초래하게 되었다. 한편 지나친 정부개입과 증대되는 복지비 지출이 국민의 조세부담을 가중하여 소득계층을 중심으로 복지확대경향에 대한 재평가의 움직임이 일기 시작하였다. 그것이 바로 복지국가위기론이 대두된 계기이다.

이와 같은 현상은 1970년대의 이른바, 오일쇼크 이후 선·후진 국가를 막론하고 일반적으로 예산불균형과 고실업 그리고 고물가의 이중고에 시달리게 하였으며, 복지의 효율성에 대한 회의가 나타나기 시작함으로써 마침내 관련예산의 축소조정 등을 통하여 종래의 복지국가로의 경향에 역회전하는 현상이 나타나게 되었다.

복지국가를 반대하는 이유는 개괄적이고 총괄적인 면에서 볼 때는 노동의욕을 저하시키고 절약정신을 약화시키는 것으로 인식되고 있으나, 그 구체적인 이유로서는 다음과 같은 점을 들고 있다.

첫째, 경제적 비용이라는 점을 들어 복지국가를 반대하고 있다는 것이다. 이 경우 국민에 대한 복지 부담이 부당하게 무거워졌다는 사실 외에 경제적 효율성의 저하라는 점을 지적하고 있다.

둘째, 도덕적 비용이라는 점을 들어 복지국가를 반대하고 있다는 것이다. 이 경우는 복지수혜자로 하여금 자립심을 상실케 하고 책임회피성향을 낳게 하는 등 도덕적 타락을 가져옴으로써 스스로 인간으로서의 존엄성을 파괴하기 때문에 바람직하지 못하다고 지적되어 왔다.

셋째, 멜더스이론가(Malthusians) 또는 신맬더스이론가(Neo-Malthusians)들은 빈민에 대한 정부구제가 인구의 증가를 자극·촉진한다고 하는 견해를 밝히고 있으므로 국가복지에 대한 부정적인 입장을 취하고 있고, 사회진화론자(Social Darwinist)도 멜더스이론가 만큼 국가복지에 대한 적극적이고 부정적인 입장은 아니나 그래도 회의적이고 소극적인 입장을 취하고 있으면서 경제적 약자를 돕는 것이 진화의 역사적 흐름에 역행한다고 주장한다.

넷째, 마르크스(Karl Marx)와 엥겔스(Angels)가 주장하는 의식적 생산물을 총칭하는 의미로서 이데올로기라는 용어를 사용하면서 복지국가 이론에 반대한다. 다시 말하면 부르주아적 이데올로기가 강한 사람에게는 부르주아적 이데올로기가 강하게 관념적으로 작용하고, 프롤레타리아 이데올로기가 강한 사람에게는 프롤레타리아적 생산관계를 강하게 반영하는 관념이 작용한다는 것이다.

따라서 빈곤에 대한 국가의 무분별한 구제는 오히려 노동에 대한 가치를 상실하게 만들어 인간을 나태하게 만들 수 있다는 것이다. 즉 근로자들은 일하기보다는 자신의 권리만을 무리하게 요구하게 되고, 성실과 근면 없이 일하지 않고 놀고먹는 그릇된 풍조가 만연하여 내일을 준비하는 마음의 자세가 결여된 채 오직 오늘만을 즐기는 유럽식 복지 병이 양산될 수 있다는 것이다.

따라서 빈곤보다 더 큰 게으름 병이 발생할 수 있으므로 복지국가는 위기를 맞을 수 있다고 경고한다. 이상의 이유에서 복지국가에 대한 사회학적 비판이 높아지고 있다.

한편 복지국가에 대한 성서적인 가르침은 어떠한가? 무엇보다도 이상적인 복지국가는 에덴동산에서의 생활이 될 것이다. 오직 하나님이 주인이 되시는 세상이 가장 이상적인 국가가 될 것임에도 불구하고 사회환경은 많은 변화를 거듭하여 오면서 인류의 가치관에 많은 영향을 미쳐왔다.

특히 인간이 편안해지고 편리해지기 위하여 산업기술을 무분별하게 사용하므로 하나님께서 주신 자연환경이 오염되고, 모든 인간에게 공통적으로 주어진 하나님의 노동명령이 잘못된 인간의 노동 가치에 의하여 유린당하는 사태가 발생하였다.

그 결과 '부익부, 빈익빈'의 현상은 더욱 격화되어 부유층의 사치와 빈곤층의 결핍현상이 고질적인 사회문제로 야기되고 있으며, 노동의 준거가 보편성에 있는 것이 아니라 일부 특수계층에만 집중되고 있다. 현대사회의 카지노와 경마, 증권투자와 레저 시설, 고가 스포츠 도구와 같은 것들은 복지국가 내에서 일부 부유층들로 하여금 노동을 통한 기쁨이 없이 소일의 희열을 찾게 하였다. 이러한 복지국가의 사회현상은 참된 복지는 일과 함께 존재한다는 성경의 노동윤리에 벗어난다. 그러므로 하나님에 대한 인간의 불순종이 결국 복지국가의 위기로 몰고 오게 되었다고 볼 수 있다.

(2) 노동 소명의식

노동에 대하여 인간이 지켜야 할 도덕률은 첫째, 일할 수 있도록 힘을 공급하여 주신 하나님께 감사하는 마음으로 노동에 임하여야 할 것이며, 둘째, 나 자신만의 유익을 위한 것이 아니라 남의 유익을 함께 도모할 수 있도록 하여야 한다는 것이다.

그러므로 하나님의 영광을 위한 일이 아니라면 하지 말아야 되는 것이며, 서로에게 유익이 되지 못한 일은 하지 말아야 되는 것이다. 예수님께서는 마태복음 22장 37~40절에 네 마음을 다하고 목숨을 다하고 뜻을 다하여 주 너의 하나님을 사랑하라 하셨으니 이것이 크고 첫째 되는 계명이요 둘째는 그와 같으니 네 이웃을 네 몸과 같이 사랑하라 하셨으니 이 두 계명이 온 율법과 선지자의 강령이라고 하셨으므로 이 말씀 속에 노동의 윤리가 담겨져 있다. 다시 말하면 사랑이 가장 큰 노동의 준거가 되는 것이다.

그러므로 우리는 노동의 대가로서 돈을 받는데 이 돈은 소유의 대상이 아니라 관리의 대상이라는 사실을 알아야만 한다. 즉 돈은 자신이 소유하고자 하는 대상으로 존재하는 것이 아니라 하나님의 영광을 위하여 사용되어지도록 하는 관리의 도구로서 활용되어야 한다는 것이다.

많은 사람들이 돈을 사랑함으로 죄를 범하는 경우가 많이 있다. 마태복음 19:16~22에 부자청년에 대한 예를 볼 때, "예수께서 가라사대 네가 온전하고자 할진대 가서 네 소유를 팔아 가난한 자들을 주라 그리하면 하늘에서 보화가 네게 있으리라 그리고 와서 나를 쫓으라 하시니 그 청년이 재물이 많으므로 이 말씀을 듣고 근심하며 가니라"고 하였다.

여기에서 분명히 부자 청년은 돈을 소유의 대상으로 생각하였으므로 그는 근심하고 예수님을 떠날 수밖에 없었다. 그러므로 돈을 소유의 대상 혹은 사랑의 대상으로 생각한다면 예수님을 떠날 수 밖에 없는 것이다. 이것을 두고 누가복음 16장 13절에 "너희가 하나님과 재물을 겸하여 섬길 수 없느니라."고 하였으며, 디모데 전서 6장 10절에 "돈을 사랑함이 일만 악의 뿌리가 된다."고 하였으므로 노동이란 돈을 벌기 위한 수단이 아니라 하나님께서 주신 명령이요, 사명 그 자체인 것이다.

제 6 절 21세기 교회와 국가의 패러다임

역사적으로 볼 때 정부에서 대 국민 서비스가 부족하였을 때 교회는 가난한 자들에게 자비의 손길을 더욱 강하게 펼쳐왔다. 20세기에 이르러 시민권이 된 복지 분야의 업무를 국가가 떠맡게 되었고, 교회는 더욱 국가정책과 가까워졌으며, 교회의 복지기관은 점차 높은 수익을 올리는 집단에 의해 운영되었고, 가장 부유한 사립학교의 운영으로부터 병원사업에 이르기까지 다양하다. 그래서 교회가 정부보조금을 얻기도 하고 교회의 복지 전문 인력이 정부에 종사하기도 하였다. 교회사역적인 측면에서 보면, 복지사업은 구제나 자선보다는 상업화되어 갔다고 볼 수 있으며, 현대에는 과연 어디까지가 교회의 몫이고 어디까지가 국가의 책임인지 분명하지 않다. 그 결과 교회와 국가는 국민을 상대로 복지라는 카테고리 안에서 상호 협력 및 경쟁 관계를 형성하게 되었다.

1. 정치적 상호관계

성서적 배경 안에서 정치의 본질적 문제는 하나님의 창조의 섭리로부터 찾아볼 수 있으며 아담의 창조 후 정치는 인간에게 위임되었다(창 1:29; 창 2:19~20). 따라서 정치는 하나님으로부터 인간에게 위임된 권한을 하나님의 법칙 안에서 위로는 하나님의 영광을 위하고 아래로는 인류의 복지를 위하여 사용하는 자유 의지였다. 그러나 아담의 타락 후 일차적으로 하나님의 정치적인 간섭이 시작되었고, 이차적으로는 하나님께서 정하여 주신 일부일처제를 거부하고 일부다처제(창 4:19)로 나아가려는 질서위반행위에 대한 하나님의 정치적 개입이 시작되었다. 인류는 하나님의 정해 주신 질서대로 살아야 하는데 그렇지 않으면 결코 영원한 파멸로 가게 됨으로 하나님의 정치적 개입은 하나님의 인류 사랑의 표현이다.

이때 하나님으로부터 위임된 정치를 분석해보면 두 가지 기능적 형태, 즉 교회정치와 국가정치로 구분해 볼 수 있다. 교회정치의 시작은 교회의 시작과 다소 차이가 있다. 교회의 시작은 아담의 타락 직후 하나님께서 그의 사랑을 아담에게 나타내신 후부터 시작하여 아브라함에 이르러 하나님과의 계약이 성립됨과 함께 인간 구속사는 시작되었다.

그러나 교회정치의 시작은 셋으로부터 찾아 볼 수 있다. 아담이 130세에 셋을 낳고 셋이 105세 때에 에노스를 낳았을 때, 비로소 사람들이 주님의 이름을 불렀다고 성경은 말하고 있다. 이러한 사실은 창세기 4장 26절에 "셋도 아들을 낳고 그 이름을 에노스라 하였으며 그때에 사람들이 비로소 여호와의 이름을 불렀더라."고 기록하고 있는데 기인한다. 그래서 교회가 공동체를 형성한 이때부터 교회정치는 시작되었다고 볼 수 있다. 때때로 훌륭한 교회정치의 결과에 따라 특별한 사람에게 특별한 하나님의 은총이 내려졌다.

예를 들면 셋의 후손 중 에녹은 하나님과 함께 동행하여 죽음을 맛보지 않은 사람이 되었으며 노아는 사람들 보기에도 흠이 없었으며 하나님 보시기에도 의로운 자가 되었던 것이다.

한편 국가정치의 시작은 가인의 중기, 즉 가인이 그의 아우 아벨을 죽인 후 놋 땅에 거하여서 성을 쌓았을 때부터로 볼 수 있다. 인간 공동체는 이미 가인의 이전에 에덴의 동쪽 놋 땅에서 형성되어 있었으므로 (창4:14~17) 유리하던 가인은 그곳의 여자와 결혼하여 자녀를 낳고 성을 쌓았던 것이다 (창4:17).

여기서 성을 쌓았다고 하는 의미는 적의 공격으로부터 그들의 공동체를 보호할 필요성이 있었다는 것이다. 그러므로 국가의 고유기능인 국가방위를 시작하였으므로 이때부터 결사체로서의 국가정치는 시작하였다고 보는 것이 타당하다.

"주께서 오늘 이 지면에서 나를 쫓아 내시 온즉 내가 주의 낯을 뵙지 못하리니 내가 땅에서 피하며 유리하는 자가 될지라 무릇 나를 만나는 자가 나를 죽이겠나이다. 여호와께서 그에게 이르시되 그렇지 않다. 가인을 죽이는 자는 벌을 칠 배나 받으리라 하시고 가인에게 표를 주사 만나는 누구에게든지 죽임을 면케 하시리라. 가인이 여호와의 앞을 떠나 나가 에덴 놋 땅에 거하였더니 아내와 동침하니 그가 잉태하여 에녹을 낳은지라 가인이 성을 쌓고 그 아들의 이름으로 성을 이름하여 에녹이라 하였더라." (창 4:14~17).

가인의 후예들은 하나님 보시기에 악하여 자기중심적인 인본주의를 시작하게 하였다. 왜냐하면 라멕은 하나님이 제정하신 일부일처제 (창2:24)를 어기고 자신을 위하여 일부다처제 (창4:19)를 시작하였고 더구나 그는 자기 자신이 하나님이 되어 교만의 범죄를 저질렀다. 즉 하나님께서 가인을 죽이는 자는 벌이 칠 배라고 하셨는데 그는 그 자신을 위하여, 그 자신이 하나님이 되어, 라멕을 죽이는 자는 벌이 칠십칠 배라고 하였다 (창4:24).

그러므로 국가는 가인이 놋 땅에 거주하면서 쌓았던 그 성으로부터 시작되었 다고 볼 수 있으며, 국가정치는 하나님께서 가인에게 표를 주어 자기방어를 허 락하신 그때부터 그 시초를 찾아 볼 수 있다. 따라서 우리는 교회가 교회정치보 다 앞서 시작한 반면 결사체로서의 국가는 국가정치보다 뒤에 시작되었다는 것 을 성서로부터 알 수 있다.

한편 성서적 배경에서 교회와 국가의 정치가 하나님의 주권 안에서는 상호불 가분의 관계에 있다는 것을 몇몇 예들을 통해 알 수 있다.

셋의 후손들과 가인의 후손들은 세월이 흐름에 따라 번성하여 서로 통혼하게 되었다 (창6:1,2). 즉 하나님의 아들들인 셋의 후손들이 사람의 딸들인 가인의 후손들의 아름다움을 보고 아내로 삼았는데 이것은 하나님에 대한 사랑보다도 인간의 욕망으로 아내를 삼게 되었으므로 이것이 하나님 보시기에 악하였던 것 이다. 그 결과 세상에는 죄악이 관영 하여 마침내 물의 심판을 자초하였다.

여기서 우리가 주의해야 할 것은 셋의 후손과 가인의 후손이 서로 결혼하였 다는 것이 문제가 아니고 하나님의 아들들이 사람의 딸의 아름다움을 보고 하 나님보다 먼저 자기중심으로 돌아와서 인간의 탐욕으로 행동하였던 것이다. 즉 신본주의로부터 인본주의로 돌아왔던 것이 문제였다.

이러한 가인과 셋의 후손들의 타락으로 말미암아 모든 피조물들은 물의 심판 을 받게 되었는데 여기서 중요한 사실은 가인의 후손이든 셋의 후손이든 모두 다 하나님의 심판을 받았다는 것이다. 즉 정치가 하나님의 법칙을 벗어날 때 하 나님께서는 그의 주권 안에서 공의로 인간사회 전체를 심판하셨다는 것이다. 왜냐하면 인간 공동체에서 국가정치가 부패하여 '사람의 딸'이 되고 교회공동 체의 정치가 타락하여 인본주의가 되어 탐욕이 앞섰을 때 하나님은 교회공동체 와 국가를 한꺼번에 심판하셨던 것이다. 즉 교회공동체와 국가가 자기의 본래 의 목적인 인류의 복지를 제대로 이루지 못했던 결과였다.

그러므로 교회정치의 타락은 국가정치의 부패에 있고 국가정치의 부패는 교회정치의 타락에 기인하고 있다고 볼 수 있으며 이들은 상호 불가분의 관계에 있다. 그 결과 하나님의 진노는 교회와 국가가 부패할 때 그 두 공동체 위에 동시에 임했던 것이다.

2. 권력적 상호관계

예수님께서는 "가이사의 것은 가이사에게 하나님의 것은 하나님께 바치라"(막12:17; 마22:21)고 하셨을 때, 시민은 국가에 대하여 필요한 세금을 바쳐야 하며 또한 법을 지켜야 할 의무가 있고, 교회에 대해서는 우리가 가지고 있는 영적인 자질과 마음 전체를 하나님께 드려야 할 의무가 있는 것이다.

왜냐하면 하나님께서는 형식적인 제사보다도 긍휼과 자비와 순종하는 마음을 원하시기 때문이다(호6:6; 마9:13,12:7; 삼상15:2). 그래서 '가이사의 것을 가이사에게 바치라'고 하신 것은 가이사의 권세를 인정하였고, 시민은 그 권세에 복종하여 국가를 위해 세금을 바쳐야 한다는 것이다.

뿐만 아니라 예수님께서는 빌라도가 "내가 너를 놓을 권세도 있고 십자가에 못박을 권세도 있는 줄 알지 못하느냐"(요19:10)고 했을 때 이렇게 대답을 하셨다.

"위에서 주지 아니하셨다면 나를 해할 권세가 없었으리니 그러므로 나를 네게 넘겨준 자의 죄는 더 크니라"(요19:11).

이것은 모든 권세가 하나님으로부터 주어진 것임을 말씀하므로 모든 사람들은 국가의 위정자들에게 복종할 의무가 있다는 것이다. 더구나 예수님께서는 빌라도에 대한 용어 자체에서도 권세인 빌라도에게 'you(너)'라고 말씀하지 않았고, 'thou(그대)'라고 하는 높임말을 사용하셨다(요18:34).

더 나아가 사도 베드로도 이렇게 말하고 있다.

"인간이 세운 모든 제도를 주를 위하여 순복하되 혹은 위에 있는 왕이나 혹은 악행 하는 자를 징벌하고 선행하는 자를 포장하기 위하여 그의 보낸 방백에게 하라"(벧전2:13~14).

여기서도 모든 권세는 하나님의 섭리로부터 나오므로 순복해야 한다는 것을 강조하고 있다. 그러므로 권세는 단지 정부 관리들에게만 한정되는 것이 아니라 성직자들도 포함하므로 국가와 교회전체의 권세자들에게 해당된다. 따라서 이 내용은 하나님께서 지정하신 기능들을 수행할 의무가 있는 제도나 관습의 모든 수행자들을 지칭하고 있다.

그 결과 관원들에게는 악을 행하는 자를 벌하기 위하여 하나님께서 권한을 주셨다. 그리고 그들은 그들의 임무로서 범죄를 공평히 판단하므로 말미암아 그들은 하나님이 제정하신 의지를 수행할 뿐 아니라 하나님의 명령적인 뜻을 이루는 것이다.136) 그러나 만약 예외적인 상황에 놓일 때는 베드로와 다른 사도들의 견해를 참조해야 할 것이다. 즉 우리는 사람보다 하나님께 복종해야 한다(행5:29,4:19,20).

결국 예수님께서는 사랑 그 자체이시면서 그 사랑의 실행자이셨고 율법의 완성자이셨다. 이러한 예수님의 속성 안에서 국가와 교회는 동일한 본질, 즉 인류의 구원을 이루는 조직체가 되는 것이다. 그러나 그 기능에 있어서는 국가와 교회는 사랑의 실행과 믿음의 행위라는 측면에서 구별된다. 왜냐하면 교회는 예수님을 믿는 믿음 위에 존재하는 것이고 국가는 하나님 사랑의 실행을 위해 필연적으로 요청되는 결사체이기 때문이다.

이상에서 교회공동체와 국가, 교회정치와 국가정치는 그 출발시기가 서로 다르지만 그 목표는 인류의 복지라는 점에서 서로 동일한 것을 살펴보았다. 따라서 교회복지는 교회정치와 국가정치가 인류의 복지라는 궁극적인 목표를 향한 방편이므로 교회복지의 시작도 이들과 시기를 같이 한다고 볼 수 있다.

3. 기능적 상호관계

국가는 인간 공동체에서 출현하는 근원적이며 필수적인 메커니즘이며 동시에 인간 공동체의 질서를 위해 나타난 인위적 결과이고, 교회는 하나님과의 관계회복을 위한 인간 공동체의 근본적 모델이다. 따라서 교회와 국가는 인류복지의 기능적 측면에서는 서로 분리된다.

국가는 하나님의 법을 실현하기 위해 인간 공동체 전체가 인류의 복지를 위해 권력을 행사하며, 사회정의를 실현하기 위해 여러 가지 제재를 가하고, 사회

---

136) cf, *The Westminster Theological Journal*, Vii, 2, May 1945, pp.188 ff.

질서를 유지하기 위해 법을 실행하는 결사체이다. 국가의 기능은 하나님으로부터 인간에게 전가된 하나님의 법을 실행하고 하나님의 공의를 집행하기 위해 인간 공동체에서 강제력을 지닌다.

한편 교회는 하나님과의 관계회복을 위해 사랑의 복지공동체를 추구하고, 성경의 진리를 배우며 믿고 따르는 부르심을 입은 자들의 공동체이다. 하나님의 본질인 사랑의 개념에서 교회는 하나님의 사랑 그 자체 속에 내재하며, 하나님의 영광을 위해 인간 공동체 안에 존재하는 사랑의 결집체이다.

다시 말하면, 국가는 하나님의 사랑 안에서 하나님의 법을 실행하기 위하여 인간 공동체에 의해 나타난 결사체인 반면에, 교회는 근원적이고 기초적인 하나님과의 관계회복에 초점을 두고 있다. 따라서 국가와 교회는 하나님의 주권이란 개념 안에서 본질적으로 동일하다. 그러므로 사도 바울은 다음과 같이 기록하고 있다.

"각 사람은 위에 있는 권세들에게 굴복하라 권세는 하나님께로 나지 않음이 없나니 모든 권세는 다 하나님의 정하신 바라. 그러므로 권세를 거슬리는 자는 하나님의 명을 거슬림이니 거슬리는 자들은 심판을 자초하리라"(롬13:1~2).

이상에서 본 바와 같이 하나님의 본질 안에서, 국가와 교회는 하나님의 사랑을 수행한다는 의미에서 동일한 성격을 내포하고 있다. 그러나 그들의 기능 면에서, 국가의 기능이 권선징악이라고 한다면 교회의 기능은 사랑의 실천에 있는 것이다.

따라서 국가의 권선징악과 교회의 사랑 실천은 모두 하나님께서 제정하신 뜻 안에 있는 것이므로 우리는 이러한 하나님의 법칙에 순종해야 하며 그 법칙을 이행해야 할 의무가 있는 것이다. 그래서 교회공동체와 국가 간에는 하나님의 섭리 안에서 그리고 인간 공동체의 의무로서 하나님의 사랑을 이행한다는 관점에서 불가분의 관계에 있게 되는 것이다.

4. 역사적 상호관계

인류의 역사는 인류의 타락 후, 고대, 중세, 현대에 걸쳐 각각 사회 구조적 특징을 가지고 있다. 고대사회는 봉건주의에 근거한 농경을 그들의 기치로 삼고 있었으므로 절대빈곤의 해소가 그들의 우선 과제였다. 따라서 이때에는 하나님과의 직접적인 관계 속에서 인간은 단순한 본성을 지니고 있었다.

그런데 중세사회는 사람이 보다 많은 부를 축적키 위해 보다 많고 좋은 상품을 만들어 파는 것을 목적으로 한 인본주의적 중상주의를 그 기치로 삼고 있었다. 그 결과 인간에게는 과학 기술이 요청되었던 것이다. 산업혁명을 거쳐 현대사회는 개인주의에 근거한 물질우상주의로 대표되는데 이것은 인간 개개인들이 지닌 독특한 자질들을 발굴하고 그것들을 발전시켜 각기 다른 고도의 전문과학기술을 창출해 냄으로써 최고의 과학문명을 이룩하는 것을 목표로 한다.

다시 말하면, 다양한 인간들이 가진 다양한 전문 기술들을 한 목적을 위해 모두 모음으로써 새로운 어떤 고도의 창조품을 만들 수 있다는 것이다. 즉 이러한 과정은 바벨탑의 역사와 같다.

"서로 말하되 자 벽돌을 만들어 견고히 굽자 하고 이에 벽돌로 돌을 대신하며 역청으로 진흙을 대신하고 또 말하되 자, 성과 대를 쌓아 대 꼭대기를 하늘에 닿게 하여 우리 이름을 내고 온 지면에 흩어짐을 면하자 하였더니" (창11:3~4).

여기에서 벽돌을 굽는 자는 벽돌을 굽고 역청을 만드는 자는 그들의 기술로 역청을 만들며 성을 쌓는 자는 그들의 건축기술로 견고히 성을 쌓고 망대를 세우는 자는 모든 그들의 기술이 총집결 되어 대를 쌓았다. 지금 우리의 세대도 마찬가지이다. 인간사회의 각종단체, 즉 국가나 집단들은 그들이 목적하는 것을 추구하기 위해 그들 최고의 전문기술로 최첨단의 물품들을 생산한다.

즉 최우수 상품들이 이제는 완전히 우상화되어 버리는 현상으로써 그 상품을 소유하는 자 혹은 그 집단은 최고의 권위와 권력을 가지는 것으로 나타나게 되었다. 따라서 이러한 물질우상, 혹은 물질만능 사상은 우리의 사회에서 자연스럽고 당연한 것으로 되어 버렸다. 그러므로 만약 인간이 하나님께로 돌이키지 않는다면, 인류는 바벨탑에 대한 포기할 수 없는 미련 때문에 결국은 롯의 아내와 같이 소금기둥의 심판을 받게 될 것이다.

이러한 역사적 현실과 같이 하나님께서 인간에게 위임하신 참된 정치를 실행할 수 있는데도 실행치 않기 때문에 결국 인류는 멸망의 심판을 받게 될 것이다. 왜냐하면 인간이 알고도 실행치 않는 것은 인간 자신에게 전적인 책임이 있기 때문이다.

결국 인류는 지금까지 아주 견고한 큰 성, 바벨탑을 쌓아 왔으며, 이제는 바벨탑의 망대를 세우는 일에 집중하고 있다. 다시 말하면 소련과 미국은 벌써 인본주의적 물질주의의 우상아래 서로 화해하여 세계평화라고 하는 세계의 새 질서를 내세워 바벨탑의 망대를 세우는 일에 착수하였다. 여기에서 세계평화란 인간이 서로 잘살기 위해서 온 인류가 만들어 낸 최고의 창출품이다.

그러나 이 세계평화는 하나님이 주시는 평강과는 전적으로 그 의미가 다르다. 하나님이 주시는 평강은 인간의 본성 속에서 성령의 감동으로 이뤄지는 죄의 속박으로부터 해방 즉, 참 평안을 의미하는데 반해 이 세계평화는 인류사회 속에서 그들이 소속한 단체 혹은 집단이나 국가를 통해서 인간이 얻을 수 있는 외부적 결과로써 인간은 자신의 본래 마음은 원치 않으나 사회가 원하므로 때때로 마지못해 따라가야만 하는 복종의 의미를 내포하고 있다.

예로 들면, 2001년 9월 11일, 테러로 인한 세계무역센터의 폭발은 세계평화라는 명명하에 아프가니스탄과 이라크를 전쟁의 도가니로 몰아넣었다. 이 전쟁으로 인하여 수많은 사람들이 희생되었고 미국을 비롯한 다국적군들은 자국의 이익을 위하여 전쟁에 동참하였다.

현시대에 살고 있는 우리는 인류의 종말에 대하여 한번 생각할 필요가 있다. 2002년 9월에 영국의 채널 4 TV 방송에서 미국과 로마제국의 공통점에 대하여 방영한 것을 소개하고자 한다.

① 최대의 예산과 최상의 장비로 무장한 로마군의 압도적인 군사력은 미국의 천문학적인 예산과 최신 군사력은 서로가 비슷하다. 미군은 현재 40여 개 국에 주둔하고 있으며, 역사학자 챌 머스 존스는 전 세계에 걸쳐 퍼진 이 군사기지들은 과거 로마제국 식민지의 현대판이며, 식민지를 원격 조정하는 것도 공통점이라고 했다. 특히 로마는 식민지에 총독을 파견하였지만, 미국은 군사고문을 파견하고 있다.

② 로마의 줄리어스 시저의 골족(骨族) 정복으로 약 1백만 명이 학살된 것은 미국이 19세기 서부 개척시대 인디언들을 몰아낸 것과 마찬가지로 미 제국 건설의 시초이었다. 인류 역사를 통하여 바벨론 제국을 거쳐 페르시아와 마케도니야 제국 그리고 로마제국에 이르기 까지 수많은 부족과 종족들이 멸망당하였는데 특히 로마시대에는 로마에 거부하는 인종은 멸종 시켜서 인종청소를 하였던 적이 있다.

③ 로마와 미국은 인종의 용광로이다. 즉 다민족 사회 속에서 혼혈장려정책을 통하여 인류를 하나로 만들려고 하는 정책을 시행하고 있다.

④ 로마시대 때, 피가 튀는 검투사 경기를 통한 공포 통치술은 미국의 걸프전 및 대 이라크전의 생중계를 통해 미국에 대항하는 나라에 대한 본보기를 보여주는 공포 통치술이다.

⑤ 모든 도로망은 로마로 통한다는 말과 같이 모든 전자 통신망은 미국으로 통하도록 하는 인터넷이 구성되었다. 이것은 다른 나라를 효율적으로 통제하기 위한 방법이다.

⑥ 최초의 세계어가 라틴어이었는데 비견되는 미국의 영어는 세계의 언어적인 통일을 이루고 있다.

⑦ 로마의 멸망과 함께 미국도 멸망하게 될 것이다. 기원전 80년 그리스 왕 미스리다테스(Mithridates)가 자국 내 로마 시민 8만 명을 살해하자 충격에 빠진 로마인들과 같이, 2001년 9·11 태러 이후 미국인들이 '왜 우리가 그렇게 미움을 받고 있는가?'라며 충격에 빠져있는 것과 마찬가지다.

⑧ 로마몰락의 원인인 게르만 족 등의 변방의 반란이었다. 한편 현대에는 미국에 대항하는 오사마 빈 라덴(Osama bin Laden, 1957.3.10~2011.5.2)과 북한의 김정일(1942.2.16~2011.12.17) 등의 도전은 매우 흡사하다. 로마 5현제 중 한명으로 철학자였던 마르쿠스 아우렐리우스(Marcus Aurelius Antoninus, 161~180)는 이미 시작된 변방의 반란을 진압하면서 마음속으로는 결코 황제가 아니도록 늘 경계했다고 그의 명상록에서 고백하고 있다.

그러나 지금 부시 행정부의 이라크 공격에 대한 자신감은 어쩌면 미국의 몰락을 더 앞당기고 있는지 모른다(호주일보 2002년 9월 27일). 아랍인들은 한 목소리로 9·11 사태 직후에 그들은 9·11 사태는 미국 시민권자가 미국 비행기로 'World Trade Center'를 폭파한 것인데 '왜 우리가 당해야 하는가?'라며 반문하였다. 특히 코란에는 이식을 취하지 말라고 하는 계명이 있어서 그들은 은행을 허락하지 않는다. 그래서 미국계 은행은 아랍인들이 석유를 팔고 번 달러를 거의 모두 가지고 있다고 말하고 있다. 뿐만 아니라 빈 라덴과 그의 추종자들은 아프가니스탄의 유전이 탐나서 미국이 빈 라덴을 체포한다는 명목으로 아프가니스탄을 공격했다고 한다.

⑨ 로마의 법은 세계로 통한다고 하였듯이, 미국의 법이 UN 보다 앞서서 모든 나라에 통하고 있다. 그래서 독일의 법무장관은 한 때, 조지 부시는 히틀러와 같다고 하였다.

이상에서 보는 바와 같이 로마와 미국은 서로 비슷한 점도 있지만 그렇지 않는 부분들도 많다. 그러나 평화를 내세운 전쟁은 인류가 당면한 최대의 모순이다. 하나님이 주시는 평강은 인간이 하늘로부터 내려오는 축복, 즉 하나님의 은혜를 값없이 누리는 것이지만, 인류사회가 만들고 있는 평화는 불완전한 인간이 스스로의 노력에 의해 얻으려고 노력하는 인간능력의 결과이다. 즉 인간본성에 내재하는 악이 사회구조를 인본주의화하여 물질우상 아래 온 인류를 복종케 함으로써 나타난 현상이다. 그러므로 신본주의적 평강은 인본주의로부터의 평화와는 엄연히 구별된다.

바벨탑의 교훈에서 인간은 인간중심에서 서로 협력하여 바벨탑을 쌓았을 때는 '우리의 이름을 내자'고 하는 인본주의적 교만으로 말미암아 하나님 앞에 진노를 받을 수밖에 없었지만, 하나님 중심에서 서로 협력할 때, 즉 안디옥 교회가 서로 협력하여 바울을 선교사로 파송하였을 때, 수많은 무리들이 하나님께로 돌아왔던 것같이 신본주의에서 나오는 협력은 선을 이룰 수 있었다. 그러므로 역사적인 사건들로 볼 때, 국가와 교회의 상호관계는 서로가 함께 맞물려 있는 톱니바퀴와 같은 것이었다고 볼 수 있다.

5. 현실적 상호관계

현대사회는 평화를 쟁취하기 위하여 전쟁을 치러야 하는 중대한 구조적 모순을 안고 있다. 이러한 현실적인 모순은 왜 생기는 것일까?

첫째, 인간은 하나님께서 주신 그들의 재능을 하나님의 영광을 위해서가 아니라 인간 자신들을 위하여 사용함으로써 그들이 이룩한 과학기술이 하나님 앞에 잘못 사용되었던 것이다. 우생학적 측면에서 어떤 집단이 그들의 우월의식과 지배욕, 즉 그들 자신의 집단이 다른 집단보다 우월해야만 한다는 욕구와 힘을 통하여 지배하고자 하는 욕구를 가지게 됨으로써 과학기술 및 무기 산업은 더욱 발전하여 왔다.

다시 말하면, 자기집단이 다른 집단보다 우월하여짐으로써 보다 많은 유익을 얻을 수 있다는 계산 아래, 인간 자신에게 주어진 재능을 최대한 발휘하여 다량 살상을 위한 현대적 무기를 개발하여 왔다. 예를 들면, 2006년 8월과 2012년 4월 북한의 미사일 발사와 2006년 9월 2일 미국의 미사일 요격 실험, 그리고 북한의 핵실험(2006년 10월 9일)과 같은 가공할 현대적 무기가 자기 집단의 유익을 위하여 생산되고 있다. 그러므로 현대사회는 집단 간 혹은 개인 간 과다 경쟁으로 인하여 평화와 협력보다는 이기주의적 단체주의에 빠지게 되었다.

둘째, 인간은 그가 소속되어 있는 집단 내에서 그에게 분담된 전문기술분야 에만 전력을 쏟음으로써 다른 다양한 분야에 있어서는 관심이 없던지 혹은 전혀 모르든지 하는 기형적 인간이 되어 버렸다. 즉, 인간은 그가 속해 있는 전문기술의 노예가 되어 버렸던 것이다. 동일한 전공분야 내에서 인간은 남보다 나아야 살아남을 수 있다는 생존의식 때문에 치열한 경쟁으로 돌입하게 된다. 이러한 결과가 결국은 인간을 병들게 만들었다.

그 이유는 인간이 그의 탁월한 전문기술분야에서 그의 재능을 하나님의 영광이라는 긍정적인 면, 즉 서로 협력하여 선을 이루기 위한 성화의 단계로 발전시켜 나가기보다는 그들 자신만의 유익을 위한 '자아실현'이라는 부정적인 면으로 나아감으로 인간은 자기의 한계에 부딪혔다.

그 때에 그는 동일한 전문분야에 속한 다른 사람들을 나빠지게 만듦으로써 그 자신의 지위를 계속 유지하려는 속성을 가지게 되어, 결국 인간은 Pareto효과, 즉 남을 나쁘게 만들지 않고는 자기가 잘 될 수 없다고 하는 사회적 병폐에 빠지게 되었다. 이렇게 인간성을 상실한 인간이 평화를 주창하게 되므로 평화를 쟁취하기 위하여 전쟁을 치러야 하는 모순을 안게 되었다.

셋째, 인간은 그의 전문기술분야 외에 다른 다양한 사회적 영역으로부터 그의 부족한 부분을 메우려고 하는 속성을 가졌다. 예를 들면 그의 전공이 건축공학인 사람은 식품회사로부터 식품을 필요로 하게 되고, 그의 전공이 식품영양학인 사람은 건축회사로부터 집을 짓는 것을 필요로 하게 된다.

즉 사회적 집단들은 그들의 고유한 가치로부터 다른 집단으로부터의 가치들을 차용하려는 속성이 있다. 이 때 사회는 어떤 공통된 가치를 만들어 서로의 부족한 부분을 편리하게 보충하게 하였다. 그 결과 서로의 차용을 위한 교환가치로부터 통화가 나타나게 되었고, 이러한 통화가 두 집단 간이 아닌 전체집단의 공통된 가치로 나타났는데, 이것이 바로 화폐 혹은 물질인 것이다.

이 화폐 없이는 필요한 것을 구할 수 없기 때문에 인류사회에서 화폐는 매우 소중하였다. 그러나 인간은 물질 환경을 정복하고 다스리라는 하나님의 권세를 가졌음에도 불구하고, 화폐에 너무 지나친 가치를 부여함으로써 인간이 스스로 만든 화폐의 노예가 되었다. 그러므로 인간의 존엄성이 물질 앞에서는 가치를 상실하게 되었고, 인류의 평화 또한 물질 앞에서 그 가치가 퇴색되어 버렸다.

넷째, 인간은 이러한 물질 중심주의가 나타남으로 해서 절대빈곤의 단계를 넘어서서 상대적 빈곤, 즉 가진 자는 더 가지려는 탐욕 속에 나타나는 빈곤에 직면하게 된다. 결국 이러한 탐욕이 하나님의 심판을 초래하게 되는 것이다. 왜냐하면 탐욕에 의해 인류는 타락하였고, 자기중심으로 삶으로 말미암아 하나님의 심판을 초래하였기 때문이다.

다시 말하면 하와는 그 선악과 열매가 먹음직도 하고 보암직도 하고 지혜롭게 할 만큼 탐스럽기도 하였기 때문에 따먹었던 것이다 (창3:6). 그 결과 인류는 타락하게 되었다. 또한 하나님의 아들들이 사람의 딸들의 아름다움을 보고 자기들이 좋아하는 모든 자로 아내를 삼았다 (창6:2).

여기에서 하나님의 아들들이 자기중심에서 악인의 아름다움에 반해 자기가 좋아하는 자로 아내를 삼았던 것이 결국은 인류의 심판을 초래 하였던 것이다. 결국 탐심으로 인하여 집단 간 혹은 개인 간 신뢰는 사라지고 평화는 위협받게 되었던 것이다.

다섯째, 인간은 생활의 편리를 도모한다는 미명 아래 많은 공장을 건설하고 폐수를 강과 바다로 내보내어 생태계를 파괴하게 되고 매연과 오염을 방출하여 대기환경을 파괴하였다. 그 결과 현대에는 엘리뇨 현상이니 라니냐 현상이니 하는 기온변화를 초래하게 되었다. 이러한 인류의 재앙은 스스로 만든 인재(人災)인 것이다.

이상의 결과, 과학문명의 발달로부터 인간은 전문기술의 노예가 되어 인간성 상실을 가져 왔고, 이러한 전문기술에 대한 우월적 속성 때문에 과다한 경쟁사회를 조성하게 되어, 마침내 집단이기주의가 나타났다. 결국 인본주의가 인간을 물질과 환경의 노예로 만들어 버렸으므로 인간의 섬기는 대상은 에덴동산의 하나님으로부터 시작하여 현대에 이르러는 물질이 되어 버렸다.

따라서 우리가 하나님께로 귀의 할 수 있는 것은 우리들의 잃어버린 것을 되찾는데 있다. 즉 과학발달에 따른 인간성 상실의 회복과 하나님과의 관계 속에서 본질적인 인간 공동체를 구현하자는 것으로써 인류전체의 회개를 통해 하나님의 긍휼을 바라자는 것이다. 마치 니느웨 성이 회개할 때 하나님의 자비가 임한 것과 같이 오늘날 우리 모든 사람들은 하나님 앞에 회개하고 그의 자비를 구해야 할 것이다. 즉 세상이 쌓아 온 바벨탑을 우리의 손으로 하나씩 무너뜨림으로 하나님의 긍휼을 구하자는 것이다.

6. 경제적 상호관계

노벨 경제학 수상자이며 사회철학자인 Sen Armartya은 1999년에 그의 저서 「Development as Freedom」에서 말하기를 '경제학자들이 가지고 있는 전통적인 경제학에 대한 지식 외에 다른 것이 있을 수 있다'[137]라고 했다. 그는 경제학자들이 인간의 가장 중요한 복지지표로서 경제성장과 국가 수익을 꼽는 것은 잘못이라고 하였다. 단지 그들은 수단이 될 뿐이지 목적은 되지 못한다.

그렇다고 생계유지를 위한 최소한의 수익을 공급하는 것을 복지라고 보지도 않는다. 오히려 사람들이 공동체 생활에 적극적으로 참여할 수 있는 것을 복지라고 본다. 그래서 Sen Armartya은 "복지란 공동체의 활동적인 구성원으로서 그들 자신의 잠재력을 발휘해 나가는 것이다"[138]라고 하였다. 그는 빈곤이란 단순히 복지의 지표가 아니라 사람들이 그들의 잠재력을 실현해 나가는데 직면할 수 있는 장애를 극복하는 힘의 부족으로 본다. 즉 잠재력을 발휘하는데 실패할 때, 그 결과로 수입이 줄어들고, 궁핍한 환경이 조성되며, 더 많은 교육을 받아야 하고, 건강보호도 필요로 한다. 따라서 정치제도는 가난을 극복하기 위한 방편으로 개인의 잠재능력을 발휘하도록 도와주기 위하여 자유시장경제체제가 요구되지만 Sen Armartya는 시장경제에 대하여 긍정적인 면만 보지 않았다.

자유시장경제가 허용되지 않는다면 개인의 능력과 사회 여건들이 서로 맞지 않기 때문에 가치와 기준이 부재할 수 있다고 하였다. 효율적인 시장경제를 허용하기 위하여 신용과 명백한 가치기준이 필요하다. 이때 신용과 가치 기준들

---

137) Sen Armartya, *Development as Freedom*, New York: Alfred A Knopf, 1999.
138) *Ibid*, p.263.

은 교회복지의 활성화를 위하여 필수적인 요건이 된다는 것이다.

　최근에 서구에서는 시장경제과 시민공동체의 가치기준이 교회복지로 인하여 구분이 모호해 졌다. 물질적인 수익의 극대화보다 가치기준의 이슈가 높아지고 있으므로 더욱 그러하다. 역사적으로 볼 때 정부에서 대 국민 서비스가 부족하였을 때 교회는 가난한 자들에게 자비의 손길을 더욱 강하게 하여 왔다.

　그리고 이러한 자비의 손길은 복음의 도구로서 활용되어 왔다. 한 때 정부는 이 복지 분야를 관심의 우선순위에서 제외시켰다. 그러나 20세기에 걸쳐 복지가 시민의 권리로 부상하게 되자 국가는 교회에서 행해 온 복지 분야의 일들을 떠맡게 되었다. 이러한 전환과정을 통해 교회는 시민의 보호와 관심에 더욱 귀를 기울이게 되어 세속화를 가속하였다.

　이것은 교회의 예전을 중심으로 하였던 고전적인 신학 사조로부터 벗어난 일들이었다. 점차적으로 국가와 교회에서 하는 일들이 복지를 통하여 공통점을 갖게 되었고, 국가는 교회의 복지기관의 질적인 향상에 영향을 미치게 되었다. 그 결과 교회복지기관은 스스로 쇄신하기 위해 그들의 역할의 우선순위를 강조하였고, 정부로 하여금 보다 포괄적인 서비스를 제공하도록 설득하게 되었다.139)

　최근에는 교회복지에 대한 가치에도 변화가 생기고 있다. 과거에는 교회의 동기가 주로 종교적, 자비적인 동기들에 의하여 복지가 이루어졌는데 비해, 최근에는 이러한 것이 적어지고 오히려 가장 부유한 사립학교의 운영으로부터 시작하여 사설 병원과 의료원 및 보험에 이르기까지 다양하여졌다. 또한 교회의 복지기관이 높은 수익을 얻고 있는 집단들에 의해서도 운영되기도 한다.

　그래서 복지의 영역에서는 절대빈곤의 퇴치를 강조하는 것은 퇴색되어지고 보다 더 전문적이고 편리한 서비스의 공급에 치중하면서 상대적인 빈곤의 퇴치로 전환되고 있다. 뿐만 아니라 정부 보조금을 얻기도 하고 교회의 전문 인력들이 정부에 종사하기도 한다.

　그 결과 교회는 부족한 전문 인력의 양성에 박차를 가하고 있다. 이러한 정부와의 상호교류는 점차 확대되고 교회복지기관들은 국가 세금으로부터의 보조금신청을 확대해 왔다. 교회는 복지 서비스의 이행과 분배에 관심이 확대되어

---

139) Brian Howe, "Foreword: The Church and Markets," In the Victoria Council of Churches (eds.), *Australian Theological Forum*, Melbourne, Australia, 2002, pp.1~12.

감에 따라 종교적인 색체는 점차 퇴색되어 갔고, 자선보다는 상업화 되어 갔다. 과연 어디까지가 교회의 몫이고, 어디까지가 국가의 책임인가?

교회와 국가는 국민을 상대로 복지라는 카테고리(category: 범주)안에서 협력하며 서로 경쟁하는 상태에 놓이게 되었다. 그들이 추구하는 목표는 서로 다를 수 있다. 복지를 통하여 국가는 국민을 잘살게 하는 것이 목적이라면 교회는 복음이 목적이다. 그러나 경제적 상호관계에서는 협력과 경쟁이라는 메커니즘을 통하여 사회의 발전과 인류공동체의 화합을 이룩하는 공동의 목표를 향하여 가고 있다고 볼 수 있다.

이상에서 본 바와 같이, 교회와 국가 간의 관계를 정치적, 권력적, 기능적, 역사적, 경제적으로 살펴봄으로써 그 성격을 이해하려는 교회학적 접근은 사회, 문화, 법률 등 모든 영역을 포괄함으로써 그 가치성이 매우 높다고 할 수 있다. 반면에 혹자는 이 교회학적 접근으로부터 교회와 국가의 의의를 이해하는 데에는 원칙론만을 주장하고 방법론을 제시하지 못하므로 하나의 '유토피아'에 지나지 않는다고 할 지 모른다.

아무리 그럴지라도 이 교회학적 접근은 현대에 고도의 과학문명의 발달로 인하여 잊혀진 것들을 교회와 국가의 성격을 바로 이해함으로써 되찾아 보자는 데 의의가 있으며, 특히 발전 속에 상실을 가져왔던 물질문명에 대한 강력한 비판으로부터 더 큰 의의를 찾아 볼 수 있다.

그러므로 원칙론에 있어서 이 교회학적 접근은 어떤 한 가지의 독특한 자질에 대한 전문 기술적 인간 형태보다 본질적인 인간 공동체의 성격을 가진 '하나님의 형상'을 구현하자는 것이다. 결코 이 접근은 에덴동산의 시대로 되돌아가자는 것도 아니고, 그렇다고 해서 신의 지상에로의 현현에 의한 신의 통치를 주장하는 카리스마적 신정정치를 주장하는 것도 아니다. 단지 하나님의 나라가 이 땅에 임하게 하는, 즉 인간이 하나님에 의하여 인류복지를 위하여 정치해야 한다는 것이다. 더구나 이것은 현재 타락한 사회적, 정치적 세상에 회개와 각성을 촉구하는 예언적 메시지인 것이다.

제 7 절 한국 복지정책의 5대 이슈와 대안

1. 저 출산 대책의 신 개념

가임여성 (15~49세) 1명이 평생 동안 출산할 수 있는 평균자녀 수, 즉 출산율이 1965년에 6명이었으나, 1985년에는 1.67명, 2000년에는 1.47명, 2002년에는 1.17명, 2005년에는 1.08명, 2008년에는 1.19명, 2009년에는 1.15명이었다. 이 통계수치에 다르면 2008년에 출산율이 증가하다가 2009년 이후 감소로 전환되어 인구의 대체수준(replacement level)인 2.1명에는 미치지 못하고 있다.[140] 1980년대 초반부터 시작된 한국 사회의 저출산 현상은 2000년대 들어 년간 합계출산율 1.3 미만의 초저출산이 이루어졌고, 2020년대 각 국 통계청 자료에 따르면, 2019년 합계출산율은 0.92로 지난 1년 간 가임 여성(15~49세)1명이 평균적으로는 1명의 자녀도 낳지 않았다. 1.0 미만의 합계출산율은 2018년에 이어 2020년 '출산율 0.84명,' 2021년 '출산율 0.81명,' 2022년 '출산율 0.78명,' 2023년 '출산율 0.72명,' 2024년 '출산율 0.76명,'으로 세계 최저 수준이다. 최근 들어 그 수준이 더 심각해 지고 있으며 인구절벽의 시대를 맞이하고 있다. 향후에 출산율이 일정 부분 회복되더라도 가임 여성 감소 등 35년 이상 지속된 저출산 현상의 누적효과가 미칠 영향도 상당할 것이다. 정부도 사태의 심각성을 인지하고 2005년 「저출산·고령사회기본법」 제정 이후 1차 기본계획(2006~2010), 2차 계획(2011~2015), 3차 계획(2016~2020), 4차 계획(2021~2025)등 4차에 걸쳐 '저출산·고령사회기본계획'을 추진하고 있다.

저출산 현상이 장기화된 만큼 저출산에 관한 연구논문도 많이 발표되었는데[141], 선행연구로는 사회적으로 성에 대한 개념으로 젠더 분석[142], 문명사적

140) 보건복지가족부, 「2010년 보건복지통계연보」, 2010.
141) 오신휘, 김혜진, 「보건사회연구」 40(3), 2020, 492-533 Health and Social Welfare Review 492.
http://dx.doi.org/10.15709/hswr.2020.40.3.492
참조: https://www.kihasa.re.kr/hswr/assets/pdf/1189/journal-40-3-492.pdf
142) 배은경, "현재의 저출산이 여성들 때문일까?: 저출산 담론의 여성주의적 전유를 위하여."

으로 출산의 개념을 연구 분석한 논문143), 여성 인권에 관한 분석144), 개인화 이론으로 출산을 분석한 연구145), 법·제도의 변화 양상과 과정에 대한 분석을 통한 연구146) 등 다양한 연구들이 있다.

(1) 저 출산의 원인

저출산의 원인으로는 사회구조적 특성, 문화, 젠더, 개인화, 가족주의, 가치관 등 다양하지만 대략 3가지 요인으로 분석된다.

첫째는 정부의 대책이 시대적 현실과 괴리되었다. 정부는 결혼을 출산의 전제조건으로 하여 출산장려 정책을 전개하였다. 그로인해 미혼모에 대한 대책이 미흡하였으며 낙태율이 증가하였다. 또한 정부의 정책이 출산에 있어 결혼의 중요성을 인식하였지만 결혼 관련 교육과 정보 및 서비스 제공이 결혼당사자들의 현실적인 이해를 적절히 정책에 반영하지 못하였다.

둘째는 직장문화가 임신과 출산을 격려하고 장려하기보다 퇴직을 압박하고 있다. 결혼시기가 늦추어지는 만혼의 경우는 대부분 소득과 고용이 원인이다. 맞벌이 부부인 경우 자녀양육이 큰 부담이 되므로 출산을 포기하든지, 출산의 횟수를 줄일 수밖에 없다. 그러므로 신혼부부 주택자금 지원이나 국민임대주택 지원, 대학교 내 기숙사 확대, 유급육아휴직 등을 추진하지만 아이를 가지면 후배에게 승진 혹은 기회를 내어주고 물러나야 한다는 보이지 않는 야릇한 직장 문화가 자리 잡고 있다.

셋째는 결혼, 임신, 출산은 기본적으로 개인 혹은 부부의 선택사항이 되었다. 즉 결혼과 출산의 관계는 필요불가불이라고 하는 전통적인 사고와는 달리 결혼은 해도 자녀는 갖지 않아도 된다고 하는 부부의식이 MZ세대147)에게 있다.

「젠더와 문화」 3(2), 2010, pp.37-75; 김영미, "저출산고령사회 기본계획에 대한 젠더 분석: 저출산 담론의 재구성을 위하여." 「비판사회정책 59」 2018, pp.103-152..

143) 김기봉, "'저출산'에 대한 문명사적 조망: '정해진 미래'에서 '만드는 미래'로," 「시민인 문학」 36, 2019, pp.9-41.

144) 전광희, "인권의 관점에서 본 인구정책," 「한국인구학」 41(2), 2018, pp.1-30.

145) 오유석, "저출산과 개인화: '출산파업론' vs '출산선택론'." 「동향과 전망」 94, 2015, pp.45-92.

146) 이윤진, "저출산 대응 법제 분석과 향후 과제: 관련 법에 나타난 저출산 정책 관련 내용 분석을 중심으로," 「사회복지법제연구」 9(1), 2018, pp.3-37.

147) MZ세대란 1980년대에서 1990 년대 중반에 태어난 '밀레니얼(Milennials) 세대(1981~1995

이것은 핵가족으로 인해 강화된 개인자유지상주의 사상이 큰 영향을 미쳤다고 볼 수 있지만, 패미니즘의 영향과 동성애 사상도 일조했다고 볼 수 있다. 그와는 반대로 출산을 원하나 여러 사회경제적 여건 때문에 출산을 선택하지 않는 경우와 사회경제적 여건에 따라 출산을 고민해보거나 망설이는 부부도 있을 수 있다.

(2) 제4차 저출산 · 고령사회 기본계획(2021~2025)〈정부정책핵심요약〉

□ 부부가 어려움을 겪는 임신·출생 전후에 의료비 등 부담을 경감하고, 생애 초기 영아에 대해 보편적 수당 지급 등 영아기 집중 투자('22~)

▪ (영아수당 신설) '22년도 출생아부터 매월 영아수당 지원, 돌봄서비스 또는 직접육아 비용으로 사용. 부모의 선택권 보장 강화('22년 도입, '25년 월 50만원 목표로 단계적 인상)

▪ (첫 만남 꾸러미) 건강보험 임신·출산 진료비 지원 인상(60→100만원), 아동 출생시 바우처(일시금) 200만원 신규 도입, 총300만원을 의료비·초기 육아비용으로 지원

□ 아이와 함께 하는 필수시간 보장 및 삶의 질 제고를 위해 육아휴직 이용자를 '19년 10.5만명에서 '25년 20만명으로 2배 확대 추진

▪ (3+3 육아휴직제) 생후 12개월 내 자녀가 있는 부모 모두 3개월 육아휴직시 각각 최대 월 300만원(통상임금 100%) 지원

▪ (육아휴직 소득대체율 인상) 통상임금의 80%, 최대 월 150만원(현행 50%, 최대 120만원)

▪ (중소기업 지원 확대) 우선지원 대상기업에 육아휴직지원금 3개월간 월 200만원 지원, 육아휴직 복귀자를 1년 이상 고용 유지한 중소·중견기업 세액공제 확대(5~10→15~30%)

▪ (육아휴직) 고용보험 가입 특고, 예술인, 플랫폼노동종사자 등으로 확대

년생)'과 1990년대 중반에서 2000년대 중반에 태어난 'Z 세대(Generation, 1996~2005년생)'를 통칭하는 것으로 20대 초반에서 30대의 청년층을 의미한다. 여느 세대와 다르게 디지털, 모바일을 가장 많이 사용하고, 주제나 현상에 대한 호불호가 뚜렷하고 소신을 표현하는데 주저 없는 MZ세대는 모두가 'YES'라고 말할 때 'NO'라는 표현이 가능하다.

□ 아동 돌봄의 공공성 강화, 서비스 내실화
- '25년 공보육 이용률 50% 달성 및 종일 돌봄 확충('22년 53만명 확대)

□ 다자녀 가구에 대한 주거 · 교육지원 확대
- 다자녀가구 전용임대주택 2.75만호 공급('21~'25.) 등 다자녀 지원기준 2자녀로 단계적 확대
- 저소득 다자녀 가구의 셋째 자녀부터 등록금 전액 지원('22년~)

(3) 저출산 대책

인류사회는 문명을 통하여 발달하여 왔다. 특히 근세 산업혁명을 통하여 인류문명은 급속히 발달해 왔다. 1차 산업혁명 시기 (1784~)에는 증기기관을 통한 기계적인 혁명으로 노동력의 한계를 극복하였고, 2차 산업혁명 시기 (1870~)에는 전기에너지를 기반으로 대량생산혁명을 이룩하였다. 3차 산업혁명 시기(1969~)에는 컴퓨터(IT 기술)와 인터넷을 기반으로 하여 지식정보의 혁명을 이루었으며, 현대 인류사회는 IT 기술의 융합으로 이루어진 새로운 4차 산업혁명 시대(COVID-19 펜데믹(2019) 이후~)에 접어들었다. 특히 현대에는 빅데이트 분석, 인공지능(AI), 로봇공학, 나노 기술, 우주산업 등 슈퍼 기술혁신을 예고하고 있다.

이러한 산업혁명을 겪으면서 인구통계도 등락을 거듭하여 왔다. 국가별로 산업혁명을 맞이하는 상황은 달랐지만, 산업혁명은 대부분 유럽국가가 주도하여 인류문명을 바꾸어 왔다. 그러나 두 차례의 세계대전을 겪으면서 강대국과 약소국의 구분이 명확해 졌고, 자본주의와 공산주의가 사상 경쟁을 하여왔다. 세계 제2차 대전이 끝난 후 80년이 지난 지금, 경제적인 측면에서 세계를 금융자본으로 하나의 지구촌으로 묶는데 성공한 Globalism의 자본주의가 승리하고, 독재의 공산주의 체제는 실패하였다. 이것이 오늘날 우리가 경험하는 인류문명사이다. 이러한 문명이 인구구조에 미친 영향은 지대하다.

인구통계학으로 살펴보면 대부분 선진국에서 해외인구 유입(이민, 난민, 유학, 단기 거주 등)을 제외한 자국민의 감소 현상은 문명의 발달과 산업혁명에 따라 감소추세였다.[148] 그것은 고도의 문명을 접한 사회일수록 출산율이 저하

---

148) 참조
https://ko.wikipedia.org/wiki/%EC%9D%BC%EB%B3%B8%EC%9D%98_%EC%9D%B8%EA%

되었다는 의미이다. 우리나라도 앞에서 언급한 것과 같이 예외는 아니다.

4차 산업혁명의 시대를 살고 있는 이 시점에 우리나라는 기술혁신과 금융자본 못지않게 사람과 가치관에 중점을 두어야 출산율과 미래한국의 번영을 보장할 수 있다. 인권에 대한 왜곡된 사상, 즉 초월적 패미니즘 (즉 양성평등을 넘어선 여성우월주의에 빠진 독신주의), 동성애 사상 (즉 동성 결혼을 합법화하는 이념) 등이 강화 될수록 출산율은 감소할 수밖에 없다.

□ 결혼과 출산에 대한 MZ 세대의 의식변화

MZ세대의 문화와 사상이 출산율에 미치는 영향이 크므로, 앞으로 정부의 구조적인 지원대책도 중요하지만 MZ세대의 결혼에 대한 의식변화가 더 중요하다고 볼 수 있다. MZ세대는 밀레니얼(Millennials)의 M과 제네레이션(Generation)의 Z가 합쳐진 말로 Millennials (1981~1995년 출생)와 Z세대 (1996-2005년 출생)를 총칭한다.[149] 2025년 4월 통계에 따르면 20대에서 40대 초반 (일명 2030세대)는 전체 인구 약 5,168만 명 중 1,236만~1,250만 수준으로 전체 인구의 약 25%에 육박하는 수치이다.

MZ세대의 특징은 디지털이라는 공통점을 기반으로 최신 트렌드, 이색적인 경험, 남과 다른 것(Make differences)을 추구하고, 집단보다는 개인의 행복을 중요시하지만 이기적인 삶을 추구하지는 않고, 소유보다는 나눔을, 제품보다는 경험을 중시하는 편이다. 사회적 가치나 특별한 메시지가 담긴 물건을 구매하여 자신의 신념을 표현하고 소비를 통해 자신을 표현하는 것을 좋아하기도 한

B5%AC 일본의 경우 2차대전 이전까지 년간 신생아 수가 170~220만명이었나, 1945년 이후 1949년에 270만명에 육박하다가 차츰 감소하여 1950년대는 160만명대, 1960년대 말에 출산장려정책으로 1971 초반에 200만명을 회복하였다가 다시 감소하여, 1980~90년대에는 140만명~120만명대로 감소하고, 마침내 2015년 이후 100만 미만으로 감소, 2022년에는 70만명으로 추락하였다.
https://ko.wikipedia.org/wiki/%ED%94%84%EB%9E%91%EC%8A%A4%EC%9D%98_%EC%9D%B8%EA%B5%AC 프랑스의 경우도 비슷하다. 2000년대까지는 전체인구 5000만명에서 6000만명을 유지하면서 출산율이 70만명대를 유지하였으나 2020년에 이르러 전체인구는 6500만명으로 증가하였으나 출산율은 해외유입인구를 포함하여 60만명대로 하락하였다.
149) 참조:
https://english700.com/wizbbs/b_view.html?i_code=comm8&CATEGORY=&PAGE=1&i_id=302&i_key=name&i_value=&i_order=&i_order_exec=

다. 이 세대를 한 마디로 정의하기는 어렵지만, 예컨대, 개인자유지상주의150)의 경향이 짙다고 볼 수 있다.

MZ세대들이 잘 사용하는 용어들이 있는데 그들은 '후렌드- 'WHO+Friend'를 합친 말'을 사용하면서 누구든지 온라인에서 친구가 쉽게 될수 있다는 말로 통용하기도 하고, 'roller life - 롤러코스터를 타는 것처럼 인생을 즐긴다'는 의미에서 MZ세대의 라이프스타일을 부르는 말이기도 하다. 각 탄생시기를 구분하여 좀 더 세부적으로 그들의 용어들을 살펴보면 대충 다음과 같다.

Millennials (1981-1995년 출생)들은 '세계화(Globalization)' '경제적 안정(Economic stability)' '인터넷의 등장(Emergence of internet)' '세계화역군(Globalist)' '의문(Questioning)-"왜?"라는 사고방식' '자기경험(Experience)' '자기지향적사고(Oriented to self)' '축제와 여행(Festivals and travel)' '자존감표시(Flagships)' 등과 같은 용어들을 주로 사용하였다.

그런데 비해 'Z세대 (1996~2005년생)'들은 '이동성과 다중 현실(Mobility and multiple realities)' '사회연결망(Social networks)' '디지털 원조(Digital natives)' '전체의사소통(Communaholic)' '대화하기 좋아하는 사람(Dialoguer)' '현실적(Realistic)' '독특성(Uniqueness)' '무한성(Unlimited)' 등의 용어를 사용하기를 좋아한다.

M세대와 Z세대의 유사점은 모두 디지털에 능통하고, 사회 정의와 기후 변화에 관심이 많고, 보편적으로 이전 세대보다 교육을 더 많이 받았으며, 투명성과 진정성을 강조하고, 성인이 되었을 때, 둘 다 IMF 위기, 2008년 금융 위기, 현재의 COVID-19 펜데믹과 같은 경제 침체에 영향을 받았다는 것이다.

이처럼 MZ세대는 자기중심적인 행복만족사고, 경험과 이성중심적인 사고, 그리고 미래에 대한 호기심으로부터 파생되는 현실탈피의식이 깊이 자리 잡고 있다. 이런 의식은 그들이 1990년대부터 학교교육에서 습득한 '자기주도적 학습'의 영향으로 나타난 개인자유지상주의라고 볼 수 있다.

MZ세대가 가지고 있는 결혼과 출산에 대한 사고는 개인의 선택사항으로 간주하고 있으므로 이들의 생각과 의식이 변화되지 않는 한 정부의 정책이 효과를 발휘하기 어려울 것이다. 그러므로 정부에서 대대적인 출산장려정책의 변화

---

150) 개인자유지상주의란 '개인의 개인에 대한 완전한 소유의 자유'를 의미함으로 개인이 타인의 자유를 침해하지 않는다면 개인의 자유도 무한정 존중받아야 된다는 사고이다.

가 필요하다. 예로 들면 종교 및 시민단체에게 출산장려 교육지원 서비스를 위탁하여 전국에 MZ세대의 의식개혁에 앞장서도록 하고 정부는 대대적인 지원을 강화하여야 한다.

□ 국내중심 저출산 구조개혁에서 해외 산업인력양성으로 페러다임 전환

어떤 이는 MZ세대란 어디로 튈지 모르는 럭비공과 같다고 하지만, 럭비공은 언제가 되돌아 와서 반드시 코트 안에서 머물러야 한다. 즉 MZ세대의 의식이 정해 진 구조의 틀에 갖혀 있기를 거부하고, 집단의 틀을 벗어나 개인중심의 생활을 선망하는 추세이므로 아무리 정부에서 셋째아이부터 학비면제의 지원대책을 세워도 얼마만큼 MZ세대가 호응할지는 의문이다. 차라리 한국국적을 가지고, 럭비공과 같이 한국을 넘어 다른 나라에서 자녀를 낳고 언제가 귀국하게 하는 방법은 어떨지 고민해 봐야 할 것이다. 따라서 지금까지 정부의 출산장려대책과는 전혀 다른 발상으로 해외로 눈을 돌려 출산율을 높이는 "MZ세대 해외산업인력양성계획"을 모색하여 보면 다음과 같다.

▪ 출산율에 대한 대책은 국내에서 해결하려 하지 말고, MZ세대가 선호하는 세계화(Globalism)로 눈을 돌려 해외에서 해답을 찾는다.

국토부 장관으로 하여금 해외의 땅을 매입 혹은 50~100년 임대하여 MZ 세대들에게 호감이 가는 해외 현장 체험과 돈을 벌 수 있는 기회를 제공한다. 예로 들면 호주 NSW 주 혹은 Queensland 주에 광활한 땅을 50~100년 임대 계약하고, 임대료는 한국의 군수품 (탱크, 자주포 등)을 호주에 팔고 그 대가로 임대계약을 체결하면 된다. 그 땅에 1차로 한국 MZ세대 30만명 이상에게 일자리를 제공하고, 차츰 그 인원을 늘려 간다. 그들로 하여금 농축수산물(소, 양, 닭, 등 ; 채리, 포도, 등; 김, 미역, 어장, 등)을 생산 하여 한국으로 역수출하면 대한민국 땅에서 재배하였으므로 한국의 관세를 면제받고 싼 가격으로 질 좋은 식품을 공급할 수 있다. 만약 호주에서 50~100년 장기 임대가 성사되면 임대한 땅에 거주 및 생산 공장의 생활기반 시설을 한국건설기업들이 구축한다.

▪ MZ세대 청년을 선발할 때, 농축어민의 자녀들을 우선적으로 선발하면 농축어민들의 반발을 줄일 수 있을 것이다. 선발된 남자 청년에게는 5~7년간 종사하면 군대의무복무 면제의 특혜를 제공하고, 여자 청년에게는 결혼하여 부부가 함께 파견될 때, 혹은 파견 후 그 땅에서 자녀를 낳았을 경우, 한국에서의 공

무원 수준에서 자녀 양육비 및 교육보조비를 국가에서 부담해 준다. 마치 박정희 대통령 시대 때, 중동에 산업노동자와 독일에 광부와 간호사를 산업역군으로 파송한 것과 같이, MZ세대로 하여금 제2의 해외 산업혁신을 주도하게 하고, 아울러 이들이 해외에서 출산하여 한국으로 귀국하면 출산 장려금을 지불한다. 만약 귀국하지 않고 해외 산업현장에 그대로 머물기를 원한다면 그곳에서 영주하도록 한다. 그러면 재외동포로서 그들은 모국에 대하여 더 많은 기여를 할 수 있을 것이다.

▪ MZ세대 청년들은 해외에 머무는 동안 외국 대학생들에게 주는 혜택을 활용하여 일도 하면서 공부도 계속한다. 예로 들면 호주 내 한국산업현장에서 일하면서 정규 대학교에 등록하든지 혹은 인터넷 대학교육 프로그램을 통하여 호주의 대학교에서 공부도 할 수 있다. 뿐만 아니라 호주의 워킹 홀리데이 프로그램은 외국대학생들이 비자 얻어 1~2년 간 일을 하면서 호주를 체험하는 제도이다. 이 비자는 합법적으로 일을 할 수 있고, 1번의 비자 연장도 가능하다.

▪ 일자리 있고 주택이 주어지고 생활이 안정되면 세계화역군(Globalist)으로서 자연히 MZ세대 청년들은 그들의 '비전'을 현실화시키기 위해 결혼하고 아이를 갖게 될 것이다.

2. 연금개혁의 신 개념

우리나라 연금제도는 4개의 계층별로 이루어져 있는데, 0층 기초연금('14~), 1층 국민연금('88~ 기초생활대상자), 2층 퇴직연금('05~ 근로소득자), 3층 개인연금('94~ 자영업자) 및 직역연금(공무원·군인·사학 등)으로 구성되어 있다.[151] 이처럼 다층연금체계 틀을 갖추고 있으나, 주로 0층의 국민·기초연금 중심으로 빈곤층과 기초생활보장제도로 운영되며, 퇴직·개인연금은 보완적 기능만을 수행하고 있다.

2024년 9월에 보건복지부는 상생의 연금개혁안으로 개혁 논의를 본격적으로 시작하였다. 보건복지부는 제5차 국민연금 종합운영계획('23.10)에 이어 후

---

[151] 우리나라 연금 수령 통계: 3층 개인연금(457만명) ※'22년말 / 2층 퇴직연금(653만명) ※'22년말 직역연금(183만명)※'22년말 / 1층 국민연금(2,238만명) ※'23년말 / 0층 기초연금(651만명) ※'23년말

속 방안을 발표하고, 2024년 9월 4일 제3차 국민연금심의위원회를 열어 「연금 개혁 추진계획」을 확정하였는데 그 목표는 다음과 같다.

- 모수개혁(보험료율 13%, 명목소득대체율 42%), 기금수익률 제고(1%p 이상)로 장기 재정 안정성 확보
- 세대별 보험료율 인상 속도 차등, 지급보장 명확화 등 미래세대 신뢰 강화
- 국민·기초·퇴직·개인연금 등 다층 연금체계 내실화로 실질소득 제고

이러한 연금계혁 안이 나온 계기는 보건복지부가 2023년 10월 「제5차 국민연금 종합운영계획」(이하 '5차 계획')을 통해 연금개혁 방향성과 5대 분야 (①노후소득 강화 ②세대형평 제고 ③재정 안정화 ④기금운용 개선 ⑤다층노후소득보장체계 정립), 15개 추진과제를 제시한 바 있으며, 21대 국회 (2024년 6월 임기종료) 산하 연금개혁특별위원회는 이를 토대로 공론화를 실시하여 국민 의견을 수렴한 결과물이다.

보건복지부는 "연금개혁이 매우 시급한 과제인 만큼 개혁 논의에 계기를 마련하고, 여·야 간에 조속한 합의를 견인하기 위해 개혁안을 마련하였다"라고 밝히며, "이번 개혁안은 국민연금 뿐 아니라 기초, 퇴직, 개인연금 등 다층 연금체계 틀 속에서의 구조개혁 방안을 담았으며, 5차 계획의 주요 과제, 2023년 장래인구추계(통계청,'23.12)를 반영한 새로운 재정 전망, 공론화 등에서 나타난 국민 의견을 세밀하게 검토하여 수립하였다"라고 덧붙였다. 이번 개혁안의 추진 방향은 세 가지이다.

(1) 장기적으로 지속가능한 국민연금 제도로 개편한다.

▪보험료율 인상: 우선, 보험료율을 현행 9%에서 13%로 4% 인상한다. 보험료율은 1988년 국민연금 제도 도입 당시 3%였으나, 1993년 6%, 1998년 9%로 인상된 이후 계속 유지되고 있다. 복지부는 21대 국회 연금특위 및 공론화 논의 내용, 국민적 수용성 등을 고려하여 13%까지 인상하되, 보험료율 인상으로 인한 국민부담을 최소화하는 차원에서 단계적으로 인상하는 방안을 추진하기로 하였다.

▪ 명목소득대체율 조정 : 명목소득대체율은 40%에서 42% 수준으로 상향 조

정한다. 명목소득대체율은 은퇴 전 소득 중 연금으로 대체되는 비율을 나타내는 지표로, 연금제도의 소득보장 수준을 보여준다. 국민연금 도입 당시 70%, 1999년 60%, 2008년 50%로 낮아진 이후, 매년 0.5%씩 인하되어 2028년까지 40%로 조정될 예정이었으나, 재정안정과 함께 소득보장도 중요하다는 공론화 논의 내용 등을 고려해 당해 소득대체율인 42% 수준에서 논의할 것이다.

▪ 기금수익률 제고 : 기금수익률도 1%p 이상 제고한다. 기금수익은 국민연금의 지속가능성을 제고하는 주요한 수단으로, 1988년 제도 도입 후 2023년 말까지 5.92%의 누적 수익률을 기록하고 있으며, 기금 규모도 1,036조 원에 달한다. 지난해 5차 재정추계 당시 도출된 장기 수익률은 4.5%였으나, 이를 5.5% 이상으로 끌어올린다는 계획이다.

정부는 올해 5월 기준포트폴리오를 도입하는 내용의 자산배분체계 개편안을 의결한 바 있으며, 앞으로도 수익률이 높은 해외·대체투자 비중을 지속적으로 확대할 예정이다. 또한, 수행 난이도가 높은 해외·대체투자를 위해 기금운용 전문인력을 확충하고, 해외사무소를 개설하는 등 운용 인프라를 강화하여 기금수익률을 장기적으로 개선해 나가기로 하였다. 복지부는 모수개혁과 기금수익률을 1%p를 제고하는 경우 현행 2056년인 기금소진 시점을 2072년까지 연장할 수 있을 것으로 전망하였다.

▪ 자동조정장치 도입 검토 : OECD 38개국 중 24개국이 운영 중인 자동조정장치 도입을 검토한다. 자동조정장치란 인구구조 변화와 경제 상황 등과 연동해 연금액 등을 조정하는 장치이다. 현재 국민연금은 소비자물가변동률에 따라 연금액을 매년 조정하여 실질가치를 보전하고 있으나, 인구나 경제 상황에 따라 연금액을 조정하는 장치는 운영하고 있지 않다.

복지부는 최근 저출생·고령화 추세와 기금재정 상황 등을 고려해 연금액에 기대여명 또는 가입자 수 증감을 연동하여 연금 인상액을 조정하는 장치 도입 논의를 본격 추진해 나갈 계획이다. 복지부는 재정 상황 등에 따른 3가지 도입 시나리오 (급여 지출이 보험료 수입을 초과하는 2036년, 기금 감소 5년 전인 2049년, 기금이 감소하기 시작하는 2054년)를 제시하였으며, 도입 시점에 따라 기금소진 연장 효과도 달라질 것으로 전망하였다. 다만, 소득보장 수준에 미칠 변화 등을 고려하여 충분한 논의와 세밀한 검토를 거쳐 추진할 필요가 있다고 밝혔다.

(2) 청년과 미래세대 부담을 완화하고, 제도에 대한 신뢰를 높인다.

• 세대별 보험료율 인상 속도 차등화 : 우선, 세대 간 형평성 제고를 위해 20대부터 50대까지 출생연도에 따라 보험료율 인상 속도에 차등을 두는 방안을 추진한다. 보험료율을 13%로 인상할 때, 2025년에 50대인 가입자는 매년 1%, 40대 0.5%, 30대 0.33%, 20대는 0.25%씩 인상하는 것을 주요 내용으로 한다. 보험료율이 인상되면 납입 기간이 많이 남아있는 젊은 세대일수록 보험료 부담은 커지게 되는데, 두 차례 개혁(1999년, 2008년)으로 명목소득대체율도 인하되고 있어, 청년세대들은 상대적으로 부담은 크고 혜택은 적어질 수 밖에 없는 상황이다.

복지부는 이러한 형평성 문제 해소를 위해 잔여 납입 기간을 기준으로 세대별로 보험료율 인상 속도에 차등을 두는 방안을 추진하겠다고 밝혔다. 각 세대별 대표 연령을 20세, 30세, 40세, 50세로 정하고, 잔여 납입기간이 10년인 50세는 年 1%, 납입기간이 20년인 40세는 年 0.5%, 30대와 20대는 각각 年 0.33%, 0.25%씩 인상해 형평성을 개선하겠다는 취지이다.

• 지급보장 명문화 : 국가의 연금 지급 근거를 명확히 규정하는 법률 개정을 추진한다. 현행 국민연금법152)*은 연금급여가 안정적·지속적으로 지급되도록 필요한 시책을 수립할 국가의 의무를 규정하고 있다. 그러나 젊은층을 중심으로 미래에 연금을 지급받지 못할 수도 있다는 우려가 있어, 제도에 대한 신뢰 제고를 위해 지급보장 근거를 보다 명확히 해야할 필요성이 제기되어 왔다. 이에 복지부는 국민연금의 지속가능성을 높이는 개혁을 전제로 지급보장 규정을 명확히 하는 법률 개정을 추진하기로 하였다.

(3) 국민 · 기초 · 퇴직 · 개인연금 등 다층 연금제도를 통해 국민들의 안정적인 노후소득을 보장한다.

• 국민연금 : 가입기간 확보를 통한 실질소득 제고하도록 한다. 사회적으로 가치 있는 활동에 대한 보상을 강화하고, 청년들의 소득 공백을 보상하기 위해 크레딧 지원을 강화한다. 현행 제도는 출산 또는 군 복무 시 보험료를 납부하지

---

152) 국민연금법 제3조의2(국가의 책무) 국가는 이 법에 따른 연금급여가 안정적 · 지속적으로 지급되도록 필요한 시책을 수립 · 시행하여야 한다.

않아도 해당 기간 중 일부를 연금액 산정 시 가입 기간으로 인정하고 있다.

복지부는 출산 크레딧은 현행 둘째아에서 첫째아부터 가입 기간으로 인정하고, 군 복무 크레딧의 경우 기존 6개월인 인정 기간을 군 복무기간 등을 고려해 확대하는 법률 개정을 추진하기로 하였다.

저소득 지역가입자의 부담도 완화한다. 현행 보험료 지원 사업(농·어업인 제외)은 보험료 납부를 재개한 지역가입자를 대상으로 최대 12개월 동안 보험료의 절반을 지원하고 있으나, 지원 대상이 협소하고 지원 기간 등이 짧아 실질적으로 체감하는 데는 한계가 있었다. 정부는 이를 개선하기 위해 보험료 지원 대상과 기간을 확대해 나가기로 하고, 향후 세부 방안을 마련할 계획이라고 밝혔다. 현재 60세 미만인 의무가입상한 연령 조정도 추진한다. 다만, 의무가입 연령 조정은 고령자 계속고용 여건 개선 등과 병행해 장기적으로 논의하겠다는 방침이다.

▪ 기초연금 : 저소득 노인 지원 강화하기로 하였다. 저소득 어르신을 보다 두텁게 지원하기 위해 기초연금액을 40만 원으로 단계적으로 인상한다. 2026년에는 소득이 적은 어르신에게 우선 40만 원으로 인상하고, 2027년에는 전체 지원 대상 노인(소득 하위 70%)에게 40만 원을 지원할 계획이다.

기초연금을 받으면 기초생활보장제도(기초생보) 생계급여가 삭감되는 현행 제도도 단계적으로 개선한다. 현재 기초연금은 생계급여 소득인정액 산정 시 공적이전소득에 전액 포함되고 있다. 이에 따라, 생계급여를 받는 어르신은 기초연금을 받게 되면 기초연금액만큼 생계급여가 깎이게 되는 한계가 있었다. 복지부는 노인 빈곤 완화를 위해 기초연금과 생계급여를 동시에 받고 계신 어르신에게 기초연금의 일정 비율을 추가로 지급하고, 이를 소득인정액에서 제외하는 방안을 마련해 추진할 계획이다.

▪ 퇴직연금 : 실질적 노후소득보장 기제로 정립하기로 하였다.

사업장 규모가 큰 사업장부터 퇴직연금 도입 의무화[153]를 추진하고, 가입률이 낮은[154] 영세 사업장과 중소기업퇴직연금기금 가입을 유도하기 위한 인센티브 제공도 지속해 나가기로 하였다.

퇴직연금 가입자의 합리적인 투자를 지원할 수 있도록 디폴트옵션[155] 등 제

---

153) 1인 이상 모든 사업장은 퇴직금·퇴직연금·중소기업퇴직연금 중 하나를 도입하도록 규정
154) (300인 이상) 91.9% > (30인 이상~299인) 78.2% > (30인 미만) 23.7%

도 개선을 추진하기로 하고, 로보어드바이저 투자일임 시범사업 추진 및 금융기관 간 경쟁 촉진을 위한 현물이전 시스템 구축 등을 통해 수익률도 개선해나갈 계획이라고 밝혔다.

아울러, 정부는 불필요한 중도인출 요건을 강화하고, 퇴직연금 담보대출을 활성화하는 등 연금자산의 중도 누수를 방지하는 방안을 검토하겠다고 밝혔다. 퇴직연금 제도 개선을 통해 현행 10.4%의 연금형식 수령 비율을 높여 노후생활의 안정적 수입원으로 기능하도록 할 계획이다.

▪개인연금 : 촘촘한 노후 안전망을 구축하기로 하였다. 노후생활 안정을 목적으로 1994년부터 시행된 개인연금은 457만 명이 가입(2022년 기준)해있고, 적립금은 169조 원(2023년 기준)에 달한다. 그러나 고소득층이 주로 가입하고 있고, 원금보장 선호 및 중도해지 등으로 인해 연금으로서 기능을 하기에는 다소 부족한 상황이다.

정부는 가입 촉진을 위해 교육 및 홍보를 강화하고, 세제 혜택 등 인센티브를 확대해 연금화를 제고해 나갈 예정이다. 또한, 상품 제공기관 간 경쟁 촉진 등을 통해 수익률을 개선하는 등 개인연금을 활성화해 노후 안전망을 더욱 촘촘히 구축해 나갈 계획이라고 밝혔다.

조규홍 보건복지부 장관(2024년)은 "정부가 마련한 개혁안의 핵심은 모든 세대가 제도의 혜택을 공평하게 누릴 수 있도록 지속가능성을 높이는 것"이라면서, "세대 간 형평성을 제고하고 국민들의 노후생활을 더욱 든든히 보장하기 위한 방안들도 세밀하게 검토해 마련했다"라고 말했다. 아울러, "이번 개혁안이 연금개혁 논의를 다시금 촉발하는 계기가 되길 희망하며, 국회가 조속히 연금특위, 여·야·정 협의체 등 논의구조를 통해 개혁을 마무리할 수 있길 기대한다"라고 덧붙였다.

(4) 연금개혁의 새로운 패러다임

▪ 보건복지부의 연금개혁안은 현재 노령인구에 집중하고 있으며, 연금 수급 기간도 약 10~20년의 중·단기 연금계획을 세웠다. 이러한 노령인구와 미래 10~20년 예상 연금계획도 필요하지만, 지금 MZ세대들이 퇴직할 시기인 30년

---

155) 가입자가 운용지시를 하지 않을 경우 사전에 정해 놓은 상품으로 자동 운용('23.7~)

후의 연금계획을 지금 수립하지 않으면 10년 후에도 연금 고갈과 같은 현상이 반복 될 것이다. 그래서 저출산 대책의 일환으로 "MZ세대 해외산업인력양성계획"이 성공한다면, 출산율이 높아짐으로 그들의 연금납입액으로 그들은 혜택을 누릴 수 있을 것이다. 더 나아가 그들의 세대에는 호주의 연금제도와 같이 전 국민 복지국가 연금혜택을 받을 수 있게 할 수 있을 것이다.

▪ 현재 연금개혁은 연금납입액은 늘이고 연금수급액은 줄이는 방향으로 대책을 마련하고 있지만, 연금수급액을 줄인다면 많은 연금 납입 자들의 반발이 예상된다. 그러므로 연금수급액을 줄이려는 것 보다 국가를 더욱 부강하게 만들어서 연금수급액에 변동을 주지 않는 방향으로 연금개혁을 재검토하여야 할 것이다. 한국은 현재 MZ세대 1명이 10~20년 후가 되면 노인인구 2~3명을 먹여 살려야 된다고 한다. 그래서 많이 내고 적게 받는 방향으로 연금개혁을 단행하고 있다. 하지만 "MZ세대 해외산업인력양성 대책"이 성립되고 5년 후면 현재 750만 재외국민이 1,000만 명에 도달할 것이다. 그러면 1,000만 명의 재외교민으로 하여금 한국 국내 노인 2,000만 명을 먹여 살일 수 있는 대책을 수립할 수 있다.

그 대책방향은 한국의 관광산업을 육성하는 것이다. 인천에서 속초까지 국내 크루즈 선을 개통하고, 다양한 콘텐츠를 개발하여 관광 상품 인프라를 구축한다. 그리고 해외 한인회를 통하여 모국방문 붐을 조성한다면, 국내방문관광산업 육성과 함께 국제 크루즈 항로를 개척할 수 있다.

마치 오늘날 유행하는 세계일주 크루즈 여행, 크루즈 유럽여행, 중동지역 크루즈 성지순례 등과 같이 한국방문 붐이 일어나면 외국 달러가 그대로 한국으로 유치된다. 더 나아가 국내를 방문하는 정기 국제 크루즈 선을 이용하여 MZ세대가 해외에서 생산한 농수산물의 수출입 물품도 실어 나를 수 있다. 예로 들면 그 항로를, 호주-베트남(다낭)-인천-군산-부산-속초; 그리고 국내 크루즈 순례, 등으로 항로를 개척하면 생산과 판매가 자연스럽게 형성될 수 있다고 본다. 이 프로젝트가 성공하면 한국의 저출산 대책과 연금개혁 대책이 동시에 실현될 수 있을 것이다.

3. 신 이념 양극화 대책

이념의 양극화(민족주의 세력 대 자유민주주의 세력)는 시대마다 학자나 논평자마다 정치적 입장에 따라 달리 정의되고 있다. 한국정치 상황은 정치양극화(진보 대 보수)를 넘어 신 이념양극화 현상이 두드러지고 있으므로 남북통일의 관점에서 정치양극화와 이념양극화를 본 저서에서는 동일시하고, 2023년 경제·인문사회연구회156)의 연구논문을 발췌하여 보완하고 편집하여 보았다.157)

1987년 민주화 이후 정치적 자유와 경쟁이 크게 신장되어 미국 수준에 이른 것으로 평가되는 한국의 민주주의는 현재 심각한 정치양극화에 직면해 있다. 2000년대에 유권자들의 이념성향 분포에서 좌우 양극단이 늘어나는 것은 아니나, 진보와 보수 유권자들이 각각 지지정당에 따라 결집하고, 상대 정당에 대한 비호감도도 높아지고 있다. 마침내 2022년 대통령선거에서 대통령에 대한 여야 지지자 간 지지율도 정치양극화가 매우 심각한 미국 수준으로 확대되었고, 이념은 남남갈등으로까지 비화되었다. 그 예로는 박근혜 대통령을 탄핵시킨 일명 '주사파·촛불 세력' 대 이승만과 박정희의 '건국과 애국·태극기 세력'의 양극화라고 볼 수 있다. 어느 정도의 정치양극화는 정당 간 경쟁에 있어서 정강정책의 차이를 보다 선명하게 해주기 때문에 유권자들이 누구를 왜 지지해야 하는지 잘 알게 되고 집권당의 책임을 묻기도 용이하게 만드는 장점이 있다. 그러나 과도한 정치양극화 상황에서는 정부정책 성과에 대한 평가가 당파심에 의해 왜곡되고, 자기편에 도움이 된다면 자질에 문제가 있는 후보도 지지하게 되므로 책임정치가 구현되기 어렵다. 그 예로 제20대 윤석열 대통령의 장관 및 지도자 임명에 대해 국회 다수당인 더불어민주당이 29번의 탄핵을 하게 되고, 입법교착 상태를 유발해 2024년 12월 3일 국민 계몽을 위한 비상계엄을 선포하였다. 그리고 2025년 4월 4일 대통령 탄핵이라는 비극을 초래하였다. 이같이

---

156) 1999년 3월에 출범한 경제사회연구회와 인문사회연구회가 2005년 7월에 통합되어 경제·인문사회연구회로 출범하다.
157) 필자는 상기 연구회에서 발간한 연구 논문 (박준, 류현숙, "정치양극화 시대 한국 민주주의의 발전 방안", 2023)의 요약본을 발췌하여 소개한다.
https://www.nrc.re.kr/board.es?mid=a10301000000&bid=0008&act=view&list_no=0&otp_id=OTP_0000000000011995

극단적 정치양극화는 정치과정을 마비시키는 등 민주적 통치의 파행으로 이어진다.

정치양극화는 유권자들의 당파적 정체성이 이념, 세대, 계급, 젠더, 지역 등 다양한 사회균열과 중첩될 때 나타난다. 예를 들어 미국의 경우 이념, 지역 및 사회·문화적 균열이 유권자들의 정치적 정체성과 중첩되면서 정치양극화가 심화되었다. 따라서 한국의 경우 사회균열의 유형별 실태와 정치양극화와의 관련성을 고찰해 볼 필요가 있다. 이를 검증하기 위해 2022년 4월 설문조사와 대선과 지방선거가 마무리되고 중도 성향 유권자의 비율이 다시 늘어난 2023년 1월에 시행한 설문조사 결과를 비교 분석하였더니, 지역, 이념, 대북·남남 갈등은 확연하게 증가한 반면, 세대 갈등과 젠더 갈등은 유의하게 감소한 것을 확인할 수 있었다. 지역, 이념, 대북·남남갈등에 비해 세대와 젠더갈등은 정치양극화와의 연관성이 약하다고 볼 수 있다. 한편, 미디어 환경의 변화에 따라 유권자들이 인터넷을 통해 얻은 정보를 통해 정치효능감을 높일 수 있는 긍정적 효과도 있지만, 가짜뉴스에 대한 노출도 늘어나면서 그로 인해 다른 정당, 특정 세대, 특정 지역, 여성 등에 대한 혐오감이 강화되고 정치양극화가 증폭되는 문제가 나타나고 있다. 따라서 인터넷상의 정보를 비판적 시각과 사고력으로 능동적으로 판별할 수 있는 미디어 리터러시[158] 능력이 민주주의의 발전을 위해 매우 중요해지고 있다. 정치양극화는 당파적 정체성과 사회균열이 중첩될 때만이 아니라, 정치제도적 요인들에 의해 심화된다.

첫째, 정치양극화 극복을 위해 권력구조와 의회제도 개혁이 필요하다. 당파적 정체성에 입각한 정치참여의 증가와 정책결정과정의 투명화 등 정치환경의 변화는 여야 간 협치를 더욱 어렵게 만들었다. 대통령 1인에 과도하게 집중된 권력구조와 승자독식의 선거제도[159]에서 양대 정당과 정치엘리트들에게는 상대 정당과 연합과 협치에 나설 유인이 없다. 승자독식의 선거제도의 병폐로 대

---

[158] 미디어 리터러시(Media Literacy)란 인간의 커뮤니케이션을 매개하는 도구와 기술인 '미디어(Media)'와 글을 읽고 쓰는 능력인 '리터러시(literacy, 문해력)'가 합쳐진 말로, 사전적인 의미로는 미디어를 읽고 쓰는 능력을 말한다. 우리말로는 매체 문해력, 또는 매체 이해력이라고 하지만, 고도의 미디어 기술로 인해 사람들이 미디어에 접근하고 비평하고 창조하거나 조작할 수 있도록 하는 관습까지 아우르게 되었다.

[159] 호주의 선거제도는 승자독식이 아니라 정당의 득표수와 출마자의 득표수를 종합하여 선출된다.

통령은 국민통합적 정책을 추진하기보다는 진영을 갈라치는 통치행태를 보여
왔고, 야당은 다음 선거에서 승리하기 위해 대통령과 여당의 실정을 부각시키
는데 정치적 역량을 집중한다. 또한, 국회의 제도화 수준이 낮아서 국회에 대한
의원들의 제도적 충성심이 약하다. 반면에 다음 선거의 공천을 쉽게 받기 위해
공천위원장 후보가 될 사람에게 충성한다. 뿐만 아니라 여당 내 주류 의원들은
국회보다 대통령실과 더 강한 일체감을 형성한다. 국회가 행정부에 대한 감시·
감독을 효과적으로 수행하기 위해서는 행정부에 뒤지지 않는 정책역량이 필요
한데 국회 입법·정책지원기구는 전문인력이 부족하고 관료화되어 있다.

둘째, 정치양극화 극복을 위해 선거제도 개혁이 필요하다. 현재의 정당체계
는 양대 거대 정당이 정치적 자원과 권력을 독식하는 '적대적 공생관계'를 특징
으로 한다. 다양한 형태의 정당연합에 참여할 수 있는 유의미한 중도파 정당이
없기 때문에 여야 간 이분법적 대립과 갈등이 초래되고, 대량의 사표 발생과 선
거부정으로 대표성의 문제도 심각하다. 또한 정치양극화로 인해 선거구 획정이
지연되고 이로 인한 선거 때마다 정치적 갈등과 공정성 논란이 반복되고 있다.

셋째, 정치양극화 극복을 위해 정당개혁이 필요하다. 현재 한국의 정당체계
는 양대 정당체계인데, 양당제에서 두 정당의 정책이념은 중도로 수렴한다는
정치학의 고전적 이론과 달리 한국의 양대 정당은 다양한 유권자들, 특히 중도
층을 폭넓게 대표하지 못하고 있다. 각 정당에서 당원들을 대표하는 대의원의
역할은 유명무실한 가운데 팬덤당원[160]들의 수가 폭증하면서, 정당의 주요 의
사결정이 당파적 편향이 강한 강성 지지자들에 의해 좌지우지되고 있다. 또한,
당 지도부의 공천권을 매개로 한 강력한 정당규율은 당내 다양성을 축소시켰
고, 당내 의원들은 당론의 기치 아래 양극화된 정치에 동원된다. 정당이 해야
할 중요한 사회통합 기능은 유권자와 지지자들의 다양한 의견을 통합해 하나의
정책으로 집약하는 것인데, 우리나라 정당의 지도부와 당원들은 당의 정책형성
보다 선거승리에 훨씬 더 많은 힘을 쏟고 있다. 즉 소수의 강한 목소리가 다수
의 약한 소리를 묵살해 버리는 현상이 두드러지고 있다.

이러한 문제들을 해결하기 위해서는 대통령, 당 지도부와 중앙당, 양대 정당

---

160) 팬덤은 광신자를 뜻하는 '퍼내틱(fanatic)'의 팬(fan)과 영지·나라 등을 뜻하는 접미사 덤
(-dom)의 합성어로서 특정한 인물이나 정당이념을 열성적으로 추종하는 사람을 펜덤 당원이
라 한다.

에 집중된 정치권력을 분권화함으로써 협치의 제도적 기반을 구축할 필요가 있다. 이를 위해 각 영역별로 다음과 같은 제도적 대안을 제시한다. 제도적 정합성의 관점에서 이 대안들은 통합적으로 추진될 필요가 있다.

- 대안 1, 권력구조를 분권형 대통령제로 바꾸는 개헌이 필요하다. 대통령의 헌법적 권한을 줄이는 동시에 대통령을 결선투표제로 선출함으로써 대통령 선거에서 정당 간 연합이 가능하도록 해야 한다.

- 대안 2, 의회제도의 경우 국회운영에 있어서 위원회의 자율성을 강화하고, 여야 의원들의 연합모임이 법안공동발의 수준까지 활성화될 필요가 있다. 또한, 국회 입법·정책지원기구의 전문성과 자율성을 강화하고, 각 정당의 전문인력을 활용해 상임위원회 전문위원실의 민주적 책임성을 강화할 필요가 있다.

- 대안 3, 온건 다당제가 정착될 수 있도록 선거제도를 개혁해야 한다. 한 정당이 압도적 의석을 차지하기 어려워질 때 협력과 타협의 제도적 유인이 발생한다. 선거제도 개혁의 핵심은 지역구 대비 비례대표 비중의 대폭 확대 혹은 비례대표를 완전히 없애고 소선거구제161)의 도입 인데. 이를 위해 국회의원 정수를 유지하면서 지역구 의석수를 줄이기보다는 지역구 의석수를 유지하면서 전체 의원정수를 증원하든지 아니면 비례대표를 없애고 소선거구 제도를 도입하는 것이 바람직하다. 만약 비례대표 의석수를 증원한다면, 영호남 지역주의 완화와 비례대표 후보 공천의 분권화를 위해 권역별 비례대표제(예, 상원위원) 도입이 필요하다. 다만, 권역별 비례대표제 도입을 위해서는 한 권역에 충분한 숫자의 비례대표 의석이 할당되어야 하고, 인구밀도가 낮은 농어촌 지역의 경우에도 비례의석이 확보될 수 있어야 한다. 현 중·대선거구제는 지역주의 완화에는 도움을 줄 수 있으나, 다당제 구조를 유도하기보다는 양대 정당의 지배력이 유지될 가능성이 더 높고, 극단적 성향의 후보가 낮은 득표율로 당선될 위험성도 커진다. 선거구 획정 문제에 있어서는 인구감소지역의 대표성을 강화하면서 선거구 획정안에 대한 검증 및 수정기간을 법적으로 보장하고 선거구 획정안 부결시 후속 절차를 법제화할 필요가 있다.

- 대안 4, 정당 내부의 다양성을 확대하고 당원들의 실질적 참여를 활성화하

---

161) 소선거구제는 선거관리가 용이하고 선거비용이 적게 드는 장점이 있으나 득표력이 있는 거대정당에 유리한 제도이다. 소선거구제는 일반적으로 단순다수대표제(first past the post), 결선투표제, 선호투표제(alternative vote)에서 주로 채택된다.

는 정당개혁이 필요하다. 정치양극화 극복을 위해서는 당 지도부를 중심으로 강하게 결속된 '강한 정당'보다는 당내 민주주의가 살아 숨 쉬는 '건강한 정당'이 필요하다. 이를 위해 지역선거관리위원회 주관 오픈프라이머리와 같은 상향식·지역분권형 공천제도를 도입하고, 정당의 정책형성과정에 당원들의 참여를 적극 유도할 필요가 있다. 풀뿌리 당원의 참여가 활성화되도록 지구당을 법적으로 부활시키고 지역정당 설립도 허용할 필요가 있다. 당원 명부를 체계적으로 관리하면서 당직자, 의원 보좌진, 정책위 전문위원 등 오래된 당원들이 정당에 남아 책임있게 당을 이끌어 갈 수 있도록 경력관리체계를 발전시켜야 한다.

4. 한반도 통일의 대안

한반도의 통일 전략은 수없이 많은 변화를 거듭해 오고 있다. 보수정권에서 진보정권으로, 진보정권에서 보수정권으로 바뀌면, 맨 먼저 화두에 오르는 것이 통일문제이다. 1945년 해방을 맞이한 한반도는 미숙한 자유민주주의 정권과 변질된 민족주의 정권, 즉 극단적 주체사상 공산주의 세력에 의해 파생된 남과 북의 이념 경쟁체제로 인해 결국 80년간 남북분단을 가져오고 있다.

따라서 본 서에서는 한 가지 총론적인 제안을 한다. 기존의 통일방안은 북한의 남북한 연방제 통일 방안과 남한의 자유민주 평화통일 방안이었으나, 이제는 이념의 장벽을 벗어나서 한반도를 5개 주로 분할(평안주, 함경주, 중부주, 호남주, 영남주)하여 자유평화 5주 연방제 통일방안을 구상해 볼 수 있다고 본다.

2019년 2월 27일에 미주 민주평통 오렌지샌디에이고협의회가 주관하고 미서부 평화통일 원탁회의 추진위원회가 주최하였던 '2019 3.1운동 100주년 기념 미주지역 평화통일 원탁회의'가 개최됐다. 이날 평화와 통일이 염원만큼 진전되지 못하는 이유에 대해 236명의 참가자들에게 설문조사를 실시한 결과, △이념의 양극화(61.4%) △분단으로 인한 남북격차(47%) △북한의 위협상존(46.6%) △통일논의의 정치화(36.4%) △자국 중심의 국제관계(36%)를 꼽았다.162) 이러한 결과는 대한민국 내에서도 대부분 동의할 것이다. 본 조사결과에서 보듯이 통일의 최대 걸림돌은 이념의 양극화이었다.

---

162) 미주 크리스천 신문 참조: https://www.chpress.net/news-detail.html?cate=1&id=13032

이념의 양극화를 한마디로 요약하기는 어렵지만, 남한에서 보수정권은 자유평화통일을 주장하고 진보정권은 연방제통일을 주장한다. 2022년 정권을 창출한 보수정권에서도 통일정책의 기조를 자유평화통일에 두고, "자유민주적 기본질서에 입각한 평화통일" 이라는 「민족공동체통일방안」을 기초로 하고 있다.163)

「민족공동체통일방안」은 1994년 8월 15일 김영삼 대통령이 제시한 통일방안으로서, 1989년 9월 11일 노태우 정부시기에 발표된 「한민족공동체통일방안」을 계승하면서 남북기본합의서 발효 등 상황변화를 반영하여 보완·발전시킨 것이다.

▪ 「민족공동체통일방안」은 기본적으로 1989년 9월 11일 천명된 「한민족공동체통일방안」을 계승하면서 보완·발전시킨 것으로, 세계적인 탈냉전과 남북체제경쟁의 종결, 그리고 1992년 2월 19일 '남북기본합의서' 발효 등 여러 가지 새로운 국면 조성에 부응하여 제시된 것이다.

▪ 「민족공동체통일방안」은 동족상잔의 전쟁과 장기간의 분단이 지속되어온 남북관계 현실을 고려한 바탕위에서 통일의 접근방법을 제시하고 있다. 우선 남북 간 화해협력을 통해 상호 신뢰를 쌓고 평화를 정착시킨 후 통일을 추구하는 점진적·단계적 통일방안이다.

남과 북의 이질화된 사회를 하나의 공동체로 회복·발전시켜 궁극적으로는 '1민족 1국가'의 통일국가 실현을 목표로 하고 있습니다.

▪ 1989년 「한민족공동체통일방안」은 화해와 신뢰구축의 과정을 남북연합으로 나아가기 위한 자연스러운 과정으로 본데 비해, 「민족공동체통일방안」은 이 과정을 단계화한 것이 특징이다.

▪ 「민족공동체통일방안」에서는 통일의 기본철학으로서 자유민주주의를 제시하고 있다. 이는 우리가 통일로 나아가는 과정이나 절차에서 뿐만 아니라 통일국가의 미래상에서도 일관되게 추구해야 할 가치는 자유와 민주가 핵심으로 되어야 한다는 것을 의미한다. 이와 함께 통일의 접근시각으로 민족공동체 건설을 제시하였다. 민족통일을 통하여 국가통일로 나가자는 뜻이다. 통일은 권력배분을 어떻게 하느냐보다는 민족이 어떻게 함께 살아가느냐에 초점이 맞추어

져야 하며, 계급이나 집단중심의 이념보다는 인간중심의 자유민주주의가 바탕이 되어야 한다는 것이다.

- 「민족공동체통일방안」은 통일을 추진함에 있어서 견지해야 할 기본 원칙으로서 자주, 평화, 민주를 제시하고 있다.

'자주'의 원칙은 우리 민족 스스로의 뜻과 힘으로, 그리고 남북 당사자 간의 상호 협의를 통해 통일이 이루어져야 한다는 것을 의미한다.

'평화'의 원칙은 통일이 전쟁이나 상대방에 대한 전복을 통해서 이루어질 수 없으며, 오직 평화적으로 이루어져야 한다는 점을 강조한다.

'민주'의 원칙이란 통일이 민족구성원 모두의 자유와 권리를 바탕으로 이루어지는 민주적 통합의 방식으로 이루어져야 한다는 원칙이다.

- 「민족공동체통일방안」에서 통일은 하나의 민족공동체를 건설하는 방향에서 점진적·단계적으로 이루어 나가야 한다는 기조 하에 통일의 과정을 화해·협력단계 → 남북연합단계 → 통일국가 완성단계의 3단계로 설정하고 있다.

1단계인 '화해·협력단계'는 남북이 적대와 불신·대립관계를 청산하고, 상호 신뢰 속에 긴장을 완화하고 화해를 정착시켜 나가면서 실질적인 교류 협력을 실시함으로써 평화공존을 추구해 나가는 단계이다. 즉 남북이 상호 체제를 인정하고 존중하는 가운데 분단상태를 평화적으로 관리하면서 경제·사회·문화 등 각 분야의 교류협력을 통해 상호 적대감과 불신을 해소해 나가는 단계라 할 것이다. 이러한 1단계 과정을 거치면서 남북은 상호신뢰를 바탕으로 민족동질성을 회복하면서 본격적으로 통일을 준비하는 방향으로 나가게 된다.

- 「민족공동체통일방안」은 남북 간의 공존을 제도화하는 중간과정으로서 과도적 통일체제인 '남북연합'을 2단계로 설정하였다. 이 단계에서는 남북 간의 합의에 따라 법적·제도적 장치가 체계화되어 남북연합 기구들이 창설·운영되게 된다. 남북연합에 어떤 기구를 두어 어떤 일을 할 것인가는 남북 간의 합의에 의해 구체적으로 정해질 것이지만, 기본적으로는 남북정상회의, 남북각료회의, 남북평의회 그리고 공동사무처가 운영될 것이다.

- 마지막 '통일국가 완성' 단계는 남북연합 단계에서 구축된 민족공동의 생활권을 바탕으로 정치공동체를 실현하여 남북 두 체제를 완전히 통합하는 것으로서 1민족 1국가의 단일국가를 완성하는 단계입니다. 즉, 남북 의회 대표들이 마련한 통일헌법에 따른 민주적 선거에 의해 통일정부, 통일국회를 구성하고

두 체제의 기구와 제도를 통합함으로써 통일을 완성하는 것이다.

　▪「민족공동체통일방안」에서는 통일국가의 미래상으로 민족 구성원 모두가 주인이 되며 민족구성원 개개인의 자유와 복지와 인간존엄성이 보장되는 선진 민주국가를 제시하고 있다.

　첫째, 민족공동체 건설을 위한 전제조건인 자유민주주의는 자유와 평등을 기본으로 삼권분립, 법치주의, 의회제도, 시장경제, 시민사회 등을 근간으로 이루어져 있다. 자유민주주의를 제대로 작동시키기 위해서는 이와 같이 민주적 기본원칙을 준수하는 규범적 토대가 마련되어야 한다.

　둘째, 경제적으로 시장경제를 바탕으로 모든 국민이 잘사는 국가, 소외된 계층에게 따뜻한 사회, 국제사회의 공동번영에 기여하는 나라가 되어야 한다.

　셋째, 대외적으로는 성숙한 세계국가로 나아가기 위한 국가역량을 강화해야 합니다. 선진 복지경제 및 확고한 국가안보 역량과 함께 높은 문화적 국력도 갖춘 국가를 지향해야 한다.

5. AI (Artificial Intelligence, 인공지능)시대 도래와 대책

　문명은 인류의 삶의 질을 향상시켜 왔다. 인류는 이성을 통하여 과학을 발전시켜 왔고, 감성을 통하여 박애사상을 넓혀 왔으며, 교육을 통하여 지성과 문명을 창출하여 삶의 질에 기여하여 왔다. 그러나 사람 속에 내재해 있는 욕망과 탐심을 제어하는데 실패하여 자주 전쟁을 경험하였으며 누구나 마음으로는 평화를 원하지만 현실에서는 냉혹한 정글의 법칙이 존재한다. 마음과 현실의 괴리현상은 오늘날 인류문명이 인류의 삶을 위협하는 시대에 이르게 하였다.

　인공지능(AI)시대의 서막은 컴퓨터의 진화로부터 시작된다.　AI의 시작은 1950년대로 거슬러 올라간다. 1950년, 영국의 수학자 앨런 튜링(Alan Turing)은 기계는 생각할 수 있다고 주장하며, 이를 테스트하기 위한 방법으로 '튜링 테스트(The Turing Test)'를 고안했다. 이것은 AI라는 개념을 최초로 제시한 연구로 꼽힌다. 1956년에는 AI의 개념을 세상에 알린 다트머스 회의(Dartmouth Conference)가 열렸다. 이 회의에서는 기계가 인간처럼 학습하고 발전할 수 있는지에 대한 토론이 이루어졌으며, 인공지능이라는 용어가 처음

사용되었다.164)

현대에 이르러 인공지능(AI)은 4차 산업혁명의 핵심으로 빠르게 진화하면서 우리 삶 속에 깊이 스며들고 있다. AI 청소 로봇이 집안을 누비며 쓸고 닦고 있으며 AI 스피커는 나름대로 개인 비서 역할을 시작했다. 의료계, 법조계 등 다양한 전문 영역에도 이미 도입되어 활약 중이다. 165)

AI는 데이터를 필요로 하는데, 데이터는 21세기 최고의 자본이 되었다. COVID-19 펜데믹으로 본격화된 비대면 사회에서 우리는 방대한 양의 데이터를 생산하고 전송하면서 살게 만들었다. AI는 알고리즘에 따라 데이터를 학습하고 그 패턴을 파악해서 기능을 수행한다.

인공지능(AI) 시대는 인간의 능력을 무용지물로 만들고 있다. 이에 불안해하는 직장인들이 무한경쟁에서 살아남기 위해 무엇을 어떻게 해야 할지 고민하고 있다. 특히 AI 시대를 선도하는 선진 10개국 중 한국인의 불안이 최상위라는 발표가 나와서 화제이다.166) 2024년 10월 3일자 연합뉴스에 따르면, AI(인공지능)가 빠르게 회사 현장에 도입되면서, 이런 신기술이 자신의 업무 능력을 위협할 것이라는 우려가 한국에서 유달리 크다는 국제 조사 결과가 나왔다. 한국은 세계적으로 디지털 인프라와 활용 역량이 뛰어나고 AI에 대한 친숙도가 높지만, 근로자 개개인은 AI가 일터에서 자신의 값어치를 낮출까 속앓이 하고 있다.

정세정·신영규 한국보건사회연구원 연구원은 미국과 독일 등 서구권과 한국 10개국의 시민들을 설문한 조사 결과('SCOaPP-10' 데이터)를 분석한 보고서를 2024년 9월 한국보건사회연구원 포럼에서 공개했다.167)

'AI 등 신기술로 자기 업무가 위협받을 수 있겠느냐'는 조사 질문에 '매우 동의하거나 동의한다'는 답변율이 이탈리아(39.1%), 한국(35.4%), 미국(35.0%),

---

164) https://news.skhynix.co.kr/post/all-around-ai-1

165)

https://eng.snu.ac.kr/sites/default/files/notice/4.%20%EC%97%B0%EA%B5%AC%EB%85%BC%EB%AC%B8%20%EB%B6%80%EB%AC%B8%20%EC%A3%BC%EC%A0%9C%ED%95%B4%EC%84%A4.pdf

166) https://n.news.naver.com/mnews/article/001/0014962094?rc=N&ntype=RANKING (2024.10.03.)

167) 정세정, 신영규, "복지국가 환경 변화에 대한 시민 인식 비교"-디지털전환과 인공지능(AI) 기술에 관한 인식과 태도에 대한 10개국 비교- 「보건복지포럼」 2024년 9월호.

영국(28.3%), 핀란드(24.1%), 독일(21.1%), 스웨덴(20.1%) 순이었다.

'업무와 관련해 디지털 기술의 숙련도가 충분한가?'란 항목에 대해서는 한국은 '매우 동의 또는 동의' 답변이 56.9%로 폴란드(56.4%)에 이어 10개국 중 가장 적었다. 숙련도에 대한 긍정 답변이 가장 많았던 곳은 영국과 노르웨이로 답변율이 각각 71.9%와 70.2%로 나타났다. 연구진은 디지털 숙련에 대한 한국인의 기준이 너무 높아 AI에 대한 불안감도 크다고 분석했다. 생성 AI(사람처럼 말하고 생각하는 AI 서비스)나 디지털 기기의 사용률 같은 지표를 보면 한국은 다른 국가보다 훨씬 성적이 높다. 그러나 정작 개인은 자기 숙련도 평가에서 점수를 짜게 주고, 자연스레 'AI에 대처하기에는 부족하다'는 생각을 하는 것으로 보인다는 것이 연구진의 설명이다.

정세정 연구원 등은 말하기를 "(AI 등) 디지털 전환에 대한 불안과 우려는 한국 사회를 오랜 저성장의 늪에서 탈출하게 만들 동력이 될 수 있다. 단 기술을 비판 없이 수용하고 몰입하는 분위기가 사회통합을 방해하고 디지털 취약 계층에 대한 배려를 없애는 문제를 일으킬 수도 있다"고 지적했다. 그래서 정부에서는 무한정 AI 기술을 개발하는 것을 규제하고 있다. 그러나 현장에서 AI 규제에 대해선 부정적 시각이 상대적으로 강했다.

'AI 등 노동자를 대체하는 신기술이 기업의 수익을 높일 때 규제는 어떻게 해야 하는가?'란 질문에 '무(無)규제나 최소한의 규제가 맞다'는 답변율이 32.9%에 달해 10개국 중 한국이 가장 높았다. 규제 최소화 답변이 두 번째로 많았던 국가는 독일로 22.7%였다. 반대로 이 답변이 가장 적었던 곳은 이탈리아(9.7%)와 영국(11.6%)이었다.

AI는 현재 계량분석, 글쓰기, 이미지 제작, 번역 등 지적 작업을 잘 할 수 있어 생산성 향상 도우미로서 큰 주목을 받지만, 이 때문에 마이크로소프트, 구글, 네이버, SK텔레콤 등 국내외 AI 기업은 업무용 AI 서비스를 앞 다투어 차기 주력 사업으로 추진하고 있다.

무한경쟁이란 인류문명의 발전에 긍정적인 영향도 있었지만, AI 기술 연구에 있어서는 최고도의 기술이 오히려 인류의 적으로 나타날 수 있기 때문에 규제가 필요하다. 규제가 없다면 복제인간을 통하여 인간윤리를 파괴하기도 하고, 사람의 두뇌 보다 더 고도화된 AI 기술에 의한 두뇌가 개발된다면 그 AI 두뇌에 의해 인류가 오히려 지배를 당할 수 있다. 인공지능(AI)의 발달과 그 과제를 살펴보면 다음과 같다.

첫째, 인간이 생산한 데이터 자체가 편견을 포함하고 있기 때문에 AI도 결국 편견을 가진 존재가 될 수밖에 없다는 것이다. 2020년 국내 챗봇 '이루다'나 2016년 마이크로소프트(MS) 챗봇 '테이'의 사례에서 보듯이 인간을 위해 발명된 AI가 오히려 인간에게 해를 끼치는 어처구니없는 결과를 생성할 수도 있다.

AI 자율 주행차도 완전하지 않다. 센서 오류나 판단 지연으로 사고를 낼 수 있는데다 급박한 상황이 닥쳤을 경우 보행자와 운전자 중 누구를 먼저 살려야 할지, 사고가 일어났을 경우 차량 소유자, 탑승자, 차량 제조사, 자율주행 시스템개발사 중 누구에게 책임을 물어야 할지 같은 윤리 도덕적으로 어려운 문제들이 계속 제기되고 있다.

둘째, 사생활 감시에 대한 부작용은 이미 도를 넘고 있다. 국가 혹은 권력은 '안전함'을 명분으로, 민간 기업들은 '편리함'을 명분으로 디지털감시를 하고 있다. 얼굴 인증으로 정치성향까지 가려내는 정부도 있다. 군사 분야에서의 AI 활용도 상상을 넘고 있다. 2020년 미국과 이란을 전쟁 직전까지 몰아넣었던 AI드론에 의한 이란 혁명수비대원 살해는 마치 핀셋처럼 정확하게 목표물을 제거해 세계를 놀라게 했다.

셋째, 디지털 기술 확산은 이밖에도 자동화에 따른 고용감소 및 실업의 증가, 빈부 격차문제 등 심각한 사회적 부작용을 야기시킬 수 있다. 역사상 기술혁신이 폭발적으로 일어나고 산업혁명이 급격하게 사회변화를 초래할 때마다 유사한 문제가 제기되었다. 우리 인류는 그때마다 지혜를 발휘해서 문명의 발전을 이룩해 왔습니다. AI가 주도하는 제4차 산업혁명이 제기하는 수많은 사회경제적 문제들을 해결하고 보다 나은 세상을 만들 수 있는 지혜는 무엇일까요?

넷째, AI는 윤리원칙을 학습하기만 하면 사람보다 더 철저히 그 원칙을 준수할 것으로 기대해볼 수 있다. 다만, AI가 어떠한 윤리원칙을 학습해야 하는지 미리 점검해볼 필요가 있고, 많은 사람들이 AI 알고리즘의 투명성을 요구하고 있다. 사고가 발생한 이후에 책임을 묻는 것보다 더 중요한 것은 알고리즘의 투명성을 확보하고 그 알고리즘과 학습데이터를 점검할 수 있는 체제구축이 필요하다. 해외에서는 AI에 관한 윤리 원칙과 가이드라인을 수립해왔다. 2019년 유럽연합 집행위원회 EU나 OECD도 AI 윤리 권고안을 마련했고, 민간기업인 구글이나 마이크로소프트도 자체적인 AI 윤리 원칙을 마련해서 준수하고 있다.

국내에서도 과학기술정보통신부, 방송통신위원회가 나름대로 가이드라인을 제시하고 있지만 아직은 추상적인 수준에 머물고 있다. 양질의 데이터를 확보하고 인간에게 안전한 지능을 어떻게 개발하고 사용할지 구체적인 논의가 이뤄져야 할 시점이다.

과연 기독교가 이 거대한 근대주의의 물결을 헤쳐 나갈 수 있을까? 이에 대한 의구심은 이제 기독교들 마음속에도 깊이 뿌리 박혀 있다. 영국의 윌프레드 비온(Wilfred Bion)과 같은 정신분석가들은 『미래의 비망록』(A Memoir of the Future)에서 이제 기독교는 명을 다했고, 기독교로는 사람들을 변화시키는 일은 불가능하기에 다른 대체물이 나와야 할 때가 되었다는 기독교의 종말을 예견하기도 한다.168)

유발 하라리(Yuval N. Harari)는 「호모 데우스」(Homo Deus)에서 신흥종교로서의 '데이터 종교'를 언급한다.169) 수천 년 동안 인간은 기근, 전염병, 전쟁이라는 세 가지 심각한 문제로 어려움을 겪었고, 이로 인해 수백만 명의 사람들이 죽고 세계 제국이 흥망성쇠했다. 사람들은 이러한 문제에 대처하고 종교로 삶의 질문에 답했다. 그러나 현대에 이르러 우리는 더 이상 기도에 의존하지 않는다. 우리(인류)는 주로 기술과 의학 지식의 발전을 통해 이 세 가지 문제를 극복해 왔다. (For millennia, humans struggled with three serious problems—famine, plagues, and war—which led to the deaths of millions of people and to the rise and fall of global empires. People coped with these problems and answered life's questions with religion. However, in the modern era, we no longer rely on prayer—we've mostly overcome these three problems through the development of technology and medical knowledge.)

하라리의 견해와 같이 사실상 이 AI 신흥종교에 가입되지 않는 기독교인들이

---

168)

https://www.google.com.au/books/edition/A_Memoir_of_the_Future/NJtYDwAAQBAJ?hl=en&gbpv=1&pg=PT10&printsec=frontcover

169) Yuval Noah Harari, Homo Deus, 예루살렘 히브리 대학교의 교수인 유발 노아 하라리는 Homo Deus에서 기술이 인본주의적 이상과 자유주의적 정부를 대체하는 미래를 상상한다. 하라리는 종교, 불멸, 기술의 개념을 분석하면서 미래의 세계는 인간이 아니라 진보된 알고리즘과 인공 지능에 의해 운영될 수 있다고 주장한다.

앞으로 얼마나 될까? 거의 없을 것이다. 대부분의 기독교인들이 이미 알고리즘의 마법에 빠져 과학의 신도가 되어 버렸다. 과학이 현대인의 삶에 필수 불가결한 것은 너무나 자명한 사실이 되었으며, 그 결과 첨단과학은 이미 종교화되었고 과학의 효율성 앞에 기독교적 제의가 무너지며 '탈교회'의 문제가 대두되는 심각한 상황에 직면하게 되었다. 이 문제에 대한 해결책은 사실 종교개혁의 십자가 영성 안에 잠재해 있었지만 기독교는 늘 이 길을 거부해 왔고 이것이 기독교의 역사였다.170)

여유 있는 삶

57센트의 기적

미국 필라델피아 템플교회가 세워졌을 때의 일입니다. 교회당이 너무 작아서 한 소녀가 예배를 드리려고 갔다가 그냥 돌아왔습니다. 어른들도 예배드리기가 비좁으니 어린아이들이 들어 올 자리가 없다는 이유에서였습니다. 그 소녀는 예배당에 들어가 보지도 못하고 병이 들어 죽게 되었습니다. 소녀가 죽은 후에 베개 밑에서 57센트와 편지 한 통이 발견됐습니다. 그것은 소녀가 러셀H. 콘웰 담임 목사에게 보낸 편지였습니다. "목사님, 저는 교회에 가고 싶으나 예배 실이 비좁아서 빈자리를 기다리는 아이입니다. 제가 아껴서 모은 돈이니 이것으로 예배당을 지어 모든 어린이와 함께 예배드릴 수 있게 해 주세요." 그 편지는 소녀의 장례식 때 모든 성도 앞에서 읽혀졌고 듣는 이들은 모두 눈물을 흘렸습니다. 이를 계기로 템플 교회는 큰 교육관을 지었습니다. 교회가 성장하면서 사마리아병원도 지었고, 후에는 명문템플 대학교도 설립하게 되었습니다. 그리고 이 이야기는 '57센트의 기적'이라고 사람들에게 널리 알려졌습니다. 하나님은 우리에게 있는 것을 소중히 여기시며, 우리에게 있는 작은 것을 통해 기적을 창조하십니다. 오늘 내게 있는 것이 무엇인지 헤아려 보십시오. 그것을 하나님께 보여 드리십시오. 그분의 손에 올려놓으십시오. 하나님은 우리에게 있는 작은 헌신을 통해 기적을 창조하십니다. ―작은 것의 힘/강준민― 에서

170) 김영한, "종교개혁의 십자가 신앙·성화의 영성·욕망 내려놓기 실천하자" 「크리스천 투데이」 샬롬나비, 2024. 10. 28.

제 2 장　기독교 사회복지학의 학문적 의미

여유 있는 삶

　　나는 계속 배우면서 갖추어 간다. 언젠가는 나에게도 기회가 올 것이다. 나는 어릴 때, 가난 속에서 자랐기 때문에 온갖 고생을 참으며 살았다. 겨울이 되어도 팔꿈이 노출되는 헌 옷을 입었고, 발가락이 나오는 헌 구두를 신었다. 그러나 어린 시절의 고생은 용기와 희망과 근면을 배우는 하늘의 은총이라 생각해야 한다. 영웅과 위인은 모두 가난 속에 태어났다. 성실 근면하며, 자신의 일에 최선을 다한다는 정신만 있으면, 가난한 집 아이들도 반드시 큰 꿈을 이룰 수 있다. 헛되이 가난을 슬퍼하고 역경을 맞아 울기만 하지 말고, 미래의 밝은 빛을 향해 최선을 다해 노력하며 성공을 쟁취하지 않으면 안 된다.

　　― 아브라함 링컨 (Abraham Lincoln 1861~1865) ―

제 1 절 개관

　　복지라는 의미는 하나님의 창조 섭리와 관련되어 있으므로 신학적 이해가 필요하다. 하나님께서는 인간을 창조하시기 전에 이미 환경을 만들어 놓으셨다. 그리고 인간을 이끌어 그 환경 속으로 두셨던 것이다(창2장). 그러므로 인간은 환경을 떠나 살수 없는 존재이다. 인간과 환경과의 관계 속에서 복지란 개념을 살펴보고자 한다. 인간과 환경과의 관계는 인류역사를 통하여 다섯 단계로 변화되어 왔다.

　　첫째 단계는 에덴동산으로서 인간은 환경을 다스리며 환경도 인간과 상호관계를 좋게 하였다. 둘째 단계는 타락 후 인간은 환경의 지배를 받게 되었고 환경은 더 이상 인간과 좋은 관계를 유지하지 못하였다. 셋째 단계는 이러한 죄악된 현실가운데서 인간은 스스로 환경으로부터 분리되기 위하여 노력하였다.

　　그래서 번뇌가 생기게 되고 수고하고 무거운 짐을 지게 되었다. 그 결과 인간은 스스로 그 짐들을 벗어 버리고자 종교와 철학을 창출해 내었다. 넷째 단계는 예수님 당시에 예수님께서 환경을 복종시키시는 모범을 보여주셨다. 예수님께서는 바람과 폭풍도 잠잠케 하시었다.

마지막으로는 인간과 환경이 서로 공존하는 천국의 상황이 된다는 것이다. 우리는 지금 세 번째 단계에서 네 번째 단계로 나아가기 위하여 수고하고 있는 것이다. 환경의 지배를 받고 있는 인간이 어떻게 환경을 지배할 수 있는 단계로 승화되어 가기 위하여 노력하고 있는지 정부와 교회의 상호관계를 통하여 교회복지를 살펴보면 다음과 같다.

현대에는 대부분의 국가들이 경제우선순위의 정책을 지향하고 있다. 교회도 시대에 걸맞은 옷을 입어야만 선교 사업을 효율적으로 할 수 있다. 그러므로 시대적 변화에 따라 정부가 추진하는 정제적인 요인과 노동시장의 고용확대사업에 교회가 복지적인 차원에서 관여하게 되었고 정부도 복지적인 차원에서 교회와 협력하고 있다.

특히 국가와 교회는 본질적인 목표는 다르지만 그러나 효율의 극대화를 위해 방법적인 면에서 서로가 긴밀한 관계를 유지하고 있다. 그러면 왜 국가는 교회에 손짓을 하는가? 이것은 호주에서 2002년에 Victoria주 교회의회에서 사회문제를 다루었을 때 주된 의제가 되었다.[171] 정부의 복지사업에 교회가 참여하는 문제가 심도 있게 다루어졌는데, 그때 Paul Oslington은 국가가 복지와 노동문제에서 교회에 손짓하는 이유를 여덟 가지로 요약하고 있다.[172]

첫째는 저 비용 때문이다. 정부는 복지와 노동시장문제에서 교회의 인적·물적 자원을 사용하면 저 비용으로 고 효율을 올릴 수 있다고 생각하고 교회기관에 접근하였다. 특별히 직업 소개비용이라든가 구직자훈련과 같은 부가적인 비용을 줄일 수 있으므로 정부에서는 교회기관과 계약을 체결하고 프로젝트들을 운영하고자 한다.

이처럼 저 비용과 고효율의 시장원리에 의해 정부는 교회기관과 함께 사회복지 프로그램을 운영하고자 한다. 또한 계약을 체결한 교회 기관들은 정부의 기

---

171) Victoria Council of Churches (eds.), *Australian Theological Forum*, Melbourne, Australia, 2002.
172) Paul Oslington, 'Economic and Theological Issues in Contracting out of Welfare and Labour Market Services, In the Victoria Council of Churches (eds.)', *Australian Theological Forum*, Melbourne, Australia, 2002, pp.13~53.

관들보다 인건비를 줄일 수 있으므로 조직의 운영비를 줄일 수 있다.

뿐만 아니라 정부 고용인은 노동조합에 가입하여 노동력이 약화 될 수 있지만 교회조직은 그러한 염려가 없으므로 노동조합비용도 줄일 수 있다. 또한 다른 비용 절감의 효과는 계약자간의 경쟁으로 저 비용 고 효율을 기대할 수 있으며, 동일한 비용으로 산업 고용인들을 국가고용인으로 전환시킬 수 있는 가능성이 있으므로 재교육비용을 줄일 수 있다. 뿐만 아니라 사기업 조직들에게 인센티브(incentives)를 강화함으로써 불필요한 소비를 줄일 수 있고, 조직의 인센티브는 근로자의 인센티브로 연결되므로 쇄신을 기할 수 있어 조직 운영의 간접비용을 줄일 수 있다.

둘째는 서비스의 높은 질 때문이다. 정부와의 계약은 NGO(Non-government organization: 비정부조직)로부터 높은 질의 서비스가 중요한 요인이다. 일반적인 경제적 원리에 의하면 비용절감은 업무의 질적 퇴보를 가져온다고 본다. 그러나 NGO의 경우는 경제적 원리의 개념과는 상반된다. 왜냐하면 투명한 서비스제공은 비영리 교회조직에서 비록 비용이 절감된다 하더라도 질적인 수준에서는 변화를 초래하지 않기 때문이다.

셋째는 정부정책 때문이다. 정부는 사회적인 병폐 및 실업해소에 대한 책임이 있는데 이것을 다른 비정부조직(NGO)에게 떠넘길 수 있다. 비록 궁극적인 책임은 정부가 지더라도 실제적인 책임에서는 그 NGO가 지게 된다. 그래서 정부는 복지수혜자로부터의 일차적인 불만을 줄일 수 있다. 그리고 정부계약자인 NGO는 정부정책에 대한 비판을 하기 힘들게 되므로 정부로서는 일거양득을 얻는 셈이다.[173]

넷째는 축적된 경험과 기초간접자원의 확보이다. 비영리 교회조직은 정부보다 더 오래도록 복지서비스를 공급하여왔다. 그러므로 경험과 신뢰성에서 정부보다 훨씬 앞선다. 정부는 이러한 축적된 경험들을 계약과정을 통하여 얻을 수 있으므로 유익하다.

다섯째 이타적인 노동력 때문이다. 비영리 교회조직은 이타적인 정신이 종사자 개인으로 하여금 동기를 유발하게 한다. 이러한 이타심은 주식을 투자함으로 얻게 되는 물질적 유익보다 훨씬 더 값지고 장기적으로 효율적이다.

---

173) 김장대, 「세계기독교 NGO총론」 (서울: 경희대학교 출판국), 2001.

여섯째 기부하는 정신 때문이다. 교회조직은 과거나 현재나 변함없이 기부하는 마음이 자리를 잡고 있다. 이러한 기부정신은 물질적인 헌신뿐만 아니라 기술적인 봉사까지도 포함하게 되므로 더욱 정부에서 교회조직과의 계약에 매력을 느끼고 있다.

일곱째 고객에 대한 신용도 때문이다. 복지 수혜자들이 비영리 교회조직으로부터 많은 정보를 얻지 못하고, 다소 불편한 점이 있다고 하더라도 교회의 신뢰성 때문에 스스로 이해하고 감수하게 된다. 그러므로 정부가 직접 운영하는 사회복지기관보다 고객의 유치 및 관리에 훨씬 효율적이다.

마지막으로 참여도의 확충 때문이다. 만약 어떤 조직에서 고객의 참여도가 좋다면 그것은 더 좋은 결과를 가져올 수 있다. 교회복지 조직의 문턱이 정부기관보다 낮으므로 고객들의 편익을 더욱 높여줄 수 있다.

이상과 같은 이유에서 정부는 비영리 교회복지기관이나 NGO들에게 복지에 관한 서비스를 위탁하려고 한다.

1. 종교 개혁가들의 복지사상

종교개혁은 중세 가톨릭의 성직계급이 가져왔던 교회 내 계급구조의 종말을 의미한다. 즉 만인사제직에 의거한 새로운 틀의 사고는 교회 안에서 뿐만 아니라 사회직업윤리의 자의식을 변혁케 한 직접적 동인이 되었다고 볼 수 있다. 특히 평신도의 위상이 교회 안에서 새롭게 제기되었고 이들의 자의식과 사회문제에 관한 독자적 책임이 구체적으로 부각되었다. 즉 세례 받고 믿음을 소유한 사람은 그리스도의 지체라는 명제에 기초한 새 시대의 그리스도인들은 이제까지의 불평등의 구조가 아니라 동일한 지위로써 하나님 앞에 대담하게 나아갈 수 있게 되었다.174) 여기에서 그리스도의 지체는 법적·평화·질서의 모델로 사용되었다. 이러한 종교개혁의 새로운 기풍에 늘 주제가 함께한 것이 복지 문제였다.

복지라는 개념은 15세기에 등장한 개념으로 1530년 이래 복지(Wohlfahrt)

---

174) Paul Joachimsen, *Der deutsche Staatsgedanke von seinen fängen bis auf Leibniz und Friedrich den Großen*. Dokumente zur Entwicklung, München, 1931, p.17.

라는 단어는 개신교적 사회·정치적 논문 속에 등장하게 된다.175) 따라서 종
교개혁은 성직자와 평신도 간의 보이지 않은 상하계층 구조의 간격을 제거하는
운동이었다고 볼 수 있다. 이러한 종교개혁은 복지개혁으로 이어졌다. 즉 그것
은 신앙에 의한 사랑의 실천운동 및 디아코니아 운동이었다고 볼 수 있다.

다시 말하면 사랑과 믿음의 통일을 주창한 개혁가들은 당대의 인문과학과 휴
머니즘의 시대적 조류와 함께 가난한 이들에 대한 실질적 프로그램을 신학적으
로 변증하면서 사회복지에 깊은 획을 그었다. 그리고 종교개혁 정신은 단순히
교회내적인 개혁뿐 아니라 사회, 정치, 문화적 개혁의 일환으로 사회복지를 향
한 신학적 이론과 실천 운동으로써 유럽에 사회복지국가의 근간을 형성하였다.
종교개혁자들이 가진 디아코니아에 대한 견해를 살펴보면 다음과 같다.

첫째 루터 (Martin Luther, 1483.11.10~1546.2.18)는 만인사제직의 논리로
접근하여 모든 그리스도인들은 보편적인 사제직을 가지고 있으므로 서로가 섬
겨야 한다는 것이었다.176) 그래서 그는 하나님 앞에서 모두가 동일한 신분을
갖는다. 그러나 서로가 가지는 과제는 다르다. 따라서 모든 사람들은 보편적으
로 동일한 권리를 가지나, 직분에서는 특수한 직분과 보편적 직분으로 나누어
서 특수한 직분에는 특별한 과제가 주어진다. 예를 들면 말씀선포와 성례전은
특별한 과제가 되므로 특수한 직분 자에게 권리가 주어진다는 것이다. 그러나
특수한 직분과 보편적 직분은 하나님 안에서 모두 소중하다고 봄으로써 디아코
니아는 직분을 초월하여 그리스도인에게 주어지는 직임으로써 서로가 서로를
향한 그리스도인의 자세라고 본다.

둘째, 쯔빙글리 (Huldrych Zwingli, 1484~1531)는 디아코니아의 핵심으로
선행을 강조하면서 선한 행위는 성령을 통하여 믿음 안에서 주어지는 믿음의
열매라고 본다. 그러나 인간의 선행에 대한 업적주의, 즉 선행으로 의로워질 수
있다는 논리를 경계한다. 인간의 의로움은 믿음에 의하여 주어지는 것이다. 그
러나 행함이 없는 믿음은 실상 죽은 것과 마찬가지로 간주하였다.

셋째, 부처 (Martin Bucer, 1491~1551)는 디아코니아를 돌봄(care)의 관점

---

175) Mohammed Rassen, *Art.: Wohlfahrt,* in: Historisches Lexikon zur politisch-sozialen
     Sprache in Deutschland, 1530, p.609.
176) R. Tudur Jones, *The great Reformation: From Wyclif to Knox-two centuries that*
     changed the course of history, England: Inter-Varsity Press, 1985, pp.34~54.

에서 보면서 영혼의 돌봄과 육체의 돌봄으로 나누어 보았다. 그의 목회는 교회의 4대 직제, 즉 교사(박사), 목사, 장로, 집사로 나누어서 관리하도록 하였다.

넷째, 칼뱅 (Johannes Calvin, 1509~1564)은 교회의 섬김에 대한 직분을 관리 및 행정을 담당하는 안수 받은 남성의 직분(안수집사)과 가난한 자들과 병약자들을 돌보며 간호하는 여성 직분(권사)으로 구분하여 교회를 운영하게 하였다. 1535년 기독교 강요(1536년 바젤에서 출간)에서 집사는 섬김을 복지행위를 위한 교회직제로 여기고 가난한 자와 병약자의 보호를 위한 항존직으로 주어지는데 목사, 교사, 장로와 함께 4대 보살핌 직분중 하나이다.

다섯째, 찐센도르프(Nikolaus Ludwig von Zinzendorf, 1700.7.9~1760.5.9)는 디아코니아를 공동체를 통한 섬김으로 보고, 교회는 소그룹(cell, 속회)으로 나누어져 있는 신뢰가 깊고 고난을 함께 나눌 수 있는 형제자매의 공통체로 간주하였다. 그래서 교회적 섬김은 극빈자 구호인, 남성 간병보호인, 여성 집사(섬김 도우미), 여성 병자도우미 등을 통하여 평등의 디아코니아를 이루어 나갔다. 디아코니아의 특징은 교육과 가난한 자 및 병약자의 구호, 나그네에 대한 숙박시설 등에 잘 나타나 있다.

2. 그리스도인과 사회봉사

종교개혁가 마틴 루터에게 있어 특징적인 것은 곤경에 처한 이웃에 대해 즉각적인 관심이다. 동시에 그 문제 원인의 해결을 위해 조직적으로 관심을 갖는 것이 신앙의 자명한 열매라는 것이다. 루터는 가난 문제와 자선에 대한 교회의 이해를 근본적인 의제로 삼았다. 중세 후기 시대의 자선은 구원을 얻는 수단으로 간주되었다. 여기서 자발적인 가난은 영적인 완성으로 가는 지름길로 여겨졌다. 이러한 자발적 가난은 중세 후기 교회에서 활동한 수사들, 신부들, 탁발수도승들 사이에서 유행처럼 퍼져 나갔다.

그 당시 루터는 일을 할 수 있는 사람들이 구걸하는 행위와 자선행위를 신학적으로 정당화시키는 것을 구원 이데올로기라고 신랄하게 비판하였다. 구걸행위는 그에게 있어서 이웃 사랑의 반대이고, 하나님의 질서와 계명의 위반이며, 부도덕의 시작이고, 인색의 겉표지이므로 이를 통해서는 아무도 선을 행할 수 없다고 루터는 말한다.

또한 구걸은 인간의 존엄성에 모순되므로 그는 직업교육이나 구직을 통해 지양되어져야만 한다고 보았다. 그러나 질병, 양육자의 죽음 등으로 인한 운명적인 가난은 공동체가 적정하게 생계를 지원하는 의무를 갖게 하였다. 그 당시 이미 많은 도시에서 법 규정에 빈민보호의 단초가 있었지만, 루터는 그의 디아코니아적 신학 안에서 복지보호를 향한 이상을 관철해 나갔다. 특히 곤경에 처한 이들에게 법적 공동체가 실현 되어질 수 있는 사회법을 강조하였다. 루터는 모든 구걸행위를 폐지시키는 법을 공포하였고 빈민보호법을 통해 가난한 사람들을 효과적으로 돌보게 하였다.177)

또한 루터는 평신도 위에 성직자 계급이 존재한다는 중세의 사회계급질서를 비판하면서 '모든 신자들은 그리스도의 지체'라는 개념으로 바꾸면서, 그는 세 가지 신분현실을 인간의 현실적 삶과 연관하여 제시하였다. 즉 교회 신분, 정치 신분, 그리고 경제 신분을 하나님과 교회와 관련시켜 모든 이들이 자신의 다양한 삶의 현실에서 이러한 신분관계에 의해 참여하게 된다고 하면서 현실 사회개혁의 모델로 제시하였다.178) 루터의 신분관계를 보면 다음과 같다.

◉ 교회 신분: 세례를 통해 그리스도인은 그리스도의 동지와 형제가 되고 그것으로 인한 교회공동체 안에서 각자 소명을 통해 현실의 새롭고 근원적인 질서를 담아내게 된다고 본다. 교회는 하나님께서 새로운 세상을 만들어 내는 원천이므로 교회에서 행해지는 세례, 설교 그리고 주의 만찬에서 새로운 세상의 가능성들이 만들어 지고 그 새로운 세상 안에서 그리스도는 우리와 함께 섬김에 동참하신다. 그 결과 루터는 곤경에 처해 있는 형제들을 돕고 섬기는 그리스도적 사랑이외에 더 큰 예배를 알지 못한다고 한다.

◉ 경제 신분: 인간에게 주어진 능력, 재산, 노동의 수확물은 모두 하나님으로부터 주어진 것으로 황금률의 의미에서 이 모든 것은 이웃을 섬기는데 이용되어져야 한다. 이웃을 섬기는데 사용되지 않고 남아 있는 것은 불의하게 소유된 것이라고 루터는 주장한다. 또한 노동은 창조적 섬김으로 간주되며 이를 통해 이웃을 향한 섬김으로 나아가며 노동의 과정 속에 약자들이 고려되어야 하

---

177) M. Luther, "독일 기독교인 귀족들에게 보내는 편지", (1520), (손규태, 「마틴루터의 신학과 윤리」, 서울 2003), pp.41~45.
178) Ernst Wolf, *Peregrinatio 1*, München, 1954, p.98 이하.

는데, 필요로 하는 이들에게 물질을 기꺼이 주고, 이자 없이 빌려주어야 한다고 주장한다.

◉ 정치 신분: 롬13장에서 세속 권력자들은 세상 속에서의 섬기는 역할이 강조되어진다. 권력자들은 하나님의 뜻에 부응해서 임무를 수행해야 한다. 또한 공적인 섬김 의무는 그리스도인뿐 아니라 모든 시민들과 관련 된다. 특히 재판관, 서기관, 학자, 그리고 국민 모두가 그의 직분 안에서 권력자들과 함께 도움을 조언하고 관할하여야 한다. 특히 모든 이에게 열려 있어 유용하게 행동해야 하는 공적 직무는 설교자, 법학자, 목사, 의사, 교사이다. 왜냐하면 그들은 방어 직무 외에 공적인 목적을 이행해야 하기 때문이다.

이상에서 본 바와 같이 그리스도인과 사회봉사는 항상 함께 공존하였다. 교회가 선교를 한다고 할 때 원래 의미에서 보면 선교대상지는 장소가 아니라 사람이다. 하나님에게 진정으로 예배하지 않는 사람이 선교대상지가 되는 것이다. 그러므로 그리스도인은 선교대상지로써의 불신자들을 섬기며 그들을 도와 구원에 동참하는 예배자가 되도록 하여야 한다. 현대에는 교회 안에서도 예수님을 안 믿는 사람들이 많이 있다. 성도는 선교사가 되어야지 선교대상지가 되어서는 안 된다.

디아코니아(Diakonia)란 원래 어원의 의미는 '먼지를 통과한 사람'이란 의미가 내포되어 있다. 그 뜻은 먼지와 같이 더럽고 추한 세상 속에서 봉사를 실천하는 삶을 의미함으로 일꾼은 일 중심의 사고와 함께 기도가 중심이 되어있는 사람이어야 한다. 보이는 봉사는 보이지 않는 기도가 90%될 때 정상이라고 한다. 빙산과 같이 물속에 잠겨 있는 부분인 90%는 기도이고 밖에 나와 있는 부분인 10%는 봉사라는 의미인데 예수 그리스도의 증인이 되는 것보다 더 중요한 것이 기도라는 것이다. 사도행전 1장 8절을 유심히 살펴보면 예루살렘을 떠나지 말라고 먼저 말씀하시고 그리고 나서 증인이 되라고 하셨다. 그 말씀 속에는 예수님의 말씀이 먼저 있고 예루살렘에 모여서 기도하고 그리고 난 다음에 증인이 되라는 뜻이다. 이처럼 사회봉사를 위해서 기도가 중요한 것이다.

3. 종교개혁 사상과 구빈행위

루터는 중세의 선행을 통한 구원에 초점을 두었던 업적주의 신학을 비판하면서 이신칭의론을 정당화 하였는데, 이것은 수도원의 빈민구호 행위를 비판한 것이 아니라 자신의 교회관과 인문주의와의 창조적 대화로 새로운 교회론을 제시함으로 중세 로마 가톨릭 교회보다 더 나은 모든 그리스도인의 디아코니아적 실천을 가져오게 했다. 디아코니아는 루터에 의해서 지역교회에 새로운 과제를 일깨워 주었다. 그래서 1523년에 라이스니히(Leisnig)에 공동 기금(Funds)을 도입하였고,[179] 실제로 종교개혁운동이 종교적 갱신운동뿐만 아니라 정치적, 사회적, 문화적 근대화운동으로 연결되었다.[180]

다시 말해 선행의 업적을 통한 구원사상은 그를 통해 철저히 부정되어짐과 동시에 루터적인 직업윤리가 새롭게 시작되어 인간의 일반적인 행위, 즉 영적인 신분에만 하나님과의 관계가 아니라 모든 직업행위에서도 하나님과 직접 연결된다는 인식을 갖게 하였다. 즉 루터는 일상적인 직업의 예배적 차원을 강조하였다.[181] 다시 말하면 농부는 그의 행위 자체가 예배로써 평가된다는 의미이다.

요약하여 보면 종교개혁의 핵심사상인 만인사제직과 믿음과 사랑의 일치에 의한 디아코니아 사상은 종교개혁이 단순히 종교내적인 구조의 혁신뿐만 아니라 사회구조의 전면적 개혁을 위한 복지구조의 틀을 마련한 것임을 확인하게 된다. 이러한 것은 만인 사제직의 전적인 수용에 의한 평신도의 자발적인 디아코니아로의 결과물이라고 할 수 있다. 종교개혁으로 새롭게 출현한 새 시대의 그리스도인들은 섬김을 위해 자신을 지체하지 않는 신앙과 진정한 자유 안에서 그리스도인으로써 정체성을 가져야 할 것이다.

---

179) Martin Luther, *Werke, Kritische Gesamtausgabe7*, Weimar, 1883, p.28.
180) Sachße & Florian Tennstedt, *op. cit*, p.29.
181) Martin Luther, *Sämtliche Werke 11*, Erlangen 1827, p.319; T. Strohm, "Luthers Wirtschafts-und Sozialethik," in: ders., *Diakonie und Sozialethik*, Heidelberg 1993, pp.39~72.

제 2 절 기독교 사회복지의 의의

1. 교회복지의 성경적 기초

교회복지의 성경적 근거는 모든 성경 본문을 통하여 발견할 수 있으나 주된 성경구절은 야고보서 1장 27절과 2장 14절부터 17절에서 찾아 볼 수 있다.

"하나님 아버지 앞에서 정결하고 더러움이 없는 경건은 곧 고아와 과부를 그 환난 중에 돌아보고 또 자기를 지켜 세속에 물들지 아니하는 이것이니라.(Religion that God Father accepts as pure and faultless is this: to look after orphans and widows in their distress and to keep oneself from being polluted by the world.) (약1:27, NIV James 1:27)."

"내 형제들아 만일 사람이 믿음이 있노라 하고 행함이 없으면 무슨 이익이 있으리요 그 믿음이 능히 자기를 구원하겠느냐 만일 형제나 자매가 헐벗고 일용할 양식이 없는 데 너희 중에 누구든지 그에게 이르되 평안히 가라, 더웁게 하라, 배부르게 하라 하며 그 몸에 쓸 것을 주지 아니하면 무슨 이익이 있으리요 이와 같이 행함이 없는 믿음은 그 자체가 죽은 것이라" (약2:14~17).

여기에서 우리는 행함의 교훈을 얻을 수 있다. 선행은 믿음을 동반하여야 하며 믿음은 행함을 낳아야 한다는 것이다. 예수님께서는 믿음이 있노라 하고 행함이 없는 바리새인들을 향하여 말씀하시기를 "무엇이든지 저희의 말하는 바는 행하고 지키되 저희의 하는 행위는 본받지 말라 저희는 말만하고 행치 아니하며 또 무거운 짐을 묶어 사람의 어깨에 지우되 자기는 이것을 한 손가락으로도 움직이려 하지 아니한다." (마23:3~4)고 하여 바리새인들의 외식된 행동을 비난하였다. 그러므로 믿음이 있다고 말은 하는데 행함이 없는 것은 그 자체가 죽은 것이다.

다시 말하면 우리가 믿음을 가지고 있다면 그 믿음에는 반드시 행함이 뒤따라야 한다는 것이다. 그 행함을 나타내는 기초적 표현이 교회복지라고 볼 수 있다. 그러므로 교회와 복지는 필요 불가분의 관계에 있으며 교회가 존재하는 한

복지는 항상 뒤따르게 된다는 것이다. 이런 맥락에서 교회복지의 본질은 믿음의 행위에 성경적 근거를 두고 있다.

여기에서 교회복지와 기독교 사회복지의 용어는 근원적으로 동일하지만, 교회를 본질적인 면과 실질적인 면 중 어느 측면을 더 강조하느냐에 따라 용어의 해석 기준이 결정된다. 예컨대 교회복지는 교회의 본질적인 면을 강조하고, 기독교 사회복지는 교회의 실질적인 면을 강조한다. 즉 기독교 사회복지는 사회정책과의 보다 더 실질적인 관계를 강조한 것으로 이해된다.

2. 교회복지의 기원

교회복지의 과정은 실천신학적 입장에서 볼 때 현장목회(Field Ministry) 그 자체이고, 교회복지의 궁극적인 결과는 인류의 구속(The redemption of human being)이다. 따라서 교회복지의 시작은 교회의 시작과 같은 맥락에서 이해되며, 교회의 시작이 아담의 범죄에 대한 하나님의 긍휼에 의한 것이었으므로 인류의 최대의 관심사인 인류의 구속에 초점을 두고 교회복지의 발달배경을 살펴보고자 한다.

모든 역사의 주인공은 하나님이시므로 구속의 역사 또한 하나님의 주권적 섭리로부터 시작한다. 그 섭리 안에서 인간과의 관계회복을 위한 최초의 계약을 아브라함과 맺게 된다. 그러므로 우리들이 일반적으로 사용하는 교회라고 하는 용어인 구약의 카할과 신약의 에클레시아 (εκκλησια)는 이때부터 시작된다. 이 용어들은 '부르심(calling)', '부름 받아 나옴(calling out)' 또는 '선택함을 받은 (choosing)' 등의 뜻이 있는데 이 용어들의 영어 해석을 살펴보면 카알은 Community, Assembly, Congregation 등이고, εκκλησια (에클레시아)는 Church, Assembly, Congregation 등으로 되어 있다. 그러나 정확한 의미는 찾기 어렵다.

에클레시아 (εκκλησια : ecclesia)는 둘로 나눠진다. 하나는 개인이 보이지 않는 하나님과의 영적 관계 속에서 이루어지는 교회로서 불가시적 교회(Invisible Church)이고, 다른 하나는 하나님의 섭리 속에서 지상에 이루어진 성도들의 집합체로서 가시적 교회(Visible Church)이다.

불가시적 교회는 하나님께서 타락한 인간을 구원하시겠다는 섭리, 즉 인간의 타락 후 첫 번째 사건인 창3:15에서 예언된 메시야의 약속에서 찾아 볼 수 있으며, 이 사건의 결과로써 하나님께서 친히 인간에게 옷 입히신 그의 사랑이 불가시적 교회의 본질이다.

그 후 불가시적 교회는 보이지 않는 하나님과 사람의 영적 교제를 통하여 예수님에 이르러 완성되었다고 볼 수 있다. 즉 하나님의 본체께서 친히 속죄양이 되시므로 인류의 구원을 성취하시므로 완성되었다고 볼 수 있다. 이렇게 완성된 불가시적 교회를 사람들도 본받아 이루어 나가야 한다는 의미에서 계속적으로 하나님과 신자들 사이에 그 교회는 세워져 나가고 있는 것이다.

한편 가시적 교회의 형성을 살펴보면, 하나님께서 타락한 인간에게 옷을 입히신 그의 사랑과 그의 사랑에 대한 인간의 감사가 제사의 형태로 이루어 졌다(창4:3~5). 그 제사는 형식보다는 마음 자세에 더 많은 의미를 부여하였는데, 이것이 가시적 교회의 시작이다. 세월이 흐름에 따라 인간은 행위의 타락을 가져왔고(창6:5~12) 그 결과 노아 때에 홍수의 재난이 일어났다.

그 당시 노아의 방주는 하나님께서 의로운 자는 구원하시겠다는 영적인 표징이 되었다. 이 사건 후 하나님께서는 아브라함을 통하여 인간에게 의에 이르는 길을 예비하셨는데, 바로 이것이 믿음으로 말미암아 의에 이르는 가시적 교회의 모델이 되었다.

"아브라함이 여호와를 믿으니 여호와께서 이를 그의 의로 여기시고"(창15:6) "내가 너와 언약을 세우리니 너는 열국의 아비가 될지라."(창17:4) "가라사대 여호와께서 이르시기를 내가 나를 가리켜 맹세하노니 네가 이같이 행하여 네 아들 네 독자를 아끼지 아니하였은 즉 내가 네게 큰 복을 주고 네 씨로 크게 성하여 하늘의 별과 같고 바닷가의 모래와 같게 하리니 네 씨가 그 대적의 문을 얻으리라 또 네 씨로 말미암아 천하 만민이 복을 얻으리니 이는 네가 나의 말을 준행하였음이니라 하셨다 하니라"(창22:16~18).

이러한 가시적 교회는 모세의 율법에 의하여 체계화되었으며, 모세의 율법은 우리들에게 죄악과 선을 깨우치게 하는 기초적인 역할을 하게 하였다. 그러나 이 율법은 유대인의 오랜 전승에 의하여 인습화 되어 버렸기 때문에 예수님께서는 유대 교권자들을 책망하시기를 "너희가 하나님의 계명은 버리고 사람의

유전을 지키느니라"(막7:8)고 하셨으며, 또한 "무거운 짐을 묶어 사람의 어깨
에 지우되 자기는 이것을 한 손가락으로도 움직이려 하지 아니한다"(마23:4)고
질책 하셨다.

　그러므로 예수님께서는 율법을 파괴하신 것이 아니라 유대인의 그릇된 유전
을 파괴하신 것이다. 뿐만 아니라 유대 교권자들에게 율법의 본질은 사랑이라
고 가르치시며 또한 이 사랑이 율법의 완성이라고 하셨다.

　"내가 율법이나 선지자를 폐하러 온 것이 아니라 저들을 완전케 하러 함이로라"(마
5:2). "천지가 없어지기 전에는 율법의 일점일획이라도 반드시 없어지지 아니하고 다
이루리라"(마5:18). "예수께서 가라사대 네 마음을 다하고 목숨을 다하고 뜻을 다하여
주 너의 하나님을 사랑하라 하셨으니 이것이 크고 첫째 되는 계명이요 둘째는 그와 같
으니 네 이웃을 네 몸과 같이 사랑하라 하셨으니 이 두 계명이 온 율법과 선지자의 강
령이니라."(마22:37~40).

　그러므로 율법의 완성자로서 예수님께서는 시몬 베드로의 고백, 즉 "주는 그
리스도 시요 살아 계신 하나님의 아들이시니이다"(마16:16)라는 신앙고백 위
에 에클레시아(εκκλησια), 즉 가시적 교회와 불가시적 교회를 연합하셨다.

　요컨대, 보이는 인간 공동체로서의 교회, 즉 에클레시아의 시작은 아벨의 제
사로부터 아브라함을 거쳐 모세의 율법에서 체계화되었으며, 예수님에 이르러
완성되어 불가시적 교회와 가시적 교회가 공생하게 되었다. 그 후 오순절 다락
방에서 교회는 공동체로 형성되기 시작하여 사도들을 통해 계속 성장하게 되었
다. 이 때 가시적 교회는 예수님 자신이 머리가 되셨고, 보이지 않는 하나님과의
영적 교제 속에서의 불가시적 교회도 예수님을 통하여만 이루어지게 되었다.

　그러므로 불가시적 교회든 가시적 교회든 모두가 예수님에 의하여 성취되었
으므로 교회의 목적인 인류의 구속은 예수님을 통하여만 이루어지게 되었다.
예수님께서 에클레시아(εκκλησια)라는 용어를 사용하신 곳은 성경에 마16:18 과
마18:17 두 군데이다. 그러나 그 용어의 정의는 다음 성경 말씀에서 찾아 볼
수 있다.

　"두 세 사람이 내 이름으로 모인 곳에는 나도 그들 중에 있느니라"(마18:20).

여기서 두 세 사람이 모인 곳이라고 할 때는 인간 공동체를 의미할 수 있고, 주님의 이름으로 모인 자라고 할 때는 이미 세상에서 부르심을 입은 자 혹은 선택 받은 자 들을 의미하는 것이다.

그 때에 주님께서도 친히 그들과 함께 계신다고 할 때는 하나님의 본체이신 예수님과의 영적 교제가 이루어진다는 것이다. 그러므로 마18:17에 쓰여 진 에클레시아(εκκλησια)는 보이지 않는 하나님과의 영적 교제 속에서 이루어지는 불가시적 교회와 주님의 이름으로 세상으로부터 부르심을 입은 자들의 공동체인 가시적 교회의 통합된 의미인 것으로써 이 교회의 궁극적 목표가 인류의 구원, 즉 교회의 궁극적인 목표를 의미하는 것이다.

결론적으로 보이지 않는 교회는 하나님께서 예수님을 통하여 그의 사랑을 실현하심으로 완성되었으며, 보이는 교회는 예수님께서 율법을 완성하심으로 이루어 졌다고 볼 수 있다.

그러므로 예수님을 구주로 영접하는 자 곧 그 이름을 믿는 자에게는 영생, 즉 교회복지의 궁극적인 목적을 이루는 행복이 열렸고, 그 결과로 지금 우리는 율법아래 있지 않고 은혜아래 있게 되었다(롬6:15). 한편 기독교 사회 복지는 보이는 교회의 사회복지적인 우산 아래 보이지 않는 교회의 내적 행복의 추구라는 점을 동시에 만족하는 실천목회의 기준이 된다고 볼 수 있다.

3. 기독교사회복지의 개념

(1) 어원적 의미

기독교사회복지라고 할 때 그 의미는 개별적이며 상호 유기적인 관계를 가진 복합적인 의미를 내포하고 있다. 즉 기독교라는 영성적 의미와 사회라는 공동체적 의미, 그리고 복지라는 현상적 의미를 포함하고 있다. 먼저 사회(社會)라고 할 때, 한자어 사(社)는 중국에서 원시적인 사회집단의 중심이 되는 표시로서 25가구가 모이면 사(社)가 되고, 그리고 모일 회(會)가 붙어서 사회가 된다고 보았다.

그리고 복지(福祉)라고 할 때, 복(福)은 복 복(福)자이다. 복(福)은 볼 시(示), 한 일(一), 입 구(口), 그리고 밭 전(田) 자의 합성어이다. 먼저 볼 시(示)자에서 그 의미를 살펴보면, 하늘(一)밑에 나무 목(木)자를 넣었다. 이것은 하늘을 위해 나무를 밑에 차려 놓았다는 의미로써 제사상을 뜻한다. 그래서 볼 시(示)자는 하늘에서 누군가(神?)가 본다는 의미에서 쓰였다. 그래서 제물(祭物)을 차려 놓은 제단의 모양을 본뜬 글자로 제물을 신에게 '보여 준다' '보이다' 혹은 '본다' 라는 의미로 볼 시(示)를 썼다. 그리고 한 일(一)과 입 구(口) 자는 한 사람을 의미하고, 밭 전(田) 자는 밭에서 일한다는 의미이다. 그래서 종합적으로 복(福)은 한 사람이 밭에서 일을 하는 모습을 하나님께 보여드리는 것 혹은 한 사람이 밭에서 일하고 서 있으면서 하나님을 바라보는 것이 복(福)이란 의미이다.[182]

그 말을 기독교적이 의미로 해석하면 '일하면서 하나님과 동행하는 삶'이 복(福)이란 의미이다. 창 1:28에 "하나님께서 그들에게 복을 주시며 그들에게 이르시되 생육하고 번성하여 땅에 충만하라 …바다의 고기와 공중의 새와 땅에 움직이는 모든 생물을 다스리라," 창 12:2에 "내가 너로 큰 민족을 이루고 네게 복을 주어 네 이름을 창대하게 하리니 너는 복이 될지라," 창 18:18에 "아브라함은 강대한 나라가 되고 천하 만민은 그로 말미암아 복을 받게 될 것이 아니냐." 등에서 참된 복을 찾을 수 있다.

다음은 복 지(祉) 자인데, 이것은 볼 시(示) 자와 멈출 지(止) 자의 합성어이다. 그 어원적 의미는 일을 하다가 멈추어서 휴식하는 모습을 하나님께 보여드리는 것이 복 지(祉) 자의 뜻이다.[183] 이것을 기독교적인 의미에서 보면 하나님께서 6일간 만유를 창조하시고 7일째 안식하셨으므로 '휴식도 복이다'라는 뜻이다. 그러므로 한자의 복 복(福) 자와 복 지(祉) 자의 어원적 의미를 기독교적으로 해석해 볼 때, '복지(福祉)란 하나님 앞에서 열심히 삶을 위하여 일하고, 주일은 안식하면서 하나님께 예배드리는 모습을 보여드리는 것'이 복지이다. 그러면 이러한 기독교 사회복지의 본질적 의미를 성경을 통해 살펴보고자 한다.

---

182) 혹자는 복(福)이라는 한자의 의미를 볼 시(示)자 옆에 높을 고(高)를 본떠서 한 일(一)자와 입 구(口)자를 쓰고 그 밑에 밭 전(田)자를 썼으므로 이것은 신이 높은 하늘에서 밭에서 거둔 제물을 높이 쌓아 놓은 것을 살펴보고 있다는 뜻에서 '풍성해야 된다.'는 의미라고 해석한다. (조흥식 교수 '사회복지의 의미' 서울대학교 인터넷 강의, 2010. 5. 3)

183) 혹자는 풍성하게 만들어가는 것도 복(福)이지만 일정부분에서 멈추어야 참된 복 지(祉)가 된다는 의미로 본다.

(2) 성서적 의미

성경에서의 복의 개념은 하나님과의 관계 속에서 이루어지는 것으로 하나님께서 모든 인간에게 복을 주셨지만 복을 누릴 수 있는 사람은 복의 조건을 갖추어야만 한다. 그 조건이 벧전 1:15 에 "내가 거룩하니 너희도 거룩할지어다"라는 말씀이다. '거룩'이란 민수기에 보면 '구별되고 하나님께 속한 자'를 의미한다. 민 16:5 에 "고라와 그의 모든 무리에게 말하여 이르되 아침에 여호와께서 자기에게 속한 자가 누구인지, 거룩한 자가 누구인지 보이시고 그 사람을 자기에게 가까이 나아오게 하시되 곧 그가 택하신 자를 자기에게 가까이 나아오게 하시리니," 그리고 민 16:7에 "내일 여호와 앞에서 그 향로에 불을 담고 그 위에 향을 두라 그 때에 여호와께서 택하신 자는 거룩하게 되리라"고하여 '거룩'이란 하나님과의 관계를 바로 가지는 것이라고 볼 수 있다. 하나님과의 관계 속에 복이 있다.

구약성경은 복의 유형에 대하여 다양하게 설명하고 있다. 사람은 스스로 복을 창조할 수 없다. 그래서 창 1:28에 "하나님이 그들에게 복을 주시며 하나님이 그들에게 이르시되 생육하고 번성하여 땅에 충만하라, 땅을 정복하라, 바다의 물고기와 하늘의 새와 땅에 움직이는 모든 생물을 다스리라 하시니라"고 말씀하셨다.

여기에서 하나님께서 최초로 복에 대하여 말씀해 주시는데 크게 일곱 종류의 복이다. (1) "생육하고 번성하여 땅에 충만하라"는 말씀과 함께 '후손의 복'을 말씀해 주신다. (2) "땅을 정복하고 모든 생물을 다스리라"는 말씀과 함께 '권세의 복'을 말씀해 주신다. 또한 (3) 창 24:35에 "여호와께서 나의 주인에게 크게 복을 주시어 창성하게 하시되 소와 양과 은금과 종들과 낙타와 나귀를 그에게 주셨고" 라고 하며 '풍요의 복'을 말해 준다. (4) 창 12:2에 "내가 너로 큰 민족을 이루고 네게 복을 주어 네 이름을 창대하게 하리니 너는 복이 될 지라"고 하며 '번성의 복'을 말씀해 주신다. (5) 창 18:18에 "아브라함은 강대한 나라가 되고 천하 만민은 그로 말미암아 복을 받게 될 것이 아니냐"라고 하며 '권력의 복'을 말씀해 주신다. (6) 출 23:25 에 "네 하나님 여호와를 섬기라 그리하면 여호와가 너희의 양식과 물에 복을 내리고 너희 중에서 병을 제하리니 네 나라에 낙태하는 자가 없고 임신하지 못하는 자가 없을 것이라 내가 너의 날 수 를 채우리라"고하며 '건강의 복'을 말씀해 주신다. (7) 창 22:17에 "내가 네게 큰 복을 주고 네 씨로 크게 번성하여 하늘의 별과 같고 바닷가의 모래와 같게 하리니 네 씨가 그 대적의 문을 얻으리라.” 또한 창 24:60 “네 씨로 그 원수의 성문을 얻게 할지어다.”라고 하여 ‘승리의 복’에 대하여 말씀하시면서 적의 패배를 이끄신다.

또한 신약성경에서는 마 5:3~10 에 “심령이 가난한 자는 복이 있나니 천국이 그들의 것임이요 애통하는 자는 복이 있나니 그들이 위로를 받을 것임이요 온유한 자는 복이 있나니 그들이 땅을 기업으로 받을 것임이요 의에 주리고 목마른 자는 복이 있나니 그들이 배부를 것임이요 긍휼히 여기는 자는 복이 있나니 그들이 긍휼히 여김을 받을 것임이요 마음이 청결한 자는 복이 있나니 그들이 하나님을 볼 것임이요 화평하게 하는 자는 복이 있나니 그들이 하나님의 아들이라 일컬음을 받을 것임이요 의를 위하여 박해를 받은 자는 복이 있나니 천국이 그들의 것이라”고 예수님께서 말씀하신 산상보훈에서 복된 삶은 하나님과의 관계 속에서 어떻게 살아야 할 것인지를 가르쳐 주신다. 따라서 복에 대한 성경의 가르침은 하나님과 함께 동행하는 삶으로써 하나님과의 관계 속에서 찾는 것이라고 볼 수 있다.

한편 기독교사회복지의 성경적 근거는 모든 성경 본문을 통하여 발견할 수 있으나 주된 성경구절은 야고보서 1장 27절과 2장 14절부터 17절에서 찾아 볼 수 있다.

“하나님 아버지 앞에서 정결하고 더러움이 없는 경건은 곧 고아와 과부를 그 환난 중에 돌아보고 또 자기를 지켜 세속에 물들지 아니하는 이것이니라.”(약 1:27) “내 형제들아 만일 사람이 믿음이 있노라 하고 행함이 없으면 무슨 이익이 있으리요 그 믿음이 능히 자기를 구원하겠느냐 만일 형제나 자매가 헐벗고 일용할 양식이 없는데 너희 중에 누구든지 그에게 이르되 평안히 가라, 더웁게 하라, 배부르게 하라 하며 그 몸에 쓸 것을 주지 아니하면 무슨 이익이 있으리요 이와 같이 행함이 없는 믿음은 그 자체가 죽은 것이라” (약 2:14~17).

여기에서 우리는 행함의 교훈을 얻을 수 있다. 선행은 믿음을 동반하여야 하며 믿음은 행함을 낳아야 한다는 것이다. 예수님께서는 믿음이 있노라 하고 행함이 없는 바리새인들을 향하여 말씀하시기를 “무엇이든지 저희의 말하는 바는 행하고 지키되 저희의 하는 행위는 본받지 말라 저희는 말만하고 행치 아니하며 또 무거운 짐을 묶어 사람의 어깨에 지우되 자기는 이것을 한 손가락으로도 움직이려 하지 아니한다."(마 23:3~4)고 하여 바리새인들의 외식된 행동을 비난하였다. 그러므로 믿음이 있다고 말은 하는데 행함이 없는 것은 그 자체가 죽은 것이다. 다시 말하면 우리가 믿음을 가지고 있다면 그 믿음에는 반드시 행함이 뒤따라야 한다는 것이다. 그 행함을 나타내는 기초적 표현이 기독교사회복지라고 볼 수 있다. 그러므로 교회와 복지는 필요 불가분의 관계에 있으며 교회가 존재하는 한 복지는 항상 뒤따르게 된다는 것이다. 이런 맥락에서 기독교사회복지의 본질은 믿음의 행위에 성경적 근거를 두고 있다.

3. 유사용어의 성격

요즘 서점가에서 기독교사회복지라는 제목의 책을 클릭하면 주로 기독교사회복지, 기독교복지, 교회 사회복지, 그리고 교회복지란 비슷한 용어들이 서로 혼용되는 것을 알 수 있다. 사실 그 용어들은 본질적인 면과 실질적인 면, 그리고 기능적인 면 중에서 어느 측면을 더 강조하느냐에 따라 해석 기준이 달라지며, 신학적 논리성, 현장실천 기술, 그리고 기독교와 사회의 관계성의 측도에 따라 차이가 있다. 도표로 보면 다음과 같다.

〈도표 10〉 기독교사회복지와 유사용어의 이해

	신학적 논리성	신앙실천 현장기술	기독교와 사회의 관계성
기독교사회복지	중	강	강
기독교복지	약	중	약
교회 사회복지	약	중	약
교회복지	강	강	중

교회복지란 교회라고 하는 현장적인 시각에 초점을 두고 보다 더 교회의 사회적 기능으로써 복지를 바라보는 개념이다. 교회사회복지란 지역사회에서 교회와 사회와의 실질적 관계성에 초점을 두지만 신학적 논리성에서 약하다고 볼

수 있다. 또한 기독교복지란 기독교라는 본질적 신학 배경에 더욱 초점을 두고 복지를 바라본 개념으로써 교회가 추구하는 기능적 의미에서의 교회복지 보다는 기독교사상 중심의 내적 복지를 강조하는 일련의 디아코니아(Diakonia)를 의미한다고 볼 수 있다. 그런데 비해 기독교사회복지란 기독교의 본질과 사회라는 공동체를 학문적으로 재조명하면서 복지의 이론과 실천을 조화 있게 강조하는 학문이라고 볼 수 있다.

예컨대 교회복지는 교회의 현상적이고 기능적인 면을 강조하고, 기독교 복지는 교회의 본질적이고 내용적인 면을 강조한다고 보면, 기독교 사회복지는 기독교 사상의 기초 위에 사회정책과의 보다 더 실질적인 관계를 강조한 것으로 이해된다. 이런 맥락에서 기독교 사회복지는 협의적 교회복지의 전체 영역과 사회복지의 기능적 측면을 동시에 추구하는 복합적 의미를 내포하고 있다고 볼 수 있다. 따라서 기독교 사회복지란 기독교인이 예수 그리스도의 희생과 봉사의 정신으로 경제적인 부, 전문적인 지식, 사회적 지위, 건강, 서비스 체제 등 현실적인 도구들을 활용하여 효율적으로 복음을 전파하는 일련의 목회사역이라고 볼 수 있다. 결국 기독교 사회복지는 교회복지의 광의적인 영역에서 볼 때, 교회복지와 일맥상통한 개념이라고 볼 수 있다.[184]

제 3 절 교회복지와 사회복지의 비교

교회복지와 사회복지는 많은 변천과정을 겪어 오면서 현대에는 교회복지가 사람의 내면성 못지않게 원래 사회복지의 범주에 속했던 대(對) 사회관계를 강조하고 있는 반면, 사회복지는 정치, 경제, 교육, 문화, 사회 등의 환경적 측면 못지않게 오히려 사람의 내면성을 강조하고 있다. 따라서 앞에서 언급한 바와 같이 교회복지를 내적복지와 현상적 복지로 나누어 살펴보면서 사회복지와의 관계를 조명해 볼 필요가 있다.

---

184) 김장대, 「기독교사회복지학총론」 전게서, p.57.

1. 내적 교회복지의 성격

내적 교회 복지란 기독교인이 믿음을 통하여 평안과 위로, 힘과 용기, 사랑과 기쁨을 서로의 필요에 따라 나누어 주므로 하나님 앞에서 만인이 평등하다는 인식과 하나님으로부터 개인의 복된 삶을 갖게 하는 행위라고 볼 수 있다. 한편 사회복지란 전문성을 통하여 부를 창출하고 부를 통하여 전 국민의 안녕을 도모할 수 있다는 것이다.

내적 교회복지와 사회복지의 차이를 예를 들어 비교하여 보면 다음과 같다.

하루는 어떤 시간 관리 전문가가 경영학 학생들에게 강의를 하면서, 그는 테이블 밑에서 유리 항아리를 하나 꺼내서 테이블 위에 올려놓았다.

그리고 주먹 만 한 돌을 하나씩 넣기 시작하였다. 항아리에 돌이 가득하자 그가 물었다. '이 항아리가 가득 찼습니까?'라고 물었다. 학생들이 '예'라고 하였다. 그러자 그는 '정말?'하고 다시 테이블 밑에서 모래를 끄집어내서 돌과 자갈 사이에 빈틈없이 채웠다. 그러고 나서 또 '이 항아리가 가득 찼습니까?'라고 물었다. 학생들이 또 '예'라고 하였다.

다시 그는 테이블 밑에서 물을 꺼내서 항아리에 부었다. 그러고 나서 그는 전체 학생에게 '이것은 무엇을 가르쳐 줍니까?'라고 물었다. 한 학생이 대답하기를 '당신이 매우 바빠서 스케줄이 가득 찼더라도 정말 노력만 하면 더욱 알차게 매 꿀 수 있다는 것을 의미합니다.'라고 대답하였다. 그러자 시간 관리사는 대답하기를 '아닙니다.'

'만약 내가 큰 돌을 먼저 넣지 않는다면 영원히 큰 돌은 항아리 속에 넣을 수 없습니다.'라고 하였다. 이것은 큰 목표를 세워놓고 작은 목적들을 이루어 나가야 제대로 시간을 관리 할 수 있다는 것이다. 다시 말하면 먼저 해야 될 일과 나중 해야 될 일을 분명하게 구별하는 자만이 시간을 제대로 관리할 수 있다는 의미이다.

여기서 교회복지의 큰 돌은 무엇이며, 사회복지의 큰 돌은 무엇인가를 분명히 하는 것이 필요하다. 교회복지의 큰 돌은 바로 예수님이고, 사회복지의 큰 돌은 돈이다. 즉 교회복지에서 예수님이 빠지고 다른 것들, 예로 들면 돈, 우정, 명예, 직장, 미모, 가족, 건강 등이 먼저 마음의 항아리에 들어가면 새롭게 이 모든 것을 빼내고 예수님을 먼저 마음속에 넣고, 그 다음에 필요에 따라 하나님이 주시는 대로 넣어야 한다. 예수님이 우리의 마음속에 계시면 우리는 작은 예수의 삶을 살아갈 수 있다. 반면에 사회복지는 돈이 원동력이다. 돈으로 건강, 직장, 가정 등 사회문제를 해결하고 국민의 안녕을 추구할 수 있다고 본다. 이것이 교회복지와 사회복지의 차이라고 볼 수 있다.

교회복지를 네적인 복지와 현상적인 복지로 나눠 살펴보면, 내적인 복지는 인간이 영원을 갈망하는 끊임없는 욕구들로부터 파생되는 감정을 이성을 통하여 통제함으로써 만족을 창출해 내는 메커니즘인 행복을 목표로 하지만, 현상적인 복지는 인간과 환경과의 관계 속에서 파생되는 현상들을 하나님과 함께 극복하고 다스리기 위하여 펼치는 사업이다.

여기에서 내적 복지에서 말하는 행복이란 하나님(영원)과 인간(시간) 사이에 믿음이라는 매개체를 통하여 얻게 되는 감성과 이성의 결과물이라 할 수 있다. 이때 믿음은 자유의지의 결과라기보다는 하나님의 인간이성에로의 간섭이다. 그 결과 내재적인 복지는 인간이 스스로 창출해 가는 만족이 아니라 하나님으로부터 주어지는 수동적인 복지이다.

한 지역 사회에 사는 모든 사람들은 똑 같은 현실적 공간에서 활동하며 살아가고 있지만, 시간은 변동적이다. 오늘과 내일이 다르고 내일과 모레가 다르다. 그러므로 시간의 개념을 좀 더 깊이 있게 살펴보면 내적 복지의 개념이 어떻게 현상적 복지의 개념으로 이입되는지를 이해할 수 있다. 시간을 크로노스(Cronos)라고 한다. 크로노스와 관련된 그리스 신화를 살펴보면 재미있다.

그리스 신화에는 자기 자식을 잡아먹는 크로노스라는 신의 이야기가 나온다. 크로노스는 티탄신 족의 우두머리로서 아내 레아 여신이 낳은 포세이돈, 하데스, 헤라, 데메테르, 헤스티아를 모두 삼켜버린다. 크로노스가 그렇게 할 수 밖에 없었던 이유가 있었다.
"크로노스는 어머니 가이아의 사주를 받아 아버지 우라노스를 거세하고 왕권을 찬탈한 적이 있었는데, 우라노스가 거세되면서 아들을 향해 너 또한 네 자식에 의해 똑 같은 일을 당하리라는 저주 섞인 예언을 했고, 대지의 여신 가이아 또한 아들 크로노스에게 차후 자식 단속을 철저히 할 것을 당부했던 것이다. 크로노스야 지은 죄가 있으니 그렇다 치더라도 아내 레아는 자녀를 낳자마자 삼켜 버리는 크로노스가 원망스럽고 미울 수밖에 없었다.

그래서 막내 제우스가 태어나자 이번에는 아기 대신 커다란 돌을 강보에 싸 건네주어 삼키게 하고, 제우스는 크레타 섬 동굴에 숨겨 요정들의 보살핌을 받으며 염소젖을 먹고 자라게 했다. 그렇게 자란 제우스는 어머니 레아와 공모하여 아버지 크로노스에게 토하는 약을 먹여 삼킨 형제들을 토해내게 한 다음, 형제들의 도움을 받아 크로노스를 거세해 버린다.

여기서 우리는 크로노스라는 존재의 의미를 새겨 볼 필요가 있을 것이다. 그리스 신화의 신들은 인간의 형상을 하고 가족의 허울을 쓰고 있지만 실은 인간의 삶 속에 작동하는 파악하기 힘든 추상적 에너지들의 알레고리로 볼 수 있다.

그렇다면 자신이 낳은 자녀를 다시 삼켜버리는 힘이란 도대체 무엇이란 말인가? 크로노스(Cronos)라는 단어의 원래 뜻은 '시간'이다.

이것을 아는 순간, 돌연 그 무자비한 광경은 자연의 이치가 되어버린다. 비정하고 무자비해 보이는 이 이야기는 바로 '시간 속으로 들어온 모든 생명은 반드시 그 시간 속으로 다시 먹혀 버린다'는 우주적 현상을 설명하고 있다. 그리고 그 시간이라는 막강한 힘을 거세시키고 지배권을 차지하는 힘이 바로 '광명'이라는 뜻의 이름을 가진 제우스인 것이다.

'빛'은 모든 종교에서 영원한 진리요, 법칙으로서 신성에 대한 상징으로 쓰인다. 시간의 실상과 원리를, 그 영원한 법칙을 깨닫고 넘어선 존재를 우리는 신이라 부른다. 그러나 모든 것을 삼키는 시간의 의미와 원리를 파악하는 순간 시간은 그 힘을 상실한다.

시간의 위력은 '죽음'이라는 끝과 그 죽음이 무엇인지를 모르기 때문에 생겨나는 두려움과 공포에서 나오는 것이기 때문이다. 그런데 제우스가 시간으로 하여금 삼킨 것을 도로 토하게 만들었으니 속성상 역행이 불가능한 시간은 이제 그 절대성을 잃고 만 것이다. 시간의 지배를 벗어났다면 그것은 바로 '영원'이 아니겠는가.

재미있는 것은 '시간'인 크로노스가 낳고, 삼켰다가 다시 토해낸 존재들이 바로 포세이돈이라는 '거친 자연력(본능)', 하데스라는 '죽음', 데메테르라는 '대지', 헤스티아라는 '화덕', 헤라라는 '결혼'과 '질투'였다는 점이다. 인간에게 생명이 붙어 있는 한, 그리고 인류가 존속하는 한, 이 요소들은 자손만대로 이어지며, 문자 그대로 '영원히' 지속된다고 보아도 무리가 없을 것이다.

만물을 낳고, 키우고, 다시 그 품으로 받아들이는 거대한 어머니와도 같은 '대지'가 없다면 이미 인류는 물론 거의 모든 생명체가 존재하지도 않을 것이요, '본능' 없는 생명이 있을 수 없으니 '다스려지지 않는 거친 자연의 힘' 또한 생명이 존재하는 한 이어질 것임이 분명하다.

또한 인류가 존재하는 한 의식주를 해결하는 가장 기본적인 공간으로서의 가정과 그 가정의 중심인 부엌의 '화덕' 또한 영원할 것이며, 남녀가 짝을 이루는 '결혼'이 존재하는 한 '질투' 또한 영원하다. 이러한 필연성이 크로노스와 제우스 사이의 패권 다툼 신화의 배경으로 깔려 있음을 보면서, 삶에서 이 근원적 힘들은 개체와 함께 소멸하는 것이 아니라 '시간'을 넘어 상존하는 '불멸'의 요소임을 인식하게 되는 것이다. 이러한 것들은 생명이 있는 한 인간과 함께 존재하므로 '욕구(needs)'라고 부른다."

이 이야기는 비록 신화로부터 유추된 것이지만 이러한 시간과 영원이라는 개념으로부터 내적인 복지와 현상적인 복지를 연결하여보면 보다 더 교회복지에 대한 이해가 쉬울지 모른다. 내적 교회복지는 시간적 제약을 받지 않는 영원의 개념이고, 현상적 교회복지는 시간적 제약을 받는 사업의 개념이다. 좀 더 구체적으로 현상적 교회복지에 대하여 살펴보고자 한다.

2. 현상적 교회복지의 성격

현상적 교회복지의 개념은 하나님과 사회의 관계 속에서 이루어지므로 이것은 영원히 변치 않는 희생과 봉사의 방법으로 이루어진다. 현상적인 복지는 인간과 주어진 환경과의 관계 속에서 파생되는 현상들을 하나님의 말씀과 함께 인간의 편익을 도모하기 위하여 펼치는 사업이다.

그러므로 영원을 사모하는 마음으로부터 파생되는 에너지와 외부적 환경과의 상호작용을 통하여 교회가 펼치는 일련의 일들을 현상적인 복지라고 한다. 현상적인 복지와 내재적인 복지는 모두 시간과 욕구의 역동적인 상호관계에 의해 이뤄 질 수 있다.

현대에는 이러한 시간의 개념과 욕구는 사회문화에 따라 다르게 나타난다. 예로 들면, 각 나라에 따라 시간의 개념이 다르다. 스위스 사람은 시간을 몇 시간이 걸릴 것인가를 계산한다. 프랑스 사람은 시간을 저축한다. 80년 인생이라고 생각하고 시간을 아낀다.

이탈리아 사람은 시간을 낭만과 함께 즐기며 낭비한다. 미국 사람은 시간을 돈으로 생각하는 자본주의 근성을 가지고 있다. 인도사람 들은 윤회설을 믿으므로 시간은 존재하지 않는다고 생각한다. 일본 사람은 물질만능주의 사상과 함께 시간은 금이라고 생각한다. 중국 사람은 오늘 있으면 내일도 있다고 생각하며 시간을 무시한다.

독일 사람은 시간 약속을 철저히 지키며 시간에 맞춰 산다. 북한 사람은 수령 동지를 위하여 죽어도 두렵지 않다고 생각하므로 시간을 모른다. 남한 사람은 무조건 '빨리 빨리'라고 말하므로 시간이 없다. 이러한 서로 다른 시간의 개념에 따라 욕구도 다르게 나타나고 따라서 복지의 현상도 서로 다를 수 있다. 그러므로 현상적 복지는 상대적인 개념으로 보아야 한다. 성경에서는 시간을 세 가지 종류로 나타내고 있다.

첫째는 '아이온'이다. 이것은 누구에게나 동시적으로 똑같이 주어지는 수평적인 시간으로서 지구의 자전을 통하여 흘려가는 물리적인 시간이다. 그러므로 아이온은 내가 알거나 모르거나 시계에 나타난 시간으로 내가 잡을 수도 아낄수도 없이 누구에게나 흘러가는 것이다.

둘째는 '크로노스'라고 하는 시간이 있다. 이것은 지속적인 시간이 아니라 특별한 의미가 있는 시간으로써 역사적인 기록을 남기는 수직적인 시간을 말한다. 다시 말하면 군인으로서 열심히 노력하고 자신의 직업에 충실하였던 영웅들인 알렉산더 대왕과 나폴레옹 황제 같은 사람들, 그리고 철학을 연구하며 스스로 인생의 도를 찾기 위하여 노력하였던 현인들이 바로 크로노스를 아낀 사람들이라 볼 수 있다.

셋째는 '카이로스'라는 시간이다. 이것은 상황적인 시간을 말하는데, 때, 계절, 시기, 시대, 날, 등으로 번역되며 기회 혹은 세월이라고도 번역되기도 한다. 카이로스를 아끼는 사람을 사명자라고 한다. 사명자는 시대적인 영웅으로 이름이 드러나지는 아니할 지라도 하나님으로부터 주어진 자신의 재능을 충분히 발휘하여 하나님께로 많은 것으로 되돌려드리는 사람을 말한다.

그래서 죽음이라는 현실이 사명자 앞으로 다가오지만 이것을 운명에 의한 시간으로 보지 않고 사명에 의한 시간으로 보는 것이다. 특히 사람은 눈에 보이는 현실에만 집착하여 눈에 보이지 않는 더 중요한 것들을 잊어버리곤 한다. 그렇기 때문에 성경에서는 세월을 아끼라고 한다. 즉 사명자로서 카이로스를 아끼라는 것이다.

교회복지와는 달리 사회복지는 정부와 지역사회의 관계 속에서 이루어지므로 그 방법은 정부의 변화에 따라, 시대의 변천에 따라 사회복지의 방향이 바뀌질 수 있다는 것이다. 즉 사회복지에 대한 개념들이 시대에 따라 변화되고 있는 내용을 살펴보면, 첫째는 보완적 개념에서 제도적 개념으로, 둘째는 자선에서 시민권으로, 셋째는 특수한 서비스에서 보편적 서비스로, 넷째는 최저조건에서 최적조건으로, 다섯째는 개인적 개혁에서 사회적 개혁으로, 여섯째는 자발성에서 공공성으로, 일곱째는 빈민복지에서 복지사회로 변화되고 있다.185)

　따라서 사회복지는 국민의 복리증진에 초점을 두고 있으므로 가시적인 효과의 극대화와 제도적 안정으로 사회보장의 확충을 위한 국가적 조직활동의 총체적인 역할이라고 볼 수 있다. 다시 말하면 사회복지를 광의적인 측면에서 볼 때 사회복지란 인류사회의 궁극적인 목적인 것이고 그 가치는 인간의 존엄성, 자유, 평등, 전수정신, 인도주의 또는 생존의 내용으로는 살기 좋은 사회(well-being society)라든가, 풍요로운 사회 (abundance society)라든가, 혹은 인간의 기본적인 생활욕구가 충족된 상태 등 이상사회의 규범 등으로 이해하고 있는 경향이 있다.186)

　교회복지는 사회의 빛과 소금의 역할을 감당하여 어두운 곳을 밝혀주며, 부패한 곳을 막아주는 역할을 하는 것이지만, 그 역할에서 내적 교회복지와 현상적 교회복지는 차이를 두고 있다. 예로 들어 과학적인 개념에서 만약 쌍둥이가 있는데 한명은 우주로 빛의 속도로 여행하고 한명은 지구에 남아 있다고 하자. 우주여행을 마친 사람이 지구로 되돌아오니 다른 한명은 10년이나 늙어 있었다. 누가 더 행복하겠는가? 젊은 사람인가?. 아니다. 틀렸다. 지구에 남은 사람이다. 그는 사랑하는 사람도 만나고 결혼도 하고 아이도 가졌다. 그러나 우주여행을 마치고 돌아온 사람은 시간을 낭비했을 뿐이다. 시간에 대하여 제논의 정의에 의하면 반을 가면 반이 남는다.

　그러면 영원히 반이 남게 되는 것이다. 그래서 결국 인간관계에서 완전한 일치는 없다는 것이다. 마찬가지로 완전한 욕구의 충족은 시간적인 제약 안에 있는 이 세상에서는 불가능하다. 그럼에도 불구하고 인간은 서로가 하나 되기를 원한다. 인간의 계산과 과학적 지식으로 완전한 욕구의 충족은 불가능하지만, 그 마지막 남은 반에 하나님의 사랑이 개입하면 가능하다. 그러므로 이러한 하나님의 사랑의 개입을 통해 이뤄지는 것이 내적 교회복지이다.

　한편 인간이 99%의 노력을 한다 할지라도 마지막 1%에는 반드시 하나님의 사랑에서만 인간의 하나 됨이 가능하다. 하나님의 사랑의 가치를 인간은 알 수 없다. 하나님의 사랑은 명사(noun)가 아니라 동사(verb)이기 때문이다. 하나님

185) John M. Romanyshyn, *Social Welfare*, N.Y. Randon House: Charity to Justice, 1971, p.16.
186) 이계탁, 「복지행정론」 (서울: 고려원, 1986), p.16.

의 사랑을 실천하는 것이야 말로 마지막 1%를 채우는 과정이다. 이러한 사랑의 실천이 바로 현상적 교회복지라고 볼 수 있다. 이런 맥락에서 볼 때, 현상적 교회복지란 영원히 변치 않는 그리스도의 희생과 봉사의 정신으로 어두운 사회를 밝혀주고, 부패한 사회를 맑게 해주기 위하여 교회가 시대적 요청에 따른 현실적인 당면 과제들을 선도하는 일련의 복지 사업이라고 볼 수 있다.

3. 교회복지와 사회복지의 범주

교회복지의 개념은 앞에서 살펴 본 바와 같이 하나님과 개인의 관계 속에서 이루어지는 내재적 혹은 현상적 복지를 말한다. 따라서 교회복지의 충족요건은 사랑과 믿음이다. 믿음을 통하여 하나님의 관계가 올바로 이루어질 수 있고, 사랑을 통하여 동기부여를 받아 하나님을 영화롭게 하고 하나님으로부터 내려오는 위로와 평안, 곧 개인의 행복을 누릴 수 있다.

반면에 사회복지는 사랑과 믿음보다는 오히려 전문성과 돈에 기초를 두고 있다. 즉 어떻게 하면 부를 공평하게 나누어 빈부의 격차를 줄일 수 있으며, 또한 어떻게 하면 인간의 편리를 도모할 것인가? 하는 것이 사회복지의 입장이다.

그러면 교회복지와 사회복지의 교집합과 차이점을 살펴보면 다음과 같다. 현대 국가들은 공통적으로 복지국가의 실현을 궁극적인 목표로 제시하고 있다.187) 사회복지라는 용어는 널리 쓰이고 있으나 그 개념을 한마디로 명료하게 정의하기란 힘들다. 사회과학에서의 다른 개념들과 같이 사회복지의 개념도 때와 장소에 따라 달라지며 학자에 따라 다르게 표현되는 것은 그것이 역사적 · 사회적인 산물이기 때문이다. 여러 학자들의 다양한 정의 가운데 몇몇 학자들의 정의를 살펴보면 다음과 같다.188)

프리드랜더(W. A. Friedlander)와 앱트(R. Z. Apte)는 "사회복지란 국민의 복리를 도모하고 사회질서를 유지하는데 반드시 필요하다고 생각되는 사회적 욕구를 충족시키기 위한 제도로써 입법, 프로그램, 급부, 서비스 등이 그 시책으로 포함된다.189)고 하였고, 프레데리코(R. Frederico)는 "사회복지란 사회체계의

---

187) 구자헌, 「한국복지행정론」 (서울: 한국 사회복지 연구소, 1979), p.6.
188) 김장대, 「기독교사회복지학총론」 전게서. p.56.
189) W. A. Friedlander & R. Z. Apte (4th ed.), *Introduction to Social Welfare*. Engle Cliffs,

모든 수준에서 사회적으로 공인된 경제적 서비스 체계와 사회 서비스 체계를 통하여 고통을 극소화하고 사회적 기능을 재고시키는 것"[190]이라고 하였다.

한편 사회사업 대백과 사전(Encyclopedia of Social Work)에는 "사회복지란 시민들에게 기본적인 수준의 품위를 유지할 수 있도록 육체적, 정신적 안녕을 도모하는 조직적 노력이다. … 사회복지는 개인과 집단으로 하여금 존중할 수 있는 형태의 삶을 영위할 수 있도록 촉진시키는 끊임없는 적극적인 도움이다"[191]라고 하였다. 또한 던햄(Dunham)은 사회사업(Social Work)이라는 전문직을 수행하는 일련의 활동을 사회복지라고 본다.[192]

이상의 개념들을 살펴보면 사회복지는 상당히 보편적인 범주로 주로 정부에 한정된 사회보장이나 공공부조를 포함한다고 볼 수 있다. 그러므로 사회복지란 넓은 의미로는 사회보장(Social Security)의 상위개념으로 파악되고, 좁은 의미로는 사회복지 서비스(Social Welfare Services) 또는 사회(복지)사업(Social Work)으로 불리어진다. 이러한 사회복지의 범주와 교회복지의 범주에 대한 공통점과 차이점을 살펴보면 다음과 같다. 교회복지와 사회복지의 공통점은 서로가 인류의 복리증진을 위하여 노력하는 활동이라는 점에서는 동일하다. 즉 가시적인 효과의 극대화와 제도적 안정을 통한 인류의 평화와 복지가 궁극적인 목적이고, 그 가치는 인간의 존엄성, 자유, 평등, 전수정신, 인도주의 또는 생존의 내용으로는 살기 좋은 사회(well-being society)라든가, 풍요로운 사회(abundance society)라든가, 혹은 인간의 기본적인 생활욕구가 충족된 상태 등 이상사회의 규범 등으로 이해된다.[193]

교회복지와 사회복지의 본질적인 차이점은 교회복지의 주체는 교회인데 반해 사회복지는 그 주체가 국가라는 점에서 다르다. 따라서 교회복지는 하나님의 복음을 수반하여 하나님의 영광을 위하여 희생과 봉사로 이루어지는 일련의 활동이라고 한다면, 사회복지는 국민의 복리를 위하여 개인이나 집단들이 사회적 혹은 인간적인 만족과 성취를 위하여 도와주는 전문적인 활동이라고 볼 수 있다. 또한 교회복지는 객체가 어린아이로부터 노인까지, 빈부귀천에 상관없이

N.J.:Prentice - Hall. Inc., 1974, p.4.

[190] R. Frederico, *The Social Welfare Institution*, 2nd ed., Lexington: Heath, 1976, p.10.

[191] R. Morris (ed.), *Encyclopedia of Social Work*, New York: National Association of Social Workers, 1977, p.210.

[192] 김영모, 「한국사회복지론」 (서울: 경문사, 1973), p.11.

[193] 김장대, 「기독교사회복지학총론」 전게서, p.57.

불특정 다수이지만, 사회복지는 객체가 노인, 환자 및 장애인 등 특정한 사람에게 주어지고 있으나 21세기 복지국가화 되면서 그 수혜자가 전 국민으로 확대되고 있다. 사회복지와 교회복지의 성격을 도표로 나타내면 다음과 같다.

〈도표 11〉 사회복지와 교회복지의 성격

분류항목	사회복지	교회복지
주체	국가, 정부	하나님, 교회
객체	특정소수(빈민, 장애우 등)	불특정 다수(부유, 권력층 포함하는 모든 계층)
원동력	전문성, 돈	믿음, 사랑
도구(필요조건)	물질적 풍요를 위한 경제적 역할(돈) 강조	사랑의 실천을 위한 희생과 봉사
목적(충분조건)	부의 균형배분, 빈부격차 해소	복음을 수반하는 사회의 빛과 소금의 역할
관심	물리적 복지혜택, 인간편리 도모	인간 그 자체, 평안과 기쁨
활동범주	정부와 지역사회의 관계	인간과 자연과의 관계

요컨대, 교회복지는 복음을 수반하지만 사회복지는 복음을 수반하지 않는 점에서 근본적인 차이가 있다. 또한 기능적인 측면에서도 교회복지는 희생과 사랑과 봉사에 의하여 이루어지지만 사회복지는 경제적인 부와 전문적인 기술 및 서비스체제에 의하여 이루어진다고 볼 수 있다.194) 더 나아가 교회복지는 사회의 빛과 소금의 역할을 감당하여 어두운 곳을 밝혀주며, 부패한 곳을 막아주는 역할을 하는 것을 목적으로 하지만 사회복지는 인류사회의 복리증진 및 부의 균형배분을 통한 빈부격차 해소와 자연 환경보전에 초점을 두고 있다.

5. 교회복지와 사회복지의 변천

시대적인 흐름에 따라 복지에 대한 인식이 변화되어 왔다. 과거에 교의학 중심의 신학사조 속에서 교회복지는 단지 소극적인 개념으로 이해되어져 왔으나 과학문명의 현대 사회에서 그 개념은 보다 적극적인 실천신학의 중심에 자리

194) 상게서, p.57.

잡게 되었다. 반면에 사회복지는 국가정책의 우선순위에서 밀려나 사회정책의 변두리에 위치한 보완적 개념이었으나 현대사회에서는 사회정책의 모든 분야가 복지와 관련된 제도적 개념으로 바뀌게 되었다.

구제에 대한 의미도 교회는 과거에 교회 내에서 성도 간의 코이노니아 형태로 유연한 자선행위로 인식하였지만 현대에는 구제가 교회안팎에서 행하여지는 필연적 당위성으로 바뀌게 되었다. 사회복지분야에서도 구제는 자선의 개념을 넘어 시민의 권리로 인식되어 빈곤에 대한 국가의 책임이 강조되었고, 구제에 대한 서비스도 특수한 서비스제도에서 보편적 서비스제도로 바뀌게 되었다.

구제의 방법도 교회는 과거의 선의식에서 차츰 기독교사회책임 중심으로 바뀌게 되었고, 그 결과 과거의 개인구원 중심에서 사회문화변혁 중심으로 활동영역을 넓혀왔으며, 과거에는 물질적 원조에 치중하였으나 현대에는 정신적, 영적인 조건의 충족으로 바뀌게 되었다. 사회복지분야에서는 구제를 과거에 최저조건을 보장해 주는 입장에서 현대에는 최적조건으로 바뀌게 되었는데 이것은 절대빈곤의 탈피에서 상대빈곤의 해소로, 빈민복지에서 복지사회로, 사회적 개혁에서 개인적 개혁으로, 그리고 자발성에서 공공성으로 구제에 대한 인식이 바뀌게 되었다. 이것을 도표로 나타내면 다음과 같다.

<도표 12> 사회복지와 교회복지의 시대적 변화

분류	사회복지	교회복지
개념의 변화	보완적 개념에서 제도적 개념으로	소극적 개념에서 적극적 개념으로
제도적 변화	자선에서 시민권으로 특수한 서비스에서 보편적 서비스로	구제의 유연성에서 필연적 당위성으로 교회 안에서 교회 밖으로
구조적 변화	최적조건에서 최적조건으로 절대빈곤에서 상대빈곤으로 빈민복지에서 복지사회로	물질적 원조에서 정신적 영적 조건의 강화로
문화적 변화	사회적 개혁에서 개인적 개혁으로	개인구원 중심에서 사회변혁 중심으로
규범적 변화	자발성에서 공공성으로	교회 선의식에서 기독교사회책임 중심으로

6. 기독교와 기부문화

　세계에서 기부문화가 잘 정착된 나라는 호주와 뉴질랜드로써 공동 1위를 차지하고 있으며 미국이 3위로 그다음을 잇고 있고 우리나라는 80위에 머무른다. 2010년 10월에 불거진 보건복지부에서 운영하는 사회복지공동모금회(사랑의 열매)의 종사자가 돈을 횡령하고 제대로 관리하지 못하여 온 국민의 지탄을 받았다. 그래서 연말이면 항상 기부금이 줄을 잇는데 너무 기부금이 들어오지 않아 보건복지부장관까지 나와서 사죄하고 기부금을 높이기 위한 대책을 마련하기 위하여 공청회도 개최하고 TV 토론도 하였다.

　주로 개진된 말들은 기업과 개인의 기부문화의 활성화를 위한 정부의 제도적 대책에 초점이 이루어졌다. 그래서 세금 감면 혜택을 비롯한 유산기부문화 및 계획기부 등 많은 의견들이 나오고 있지만, 기부가 국민의식문화로 정착되지 않는다면 성과를 거두기가 어렵다.

　외국에 있는 식품점 앞에 'Food Bank'를 도입하여 우리나라에서도 큰 슈퍼마켓 앞에 그것을 두어 라면이나 생필품들을 구입하고 나가면서 고객들이 스스로 한 개씩 기부하도록 하는 문화를 확산시키자는 의견도 나왔고, 음식 쓰레기를 재활용하는 방안, 경조사 때에 화환대신에 쌀을 보내는 것 등과 같은 운동이 필요하다고 한다.

　뿐만 아니라 종교기부가 우리나라는 많은 편인데 종교단체에 들어간 기부금들이 사회로 환원되는 비율이 너무 낮다는 지적도 나왔다. 그렇다면 기독교는 이러한 현실 속에서 어떻게 교회복지를 위한 기부문화를 정착 시켜 나가야 할 것인가? 하는 문제는 큰 과제가 아닐 수 없다.

　특히 근래에는 종교세를 도입하는 문제가 새롭게 대두되게 되었는데 그 이유는 다양하겠지만 미자립 교회의 목회자들을 보호하기 위한 수단으로 목회자들도 세금을 내고 5대 보험의 혜택을 받게 하자는 취지이다. 이것은 많은 목회자들로부터 공감을 형성하고 있다.

　특별히 유산기부에 대한 사회적 인식이 부족한 것이 우리나라의 현실이다. 유산기부와 관련된 인터넷 보도 자료195)에 따르면, 자신의 재산을 사회에 나누고 떠나는 '유산(遺産) 기부'에서 미국·영국 등 선진국들은 이미 유산 기부가 기부의 한 형태로 자리 잡고 있다. 이러한 지구촌 유산기부문화의 확산이 마침 내 한국에 도달하였다. 2013년 10월 15일 사회복지공동모금회에서 자신의 유산(遺産) 일부를 사회에 기부하고 가는 '유산 기부, 아름다운 약속'에 동참을 호소했다.

몇몇 뜻을 같이 하는 사람들은 ①번 돈 잘 쓰고 가고 싶어서 ②자녀에게 좋은 뒷모습을 남기고 싶어서 ③감사하는 마음을 일깨워 준 어려운 이웃을 잊지 못해서 ④마지막 남은 집 한 채까지 기부했던 어머니를 닮고 싶어서 ⑤자신처럼 어렵게 공부하는 사람들에게 힘이 되고 싶어 유산 기부를 결심했다. 이들은 "성공을 위해 앞만 보고 달려온 순간이 있었지만 인생 중반을 넘기고 보니 지금 우리가 있기까지 많은 사람의 도움을 받았음을 깨달았다"며 "일부라도 사회에 되돌려주는 것이 의무라고 느꼈다"고 말했다.

'유산 기부, 아름다운 약속'은 재산의 전부 또는 일부를 사후에 공익 목적으로 기부하겠다는 서약이다. 원칙적으로 기부하는 유산 금액에는 제한이 없기 때문에 유산을 기부할 의향이 있는 사람은 누구나 이 캠페인에 참여할 수 있다. 유산의 일정 비율 또는 액수를 기부하겠다고 서약하고, 나중에 공증을 받으면 법적 효력을 얻는다. 유산 기부를 하면서 결식아동, 장애인, 노인 등과 같이 어디에 쓸지 지정할 수도 있다.

그래서 미국·영국 등 선진국에서 발달한 유산 기부가 우리 사회에도 보편적인 문화로 정착할 수 있도록 사회복지공동모금회와 공동으로 '유산 기부, 아름다운 약속' 캠페인을 벌이기로 했다. 이동건 공동모금회 회장은 "생애를 아름답게 정리하는 마지막 나눔에 대해 생각하는 분위기가 조금씩 생겨나고 있다"며 "나를 지켜준 이 세상을 위해 내가 가졌던 것의 일부를 되돌려준다는 의미가 유산 기부에 담겨 있다"고 말했다.

보건복지부에 따르면, 최근 각국의 전체 기부금 가운데 유산 기부가 차지하는 비중을 따져보니 다음 도표에서 보여주는 바와 같다.

---

195) http://inside.chosun.com/chosun/rel_inside.html?wid=2013101600247&gid=2013101600816

<도표 13> 세계 선진국 유산기부 현황

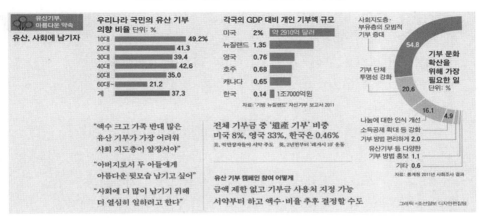

자료: http://inside.chosun.com/chosun/rel_inside.html?wid=2013101600247&gid=2013101600816

　최근 각국의 전체 기부금 가운데 유산 기부가 차지하는 비중을 따져보니 미국은 8%, 영국은 33%까지 이른다. 반면 한국의 유산 기부는 전체 기부금의 0.46%에 불과하다. 우리나라에도 개인이나 일부 나눔 단체에서 진행하는 유산 기부가 있긴 하지만 아직 우리 국민 사이에서 '유산 기부' 자체가 생소하고, 저변도 약하다는 게 복지부 설명이다.

　'기부 선진국'인 미국은 2010년 전체 기부금 2908억 달러 가운데 유산 기부만 238억 달러(약 8%) 정도이었다. 미국은 특히 엄청난 부를 이룬 이른바 '억만장자'들이 '기부 서약(The Giving Pledge)' 운동을 펼치며 유산 기부를 이끈다. 자신의 재산 가운데 최소 절반 이상을 기부하자는 게 이 활동의 주요 내용이다. 이 활동은 2010년 6월 빌 게이츠 마이크로소프트 창업자와 워렌 버핏 버크셔해서웨이 회장에 의해 시작됐는데, 2013년 2월에 총 104명이 참여했다. 모인 자산만 5000억 달러(약 532조6500억 원)에 이른다. 노르웨이의 2012년 국내총생산(GDP) 5015억 달러에 맞먹는 규모다.

　영국은 2011년 11월부터 유산 기부 캠페인 '레거시 10(Legacy 10)' 운동을 벌인다. 영국인의 10%가 자발적으로 유산의 10% 정도를 자선단체에 기부 서약하도록 하자는 게 이 캠페인의 목표다. 영국인들은 지금도 우리에 비하면 유산 기부 비율이 매우 높다. 영국인의 74%는 어떤 형태로든 기부하며, 영국인의 7%는 유산을 기부한다고 조사됐다. 영국의 2003년 유산 기부액은 14억 파운드 정도였는데, 이는 영국 전체 자선 영역 수입의 33%에 해당했다. 그러나 영국은 현재 7%인 유산 기부자 비율을 '10%'까지로 올리고, 자신의 유산 '10%' 정도를 기부하며, 이렇게 하면 상속세의 10%(기존 40%→36%)를 감면해준다는 중첩적인 의미를 담아 '레거시 10'이란 이름의 캠페인을 벌인다. 억만장자인 영국 버진그룹의 리처드 브랜슨 회장, 금융 재벌 로스차일드 가문의 제이컵 로스차일드 등이 이 캠페인에 동참했다.

우리나라 국민의 유산 기부 의향 비율을 살펴보면, 10대(49.2%), 20대(41.3%), 30대(39.4%), 40대(42.6%), 50대(35%), 60대(21.2%), 평균 37.3%인 것으로 나타났다. 또한 2011년 사회조사결과에서 기부문화 확산을 위해 가장 필요한 일은 사회지도층과 부유층의 모범적인 기부 증대(54.8%), 기부단체 투명성 강화(20.6%), 나눔에 대한 인식개선(16.1%), 소득공제확대 등 강화(4.9%), 기부방법 편리하게(2.0%), 유산기부 등 다양한 기부방법 홍보(1.1%) 기타(0.6%)로 나타났다.

여유 있는 삶

화가가 되고 싶었지만 너무나도 가난했던 두 사람…

친구는 한사람이 먼저 미술학교에 진학하고 나머지 한 사람이 돈을 벌어 학비를 대 준 다음 졸업하면 다른 한 사람이 학교에 진학하기로 약속을 했다. 먼저 공부를 하게 된 뒤러는 친구의 헌신적은 도움으로 무사히 학교를 졸업할 수 있었고, 이제 자신이 그림을 그리며 돈을 벌어 친구의 뒷바라지를 할 계획이었다. 그러나 … 졸업과 동시에 친구는 연락을 끊어버렸고 … 뒤러는 친구를 찾아 헤맸다. 결국 친구를 찾지 못한 채 뒤러는 친구를 찾길 바라는 마음에 기도를 하기 위해 한 교회를 찾았다. 그 곳에는 이미 한 사람이 찾아와 기도를 하고 있었는데.. 뒤러는 너무나도 익숙한 목소리에 그 청년을 바라보았다. 바로 자신의 친구였다. 친구는 화가가 된 뒤러를 위해 기도하고 있었는데 그의 손은 고된 일로 인해 뒤틀리고 손의 근육마저 무뎌져 그림을 그릴 수 없는 손이 되어 버렸다. 이런 모습을 보이면 뒤러가 자책할 것을 생각해 뒤러의 앞에 나타나지 못했던 것이다. 뒤러는 어두운 교회 안에서 그 친구의 손을 스케치 했다. 이 그림이 바로 뒤러의 [기도하는 손]이다.

제3장 기독교 사회복지와 사상적 고찰

여유 있는 삶

　미국의 카네기 공대 졸업생을 추적 조사한 결과, 그들은 한결같이 이구동성으로 "성공하는 데 전문적인 지식이나 기술은 15퍼센트밖에 영향을 주지 않았으며, 나머지 85퍼센트가 인간관계였다고 말했습니다. 우리 주위의 성공한 사람들을 보면 하찮다고 생각할 만한 작은 일도 소홀히 하지 않고 잘 챙겨서, 여러 사람과 좋은 관계를 맺어온 것을 봅니다. 그들은 특히 '세 가지 방문'을 잘 했는데 '입의 방문'과 '손의 방문' '발의 방문' 그 세 가지입니다. 입의 방문은 전화나 말로써 사람을 부드럽게 하며 칭찬하는 것이고 용기를 주는 방문입니다.
　손의 방문은 편지를 써서 사랑하는 진솔한 마음을 전달하는 것이고, 발의 방문은 상대가 병들거나 어려움이 있을 때 찾아가는 것을 의미하는데 바로 이런 것을 잘 하는 사람이 성공할 수 있고, 큰일을 할 수 있습니다. 인간관계에 감동을 주는 사람은 오랫동안 기억에 남을 것입니다.

제 1 절 개관

1. 구약성경에 나타난 복지사상

　구약성경에서 교회복지는 천지창조로부터 시작하고, 그 복지사상은 하나님께서 사람을 창조하실 때 시작되었다. 구약성경에 나타난 복지사상의 특징을 살펴보면 다음과 같다.

　첫째, 창세기 1장 28절에 하나님이 그들에게 복을 주시며 그들에게 이르시되 생육하고 번성하여 땅에 충만하라 땅을 정복하라 바다의 고기와 공중의 새와 땅에 움직이는 모든 생물을 다스리라 하시니라고 하셨다. 여기서 복을 주셨다는 것은 복지사회공동체를 이룰 수 있는 능력을 이미 사람에게 주셨다는 의미이다.

　그러므로 교회복지는 창조 시에 이미 주어진 현실로서 인간은 스스로 복지를 구현할 수 있게 되었다는 것이다. 복지는 단지 앞으로 주어질 미래의 현실이 아니라 이미 이뤄진 상태에 있는 현실이었다. 그러나 인간의 타락으로 인하여 단번에 그 복지의 현실을 잃게 되었다. 그 결과, 사람은 복지를 스스로 이뤄나갈 수 있는 능력 또한 잃게 되었다.

둘째, 창세기 2장 3절에 하나님이 일곱째 날을 복 주사 거룩하게 하셨으니 이는 하나님이 그 창조하시며 만드시던 모든 일을 마치시고 이 날에 안식하였음이라고 하셨다. 이 말씀은 하나님께서 복을 사람과 만물들에게 주셨으므로 교회복지는 능동적이 아니라 수동적이라는 것이다.

즉 하나님께서 복을 주셔야 진정한 복지가 이루어지는 것이다. 이런 측면에서 교회복지는 하나님이 주신 복을 사람의 필요에 따라 서로 공평하게 나누며 살아가는 삶이라고 볼 수 있다. 따라서 구약성경에 희년제도가 있게 되고 진정한 복지공동체를 위하여 도피성제도와 고아와 과부 그리고 나그네들을 보살펴야 될 책임이 모든 사람들에게 주어지게 되었다.

특히 하나님께서 주시는 축복은 영적인 복과 육적인 복으로 나눠볼 수 있는데, 영적인 복은 믿음을 통하여 자신의 그릇을 준비하고, 능력을 통하여 생명력을 얻게 되며, 구원을 통하여 천국을 소유하게 된다는 것이다. 그러므로 평안과 기쁨과 만족은 하나님께서 간섭하시는 내적인 상태로부터 오는 것이지 스스로 만들어 지는 것이 아니다. 그리고 육적인 복은 건강과 자식과 물질의 복으로 나눠 볼 수 있는데, 이것들도 스스로 생겨나는 것이 아니라 하나님으로부터 주어지는 것이므로 복지는 인간의 노력만으로 이뤄지는 것이 아니라 수동적이라는 것이다.

셋째, 인간은 죄를 지어 형벌을 받게 되었고, 땅은 저주를 받았다. 아무리 그럴지라도 하나님께서는 아담과 그 아내를 위하여 가죽옷을 지어 입히셨다(창 3:21). 이것이 바로 하나님께서 직접 교회복지를 실천하신 최초의 사건이다. 벌거벗은 자에게 옷을 손수 짓는 것과 그리고 벌거벗은 자에게 옷을 입혀주는 것, 이것이 바로 교회복지실천의 시작이다. 친히 하나님께서 교회복지의 모범이 되어 주셨다. 그 후 교회복지는 하나님으로부터 주어진 계명과 함께 분명히 나타났으며, 교회복지는 인간에게 의무화 되었다. 그래서 교회복지 사상은 십계명과 모세오경에 잘 나타나 있다.

넷째, 최초의 교회복지현장은 에덴공동체로부터 출발한다. 남자의 최대의 복은 여자를 주신 것이다. 그래서 아담은 뼈 중의 뼈요 살 중에 살이라고 하였다. 그러나 타락한 사람들의 모습은 그렇지 못하다. 요즘은 뼈 중의 뼈가 아니라 오히려 짐이라고 생각하는 사람들도 있다.

어느 날 이삿짐을 싣고 가는 터럭이 있었다. 앞에는 남자가 차를 운전하고 가는데, 짐칸에 아내가 타고 갔다. 그랬더니 경찰관이 터럭을 세우게 하고, '왜 짐칸에 사람을 태웁니까? 그러면 벌금을 내셔야 합니다.'라고 하니, 뒤에 탔던 여자가 잽싸게 말하기를 '나는 이 집에 짐이거든요'라고 했다. 타락한 사람의 본성이 아내를 짐 중의 짐으로 만들었던 것이다.

이상에서 본 바와 같이 에덴공동체의 복지는 한마디로 말하면, 하나님이 직접 복지의 주체자이셨고, 모든 인간의 삶을 포괄하고 있으며, 완전한 행복과 기쁨이 있는 공동체였다는 것이다.

2. 신약성경에 나타난 복지사상

참된 교회복지의 실천은 예수 그리스도께서 친히 모범이 되셨고, 교회복지는 모든 그리스도의 제자들에게 실천해야 할 의무로 주어졌다. 그러므로 신약성경에 나타난 복지사상은 창조 시에 이미 주어진 복지의 현실을 회복하는데 초점을 두고 있다. 예수님께서는 병든 자를 고쳐주셨고, 소외 받는 세리와 친구가 되어 주셨고, 심적인 고통 속에 헤 매이던 사마리아 여인에게 새로운 삶을 살게 하여 주셨으며, 간음한 여인의 생명을 구해주셨고, 자신을 부인한 베드로를 용서하여 주셨다. 예수님의 모든 사역은 넓은 의미에서 교회복지에 초점을 두고 있다고 해도 과언이 아니다. 신약성경의 복지는 어떤 소유의 개념을 벗어나 스스로 주어지는 성령의 사역으로 볼 수 있다.

"바람이 임의로 불매 네가 그 소리를 들어도 어디서 오며 어디로 가는지 알지 못하나니 성령으로 난 사람은 다 이러하니" (요한복음 3장 8절)

바람은 소유의 대상이 아니다. 성령도 바람이 임의로 불 듯 임하므로 소유의 대상이 아니라 자신도 알지 못하게 스스로 믿음을 통하여 내재하시게 된다. 성령을 소유의 대상으로 생각하여 성령을 돈으로 사려고 한 시몬이란 사람은 저주를 받았다(행:18~20). 간단히 말하면, 예수님의 부활과 승천 이후, 신약성경에서의 교회복지는 하나님께서 주시는 복을 사람들이 받아 그것을 서로 나누는 것을 실천하는 것이다. 사도행전 4장 32~37절에서 구체적인 사례가 나타나있다.

"믿는 무리가 한 마음과 한 뜻이 되어 모든 물건을 서로 통용하고 제 재물을 조금이라도 제 것이라 하는 이가 하나도 없더라. 사도들이 큰 권능으로 주 예수의 부활을 증거 하니 무리가 큰 은혜를 얻어 그 중에 핍절한 사람이 없으니 이는 밭과 집 있는 자는 팔아 그 판 것의 값을 가져 다가 사도들의 발 앞에 두매 저희가 각 사람의 필요를 따라 나눠줌 이러라 구브로에서 난 레위족인이 있으니 이름은 요셉이라 사도들이 일컬어 바나바(번역하면 권위자)라 하니 그가 밭이 있으매 팔아 값을 가지고 사도들의 발 앞에 두니라"(사도행전 4장 32~37절).

구체적으로 신약성경에서의 복지사상을 구약성경과 비교하여 보면 다음과 같다.

첫째, 구약성경에서는 복지가 왜 인류사회에 필요한가를 가르쳐주고 있지만 신약성경에서는 복지의 참된 실천은 이런 것이라고 보여주고 있다.

둘째, 구약성경의 율법에는 공의의 실천에 초점을 두었고, 용서가 없지만, 신약성경에서는 십자가의 사랑에 초점을 두고 용서부터 교회복지가 시작된다는 것을 가르쳐주고 있다.

셋째, 구약성경에서는 주로 이스라엘민족 중심이지만 신약성경에서는 모든 인류에게 복지에 대한 교훈을 하고 있다.

넷째, 구약성경에서는 주로 외부 환경의 제약을 통하여 복지실천이 강요되었지만 신약성경에서는 내부적인 믿음을 통하여 자율적인 복지실천에 초점을 두고 있다.

이상에서 본 바와 같이 구약성경에서의 복지사상은 신약성경에 나타난 복지사상과 차이가 있다. 신약성경에 나타난 교회복지 사상은 보다 적극적이고, 자율적이며, 현실적인 면을 강조하고 있다.

3. 현대교회에 나타난 복지사상

현대신학 사상은 약 100년간 근본보수와 자유진보의 양 축을 이루고 있다. 이것을 연결할 수 있는 것이 교회복지이다. 이제 세계적으로 이데올로기 전쟁은 끝이 났다. 우리나라도 남과 북의 이데올로기적인 사상전쟁은 점점 퇴색되어가고 있으며, 2003년 17대 총선과 2007년 대선에서 국민들의 선택은 바로 사상적 대립보다는 남과 북이 더불어 잘사는 공동체를 형성하는 것을 여실히 증명하여 주었으며 2012년 대선에서는 복지가 가장 큰 이슈가 되어 선별적 복지와 제도적 복지 사이에 논쟁이 치열하였다.

2017년 대통령 탄핵이라는 급진적 변혁기를 거치면서 한국교회도 진보단체가 주도하는 촛불 세력과 보수단체가 지지하는 태극기세력이라는 두 유형으로 분열되었다. 이 시기에 "코로나 펜데믹 (COVID-19)"이라는 세계적인 위기 속에 교회는 정부의 "교회 예배는 20명 이하 모임 제한"이라는 방역정책에 맞서는 세력과 정부의 방역정책을 지지하는 세력 간의 분열로 매우 혼란하였다. 2022년에는 보수 지지층이 결집하여 태극기 애국세력에 기반을 둔 정부를 구성하여 원만히 예배 모임이 이뤄지고 있다. 또 다른 이슈는 '차별금지법'이라고 명명하는 '동성애법'을 제지하기 위해 교회는 국회와 대치하고 있는 실정이다. 극 소수의 자유주의 신학자들이 '차별금지법'을 찬성하고 있지만 90%이상의 대다수 국민들은 '동성애법'을 반대하고 있다.

이제 한국교회도 근본보수와 자유진보의 사상적인 대립은 접어야 할 시점에 와 있다. 그 시대적인 여망으로 나타난 대안이 바로 교회복지이다. 교회복지는 신학사상의 벽을 넘어서 이웃과 함께 사랑의 공동체를 이루어가는 것이다.

특히 교회복지는 평등을 근본으로 하고 있다. 인류평등은 하나님 앞에서 행하는 믿음에 있고, 믿음은 평등을 정당화하는 근거가 된다. 그러므로 믿음과 평등의 관점에서 볼 때 사도바울은 빌립보서 4:12~13에서 "내가 비천에 처할 줄도 알고 풍부에 처할 줄도 알아 모든 일에 배부르며 배고픔과 풍부와 궁핍에도 일체의 비결을 배웠노라 내게 능력 주시는 자 안에서 내가 모든 것을 할 수 있느니라."라고 하였다. 이와 같이 교회 복지는 비천에 처할 줄 아는 청빈사상과 풍부에 처할 줄 아는 청부사상으로 나눠 질 수 있다.

청빈사상은 마더 테레사와 같이 빈곤 속에서 빈곤한 자와 함께 교회복지를 실천하는 사상이다. 또 다른 한편으로는 카네기와 록펠러와 같이 부유하면서도 가난한 자와 소외 받는 자와 함께 그 부를 공유하는 삶을 실천하는 청부사상이 있다. 어떤 사상을 가졌던지 시대적 환경과 함께 사람들이 가장 필요로 하는 것이 무엇인가에 따라 교회복지의 사상도 달라질 수 있다.

절대빈곤 속에 허덕이는 사람들과 함께 복지를 실천하려면 전자의 사상이 더 적당할 것이라 볼 수 있다. 그러나 요즘 선진국에서는 풍요로움 속에서 빈곤한 생활을 하는 사람들이 많다. 만약 그들이 고객이라면 후자의 사상이 더 가까울 것이다. 우리는 어떤 사상을 가졌던지 그 속에 예수님의 사랑이 이웃과 함께하고, 그리고 그 목적이 복음적이고, 그 구성원이 그리스도인이라면, 그것은 교회복지 기관으로 볼 수 있을 것이다.

한편 사회적 관점에서 보면 부 (富) 자체도 우리의 삶에서 중요한 것이지만 부의 균등한 분배는 우리의 삶에서 가장 중요하다. 그래서 국가는 부의 분배정책에 초점을 두고 국민 복지를 수행하고 있다. 이런 의미에서 교회는 국가 정책들과의 관계 속에서 서로 협력하여 공동의 선을 추구하여야 할 시점에 있다.

Paul Oslington은 말하기를 '정부는 보다 더 저 비용으로 더 질 좋은 서비스를 원하기 때문에 교회의 자원을 필요로 한다.'[196)고 하였다. 즉 정부는 교회의 단단한 기초와 경험적으로 풍부한 봉사체제 및 이타적인 노동력과 물질의 기부심, 그리고 오랫동안 쌓아온 교회기관의 신용도 등을 고려하여 정부는 교회에 손짓을 한다는 것이다. 그 결과, 교회는 재정적인 지원을 얻게 되고 약간의 정부의사결정의 영향력을 행사할 수 있는 지위도 얻을 수 있고, 그래서 재정위기를 가중하는 규모에 따라 그 교회의 복지 참여 규모가 방대해져 갔다는 것이다.

한편, NGO와 교회기관들이 고용문제와 같은 특별한 사업을 공급하기 위해 정부와 계약을 맺게 되었고, 서로가 다른 목적을 가졌지만 관료제의 독과점은 고용문제에 대해 교회와 계약을 맺게 되었다. 그 계약을 통하여 교회는 준 상업적으로 정부로부터 자금을 조성하는 "Quasi NGO"의 성격을 갖게 된다.

이것은 교회의 가장 중요한 관심인 내적인 고결함을 제한하는 것이 아니라, 공평하고 정의로운 사회건설에 이바지 한다는 것이다. 그러므로 사회 속에서의

---

196) Oslington Paul, *Causality in Economics: The Hermeneutic Contribution of Max Weber*, 1993.

교회의 역할에 대한 폭 넓은 관심은 공동체에서 책임 있는 시민으로서의 사명과 사회의 급격한 변화에 대한 대응이라는 두 가지의 과제를 해결하는데 있다. 이 과제를 해결하기 위하여 교회는 국가의 정책과 상호 교류하게 되었다.

국가와의 인적, 물적 자원의 상호교류를 통하여 교회복지 기관들은 국가보조금 신청을 확대하여 왔다. 그 결과 교회에 기초한 서비스는 점차 세속화되어 갔고, 정부 보조금에 더 많은 관심을 갖게 되고, 마침내 교회와 정부사이 혹은 교회복지 기관들 끼리 서로 협력 속에 경쟁의 체제를 갖게 되었다. 더 나아가 어떤 교회복지기관들 중에는 비영리 조직이라는 개념을 벗어나 영리를 목적으로 하는 사업으로 전락하기도 하였다. 이를 때 우리는 "구제를 하되 원망 없이 하라"(행6:1)는 말씀을 한번 새기면서 교회복지사업을 하여야 할 것이다.

4. 교회 복지 사상적 고찰

교회의 성격과 사명에 대하여 사람들마다 다르게 생각할 수 있다. 그러나 일반적으로 교회가 세상에 있는 한 세상과 함께 공존하여야 한다는 것은 공통적이다. 미국 로마 가톨릭 신학자인 Avery Dulles는 교회의 다섯 가지 모델을 제안하고 있다.

첫째는 단체로서의 교회이다. 이 모델은 전통적인 가톨릭교회의 반개혁주의적인 모델인데, Robert Bella Mine는 말하기를 유일하고 진정한 교회는 동일한 신앙고백으로 모인 사람들의 공동체이고, 합법적인 사제들의 통치, 특히 지상에서 그리스도의 대리인인 로마 교황의 통치 하에 동일한 예전의 영성체를 실행하는 것을 말한다고 하였다.

이 말은 베니스의 공화국, 프랑스의 왕정 혹은 로마사람 들의 공동체와 같이 가시적이고 명백한 공동체로서의 교회를 뜻한다. 이 관점에서 교회의 범위는 통치의 한계에 의하여 정의되어지고, 그리고 복지기관들은 교회의 계급제도의 통제 하에 있는 작은 교회로 간주된다.

둘째는 영적상징의 교제장소로서의 교회이다. 이 모델은 교회의 상호관계를 강조하고, 그리고 복지조직은 교회의 유대관계 및 교제를 나누는 장소로까지 확대 해석하고 있다. 이 모델 하에서 복지기관은 그들이 고용하고 있는 사람의 유형에 따라 교회의 소속여부가 결정된다. 만약 복지기관들이 교회구성원을 고용하고 있지 않는다면 교회의 한 부속기관이라고는 볼 수 없다는 것이다.

셋째는 예전으로서의 교회이다. 여기서는 교회의 상징적인 기능이 강조되는데 그것은 20세기에 Henri de Lubac와 Karl Rahner에 의하여 발전되었다. 모든 교회의 행동은 상징적인 가치를 가지고 있으나 그것은 대부분 성만찬에 한정되어 있다. 이 모델 하에서 복지기관은 교회라고 생각하기에는 다소 불충분하다.

넷째는 보도자로서의 교회이다. 이 모델에 속한 교회는 복음을 전파하는 데 초점을 두고 있다. 복지기관들도 넓은 의미에서 교회라고 볼 수 있다. 이 같은 주장을 한 사람은 20세기에 Karl Barth와 Rudolf Bultmann이 대표적인데 복음적 개신교회의 가장 보편적인 사상이다. 이 모델 하에서 복지조직은 그들이 일하는 것이 복음적이 아니라면 교회라고 볼 수 없다고 한다.

마지막으로 섬기는 자로서의 교회이다. 여기서 교회는 위의 네 가지 모든 것보다 더한 것으로 존재한다고 본다. 교회의 중심에 봉사하는 사명을 중요시하고 있다. 그래서 복지기관들은 교회의 핵심에 놓이게 된다고 본다. 이것은 20세기에 Dietrich Bonhoeffer와 그의 동료들에 의하여 주장된 것이다.

이상에서 본 바와 같이 교회와 복지기관의 관계는 교회의 사명이 어느 것을 강조하느냐에 달려있다고 볼 수 있다. 로마 가톨릭은 처음 세 가지 모델을 강조하고 있고 복음주의적 개신교는 네 번째 모델을 강조하고 있으며 진보주의는 다섯 번째의 모델을 중요시하고 있다.

이런 관점에서 교회복지는 시대정신과 밀접한 관련을 갖고 있으며 시대정신에 따라 그 성향이 다르게 나타날 수 있다.

5. 사회 복지 사상적 고찰

국가와 지방정부간 사회정책에 대한 핵심을 이해하여야 그 나라의 사회복지 이념을 알 수 있다. 영국의 건강보험은 1948부터 1994까지 노동당 정부 하에서 직접적인 정부의 보조로 이루어졌지만, 보수당 정권에서는 직접적으로 정부보조를 하는 것을 꺼렸다. 건강보험정책은 노동당 정권의 국영화(nationalization)와

보수당의 민영화(privatization)를 위한 국가정책 기조 차이의 관계 속에서 사회
정책이 이루어졌는데, 그 결과 정치적인 상황에 따라 정책이 달라졌다. 학교의
경우는 지방정부의 권한으로 독립적으로 운영하도록 하였으며, 법률 서비스는
정부의 재정적 보조를 받기 보다는 개인적으로 운영하기를 원하였으므로 국영
화가 되지 못하였고, 주택정책은 대부분 민간영역에서 공급되어 졌다.197)

그러나 미국의 경우 그동안 의사들이 국영화에 반대하므로 건강보험은 민간
보험회사들의 강력한 로비로 인하여 국영화가 되지 못하였다. 2010년에 오바
마(Barack Hussein Obama)대통령의 강력한 정치력으로 일단 건강보험에 대
한 일반적 국가지원이 가능하도록 의회의 법안이 통과 되었지만 아직도 갈 길
은 멀다. 그래서 때때로 법에서 요구하는 관료제의 공평성과 능률성은 장애인,
노인 및 빈곤계층 등의 압력단체에 의하여 좌우되기도 한다. 특히 건강보험, 실
업 등의 차이와 같이 교육공급의 경우 각 지방정부에 따라 현저한 차이를 보인
다. 이것은 복지정책이 정치적 관점에 의하며 많은 차이를 가지고 있다는 의미
이다. 일반적으로 복지에 대한 정치적 관점은 다음 도표와 같이 좌익과 우익으
로 구분할 수 있다.198)

<도표 14> 정치적 관점에서 본 복지사상

복지사상	복지지원방법	복지정신	복지유형
좌익성향	복지를 위한 공적 지출	집단주의	제도적(보편적) 복지
우익성향	복지에 대항하는 공급	개인주의	잔여적(선별적) 복지

주로 좌익성향은 복지를 위한 공적 지출을 강조하면서 집단주의적이면서 제
도적인 복지를 강조하지만 그러나 우익성향은 복지 공급을 줄이면서 경제성장
을 우선시하고 개인주의에 근거한 복지정신을 가지고 있으면서 잔여적인 복지
에 초점을 두고 있다. 그렇다고 복지사상이 완전하게 둘로 이분화 되는 것은 아
니다. 개인주의를 주장하는 좌익도 있고 집단주의를 선호하는 우익도 있는데,

---

197) John Baldock, Nick Manning & Sarah Vickerstaff, *Social Policy(3th eds)*, Oxford
University Press, 2007 Chapter 2 (pp.32~55).
198) Paul Spicker, *op. cit.*

비유적으로 보면 좌익은 식당에서 일률적으로 공급되는 음식보다는 개인적인 선호도에 따라 좋아하는 음식을 골라서 구매하는 시스템을 좋아하는 경우도 있다는 것이다. 예를 들면 수익에 따른 연금혜택 혹은 수익에 따른 학생보조금 제도와 같은 것은 가난한 자 보다 오히려 부유한 자들이 선호하고 있다는 것이다. 실례로 2010년 우익성향의 오세훈 서울시장(한나라당)과 좌익성향의 서울시의회(다수의석인 민주당)의 학교 무상급식에 대한 의견차이가 바로 그것이다. 전면 무상급식을 주장하는 민주당은 부유층 자녀에게 급식비를 면제해 주므로 오히려 우익성향의 정책을 선호한다는 인상을 주고 있다.

6. 현대 정치유형과 복지사상

복지에 대한 정치적 관점들은 마르크스주의, 사회주의, 사회민주주의, 보수주의, 자유 개인주의, 파시즘 등이 있는데, 이 정치사상들을 살펴보면 '평등 안에서 자유' 혹은 '자유 안에서 평등'이라는 두 관점에서 복지사상을 조명해 볼 수 있는데 주로 전자는 사회민주주의 사상이고 후자는 보수 자유주의 사상이라고 볼 수 있다.

(1) 마르크스주의(Marxism)

마르크스주의자들은 사회를 경제적 계급의 갈등으로 이해한다. 상위계급(부르주아, 자본가 계급)은 생산물의 수단을 얻고 통제하고, 각 노동자 계급인 프롤레타리아는 그들에 의해 착취를 당한다고 본다. 쉽게 이해하려면 잉여가치란 사업을 하기 위해 프라이드 자동차를 100만원에 구입하였다면 그 100만 원만큼의 가치는 10년이 지나도 계속 운행되므로 동일하다. 그러나 10년 후에 자동차를 팔 때 교환가치가 20만원이었다면 80만원어치의 잉여가치가 사라진다. 이러한 잉여가치를 자본가가 착취하는 것으로 본다. 이런 맥락에서 복지에 대한 마르크스주의를 분석해 보면 원래 권력의 전개와 관련을 갖고 있는데, 국가는 자본가 계급을 통치수단으로 이용하거나 혹은 자본가를 사회의 역할에 역행하는 계급으로 인식한다. 그래서 복지는 노동자 계급이 자본가 계급의 착취에 대한 저항을 강화함으로써 발전할 수 있다고 본다. 마르크스주의는 단순한 논리가 아니다. 그것은 자본주의 비평을 분석하는 틀 내에서 광범위한 견해들을 펼치고 있다.

신 마르크스주의는 국가란 두 가지 기능을 가지고 있는데, 하나는 자본 축척의 요건을 개선하는 것이다. 즉 이익을 남기기 위해 기업에 기회를 제공하는 것을 말한다. 다음은 자본주의 시스템을 수단으로 법제화하는 것이다. 예를 들면 수단으로써 복지정책, 연금 및 건강 서비스 등과 같이 사람들로 하여금 그 시스템을 있는 그대로 받아들이도록 하는 제도를 법제화하는 것이다. 그러므로 자본축척과 법제화의 요구 조건은 서로가 상반될지 모르므로 법제화의 비용은 법제화의 위기로 이어질 수 있다는 난점을 갖고 있다고 본다.

그러나 마르크스주의의 근본적인 모순은 이러한 '자본주의'에 대한 설명이 거짓이라는 것이다. 원래 자본주의는 사회 권력이 분리되고 그 권력은 소유권에 기초하는 것이 아니고 시민들의 복지를 성장시키는데 목적이 있으므로 국가는 많은 규제를 하려고 하지 않아야한다는 논리를 가지고 있는데도 불구하고 마르크스주의자들은 보다 더 많은 규제를 원하고 있다고 자본주의를 봄으로 이것이 모순이다. 더 나아가 마르크스주의는 공동분배에 기준을 두고 있는데, 그것은 개인별 개인차를 고려하지 않으므로 10,000원을 일률적으로 나눠주고 1달간 쓰라고 하는 것과 같다. 이때 어떤 이는 9,000원을 쓰고 1,000원을 남기고 다른 이는 11,000원을 썼다고 하면 이러한 차별은 어떻게 설명할 것인가? 그래서 마르크스주의의 논리는 모순이다. 그래서 자본주의는 개인의 능력 차이를 인정하고 재분배의 원리가 나왔다.

(2) 사회주의(socialism)

사회주의에 대하여 수많은 서적들이 잘못 설명하고 있는 경우가 많다. 그것은 하나의 공통된 맥락이 아니라 서로 대치되는 지식을 갖고 있기 때문인데, 사회주의는 일반적으로 다음과 같이 설명되어 질 수 있다.

① 사회주의는 집단적 행동으로 사회개선을 추구하는 일반적인 운동이다.

② 사회주의는 집단적인 행동과 연계된 일련의 방법과 접근이다. 예를 들면 협력, 상호부조 그리고 기획과 사회복지 서비스와 같은 것이다.

③ 사회주의는 공동체에 의한 통제와 소유권에 기초한 사회적, 경제적 조직에 대한 일련의 논쟁 대상이다.

④ 사회주의는 협동조합과 평등성에 기초한 사회의 이상적 모델이다.

⑤ 사회주의는 산업사회에 대한 비평이다.

⑥ 사회주의에 대한 해설로 가장 설득력 있는 것은 '어떻게 사회가 일하고 있느냐?'에 대한 특별한 관점보다 오히려 가치의 범주로 보는 것이다.

이상에서 보는 바와 같이 사회주의자들의 주요 가치는 집단주의, 권력위임과 평등주의이다. 어떤 사회주의 학자는 그것들 외에 권리와 민주주의의 이슈를 더할 수 있다고 한다. 그러므로 다음과 같이 복지적 관점에서 사회주의를 이해할 수 있다.

① 사회주의는 집단주의이다. 인민은 개인으로서 라기보다는 오히려 사회적인 맥락에서 이해되어져야만 한다. 사회주의는 자주 유럽에서 '연대책임'으로 이해되어지는데 그것은 단지 어깨를 나란히 하고 서있는 것이 아니라 상호부조의 시스템을 창출하는 것으로 이해 되어야한다.

② 사회주의는 인민이 집단행동을 통하여 일할 수 있도록 한다. '자유'라고 하는 다양한 원칙과 함께 그리고 최근에는 '권한위임'이라는 원칙 하에서 업무를 수행할 수 있도록 한다. 이러한 원칙은 '조합 사회주의(guild socialism)'와 무역 노동조합이 중심이 된다.

③ 사회주의는 평등주의이다. 사회주의자들이 사회에서 발생하는 손실을 제거하거나 혹은 줄일 수 있는 방편으로 사용하는 것이 평등주의이다. 개혁운동가들은 '페비언(Fabian)'전통199)에 따라 사회적 서비스를 넓히므로 평등성을 더욱 크게 넓힐 수 있다고 본다. 이러한 페비언주의의 기본적인 가치는 평등, 우애(혹은 연대), 그리고 자유이다. 페비언 사회주의자(Fabian socialist)들은 사회개혁의 수단으로 혁명에 의하지 않고 의회주의를 통하여 점진적으로 모든 정책을 실현함으로써 자본주의의 결함을 극복하려는 사상으로 버나드 쇼

---

199) 로마의 철학자이며 장군인 Quintus Fabius Maximus Verrucosus Cunctator (ca. 280 BC~203 BC), or (275~203 BC)의 전법에서 나왔는데 하니발이 북아프리카를 거쳐 이탈리아로 공격했을 때 로마 집정관이었던 페비우스는 군대를 하니발에 가까이 두고 지체 전술을 활용하여 하니발이 오랜 전장으로 지쳐서 전투를 할 힘이 약하여졌을 때 물리친다. 그래서 그는 로마의 방패라는 별명을 얻게 된다. 그런데 그의 이름을 따라 영국에서 1884년 1월4일 Fabian Society 를 결성하여 서로 우애를 가지면서 생활에서 단순하고 깨끗한 것을 추구하고 자유로웠다. 이것이 이후에 Fabian Socialism 으로 발전 한다.

(George Bernard Shaw, 1856~1950)가 중심인물이다.

④ 반집합주의자들은 불평등이 자연스러운 것이라고 하지만, 페비언 사회주의자들은 불평등이 자연적 정의에 어긋난다고 주장한다. 이들은 사회통합의 증진과 경제적 효율성의 증진, 그리고 개인의 자아실현을 위해서 평등이 실현되어야 한다고 주장한다.

⑤ 반집합주의자들은 강제 받지 않는 상태를 자유로 간주하지만, 페비언 사회주의자들은 각 개인의 자아실현을 위해서 평등이 실현되어야 한다고 주장한다. 이들에게 평등과 자유는 정치적 자유만을 의미하는 것이 아니라 경제적 자유까지 의미하는 것으로 이들에게 평등과 자유는 동일한 우선순위를 갖는 가치이다.

⑥ 자유와 평등에 대한 개념화는 민주적 참여를 중시하는 입장으로 연결된다. 개인이 자신의 삶을 스스로 통제하기 위해서는 직장에서 노동자의 발언권이 보장될 수 있어야 하고, 근로조건의 결정에 노동자가 참여할 수 있어야 한다. 참여를 통해서 노동자들은 보다 평등한 권리를 누릴 수 있고, 그것이 곧 자유의 신장을 의미한다고 본다.

⑦ 페비언 사회주의자들이 말하는 우애는 시장적 경쟁보다는 협동을, 개인적, 사적 이익보다는 공동체의 이익을, 이기주의 보다는 이타주의를 강조하는 것을 의미한다. 이들은 시장자본주의가 개인의 능력을 동료나 사람의 이익을 위해서가 아니라 자기 자신만의 이익을 위해서 사용한다고 비판한다. 자본주의에서 개인이 이기주의적 존재가 되는 것은 개인적 성향의 문제가 아니라 체제자체의 문제라고 인식한다.

⑧ 이와 같은 우애의 가치는 인본주의적 입장과 연결된다. 인본주의적 가치는 사회 구성원들로 하여금 자신의 잠재력을 실현할 수 있는 여건을 조성하고, 상대적으로 박탈당한 사람들의 복지에 보다 높은 우선순위를 부여하는 것을 의미한다.

상기의 사회주의 원칙, 즉 권력위임, 평등 그리고 조합은 항상 다른 용어로 설명되어졌으나, 이 용어들은 프랑스 혁명 때 집단적이고 사회적인 용어로써 '자유·평등 그리고 동포애'로 설명되었다.200) 역사적으로 사회주의는 노동계

---

200) John Baldock, Nick Manning & Sarah Vickerstaff, *op. cit,.*

급 운동과 강하게 결속되어 있고, 많은 유럽 사회주의자들의 이슈는 노동관계
와 깊은 관련을 맺고 있다. 그것은 마르크스주의와 같지는 않다. 비록 마르크스
주의자들이 자주 그들의 접근과 유사한 점이 '사회주의' 본질로 해석하지만, 마
르크스주의는 사회를 분석하는 방법에서 유럽 사회주의의 주류와는 상당히 차
이가 있다. 유럽 사회주의는 종교적, 직업적 그리고 공동체 조직의 범주에서 성
장하였기 때문이다.

(3) 사회민주주의(social democracy)

사회민주주의자와 사회주의자의 차이는 애매모호하다. 왜냐하면 그들의 이상
이 어떤 양상에서는 같고, 어떤 양상에서는 차이가 있기 때문이다. 그러나 두
가지 특별한 차이를 보면 다음과 같다. 첫째, 대부분 사회 민주주의자들은 집단
주의라기보다는 개인주의적이다. 비록 그 둘이 상호부조 혹은 불이익의 감축이
라는 점에서 비슷하지만 개인의 권리를 개발하기 위하여 개인의 자유를 강조하
는 점과 국가의 개입을 제한 한다는 점에서 차이가 있다. 둘째, 어떤 사회 민주
주의자들은 불평등을 제거하는 것에 관여하지 않는다. 그러나 그들을 시장경제
사회의 나쁜 결과로부터 보호하기 위하여, 사회 질서를 통하여 불평등의 영향
을 누그러뜨린다. 그래서 사회 민주주의자는 재분배를 철저히 실시하도록 하고
있다.

(4) 보수주의(conservatism)

보수주의자들은 사회질서의 중요성을 믿는다. 이것은 전통을 존경하고, 종교
의 중요성을 강조하며, 그리고 구조적 사회관계의 기초뿐만 아니라 계급과 카
스트(계층)의 불평등과 같은 것을 매우 강조한다. 그래서 복지는 부차적 이슈이
고, 오히려 보수주의자들의 관심은 복지에 대한 자제를 요청한다. 특별히 그들
은 일과 가족과 국가에 대한 전통적 가치를 더욱 강조한다.

복지는 공공질서를 위하여 필요하다고 생각될 때 관심을 같게 되는데 그것은
한 영국 보수주의자들이 언급한 것과 같이 Beveridge 보고서에서 '만약 당신
이 사람들을 사회적으로 개혁하지 않으면 그들이 당신을 쇄신하려고 할 것이다
(If you do not give the people social reform they are going to give you
revolution)'라는 의미는 질서의 중요성을 강조한 것이다.201)

기독교의 민주주의적 사상(Christian democratic thought)은 보수주의적인 성격에 가깝지만 그러나 현저히 다른 특징을 가지고 있다. 보수주의자들과 같이 기독교 민주주의는 질서를 대단히 강조한다. 그러나 기독교 민주주의에서의 질서는 국가의 조치를 통하여 실현되는 것이 아니라 도덕적 자제에 의하여 성취된다는 것이다.

도덕적 자제는 원래 유럽에서 가톨릭교회의 영향으로 강조되었다. 가톨릭교회의 사회적 교훈은 국가의 한계와 가정과 공동체에서 사람들의 책임을 동시에 강조하고 있다. 그래서 기독교 민주주의자들은 국가의 역할 제한을 좋아하고 한편으로는 동시에 사회복지에 대한 도덕적 책임을 좋아하게 되었다.

(5) 자유개인주의(liberal individualism)

자유주의는 모든 이가 한 개인이라고 하는 전제하에 출발한다. 그리고 각 개인은 권리를 가지고 있다. 정치적 관점에서 자유주의는 국민들을 권력의 남용으로부터 보호하는 수단으로 중요한 역할을 한다. 비록 자유주의는 원래 급진적인 신조를 가지고 있었지만, 그것은 19세기이후 개인 재산의 보호를 위하여 사용되곤 하였다.

자유주의의 핵심가치는 자유이다. 모든 자유는 똑같이 동일하게 중요한 것이 아니다. 주된 자유의 가치는 중요한 자유, 즉 언론, 표현, 집회 및 소유권의 자유와 같은 것이다. 자유주의자들은 국가를 믿지 않는다. 만약 국가의 간섭이 제거된다면 사회는 스스로 규제하려고 하는 능력을 가지고 있다고 본다.

Friedrich August Hayek (1899~1992)[202)]는 모든 국가 활동, 즉 그것이 의도적이라 할지라도 국가 활동은 개인의 자유를 쇠퇴시켜버릴 수 있다고 하였다. 사회는 너무 복잡하여 국가 활동에 대하여 저항할 수 없고, 자유시장도 많은 개인의 활동에서 제한을 받게 되는데, 그러한 상황에서 자유주의는 각 개인의 권리에 대한 최선의 보호를 조성한다고 본다.

(6) 파시즘(Fascism)

파시즘은 자주 학문적 문헌에서 사상의 체계 혹은 일관성이 결여된 '거짓 이

---

201) John Baldock, Nick Manning & Sarah Vickerstaff, op. cit.
202) F. A. Hayek, The Constitution of Liberty, London: Routledge, 1976.

상주의(pseudo-ideology)'로 나타난다. 이것은 2차 대전 후 낭만적이고 감성적인 요인을 거부하기 위한 파시스트 사상의 정치적 입장이었다. 파시스트의 이상은 권위주의적 집단주의에 기초하고 있다. 개인은 의미가 없으며 집단(정부, 인종, 국가)이 최고라고 생각한다. 파시즘은 강력한 사회적 이슈를 내세우는 것이 특징이다. 독일의 나치는 종족의 우월성을 부추기는 열망으로 교육과 청년운동을 통하여 사회화와 우생학적인 정책을 강조하고 폭 넓게 사회 전반과 경제에 국가가 관여하게 되었다.

우생학적 이상은 파시즘 이전에도 존재하였다. 비록 그들이 의학적 살인과 유대인의 대학살과 관련되어 있었을지라도 그들은 최근에 새롭게 포장되었다. 그들은 사회적으로 특징을 구축한 19세기의 신념에 의하여 만들어졌다. 예를 들면 가난과 범죄 그리고 성관계는 태어나면서 발생하는 것이므로 피 흘림이 규제되지 않는다면 이들은 피할 수 없다는 것이다. 이것은 실증적 검증과 함께 세대 간 반복된다고 주장하였다. 그러나 사회과학적 실험으로 이 사실은 입증되지 못했다.

현재 유럽에서 극우파는 집단주의자라기 보다는 오히려 민족주의와 국가주의라고 볼 수 있다. 그 예로 프랑스의 'Front National' 단체는 '국가적 우위'에 대해 논의해 왔다. Vitrolles에 있는 Front National의 의장은 오직 프랑스 태생의 '프랑스 가족'에게만 장려금을 주는 것을 제안하였다.

(7) 자본주의(Capitalism)

자본주의는 생산수단의 사적 소유 와 이윤 추구를 기반으로 하는 경제 체제이다.[203] 자본주의의 결정적 특징으로는 자본 축적, 경쟁 시장, 가격 체계, 사유재산, 재산권 인정, 자기 이익, 경제적 자유, 실력주의, 노동 윤리, 소비자 주권, 경제적 효율성, 정부의 제한된 역할, 이윤 동기, 신용 과 부채를 가능하게 하는 화폐 와 투자의 금융 인프라, 기업가 정신, 상품화, 자발적 교환, 임금 노

---

203) Zimbalist, Andrew; Sherman, Howard J.; Brown, Stuart, *Comparing Economic Systems: A Political-Economic Approach*. Harcourt College Publishing, 1988. Oct. pp.6-7.; Jenks, Chris. *Core Sociological Dichotomies*. London; Thousand Oaks, CA; New Delhi: SAGE Publishing,1998, p.383.; Gilpin, Robert. *The Challenge of Global Capitalism : The World Economy in the 21st Century*. Princeton University Press. 1988 (Retrieved 2018); Sternberg, Elaine. "Defining Capitalism". *Economic Affairs*, 35 (3), 2015, pp.380-396.

동, 상품 과 서비스 생산, 혁신 과 경제 성장 에 대한 강한 강조 등이 있다. 시장 경제 에서 의사결정과 투자는 자본 과 금융 시장 에서 부, 재산 또는 자본을 조작하는 능력이나 생산 능력을 가진 소유자에 의해 결정되지만 , 상품과 서비스의 가격과 유통은 주로 상품 및 서비스 시장에서의 경쟁에 의해 결정되었다.

경제학자, 역사가, 정치 경제학자, 사회학자들은 자본주의를 분석하는 데 있어 서로 다른 관점을 채택했으며 실제로 다양한 형태의 자본주의를 인정했다. 여기에는 자유방임주의 또는 자유 시장 자본주의 , 무정부 자본주의 , 국가 자본주의, 복지 자본주의 가 포함된다. 다양한 형태의 자본주의는 다양한 정도의 자유 시장, 공공 소유, 자유 경쟁에 대한 장애물, 국가가 승인한 사회 정책을 특징으로 합니다. 시장에서의 경쟁 정도, 개입 및 규제 의 역할, 국가 소유의 범위는 자본주의 모델마다 다릅니다. 다양한 시장이 얼마나 자유로운지와 사유 재산을 정의하는 규칙은 정치와 정책의 문제이다. 기존 자본주의 경제의 대부분은 자유 시장 요소와 국가 개입, 어떤 경우에는 경제 계획을 결합한 혼합 경제이다.

현대적 형태의 자본주의는 영국 의 농업주의 와 16세기에서 18세기 사이 유럽 국가들의 중상주의적 관행에서 출현했다. 18세기 산업 혁명은 공장 작업 과 복잡한 노동 분업을 특징으로 하는 자본주의를 지배적인 생산 방식으로 확립했다. 세계화 과정을 통해 자본주의는 19세기와 20세기에 전 세계로 퍼졌으며, 특히 1차 세계 대전 이전과 냉전 종식 이후에 퍼졌다. 19세기에 자본주의는 국가의 규제를 거의 받지 않았지만, 2차 세계 대전 이후 케인즈 주의를 통해 규제가 더 심화되었고, 1980년대부터 신자유주의를 통해 규제가 더 심화된 자본주의가 돌아왔다 .

시장 경제의 존재는 다양한 형태의 정부 와 광범위한 역사적 기간, 지리적 위치 및 문화적 맥락에서 관찰되었다. 오늘날 존재하는 현대 산업 자본주의 사회는 산업 혁명의 결과로 서유럽에서 발전했다. 자본 축적은 자본주의 경제가 경제 성장을 촉진하는 주요 메커니즘이다 . 그러나 이러한 경제의 특징은 경제 성장의 경기 순환을 경험한 후 경기 침체가 뒤따른다는 것이다.

따라서 경제 성장과 함께 재분재가 체계적으로 이뤄진다면 경기 침체의 늪을 이겨나갈 수 있다. 그래서 21세기에 새롭게 부상한 부자들의 기부행위가 대두되고 있다. 세계 최상의 부호인 빌 게이츠는 2008년 1월 스위스의 다보스포럼에서 '창조적 자본주의'라는 개념을 역설했다. 기업의 사회 환원 활동을 '의무'로 한층 끌어올린 개념이다. 기업 활동을 위해 돈을 버는 동시에 자선 활동도 '의무적'으로 하는 자본주의를 '창조적 자본주의'라고 지칭한 것이다.

창조적 자본주의의 의미는 자본주의의 혜택을 누리는 자에게 사회적 기부행위를 요청하는 것이다.

"지구상에는 수많은 사람들이 소외된 삶을 살고 있다. 그들에게는 더 많은 것들이 필요하다. 하지만 그들은 시장을 움직일 수 있는 능력이나 표현수단이 없다. 그렇기 때문에 그들은 계속 가난했고 예방할 수도 있는 병들에 시달렸으며 생명을 지킬 기회를 얻지 못했다. 정부와 비영리 단체들이 그들을 돕는 역할들을 감당하고 있다. 하지만 그들만의 힘으로 그 일을 하게 되면 너무나 긴 시간이 필요하다. 가난한 사람들을 위한 발명품들을 만들 기술은 기업체들이 갖고 있다. 이런 기술의 효능을 극대화하기 위해서는 보다 창조적인 자본주의가 필요하다."

그러면서 그는 한 예로 2017년 4월 29일에 빌게이츠는 시애틀의 매진된 키 아레나에서 열린 비경쟁 테니스 경기인 아프리카 4차전에서 스위스의 테니스 전설 로저 페더러와 파트너십을 맺었다. 이 행사는 아프리카에서 로저 페더러 재단의 자선 활동을 지지하는 것이었다. 페더러와 게이츠는 이번 10년 동안 미국 선수 1위 존 이스너와 펄 잼의 리드 기타리스트 마이크 매크레디와 맞붙었다. 그 두 사람은 6대 4로 시합에서 이겼다. 그들은 아프리카 어린이들을 위해 200만 달러를 모금했다.

로저 페더러는 2018년 3월 6일 자신의 인스타그램에 "Still flying high from last night! Thanks to everyone who made the "Match For Africa" a great success!"이라는 문구와 함께 빌 게이츠, 잭 소크와 찍은 사진을 게재했다. 페더러는 이날 미국 캘리포니아주 새너제이에서 마이크로소프트(MS) 창업자 빌 게이츠와 복식조를 구성해 잭 소크와 NBC 투데이쇼 진행자 사바나 거스리조와 자선 경기를 펼쳤다. 게이츠와 페더러는 함께 6-3으로 두 번째 경기 승리를 기록했고 경기는 250만 달러 이상을 벌어들였다.

더구나 그는 신종 코로나바이러스 감염증(COVID-19)이 전 세계로 확산 양상을 보이던 지난 2020년 5월. 빌 게이츠 마이크로소프트 창업자는 자신의 아내와 함께 설립한 재단을 통해 코로나 19 백신 개발을 위한 연구 자금으로 써 달라는 요청과 함께 한국의 바이오기업에 360만 달러를 지원한다고 발표했다. 특히 그는 코로나 백신 개발을 위해 한국정부와 기업 등과 협력을 약속하면서, 국내 바이오 기업인 에스케이(SK) 바이오사이언스를 언급하기도 했다. 그는 " 코로나 백신 민간 분야에서 한국이 가장 앞서 있다"면서 "SK 바이오사이언스 가 백신 개발에 성공하면 내년 6월께 연간 2억 개의 백신을 내놓을 수 있을 것" 이라고 밝혔다. 또 이를 통해 세계 각국의 수많은 어려운 사람들이 혜택을 받을 수 있을 것이라고도 했다.

여유 있는 삶

월남전이 한창일 때 조그만 월남인 고아원에 박격포탄이 떨어졌다. 몇 사람이 죽고 몇 명의 어린이가 부상을 당했다. 의사들이 급하게 도착했으며 그들은 부상자들 중 여덟 살 가량의 소녀를 먼저 치료하기로 결정했다. 부상이 심했던 것이다. 당장 수혈이 필요했다. 서둘러 검사를 해본 결과, 미국인 의사와 간호사들 중에는 맞는 혈액형이 없었고 부상당하지 않은 고아들 중 몇 아이가 같은 혈액형이었다. 수혈을 원한 고아원 아이는 '헹'이라는 이름표를 달고 있었다. "오, 고맙구나! 헹. 간호원은 즉시 헹의 팔을 걷었다. 수혈 후, 헹은 자유로운 한 손으로 얼굴을 가리더니 몸을 떨었다." 그렇다면 왜 이 아이는 자진해서 피를 뽑아주려고 했을까요? 월남인 간호원이 헹에게 똑같은 질문을 했다. 울음을 그친 헹, 너무나 맑은 얼굴로 이렇게 말했다. 걘 내 친구니까요.

제 2 절 청빈복지 사상과 실천 사례

1. 조지 뮬러(George Muller, 1805 ~ 1898)

조지 뮬러(George Muller, 1805~1898)는 '5만 번 이상 기도 응답을 받은 사람', '브리스톨 고아들의 아버지'로 잘 알려진 독일 태생 영국의 목회자이다. 그러나 그는 젊은 시절, 아버지의 호주머니에서 돈을 훔치던 좀도둑이자 술과 도박에 빠져 지내던 불량 청소년이었다. 그런 그가 그리스도인이 되어 모든 가르침과 물질의 공급은 사람이 아닌 오직 하나님께만 구해야 한다는 것을 깨닫고, 하늘에 계신 아버지의 재산을 맡을 수 있는 사람이 되기까지, 그는 밤낮으로 무릎 꿇고 기도하며 주의 응답을 기다렸다.

가난했던 그는 어떤 사람에게도 도움을 청하지 않고 오직 기도와 믿음으로 고아원 설립과 운영에 필요한 모든 수단을 강구하며 주께서 어떻게 도우실지 기대하고 모든 필요를 채우시는 살아 계신 하나님을 확증하는 인생을 살았다. 그는 모든 기부금을 고아원 경영에 충당하느라 다시 무일푼이 되어도 오늘의 필요를 채워주신 하나님께 감사 드렸다. 주님은 침묵하지 않는다. 다만 나의 때와 주님의 때가 다를 뿐이다. 이것은 그의 좌우명과 같았다.

(1) 조지 뮬러의 일생

조지 뮬러에 대해 아는 사람들은 그가 참으로 '사망에서 생명으로, 흑암에서 광명으로, 우상에서 살아계신 하나님에게로 전환되었다'는 것을 금방 알 수 있다. 그가 어렸을 때에 장차 축복 받을 전도자가 되리라고는 누구도 상상치 못했다. 그러나 그 예상은 완전히 뒤바뀌었다. 10살도 채 안 돼서 부터 그는 불신앙과 방탕의 생활을 했다. 그 때를 스스로 다음과 같이 말하고 있다.

"자녀를 세속적인 방법으로 교육한 아버지는 우리들이 돈을 바로 쓰는 방법을 알기도 전에 우리들에게 돈을 주셨다. 아버지는 우리들에게 돈을 쓰도록 주신 것이 아니고, 돈을 가지고 있는 일에 익숙하게 하기 위한 것이었다. 그러나 결과적으론 나와 형은 죄 가운데로 끌려들어 갔다. 그리고 아버지가 보고를 하라 시면 거짓말을 하여 아버지를 속이려고 하고 있었다. 아버지는 프러시아 세리였으므로 금고에는 항상 공금이 있었다."

조지 뮬러가 14세 때 되던 해 갑자기 어머니가 돌아가셨다. 어머니가 임종을 맞던 날 밤, 그는 그런 줄도 모르고 자정이 넘도록 친구들과 도박을 즐기고 있었다. 다음 날은 일요일이었는데, 친구들과 함께 술을 마시고 무작정 걷다가, 집으로 돌아왔다.

월요일에 그는 견신례를 받기 위하여 루터 교회에 다니면서 성경 공부도 열심이 하고 무엇이든지 좀 더 잘 해야겠다고 마음먹었다. 그러나 그의 뜻대로 되지는 않았다. 마음뿐이고 생각뿐이지 원하는 대로 되지 않았다. 아버지가 헌금하라고 주신 돈을 제대로 드린 적인 없었다. 기도도 하지 않고 회개도 없이 하나님의 구원의 계획도 모르면서 성찬식에 참석하곤 했다. 장엄한 의식은 그에게 감명을 주었지만 곧 깊은 죄 속에 빠져 버렸다.

그는 이런 죄의 늪 속에서도 때때로 일어나는 종교적인 엄숙한 의식으로 생활에 변화를 입어 보려고 했다. 그러나 그는 깊은 샘에 가서 도둑질, 욕설, 방종, 교만, 도박을 씻어보려고 했지만 허사였다. 여러 가지 방탕생활 중에 16세 때 사기죄로 결국 감옥에 갇히게 되었다. 몇 개월의 형무소 생활은 그의 마음에 무엇인가를 심어 주었다. 그는 아버지에게 전에 뮬러가 아닌 모습을 보여주고 싶었다. 특히 학교 공부에서는 두각을 나타내어 라틴어, 불어, 독어, 과목에서 수석을 차지했다.

그는 학교 동급생들의 존경을 받은 동안은 교만하여 하나님을 생각하지 않았으나, 병 때문에 앓아누우면서, 마음의 슬픈 맛을 알았다. 육체에 고통을 서서히 느끼면서, 그의 영혼을 생각하게 되었다. 때때로 그는 어떻게 해서든 나쁜 인간이 되지 말아야겠다고 생각도 했다. 그래서 행위를 고치려고 무척 애를 썼다. 성찬식 전 날에는 몸과 마음을 경건하게 하겠다고 하나님께 맹세했으나 하루만 지나면 다 잊어버리고 전과 다름없이 되어 버리곤 했다.

드디어 조지 뮬러는 할례 신학교에 입학하게 되었다. 신학교에서도 그는 변함없이 방탕한 생활에 빠져서 돈을 낭비하며, 하나님 뜻대로 살지 못했다. 햇빛을 피하는 박쥐처럼 어두움에서 타락하고 즐기며 신학교를 다녔다. 그의 친구들도 마찬가지였다.

1825년 6월, 그는 방탕하고 무절제한 생활의 결과로 또 다시 병에 걸려 눕게 되었다. 건강 상태가 지독히 악화되어 꼼짝도 할 수가 없게 되었지만, 그래도 욕심만은 변함이 없었다. 7월 말쯤 되어 건강이 회복되자 할례대학의 친구인 베타와 또 다른 두 명의 친구와 시골로 여행을 떠났다. 그 여행은 한결 그의 기분을 상쾌하게 했다. 여행에 대해 이전과는 다른 흥미를 느끼게 된 그는 스위스로 다시 한 번 여행을 가보자고 친구들에게 제안했다.

그러나 돈도 떨어졌고, 여권을 준비하기가 어려웠으므로 그는 부모님의 편지를 위조해서 여권 수속을 했다. 또 책을 비롯해서 있는 것을 모조리 전당포에 잡혀서 상당히 많은 돈을 준비했다. 8월 18일 그들은 할례를 출발하여 라기산까지 프랑크푸르트와 루리히를 거쳐 맘껏 다녔다. 43일간 여행하며 스위스까지가 보았다는 자랑이 생겼는데도 이상하게 그의 맘은 아직도 채워지지 않았다.

사실 주님께서 그 동안 위험한 고비와 아슬아슬한 때에도 큰 은혜로 도우시고 인도하셨건 만 그는 전혀 알지 못했다. 그는 자기가 결심했던 것들을 잊어버리고 그의 모든 시간들을 허비했다. 예배당에는 그냥 습관적으로 나갔고, 성만찬도 몇 번 참석했다. 그 당시 그에게 성경말씀에 순종하여 하나님의 도움으로 사는 것이 어떤 것인지를 가르쳐 주는 사람은 아무도 없었다. 예배당에 다니는 사람이나 안 다니는 사람이나 별 다를 게 없다고 생각했다.

이런 생활을 지속하던 어느 날 그의 모든 것을 변화 시켜 놓은 한 순간이 찾아왔다. 어느 날 오후, 뮬러는 베타와 함께 산책을 하고 있었다. 돌아오는 길에 베타는 뮬러에게 '나는 이제까지 매주 토요일 저녁 그리스도인들이 모이는 집회에 참여해왔어. 그래서 난 거기 가야 해.' 하는 것이었다. '그게 무슨 모임인데?' 뮬러가 물었다. '거듭난 그리스도인들이 모여서 성경을 읽고 찬송을 하면서 기도도 해. 또 인쇄된 설교 내용을 서로 돌아가면서 읽기도 해.' 그 때 조지는 베타가 참석하는 모임이라면 꼭 한번 가고 싶어졌다. '나도 거기 참석해도 될까?' '글쎄. 기회가 있을 때 너를 한번 초청하지.'하고 베타가 대답했다. 베타는 뮬러의 경술한 성격을 잘 알고 있었기 때문에 당장 동행하려 하지 않았다. 그러나 조지는 자기의 뜻을 굽히지 않고 꼭 따라가고 싶다고 했다. 그 집회는 무역업자 바그너의 집에서 있었는데, 베타가 잘 아는 리치터 박사가 소개해 주어서 매주 토요일 그 모임에 참석하고 있었다.

베타와 조지는 함께 모임에 나갔다. 그리고 같이 앉아서 찬송도 불렀다. 교인 중에 한 사람인 카이저씨가 무릎을 꿇고 기도했다. 성경 한 장을 읽고 인쇄된 설교 문을 읽었다. 이 집회에서 조지 뮬러는 마음에 깊은 감동을 받았다. 그는 그 때 처음으로 하나님의 그 큰 사랑은 모르고 막무가내로 살아왔던 것을 진심 으로 회개하였다. 하나님은 이 세상이 창조되기 전부터 나같이 사악한 놈도 사 랑하셨다. 그래서 내 죄를 용서하시려고 독생자 예수님을 보내셔서 내가 수없 이 깨뜨린 율법을 완성하셨다는 것을 깨달았다.

조지 뮬러는 거듭난 그리스도인들이 모이는 집회에 참석하여 결국 복음을 깨 닫게 된 것이다. 그리고 집회가 끝난 후 그는 전에 느껴보지 못했던 행복을 느 꼈다. 집으로 돌아오는 길에 뮬러는 베타에게 말을 걸었다. '오늘 밤의 경험은 스위스를 여행할 때 구경했거나 느꼈던, 아니 지금까지 즐기던 그 어떤 것과도 비교할 수 없이 즐겁고 형언할 수가 없어.' 그 때 베타는 뮬러에게 이런 간증을 했다. '나는 열다섯 살 때 예수님을 만났어. 그러나 그 이후 또 다른 죄의식에 사로 잡혀 있었어. 우리들이 여행했을 때 다들 즐거워했지만 난 마음 속 깊이 뭔가 바라고 있던 것이 있었지.' 후에 조지 뮬러는 다음과 같이 증언했다.

"그 날 밤이야말로 내 생애의 전환점이었다. 나는 그 날 밤 처음으로 평안한 맘으로 잠자리에 들 수 있었어. 나는 다음 토요일 까지 기다릴 수가 없었다. 형 제들과 만나 교제를 나누고 싶어서 견딜 수 없었다. 그 다음 날도 또 그 다음 날도 그 형제 집에 가서 영적인 교제를 했다. 나의 나쁜 습관을 한꺼번에 버릴 수 없었지만 이상할 정도로 내 생활은 새롭게 변해갔다. 못된 친구들을 만나 술 집에 가거나 친구들을 속이는 버릇도 없어지기 시작했다."

그 후 그는 동료 학생들로부터 많은 멸시와 조소를 당했다. 그들은 그의 생활 의 변화는 시인하였으나 그의 말은 믿으려 하지 않았다. 친구들이 그를 우롱하 거나 슬프게 만들어도 그는 거기에 집착하지 않았다. 가끔 죄 가운데 빠진 적도 있지만 그 때마다 통회하는 마음으로 하나님께 늘 자백한다. 그는 해가 감에 따 라 더욱더 하나님 앞에 가까이 나아갔고 많은 사람들, 특히 청년과 아동들의 진 정한 아버지가 되었다.

(2) 조지 뮬러의 사역

수많은 고아들이 사랑스러운 그리스도인들의 보호 아래 지냈으며, 그 일은 지금도 계속 되고 있다. 나이 70세가 되던 해 그는 세계 각 곳을 다니며 17년 간이나 성경 말씀을 전하는 사역을 시작했다. 가는 곳곳마다 하나님의 말씀에서 받은 축복을, 죄에서 거듭나는 생명을 외쳤다.

조지 뮬러는 하나님이 쓰신 가장 귀한 종의 한 사람으로서 그리스도의 사랑이 정말 어떤 것인지를 보여준 사람이었다. 처음에 그는 윌슨 가에 주택을 빌려 30명의 고아들로 고아 사역을 시작했다. 그러나 그 수가 늘어나면서 애쉴리다운에 고아원을 건축하기 시작하여 다섯 번째 고아원을 건축하기까지 그는 무려 1만 명의 고아들을 보살폈다. 또한 성경을 배포하고 선교사들을 기도와 물질로 후원하는 사역을 지속적으로 펼쳐나갔다. 말년에는 선교여행을 통해 42개국 300만 명 이상에게 복음을 전했다. 조지 뮬러의 사역은 그의 사위 제임스 라이트에 이어서 그의 뜻을 잇는 후계자들에 의해 지금까지 지속되고 있다.

(3) 기상을 주관한 조지 뮬러의 기도

고아의 아버지로 불리는 조지 뮬러는 애쉴리다운이라는 큰 고아원을 세워 아이들을 돌보고 있었다. 어느 추운 겨울날, 갑자기 고아원의 보일러가 고장 났다. 보일러를 고치려면 적어도 일주일은 걸려야 하기 때문에 고아원은 온통 비상이 걸렸다. 사람들은 조지 뮬러에게 뛰어와서 "목사님, 목사님! 큰일 났습니다. 영아들이 있는 건물에도 보일러가 고장 나서 아이들이 다 얼어 죽게 되었습니다"하며 아우성이었다.

그러나 그 모든 외침을 뒤로 하고 조지 뮬러는 일어나 성경책을 옆구리에 낀 채 교회를 향해 저벅저벅 걸어갔다. 그리고 밤을 새워 하나님께 부르짖으며 간구했다. '날씨를 주장하시는 하나님 아버지, 이 어린아이들은 다 하나님이 제게 맡겨주신 생명들입니다. 이 어린 생명들의 아버지는 하나님이시고 저는 총무일 뿐입니다. 하나님, 시간과 때를 주장하시는 하나님이 일주일 동안 봄 날씨로 변화시켜 주옵소서!' 조지 뮬러가 부르짖어 간구하는 동안 갑자기 동풍이 불기 시작했다. 그리고 영국 전체가 봄 날씨로 바뀌었다. 그 때는 지금과 같은 기상 이변도 흔치 않았던 시절이었다. 하나님은 조지 뮬러의 기도를 들으시고 북풍을 멈추고 동남풍을 불게 하셔서 영국 전체가 따뜻한 온실이 되게 하셨던 것이다. 보일러를 고친 다음 정상적으로 가동하자 영국에는 다시 한 겨울의 세찬 바람이 쌩쌩 불어 왔다.

2. 윌리엄 부스(William Booth, 1829.4.10.~1912.8.20.))

성탄과 연말이 가까워오면 우리는 어김없이 거리에서 구세군의 종소리를 듣게 된다. 딸랑 거리는 종소리와 함께 겨울이 왔음을 느끼고, 주위의 어려운 사람들을 돌아보게 만드는 구세군 냄비… 그들은 제복을 입고 단정하게 모자를 쓰고서 종을 흔든다. 붉은색 모금함 앞에 서서 흔드는 그들의 종소리는 일상에 쫓기며 사는 우리들에게 이웃을 돌아보게 하는 사랑의 마음을 일깨워 준다. 영국의 한 작은 도시에서 전당포를 운영하며 '돈 버는 기계'처럼 살았던 사나이가 있었다. 그는 우연한 기회에 '이웃 사랑'만이 인간의 큰 행복임을 깨닫고 구세군(救世軍)을 창설하게 된다. 그가 유명한 윌리엄 부스다.

(1) 구세군의 창설
구세군을 처음 만든 사람은 윌리엄 부스 (William Booth,1829.4.10.~1912.8.20) 목사이다. 죽음 앞에서도 '거리에는 우는 여인들이 있습니다. 함께 우시오. 배고픈 아이들이 있습니다. 그대의 주머니를 터시오. 감옥에 죄인이 넘쳐 납니다. 사랑의 손길을 펴시오. 구세군은 사회의 악과 싸우는 주님의 군대입니다. 희생이 없는 신앙생활은 짠맛을 잃은 소금과 같습니다. 그러나 그보다 '여러분은 자기 자신과의 싸움에서 이겨야 합니다.'라고 말하며 어려운 사람들과 평생을 함께 한 윌리엄 부스의 삶은 우리에게 많은 교훈을 준다.

윌리엄 부스는 1829년 영국 노팅엄에서 태어났다. 15세 때 신앙을 가지게 되어 1846년 나이 17세에 감리교 목사를 지원했다. 우리나라에서는 고등학교 1학년 정도인 어리다고도 볼 수 있는 나이에 목사를 지원한 부스는 당시 의사에게서 절망적인 이야기를 들었다. '이런 병약한 몸으로 목회를 하면 1년 후 사망하고 말 것입니다. 그만 포기하십시오.'

그러나 부스는 순교한다는 각오로 복음을 증거 했고, 불우한 이웃을 위해 구제사업을 펴는 가운데 무려 84세까지 살았다. 그는 말년에 이런 말을 남겼다. '젊었을 때 의사가 나를 버렸으므로 나도 의사를 버렸다. 그리고 전능하신 하나님만 의지했다. 이 믿음이 나를 지켜주었다.'

그는 1861년 목사직을 사임하고, 65년부터는 런던의 빈민굴에서 전도를 시작했다. 이것이 발단이 되어 1878년 설교자 지도자로서도 유명한 부인 캐서린 부스와 함께 구세군(The Salvation Army)을 조직하여, 전도와 함께 여러 가지 사회사업을 시작했다. 이때의 경험을 바탕으로 쓴 「암흑의 영국에서 : In Darkest England and the Way Out」(1890)라는 그의 저서는 당시 빈민들의 실정과 그 구호책을 제창한 명저로서 베스트셀러가 되었다. 구세군은 그의 생존 시에 영국을 비롯한 세계 58개국에 걸쳐 설립되었다.

부스가 런던 빈민굴에서 구세군 운동을 전개한 것은 찰스 다윈(Charles Darwin)이 「종의 기원(Origin of Species)」을 출판한지 몇 년 안 된 시기였다. 당시 중산층의 이론가들은 그 책을 근거로 빈민들에 대한 자신들의 무관심을 합리화 했다. 그들은 그것을 '사회적 다윈주의'라고 불렀다. 그들은 가난한 자들의 운명이란 '적자생존'이라는 자연법칙에 따른 것이라고 생각했다. 하지만 부스는 자연의 섭리를 다른 차원에서 보았다. 가난한 자들은 하나님께서 기독교인들에게 사랑을 베푸는 대상으로 주셨다고 보았다.

(2) 구세군의 활동

William Booth는 감리교 목사직을 사직하고, 1865년 그리스도교 전도회 (혹은 기독교부흥회)라는 명칭을 가지고 영국 서민층을 상대로 런던 동부지역 빈민가를 찾아가 노방 전도를 한데서 시작하여, 기독교 선교회(1870)를 거치면서 1878년 정식으로 구세군(The Salvation Army)이라는 명칭으로 변경하여 영혼을 구원하는 하나님의 군대로서 태세를 갖추게 되자, 그 조직이나 활동은 급속도로 활성화되어 갔다. 그러나 구세군이 발전해 감에 따라 구세군 활동에 여러 가지 이유로 반대하는 분류들이 생겨났다.

그들은 기성 기독교인과 구세군으로 인하여 손해 본 술장사들과 유흥업소자들이었으며, 구세군이 들어가면 술꾼이 없어지고 장사가 안 되어 부정업자들이 망하는 경우가 빈번하면서 이들의 반대와 폭행과 핍박이 빈번해 졌다. 그리고 완고한 당국자, 경찰관, 재판관들의 부정부패로 구세군으로 인해 일어난 사건

처리를 불리하게 하고 부당한 판결을 내려 곤란케 했다. 하지만 하나님은 구세군을 통해서 세상을 구원하시고자 하는 하나님의 거룩한 계획을 중단시키지 않으시고 힘 있게 전진하도록 도우셨다.

구세군은 모금한 1달러 중 적어도 83센트는 봉사활동에 쓰인다. 특히 미국 달러스 지역에 1,350평 크기의 창고가 하나 있다. 구세군은 그 곳에서 주로 물건을 저장하고 분배한다. 즉 해마다 12월이 되면 그 창고에서는 약 20만 명의 달러스 지역 어린이들에게 나누어줄 성탄절 선물을 정리하기 위한 작업이 벌어진다. 어린이에게는 장난감이나 옷 등을 선물로 주는데, 선물을 마련하는 방식이 좀 재미있다. 먼저 어린이들이 지역 상가에 있는 성탄절 트리에 자기가 원하는 선물을 쪽지에 적어서 꽂아두면, 선물제공 사업에 참가한 개인이나 회사는 저마다 할당 받은 선물을 준비한다.

이때 260여 개의 회사가 협찬한다. 그러면 구세군은 가족 확인 작업을 통해 선물을 받을 어린이들을 골라낸다. 그런 다음 천사의 '나무(angel tree)'라고 불리는 성탄절 트리를 꾸미고 선물을 제공하는 개인이나 회사와 선물을 받을 어린이를 정확히 확인한다. 12월 내내 창고에는 약 350만 달러 규모의 선물더미가 쏟아져 들어오는데, 거기에서 어린이들이 바라는 선물을 골라 해당 어린이의 이름이 적힌 가방에 넣는다.

선물을 전달하는 날이 되면 축구장 하나와 맞먹는 길이를 자랑하는 3단 높이의 초대형 선반에는 선물가방이 가득 들어찬다. 성탄절 1주일 전 어린이들이 가족과 함께 지정된 시간에 선물가방을 가져가기 시작하면 달러스의 구세군은 가장 바빠진다. 한 달도 안 된 기간에 약 20만 개의 선물가방을 분류, 저장, 배분하고, 단 엿새 동안의 확인 작업을 거쳐 전달하는 장면을 한번 떠올려보라. 그 기간 동안 달러스의 구세군은 시간당 180개의 선물가방을 전달한다.[204]

(3) 구세군 조직
구세군의 구인광고와 지원 자격은 특이하다.

① 2년 동안 자비로 집중교육을 받으며, 재직기간 중 제복 착용 필수, 타 업체보다 보수가 적으며, 노숙자와 마약중독자 상대가 주요 업무.

---

204) R. Warson & B. Brown, *The Most Effective Organisation in the US* , 2001 (구세군 대한 본영 문학부 감역, 「구세군의 리더십」 (서울: 한국경제신문), 2002, pp.38~39.)

② 오랜 시간 근무하고 열악한 환경에서 일할 때가 많으며, 때로는 위험한 곳에서 일할 수도 있음.

③ 시골 성직자와 도시 사회사업가를 합쳐 놓은 모습을 떠올리면 됨. 의술과 회계에 밝은 사람 우대. 그 밖에 트럭운전, 인형극 공연, 코넷 연주, 농구 지도, 합창, 부동산 거래, 요리, 거리나 기업에서의 모금 능력을 갖추는 것이 중요함.

구세군은 사관의 임무를 수행하는 데 따르는 문제를 방지하는 차원에서 배우자 또한 사관이 되어야 한다. 즉 기혼자가 사관후보생이 되려면 배우자의 동의를 얻어야 하며, 미혼 사관은 다른 미혼 사관이나 곧 사관이 되기로 동의한 사람과 결혼해야 한다는 뜻이다. 구세군에서는 많은 사람들이 무보수로 일을 하며, 구세군 사관의 수는 공식 통계에 은퇴 사관도 포함된다.

2000년 말, 구세군 사관은 총 5,326명인데 그 중 3,697명은 현직사관이며 1,629명은 은퇴사관이다. 후원금 모금현황을 보면, 2000년에 YMCA나 적십자사 같은 단체보다 두 배가량 많은 액수의 후원금이 모여졌다. 사람들은 구세군의 사명과 업적에 강한 일체감을 갖고 있기 때문에 적은 대가를 받고도 긴 시간 일하고, 여러 사업에 자신들의 소중한 시간과 전문 지식을 할애해 준다. 전국 자문위원회에서 일하는 구세군 리더들은 무보수로 봉사할 뿐 아니라 자문위원회 참석에 따른 교통 및 숙박비용까지 스스로 부담한다.[205]

조직은 군대식 제도를 모방하였기 때문에 부스는 초대 대장이 되었고, 구세군의 조직을 살펴보면 각 군국에는 사령관이 있고, 지역사령부에는 지역사령관이 있다. 또 각 지방에는 소속된 영이 있어 담당 사관이 복음 선교와 예배, 지역사회 봉사사업을 지도한다. 구세군은 국제규모의 복음전도와 각종 사회사업을 전개하여 세계 80개국 나라에 1만 6,000개의 전도 센터를 가지고 있으며, 3,000여 개의 사회 복지 단체, 기관, 학교, 병원, 등을 운영하고 있다.

우리나라에 처음 들어온 것은 1908년이고, 1928년에 구세군 냄비가 시작되어 매년 실시되고 있는데, 구세군 냄비는 연중행사로서 해마다 연말에 실시하는 자선 모금 운동이다.

---

205) 상게서, pp.23~28 참조.

이 구세군 냄비의 시초가 된 것은 1894년에 난파선 생존자를 위한 모금에서
한 구세군 여성 사관의 아이디어로 냄비를 사용했던 것이다. 붉은 세 다리 냄비
걸이와 냄비 모양의 모금 통, 제복을 입은 구세군 사관의 손 종 소리는 이젠 우
리에게도 익숙한 풍경이 되었다. 현재 서울을 비롯한 전국의 시, 읍에서 실시되
고 있는데, 이때 모금된 성금은 영세민 구호, 사회사업시설에 대한 원조, 각종
이재민 구호, 신체장애자 구호 등에 쓰인다.

구세군은 위기를 기회로 보고, 현재의 고난을 미래의 자산으로 삼는다. 또 구
세군은 승수효과를 가늠해 사업을 계획한다. 덕분에 구세군은 1,600개의 판매
망을 확보한 소매상이 되었다. 미국 전역에 걸쳐 6만5천 명의 구세군의 깃발
아래 숙식을 해결한다는 사실에서 알 수 있듯이, 구세군은 주택공급업자이기도
하다. 또 구세군은 긴급재난 구조 활동에서 마약 및 알코올중독 치료에 이르기
까지 거의 모든 것을 해결해주는 사회복지 전문가들이다.

구세군은 해마다 미국 인구의 10%에 해당하는 약 3천만 명의 삶에 영향을
미치고 있다. 구세군에는 9천 여 개의 활동 단위가 있으며, 각 우편번호마다 적
어도 하나 이상의 구세군 사업이 운영되고 있다. 구세군은 거의 200만 명의 노
동력을 동원할 수 있다. 그 중 170만 명은 자원 봉사자들이며, 10만 명가량의
평신도 중에서 장래의 구세군 사관을 선출한다. 또 구세군에는 4만 3천 명의
직원과 5천명의 남녀 사관이 있다. 흔히 일반인들이 구세군으로 생각하는 사람
들이 바로 이들 사관이다.[206]

(4) 윌리엄 부스의 신앙관

구세군의 아버지인 부스는 19세기 중반 영국의 사회적, 경제적 혼란을 통해
나타난 감리교 복음주의자였다. 당시 영국은 산업혁명 때문에 공장주들과 투자
가들은 허다한 부를 쌓았지만, 세계 역사상 유례가 없는 대규모 인구이동이 일
어나기도 했다. 수많은 노동자들이 공장에서 제공하는 임금을 얻기 위해 농촌
에서 도시로 옮겨왔다. 그들이 가진 것이라고는 옷 몇 벌 뿐이었고, 정규교육을
받은 사람은 드물었다.

하지만 꿈을 이루기는 너무나 어려웠고, 대부분은 질병과 방탕이 넘쳐 나는

도시의 빈민굴로 흘러들었다. 부스의 표현에 따르면, 당시 중산층의 충성과 후원을 바탕으로 한 기존의 종교 조직들은 깊은 수렁에 빠져 몸서리치는 더러운 사람들에게 쫓겨났다고 한다. 몇몇 교회에서는 가난한 사람들이 깨끗한 차림새를 갖추고 신사처럼 행동하는 경우라면 그들을 환영했을 수 있지만, 대부분의 교회는 절망 속에서 헤매는 사람들에게 다가가기를 꺼려했다.

1965년 발족한 구세군은 예전의 교회들이 돌보지 않던 곳에 관심을 기울인 몇몇 교파 중 하나였다. 부스와 그의 아내 캐스린(Catherine)은 여덟 명의 자식을 돌보아야 하는 상황에서도 기독교인의 목적에 관한 견해를 열정적으로 실천했다.

부스 부부는 그 견해를 절박한 상황에 있는 이스트엔드(East End: 런던 동부에 있는 가난한 근로자들이 많이 사는 상업 지구)에서의 경험을 통해 다듬었는데, 이것은 부스의 표현에 따르면 영국의 최하층 계급 10%와 같은, 고통 받는 사람들에게 헌신하는 기독교인의 전통적인 믿음과도 관련이 있었다. 결국 부스와 그를 따르는 모든 구세군주의자들의 두 가지 사명은 하나로 귀결된다.

1911년 국제 구세군대회에서 부스는 다음과 같이 설명했다. '우리의 사회활동은 구세군주의의 자연적 결과다. 즉 그리스도가 당신의 삶, 가르침, 희생 등을 통해 모범을 보이고, 선언하고, 설명한 기독교 정신의 자연적 결과인 것이다. 사회사업은 하나님의 명령에 따를 것을 서약한 시점부터 진정한 종교에 대한 나의 개인적 사상과 조화를 이루어왔다.'

부스의 '진정한 종교에 대한 개인적 사상'은 그 후 '수프, 비누, 구원'이라는 표어로 요약되는데, 그것은 종교적 관점은 물론 세속적 관점에서도 비판 받았다. 교회 신자들은 행진 악대(brass band), 노천설교, 술집과 매매춘 소굴에서의 즉석 기도모임, 그리고 종교적 내용으로 개사한 대중가요 등 낯설고 선정적인 모습에 우려를 표시했다.

또 정치 리더들은 부스가 자신의 교구민들이 사는 곳의 절박한 상황을 아무 거리낌 없이 폭로하는 것이 불만이었다. 보수적인 사람들은 사회적 양심에 대한 부스의 주장이 과학적 합리주의에 어긋난다고 여겼다.

오늘날 구세군의 신학은 정통 기독교인이라면 누구나 익숙할 것이다. 아직도 구세군은 부스 부부가 종교적 발판으로 삼은 감리교파와 매우 비슷하다. 또 정직하고 스스로 믿음을 지키려 한다는 점에서 보면, 퀘이커 교도들과 공통점이 있다. 사실 그들은 첫 번째 구세군 공개모임을 갖도록 부스 부부에게 장소를 마련해 주기도 했다.

일찍이 구세군 봉사는 '사용자 친화적'이라는 말로 설명되었다. 즉 교회에서는 모든 사람이 환영 받으며, 특정인을 위한 전용석도 없고, 주일의 옷차림이 변변치 못해도 꺼리지 않았다. '사용자 친화적'이라는 표현은 요즘도 유효하다. 구세군 사관들은 기독교적 신앙과 원리에 헌신할 것을 다짐하며 평생서약에 서명한다.

구세군의 사회봉사 프로그램에는 자신의 종교적 믿음에 관계없이 참가할 수 있다. 또 제복 착용의 의무가 없는 구세군 직책은 종교적 믿음과 무관하다. 구세군에는 기독교 이외의 종교를 가지고 있거나 특별한 종교가 없는 많은 자원봉사자들이나 기부자들이 있다.

정부의 대리인들과 재활 프로그램이나 죄수 상담 등과 같은 계약을 맺을 때, 구세군을 전면 부정하는 경우가 아니라면 그들과 적절한 타협을 하기도 한다. 구세군이 여느 사회봉사단체와 구별되는 점은 정신적 목적에 있다. 또 우리가 정통 기독교 파와 다른 점은 그 어떤 경우에도 인간 구원을 가장 중요하게 생각한다는 것이다. 우리는 상처 입은 모든 사람을 평등하게 돌보며, 그들에게 사랑과 헌신의 정신을 일깨워주기 위해 노력한다.[207]

평생을 어려운 사람들을 위해 헌신했던 윌리엄 부스는 83세 때 안질환으로 눈이 멀게 되었다. 아들 브람웰이 아버지를 바라보고 눈물을 흘리며 '아버지가 앞을 보지 못한다는 사실이 두렵습니다.'라고 말하자 부스는 아들의 손을 꼬옥 잡으며 말했다.

'이제 네 얼굴을 볼 수 없다는 뜻이로구나. 그러나 하나님은 새로운 계획을 준비하고 계실 것이다' 두 사람 사이에 한참동안 침묵이 흘렀다. 부스는 무언가를 곰곰이 생각하더니 밝은 표정으로 입을 열었다. '내가 두 눈을 가진 상태에서 이웃을 위해 봉사할 수 있는 일은 일단 끝났다. 이제부터는 두 눈이 없이 사람들을 위해 봉사할 수 있는 일을 찾아야지.'

윌리엄 부스는 매우 긍정적인 사람이었다. 그는 실명을 당하고도 결코 절망하지 않고, 오히려 그것을 통해 새로운 봉사를 다짐했다. 사실 우리의 주변을

---

207) 상게서, pp.52~55 참조.

돌아보면 감사할 것들이 정말 많이 있다. 단지 부정적이고 비관적인 생각들이
자신의 삶에 감사할 수 있는 조건들을 가로막고 있을 뿐이다.

'역경은 희망에 의해서 극복된다.'고 말했던 윌리엄 부스의 삶을 통해 주어진
환경에 감사하며, 나보다 어려운 사람들을 돌아보는 따뜻한 마음을 가져보는
것이 필요하다. 자신의 삶에 감사하느냐, 내가 갖지 못한 것을 부러워하며 원망
하고 비관적인 생각을 가지느냐 하는 것은 마음먹기에 따라 달라지는 것이다.
그리고 그 작은 마음가짐이 우리의 삶을 성공적이고 행복하게 이끌 수 있다는
것도 잊지 말아야 겠다.

3. 테레사(Teresa, 1910.8.27.~1997.9.5.)

우리 동시대의 인물 가운데 1997년 9월 5일(한국시간 6일) 세상을 떠난 마
더 테레사만큼 많은 사람들에게 정신적으로 큰 영향을 준 사람도 드물 것이다.
허물어진 나병환자의 손에 입 맞추며 악취 나는 그들의 몸을 씻어 주고 죽어가
는 에이즈환자를 끌어 안아주는… 끊임없이 자기를 내어주는 자기희생, 그칠
줄 몰랐던 마더 테레사의 그 사랑은 도대체 어디에서 온 것일까? '살아있는 성
인'이라는 말을 들었던 마더 테레사의 생애와 사상을 살펴본다.

(1) 마더 테레사의 생애

마더 테레사는 1910년 8월27일에 유고슬라비아의 한 평범한 농가에서 태어
났다. 태어날 때의 이름은 「아그네스 곤히아 브락스히야」(Agnes Gonxha Be
-jaxhiu)였다.

그녀의 가계는 알바니아에서 유고슬라비아로 이주해 온 농민 집안이었는데
생활은 여유가 있는 편이었다. 국립국민학교에 재학하는 동안 그녀의 가슴속에
는 신앙심이 무럭무럭 움텄다. 열두 살 때엔 어떤 신심회에 가입했는데, 학교는
비 가톨릭계였지만 이 신심회를 지도하는 신부가 있어서 많은 감화를 받았던
것 같다.

그 후 유고의 예수회에서는 인도선교를 위해 제1진을 1925년에 캘커타에 파
견한 바 있었다. 그때 한 회원이 벵골에서 네팔 인을 상대로 펼친 선교활동을

감동적으로 적은 편지를 자주 모국으로 보내주었으므로 그것이 신심회 회보에 실리기도 했다.

이 글을 통해서 어린 소녀는 장래에 종교적이고 교육적인 사회사업에 매진하는 사도직을 꿈꾸게 되었다. 성장해 가면서 자기도 어떻게 인도로 건너가 볼 수 없을까? 하고 수소문하던 차에, 마침 본부를 아일랜드의 더블린에 두고서 벵골에서 선교활동을 벌이고 있던 로레토 수녀회로부터 입회 권유가 왔다.

그녀는 이것을 첫 번째 하느님의 부르심으로 여기고 이에 순응하여 수녀회에 가입, 영어를 익힌 다음 수녀가 되는 수련을 밟고자 인도로 건너갔다. 나이 만 19세가 된 1929년 1월, 히말리야 산록에 위치한 다르엘령의 수도원이 첫 수련장이어서 거기에 체류케 되었다.

이로부터 만 2년의 수련기간을 거친 끝에 수녀가 되기 위한 첫 서약인 「유기허원」을 한 후 로레토 수도회에서 운영하던 캘커타 동부지역 엔탈리에 위치한 성 마리아 여고로 부임했다. 그곳에 재직하면서 6년 뒤인 1937년에 종신허원을 함으로써 신앙적으로 하느님과 영원히 결혼한 몸이 되었다.

36세 때이던 1943년은 그녀의 생애에서 하느님의 두 번째 부르심을 받은 특별한 해로 기록되어야 할 것이다. 그녀는 지난 17년간을 낯선 이국 땅, 그것도 이 지구상에서 가장 못사는 나라의 빈한한 대도시 캘커타의 가톨릭계 학교에서 지리학을 가르치며 수녀의 삶을 살아왔다. 이 동안에 학교장으로 봉직했는가 하면 학교와 밀접한 관련을 맺고 있던 인도 방인 수녀회인 성 안나 수녀회의 수련장을 맡기도 했다.

이따금씩 그녀는 캘커타 시 어느 곳에나 산재한 빈민촌을 두루 돌아볼 기회를 가졌었다. 그 참상은 이루 말할 수 없을 정도여서 먹을 것도 잠잘 곳도 없는 노인이나 병약자들이 밤사이에 층계나 남의 집 처마 밑에서 시체로 발견되는 게 예사였다.

상처 입은 여인은 환부에 구더기가 득실거린 채 숨을 헐떡이며 노변에 누워 있고, 서구화의 물결을 타고 성이 문란해진 청소년 계층의 무분별한 동거생활로 신생아들이 골목골목의 쓰레기통에서 수거되기가 일쑤였다. 이런 참상을 애타게 생각하던 그 해 9월 테레사 수녀는 피정을 받으러 다르엘링으로 가던 기차간에서 문득 하느님의 계시를 들었다. 테레사 수녀는 이것을 '부르심 속의 부르심'이라고 말했다. 그때의 기억을 이렇게 말한다.

'부르심이 뜻하는 것은 아주 단순했습니다. 내가 로레토 수녀원을 떠나야 한다는 것이었습니다. 모든 것을 버리고 하느님을 따라 가난한 사람들 속으로 들어가야 한다는 것이었습니다. 가난한 사람들 가운데서도 가장 가난한 사람들 속에 들어가 하느님을 섬겨야 한다는 것입니다. 나는 그것이 하느님의 뜻이라는 것을, 그리고 그 뜻에 따라야 한다는 것을 알았습니다. 그것은 명령이었습니다. 나는 무엇을 해야 하는지를 알았습니다. 그러나 어떻게 해야 하는지는 몰랐습니다. 나의 소명은 변함이 없었습니다. 하느님을 섬기는 데는 달라진 것이 없었습니다. 다만 주어지는 일이 달라졌을 뿐입니다. 가난한 사람들에게 봉사한다는 것이 달라졌을 뿐입니다.'

(2) 마더 테레사의 사역

테레사는 종신허원을 한 수녀였으므로 수도회를 탈퇴하기 위해선 교회법상 까다로운 절차를 거쳐야만 했다. 수도회 소속의 수녀가 바깥세계로 뛰어들어 봉사하는 재속수녀가 되려면 먼저 소속회 원장의 동의를 구해야 하고, 소속 교구인 캘커타 대주교에게 청원을 거쳐 최종적으로 바티칸 교황청의 허락을 얻어야만 한다. 그녀는 이 모든 과정을 거쳐 로레토 수도회 수도복을 벗고 빈민과 기아, 나환자들을 위해 봉사하는 「사랑의 선교회」 창설을 목적으로 홀로 거리를 향해 뛰쳐나왔다.

그녀는 앞날을 대비하여 3개월간 간호학을 배운 경험을 유일한 밑천으로 삼아 단신으로 1948년 12월 20일, 모티즈힐 빈민촌에 찾아갔다. 빈민가에 발을 들여놓은 첫날 테레사 수녀가 처음 만난 사람들은 어른들이었다.

그들은 이곳에 학교를 열고 싶다는 테레사 수녀의 계획을 기쁘게 받아들였다. 그리고 꼭 자녀들을 학교에 보내겠다고 약속했다. 그러나 테레사 수녀에게는 칠판도 분필도 살 돈이 없었고, 학생들 또한 공부에 필요한 것을 아무 것도 갖고 있지 못했다. 테레사 수녀가 모티즈힐을 찾은 둘째 날엔 이미 5명의 어린이들이 기다리고 있었다. 그녀는 웅덩이 근처의 나무 아래서 자신이 세운 최초의 학교를 열었다. 테레사 수녀는 당시의 모습을 이렇게 말해주었다.

'주운 조그만 나뭇가지로 땅바닥에 글자를 썼습니다. 어린이들은 허리를 굽혀 땅바닥을 들여다보고 있었습니다. 우리들의 학교는 이렇게 시작되었습니다.'

12월 28일, 학생 수는 이미 28명에 이르렀다. 1949년 1월 4일, 이 날엔 기쁜 일이 더 많았다. 3명의 교사가 돕고 싶다는 소식을 전해 왔고 학생들의 수도 56명으로 늘어났다.

그리고 '가난한 이들의 작은 자매회'가 운영하는 '성 요셉 노인의 집'에 임시 거처를 두고 모티즈힐과 틸잘라 빈민가에서 학교와 진료소를 열어 활동하고 있던 테레사 수녀는 자신이 살고 일할 독자적인 장소가 필요하다는 것을 절실히 느끼고 있었던 참에 1949년 2월 28일 크리크 레인 14번지에 있는 고메스의 집 3층으로 이사 가게 되었다.

크리크 레인으로 이사 온 지 3주가 지난 후 테레사 수녀는 최초의 협력자를 만나게 되었다. 옛날의 제자로 스바시니 다스(Subashini Das)가 찾아온 것이었다. 테레사 수녀는 당시 학생들에게 가난한 사람들을 돕는 봉사의 중요성을 가르치고 수업이 없는 토요일 오후에는 실제로 봉사활동 그룹을 만들어 실천하게 했다.

이 가르침에 따라 학생들은 병원에 가서 환자들을 돌보기도 하고 빈민가에서 어린이들에게 공부를 가르치기도 했는데, 스바시니 다스는 그런 제자들 중의 하나였다. 홀로 외롭게 일하던 테레사 수녀는 자신과 함께 생활하면서 일할 첫 입회자이며 협력자를 맞게 되어 큰 위로와 힘을 얻었다.

그리고 그로부터 며칠 후 또 한 사람의 협력자가 찾아왔고 테레사 수녀와 뜻을 함께 하는 자매들의 수가 마침내 10명이 되었다. 거의 모두가 성 마리아 학교의 제자들이었다. 테레사 수녀와 그 자매들은 가난한 사람들에게 먹을 것을 나누어주기 위해 식량과 음식을 구하러 다녔다.

마침내 1950년 초 페리에 대주교는 테레사 수녀가 이끄는 회의 활동을 승인하고 캘커타 대교구 산하의 새로운 수도회로 인가했다. 테레사 수녀와 그 자매들의 모임이 정식 수도회로 발족되기 위해서는 회헌이 필요했다. 테레사 수녀는 수도회의 이름을 '사랑의 선교회 (Missionaries of Charity)'로 정하고, 275조의 회헌을 마련하였다. 선교회의 목적을 다음과 같이 설명하고 있다.

'우리들의 목적은 십자가 위에 계신 예수님의 한없는 갈증을, 사람들의 사랑의 갈증을 풀어드리는 데 있다. 그러기 위해 우리는 복음의 권고를 지키며, 회헌에 따라 가난한 사람들 가운데서도 가장 가난한 사람들에게 마음을 다해 봉사한다. 우리는 물질적 정신적으로 가난한 사람들 가운데서도 가장 가난한 사람들의 고통스러운 모습을 취하신 예수님을 사랑하고 그 예수님에게 봉사하며 이들이 하느님 닮은 모습을 되찾도록 일한다.'

창립 이래 사랑의 선교회는 자신들의 목적을 잊지 않기 위해 이 말을 되새기고 있으며, 그래서 이 말은 선교회의 모원과 지원곳곳에 걸려 있다. 사랑의 선교회는 또한 일반 수도회들이 지키는 3가지 서원, 즉 '청빈'과 '정결'과 '순명'외에 하나의 서원을 더 했다. 그 4번째 서원은 '가난한 사람들 가운데서도 가장 가난한 사람들에게 마음을 다해 헌신한다.'는 것이다.

1950년 10월 7일 새로운 수도회 '사랑의 선교회'에 대한 로마 교황청의 인가가 내렸다. 테레사 수녀와 젊은 자매들은 더 없는 기쁨과 감격 속에서 이 소식을 들었다. '사랑의 선교회'의 회헌은 '총장'을 '마더(Mother)'라고 부르기로 했으므로 이날부터 '테레사 수녀'는 '마더 테레사'가 되었다.

현재 사랑의 선교회는 전 세계 123개국에 구호시설인 566개의 '집'을 운영하고 있으며, 이곳에서 4천 3백여 명의 수녀들이 구호봉사활동을 하면서 수도생활을 하고 있고, 그 밖에도 사랑의 선교회에서 자원봉사활동을 하고 있는 사람들이나 선교회를 여러 방법으로 돕고 있는 국제 협력자 조직의 회원까지 포함시킨다면 그 숫자는 엄청날 것이다.

지금 하는 일도 다양하게 확장되었다. 주일학교를 비롯하여 입원환자방문, 가정방문, 죄수 방문 등을 일상적으로 하고 있으며 의료 활동으로는 무료진료소의 운영, 나환자병원과 나환자들을 위한 재활 및 사회복귀 센터의 운영, 버려진 아이들, 장애아들을 위한 보육 및 보호시설, 의지 할 곳 없는 환자를 돌보는 진료시설과 죽음을 앞에 둔 사람들을 돌보는 '죽어 가는 사람들의 집'의 운영, 결핵환자와 영양실조에 걸린 사람들을 치료해 주는 치료 및 요양시설을 운영하고 있다.

이러한 사랑의 선교회의 활동 중에서도 특히 눈길을 끄는 것은 나병퇴치운동에서 거두고 있는 성과이다. 인도의 나환자 공동체인 샨티 나가르의 치료센터가 1990년 한 해에 활동한 결과를 다음과 같이 밝힌 바 있다.

1만 7천 6백 13명의 나병환자가 치료를 받았고, 966명의 나병환자가 입원했으며, 499명이 수술을 받았다. 재활센터에서 785족의 특제 구두를 만들어 냈으며, 35명의 환자가 의족을 맞추어 달았다. 나환자 가족 가운데 135명의 어린이가 '때 묻지 않은 어린이들의 집'(시슈 브하반)에 수용되었다. 2천 명이 매달 식료품 배급을 받았고, 4백 명이 매일 식사를 제공받았다.

사랑의 선교회는 1970년 이후부터는 알코올 중독자와 마약 중독자들을 치료하고 사회에 복귀시키는 치료센터를 여러 곳에 열었다. 특히 1980년대에 들어서는 현대의 나병이라고 불리 우는 에이즈환자들을 위해 활동을 시작했다.

오늘날 많은 사람들은 에이즈를 두려워한 나머지 그들과의 접촉을 피하고 있다. 사랑의 선교회는 1985년 뉴욕에서 에이즈 환자들을 위한 첫 번째 '집'을 연 이래 미국의 워싱턴 DC, 달러스, 불티모어, 샌프란시스코, 애틀란타 등지에도 에이즈 환자들을 위한 '집'을 열었다.

스페인, 포르투갈, 브라질, 온두라스, 그리고 아프리카에서도 에이즈 환자들을 위한 '집'을 열었다. 에이즈 환자의 대부분은 모든 희망을 잃어버린 사람들이었다. 그들은 사회로부터 거절당한 사람들이고 아무도 곁에 있으려 하지 않기 때문에 외롭고 마음에 많은 상처를 가지고 있었다.

이런 비참하고도 절망적인 상태에서 죽음과 맞선다는 것은 견디기 어려운 일이었다. 그래서 사랑의 선교회는 그들에게 가정 같은 분위기를 만들어 주려고 노력하며 그들과 함께 먹고, 함께 이야기하며, 함께 기도하고, 함께 놀았다. 마더 테레사는 에이즈 환자들이 선교회의 보살핌을 받으면서 어떻게 죽음을 맞고 있는가에 대해 이렇게 말했다.

'어쨌든 놀랍게도 우리가 돌보는 곳에서 절망한 채 죽는 사람은 하나도 없어요. 그들도 평화롭게 하느님과 함께 있습니다. 예전엔 달랐어요. 에이즈에 걸린 줄 알면 스스로 목숨을 끊는 사람들이 많았지요. 하지만 우리가 돌봐 주고 난 뒤부터는 자살한 사람이 하나도 없습니다. 그들도 아름답게 죽습니다.'

사랑의 선교회는 그때그때의 필요에 응하여 일을 시작한 것이기 때문에 앞으로도 그러한 필요를 만나면 그만큼 활동분야도 더 넓어질 것이다. 마더 테레사는 언젠가 이렇게 말했다. '가난한 사람이 있는 곳이라면 달에까지라도 찾아갈 것입니다.' 이 말을 통하여 사랑은 명사가 아니라 동사라는 사실을 테레사는 증명하고 있다.

(3) 사랑의 선교회의 활동
1952년 문을 연 '죽어 가는 사람들의 집'은 '사랑의 선교회'가 벌인 최초의 큰 일이었다. 마이클 고메스(Michael Gomes)는 이 새로운 일이 어떻게 시작되었는가를 다음과 같이 증언했다

'어느 날 우리들의 집 가까이 있는 캠프벨 병원(Cammpbill Hospital) 근처의 길가에서 한 남자가 죽어가고 있는 것을 보았습니다. 병원에 부탁해 보았지만 그 환자를 받아들여 주지 않았습니다. 할 수 없어 약방에 가서 약을 사 가지고 돌아와 보니 그는 죽어 있었습니다.'

개나 고양이도 이처럼 비참하게 죽지는 않았을 것입니다. '그들은 사람보다도 자기의 애완동물을 더 소중하게 여긴다.'고 마더 테레사는 감정을 억누르지 못하면서 말했습니다. 마더 테레사는 경찰 당국자를 찾아가 이런 비참한 실정을 호소했고, 그것이 결국은 '죽어 가는 사람들의 집'의 시작이었다.

인도가 분할된 후 캘커타에는 난민이 넘쳐 나고 수많은 사람들이 죽어갔다. 누구로부터도 버림받아 비참하게 죽어갈 수밖에 없는 사람들을 보면서 마더 테레사는 결심했다. '하느님께서 만드신 사람을 더러운 도랑 속에서 저렇게 비참하게 죽게 해서는 안 된다'고. 그래서 마더 테레사는 모티즈힐에 방을 빌려서 죽어 가는 사람들이 그곳에서 죽음을 맞이하도록 보살펴 주기로 했다.

이 집을 '니르말 흐리다이'(Nirmal Hriday), 즉 성모의 '순결한 마음의 장소'(Place of Pure Heart)로 이름 지었는데, 이 집을 다른 말로 '죽어 가는 사람들의 집'이라고도 했고, '칼리가트'라고도 했으며, '니르말 흐리다이'라고도 불리었다. '죽어 가는 사람들의 집'이 열린 초기에는 수녀들이 온갖 정성을 다 쏟아도 대부분의 사람들이 죽어갔다. 그러나 1955~56년쯤 되어서는 가까스로 반 수 정도가 살아남았고, 그 후에는 살아서 나가는 사람들의 수가 죽는 사람들을 넘어서게 되었다.

1955년 사랑의 선교회 본부에서 그리 멀리 떨어지지 않은 곳에 '니르말라 시슈 브하반'(Nirmala Shishu Bhavan, '때 묻지 않은 어린이들의 집'이란 뜻)을 열었다. '죽어 가는 사람들의 집'(니르말 흐리다이)을 연 지 3년 만이었다. 어린 아이들의 수는 집의 크기에 따라 다른데, 가장 적은 곳은 20여 명, 많은 곳은 2백 명에 이르렀다.

또한 마더 테레사는 나환자와 그 가족들이 치료도 받고 함께 일하며 자활하는 더욱 큰 공동체를 꿈꾸고 있었다. 그리고 그 꿈은 기적처럼 이루어졌다. 캘커타로부터 320km 떨어진 곳에 만들어진 '샨티 나가르(Shanti Nagar, 평화의

마을)'가 바로 그것이다.

샨티 나가르는 마더 테레사의 숭고한 정신을 살리기 위해 서 벵골 주정부가 1961년 약 14만 평방미터의 땅을 제공함으로써 본격 추진되었다.

마지막으로 인도에는 '제일 걸'(jail girl)이란 말이 있다. 감옥에서 구출된 소녀라는 뜻이다. 사랑의 선교회는 감옥에서 데려온 소녀들을 수용하여 그들에게 직업을 가질 수 있도록 훈련을 시키는 '샨티 단'(평화의 선물)도 열었다. 이 '집'은 캘커타에 있는 사랑의 선교회의 일곱 번째 '집'이었다.

4. 윌리암 크류스(William David Crews, 1944~)

윌리암 다윗 크류스 (William David Crews, 1944 ~) 목사는 1944년 영국에서 태어나 호주 NSW 대학교에서 AWA 장학생으로 전자공학을 공부하였다. 특히 그는 실리콘제조를 전공하여 AWA 마이크로 전자연구소에서 연구원으로 1971년까지 일하면서 순수 크리스탈 실리콘을 생산하기 위한 최초의 기계를 만들었다. 그는 중류계층의 집안에서 자랐으므로 집 없고, 가난한 사람 그리고 도움을 필요로 하는 아이들에 대하여 잘 몰랐다.

그는 1969년 후반에 처음으로 호주 Kings Cross에 있는 Wayside Chapel에 참석하였는데 그 곳에서 도움을 필요로 하는 사람들이 그렇게 많이 있는 줄은 미처 몰랐다. 당시 그 곳에서 담임 목회를 하였던 Ted Noffs 목사는 자주 이렇게 말하곤 하였다.

'만약 당신이 문제 해결의 부분에 서있지 않는다면, 그 때 당신은 그 문제의 부분일 수밖에 없다. (If you are not part of the solution, then you are part of the problem.)'

이 말은 빌 크류스에게 큰 감동을 주어 그는 문제해결의 부분에 서려고 결심하였다. 결국 빌 크류스는 Woolloomooloo-Kings Cross 지역에서 늙고 병들고 쓰러져 가는 사람들을 돌보는 자원 프로그램에 참석하였다. 이 일을 하는 동안 그는 종교적인 큰 체험을 하게 된다.

그는 뭔가 생애에 무엇을 해야만 할지 그리고 자신의 일생에 무엇이 일어날 것인가에 대하여 내적인 음성을 들었던 것이다. 자신이 하고자 하는 일은 결코 쉬운 일이 아니며, 자신의 일생에 고통을 겪게 될 수도 있다는 것이다. 그러나 만약 자신이 그 내적인 음성이 말하는 것을 진실로 받아들인다면 좋은 일이 일어날 것이라고 확신하였다.

1971년에 그는 세상 일하는 것을 중지하고, Wayside Chapel에서 일하게 되었고, 또한 24시간 긴급 구조 센터 팀의 구성원이 되었다. 1972년에는 그 긴급 구조 센터의 책임자가 되었고, 1983년까지 Wayside Chapel의 모든 사회복지 프로그램을 지휘하였다. 그 때에 그는 호주에 입양된 아이들과 그들 부모들과의 재결합 프로그램을 최초로 추진하였고, 또한 자녀들을 학대하였던 부모들을 돕는 프로그램을 최초로 시작하였다.

뿐만 아니라 그는 호주에서 최초로 청소년 피난민을 위한 기관을 설립하였다. 1973년에 그는 NSW주 마약 알코올 중독 예방국의 위원이 되었고, 마약중독자 재활 및 교육 프로그램을 NSW주에 설치하는 데에 적극적으로 앞장섰다. 1978년 초에 인명구조 교육센터(Life Education Centre)를 설립할 때, Ted Noffs 목사와 함께 일하였다. 인명구조 교육센터는 점점 성장하여 현재 호주, 홍콩, 태국, 뉴질랜드, 영국과 미국 전역에 걸쳐 설립되었다. 그는 13년간 Wayside Chapel에서 일하면서 많은 것을 배웠다.

마침내 1983년 후반에 그는 호주연합교단 소속 연합신학교(United Theo-logical College)에서 신학을 공부하기 위하여 Wayside Chapel을 떠났고, 1986년에 신학학사를 취득하였다. 1986년에 목사안수를 받고 호주 에쉬필드 연합교회의 목사로 임명되었다. 당시 그 교회의 형편은 무척 어려웠다. 그는 곧바로 사람들을 돕기 위한 두 가지 일을 추진하였다.

하나는 'Ice Breakers'라고 불리 우는 프로그램으로 그것은 혼자 사는 사람들을 돕기 위하여 친구가 되어주는 것이고, 다른 것은 마약중독으로 죽은 사람들의 가족들과 부모들을 위한 프로그램이었다. 이 두 프로그램은 매우 성공적이었고 자신은 무척 바빠졌다. 교회의 문을 개방하게 되니 점차 독거인들이 몰려들기 시작하였고, 그들이 배고프다는 것을 알고 매주 월요일 밤 식사제공을 시작하였다. 그러자 어떤 이들은 돈을 제공하고, 어떤 이들은 음식을 제공하였다. 매우 짧은 기간에 80여명의 단골 고객이 생기게 되었다.

어느 날 경마경기에서 행운을 얻은 사업가, John Singleton씨가 그에게 전화를 걸어 그 얻은 돈을 기부하겠다는 것이었다. 그래서 그는 1989년에 집 없는 사람들을 위하여 무료급식소(Loaves & Fishes free restaurant)를 시작하였다. 동시에 약 60여명의 집 없는 아이들을 교회에서 잠재워 주었다.

이것을 계기로 1989년에 에쉬필드에 집 없는 사람과 버려진 청소년과 소외받는 사람들을 위하여 Exodus 재단이 설립되었다. Exodus 재단은 2006년 현재 매일 200명에게 아침식사를 제공하고, 400여명의 굶주린 사람들에게 점심을 제공하는 무료식당을 운영하면서 적당한 복지 보조프로그램과 식사제공, 상담, 예배, 사회 복자사들이 하는 일들과 같은 보조 서비스를 제공하고 있다. 특히 기초 건강검진 서비스와 치과 및 안과의 치료를 제공하고 있다.

한편 크류스 목사는 1994년에 집 없는 아이들을 위한 교육을 추진하기로 결심하고, 1996년에 Exodus 재단은 학교수업을 따라갈 수 없는 청소년 혹은 낙제생을 도와주는 보충학습센터(Exodus Tutorial Centre)을 시작하였다. 2000년에 크류스 목사는 건강과 교육 프로그램 개발에 상당한 기준을 마련하였고, 무료 식당의 고객들에 대한 건강검진과 보충교육센터에서 실시하는 교육프로그램 연구를 분리하였다.

그 후 2002년 9월 26일 목요일에 Exodus House를 시작하였는데, 그 목적은 피난민으로 거주하는 자들과 정규교육서비스를 받지 못하는 청소년들을 위한 교육서비스를 제공하는 것이었다. Exodus House는 14세에서 17세까지 15명의 청소년들에게 학교졸업장을 받도록 기회를 제공하였고, 그들 스스로 미래를 개척해 나갈 수 있는 비전을 제시하여 주었다.

1996년에 문을 연 후 2002년까지 약300여명의 어린이들이 보충학습 프로그램을 성공적으로 완성하였으며, 2006년 9월까지 매년 72명의 학생들이 공부하여왔다. 또한 사회복지 서비스의 일환으로 한쪽 다리로 올림픽 성화 릴레이와 척추장애인 성화 릴레이를 하는 사람들을 위하여 그는 올림픽경험을 갖지 못한 사람들에게 수백 장의 티켓을 나누어 주었다. 크류스 목사는 사회를 긍정적으로 살아갈 수 있도록 그들에게 실제적인 동기를 부여하여 주었다

크류스 목사는 국제 로타리 재단에서 수여하는 폴 하리스 상을 수상하고, 1992년에 그 해의 박애주의 아버지로 선출되었다. 1998년 2월에 그는 생존하는 보물 100명에 포함되었고, 그리고 1999년에 집 없는 청소년에 대한 그의 사역으로 인하여 호주 질서 도덕상을 수상하였다.

그는 지역사회에 대한 그의 기여로 2001년 에쉬필드의 명예시민이 되었으

며, 호주 라이온 재단으로부터 2001년 6월 30일에 최고의 영예로운 'William R. Tresise Fellowship Award'를 받았다. 또한 2001년 11월 17일 그는 NSW 대학교로부터 영예로운 동문상을 수상하였다. 2006년에 크루스 목사는 연방정부 지역사회관계위원회(DCRC)와 NSW주정부가 지원하는 반인종차별 및 정의로운 호주 프로젝트의 의장이었고, 피난민 프로그램의 실질적 후원자이었다.

2002년 8월 그는 매주 주일 밤 시드니 라디오방송국 2GB-873의 토크 쇼에 소개되었다. 그의 사상은 교회가 예배당을 단순히 필요로 하는 사람들에게 문을 여는 것에서 벗어나, 지역사회 주민들과 함께하는 봉사의 장으로 나아가야 한다는 것이다. 1996년부터 2014년까지 Exodus (MULTILIT와 협력)는 Ashfield, Redfern, Coen (퀸즐랜드) 및 Darwin (노던 테리토리)에 튜토리얼 센터를 두고 불우한 초등학교 어린이들에게 무료 교정 독서 교육을 제공하는 문해력 프로그램을 운영했다. NSW 주 정부는 2014년 9월 30일에 이 프로그램에 대한 자금 지원을 종료했고, Ashfield와 Redfern 센터는 그 직후 문을 닫았지만, 불우 이웃을 돕는 'The Bill Crews Charitable Trust'는 계속해서 북부 테리토리의 원주민 학생들을 대상으로 문해력 프로그램을 운영하고 있다. 크루스는 워릭 모스 감독의 2020년 다큐멘터리 영화 A War of Compassion 의 주제 인물 이었다.

제 3 절 정부복지 사상과 실천 사례

마크 트웨인(Mark Twain)은 미국 경제가 급속한 발전을 이루며 고삐 풀린 자본주의가 기승을 부리던 1865년부터 1890년까지의 기간을 가리켜 '도금 시대'라고 일컬었다. 이 당시에는 '강도귀족'으로 일컬어지던 전설적인 기업가들이 줄줄이 배출되었으니 철강 분야의 카네기(Andrew Carnegie), 석유 분야의 록펠러(John Davison Rockefeller), 철도 분야의 굴드(Jay Gould), 금융 분야의 모건(John Pierpont Morgan)이 대표적이었다. 이 가운데서도 대중에게 가장 잘 알려진 인물은 아마도 록펠러와 카네기이다. 록펠러는 사상 최대의 악덕 자본가로 폄하되기도 하지만, 가장 열심히 돈을 벌어서 가장 많은 기독교 사회적 기업을 하였던 사람이었다고 볼 수 있다. 그런데 비하여 카네기는 갖가지 자선활동 덕분에 비교적 긍정적인 이미지를 지니고 있다. 물론 홈스테드 학살 사건에서 볼 수 있다시피 카네기에게도 악덕 자본가로서의 면모는 분명히 있었다. 평소에도 워낙 인색한 성격이었던 카네기는 갖가지 이유를 들어가며 임금을 삭감했으며, 한편으로 자사 노동자의 개별 임금 인상보다는 차라리 공익을 위한 기부 행위가 더 바람직하다는 식의 지론을 펼치곤 했다. 즉 내가 가진 부는 어디까지나 내 능력의 결과이므로, 인류 전체를 위한 기여라면 몰라도 무능한 개인에게는 베풀지 않겠다는 사고방식이었다. 이런 사고방식은 카네기의 친구이며 당대에 큰 영향력을 발휘했던 허버트 스펜서의 사회다원주의에서 비롯된 것으로 평가된다. 그러나 록펠러와 카네기는 청부복지사상에 기초한 기독교 사회복지 실천가로써 빼 놓을 수 없는 사람이다. 또한 21세기의 기독교 사회복지 실천가로는 빌 게이츠(William H. Gates)와 워렌 버핏(Warren E. Buffett)이 대표적이라고 볼 수 있다.

1. 록펠러 (John Davison Rockefeller, 1839.7.8~1937.5.23)

(1) 인생

미국 사회의 전설적인 가문인 록펠러가의 시조인 존 데이비슨 록펠러는 켈리포니아에서 금광이 발견되어 이주민들이 몰려들던 서부 시대의 개막 10년 전인 1839년 7월 8일 뉴욕 북부 리치포드에서 부자도 가난하지도 않은 평범한 집안에서 태어났다. 아버지는 윌리엄 에이버리 록펠러, 어머니는 일라이지 데이비슨 록펠러다. 어린 시절 간혹 떼돈도 벌어오는 아버지의 모습을 보면서 성장한 록펠러는 돈에 대해서는 어려서부터 남달랐다. 지금까지도 자기 개발서의 원조가 되기도 하는 그의 근검절약, 시간절약, 성공의 지름길과 같은 이야기와 잠언들은 모조리 돈에 대한 이야기이다. 그가 돈에 대해 남긴 감동적인 일화들도 인터넷 공간에 차고도 넘친다. 이러한 그의 인생에 결정적인 순간은 1855년 클리블랜드의 센트럴 고등학교를 졸업하고 9월 26일 '휴이트 앤드 터틀'에 경리과 직원으로 입사해 '회계장부 A'를 기입하면서부터 시작되었다. 이 회사는 곡물과 여타 상품의 위탁판매와 생산물 하송도 담당하는 업체였다. 록펠러는 첫 직장에 취업한 9월 26일을 그의 두 번째 생일로 기념한다. 훗날 대성한 록펠러는 매년 이 날이 되면 '자신의 영지'에 깃발을 올리고 그 때의 일을 축하했다. 이 지역을 지나가다 운전사에게 차를 세우게 하고 록펠러는 살짝 눈물을 머금은 얼굴로 이렇게 말했다고 한다. "봐! 저기 장방형의 건물 좀 보라구. 내가 저기서 주급 4달러로 처음 일을 시작했지."

그의 회계장부는 그의 인생 그 자체였다. 록펠러처럼 성공하고 싶다면 그의 '회계장부 정신'을 일단 배워야 한다. 록펠러 가문의 평전인 「록펠러 가의 사람들」에 이런 문장이 나온다. "그는 하루도 빼놓지 않고 장부를 기록했으며, 한 푼도 소홀히 하지 않고 수입과 지출금, 저축과 투자금, 그리고 사업과 자선금의 내역을 작성해 나갔다. 매주 그는 싸구려 하숙집의 집세로 1달러를 지불하는 것 외에도 소액기부 모임에 75센트를, 그리고 이리 스트리트 침례교회의 주일학교에 5센트, 빈민구제 활동에 10센트, 해외선교 활동에 10센트를 헌금했다." 그는 4달러 주급 시절부터 기독교 정신의 핵심인 십일조, 즉 자신의 수입의 10%를 헌금으로 평생을 낸 독실한 신자였다. 또한 미국 사회에 엄청난 기부금을 선사한 자선 사업가이기도 했다.

록펠러가 20세기 초 '미국의 석유 왕'이라고 불리기 전까지 그의 행보는 현대의 어떤 기업들도 흉내 내기 힘든 대단한 사건들의 연속이었다. 그는 1878년 4월, 미국 전체의 정유 능력에 해당하는 연간 360만 배럴을 차지하고 있었다. 이미 1881년 록펠러는 미국에서 생산되는 석유의 95%를 손에 쥐고 있었다. "신대륙이 개척되기 시작했을 때, 영국 여왕이 개인에게 독점 사업권을 하사했던 때를 제외하곤, 이 땅에 이런 절대적인 독점은 존재하지 않았다"고 한다. 재산 가치는 현재의 빌 게이츠의 3배 정도라고 한다. 그리고 엄청난 기부금을 낸 자선 사업가이다.

어떻게 이런 어마어마한 부를 축척할 수 있었을까? 우선은 석유다. '쥬라기 공룡'의 시체가 땅 속에서 수만 년 동안 썩어 만들어진 석유. 이미 현대인들의 산소, 공기와 같은 이 연료가 산업화 시대에 들어서면서 록펠러를 공룡 기업인으로 만들어 주었다. 고래 기름으로 등잔을 밝히던 시대에 태어난 록펠러는 석유를 원료로 하는 내연기관이 필요한 시대를 살았으니 그의 사업은 번창할 수밖에 없었다. 우선 시대를 잘 타고난 거인이라기보다는 오히려 보이지 않는 손에 의하여 부를 관리할 수 있는 탁월한 능력이 그에게 있었다. 그것이 무엇인가? 그가 진정으로 회심하기 전까지 그의 삶을 살펴보면 너무나도 세속적이었다.

　록펠러만이 석유 사업을 한 것은 아니다. 당대의 그 수많은 석유업자들은 모두 록펠러의 희생양이었다. 미국이라는 거대한 나라에서 생산되는 석유의 95%나 독점한 록펠러는 기업인으로서 무자비한 사람이었다. 말 그대로 '피도 눈물도 없이' 타 기업을 흡수·통합하고, 돈 되는 일이라면 무엇이든지 하는 악덕 재벌기업의 전형이었다. 오늘날에도 문제가 되는 정경유착, 무자비한 기업 인수, 문어발식 회사 확장 등 록펠러는 회계 장부를 들고 섬세하고 꼼꼼하게 대차대조표를 작성하며 돈을 벌기 위해서는 수단과 방법을 가리지 않았다. 그의 손에 무너져 버린 수많은 정유회사와 경쟁자들은 이를 갈았지만 록펠러는 신경 쓰지 않았다. 언제나 단정하고 엄정한 눈빛으로 적들을 관대하게 바라보면서 '석유왕'의 품격을 잃지 않았다. 그렇게 재산을 증식했다. 어떤 기독교인은 그의 재산에 대해서, 아담이 낙원에서 추방된 직후부터 매일 500달러씩 저축을 해도 아마 록펠러의 재산만큼은 안 될 것이라고 주장했다.

　20세기 초, 거금 10만 달러의 기부금을 낸 록펠러에게 한 목사가 록펠러의 이 돈은 '더러운 돈'이라면서 설교를 했다. '더러운 돈'이 그 사회의 유행어가 되어 버렸다. 록펠러는 그 기부금을 내던 시절만 해도 '이 시대 최고의 범죄자'라는 비판을 들어야만 했다.

　결국 록펠러는 이러한 엄청난 부를 사회에 반드시 환원해야만 했다. 돈이 눈덩이처럼 불어나 어쩌면 그 눈덩이에 록펠러가 깔려 죽어버릴 수도 있었다. 이때 프레데릭 게이츠 목사가 혜성처럼 나타나 그의 재산을 자선사업에 유용하게 쓸 수 있도록 도와주었다. 게이츠 목사는 록펠러 이름을 딴 자선단체를 설립하고, 미국 최초의 의학 연구소인 록펠러 의학 연구소(손자에 의해 훗날 록펠러 대학으로 개편), 교육사업 등을 통하여 실추된 이미지의 록펠러를 자비로운 자선사업가의 모습으로 대중에게 부각시켜 주었다. 97년을 살다 간 만년의 록펠러는, 그를 증오하던 세대가 하나 둘 세상을 떠나면서, 새로운 이미지로 미국의 존경받는 인물이 되었다.

　한편 게이츠 목사는 탁월한 사업 감각으로 록펠러의 재산을 사회에 환원하면서도 당시 카네기가 주도권을 쥐고 있는 철강 사업에도 손을 뻗어 재산을 늘렸다. 록펠러에게는 정말 신이 내려준 존재와 같은 인물이었다. 그가 사람 쓰는 법은 이렇다. "내가 바라는 것을 해낼 수 있는 사람을 찾아내서 모든 것을 맡겨라." 게이츠 목사 이외에도 그를 비방하던 많은 적들이 록펠러 밑으로 들어와 가장 충직한 사업가로서 활동했다. 록펠러는 엄청난 재산을 기부와 사회산업에 쏟아 부었다

록펠러의 시간은 바로 돈이었다. 그 정신으로 근 100년 동안 돈을 벌었고, 평생 동안 많은 재산을 사회에 기부했다. 록펠러는 1937년 5월 23일에 97세를 일기로 눈을 감을 때까지 부에 관한한 개인이 보여줄 수 있는 최고의 정점을 보여주었다. 장례식은 25일에 리버사이드 교회에서 치루었다. 이 장엄한 날, 전 세계의 스텐더드 오일 계열사에서 5분간 일손을 놓고 20세기에 누구보다도 활활 타올랐던 석유 왕을 추모하였다. 죽기 얼마 전에 그는 간신히 입술에서 새어나오는 힘든 목소리로 "스텐더드 오일에게 축복을, 우리 모두에게도" 라고 말했다.

록펠러는 석유 세상을 움직이는 왕이었다. 이 말은 자본의 왕이라는 말과도 상통했다. 그리고 그는 엄청난 재산을 기부와 사회사업에 쏟아 부었다. 비판자들이 비아냥거려도 독실한 기독교 정신을 가지고 그의 방식대로 성경을 읽고 사랑을 실천한 신자였다. 존 웨슬리의 말과 같이 "열심히 벌어라. 열심히 저축하라. 그리고 주님을 위하여 원 없이 쓰라."는 의미를 깊이 새기게 하는 교회복지실천가였다.

(2) 회심

록펠러는 33세의 젊은 나이에 백만장자가 되었고, 43세에 미국의 최대 부자가 되었으며, 53세에는 세계 최고의 갑부가 되었으나, 그에게는 행복이 없었다. 록펠러는 머리카락과 눈썹이 빠지고 몸이 초췌하게 말라가는 이상한 병에 걸렸고, 설상가상으로 그의 나이 55세에 이르러서는 의사로부터 이제 1년 이상을 살지 못한다는 사형선고를 받게 되었다. 하루는 최후 검진을 받기 위해서 휠체어를 타고 병원에 가서 진찰 순서를 기다리는데 병원 로비에 걸린 액자가 눈에 들어왔다. 거기에는 사도행전 20장 35절의 말씀이 쓰여 있었다.
"주는 것이 받는 것보다 복이 있다."
그 글을 보는 순간 록펠러의 마음에는 전율이 생기고, 두 눈에서는 하염없이

눈물이 흘러 내렸다. 록펠러는 지그시 눈을 감고 깊은 생각에 잠겨 있었는데 바로 그 때 저만치서 병원 직원과 어떤 부인이 딸의 입원비 문제로 다투는 소리가 들렸다. 병원 직원은 입원비가 없으면 입원을 할 수가 없다는 주장이고, 부인은 우선 입원해서 치료를 해 주면 돈은 벌어서 갚겠다는 것이었다. 록펠러는 비서를 시켜서 아무도 모르게 대신 병원비를 지불해 주었고, 자신이 은밀하게 도왔던 그 소녀가 회복되는 모습을 지켜보면서 인생의 진정한 행복을 깨닫게 되었던 것이다.

그날 이후로 나눔의 삶을 살았던 록펠러는 자서전을 통하여서 자신의 인생을 이렇게 회고한다. "저는 그 날 까지 살아오면서 그렇게 행복한 삶이 있다는 것을 알지를 못했습니다." "저는 인생의 전반기 55년은 쫓기며 살았습니다. 그렇지만 후반기 43년은 행복가운데 살았습니다." 그렇게 나누며 베푸는 삶을 살았을 때에 하나님께서는 록펠러의 병을 회복시켜 주셨고, 세계 최고의 갑부로 98세의 장수의 복을 누리게 해 주셨다.

2013년 8월 19일자 'Time' 지에 "페이스북의 공동설립자이자 CEO, 전 세계 자산순위 52위의 주인공인 마크 주커버그(Mark Zuckerberg, 본명 Jacob Greenberg Grandson of David Rockefeller)가 록펠러 가의 사람으로 밝혀졌습니다. 정확히 말하자면 데이비드 록펠러의 손자(Grandson of David Rockefeller)로 밝혀진 것입니다."라고 보도 되었다. 결국 록펠러는 자손의 대에 이르기까지 부의 축복을 받았다.

(3) 교훈

그는 충직한 사람이었다. 어머니와의 약속을 평생 지키려고 노력하였고 어머니의 유언을 평생 마음에 새기면서 신앙을 지켜나갔던 사람이다. 그는 어머니와의 세 가지 약속을 굳게 다짐하였다.

첫째, 십일조 생활을 해야 한다. 어머니는 어려서부터 교회를 데리고 다녔고, 용돈 20센트 중 십일조 헌금 습관 가르쳤다. 그리고 록펠러는 사업에 대한 모든 비전을 기도 중에 얻었고 십일조를 생활화하였으며 어머니로부터 철저한 십일조 교육으로 세계 최고 부자가 된 후에도 변함없이 준수하였다.

둘째, 교회에 가면 맨 앞자리에 앉아 예배를 드려야 한다. 어머니는 언제나 록펠러를 데리고 40분 일찍 교회에 나가 맨 앞자리에 앉아 예배를 드렸고, 목

사님의 설교 말씀에 더 많은 은혜를 받아야 한다고 항상 강조하였으며, 어머니
는 맨 앞자리를 가장 큰 축복의 자리로 생각하였듯이 록펠러도 그렇게 생각하
였다.

셋째, 교회 일에 순종하고 목사님의 마음을 아프게 하지 말라. 록펠러는 어머
니의 가르침에 따라 하나님께 많은 물질을 드리게 되었고, 그는 20년 30년 후
에 그것이 반드시 어마어마한 결실을 맺는다는 것을 확신하였으며, 이런 하나
님의 경제학을 록펠러는 철저히 어머니로부터 배웠던 것이다. 그의 어머니의
유언은 다음과 같다.

"1. 하나님을 친 아버지로 섬겨라 2. 목사님을 하나님 다음으로 섬겨라 3. 오
른쪽 주머니에는 항상 십일조를 준비해라 4. 누구도 원수를 만들지 말라. 5. 예
배드릴 때에는 항상 맨 앞자리에 앉아라. 6. 남을 두울 수 있으면 힘껏 도와라.
7. 주일예배는 꼭 본 교회에 가서 드려라 8. 아침엔 가장 먼저 하나님 말씀 읽
어라. 9. 잠들기 전 반드시 하루 반성하고 기도해라 10. 항상 아침에는 그날의
목표를 세우고 하나님 앞에 기도를 드려라."

2. 카네기(Andrew Carnegie, 1835.11.25 ~ 1919.8.11)

(1) 인생

앤드류 카네기는 1835년 11월 25일, 스코틀랜드의 던펌린에서 수직공(手織
工)의 아들로 태어났다. 그의 부친은 수동식 직조기를 이용하는 작은 가내 공장
을 운영했는데, 1847년에 증기식 직조기가 도입되면서 하루아침에 생계가 어
려워지고 말았다. 급격히 가세가 기울면서 앤드류는 일찌감치 세상 물정에 눈
뜨게 되었고, 어린 나이에도 불구하고 어서 돈을 벌어 가난을 벗어나야겠다고
결심했다.

이듬해 1848년에 카네기 일가는 결국 고향을 떠나 이민선에 몸을 실었고, 미
국에 도착해서는 친척이 사는 펜실베이니아 주(州) 앨러게니(지금의 피츠버그)
인근에 정착했다. 당시 13세였던 앤드류는 주급 1달러 20센트를 받고 면직물
공장에 들어가 일했으며, 다른 공장으로 자리를 옮긴 뒤에는 운 좋게 공장주의
눈에 들어 사무 보조도 담당한다. 16세 때인 1851년의 앤드류 카네기는 주급

2달러 50센트를 받는 전보 배달원, 그 후 전신기사 등의 여러 직업에 종사하다 43세 때인 1878년의 앤드류 카네기는 미국 최대의 강철 공장을 설립한 백만장자이며 '강철왕'에 등극해 있었다.

1886년에 카네기는 세상에서 가장 가까웠던 두 사람을 잃는다. 남동생과 어머니가 불과 한 달 사이에 장티푸스로 나란히 세상을 떠났던 것이다. 30년 넘게 홀어머니를 모시고 독신으로 살면서 효자 노릇에만 전념했던 앤드류 카네기의 삶은 프로이트가 이야기한 오이디푸스 콤플렉스의 전형적인 사례라 할 만하다. 어머니의 그늘에서 벗어난 직후인 1887년에야 52세의 앤드류 카네기는 29세의 루이즈 휘필드와 결혼하고, 62세 때인 1897년에야 외동딸 마거릿을 낳는다. 결혼 이후부터 카네기는 일선에서 한 발 물러나 한 해의 절반가량은 고향 스코틀랜드에 머물곤 했다.

1901년 카네기는 카네기철강회사(뒤에 카네기회사로 개칭)를 모건계(系)의 제강회사와 합병하는데, 이 합병을 계기로 카네기는 실업계에서 은퇴하고, 교육과 문화사업에 몰두하였다. 카네기공과대학(현 카네기멜론대학)·카네기교육진흥재단에 3억 달러 이상을 투자하였다. 인간의 일생을 2기로 나누어, 전기에서는 부(富)를 축적하고, 후기에서는 축적된 부를 기독교사회복지를 위하여 투자하여야 한다는 신념을 지니고 있었으며, 이를 실천한 위대한 인물이었다. 저서에 《승리의 민주주의 Triumphant Democracy》(1886) 《사업의 왕국 The Empire of Business》(1902) 《오늘의 문제 Problems of Today》(1908) 등이 있다.

(2) 신념

카네기는 학력이라곤 던펌린 시절 초등학교를 다닌 것이 전부였지만, 사회생활 초기에 카네기는 남다른 근면과 성실을 발휘하여 상사의 호감을 샀으며, 간혹 찾아오는 행운의 기회를 놓치지 않고 최대한 이용했다. 전신국에 전보 배달원으로 취직하자마자 어깨너머로 전신 업무를 익혀 두었다가, 담당자가 자리를 비운 사이에 능숙하게 업무를 대신해 상사에게 인정받고 정식 전신기사가 된 사례가 대표적이었다. 1853년에 카네기는 전신국의 단골손님인 펜실베이니아 철도회사의 피츠버그 지부장 토머스 스콧에게 스카우트된다. 스콧은 철도 업무뿐만 아니라 투자에 관해서도 조언하는 등, 카네기에게 더 큰 기회로 통하는 문을 열어준 일생일대의 은인이었다. 1855년에 부친이 사망하자 앤드류 카네기는 20세에 집안의 가장이 되었다. 카네기는 자기보다 더 우수한 사람을 어떻게 다루는지 알았던 사람이었다.

카네기는 한창 사업 확장에 분주했던 1868년, 나이 33세 때에 이미 은퇴 계획을 세운 바 있었다. 35세에 은퇴하고 생활비 연 5만 달러를 제외한 나머지 수입은 모두 자선사업에 쓰겠다는 계획이었다. 실제로 그의 은퇴는 계획보다 30년이 늦은 1901년에야 이루어졌지만, 지연된 햇수에 걸맞게 자선사업에 쓸 돈은 크게 늘어나 있었다. 당시의 4억 8천만 달러는 2000년대 중반의 가치로 대략 100억 달러가 넘는다. 이후 카네기는 여러 분야의 자선사업을 관장할 기구를 조직해서, 1902년에 카네기 협회, 1905년에 카네기 교육진흥재단, 1910년에 카네기 국제평화재단, 1911년에 카네기재단이 설립된다.

제1차 세계대전이 발생한 1914년에 카네기는 '자서전'을 완성했고, 5년 뒤인 1919년 8월 11일에 매사추세츠 주 세도브룩의 자택에서 사망했다. 그가 말년에 보유했던 4억 8천만 달러의 재산 가운데 약 4분의 3에 해당하는 3억 5천 달러는 이미 사회에 환원된 다음이었다. 그의 유해는 뉴욕 주 태리타운의 슬리피할로 묘지로 옮겨져 매장되었는데, 이곳은 그가 좋아했던 미국 작가 워싱턴 어빙의 무덤이 있는 곳이기도 했다. 묘비에는 생전에 그가 좋아하던 다음과 같은 문구가 적혀 있었다. "자기 자신보다 더 우수한 사람을 어떻게 다루어야 하는지 알았던 사람이 여기 누워 있다."

(3) 위기대처 능력과 평가

카네기를 이야기할 때마다 반드시 언급되는 악명 높은 '홈스테드 학살 사건'도 이 즈음에 벌어졌다. 1892년 6월에 카네기의 소유인 홈스테드 제강소에서 임금 협상 문제로 노사 갈등이 첨예화되었다. 카네기의 동업자이며 회사의 2인자였던 헨리 클레이 프릭은 공장 폐쇄라는 일방적인 조치를 감행했고, 이에 반발한 노동자들이 공장을 점거하며 사태가 악화되었다. 프릭은 공장을 탈환하기 위해 경비 용역업체인 핑커턴 회사 소속의 사설 경비원을 수백 명 투입했다. 그 와중에 경비원과 노동자 간에 충돌이 빚어져 10명의 사망자와 수백 명의 부상자가 발생했으며, 결국 주 방위군이 투입되어서야 사태가 진정되었다. 이 사건은 록펠러 소유의 러들로 광산 학살사건과 함께 미국 역사상 최악의 노동 탄압

사건 가운데 하나로 평가된다. 얼마 뒤에 한 아나키스트가 헨리 클레이 프릭을 암살하려다가 실패함으로써 여론은 오히려 회사 측에 유리하게 돌아갔다.

하지만 사태를 수수방관했다는 비난이 빗발치면서, 이전까지만 해도 정직한 기업가이며 노동자의 벗으로 행세했던 카네기의 이미지에는 타격이 불가피했다. 1892년에 카네기는 기존의 철강 관련 사업체를 하나로 묶어 카네기 철강 회사라는 트러스트를 결성한다. 이 회사는 한때 미국 철강 생산의 4분의 1을 차지할 정도로 막강한 위력을 행사했다.

그로부터 10여 년 뒤인 1901년에 카네기와 모건의 유명한 '빅딜'이 벌어졌다. 일설에 따르면 카네기 철강 회사에서 사업을 확장해 완제품 생산까지 노리자, 당시 2위 철강 업체의 소유주였던 모건이 과당 경쟁을 우려한 나머지 매각을 제안했다고도 한다. 또 카네기가 이에 적극적으로 응했던 까닭은 은퇴에 대한 열망뿐만 아니라, 한편으로는 너무 비대해진 사업을 정리하는 문제로 내심 고민하던 까닭이었다는 해석도 있다. 결국 카네기는 4억 8천만 달러에 회사를 매각했고, 이후 모건은 다른 철강 회사까지 포함하여 자본금 14억 달러의 세계 최대 철강회사 유에스 스틸을 설립한다.

"카네기는 비범한 지성, 스코틀랜드인다운 실용성, 활력, 엄청난 매력, 거래에 대한 예리한 본능 등 모든 사람을 능가하는 아주 뛰어난 재능을 지니고 있었다." 도금시대의 거물 기업인에 관한 저서에서 찰스 R. 모리스는 이렇게 평한다. "(동시에) 카네기는 (...) 어떤 짓을 해서라도 상대를 지배하려는 성격이었다. 아주 매몰찬 사람이었지만, 어떤 이유에서인지 마치 자신의 본분이 사회복지 사업이라도 되는 듯 늘 인도주의적 이상가로서 버젓이 행세했다. 세계 최고의 강철왕이 되어서도 여전히 노동자에 대한 요구 강도를 높이고, 그들의 봉급을 삭감하면서도 친(親)노동자 성명을 발표하고 측근의 아첨을 받았다."

평화주의자로 자처하면서도 돈벌이의 기회 앞에서는 이런 이상을 종종 망각했던 카네기의 모순적인 행보도 같은 맥락이었는데, 그중 한 번은 미국 정부에 납품한 군용 강철 제품 가운데 일부가 불량품이라는 사실이 폭로되어 망신을 당하기도 했다. 반면 카네기의 전기를 쓴 레이몬드 라몬 브라운은 보다 조심스러운 평가를 제안한다. "한 가지 더 강조하고 싶은 것은 18세기의 스코틀랜드인다운 사고방식으로 19세기를 살았던 그를 사람들이 섣불리 21세기의 방식으로 평가하지 않았으면 하는 것이다. 현대에서는 받아들일 수 없는 행동들이 과거에는 아무런 문제가 되지 않았던 경우가 더러 있기 때문이다."

그 과정의 수많은 문제점을 감안하더라도, 카네기가 역사상 가장 뛰어난 사업가 가운데 하나였음은 분명하다. 마찬가지로 그 동기에 대해서는 의구심이 없지 않더라도, 카네기가 역사상 가장 훌륭한 자선사업가 가운데 하나였음도 분명하다. 당대 최고 갑부였던 록펠러조차도 이 분야에서는 감히 카네기를 능가하진 못했다. 어쩌면 카네기는 철강 분야에서 일종의 표준을 세운 것처럼 자선사업에서도 일종의 표준을 세웠다고 봐야 하지 않을까. 돈으로 명성을 살 수는 없는 법이지만, 적어도 역사상 그런 경우에 가장 가깝게 접근한 사람은 앤드류 카네기였다고 해도 과언은 아닐 것이다.

역설적이게도 카네기는 인류애는 넘쳐났지만 인간미는 없었던 인물이었으며, 그의 수많은 기부 행위도 이와 같은 맥락에서 보자면 적잖이 빛이 바래는 것이 사실이다. 카네기의 수많은 자선사업 중에서도 가장 돋보이는 것은 도서관 건립 사업이었다. 사회생활 초기에 어느 독지가의 무료 도서관을 이용했던 경험에서 착안했다는 이 사업을 통해, 1881년에 카네기의 고향 던펌린을 시작으로 미국과 영국에서 2천 5백 개 이상의 도서관이 세워졌다. 1900년에는 카네기 공과 대학(현재는 카네기 멜론 대학)이 설립되었고, 1891년에는 지금까지도 세계적인 공연장으로 유명한 카네기 홀이 개관했다.

카네기는 달변으로도 유명했으며, 여러 권의 책을 저술하기도 했다. 그중에서 부자의 사회적 책임을 역설한 「부의 복음 (1889년)」이 당대에 크게 주목을 받았고, 「자서전 (1914년)」에는 흥미진진한 일화가 많지만 상당 부분은 자화자찬과 고의적 왜곡에 불과하다는 비판도 받는다. 1908년에 카네기는 언론인 나폴레온 힐에게 자수성가한 사람들의 공통분모를 한 번 찾아보라고 제안했는데, 그 결과로 힐은 긍정적 사고방식의 중요성을 역설한 대표작 「성공의 법칙 (1928)」과 「생각하면 부자가 된다 (1937)」를 썼다. 반면 또 다른 자기계발 전문가 데일 카네기의 「카네기 성공론」은 앤드류 카네기와는 전혀 무관하다.

(4) 사업가의 기질

1853년 펜실베이니아철도회사에 취직하였다. 1856년에는 우연한 기회에 철도 침대차 사업에 투자해 처음으로 거금을 벌어들인다. 217달러 50센트를 대

출발아 투자한 결과, 불과 2년 만에 매년 5천 달러의 배당금이 나올 정도로 큰 성공을 거두었던 것이다. 1859년에 카네기는 스콧의 뒤를 이어 펜실베이니아 철도회사의 피츠버그 지부장으로 승진했고, 이때부터는 제법 재산을 모아 부유층으로 행세할 수 있었다. 1861년에 남북전쟁이 발발하자 카네기는 전쟁부에서 일하던 스콧을 따라 워싱턴으로 향했고, 자기 분야에서의 경험을 살려 철도와 전신의 복구 업무를 담당한다. 이듬해에는 무려 14년 만에 어머니와 함께 고향 던펌린을 방문하고 감회에 젖는다. 1863년에 카네기는 키스톤 교량 회사를 공동 설립함으로써 철강 분야에 처음으로 뛰어든다. 1865년까지 카네기는 미국 석유산업 초기의 산유지로 유명한 타이터스빌의 석유회사에 거금을 투자해서 막대한 이득을 얻었고, 이는 훗날 그가 본격적인 사업을 시작하는 밑천이 되었다.

30세 때인 1865년에는 철강 수요의 증대를 예견하고 자기 사업에 전념하기 위해 12년간 몸담았던 펜실베이니아 철도 회사에서 퇴직했다. 1867년에는 유니온 제철소, 1870년에는 루시 용광로 회사를 연이어 설립하며 사업의 폭을 넓혔다. 1870년대부터 미국 산업계에 일기 시작한 기업합동의 붐을 타고, 피츠버그의 제강소를 중심으로 하는 석탄·철광석·광석 운반용 철도·선박 등에 걸치는 하나의 대철강 트러스트를 형성하였다. 1872년에 영국의 헨리 베세머 제강소를 방문한 카네기는 그곳에서 독특한 방법으로 생산되는 강철의 놀라운 잠재력을 깨닫게 되었다. 당시에 주로 사용되던 선철은 제조가 쉬운 대신에 수명이 짧았던 반면, 강철은 선철보다 수명이 긴 반면에 제조 과정이 복잡했다. 그래서 당 해에 베서머제강법(베서머법)에 의한 미국 최초의 거대한 평로(平爐)를 가진 홈스테드제강소를 건설하였다.

카네기가 훗날 '강철왕'이라는 별명을 얻게 된 까닭은 미국에서 강철의 대량 제조 및 유통을 실현시켰기 때문이다. 남북전쟁 이전까지만 해도 미국은 대부분의 철을 외국에서 수입했지만, 이후로는 수요가 급증해서 철강 사업의 미래가 밝았다. 카네기는 1875년에 미국 최초의 강철 공장인 에드거 톰슨 강철 회사를 설립했고, 이 과감한 투자는 곧바로 큰 성공으로 이어졌다. 이후 카네기는 안정적인 원료 공급과 생산 및 유통을 위해 관련 업체를 연이어 합병하거나 매입했다. 가령 1881년의 프릭 코크스 회사 합병, 1886년의 홈스테드 제강소 매입 등이 대표적인 사례였다.

1892년에는 카네기철강회사(뒤에 카네기회사로 개칭)를 설립하였는데, 이 회사는 당시 세계 최대의 철강 트러스트로서 미국 철강 생산의 4분의 1 이상을 차지하였다. 20세기 말에 기업 인수 합병 붐이 일기 전까지만 해도, 역사상 가장 대규모의 기업 인수 합병은 1901년에 있었던 유에스 스틸의 설립이었다. 당대의 거물 은행가 J. P. 모건이 세계 최초 자본금 10억 달러 이상 규모로 조성한 이 트러스트의 핵심은 이른바 '강철왕'으로 유명한 앤드류 카네기의 회사였다. 당시 미국 최대 철강 회사의 소유주였던 카네기는 은퇴를 고려하던 중이었고, 모건의 회사 매각 제안을 숙고한 끝에 4억 8천만 달러를 가격으로 제안했다. 결국 1901년 카네기는 이 회사를 4억 4000만 파운드에 모건계(系)의 제강회사와 합병하여 당대의 거물 은행가 존 피어폰트 모건은 카네기의 회사를 거액에 매입해 미국 철강시장의 65 %를 지배하는 사상 최대의 철강회사인 US 스틸사를 설립했다. 모건은 거래를 성사시킨 직후에 카네기에게 이렇게 말했다. "카네기 씨, 세계에서 가장 부유한 사람이 되신 것을 진심으로 축하드립니다."라고 하였다.

3. 빌 게이츠(William Henry Gates III, 1955.10.28 ~)

윌리엄 헨리 게이츠 3세(William Henry Gates III, 1955년 10월 28일~)[208]는 미국의 마이크로소프트 (Microsoft) 설립자이자 기업인이다. 그는 당시 프로그래밍 언어인 베이직(BASIC) 해석프로그램과 알테어용 프로그래밍 언어인 알테어 베이직(Altair BASIC)을 개발했다. 마이크로소프트에서 근무하면서 게이츠는 2014년 5월까지 회장, 최고경영자, 사장, 최고 소프트웨어 설계자 등의 직책을 맡았다. 그는 1970년대와 1980년대 마이크로컴퓨터 혁명의 선구자이자 가장 잘 알려진 기업가 중 한 사람이다.

워싱턴 주 시애틀에서 태어나 자란 게이츠는 1975년 뉴멕시코 주 앨버커키에서 어린 시절 친구였던 폴 앨런(Paul Allen)과 함께 마이크로소프트를 공동 설립했다. 마이크로소프트는 세계 최대의 개인용 컴퓨터 소프트웨어 회사가 되

---

208) 참조:
  https://ko.wikipedia.org/wiki/%EB%B9%8C_%EA%B2%8C%EC%9D%B4%EC%B8%A0

었다. 게이츠는 2000년 1월 최고경영자(CEO) 자리에서 물러날 때까지 회장 겸 CEO로 회사를 이끌었다. 2006년 6월 게이츠는 자신과 아내 멜린다 게이츠가 2000년에 설립한 개인 자선재단인 빌 & 멜린다 게이츠 재단(Bill & Melinda Gates Foundation)에서 전일제로 근무하기 위해 마이크로소프트에서 파트타임으로 나가기도 했다.

1987년 이후 그는 포브스 선정 세계 최고 부호 명단에 포함되었으며, 1995년부터 2017년까지 그는 포브스지 선정에서 4년을 제외하고 모두 세계 최고 부자 타이틀을 차지했다. 그러나 2017년 10월에는 아마존 창업자 겸 CEO 제프 베조스(Jeff Bezos)에게 추월당했다. 2020년 8월 현재 게이츠는 추정 순자산이 1,137억 달러로, 제프 베조스(Jeff Bezos)[209]와 일론 머스크(Elon Reeve Musk)[210]에 이어 세계에서 세 번째로 부유한 사람이 되었다.

(1) 인생

월리엄 헨리 게이츠 3세는 1955년 10월 28일에 워싱턴 주 시애틀에서 아버지 월리엄 H. 게이츠 시니어와 어머니 매리 맥스웰 게이츠의 아들로 태어났다. 그의 부모는 영국계 미국인이자 독일계 미국인이며, 스코틀랜드계 아일랜드 이민자였다. 그의 가정은 상중류층으로, 아버지는 저명한 변호사였으며 어머니는 교사였으며, 또한 금융기업과 비영리 단체의 이사였다. 또한 외할아버지인 J. W. 맥스웰은 미국 국립은행의 부은행장이었다. 게이츠에게는 누나 크리스티앤(Kristianne)과 리비(Libby)가 있었다. 그는 그의 가문에서 월리엄 게이츠라는 이름을 물려받은 네 번째 남자이지만 실제로는 월리엄 게이츠 3세로 불리는데, 이는 그의 아버지가 자신의 이름에서 '3세'라는 접미어를 사용하지 않았기 때문

---

209) 제프리 프레스턴 조겐슨 (Jeffrey Preston Jorgensen), 1964년 1월 12일 ~), 전문적으로 제프 베조스 (Jeff Bezos) 로 더 잘 알려져 있음 는 미국의 기술 관련 기업가이자, 투자자이다. 아마존닷컴의 설립자이자 최고 경영자(CEO)로 잘 알려져 있다. 프린스턴 대학교를 졸업하고 1994년에 아마존닷컴을 설립하였다. 아마존에서는 처음에 인터넷 상거래를 통해 책을 판매하였으며, 이후에 넓고 다양한 상품을 판매하고 있다. 1999년에 《타임》지의 올해의 인물에 선정되었다. 2000년 블루 오리진(Blue Origin)사를 설립하고 우주여행선 프로젝트를 진행하고 있다. 2013년 워싱턴포스트를 인수했다. (위키백과 참조)

210) 일론 리브 머스크(영어: Elon Reeve Musk, 1971년 6월 28일~)는 남아프리카 공화국 출신 미국의 기업인이다. 페이팔의 전신이 된 온라인 결제 서비스 회사 X.com, 민간 우주기업 스페이스X를 창립했고, 전기자동차 기업 테슬라의 회장이기도 하다. (위키백과 참조)

이다. 빌 게이츠가 어렸을 때, 그의 부모는 그가 법조계에서 일하게 되기를 바랐다. 그는 가톨릭 교인으로서 세례명은 굴리엘모[211]이다.

초등학교 시절 게이츠는 못 말리는 독서광이었다. 10살이 되기 전에 백과사전을 전체를 독파한 그는 집 근처 공립도서관에서 열린 독서경진대회에서 아동부 1등과 전체 1등을 차지했다. 4~5장 분량이면 되는 숙제를 20~30페이지가 넘는 사실상의 논문으로 작성할 정도로 의욕도 넘쳤다. 그의 열정에 대해 그는 이렇게 말한다.

"오늘날의 나를 만든 것은 동네 도서관이다. 멀티미디어 시스템이 정보 전달 과정에서 영상과 음향을 사용하지만, 문자 텍스트는 여전히 세부적인 내용을 전달하는 최선의 방식이다. 나는 평일에는 최소한 매일 밤 1시간, 주말에는 3-4시간의 독서 시간을 가지려 노력한다. 이런 독서가 나의 안목을 넓혀준다."

그는 13세 때 상류층 사립학교인 레이크사이드 스쿨(Lakeside School)에 입학했다. 8학년이 되었을 때, 학교 '어머니회'는 자선 바자회에서의 수익금으로 제너럴일렉트릭(GE)의 컴퓨터와 연결되는 ASR-33 텔레타이프 터미널을 학교에 들여놓았다. 게이츠는 이 GE 시스템에서 베이직(BASIC)으로 프로그래밍하는 것에 흥미를 갖게 되었으며, 이에 프로그래밍을 더 연습하기 위해 만든 최초의 프로그램으로 사람이 컴퓨터를 상대로 플레이할 수 있게 되어 있었다. 1960년대 말에 공유 터미널을 통해 컴퓨팅을 할 수 있는 학교는 그곳이 사실상 유일했을 듯한데, 게이츠는 컴퓨터 프로그래밍에 푹 빠져들면서 학교의 반 편성 프로그램을 부탁 받아 여학생이 자기 반의 대다수를 차지하도록 만들었고, 친구들과 함께 인포메이션 사이언스사 급여 관리 프로그램을 만들어주고 컴퓨터 사용 시간과 프로그램 로열티를 받아냈다.

또한 다른 게임인 달 착륙 게임을 만들기도 하였으며, 그는 입력된 코드를 언

---

211) '굴리엘모 (Gulielmus, 1085~1142, 축일 6월25일)'는 가톨릭 성인으로 1085년 이탈리아 피에몬테(Piemonte)지방 베르첼리 (Vercelli)의 귀족 가문에서 태어나서 어릴 때 양친을 여의고 경건한 친척 집에서 자랐는데, 14세 때에 하느님께 약속하고 성 야고보(Jacobus,축일 7월25일) 사도의 묘지가 있는 에스파냐의 산티아고 데 콤포스텔라(Santiago de Compostela)를 순례하고 이탈리아에서 수도원 생활을 하였다.

제나 완벽하게 수행하는 이 기계에 매료되었지만, 시간 요금제 사용으로 연결되어 있던 GE의 컴퓨터와 연결은 '어머니 클럽'의 기부금이 고갈되어 시스템 연결이 여의치 않게 되었다. 그러자 게이츠와 그의 친구인 폴 앨런(Paul Allen)을 비롯한 그의 친구들은 컴퓨터 센터 코퍼레이션(Computer Center Cooperaton)의 오퍼레이션 버그(Bugs)를 찾아주고 시스템 무료사용권을 얻어냈다. 고교생 게이츠는 워싱턴주립대에 진학해 있던 폴 앨런과 함께 인텔 8008 프로세서에 기반을 둔 교통량데이터 분석 프로그램을 만들어 돈을 벌기도 했다. 게이츠가 훗날 회고한 바에 따르면, 당시의 기억에 대해 그는 "그때 그 기계는 나에게 정말 굉장한 것이었다."라고 말했다.

게이츠는 독서광이었다. 그는 일 년에 50여권의 책을 읽으며 자신의 블로그에 독후감을 남긴다. 미국 CNBC는 21일(현지시간) 이 억만장자 독서광이 책을 읽은 후 그 내용을 기억하는 빌게이츠 독서 비법을 소개했다. 빌 게이츠가 밝히는 독서 기억법의 핵심은 '맥락'이다. 그는 '쿼츠'와의 인터뷰에서 "책을 읽다보면 이 내용과 저 내용이 비슷한 점이 있기 때문에 두 가지 사이에서 유사점을 발견하게 된다"면서 "만일 커다란 틀을 갖고 있다면 모든 것을 그 틀 안에 놓을 수 있다"고 설명했다. 즉 어떤 주제에 관해 기본적인 이해의 틀을 가지고 있다면, 그 다음에 새로운 정보들이 들어오면 그 위에 적절히 배치해 놓는 것이다. 게이츠는 "그러므로 계속 쌓이는 지식을 풍요롭게 유지 관리하는 것이 훨씬 덜 이용이해진다"고 말했다. "처음에는 엄두가 안날 수 있지만 일단 그런 방식에 익숙해지면 그 다음부터는 자연스럽게 지식의 조각들이 제 자리를 잡게 된다."고 설명했다. 예를 들어 과학과 관련된 독서를 하는 경우, 게이츠는 과학자의 역사에 관한 독서와 과학자의 업적에 관한 독서는 상호 관련되는 부분이 있어서 하나의 큰 틀이나 맥락 속에 놓고 보면 세부적인 내용을 더 잘 기억할 수 있게 된다고 설명한다.

빌 게이츠와 아내 멜린다(Melinda French Gates)의 관계는 지난 1987년으로 거슬러 올라간다. 비즈니스인사이더에 따르면 두 사람이 만난 것은 멜린다가 MS의 제품매니저로 입사한 직후다. 그녀가 입사한 지 몇 개월 후 빌은 그녀에게 첫 데이트를 신청했다. 당시 빌 게이츠가 멜린다에게 전화를 걸어와 "저기...만일 당신이 내게 전화번호를 준다면 우린 오늘 밤부터 2주일 안에 데이트할 수 있을 것 같은데..."라고 말했다. 멜린다는 진지하지 않다고 여겼고, 되물었다. 멜린다는 "나는 그에게 '오늘 밤으로부터 2주일 후라고요? 나는 2주일 후에 내가 뭣하고 있을지 몰라요. 그리고 '당신은 충분히 마음에서 우러나 보이지 않는군요'라고 말했다"라고 털어놓았다.

빌 게이츠는 한 시간 뒤에 전화를 걸어서는 "이러면 당신에게 충분히 마음에서 우러난 것처럼 보이나요? 라고 물었지요." 라고 당시 상황을 밝혔다. 그리고 그녀는 이 날 데이트에 응했다. 빌과 멜린다는 7년간의 데이트 끝에 1994년 1월 1일 하와이의 라나이섬에서 비밀결혼식을 올리면서 결혼에 골인했다.

◎ 자녀교육

빌 게이츠는 "내 아이들에게 당연히 컴퓨터를 사 줄 것이다. 하지만 그보다 먼저 책을 사 줄 것이다."라고 말했다. "컴퓨터 황제"로 통하는 빌 게이츠도 컴퓨터보다 책이 어린 시절 꿈과 상상력, 창의력을 키우는 데 더 중요한 무기라고 생각하기 때문이다. 그래서 빌 게이츠는 자녀들의 컴퓨터 사용 시간을 하루 45분, 주말 1시간으로 제한한다고 고백한 바 있다.

빌 게이츠가 제니퍼, 로리, 피비 자신의 3자녀에게 많은 돈을 물려주지 않을 것이라고 말했다. 빌 게이츠는 영국 일간 데일리 메일과의 인터뷰를 통해 "많은 부는 그들(자녀)에게 좋지 못하다."며 이같이 밝혔다. 게이츠는 자녀에게 물려줄 유산 규모에 대해 구체적으로 언급하길 꺼렸으나 신문은 게이츠가 "자녀들에게 1,000만 달러씩 물려줄 것"이라는 그간의 보도를 부정하지 않았다고 전했다.

그는 "이 정도의 돈은(1,000만 달러) 내 전체 재산의 아주 극소수"라며 "이는 그들이 스스로의 길을 찾아야 한다는 것을 의미한다."고 말했다. 또 자신의 부로 자녀들이 인생이 영향 받지 않기를 원해 이러한 결정을 내렸다고 설명했다. 그는 "내 자녀들은 현재 집안일을 하고 용돈을 받는 평범한 아이들"이라며 "교육, 건강과 관련한 자녀들의 비용은 내가 지불하겠지만, 그들은 향후 직장에 가서 일을 해야만 한다."고 강조했다.

◎ 워렌 버핏과의 관계

"난 내 친구들을 대부분 언제 처음 만났는지 정확히 기억하지 못한다. 하지만 워렌 버핏만은 예외다. 그의 만남이 나와 아내 멜린다의 삶을 완전히 바꿨기 때문이다. 그를 처음 만난 건 25년 전 오늘이다. 1991년 7월5일."[212]

게이츠는 어머니의 권유로 1991년 7월 5일 버핏을 처음 만났다고 CNN은 보도했다. 이후 25살의 나이 차이에도 불구하고 우정을 이어오고 있다. 게이츠는 버핏이 사실상 모든 재산을 사회에 환원하겠다는 약속으로 세상에 끼친 영향은 '계산할 수 없다.'고 언급하며 존경을 드러내기도 했다. 둘은 아버지뻘 되는 나이 차이를 극복하고 돈독한 우정을 쌓고 있는데 빌 게이츠의 사무실 전화 단축번호에 집과 워렌 버핏의 번호만 저장돼 있을 정도다. 대학 강연이나 기부 활동도 같이한다. 워렌 버핏의 기부금 대부분도 빌 게이츠 부부가 설립한 '빌 & 멜린다 게이츠 재단'으로 들어간다.[213]

'배움과 웃음의 25년'이란 글을 통해 "버핏은 나와 멜린다가 더 많이 배우고, 더 많이 웃을 수 있도록 도와주며 내 삶을 바꿔줬다"며 "그는 내가 오마하에 들를 때 지금도 직접 운전해 나를 공항에 데리러 나온다.고 전했다. "어머니의 권유로 버핏을 만나기 전까지만 해도 그에 대한 인상은 그리 좋지 않았다"는 게이츠는 "컴퓨터만 아는 괴짜와 이메일 한 번 쓰지 않는 투자자는 어울리지 않는다고 생각했다"고 회상했다. 하지만 버핏은 젊은 사업가에게 정중히 MS의 사업 전략에 대해 예리하게 질문했고, 두 사람은 서로 시간이 가는 줄 모를 정도로 대화에 빠져들었다.

게이츠는 버핏 특유의 '초딩 입맛'에 대해서도 실감 나게 묘사했다. 그는 "버핏이 우리 집에 묵었을 때 아침식사로 오레오 쿠키를 먹었다"며 "워렌 입맛은 마치 여섯 살짜리 꼬마 같다"고 전했다. 또 "햄버거나 아이스크림, 코카콜라를 달고 사는 버핏과 식사하러 나가는 게 즐겁다"며 "솔직히 젊은이들에게 그의 식단은 최악이겠지만, 왠지 그에겐 잘 통하는 식단인 것 같다"고 적었다.

(2) 마이크로소프트사의 설립과 은퇴

고등학교 졸업 후 하버드 대학교에 진학하여 법학예과를 전공했으나 1974년 폴 앨런과 함께 다트머스대학교에서 개발한 컴퓨터 프로그래밍 언어 베이직 (BASIC)에서 아이디어를 얻어 소형 컴퓨터에 쓰일 새로운 버전(Altair Basic)을 개발한 데 이어 1975년 4월 4일 19살이던 게이츠는 하버드대를 중퇴하고

---

212) 최지현, "빌게이츠와 워렌 버핏, 25년 나이차 넘은 25년 우정" (2016년 7월 6일).
213) 최지현, "빌 게이츠와 워렌 버핏, 놀랍도록 닮은 행복론" (2019년3월 24일).

21살의 폴 앨런과 함께 뉴멕시코 주 앨버커키에서 자본금 1500달러를 갖고 마이크로소프트를 창업했다.

마이크로소프트라는 이름은 마이크로컴퓨터와 소프트웨어의 앞부분을 합친 용어로 창업 초기에는 하이픈으로 연결한 이름(Micro-Soft) 이었으며, 1975년 11월 29일 게이츠가 앨런에게 보낸 편지에서 하이픈 없는 형태로(Microsoft) 처음 쓰였고, 그 형태로 1976년 11월 26일 회사를 등록했다. 1979년에 앨버커키에서 워싱턴 주 벨뷰로 회사를 옮겼고 나중에 워싱턴 주 레드먼드로 옮겼으며, 1981년 당시 세계 최대의 컴퓨터 회사인 IBM사로부터 퍼스널컴퓨터에 사용할 운영체제 프로그램(후에 DOS라고 명명됨) 개발을 의뢰받은 것을 계기로 새로운 기틀을 마련하게 되었다. 오늘날 마이크로소프트가 컴퓨터에 '창'(windows)을 단 것은 1983년 11월 10일이었다.

정보기술 기업의 대명사 마이크로소프트. 2008 회계연도 매출액 617억2천만 달러, 순이익 177억6천만 달러로 매출액 규모와 순이익에서 애플과 구글을 크게 앞선다. 빌 게이츠는 20세기 후반과 21세기 초 정보기술 시대를 선도해 온 마이크로소프트 창업자로, 이제는 일선에서 은퇴해 제2의 인생을 살고 있다. 2008년 6월 27일 자선활동에 전념하기 위하여 33년간 이끌던 마이크로소프트 사의 경영에서 손을 떼고 공식 은퇴하였다. 은퇴에 즈음한 임직원들과의 대화에서 게이츠는 실수와 경쟁과 도전에 관한 질문에 이렇게 답했다.

"큰 변화가 일어나는데도 이를 놓치는 경우가 있지요. 탁월한 사람들을 투입하지 않을 경우입니다. 이게 가장 위험합니다. 그런 일이 여러 번 있었지만 비교적 괜찮았어요. 하지만 그런 일이 일어나는 횟수를 줄여야겠지요. 저는 사람들이 MS를 깎아 내리는 걸 좋아합니다. 맞습니다, 우리는 실수를 했고 실수했다는 것을 알고 있어요. 하지만 우리는 그것에서 배웠고 우리의 많은 업적은 바로 그 결과입니다. 중요한 것은 규모 확대가 아니라 더 민첩해지는 것입니다. 회사 규모가 곧 두 배가 될 것으로 생각하지는 않습니다만, 여러분도 알다시피 내 예측은 여러 번 틀린 적이 있지요. 저의 부재는 다른 사람들이 두각을 나타낼 수 있는 기회가 될 수 있습니다. 저는 이제 물러나야 하며, 뭔가 새로운 일이 나타날 수 있도록 해야 합니다."

(3) 자선사업활동의 동기

빌 게이츠를 자선 활동가로 변모시킨 사람으로 세 명이 언급되는데 빌 게이츠의 아버지 윌리엄 H. 게이츠, 그의 아내 멜린다, 석유 왕 록펠러이다. 빌 게이츠는 자선 사업에 관심을 갖게 된 중요한 이정표(milestone)로 1993년에 읽었던 한 보고서를 꼽는다. 이 보고서의 그래프에는 로타바이러스로 한 해 어린이 50만 명이 사망한다는 사실이 나타나 있었다. 게이츠는 "비행기 사고로 100명이 사망해도 모든 언론이 대서특필하는데, 50만 명이 사망하는 질병에 대해서 아무도 관심을 가지지 않는다.는 사실에 충격을 받았다고 한다. 본격적인 기부 활동에 나서기 전 빌 게이츠는 아버지 윌리엄 H. 게이츠의 도움을 구했다. 1994년에 자선단체 '윌리엄 H. 게이츠 재단'을 설립한 아버지가 기부 활동에 있어서는 선배이기도 했기 때문이다.

멜린다도 결혼 전까지 기부에 별다른 관심이 없었던 빌 게이츠를 설득해 자선가로 변신시킨 인물로 언급된다. 빌 게이츠는 지난 2010년부터 다른 백만장자들에게 재산의 절반 이상을 기부하도록 권유하기 시작했는데, 이 활동에 멜린다의 영향이 결정적이었던 것으로 알려졌다. '절반의 힘(The Power of Half)'이라는 책을 읽고 감명을 받은 멜린다가 게이츠에게 '기부 권유 운동'을 시작하도록 권했다는 것이다. 윌리엄 게이츠는 돈에 대한 아들의 가치관에도 영향을 준 것으로 보인다. 윌리엄 게이츠는 부유한 변호사였지만, 돈을 그냥 물려주면 자식을 망친다는 생각으로 빌 게이츠에게 창업 자금을 주지 않았다.

빌 게이츠와 아내 멜린다 역시 세 자녀에게 각각 1000만 달러(약 108억 원)씩만 물려주고 재산의 나머지 95%는 기부하겠다고 공언한 상태다. 게이츠 부부는 '투자의 귀재' 워렌 버핏과 함께 기부 권유 운동을 시작했다. 현재까지 마이클 블룸버그 전 뉴욕시장, 전기차 업체 테슬라 CEO 엘론 머스크, 록펠러 가문의 수장인 데이비드 록펠러, 페이스 북 CEO 마크 저커버그 등 120여명이 참가 의사를 밝혔다.

'석유 왕' 록펠러, '철강 왕' 카네기, '자동차 왕' 포드 등 미국의 자본주의를 개척한 초기의 부호들도 빌 게이츠의 변신에 영향을 미쳤다. 게이츠는 2013년 열린 한 행사에서 자신의 자선 활동과 관련, "1세대 대(大) 자선가들로부터 많은 영향을 받았다"고 언급한 적이 있다. 이 중에서도 게이츠에게 가장 큰 영향을 준 것으로 꼽히는 인물이 록펠러이다.

록펠러와 게이츠는 비슷한 점이 많다. 정유회사 '스탠더드 오일'을 설립한 록펠러는 저가 공세로 경쟁사를 차례차례 무너뜨리며 석유업계를 독점했다. 그래도 생전에 교회에 십일조는 꼬박꼬박 냈고, 이후 아들 세대에 막대한 기부를 하면서 무자비한 자본가라는 오명(汚名)을 씻었다. 게이츠가 창업한 마이크로소프트도 초창기에는 '윈도' 운영체제 안에 웹브라우저 '인터넷 익스플로러'를 기본 탑재해 시장을 독점한다는 논란에 시달렸다. 게이츠는 과거 인터뷰에서 "돈을 버는 것과 번 돈을 남에게 그냥 줘버리는 일을 동시에 한다는 것이 혼란스럽게 느껴졌다"고 말한 적이 있다. 자선가로 변신하기 전까지는 기부나 자선활동에 관심이 별로 없었다는 이야기다.

교육과 의료 사업에 집중적으로 기부했다는 점도 비슷하다. 록펠러는 '록펠러 재단'을 세워 황열병 치료 등을 지원했고 시카고 대학교, 록펠러 대학교를 설립했다. '게이츠 앤 멜린다 재단'의 활동도 교육과 보건의료 분야에 집중돼 있다. 저개발 국가 주민들의 생활을 개선하는 효과가 가장 큰 분야이기 때문이다. 이 재단은 "특정 개인에게 직접적인 지원을 제공하지는 않는다."고 명시하고 있다.

(4) 자선사업

게이츠는 이후 2008년 마이크로소프트에서 전일제 근무를 그만둔 이후 여러 자선 활동을 추구해 왔다. 그는 세계 최대의 민간 자선단체로 알려진 빌 & 멜린다 게이츠 재단을 통해 여러 자선단체와 과학 연구 프로그램에 상당한 액수의 돈을 기부했다. 2009년에 게이츠와 워렌 버핏은 더기빙플레지(The Giving Plege)를 설립했는데, 이 서약서를 통해 자신과 다른 억만장자들은 적어도 재산의 절반을 자선단체에 기부하겠다고 서약했다.

'세계에서 가장 부유한 인물' 수위를 다투던 버핏과 게이츠는 이제 '세계에서 기부를 가장 많이 하는 인물' 수위를 놓고 다투는 중이다. 버핏은 2008년까지 406억5500만 달러를 기부했고, 게이츠 부부는 360억 달러를 기부했다. 2009년부터는 매년 35억 달러 정도를 기부할 계획이다. (버핏은 빌&멜린다 게이츠 재단의 출연 신탁자이자 이사이기도 하다.) 빌&멜린다 게이츠 재단은 버핏, 빌 게이츠, 멜린다 게이츠 세 사람 가운데 마지막 사람이 죽는 시점부터 50년 이내에 재단 활동을 종료할 계획이다. 이유는 '최대한 빨리, 가능한 많은 일을 하기 위해서"다. 게이츠 부부는 세 자녀에게 1천만 달러를 물려주고 나머지는 모두 기부할 계획임을 밝혔다.

　게이츠의 제2의 인생은 돈을 쓰는 것, 정확히 말하면 2000년에 설립한 빌&멜린다 게이츠 재단(Bill & Melinda Gates Foundation)을 통해 기부 사업을 펼치는 것이다. 공공 도서관 고속통신망 개선 7백만 달러, 대학생 장학금 5억 달러, 중국의 결핵 퇴치 3천300만 달러, 소아마비 퇴치 3억5500만 달러, 빈곤층을 위한 모바일 금융서비스 사업 1억2500만 달러, 결핵 백신 개발 연구 8,300만 달러, 말라리아 백신 개발 연구 1억7천만 달러, 어린이 치료약품 연구비 970만 달러, 빈민 지역 교육환경 개선 18억5000만 달러, 저소득층 장학 사업 16억 달러 등 세계 최대의 기부자로 활동하고 있는 것이다.

　빌 게이츠는 AI(Artificial Intelligence)와 같은 슈퍼지능의 잠재적인 해악에 대해 우려를 표명하기도 했다.

　"처음엔 그 기계들은 우리를 위해 많은 일을 할 것이고 그다지 똑똑하지 않을 것이다. 우리가 잘 관리한다면 인공지능은 긍정적일 것이다. 그 후 몇 십 년이 지나면 인공지능은 걱정거리가 될 만큼 강력할 것이다. 나는 이것에 대해 일론 머스크와 몇몇 다른 사람들의 의견에 동의하고 왜 몇몇 사람들이 관심을 갖지 않는지 이해하지 못한다."

　게이츠는 2015년 3월 바이두 최고경영자(CEO) 로빈 리와 함께 TED 컨퍼런스에서 가진 인터뷰에서 닉 보스트롬의 최근 저서인 '초지능'을 "매우 추천한다"고 밝혔다. 2019년 COVID-19로 인해 전 세계가 펜데믹 상황에 빠지기 전에 이 회의에서 게이츠는 전 세계가 유행병에 대한 준비가 되어 있지 않다고 경고했다.

　"질병에 걸리는 사람들의 90%는 가난한 나라에 살고 있는데, 이 나라들이 보유한 보건 자원은 전 세계 보유량의 10%에 불과하다."

　빌 & 멜린다 게이츠 재단(Bill & Melinda Gates Foundation), 게이츠 재단(Gates Foundation)는 재정이 투명하게 운영되는 민간 재단 중 세계에서 가장 규모가 큰 재단이다. 빌 게이츠와 멜린다 게이츠에 의해 2000년에 설립되었다. 이 재단의 주된 운영 목적은 국제적 보건의료 확대와 빈곤 퇴치, 그리고 미국 내에서는 교육 기회 확대와 정보 기술에 대한 접근성 확대이다.

(5) 인생교훈

① 인생이란 원래 공평하지 못하다. 그런 현실에 대하여 불평할 생각하지 말고 받아들여라.

② 세상은 네 자신이 어떻게 생각하든 상관하지 않는다. 세상이 너희들한테 기대하는 것은 네가 스스로 만족하다고 느끼기 전에 무엇인가를 성취해서 보여줄 것을 기다리고 있다.

③ 대학교육을 받지 않는 상태에서 연봉이 4만 달러가 될 것이라고는 상상도 하지 말라.

④ 학교선생님이 까다롭다고 생각되거든 사회 나와서 직장 상사의 진짜 까다로운 맛을 한번 느껴봐라.

⑤ 햄버거 가게에서 일하는 것을 수치스럽게 생각하지 마라. 너희 할아버지는 그 일을 기회라고 생각하였다.

⑥ 네 인생을 네가 망치고 있으면서 부모 탓을 하지 마라. 불평만 일삼을 것이 아니라 잘못한 것에서 교훈을 얻어라.

⑦ 학교는 승자나 패자를 뚜렷이 가리지 않을지 모른다. 어떤 학교에서는 낙제제도를 아예 없애고 쉽게 가르치고 있다는 것을 잘 안다. 그러나 사회현실은 이와 다르다는 것을 명심하라.

⑧ 인생은 학기처럼 구분되어 있지도 않고 여름 방학이란 것은 아예 있지도 않다. 네가 스스로 알아서 하지 않으면 직장에서는 가르쳐주지 않는다.

⑨ TV는 현실이 아니다. 현실에서는 커피를 마셨으면 일을 시작하는 것이 옳다.

⑩ 공부 밖에 할 줄 모르는 "바보" 한테 잘 보여라. 사회 나온 다음에는 아마 그 "바보" 밑에서 일하게 될지 모른다.

4. 워렌 버핏(Warren E. Buffett, 1930. 8. 30.~)

워렌 에드워드 버핏(Warren Edward Buffett, 1930년 8월 30일~)214)은 미국의 기업인이자 투자가이다. 뛰어난 투자실력과 기부활동으로 인해 흔히 '오마하의 현인'이라고 불린다. 2010년 기준으로, 포브스 지는 버핏 회장을 세계에서 3번째 부자로 선정하였다. 2020년 기준으로 버핏은 29억 달러(약 3조 5,000억원) 상당의 버크셔해서웨이 주식을 자선단체에 기부하며 자산이 감소했다. 버핏은 총 자산 규모 692억달러(약 83조1,100억원)로 세계 10위에 이름을 올렸다. 1958년 당시 3만1,500달러를 주고 산 집에서 아직도 살고 있고, 매일 아침은 3달러가 조금 넘는 맥도널드 아침 메뉴로 해결한다. 검소한 삶을 살지만 자선재단을 설립해 막대한 돈을 기부하고 있고, 소득 불평등 문제를 해결하기 위한 방안으로 부자증세를 주장한다.

워렌은 적절한 기업에 투자해서 오랫동안 주식을 갖고 있는 복리의 중요성을 강조한다. 워렌은 인터뷰에서 "나는 오랫동안 '므두셀라 기법'을 권해왔고, 그 모델이 투자에 가장 적절한 것 같다."고 말했다. 므두셀라는 구약성서 창세기에 등장하는 속 인물로 969년을 살았다고 알려진다. 워렌이 말하는 '므두셀라 기법'이란 성경에서 가장 오래 산 인물로 알려진 므두셀라처럼 오래도록 안정적인 기업에 긴 시간 투자해 수익을 얻는 투자 방식이다. 워렌은 "10살 때 1,000달러도 수익률 10%에 복리를 적용하면 10년 뒤엔 2,600달러, 50년 뒤면 11만 7,400달러가 된다는 걸 깨달았다."며 "돈을 이렇게 버는 거구나 하고 혼자 감탄했다."고 말했다.

2006년에는 본격적인 기부를 시작한다. 버크셔 주가가 10만 달러를 돌파하고, 버핏의 개인자산 평가액이 400억 달러를 찍은 이 해에 버핏은 자신의 재산 가운데 85%를 자선재단에 기부하겠다는 약속을 한다. 마이크로소프트(MS) 공동창업자인 빌 게이츠 회장이 세운 '빌 & 멜린다 게이츠 재단'에 재산 대부분을 기부하기로 한 것이다. 2010년에는 게이츠 회장과 함께 '기부 약속' 캠페인을 시작한다. 동료 억만장자들을 기부의 세계로 끌어들였고, 2019년에 200여 명이 5,000억 달러 이상의 기부 약속을 했다.

214) 참조: https://ko.wikipedia.org/wiki/%EC%9B%8C%EB%A0%8C_%EB%B2%84%ED%95%8F

(1) 인생

워렌 버핏은 1930년 8월 30일 네브래스카 주 오마하에서 사업가이자 정치인인 하워드 버핏과 라일라 부부의 삼남매 중 둘째로 태어났다. 아버지 하워드는 버핏이 여섯 살 때 주식 통장을 선물해 돈에 눈뜨게 했다. 어릴 때부터 숫자, 계산에 천재적인 재능을 보였다. 워렌은 어릴 적부터 돈에 관심이 많았고, 할아버지의 슈퍼마켓에서 코카콜라나 껌을 사 팔았다. 또 버핏은 7살 때 오마하 공립 도서관에서 빌려온 One Thousand Ways to Make $1,000(1,000달러를 버는 1,000가지 방법) 이라는 책에서 많은 영감을 받았다고 한다.

버핏은 로즈 힐 초등학교에서 교육을 시작했다. 1941년에 아버지 하워드와 같은 사무실을 쓰는 해리스어팜 주식중개회사에서 시세판에 주가를 적는 일, 차트 작성하는 일, 등을 했다. 그리고 누나 도리스와 함께 생애 첫 주식으로 시티즈서비스 우선주 6주를 주당 38달러에 구입한다. 주가가 27달러로 떨어졌다가 다시 40달러로 오르자 주식을 팔아 순수익 5달러를 남겼다. 그러나 얼마 후 시티즈서비스 주가는 200달러까지 치솟았고, 이 일로 버핏은 장기투자의 중요성을 깨닫는다.[215]

1942년에 워렌은 할아버지의 식품점에서 일을 했는데 놀랍게도 이때 워렌의 파트너 찰리 멍거 역시 다른 요일에 이곳에서 일을 하고 있었다. 1943년에 아버지 하워드 버핏이 하원의원으로 당선되면서 버핏 가족은 워싱턴으로 이주한다. 버핏은 자신이 30세가 될 때까지 백만장자가 되지 못하면 오마하의 가장 높은 빌딩에서 뛰어내리겠다고 말했다. 1945년에 신문배달사업으로 2,000달러까지 저축한 버핏은 1,200달러를 투자하여 네브래스카 농지를 사들였고 소작농을 두어 매달 돈을 벌어들인다.

버핏은 대학에 진학하고 싶지 않았지만 아버지의 강요로 펜실베니아에 있는 와튼 금융 산업 학교에 진학한다. 버핏은 교수님보다 자신이 더 많이 안다고 불평했다고 한다. 사교클럽의 회원이던 리처드 켄들은 "버핏은 와튼스쿨에서 배울 게 아무 것도 없다고 말했는데 그것은 제대로 된 판단이었다"고 말했다. 워렌은 학교 잡지인 모범적인 미식축구팬으로 선정돼 <펜픽스 Penn Pics>의 표

---

215) "글로벌-Biz 24] 90세 생일 맞은 버핏이 '오마하의 현인'으로 추앙받는 이유는," 2020년 8월 31일.

지모델로 나오기도 했다. 네스래스카 대학교로 편입한 버핏은 하버드 대학원에 낙방한 뒤에 자신의 평생 멘토가 된 벤저민 그레이엄이 교수로 있던 뉴욕의 컬럼비아대 경영대학원에서 경제학을 공부했다. 그곳에서 벤자민 그레이엄이 개척한 가치투자 개념을 중심으로 투자철학을 구상했다.

(2) 만남과 기회

1950년에 그레이엄에게는 스무 명의 제자가 있었다. 그들 중 일부는 워런보다 나이가 많았고 이미 월스트리트에서 일하고 있었다. 그레이엄은 소크라테스식 문답법을 자주 사용했는데 오마하 출신의 청년 워런은 그의 말이 끝나기도 전에 손을 번쩍 들어 올렸고, 그레이엄은 좀처럼 워런의 대답이 틀렸다고 말하지 않았다. 컬럼비아대학원에서 그레이엄 교수로부터 모든 과목에서 A+를 받은 것은 워런이 유일하다.

대학원 졸업 후 그레이엄의 투자회사인 그레이엄-뉴먼에서 보수를 받지 않고 일하겠다고 제안했으나 거절당한다. 당시 그리스도교회들이 설립한 월스트리트의 기업들은 유대인을 고용하지 않았고, 이에 거부반응을 보인 그레이엄은 가능하면 유대인을 고용하려고 애썼기 때문이다. 그는 오마하로 돌아가 아버지 회사인 버핏-스클레니카&컴퍼니에서 주식중매인으로 일하는 동안 데일 카네기 대중연설 과정을 수료했다. 그리고 수전 톰슨을 만나 사랑에 빠진다. 1952년에 수전과 결혼하여 월세 65달러를 주고 방 세개가 딸린 아파트를 빌려 신혼생활을 시작했다. 오래된 집이라 밤이면 쥐들이 돌아다녔다고 한다. 매우 검소하게 생활한 워런은 딸 수지 주니어가 태어났을 때는 옷장 안에 잠자리를 만들어줄 정도였다. 데일 카네기 강좌에서 연설과정을 이수한 21살의 워런은 오마하대학에서 투자원칙을 가르쳤다. 워런은 여러 학기 동안 강의를 했는데 주로 스승 벤저민 그레이엄의 <현명한 투자자>에 초점을 맞췄다.

(3) 사업의 확장

2004년에 아내 수전이 구강암 치료 후 뇌졸중으로 사망했다. 그러나 2005년에 포브스 선정 세계의 거부 2위에 오른다. 1위는 마이크로소프트의 빌 게이츠 회장. 버크셔해서웨이 보험 사업부는 카트리나, 리타 등의 허리케인으로 인해 약 25억 달러의 손실을 본다. 2006년에 버크셔 지분의 85퍼센트(발표 당시 기준 370억 달러)를 5개 자선재단에 순차적으로 기부하겠다고 발표하고, 그 중에 6분의 5를 빌&멜린다게이츠재단에 기부했다. 그리고 버핏은 오랜 동반자였던 애스트리드와 재혼한다. 2007년에 배런스는 버크셔해서웨이를 세계에서 가장 존경받는 기업으로 선정했고, 버핏은 버크셔해서웨이 보고서를 통해 후계자를 찾고 있다고 밝혔다.

2008년에 보유재산 620억 달러로 포브스 선정 세계 최고의 부자가 됐다. 2위는 멕시코의 통신 재벌인 카를로스 슬림, 3위는 마이크로소프트 회장인 빌 게이츠였다. 버크셔해서웨이 주주미팅 참석자가 처음으로 3만 명을 돌파하였고, 2009년에 포브스 선정 세계의 억만장자 순위에서 2위를 차지했으며, 1위는 빌 게이츠가 차지했다. 버핏은 글로벌 금융위기 여파로 재산이 가장 많이 줄어든 사람으로 꼽히기도 했다. 마침내 2019년에 포브스 선정 세계 갑부 순위에서 아마존의 제프 베조스, 빌게이츠에 이어 3위를 차지했다. 애플의 3대 주주이며, 코카콜라의 최대주주이지만, 애플의 1, 2대 주주는 투자 전문 기업으로, 사실상 최대주주는 워렌 버핏이다.

2019년에 버크셔해서웨이는 미국 제약기업 네 곳에 57억 달러(약 6조3,000억 원)를 투자했다고 공시했다. 버크셔해서웨이는 COVID-19 백신을 개발하는 화이자와 머크에 신규투자를 집행했다. 머크 주식은 2240만여주(지분율 0.9%), 화이자 주식은 371만여주(0.1%)를 취득했다. 그는 COVID-19로 수혜를 누렸던 기업들의 주식을 일부 정리하기도 했고, 버크셔해서웨이가 20년 동안 투자해온 창고형 할인매장 코스트코 주식을 모두 팔았다. 투자 포트폴리오에서 가장 비중이 큰 애플 주식도 일부 처분해 차익을 실현했으며, 식료품 유통기업 크로거, 투자은행 뱅크오브아메리카 주식 비중은 늘렸다.

(4) 사상

버핏은 1960년대에 평화주의 철학자이자 동시에 수학자인 버트런드 러셀의 책을 광범위하게 읽었고 그의 국제주의적 견해를 많이 받아들였다. 러셀처럼 불가지론자이자 인간의 유한성을 깊이 깨닫고 있던 그는 지구를 핵전쟁 같은 위험으로부터 보호하는 것은 사회 전체의 책임이라고 생각했다. 또한 차별은 그의 투자철학의 핵심을 이루는 중립적인 기준과 충돌했고, 또한 그는 부잣집 아이가 다른 아이들보다 출발부터 앞서가는 것은 잘못된 것이라고 생각했다.

한편 버핏은 아내 수전의 이상주의적인 사고방식으로부터도 영향을 받았다.

버핏 가족은 백인들만 거주하는 지역에 사는 가족 중에서 흑인들을 정기적으로 집으로 초대해 접대하는 몇 안 되는 가족 중 하나였다. 또한 버핏은 낙태문제에도 관여했다. 그는 가족계획협회에서 활발하게 활동하던 수전과 뜻을 같이해 낙태의 합법화를 강력히 지지했던 것이다. 1969년 캘리포니아 대법원에서 한 여성을 낙태 시술사에게 안내한 혐의로 유죄를 선고받은 의사의 상고비용을 부담하기도 했다.

◎ 워커홀릭 (일 중독자)

그는 정신적 독립심과 세상을 등지고 일에 몰입하는 놀라운 집중력을 통해 재능을 표출했다. 하지만 그 이면에는 자신이 관심 없는 분야는 철저히 무시하는 성향도 있었다. 파리에 갔을 때 관광에 별다른 흥미를 느끼지 못한 그가 유일하게 내보인 반응은 오마하의 음식이 더 맛있다는 것이었다. 어느 날 버핏이 고급휴양지 마서즈빈야드에서 쉬고 있던 워싱턴포스트의 발행인 캐서린 그레이엄을 방문했을 때 한 친구가 석양을 바라보며 감탄을 금치 못했다고 한다. 그럴 경우 대개는 예의상 석양을 한번 바라보기라도 하지만 버핏은 그런 것에는 전혀 관심이 없다고 잘라 말했다.

캘리포니아 해변에서 휴가를 보낼 때조차 해변에는 도통 관심을 보이지 않고 몇 주일간 일에만 매달렸다고 한다. 대다수의 천재처럼 버핏도 자기 세계에 몰입하는 타입이다. 따라서 그와 함께 사무실을 쓰는 사람들 중 수십 년을 같이 일한 후에도 그의 정신세계를 잘 아는 사람은 소수에 불과했다. 심지어 그의 자녀들도 아버지가 감정을 드러내는 모습을 좀처럼 본 적이 없다고 회상했다.

(5) 자선사업

워렌 버핏은 2006년에 "나의 자선 서약 전문 (My philanthropic pledge)"에서 다음과 같이 말하고 있다.

"제 일생동안 또는 죽은 후에 전 재산의 99%를 자선단체와 사회에 환원하도록 하겠습니다. 절대적인 돈으로 환산을 하면 제 전 재산의 99%는 큰 액수입니다. 하지만, 상대적으로 보면 많은 일반인들이 매일매일 이 보다 더 많은 것을 사회에 기부하고 있습니다. 수백만 명의 미국인들과 전 세계인들이 정기적으로 교회, 학교 또는 다른 자선단체에 기부를 하고 있습니다. 누가 이들한테 그러라고 시킨 건 아닙니다. 이들은 그 돈을 사회에 기부하지 않고 본인들과 가족들이 잘 먹고 잘 사는데 사용해도 그만입니다. 하지만, 그들은 기부라는 용감한 결정을 하였습니다. 이들이 구세군이나 United Way와 같은 비영리 단체에 아무런 조건 없이 기부하는 재산은 바로 영화 관람이나 외식과 같은 여가생활을 스스로 포기하였다는 것을 의미합니다. 부끄럽게도 저는 재 재산의 99%를 기부하여도 저희 가족은 아직도 하고 싶은 모든 것을 할 수가 있습니다.

또한, 이 서약을 실행하여도 저는 제 가장 소중한 자산인 '시간'을 기부하지는 않습니다. 제 자식들을 비롯한 많은 사람들은 그들의 가장 소중한 자산인 시간을 투자하면서까지 남들을 돕고 있으며, 이러한 노력들은 제가 기부하는 전 재산의 99%보다 훨씬 더 값어치가 있다고 생각합니다. 불우한 환경에서 자란 어린이들이 든든한 후견인을 만나서 우정과 사랑을 배우면서 훌륭한 사람으로 성장하는 걸 우리는 주위에서 너무나 많이 봤습니다. 제 누님인 도리스 여사 또한 매일 그녀의 소중한 시간을 투자해서 이러한 사랑을 실천하고 있습니다. 이에 비해서 제가 하고자하는 건 미비하다고 생각됩니다.

지금까지 제가 가지고 있는 주식의 20%는 이미 사회에 기부가 되었습니다. (이제는 고인이 된 제 부인 수잔 버핏의 몫까지 합쳐서 20%입니다). 저는 주식의 4%를 지속적으로 기부할 예정입니다. 모든 주식이 기부된 후 늦어도 10년이면 이 주식들이 현금화되어서 남을 돕는데 사용될 겁니다. 제 재산의 1 달러도 기금 (endowment)을 위해서는 사용하지 않을 것입니다.

저는 제가 힘들게 번 돈이 지금 당장 해결되어야 하는 현실적인 문제들을 해결하는데 사용되는 것을 원합니다. 이 서약으로 인해서 저와 제 가족들의 생활이 바뀌는 점은 없습니다. 제 자식들은 이미 저한테 많은 재산을 물려받았으며, 앞으로도 더 물려받을 것입니다. 덕분에 그들은 매우 편하고 생산적인 삶을 즐기고 있습니다. 저 또한 제가 하고 싶은 모든 걸 할 수 있는 그런 삶을 계속 살아갈 예정입니다. 저도 인생의 물질적인 즐거움을 즐기면서 살고 있지만, 그렇다고 모든 걸 즐기지는 않습니다. 비싼 전용기를 좋아하지만, 미국 전역에 부동산과 집을 가지는 건 오히려 더 불편하다고 생각을 합니다.

때로는 너무 많은걸 소유하게 되면 사람이 돈을 관리하는 것이 아니라 돈이 사람을 관리하게 됩니다. 건강 외에 제가 가장 소중하게 여기는 재산은 바로 흥미 있고, 다양하고, 오래 사귈 수 있는 친구들입니다. 제가 지금까지 부를 축적할 수 있었던 이유는 미국인으로 태어나서 미국에서 살 수 있었던 점, 운이 좋은 유전자와 복리 (compound interest) 덕분입니다.

저와 제 아이들은 소위 말하는 "자궁 로또 (Ovarian Lottery)"에 당첨된 겁니다. (제가 태어났던 1930년도에 미국이라는 나라에서 신생아가 태어날 확률은 30대 1이었습니다. 제가 백인 남자로 태어날 수 있었던 사실 덕분에 그 당시 많은 미국인들을 괴롭히던 장애들을 경험하지 않고 그냥 넘어갈 수 있었습니다.) 제 행운은 거기서 그치지 않고 전반적으로는 미국을 잘 굴러가게 하지만 가끔씩은 예상치 못한 결과를 생성해주는 시장의 시스템 덕분에 배가되었습니다. 미국 사회와 경제는 참으로 재미있습니다. 전쟁터에서 동료들의 목숨을 구하면 훈장으로 보상을 하고 미래의 주역을 가르치는 우수한 선생님들은 부모님들의 'thank-you note'로 보상을 받지만, 잘못된 주식의 가격을 남보다 더 빨리 발견하는 사람들은 수십조원의 돈으로 보상을 합니다. 바로 저는 이런 사회에서 살고 있습니다. 간단하게 말하면, 운명의 여신은 매우 변덕이 심한 여신인가 봅니다. 이 서약을 하는 이유는 바로 이런 사회의 시스템을 이용해서 돈을 벌 수 있었던 제 죄책감 때문이 아니라, 바로 저와 제 가족의 고마움을 표시하는 것입니다.

우리가 재산의 1% 이상을 우리를 위해서 잘 먹고 잘 살기 위해서 사용한다고 해서 저희 생활의 질이 눈에 띄게 좋아지지는 않습니다. 하지만, 이와는 반대로 제가 사회에 기부하는 제 재산의 99%는 – 98%에 비해서 – 남들의 건강과 복지에 막대한 영향을 미칠 것이라 믿고 있습니다. 이러한 생각으로 인해서 저와 제 가족들은 자연스럽게 다음과 같은 생각을 하게 되었으며, 바로 이 서약과 함께 시작합니다.

【우리가 필요한 만큼만 갖고, 그 외 나머지는 사회가 필요로 하는 일들을 위해 환원하자.】

버핏은 지난 2006년 버크셔 해서웨이 지분 85%를 기부하겠다고 약속했으며, 대부분 게이츠 재단에 기부금이 전달됐다. 그는 2006년부터 2018년까지

기부한 누적 액은 총 310억 달러(약 35조원)에 달한다. 워렌은 코로나 사태로 주가가 폭락하여 대규모 투자손실이 일어났음에도 자신의 투자회사 버크셔웨이 주식 29억 달러어치(약 3조8천억 원)를 자선단체에 기부했다. 지금까지 44조에 달하는 금액을 기부해온 것으로 알려져 있다.

여유 있는 삶

 빌 하이벨스 목사는 "하나님께 우리 인생의 95퍼센트를 드리는 것은 쉽습니다. 하지만 가장 어려운 것은 나머지 5퍼센트를 드리는 것입니다. 그리스도께 95퍼센트만 헌신한다는 것은 5퍼센트가 부족함을 뜻합니다."라고 말했다. 우리는 삶을 하나님께 드릴 수 있지만, 전부를 드리지는 않는다. 어쨌든 살면서 우리의 능력으로는 통제할 수 없는 일이 있게 마련이니까 95퍼센트는 드릴 수 있다. 그러나 우리가 불안에 떨며 꽉 붙잡고 놓지 않는 마지막 5퍼센트는 항상 있다. 당신에게 그 5퍼센트는 부자 청년처럼 돈이 아닐 수도 있다. 미래에 대한 계획일 수도 있고, 사람일 수도 있고, 중독성 있는 습관일 수도 있고, 혹은 평판일 수도 있다. 우리가 어떻게든 내려놓지 않으려고 하는 부분이 있기 때문에 우리 인생을 100퍼센트 하나님께 드리기가 어려운 것이다. 베드로가 "우리가 모든 것을 버리고"라고 말했을 때, 그는 그 비율을 말하고 있었다. 예수님도 그의 말에 동의하셨다. 예수님은 "네 말이 맞다. 너는 다 버렸다. 내가 그 점을 잊지 않으마."라고 말씀하셨다. 우리가 마지막 5퍼센트를 쉽게 내려놓을 수 없는 이유는, 하나님보다 더 소중하게 여기는 것을 내려놓을 때 따르는 희생과 고통을 감당하기가 어렵기 때문이다. 우리는 예수님을 따르기 위해서 단호히 결단하고, 헌신해야 한다. 「그리스도인의 행복한 대가 지불」/ J. R. 브리그스

제 4 장 기독교 사회복지 사업

여유 있는 삶

　　선한 사람들만 들어갈 수 있는 궁전이 있었다. 한 소녀가 궁전에 들어가고 싶어 매일 몸을 단장했으나 궁전의 열쇠는 주어지지 않았다. 하루는 궁전의 문지기가 소녀에게 귀띔 해 주었다. 남을 위해 사랑을 실천한 사람에게 열쇠가 주어진단다. 소녀는 그 날 늙은 거지를 도와주었다. 그렇지만 열쇠는 주어지지 않았다. 소녀는 낙심해 힘 없이 집으로 걸어갔다.

　　그 때 강아지 한 마리가 덫에 걸려 신음하는 모습을 보았다. 소녀는 정성을 다해 강아지를 풀어주었다. 소녀의 손과 발에서는 피가 흘러내렸다. 그 때 궁전의 문지기가 나타나 열쇠를 주었다. 소녀가 놀라며 말했다. 저는 열쇠를 얻기 위해 강아지를 구해준 것이 아닌데요. 그러자 문지기가 말했다. 자신이 지금 선행을 베풀고 있다는 사실을 모두 잊은 채 남을 돕는 사람에게 열쇠가 주어진단. 진정한 선행은 대가를 바라지 않는다. 아름다운 선행은 감추어질 때 더욱 빛난다.

제 1 절 세계교회와 복지사업

　　약 2천년이 흐르는 동안 기독교가 세계 인류역사에 미친 영향은 엄청나다. 복음이 미치는 민족, 국가, 사회 모든 계층에 복음적 결실은 무척 아름다웠던 것이다. 교회가 수많은 복지사업을 하여 왔지만 그 중에서 몇 가지만 살펴보고자 한다.

1. 노예제도 폐지운동

　　신대륙의 발견과 농경문화는 많은 인력을 필요로 했고, 그 요구의 충족을 위해 영악한 인간의 노예 매매가 극에 달하여 비참한 인류의 단면이 노출케 된 것이다. 노예 매매제도는 신대륙 발견과 아프리카의 흑인 노예들을 1414년 포르투갈(Portugal) 헨리 공이 기니아(Guinea) 해안에서 실어온 노예를 미국으로 보내면서 시작된다. 그 후 미국에서 노예매매는 영국 엘리자베스 여왕 때부터 1680년까지 100년간 영국 식민지에 수송된 흑인수가 200만 명 이상이 되었다고 한다. 이러한 노예제도를 중세에 영국 왕 윌리암 1세가 법으로 금했고 안셈이 런던에서 소집한 회의에서 인신매매를 금했다.

그 후 미국에서도 퀘이크(Quakers) 교도들에 의하여 1761년에 노예 매매와 관련된 자들을 교회에서 제명할 것을 결의했고 노예 구원운동이 시작되었다. 이 운동은 전 세계 교회로 확산되어 노예제도 폐지운동이 활기를 띄게 되었는데, 대표적인 인물로는 웨슬레(John Wesley), 윌버포스(William Wilberforce) 등 교회 지도자들과 쉐프(G, Sharp), 폴스(W. Force), 클락손(Clarkson), 북스톤(Buxton) 등 사회 지도자들이 참여하였다.

마침내 1807년 영국 영토에 노예선박 출입 금지법을 통과하였고, 1802년 덴마크에서 노예매매금지를 시행하였으며, 1808년 미국에서도 이들 제도들을 모방 하였다. 이 운동은 더욱 확산되어 1833년에는 영국식민지 전역에 노예 금지를 단행하였으며, 미국에서는 가리손(William Loyd Garrison), 비쳐(Henry Ward Beecher) 등이 교회에서 역설하였다.

이런 때와 같이하여 미국에서는 남북전쟁이 일어났고 이것은 일명 노예해방 전쟁이라고도 하는데 그 당시 미국 북부는 인구증가와 공업의 발달로 자유지주가 증가한 반면, 남부에서는 인구는 적으나 정치적인 우위를 누리면서 노예를 소유한 지주들이 득세하였다. 결국 1860년 11월 6일 링컨(A. Lincoln)이 대통령에 당선되었고 1864년에 북부 군이 리치몬드(Richmond)를 함락시킴으로서 노예해방은 이루어지게 되었다.

2. 금주운동

교회 내에서의 음주는 1467년 영국에서 감독 당선 축하연에 맥주 300톤이 소비되면서 극에 달하였다. 그 후 교회 내에서 음주는 계속 허용되어 오다가 19세기 초에 영국과 미국에서 음주로 인한 피해가 극심하게 되자 금주회를 설립하였다.

그 당시 미국 리치필드의 목사 비쳐(lyman Beecher)의 영향으로 주류를 금지하게 되었고 이것은 더욱 확산되어 1830년경부터 모든 주류 금지를 강단에서 호소하게 되었다. 특히 아일랜드에서 마태(Theobaldd Matthew)는 금주주의를 강조하였으며, 1873년 미국에서는 '부인 기독교 금주동맹'이 결성되기도 하였다. 그리고 영국에서도 주일에 주류 판매금지를 하게 하였고 스코틀랜드와 아일랜드에서는 1881년에 금주법이 통과되었다. 이러한 금주운동은 1830년을 전후해서 매우 활발하게 확산되었다.

3. 기독교 청년운동(Y. M. C. A.)

기독교 청년운동의 창립자인 영국의 윌리암(George Williams)은 19세 때 런던 히치콕 양복점에 근무하다가 1844년 6월에 동지 12인과 함께 '청년의 심령상태를 개량하기 위한 조직'을 결성하게 되어 기도와 성경연구 및 개인전도에 진력을 다하였다. 이러한 계기로 1855년에 만국연맹이 결성되었고, 마침내 1877년에 학생 청년회를 창립하였다. 또한 1866년에 기독교여자청년회(Y. W. C. A.)가 조직되어 적십자운동, 백십자 운동, 고아원과 나병환자돌보기 운동, 평화운동 등을 전개하였다.

4. 교육사업

19세기 영국에서 모리스(John Frederic Denison Maurice)가 중심이 되어 킹슬레(Kingsley), 러들로(Ludlow) 등과 함께 영국의 계몽 사업에 앞장서게 되었다. 1848년에 영국은 흉작으로 민심을 안돈 시키는 일부터 시작하여 빈민학교를 개설하고, 록크(Locke)과 함께 사회계몽에 동참하게 되었다.

특히 지식층들이 서민의 주거지를 중심으로 정신적, 물질적인 개량을 위해 노력하였는데, 그 가운데 토인비(Arnold Toynbee)는 학교사업에 희생적으로 봉사하였으며 학교강당과 도서관, 노동자를 위한 학교를 설립하는데 최선을 다하였다.

5. 빈민구제사업

구세군의 창립자인 부스(William Booth)는 1850년 감리교회 전도사로 있다가 탈퇴하여 런던 빈민굴에 들어가서 그들을 전도하며 구제하는 일에 최선을 다하였다. 그는 1865년에 '기독교전도회'를 설립하였고, 마침내 이 단체는 1877년에 '구세군(The Salvation Army)'로 개칭 되었다. 그는 1890년 「흑암 속의 영국 구제정책」이라는 책을 펴내 10만 파운드의 유지비와 매년 3만 파운드를 영국사회로부터 조달하여 빈민 구제사업을 활성화시켜 나갔다.

6. 질병퇴치사업

결핵(Tuberculosis)이란 명칭은 1830년대에 독일 의사 쇤라인(Johann Lukas Schönlein)이 식물 덩이줄기를 뜻하는 라틴어로 17세기부터 결절을 지칭하는 데 사용된 '투베르(Tuber)'를 활용해 처음 사용했다.216) 인수공통 감염병인 결핵의 원인균은 1억5천만 년 전 쥐라기부터 존재했던 것으로 알려졌고, 서양의 문헌 기록에서는 고대 그리스와 로마 시기부터 등장한다.217) 폐 질환으로 체내 산소가 부족해 얼굴이 창백해지기에 근대에는 '백색 페스트'로 불리기도 했으며, 예술가 상당수가 폐결핵 환자로 알려지며 '예술가의 병,' '지식인의 병'이란 다소 낭만적인 별칭도 생겼다. 결핵에 관한 이런 인식은 19세기 후반에 변화했다. 결핵이 나쁜 위생 상태의 공장에서 장시간 노동에 시달리고 열악한 주거 환경에서 거주하던 도시 노동자들에게 대거 발병해 '도시 하층민 병', '빈곤의 병'이란 인식이 증가했기 때문이다. 프랑스는 19세기 말에 심각한 저출산 현상이 국가적 사회적 주요 관심사였다. 이에 당시 질병에 의한 사망 원인 1위였던 결핵을 저출산, 알코올 중독과 함께 '국가적 재앙'의 하나로 간주하며

---

216) 프랑스에서는 결핵이란 명칭이 본격적으로 사용되기 전까지 고대 히포크라테스 이래 고사(枯死)를 의미하는 그리스어에서 유래한 '피티지(Phthisie)', 근대부터 사용되기 시작한 소진병을 뜻하는 '콩쉼쉬옹(Consumption)'이란 명칭이 함께 사용되었다. 민유기, "치료냐 예방이냐? 결핵 퇴치 운동의 우선권 논의: 20세기 전환기 프랑스를 중심으로," Uisahak. 2022 Dec; 31(3): 691-720. 재인용.

217) Hayman J., "Mycobacterium ulcerans: an infection from Jurassic time?" Lancet. 1984;324(8410):1015-1016, 민유기, 전게서. 재인용.

의료계, 정치권, 시민사회가 협력하며 결핵 퇴치 운동을 전개했다.

역사적으로 결핵과 관련된 주요 전환점은 1882년 독일의 의사 로베르트 코흐(Robert Koch)에 의한 결핵균 추출이다. 원인균 파악 이후 의료적 예방 측면에서 전환점이 된 것은 1921년에 프랑스 파스퇴르연구소의 의사 겸 세균학자 알베르 칼메트(Albert Calmette)와 그의 동료였던 수의자 겸 세균학자 카미유 게랭(Camille Guérin)이 개발해 자신들의 이름을 붙인 BCG 예방 백신의 등장이다.[218] 러시아 출신 미국인 미생물학자 셀맨 왁스먼(Selman Waksman)이 1943년에 개발한 항생제 스트렙토마이신(Streptomyces)이 치료 측면에서 결핵 퇴치에 이바지한 것 역시 하나의 전환점이다.[219] 지구적 차원의 이들 전환점에 더해 프랑스 공중보건 역사에서는 결핵 퇴치와 관련해 1916년에 제정된 결핵보건소 설립법과 1919년에 제정된 결핵요양원(sanatorium) 설립법이 중요하게 언급된다. 두 법률은 20세기 전환기에 본격화된 프랑스의 결핵 퇴치 운동을 제도적으로 체계화하였고, 결핵 퇴치에 있어 치료 우선과 예방 우선 사이의 일시적인 대립을 해소시켰다.

19세기 중반 유럽의 대도시에 큰 인명 피해를 준 콜레라에 뒤이어, 19세기 말에 결핵이 치명적 감염병이자 전염병으로 등장했다. 파리에서 결핵으로 인한 사망자는 매년 1만 2천여 명이나 되었다. 1882년 독일의 미생물학자 코흐가 결핵균을 발견한 이후 결핵 퇴치 운동이 조직되기 시작했다. 파리시는 1889년부터 결핵을 포함해 각종 감염병 발병 장소에 대한 무료 소독 서비스를 실시하였다. 도시 하층 노동자의 질병으로 인식된 결핵을 예방하기 위해 파리시의회는 거리에 가래침 뱉기 금지 캠페인을 전개하며 개인적 위생교육을 강조했다. 공공병원에서는 결핵 환자를 일반 환자와 분리하여 치료하도록 했다. 몇 년 뒤 이 조처는 정부에 의해 프랑스 전역으로 확산되었다. 파리의 노동자 밀집 거주 구역에는 결핵을 예방하기 위한 무료 보건소가 세워졌고, 수도권에 파리 빈곤층을 위한 공공 결핵 요양원도 건립되었다. 파리의 결핵 예방을 위한 공중보건 정책의 강화는 중앙정부가 1916년 결핵 퇴치를 위한 보건소 건립 법과 1919년

218) Calmette, A.; Guerin, C.; Weill-Halle, B., "Essai d'immunisation contre l'infection tuberculeuse," *Bulletin de l'Académie nationale de médecine 91* (1924), 민유기, 전게서, 재인용.
219) Murray, John F.; Schraufnagel, Dean E.; Hopewell, Philip C., "Treatment of Tuberculosis. A Historical Perspective," *Annals of the American Thoracic Society, 12-12*, 2015, pp.1749-1759, 민유기, 전게서, 재인용.

결핵 요양원 건립 법을 제정하는 데 영향을 미쳤다.[220]

또한 빌게이츠재단과 소아마비퇴치운동 (2018년)의 사례를 보면, 멜린다 게이츠는 소아마비 없는 세상으로 이끌고 있는 로타리 클럽의 중요한 역할에 대해 이렇게 말하였다.

"우리는 위험을 무릅쓰고 오지의 어린이들에게 다가가 백신을 투여하는 자원봉사자팀을 경외합니다. 아울러 국제로타리의 지칠 줄 모르는 끈기로부터 동기를 부여받습니다. 국제 로터리 클럽은 우리가 이 캠페인에 참여하기 전부터 소아마비와의 긴 싸움을 주도해 왔으며, 지금도 퇴치를 위해 앞장서고 있습니다."

여유 있는 삶

꾸미기 좋아하고 사치가 심한 아가씨가 있었다. 그 아가씨는 백화점에서 여러 가지 물건들을 사 가지고 바쁘게 집으로 돌아오려 하고 있었다.

어린아이 한 명과 다리가 불편해 거의 기다시피 하는 아이의 엄마가 아가씨에게 다가와 구걸을 했다. 하지만 아가씨는 바쁘다는 핑계로 얼른 택시를 잡아타고 집으로 돌아왔다.

집으로 돌아와 짐을 정리하고 휴식을 취하고 있던 아가씨는 텔레비전을 켰다. 때마침 불우이웃돕기 성금 모금을 하고 있었다.

소녀 가장의 모습이 화면에 소개되자 아가씨는 그 소녀가 너무 불쌍하다는 생각에 눈물이 났다. 아가씨는 이 세상이 불공평한 것에 너무 화가 났다.

그래서 하나님께 따지듯이 기도했다.

"하나님, 왜 이 세상을 이렇게 불공평하게 만들었습니까? 왜 저런 불쌍한 어린이와 아까 구걸을 하고 있던 그런 사람들을 위해 아무런 조치도 없이 이렇게 세상을 방치해 두십니까?"

그 순간 하나님은 몹시 화가 난 표정으로 나타났다.

"난 항상 조치를 취해줬단 말이야. 널 세상에 보낸 것도 그 조치 중의 하나고, 그런데 넌 왜 직무유기를 하고 있는 거야!"

---

220) 민유기, "파리의 공중보건 활동과 결핵 퇴치 운동 (1889~1919)," KCI 등재논문, 2021, vol., no.28, pp.35-66 (32 pages).

제 2 절 한국교회와 복지사업

1. 교회의 전래과정

한국교회의 초기 역사를 정확히 진단하는 데는 어려움이 있다. 그러나 기독교의 일파였던 경교(景敎, Nestorians), 천주교, 개신교의 전래를 통하여 보다 세밀히 살펴보고자 한다.

(1) 경교(景敎)의 전래

한국에서 기독교의 최초의 접촉은 언제부터 있었는지 정확하게 알 수 없지만 일반적으로 8세기경 경교와의 접촉이라고 본다. 경교(景敎)란 5세기의 네스토리우스(Nestorius)라는 사람으로부터 시작된 기독교의 일파인데 원래 그는 콘스탄티노플의 감독이었다.

그러나 431년 에베소 회의에서 이단으로 정죄 되었다. 초대교회 당시에는 예수 그리스도에 관한 논쟁, 곧 기독론 논쟁이 심각했는데, 네스토리우스는 예수 그리스도 라는 한 인격체 안에 있는 신성과 인성을 지나치게 분리한다는 이유로 알렉산드리아의 감독 키릴(Cylil) 등에 의해 공격을 받았던 것이다.

네스토리우스는 콘스탄디노플 감독직에서 쫓겨나 안디옥으로 갔고, 다시 페르시아로 건너갔다. 그와 함께 하였던 무리들은 동방지역에서 영향력을 확대해 갔는데 이들이 바로 네스토리우스파이다. 이 종파가 중국으로 건너가 781년에 당나라의 수도인 장안에 경교가 유행하여 '대진경교유행중국비'를 세웠고, 이 비석의 모조품이 1917년에 금강산 장안사에서 발견되어 '나대 전래설(羅代傳來說)'이라고 하는데, 확실한 증거는 더욱 연구를 하여야 할 과제이다.

(2) 천주교의 전래

천주교가 한국에 전래된 것은 두 유형으로 나누어 볼 수 있다. 하나는 일본을 통하여 임진왜란(A.D.1592-1598) 때에 소서행장(小西行長) 휘하에 약 15,000여명의 천주교인이 있었다는 것이다.

이들이 진해에 인접한 웅천에 머물고 있을 때 조선에 와 있는 일본인 천주교 도를 위해 신부 한 사람을 보내 주도록 요청하였는데 그 분이 바로 포르투갈 선교사였던 세스페데스(Gregorie de Cespedes)였다.

그는 일본인 전도자 한 사람과 함께 1593년 조선으로 와서 천주교를 전파한 최초의 선교사였다. 다른 한편으로는 중국을 통하여 천주교가 전래되었다는 것 이다. 이것은 1601년부터 이탈리아 사람인 마테오릿치(Matteo Ricci)에 의하 여 선교 활동이 시작되었다. 그는 천주교의 교리를 유교적 용어로 표현하였다 고 해서 그를 절충주의적 선교(Syncretism)를 하였다고 말한다. 1603년 중국 어로 쓴 「천주실의」는 이수광(1563~1628)의 「지봉유설」을 통해 조선 에 소개되었고 천주교는 종교로서 라기 보다는 학문으로 소개되었다.

천주교의 구체적인 전래는 1783년 이승훈이 그의 아버지 이동욱을 따라 동 지사의 일원으로 북경으로 갔고 이듬해인 1784년 2월 영세를 받고 귀국한 이 후부터였다. 그래서 이 사건을 계기로 1984년을 한국 천주교 200주년이라고 말하는데, 그 후에 예수회(Jesuits) 소속 선교사 들이 활동을 하였다. 당시의 천 주교는 제사나 조상숭배를 엄격히 금하였으나 예수회에서는 이들을 용인하였 다.

(3) 개신교의 전래

한국의 개신교는 1830년대부터 전래되었다고 보는데, 이것은 1832년 (순조 32년) 황해도에 온 칼 구츨라프(Karl F. A. Guzlaf) 목사가 최초의 개신교 선교 사였기 때문이다.

그는 화란선교회 소속 독일인 목사였는데, 1832년 7월 17일 황해도 백령도 에 상륙하였고, 7월 21일 군산 등을 거쳐 전도를 시작하였다. 특히 그는 중국선 교의 개척자인 모리슨(Morrison)이 준 한문성경으로 복음을 전하였고 한국인 의 도움으로 주기도문을 한국어로 번역하기도 하였다.

그가 한국에서 전도한 기간은 40여 일에 불과하였기 때문에 이것을 본격적 인 한국교회의 선교시대를 열었다고는 볼 수 없다. 그 이전에 개신교도였던 화 란인 벨트브레(Jan Welteveree, 1627), 하멜(Hendrick Hamel, 1653), 영국인 바실홀(Basil Hall, 1816) 등이 한국에 들어왔지만 그들은 실제적인 한국 선교 에는 동참하지 않았기 때문에 한국 개신교의 전래는 1830년대부터라고 본다.

그 후 1866년에 영국인 토마스(Robert J. Thomas) 목사가 대동강으로 입국했으나 선교를 시작하지도 못한 채 순교하고 말았다. 토마스 목사는 웨일즈 지방에서 회중교회 목사 아들로 출생하여 1863년 목사안수를 받고 런던선교회의 파송으로 1863년 12월에 중국으로 가게 되었다.

그러나 임지에 온지 불과 3개 월 만에 아내가 병들어 죽자 크게 충격을 받아 선교를 포기하기도 하였다. 그 후 조선에 관한 소식을 접하고 1865년 9월에 비밀리에 황해도 장연군에 있는 소래 앞바다에 도착하였다. 이곳에서 그는 한국어를 습득하고 다시 중국으로 돌아갔다가 1866년 미국상선 제너랄 셔먼(General Serman)호를 타고 천진을 출발하여 대동강으로 입항하였다.

그러나 쇄국정책으로 셔먼호는 불타고 토마스 목사는 심문을 받은 후 1866년(고종3년) 9월 1일 저녁 무렵에 순교하고 말았다. 그 후에 외국의 선교사들이 입국하기 시작하여 로스목사와 성도들에 의하여 1883년에 사도행전이 번역되고 1887년에는 신약전서가 「예수성교젼서」라는 이름으로 출판되었다. 그래서 서상륜을 위시하여 교인들은 번역된 한글성경을 가지고 황해도 장연군 소래에서 전도하여 마침내 1884년 한국인 최초의 교회인 소래교회가 설립된 것이다.

그러므로 대체로 개신교회사를 시대별로 나눠 보면 대략 7 단계로 나눠 볼 수 있다.[221]

첫째는 접촉시대(1832~1884), 둘째는 개척시대(1884~1889), 셋째는 선교사 공의회시대(1889~1900), 넷째는 합동공의회시대(1900~1907), 다섯째는 독노회 시대(1907~1912), 여섯째는 총회시대(1912~1944), 마지막으로는 분열과 일치시대(1945~   )로 나눈다.

이러한 일곱 단계에 걸친 한국 개신교의 역사적 발전과정에 따른 대략적인 특징을 살펴보면, 첫째 수난, 둘째 팽창, 셋째 분열로 이뤄졌다는 것이다. 수난의 시대에는 주로 해방 이전의 개신교가 일제의 신사참배를 반대하게 됨으로써 수많은 목회자와 신도들이 죽음과 감옥 살이를 하게 되었고, 그 후 6.25 전쟁을 통하여 남북이 나눠지게 되자 북한의 교회는 강압적으로 문을 닫는 처참한 수난을 겪게 되었다.

---

221) 대한예수교 장로회 총회, 「강도사고시 예상문답지」 (서울: 대한예수교 장로회 대신 출판부, 1995), p.30. 참조.

그러나 남한에서는 수많은 목회자들이 구국운동과 함께 기도운동을 일으켜 세계 역사상에서 유례가 없는 양적인 부흥을 이룩하게 되었다. 특히 한국에 들어 온 기독교의 사상은 보수주의적 근본주의 사상으로 성경을 이성적인 자유의 지에 따른 판단보다는 성경의 영감과 문자 그대로 해석하는 주로 청교도의 신학사상을 이어받아 말씀운동, 즉 사경회의 순례집회와 그리고 기도운동, 특히 새벽기도 운동을 통하여 국민들의 의식개혁을 고취시켰는데, 이것은 60년대와 70년대에 새마을 운동을 전개하면서 '새벽종 운동'으로 연결되기도 하였다.

한편으로는 교회가 팽창하게 되자 분열 현상을 초래하게 되었는데, 최초의 분열은 일제 신사참배에 반대한 단체와 그것을 가결한 단체 사이의 분열이었고, 다음은 자유주의 신학이 한국으로 유입되면서 보수주의와의 분열이었다. 그러나 이러한 분열을 통하여도 교회는 양적인 성장을 계속하여 왔다.

2. 기독교 사회복지의 역사적 이해

서학으로 전래된 천주교는 박해와 순교로 이어지는 어려움을 많이 겪으면서도 아동 구제사업에 특히 많은 관심을 보였다. 천주교보다 100년 뒤에 들어왔던 개신교는 비교적 활발하게 활동할 수 있었는데 이렇게 시작된 우리나라의 교회복지사업은 한말(韓末)에 이르러 사회개혁 운동으로 이어졌다.

교회복지사업의 전개 시기는 대략 여섯 단계로 나누어 볼 수 있다. 제 1 단계는 천주교의 전래부터 개신교의 전래 이전까지 (1784~1884)로서 약 100년간은 시대적인 특수성에 의하여 기독교 사회복지 활동이 활발치 못하였기 때문에 이때를 기독교 사회복지의 태동기로 보고, 제 2 단계는 개신교의 전래이후부터 한일합방까지 (1884~1910)로서 이 기간에는 비록 짧은 기간 이였지만 기독교 사회 복지활동이 활발하게 진행되었던 시기로 이때를 기독교 사회복지의 발달기로 보며, 제 3 단계는 한일합방이후부터 해방까지(1910~1945)로서 약 40년간은 일제 탄압으로 기독교 사회복지의 퇴보기이었고, 제 4 단계는 해방부터 1988년 서울 올림픽경기까지 (1945~1988), 제 5 단계는 서울 올림픽이후부터 2000년까지 (1988~2000), 그리고 제 6 단계는 2001년 이후 현재에 이르기까지로 나누어 볼 수 있다. 각 패러다임별로 특징을 살펴보면 다음과 같다. 각 단계별로 구체적인 기독교 사회복지 사업들을 살펴보면 다음과 같다.

(1) 기독교 사회복지의 태동기(천주교의 전래이후부터 개신교의 전래까지: 1784~1884)

당시 천주교는 조선사회를 이끌어 오던 유교적 신념체계가 붕괴되면서 정치, 경제, 사회, 종교적으로 쇄신이 요구되던 시기에 실학사상과 함께 전래되었다. 천주교는 조선사회의 지배체제와의 갈등 속에서 아동구제 사업을 비롯한 한글의 개발 및 출판 사업에도 힘을 기울었다.

조선의 지식층이 천주교를 포함한 서양문물의 서적을 북경에서 들여와 탐독하기 시작한 것은 1608년부터였다. 서학이라 불렸던 천주교는 당시 지식층에게 널리 유전되어 국내에서의 서적을 통한 것 외에 사행 (使行)의 일원으로 북경에 가는 지식층들의 대부분이 그곳의 사천주당 (四天主堂 : 東西南北)을 직접 둘러보았다.

그러나 이런 일들은 서학의 이해를 위한 것이었을 뿐 신앙심에서 우러나온 것은 아니었다. 당시의 북경 사행원들은 각종의 한역서적과 세계지도, 천리경, 자명종, 악기 등의 서구문물과 포도주를 비롯한 산업기술, 그리고 병원과 고아원 등 사회개발에 필요한 지식과 정보까지 얻고 있었다.

이렇게 서구의 근대 문물들 중의 하나로 받아들여진 천주교는 당시 권력에서 소외되었던 남인계의 소장 지식인들에게 신앙으로 전환되었는데, 이는 천주교를 유교 대신의 신념체계로 인식한 것이었다. 따라서 집권층은 체제와 정통에 대한 도전으로 천주교를 바라보게 되었고, 급기야는 신해년과 신유년, 기해년 등에 대대적인 탄압을 강행하였다.

이런 상황 속에서도 1831년에는 조선교구가 독립되었고 주문모 신부를 비롯한 중국과 프랑스 신부들이 입국하여 포교활동을 벌였다. 대원군의 쇄국정책이 강화되면서 천주교는 외세로부터의 도전으로 인식되어 병인년 이후 5년간 극심한 박해와 순교가 잇달았으며, 이는 신앙의 자유가 명시된 한불조약이 체결됨에 따라 일단락 지어졌다.

이상과 같이 천주교는 정신적 지주가 새로이 요구되던 시기에 전래되었지만, 전통질서와의 갈등을 야기 시킬 수 있는 자체의 구조적 성격으로 인해 당쟁의 소용돌이에 휘말렸고, 서세동점(西勢東占)에 대한 반발이 이에 가세되어 지극히 험난한 길을 걷게 되었다. 이러한 고통 속에서도 천주교는 아동구제사업을 계속 하였고 성경의 한글번역 및 출판에 심혈을 기울여 교회복지를 태동시켰다.

(2) 기독교 사회복지의 발달기(개신교의 전래이후부터 한일합방까지: 1884~1910)
개항을 전후하여 형성된 개화사상은 1880년대에 이르러 조선사회 전반을 지배하게 되었고, 전통사회에서 근대사회로의 전환을 요구하였다. 이러한 때에 일부 개화 인사들의 지지 속에 들어온 개신교는 먼저 개화에의 요구를 받아들여 충족시켜 주어야 했고, 개인상(個人商)의 자유가 인정된 후에 점차 선교활동을 펼 수 있었다.

그 후 기독교가 한국사회에 내재화되어 감에 따라 기독교인들의 사회의식이 성장하여 동태화되어 갔으며, 이는 사회개량운동 및 애국계몽운동으로 표현되었다. 그 당시의 사회문제들은 사회단체들에 의하여 활발히 지적되고 있었는데 특히 빈민과 고아문제, 사회위생문제, 그리고 근대적 구호시설문제 등이 사회문제로 등장하게 되었다.

문호개방 이후 점점 증가해온 빈민층의 문제에 대해 황성신문을 비롯한 언론기관에서는 빈민대책은 종래의 구휼책에 근거를 두되 정부에만 의존치 말고 지역단위 또는 상인층 중심의 대책을 세우는 방안과 앞으로 산업자본주의 발달을 전망하고 이를 바탕으로 한 빈민층의 취업과 자본가 계급의 자선사업을 유발하는 방안, 그리고 인구의 도시집중을 억제하는 방안 등 몇 가지의 빈민대책안을 제시하였다. 반면에 당시 정부의 빈민대책은 1901년에 설치한 혜민원과 혜민사를 중심으로 왕실과 부자들이 출연한 재물과 종래의 사창미를 재원으로 하여 빈민들을 구제한다는 것이었다.

고아 구제사업에 대해서도 여러 신문들이 다루었는데, 독립신문에서는 고아원의 설립 및 교육문제까지 전망하였고, 황성신문에서는 민간의 구제기관 및 고아원 설립을 권장하였다. 1906년에는 민간 경영 고아원이 설립되었고, 3~4년간 고아를 모집하여 먹이고 입히고 재우면서 교육하기 시작하니 고아학도가 70여명에 달하였다고 하였다. 그러나 경영난으로 인해 계속 운영되지 못하였다.

한편 강물을 그대로 떠다가 먹고 하수도가 노상에 노출되어 있던 당시에는 전염병 유발에 원인이 되는 음료수문제와 오염처리문제 등이 사회문제화 되었

다. 따라서 의료 활동을 폈던 선교사들이 제일 먼저 지적하였던 사항도 사회위
생에 관한 것이었다. 위생문제를 담당하는 정부기구로 갑오개혁 때 개편된 위
생국과 경무청 등이 있었으나 재정이 부족하여 수도시설은 차관을 빌어다가 외
국인 거주지 중심으로만 설치하였고, 오물처리문제는 특권 사업화하여 도시에
사는 일반인에게는 도리어 부담만 주었으며, 도시 빈민층으로 구성된 오물처리
상인들 에게는 생활의 위협이 되었다.

그럼에도 불구하고 기독교 사회복지 사업은 발달하기 시작하였는데 특히 자
선구제사업과 사회개량사업이 두드러졌다. 자선 구제사업으로는 의료사업, 교
육사업, 맹농아사업, 고아원과 양로원사업 등이 발달하였고, 사회개량사업으로
는 독립협회의 활동, 악습타파, 언론강화, 여권신장 등 계몽사업이 활발히 진행
되었다.

(3) 기독교 사회복지의 퇴보기(한일합방부터 해방까지: 1910 ~1945)
한국교회는 일제치하의 40여 년간 무수한 박해를 받아왔다. 그 중에서 가장
대표적인 박해의 경우가 1911년의 105인 사건, 1919년의 3·1운동, 그리고
1930년대로부터 시작된 신사참배 강요 사건이다.

총독부의 자료에 의하면 1911년 당시 조선의 기독교회는 20만의 신도와
300개 이상의 기독교학교, 3만 명 이상의 기독교학교 재학생들이 있었다고 기
록하고 있으며 또한 조선인 교직자 3천 300명, 외국인 선교사 270여명이 있었
고, 교회는 많은 병원과 고아원을 운영하고 있다고 했다. 일제의 기독교 탄압정
책으로 교회복지사업은 퇴보기를 맞을 수밖에 없었다. 일제의 대표적인 기독교
회유 및 탄압사건들을 살펴보면 다음과 같다.

첫째는 해서교육총회(海西敎育總會)사건으로 이것은 일본 총독부가 한국의
서북지방을 조선통치에 있어서 문제 지역으로 인식하고 이 지역에 대한 대대적
인 기독교 탄압을 단행하였던 사건들이다. 한국의 해서지방(海西地方)은 일찍
이 기독교가 전래되어 타 지역에 비하여 일제에 대항하는 기독교의 영향력이
컸기 때문에 일제는 서북지방 중에서도 평북의 선천, 정주지방과 평양, 황해도
의 안악지방을 소위 3대 관찰지로 지목하였다. 이 지방에 학교를 세워 민족의
식을 깨우치고 산업을 장려하는 길이 구국의 길이라고 교육하고, 교회가 있는
곳곳마다 학교를 설립하게 되었다.

그래서 일개의 면에 일개의 학교를 세우기 운동을 전개하기 위하여 1909년 해서교육총회를 조직하였다. 이렇게 되자 일제는 해서교육총회를 탄압할 구실을 찾았다. 마침내 안중근의 동생 안명근이 서간도에 무관학교를 세우기 위해 자금을 얻으려 국내에 들어와 체포되자 이를 계기로 해서교육총회 관계자 전원을 체포하였다.

그리고 고문을 가하고 혹독한 탄압을 가하게 되었는데 이 사건을 해서교육총회 사건이라고 한다. 그러므로 한국교회의 교육사업은 가장 어려운 퇴보기를 맞이하게 되었다.

둘째는 105인 사건으로서 이것은 일제는 한국기독교의 민족운동 혹은 독립운동 노력을 차단하기 위한 방편으로 조선 총독부 경무총감 아까이시 등이 조작한 사건이다. 아까이시는 1910년 12월 29일 테라우찌 총독이 압록강 철교 개통식에 참석하기 위해 기차로 신의주로 갈 때 선천역에 잠시 하차하는 틈을 타서 그를 암살하려고 했다고 조작하였다.

즉 데라우찌가 멕쿤(G. S. MaCune)선교사와 악수하는 것을 신호로 암살하려고 했다고 조작한 후 경향각지에서 약 600명의 민족 지도자들을 검거하였다. 그들 중에 122명이 1912년 5월 일제에 의해 기소되었는데 이중 107명은 기독교의 지도적 인물들이었다. 전체 검거자들 중에는 전덕기 목사를 비롯해 6명의 목사와 50명의 장로, 80명의 집사가 포함되어 있었다.

이 사건은 기독교 세력과 민족운동세력을 제거하려고 조작된 것이었는데도 불구하고 일제는 105인에게 유죄 판결을 내렸다. 이 사건으로 체포되었던 감리교의 전덕기 목사와 김근형, 정희순은 고문으로 세상을 떠났고, 안창호, 이승만은 미국으로, 김규식은 중국으로 망명하였다.

셋째는 3.1운동인데, 이 운동은 직접적으로 교회가 주도한 것은 아니었지만 교회지도자가 중심이 되어 일어났던 민족운동 이었다. 1919년 3ㆍ1 독립운동 당시 한국 기독교인은 약 25만~30만 명이었는데 교회와 교회 지도자들은 이 운동의 준비단계에서부터 선언문의 배포와 군중동원에 이르기까지 중요한 역할을 담당하였다. 민족대표 33명중에서 기독교인이 16명이었다는 점은 이를 반영하여 준다.

이 운동으로 교회의 피해는 적지 않았는데, 1919년 5월에 총독부의 발표에 의하면 교회당 41개 처가 파괴되었고 1919년 4월 30일까지 투옥된 기독교인은 2,120명으로써 유교, 불교, 천도교의 총수 1,556명보다 훨씬 많은 숫자였다. 또 1919년 9월 장로교 총회에 보고된 자료에 의하면 체포된 신자가 3,804명, 체포된 목사, 장로는 134명, 기독교 관계 지도자는 202명이었다. 이 운동을 계기로 기독교의 탄압은 극에 달하였는데 그 대표적인 예로는 1919년 4월 15일 경기도 화성군 제암리 교회에서 단번에 29명의 교인들을 불태워 죽인 사건이다.

넷째는 신사참배 강요 사건인데, 이 사건은 한국교회가 당했던 수난의 절정을 이루는 것이었다. 1930년대부터 시작된 신사참배 강요는 한국의 기독교, 특히 장로교를 탄압하고 사멸시킬 목적으로 강행됐던 본격적인 기독교 탄압으로 교회전체가 당한 박해이자 민족의 수난이었다. 일제는 1930년에 들어서자 소위 대륙병참화 정책을 수립하고, 이를 뒷받침하기 위해 내선일체, 황민화정책 등을 실시하기에 이르렀다.

이들은 이 정책의 거점을 신사(神社)에 두고 '일면일신사주의', 즉 한 면에 하나의 신사를 두고 참배하도록 강요하였다. 신사란 신도(神道)라는 종교의식을 행하는 곳인데, 신도는 일본의 토착적인 원시종교로서 국조신이라는 천조대신과 그 이후의 종신을 섬기며 천황을 현인신으로 섬기는 민족종교이다. 신사참배 문제는 1920년대부터 조금씩 거론되었으나 만주사변이 일어났던 1931년을 기점으로 일본 군국주의와 더불어 본격적으로 강요되었다.

이 신사참배 강요사건으로 200여 교회가 파괴되었고 2,000여명이 투옥되었으며 그 중에 50여명이 옥중에서 순교하였다. 일제의 신사참배 강요가 거세지자 끝까지 저항하였던 장로교도 1938년 9월 10일 평양 서문밖 교회에서 모인 장로교 제27차 총회에서 신사참배안이 불법적으로 가결됨으로써 굴복하였으나 신사참배를 반대하는 수많은 교회 지도자들은 계속하여 반대하게 되었다.

이로써 한국 장로교회가 분열을 하게 되었는데 주로 미국의 남장로교에서 경영하는 학교들과 호주 장로교 선교부에서는 신사참배를 반대하였고, 반면에 미국의 북장로교와 캐나다 장로교 일부에서는 신사참배를 용인하는 편이었다.

이상에서 본 바와 같이 이 기간 동안에 기독교 사회복지는 현실적인 사회의 문제해결보다는 민족계몽운동 및 구국운동으로 이어져 한국민의 정신적인 지주로서 자리를 매기는 이런바 '시련 속에서의 신앙'을 키우는 계기를 마련하게 되었다.

(4) 기독교 사회복지의 성숙기(해방이후부터 올림픽 개최까지: 1945~1988)

한국교회는 1945년 8년 15일 해방을 맞이하여 그 동안 신사참배를 반대한다는 이유로 투옥되었던 많은 교회 지도자들이 순교를 하였지만, 5년 혹은 6년 동안이나 평양, 대구, 광주, 부산, 청주 등에서 옥중생활을 하다가 1945년 8월 17일에 석방되었던 30여명의 신실한 종들이 있었다.

그 당시 조선 총독이었던 아베의 계획에 따르면 조선 총독부 보호 관찰령 제3호에 의해 사형이 집행되기 하루 전에 석방되었던 것이다. 해방 후 한국교회는 재건운동을 평양에서부터 시작하였다. 출옥한 교회 지도자들은 집으로 돌아가지 않고 평양 산정현 교회에 머물면서 교회재건방안과 원칙을 1945년 9월 20일경에 발표하였다.

이것을 계기로 1945년 11월 14일부터 1주간 평북 6개 노회 교역자 수련회가 개최되어 북한지방 연합노회를 조직할 것을 협의하였다. 한편 남한에서는 1946년 6월에 서울 승동교회에서 '대한예수교장로회 남부총회'를 조직하여 교회재건운동을 시작하였으며, 1945년 9월 18일 부산진 교회에서 경남재건노회가 조직되었다. 그러므로 남한에서는 서울과 경남지역으로 나누어 교회재건운동이 일어나게 되었던 것이다.

따라서 해방 후 초창기에 한국교회는 교리와 신학노선을 정립하는데 많은 시간을 보냈고, 그런 와중에 1950년 6월 25일 한국전쟁으로 교회복지사업은 심히 미약하였다. 그러나 그 후 한국이 북한과 남한으로 분단되므로 북한에 있는 교회는 김일성의 주체사상 강요와 탄압으로 거의 문을 닫게 되었지만, 남한의 교회는 성장과 분열을 계속하였다.

1970년대 이후 한국교회는 수적인 성장과 함께 질적인 성장 혹은 내적 성숙을 위한 자구노력을 강구하게 되었다. 한국교회의 수적인 성장에 영향을 미친 것은 미국 풀러 신학교의 교회성장학파와 빌리 그래함(Billy Graham) 목사초청 대전도 집회를 비롯한 각종 대규모 군중집회, 개교회의 전도를 위한 노력 등의 영향이 지배적이었다.

그러나 부정적인 면도 함께 노출되기 시작하였는데, 물질적인 축복이나 현세적 안녕을 강조하는 기복신앙과 수적 성장에 대한 지나친 관심 때문에 교회의 구조나 예배의식, 헌금에 대한 개념 등이 약해졌다. 이러한 교회의 흐름이 결국은 '개 교회 주의'와 '대교회 주의'를 성행하게 만들었다. 한편 당시에는 시민들 사이에는 재야운동이 일어나고 그 중심세력은 김일성주체사상(NL), 맑스-레닌주의(PD), 모택동주의 등으로 무장했으며 이에 따라 내부의 이념투쟁도 심각하였다. 반면에 기독교 운동은 민중 신학, 해방 신학 등의 또 다른 흑백 이념으로 무장하였다.

(5) 기독교 사회복지의 확산기(시민친화 NGO운동의 물결: 1988~2000)

한국교회는 성경공부를 통하여 말씀의 생활화 운동을 전개하였으나 좀처럼 침체의 늪에서 빠져 나오지 못하고 있었다. 그래서 1988년 서울 올림픽경기를 계기로 세계 NGO(Non-Government Organization: 비정부기구)단체들이 인권과 환경보호의 큰 캐치프레이즈(catch phrase)를 들고 활동하는 것을 보고 1989년 7월에 경실련이 출범하여 그동안 노동운동으로 일관된 재야운동이 더 이상 기업을 적대시하면 안 되고 기업인까지도 시민운동에 동참시키고 기업인과 노동자를 생산자 계층이라고 한다면 생산자 계층의 편에 서서 불로소득 계층과 맞서야 한다고 생각했다.

또한 1994년 참여연대의 출범은 마지막까지 재야운동에 남아 있었던 사람들이 시민운동으로 전향함으로써 재야운동이 소멸하는 것을 의미했지만 동시에 재야운동의 연장선상에서 진보적인 시민운동으로 참여연대가 등장하였다.

특히 1990년을 기점으로 한 한국 기독교 1세기의 외형적인 결과는 1천 2백만 명의 기독교인과 3만 6천 여 개의 교회, 그리고 5만 1천 여 명의 교역자를 배출하였다. 이러한 교회의 부흥과 발전을 통하여 기독교 사회복지는 자연히 확산기를 맞이하게 되었으며, 선교 초기부터 교육, 의료사업과 함께 자선사업, Y.M.C.A., Y.W.C.A. 등을 중심으로 한 기독교 사회복지 사업은 더욱 활기를 띄게 되었다.

한편 교회에서도 현장목회를 강조하는 시민운동의 물결이 일기 시작하였다. 특히 가정 사역을 통하여 가정회복운동을 전개하는 가정목회와 청소년들의 비행이 심각하여지고 학교가 제 기능을 하지 못하게 되자 교사의 위상회복과 청소년 선도 및 교육을 위한 학원목회, 그리고 1997년 말을 시점으로 불어 닥친 I.M.F.한파에 의한 실업자들의 문제를 해결하기 위한 산업목회, 2000년 후 탈북 난민들을 위한 인권보호 및 다문화가정 생활정착을 위한 인도주의적 차원의 보호, 그리고 민족통일 복음화 운동, 북한주민 돕기 운동 등이 중요한 교회의 과제로 대두되었다.

교회는 이러한 사회문제 해결과 더불어 사는 공동체를 건설하기 위하여 현장 목회와 관련된 기독교 시민운동(Christian Non-Government Organization)이 본격적으로 일어나게 되었다. 따라서 탈공업화, 환경문제, 신사고 및 정보화 물결 등이 사회 환경을 급변시키므로 인하여 인간성이 상실되고 도덕성이 타락되는 것을 방지하기 위하여 기독교 사회복지 및 윤리실천운동이 요청되었다.

(6) 기독교 사회복지의 보편화 (기독교사회복지사업의 물결: 2001년~현재)
21세기 한국 사회는 저 출산과 고령화 시대를 맞이하면서 기독교가 어떻게 사회를 품을 수 있을 것인가에 초점이 모아지고 있다. 2011년 초 언론보도에 의하면 결혼에 대한 의식이 젊은 미혼여성과 남성에게 별로 의미가 없는 것으로 조사되어 결혼을 반드시 해야 한다고 생각하는 여성은 단지 17% 밖에 되지 않았다. 그리고 결혼을 하여도 아이를 갖겠다고 생각하는 사람은 계속 감소추세에 있다.

우리나라 출산율은 1970년에 4.53명, 1975년에 3.43명, 1980년에 2.82명, 1990년에 1.56명 2000년에 1.47명, 2009년에는 1.15명이었다. 이러한 감소추세는 계속되고 있는데, 수명은 1950년에 47세, 2007년에 75세, 2009년에는 79세(남76, 여83)로 건강수명은 67세가 되었다. 이와 같이 출산율은 점점 줄어들고 노인의 수명은 점점 늘어나는 저 출산 고령화 사회로 이미 진입하였다.

그러므로 출산율을 높이기 위하여 정부는 다각적으로 노력하지만 효과는 미흡하다. 우선 경제적인 원인으로 결혼을 미루는 사태를 줄이고, 다자녀 가구에 대한 혜택을 늘리고, 더 나아가 고령 사회에 대한 노인 복지 대책도 시급하다. 이러한 국가적 필요에 의한 정책에 교회가 함께 참여하여 기독교 사회적 기업 및 NGO 운동을 확산시켜 나가는 것이 바람직하다고 본다.

3. 아동구제활동

최초의 천주교 선교사로 파견된 주문모 신부는 중국교회의 신자조직을 기본 틀로 하여 명도회라는 단체를 조직하였다. 이 단체는 종교적 신앙심의 앙양과 전파를 목적으로 하면서 극심한 박해로 인해 유랑하며 생업에 전념치 못하는 빈곤한 신자들을 구제하는 한편, 고아와 노인에 대한 구제사업과 전염병으로 인해 버려진 시체들을 거두어 매장하는 등 적극적인 교회복지활동을 전개하였다. 그러나 이러한 활동들은 더욱 심해 가는 박해상황과 주문모 신부의 자수로 오래 지속되지 못하였다.

다음으로 입국한 프랑스 선교사들은 박해를 피해 여러 곳으로 유랑생활을 하면서 한국인들과 동일한 방식으로 생활하던 중 한국사회와 문화에 대한 폭 넓은 이해를 가질 수 있었으며, 당시의 가장 큰 문제였던 빈곤과 무지, 질병 등에 대해서도 경험적인 인식을 가질 수 있었다.

이러한 생활적인 접근방식으로 프랑스인 신부들은 전도의 방편으로 선택한 교회복지사업이 아동 구제사업이었다. Maistre 신부는 죽을 위험에 있는 어린 이에게 대세(代洗)를 베푸는 일과 외교인 기아들을 거두어서 키우는 일을 그 목적으로 하는 영해회(嬰孩會)사업에 관심을 가졌다. 당시의 상황으로는 집집마다 10여명 내외의 자녀들을 낳았으나 의학이 발달하지 못하였고 흉년이 거듭되어 그 절반이상이 버림을 받거나 죽어가고 있었던 것이다.

그리하여 Maistre 신부는 파리에 있는 영해회 본부에 편지를 보내어 1855년부터는 영해회의 보조를 얻고 고아나 기아를 신자가정에 맡기거나 또는 서울에 유모를 두어 양육하였고, 1857년에는 시약소를 설치하여 죽게 된 아이들을 구제하였다. 1859년 선교본부로 보낸 Berneux의 편지에 의하면 외교인 자녀의 임종 시 대세는 908명, 외교인 자녀의 대세 후 사망자는 701명, 영해회의 자금으로 기르는 고아 수는 43명이라고 보고하고 있다.

이와 같은 아동 구제사업은 1866년의 박해로 인해 중단되었으며, 박해가 어느 정도 평정된 1880년 Blanc 주교에 의해 다시 이어져서 1886년부터는 바오로 수녀원에 인계되었다.

박해기 동안의 아동 구제사업은 조선사회의 해체와 문화개방이라는 사회상황으로 인한 당시의 사회적 요구들에 비하면 매우 소극적이고 지엽적인 것에 불과한 것이었다. 그러나 재해와 빈곤으로 인해 버림받고 죽어가던 아동들에 대한 관심은 사회문제의 초보적 인식이었으며, 고아문제를 해결하려는 출발점이 되었다는 점에 그 의의가 있다고 하겠다.

4. 의료복지활동

알렌(Dr. Horace Newton Allen, 安連, 1858~1932)은 미국 북장로교 소속 선교사로서 1883년 10월부터 상해에서 일하던 중 한국으로 가기로 결심하였다. 1884년 9월 14일 상해를 떠나 부산을 거쳐 9월 20일 제물포에 도착하였고 서울에 들어온 날은 9월 22일이었다.

그는 우리나라에 공적으로 입국한 최초의 선교사임에도 불구하고 그 당시 선교의 자유가 허락되지 않았을 뿐만 아니라 척사(斥邪)에 대한 임금의 엄명이 효력을 발휘하고 있었기 때문에 미국영사관의 의사 신분으로 입국하였다. 알렌은 1884년 12월 갑신정변 때 개화파에 의해 크게 다친 민영익을 3 개월간 치료하여 완쾌 시켜 주었다.

이를 계기로 알렌은 고종과 민비의 협조를 얻게 되었고 어의(御醫: 왕실부시의관)로 임명되기도 했다. 그는 서울주재 미국 대리공사 Poulk 중위를 통해 국립병원 설립 안을 궁중에 제출하였다. 알렌의 제의는 외국인 의사를 찾아오는 환자의 수가 날로 증가되어 병원이 있어야 되겠다는 것, 자신은 오직 국민의 복리를 위하여 그러한 병원 일을 맡아보겠다는 것, 그리고 자신은 미국자선사업기관(Benevolent Society in America)에서 생활비를 받고 있으니 무보수로 일하겠다는 것 등이었으며, 병원설립에 필요한 조건으로 깨끗한 환경 속에 있는 건물 하나와 일년 경상비, 약품대 등 3,000 달러만 있으면 될 것이라고 하였다.[222]

이 제의가 받아들여져서 1885년 4월 10일에 광혜원(廣惠院)이란 현대식 국립병원이 개원하게 되었다. 이 병원은 얼마 후에 '많은 사람을 구제하는 집'이란 의미의 제중원(濟衆院)으로 개칭되었다.

아펜젤러(Henry G. Appenzeller, 1858~1902)목사와 함께 선교사로서는 처음으로 한국에 도착한 언더우드(Horace G. Underwood, 1859~1916) 목사도 광혜원에서 병자들을 구호하는 한편, 학생들에게 물리와 화학을 가르치면서 한국어를 학습하였다. 뿐만 아니라 헤론(Dr. Heron)의사 부부가 1885년에 입국하여 제중원에서 의사로 시무하다가 1890년에 별세하여 양화도에 안장되었다.

---

222) 백낙준, 「한국개신교회사」 (서울:연세대학교 출판부), 1973, p.110.

제중원에서는 1885년 5월 한 달간 입원환자가 50명 정도였고, 하루에 평균 60명 정도의 환자들을 돌보았으며, 처음 1년간의 환자 수는 10,640명이었다. 또한 첫 해의 보고에 따르면 한국인들이 고통받고 있는 주된 질병은 마마(Smallpox)로써 이로 인해 50%이상이 죽어갔으며, 매독도 유행하고 있는 주된 병이었고, 또 많은 사람들이 말라리아로 고생하고 있었던 것으로 파악되었다.223) 그 외에도 제중원에는 빈톤(C. Vinton), 애비슨(O. R. Avison) 등이 의사로 봉사하였다.

한편 제중원에서 일하던 감리교 의료선교사 스크랜튼(William B. Scranton) 박사는 1886년 가을에 자기 집에서 쫓겨나게 되어 뜸막을 치고 살거나 뜸막도 없이 거지로 빌어먹고 사는 불쌍한 전염병 환자들을 위하여 병원을 개설하였다.

이 병원은 이듬해인 1885년 9월 10일에 고종으로부터 시(施)병원(Universal Relief Hospital)이란 이름을 하사 받았으며, 아현동과 상동에도 진료소를 설치하여 가난한 사람들을 무료로 치료해주었는데, 이것이 민간병원의 시작이었고, 책임자는 스크랜튼이었다. 그러나 경비가 부족하여 아현동 진료소는 1890년에 잠시 중단되었으나 이것이 후일에 세브란스 의학전문학교로 그리고 오늘의 연세대학교 의과대학(세브란스의대)으로 발전하였다.

1887년에는 감리교 여선교사 Howard가 파송되어 최초의 부인병원인 보구여관(保救女館, Caring for and Saving Women's Hospital)을 개설하여 진료하다가 2년 후에는 Sherwood 여의사가 이 일을 맡게 되었다.

이 병원에서는 3 년 동안에 5,500명의 가난한 부인들이 진료를 받게 되었다.224) 그 외에도 Sherwood는 한국인 4 명과 일본인 1 명 등 5 명을 모아 의학강습을 실시하였으며, 이 중의 한 사람이 최초의 한국인 의사가 되었던 박에스더였다.

1892년부터는 Hall 의사에 의해 평양에서도 의료사업이 실시되었고, 1897년에 청일전쟁 후 부상당한 환자들을 돌보다가 Hall 의사는 병으로 사망하였으며, 부인이었던 Sherwood 의사에 의해 Hall 기념 병원이 설립되었는데, 이 병원은 작은 기와집을 개조하여 사용하는 빈약한 시설이었지만, 후임으로 온 Follwell

---

223) Everett Nichols Jr. Hunt, *Protestant Pioneers in Korea*, New York: Orbis Books, 1980, p.33.
224) 김양선, "한국기독교사연구", 「기독교문화연구 총서」 제II집 (서울: 기독교문사), 1985, p.64.

의사가 첫 해에 치료한 환자는 3,000 명이었고, 1909년에서 1910년까지 치료받은 환자의 수는 13,223 명이었다고 한다.[225]

이보다 앞서 1893년 선교연합회에서는 의료사업을 선교사업 중의 하나로 결정하고 적극적으로 추진하기로 하여 부산, 평양, 대구, 선천, 재령, 청주, 강계, 전주, 광주, 해주, 안동, 원산, 군산, 목포, 개성, 춘천, 인천, 진주, 성진, 함흥 등지에 선교병원을 설립하였다.

그리하여 선교의사들은 의사로서의 임무수행과 치료를 통한 복음전파, 의사와 간호원의 양성, 그리고 사회보건문제에 대한 전문적인 고문 역할 등을 수행하였다. 특히 사회보건문제에 있어서 공중위생에 관한 일반계몽의 필요를 인식하여, 1895년 호열자병이 전국을 휩쓸게 되자 제중원을 맡아보던 Avison 박사는 호열자병 예방, 소독, 주의사항 등을 전국에 포고하도록 정부에 건의하였다. 이에 정부는 호열자병 예방규칙과 소독규칙을 각각 제정 공포하여 국민들로 하여금 현대식 보건방법을 체득케 하였던 것이다. 또한 선교의사들은 빈번하게 발생하는 콜레라의 유행을 포스터와 팜플렛을 통해 예방하였고, 거리에 방치된 환자들에 대해서도 끝까지 돌보아 주었다.

이처럼 선교의 방편으로 전개되었던 개신교의 의료사업은 당시의 사회적 요구에 대한 기독교의 적절한 대응책들 중의 하나였으며, 특히 혜택 받지 못하던 하층민들에게 눈을 돌린 감리교의 의료선교활동과 사회보건 문제의 개입은 교회복지의 주요한 활동사업이 되었다.

5. 교육복지활동

알렌 의사를 뒤이어 정식으로 미국교회로부터 선교사로 파송된 개척자는 미국 북장로회의 언더우드(Horace Grant Underwood, 1859~1916)와 미국 북감리회의 아펜젤러(Henry G. Appenzeller, 1858~1902) 목사 부부였다. 이들은 1885년 4월 5일 제물포에 상륙하였다.

그러나 이 당시 한국의 국내정세가 불안하여 미국공사의 만류로 아펜젤러 부

---

225) 이춘란, 한국에 있어서의 미국선교의료활동, 1884~1934, 「이대사원」, 제10집, 이화여자대학교 사학회, 1972, p.6.

부는 타고 온 배로 일본에 돌아갔다가 2개월 후인 6월에 재입국했다. 언더우드와 아펜젤러는 비록 교파는 달랐으나, 그들은 같이 한국에 선교사로 파견됨과 동시에 같이 연희전문학교를 설립하였으며, 일생을 통해 가장 친근한 선교의 반려자로서 이 땅에서 복음을 위해 생애를 바쳤다.

1859년 7월 19일, 영국 런던에서 태어난 언더우드는 13세 때 미국으로 이주하여 뉴욕대학에서 문학을, 화란개혁교회 신학교에서 신학을 공부한 후 1884년 7월 18일에 미국북장로회의 선교사로 임명되었다. 그는 1885년 1월에 이수정을 만나 그를 통해 한국어를 공부하며 준비한 후, 이수정이 번역한 한국어로 된 「마가복음」을 가지고 4월 5일 그의 나이 26세로 한국에 입국하였다.

개신교 선교사들의 입국 후 바로 시작된 교육사업은 전도의 한 방법이었던 동시에 전통적 유교사회인 조선왕국에 서구근대 문명을 계몽하고 이식하고자 하는 문화적 의식에서 적극 추진했던 사업이었다.[226]

아펜젤러 목사는 복음을 전파하기 위하여 교회복지사업의 일환으로 교육사업을 추진하였다. 그는 한국에 도착한지 4개월 만에 두 사람의 학생으로 학교를 시작하였고, 등한시되어 오던 여성교육을 위해 감리교 선교사 Scranton 부인이 1886년 설립했던 이화학당에서는 가난을 면하기 위해 찾아온 아이가 첫 번째의 영구적인 학생이었던 것이다.[227]

언드우더 목사도 남자기숙학교를 열었는데 학비를 내고 공부할 학생들을 모집하기는 어렵다고 생각하여 20명의 고아들을 모아 한문, 성경, 간단한 영어 등을 가르치면서 전원을 기숙사에 수용하여 숙식을 제공하였다.[228] 이 학교의 재정은 장로교 선교부가 전적으로 부담하였으며, 후에 학교사업으로 이어지면서 고아원으로 불리던 것이 예수교 학당, 또는 구세학당 등으로 불렸으나 몇몇 선교사들의 반대로 1897년 문을 닫게 되었다. 이외에 성공회에서도 1892년에 성공회 신부 Landis에 의해 고아원학교가 설립되었으며, 1887년 엘러스(Miss Annie Ellers)양이 정신여학교를 설립하였다.

이렇게 시작된 교육사업은 1909년에 이르러 장로교가 605개교, 학생 수 14,708명이었고, 감리교가 200교, 학생 수 6,423명에 달했으며, 성공회나 천

---

226) 이원순, 한국문화의 서구적 기초, 「한국사학」 (한국정신문화연구원 사학연구실), p.85.
227) 기독교 대한감리 회 교육국, 「한국감리교회사」 (서울: 기독교대한감리회 교육국, 1975), p.76.
228) 곽안전, 「한국교회사」 (서울: 대한기독교서회, 1973), p.103.

주교 및 안식교 등의 것을 합하면 학교 수가 950여 교나 되었다.[229]   1910년 합병 때 정부로부터 인가 받은 사립학교는 총 2,250개 교 이었는데 그 중 950여 개의 학교가 기독교 계통이었으니 교육사업에 대한 교회복지의 활동은 활발하였다고 볼 수 있다.

당시 기독교 학교의 교육목표는 첫째로, 한국인으로 하여금 더 나은 한국인이 되게 하는 것이었고, 둘째로는 한국인이 자기 나라와 문화에 대해 긍지를 갖도록 하며 외부로부터 아무런 도움이 없이 자주적이고 자율적으로 자기 자신과 사회, 국가의 문제들을 해결할 줄 아는 사람이 되도록 하는 것이었다. 이와 같이 근대학교는 자선적인 성격으로 시작되었으나 후에는 나라의 독립과 발전, 자주와 진보, 자주적 근대화를 가져올 수 있는 동력기관과 같은 기독교 사회복지의 역할을 담당하게 되었다.

한국교회의 복지사업으로 아동이나 부녀자들을 위한 교육뿐만 아니라 한국교회 지도자 양성을 위한 신학교육도 긴박하였다. 신학교육은 선교사가 입국한지 15년이 지나서 시작되었다. 장로교 선교사들로 구성된 '장로교 공의회'는 신학교 설립 안을 검토하였고, 1901년 첫 신학교를 개교하였다.

이 신학교가 한국 장로교 최초의 신학교인 '조선 예수교 장로회 신학교'이다. 흔히 이 학교를 평양신학교라고 부르는데 그 이유는 평양에 설립되었기 때문이다. 1910년 이후에는 조선 예수교 장로회 신학교라고 불렸다. 미국 북장로교 선교사인 마포삼열 목사(Rev, Samuel A. Moffet)가 교장으로 임명되었고 이길함 선교사(Rev. Graham Lee)가 첫 교수였다.

이 신학교는 처음에는 미국 북장로교 중심으로 운영되다가 1906년부터는 미국 남장로교와 호주 장로교 선교부에서도 선교사를 파송하여 교수단의 일원으로 봉사하게 하였다. 그래서 북장로교의 배위량(W. B. Baird), 편하설(C. F. Bernheisel), 곽안련(A. D. Clark) 선교사 외에 남장로교의 이눌서(W. A. Rey- nolds), 호주장로교의 왕길지(G. Engel) 선교사가 교수로 봉사하였다.

이들은 복음주의적 신학 입장을 견지했던 선교사로서 미국의 구 프린스톤 신학을 따르는 자들이었다. 이 학교는 1907년 제1회 졸업생 7명을 배출하였고, 1938년까지 750여명의 졸업생을 배출하였다. 이렇게 볼 때 이 신학교는 한국

---

229) 민경배, 「한국기독교회사」 (서울: 대한기독교출판부, 1982), p.238.

장로교의 목회자를 양성하는데 큰 기여를 하였다. 그러나 1938년 1학기를 마치고 일제의 신사참배 강요에 반대하였기 때문에 폐교되었다.

6. 고아 및 양로복지활동

주로 개신교에서는 초창기에 기독교 사회복지의 방편으로 병원과 학교사업에 치중하였다면, 천주교에서는 고아원과 양로원을 설립하는 사업에 치중하였다고 볼 수 있다. 천주교의 Blane 주교는 집 한 채를 매입하여 영해원을 설립하였고, 무의탁 아이들을 받아들여 열심 있는 교우 몇 명에게 돌보도록 하였다. 고아원의 경영은 갈수록 여러 난관에 부딪쳤으나 고아들이 장성하여 후에 교우가정을 이루게 되면 전도하는데 큰 도움이 될 것이고 어린이들의 많은 영혼을 구할 수 있으리라는 생각으로 계속하였다.[230]

1888년 봄에 Blane 주교는 샬트르 총장에게 서한을 보내어 바오로회 수녀들이 내한해 줄 것을 요청하였다. 그래서 바오로 수녀회가 1888년부터 본격적인 활동에 들어가게 되었으며, 고아원에는 남자가 80명, 여자가 65명, 이밖에 유모에게 맡겨 기르던 어린아이가 30명, 이들을 돌봐주던 교우가 18명이었다.[231] 이 고아원에는 자원하여 들어오는 고아도 있었고, 자녀들을 많이 둔 부모가 자기 자녀를 고아라 속여 맡기는 경우도 있었다고 한다.

그래서 그때까지의 건물로는 고아들을 수용할 수 없게 되었고, 새로이 건물을 지어 1889년에 다시 이사하였다. 수녀들은 남자아이들을 위해 상점, 약국, 목공소들을 설치하여 기술을 습득하도록 조치하였고, 여아에게는 바느질, 재봉틀 사용 등의 직업교육을 실시하였다.[232]

1892년에는 지방에 있는 고아들을 구제하기 위해 인천에 수녀원 및 고아원의 분원을 두었으며, 이는 후에 해성보육원으로 독립하게 되었다. 그 밖에도 수녀들은 고아들을 양육하는 한편 노인들을 돌보는 일에도 힘을 기울였고, 빈곤한 병자들에게 약을 나눠주며 그 집을 방문하여 정성껏 간호해주기도 하였다. 버림받은 아동, 노인, 빈곤한 병자들을 대상으로 하였던 천주교의 구제사업은

---

230) 한국샬트르 성바오로 수도회, 「바오로딸안의 애환 85년」 (서울: 가톨릭출판사, 1973), p.125.
231) 유홍렬, 「한국천주교회사」 (서울: 가톨릭출판부, 1962), p.125.
232) 최석우, 「한국교회사의 탐구」 (서울:한국교회사, 1982), pp.456~57.

재원이 넉넉지 못하여 많은 어려움 속에서 유지해 나갔고, 개신교에 비해 소극적이며 드러나지 않았으나 일관성을 가지고 사업을 전개하였다.

7. 장애인 및 구제사업

장연지방에서는 천주교 신자들은 빈궁한 사람을 구제하고 의롭게 죽은 사람을 장사지내주는 목적을 가지고 긍련회(矜憐會)를 조직하여 금전 혹은 곡식으로 자금을 모아 많은 빈민들을 구제하기도 하였다.[233] 1903년에는 미국 감리교 여선교사 Sherwood 의사에 의해 평양에 여자맹인학교가 개설되었는데, Sherwood 의사는 뉴욕 포인트란 점자를 조선말에 맞게 고친 후 맹인소녀에게 교육시켜 성공하게 되자 본격적인 학교를 세웠던 것이다.

이어서 1909년에는 농아학교가 부설되었고, 맹인학교와 농아학교를 합하여 맹아학교로 발전시켰다. 장로교 선교사 Moffet 부인은 같은 평양에 남자 맹인들을 위한 학교를 세웠으며, 1915년에는 두 맹인학교가 병합되었다. 이와 같이 맹농아복지사업은 한국에서 최초로 시도된 것이었으며, 맹인들도 자신의 능력을 계발하고, 다소나마 인간적인 대접을 받을 수 있게 되었다.

한편 한국연합선교회는 1904년 버림받은 문둥병자를 구호하기 위하여 문둥병사업위원회를 결성하여 Irvin, Vinton, Smith 목사 등을 문둥병사업 위원으로 선정하여 조사에 착수케 하였다. 이어 1909년에는 부산에 수용소를 개설하여 환자들을 수용하기 시작하였으며, 1914년에 호주 장로교 선교회에 이관된 후 인도의 문둥병 선교사 Baily의 기부금을 얻어 시설을 확장하였다. 1925년까지 4,260명의 환자들을 치료해 주었던 것으로 기록하고 있다.

이 밖에 1906년에는 원산에 보혜여자관이 최초로 시작되어 일주일에 몇 번씩 부인들을 모아 성경과 한글을 가르쳐 주었으며, 이것은 후에 정식 여자관의 설립으로 연결되었다. 그리고 1907년에 평양교회 제직회에서 평양양로원을 설립하여 한국 양로원의 효시가 되었다.

---

233) 원형근, 「조선천주공교회약사」(가톨릭교회), 한국학연구총서3 (서울: 성진문화사, 1975), p.155.

8. 샬롬나비 시민운동 실천 사례

(1) 샬롬나비 시민운동 정신

'샬롬나비(Shalom Navi Civil Reformed)'는 모든 문제의 원인을 다른 사람의 탓으로 돌리기보다는 "모든 일은 나에게서 비롯된다(나비)"는 사고와 책임윤리를 가지고 이 세상에 하나님의 평화와 섬김을 실현하는 이상을 꿈꾸고 자기부터 개혁하는 나비의 정신을 지향함을 말한다. 또한 히브리어로 "שָׁלוֹם (shalom,평화) נָבִיא(navi,예언자)"란 의미로서 구약시대의 평화의 예언자를 상징하기도 한다. 이러한 겸허한 샬롬나비의 실천은 끝없는 연쇄적인 효과로 나타난다. 나비효과는 카오스이론에서 말하는 것처럼 깊은 숲 속 한 마리 나비의 조그만 날개 짓 하나가 저 멀리 대양에 거대한 허리케인을 일으킨다는 은유를 나타낸다. 그러므로 샬롬나비 시민운동은 미미한 개인의 행동이 참된 신앙 안에서 실천으로 표현될 때 성령 하나님의 위로하심과 연합시키는 역사로 말미암아 거대한 교회복지와 교회갱신, 그리고 사회변혁 효과가 나타난다는 선포적 의미를 담고 있다.

(2) 샬롬나비 시민개혁운동의 배경

칼 바르트(Karl Barth, 1886~1968)가 프린스턴대학교에서 강의를 하고 있었을 때 한 학생이 질문을 하였습니다. "하나님께서는 다른 종교에도 자신을 계시하셨습니까? 아니면 기독교에만 계시하셨습니까?"

그때 칼 바르트는 엄중하고 단호하게 번개가 치듯이 말했습니다. "아닙니다. 하나님은 어떤 종교에도 자신을 계시하지 않았습니다. 기독교에서 조차도 자신을 계시하지 않았습니다. 하나님은 오직 그의 아들 안에서만 자신을 계시하셨습니다."

그렇다. 오직 하나님의 아들 독생자 예수그리스도 안에서만 하나님께서 자신을 계시하셨다. 오늘날 종교는 세계종교, 원시종교, 민족종교 등 수백만 가지이고, 기독교에도 수많은 교파가 있습니다. 장로교, 감리교, 침례교, 오순절교, 동방정교 등 수 백 개의 교파가 있고, 한국에는 장로교만 300여개의 교단이 존재하고 있다. 수많은 기독교 교파와 교단들이 서로가 교세확장에만 열심이지 그 열심 속에 과연 예수 그리스도의 희생과 사랑이 얼마나 있는지 묻고 싶다.

코로나 사태 이전 한국의 대형교회들은 교권싸움으로 얼룩져있고 교인들은 목사파, 장로파, 집사파, 예수파 등으로 나누어져 예배당과 교회 앞마당에서 주일예배를 따로 드리고 있었다. 서로가 '남의 탓'이라고 비난하는 한국교회의 이런 모습을 보면 안타깝다 라기보다는 오히려 서글퍼졌다.

하나님께서는 기독교가 아니라 교파가 아니라 교단이 아니라 교권이 아니라 오직 말씀이 육신이 되신 예수 그리스도에게만 자신을 계시해 주셨다. 전통과 관례, 그리고 기득권을 앞세운 교권주의는 교회의 규모가 커짐으로서 발생하는 한국교회의 큰 난제이며, 교회 본질을 왜곡시키는 누룩과 같았다.

예수님께서도 유대의 기득권자들인 대제사장과 바리세인과 사두개인들에게 희생을 당했습니다. 예수님께서는 천군천사를 동원하여 유대교권자들을 멸할 수 있었지만 인류의 구속을 위하여 스스로 몸을 버리셨다. 그리스도인은 교파와 교권을 넘어 잃어버린 양을 찾기 위해 스스로 자신을 버리신 예수님을 생각하여야 한다. 오늘날 예수 그리스도의 사랑과 성령님의 하나 되게 하신 정신이 빠져 있는 한국교회 분쟁의 모습들이 우리를 너무나 슬프게 하였다.

그러던 중 2019년 말에 발생한 코로나 펜데믹(COVID-19)로 인하여 한국교회는 절반이 무용지물과 같이 무너졌다. 교회 안 나가는 교인, 일명 가나안교인이 무려 수백만에 이르고, 문을 닫은 교회가 15,000개 교회 이상이라고 하니 그동안 내실을 다지지 못하고 교세 확장에만 몰두하였던 한국교회의 현주소를 대변해 주었다.

그레샴 메이첸(Greshan J. Machen, 1881~1937)은 "하나님께서는 주님의 교회로 하여금 많은 위험을 통과하게 하셨는데, 가장 어두웠던 시간 뒤에는 찬란한 새벽이 있었다."라고 하였다.

어두운 한국교회의 현실을 바라보면서 새벽을 기다리는 마음으로 한국교회의 문제점을 찾아볼 때, 그 핵심은 모든 현실을 '남의 탓'으로 돌리는 잘못된 정신에서 비롯되었다고 본다.

그러므로 현재 한국교회에 요청하는 시대정신은 마태복음 9장 50절에 "너희 속에 소금을 두고 서로 화목 하라"고 하신 예수님의 말씀이다. 소금은 스스로 녹지 못합니다. 물이 있어야 녹을 수 있습니다. 생수 되신 예수님의 사랑이 있어야 녹을 수 있다. 소금이 덩어리로만 있으면 누구 소금이 더 짠가의 분쟁만 있을 뿐 서로가 융합되지 못한다.

소금은 녹을 때 소리를 내지 않듯이 차분하게 그리스도의 사랑으로 녹아야만 모든 다툼들이 남의 탓이 아니라 나의 탓인 것을 깨닫게 되고 서로 화목하고 우리사회에 평화가 깃들게 된다. 교회가 바로서면 그 사회는 자연히 바로 서게 되어있다. 이 시점에 오늘날 한국교회와 사회는 모든 일들이 남의 탓으로 발생하는 것이 아니라 나로부터 비롯된다는 '나비정신'이 필요한 때이다.

예수님의 측은지심의 마음으로 동 시대를 살아가는 이웃들과 함께 새 에덴의 행복공동체를 소망하면서, 그리고 고개를 돌려보면 도움을 요청하는 수많은 손길이 보이는 시대에 사는 책임을 통감하면서, 샬롬나비시민운동은 교회의 규모가 아니라, 시대에 끼치는 영향력으로 평가 받는 교회가 되기를 꿈꾸면서 2011년에 김영한 목사를 중심으로 하여 약 400여명이 중심이 되어 출범하였다.

샬롬나비 시민운동은 대표인 김영한 목사와 뜻을 같이하는 신학자들과 목회자들이 중심이 되어 미래 한국교회의 밑그림을 그린 것이다. 이러한 시민계몽운동의 비전을 초대 사무총장이었던 김장대 목사(본 저자)는 교회복지에 접목하여 하나님께서 우리에게 주신 소금언약의 시대정신인 "omnibus omnia(모든 이에게 모든 것)"을 값없이 주는 하나님의 사랑을 몸으로 실천하는 교회로서 한 지역 교회만이 잘 되고 행복해지는 것만을 위한 '초청하는 목회(inviting ministry)'보다는 이웃 주민을 찾아 가서 행복을 나눠 주고 봉사하는 '찾아가는 목회사역(visiting ministerial work)'을 지향하였다.

나비의 연약하고 조그마한 날개 짓이 먼 대양을 건너면서 태풍이 되듯이 예수님과 함께 먼저 자신이 변화되고, 성령님의 가르치심에 힘입어 이웃과 나눔을 실천하는 그리스도인이 되어야 한다는 기독교사회복지를 위한 원초적 NGO 개혁운동이 되었다. 이러한 정신을 기반으로 2015년에 본 저자가 시드니에서 자원봉사단체인 호주호스피스협회를 설립하게 되었고, 2018년 선한가족공동체의 이름으로 다문화 공동체 사역으로 발전하게 되었다.

(4) 샬롬나비 시민복지운동의 4대 목표 (The Four Exodus programs)

○ 고독으로부터 탈출 : (눅 19:1-10) "예수께서 여리고로 들어가 지나가시더라. 삭개오라 이름하는 자가 있으니 세리장이요 또한 부자라 그가 예수께서 어떠한 사람인가 하여 보고자 하되 키가 작고 사람이 많아 할 수 없어 앞으로

달려가서 보기 위하여 돌무화과나무(뽕나무)에 올라가니 이는 예수께서 그리로 지나가시게 됨이어라 예수께서 그 곳에 이르사 처다 보시고 이르시되 삭개오야 속히 내려오라 내가 오늘 네 집에 유하여야 하겠다 하시니 급히 내려와 즐거워 하며 영접하거늘 뭇 사람이 보고 수군거려 이르되 저가 죄인의 집에 유하러 들어갔도다. 하더라 삭개오가 서서 주께 여짜오되 주여 보시옵소서 내 소유의 절반을 가난한 자들에게 주겠사오며 만일 누구의 것을 속여 빼앗은 일이 있으면 네 갑절이나 갚겠나이다 예수께서 이르시되 오늘 구원이 이 집에 이르렀으니 이 사람도 아브라함의 자손임이로다 인자가 온 것은 잃어버린 자를 찾아 구원하려 함이니라." 사회적 소외감을 적으로 생각하고 "Togetherness Community(더불어 사는 공동체)"를 실천한다. 특히 "Food Bank & Navi Lunch Box(음식 쇼핑 십일조 운동)"을 전개하여 궁핍한 자를 돕고, 또한 다문화가족 직판장을 개설하여 음식 나눔 운동을 전개한다.

○ 가난으로부터 탈출 : (마9:36) "무리를 보시고 불쌍히 여기시니 이는 그들이 목자 없는 양과 같이 고생하며 기진함이라." 측은지심의 마음으로 나눔을 실천하여 오병이어의 기적을 체험하는 역동적인 나눔 운동을 실천하며, "Giving is Living Movement" 주는 것이 사는 것이란 나비의식 개혁운동을 전개한다.

○ 무지로부터 탈출 : (마28:20) "내가 너희에게 분부한 모든 것을 가르쳐 지키게 하라" 이 말씀을 기초로 샬롬을 꿈꾸는 나비교육의 실현이다.

○ 질병으로부터 탈출 : (마8:16-17) "예수께서 말씀으로 귀신들을 쫓아내시고 병든 자들을 다 고치시니 이는 선지자 이사야를 통하여 하신 말씀에 우리의 연약한 것을 친히 담당하시고 병을 짊어지셨도다. 함을 이루려 하심이더라." 육체의 질병만이 아니라 정신적인 질병을 치유하는 샬롬나비 의료 봉사팀을 구성하여 요일 별로 비번 전문의들의 무료진료소를 개설한다.

(3) 지역사회복지와 샬롬나비 운동의 방향

○ 샬롬나비는 영원한 하나님의 소금언약인 "omnibus omnia(모든 것 모든 이에게)" 값없이 주는 삶을 실천하는 교회복지 공동체(Church Welfare Community)를 지향한다.

○ 샬롬나비 교회모델은 '초청하는 목회(inviting ministry)'보다는 이웃 주민을

찾아 가서 행복을 나눠 주고 봉사하는 '찾아가는 목회사역(visiting ministerial work)'을 지향하는 작은 교회, 혹은 농어촌 선교복지 공동체(Unreached People Mission Community)로 선교 패러다임을 전환한다.

○ 샬롬나비 개혁운동은 '모든 일은 나에게서 비롯된다.'는 나비의 사고와 함께 미미한 개인의 행동이 참된 신앙으로 실천되도록 하는 자기개혁 공동체(Self-Reflection Community)를 추구하는 생활개혁운동이다.

○ 샬롬나비 시민운동은 교회의 규모가 아니라, 시대에 끼치는 영향력으로 평가받는 사회변혁 공동체(Social Reform Community) 운동이다.

○ 샬롬나비 정신은 말씀의 나침반인 예수님의 십자가 사랑과 그 사랑의 등대가 삶의 목표가 되어 행동하는 삶을 가르치는 현장교육 공동체(Field Educa-tion Community) 운동이다.

○ 샬롬나비 이상은 진리 가운데서 자유를, 혼돈 속에 질서를, 고통 속에 치유를, 고난 속에 평화를, 고독 속에 기쁨을 추구하는 사회의식개혁을 통한 샬롬 치유 공동체(Shalom Healing Community) 실현이다.

○ 샬롬나비 시민변혁운동은 "없는 것을 있는 것처럼" 부르시는 하나님을 의지하고 믿음으로 전진하는 기적의 행복 나눔 공동체(Shalom Miracle-Sharing Community) 운동이다.

9. 기타 사회운동

천주교의 전래이후 천주교의 신앙은 여성으로 하여금 혁명적이라고 할 만한 의식의 변화를 경험하게 하여 전통적인 규범과 질서의 굴레를 벗어나 죽음까지도 두려워하지 않게 하였다. 예를 들면 강완숙은 양반집 부녀로서 주문모 신부를 숨겨주어 전도활동을 도왔고 최초의 여성회장으로 여성전도에 힘쓰다가 순교하였으며, 이외에 열심 있는 여성신도들이 많았던 것이다.

이후 여성의 지위향상과 남녀평등운동은 1890년대에 와서야 활발하게 되었고, 여성운동을 촉진시킨 것은 개신교의 활동과 서재필의 독립신문이라 지적될 수 있다. 1901년 장로회 공의회에서는 풍속 중에 고쳐야 할 5가지를 제안하였다. 즉 첫째는 남녀가 장성하기 전에 혼인하는 일이요, 둘째는 과부가 두 번 시집가려는 것을 금하는 일이요, 셋째는 신도가 믿지 아니하는 이와 혼인하는 것이요, 넷째는 혼인을 맺을 때에 먼저 돈을 받는 것이요, 다섯째는 부녀를 압제하는 행위를 없이하는 것이라고 하였다. 이와 같이 개신교가 여성교육에 많은 관심을 보인 것은 전도의 대상을 부녀자들로 삼아서, 교육을 받은 많은 여성들을 선교 활동과 사회 계몽운동에 참여케 하기 위한 것이었다.

여유 있는 삶

조선 초기의 문신이며 장군이었던 김종서는 지략이 뛰어나고 강직했기 때문에 대호(大虎)라는 별명으로 불리기도 했다. 그는 여진족을 무찔러 6진을 개척하여 우리나라의 국토를 두만강과 압록강 상류까지 넓히는 한편, '고려사', '고려사절요', '세종실록' 등의 편찬 작업을 책임지는 등 학자, 관리로서의 능력도 두루 갖춘 인물이었다.

그가 좌의정 시절, 세종대왕의 명을 받고 고려의 역사서인 '고려사'를 집필할 때의 일이다. 김종서는 '고려사'를 편찬할 때면 늘 책상 위에 책과 칼을 함께 올려놓고 글을 썼다. 평상시와는 달리 자세를 한층 더 바로잡고 마음을 가다듬어 정성스레 일을 하는 것이다. 곁에서 김종서를 계속 지켜보던 정인지가 이를 이상히 여기고 직접 물어 보았다.

"대감, 누가 대감의 목숨을 노리고 있기라도 합니까? 어찌하여 항상 칼을 옆에 두고 일을 하십니까?"

그러자 김종서는 붓을 가지런히 내려놓으며 대답했다.

"제 모습이 그렇게 이상해 보이십니까? 저는 의지가 약한 사람입니다. 그래서 마음이 잘 흔들리지요. 그런데 그런 제가 역사책을 만드는 중책을 맡았습니다. 이렇게 중요한 일을 하는데 행여 몸가짐이 흐트러지거나 나쁜 마음이 들면 어쩌겠소. 이 칼은 역사를 정직하고 바르게 보고 싶은 제 의지이고, 또 그 역사는 목숨보다 더 소중한 것이기에 이렇듯 칼을 앞에 놓고 일하는 것입니다."

제 3 절 지역사회와 복지

1. 지역사회복지의 발달배경

역사적으로 볼 때 지역사회복지는 지역사회가 형성되면서 시작되었다.[234] 그러나 체계적인 지역사회복지는 1940년대 이후에 추진되었다고 볼 수 있다. 미국에서는 지역사회조직(community organization)이 1870년대부터 시작되어 1940년대에 이론적 체계를 수립하였으며, 영국의 경우는 1880년대에 지역사회사업(com- munity work)를 시작하여 1970년대에 들어와 새로운 개념으로 활성화 되었다. 우리나라는 1950년대에 지역사회개발(community development)로 시작하여 1960년대에는 지역사회조직(community organization) 또는 지역사회학교(community school)라는 용어가 유포되었다. 1970년대 이후에는 지역사회사업(community work)과 지역사회복지라는 용어가 많이 사용되었다.

우리나라의 전통적 지역사회복지사업으로서는 계, 품앗이, 두레, 향약 등을 들 수 있으며, 현대적 의미에서 지역사회복지사업은 1958년 지역사회개발사업, 1961년의 재건국민운동, 1970년대에 들어와 전국적으로 추진된 새마을 운동을 들 수 있다. 그리고 특정 이름을 내세우지는 않았지만 지역사회를 발전시키고 복지혜택을 주기 위한 정부나 사회단체의 활동도 지역사회복지로 볼 수 있다. 이처럼 나라에 따라 시대에 따라 명칭을 달리하며 지역사회의 복지사업을 추진하였던 것은 추진 주체나 사업 방향이 어디에 역점을 두느냐에 따라 그 방법이 달랐기 때문이다.

2. 지역사회복지의 의의

(1) 지역사회의 정의

인간은 지역사회를 바탕으로 인간관계를 형성하고 공통의 관심사를 추구하

---

234) 김영모, 「지역사회복지론」 (서울: 한국복지정책연구소 출판부, 1985), p.12.

며, 오래도록 살아온 지역사회에 대하여 애착을 느끼며 지역사회를 떠나면 향수를 느낀다. 지역사회는 사람이 사는 지역이라는 단순한 지역적 개념이 아니라 삶의 보금자리이고 정신적 안식처이다.

그래서 지역사회는 따뜻하고 먹을 것을 구하기 용이한 곳을 중심으로 자연발생적으로 형성되었으며 생명을 유지하고 생활의 안정을 추구하기 위한 수단으로 작용하였다. 그러나 생활수준과 지식수준이 향상되면서 지역사회는 삶의 질을 높이는 복지 요구를 충족시켜야 했고, 조직적 계획적으로 지역사회복지를 추진하게 되었다.

지역사회복지(community welfare)란 지역사회 주민들이 자체자원에 기초를 두고 자발적으로 또는 정부나 민간단체와 상호 유기적인 협력관계를 유지하며 지역사회 주민들의 복지 욕구를 실현하는 총체적 주민 활동235)이라고 할 수 있다. 그러므로 지역사회 복지라는 의미는 지역사회와 복지라는 용어의 결합체로서 지역사회를 발전시키고 지역사회가 지니고 있는 문제점을 해결하고자 하는 일체의 사회적 노력으로 볼 수 있다.236)

여기서 지역사회란 학자에 따라 다양하게 정의되고 있는데 크게는 지역적인 특성을 강조하는 지리적인 지역사회(geographic community)와 지역의 기능을 강조하는 기능적인 지역사회(functional community)로 나누어 볼 수 있다. 전자는 일반적인 사회과학적인 개념에서 받아들여지는 것이며, 후자는 Murray G. Rose 에 의하여 주장되어지고 있다.

특히 기능적인 지역사회란 복지, 농업, 교육, 종교 등에 있어서 공동의 관심과 기능을 함께 하는 사람들의 집단이라고 본다. 이때 지역적인 경계를 나타내지 못하므로 위원회, 연합회, 협회, 협의회 등과 같은 조직체와의 구분이 어렵다는 것이다.

일반적으로 사회과학에서 다루는 지역사회에 관한 개념은 1915년에 갤핀(Galpin)이 중심부락을 둘러싼 상업과 서비스 지역이라는 개념을 빌어 농촌지역사회를 구획하는 기술을 개발하므로 차츰 개념이 정립되기 시작하였다.

따라서 지역사회란 두 가지 속성을 가지고 있는데 하나는 특수성과 분리성에

---

235) 신대순, 지역사회복지에 있어서 사회단체의 역할: 노인재가복지를 중심으로, 「지역복지정책」 사단법인 한국지역복지정책연구회편, 2004, pp.3-24.
236) 최일섭, 류진석, 「지역사회복지론」 (서울: 서울대출판부, 1999), pp.21-24.

근거한 물리적 지리성 및 지역적인 경계를 가지는 것이고, 다른 하나는 사회적 혹은 문화적인 동질성, 합의성, 자조성, 또는 다른 형태의 집단행위와 상호작용을 가지고 있다는 것이다.

좀 더 구체적으로 말하면 지리적 개념으로서의 지역사회(Park, Burgess), 집단 상호작용을 강조하는 사회적 동질성을 띤 지역으로서의 지역사회(MacIver, Stroup, Green, Bruner, Hallenbeck), 그리고 지리적 및 사회적 동질성을 강조하는 자연지역으로서의 지역사회(Steiner, Davis, Elliott, Merrill)로 나눠 볼 수 있다.

한편으로 지역사회의 기능적인 측면에서 모든 지역사회가 공통적으로 수행하는 주요기능에 대해서 길버트(Gilbert)와 스펙트(Specht)는 존슨(Johnson)과 워렌(Warren)의 기술을 다음의 다섯 가지, 즉 ① 생산, 분배, 소비 ② 사회화 ③ 사회통제 ④ 사회통합 ⑤ 상부상조의 기능으로 나누어 설명하고 있다. 따라서 지역사회를 구분하는 것은 쉬운 일이 아니지만 일반적으로 사용되는 구분의 기준은 ① 인구의 크기 ② 경제적 기반 ③ 정부의 행정구역 ④ 인구구성의 사회적 특수성 등을 들 수 있다.

(2) 지역사회복지의 의미

지역사회복지(community welfare)란 말은 매우 포괄적인 개념으로 전문 혹은 비전문 인력이 지역사회 수준에 개입하여 지역사회에 존재하는 각종 제도에 영향을 주고, 지역사회의 문제를 예방하고 해결하고자 하는 일체의 사회적 노력을 의미한다.

이러한 조직적, 비조직적 노력은 동서고금의 모든 형태의 지역사회에 존재하여, 흔히 '사회복지'라는 보다 일반적이고 광범한 개념과 동일한 것으로 혼동되고 있다. 그러나 지역사회복지라는 것은 개인복지나 가정복지보다 넓은 차원의 개념이며, 아동복지, 청소년복지, 노인복지라는 대상층 중심의 복지활동보다는 지역성(locality relevance)이 뚜렷하다는 데서 그 차이를 발견할 수 있다.

사회복지의 개념에 대한 정의는 다양하나 가장 흔히 인용되는 정의는 프리드랜더(Friedlander)와 앱터(Apte)의 정의로서 그들에 따르면, 사회복지란 국민의 복지를 도모하고, 사회질서를 원활히 유지하는데 반드시 필요하다고 생각되는 사회적 욕구를 충족시키기 위한 제반시책으로서의 입법, 프로그램, 급여

(benefits)와 서비스를 포함하는 제도(system)"237)라고 말하고 있다.

한편 로마니쉰(Romanyshyn)에 따르면, 사회복지는 개개인과 사회 전체의 복지를 증진시키려는 모든 형태의 사회적 노력을 포함하며, 사회 문제의 치료와 예방, 인적 자원의 개발, 인간생활의 향상에 직접적인 관련을 갖는 일체의 시책과 과정을 포함한다.

또 사회복지는 개인이나 가정에 대한 사회적 서비스의 제공뿐만 아니라 사회제도를 강화시키거나 개선시키려는 노력을 포함하는 것238)이라고 말하고 있다.

이상의 두 정의를 통해서 볼 때 지역사회복지란 ① 인간이 만들어 낸 지역사회제도의 하나이며, ② 지역사회성원의 복리를 추구하고, ③ 지역사회성원의 복리는 그들의 욕구를 충족시킴으로써 증진되며, ④ 인간생활을 향상시키려는 제반시책과 노력을 포함하고, ⑤ 지역사회질서를 유지하고 안정을 도모하는 수단이 된다는 것이다. 지역사회복지의 의미를 좀 더 구체적인 특징과 함께 살펴보면 다음과 같다.

첫째는 지역사회발전과 지역주민의 복지를 실현하고자 하는 종합적이고 포괄적인 개념이다.

둘째는 추진 주체는 국가가 아니라 지역주민이고 지역사회자원을 활용하여 사업을 추진한다.

셋째는 사업내용은 지역주민들의 공동이익에 초점을 두고, 추진기구는 타 지방자치단체와의 유기적인 협력관계를 유지한다.

넷째는 궁극적인 목표는 이상적인 지역사회의 건설에 두고, 그 이념으로서 안정화, 통합화, 주민참여로 나눠볼 수 있다.

한편 지역사회복지와 지역사회사업(community social work)과의 차이점은 지역사회사업이 개별적인 보호 서비스(care services)와 지역사회개발기능의 양자를 통합시킨 실천(practice)으로 정의 할 수 있는 반면에 지역사회복지는 이것보다 더 포괄적이라고 볼 수 있다. 그러므로 역점사업이나 추진방법에 따라 용어를 달리해 왔으며, 시대나 국가에 따라 개념을 달리하여 왔다.

---

237) W. A. Friedlander & R. Z. Apte, *Introduction to Social Welfare*, 4th ed. Engle Cliffs, N.J.:Prentice - Hall. Inc., 1974, p.4.

238) J. M. Romanyshyn, *Social Welfare*, New York Random House: Charity to Justice, 1971, p.3.

3. 지역사회사업가의 역할

(1) 개요

지역사회조직에 있어서 전문사회사업가는 지역사회조직을 통해 목표를 성취하기 위해 '지역사회개발', '사회계획', '사회행동'과 같은 독특한 사업유형에 참여하게 된다. 이때 지역사회조직을 통해서 성취하려는 목표는 ① 지역사회주민이 참여와 통합을 강화시키려는 목표, ② Client집단의 환경에의 대처능력을 강화시키려는 목표, ③ 사회적 조건과 서비스를 개선하고자 하는 목표, ④ 특정 불이익집단의 이익을 신장시키고자 하는 것이 있다.

전문사회사업가는 이상의 목표 중 하나 혹은 둘을 성취하기 위해 지역사회개발, 사회계획, 사회행동과 같은 세 가지 모델 혹은 사업유형 중 하나에 참여하는 자를 말한다고 볼 수 있다. 따라서 전문 사회사업가가 수행하는 역할은 각 모델 혹은 사업유형에 따라 가지각색이 될 수 있으며, 어느 한 사업유형 중에서도 사업의 성격이나 진행과정에 따라 역할이 여러 가지로 규정될 수 있다. 구체적으로 사회사업가의 역할들을 분류하여 보면 다음 <도표 15>와 같다. [239]

<도표 15> 지역사회개발모델과 사회사업가의 역할 분류

지역사회개발		사회계획모델		사회행동모델	
Ross	Lippitt and others	Morris and Binstock	Sanders	Grosser	Grossman
안내자 (guide) 조력자 (enabler) 전문가 (expert) 치료자 (therapist)	촉매자 (catalyst) 전문가 (expert) 실천가 (implementer) 조사자 (researcher)	계획가 (planner)	분석가 (analyst) 계획가 (planner) 조직가 (organizer) 행정가 (program administrator)	조력자 (enabler) 중개자 (broker) 대변자 (advocate) 행동가 (activist)	행동조직가 (organizer)

239) 장인협, 「사회복지학개론」 (서울: 서울대출판부, 1998), p.146.

(2) 지역사회개발 모델 (Community Development Model)[240]

1) 안내자(guide)로서의 역할

지역사회조직에 있어서 전문사회사업가의 일차적인 역할(primary role)은 지역사회로 하여금 문제해결에 따른 목표(goals)를 설정하고 이를 해결하는 방도를 강구하도록 도와주는 것이다.

① 일차적인 역할 - 문제해결에 따른 목표설정, 방법을 도와주는 것이다.
② 주도노력(initiative) - 지역사회에 접근 문제해결에 주도권을 발휘하는 것이다.
③ 객관적인 역할(objective) - 지역사회를 '있는 그대로'로 수용하는 것이다.
④ 지역사회와의 동일시 - 언제나 지역사회 전체와 함께 해야 하는 것이다.
⑤ 자기역할의 수용 - 자기행동을 자제할 수 있어야 한다.
⑥ 역할에 대한 설명 - 자기역할을 지역사회에 설명하여야 한다.

2) 조력자로서의 역할

일반적인 의미에서 조력자(enabler)의 역할이란 지역사회조직의 과정을 용이하게 하는 사회사업가의 역할을 말한다. 이 역할은 사회사업가가 처한 상황에 따라 다양하고 복잡하나 다음과 같이 일반화 할 수 있다.

① 불만을 집약하는 일 - 지역사회조건에 대한 불만을 일깨우고 집약함으로써 지역사회에 도움을 준다.
② 조직화를 격려하는 일 - 지역사회주민들의 불만을 서로 논의하고 불만의 우선순위를 정하여 문제해결을 위하여 조직하는 것이다.
③ 좋은 대인관계를 육성하는 일 - 주민들이 상호관계를 유지하고 협동적인 일에 참여하는데 있어서 만족감을 갖도록 도와주어야 한다.

---

240) M. G. Ross, *Community Organization: Theory, Principles, and Practice*, 2nd ed., New York: Harper & Brothers, 1967, pp.214~221.

④ 공동목표를 강조하는 일 - 효과적인 계획과 지역사회의 능력을 개발한다
는 양대 목표에 합치되도록 도움을 주어야 한다.

3) 전문가로서의 역할 241)

전문가로서 사회사업가의 역할은 자기가 권위 있게 말할 수 있는 분야에 있
어서 필요한 자료를 제공하고 직접적인 충고를 하는 것이다. 즉 지역사회조직
체가 사업을 수행하는 데 필요로 하는 조사자료, 기술상의 경험, 자원에 관한
자료, 방법상의 충고 등을 제공하는 것이다.

① 지역사회진단(community diagnosis) -지역사회를 분석하고 진단하여 지
역사회의 구조와 특성을 알아야 한다.
② 조사기술(research skill) - 조사방법에 대한 지식과 기술을 활용하여 스
스로 지역사회가 필요로 하는 조사를 계획하고 행할 수 있어야 한다.
③ 타 지역사회에 관한 정보 - 다른 지역사회에서 행해진 조사, 연구, 그리고
시범사업에 대하여 먼저 알고, 그리고 자체의 문제해결에 정보를 제공할
수 있어야 한다.
④ 방법에 관한 조언 - 지역주민들이 조직을 결성하는 방법과 절차에 대하여
전문가적 지식을 가져야 한다.
⑤ 기술상의 정보(technical information) - 기술적인 문제에 관한 참고자료
를 숙지해서 필요할 때 제공해 줄 수 있어야 한다.
⑥ 평가(evaluation) - 수행하고 있는 사업에 대해 평가를 한다거나 그 사업
의 과정에 대해서 주민들에게 설명해 줄 수 있어야 한다.

4) 사회치료자의 역할

지역사회에 따라서는 공동적인 노력을 심히 저해하는 금기적 사고(taboo
ideas)나 전통적인 태도가 있어 긴장을 조성하고 집단들을 분리시키는 요인으로
작용할 수 있다. 이러한 경우 사회사업가는 지역사회수준에서 적절한 진단과
치료를 행해야 한다.

---

241) Ronald Lippitt, Jeanne Watson and Bruce Westley, *The Dynamics of Planned Change*,
New York: Harcourt Brace, 1958.

(3) 사회계획모델

1) 모리스(Morris)와 빈스톡(Binstock)의 '계획가' 역할242)

모리스와 빈스톡은 사회적 서비스를 개선하고 사회문제를 완화시키는 주요 수단은 공공기관의 정책을 고치는 것이며, 이러한 목적을 달성하기 위해서 노력하는 사람을 '계획가'(planner)라고 부르고 있다. 계획가는 목적을 성취하는 데 있어서의 자기의 영향력과 그가 변화시키려고 하는 정책을 가진 기관의 저항간의 관계를 분석하고 예측하는 것이다.

이를 위해 계획가는 '지배세력'(dominant faction)에게 영향력이 행사될 수 있는 '길'(pathways)을 검토하게 되는데 그러한 '길'은 ① 책무(obligation) ② 친분관계(friendship) ③ 합리적인 설득(rational persuasion) ④ 자기의사의 판매(selling) ⑤ 압력(coercion) ⑥ 유인(inducement) 등이 있다.

이 '길'을 만들기 위하여 계획가가 발휘할 수 있는 자원(sources of influence)은 ① 돈과 신용(money and credit) ② 정력(personal energy) ③ 전문성(professional expertise) ④ 인기(popularity) ⑤ 사회적 기반, 정치적 기반(standing) ⑥ 정부의 통제(control of information) ⑦ 적법성(legitimacy and legality) 등이 있다. 이상과 같이 모리스와 빈스톡의 계획가를 중심으로 한 전략은 도시지역사회에서 할 수 있는 이상적인 전략이라 할 수 있다.

2) 샌더스(sanders)의 '전문가'(professional) 역할243)

샌더스는 도시지역사회에서 사회복지전문가가 '계획된 변화'(planned change)를 성취하기 위해 수행하는 역할을 ① 분석가(analyst) ② 계획가(planner) ③ 조직가(organizer) ④ 행정가(program administrator)로 구분하고 있다.

첫째, 분석가로서의 사회사업가의 역할은 사회문제와 영향을 미치는 요인들에 관한 조사, 사회변화를 위한 프로그램의 과정에 관한 분석, 계획을 수립하는 과정에 대한 분석, 유도된 변화에 대한 평가 등이 있다.

---

242) R. Morris and R. Binstock, *Feasible Planning for Social Change*, N. Y. : Columbia University Press, 1966.
243) Irwin Sanders, *The Community: An Introduction in a Social System*, New York: Ronald Press, 1966.

둘째, 계획가로서의 역할은 계획을 수립하는데 필요한 철학(planning philosophy)을 중시하여야 하며, 이 철학을 중심으로 한 계획은 인간적인 측면에 관심을 두고 모든 사업계획 목표를 설정해야 한다. 특히 목표를 성취하기 위한 수단에도 계획철학이 반영되어야 하며, 뿐만 아니라 계획철학은 계획의 집행에 있어서 어느 정도로 중앙집권적 혹은 분권적 결정에 의존할 것이냐 하는 선택에도 반영된다.

셋째, 조직가로서의 역할은 계획의 수립과 실천과정에 지역사회에 있는 행동체계를 적절히 참여시키는 것이다.

넷째, 행정가로서의 역할은 프로그램이 실제로 운영되고 주민들이 이것에 대해 알고 반응을 보이는 단계에서 발휘되는 것이다. 따라서 행정가는 프로그램의 실제 운영에서 만나는 여러 행정적 문제에 능동적으로 대처할 수 있는 통찰력과 기술이 있어야 되는 것이다.

(4) 사회행동모델

1) 그로서(Grosser)의 견해[244]

그로서(Charles F. Grosser)는 종래의 지역사회조직사업에서 사회사업가가 서비스의 수혜자(recipients)의 입장보다는 서비스를 제공하는 기관(providers)의 입장에서 일하는 경향이 있음을 비판하고, 진정으로 불우계층의 복지를 증진시키기 위해서는 클라이언트의 편에서 활동을 전개하는 것이 사회사업가의 역할이어야 한다는 견해를 피력했다. 그가 주장한 사회사업가의 역할로는 ① 조력자(enabler) ② 중개자(brokers) ③ 옹호자(advocate) ④ 행동가(activist)의 역할을 지적한다.

조력자로서의 역할은 제한된 가치를 가지는 소극적인 것이며, 중개자는 주민들이 필요로 하는 자원이 어디에 있다는 것을 가르쳐 주는 역할을 한다. 그리고 옹호자로서의 역할은 필요한 정보를 끌어내고 주민들 입장의 정당성을 주장하고 기관의 입장에 도전할 목적으로 지도력과 자원을 제공해야 한다. 마지막으로 행동가는 수동적인 자세를 거부하고 적극적인 역할을 수행하여야 한다.

---

244) Charles E. Grosser, 'Community Development Programs Serving the Urban Poor,' *Social Work,* New York: National Association of Social Workers, 10 (3), July 1965.

2) 그로스만(Grossman)의 조직가 역할[245]

그로스만은 프로그램 성취를 위한 조직가의 역할을 기술상의 과업과 이데올로기적 성격을 지닌 과업으로 구분하여 논했다. 기술의 과업은 사회행동을 지향하는 기관의 사회사업가들이 실제로 수행하고 있는 과업으로서 거의 모든 사회사업가가 수행하고 있는 역할들이며, 이데올로기적 성격을 띤 과업은 일부의 과격한 사회사업가들이 수행하고 있다고 지적하고 있다.

(5) 지역사회사업의 이론적 유형

지역사회사업의 이론적인 유형은 지역사회의 봉사조직활동에서 찾아 볼 수 있다. 지역사회조직활동의 세 가지 실천모형, 즉 지역개발모델, 사회계획 모델, 사회행동 모델을 12가지의 범주를 이용하여 요약하여 살펴보면 <도표16>과 같다. [246] 그 12 가지 범주는 다음과 같다.

① 지역사회활동의 목표분류
② 지역사회의 구조와 문제의 제 조건에 관한 가설
③ 기본적인 변화 전략
④ 변혁을 위한 전술과 기술의 특징
⑤ 뚜렷한 실천가들의 역할
⑥ 변화의 매개체
⑦ 권력구조에 관한 견해
⑧ 클라이언트 시스템으로서의 지역사회와 대상주민의 범위
⑨ 지역사회내의 하위집단들의 이해관계에 관한 가설
⑩ 공공이익의 개념
⑪ 클라이언트
⑫ 클라이언트의 역할에 대한 견해

---

245) Lawrence Grossman, *Program Action Issues and Action Organizing Tasks*, In Ralph M. Kramer & Harry Specht (eds.), *Reading in Community Organization Practice*. Englewood Cliffs, New Jersey: Prentice-Hall, 1969.
246) 권육상, 「사회복지실천론」 (서울: 학문사, 1999), p.150, 재인용.

〈도표 16〉 지역사회사업 모델의 유형

	모델 A: 지역개발	모델 B: 사회계획	모델 C: 사회행동
① 지역사회활동의 목표분류	·자조: 지역사회의 능력과 통합(과정 지향적 목표)	·실제적인 지역사회문제와 관계되는 사회문제의 해결(과제 지향적인 목표)	·권력관계와 자원의 변경: 기본적인 제도의 변혁(과제 또는 과정지향적 목표)
② 지역사회의 구조와 문제의 제 조건에 관한 가설	·지역사회의 소외상태: 제 관계의 결핍과 민주적 문제해결 능력의 결핍(정적인 전통적 지역사회)	·실제적인 제사회 문제: 정신적·육체적 건강문제, 주택문제, 레크레이션 문제	·불리한 상황에 있는 인구집단: 사회적 불공평, 박탈 불공평
③ 기본적인 변화 전략	·그들 자신들의 문제를 해결하고 규정함에 있어서 광범위한 부분의 사람들의 참여	·문제에 대한 사실의견과 가장 합리적인 행동방향의 결정	·결정적인 쟁점과 적대적인 표적에 대한 행동화를 위한 사람들의 조직화
④ 변혁을 위한 전술과 기술의 특징	·합의 : 지역사회의 여러 집단과 이익집단간의 대화 (집단토의).	·합의 또는 갈등	·갈등 또는 논쟁: 대결, 직접적인 행동, 협상
⑤ 뚜렷한 실천가들의 역할	·촉매자, 조정자, 문제해결 기술과 가치를 가르치는 지도의 역할	·사실의 수집자, 분석자, 프로그램 수행자, 촉진자의 역할	·행동가 대변자, 선동자, 중개자, 협상자 등의 이익을 도모하는 자
⑥ 변화의 매개체	·과제 지향적인 소집단의 조정	·공식적인 조직과 자료의 조정	·대중조직과 정치적 과정의 조정
⑦ 권력구조에 관한 견해	·공동사업의 협력자로서의 권력구조의 성원	·고용자, 또는 후원자로서의 권력구조	·행동의 외적표적: 강제되어지거나 전복되어야 할 압제자
⑧ 클라이언트 시스템으로서의 지역사회와 대상주민의 범위	·지리상의 전체지역사회	·전체지역사회 또는 지역사회의 일부(기능적 지역사회를 포함)	·지역사회의 일부
⑨ 지역사회내의 하위집단들의 이해관계에 관한 가설	·공통적인 이익 또는 의견 차이의 조정 가능성	·조정 가능한 이해관계 또는 갈등적인 관계	·쉽게 조정될 수 없는 갈등적인 이익관계 : 자원의 부족
⑩ 공공이익의 개념	·합리주의: 목적과 의사결정 주체의 단일성	·이상주의: 목적과 의사결정 주체의 단일성	·현실주의: 목적과 의사결정 주체의 다양성
⑪ 클라이언트	·시민	·소비자	·희생자
⑫ 클라이언트의 역할에 대한 견해	·문제해결을 위한 상호작용과정에의 참가자	·소비자 또는 수혜자	·피고용자, 단골손님, 성원들

*자료: Jake Rothman, "Three Models of Community Organization Practice", *National Conference on Social Welfare, Social Work Practice*, (1968), pp. 26-27.

제 5 장 기독교 사회복지 새 물결

> **여유 있는 삶**
>
> 두 눈이 왼쪽에 몰려 있는 비목어는 환경에 절묘하게 대처한다. 다른 비목어와 함께 어울려 다니며 또 하나의 시야를 확보한다. 이물고기는 어떤 어려움도 극복할 수 있다는 것을 여실히 보여준다. 세계적으로 인기를 한 몸에 받고 있는 미국의 흑인 여성 앵커 오프라 윈프리는 역경을 딛고 일어선 성공법칙을 열 가지로 요약했다. 첫째, 애써 남들의 호감을 얻으려 하지 않는다. 둘째, 전진하는 동안 환경을 탓하지 않는다. 셋째, 일과 삶이 조화를 이루도록 최선을 다한다. 넷째, 남을 험담하는 사람은 멀리한다. 다섯째, 타인에게는 늘 친절히 대한다. 여섯째, 중독되는 것들은 과감히 끊는다. 일곱째, 나보다 나은 사람들로 주위를 채운다. 여덟째, 돈 때문에 하는 일이 아닌 이상 돈은 잊어버린다. 아홉째, 나의 권한을 타인에게 넘기지 않는다. 열째, 하고자 하는 일은 결코 포기하지 않는다. 성공한 사람들은 나름대로 삶의 철학이 있습니다. 그 원칙에 따라 삶을 가꾸어나갑니다.
> 자신의 삶의 철학과 원칙은 무엇입니까?

제 1 절 호스피스 케어의 개요

1. 호스피스의 의의

사람들은 질병이나 어려운 환경을 만나면 종종 다음과 같은 생각을 한번 쯤 한다. 하나님께서 완벽하게 천지 만물을 창조하셨다면, 어디에서 고통과 질병, 그리고 죽음이 왔을까? 어떻게 질병과 죽음이 창조를 위한 하나님의 계획의 일부가 될 수 있을까? 왜 우리는 의사와 의학을 필요로 할까? 등등. 그러나 성경은 분명하게 말씀하고 있다. 하나님은 질병과 죽음이 일어나도록 창조하시지 않으셨다(창1:31). 인간이 하나님에게 불순종함으로 인간이 하나님의 창조에 질병과 죽음을 추가한 것이다(창3:16-19). 즉 하나님의 사랑을 받아들이는 것을 거부하였을 때, 인간이 스스로 하나님의 창조 섭리를 변질시킨 것이다. 그러므로 질병은 인간 자신의 행위여하에 달려 있다고 볼 수 있다. 이처럼 질병의 원인을 본질적으로 창조원리로 접근하면서 성경적인 전인 자연치유의 방법을 모색하려는 시도가 50여 년 전부터 새롭게 조명되기 시작하였다.

고령화 사회를 넘어 초고령화 사회로 진입하는 현대 사회에서 노인복지가 사회적 문제로 대두되고, 노인복지에 대한 사회적 관심이 높아짐에 따라 요즘 존엄사, 안락사(소극적 안락사, 적극적 안락사) 등이 법원 판결을 계기로 화두에 떠오르고 있다. 사람들이 죽음을 보는 눈이 새롭게 조명되고 죽음이 결코 끝이 아니라 죽음 이후에도 삶이 있다는 것과 죽음도 삶의 한 부분이라는 기독교의 영생에 대한 믿음을 갖는 것, 그리고 생전에 죽음에 대해 생각해 보는 시간을 갖는 것이 삶의 질 향상을 위하여 오늘을 살아가는 현대인들에게 절실히 요구된다. 따라서 네 명 중 한명이상이 암으로 사망하는 현실에 비춰 볼 때, 말기 암 환우를 돌보는 호스피스 사역, 역시 21세기 기독교 사회적 책임의 한 분야로 자리매김하고 있다. 예전과는 달리 현대 의학이 발달함에 따라 '호스피스'를 해석하고 이해하는 관점과 그 사역에 대한 의미도 시대정신에 따라 변화하고 있다. 현대의학은 크게 화학적 치료와 자연치유로 나누어 볼 수 있는데, 자연치유에 대한 방법들도 다양하고 전문화 되어 그 효능도 한층 더 높아지고 있다.

호스피스 캐어(보살핌)이란 주로 만성 질환자, 말기 또는 중증 환자의 통증과 증상의 완화에 초점을 두고 치료 및 관리를 위한 정서적, 영적 필요에 따른 보살핌의 한 유형이다. 서구 사회에서, 호스피스의 개념은 11 세기 이후 유럽에서 시작하였다. 그 후 로마 가톨릭 전통에서 수 세기 동안, 호스피스는 환자나 부상자 또는 죽음을 앞둔 사람뿐만 아니라 여행객과 순례자들에 대한 친절한 보살핌의 장소였다. 호스피스의 현대적인 개념은 병원이나 요양원 등의 기관에 주어진 불치의 병에 대한 완화 보살핌뿐만 아니라, 오히려 자신의 가정에서 자신의 마지막 달과 삶의 일을 보내는 사람들에게 제공 하는 보살핌이다.

이러한 개념은 17 세기경에 등장하기 시작하였지만 현대적 호스피스 서비스 운영의 많은 기초적 원리는 댐 시첼리 손더스(Dame Cicely Saunders (1918.6.22.~

2005.7.14.)에 의해 1950 년대에 정립되었다. 미국에서 이 용어는 의학적으로 6개월 미만 사는 것으로 진단되어진 환자에 대해 마지막으로 환자에 대한 예우로써 입원 환자 시설이나 환자의 집에서 호스피스 사용할 수 있도록 메디 케어 시스템과 다른 건강 보험 공급자의 관행에 의해 정의되어 졌다. 미국 이외의 호스피스라는 용어는 원래 특별한 빌딩이나 그 같은 보살핌을 전문적으로 하는 기관시설(비록 집에서 호스피스 서비스를 하는 곳이라고 불러졌지만)과 관련되어 있었다.

(1) 초기

역사학자들은 언제 '호스피스'라는 용어가 사용되었는지 정확히 알 수는 없지만 대략 11세기 1065년경에 기원을 두고 있다. 1090년대에 십자가 운동이 일어났을 때 그 당시 치료할 수 없는 병을 가진 사람을 십자군에 의해 치료해 주는 장소로 허락하였던 곳을 '호스피스'라고 일컬었다. 그 후 로마 가톨릭 전통에서 수 세기 동안, 호스피스는 환자나 부상자 또는 죽음을 앞둔 사람뿐만 아니라 여행객과 순례자들에 대한 친절한 보살핌의 장소였다. 14세기에는 예루살렘 성 요한의 기사단 Hospitaller의 명령으로 Rhodes에 첫 번째 호스피스가 개설되었는데, 그것은 죽어가는 사람과 장기적인 질환자를 보호하고 여행객들을 위한 피난처 혹은 숙소로 '호스피스'가 제공되었다. 중세에도 중증환자나 여행객의 숙소라는 의미를 지닌 '호스피스'라는 용어가 유행하였지만 주로 종교적인 사역으로서 '호스피스'라는 용어가 널리 사용되었다. 그 후 '호스피스 시설'들은 17세기 프랑스에서 성 Vincent de Paul의 Daughters of Charity에 의하여 활기를 찾아 계속 호스피스 영역이 발전하여 왔다. 1900년 이전 프랑스에는 이미 6개의 호스피스 시설이 있었는데 그 중 Jeanne Garnier가 1843년에 설립한 the hospice of L'Association des Dames du Calvaire 가 있다.

(2) 중기

'호스피스'의 근대적인 개념은 병원이나 요양원 등의 기관에 주어진 불치의 병에 대한 완화 보살핌뿐만 아니라, 오히려 자신의 가정에서 생의 마지막 몇 달 동안의 삶을 보내는 사람들에게 제공 하는 보살핌을 의미했다. 이러한 개념은 17 세기에 등장하기 시작하였지만 현대적 호스피스 서비스 운영의 많은 기초

적 원리는 댐 시첼리 손더스(Dame Cicely Saunders (1918.6.22~2005.7.14)
에 의해 1950 년대에 정립되었다. 미국에서 이 용어는 의학적으로 6개월 미만
사는 것으로 진단되어진 환자에 대해 마지막으로 환자에 대한 예우로써 입원
환자 시설이나 환자의 집에서 '호스피스'라는 용어를 사용할 수 있도록 메디 케
어 시스템과 다른 건강 보험 공급자의 관행으로 허락되어 졌다. 미국 이외의 나
라에서 '호스피스'라는 용어는 원래 특별한 빌딩이나 그 같은 보살핌을 전문적
으로 하는 기관시설 호스피스 서비스를 하는 곳을 말하였다. 미국을 제외한 다
른 나라에서 그 같은 기관시설은 대부분 생명의 끝에 놓인 시한부 환자들을 보
살펴주면서 그 환자들에게 단지 고통완화를 필요로 하는 장소로 유용하게 사용
되었다. 또한 호스피스의 보살핌은 환자들에게 무슨 일이 일어나고 있는지를
살펴보는 일과 환자의 가족을 지원하는 일, 더 나아가 가정에서 환자를 보호하
기 위한 지원과 보살피는 일을 포함한다. 비록 이러한 보살핌 운동은 약간의 저
항을 만났지만 호스피스는 순식간에 영국, 미국, 그리고 다른 지역으로 확산되
어 갔다.

  (3) 후기
  현대적 개념에서 '호스피스 캐어'란 주로 만성 질환자, 말기 또는 중증 환자
의 통증과 증상의 완화에 초점을 두고 보호 및 관리를 위한 정서적, 영적 필요
에 따른 보살핌의 한 유형으로 본다. 그래서 1972년에 웹스터 사전에서 호스피
스를 "여행자를 위한 숙소 또는 병자, 가난한 사람들을 위한 집(inn)"으로 정의
하다가 최근에는 "말기환자의 육체적 감성적 필요를 채워주고 보호환경을 공급
하기 위해 디자인된 시설이나 프로그램"이라고 정의하였고, 그 후 미국 호스피
스협회(NHO)에서는 "호스피스를 불치질환의 말기환자에게 가능한 한 편안하
고 충만한 삶을 영위하도록 지지와 돌봄을 제공하는 것으로, 말기환자와 가족
에게 입원간호와 가정간호를 연속적으로 제공하는 프로그램"으로 인식하였다.
  현대 호스피스 완화간호학에서는 '호스피스'의 개념을 "죽음을 앞둔 말기 환
자와 그 가족을 사랑으로 돌보는 행위로서 환자가 남은 일생 동안 인간으로서
의 존엄성을 지키고 높은 삶의 질을 유지하며 삶의 마지막 순간을 평안하게 맞
이할 수 있도록 신체적, 정서적, 영적으로 도움을 줌으로써 사별가족의 고통과
슬픔을 경감시키기 위한 총체적인 돌봄(holistic care)을 뜻한다."라고 정의하

고 있다.

최근 한국에서 호스피스에 대한 의미를 살펴보면, 서울대 의대교수인 윤영호는 그의 저서 『나는 한국에서 죽기 싫다』에서 "죽음을 앞두고 있는 말기 환자들에게 극심한 신체적 고통 뿐 아니라, 정신적, 사회적, 심리적, 영적인 측면 등 여러 고통에 대한 돌봄을 제공하는 것이 '호스피스'이다'라고 정의하고, 무의미한 연명 치료를 중단하고 통증을 최대한 경감시켜주는 것이 의료진의 몫이라면, 환자와 가족이 죽음을 받아들일 수 있도록 심리적이고 영적인 도움을 주는 것은 종교인과 봉사자, 심리치료사들의 몫이라고 하면서, 아울러 경제적 또는 정책적인 지원을 받을 수 있도록 사회사업가나 사회복지사가 함께 도와야한다고 주장한다. 또한 윤영호 교수는 존엄사 대신 '품위 있는 죽음,''아름다운 삶의 마무리'라는 용어를 쓸 것을 제안했다. 흔히 존엄사라고 하면 '환자를 죽음에 이르게 하는 것'이라고 생각하는 까닭에 안락사와 그 의미를 혼동하기 때문이다. 그는 죽음의 여부가 아니라 '연명치료를 중단하는 기술적인 부분'과 '적극적인 의미에서의 아름다운 삶의 마무리'로 초점을 맞춰야 한다고 강조한다.

2. 호스피스 케어의 발달배경

언어학적으로 "호스피스"라는 단어는 라틴어 hospes에서 유래되었는데, 이 단어는 손님과 주인을 모두 지칭하는 데 두 가지 역할을 했다.[247]

그러나 성경적인 의미에서 호스피스(hospice)라는 어원은 라틴어 'hospes'에서 파생되었는데 그것은 주인(hosts)와 손님(guests) 모두에게 적용되는 이중적 의무의 내용을 함축하고 있는 'host'와 'guest'의 합성어로부터 파생되었다.

구약성경에서 자주 등장하는 "헤세드(checed)"란 히브리어로 "사람들 사이의 친절이나 사랑, 그리고 하나님의 자비와 친절" "사랑에서 우러나온 부드러운 존중심이나 친절"을 의미한다. 다시 말하면 헤세드는 대상과 관련된 목적이

---

247) Joy Robbins, *Caring for the Dying Patient and the Family*. Taylor & Francis. 1983, p.138. ISBN 0-06-318249-1.

이루어질 때까지 그 대상에게 사랑으로 고착하는 친절을 의미하며, 하느님이 자신의 종들에게 나타내는 친절, 그 종들이 그분에게 나타내는 친절이 바로 헤세드이다. 그러므로 헤세드는 충성 즉 의롭고 정성이 담겨 있고 거룩한 충성의 범주에 들어가는 말로서, "사랑의 친절" "충성스런 사랑" "인자하심" 등으로 다양하게 번역되고 있다. (참조: 창 20:13; 21:23; 시136).

한편 신약성경에서는 환대 혹은 친절을 의미하는 "hospitality"란 헬라어로 Φιλοξενια (Philoxenia : 손 대접하기(롬12:13; 딤전3:2; 딛1:8; 벧전4:9)로 번역되는데 이 용어는 Host(남성명사)'와 hostess(여성명사)와 같이 대부분 어떤 행사에서 손님에 대한 책임 있는 사람 혹은 그 행사기간 동안 속죄를 위하여 몸을 주신 그 선행을 기념하는 성찬식의 빵을 'host'라고 한다. 이렇게 아낌없이 베푸는 제공자를 'host'혹은 'hostess'라고 하는 반면에, 그 친절을 받는 사람을 'guest'라고 한다. 이런 의미에서 'hospice'라는 용어는 친절을 베푸는 사람인 'host'와 그 친절을 받는 사람인 'guest'의 관계성에서 생성되었다. 다시 말하면 예수님의 몸을 의미하는 "host (빵)"으로서 주인 되신 예수님과 잔치에 초대 받은 사람, 즉 "guest (손님)"으로서의 성도들 사이에 이루어지는 "친절?"을 의미한다.

이 'hospes'라는 라틴어의 의미는 히브리어 '헤세드'와 헬라어 '필록세니아'의 의미를 내포하고 있는데 이것을 영어로 'hospitality,' 즉 '손님이나 방문객에게 친절한 환대행위),' 더 나아가 'hospital,' 즉 '고통 받는 낯선 사람을 돌보는 병원'의 의미로 발전하였는데, 이 용어로부터 '말기환자의 통증 조절과 환자 자신과 환자 가족의 정서적 보살핌을 의미하는 hospice' 라는 용어가 파생되었다.

한편 의료 전문인(의사, 간호사)의 관점에서 '호스피스(hospice)'는 라틴어의 호스피탈리스(hospitals)와 호스피티움(hospitium)의 두 개념을 포함하고 있다고 본다. 주로 호스피탈리스는 '치료하는 병원'을 의미하는 호스피탈(hospital)로 변천되었고, 주인과 손님 사이의 따뜻한 마음과 그러한 친절한 마음을 표현하는 '장소'의 뜻을 지닌 '호스피티움'이라는 어원과 함께 호스피스(hospice)는 복합적으로 사용되었다. 특히 중세에는 후자의 의미가 더욱 짙어져 호스피스의 의미는 유럽 여행자와 순례자에게 숙박을 제공했던 작은 교회를 의미하기도 했다. 그런데 여행자가 병이나 건강상의 이유로 여행을 떠날 수 없게 되는 경우, 그대로 그곳에서 치료와 간호를 받게 되면서 이 수용시설 전반을 '호스피스'라고 부르게 됐다. 그 당시 교회에서 간호를 맡는 성직자의 헌신과 환대를 'hospitality(친절)'라고 불렀으며 이러한 관계성과 치료의 개념으로부터 오늘날 병원을 일컫는 용어인 'hospital'이 나왔다고 본다.

21세기 postmodern(후기현대) 사회에는 과학과 의술의 발달로 '호스피스'의 개념이 단지 의료적인 관점을 넘어 새롭게 성경에서 말하는 적극적인 보살핌의 개념으로 이해되고 있다.

역사가들은 최초의 호스피스가 11세기, 1065년경에 시작되었다고 믿는다. 1090년대에 십자군 운동이 일어나면서 불치병을 앓는 사람들이 십자군이 치료를 위해 헌정한 장소로 들어갈 수 있게 되었다.[248] 14세기 초, 예루살렘의 성 요한 기사단이 로도스에 최초의 호스피스를 열었는데, 이는 여행객에게 피난처를 제공하고 병자와 임종자를 돌보기 위한 것이었다.[249] 호스피스는 중세에 번성했지만 수도회가 분산되면서 쇠퇴했다. 17세기에 프랑스에서 성 뱅상 드 폴 자선회에 의해 부활했습니다. 프랑스는 호스피스 분야에서 계속 발전을 이루었다. Jeanne Garnier가 설립한 L'Association des Dames du Calvaire 호스피스는 1843년에 문을 열었다. 1900년 이전에 6개의 다른 호스피스가 뒤따랐다.[250]

한편, 호스피스는 다른 지역에서도 발전했다. 영국에서는 19세기 중반에 말기 환자의 필요성에 주목했으며, Lancet과 British Medical Journal은 빈곤한 말기 환자에게 좋은 치료와 위생 조건이 필요하다는 것을 지적하는 기사를 발표했다. 런던에 Friedenheim이 문을 열면서 부적절한 시설을 개선하기 위한 조치가 취해졌고, 1892년에는 결핵으로 사망하는 환자에게 35개의 침대를 제공했습니다. 1905년까지 런던에 4개의 호스피스가 더 설립되었다.[251]

호주에서도 활발한 호스피스 개발이 이루어졌으며, 애들레이드의 Home for Incurables(1879년), Home of Peace(1902년), 시드니의 Anglican House of

---

248) Connor, Stephen R., *Hospice: Practice, Pitfalls, and Promise.* Taylor & Francis, 1998, p.4. ISBN 1-56032-513-5.
249) *Ibid,* p.5.
250) Lewis, Milton James, *Medicine and Care of the Dying: A Modern History.* Oxford University Press US. 2007, p.20. ISBN 0-19-517548-4.
251) *Ibid,* pp.21~25.

Peace for the Dying(1907년)을 비롯한 주목할 만한 호스피스가 있었습니다. 1899년 뉴욕 시에는 Servants for Relief of Incurable Cancer가 운영하는 St. Rose's Hospice가 문을 열었고, 이 병원은 곧 다른 도시에 6개의 병원으로 확장되었다.

호스피스의 초기 개발자 중 영향력 있는 사람으로는 아일랜드 자선 수녀회가 있는데, 이들은 1879년 아일랜드 더블린의 해럴드 크로스에 Our Lady's Hospice를 열었다. 1845년과 1945년 사이에 주로 결핵과 암을 앓고 있는 20,000명에 달하는 사람들이 호스피스를 찾아와 죽음을 맞이하면서 매우 바빴다. 자선 수녀회는 국제적으로 확장되어 1890년 시드니에 Sacred Heart Hospice for the Dying을 열었고, 1930년대에는 멜버른과 뉴사우스웨일즈에 호스피스를 열었습니다. 1905년에는 런던에 St Joseph's Hospice를 열었다.[252] 1950년대에 Cicely Saunders는 현대 호스피스 케어의 기본 원칙을 많이 개발했다.

데임 시셀리 손더스는 만성 건강 문제로 인해 의료 사회사업 분야에서 경력을 쌓을 수밖에 없었던 영국의 등록 간호사였다. 그녀가 죽어가는 폴란드 난민과 맺은 관계는 말기 환자에게는 두려움과 우려를 해결하는 데 도움이 되는 연민 어린 치료와 신체적 증상에 대한 완화적 위안이 필요하다는 그녀의 생각을 굳건히 하는 데 도움이 되었다.[253] 난민이 사망한 후 손더스는 세인트 루크 빈민촌에서 자원봉사를 시작했는데, 그곳에서 한 의사가 그녀가 의사로서 말기 환자 치료에 가장 큰 영향을 미칠 수 있다고 말했다. 손더스는 세인트 조셉에서 자원봉사 활동을 계속하면서 의대에 입학했다. 그녀는 1957년에 학위를 취득한 후 그곳에서 직위를 맡았다.

손더스는 질병보다는 환자에 초점을 맞추는 것을 강조했고 신체적 측면뿐만 아니라 심리적, 영적 측면을 포함하는 '완전한 고통'이라는 개념을 도입했다.[254] 그녀는 신체적 고통을 조절하기 위해 광범위한 아편유사제를 실험했지

---

252) Kathleen M. Foley; Hendin Herbert, *The Case Against Assisted Suicide: For the Right to End-of-life Care*. JHU Press, 2002, p.281. ISBN 0-8018-6792-4.
253) Belinda Poor; Poirrier Gail P, *End of Life Nursing Care*. Boston ; Toronto: Jones and Bartlett, 2001, p.121. ISBN 0-7637-1421-6.
254) David Clark, (PhD). "Total Pain: The Work of Cicely Saunders and the Hospice Movement". *APS Bulletin 10 (4)*. July-August 2000,

만 환자 가족의 요구도 포함했다.

그녀는 1963년에 시작된 미국 순회 시리즈에서 그녀의 철학을 국제적으로 전파했다.[255] 1967년, 샌더스는 세인트 크리스토퍼 호스피스를 열었다. 미국에서 샌더스의 연설을 들은 예일 간호대학 학장인 플로렌스 월드는 1969년에 샌더스와 한 달 동안 일한 후 현대 호스피스 케어의 원칙을 미국으로 가져와 1971년에 호스피스 주식회사를 설립했다.[256]

샌더스가 자신의 이론을 전파하고 호스피스를 개발하던 거의 같은 시기인 1965년, 스위스 정신과 의사 엘리자베스 퀴블러로스도 말기 질환에 대한 사회적 대응을 고려하기 시작했는데, 그녀는 미국인 의사인 남편이 근무하던 시카고 병원에서 사회적 대응이 부족하다고 생각했다. 그녀의 1969년 베스트셀러인 「죽음과 임종」은 의료계가 말기 환자를 대하는 방식에 영향을 미쳤으며,[257] 샌더스와 다른 사망학 선구자들과 함께 말기 환자에게 제공되는 치료 유형에 주목하는 데 도움을 주었다.

제 2 절 세계 호스피스 케어의 실태

호스피스는 의사나 일반 대중 사이에서 죽음에 대한 공개적인 의사소통을 반대하는 전문적 또는 문화적 금기, 생소한 의료 기술에 대한 불편함, 말기 환자에 대한 전문적 무감각을 포함한 다양한 요인에서 비롯된 저항에 직면해 왔다. 그럼에도 불구하고 이 운동은 초점과 적용에 있어 국가적 차이가 있으면서도 전 세계로 확산되었다.[258] 각 국가와 학자에 따라 다양한 의견들이 있으나 위

---

255) Spratt, John Stricklin; Rhonda L. Hawley; Robert E. Hoye, *Home Health Care: Principles and Practices*. CRC Press. 1996, p. 147. ISBN 1-884015-93-X.
256) Sullivan, Patricia. "Florence S. Wald, 91; U.S. Hospice Pioneer", T*he Washington Post*, November 13, 2008. Accessed November 13, 2008.
257) Reed, Christopher, "Elisabeth Kubler-Ross: Psychiatrist who identified five stages of dying – denial, anger, bargaining, depression and acceptance". T*he Guardian*, August 31, 2004.
258) James Bernat, L., *Ethical Issues in Neurology (3, revised ed.)*. Lippincott Williams & Wilkins. 2008, p.154. ISBN 0-7817-9060-3.

키백과를 참조하여 살펴보면 다음과 같다.259)

1. 미국

　1984년, 미국 호스피스 및 완화 의학 아카데미를 설립하는 데 중요한 역할을 했고 미국 국립 호스피스 기구의 초대 전무 이사를 지낸 호세피나 마그노(Dr. Josefina Magno)260) 박사는 국제 호스피스 연구소를 설립했고, 1996년에 국제 호스피스 연구소 및 대학이 되었고 나중에는 국제 호스피스 및 완화 치료 협회(IAHPC)가 되었다.261) 2008년 현재 스코틀랜드, 아르헨티나, 홍콩, 우간다 등 다양한 국가에서 이사회를 구성한 IAHPC는262) 각 국가가 자체 자원과 상황에 기반한 완화 치료 모델을 개발하고 다른 국가의 호스피스 경험을 평가하지만 자체 요구 사항에 맞게 조정해야 한다는 철학을 바탕으로 활동하고 있다.263) IAHPC의 창립 멤버였던 Derek Doyle 박사는 2003년 British Medical Journal에 필리핀 태생의 Magno가 자신의 작업을 통해 "100개국 이상에서 8,000개 이상의 호스피스 및 완화 치료 서비스가 설립되는 것을 보았다"고 말했다.264) 완화 및 호스피스 치료에 대한 표준은 호주, 캐나다, 헝가리, 이탈리아, 일본, 몰도바, 노르웨이, 폴란드, 루마니아, 스페인, 스위스, 영국, 미국 등

259) https://en.wikipedia.org/wiki/Hospice
260) 그녀는 1960년대에 미국으로 이민 온 필리핀 출신, 종양학자로서 죽어가는 환자에 대한 호스피스 케어의 초기 공헌자이다. 미국 최초의 호스피스 중 하나를 설립하는 데 기여했고, 죽음을 앞둔 사람들을 위한 인도적 치료를 장려하는 국내외 기관을 설립하는데 크게 공헌했다.
261)　Cicely M .Saunders;　Clark, David, 'Cicely Saunders: Founder of the Hospice Movement : Selected Letters 1959-1999.' Oxford University Press, 2005, p.283. ISBN 0-19-856969-6.
262) IAHPC Board of Directors, 'International Association for Hospice & Palliative Care.' Retrieved 2009-02-21.
263) IAHPC History, 'International Association for Hospice & Palliative Care.' Retrieved 2009-02-21.
264) Laura ,Newman, "Josefina Bautista Magno" Sep. 27, 2009, 327 (7417). p.753; PMC, "That vision, fuelled by her drive and gritty determination, led to the International Hospice Institute, soon to metamorphose into the International Hospice Institute and College as the need for education and training became recognised, and finally into today's International Association for Hospice and Palliative Care." (2008 2 4.)

전 세계 여러 국가에서 개발되었다.265)

2006년 미국에 본사를 둔 National Hospice and Palliative Care Organization (NHPCO)과 영국의 Help the Hospices는 전 세계 완화 치료 관행에 대한 독립적인 국제 연구를 공동으로 의뢰했다. 조사 결과, 세계 국가의 15%가 주요 의료 기관에 통합된 광범위한 완화 치료 서비스를 제공했고, 35%가 일부 형태의 완화 치료 서비스를 제공했지만, 이는 지역화 되거나 매우 제한적일 수 있다.266) 2009년 완화 치료를 제공하기 위한 국제적 프로그램은 약 10,000개로 추산되지만, 호스피스라는 용어는 이러한 서비스를 설명하는 데 항상 사용되는 것은 아니다.

호스피스 치료에서 주요 보호자는 가족 간병인과 주기적으로 방문하는 호스피스 간호사이다. 호스피스는 요양원, 호스피스 건물 또는 때로는 병원에서 시행될 수 있지만, 가장 일반적으로는 가정에서 시행된다.267) 호스피스 케어를 고려하기 위해서는 말기 질환을 앓고 있거나 6개월 안에 사망할 것으로 예상되어야 한다.

미국의 호스피스는 홀로, 고립되어 또는 병원에서 사망하는 사람들의 치료를 개선하기 위한 자원봉사 주도 운동에서 건강관리 시스템의 중요한 부분으로 성장했다. 2010년에 약 158만 1천 명의 환자가 호스피스 서비스를 받았다. 호스피스는 의약품, 의료 장비, 사망 후 사랑하는 사람을 위한 24시간/주 7일 치료 및 지원을 포함하는 유일한 Medicare 혜택이다. 호스피스 케어는 Medicaid와 대부분의 민간 보험 플랜에서도 보장된다. 대부분의 호스피스 케어는 집에서 제공된다. 호스피스 케어는 가정형 호스피스 거주지, 요양원, 보조 생활 시설, 재향군인 시설, 병원 및 교도소에 있는 사람들에게도 제공됩니다. 미국 최초의 호스피스는 Connecticut Hospice 이였다.

미국 최초의 병원 기반 완화 치료 프로그램은 1980년대 후반에 전국의 헌신적인 자원봉사자들에 의해 시작되었다. Cleveland Clinic과 Medical College of Wisconsin과 같은 소수의 기관이 초기 프로그램에 포함되었다.

265) "Standards for Palliative Care Provision". *International Association for Hospice & Palliative Care.* Retrieved 2009-02-21.

266) Stephen R. Connor, *Hospice and Palliative Care: The Essential Guide (2nd ed.).* CRC Press, 2009, p.202. ISBN 0-415-99356-3.

267) Violet-Lagomarsino, A., "Hospice and Palliative Care: A Comparison". PBS, 2000.

1995년까지 호스피스는 미국에서 28억 달러 규모의 산업이 되었고, Medicare에서만 19억 달러가 Medicare 인증을 받은 1,857개 호스피스 프로그램의 환자에게 자금을 제공했다.268) 그해 호스피스 제공자의 72%가 비영리였다. NHPCO에 따르면 1998년까지 미국과 푸에르토리코 전역에서 운영 중이거나 개발 중인 호스피스가 3,200개였다.269)

2007년의 Last Rights: Rescuing the End of Life from the Medical System에 따르면 호스피스 시설은 전국적으로 연간 약 3.5%의 비율로 확장되고 있었다. 2008년 미국에서 매년 약 90만 명이 호스피스를 이용하고 있으며 사망하는 미국인의 3분의 1 이상이 이 서비스를 이용하고 있다.270) 2019년 코로나 사태 이후에도 호스피스 케어는 매년 점점 더 커지고 있다.

호스피스는 메디케어 비용을 줄이는 데 중요한 역할을 한다. 2008년 통계에서 20~30년 동안 메디케어 총 예산의 27~30%가 개인의 생애 마지막 해에 사용되었다.271) 호스피스 케어는 환자와 그 가족 모두에게 비용이 많이 들고 정서적으로 충격적인 응급실 방문과 입원을 줄여준다.

호스피스 케어는 질병을 치료하지 않는 것을 포함할 수 있다. 환자와 가족은 계획된 치료 또는 치료 부족을 이해해야 한다. 폐렴이 있는 경우 치료할 수도 있고 그렇지 않을 수도 있다. 치료하지 않으면 실제로 고통이 증가할 수 있다. 그러나 호스피스 철학은 고통을 완화하는 것뿐만 아니라 위안을 제공하는 것을 다룬다.

환자의 질병이 임상적 적격성 결정에 따라 보장되는 말기 질환과 관련이 없는 경우 환자는 고통의 원인을 해결하기 위해 적극적인 치료를 받을 수 있다. 호스피스 환자가 받은 모든 Medicare 서비스는 Medicare Advantage 플랜이 있는 호스피스 환자와 관련 없는 호스피스 치료를 위해 주치의가 제공한 서비스를 포함하여 원래 Medicare에 따라 보장된다.272)

---

268) Plocher, David W.; Patricia L. Metzger, The Case Manager's Training Manual. Jones & Bartlett Publishers. 2001, p.222. ISBN 0-8342-1930-1.
269) Plocher, David W.; Patricia L. Metzger (2001), et.al.
270) "While Hospice Care Is Growing, Not All Have Access".
271) Hogan, C., Lunney, J. Gabel, J., & Lynn, J., 'Medicare beneficiaries' cost of life in the last year of life.' Health Affairs, 2001, 20(4). 188-195.
272) http://www.medicare.gov/what-medicare-covers/part-a/how-hospice-works.html

2. 아프리카

1980년 짐바브웨의 하라레에 사하라 이남에서 아프리카 최초의 호스피스가 문을 열었다.[273] 의료계의 회의론에도 불구하고, 호스피스 운동은 확산되었고 1987년 남아프리카 호스피스 완화 치료 협회가 결성되었다.[274] 1990년 케냐의 나이로비에 나이로비 호스피스가 문을 열었다. 2006년 현재 케냐, 남아프리카, 우간다는 광범위하고 잘 통합된 완화 치료를 제공하는 세계 35개국에 포함되었다. 그곳의 프로그램은 영국 모델을 기반으로 하지만 입원 환자 치료에 덜 초점을 맞추고 가정 기반 지원을 강조한다.[275]

1990년대 초 케냐에서 호스피스가 설립된 이래 완화 치료는 전국으로 확산되었다. 나이로비 호스피스 대표들은 보건부를 위한 보건 부문 전략 계획을 개발하는 위원회에 참여하고 있으며, 자궁경부암에 대한 구체적인 완화 치료 지침을 개발하는 데 도움을 주기 위해 보건부와 협력하고 있다. 케냐 정부는 나이로비 호스피스에 토지를 기부하고 여러 간호사에게 자금을 제공하여 호스피스를 지원했다.[276]

남아프리카 공화국에서 호스피스 서비스는 다양한 커뮤니티(고아 및 노숙자 포함)에 초점을 맞추고 다양한 환경(입원, 주간 보육 및 가정 간호 포함)에서 제공된다. 2003-2004년 남아프리카 공화국 호스피스 환자의 절반 이상이 AIDS 진단을 받았고, 나머지 대부분은 암 진단을 받았다. 남아프리카 공화국의 완화 치료는 남아프리카 호스피스 완화 치료 협회와 대통령의 AIDS 구호 비상 계획에서 부분적으로 자금을 지원하는 국가 프로그램에서 지원한다.

Anne Merriman이 설립한 Hospice Africa Uganda(HAU)는 1993년 Nsambya 병원에서 임대해 준 침실 2개짜리 집에서 서비스를 제공하기 시작했

---

273) Eldryd High Owen, Parry, Godfrey Richard; Mabey David; Gill Geoffrey, *Principles of Medicine in Africa* (3 revised ed.). Cambridge University Press. 2004, p.1233. ISBN 0-521-80616-X.

274) Wright, Michael; Justin Wood, Tom Lynch, David Clark (November 2006). 'Mapping levels of palliative care development: a global view (Report).' Help the Hospices; National Hospice and Palliative Care Organization. p.14. Retrieved 2010-02-06.

275) "What do Hospice and Palliative Care Programs in Africa Do?". Foundation for Hospices in Sub-Saharan Africa. Retrieved 2010-02-06.

276) Wright, *et al.* p.14.

다.277) HAU는 그 후 캄팔라의 Makindye에 있는 운영 기지로 확장되었고,
1998년 1월부터 Mobile Hospice Mbarara가 도로변 진료소에서 호스피스 서
비스를 제공하기도 했다. 같은 해 6월에 Little Hospice Hoima가 문을 열었다.
우간다의 호스피스 케어는 Makerere University가 완화 치료에 대한 원격 학
위를 제공함에 따라 지역 자원봉사자와 전문가의 지원을 받고 있다. 우간다 정
부는 완화 치료에 대한 전략적 계획을 가지고 있으며 HAU의 간호사와 임상 담
당자가 모르핀을 처방할 수 있도록 허용한다.278)

3. 캐나다

"완화 치료"라는 용어를 처음 만들어낸 캐나다 의사 Balfour Mount는 주로
병원 환경에서 완화 치료에 초점을 맞춘 캐나다 호스피스 운동의 선구자였
다.279) Kubler-Ross의 저서를 읽고 Mount는 몬트리올의 Royal Victoria
Hospital에서 말기 환자의 경험을 연구하기로 했다. 그가 발견한 "심각한 부적
절함"은 그가 St. Christopher's에서 Saunders와 함께 일주일을 보내게 했다.
영감을 받은 Mount는 Saunders의 모델을 캐나다에 적용하기로 결정했다. 캐
나다의 의료 자금 조달에 차이가 있기 때문에 그는 병원 기반 접근 방식이 더
저렴할 것이라고 판단하여 1975년 1월 Royal Victoria에 전문 병동을 만들었
다.280) 공식 언어가 영어와 프랑스어인 캐나다의 경우 Mount는 "완화 치료 병
동"이라는 용어가 더 적절할 것이라고 생각했다. 호스피스라는 단어는 이미 프
랑스에서 요양원을 지칭하는 데 사용되었기 때문이다.281) 1970년대와 1980년
대에 걸쳐 캐나다 전역에서 수백 개의 완화 치료 프로그램이 이어졌다.

---

277) Wright *et al*, pp.14~15.
278) Wright *et al*, p.15.
279) Forman, Walter B.; Denice Kopchak Sheehan; Judith A. Kitzes, *Hospice and Palliative
Care: Concepts and Practice (2ed.)*. Jones & Bartlett Publishers. 2003, p.6. ISBN
0-7637-1566-2.; https://en.wikipedia.org/wiki/Balfour_Mount
280) Feldberg, Georgina D.; Molly Ladd-Taylor; Alison Li, Women, *Health and Nation:
Canada and the United States Since 1945*. McGill-Queen's Press - MQUP. 2003, p.342.
ISBN 0-7735-2501-7.
281) Andrew Duffy. "A Moral Force: The Story of Dr. Balfour Mount". *Ottawa Citizen*.
Retrieved January 1, 2007.

그러나 2004년 캐나다 호스피스 완화 치료 협회(CHPCA)에 따르면, 호스피스 완화 치료는 캐나다인의 5-15%에게만 제공되었으며, 정부 자금이 감소함에 따라 이용 가능한 서비스가 감소했다.[282] 그 당시 캐나다인들은 집에서 죽고 싶어 하는 마음이 점점 더 커졌지만, 캐나다 10개 주 중에서 집에서 제공하는 치료에 대한 약물 비용 보장을 제공하는 주는 2개에 불과했다. 10개 주 중 4개 주만이 완화 치료를 핵심 건강 서비스로 지정했다. 그 당시 완화 치료는 간호 학교에서 널리 가르치지 않았고 의대에서 보편적으로 자격증을 취득하지 못했습니다. 캐나다 전체에 전문 완화 치료 의사가 175명에 불과했다.

4. 영국

Saunders가 1967년에 St. Christopher's를 개원한 이래로 영국에서 호스피스 운동이 극적으로 성장했다. 영국의 Help the Hospices에 따르면, 2011년 영국 호스피스 서비스는 3,175개 침대를 갖춘 성인 입원 병동 220개, 334개 침대를 갖춘 어린이 입원 병동 42개, 가정 간병 서비스 288개, 가정 호스피스 서비스 127개, 주간 간병 서비스 272개, 병원 지원 서비스 343개로 구성되었다.[283] 이러한 서비스는 2003년과 2004년에 250,000명 이상의 환자를 도왔다. 자금은 National Health Service의 100% 자금 지원에서 자선 단체의 거의 100% 자금 지원까지 다양하지만, 이 서비스는 항상 환자에게 무료이다.

2006년 영국과 웨일즈의 모든 사망자의 약 4%가 호스피스 시설에서 약 20,000명의 환자가 발생했다. 더 많은 수의 환자가 호스피스에서 시간을 보냈거나 호스피스 기반 지원 서비스의 도움을 받았지만 다른 곳에서 사망했다.[284]

호스피스는 또한 영국에서 100,000명 이상의 사람들에게 자원 봉사 기회를 제공하며, 호스피스 운동에 대한 경제적 가치는 1억 1,200만 파운드 이상으로 추산된다.[285]

---

[282] Canadian Hospice Palliative Care Association., "Fact Sheet: Hospice Palliative Care in Canada". December 2004. Retrieved 2009-02-21.
[283] "Facts and figures". *Help the Hospices*. Retrieved 2012-10-02.
[284] House of Commons Public Accounts Committee, End of life care: 1. *The current place and quality of end of life care*, 30 March 2009, paragraphs 1~3.
[285] http://www.helpthehospices.org.uk/about-hospice-care/facts-figures/ Help The Hospices

5. 호주 및 기타 국가

호주의 호스피스 케어는 1967년에 런던의 St. Christopher's가 문을 열기 79년 전에 이미 설립되었다. 시드니(1889년)와 멜버른(1938년)에 아일랜드 자선 자매회가 호스피스를 설립했다. 뉴질랜드의 첫 호스피스는 1979년에 문을 열었다.286) 호스피스 케어는 1970년대 중반에 폴란드에 도입되었다.287) 일본은 1981년에 첫 번째 호스피스를 개원하여 2006년 7월까지 공식적으로 160개를 수용했습니다.288) 이스라엘의 첫 번째 호스피스 병동은 1983년에 개원했다.289) 인도의 첫 번째 호스피스인 Shanti Avedna Ashram은 1986년 봄베이에 개원했다.290) 중국의 첫 번째 현대식 독립형 호스피스는 1988년 상하이에 개원했다.291) 호스피스라는 용어가 "평화로운 보살핌"을 의미하는 대만의 첫 번째 호스피스 병동은 1990년에 개원했다.292) 호스피스라는 용어가 "좋은 종식 서비스"를 의미하는 홍콩의 첫 번째 독립형 호스피스는 1992년에 개원했다.293) 러시아의 첫 번째 호스피스는 1997년에 설립되었다.294)

286) Margaret O'Connor & Peter L Hudson, *Palliative Care in Australia and New Zealand,* 2008 p.1257 https://online.mcd.edu.au/course/view.php?id=277

287) Roguska, Beata, ed. "Hospice and Palliative Care". *Polish Public Opinion (CBOS): 1.* October 2009, ISSN 1233-7250.

288) "Objectives". Japan Hospice Palliative Care Foundation. Retrieved 2009-02-21.

289) Ami, S. Ben. "Palliative care services in Israel". *Middle East Cancer Consortium.* Retrieved 2009-02-21.

290) Kapoor, Bimla (October 2003). "Model of holistic care in hospice set up in India". *Nursing Journal of India.* Retrieved 2010-02-06.; *Clinical Pain Management.* CRC Press. 2008. p.87. ISBN 978-0-340-94007-5. Retrieved 30 June 2013. "In 1986, Professor D'Souza opened the first Indian hospice, Shanti Avedna Ashram, in Mumbai, Maharashtra, central India."; (Singapore), *Academy of Medicine* (1994). Annals of the Academy of Medicine, Singapore. Academy of Medicine. p.257. Retrieved 30 June 2013.

291) Samantha Mei-che, Pang, Nursing Ethics in Modern China: Conflicting Values and Competing Role. Rodopi. 2003, p.80. ISBN 90-420-0944-6.

292) Lai, Yuen-Liang; Wen Hao Su (September 1997). "Palliative medicine and the hospice movement in Taiwan". *Supportive Care in Cancer 5 (5): 348.* doi:10.1007/s005200050090. ISSN 0941-4355.

293) "Bradbury Hospice". *Hospital Authority,* Hong Kong. Retrieved 2009-02-21. "Established by the Society for the Promotion of Hospice Care in 1992, Bradbury Hospice was the first institution in Hong Kong to provide specialist hospice care."

2006년부터 세계 호스피스 및 완화 치료의 날 (매년 10월 둘째 주 토요일)은 전 세계적으로 호스피스 및 완화 치료의 발전을 지원하는 호스피스 및 완화 치료 국가 및 지역 기관의 네트워크인 Worldwide Palliative Care Alliance의 위원회에서 주최한다.[295]

6. 호스피스 케어의 개선방안

'호스피스'의 의미는 '품위 있는 죽음'만을 준비하는 과정일까?

호스피스 사역은 결코 말기 암 환우의 죽음을 방치하는 것이 아니다. 그렇다고 삶의 마지막 고통을 완화시켜주는 것만을 의미하는 소극적인 사역도 아니다. '암'이라고 하는 것은 육체적으로는 질병이지만, 영적으로는 자신의 인생을 다시 한 번 돌이켜 보는 기회이다. '호스피스'라는 용어를 사용하는 사람들은 거의 대부분이 말기 암환우의 경우, Cure(치료)의 개념이 아니라 Care(보살핌)의 개념으로 접근한다. 현실적으로 많은 호스피스 시설들이 그런 방향으로 나아가고 있다. 그 암을 극복하기 위하여 환자 자신과 의사가 하나가 되어 치료의 과정을 밟지만 많은 사람들이 실패를 한다. 그러나 현대 의학에서 암이란 과거와는 달리 정복될 수 있는 질병이다. 비록 의사가 6개월 미만의 삶의 마감을 예견할지라도 많은 암 환우들이 화학적 약물치료보다 합성보조식품과 자연치유로 전환하게 되고 음식을 조절하고 운동을 규칙적으로 함으로써 암으로부터 자유 함을 얻고 있다. 그러기 위하여 무엇보다 환우의 치료에 대한 환우 자신의 의지와 보호자의 지극한 보살핌이 치료의 효과를 극대화 한다. 이 부분이 오늘날 호스피스 전문가들과 기독교 호스피스 단체들이 지향하여야 하는 사역이다.

따라서 호스피스는 남은 생이 6개월 미만이라고 병원에서 진단받은 암 환우의 삶을 단지 아름다운 죽음을 준비하게 만들어 주는 소극적인 의미의 친절(hospital)이 아니라, 그 환우가 궁극적으로 바라는 육체적, 정신적, 자연치유적 재활을 제공해 주는 것이 최선의 친절(hospital)일 것이다. 다시 말하면 화학적 치료가 더 이상 불가능하다고 판단한 환우일지라도 사람은 영적인 동물이므로 정신적으로 평안함을 갖게 하고 그의 가족들에게 위로와 새 힘을 공급해 주면

---

[294] "Russia's first hospice turns ten". *Russia Today*. September 21, 2007. Retrieved 2009-02-21.
[295] About World Hospice and Palliative Care Day (visited 24. July 2014).

서 식생활개선과 적당한 운동을 하게 하면 사람이 생각지 못하였던 기적들이
일어날 수 있다. 특히 환우에게 하나님의 자연치유 원리와 함께 약초의학과 영
성의학으로의 접근 방법은 호스피스 사역에 새로운 이정표를 제공해 줄 수 있
다.

제 3 절 호주호스피스협회 케어의 사례

호주 호스피스 협회(ACC Hospice)[296]는 암을 치료하는 것도 중요하지만,
암으로부터 겪는 우울증을 치료함으로 암을 극복하는데 목표를 두고, "죽음 저
편의 삶을 이 세상에서 누리는 아름다운 모습"을 추구하며, 죽음을 다스리는
역동적인 삶을 암 환우에게 소개하고 있다. 따라서 "사망아 너의 승리가 어디
있느냐 사망아 네가 쏘는 것이 어디 있느냐 사망이 쏘는 것은 죄요 죄의 권능
은 율법이라"(고린도전서15:55~56)고 고백한 사도 바울의 역동적인 치유신앙
을 본 받아, ACC 호주호스피스협회는 "암아 네가 쏘는 것이 어디 있느냐 암이
쏘는 것은 우울증이요 우울증의 권능은 이기심이라"고 고백하며. 환우 자신이
이웃과 더불어 봉사하는 삶을 살므로 암 질병을 극복하도록 한다. 실재적인 방
법으로는 암 환우가 화학적 치료를 받는 경우와 자연치유를 선택한 경우에
ACC 호주호스피스 협회에서는 다음과 같은 재활 방법을 고려한다.

---

296) 호주호스피스협회(Australian Association of Cancer Care Incorporated; 일명 ACC
Hospice)는 김장대 목사를 중심으로 2015년 8월에 설립하여, 2016년 8월 3일 ACNC에 비영
리 단체로 등록하였다. 활동으로는 매주 월요일 암 환우를 위한 특별중보기도회 모임, 매주
토요일 암 환우와 그의 가족과 함께 바닷가 걷기 운동으로 회복의 기쁨을 나누면서 암환우와
함께 매달 30여명의 자원봉사자들이 다문화 Nursing Home을 방문하여 '무료 호스피스 음악
회'를 개최한다. 이것은 병원에서 암을 치료하는 것도 중요하지만, 암으로부터 겪는 우울증을
치료함으로 암을 극복하는데 앞장서고 있다.
(참조: https://www.sydneyhospice.com.au/1-csd7)

1. 암 환자가 겪게 되는 심리

암 진단을 받으면 대부분 분노와 좌절을 겪게 된다. 내가 이렇게 열심히 살았는데 결과가 이것이란 말인가? 라고 하며, 자기 자신과 자신이 의지한 신에 대한 분노, 더 나아가 가족과 지인들에 대한 원망을 갖게 되고, 자신의 삶에 대한 좌절감을 느끼게 된다. 누가 자신에게 위로를 해주고 격려를 해주어도 자신의 분노와 원망을 다스리기에는 턱없이 부족하여 결국 외부와의 단절을 겪게 되기도 한다. 이런 감정이 지속됨으로 죽음에 대한 두려움과 자신의 삶에 대한 갈등을 느끼며 우울증을 겪게 된다. 이러한 우울증은 결코 화학적 치료에 도움이 안 된다. 그럼에도 불구하고 항암치료와 방사선 치료를 계속하여야만 하는 상황이 된다. 치료의 결과는 '암'과의 투병과 함께 '우울증'이라는 심리적 부담까지 가중되어 더욱 좋지 않게 나타난다. 이 때 환자에게 중요한 것은 무엇보다도 약물 효능과 화학적 치료의 효과를 극대화 시켜나가야 하는 것이다.

2. 화학적 치료의 보편적 과정

암 진단을 받으면 항암치료를 받고, 다음에 방사선 치료의 단계를 밟게 된다. 이것은 항암치료를 받으면서 암 세포의 활동을 더디게 만들거나 죽이기도 하고, 더 나아가 암세포가 한 군데 모이게 될 때, 방사선 치료를 통하여 암 세포를 죽이는 과정을 밟게 된다. 그런데 항암치료를 하는 동안 암 세포만이 아니라 정상세포도 죽이게 된다는 것이다. 이 때 환자는 격한 항암투쟁을 통하여 자신의 체력과 싸워야만 한다. 대부분 환자들이 초기가 아닌 중기나 말기인 경우 더 심한 고통을 겪게 되며, 식욕부진 및 신체의 이상증상들이 나타나게 된다. 이 과정을 이겨 나가면 다음에 기다리는 것이 방사선 치료이다. 방사선 치료는 암 세포들이 모여 있는 곳을 집중적으로 공격하여 암 세포를 죽이는데 이때에도 정상세포의 손상이 이뤄지며 신체에 더 심한 이상증상을 겪게 된다. 이 과정을 통과한 경우, 신체에 아무런 이상이 발견되지 않고 5년 정도 지나면 암을 극복한 것으로 판단한다. 그러나 이 때에도 암세포가 완전히 신체에서 사라진 것이 아니라 암 세포가 활동을 잠식하고 있는 상태이므로 8년 후 10년 후에도 암의 재발이 빈번하게 일어 날 수 있다.

3. 화학적 치료와 케어의 개입

호주 호스피스 협회는 암으로부터 겪는 우울증을 치료함으로 항암효능과 화학적 치료의 효과를 극대화 시켜나가므로 암을 관리하고 재활을 돕는데 목표를 두고 있다. ACC 호스피스 케어는 일반적으로 암 환우가 겪게 되는 분노와 좌절, 외부단절과 두려움, 그리고 우울증 등 심리적 압박을 극복하기 위하여 호스피스 활동에 동참할 것을 독려하고 있다. 건강세미나, 암 환우 가족 모임 및 중보기도회에 참석하여 다른 환우에 대한 배려를 배우고, 바닷가 걷기와 자연재활치료실을 통하여 생체리듬을 유지하면서 다른 환우와의 자유로운 대화를 통하여 관계성을 회복하고, 특히 Nursing Home 방문 콘서트의 드라마 치료 프로그램의 극중 인물로 활동하면서 다른 환우를 치유할 뿐 아니라 자신의 재활에 도움이 되도록 하고 있다. 그 프로그램은 <그림 3>과 같다.

<그림 3> 호주호스피스협회 암환우 재활 도표 −화학적 치료의 경우−

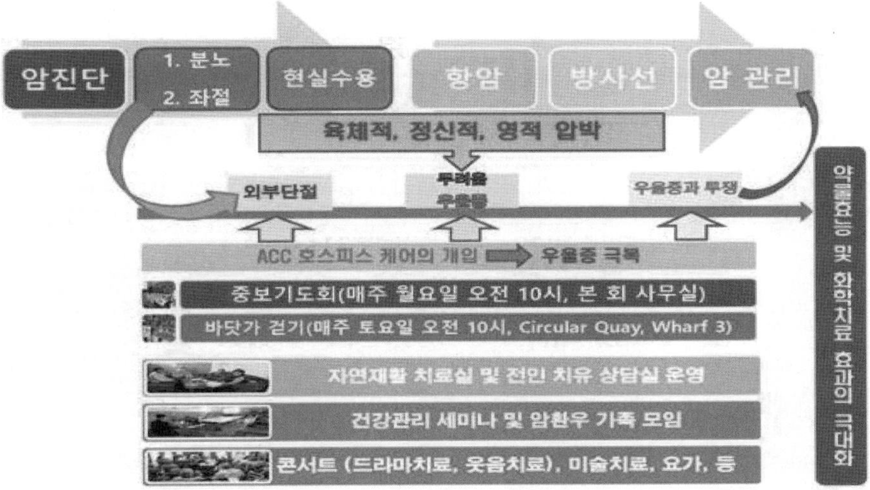

4. 자연치유와 심리적 과정

암 진단을 받을 경우 일반적으로 분노와 좌절, 그리고 외부단절을 겪게 되지만, 현실을 빨리 수용하고 하나님께서 만드신 자연에 대한 신뢰를 갖고 고전적인 침술과 약초, 그리고 자신의 식생활 습관 개선 등에 목표를 두고 한의학을 통하여 치료의 효과를 극대화 하는 방법을 자연치유라고 한다. 먼저 '암'이란 환경으로부터 겪게 되는 정신적 영적인 압박으로부터 벗어나도록 한다. 그리고 재활에 대한 자신감을 갖게 하여 죽음에 대한 두려움과 우울증을 퇴치하고 긍정적인 마인드를 갖게 한다. 더 나아가 규칙적인 운동과 식생활 개선 등 자신의 나쁜 습관을 고치고 생체리듬을 활성화하도록 한다. 이러한 정신적 심리적 영적 치유와 함께 한의학의 보완으로 신체적 치유의 효과를 극대화해 나간다.

5. 자연치유와 케어의 개입

<그림 4> 호주호스피스협회 암환우 재활 도표 -자연 치유의 경우-

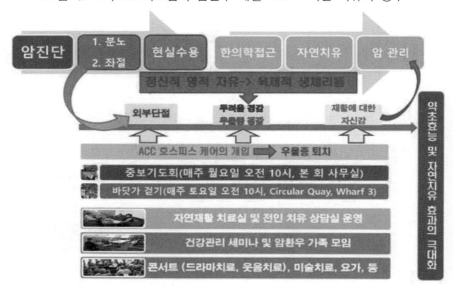

자연치유를 선택할 경우, <그림 4>와 같이 호주 호스피스 협회는 탈화학적 치유를 통하여 암으로부터 겪는 우울증을 퇴치함으로 약초복용의 효능을 극대화 시켜나가므로 암을 관리하고 재활을 돕는데 목표를 두고 있다. ACC 호스피스 케어는 일반적으로 암 환우가 겪게 되는 경제적, 심리적 압박을 극복하기 위하여 호스피스 활동에 적극적으로 동참할 것을 요청하고 있다.

호주호스피스협회에서는 매주 토요일 바닷가 걷기를 통하여 주기적인 운동량을 제공함으로 환우의 생체리듬을 유지시켜 나가도록 돕고 있으며, 자연재활 치료실은 일상생활에서 환우가 자유롭게 방문하여 반신욕과 온열기, 마사지기기 등 자연치유 설비를 통하여 신체적 활력을 공급 받으면서 다른 환우와의 자유로운 대화로 환우 자신이 스스로 상담자와 내담자가 되어 관계성을 회복하는 전인치유 상담을 실시하고 있다.

또한 건강세미나를 통하여 일상적인 생활 습관의 개선을 소개한다. 예를 들면, 호흡하는 방식을 개선함으로 건강을 증진시키는 올바른 호흡법과 대부분 암 환자의 경우 34℃~36℃ 의 저 체온이므로 건강한 체온인 37℃ 유지 법, 매일 식탁에 올라오는 각 채소와 과일들의 효능을 소개하면서 신체의 각 장기에 적합한 활력을 공급하는 식생활 개선 방법 등을 소개한다.

매주 월요일에 갖는 중보기도회는 자신의 치유뿐만 아니라 다른 환우의 치유를 창조주 하나님께 간구함으로 하나님과의 성경적 만남을 통하여 치료에 대한 확신을 갖게 한다. 뿐만 아니라 매달 Nursing Home 을 방문하여 콘서트를 가짐으로써 우리 사회에서 약하고 외로운 이웃들에게 각자의 달란트를 나누는 시간을 가지므로 환우 자신이 사회봉사에 대한 자부심과 자존 감을 갖게 되며, 아울러 Nursing Home 환우는 자신이 겪고 있는 우울증과 고독감, 그리고 혼란스러운 자신의 감정을 음악과 드라마를 통하여 육체적, 정신적, 영적인 치유에 활력을 공급 받게 된다.

특히 콘서트 중에 "드라마 치료"는 많은 대사들을 외우고, 전문적인 기술을 요하는 연극보다는 암 환우와 그의 가족들, 그리고 봉사자들이 극중 인물로 참가하여 그들이 생활현장에서 만나는 흥미롭고 진솔한 일들을 연극으로 보여줌으로 환우들 간에 공감대를 형성하고, 더 나아가 "죽음 저편의 삶을 이 세상에서 누리는 아름다운 모습"을 소개하며, 죽음을 다스리는 역동적인 삶을 전개하는 전인치유 프로그램이다.

6. 사례의 종합 분석

오늘날 새롭게 조명되는 예방의학자, 운동생리학자, 심신의학자, 한의학자,

그리고 성서신학자 등 전문가들이 망라돼 예수님의 건강비결에 대한 분석 작업을 하고 있다. 관련 전문가들은 예수님의 건강비결을 대략 3가지로 요약한다. 첫째 균형 잡힌 식생활, 둘째 기도와 휴식을 통한 철저한 자기관리, 셋째 걷기 운동이라고 한다. 식생활과 관련하여 '약초의학'에서, 자기관리와 관련하여 '영성의학'에서 살펴보았다. 자연치유적 관점에서 걷기 운동과 관련하여 예수님께서는 공생애 3년 반 동안 '갈릴리'와 '예루살렘'을 몇 번 씩이나 오가는 천리 길 보행을 하셨고, 갈릴리 해변을 거니시다가 베드로, 안드레, 야고보, 요한을 제자로 부르셨다(막1:16-20). 공생애 기간 동안 무려 1500km를 걸으며 전도를 하셨지만, 예수님이 선택한 운동은 고강도가 아닌 저강도 운동으로서 유산소성에 해당한다. 게으름을 배격하셨던 예수님을 보면 느린 걸음이 아닌 비교적 빠른 걸음이었음을 짐작케 한다. 오늘날로 보면 파워 워킹(Power Walking)인 셈이다.

미국 시사주간지 〈New York Times〉은 2014년 5월11일 자에 "뛰지 말고 걸어라"(Walk, don't run)는 제목의 기사를 실었다. 1주일에 5차례 하루 30분씩 걷기가 건강의 필수요건이라고 한다. 인간의 가장 기본적 운동인 '걷기'는 산소섭취량 증대, 심장기능 강화, 신진대사 촉진, 병에 대한 저항력 증가 등 다양한 자연치유 효과를 준다. 호주 시드니 호스피스에서 '토요일 암 환우와 함께 바닷가 걷기'재활프로그램이 2018년 2월 13일에 400회를 맞이하였다. 많은 암 환우들이 이 프로그램에 참석하여 치유와 회복의 기쁨을 갖고 있다. Peter Handke는 "걷는 사람만이 자기 발에 발꿈치가 있다는 것을 경험 한다"라고 하면서 걷기를 애창을 하였다.

오늘날과 같이 치열한 경쟁과 급변하는 환경, 그리고 어쩔 수 없는 조급함으로 인해 '건강실종시대'에 살아가는 현대 크리스천은 예수님의 건강지혜를 새롭게 조명하고 반드시 본받아야 할 필요가 있다. 상황을 불문하고 크리스천의 건강은 소명이요 특권이다. 건강의 청지기로서 자신을 관리할 수 없는 사람이 어떻게 무슨 일을 제대로 할 수 있겠는가? 나만을 위한 건강이 아닌, '하나님과 이웃을 위한 건강'을 열망하면서 크리스천은 자신의 건강을 지켜야만 할 것이다. 과학이 극도로 발달한 이 시대에, 성경이 가르치는 대로 산다는 것이, 현대인들의 눈으로 보면 어리석은 것처럼 보일 수도 있다. 그러나 이 성경 말씀이 헛된 것이 아니고, 참된 하나님의 말씀인 까닭에 우리는 이 말씀에 순종하고 이 말씀대로 살아가는 것이 도리어 건강하고, 자기의 자연치유력을 살려, 행복한 삶을 살 수 있고, 하나님께서 창조하신 섭리대로 참된 인간이 되는 비결이다.

그래서 잠언서 4장 23절에서 "무릇 지킬 만한 것보다 더욱 네 마음을 지키라. 생명의 근원이 이에서 남이니라."고 했다. 이와 같이 창조의학과 약초의학, 그리고 영성의학에 힘입어 하나님의 말씀대로 살면 몸과 마음이 서로 조화되어, 하나님께서 주신 자신의 자연치유력(자기 자신의 면역성)으로 병을 이길 수 있고, 또 암과 같은 어려운 병도 예방하며 치유할 수 있다고 보며, 실례를 소개한다.

사례 1. 하나님께서 함께하시는 새 희망의 표적

H 자매님(83세)은 80년 이상을 불교에 젖어 있다가 1년 전부터 호주 시드니 호스피스 봉사자들로부터 발 마사지를 비롯한 서비스를 받으면서 기독교에 대한 관심을 가지게 되었다. 2015년 4월 말에 자원봉사자들과 함께 너싱 홈을 방문하였을 때 그곳에서 일하시는 한국 분이 김 목사에게 "큰 아드님이 걱정이 있다고 합니다. 어머님이 불교에 귀의하셔서 80년 이상 계시다가 1년 전부터 호스피스를 통하여 기독교에 대한 관심을 갖게 되어서 만약 어머님이 임종하시면 장례식을 불교식으로 할지 기독교식으로 할지 고민이니 어머님이 미리 저에게 말씀해 주시면 좋겠다."는 것이었다.

그때부터 김 목사는 세례 받을 것을 H 자매님께 권유하였지만 처음에는 받아들이지 않다가 갑자기 그 다음 날 전화가 와서 아내와 함께 방문하니 특별한 일을 없었고 단지 보고 싶어서 전화했다는 것이었다. 그래서 아내가 발 마사지만 하고 왔는데 다음 주에 방문하여 "예수님이 어디 계십니까?"라고 물으니 자신의 가슴을 손으로 가리키면서 여기 계시다는 것이다. 그러자 세례를 권유하였더니 받아들이셨다. H 자매님은 2015년 5월21일 저녁에 세례를 받았다. 한 영혼을 천하보다 더 소중히 여기시는 예수님의 사랑을 시드니에서 접할 수 있었던 아름다운 일이었다. 이 표적을 통하여 모든 사역자들이 자원봉사로 섬기는 시드니 호스피스 사역에 대한 새 희망을 갖게 되었다.

사례 2. 하나님께서 호스피스 사역을 기뻐하시는 또 하나의 표적

빈약한 재정으로 적당한 사무실을 구하기 위해 기도하던 중, 2015년 7월부터는 그 동안 지켜 온 월요일 경건회를 "경건회 및 암환우를 위한 특별중보기도회"로 확대하여 기도회를 갖기로 하였다. 그로부터 몇 주 후 3년 전 폐암 말기 선고를 받고 한국과 호주를 왕래하면서 진료를 받던 E 자매님(60세)에게 기적이 일어났다. 그녀는 지난 2015년 2월 시드니에 온 후 호스피스 중보기도 활동에 적극적으로 참여하면서 '암 환우와 함께 바닷가 걷기 프로그램'에 동참하여 차츰 건강을 회복하기 시작하였다. 그러던 중 2015년 7월에 자신의 건강이 회복되고 있다는 확신을 갖고, Concord Hospital 에 가서 MRI 와 조직검사를 한 결과 암의 흔적이 사라졌다는 것이다. 이것은 하나님께서 호스피스 사역을 기뻐하시는 또 하나의 표적이었다.

그러나 그녀는 척추가 아파서 모르핀을 마시고, 바닷가 걷기를 하면서도, 자신이 폐암으로 인해 하나님을 알게 되었다고 몇 번이고 감사하였다. 자신이 주님을 모를 때 동생들을 절에 입적해 놓고 와서 동생들의 영혼을 위해 닭 똥 같은 눈물을 흘리시며 간절히 기도하던 자매님이 올해는 집사님 직분을 받아서 신이 났다. 성가대 봉사를 빠지지 않으려고 토요일 이른 아침 바닷가 걷기를 먼저 하고, 전도하려 가는 열정을 가진 E 집사님이다. 그리고 지난 바닷가 걷기에서 점심을 먹고 잠시 쉬는 시간에 하나님께 찬양으로 열창을 하셨다.

뿐만 아니라 E 집사님은 호스피스에서 실시하는 건강세미나에 참석하여 2015년 6월 말에 폐암선고를 받고 어쩔 줄 몰라 하던 불교신자 K (80세)선생님을 만나 서로 질병 증세에 대하여 대화를 나누다가 자기와 비슷한 증상이라서 그의 맨토(?)가 되어주었다. K 선생님은 2015년 6월 말에 병원으로부터 6개월 정도의 생의 마감 선고를 받고 마음으로 임종준비를 하고 있었지만 지금까지 건강한 모습으로 지내고 있다.

그러나 그는 호스피스에 대한 신뢰는 있지만, 아직 기독교를 알고 예수님을 영접할 만큼은 아니다. 그래도 공식모임 식사기도 때에 '아멘'은 큰 소리로 한다. 비록 호주 시드니 호스피스의 근본정신은 기독교 윤리에 기초를 두고 있지만, 종교를 초월하여 암 환우와 봉사자들이 더불어 한 구석을 밝히고, 현대의학으로는 힘든 암 환우의 자연 치유와 재활을 위해 예수님의 사랑으로 환우들을 섬기면서 샬롬(Shalom, 평화)공동체를 지향한다.

제 2 편

내적 교회복지 이론

어느 작은 나라에 꽃을 좋아하는 임금이 있었다. 하루는 임금이 정원에 나가 보았더니 화단의 꽃과 나무들이 아무런 이유 없이 죽어가고 있었다. 깜짝 놀란 임금은 먼저 키 작은 참나무에게 왜 죽어가고 있는지 물어 보았다. 그러자 참나무는 멋진 전나무처럼 키도 크지 못한데 살아서 무엇하겠느냐는 것이었다. 그래서 전나무에게 넌 왜 시드느냐고 물었더니, 자신은 포도나무처럼 좋은 열매도 맺지 못하니 죽는 것이 차라리 낫다고 말했다. 이번에는 죽어가고 있는 포도나무에게 물었다. 그는 장미처럼 꽃도 못 피우니 살 필요가 없다고 대답했다.

그러던 중 화단 한복판에 보일 듯 말 듯 피어 있는 제비꽃만은 생생하게 살아 있는 것을 보고 임금은 놀라지 않을 수 없었다. 그래서 제비꽃에게 어째서 너는 이렇게 힘 있게 잘 살아 있느냐고 물었다. 그러자 제비꽃이 말했다.

"임금님께서는 제가 잘 자라 꽃피우기를 바라는 마음으로 심어 주셨습니다. 그래서 전 키가 작고 예쁘지 않아도 제 한껏 꽃을 피워서 임금님을 기쁘게 해 드리려고 합니다. 우리 모두 임금님의 웃음을 떠올리면서 지금 자기 자신의 모습을 한 번 생각해 볼까요?"

제 1장 # 인간의 본질

여유 있는 삶

조선 초기의 문신이며 장군이었던 김종서는 지략이 뛰어나고 강직했기 때문에 대호(大虎)라는 별명으로 불리기도 했다. 그는 여진족을 무찔러 6진을 개척하여 우리나라의 국토를 두만강과 압록강 상류까지 넓히는 한편, '고려사', '고려사절요', '세종실록' 등의 편찬 작업을 책임지는 등 학자, 관리로서의 능력도 두루 갖춘 인물이었다.

그가 좌의정 시절, 세종대왕의 명을 받고 고려의 역사서인 '고려사'를 집필할 때의 일이다. 김종서는 '고려사'를 편찬할 때면 늘 책상 위에 책과 칼을 함께 올려놓고 글을 썼다. 평상시와는 달리 자세를 한층 더 바로잡고 마음을 가다듬어 정성스레 일을 하는 것이다. 곁에서 김종서를 계속 지켜보던 정인지가 이를 이상히 여기고 직접 물어 보았다.

"대감, 누가 대감의 목숨을 노리고 있기라도 합니까? 어찌하여 항상 칼을 옆에 두고 일을 하십니까?"

그러자 김종서는 붓을 가지런히 내려놓으며 대답했다.

"제 모습이 그렇게 이상해 보이십니까? 저는 의지가 약한 사람입니다. 그래서 마음이 잘 흔들리지요. 그런데 그런 제가 역사책을 만드는 중책을 맡았습니다. 이렇게 중요한 일을 하는데 행여 몸가짐이 흐트러지거나 나쁜 마음이 들면 어쩌겠소. 이 칼은 역사를 정직하고 바르게 보고 싶은 제 의지이고, 또 그 역사는 목숨보다 더 소중한 것이기에 이렇듯 칼을 앞에 놓고 일하는 것입니다."

제 1 절 인간과 존재

인류의 기원에 대하여 분석하여 보면 성경학자들은 근본적으로 하나님이 인간은 즉각적으로 창조하셨을까? 아니면 점차적으로 창조하셨을까? 또는 하나님께서 직접 손으로 인간을 빚으셨을까? 아니면 자연적인 과정을 통하여 만드셨을까? 하는 질문에 부딪히게 된다.

그래서 인간의 기원에 대하여는 유신론적 진화론자(Theistic evolutionists)는 말하기를 인간은 저능의 형태로부터 진화되어 왔다고 가르치고 있으며, 발단적 진화론자(Threshold evolutionists) 혹은 창조론자(Creationists)는 인간은 하나님의 직접적이고 즉각적인 창조물이라고 말한다.

그리고 다른 진화론자들은 인간의 육체가 긴 진화의 과정을 통하여 발달하여 왔지만 하나님이 그 과정을 깨뜨리시고 영혼을 창조하여 인간에게 그 존재를 불어 넣으셨다고 한다. 이러한 많은 논쟁들을 통하여 성경이 가르치고 있는 인간의 기원에 대한 것은 어떤 것인지 살펴보겠다.

1. 성서적 인간의 기원

비록 무신론적 진화론자들은 성경의 가르침을 믿지 않지만, 유신론적 진화론자들은 그들이 창조에 대한 이야기를 상징적으로 설명하려고 하기 때문에 하나님의 성품을 비하하는 우를 범할 수 있다.

성경을 문자적으로 볼 때 인간의 기원에 대한 설명은 합리적이라고 볼 수 있다. 성경에서는 인간의 육체는 흙으로부터 빚어졌으며, 하나님께서 생기를 불어넣어 사람이 되었다(창1:26, 27; 신4:32; 사45:12; 딤전2:13). 최초의 사람인 아담이 만들어 진 후, 하나님께서 아담의 갈비뼈로 하와를 만들었으며, 인간이 하나과의 언약을 어기고 죄를 범하므로 흙으로부터 나와서 흙으로 돌아가게 되었다. 이것이 성경이 가르치는 간략한 내용이다. 그러면 영적 존재로서 인간의 기원, 즉 사람의 영혼은 언제부터 존재하는 것인지에 대하여 다음과 같은 세 가지 학설이 있다.

(1) 선재이론 (Theory of pre-existence)

선재이론은 영혼들이 육체를 입고 이 세상에 오기 전에 있었다는 주장이다. 그리스도의 제자들은 이 같은 견해를 가지고 나면서부터 소경 된 자에 대해 예수님께 질문하기를 "이 사람이 소경으로 태어난 것이 그 사람의 죄 때문입니까 아니면 그의 부모의 죄 때문입니까?(요9:2)"라고 물었다. 그러나 이 견해는 주로 플라톤, 필로, 오리건 등이 비슷한 주장을 하지만 비성경적이라고 볼 수 있다.

(2) 창조이론(Creation theory)

창조이론은 하나님께서 직접 각 사람의 영혼을 창조하셨다는 것이다. 즉 육체의 발달 초기단계에 하나님께서 영혼을 그 육체 안으로 들어오게 하셨다는 것이다. 이 이론은 아리스토텔레스, 제롬, 암브로스, 펠라기우스, 아퀴나스, 대부분의 로마 카톨릭, 개혁주의 신학자들에 의해 주장되고 있다. 즉 성서적인 근거는 민16:22, 전12:7, 사57:16, 슥12:1, 히12:9 등에 나타나 있다.

(3) 유전이론(Genetic theory)

유전이론에 의하면 사람의 영혼은 육체와 함께 부모로부터 자손에게 생식에 의하여 전달된다는 것이다. 즉 인간의 종족은 육체와 마찬가지로 영혼도 아담 안에서 즉시 창조되어 졌다는 것이다. 그리고 육체와 영혼은 자연적인 세대에 따라 그로부터 전수되어 진다는 것이다.

이 견해는 터툴리안, 아폴날리스 등이 주장한 것인데 성서적인 근거는 하나님께서는 남자와 여자를 창조하시고 나서, 계속하여 사람이라고 하실 때 남자를 의미하는 'man'을 사용하셨다는 것이다(창1:26, 27, 5:2).

그리고 예수님께서도 인자(son of man)라는 용어를 사용하셨으며, 사도 바울도 사람을 가리킬 때 'man'으로 사용하였다(롬7:1)는 것이다. 그러나 자칫 잘못하면 부모를 영혼의 창조자로 만들 수 있으므로 대부분의 개혁주의 신학자들은 이 이론보다는 창조이론을 추종하고 있다.

2. 인간의 본질적 성품

인간은 하나님의 모양과 형상대로 창조되었으며, 인류의 종족은 하나의 시조로부터 내려오고 있다고 성경은 가르치고 있다. 모두가 동일한 조상을 가진 후손들이며 동일한 성격을 가지고 있다.

하나님께서는 땅의 흙으로 이브(하와)를 만들지 않으시고 아담으로부터 취하여 낸 갈비뼈로 이브를 만드셨으며, 이브에게는 코에 생기를 넣지 않으셨다. 분명히 이브는 아담으로부터 취하여 졌다(창2:21~23; 고전11:8).

따라서 아담의 본성으로부터 나온 인간의 마음을 자세히 구분하여 보면 의식과 무의식으로 나누어 볼 수 있는데 의식에는 본능욕구가 포함된다.

(1) 의식

의식은 사람이 살아가는데 꼭 필요한 것을 해결 받도록 하는 것으로, 여러 가지 본능 욕구가 현재의식에 도달하여 자극하면, 현재의식에 있는 이성과 자유의지가 판단을 내려서 언행으로 옮기도록 본능욕구에 응답하여 주는 것을 의식이라고 한다.

한편 생각(Thinking)은 사람이 살아가는데 필요한 어느 본능욕구가 솟아 올라와서 현재의식에 자극하면 현재의식에 있는 이성과 자유의지가 판단하고 있는 상태를 생각이라고 한다.

좀 더 구체적으로 그 기능을 살펴보면, 본능욕구란 하나님께서 사람이 살아가는데 필요한 것들을 획득하기 위하여 생각과 행동의 근원이 되는 것으로 주셨는데, 여기에는 안전본능, 식욕본능, 운동본능, 성욕본능, 소속감 및 사랑본능, 명예욕, 양심본능, 예술본능, 영적 및 종교적 본능 등이 있다.

사람은 후회 없이 보람된 삶을 창조하여 나가기 위하여, 누구나 보다 차원 높은 본능욕구가 작용하여야 동기를 부여 받을 수 있게 되어 있다. 또한 자유의지란 하나님이 인간을 창조하실 때 부여하신 고유한 것으로 하나님도 이 고유 영역을 간섭하지 않으신다.

그러나 자유의지로서 행동한 결과에 대해서는 인간이 책임을 져야 한다. 사람은 이 자유의지를 어떻게 사용하느냐에 따라서 자신의 삶이 성공할 수도 있고 실패할 수도 있게 된다.

그래서 자유의지가 어떤 일을 결정할 때 영향을 받고 있는 것은, 영(靈)에 내주 하는 성령님의 도우심으로 깨닫게 되는 하나님의 뜻과 마귀의 유혹, 자연의 법칙에서 유익한 분야와 나쁜 분야, 그 동안 경험되어 쌓여있는 무의식 분야 등이다. 이 중에서 인간이 하나님의 뜻을 따라 결정을 내릴 때 그 결과는 은혜와 축복이 된다는 것이다. 이것을 도표로 나타내면 〈그림 5〉와 같다.

<그림 5> 사람의 구조와 상호 연관성

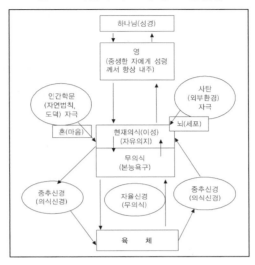

(2) 무의식

위 <그림 5>에서 보는 바와 같이 무의식은 현재의식에 있는 자유의지가 판단하고 결정하여 생각·언어·행동 되어진 것들이 쌓여 있는 곳을 말한다. 같은 것을 여러 번 반복할 때 무의식에 깊이 기억되어지는데, 이것을 습관(habit)이라고 부른다.

기억과 망각의 정도는 반복되어지는 질과 양의 정도에 따라 다르다. 현재의식에 있는 이성과 자유의지가 판단결정을 내릴 때, 여러 가지 영향중에서 일반적으로 가장 강하게 영향을 받는 것이 무의식의 영향이다.

만약 무의식 분야에 하나님의 말씀이 가득 차 있으면, 마귀의 어떤 유혹도 현재의식에 있는 자유의지가 결정을 내릴 때, 무의식 분야의 좋은 영향으로 승리의 삶을 살 수 있다. 평소에 무의식 분야에 영적 무장을 잘 해야 마귀에게 넘어지지 않는다.

2. 삶과 죽음의 이해

헨리 나우웬 (Henri Jozef Machiel Nouwen, 1932~1996)[297]은 1994년 『죽음, 가장 큰 선물』[298]이란 책에서 죽음이후의 세계를 설명하고, 영원하신 절대자의 존재를 설명하기 위해 어머니의 태속에 있는 이란성 쌍둥이 태아들의 대화를 예로 들었다. 여동생이 오빠에게 "난 말이야 태어 난 후에도 삶이 있다고 믿어."라고 말하자, 오빠는 격렬하게 반대하면서 "여기가 전부야. 여긴 어두워도 따뜻하지. 탯줄만 잘 붙잡고 있으면 괜찮아."라고 말한다.

칼 구스타브 융(Carl Gustav Jung, 1875~1961)[299]는 "죽음의 저편에서 일어나는 일은 말할 수 없이 위대해서 우리의 상상이나 감정이 제대로 파악하기조차 어렵다"라고 하였고, 그의 수제자인 마리 뤼제 폰 프란츠(Marie-Louise von Franz, 1915~1998)[300]는 "죽음은 사라지는 게 아니라 알 수 없는 세계로 가는 것이다."라고 하였다.

이처럼 죽음은 끝이 아니라 새로운 시작이다. 마치 거울을 보면서 자신의 삶을 이 세상에서 살다가 마침내 창문을 통하여 더 넓고 광대한 세상을 보게 하는 것이 죽음이라는 통로이다. 그런데 죽음은 보편적으로 세 가지의 과정을 통하여 맞이하게 된다. 첫째는 미리 자신의 죽음을 준비하고, 정리하면서 남과 화해하면서 살다가 죽음을 맞이하는 자연사이다. 둘째는 자신보다 남을 위해 사랑과 희생, 헌신으로 나누며 섬기며 살다가 죽음을 맞이하는 순교이다. 셋째는 자신만을 위해 살다가 갑자기 죽음을 맞이하는 안타까운 사고사이다. 마지막으로 이기적이고 무책임하게 남에게 좋지 않는 영향을 주는 삶을 살다가 죽음을 맞이하는 자살이다.

그러면 기독교에서 말하는 죽음이란 무엇일까? 죽음은 인간의 죄의 결과이며 예수 그리스도의 십자가 사건을 통하여 믿는 자들에게는 극복된 현상이라는 사

---

297) 네덜란드 출신의 로마 카톨릭 사제이자 사목신학자이며 그리스도교 영성가로서 심리학을 바탕으로 예일 대학교 신학대학원에서 사목신학을 가르치면서 활발한 강연을 하였다.

298) Henri Jozef Machiel Nouwen, *Our Greatest Gift: A Mediation on Dying and Caring* (San Francisco: Harper San Francisco, 1994). 『죽음, 가장 큰 선물』 (홍성사, 2008).

299) 스위스의 정신의학자로 분석심리학의 개척자이다. 콤플렉스와 집단무의식의 개념을 정립하고 성격을 내향형과 외향형으로 분류하였다.

300) 스위스의 융 학파 심리학자로서 동화와 연금술에 대한 해석으로 유명하다.

실이다. 그러므로 그리스도인들은 죽음에 대한 막연한 두려움에서 탈피할 필요가 있다. 죽음은 인간 존재 자체가 소멸하는 것이 아니라 인간 양태의 변화임을 인식하고, 육체적 죽음이라는 과정을 통과할 때 비로소 영원한 생명으로 나아가는 것이기 때문이다. 생명을 스스로 종결시키려는 시도나, 재산상속 등의 문제로 무의미하게 생명을 연장시키려는 유족들의 노력, 또한 모두 비성경적이고 인본주의적 방법이며 성경적 죽음에 정면으로 대치된다고 볼 수 있다.

생명은 하나님의 것이므로 인간이 스스로 종결시키거나 이미 삶이 끝난 상태임에도 불구하고 유산문제로 유족들이 고의적으로 의료기기에 의해 생명이 연장되도록 하는 행위는 잘못된 일이다. 그리스도인들은 예수님 안에서 부활의 소망을 갖고 믿음으로 주어진 일상을 살아가는 것이다. 마치 아내가 남편의 출근을 배웅하면서 "여보, 오늘도 퇴근하는 대로 곧장 집으로 오세요."라는 말을 남편은 사랑하는 이와 함께 있고 싶어 하는 애정의 표현으로 알고, 매사에 자신감과 사명감을 가지고 기쁨과 감사로 살아가는 삶이 행복하고 보람된 삶일 것이다. 왜냐하면 사랑이 있는 곳에 행복이 있듯이 보이지 않는 것을 보는 것이 비전이라면 보이지 않는 것을 믿는 것이 사랑이기 때문이다.

제 2 절 인간의 구조

모두가 인간은 물질적인 성질과 비물질적인 성격을 가지고 있다고 한다. 물질적인 성질은 육체이며 비물질적인 성질은 혼과 영이다. 그러나 인간은 둘로 나눠져 있을까 혹은 셋으로 나눠져 있을까 하는 것이 의문이다. 즉 영과 혼은 같은 것인지 아니면 다른 것인 지가 문제인 것이다.

영과 혼이 같다고 보고 인간은 육과 영으로 되어 있다고 믿는 것을 이분설이라고 하며, 이것은 주로 서양교회에서 주장하는 것이고, 영과 혼이 각기 다르며 인간은 육, 혼, 영으로 구분되어 있다고 주장하는 것을 삼분설이라고 하며, 이것은 주로 동양교회에서 주장하고 있다. 이들은 모두가 성서적인 근거를 가지고 있다. 좀 더 구체적으로 살펴보면 다음과 같다.

1. 이분설

이분설은 대부분 성경학자들에 의하여 주장되는 학설인데 인간은 영과 육으로 구성되어 있으며 육체의 조직에 호흡을 불어넣는 것이 영혼이라고 한다. 육체적 조직을 헬라어로 '슈케(psuche)'라고 하며 영혼은 '뉴마(pneuma)'라고 한다.

그러므로 이러한 주장에 대한 성서적인 근거는 세 가지인데, 첫째는 하나님께서 인간에게 단지 제 1의 원리로서 호흡을 불어 넣으셨고, 그 결과 인간은 살아있는 영이 되었으며(창2:7), 욥기27:3에서도 '생명'과 '영'을 서로 혼용하여 사용하고 있다.

둘째는 혼(soul)과 영(spirit)이 동일한 용어로 사용되고 있다는 것이다(창41:8; 시42:6; 마20:28). 셋째는 혼(soul)을 주님에게서 부어주시겠다고 하셨기 때문이라는 것이다(사42:1; 히10:38). 이같이 성경에서는 여러 곳에서 인간은 영과 육으로 구성되어 있다는 것을 나타내어 주고 있다.

이분설의 가장 핵심적인 성경말씀은 창2:7을 근거로 하여 인간은 몸과 영혼이라는 2요소로 구성되었다고 주장한다. 이때 영과 혼은 결코 분리되어 있는 별개의 것이 아니라 하나의 실체로서 양면성을 가지고 있음을 의미한다.

성경에서 '영'이라는 말과 '혼'이라는 말은 원어 상으로는 서로 교환적으로 사용되고 있다(마10:28, 고전7:34, 고후7:1, 전12:7, 20:27, 욥7:11). 칼빈은 말하기를 '혼'이라는 말과 '영'이라는 말은 의미상으로는 다르지만 때로는 '혼'이라는 말이 '영'이라는 말로도 일컬어지며 이 두 말은 결합되어 있다고 하였다(칼빈의 기독교 강요 I/15:2).

2. 삼분설

삼분설은 인간이 육(body), 혼(soul), 그리고 영(spirit), 세 부분으로 구성되어 있다고 보는 것이다. 다시 말하면 육은 인간 구조의 물질적인 부분이고, 혼은 동물의 생명을 지탱하는 제 1의 원리이며, 그리고 영은 인간에게 합리적인 생활을 할 수 있도록 하는 제 1의 원리로 보는 것이다.

그래서 이 학설을 주장하는 이들은 육체는 죽을 때 흙으로 돌아가고 혼도 존재하는 것이 끝이 나지만 영은 홀로 남아서 부활의 때에 육체와 함께 다시 연합한다고 말한다. 성서적 근거는 첫째 데살로니가 전서5:23에 바울이 인간의 구조를 세 부분으로 나누어서 말하고 있다는 것이다. 둘째는 고린도 전서 2:14~3:4에 삼분설을 주장하고 있는 것같이 나타나 있다는 것이다.

따라서 이 입장은 영과 혼을 각각 별개의 것으로 보며 혼은 사람과 동물이 공유하는 것이지만, 영은 사람에게만 있는 것으로서 신적 본체의 일부분이라고 생각한다. 이 입장에서는 살전5:23, 히4:12 등을 근거로 주장하지만 이것은 어디까지나 플라톤이나 신플라톤주의 철학적 사고방식에 의한 설명이다.

결론적으로 이러한 이분설이나 삼분설은 단지 혼과 영이 서로 분리되어 있는가 하는 문제이다. 즉 이분설에서는 단지 혼과 영이 기능적으로 분리되어 있을 뿐이지 하나라는 것이고, 삼분설에서는 혼과 영은 서로 부수적으로 일어나는 실체일 뿐이라는데 대체로 의견의 일치를 보고 있다.

그래서 인간의 비물질적인 요소에는 하위의 능력인 혼과 상위의 능력인 영으로 나누어져 있다고 본다. 하위의 능력을 지닌 혼(soul)은 인간의 상상력, 기억력, 이해력 등을 포함할 수 있으며, 상위의 능력을 지닌 영(spirit)은 이성, 양심, 그리고 자유의지와 같은 고차원적인 요소들이 포함된다고 볼 수 있다.

제 3 절 인간의 도덕성

옳고 그른 행동에 대한 기준을 마련하는데 필요한 것이 양심이다. 이러한 양심을 일으키는 지적인 요인과 감성적인 요인들을 인간의 의지라고 한다. 이러한 양심과 의지에 대하여 살펴보면 다음과 같다.

1. 양심

양심이라는 용어는 구약성경에서는 나타나지 않고 신약성경에서만 약 30번

정도 나타난다. 양심이라는 의미는 옳고 그름에 대하여 이미 알려져 있는 법칙과 관련된 자신의 지식을 말해 주는 것이다. 양심이라는 용어는 헬라어 '슈네이데시스(suneidesis)'에서 나왔는데 그 의미는 '수반하고 있는 지식'이라는 뜻이다. 즉 인간의 실체를 인식할 수 있는 도덕적 기준이나 법칙과 관련된 도덕적 행동과 상태에 대한 지식이 양심이라는 것이다.

양심에 대하여 두 가지 문제가 있을 수 있다. 하나는 양심은 파괴되어 질 수 있는가하는 문제이다. 성경에서는 양심이 더럽혀질 수 있으며(고전8:7; 디도서1:15; 히9:14; 10:22), 마비되어질 수 있다(딤전4:2)고 가르치고 있다. 그러나 양심은 결코 파괴되어질 수 없다. 따라서 중한 죄를 저지른 죄인들도 자주 그들의 양심으로 말미암아 스스로 비난과 고소를 당하게 되어 괴로움을 느끼게 되는 것이다.

다른 하나는 양심이 오류가 있는가하는 문제이다. 양심은 주어진 기준에 의하여 옳게 판단되어 지는 것이므로 오류가 없다. 본질적으로 양심에 의한 판단 기준은 하나님의 존재에 대한 직관적인 지식과 하나님께서 인간에게 부여해 주신 도덕적 성질이다.

그러나 이 지식이 죄로 말미암아 왜곡되므로 판단에 올바른 기초를 세울 수 없게 되었으며, 그 결과 우리들이 받아들이고 있는 사회적 기준에 의하여 판단을 하게 되는 것이다. 아무리 그럴지라도 양심에 대한 진실한 기준은 성령에 의하여 알려진 하나님의 말씀이라는 사실이다(롬9:1).

2. 의지

의지는 동기들 가운데서 하나를 선택하는 영혼의 능력이며, 동기에 따라 일어나는 부가적인 활동을 지시하기 위한 것이므로 이미 선택되어진 것이다. 보편적으로 인간의 능력은 지적, 감각적, 의지적인 것으로 나누어진다. 이들은 서로 논리적으로 상관을 맺고 있는데, 영혼은 느낌을 갖기 전에 알아야 하며, 의지를 나타내기 전에 느껴야만 한다.

따라서 인간의 의지는 그가 지닌 성품 안에서만 자유롭다. 예로 들면 인간은 걷는 것과 나는 것에 대한 선택을 할 수 없다. 왜냐하면 인간은 원래 나는 존재로 창조되지 않았기 때문이다. 그러나 인간은 배고프기 때문에 많이 먹을 수도 있고 배가 부르기 때문에 적게 먹을 수도 있다. 이것은 하나님께서 인간에게 음식을 먹을 수 있는 존재로 창조하셨기 때문이다.

한편 인간은 자신의 의지에 대한 것과 마찬가지로 의지로 인하여 나타난 결과에 대해서도 책임과 보상이 있다. 하나님을 거역한 죄로 인하여 나타난 책임은 사망이다. 그러나 하나님께서는 하나님을 받아들이는 모든 자들에게 하나님의 자녀가 되는 권세를 주셨다. 이것은 그의 이름을 믿는 자들에게 주신 것이지, 혈통이나, 육체의 의지나, 인간의 의지에 의하여 이루어지는 것이 아니라 오직 하나님의 의지에 의하여 이루어지는 것이기 때문이다.

제 2 장 욕구(Needs) 이론

여유 있는 삶

늦은 밤 연구소 소장은 한 학생이 열심히 실험을 하고 있는 모습을 발견했다. 이마를 찡그리고 실험에 열중한 학생은 소장이 들어와 자신을 보고 있는 것도 모르고 그저 실험에만 정신이 팔려 있었다. 소장이 '흠흠' 하고 헛기침을 하자 그제야 누가 온 것을 알아차리는 것이었다. 너무도 열심인 그 학생에게 소장은 무척 궁금하다는 듯이 이렇게 질문했다.

"자네는 오전에 뭘 했나?"학생은 당연하다는 듯이 이렇게 대답했다.

"실험했습니다.""그럼 오후에는 뭘 했나?""실험했습니다." 그 순간 소장의 언성이 약간 올라갔다. "그럼 저녁에는?""실험했습니다."

이렇게 대답하는 학생은 늦게까지 남아 실험을 하는 자신을 칭찬해 줄 것이라고 예상하고 얼굴에 미소까지 띄고 있었다. 그런데 마지막 대답이 끝나기 무섭게 소장은 화가 난 목소리로 야단을 치는 것이었다. "그럼, 자네는 생각은 언제하나?"

제 1 절 욕구의 의의

욕구란 하나님께서 인생에게 주신 자유의지에서 시작된다고 볼 수 있는데, 인간에게는 식물을 취할 수 있는 마음(창2:16)과 남자에게는 여자를 사랑할 수 있는 마음(창2:23)을 주셨다. 인간은 창조될 때 이미 욕구를 주셨던 것이다. 그러므로 인간은 누구나 태어날 때부터 욕구(needs)를 가지고 있다. 이것은 인간이 부족(needs)하다는 의미로서 누구나 완전한 인간은 없다는 것이다.

따라서 이 욕구는 항상 채워지기를 원하는 것으로 인간은 태어나면서 손을 움켜지는 원인도 욕구 때문이라고 볼 수 있다. 욕구와 욕망은 그 의미에서 차이가 있다. 욕구(needs)는 욕망(desire or greed)과는 구별되는데 욕구는 어떤 기준치에 이르지 못하는 부족의 상태를 말하고 욕망(desire)이란 어떤 기준치를 가지고 있으면서 더욱더 많은 것을 가지려는 탐심의 기초상태를 말한다고 볼 수 있다. 이러한 욕구의 의미를 좀더 깊이 살펴보면 다음과 같다.

1. 사회학적 개념

인간의 행동은 동기부여를 통하여 나타날 수 있는데 이 동기부여는 인간의 욕구에 의하여 발생하는 것이다. 즉 인간은 선천적으로 누구나 욕구를 가지고 태어나며 이 욕구를 만족하기 위하여 동기부여가 주어진다고 한다. 이러한 욕구는 환경의 변화에 따라 달리 나타나는데 예컨대 배가 고프다는 환경이 주어지면 먹고 자는 동기를 부여 받게 되고 그리고 그 동기부여를 통하여 식물을 섭취하는 행동으로 나타난다는 것이다.

그러므로 욕구란 인간의 원초적인 기능이라고 볼 수 있다. 따라서 H. G. Hicks는 인간의 욕구를 크게 두 가지의 범주로 나누는데, 첫째는 식물, 물, 산소, 자기보호 등 인간의 생존과 관계되는 인류공통의 욕구로서의 생물적 욕구(biological needs)와 둘째는 권력, 우정, 애정 등 생물적 요구가 일단 만족되었을 때 나타나는 사회적 욕구(social needs)로 구분하고 있다.301)

한편 이러한 개인의 욕구는 개인적 목표를 지닐 때 나타나는 현상인데 이 개인목표를 무한정 성취하여 나갈 수는 없는 것이다. 왜냐하면 인간은 누구나 태어나면서 사회라고 하는 조직환경 속에서 탄생하며, 각 조직은 그 목표를 가지고 있기 때문이다.

이러한 개인의 목표가 조직의 목표에 상반될 때 문제가 야기되며, 개인의 목표와 조직의 목표가 함께 융화될 때 보람된 삶이 되는 것이다. 따라서 C. I. Barnard에 의하면 개인이 조직에 참가할 때 개인은 조직목표(공동의 목표)와는 별개의 개인적 목표를 갖게 되는데, 개인의 측면에서 보면, 개인이 조직에 참여하게 되는 동기가 되는 것이 바로 개인적, 주관적인 목표의 달성으로 조직에의 공헌자가 되는 것이고, 반대로 조직의 측면에서 볼 때 이러한 개인적 목표를 달성시켜 줌으로써 조직에 대한 공헌을 유도하고 협동을 추진할 수 있는 것이다.302)

이러한 개인과 조직에 대하여 깊이 있게 연구하기 위하여 인적자원관리가 필요한데 인적자원관리는 크게 자기관리와 타인관리 혹은 조직관리로 나누어 볼 수 있다. 여기에서는 내적 교회복지에 대하여 살펴봄으로써 개인(자기)의 관리

301) H. G. Hicks, *The Management of Organization*, 2nd edition, New York: McGraw-Hill,1972, p.40.
302) Chester I. Barnard, *Organization and Management*, Cambridge: Havard University Press,1938, p.23.

를 중점으로 살펴보고, 현상적 교회복지에 대하여 살펴 볼 때 타인(조직)관리에 대하여 살펴보겠다.

2. 성서적 개념

인간의 욕구는 어떤 영향에 의하여 인간의 행동으로 나타나게 되는데 이러한 영향을 동기(motivation)라고 본다. 따라서 욕구는 동기를 유발하는 원인이 되는 것이고, 욕망과는 구별되는 개념에서 살펴보아야 할 것이다. 예수님께서는 말씀하시기를 "모든 탐심을 물리치라 사람의 생명이 그 소유의 넉넉한 데 있지 아니하니라"(눅12:15) 또한 골로새서 3장 5절에서는 "탐심은 곧 우상숭배"라고 하였다.

천하를 다 가져도 부족한 것이 인간의 욕망이다. 이렇게 탐욕에 가득 찬 사람에게는 행복이 결코 다가오지 않는다. 다시 말하면 욕구와 욕망의 관계는 복 있는 의인의 삶과 복 없는 악인의 삶(시편 1편)의 관계와 비교될 수 있다. 그러므로 적은 것에 만족할 수 있는 자만이 참다운 행복을 느낄 수 있으므로 그리스도인은 두 주먹을 불 큰 쥐는 것 보다 두 손을 조용히 모으는 것이 더 강하다는 것을 예수님께서 가르쳐 주셨다.

더 나아가 하나님은 인간에게 환경에 적응할 수 있는 능력을 주셨으므로 인간의 욕구가 하늘에서 운명적으로 주어지는 것이 아니라, 인간은 스스로의 선택과 노력에 의하여 자신의 인생이 결정되게 되었다. 그래서 욕구는 인간이 똑같은 환경 속에서도 사람에 따라 달리 나타날 수 있다. 하나님께서는 우리가 욕망의 상태에 있는 것을 원치 않으신다. 성경에서 "돈을 사랑함이 일만 악의 뿌리이다"(딤전6:10)라고 하신 말씀에서도 돈은 필요에 의해 존재하는 것이지 사랑의 대상이 되어서는 안 된다는 것이다.

사람이 세상에 살면서 물질적이건 정신적이건 부자가 되고자 하는 욕망은 누구나 가지고 있다. 그러나 탐심으로부터 자유롭게 혹은 부자답게 산다는 것은 매우 중요하다.

그래서 부자답게 산다는 것은 돈을 벌었다는 그 사실에 있는 것이 아니라 어떻게 돈을 벌어 사느냐에 있는 것이다. 2003년 3월 출판된 「경주 최부잣집 300년 부의 비밀」은 어떻게 돈을 벌어 부자의 대를 이어가게 되었는지를 잘 보여준다. 우리 속담에도 '부자가 3대를 못 간다.'는 말이 있는데 이 책에 나오는 최 부잣집은 300년 동안 10대에 걸쳐 부자로 살아왔으니 참으로 의미있고 가치있는 일이다.

그들이 부와 존경을 함께 받을 수 있었던 비밀을 살펴보면 '부를 유지하기 위한 최소한의 지위만을 가져라. 재산은 만석 이상 지니지 말라. 과객을 후하게 대접하라. 사방 백리 안에 굶어죽는 사람이 없게 하라. 함께 일하고 일한 만큼 가져가라. 지나치게 재산을 늘리지 말라. 근검절약 정신을 실천하라. 덕을 베풀고 몸으로 실천하라. 가치 있는 일을 위해서는 모든 것을 기쁘게 버려라' 등이다. 여기에 참 부자가 되는 덕목들이 넘쳐 있다. 우리가 최부잣집처럼만 살아간다면 우리 모두는 이미 부자가 되어 살고 있는 것이다.

그러므로 욕망은 탐심을 불러오지만 그 욕망을 잘 다스리기만 하면 더욱 훌륭한 일을 할 수 있다. 이것이 바로 칼빈이 주장하는 청부사상 이다. 부자로서 청렴하게 산다는 것은 자신과 우리 모두를 풍요롭게 하는 일이다. 하나님께서도 가인이 동생 아벨을 죽였을 때, 창세기 4장 7절에 "선을 행하지 아니하면 죄가 문에 엎드려 있느니라. 죄가 너를 원하나 너는 죄를 다스릴지니라."라고 하셨다. 인간은 탐심을 없애버릴 수는 없으나, 탐심을 다스리는 것이 우리의 의무인 것이다.

제 2 절 욕구의 제 이론

1. A. H. Maslow의 욕구 이론

마슬로우(A. H. Maslow)는 동기부여를 개인으로 하여금 어떤 종류의 행동을 하게하고, 내적인 동기를 가지게 하는 상태라고 보며, 인간은 태어나서 죽을 때까지 목표를 추구하는 목표 지향인이므로 그 목표를 달성하기 위하여 인간 내부에서는 끊임없는 충동(drives)이 일어나고 있으며, 이것이 동기화하여 일정한 형태의 행동을 유발시키게 된다.

그러므로 마슬로우는 인간의 욕구를 생리적 욕구, 안전욕구, 사회적 욕구, 존경욕구, 자아실현 욕구 등 5단계로 구성되어 있다고 본다. 이러한 욕구들 간의 상호관계를 도표화하면 <그림 6>과 같다.

<그림 6> 마슬로우의 욕구단계 이론

높은 차원 ↑	5. 자기실현 욕구 4. 존경의 욕구 3. 사회적 욕구
낮은 차원 ↓	2. 안전의 욕구 1. 생리적 욕구

(1) 생리적 욕구(physiological needs)

생리적 욕구는 인간의 기초적인 삶을 유지하기 위한 욕구이다. 다시 말해서 식욕, 의복, 성욕, 수면 등의 욕구를 말한다. 생리적인 욕구는 모든 욕구 중 가장 기본적이고 강력한 욕구로서, 이와 같은 생리적 욕구가 요구되는 만큼 이것이 충족되지 않았을 경우 인간의 기본적 삶을 유지시킬 수 없을 것이며 사람들은 오로지 이의 만족을 위해서만 행동하게 될 것이다.

일단 이러한 욕구가 만족되면 사람들은 보다 상위의 욕구를 추구하게 된다. 따라서 야고보서 2:14~17에 보면 "… 만일 형제나 자매가 헐벗고 일용할 양식이 없는데 너희 중에 누구든지 그에게 이르되 평안히 가라, 더웁게 하라, 배부르게 하라 하며 그 몸에 쓸 것을 주지 아니하면 무슨 이익이 있으리요. 이와 같이 행함이 없는 믿음은 그 자체가 죽은 것이라"라고 하여 생리적인 욕구를 충족하지 않은 상태에서 안전의 욕구, 즉 평안을 얻을 수 없다는 것이다.

(2) 안전 욕구(safety needs)

안전 욕구란 신체의 위험과 기초적인 생리적 욕구를 박탈당하는 상황으로부터 탈피하려는 욕구이다. 일단 생리적 욕구가 충족되면 사람들은 이러한 안전 욕구를 추구하게 된다. 건강하고 정상적인 성인은 대부분 안전 욕구에 만족을 느끼는 것이 일반적이며 따라서 실생활에서는 이 욕구가 적극적인 동기 요인이 되지 않는 경우가 많다.

(3) 사회적 욕구(social needs)

이 욕구는 사람들과의 관계를 통하여 서로 친교를 가지고 집단에 소속되기를 바라는 욕구라고 할 수 있다. 이 욕구는 생리적 욕구와 안전 욕구가 만족되면 나타나는 것이 보통이다. 마슬로우에 의하면 현대 문명사회에서는 정상적인 성인의 경우 이 욕구가 적절히 충족될 수 있기 때문에, 이러한 욕구가 충족되지 못한 경우는 부적응과 같은 정신병리학적 사례에서나 볼 수 있다고 한다.

(4) 존경의 욕구(esteem needs)

대부분의 사람들은 남들로부터 인정과 나아가 존경을 받기를 원하게 된다. 이것은 자존심의 충족과도 관계가 있다. 자존심이란 실제적인 역량이나 성취를 나타내기도 하고, 타인으로부터의 존경을 의미하기도 한다. 이러한 자존심이 충족되지 못하면 열등감, 무력감이 발생한다.

(5) 자아실현의 욕구(self-actualization needs)

인간욕구의 마지막 단계는 자아실현의 욕구이다. 일단 존경 욕구가 만족되면 이러한 자아실현의 욕구가 강력하게 나타나게 된다. 자아실현의 욕구라 함은 개인이 가진 자신의 능력과 가치를 최대한으로 발휘하여 이를 실현하려고 하는 욕구를 말하는데, 이는 인간의 각자 개성에 따라 매우 다양하게 나타나게 된다. 이 욕구가 다른 욕구와 구별되는 점은 한번 자아실현의 욕구에 지배되면 이 욕구가 충족되는 경우가 있더라도 그 뒤에도 계속해서 이 욕구의 지배를 받는다는 점이다.

이와 같이 마슬로우의 이론은 복합적인 인간의 욕구를 체계적으로 분석하였다는 점에서는 높이 평가받고 있으나, 지나친 획일성으로 개인의 차이 내지 상황의 특징을 경시하고 있다는 비판을 받고 있다.

이러한 욕구 단계는 목회자들에게도 가끔 나타나는데 부교역자 시절 혹은 교회를 개척할 당시에는 먹을 것을 걱정하는 생리적인 욕구를 추구하지만, 어느 정도 교회체제가 잡히면, 유명한 기독교의 단체에 소속되기를 바라든지 혹은 신학교 단체에 소속되기를 원한다.

그리고 정규 대학으로부터 박사학위공부를 하려고 하니 나이가 들었고, 또한 학사 혹은 석사 학위가 없으므로 비정규적인 신학교에 들어가서 목회학 박사 학위를 취득하여 좀 더 교인들로부터 존경을 받기를 바라며, 뿐만 아니라 자기가 뭔가를 한 번 해보고 싶어 하는 것이다. 이것은 교회적, 혹은 사회적인 면에서 비판을 하기 이전에 욕구를 가진 한 명의 인간으로서 목회자를 본 다면 이해가 될 것이다.

2. C. Alderfer의 ERG 모델

마슬로의 욕구 이론에 근거하여, 그 욕구 이론의 몇 가지 약점들을 보완하기 위해 Clayton Alderfer는 세 가지 수준에서 수정된 욕구계층을 제안했다. 그는 말하기를 고용인들은 첫째 그들의 육체적 안정의 욕구와 존재성 욕구를 만족하는데 관심이 있는데, 이 욕구는 봉급, 육체적 근무조건, 직업 안정성, 기초적인 수익 등이 여기에 포함된다.

다음 단계로는 관계성 욕구인데 이것은 존재성 욕구와는 달리 일터에서 고용인들 주위에 있는 사람들과 위·아래 사람들에 의해 받아들여지고 이해되어지는 것과 같은 것이다. 세 번째 단계로서 성장 욕구의 단계는 이것은 자기 존중과 자아실현을 바라는 욕구를 말한다. 이것을 도표화 하면 <그림 7>과 같다.

<그림 7> 엘더퍼의 ERG 이론

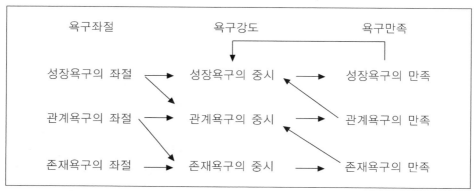

*범례: 만족으로 진행할 때: ↗   좌절로 인해 퇴행할 때: ↘
*참조: A. D. Szilagyi, Jr. and M. J. Wallace, Jr., *Organizational Behavior and Performance*, California: Goodyear Publishing Co., 1980, p.114.

(1) 존재성 욕구(existence needs: E)

이 욕구는 허기, 갈증 등과 같은 모든 형태의 생리적. 물리적 욕구들이다. 조직에서는 임금, 작업조건 등에 관한 욕구가 이 범주에 속하는데 이는 마슬로우의 생리적 욕구와 안전욕구와 일치한다고 볼 수 있다.

(2) 관계성 욕구(relatedness needs: R)

이 욕구는 대인관계와 관련된 모든 욕구, 즉 개인 간의 사교, 소속감, 자존심 등을 의미한다. 개인의 이러한 유형의 욕구의 충족은 타인과의 상호교류를 통하여 자신의 감정과 생각을 교환함으로써 이루어진다. 이는 마슬로우의 대인관계 측면의 안전욕구, 사회적 욕구 중 애정의 욕구 및 소속감과 일부 존경욕구와 유사하다.

(3) 성장 욕구(growth needs: G)

이것은 창조적, 개인적 성장을 위한 개인적 노력과 관련된 욕구를 의미한다. 이러한 성장욕구의 충족은 자신의 능력을 최대한 발휘할 수 있을 뿐만 아니라 새로운 능력개발을 필요로 하는 업무에 종사함으로써 획득할 수 있다. 마슬로우의 자아실현욕구나 일부 존경욕구가 이 범주에 속한다.

이러한 욕구들과의 관계는 조직사회에서 일어날 수 있다. 예를 들면 대통령과 행정참모들 사이에 일어나는 긴밀한 대화들은 Alderfer의 ERG 모델을 중심으로 이해될 수 있다. 대통령 자신은 먼저 참모의 생각들 보다 훌륭하다고 생각하여 자신의 생각을 관철시키려 한다.

즉, 참모들의 보수에 큰 격차를 둠으로써 궁극적으로 경제적인 보상에 대하여 어떤 참모들에게 좌절감을 맛보게 하여 사람의 존재성 욕구를 자극하며, 그리고 참모들을 장시간에 걸쳐 일에 몰두하게 한다든지, 격심한 교통난으로 인해 노독이 쌓일 때 일수록 사람의 관계성 욕구는 불만족을 느끼게 된다는 것이다.

마지막으로 그 사람이 현재 그의 업무를 통달하여 왔다고 할 때 그 사람은 자신의 능력을 개발하든지 혹은 새로운 영역에서 자기성장을 위한 욕구를 경험하게 될 것이라는 것이다.

또한 교회조직에서도 담임목사와 부교역자 사이에서 담임목사의 마음에서 조금 섭섭하게 행동한 부교역자는 담당 부서를 하향 조정하여 욕구 불만족을 유발하는 경우가 있다.

예를 들면 청년부를 맡아 충성하던 부교역자가 담임목사에 대한 어떤 비난을 한 경우, 담임목사는 무조건적인 충성을 원하므로 자기 보다 더 교육적. 혹은 합리적인 사고를 가진 부교역자가 올바른 말을 한다고 할지라도 괜히 자신의 비위를 거스르므로 유치부 혹은 초등부를 맡게 하여 보이지 않는 불만족을 유발케 하여 결국은 교회를 사임하게 만드는 것이다.

그러므로 엘더퍼의 욕구이론은 Maslow의 다섯 가지 욕구를 단순히 세 가지로 줄인 것과는 약간 다른 차이가 있다. 게다가 ERG 모델은 한 단계에서 다른 단계로 엄격하게 구분되어 진행되는 것이 아니라는 것이다.

즉 세 단계 모두가 어떤 때 동시에 일어날 수 있다는 것이다. 또한 두 가지의 보다 높은 단계에서 실패한 사람은 하부 단계에 치중하기 위해 되돌아간다는 것이다. 마지막으로 처음 두 단계가 만족감에 대해서 그들의 욕구가 약간의 제약을 받는 반면에 세 번째 단계의 성장욕구는 무제한적일 뿐만 아니라 실제로 어떤 만족감이 달성되는 각 순간마다 느끼게 될 것이라는 것이다.

3. F. Herzberg의 동기유지 이론

기술자들과 회계사들에 대한 연구에 기초하여 Frederick Herzberg는 1950년대에 동기의 두 가지 요인 모델을 개발하였다. 그는 그들이 자신들의 직업에 대해 특별히 좋게 느낄 때와 나쁘게 느낄 때의 그 요인들에 연구의 초점을 맞추고 있으며 그는 이 두 감정을 유발하는 요인들을 설명하고 있다.

만약 나쁜 감정을 일으킬 때의 성취감은 가끔 나쁜 감정의 원인으로서 일어난다는 것이고 만약 성취감이 좋은 감정으로 이끄는데 이 성취감이 결핍 하다는 것도 나쁜 감정을 일으키는 원인이 될 수 있다는 것이다. 예를 들면 회사의 정책과 같은 어떤 다른 요인들이 나쁜 감정의 원인이 될 수 있다는 것이다.

따라서 Herzberg는 동기 유발에 영향을 미치는 두 가지 분리된 요인을 발견하였다. 사람들은 동기 유발과 동기의 결핍을 느끼기 이전에 이 두 요소는 이미 연속선상에서 서로 상반되고 있다는 것을 알 수 있다. Herzberg는 어떤 직업

요소들이 그러한 조건들을 만족하지 못할 때, 고용인들은 불만족하게 된다고
하여 전통적인 관점을 뒤엎었던 것이다.

　다음 <그림 8>과 같이 그러한 불만족 요인들이 있으면 고용인들은 어떤 중
간의 어정쩡한 상태로 이끌려 가서 그 요소들이 강력하게 동기를 유발시키지
못하는 경우가 있는데 이러한 잠재적 불만족 요인을 위생 요소 혹은 유지 요소
라고 부르고 있다. 그 이유는 그 조건들이 고용인들에게 동기 유발을 위한 알맞
은 수준을 유지시키는 데만 필요한 것이기 때문이다.303)

<그림 8> 헤르즈버그의 유지와 동기요소

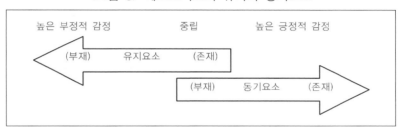

　그 외의 다른 직업 요소들은 동기를 유발하는데 사용되지만 이 요인들이 없
을 때는 가끔 강한 불만족을 일으킨다. 이들 요인들을 동기적 요소, 동기요인,
혹은 만족 인자라고 불린다.304) 수년 동안 관리자들은 왜 정책과 기초적인 급
여가 고용인의 동기를 유발시키지 못하는지에 대해 이상히 생각해 왔다.

　그러나 동기요소와 유지요소 사이를 구별해 보면 이들의 문제는 해결될 수
있을 것이다. 왜냐하면 기초적인 수익과 인사 정책들이 Herzberg에 따르면 원
래 유지(위생)적인 요소이기 때문이다.

　이러한 경우는 교회에서도 일어날 수 있다. 부교역자들이 열심히 자기가 맡
은 직무에 충실할 경우, 물질적인 보상보다도 사명에 대한 인정을 담임목사와
성도들로부터 받을 때 동기가 유발되어 더욱 열심히 일을 할 수 있게 한다. 따
라서 직업에 대한 만족이 동기유발에 큰 영향을 미친다고 볼 수 있다.

---

303) Keith Davis and John W. Newstrom, *Human Behavior at Work: Organizational Behavior*,
　　New York: McGraw-Hill, 1981, pp.109~113.
304) F. Herzberg, "The Motivation-Hygine Concept and Problems of Manpower," *Personnel Administra-
　　tion* (1964), In F. Luthans, *Organizational Behavior*, New York: McGraw-Hill, 1977, p.287.

(1) 직업만족과 배경

다음 <도표 17>는 Herzberg의 유지-동기요소들을 제시해 준다.

<도표 17> Herzberg의 유지요소와 동기요소의 구분

유지요소	동기요소
불만족요인들 위생요소들 직업배경 외부적 (비본질적) 요소들 "예" 회사정책과 행정, 감독의 질 감독과의 관계, 동료관계 부하와의 관계, 봉급 직업 안정성, 근무조건, 지위	만족 요인들 동기 요인들 직업만족 내부적 (본질적) 요소들 "예" 성취감, 안정감, 승진 업무 그 자체, 성장의 가능성 책임감

성취와 책임과 같은 동기요인들은 대부분 업무 그 자체 즉, 고용인의 업무 수행, 그리고 업무로부터 보장되는 인정감, 성숙과 직접적인 관련을 맺고 있으므로 동기요인들은 대부분 업무 중심적이고 그들은 직업만족과 관련된다. 다른 한편에서 유지 요소들은 직업배경과 관련되어 있는데 그 이유는 그들이 직업주변의 환경과 보다 더 많은 관련을 맺고 있기 때문이다.

직업만족과 직업배경 사이의 차이가 여기에서 중요한 것이다. 고용인들은 원래 그들이 스스로 무엇을 행할 것인가에 의해 강하게 동기를 유발시키고 있다는 것이다.

그리고 그들이 책임성을 갖는다든지 혹은 그들 자신의 행동을 통하여 인정감을 얻게 될 때 그들은 강하게 동기를 유발하게 된다는 것이다. 직업만족과 직업배경 사이의 차이는 심리학에서 본질적인 동기요인과 비본질적인 동기요인 사이의 차이와 비슷한 관계를 가지고 있다고 본다.

본질적(내부적) 동기요인들은 어떤 사람이 업무를 수행할 때 느끼는 내부적 보상을 말하므로 일과 보상 사이에 직접적인 관련이 있다고 보는 것이다. 이런 상황에서 고용인은 자체 동기유발을 한다는 것이다.

비본질적(외부적) 동기요인은 업무로부터는 먼 곳에서 일어나는 외부적 보상으로서 업무가 수행될 때에 직접적인 만족감을 공급하지는 못한다는 것이다. 예를 들면 퇴직금 계획, 의료보험, 유급휴가 등이 외부적 동기요인이 될 수 있다. 이러한 방법을 연구하여 잘 적용할 경우, 담임목사는 부교역자를 잘 지도하여 부교역자로 하여금 일을 스스로 알아서 하도록 만들며 또한 그들로 하여금 교회의 목적을 이뤄 나가게 만드는 수단이 될 수 있다.

(2) 동기요인과 유지(위생)요인

위의 <그림 8>를 좀 더 자세히 살펴 볼 때, 동기요인은 업무 그 자체, 개인의 인정감, 승진, 책임성으로부터 야기될 수 있다고 보고, 이것은 직업에 대한 각 개인의 감정이 긍정적인 경우에 나타나고 있으며 직업내용 그것과도 관련을 갖고 있다.

다시 말하면 긍정적인 감정이란 개인의 과거에 대한 인정감, 책임성, 성취에 대한 개인적 경험과 관련이 있다. 이들 요인들은 일터에서 일시적인 성취감 보다 오히려 영속적인 성취감이 동기 요인으로 작용한다는 것이다.

다음으로 위생요인은 회사의 정책과 행정, 기술적인 감독, 보수, 근무조건, 그리고 회사원간의 상호관계로부터 야기되는데 이들 요소들은 직업에 대한 개인의 부정적인 감정과 연관이 있으며, 일이 수행되어지는 환경 혹은 배경과 관련되어져 있다. 즉 위생요인은 비본질적 요인, 혹은 직업에 대한 외부적 요인이라 볼 수 있다. 그러나 동기요인은 본질적 요인 혹은 직업과 직접 관련된 내부적 요인이라 볼 수 있다.

다른 관점에서 비본질적 결과는 대략 직장의 근무조건에 의해(예, 봉급, 정책, 규칙, 부가급부(유급휴가)가 결정되어 진다. 비본질적인 요인들은 만약 조직이 고도의 업무성취를 했을 때, 그 업무성취에 대한 보상으로서 주어진다. 다른 한편에서 본질적인 결과 (예, 성공적인 업무수행 후에 나타나는 성취감)는 대략 개인에 대해서 내부적이라는 것이다.

조직의 정책은 이러한 본질적인 결과에 간접적인 영향을 미친다. 따라서 특별한 업무성취를 위하여 조직은 개인이 그들의 업무가 이례적으로 잘 수행되어졌다고 느끼도록 영향을 줄 수 있어야 본질적인 요인을 유발할 수 있다는 것이다.305)

결론적으로 보면 이 이론은 만족과 불만족이 단순히 일련의 연속성 으로 나타나는 것이 아니라는 것이다. <그림 8>에서 지적하는 것과 같이 그 두 요소는 별개의 분리된 연속성을 가지고 있으므로 이 개념은 한 사람이 동시에 만족하거나 만족치 않거나 할 수 있다는 것을 말해 준다. 근무조건이나 보수와 같은 위생요인은 직업의 만족도를 감소시키거나 증가시킬 수가 없고 단지 그들은 직업의 불만족도에 영향을 미칠 뿐이다.

(3) 종합적 고찰

Herzberg의 연구는 동기가 두 가지 큰 단계로 구성되어 있다고 보는데, 첫째, 불만족을 방지할 수 있는 직업의 활동과 양상들은 고용인들을 성장 발전시키는데 영향을 미치지 못한다(위생·유지요인). 둘째, 실제적으로 고용인들의 성장을 촉진할 수 있는 직업양태와 활동이 있다(동기요인)고 한다.

이 이론의 주된 의미를 살펴보면, 위생요인을 강조하는 것은 단지 직업의 불만족을 방지할 수 있는 것이고, 반면에 고용인들이 진실로 만족하기 위해서 그리고 최소한 만족기준들을 이행하기 위해서 동기요인이 그 직업 안에서 이뤄져야 한다는 것이다.

그러나 우리 사회는 직업의 불만족이 생기면 그 탓을 다른 곳으로 돌리려는 문화적 편견을 가지고 있으며, 반면에 직업의 만족과 성취가 생기면 자기 자신에게로 돌리려 한다는 것이다.

따라서 이 연구는 실제로 직업만족을 유발하는 양상들을 만족(content)과 함께 연결 짓고 있으며, 한편 직업에 대해 보다 더 주변적인 양상(배경)들은 직업 불만족과 연결되어 있다고 본다. 아무리 이 이론이 이러한 편견으로 비판을 받고 있을지라도, Herzberg는 노동자의 동기유발에 관한 새로운 기틀을 제공해 줌으로서, 동기이론 분야에서 그 가치를 인정받고 있다.

이 이론은 또한 교회조직의 구성원들과의 관계에서도 잘 나타나는데 제직회를 이끌어 가면서 회장이 사회를 보고 부장들이 보고를 하는 과정에서 부장들에게 동기유발의 요인들과 유지요인들을 분석하여 제직회원들에게 일을 할 수 있는 동기를 유발시켜 주는 것이 중요하다.

305) Don Hellriegel, John W. Slocum, Jr, and Richard W. Woodman, *Organizational Behavior*, New York: West Publishing Co., 1989, pp.155~8.

4. McClelland의 성취동기이론

맥클리랜드(D. C. McClelland)는 개인의 퍼스낼리티(personality)는 인간의 행위를 유발할 수 있는 잠재력을 가진 제 요소들, 즉 성취욕구, 권력욕구, 자율 욕구로 구성되어 있다고 보았다.306) 그는 특히 이들 중 성취욕구(Need for achieve- ment)를 중시하여 이를 통하여 인간의 행동을 설명하려고 시도하였다.

성취욕구란 인간이 무엇인가를 이루려 하는 욕구인데, 맥클리랜드에 따르면 사람은 성취욕구가 강한 사람과 약한 사람으로 분류할 수 있으며 성취욕구가 강한 사람은 소수에 속한다고 한다. 맥클리랜드는 조직의 성과를 향상시키기 위해서는 성취욕구가 높은 직원을 선발하거나 기존 직원의 성취욕구를 향상시 켜야 한다고 주장하였다.

그는 구성원들의 성취욕구를 개발할 수 있는 구체적 방안을 다음과 같이 제 시하고 있다. 첫째, 업무를 재배정하여 정기적으로 성과에 대한 환류 (feedback)를 받게 한다. 둘째, 모범이 될 만한 성과 모형을 찾고 그 모범을 따 르도록 한다. 셋째, 자신에 대한 이미지를 수정하도록 한다. 성취욕구가 작은 사람은 자기 자신에 대해서 애정을 갖고 적정한 도전과 책임을 추구하도록 한 다. 넷째, 상상력을 조절한다. 현실적인 시각으로 사고하고 목표의 달성 방법을 적극적으로 생각하게 한다.

맥클리랜드의 성취동기이론은 창업적 행동이 강하게 요구되고 있는 창업초 기의 조직체나 변화무쌍한 환경 하에서 신규사업 활동을 전개하는 조직체에서 특히 많은 관심을 보이고 있으며, 실제로 성취욕구적 행동이 이들 조직체에 많 이 적용되고 있다. 또한 현대 조직체에서는 개인의 성취적 행동을 매우 중시하 고 있으므로, 이에 대한 이해와 개발에 많은 관심을 보여 개인의 성취행동의 개 발이나 종업원의 선발과 적재적소 배치 등 인사관리에 직접적인 도움을 주고 있다.

---

306) D. C. McClelland, "Business Drive and National Achievement", *Harvard Business Review*, Vol. 40(1962), pp.99~112.

제 3 절 제 욕구이론 간의 비교 연구

Maslow의 다섯 가지 욕구계층이론은 ERG이론에 대한 근거를 제공해 주고, 만족이론은 인간의 욕구와 위생-동기요인, 그리고 성취동기에 대한 기본적인 동기개념을 강조하고 있다.

1. 제 욕구 이론의 특징 비교

<도표 18>은 Maslow, Herzberg 그리고 Alderfer 의 이론들 간의 상호 관련성을 잘 나타내어 주고 있다.

<도표 18> Maslow, Herzberg, Alderfer 모델의 비교

Maslow의 욕구계층 모델	Herzberg의 동기 – 유지 모델	Alderfer의 ERG 모델
자아실현 및 성취	– 동기적 요인 : 일, 성취, 성장가능성, 책임감, 승진, 안정감	성장
존중과 지위		관계성
소속과 사회적 욕구	– 유지적 요인 : 지위, 감독과의 관계, 동료 관계, 부하와의 관계, 감독의 질, 회사정책과 행정, 직장안정, 업무조건, 보수(봉급)	
안정과 보상		존재성
생리적 욕구		

Maslow의 자기실현과 존중의 욕구는 Alderfer의 성장욕구와 연결되어 이들 사이는 약간 비슷한 점이 있다. 참여의 욕구는 ERG이론의 관계성 욕구와 비슷하며, 안정의 욕구와 육체적 욕구는 ERG의 존재성 욕구의 단계와 같다. 이 두 이론 사이의 주된 차이는 욕구이론의 계층성이 성취과정에 근거한 정적인 욕구체제에 있는데 반해, ERG이론은 욕구불만역행에 근거한 유동적인 세 욕구의 구별체제를 제안하고 있다는 것이다.

　　Herzberg의 동기-위생요인 이론은 Maslow와 Alderfer가 주장하는 두 욕구 이론에 근거하고 있다. 즉 위생요인이 이뤄지면 욕구계층이론에서 안전과 육체적 욕구를 충족시킬 것이며 동시에 ERG이론에서의 관계성 욕구와 존재성 욕구는 욕구불만을 일으키지 않을 것이다.

　　동기요인이 직업 그 자체를 강조한다면 자신의 보다 높은 욕구를 만족하기 위한 기회 혹은 성장욕구를 성취할 것을 강조하게 된다는 것이다.

　　이상의 인간욕구에 대한 세 가지 모델 사이의 유사점은 <그림 6>에서 보여주는 바와 같이 분명히 나타나지만, 역시 아주 상반된 점도 있다는 것이다. Maslow와 Alderfer는 고용인의 내부적 욕구에 치중하는 반면, Herzberg는 욕구만족을 위해 공급되어지는 직업조건(만족 혹은 배경)을 제시함으로 서로 차이점이 있다는 것이다.

　　Maslow와 Herzberg 모델은 현대사회에서 많은 노동자들이 이미 낮은 단계 욕구를 만족해 왔다고 본다. 그래서 그들은 지금 주로 높은 단계의 욕구 그리고 동기요인에 의해 동기유발을 시키고자 한다. Alderfer는 관계성 욕구 혹은 성장욕구를 충족하는데 실패하는 것은 존재성 욕구에 대한 새로운 관심을 불려 일으킬 것이라는 것이다.

　　마지막으로 세 모델 모두 관리자가 보수 관리를 시작하기 전에 그것은 특정한 고용인이 그 당시에 가지고 있는 욕구를 발견하는데 유용하다는 것이다. 이런 맥락에서 모든 욕구모델은 다음에 토론되어지는 행태 수정의 적용과 이해에 대한 기초를 제공하고 있다는 것이다.

　　다음으로 성취동기이론은 보다 낮은 욕구를 인정치 않는다. 그래서 만약 어떤 사람이 직업에 대한 위생요인들을 만나게 된다면 참여의 욕구가 성취되어질 것이라는 것이다.

　　만약 직업 그 자체가 어떤 사람으로 하여금 의미 있는 결정을 내릴 수 있는 기회를 제공하거나 도전되어진다면 그것은 동기를 유발하고 있는 것이다. 이러한 조건들은 성취에 대한 욕구를 이루기 위해 오랜 기간이 걸린다는 것이다.

2. 제 욕구이론 간의 상호관계

다음 <도표 19>은 다른 동기의 정태적-만족이론들 사이의 관련성을 보여 주며, 일반적으로 이들 모델은 1960년대와 1970년대에 일어난 관리조직 발전에 많은 기초를 제공해 주었다.

<도표 19> 만족이론들 간의 관계

욕 구 이 론		동기 – 위생이론	성취동기이론
욕구단계이론	ERG 이론		
자아실현욕구	성숙(성장)단계	동기 요인 -승진, 성숙(성장) 성취	성취 욕구
존경욕구			능력 욕구
사회적 욕구	관계성 단계		
안정욕구	존재성 단계	위생 요인 -직업안정, 보수 근무조건	참여 욕구
생리적 욕구			

이같이 만족이론들은 동기를 유발하기 위해 특별한 일과 관련된 요인들을 이해함으로 관리자들을 도울 수 있다. 그러나 이들 이론들은 왜 사람들이 업무와 관련된 목적을 성취하기 위해 특별한 형태를 선택해야 하는지에 대한 이해를 거의 증진시키지 못하고 있다. 이러한 선택양상은 동기이론을 더욱 발전시켜야 할 과제를 남기고 있다는 것이다.

제 3 장 동기부여(Motivation) 이론

제 1 절 동기부여의 의의

1. 동기부여(motivation)의 개념

동기부여란 어떤 행동을 일으키는 내적기제(內的機制)로서 동기를 일으키는 유인체제(誘因體制)로 볼 수 있다. 동기부여는 생리적 욕구에서 부터 복잡한 사회적 욕구 및 자기실현의 욕구에 이르기까지 각 단계마다 달리 야기되는데, 그 의미도 사회적 환경에 따른 욕구의 종류에 따라서 달라진다.

예컨대, '병사는 온 몸으로 뛰어야 하고, 위관은 발로 뛰어야 하고, 령관은 머리로 뛰어야 하고, 장군은 배짱으로 뛰어야 한다.'라는 말이 있다. 그러면 목회자는 무엇으로 뛰어야 할까? 목회자는 동일한 목표를 향하여, 동일한 성경을 도구로, 사랑의 열정으로 뛰어야 한다. 여기서 열정(enthusiasm)이란 의미는 '들어오다(en)와 신(theos)'이라는 단어의 조합으로 이루어졌다. '인투지아즘 (enthusiasm)' 즉, '열정'이란 뜻은 라틴어의 '주안에 있다'에서 파생된 말로 열정적인 삶은 주안에 있을 때에 가능하다는 것이다.

다시 말해 열정은 하나님이 우리 안에 들어오심으로 우리가 그분의 열심 있는 삶을 살게 된다는 것을 의미한다. 열심은 바로 동기부여의 결과이다. 그러므로 개인이 조직 내에서 직무를 양호하게 수행할 수 있도록 의욕을 불러일으키는 동기부여에 관한 연구는 조직의 목표달성, 개인의 욕구 및 추구하는 가치의 실현과 관련하여 매우 중요한 의미를 지닌다. 여기서 동기부여는 개인으로서의 교인의 행동을 일으키는 에너지, 방향 및 지속성을 설명해 주는 개념으로 이해된다.

이러한 동기부여의 개념에 대한 학자들의 정의를 먼저 살펴보면 다음과 같다. 먼저 머레이(Murray)는 동기부여를 "타인의 행동을 유발하고 방향을 제시해 주며, 통합을 시켜 주는 내적인 요인"307)이라고 정의하고 있으며, 티핀과 맥코믹(Tiffin & McCormick)은 인간의 행동을 계발하고 계발된 행동을 유지하고, 나아가 그들을 일정한 방향으로 유도해 가는 과정의 총칭이라고 하고 있다.

또 쿤즈와 오도넬(Koontz & O'Donnell)에 의하면 동기부여란 "인간을 소망스러운 방법으로 행동하도록 유도하는 것"308)이라고 정의한다. 이와 같이 동기부여의 의미는 학자에 따라 다소의 뉘앙스에 차이가 있으나 욕구(needs), 충동(drives), 목표(goals) 및 자극(stimulus), 보상(rewards)등과 관련된 용어를 포괄하는 관점에서 이해해야 한다.

여기에서는 동기부여를 인간의 행동을 유발시키고 그 행동을 유지시키며, 나아가 그 행동을 목표 지향적인 방향으로 유도해 나가는 과정이라고 정의하기로 한다.

---

307) E. J. Murray, *Motivation and Emotion*, Englewood Cliffs, New Jersey: Prentice-Hall, 1965.
308) H. Koontz and C. O'Donnell, *Principles of Management*, New York: McGraw-Hill, 1972, p.525.

정지하고 있는 물체는 일정한 힘이 작용하지 않는 한 운동하지 않는 것과 마찬가지로, 인간에게도 어떠한 힘이 작용하지 않는 한 행동이 일어나지 않는다. 인간의 경우 그 힘의 원천은 욕구이므로 인간의 행동은 욕구가 발생되어 그것을 충족시킬 수 있는 유인 또는 목표를 향하여 일어나게 되는 것이다.

다시 말하면 인간의 욕구가 곧 행동을 가져오는 것이 아니라 동기부여가 있어야 행동을 유발시킬 수 있다는 것이다. 그러므로 이러한 욕구가 자신을 위한 욕구인지 하나님을 위한 욕구인지에 따라 신념과 신앙의 차이가 있다고 볼 수 있다.

즉 신념은 자신이 가진 자아의 개념에서 출발하고 신앙이란 하나님의 목적을 위해 자아를 포기하는 개념 안에서 출발한다고 볼 수 있다. 그러므로 인간의 신념과 하나님에 대한 신앙은 서로 대립되는 개념으로 볼 수 있으나 여기에 환경의 영향을 투입 시킬 때 신념이 하나님의 목적으로서의 신앙으로 변화될 수 있는데 이 환경의 영향을 기독교 에서는 믿음이라고 한다. 다시 말하면 신념이 곧바로 하나님의 목적인 신앙으로 나타날 수 있는 것이 아니라 반드시 믿음이라는 체계를 통하여 나타날 수 있다고 본다.

예컨대 인간의 욕구가 행동으로 나타날 때 동기부여라는 과정을 통하여 일어나는 것과 같이 인간의 신념이 하나님에 대한 신앙으로 나타날 때는 반드시 믿음이라는 동기부여를 통하여 일어날 수 있다는 것이다. 이 믿음에 관한 연구를 하는 것이 기독교의 동기부여의 의의라 할 수 있다. 이러한 상황을 그려보면 <그림 9>과 <그림 10>와 같다.

<그림 9> 인간의 동기 이론

<그림 10> 신념과 신앙의 관계

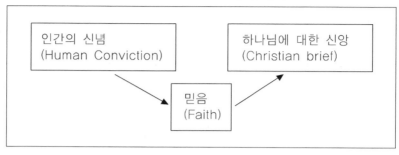

여기서 신념은 자기 확신이고 신앙은 반드시 순종을 동반한다. 그런데 만약 순종을 동반하지 않고 교회에 오래 다니면 자기 고집만 늘어나게 된다. 이와 같이 인간의 신념이 순종과 믿음을 동반할 때 신앙으로 승화될 수 있는데 여기서 믿음이란 무엇이라고 해석할 수 있는가?

믿음을 한마디로 정의하기는 무척 어렵지만 대략 세 과정을 거쳐 나타나게 된다고 본다. 첫째는 예수 그리스도를 알아야 한다는 것이다. 그래서 성경은 믿음은 들음에서 나며 들음은 그리스도의 말씀으로 말미암았느니라(롬10:17). 우선 그리스도가 누구인지 알아야 믿을 수 있다는 것이다.

둘째는 행위로 나타나야 한다는 것이다. 마태복음 7장 21절에 "나더러 주여 주여 하는 자마다 천국에 다 들어갈 것이 아니오. 다만 하늘에 계신 내 아버지의 뜻대로 행하는 자라야 들어가리라"고 하여 하나님의 뜻을 행하여야 함을 강조하고 있다. 그러나 여기서 주의해야 할 것은 '주여 주여'도 하지 않고 선한 행위를 행함으로써 구원을 얻는다는 의미가 아니라 '주여 주여'라고도 하고 아버지의 뜻을 행하여야 한다는 의미이다.

이때의 '주여'라는 말은 주님을 내가 안다는 뜻으로 해석해도 무방할 것이다. 그러므로 믿음이 신앙으로 나타나기 위하여 반드시 행위가 있어야 한다. 그것은 바로 내가 주님을 얼마나 아느냐에 신앙의 가치가 달려있는 것이 아니라 주님이 나를 얼마나 알아주느냐에 신앙의 진가가 달려있다는 것이다.

주님이 나를 알아주는 것은 믿음의 행위가 나타났을 때 가능한 것이다. 따라서 우리가 믿음을 가지고 그 믿음의 행위가 나타났을 때 그 믿음은 자체가 살아있는 것이다.

셋째는 자기 부인을 하여야 한다는 것이다. 누가복음 14:26~33에 보면 "무 릇 내게 오는 자가 자기부모와 처자와 형제와 자매와 및 자기 목숨까지 미워하 지 아니하면 능히 나의 제자가 되지 못하고 누구든지 자기 십자가를 지고 나를 좋지 않는 자도 능히 나의 제자가 되지 못하리라 … 자기의 모든 소유를 버리 지 아니하면 능히 내 제자가 되지 못하리라"라고 하여 자기부인을 제자의 도리 로 삼고 있다.

따라서 믿음이란 예수 그리스도를 알고 하나님의 뜻을 행하며 또한 자기를 부인함으로 나타나는 결과라고 볼 수 있다. 성도들에게 믿음의 동기부여를 일 으켜 주어야 할 목사의 사명감은 매우 중요하다. 의사는 한 사람의 환자를 죽일 수도 있고 살릴 수도 있다. 법관은 한 사람의 죄인을 죽일 수도 있고 살릴 수도 있다. 병사는 몇 명의 적을 죽일 수도 있고 살릴 수도 있다. 그러나 목사는 수 만의 인간을 죽일 수도 있고 살릴 수도 있다. 동기부여에 대한 예를 들어보면 다음과 같다

어느 날 아들이 성적표를 받아왔다. 모두 A 학점인데 수학이 B 학점이었다. 이때 한국 부모님은 '왜 수학을 그렇게 못하니?'라고 한다. 그러나 아들이 모든 과목이 D학점인데 미술이 B학점을 받아 왔을 때 서양의 부모님은 '너 미술을 잘하는 구나. 앞으로 훌륭한 화가가 되겠구나. 화가가 되기 위하여는 세계 역사 를 알아야 해. 앞으로 세계역사도 열심히 공부해 보렴'이라고 한다.

칭찬은 좋은 동기부여의 조건이다. 잘한다고 하면 더 잘한다. 그러나 한국 사 람은 칭찬에 인색하고, 야단을 많이 치는 편이다. 이러한 습관은 고치는 것이 동기부여를 위하여 좋다. 특히 교회지도자들은 자기 자신에게는 인색하고 남에 게는 후하게 하고, 소유로부터 자유로운 깨끗한 부자가 되어야 할 것이다. 이것 은 교회지도자라면 명심하여야 할 사안이다.

2. 사기(Morale)의 개념

동기부여는 심리적인 성향이 강하여 신념과 신의와 같은 개념과 함께 사용되

지만, 사기는 사회적 성향이 강하여 동질성과 의리와 같은 의미와 함께 가깝다. 목회자는 성도들 각 개인에게 동기부여를 하여주고, 교회공동체에 대해 사기를 북돋아 주어야 한다.

사기란 조직구성원이 조직의 목적달성을 위한 활동에 지적, 도덕적 만족감을 가지고 스스로 전력을 기울이고자 하는 근무의욕, 정신자세, 태도를 말한다. 그러나 교인들의 사기는 곧바로 교회생활에 은혜를 많이 받은 자들이 성령의 도움으로 일을 하게 하는 것을 말한다고 볼 때, 개인 혹은 조직들의 성격이 특히 많은 영향을 미칠 것이다. 그러므로 사기의 개념을 보다 더 세밀히 살펴보면 개인적 성격, 조직적 성격, 사회적 성격으로 볼 수 있다.

(1) 개인적 성격

사기는 자발적인 성격을 지닌다. 인간의 주체성이 존재하지 않는 사기는 참된 의미의 근무의욕이라고 볼 수 없다. 예로 들면 공산국가에서 시행하는 협동농장과 같은 곳에서는 참된 사기가 도모되지 않는다.

따라서 신자들이 각자 자신에 대해 충실하고 교회의 일에 대한 성취동기가 많을수록 사기는 높아진다. 만약 어려운 일이 닥치거나 화가 나면, 두 주먹을 불끈 쥐기보다는 두 손을 모아 기도하는 것이 낫다.

(2) 조직적 성격

사기는 조직 전체의 목적달성을 지향하는 것이어야 한다. 아무리 사기가 높다 하더라도 그것이 조직의 목적달성을 지향한 것이 아니거나, 또는 다른 조직구성원과 협력적인 것이 아니라고 할 때, 그것은 아무런 가치가 없는 것이 되고 말 것이다.

그러므로 신자들은 자신이 소속되어 있는 교회가 세상의 빛과 소금의 목표를 지향해 나아갈 때 신자는 교회의 구성원으로서 보람과 의미를 가지며 자신이 죽도록 충성할 수 있는 교회공동체라는 소속감을 지니게 된다. 한국의 행정은 자전거 행정이라고 해도 과언은 아니다. 자전거가 앞으로 나아가기 위하여는 머리를 숙이고 열심히 페달을 밟아야 나아간다.

이것은 윗사람에게는 무조건 아부하며 머리를 숙이고, 아래 사람에게는 열심히 밟아야 자신이 출세를 할 수 있다는 것이다. 그러나 목회자는 절대 이렇게 교회를 운영하여서는 안 된다. 오직 윗사람에게는 충실하고 아래 사람에게는 관용하며 친구에게는 의리를 지키고 이웃 사람에게는 신의를 지켜나가야 할 것이다. 이렇게 될 때 교회공동체는 사기가 올라갈 수 있을 것이다.

(3) 사회적 성격

사기는 또한 사회적 가치 내지 발견을 지향하는 것이어야 한다. 위의 정의에서 지적·도덕적 만족감은 이러한 성격에서 비롯될 수 있는 것이다. 즉 교회가 이웃을 내 몸과 같이 사랑하는 기능을 발휘할 때 신자들이 가지고 있는 사회적 공감대를 형성할 수 있다는 것이다. 이와 같은 사기의 세 가지 성격은 교회행정의 민주성(관리의 민주화)과 능률성 및 공공성을 확보하고 실천하는 데 필수불가결한 요소들이다.

제 2 절 동기부여 강화 방법

동기부여의 요인으로는 크게 세 가지로 나눠 볼 수 있는데, 첫째는 심리적 기초에서 이루어지는 것이고, 둘째는 사회적 기초에 의하여 이뤄지는 것이며, 마지막으로는 성경적 기초에 의해서 이뤄진다.

1. 심리적 동인-유인

심리적 기초에 의한 동기부여를 강화하는 방법은 크게 두 가지로 나눠 볼 수 있다. 첫째, 인지적 부조화현상을 줄여야 한다. 동기부여의 내적 기제인 동인-유인 사이에서 부조화 현상이 일어나는 경우가 있다. 예를 들면, 애연가는 흡연이 폐암이나 심장병의 원인이 된다는 것을 들으면 흡연을 계속할 욕구(동인 : 動因)와 이를 억제하려는 의도(유인 : 誘因) 사이에서 망설이게 된다.

이러한 상태를 인지적 부조화 현상(cognitive dissonance)이라고 하는데, 동기부여는 부조화를 저감(低減)시키는 방향으로 작용한다. 즉 흡연을 계속하고

자 한다면 그 해독을 설명하는 보고를 믿지 않는다든지, 또는 그 반증을 찾는다든지 한다. 몇몇 유인이 적극적 가치 또는 소극적 가치를 갈망하여 행동의 선택이 강요되는 경우도 있다.

둘째, 자기제어(自己制御)가 필요하다. 동기부여된 행동이 정체(停滯)하지 않고 실행되려면 자기제어(self control)가 필요하다. 예컨대 다음날 아침에 일어나기 위해 자명종 시계를 준비하고 벨을 직접 손으로 눌러야만 멈춰지는 시계를 방바닥에서 높은 선반에 올려놓는 것은, 수면을 계속하기보다도 잠에서 깨어 일어나는 가치가 높기 때문이다. 다음 날 아침, 그 가치가 뒤집혀지는지는 알 수 없지만, 어떻든 수면을 계속하려면 일어나서 벨을 멈추지 않으면 안 되게 된다.

2. 사회적 동인-유인

사회적 기초에서 동인을 살펴보면, 첫째, 경제적 안정(economic security), 둘째, 개인적 인정(personal recognition), 셋째, 참여(participation), 넷째, 자기표현(expression), 다섯째, 자기발전(self-development), 여섯째, 자기존중(self-respect) 등이다. 이러한 동기요인에 따라 사기를 높일 수 있는 사회적 유인강화 방법으로는 다음과 같은 것들을 들 수 있다. 첫째, 보수의 적정화, 둘째, 인사배치 및 이동, 근무성적평정 등의 합리화 및 공정화, 셋째, 교육훈련의 적정화, 넷째, 커뮤니케이션의 원활화, 다섯째, 참여의 확대, 여섯째, 지도(leading)의 민주화 및 인간화, 일곱째, 집단활동의 활성화, 여덟째, 직업에 대한 사회적 평가의 향상 등이 있을 수 있다.

3. 성경적 동인-유인

성경적 기초에서 동인을 살펴 볼 때, 첫째는 믿음에 대한 확신, 둘째는 사랑의 실천, 셋째로는 천국에 대한 소망이라고 볼 수 있다. 그러므로 목회적인 차원에서 유인체제의 강화는 영적인 충만과 인격적인 존중, 그리고 교회에서 느낄 수 있는 사명감과 평안 등이 있을 수 있다.

제 3 절 성경적 동기부여 사례연구

> ## 여유 있는 삶
>
> 스코틀랜드의 어느 시골 마을에서 있었던 일이다. 작은 교회에서 목회를 하던 목사는 교회 운영위원회로부터 사임 요청을 받았다. 그동안의 사역을 평가해 본 결과, 의미 있는 열매를 전혀 맺지 못하고 있다는 것이 이유였다. 지난해만 해도 세례식을 한 번도 거행하지 않았고, 회심자가 한 명도 없었으며, 기억에 남는 설교도 겨우 한 번에 불과했다. 그 한 번의 설교도 그날 벌어진 작은 사건 때문이었다. 어느 주일, 헌금 바구니가 지나갈 때, 한 꼬마가 헌금 바구니를 땅바닥에 내려놓더니 그 안으로 들어갔다. 왜 그러느냐고 물었더니, 하나님께 드릴 것이 없어서 자신이라도 드리기 원한다고 대답했다. 결국 꼬마는 예배 순서를 방해한다는 꾸지람을 받았고, 이 작은 사건은 곧 사람들의 기억에서 잊혔다. 그러나 꼬마는 자신의 생명을 하나님께 드렸다는 사실을 절대로 잊지 않았다. 하나님은 그 꼬마의 헌신을 귀중하게 받으시고 그를 영화롭게 하셨다. 자신의 생명을 헌금 바구니에 드렸던 꼬마는 잘 자라서 일평생 헌신의 삶을 살았다. 그는 남부 아프리카에 있는 많은 사람의 삶과 부족 및 나라의 운명이 바뀌는 과정에서 하나님의 쓰임을 받은 위대한 개척 선교사, 정치가가 되었다. 그가 바로 바비 모펫(Bobby Moffat)이다. 모펫은 자신을 전적으로 하나님께 드리며 그리스도께 초점을 맞춤으로써 자신의 인생이 보잘것없다는 생각에서 벗어난 사람이었다.
> 「밧모섬에서 온 편지」 / 앤 그레이엄 로츠 ─큐09/02//6

성경적 동기부여는 목회의 기능적인 측면과 비슷한데 첫째는 현실을 정복하는 믿음, 둘째는 사랑을 실천함으로 느끼는 영적인 성취감, 셋째는 천국에 대한 소망 그리고 넷째로는 자신에 대한 소명감 등이 훌륭한 교회생활을 하도록 하는 동기를 부여한다.

특히 교역자는 성도의 가정을 심방 할 때 성도들이 여러 가지 문제를 가지고 있는 상황을 만나게 된다. 주로 가난의 문제, 질병의 문제, 직장 문제, 자녀 문제 등으로 고민하는 성도들을 만나게 될 때 어떻게 그들에게 그 고민의 문제를 박차고 일어설 수 있도록 도와 줄 수 있는가? 하는 것이 심방자의 문제이다. 이런 경우에 가장 효과적인 방법은 어떤 것인지 살펴보겠다.

1. 가난문제

(1) 절대빈곤

가난의 문제로 고민하며 괴로워하는 성도를 심방 하였을 때 어떻게 문제해결을 위해 접근할 수 있을까? 이때에 심방자는 먼저 피심방자가 세상에서 제일 가난하다는 의식이 잘못되었다는 것을 깨우쳐 주어야 한다. 그러기 위해서는 심방자(A)는 피심방자(B)에게 유도질문을 시도할 수 있다.

A: 성도님은 태어날 때 어디서 어떻게 태어났습니까?

B: 저는 병원(집)에서 따뜻하고 친척들의 축하와 함께 태어났습니다.

A: 그런데 예수님은 어디에서 태어났습니까?

B: 말구유에서 태어났습니다.

A: 맞습니다. 예수님은 가장 존귀하신 하나님의 아들로서 비천한 인간의 몸을 빌려 가난한 목수의 아들이 되시어 성도님과 같이 따뜻하고 포근한 침대나 담요가 있는 방이 아니라 차갑고 냄새 나며 거친 말구유에서 탄생하셨습니다. 성도님은 예수님 보다 더 가난하다고 생각하십니까 ?

B: 아닙니다.

A: 예수님께서 왕궁이나 부유한 집안에서 탄생하시지 안으신 이유는 인생의 모든 가난을 책임지시기 위하여 가장 가난하게 되셨습니다. 그리고 예수님께서는 인생의 모든 부의 문제도 해결하시기 위하여 가장 부유하게 되시어 하나님 우편에 앉아 계십니다. 그래서 성도님은 예수님께서 말씀하신 대로만 한다면 부유하게 되실 수 있습니다.

B: 그러면 어떻게 하면 됩니까?

A: 예수님께서는 마태복음 6:31~33에 말씀하시기를 "그러므로 염려하여 이르기를 무엇을 먹을까 무엇을 마실까 무엇을 입을까 하지 말라…너희 천부께서는 이 모든 것이 너희에게 있어야 할 줄을 아시느니라. 너희는 먼저 그의 나라와 그 의를 구하라 그리하면 이 모든 것을 너희에게 더하시리라"라고 하셨습니다. 그래서 성도님께서는 하나님의 나라와 의를 위하여 무엇을 할 것인가를 고민하고 구하신다면 하나님께서 성도님의 가난의 문제를 책임져 주실 것입니다. 그래서 성도님이 주님의 일을 하면 주님께서

는 성도님의 일을 하여 주실 것입니다. 믿고 힘을 내시어 열심히 기도하고 전도하시기 바랍니다. 이것이 하나님의 의를 구하는 일입니다.

B: 예, 이제는 제가 일의 순서를 알았습니다. 과거에 저는 저의 일을 먼저 하고 나중에 하나님의 일을 하곤 했습니다. 그래서 제가 저의 일을 모두 하니깐 주님이 저의 일을 할 여유가 없어 계속 가난하였습니다. 그러나 이제부터는 하나님의 의를 위하여 먼저 무엇을 할 것인가를 생각하고 행동하도록 하겠습니다. 그러면 제가 주님의 일을 할 때 주님이 저의 일을 해 주신다는 것을 알았습니다. 감사합니다.

(2) 상대빈곤

A: 안녕하십니까? 성도님, 별 일없으십니까?

B: 별일은 없는데 항상 물질이 없어 근심입니다.

A: 성도님, 세상에는 누구나 모두 가난합니다. 어떤 이는 물질은 있는데 자식이 없어 가난하고, 어떤 이는 자식은 있는데 건강이 좋지 않아 가난하며, 어떤 이는 건강하지만 영적으로 가난하여 항상 불안하고 근심에 쌓여 있습니다. 그래서 예수님께서는 가난한 자는 항상 우리와 함께 있다(마 26:6~13)고 하셨습니다.

B: 가난은 물질에 대한 것만 아니고 건강과 자식 그리고 영적인 것에 대해서도 가난할 수 도 있군요.

A: 예, 그 중에서 성도님은 물질에 대한 가난만 깨닫고 있습니다. 물질에 대한 가난도 알고 보면 인간의 탐욕에 의하여 가난하여 집니다. 특히 요즘은 못 먹어서 죽는 사람보다는 많이 먹어 죽는 사람들이 더 많다는 사실입니다. 그런데도 가난한 자는 계속 가난합니다. 왜 그렇습니까? 이것은 바로 사람이 먹는 문제를 떠나 뭔가를 좀 더 가지려고 하는 소유욕에서 비롯되는 것입니다. 다시 말하면 상대빈곤으로서 '티코' 차를 가지고 있으면서 '소나타' 차를 가지지 못하는데 따른 가난함을 의미합니다.

그래서 예수님께서는 향유를 부은 마리아를 향하여 제자들이 그것을 3백 데나리온에 팔아 가난한 자에게 주는 것이 좋다고 하였을 때 가난한 자는 항상 너희와 함께 있다고 하셨습니다(요12:8). 그 의미는 인간의 욕구가 있는 한 가난의 문제, 즉 상대적인 빈곤은 해결될 수 없다는 것입니다. 만약 성도님이 절대빈곤, 즉, 먹는 문제가 해결되지 못하여 가난하다면 가까운 동사무소에 가서 생활보호대상자 신고를 하면 즉시 쌀과 필요한 최소한 돈을 보조해 주실 것입니다. 성도님, 그래도 성도님은 가난하시다고 생각합니까?

B: 아닙니다. 저는 가난이라는 의미를 잘 몰랐습니다.

A: 성도님, 예수님께서는 인생의 가난의 문제를 아시고 이제 풍족하게 누릴 수 있는 길을 가르쳐 주셨습니다. 그래서 예수님께서는 "마음이 가난한 자는 복이 있다"(마6:2)고 말씀하셨습니다. 상대빈곤으로부터 벗어나기 위하여 먼저 마음을 비우면 주어진 환경에서 풍족함을 찾을 수 있는 것입니다.

B: 감사합니다.

2. 질병문제

심방자가 질병의 문제로 고통 중에 있는 성도를 방문하였을 때는 어떻게 접근하여 영적인 치유를 할 수 있을까? 먼저 모든 사람들은 병을 지니고 있는데 그 병이 단지 가시적으로 나타나지 않았을 뿐이라는 사실을 확신시키고, 인생의 타락 이후에는 누구나, 병든 자나 건강한 자나, 부한 자나 가난한 자나, 죽음을 맞게 된다는 사실과 이런 일에는 순서가 있는 것이 아니라는 사실을 인식시켜 주면서 일단 불안한 마음을 평안하게 하여 주면서 차츰 이 문제의 해결을 예수님께로 맞추어 나가면 된다.

다양한 접근방법들이 있을 수 있겠지만 예수님께서 인생의 질병을 짊어지셨다는 사실을 인식시켜 주는 것이 중요하다. 예를 들어 디스크로 고생하시는 성도님을 방문했다고 하였을 때 어떻게 영적인 치유를 할 수 있도록 동기부여를 할 수 있을까? 먼저 회복될 수 있다는 확신을 주며 예수님의 십자가 상에서의 고통과 자신의 지금의 고통을 비교하여 보도록 유도하며 예수님에 대한 감사를 드리도록 한다.

A: 어디가 편치 않으십니까?

B: 척추 디스크입니다. 무척 아프고 고통스럽습니다.

A: 예, 척추는 무척 조심하여야 되는 곳이며 통증도 매우 고통스러울 것입니

다. 성도님 혹시 한 여름에 해변 가에 놀러 가본 적이 있습니까? 그 때에 햇볕이 쬐일 때에 성도님 어떻게 하셨습니까?

B: 예, 그 때에 저는 모래 위에 잠시 있다가 더위를 피하여 바다 속으로 들어 가기도 하고 비치파라솔 밑에 있기도 하였습니다.

A: 만약 성도님께서 햇볕에서 나무에 달려 있다고 생각하여 보십시오. 그러 면 얼마나 고통스럽겠습니까?

B: ……

A: 예수님께서는 인생의 질병을 담당하시기 위하여 가장 고통스러운 햇볕 아 래 십자가 위에 달리셔서 피를 흘리면서 몇 시간을 계셨습니다. 성도님의 디스크 고통도 예수님께서는 이미 담당하시어 십자가에 못 박으셨습니다. 그래서 아무리 고통스럽다고 하여도 주님의 십자가를 생각하면 디스크의 고통도 이겨 나갈 수 있을 것입니다. 성도님 예수님의 십자가를 믿음으로 승리하셔서 속히 회복하시기 바랍니다.

B: 감사합니다. 목사님, 그런데 왜 하나님의 자녀가 질병으로 고통을 받아야 만 합니까?

A: 예, 성도님, 태양은 우리에게 빛과 따스함을 주지만 때때로 작렬할 때, 우 리는 잠시도 참지 못하여 그늘을 찾든지 물속으로 들어갑니다. 이때가 되 어서야 구름과 그늘에 대한 고마움을 알게 됩니다. 우리의 신체도 태양과 마찬가지로 건강을 유지하고 있다가 때로는 태양이 작렬 할 때와 같이 질 병으로 고통을 줄 수가 있습니다.
그 때에 우리는 자신을 돌이켜 보며 평상시에 하찮게 보였던 구름과 그늘 이 태양이 작렬 할 때 아주 중요한 것들이 되는 것과 같이 평상시에 중요 하게 여기지 않았던 일들이 병이 들었을 때에 그것들에 대한 고마움을 느 끼게 하여 줍니다. 인생의 건강도 건강할 때는 건강에 대한 고마움을 별로 느끼지 못하다가 병이 들어서야 건강의 중요함을 더욱 절실히 깨닫게 되 는 것입니다.

B: 흠 흠 ……

A: 지금 성도님이 걷기 위하여 사용하시는 목발은 성도님에게는 매우 중요한 신체기능 중의 하나일 것입니다. 그러나 건강하여 뛰어 다닐 때는 그 목발 은 하나의 나무토막에 지나지 않을 것입니다. 즉 그 목발의 중요성을 깨달

지 못할 것입니다. 이와 같이 우리 인생들은 공기를 아무런 대가 없이 마시면서 공기를 주시는 분께 감사할 줄 모르고 살고 있습니다.

그러나 그 공기가 부족할 때 공기를 주시는 이의 고마움을 새삼 깨닫게 되는 것입니다. 성도님도 건강할 때에는 허리나 다리의 고마움을 별로 느끼지 못하였지만 지금 디스크에 걸리고 나서 새삼 건강에 대한 고마움과 중요함을 느끼게 된 것입니다. 또한 하나님께서 걸어 다닐 수 있는 다리를 주신데 대한 감사함을 깨닫게 될 것입니다. 이것은 곧바로 하나님의 자녀가 하나님의 중요함과 고마움을 깨닫게 하시기 위한 연단에 지나지 않는 것입니다. 그리고 그 연단은 꼭 소망을 이루어서 디스크도 낫게 하실 것이며 또한 이 디스크를 통하여 하나님의 사랑을 더욱 많이 받을 수 있을 것입니다. 믿음으로 승리하시기 바랍니다.

3. 직장문제

직장의 문제로 고민하시는 성도님을 방문하였을 때는 그리스도인의 본업과 부업을 자세히 설명하여 깨우치게 하여 주는 것이 필요하다. 그래서 사도 바울과 같이 본업은 복음을 전파하는 일이고, 부업으로는 장막을 치는 일을 한다는 사실을 깨우쳐 주는 것이 필요하다.

A: 평안하십니까? 무슨 고민이 있으십니까?

B: 예, 저는 직장을 얻지 못하여 고민 중에 있습니다.

A: 옛날에는 어디에 다녔습니까?

B: 옛날에는 모 회사에 다녔는데 마음에 들지 않아 그만 두고 계속 직장을 구하고 있지만 잘 되질 않습니다.

A: 그러세요. 원래 직장을 구하는 일은 자신의 기준과 그 직장에서 평가하는 기준이 맞아야 되는 일인데 성도님께서는 아마 자신의 기준을 직장이 평가하는 기준보다 높은 곳에 두고 있기 때문에 마음에 들지 않을 수 있습니다. 그러나 만약 자신의 기준을 낮추어 직장이 평가하는 기준과 맞추어 평가한다면 직장을 구할 수 있을 것입니다.

만약 직장에서도 자신의 기준을 높이 평가하였다가 그 기대를 충족하지 못할 때는 실망을 하고 불평을 하게 되어 직장을 그만 두게 되는 것입니다. 그러나 그렇지 않고 자기의 기준보다 더 좋은 직장일 때는 기쁨이 있고 일에 대한 만족도가 높을 수 있으므로 사기도 높아지게 되는 것입니다.

B: 예, 저는 옛날 직장에서 불평이 많았습니다.

A: 불평이 있다는 것은 성도님께서 그리스도인의 본분을 잠시나마 잊고 지낸 결과입니다. 우리들도 가끔 그리스도인이라는 사실을 잊고 살 때가 많습니다. 사실, 그리스도인의 인생은 주님을 향해 나아가는 순례자의 길입니다. 그래서 그리스도인의 본 직업은 바로 복음을 전하는 일이고 부업은 바로 세상적인 직업입니다.

결코 세상적인 직업을 위하여 그리스도인이 사는 것이 아니라 하나님의 일을 위하여 세상적인 일을 하는 것입니다. 다시 말하면 목적은 하나님의 영광을 위하여 그리고 수단은 세상적인 직업을 통하여 하는 것입니다. 그러기 때문에 직장에 대한 불평은 있을 수가 없다는 것입니다. 주님은 우리를 위하여 이보다 더 큰 고통과 수모를 당하셨다는 사실을 잊을 때 불평이 나오는 것입니다.

B: 예, 잘 알겠습니다. 감사합니다.

4. 자녀문제

자녀의 문제로 고민하시는 성도님을 방문하셨을 때, 심방자는 그 부모에게 자녀가 문제 있는 것이 아니라 부모 자신이 문제가 있다는 사실을 인식시키도록 해야 한다.

A: 평안하십니까? 별일은 없으십니까?

B: 저는 저의 아들이 말썽을 피워 고민하고 있습니다.

A: 그렇습니까? 성도님 사무엘 상 1장을 같이 읽어봅시다.

B: 예… 잘 이해를 못하겠습니다.

A: 한나는 브닌나로 부터 자식이 없다고 많은 수모를 당하였습니다. 그때마다 한나는 브닌나와 싸웠던 것이 아니라 하나님께로 가까이 나아갔던 것입니다. 성도님은 자식이 있으니 한나 보다는 고민이 덜 하겠습니다. 성도

님은 자식을 주신 하나님께 감사기도를 얼마나 드렸습니까?

B: 예… 별로 기도하지 못했습니다.

A: 한나는 자식이 없음을 한탄하여 하나님께 기도하였더니 하나님께서 사무엘을 주셨습니다. 뿐만 아니라 그 외에도 세 아들과 두 딸을 주셨습니다. 그때마다 한나는 더욱 하나님께 감사하였습니다.

B: 저는 제 아들에 대하여 감사하지도 못하였습니다.

A: 이제 문제는 그 아들에게 있는 것이 아니라 성도님에게 있는 것입니다. 따라서 하나님께 기도를 하면 하나님께서 성도님의 아들과 함께 하시어 보살펴 주실 것입니다.

B: 저는 항상 제 아들이 잘못했다고 야단을 쳤는데 이제는 제가 잘못한 사실을 깨닫게 되었습니다. 감사합니다.

이상의 사례들과 함께 동기부여를 통하여 문제의 해결을 시도하는 방법은 심방자에게 중요한 일이다. 그러므로 목회자는 사회학과 인문학 등에 대한 연구도 열심히 하여 목회에 잘 활용하면 좋은 결과를 얻게 된다.

다음 제4장에서는 일반 사회학자들이 심리적·정신적·사회적인 관점에서 인간의 동기부여에 영향을 주는 요인과 동기의 체계를 살펴봄으로써 한 명의 순수한 인격체로서의 교인을 분석해 본다.

제 4 장 내적치유와 관리

여유 있는 삶

고대 아테네에 '아이게우스'라는 이름의 왕이 있었습니다. '아이게우스'왕은 그 날도 아들인 페세우스가 이웃 나라인 크레타에서 그들의 원수인 괴물을 죽이고 돌아오기만 기다리고 있었습니다.

그의 아들은 조국인 아테네와 아버지를 위해 괴물을 죽인 후, 승리의 흰 돛을 달고 돌아오겠다고 약속했던 것입니다. 그러나 괴물을 죽이지 못하고 도리어 자기 자신이 죽음을 당하게 되면, 그의 배는 검은 돛을 달고 돌아오겠다고 약속되어 있었습니다.

어느 날 왕은 '아크로플리스'라는 이름의 언덕에 서서 아들의 생사를 걱정하면서 바다를 바라다보고 있었습니다. 그 때 왕은 바다의 끝에서부터 천천히 다가오는 배 한 척을 발견하게 됩니다. 배가 점점 가까이 오자 왕은 그 배가 아들의 배이며 또 검은 돛을 달고 돌아오는 것을 보았습니다.

배의 검은 돛은 분명 아들의 죽음을 표시하는 것이었습니다. 그러나 사실상 배를 타고 조국으로 돌아오고 있는 왕의 아들은 괴물을 쳐서 죽인 후 그 기쁨에 넘쳐서 미처 아버지와 약속한 흰 돛으로 바꾼다는 것을 잊고 있었습니다.

검은 돛을 보자 깊은 충격을 받은 왕은, 그만 아크로플리스 언덕 위에서 그대로 바다로 몸을 던져 버리고 맙니다.

돌아온 아들은 자신이 미처 바꿔 달지 못한 검은 돛 때문에 실망한 아버지가 바다에 몸을 던졌다는 소식을 듣자 비탄에 잠기게 됩니다.

'아이게우스' 왕이 몸을 던졌다고 해서 그 때부터 그 바다는 '에게해'라고 불리고 있습니다.

교회의 인적자원관리는 조직과 인간 그리고 환경의 요인을 고려하여 인력을 개발하는 학문으로써 특히 인사상담(personnel or employee counseling)이나 목회상담(pastoral counseling)과 같이 욕구불만, 갈등, 정서적 혼란 등 부적응 문제를 가진 교인들로 하여금 스스로 문제를 해결하도록 협조하는 방법과 신앙의 고충처리와 같이 개인조건, 교회생활관계에 관한 불만, 기타 신상문제에 대한 고충을 상담하고, 그에 대한 판단과 해결을 모색하는 일련의 과정을 포함한다.

이런 맥락에서 교회의 인적자원관리란 자신의 부족한 자원을 가지고 주어져 있는 자원과 타인이 소유하고 있는 자원들을 효율적으로 활용하여 하나님께 영광을 돌리는 일련의 장치를 말한다고 볼 수 있다.

그러므로 인적자원관리를 연구하기 위하여 사람과 사람관계 (人人關係), 사람과 환경관계, 사람과 조직관계에서 이해되어 져야 할 것이다. 이러한 관계 속에서 이루어지는 인적자원관리는 자기관리와 대인관리로 나누어 볼 수 있다. 자기관리는 자신이 잘 하는 방식으로 일하는 것으로 이것은 강점의 계발과 더불어 성과를 올릴 수 있는 또 하나의 강력한 방법이다.

누구에게나 고루 잘 통하는 요술 같은 방법은 없다. 체질이 다르면 처방도 다르듯이 자신에게 가장 잘 맞는 배움의 방법과 유형을 알아내 자신의 방법을 통해 최대의 성과를 만들어 낼 수 있도록 훈련해야 한다. 처음엔 흉내 내더라도 나중엔 자기 방식이어야 한다.

최고 경지에 오르는 것과 불후의 명작 같은 것들은 모두 자기 방식일 때 가능하였다. 자기에게 맞고, 자기가 재미를 느낄 수 있는 자기 것을 찾아내어서 각고의 훈련과 내공을 쌓아나가는 것이 자기 관리의 지름길이다. 본 장에서는 자기관리를 연구하기 위하여 갈등치유, 성격관리, 스트레스관리, 분노관리 등을 중심으로 살펴보겠다.

제 1 절 갈등(Confliction)치유

사회생활을 하다 보면 서로의 입장차이가 있을 수 있다. 예로 들면 김 대리가 부장에게 하루 쉬겠다고 휴가원을 냈다. 부장이 말한다. 김대리, 1년은 365일이지? 하루는 24시간이고 그 중 자네 근무시간은 8시간이지? 하루의 3분의 1을 근무하니까, 결국 1년에 자네가 일하는 날은 122일 밖에 안 된다는 이야기야.

그 중에서 52일의 일요일이 있고 반만 일하는 토요일을 26일로 치면 겨우 44일 남아. 그걸 자네가 다 일하나? 밥 먹는 시간에 화장실 출입하는 시간에 담배 피는 시간까지 합치면 하루에 최소한 3시간은 빠진다구. 그걸 다 빼면 자네가 일하는 시간은 27일이라는 소리지. 게다가 자네 여름휴가는 열흘이지? 그럼 17일 남는군. 그 중에서 신정, 설날, 식목일, 근로자의 날, 어린이날, 석가 탄신일, 현충일, 제헌절, 광복절, 추석, 크리스마스, 그리고 회사 창립기념일까지 휴일이 총 16일이야. 결국 자네가 제대로 일하는 날은 1년에 딱 하루라 이거야. 그런데 그 하루마저 휴가원을 내면, 아예 놀고먹겠다는 건가? 자네도 입이 있으면 대답 좀 해보게.

김대리는 억울한 표정으로 말한다. 부장님, 전 너무 피곤해요. 왜 그런지 이유를 말씀 드리죠. 우리나라의 4천 5백만 인구 중에 2천 5백만 명은 노인이나 실업자 아니면 퇴직자들이죠. 그럼 남은 인원은 2천만 명입니다. 그 중에서 1천 6백만 명은 학생이거나 어린이들이죠. 그럼 4백만 명이 남습니다.

현재 백만 명이 국방을 위해 군대에 있거나 방위근무 중이고, 백만 명은 국가공무원입니다. 그러면 2백만 명이 남는 거죠? 또 180만 명이 정치를 하거나 지자체 공무원들이니 남는 건 20만 명, 그 중에 18만 8천명이 병원에 누어있으니 겨우 1만 2천명이 남죠. 그리고 거의 모두 1만 2천명이 감옥에 가 있으니 결국 두 명이 남아서 일을 하고 있다는 이야깁니다.

바로 부장님과 저. 그런데 부장님은 매일 제가 올린 보고서에 결재만 하고 있으니, 실제로 일하는 사람은 대한민국에서 오직 저 하나 뿐이라구요. 제가 얼마나 피곤한지 아시겠죠?[309] 이러한 갈등에 대한 의미를 살펴보면 다음과 같다.

1. 갈등의 의의

현대조직사회에서 제각기 목표를 가지고 활동하다 보면 마찰이나 불편한 관계가 발생하는데 이때에 갈등은 보편적인 현상으로 나타나게 된다. 갈등에 대한 정의는 다양한데, 심리학적 측면에서 갈등이란 "유인가(valence)는 대체로 비슷하나 그 방향이 상반되는 둘 이상의 목표에 직면하여 유기체가 어떤 방향으로도 움직일 수 없는 상태"[310] 혹은 두개 이상의 대립하는 경향이 거의 같은 세기로 동시에 존재하여 행동 결정이 곤란한 상태[311] 라고 하며, 조직관리적

---

309) 대한예수교 장로회 교육부, 「교육목회」(서울: 대한예수교 장로회 (통합) 교육부) 2003년 봄호.

310) 馬場品雄, 組織行動の心理學(東京: 白桃書房,1970), p.108.

측면에서는 갈등을 희소자원이나 작업활동을 배분하게 될 때나 목표, 가치, 인지 등의 차이가 존재할 때 둘 이상의 개인 간이나 집단 내에서 일어나는 대립적 작용(disagreement)으로 정의한다.

특히 심리학의 여러 영역에 비교적 공통된 대표적 사고방식으로서, 레빈(K. Lewin)이 국소해부학(topology) 및 벡터심리학(vector psychology)에 있어서 유의성(誘意性)의 개념을 이용해서 3가지의 기본적인 갈등장면을 규정한 것을 예로 들 수 있다. 그것은 ① 접근과 접근과의 갈등 ② 회피(回避)와 회피와의 갈등 ③ 접근과 회피와의 갈등이다.

유의성이 서로 맞서고 있으면 선택이 곤란해지고 긴장상태가 된다. 그러나 갈등의 긴장은 단지 '망설임'에 의한 것은 아니고, 어떤 길을 선택했을 때 일어나는 욕구불만의 예상에 의한 것이다. 특히 회피가 포함되는 갈등에 있어서는 욕구불만과 위기의 예상이 강해지고, 임상(臨床) 및 이상심리학 (異常心理學) 영역에서 문제시되는 갈등의 색채가 짙어진다.

임상영역에서는 S. Freud의 정신분석을 시초로 하는 정신역학(精神力學)에 있어서, 갈등, 불안, 방어기제(防禦機制), 위기반응의 상호관계가 인격 및 병리(病理)를 이해하기 위한 기초개념이 되고 있다. 신경증 형성의 기초로 갈등에 의한 불안을 볼 수 있는 것은 거의 공통된 견해이다.

다만 프로이드의 갈등개념이 주로 무의식의 충동과 억압과의 사이에 생기는 정신 내부의 갈등인 것에 비해, 신(新)프로이드 학파나 사회심리적 정신역학 에서는 보다 사회적, 인간관계적인 갈등이 중시된다. 또한 갈등의 해결로서, 심리적 도피 그 밖의 내적 방어기제가 보다 중시되는 경우에서 사회적 행동으로의 도피, 대상(代償) 등이 중시되는 경우까지 여러 경우가 있으며 또한 다양한 견해가 있다.

갈등의 기초이론으로서는 인지이론 (認知理論)과 행동이론 등이 각각의 입장에서 일원적으로 갈등을 설명하려고 하며, 생리학적으로 중추신경계의 길항(拮抗)작용 으로서 파악 하려는 입장도 있다. 예를 들면 학습 이론적으로는 목표기울기를 기초로 한 N. E. Miller의 이론 등이 성립하고, 또한 실험신경증이나 학습장애 등과도 관련시켜 연구가 진행되고 있다. 인지이론(認知理論)에 있어서

---

311) James A. F. Stooner, *Management*, Englewood Cliffs, N. J.: Prentice-Hall, Inc., 1978, p.345.

는 인지적 형식과 경험과의 불일치가 특히 문제가 되며, 그 불일치 및 그것을 조절하려 하는 움직임을 갈등이론으로 발전시키고 있다.

사회심리학적으로는 예를 들면 페스팅거의 인지적 부조화 이론 (認知的不調和理論)이나 하이더의 대인인지이론 (對人認知理論)에도 관계가 있는 것이며, 레빈의 사회적 갈등이론 등도 포함해서 사회학적인 갈등이론에의 순간 역할을 하고 있다. 갈등개념은 여러 인접학문에 있어서도 저마다의 사용법을 정하고 있으며, 넓은 뜻으로는 기본적으로 인간 · 생활 · 사회현상에 바탕을 둔 개념이다. 힘의 항쟁과 그 법칙 및 의미의 탐구가 관련학문 간의 종합적 연구에 의해서도 밝혀지고 있는 중이라 할 수 있다.

2. 갈등이론의 발달

(1) **전통적 관점(Traditional view)** : 전통적인 갈등관은 1930년대와 1940년대에 보편적이었던 고전적 조직이론과 초기 인간관계론적 접근 방법에 입각하고 있으며, 갈등은 불필요한 것이며 해로운 것으로 보고, 폭력, 파괴와 불합리성 등과 동의어로 파악한다.[312]

(2) **행태적 관점(Behavioral view)** : 갈등은 조직활동 중에 번번이 발생하고 당연한 것으로 욕망과 이해관계 때문에 자연히 일어날 수 있다고 보는 입장[313] 으로 이러한 관점은 1940년대 후반부터 1970년대 중반까지의 갈등관을 대표하고 있다.

(3) **상호작용적 관점(Interactive view)** : 행태론자의 견해가 갈등을 수용하는 태도를 보이는데 반하여 상호작용론자의 입장은 한 걸음 더 나아가 갈등을 고무하는 측면에서 바라보고 있다. 따라서 갈등은 조직 내에서 피할 수 없으며 때때로 조직관리상 필요하고, 이것은 오히려 효과적인 목표달성과 조직의 혁신과 변화의 수단이 될 수 있다고 본다.

---

312) Stephen P. Robbins, *Organizational Behavior, 2nd ed.*, Englewood Cliffs, N. J.: Prentice-Hall, Inc., 1983, p.336.
313) Stephen P. Robbins, *Organization Theory: The Structure and Design of Organization*, Englewood Cliffs, N. J.: Prentice-Hall, Inc., 1983, p.290.

3. 갈등의 사회학적 관리

(1) **갈등의 사전예방** : 아직 발생하지 않았지만, 앞으로 발생할 가능성이 충분히 있는 역기능적 갈등을 미연에 방지하자는 것이다. 그 구체적인 방법으로는 첫째, 균형 잡힌 자세를 유지하는 것으로 이것은 합법적인 지위를 지니고 있는 기능분야의 전문가들이 작업집단 간의 요구에 대해 균형적인 자세를 지님으로서 보다 효과적으로 업무를 수행할 수 있다. 둘째, 상호의존성에 입각하여 조직을 변경시켜 나가는 것이다. 셋째, 불필요한 경쟁의식을 삼간다. 마지막으로 공동의 적, 즉 경쟁조직이나 조직 내 제3의 집단 등에 대항할 힘을 합치기 위해 그들의 견해 차이를 재빨리 좁힐 수 있다.

(2) **갈등의 사후관리** : 첫째는 갈등을 일으킨 당사자들이 직접 접촉하여 갈등의 원인이 되는 문제를 공동으로 해결하게 하는 방법이고, 둘째는 갈등의 당사자들이 공동으로 추구해야 할 상위목표(super-ordinate goal)를 제시함으로써 갈등을 완화시킬 수 있다. 셋째는 적은 자원에 공동으로 의존하는 행동주체들이 서로 더 많은 자원을 차지하려고 갈등을 일으킬 때 자원을 증대시키는 방법이 효과적이다. 넷째는 갈등을 야기할 수 있는 의사결정을 보류하거나 갈등상황에 처한 당사자들이 접촉을 피하도록 하는 것이나 갈등행동을 억압하는 것 등과 같이 회피하는 방법이다. 다섯째는 갈등 당사자들의 차이를 호도하고 유사성이나 공동이익을 강조함으로써 갈등을 완화시키는 방법이다. 여섯째는 공식적인 권한을 가진 상사가 명령에 의해 부하들의 갈등을 해소시키는 방법이다. 마지막으로 강력한 압력을 가함으로써 갈등을 해소하는 방법이다.

4. 갈등의 유형과 성경적 관리

(1) 갈등의 이해

성경은 사도행전 6장 1절에서 구제를 하되 원망 없이 하라고 가르쳐 주고 있다. 원망하면서 구제하는 것은 바람직하지 않다는 의미이다. 원망이란 남과 비교하여 볼 때 자신의 관리에서 실패하였으므로 일어나는 감정이다. 따라서 원망을 하지 않고 현실을 이겨나가는 것이 중요하다.

시편16편 6절 내게 줄로 재어준 구역은 아름다운 곳에 있음이여 나의 기업이 실로 아름답도다라고 한다. 자신에게 주어진 현실이 다른 사람에게 주어진 현실보다 아름답다는 생각을 가질 때 원망은 없어지는 것이다. 그러므로 남을 구제하므로 자신의 기쁨을 느낄 수 있는 사람이 참다운 그리스도인 일 것이다. 그러면 어떻게 하여야 자신에게 주어진 기쁨의 현실을 잘 관리할 수 있겠는가? 먼저 자신의 마음에 품고 있는 옛사람의 속성을 벗어야 한다. 베드로는 예수님의 제자가 되어서도 가슴 속에 칼을 품고 다녔다.

그래서 마태복음 26장 51절에 겟세마네 동산에서 유대병정들이 예수님을 잡으러 왔을 때 베드로는 품에서 칼을 빼서 대제사장의 종의 귀를 베었다. 결국 베드로는 겉으로는 예수님의 수제자인 척 하였지만, 옛 사람의 속성을 버리지 못하고 가슴속에 칼을 품고 예수님을 따라 다니면서 예수님이 겟세마네 동산에서 기도하실 때, 그는 잠을 잘 수밖에 없었고, 예수님이 잡혀서 심문을 받으실 때 그는 세 번이나 주님을 모른다고 부인하였다. 결국 그는 옛사람의 속성을 버리지 못하였으므로 주님을 따르는데 실패하였다. 물론 그 후 부활하신 예수님을 만나고 난 후 그는 완전히 변화된 사람으로 거듭나게 되었다.

오늘날 현대 문명 속에 살고 있는 우리들도 마음 한 구석에 깊이 숨겨둔 '그럴 수는 없지'라고 하는 원망의 칼을 품고 있는 한 우리는 그리스도의 제자로서 실패할 수밖에 없다. 겉으로는 목사, 장로, 권사, 집사 인척 하지만 진정한 주님의 제자가 아닌 것이다.

자신 속에 감추어져 있는 원망과 불평, 시기와 질투는 눈빛으로 나타난다. 눈은 입만큼 말한다는 사실을 기억해야 한다. 이러한 옛사람의 속성들은 사람과의 갈등, 환경과의 갈등 그리고 자신과의 갈등을 부추기는 원인이 된다. 때로는 갈등이 사람들에게 긍정적인 측면도 있다. 파스칼은 말하기를 사람은 생각하는 갈대라고 하였다. 이것은 분명히 인간은 갈등을 통하여 성숙하여 간다는 것을 의미한다. 그러나 갈등에서 갈등으로 끝나는 것은 무의미하다.

갈등을 통하여 행복을 만들 수 있어야 할 것이다. 존 밀턴도 실낙원을 먼저 저술하지 않았다면 복락원을 저술할 수 없었을 것이다. 우리들도 '그럴 수는 없지'라는 원망을 통하여 '그럴 수도 있지'라는 용서와 이해를 얻는다면 분명 원망과 갈등은 더 좋은 결실을 우리에게 안겨 줄 것이다. 사람과의 갈등은 동일한 사건을 두고 서로가 생각하는 시각차이 때문에 일어날 수 있다. 예를 하나 들어 보겠다.

어떤 중국식당에 음식을 둥근 탁자 위에 올려놓고 손님들이 빙글 빙글 탁자를 돌리면서 손님의 취향에 맞는 음식을 받고 있었다. 그때 어떤 사람이 잘못하여 접시를 깨뜨리며 음식을 엎질렀다. 그 탁자에 둘러앉은 교인들의 반응은 각각 서로 달랐다 (롬12:1~8).

예언(prophesying)의 은사를 가진 자는 말하기를 '내가 그럴 줄 알았다'라고 하였으며, 섬김(serving)의 은사를 가진 자는 주워 담으며 도왔고, 가르침(teaching)의 은사를 가진 자는 좀 더 탁자 사이를 좁게 하여 발에 걸리지 않도록 하여야 한다고 앞으로 어떻게 해야 할지를 가르쳤다.

그리고 권위(encouraging)의 은사를 가진 자는 '다음부터는 더욱 조심하세요.'라고 하였고, 구제(contributing)의 은사를 가진 자는 '그 접시 얼마요?'라고 하였으며, 다스림(leadership)의 은사를 가진 자는 교통정리하고 청소하며 사태를 수습하였고, 긍휼(mercy)의 은사를 가진 자는 '다치지 않았소?' 라고 반응하였다.

서로의 반응이 달랐는데 자기의 주장이 강하면 서로가 갈등을 일으킬 수 있다. 우리는 사도행전 15장 36~41절에서 바울과 바나바의 갈등을 볼 수 있다. 바울은 사역중심적인 생각을 가졌고 바나바는 인물 중심적인 생각을 가졌으므로 서로가 갈등을 일으켰다. 그러나 성경은 가르치기를 "하나님을 사랑하는 자 곧 그의 뜻대로 부르심을 입은 자들에게는 모든 것이 합력하여 선을 이루느니라" (롬8:28)라고 하였다. 하나님께서 갈등을 허용하신 것은 사실이지만 갈등을 만드신 것은 아니다. 나중에 그것까지도 이겨서 협력하여 선을 이루게 하신다.

(2) 갈등의 순환과 처리

고대 사사시대의 이스라엘 민족의 역사를 보면 갈등이 반복되었다. 범죄를 통하여 이방인의 침략을 받고, 그리고 고난을 당하면서 하나님께 부르짖고, 그러면 하나님께서는 사사를 일으켜서 다시 회복시켜 주셨다. 이러한 갈등의 순환과정은 한 개인에게도 마찬가지로 적용되고 있다.

갈등이 발생하면 감정적으로 전개되고, 다음에는 행동적으로 전개되며, 다음에서 서로가 대치하는 국면에 치닫게 되는 반응을 나타낸다. 그러나 이 과정이 계속적으로 반복되어 나선형으로 확대되면 이것은 더 큰 문제를 야기하게 된다. 그러나 갈등의 발달과정 중 어느 시점에서 더 이상 나아가지 않도록 중지시키는가 하는 것이 중요하다. 뿐만 아니라 갈등을 어떻게 처리해 나가는가 하는 방법도 중요하다. 갈등의 처리 유형을 살펴보면 다양하다.

① 도피형 (거북 스타일)

　이 유형의 사람은 결심을 잘 뒤집어 버리는 성격이다.

　-의도 : 나는 이런 일로 고통당하고 싶지 않다.

　-행동 : 갈등 대상으로부터 슬그머니 피한다.

　-태도 : 마음속에 분노가 있고, 해결되지 않는 상처가 있다.

　-결과 : 상황만 모면하는 것이지 문제는 계속 존재한다.

② 공격형(상어 스타일)

　이 유형은 의지가 굳어서 꺾이지 않는 성격이다.

　-의도 : 어떤 대가를 지불하고도 해결 되어야 한다.

　-행동 : 수단과 방법을 가리지 않는다.

　-태도 : 공격적이어서 공격이 최선의 방어로 생각한다.

　-결과 : 문제는 해결하지만 그 과정에서 상처를 남긴다.

③ 적응형(아기 곰 스타일)

　이 유형은 조금 참다가 뒤집고 마는 성격이다.

　-의도 : 어떤 경우에도 인간관계는 보존되어야 한다.

　-행동 : 자신이 먼저 사과한다.

　-태도 : 나는 왜 이럴까? 라고 생각하며 자학적이다.

　-결과 : 인간관계를 보전하지만 자기 안에 상처가 남는다.

④ 타협형(여우 스타일)

　이 유형은 자기 생각이 절대적인 것처럼 생각한 나머지 다른 사람의 의견은 마음에 들면 들고 마음에 안 들면 목이 달아나도 안 듣는 성격이다.

　-의도 : 너도 손해보고 나도 손해보고 해결하자.

　-행동 : 흥정한다.

　-태도 : 타협적인 태도이다.

　-결과 : 문제는 해결되지만 양자는 약간의 불만이 존재한다.

⑤ 협력형(부엉이 스타일)

　이 유형은 서로 서로 승리하자는 성격이다.

　-의도 : 인간관계도 보존하고 문제해결하자.

　-행동 : 합의점을 도출한다.

　　-태도 : 사람을 공격하지 말고 문제를 해결하자.
　　-결과 : 상대방이 만족한다.
　이러한 유형의 갈등해결 방법들은 '최선의 형태는 있어도 최고는 없다'라고
하는 공통점이 있다. 그래도 성경적으로 살펴보면 '항복이 행복이다'라는 결론
이 나온다. 예수님께서도 갈등이 야기될 때, 피할 때도 있었고, 타협할 때와 관
철할 때가 있었다. 그때마다 갈등해결의 형태를 달리하여 왔다.

제 2 절 성격(Personality)관리

여유 있는 삶

　　두 진영 모두 손쉬운 승리를 얻기 원했고, 덜 근본적이고 덜 놀랄만한 결과를
찾았습니다. 양쪽 모두 똑같은 성경을 읽으면서 같은 하나님께 기도했고, 다른 쪽
을 이길 수 있는 하나님의 도우심을 간구했습니다. 다른 사람들의 얼굴에 흐르는
땀으로부터 자신들의 빵을 쥐어 짜내는 일을 감히 공평하신 하나님께 도와달라고
기도하는 것은 이상한 일일 것입니다. 하지만 우리가 심판받지 않기 위해 다른 사
람들을 심판하지 맙시다. 양쪽 모두의 기도가 응답될 수는 없었습니다. 그 어느 쪽
의 기도도 완전하게 응답받지는 못했습니다. 하나님께서는 그 자신의 목적을 갖고
계셨습니다. 바로 이 말씀입니다. 실족케 하는 일들이 있음을 인하여 세상에 화가
있도다. 실족케 하는 일이 없을 수는 없으나 실족케 하는 그 사람에게는 화가 있
도다. (마태복음 18장 7절).

　　미국 제 16대 대통령 아브라함 링컨의 취임 연설문 중에서 (1865년 3월 4일)

---

1. 성격의 정의

　성격이란 말은 원래 라틴어의 'personare'에서 유래되었는데, 'personare'는
per(through, ~을 통하여)와 sonare(speak, 말하다)의 합성어 로 무대에서 배

우가 쓰는 가면이나 탈을 뜻한다. 그러므로 이 말이 처음에 의미하는 것은 거짓 모양이고, 눈에 나타나기는 하지만 속이는 것이다.

이후 'personare'는 가면이라는 뜻에서 점차 변화하여 로마 시대에는 배우 그 자신, 즉 고귀한 성질을 가진 개인을 의미하는 말로 사용하였다. 그러나 오늘날에 와서는 다른 사람에게 준 인상이나 가면으로 보는 것이 아니라, 그 가면 뒤에 숨겨져 있는 것, 즉 타인과 구별할 수 있는 인상 전체를 뜻하는 말로 사용하게 되었다.314)

성격의 정의에 대해서는 심리학자들의 나름대로의 정의는 많으나 보편적으로 받아들여지는 대답을 찾기는 어렵다. 지난 40여 년간 가장 자주 사용하는 성격의 정의는 올포트(Gordan W. Allport)의 정의인데 그는 "성격이란 환경에 대한 개인의 독특한 적응을 결정하는 정신-물리적(psycho-physical) 제 조직의 역동적 체제"315)라 하였고, 호제트(R. M. Hodgetts)는 "성격은 사람들 간에 유사성과 차이성을 결정하는 비교적 안정적인 일련의 특성과 경향성이다"316)라고 하였다.

이처럼 사람마다 성격에 대한 나름대로의 정의를 가지고 있듯이 심리학자들도 각자의 입장에 따라 성격을 달리 정의하고 있다. 그러나 우리는 편의상 이들 정의를 토대로 하여 성격을 "환경에 대한 개인의 적응을 특징짓는 비교적 일관성 있고 독특한 행동양식과 사고양식"317)이라고 정의할 수 있다.

한편으로 성격(personality)은 기질(temperament)과 구별된다고 볼 수 있는데 성격은 기질을 동반하면서 후천적 성품(character)으로 발전하여 나아갈 수 있는 동(動)적인 요소를 많이 지니고 있다. 그러나 기질은 유전적 혹은 선천적인 요인을 많이 지니고 있으며 주로 정(靜)적인 면을 내포하고 있다고 볼 수 있다.

그러나 이 둘은 서로 상호보완적이지 서로 배타적으로 분리되는 것은 아니다. 따라서 크렛치머(E. Kretchmer)에 의하면 '성격'이란 인간의 정동적, 의지적 반응의 총체이고, '기질'이란 개인의 생체 속에서의 생리적 기초와 밀접하게 관계되는 성격의 하부구조인 것이라고 하였다. 올포트(G. Allport)에 의하면

---

314) Fred Luthans, *Organizational Behavior*, McGraw-Hill, Inc., 1989, p.117.
315) Gordon W. Allport, *Personality: A Psychological Interpretation*, New York: Holt, Rinehart & Winston, 1937, p.48.
316) R. M. Hodgetts, *Modern Human Relations at Work*, Dryden Press, 1984, p.80.
317) 이수원 외, 「심리학-인간의 이해」(서울: 정민사, 1993), p.255.

'기질'이란 선천적인 생물학적 결정인자와 밀접히 관련되어 있어서 성장한 후에도 별로 변하지 않는 성향(disposition) 이라고 하였다. 이러한 관계를 도식으로 표현하면 다음과 같다.

C (Character) = ∫ P (Personality) + T (Temperament)

이런 맥락에서 성격은 믿음의 조상들에게는 아주 중요한 행위로 나타났다. 아브라함과 이삭, 그리고 야곱의 성격은 많은 차이가 있었지만 하나님은 그들의 각자 다른 성격들을 통하여 그들의 행위에 역사 하셨다. 비록 이들 뿐만 아니라 사도들, 즉 베드로와 요한의 성격도 분명한 차이를 보이고 있다. 그러나 예수님은 그들을 모두 복음의 도구로 사용하셨기 때문에 성격에 관한 연구는 교인의 인적자원관리를 위하여 중요한 요인이 된다고 볼 수 있다.

2. 성격의 결정요인

초기의 성격연구에 있어서는 개인의 성격이 유전(heredity)의 결과냐 아니면 환경의 결과이냐가 주요 논쟁이 되었다. 즉 성격이 태어날 때부터 정해지는가 아니면 자신의 환경조건과의 상호작용의 결과인가 하는 것이다. 그러나 여기서 분명한 것은 성격은 단순한 흑백논리의 대답이 아니라는 것이다. 성격은 이들 두 가지의 상호결합의 결과이다. 또한 최근에는 제3의 요인인 '상황(situation)'에 대하여 관심이 고조되고 있다. 따라서 성인의 성격은 유전과 환경의 결정체라고 일반적으로 간주되고 또 이와 더불어 상황적 조건도 고려되고 있다.[318]

또한 레윈(K. Lewin)은 '행위(B: Behavior)=∫(P: Personality × E: Environment)'이라는 도식을 통하여 성격의 결정요인을 설명하였고[319], 던칸 (W. J. Duncan)은 생물적 존재와 경험의 종합이라고 성격의 결정요인을 설명하고 있다. 또한 헤리겔(D. Hellriegel)은 유전, 문화, 가족, 집단 구성원, 그리고 생활경험을 들고 있다.[320] 여기에서 대표적인 요인으로 분류할 수 있는 유

318) S. P. Robbins, *Organizational Behavior Concepts, Controversies, and Application, 2nd ed.*, Englewood Cliffs, N. J.: Prentice-Hall, 1983, p.73.
319) K. Lewin, *Field Theory in Social Science*, Cartwright (ed.), Harper&Row.1957, p.54.

전, 상황, 경험에 관하여 고찰하면 다음과 같다.

(1) 유전(heredity)

몸의 형태, 성별, 근육 및 신경계 등은 주로 유전에 의하여 결정된다. 또한 유전의 결과로 사람은 학습의 잠재력, 생리적 순환, 운동시간, 좌절에 대한 내구성 등을 변화시키고 있다. 이와 같은 특징이 욕구와 기대치에 영향을 미치게 된다. 또한 타인과 비교되는 외모와 육체적 능력도 성격형성에 영향을 미친다.

(2) 상황(situation)

상황은 성격형성에 있어서 유전과 환경의 효과에 영향을 미친다. 개인의 성격은 일반적으로 안정적이고 지속적인 반면에 다른 상황에서 변화할 수 있다. 다른 상황에서 다른 요구는 개인의 성격의 다른 면을 요구한다. 따라서 우리는 고립상태에서 성격을 보지 말아야 한다.

상황이 개인의 성격에 영향을 미치게 될 것이라는 것은 매우 논리적으로 보일지라도, 우리가 상황들이 다양한 유형들의 영향이라고 말하는 일목요연한 분류도식은 지금까지 대두되지 않고 있다. 분명히 우리는 체계적으로 연구된 상황이론을 갖지 못하고 있다. 하지만 우리는 어떤 상황들이 성격에 영향을 미치는 데 있어서 다른 상황들보다 더 적절한가를 알고 있다. 더군다나 어떤 세대에도 성격으로 인한 중요한 개인의 차이는 있는 것이다.

(3) 생활경험(life experience)

다른 성격결정 요인과 더불어 각 개인의 생활은 특별한 사건과 경험에 대하여 독특한 반응을 나타낸다. 이러한 사건과 경험은 성격형성에 있어서 중요한 요소이다. 예를 들면 자존심(self-esteem)의 발달은 다른 사람에게 유익한 감정과 중요한 영향을 미치는 명백한 능력, 그리고 기대와 목표를 성취할 기회를 포함하는 일련의 경험에 의존한다. 따라서 다른 사람과의 일련의 복잡한 사건과 상호작용은 성인 성격에 있어서 자존심의 수준을 높이도록 한다. 물론 생활경험과 환경은 다른 성격 결정요소와 함께 일어난다.[321]

---

320) Don Hellriegel, John W. Slicum, Jr., and Richard W. Woodman, *Organizational Behavior*, 5th ed., New York: West Publishing Co., 1989, pp.39~42.

3. C. G. Jung의 성격유형론

(1) 배경

정신분석학은 심리학 보다 정신의학 분야에서 시작되었다고 볼 수 있는데 정신의학은 인간이해의 관점에서 인간문제를 치료하는 방법인 것이다. 이 분야에서 S. Freud는 큰 영향을 미쳤는데 그는 주장하기를 인간행동의 많은 부분은 숨겨진 동기와 무의식적 충동에 의해 지배되고 있으며 인간 각자의 마음에는 결코 자라지 않는 어린이, 즉 본능 또는 원초아(id)가 도사리고 있어서 인간의 성인적 요소, 즉 자아(ego)와 초자아(superego)가 이러한 본능 또는 원초아(id)를 통제 하려고 하나 결코 완전히 통제하지 못하므로 가끔 인간은 비도덕적, 비이성적 충동을 유발할 수 있다는 것이다.

그러나 Freud 는 이러한 무의식적 감정이나 충동이 항상 성적인 속성에 존재하고 있다고 본다. 예를 들면 어린 아들이 자기 어머니를 욕망의 대상으로 삼으며, 어머니의 남편인 아버지를 자기의 경쟁자로 적대시한다고 그는 주장하였다. 여기에 반발하여 신 정신분석학파 (Neo-Freudian Psychoanalysis)가 생기게 된 것인데 그 중의 주역이 A. Adler와 C. Jung이라고 볼 수 있다.

이들은 무의식적 동기와 유아기 경험의 중요성을 인정하면서 성적인 요소보다 대체로 사회적. 문화적 요소를 강조한다. Adler는 특히 자기보다 '큰 사람'에게 느끼는 열등감을 극복하는 과정이 성격형성에 중심이 된다고 믿었으며, Jung은 인종적. 역사적 및 종교적 충동에서 이룩되는 자기실현(self-realization)을 강조했다. C. Jung의 특징은 프로이드가 비정상인의 정신기능에 집중하였는데 비해 그는 정신적 환자로부터 정상인에게까지 확대시켰다는데 있다.

(2) Freud 와 C. Jung의 차이점

① 프로이드는 지나치게 병리적이고 결손적인 측면에서 인간을 설명한 반면 융은 정상적인 인간의 마음을 다루었다.

② 프로이드는 생물학적인 리비도(libido)를 주장하여 오직 성적인 충동으로 리비도를 해석하지만 융은 상징적이고 종교적인 원천과 같은 비 생물적인 모든 정상적

---

321) S. P. Robbins, *op. cit.*, p.75.

인 에너지를 포함하는 생명력으로 해석하였다.

③ 프로이드는 극단적인 인과론과 목적론을 주장하였지만 융은 비인과론적인 동시성 원리를 주장하였다.

④ 프로이드는 방어기제를 주장하지만 융은 창조적인 자아실현을 더욱 중요시하였다.

⑤ 프로이드는 생물학적, 환원적, 기계론적인 접근 방법을 주장하였지만 융은 정신현상의 의미와 독창성을 중시하는 현상학적 접근방법을 주장하였다.

(3) MBTI(Myers-Briggs Type Indicator) 이론

MBTI는 C. G. Jung의 성격유형 이론을 근거로 Catherine C. Briggs와 Isabel Briggs Myers가 1941년 이후 계속적으로 연구 개발한 인간이해에 아주 유용한 도구라 할 수 있다. C. G. Jung은 그의 저서 「Psychological Types」에서 정신적인 기능을 8가지 기본 유형, 즉 E(외향성)와 I(내향성), S(감각형)와 N(직관형), T(사고형)와 F(감정형), J(판단형)와 P(지각형)로 보고 있으며, 주요유형으로는 네 가지 유형을 선택하고 있는데 그것은 ST형, SF형, NF형, NT형이다.

이 네 가지의 기능은 한 가지의 주요 유형에 대해 나머지 셋은 보조 기능을 가지고 있다고 보며, 이 정신적인 기능에 태도 기능을 추가하여 16개의 성격유형 (ISTJ, ISFJ, INFJ, INTJ, ISTP, ISFP, INFP, INTP, ESTP, ESFP, ENFP, ENTP, ESTJ, ESFJ, ENFJ, ENTJ) 으로 나누고 있다. 이것을 자세히 살펴보면 <그림 11>과 같다.

<그림 11> MBTI 성격유형도

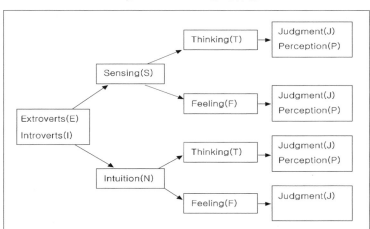

MBTI의 8 가지의 기본유형과 4가지의 주요유형을 살펴보면 다음과 같다.

① 성격의 8 가지 기본유형

-외향 Extrovert(E) : 외부세계의 사람과 외부환경에 관심을 추구
-내향 Introvert(I) : 자신의 내부세계에 더욱 관심을 추구
-감각 Sensing(S) : 가장 가능성 있는 현실적 경험을 추구
-직관 Intuition(N) : 가장 가까이 접근할 수 있는 가능성과 상상 추구
-사고 Thinking(T) : 객관적인 논리에 따라 합리적인 질서와 계획추구
-감정 Feeling(F) : 주관적인 가치들에서 조화를 따른 합리적 질서 추구
-판단 Judgment(J) : 삶을 규제하기 위하여 계획되고 질서 있는 생활을 추구
-지각 Perception(P) : 외부세계를 접할 때에 신축성 있고 즉흥적인 대처를
추구

② 성격의 4가지의 주요유형

- ST형 : 주어진 상황의 사실성에 주로 관심을 가진다. 이들에게 있어서 현
  실이란 감각에 의해서, 즉 보고, 듣고, 만지는 것 등에 의해서 직접 관찰되
  고, 수집되고, 증명될 수 있는 것이다.
  ST형이 신뢰하는 판단의 종류는 사고이기 때문에 이들은 논리적 분석에
  의해, 즉 원인에서 결과로, 전제에서 결론으로 추리하는 단계적 과정을 밟
  아 의사결정을 한다. 주로 이러한 성격유형의 사람은 갈등을 대면
  (confronta- tion), 즉 당사자들이 갈등을 공개적으로 인정하고 생산적인
  해결방안을 공동으로 강구하는 방향으로 노력하는 방법을 선택할 것이다.

- SF형 : 관찰될 수 있는 현실에 관심을 가진다. SF형이 신뢰하는 판단의 종류
  는 감정이기 때문에 인간미에 의해 의사결정을 하며, 무엇이 자신과 또한 다
  른 사람에게 얼마나 중요한가를 저울질한다. 고도로 발달된 그들의 관찰력이
  사람들에게 적용되면 다른 사람의 반응과 감정에 특히 민감하게 된다. 이러한

성격유형의 사람은 주로 갈등의 해소방안으로 완화(smoothing), 즉 갈등 당
사자들의 차이점을 제시하고 공동의 이해를 강조하는 방법을 선호할 것이다.

- NF형 : 인간미를 가지고 의사결정을 하지만, 직관을 선호하기 때문에 그들
의 관심은 사실이 아니고 가능성에 있다. 새로운 사업이나 아직 나타나지는
않았지만 나타나게 할 수도 있는 것이나, 아직 알려지지 않지만 알려지게
될지도 모를 새로운 진실이나 또는 특히 인간에 관한 새로운 가능성들에 대
해 매력을 느낀다.
이러한 성격유형의 사람은 갈등해소방안으로 타협(compromising), 즉 당
사자들이 대립되는 입장은 부분적으로 양보하고 동의적인 입장을 강화하려
는 방법을 강구할 것이다.

- NT형 : 가능성에 관심을 갖고 있지만, 사고를 선호하기 때문에 그들은 객
관적이며 논리적인 기준을 적용함으로써 가능성을 다룬다. 분석적인 기술
을 활용할 수 있는 직업에 매력을 느낀다. 그들이 택한 가능성은 논리적이
며 기술적인 것일 경우가 많다. 이러한 성격유형의 사람은 갈등해소를 적응
(accommodating) 혹은 완화(smoothing)의 방법으로 강구 하게 될 것이다.

4. 기질의 관리

여러 가지 개인차 중에 아마도 성격 면의 차이가 관리상 가장 많은 영향을 미
칠 것이다. 인간의 성격에 관하여는 오래 전부터 여러 학자들에 의하여 많은 연
구가 이루어져 왔으며 성격의 차이를 분류하는 방법도 여러 가지가 있다.
일찍이 희랍의 의학자인 히포크라테스(Hipokrates)는 기원전 400년경에 인체
내의 체액을, 혈액, 흑담즙, 황담즙, 그리고 점액으로 네 가지로 분류하고, 이 중
어느 체액이 우세한가에 따라 성격이 구분된다고 하였다. 그래서 사람의 기질을
다혈질(sanguine), 점액질(phlegmatic), 담즙질(choleric), 우울질(melancholic)
의 네 가지로 분류하고 그러한 기질과 성격상의 관계를 <도표 20>과 같다.

<도표 20> 기질별 성격

기 질 형	특　　　성	체 액
다 혈 질	-온정적이다; 정서적 흥분이 빠르고 쾌활하다.	혈 액
우 울 질	-쉽게 우울해진다; 정서적 흥분이 느리고 깊고, 불쾌하며, 조용하다.	흑담즙
담 즙 질	-쉽게 노한다; 정서적 흥분이 빠르고 강하며, 불쾌하다.	황담즙
점 액 질	-냉담하다; 정서적 흥분이 느리고 약하며, 쾌활하고 조용하다.	점 액

*자료: E. R. Hilliard, *Introduction to Psychology*, New York: Harcourt' Brace and Co.,1952, p.409.

　이러한 성질에 따른 성경적인 접근은 어떻게 하여야 하는가? 주로 서로의 그 성질이 정반대가 되는 유형으로 접근을 시도하는 것이 보다 효과적일 것이다.
　첫째, 다혈질인 경우는 외향적이면서 자신의 단점을 잘 드러내 보이고 인정이 있고 온정적이고 친밀감이 있으며 흥분을 잘한다.
　또한 말을 잘하고 거리낌이 없지만, 불안정하고 성급하며 충동적이므로 일을 잘 저지르는 행동인이다. 뿐만 아니라 의지가 약함으로 압력을 잘 이기지 못한다. 이러한 약한 의지력은 현재의 유혹 아래서 과거에 한 약속이나 열심을 잃게 만들며 신용이 없게 만들 경우도 있고 분석적인 능력이 부족함으로 자기가 무슨 기질인지를 잘 모르는 유형이다. 주로 교회 생활에서 볼 때 이 유형은 은혜도 잘 받고 은혜를 잘 잊는 성도의 경우인데 이때에 심방자는 주로 성경공부를 통하여 믿음의 체계화를 위한 노력이 필요할 것이다.
　둘째, 우울질인 경우에는 우울하고 조용하며 재능이 풍부하고 예민하다. 특히 모든 기질 중에서 가장 풍요한 기질로서 분석적이고 이상적이면서도 완전주의자이다. 또한 자기희생적이며 신실한 친구나 남들 앞에 나서지 않으며 두드러져 보이지 않는다. 이러한 특별한 재능에 비해 복잡한 여러 가지 약점 때문에 그 재능이 감춰질 수 도 있다. 즉 부정적이고 염세적이며 비현실적, 비사교적, 비판적이고 자기중심적이며 복수심이 강하다는 단점을 갖고 있다. 이러한 유형의 성도들에게는 성경공부를 하되 특히 진취적인 말씀을 위주로 하여 공부하여 자신의 재능을 살릴 수 있는 방안을 모색하면 더욱 효과적일 것이다. 다시 말하면 출애굽기, 사도행전 등을 통한 말씀을 공부하여 자신의 비현실적이고 염세적인 사고를 바꿔보는 것도 좋을 것이다.

셋째, 담즙질인 경우에는 의지가 강하고 마음이 굳고 자립심이 강하지만, 그 반면에 쉽게 화를 내고 현실적이며 낙천적이고 단호하며 자신감이 강하고 감성에 무딤으로 접근이 어렵다. 고집은 굳은 의지라고 말할 수 없다. 그것은 무식한 고집이다. 어쨌든 이러한 기질을 지닌 사람들은 대체적으로 의지가 약한 편이다. 좋은 습관을 오래 유지하는 사람들은 많지 않다.

그렇기 때문에 예수를 믿으면 우리의 약한 점을 성령이 고쳐 주시고 좋은 점은 도와서 더 잘하게 한다. 이때에는 좀 재미있는 성경이야기부터 하여 접근하는 것이 효과적일 것이다. 예를 들면 야곱과 에서의 이야기, 삼손, 다윗과 골리앗 등과 같은 인물 중심의 이야기를 통하여 흥미를 느끼게 하여 주고 좀 더 온화한 예수님의 행적들을 가르쳐 주는 것이 필요하다.

넷째, 점액질의 경우에는 조용하고 태평하고 보수적이면서도 신뢰성이 있으며 재치 있는 지도자 혹은 외교관으로 적합하지만, 반면에 겁이 많고 우유부단하며 관망자로 쉽게 동요하지 않는다. 특히 이 유형은 쌀쌀하기 때문에 딱딱한 성경공부나 감성적인 기도를 요구하기보다는 오히려 행동으로 나타내어 주는 것이 필요하다. 다시 말하면 과일을 함께 나누면서 대화를 한다든가 혹은 김치라도 건네주면서 대화의 고리를 풀어 나가는 것이 바람직하다고 볼 수 있다.

한편 이러한 성격과 기질로 인하여 나타난 미래사회에 투시되는 인간상을 살펴보면 다음과 같다.
① 아폴로(Apollo)적 인간상에서 강조하는 것은 인간은 이성적 동물이라는 것과 인간에게 중요한 것은 내적 인격이라는 것이다.
② 프로메태우스(Prometheus)적 인간상에서는 인간은 도구를 쓰는 동물이라는 점이다.
③ 디오니서스(Dionysus)적 인간상에서는 인간은 감정적 동물이므로 즐거움의 가능성을 최대한 발휘한다는 것이다.
④ 아틀라스(Atlas)적 인간상은 지구와 세계 인류를 걱정하는 의무와 각성을 촉구한다는 것이다.

목회자도 'star' 형과 'servant' 형이 있다. 전자의 경우 강단에서 'showmanship' 과 함께 배우의 역할을 하고 성도는 관객으로서 웃다가 끝난다. 그러나 후자의 경우는 성도들에게 깊은 감동을 주고 영원히 기억 속에 남게 만든다. 독수리가 날개가 무겁다고 잘라버리면 날 수 없다.

목회자도 십자가가 무겁다고 팽개쳐 버리면 제자가 될 수 없다. 교회 일은 하려면 한이 없고 하지 않으려면 아무 것도 할 일이 없다. 즉 사명감이 없이는 목회를 할 수 없다는 것이다.

성경의 달란트 비유에서 주인이 달란트를 맡길 때, 5 달란트와 2 달란트와 1 달란트를 재능에 따라 맡겼다. 그러나 남기라고 말하지는 않았다. 중요한 것은 교회 일을 맡겼다면, 그 교회가 10명이든 100명이든 1000명이든 그 맡긴 양무리를 충성을 다해 보살펴야 한다. 이것이 사명이다. 주님은 베드로에게 양을 먹이라, 양을 치라고 하셨지, 많은 양을 먹이라 많은 양을 치라고 하지 않으셨다. 단지 수량의 관계는 주님의 손에 달려있는 것이다. 적게 맡겼다고 불평 말고, 많이 맡겼다고 교만하지 말며, 오직 종은 주인에게 충성을 다하는 것이 사명이란 사실을 기억할 필요가 있다.

여유 있는 삶

나눔과 여유

하나님은 우리에게 두개의 손을 주셨다. 하나는 받는 손이고 다른 하나는 베푸는 손이다. 우리는 저장하는 창고가 아니라 베푸는 통로로 지음을 받았다 -빌리 그래함 -

나눔은 행복의 원천이고, 움켜쥠은 불행의 전조입니다. 사람이 임종할 때 가장 후회하는 3가지는 '좀 더 참지 못하고, 좀 더 감사하지 못하고, 좀 더 나누지 못한 것' 이라고 합니다. 나중에 여유가 생길 때 나누겠다고 하면 평생 여유는 찾아오지 않고, 현재의 처지에서 힘써 나누면 나눌 수 있는 여유가 더 생기게 됩니다.

제 3 절 스트레스(Stress)관리

여유 있는 삶

바다에서 가장 무서운 고기는 아마 상어일 것입니다. 가장 난폭한 사냥꾼인 상어는 무서울 정도의 힘과 강인함으로 눈앞의 먹이 감을 결코 놓치지 않아, 물고기에게는 공포의 대상이라는 것을 알고 있을 것입니다.

그러나 상어에게는 남모르는 고통이 있습니다. 태어날 때부터 물에 떠 있는 다른 고기와는 달리, 상어의 몸에는 공기주머니, 즉 '부레'가 없기 때문입니다. 그래서 가라앉지 않기 위해서는 태어나면서부터 죽을 때까지 한 순간도 쉬지 않고 꼬리를 저어야 합니다. 그렇지 않으면 바다 밑으로 가라앉고 맙니다.

이처럼 남보다 탁월하다는 것은, 보이지 않는 자기의 약점을 보강하려는 노력이 있기 때문입니다.

미국의 유명한 럭비 팀인 뉴 오를레앙 세인즈팀에 '톰 템프시'라는 선수가 있습니다. 그 선수는 63야드라는 먼 거리에서 필드 골을 성공시켜 세상을 놀라게 했습니다. 그러나 더욱 놀라운 일은 그가 발가락이 없는 불구로 그와 같은 놀라운 성과를 냈다는 사실입니다.

그는 태어날 때부터 한쪽 발의 발가락이 없었습니다.

신체가 정상적인 다른 선수들한테도 어려운 기록을 그는 해낸 것입니다.

신체적인 약점을 연습으로 극복했고, 또한 신기록을 이루었으니 그는 한 해에 두 가지 일을 해낸 용감한 사나이였습니다.

'톰 템프시'는 자신의 놀라운 기록에 대해 겸손해 하면서 '이 영광을 자신을 낳아준 어머님께 감사드린다.'는 말을 했답니다.

아무리 천성적으로 잘 타고 태어났을지라도 한결같이 우유부단하고 스스로 노력하지 않는다면 지금보다 더 나은 발전을 기대할 수 없는 것입니다. 그러나 좋지 않은 환경과 여건 속에서도 열심히 노력하고 수양하면, 탁월한 능력을 발휘할 수 있다는 것을 보여준 사람입니다.

1. 스트레스의 의의

(1) 어원적 정의

스트레스란 보통 불쾌한 것을 의미하는 것으로써, 사람들이 일상생활 에서 느끼는 각종 압박감을 설명할 때 사용하는 일반적인 용어이다. 그것은 교통혼잡이나 내일 아침까지 마쳐야 하는 서류작업에 따른 압박과 같은 상황을 묘사하기 위해 사용되기도 하고, 그런 상황에 의해 야기되는 감정상태, 즉 불안, 두려움이나 좌절 등을 기술하는 데 사용되기도 한다. 특히 목회자의 경우에 스트레스는 일상생활과 교인들로 인하여 많이 받게 된다.

일상적으로 사용하는 스트레스란 용어는 단순히 환경에 대한 개인의 상호작용으로서, 개인차와 심리적 과정에 의해 영향을 받는 적응적 반응으로 정의할 수 있다.322) 스트레스는 개인에게 지나친 심리적, 물리적 요구를 가하는 외부 환경적 행동, 상황이나 사건의 결과로써 발생하는 것이다.

다시 말해서 스트레스란 개인의 능력이나 자원한계를 벗어나는 위협적인 환경적 요구에 봉착한 개인이 경험하는 긴장상태로 정의될 수 있다.323) 또한 스트레스 연구의 아버지라고 일컫는 셀예(Hans Selye)는 스트레스 상태가 점차 명확해지는 생리적 반응을 일반적응증후군 (General Adaptation Syndrome: GAS)이라고 명명하였다.324)

따라서 스트레스가 일시적이고 그 정도가 세지 않다면, 대부분의 사람들은 스트레스의 영향을 금방 해소할 수 있을 것이다. 반대로 심각한 압력이 장기간 지속될 수도 있다.

이럴 경우에 문제가 일어나는데, 인간의 신체는 스트레스에 대처할 능력을 금방 다시 키울 수 없기 때문에 스트레스와 싸우는 동안 신체적, 심리적으로 약해지게 된다. 이런 상태가 소진(burnout)이다. 만성적으로 직무 스트레스에 직면해 있는 사람은 쉽게 소진의 대상이 되는데, 특히 각종 문제를 가진 사람들과 계속 상호작용을 해야 하는 직종에 종사하는 목회자, 경찰관, 교사, 사회복지사와 응급실 근무자들은 소진상태에 빠질 직업상의 위험이 크다.

사람들은 소진상태에 처하게 되면, 타인을 불평하고 자기의 과실을 타인의 탓으로 돌리고 쉽게 화를 낸다. 이런 소외감으로 인하여 사람들은 직장 혹은 교회를 그만둘까 생각하게 하며, 새로운 직업이나 교회를 선택하기 위해 기회를 찾게 되고 실제로 옮기는 사례가 발생한다.

---

322) John M. Ivancevich and Michael T. Matteson, *Organizational Behavior and Management*, Plano, Tex.: Business Publication, 1987, pp.6,8~9.
323) Harold W. Berkman and Linda L. Neider, *The Human Relations of Organizations*, Belmont, Calif.: Wardswork, Inc., 1987, p.343.
324) Dennis W. Organ and Thomas S. Bateman, *Organizational Behavior*, Boston, Ma.: Richard D. Irwin, Inc., 1991, p.370.

그러므로 교회조직의 입장에서 보면, 교회조직성원의 소진상태로 야기되는 결과인 결석, 교회이동, 불평, 등에 따른 비용적 혹은 심리적 손실을 보게 되므로, 교회조직성원들이 스트레스를 일으키는 교회의 상황에 잘 대처할 수 있도록 도움을 주는 스트레스 관리가 필요한 것이다.

(2) 생체학적 개념

생체학적인 개념에서 스트레스란 경고반응이라 번역되는 의학 혹은 생물학 용어이다. 생체에 해로운 자극이 가해지면 뇌의 특정 부위나 뇌하수체전엽에서 분비세포의 활동이 높아지고, 그에 따라 부신피질자극 호르몬(adrenocorticotropic hormone: ACTH)의 분비가 증가하며, 그 결과 혈액 속의 당질 코르티 코이드의 농도가 상승한다.

이 뇌하수체전엽・부신피질계의 기능 상승은 유해자극으로부터 생명을 지키고 유지하기 위해서는 불가결한 것이다. 캐나다의 내분비학자 셀예(Hans Selye)는 ACTH분비를 증가시키는 유해자극을 스트레서(stressor)라 정의하였다. 이것은 생체의 여러 기능에 변형을 생기게 한다는 뜻인데, 이와 같은 변형을 일으키는 것을 통틀어서 스트레스라 부르고 있다.

그 후 캐나다의 내분비학자 포티어는 유해자극이 작용하는 방식에 따라서 스트레스를 신경성 (소리・빛・통증・공포・번민), 체액성(독소・히스타민・포르말린 등) 및 이들 양자가 혼합된 형의 3종으로 크게 나누었다. 이러한 이상자극을 받으면 생체는 시상하부(視床下部) 뇌하수체전엽 부신 피질계의 활동을 높여 순환혈액 속에 부신피질호르몬인 당질 코르티코이드의 농도를 상승시켜 자기를 방어한다. 이때 스트레스는 그 종류에 따라 생체에 제각기 특이한 반응을 일으킴과 동시에 비특이적인 변화를 야기한다.

이 비특이적인 변화는 생체가 스트레스에 노출되었을 때 생체에 갖추어져 있는 방어기구를 자극하여 생체에 적응시킴으로써 생명을 유지하게 한다. 그러나 유해자극이 지나치게 강하면 적응 기능이 파탄되고 결국 피비(疲憊)에 빠져 죽게 된다. 이와 같은 일련의 반응 과정을 총괄하여 셀리에는 범적응증후군(汎適應症候群)이라 하고, 다음의 3기로 구분하였다.

제1기에는 두 시기가 있다. 처음에 스트레스를 받으면 생체는 강한 쇼크 상태(혈압저하・심장기능저하・골격근긴장・척수반사감약・체온저하・의식저하

등)에 빠진다. 이것이 쇼크기이다.

이어서 스트레스 자극에 의하여 시상하부로부터 부신피질자극호르몬이 방출되고, 이것이 뇌하수체전엽으로부터 ACTH를 일반 체순환으로 방출한다. 이 ACTH가 부신피질에 작용하여 부신피질호르몬의 하나인 당질 코르티코이드의 분비를 촉진한다.

이 시기를 '경고반응기'라고 하며 생체의 방어 메커니즘이 활동하기 시작하는 시기이다. 제2기는 제1기를 지나서 스트레스에 대한 생체 여러 기능을 유기적으로 재구성하여 스트레스에 견디고 적응하게 되는 시기로서 '저항기'라고 한다. 제3기는 스트레스가 더욱 지속되어 생체의 적응메커니즘에 파탄을 가져오고 생체 여러 기관이 협조적으로 기능하지 못하게 되어 생체의 항상성이 상실되는 시기로서 이 시기를 '피비기(疲憊期)'라 한다.

스트레스에 의해 자극된 시상하부 · 뇌하수체전엽 · 부신피질계의 활동으로 방출된 당질 코르티코이드는 ① 간엽조직(間葉組織)의 염증반응에 대해 세포의 리소좀막을 안정시키는 작용(항염증작용) ② 근육과 그 밖의 조직에서의 당신생작용 (糖新生作用) 및 간에 직접 작용함으로써 당신생에 관여하는 일련의 효소 합성에 활력을 주는 작용 ③ 그 밖의 호르몬, 예로 들면 갑상선호르몬 · 생장호르몬 · 성호르몬 · 인슐린 · 카테콜아민 등의 효과를 증강시키는 작용이 있다고 한다. 이와 같은 작용에 의해서 스트레스를 받은 생체 여러 기능의 변형은 정상상태로 돌아간다는 것이 셀리에의 주장이다.

그러나 그 후의 연구에서 셀예의 학설에는 문제점이 있다는 것이 밝혀졌다. 그것은 바로 내부 환경의 항상성 때문이다. 생체가 생존하는 주위나 외부의 환경은 변화가 매우 심하고 자극이 많은데도 불구하고 생체의 내부 환경은 항상적으로 유지되고 있다. 이 사실은 19세기 후반에 프랑스의 생리학자 베르나르에 의해 발견되었다. 이 내부 환경의 부동성(不動性)이야말로 생명을 유지하는 데 필요한 것이다.

이 내부 환경의 특성을 미국 생리학자 캐넌은 호메오스타시스 (恒常性)라 하였으며, 이것을 유지하는 메커니즘에는 시상하부 · 교감신경 · 부신수질계가 큰 역할을 하고 있음을 밝혔다. 이 계(系)를 자극하는 생리적 요인에는 감정의 격동, 통증 · 추위 · 산소결핍, 굶주림 · 격심한 근육운동 등이 있다. 이와 같은 인자가 스트레스가 되어 생체에 작용하면 시상하부 · 교감신경계가 자극되어 부신수질로부터 아드레날린 · 노르아드레날린이 혈액 속으로 방출된다.

이들 호르몬은 양자 사이에 약간의 차이는 있으나 함께 심장기능의 항진, 혈압상승, 골격근으로의 혈류증가, 혈당의 증가를 가져오고, 근육 활동에 필요한 에너지 공급, 지라(비장) 수축에 의한 순환혈류량의 방출 증가, 기관지 민무늬근의 이완에 의한 호흡기량의 증가, 입모(소름) 등의 현상을 일으킨다. 이와 같은 변화가 일어나기 때문에 생체는 비상사태를 만난 경우에도 생체를 방위하기 위해 가능한 한의 노력을 기울일 수 있게 되는 셈이다.

캐넌은 이와 같은 사실로 보아 생체가 비상사태에 직면하였을 때는 주로 교감신경 · 부신수질계의 활동에 의해서 생체를 위기로부터 방위할 수 있다고 생각하여 긴급반응이론을 전개하였다. 이 부신피질의 활동은 동물이 스트레스 상태에 놓여 있지 않은 경우에는 생명 유지에 필수적인 것은 아니지만, 스트레스 상태에 놓여 있을 때는 생명 유지에 필요한 것이다.

일반적으로 ACTH를 증가시키는 유해자극은 교감신경 · 부신수질계의 활동도 높인다. 이 ACTH와 아드레날린 · 노르아드레날린 이 카테콜아민과 어떻게 협동해서 작용하는지에 관해서는 분명하지 않은 점이 많으나, 혈액 속의 당질 코르티코이드가 카테콜아민에 대한 혈관의 반응성을 유지한다는 것은 확인되어 있다. 또 카테콜아민은 유리지방산을 혈액 속으로 유리시키는 작용을 촉진함은 물론 생체가 스트레스자극을 받아 긴급 상태에 놓였을 경우에는 에너지원으로서도 중요한 작용을 한다는 것이 밝혀졌다.

그러므로 스트레스를 일으키는 생체적 기능은 생태계에도 영향을 주고 있다. 스트레스와 그 적응증후군에 대한 견해는 동물의 개체군생태학에도 큰 영향을 미쳤는데, 미국의 크리스천은 들쥐 등 포유류의 개체 수 변동 기구를 셀리에의 스트레스학설로 설명하려고 하였다.

즉, 대 발생으로 인하여 먹이의 결핍, 살 곳의 부족, 경쟁 등 개체사이의 간섭이 많아지면 이것들이 스트레스로 작용하여 생식기능의 저하, 출생률의 저하, 사망률의 상승이 일어나서 개체수가 감소된다고 하였다. 이 학설에 그 후 여러 비판과 수정이 가해지고는 있으나, 오늘날에도 개체군의 동태를 해명하려는 가장 유력한 가설로 남아 있다.

(3) 성경적 개념

스트레스의 개념을 이해하면서 '스트레스는 왜 생기는가?'를 성경적 관점에서 살펴보고자 한다. 인간은 누구나 욕구(needs)를 가지고 있는데 욕구를 가지고 있다는 것은 부족하다는 의미이다. 다시 말하면 인간은 모두 부족하여 만족을 향하여 계속해서 나아가야만 한다는 의미이다.

따라서 성경은 "의인은 없나니 하나도 없으며 깨닫는 자도 없고 … 선을 행하는 자는 없나니 하나도 없도다." (롬3:10~12) 라고 하여 온전한 자는 아무도 없다고 단정하고 있다. 그 결과로 인간은 누구나 환경의 지배 아래 있게 되는데, 이때에 주어진 환경과 개인의 욕구와의 격차가 크면 클수록 스트레스를 많이 받는다. 그러므로 스트레스지수는 주어진 환경과 인간의 욕구 사이의 함수관계에 있다고 볼 수 있다. 이것을 도식화 하면 다음과 같다.

스트레스 지수 = 주어진 환경(경제적 조건, 직장, 가족관계 등)∫인간의 욕구
(직업의 만족도, 학식의 성취도, 야망 등)

그러면 이러한 현상은 왜 인류사회에 나타나게 되었는가? 그것은 바로 인간의 죄로 말미암아 온 결과라고 볼 수 있다. 하나님께서는 인간을 창조하시고 "… 생육하고 번성하여 땅에 충만 하라, 땅을 정복하라, 바다의 고기와 공중의 새와 땅에 움직이는 모든 생물을 다스리라 …"(창 1:28)고 하시어 환경을 정복하고 다스리는 권세를 부여 받았다. 그러나 인간이 범죄 한 후에 이제는 환경으로부터 지배를 받게 되었다.

즉 "… 땅은 너로 인하여 저주를 받고 너는 종신토록 수고하여야 그 소산을 먹으리라. 땅이 네게 가시덤불과 엉겅퀴를 낼 것이라 너의 먹을 것은 밭의 채소인즉 네가 얼굴에 땀이 흘러야 식물을 먹고 필경은 흙으로 돌아가리니 그 속에서 네가 취함을 입었음이라 너는 흙이니 흙으로 돌아갈 것이니라."(창 3:17~19)고 하여 인간과 환경 사이에 죄가 들어와서 환경과의 간격을 두게 되었다. 그래서 하나님께서는 범죄 한 가인에게 "… 선을 행치 아니하면 죄가 문에 엎드리느니라. 죄의 소원은 네게 있으나 너는 죄를 다스릴지니라."(창4:7)고 하시어 죄가 결국은 인간과 환경 사이를 갈라놓게 되었다는 것을 알 수 있다. 이 간격은 인간의 죄성이 높을수록 크게 나타난다.

그러나 이러한 인간과 환경과의 간격을 없애 주신 분이 바로 예수 그리스도이시다. 그래서 사도 바울은 "피조물의 고대하는 바는 하나님의 아들들이 나타나는 것이니 … 바라는 것은 피조물도 썩어짐의 종노릇한 데서 해방되어 하나님의 자녀들의 영광의 자유에 이르는 것이니라."(롬8:19~21)고 하여 예수 그리스도의 임재는 모든 만물들의 고대하는 바가 되었으며, 또한 인간에게는 다시 환경을 정복할 권세를 얻게 되었다.

즉 예수님께서 말씀하시기를 "예수께서 나아 와 일러 가라사대 하늘과 땅의 모든 권세를 내게 주셨으니 그러므로 너희는 가서 모든 족속으로 제자를 삼아 아버지와 아들과 성령의 이름으로 세례를 주고…"(마28:18~20)라고 하시어 이제는 환경을 지배할 수 있는 권세를 예수님을 믿는 믿음 안에서 회복시켜 주셨다. 따라서 성도가 믿음에 충만할 때는 환경을 지배하여 환경에게 명령을 할 수 있어 질병으로부터 치유의 기쁨을 맞을 수 있다. 이러한 과정을 간략하게 그림으로 나타내면 다음 <그림 12>와 같다.

<그림 12> 스트레스의 발생과 해소과정

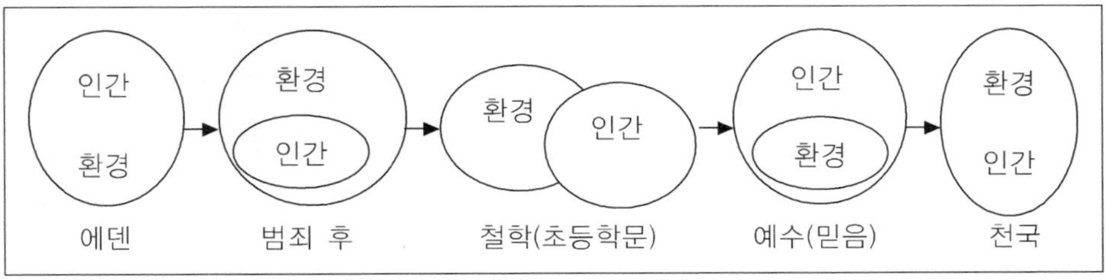

그러면 이때에 믿음은 어떻게 이해되어야 하는가? 믿음은 결코 성령의 인치심이 없이 인간이 스스로 고백할 수 있는 것은 아니다. 베드로의 경우도 "주는 그리스도시요 살아 계신 하나님의 아들이시니이다."(마16:16)라고 할 때 예수님께서는 "바요나 시몬아 네가 복이 있도다. 이를 네게 알게 한 이는 혈육이 아니요 하늘에 계신 내 아버지 시니라.(마16:17)라고 하시어 베드로 자신이 자신의 지식으로 스스로 한 신앙의 고백이 아니라는 것을 말씀해 주신다. 따라서 신앙고백을 통한 믿음은 하나님의 섭리가 없이는 스스로 할 수 없다는 것이다.

그러므로 예수를 믿을 때 이미 성령을 받았다고 볼 수 있으며 단지 성령에 충만하지 못하여 환경으로 통하여 어려움과 고통을 받게 되는 것이다. 겨자씨의 믿음이란 바로 생명의 성령을 말한다고 볼 수 있으며 이 겨자씨의 믿음은 아주 적으면서도 전체가 되며 아주 큰 것이면서도 지극히 적은 주님에 대한 충성이 될 수 있다고 볼 수 있다.

성도에게 요구되는 것은 단지 이 믿음인 것이다. 그러므로 믿음을 통하여 스트레스를 없앨 수 있다는 것이다. 만약 믿음이 없이 인간 스스로 환경으로부터 탈피하려면 그것은 철학에 불과한 것이다. 결코 철학으로서는 인간이 환경으로부터 분리되어 평안을 찾을 수 없는 것이다.

어리석은 인생들은 세속을 떠나서 산 속으로 들어가서 수도를 하면 환경으로부터 자유로울 수 있다고 생각하여 산 속으로 들어가지만 그러나 그곳에서도 여전히 스트레스는 존재하는 것이다. 그래서 죄성을 지닌 인간은 아무 하는 일 없어도 스트레스를 받게 되어 있다. 스트레스의 짐(burden)은 죄성의 압박감으로부터 왔으며. 주님은 이 짐 진지를 부르셨다.

결국 인간은 예수님께로 나아올 때만이 스트레스를 해결 받을 수 있다. 주님께 나아오는 자는 반드시 믿음을 가져야만 하는 것과 같이 성도들도 믿음을 충만하게 가지면 모든 스트레스를 이겨나갈 수 있다. 오직 예수님께서 스트레스를 이겨내셨던 것과 같이 우리들도 세상에서 사람들과 함께 살면서 믿음을 가지면 그 믿음 안에서 반드시 스트레스는 극복되어질 것이다.

2. 스트레스의 원인

스트레스의 본질적인 원인은 인간이 환경의 지배를 받기 때문이다. 그러므로 스트레스의 근본적 특성은 다음 세 가지를 항상 내포하고 있다. 첫째, 스트레스는 이성과 관련이 있기보다는 오히려 감정과 관련이 있다. 둘째, 아무 하는 일 없어도 스트레스는 받는다.

셋째, 업무과중이 스트레스의 직접적인 원인이 아니라 내적인 죄성이 원인이다. 이러한 스트레스의 본질적인 원인으로 인한 특성과는 달리 미래 예측이 불가능하기 때문에 일어나는 현상적인 원인이 있는데, 그 원인에 따른 특성을 살펴보면 다음과 같다.

(1) 압박감

압박감이 나타나는 원인은 다양하겠지만, 특히 어떤 행동기준에 꼭 맞추려하거나 급속한 변화에 적응하려고 할 때 경험하게 된다. 압박감에는 내부적 압박과 외부적 압박으로 나누어 볼 수 있는데 내부적 압박은 자신의 자존심이 심히 상할 때 발생하며, 외부적 압박은 사회조건의 변화에 부적응 상태가 발생하면 일어나는 것이다.

(2) 불안감

불안이란 공포가 일반화된 상태를 말하는데 이것은 신경적 불안과 도덕적 불안으로 나누어 볼 수 있다. 신경적 불안은 자신을 다스리는데 따른 처벌을 두려워하는 불안을 말하며, 도덕적 불안은 현실적인 위협에 대해 느끼는 불안감을 말한다.

(3) 좌절감

좌절이란 방해물 때문에 목표로의 접근이 금지된 상태를 말하며 이때에 일어나는 일반적인 행태는 행동과정이 지연되며, 자원이 결핍되고, 인생에 대한 무의미감을 느끼게 되며, 자신의 상실 혹은 실패를 체험하게 된다.

(4) 갈등

갈등이란 개인이 욕구 및 목표에 상충될 때 일어나는 가치관과 신념의 차이라고 볼 수 있는데 이러한 갈등에는 목표에 어떻게 접근할 것인가 아니면 목표를 회피할 것인가에 대한 상반된 문제를 야기하게 된다.

3. 스트레스의 유형

위에서 나타난 유형의 스트레스를 야기하는 것을 스트레스의 영향요인이라고 볼 수 있는데, 이러한 스트레스의 유형들이 어떤 단일한 영향요인에 의하여 스트레스를 일으킬 수도 있지만, 보통 스트레스의 유형으로 진전될 경우에는 다양한 방식으로 여러 스트레스의 원인들에 의하여 사람들에게 압력을 행사한다. 사람들이 겪는 스트레스의 주요 원인은 조직 외적 요인, 조직적 요인, 집단적 요인과 개인적 요인으로 나눌 수 있다.

(1) 조직 외적 스트레스

직무로 인한 스트레스의 경우 대부분 조직의 내적 원인으로 돌리지만, 그러나 조직 외적인 원인도 상당히 많다. 즉, 기술적 변화, 가족문제, 이주문제, 경제적, 재정적 상황, 인종과 사회적 계층문제 및 거주지나 지역사회의 상태 등이 여기에 포함된다. 특히 이러한 스트레스는 중·소 교회의 부교역자들에게 많이 발생한다.

(2) 조직적 스트레스

조직은 개인과 집단으로 구성되어 있지만, 이를 거시적 수준에서 볼 때에는 조직정책, 구조, 물리적 조건과 과정 등이 스트레스의 원인이 된다. 주로 선진국일수록 조직정책이 사람 우선이고, 후진국일수록 물질 우선이다. 그러므로 후진국일수록 스트레스가 가중되고 있는 현상은 보편적이다.

더 나아가 스트레스는 조직의 수준에 따라 상이하게 나타나는데 관리자들은 주로 단기간에 재정적 수익을 얻어야 하거나 적대적인 경쟁에 대한 위협 등으로부터 스트레스를 받게 된다. 감독자들은 상품의 질, 고객에 대한 서비스, 잦은 회의와 감독책임 등에 대한 압력으로부터 스트레스를 받게 된다.

일반성원들은 낮은 지위, 자원부족과 무과실에 대한 요구 등으로부터 스트레스가 온다. 이러한 경우는 주로 중·소 교회에서 많이 나타나는데 목회자가 교회를 부흥시키려고 애쓰다가 조금 부흥이 될 때 교회건축을 시도하는데 이때 교인들은 재정적인 부담을 안게 되니 다른 교회로 떠나는 경우가 생기게 된다. 이러한 상황에서 겪게 되는 목회자의 고충이 바로 조직적인 스트레스를 받게 되는 원인이 된다.

(3) 집단적 스트레스

집단적 스트레스 원인은 집단응집력의 결여, 사회적 후원의 결여, 그리고 개인 내, 개인 간 및 집단 간 갈등 등으로부터 파생된다. 주로 사회적 후원이란 친구나 가족, 직장동료나 관리자가 보여 주는 진정한 걱정, 존경 그리고 관심을 의미하는데 이것이 결여되면 사람은 소외감을 느끼게 되고 일상생활에서 대부분의 스트레스를 느끼게 된다.

이러한 스트레스는 주로 개척교회를 시작하는 목회자의 경우에 많이 겪게 된다. 개척교회를 시작하면 근처의 많은 사람들이 도와줄 것이라는 예상 하에 시작을 하지만 막상 시작하고 보면 모두 멀리하는 경우를 겪게 되는 데, 이를 때에 개척교회 담임 교역자는 이런 스트레스를 받게 된다는 것이다.

(4) 개인적 스트레스

개인적 스트레스의 원인으로는 많은 것이 있을 수 있지만 그 중에서 몇 가지를 든다면 첫째는 역할특성으로 역할갈등 즉, 역할 모호성과 업무과소나 과중으로부터 파생되는 스트레스, 둘째는 개인적 특성으로 A형 퍼스낼리티와 통제소재와 관련된 스트레스, 셋째는 생활과 경력의 변화로부터 파생되는 스트레스 등이다.

① 역할특성 : 역할 갈등이란 한 가지 역할을 수행하는 것이 다른 역할을 수행하지 못하게 하거나 불가능하게 되는 두 가지 역할에 대한 압력이 동시에 존재할 때 발생한다. 또한 역할의 정의에 대한 불확실성이 존재하여 개인의 역할과 관련된 충분한 정보나 지식이 결여되었을 때 스트레스가 나타난다. 주로 신학원에 재학 중이면서 강한 의지로 개척교회를 시도하였다가 어려움이 닥칠 때 신학공부와 현장목회를 동시에 함으로써 겪게 되는 스트레스이다.

② 개인적 특성 : A형 퍼스낼리티는 되도록 짧은 시간 내에 보다 많은 것을 성취하기 위하여 만성적으로 공격적인 투쟁에 관여하는 사람들에게서 관찰되는 행동-감정의 복합체라고 정의된다.[325] A형 퍼스낼리티는 일을 빨리 처리하려고 하고 한 번에 몇 가지 일을 하려고 하며 활용 가능한 시간 내에 최대한의 능률과 산출을 얻어내려고 한다.

이러한 성격의 소유자는 빨리 걷고 식사를 빨리 하고 전화 대화 중에 우편물을 읽으려고 하고 운전 중에 테이프에 녹음을 하는 등 몇 분 몇 초를 쥐어짜려고 하는 사람이다. 또한 말을 천천히 하는 사람의 말을 막고 끝

---

325) Meyer Friedman and Ray H. Rosenman, *Type A Behavior and Your Heart*, New York: Alfred A. Knopt, 1974.

내려고 한다.

A형 퍼스낼리티의 사람들은 공격적이고 경쟁적이며 높은 기준을 설정하고 자신을 계속 시간적인 압력 하에 둔다. 그들은 심지어 여가와 레크리에이션에 있어서도 자신에 대해 지나친 요구를 한다.

A형 퍼스낼리티의 성취 지향성. 성급함과 완결성은 다른 사람들에게는 비교적 스트레스가 없는 상황에서도 스트레스를 만들어 내는데, 이런 의미에서 그들은 자기 스스로가 스트레스를 유발하는 것이다. 그들은 계속적으로 느끼는 압력으로 인하여 심장마비와 같은 스트레스와 관련된 질병에 걸릴 확률이 높다.326) 주로 이러한 성격의 목회자는 교육적인 측면보다 부흥사적인 측면에서 많이 활동하는 경우를 본다.

B형의 사람들은 보다 여유가 있고 매사를 쉽게 생각하는 경향이 있다. 그들은 주어진 상황과 경쟁적으로 다투기보다는 상황을 받아들이고 그 안에서 업무를 수행한다. 그런 사람들은 특히 시간적인 압력에 대하여 여유가 있으며, 스트레스와 관련된 문제를 적게 갖는 경향이 있다.

한편, 직무상황에서 A형 퍼스낼리티는 초급, 중급, 관리직으로의 성공에 이점이 있다. 즉 A형의 특성과 스트레스로 얻어지는 실적으로 인하여 조직에서 관리직으로 승진하는 데 유리하다.327) 하지만 최고관리자로 진입하는 데에는 A형의 성격이 그 유리한 영향력을 상실하게 되고 오히려 B형 퍼스낼리티의 소유자가 유리하게 된다.

목회에서 B형의 성격은 주로 부교역자나 교육적인 목회를 시도하는 사람에게 많이 나타난다. 그러나 이러한 유형의 성격은 대교회의 담임목사의 경우에도 가끔 나타난다. 따라서 최고 수준의 목회자로 성공하기 위해서는 최고관리자의 역할이 요구하는 다양한 적응능력을 위하여 A형의 성격을 교정하거나 적어도 통제할 수 있는 노력이 필요하게 된다.

③ 생활과 직업상의 변화 : 일반적이고 폭 넓게 인정되는 스트레스의 원인은 개인이 적응해야 하는 생활과 경력 상의 변화이다. 특히 해고나 전보 등과 같이 경력 상의 변화와 배우자의 죽음과 같은 갑작스런 생활의 변화는 사

---

326) Davis and Newstrom, *op. cit.*, p.490.
327) John R. Schermerborn, Jr. James G. Hunt, and Richard N. Osborn, *Managing Organizational Behavior*, 2nd ed., New York: John Wiley & Sons, 1985, pp.658~659.

실상 사람들에게 매우 강한 스트레스를 주는 것으로 밝혀졌다. 따라서 생
활 및 경력 상의 변화 정도와 이에 따른 개인의 건강 간에 명확한 관계가
있음을 알게 되었다. 주로 이러한 경우는 부교역자들이 매년 11월말 경이
면 당회장으로부터 갑작스런 이동이 발생할 때 그들이 겪게 되는 스트레
스의 일종이다.

4. 스트레스의 결과

호랑이가 다리를 절면 여우의 밥이 되는 것이 동물의 세계이지만, 사람은 다
르다. 헬렌 켈러는 4중고를 겪었지만 위대한 인물이 되었다. 이것은 동물은 몸
무게로 값을 매기지만, 사람은 인격으로 평가하기 때문이다.

인격의 평가는 누구나 겪고 있는 스트레스의 결과가 어떻게 나타나는가에 달
려있다고 볼 수 있다. 일반적으로 현대사회의 주된 관심사가 되고 특히 효과적
인 인적자원관리에 중요한 이슈는 바로 높은 수준의 스트레스로 인한 업무의
역기능적 결과에 대한 것이다. 높은 수준의 스트레스로 인한 문제는 신체적, 심
리적, 행태적으로 개인에게 달리 나타날 수 있다.

(1) 신체적 문제

스트레스에 대한 대부분의 관심과 기본적인 연구들은 스트레스가 개인의 건
강에 미치는 영향에 기울어져 왔다. 지나친 스트레스는 고혈압과 높은 콜레스
트롤을 동반하며 심장마비, 위궤양과 관절염의 원인이 되기도 한다. 심지어 스
트레스는 암과도 관련될 수 있다.[328]

이런 경우는 목회의 중반기에 교회건축을 마치고 마무리 작업을 할 때 교역
자들이 스트레스로 소천 하는 경우이다. 특히 목사가 심장병으로 죽는 확률이
많다.

---

328) Thomas G. Cummings and Cary L. Cooper, A Cybernetic Framework for Studying
Occupational Stress," *Human Relations*, May 1979, pp.395~418; K. Bammer and B. H.
Newberry (eds.), *Stress and Cancer*, Toronto: Hogrefe, 1982.

(2) 심리적 문제

스트레스로 인한 개인의 육체적 건강에 못지않게 정신건강에 대해서도 상당한 관심이 집중되고 있다. 정신건강측면에서 볼 때 지나친 스트레스는 화, 걱정, 불안, 신경과민, 긴장이나 권태감 등을 수반할 수도 있다.

이들이 개인에게 미치는 영향은 기분과 정서 상태 등에 따라 달라지는데, 특히 성과, 자기 존중심의 저하, 감독자에 대한 불만, 집중능력 및 의사결정능력의 손실과 직무불만족과 관련된다. 부교역자 들이 담임 교역자들로부터 겪게 되는 고충 혹은 담임 교역자가 장로들로 부터 겪게 되는 고충의 일부로서 이러한 경우가 있다.

(3) 행태적 문제

스트레스의 결과를 분석하는 데 있어서 행태적 단위에 대한 분석이 유용하다. 높은 수준의 스트레스에 따른 직접적 행태로는 지나치게 적거나 많은 식사, 불면증, 음주와 흡연의 증가와 약물남용 등이 포함된다.

이 중 음주와 관련된 문제는 오래 전부터 제기되어 왔지만, 최근에는 약물남용에 따른 문제들이 주로 나타나고 있다. 교역자인 경우에는 이러한 음주나 흡연 등 물리적인 방법으로는 해소할 길이 없으므로 더욱 스트레스는 가중되는데 이때에는 주로 기도원이나 조용한 휴양지를 찾아가든지 혹은 운동경기를 통해서 해소하는 방법도 있다.

5. 스트레스의 관리전략

일반적으로 스트레스에 영향을 주는 요인들을 줄이기 위하여 일상생활에서 버려야 할 것들은 다음과 같다.

첫째는 물질에 대한 욕심이다. 현대인의 삶에서 물질과 돈은 필수적인 것으로 문제는 필요와 욕심의 차이인데 사실 어디까지가 필요한 정도인가를 판단하기가 어렵다. 어쨌든 남들보다 많이 벌어야겠다는 생각, 어떤 일이 있어도 돈을 벌어야겠다는 마음, 돈에 모든 생활을 전념하는 사람들은 반드시 이 때문에 병이 생긴다.

둘째는 자녀의 장래에 대한 과도한 집착이다. 세상에 자녀가 잘 되기를 바라지 않는 부모가 어디 있을까? 그러나 자녀의 장래에 대한 기대가 지나치거나 자녀의 현실적인 성취를 위해 너무 집착하면 이 또한 엄청난 스트레스가 된다. 사람은 물론 가족 간의 끈끈한 애정관계를 평생토록 유지하며 살아가나, 일단 사춘기가 지나고 고등학교, 대학교 정도의 교육을 감당해 낸 후에는 서로의 인격을 존중하고 스스로 판단하게 하는 것이 현명하다.

셋째는 지나간 젊음에의 향수이다. 시간은 반드시 흐르게 마련이며 사람은 늙어가는 것이 정상이다. 이를 역행하고 외모의 젊음에 지나치게 집착하다 보면 인생은 너무나 허무하고 초조한 시간의 연속일 뿐이다. 어떻게 외적인 젊음을 유지하느냐 보다는 아름답게 늙어 가느냐를 생각하는 것이 더 중요하다.

이와 같이 스트레스에 영향을 주는 요인들을 관리하고 통제하는 데 유용한 두 개의 주요한 접근법이 있다. 첫째, 개인적 관리전략으로서, 이는 성격상 자극에 대한 반응이다. 즉 이미 발생한 스트레스에 대처하는 방식이 된다.

육체적 운동 같은 개인적 전략은 반응적이며 적극적인 성격을 띠고 있으나, 이들은 대부분 이미 스트레스로 고통받고 있는 사람들에게 도움을 주는 방향으로 맞춰져 있다. 둘째, 조직적 관리전략으로서, 이는 보다 적극적인 전략을 말한다. 조직적 관리전략이란 기존의 혹은 장래 가능성이 있는 스트레스의 원인을 제거하고 또한 예방의학과 같이 스트레스의 발생을 미연에 방지하는 것이다.

(1) 개인의 관리전략

성경에서 스트레스를 가장 많이 받은 분은 예수님이다. 그러나 예수님은 항상 마음에 평화와 사랑이 가득하였다. 왜 그랬을까? 원인은 다양하겠지만 예수님께서는 세 가지를 항상 간직하셨다고 본다.

첫째는 환경에 피동 되지 아니 하였고, 둘째는 마음에 항상 여유가 있어서 누구든지 그 마음속에 들어오면 쉴 수 있는 공간을 마련하여 주었다. 셋째는 오직 주님은 사람에 초점을 두었지 일하는 것 자체에 초점을 두지 아니하셨다.

누가복음 10장38절부터 42절 말씀에 마리아의 경우는 예수님의 말씀을 듣기에 분주하였지만, 마르다는 예수님을 위한 음식마련에 분주하였다. 예수님께서는 한 가지만 하더라도 마리아는 좋은 편을 선택하였다고 하셨다. 항상 주님은 사람의 내적 마음에 먼저 초점을 두었다.

이것이 주님께서 스트레스를 이겨나가신 방법이었다고 볼 수 있다. 그러면 우리들은 어떻게 스트레스를 해소하는 방법을 강구할 수 있는가? 우선 우리들의 마음자세가 중요하다. 우리가 스트레스의 영향을 최소한 줄이기 위하여 다음과 같은 마음자세를 갖는 것이 필요하다.

◎ 아무리 조그만 것이라도 좋은 일이 있으면 감사하는 마음을 가지는 것이다. 항상 웃는 얼굴을 가지는 것이다. 상대방의 기쁜 표정이 나를 매우 안정시키며 내가 상대방에 대해 따뜻한 마음을 가질 때 그것은 자연스럽게 전달되고 다시 되돌아온다. 좋은 인간관계는 스트레스를 막을 뿐 아니라 해소하는 효과가 매우 크다.

◎ 주변에 넓고 깊은 사회지지 망을 가지는 것이다. 정서적 지지망 중에 대표적인 것은 가정으로 가족과의 따뜻한 애정, 다양한 계층의 사람들과의 교류는 삶을 살찌게 하고 쌓인 스트레스를 해소하는 좋은 기회가 된다.

◎ 대화를 즐기는 것이다. 마음을 연 대화야말로 쌓인 스트레스를 해소하는 가장 좋은 방법이다. 정신과학적으로는 이를 '환기 (ventilation)'라고도 하는데, 비단 자신에게 쌓인 불만을 털어놓을 때만 스트레스 해소의 효과가 있을 뿐 아니라, 서로 일치되고 이해하고 공감하는 대화야말로 평소에 쌓인 스트레스를 없애주는 가장 좋은 청량제가 된다.

특히 부부간의 대화가 중요하다. 누구보다도 가장 쉽게 자신의 마음을 이해할 수 있는 사람은 배우자로 부부는 결혼 초부터 서로 대화하는 방법을 익혀야 한다. 나이가 들수록 주위의 사람들은 멀어져 가고 부부간의 원활한 의사소통이 스트레스를 예방하고 해소할 수 있는 가장 손쉬운 방법이다.

◎ 즐거운 마음으로 일을 해야 한다. 물론 자신에게 적합지 않은 임무나 적당히 거절해도 좋은 일들은 피하는 것이 좋으나 이 바쁘고 복잡한 사회생활을 하다 보면 그것이 그리 용이하지 않다.

이럴 때는 짜증을 내고 화를 내며 일하는 것보다는 이왕에 처리해야 할 일들이라면 긍정적인 자세로 적극적으로 일을 처리해 나가야 한다. 사실 일하는 것만큼, 또 어떤 일을 완수해 냈을 때만큼 마음의 충족감을 얻을 수 있는 경우도 많지 않다.

이러한 마음자세로 매사에 대처한다면 스트레스의 영향을 최소한으로 줄일 수 있을 것이다. 그러면 만약 우리가 스트레스를 받았을 경우 어떻게 관리해야 하는가? 개인적인 스트레스의 관리방안으로는 앞에서 본 C. G. Jung의 성격유형을 참조로 하여 자신은 어떠한 성격의 소유자인지를 파악하고 그 반대의 성격에 대하여 관대한 마음을 갖도록 노력하는 것이 우선적이다.

왜냐하면 자기주장이 강한 사람일수록 스트레스를 더 많이 받기 때문에 남의 주장을 수용할 수 있는 마음의 여유를 키우는 것이 중요하기 때문이다. 이러한 마음의 여유를 갖기 위하여 다음과 같은 처방 법을 활용하는 방안이 있다.

첫째, 운동으로서 스트레스 감소를 위한 규칙적인 신체훈련으로는 조깅, 수영, 자전거 타기나 테니스 등과 같은 비경쟁적인 육체적 활동을 이용하는 것이 좋다.

둘째, 긴장이완훈련으로 직접적인 스트레스 상황을 제거하거나 오랫동안 지속되어 온 스트레스 상황을 보다 효과적으로 관리하는 것이다. 일반적으로 이용되고 있는 긴장이완훈련으로는 명상(meditation), 요가(yoga), 바이오피드백(biofeedback) 등이 있다. 이 중 명상이란 육체적으로 그리고 정서적으로 신체에 휴식을 주기 위한 조용하고 집중된 내면의 생각과 관련된다.

셋째, 행태적 자기조절로서 자기의 상황을 통제하는 것인데 이것은 물론 최선을 다하지만 자신의 한계를 인지하고 너무나 많은 일을 한 번에 하려고 하는 함정에 빠지지 않도록 실현 가능한 목표를 설정하고 1 분 단위가 아닌 1일 기준으로 일과를 융통성 있게 계획하고 관리하는 것이다.

넷째, 인지치료요법으로서 임상심리학자들이 많은 관심을 가진 분야인데 이것은 정신적 불안이나 걱정을 감소시키는 데 성공적으로 이용되고 있다.

다섯째, 사회적 후원의 구축으로서 자신의 문제, 위협요인, 좌절과 불안 원인을 타인에게 개방하여 자유롭게 상의함으로써 사회적 후원을 의도적으로 구축하는 방법으로 스트레스의 충격을 크게 감소시킬 수 있다.

(2) 조직의 관리전략

조직으로 인한 스트레스는 조직 외적 스트레스, 조직적 스트레스, 집단적 스트레스로 나눠 볼 수 있는데 이러한 스트레스를 관리하는 방법으로는 일반적으로 네 가지로 볼 수 있다. 첫째, 지원적 조직풍토의 창출로서 이것은 경직된 조직풍토를 보다 참여적 의사결정과 상향적 의사소통과 더불어 조직구조를 보다 분권화하고 유기적으로 만드는 것이다.

둘째, 직무설계의 확대로서 스트레스를 야기한 기존의 직무형태를 조직성원의 능력과 기술 등 개인적 상황에 맞게 변경하는 것이다. 셋째, 조직역할의 명확화로서 이것은 역할갈등과 역할 모호성이 직무와 과업의 속성상 불가피할 때가 있으므로 조직 내에서 완전히 제거할 수는 없지만 역할갈등을 감소시키고 조직의 역할을 명확히 하는 것은 전적으로 관리자의 책임 사항이라고 할 수 있다.

넷째, 카운슬링의 활용으로서 개인은 목표달성이 좌절되었을 때 심각한 스트레스를 받게 되는데 이 경우 카운슬링을 통하여 목표방해를 극복할 수 있는 것이다. 그러나 구체적인 조직환경에 따라 각 요인별로 그 관리전략을 살펴보면 다음과 같다.

① 조직 외적 스트레스 관리전략 : 주로 이러한 스트레스는 교회 외부에서 일어나는 경제적, 가정적, 사회구조적 문제들로 인한 스트레스이므로 이때는 먼저 교회란 문제를 문제로 아는 문제를 가진 사람들이 모여 있는 곳이라는 사실을 자신이 인식하여야 하고 타인에게도 인식시켜야 한다. 그리고 그 문제를 해결하기 위하여 교회에 나온 사람들이 교인이란 사실과 아울러 문제를 너무 두려워하지 말고 하나님께 고백하여 응답을 기다려야 하는 인내가 필요하다는 것이다. 그래서 성경은 "다만 이뿐 아니라 우리가 환난 중에도 즐거워하나니 이는 환난은 인내를, 인내는 연단을, 연단은 소망을 이루는 줄 앎이로다.(롬5:3~4)라고 하였다. 문제해결의 소망을 얻기 위해서는 인내와 연단을 통하여야 한다는 것이다.

② 조직 내적 스트레스 관리전략 : 목회자가 교회건축을 할 때에 당하는 스트레스인데 이때는 기도 외에는 다른 방도가 없다. 교역자가 물리적인 방법, 즉 음주나 향락을 통한 해소방법이 없기 때문에 모든 것을 주님께 맡기고 주님의 뜻을 기다리는 수밖에는 없다. 성경은 "너희 염려를 다 주께 맡겨 버리라 이는 저가 너희를 권고하심이니라"(벧전5:7)의 말씀으로 위로를 받고 목회 동역자들에게 기도를 부탁하는 방법과 가능한 한 내부적으로는 기도하고 외부적으로는 많은 사람들의 자문을 구하는 것도 필요하다.

만약 평신도의 경우에는 교회로부터 스트레스를 받을 때는 교회를 옮기지 말고 오직 인내와 기도로 이겨 나가야 한다. 예를 들면, 작년에는 교역자와 구역장이 심방을 자주 왔는데 올해에는 심방을 대심방 외에는 오지 않을 때 혹시 나에 대한 관심이 멀어졌는가? 혹은 내가 무엇을 잘못했는가?

하고 의아해 하면서 스트레스를 받는데 이때는 심방자가 잘 양육을 시켜
야 한다. 그렇지 않고 말 한마디 잘못하면 그 성도는 많은 상처를 입기 때
문이다. 주로 이 경우에는 예를 들면서 그 상황을 설명하는 방법이 좋다.
예를 들면, '어린아이가 배가 고플 때는 어머니가 때를 맞추어 직접 젖을
먹이지만 자라면 이제 어머니가 젖을 주지 아니하여도 아이는 스스로 밥
을 먹을 수 있어야 정상적으로 자란다고 볼 수 있습니다. 그렇지 않고 계
속 큰 아이에게 밥을 떠 먹여 준다면 이것은 잘못된 것입니다. 그래서 작
년에 성도님이 예배에 대하여 그리고 말씀에 대하여 잘 몰랐을 때는 자주
찾아와서 말씀을 먹여 주었지만 이제는 성숙하였으므로 스스로 예배에 참
석하여 말씀을 먹을 수 있기 때문에 굳이 자주 방문하지 않더라도 섭섭하
게 생각하지 마십시오.'라고 말한다면 그 성도는 충분히 이해하고 그 일로
인한 스트레스는 없어 질 것이다.

특히 목회자의 사모인 경우, 예수님의 사랑에 사로잡혀야지 사역에 사로
잡히지 말아야 한다. 다시 말하면 일순이 혹은 밥순이가 되지 말아야 한다
는 것이다. 계속 교회부엌에 매달리고 있으면 다른 성도들은 당연히 목회
자 사모가 부엌 주방장이구나 하는 생각을 가지므로 권사가 되어도 스스
로 부엌일에 봉사하는 교인이 없을 것이다.

③ 집단적 스트레스 관리전략 : 교회의 응집력이 부족하거나 각 부서 간의 갈
등으로 인하여 목회자가 스트레스를 받게 되는 데, 이때는 좀 더 먼 안목
을 보고 대처하는 방안이 필요하다. 조직의 응집력은 카리스마에 의해 강
화시키는 방법과 각 부서의 새로운 교회 프로그램이 조직을 결합시키는
촉매제가 될 수도 있다.

그러나 전자의 경우에는 자신이 조직에서 계속 있으면서 조직을 관리할
때는 별다른 문제가 없으나 조직을 비울 때는 심한 부서간의 갈등과 응집
력이 결여되고 행정의 마비가 초래하기 쉽다. 그러므로 전자보다는 후자
의 경우가 보다 바람직한데 그러기 위하여서는 계속적인 교회의 프로그램
들이 개발되어야 하며 교인들로 하여금 일을 할 수 있는 일거리를 제공하
여 주어야 한다. 예를 들면, 선교회에서 해외선교를 위한 기도회 및 후원
을 위한 우표수집과 바자회 등을 하고 가난한 이웃을 구제하기 위한 다양
한 프로그램을 운영하여야 한다.

(3) 고충처리

교회직원이 근무조건이나 교회생활관계에 관한 불만, 기타 신상문제에 대한 불편 등을 고충이라고 볼 수 있는데, 그에 대한 판단과 시정조치를 하는 일련의 과정을 고충처리라고 말한다. 교회 구성원의 고충은 교회조직의 사기에 미치는 영향이 크므로 이에 대한 적절한 해결조치가 신속하게 취해질 것이 요청된다.

교회는 고충처리가 담임 교역자의 중요한 역할로 새롭게 부각되는 데, 특히 부교역자의 고충을 처리해 주기 위해 물심양면에서 균형 있게 다뤄져야 할 것이다. 곧바로 이것이 교역을 효율적으로 운영하는가. 아닌가가 달려 있기 때문이다. 고충처리의 방법은 다음과 같이 두 가지로 구분할 수 있다.

① 비공식적 고충처리 : 교회직원의 고충이 각 상급 계층에서 감지하고 해결하는 것을 비공식적 고충처리라고 한다. 고충이 일선 감독자에 의하여 해결되지 못하더라도 그 상급 감독자를 포함한 계선조직 내에서 해결되는 경우를 말한다. 따라서 교인들의 고충은 담임 교역자와의 비밀관계 안에서 처리하는 경우가 많이 있고 이것이 외부에 노출될 때에는 많은 잡음을 발생할 수도 있다.

② 공식적 고충처리 : 교회직원의 고충처리를 전담할 기구를 설치하고, 이 기구를 통해서 고충을 처리하는 것을 말한다. 교회직원의 고충처리는 담임 목사에 의해서 원만히 해결되는 것이 가장 바람직하다. 그러나 목사의 자질과 능력에는 한계가 있고, 상황에 따라서는 담임목사에 의한 해결이 부적절한 경우도 있는 것이므로 별도의 기구와 절차가 필요하다. 그러므로 교회에서는 개교회가 처리하지 못하는 문제에 있어서는 상회(노회)의 정치부 혹은 재판부의 결정에 의해 처리되고 그렇게 처리하기도 어려우면 총회 정치부에 상정하여 처리한다.

제 4 절 분노(Anger) 관리

> ### 여유 있는 삶
>
> 　감사할 줄 아는 사람에게는 두 가지 장점이 있습니다. 첫째, 감사하는 마음을 가지면 두려움을 모릅니다. 감사하는 마음은 빛이 어둠을 뒤덮어 버리듯 두려움을 뒤덮을 수 있습니다.
>
> 　둘째, 감사하는 마음은 거만해지지 않도록 막아줍니다. 감사할 줄 아는 마음은 조용하고 겸손한 인간을 만듭니다. 삶이 선사한 조그만 선물에도 기뻐하게 만듭니다.
>
> 　삶이 선사한 조그만 선물이 주어졌을 때, 시험에 걸리지 않도록 유의하십시오. 조그만 선물에 감사하고 기뻐하는 사람에게만 그 다음, 더 큰 선물이 주어지는 것이 하늘의 섭리이니까요. 작은 일을 소홀히 하는 사람에게 하늘은 결코 더 큰 일을 맡기지 않습니다.
>
> 　'범사에 감사!'
>
> 　만복의 근원이 감사하는 마음에 있습니다.

1. 분노의 의의

　심리학 용어에서 분노란 일반적으로 목표에 도달하기 위한 행동이 방해 받았을 때 생기는 공격적 정동(情動)을 말한다. 영국 심리학자 K. M. Bridges는 정동의 발달에 대한 관찰을 모아서 출생 시에는 흥분이 있고, 3개월 뒤에는 좋은 기분과 불쾌한 기분으로 분화되며, 6개월 뒤에는 불쾌한 기분에서 분노·혐오·공포가 파생된다는 것을 확인하였다.

　즉 분노는 이미 유유아기(乳幼兒期)에 독립된 정동으로 나타나 있다는 것이다. 이런 맥락에서 볼 때, 인간의 죄성으로 인하여 분노는 태어날 때 이미 잠재해 있는 감정이라고 볼 수 있다.

　성경에서 분내는 것이 하나님의 의를 이루지 못한다고 하였다. 그러나 분노 자체가 죄악이라고 하지 않았다 (약1:20). 그래서 "분을 내어도 죄를 짓지 말며, 해가 지도록 분을 품지 말고 마귀로 틈을 타지 못하도록 하라"(엡4:26~27)

고 하였다. 대부분 분노의 원인은 자신보다 타인 혹은 환경의 탓으로 돌리기 때문에 생긴다.

가인의 경우를 보면 선을 행하지 아니하고 죄의 소원을 따라 행하려는 동기 때문에 분을 내었다. 그래서 죄의 소원은 자신뿐만 아니라 남에게도 선을 행치 못하게 한다. 가인이 분노한 이유는 창세기 4장 4~5절에 "여호와께서 아벨과 그 제물을 열납하셨으나 가인과 그 제물을 열납하지 아니하셨기 때문"이었다. 겉으로 보기에는 가인이 분노한 이유가 전적으로 하나님께 있는 것처럼 보인다. 그래서 하나님께서 가인보다 아벨을 더 사랑하였고, 더구나 하나님은 농산물보다 축산물을 제물로 받으시기를 좋아하시는 것으로 생각된다.

그러나 자세히 살펴보면 잘못은 제물의 종류라든지 하나님께서 편애하겠다든지 하는데 원인이 있는 것이 아니라 순전히 가인 자신에게 있었다는 것이다. 다시 말하면 가인의 인격 혹은 성품과 그 제물이 열납될 만한 자격이 안 되었다는 것이다. 하나님께서는 제물의 종류보다는 그 제물을 드리는 사람의 인격 속에 들어 있는 동기와 태도를 보신다.

그러므로 아벨과 같이 바른 동기를 가지고 정성껏 구별하여 드릴 때 그 제물과 함께 그 사람을 기뻐 받으신다는 것이다. 그러나 가인은 자신의 잘못에도 불구하고 오히려 하나님과 자기 동생에게 분노를 터뜨린다. 이같이 우리가 생활하는 동안 분노하는 이유는 대부분 자신보다는 타인 혹은 환경의 탓으로 돌릴 때 분을 품게 된다는 것이다.

분명히 가인은 분노했고(창4:5~6절) 그 분노의 동기가 정당하지 못하다는 것을 7절에 명백히 지적하고 있다. "네가 선을 행하면 어찌 낯을 들지 못하겠느냐? 선을 행치 아니하면 죄가 문에 엎드리느니라. 죄의 소원은 네게 있으나 너는 죄를 다스릴지니라."고 하여 가인이 선을 행치 안았다는 것을 분명히 밝히고 있는 것이다. 이처럼 가인이 분노한 것은 '선을 행치 아니하고 죄의 소원을 따라 행하려는 동기' 때문인 것이다.

죄의 소원은 자기 자신만 아니라 다른 사람들 까지도 선을 행치 못하게 만든다. 로마서 1: 18~32절에 따르면 모든 불의, 추악, 탐욕, 음란, 악의, 시기, 살인, 분쟁, 사기, 악독, 비방, 증오, 거역, 교만, 자랑, 무정, 무자비 등이 자리 잡고 있다. 가인은 선을 행하는 동생 아벨을 자기와 비교하여 시기하고 질투하여 그처럼 분노하였는데, 요한 일서 3장 12절에 "가인과 같이 하지 말라. 저는 악한 자에게 속하여 그 아우를 죽였으니 어쩐 연고로 죽였느뇨? 자기의 행위는 악하고 그 아우의 행위는 의로움이니라."고 하여 가인의 인격이 하나님 앞에 의롭지 못하였다는 것을 지적하고 있으며, 히브리서 11장 4절에서는 "믿음으로 아벨은 가인보다 더 나은 제사를 하나님께 드림으로 의로운 자라 하시는 증거를 얻었으니 하나님이 그 예물에 대하여 증거 하심이라"고 하여 가인의 제물이 하나님께서 기뻐 받으실 만한 성의와 정성이 없었다는 것이다.

오늘날 많은 사람들은 화를 내어야 될 사람이 따로 있는데 자신이 화를 내는 경우가 종종 있다. 자기가 남에게 상처를 주고서도 도리어 자기가 상처를 받았다고 분노하는 사람들도 있다. 이런 사람들은 가인과 같이 자기 자신의 죄를 회개하지 않고 오히려 남에게 분노를 발하게 된다.

그래서 오늘날 사람들은 말하기를 설교는 많으나 말씀은 없고, 감동과 자극은 많으나 삶의 변화는 없고, 군중은 많으나 제자는 적고, 예수 믿는 자는 많으나 예수 살이 하는 자는 적다고 비난한다. 결국 분노의 원인은 잘못을 자신에게 돌리는 것이 아니라 남의 탓 혹은 환경의 탓으로 돌리면서 자신의 잘못을 숨겨버릴 때 생겨나는 것이다.

2. 분노의 심리학적 유형

(1) 유유아기~아동기

심리학적 측면에서 유유아기에 분노하는 조건으로는 ① 유유아가 운동부족·공복·피로·수면부족 및 병이 났을 때 ② 강한 자극을 받아 흥분되어 있을 때 ③ 주위 사람들이 성내고 있을 때(흉내내기 행동) ④ 자유로운 신체적 행동이 허용되지 않을 때 등을 열거할 수 있다. 분노의 표현으로 3살이 될 무렵까지는 운다든가, 발을 버둥거린다든가, 바닥에 뒹군다든가 하는 등의 무 방향성 행동이 많지만, 3살 때는 자기 욕구달성을 방해한 사람이나 사물을 공격하게 된다.

즉 제1반항기가 시작되는 것이다. 4살 무렵이 되면 언어에 의한 공격도 증가하고 욕설을 퍼부으며 완력으로 공격을 하게 된다. 일반적으로 남자아이의 경우가 여자아이보다 분노의 표현이 다채롭고 과격하다. 아동기(초등학교시절)에 분노하는 조건으로 ① 연장자나 친구들의 간섭 ② 자기 소유물에 대한 침해 ③ 신체적 압박 ④ 자존심의 손상 등을 들 수 있다. 신체적으로 발달하였으므로 분노의 표현도 거칠어지고, 남자아이의 경우는 완력을 사용하는 싸움이 잦아진다.

(2) 청년기

청년기에 접어들면 아동기의 분노 조건 이외에 사회적 불합리에 대한 분노, 자신의 능력부족 및 실패 등에 대한 분노가 추가된다. 사회적 불합리에 대한 분노는 부모나 사회의 관습적인 사물에 대한 시각, 사고방식에 대한 공격이므로 제2반항기의 특징을 나타내는 분노이다.

능력부족이나 실패에 대한 분노는 자기와 자기 내부에 있는 또 한 사람의 자기와의 대화로부터 생기는 것으로서, 실패를 날카롭게 비판하는 내적인 자아와 변명하는 외적인 자아와의 싸움이다. 즉 자아의 재발견을 통해 나타나는 내적 분노이다. 청년기 중에서도 중학생 때에는 분노의 표현으로 완력에 의한 싸움이 많으나 고등학생이 되면 이러한 경향은 점차 줄어들고 언어적 공격, 혐오의 감정표현, 묵살 등으로 변하게 된다.

3. 분노의 방법

가인이 분노한 방법은 세 가지로 나타난다. 첫째로 그는 심히 분하여 안색이 변하였다(창4:5절). 마음속에서 분노의 감정이 솟구치면 체내에 급속히 변화가 일어나게 된다. 하버드 대학교에서 심인성 신체증상 의학을 연구한 월터 캐넌 박사(Dr. Walter Cannon)의 설명을 빌리자면 화를 내면 지라액과 아드레날린이 분비되고, 동맥의 혈압이 오르면서 소화기관에 모여 있던 피가 간에서 당을 운반하여 운동 근육에 전달해서 즉시 공격태세를 갖추게 된다.

그와 동시에 목에 혈관이 부풀어 오르고 숨이 거칠어지면서 얼굴이 붉어지게 되며, 눈동자의 동공이 커지면서 얼굴 표정 전체가 변하게 된다는 것이다. 따라서 분노할 때는 얼굴의 표정에 나타나게 된다.

둘째는 살인적인 공격을 하였다. 창 4장 8절에 보면 "가인이 그 아우 아벨에게 고하니라. 그 후 그들이 들에 있을 때 가인이 그 아우 아벨을 쳐 죽이니라."고 하여 행동이 공격성으로 변하게 된다. 따라서 분노는 남에게 치명적인 피해를 주게 되는 것이다.

셋째는 무정하고 잔인하며 뻔뻔스러운 태도를 보인다. 창 4장 9절에 보면 하나님께서 '네 아우 아벨이 어디 있느냐?'라고 물으실 때 가인은 '내가 알지 못하나이다. 내가 내 아우를 지키는 자이니까?'라고 무정하고 뻔뻔스럽게 대답한다. 이처럼 분노는 죄악을 범하게 되는 과정을 겪게 된다.

4. 분노의 결과

가인이 분노한 결과는 여섯 가지로 나타난다. 첫째는 동생을 잃게 하였다. 가족을 잃는 것은 곧바로 사람을 잃게 된다는 것이다. 분노를 하고 나면 가까운 친구도 떠나버릴 수 있다는 것이다. 둘째는 살인죄를 범하게 된다. 성경에서 형제를 미워하는 것이 곧 살인하는 것과 같다고 하였으니 분노는 상대방을 미워하게 된다. 셋째는 형벌을 받게 된다.

창 4장 11~12절에서 가인은 땅에서 저주를 받아 밭을 갈아도 땅이 다시는 그 효력을 주지 아니할 것이요 땅에서 피하여 유리하는 자가 되리라는 형벌을 선고 받았다. 그 형벌은 창 4장 13절에 중하여 견딜 수 없게 하였다. 이처럼 분노의 결과는 꼭 대가를 지불하여야 된다는 것이다. 넷째는 외로움을 겪게 된다.

창 4장 14절에서 가인은 "주께서 오늘 이 지면에서 나를 쫓아 내시 온즉 내가 주의 낯을 뵈옵지 못하리니 내가 땅에서 유리하는 자가 될 지라"고 하여 분노의 결과는 주위 사람들 까지도 가깝게 하여 주지 않는 외로움을 가져온다는 것이다. 다섯째로 불안과 두려움에 빠진다.

가인은 창 4장 14절 끝에 "무릇 나를 만나는 자가 나를 죽이겠나이다."라고 말하므로 심한 두려움에 빠졌다. 분노할 때에는 주위 사람들이 불안해 하지만 분노를 하고 나면 이제 자신의 마음속에 피해자들의 보복에 대한 두려움과 불안이 몰려오는 것이다. 마지막으로 모두의 마음을 상하게 한다. 가인의 분노는 하나님의 마음을 상하게 하였다. 뿐만 아니라 모든 이웃들의 마음을 상하게 한다는 것이다. 이처럼 분노의 결과는 엄청난 것이다.

5. 분노의 관리

  가인과 같은 분노가 치솟을 때 우리는 어떻게 관리하여야 하는가? 첫째는 선을 행하여야 한다. 창4장 7절에 "네가 선을 행하면 어찌 낯을 들지 못하겠느냐?"고 하였다. 따라서 선을 행할 때, 만족감과 즐거움을 누릴 수 있는 것이다. 즉 선을 행할 때 양심의 자유를 누리며 불안, 시기, 근심을 이기고 떳떳하게 살아갈 수 있다는 것이다.

  둘째는 죄를 다스려야 한다. 창4장 7절에 "죄의 소원은 네게 있으나 너는 죄를 다스릴지니라."고 하여 우리가 육신의 소욕을 좇지 않고 성령을 좇아 행할 때 죄를 다스릴 수 있다(갈5:16~25).

  그리고 하나님의 말씀을 항상 마음에 간직할 때 죄를 다스릴 수 있다(시 119:11). 따라서 우리들은 하나님의 말씀을 항상 가까이 할 때 가인의 그릇된 분노로부터 해방될 수 있다는 것이다. 셋째는 회개하여야 한다. 창 4장 6절에 하나님께서는 가인이 분노한 다음에 즉시 말씀하시기를 "네가 분하여 함은 어찜이며 안색이 변함은 어찜이뇨?"라고 하시어 가인은 회개의 기회를 놓쳤다. 따라서 회개할 때에 우리는 분노의 죄를 다스릴 수 있다.

여유 있는 삶

  나치 독일이 폴란드를 점령하고 있을 때 폴란드의 유대인 전용 시장에 한 노인이 빈 책상을 앞에 두고 앉아서 소리를 지르고 있었습니다. 여러분! 여기 이 세상에서 가장 값비싼 것을 사 가세요! 지나가던 사람이 물었습니다. 아니, 노인장! 아무것도 팔 것이 없지 않소? 그러자 노인은 그 사람에게 이렇게 속삭였습니다. 나는 희망을 팔고 있소. 우리 민족의 꿈과 비전을 팔고 있소.

제 5 장   코로나 사태 이후 교회성장과 복지

제 1 절 건강한 교회와 성장

여유 있는 삶

어느 해 가을, 지방의 한 교도소에서 재소자 체육대회가 열렸습니다. 다른 때와는 달리 20년 이상 복역한 죄수들은 물론 모범수의 가족까지 초청된 특별 행사였습니다. 운동회 시작을 알리는 소리가 운동장 가득 울려 퍼졌습니다.

"본인은 아무쪼록 오늘 이 행사가 탈 없이 진행되기를 바랍니다."

오랫동안 가족과 격리됐던 재소자들에게도, 무덤보다 더 깊은 마음의 감옥에 갇혀 살아온 가족들에게도 그것은 가슴 설레는 일이 아닐 수 없었습니다. 이미 지난 며칠 간 예선을 치른 구기 종목의 결승전을 시작으로 각 취업반 별로 각축전과 열띤 응원전이 벌어졌습니다. 달리기를 할 때도 줄다리기를 할 때도 어찌나 열심인지 마치 초등학교 운동회를 방불케 했습니다. 여기저기서 응원하는 소리가 들렸습니다.

"잘한다, 내 아들, 이겨라! 이겨라!"

"여보, 힘내요, 힘내!"

뭐니 뭐니 해도 이 날의 하이라이트는 부모님을 등에 업고 운동장을 한 바퀴 도는 효도관광 달리기였습니다. 그런데 참가자들이 하나 둘 출발선상에 모이면서 한껏 고조됐던 분위기가 갑자기 숙연해지기 시작했습니다. 푸른 수의를 입은 선수들이 그 쓸쓸한 등을 부모님 앞에 내밀었고 마침내 출발신호가 떨어졌습니다. 하지만 온 힘을 다해 달리는 주자는 아무도 없었습니다.

아들의 눈물을 훔쳐 주느라 당신 눈가의 눈물을 닦지 못하는 어머니.

아들의 축 처진 등이 안쓰러워 차마 업히지 못하는 아버지.

교도소 운동장은 이내 울음바다로 변해 버렸습니다. 아니, 서로가 골인지점에 조금이라도 늦게 들어가려고 애를 쓰는 듯한 이상한 경주였습니다. 그것은 결코 말로는 표현할 수 없는 감동의 레이스였습니다. 그들이 원한 건 1등이 아니었습니다. 그들은 그렇게 해서 함께 있는 시간을 단 1초라도 연장해 보고 싶었던 것입니다.

1. 교회는 예수님이 주인이시다

성경은 많은 부분에서 교회행정은 민주주의가 아니라 신본주의라고 가르치고 있다. 예를 들면 이스라엘의 아합왕 시대에 450인의 바알 선지자와 1명의 엘리야 사이에 하나님께서는 엘리야의 편에 서 계셨다. 또한 길르앗 라못의 전투 때에 하나님께서는 수많은 거짓 선지자들과 1명의 미가 선지자 중에 미가의 편에 서 계셨다.

뿐만 아니라 사도행전에서도 대제사장과 수많은 유대교 지도자들과 2명의 사도 베드로와 요한 사이에 하나님께서는 베드로와 요한의 편에 서계셨다. 더 많은 예들이 성경에서는 신본주의라는 사실을 확증하고 있다. 또한 성경에서는 자본주의가 아니라 성장주의라는 사실을 명백히 하고 있다. 자본주의는 성장과 분배의 원칙하에 이루어낸 인류 최대의 걸작품이다.

인간이 스스로 노력하여 최대의 결과를 얻으면 그것을 인간이 스스로 나눠 가지는 것이 바로 자본주의의 원리이다. 그러나 성경에서는 성장만 존재하지 분배는 존재하지 않는다는 사실이다. 그것은 하나님의 능력과 풍요는 무제한이기 때문에 인간이 분배하려 해도 분배할 수 없는 무한정적 요소이기 때문이다. 그러면 민주자본주의가 가지고 있는 한계는 어디에 있는지 학문적으로 살펴보겠다.

(1) 민주주의의 한계

민주주의의 큰 장점은 모든 사람들이 한 표의 투표권을 행사하여 과반수의 의견을 선택하는 것이다. 그러나 이러한 투표의 장점과는 달리 투표가 가지고 있는 모순이 있다. 이것을 투표의 패러독스(paradox)라고 한다. 투표가 과연 각 개인의 진정한 마음을 대표할 수 있는가? 라는 데 의문이 있다.

예로 들면 미국이 니카라과(Nicaragua)에 대한 외교정책을 결정할 때를 생각해 보자. 그 때의 이슈는 세 가지 중요한 정책 중 한 가지를 택해야 될 처지에 있었는데, 첫째는 니카라과에 대하여 전쟁을 선포하는 것, 둘째는 니카라과 정부에 반대하는 반란군을 지지하는 것, 셋째는 반군을 지지하는 것을 중단하고 평화적 우호관계를 수립하는 것이었다. 그래서 많은 논란 후 투표로 결정하자는 데 의견이 모아졌다.

무기 판매업자인 Hawks 단체는 주장하기를 니카라과 정부는 다른 중앙아메리카 나라들을 전복시킬 위협이 있으므로 전쟁을 선포하고 차후에 대책으로 반군을 지원하자는 것이다. 이 단체는 전 유권자의 10%의 지지를 확보하였다. 실용주의자들은 니카라과 정부가 현재 그들이 추구하는 정책을 포기하도록 압력을 가하기 위해 반군을 지원하지만 미국과의 직접전쟁을 하는 것은 원치 않는다.

이들의 차후 대책은 평화적 해결을 모색하자는 것으로써 전 유권자의 45%의 지지를 얻었다. 그리고 헌법주의자들은 니카라과 정부와 우호관계를 유지하되 차후의 선택은 반군을 지원하기보다는 차라리 공식적으로 전쟁을 선포하자고 주장하여 45%의 지지를 얻게 되었다. 이것을 도표로 보면 <도표 21>과 같다.

<도표 21> 투표의 패러독스

가설적 단체	선택 1	선택 2	선택 3	투표율
Hawks 단체	전 쟁	반군지원	평 화	10%
실용주의자	반군지원	평 화	전 쟁	45%
헌법주의자	평 화	전 쟁	반군지원	45%

① 의제 A (결과: 평화)

      1회 투표   전쟁(55%)   반군지원(45%)

      2회 투표   전쟁(10%)   평화 (90%)

② 의제 B (결과: 반군지원)

      1회 투표   전쟁(10%)   평화(90%)

      2회 투표   반군지원(55%)   평화(45%)

③ 의제C (결과: 전쟁)

      1회 투표   평화(45%)   반군지원(55%)

      2회 투표   전쟁(55%)   반군지원(45%

의제 A 에서 먼저 반군지원과 전쟁이란 두 가지를 두고 투표한 결과 전쟁 쪽으로 선택한다. 왜냐하면 Hawks 단체와 헌법주의자들이 반군지원보다 전쟁을 원하므로 55%로 전쟁이 선택되어진다. 그러나 2회 투표에서 전쟁과 평화라는 두 가지 의제를 두고 투표한 결과 90%로 평화가 우세하다. 왜냐하면 실용주의자와 헌법주의자들이 전쟁보다 모두 평화를 원하기 때문이다. 그래서 이런 케이스의 결과는 평화이다.

의제 B 에서 첫째로 전쟁과 평화 두 가지를 두고 투표한 결과 평화를 원하는 측이 90%로 이기게 된다. 왜냐하면 실용주의자와 헌법주의자들이 평화를 원하기 때문이다. 2회 투표에서 평화와 반군지원을 두고 투표한 결과 55%로 반군지원이 우세하다. 왜냐하면 Hawks 단체와 실용주의자들이 평화보다도 반군지원을 주장하기 때문이다. 그래서 결과는 반군지원으로 된다.

의제 C 에서는 첫째로 평화와 반군지원을 두고 투표를 실시하게 되면 반군지원이 55%로 우세하게 된다. 왜냐하면 Hawks 단체와 실용주의자들의 주장 때문이다. 그러나 2회 투표에서 반군지원과 전쟁을 두고 투표하면 전쟁이 55%로 우세하게 된다. 왜냐하면 Hawks 단체와 헌법주의자들의 주장 때문이다. 그래서 그 결과는 전쟁이 된다.

이와 같이 투표는 여러 가지의 복잡한 패러독스를 갖게 됨으로 투표의 보편적인 결과가 인민의 뜻을 대표한다고 하는 데는 많은 문제가 있게 된다. 이러한 투표의 패러독스 (The Paradox of Voting)는 최초로 18세기 프랑스의 수학자이며 철학자인 Condorcet에 의해 발견되었으며, 그 후 Charles Dodgson과 다른 이들에 의해 재 연구되어졌다가, 제 2차 세계대전이 끝날 때까지는 폭 넓게 알려지지 아니하였으나 1951년 Kenneth Arrow 에 의하여 투표는 비합리적인 결과를 가져올 수 있다는 결론에 이르게 되었다.[329]

Arrow 는 그의 이론 「General Possibility Theorem」 에서 투표는 보다 많은 사람들이 보다 많은 선택을 두고 선택되어져야만 공평하게 되어 질 수 있다고 했다. 그 이유로는 네 가지를 들고 있는데 첫째는 각 투표권자가 가능한 정책대안들에 대해 변경할 수 있는 선호도를 가지고 있다.

즉 선택1이 선택2보다 좋고, 선택2가 선택3보다 좋을 때, 선택1은 선택3

---

[329] Kenneth Arrow, *Social choice and Individual Values*, 2nd, ed. New Haven, Comm.: Yale University Press, 1963.

보다 좋다고 하는 결과를 가져오게 한다는 것이다. 둘째는 한가지의 선택이 만장일치로 다른 선택보다 좋을 때 그 선택에 대한 규정은 다른 선택을 택할 여지가 없다는 것이다. 셋째는 그러한 규정이 개인의 선호도가 다른 경우에 있어서도 똑같이 적용되어 진다는 것이다.

다시 말하면 다음번에도 똑같은 상황이 주어지면 똑같은 방법으로 항상 선택되어진다는 생각에서 각 개인이 임의로 몇 가지의 선택들을 선택할 여지가 없다는 것이다. 넷째는 이러한 규정은 결국 다른 이의 선호도를 무시하고 어떤 한 사람의 독선적인 힘을 허용하게 될지 모른다는 것이다.

따라서 Arrow는 투표의 회절성(cycle) 때문에 어떤 의제를 통제하는 사람(회장, 의장 등)은 의제의 선택을 교묘히 조절할 수 있는 큰 기회를 가지고 있다는 것이다. 그 결과 때로는 사회에서 바람직하지 못한 정책이 실행될 수 있으며, 더 나아가 민주적 절차에 의한 독재를 야기할 수 있다는 것이다. 바로 이것이 직접 민주정치가 지닌 커다란 단점이며 정치제도의 한계인 것이다. 그러므로 교회는 오직 하나님 중심의 신본주의를 지향하고 있다.

(2) 자본주의의 한계

자본주의가 가지고 있는 큰 장점은 누구나 자신이 가진 재능을 충분히 발휘하여 최대의 산출효과를 거두고 그 산출효과를 각 사람들에게 균등히 분배하는 것이다. 그러나 분배의 방법에서는 많이 남긴 자는 많이 가지고 적게 남긴 자는 적게 얻는 것이 자본주의가 공산주의와 다른 점이다. 아무리 그럴지라도 산출가치의 평가에 문제가 있다.

정부 관료들은 건강문제, 사회안전관계, 법과 질서유지, 국가방위 등과 같은 공공분야에서 사회공익과 관련하여 그들의 가치를 평가하는 데 많은 문제를 가지고 있다. 다시 말하면 어떻게 건강의 중요성을 평가할 것이며, 사회안정, 법과 질서 등과 같은 요소들의 필요성을 평가할 수 있을까? 우선순위를 어디에 둘 것인가? 이러한 것들이 바로 자본주의가 안고 있는 과제이다. 특히 분배문제에 있어서 평가문제는 훨씬 더 까다롭다.

사기업의 경우는 어떤 사람들이 그들의 물품들을 구입하는 데 일반적으로 제재를 받지 않으나 공공기관의 경우 그 물품들에 대한 산출을 수평적·수직적으로 평등하게 분배해야 하므로 더욱 많은 어려움을 안고 있다. 교회도 마찬가지이다. 성도들의 믿음의 수준을 어떻게 평가할 것인가? 그리고 성도들의 노력에 대한 결과들을 어떻게 산출할 수 있겠는가? 이다

2. 떠나는 교인으로부터 자유 하라

첫째, 교인의 입장에서 볼 때, 설교가 너무 부담스러우면 교회를 떠나는 경우가 종종 있다. 예배는 신랑과 신부가 만나는 자리인데, 설교자는 중매쟁이로서 예수님과 교인 간에 중매만 하면 된다. 그러나 목회를 하다 보면 양을 생각하는 것 보다 일에 너무 치중하여 교회운영에 압박감을 가질 때가 있다. 쉽게 말하면 목사가 지쳐버린다. 목사가 지치면 교인들도 지친다.

양들도 몰고 갈 때가 있고, 쉴 때도 있어야 한다. 야곱이 에서를 만날 때 양 떼와 소 떼들이 새끼를 배어서 과히 쉬지 않고 몰면 죽는다고 하였다. 하나님이 하실 일들은 남겨 두어야 한다. 그것까지 자신이 하려고 한다면 자신도 지치고 일도 마무리 할 수 없을 것이다. 목사가 보았을 때 미완성인 것 같이 보이지만, 미완성의 수용은 인간됨의 수용이라는 사실을 기억하여야 한다.

그렇지만 할 수 있는데 중도에 포기하는 것은 바람직하지 않다. 비전의 실현은 사명자의 존재이유이기 때문이다. 결국 피곤한 목사와 지친 교인 사이의 갈등은 교인으로 하여금 교회를 떠나게 하는 원인이 된다.

둘째, 목사가 압박감을 갖고 설교하면 교인들은 두 배로 중압감을 느끼게 된다. 그러면 교인들의 반응은 냉랭해 지고, 설교로부터 계속적인 압박감은 교회생활을 힘들게 만들고, 결국 교회를 떠나게 하는 원인이 될 수 있다. 또한 설교자가 너무 많은 상처를 입으면 그 상처가 청중에게 간다.

상처 입은 설교자와 상처 입은 청중의 불협화음의 연속은 교회생활을 피곤하게 만든다. 요컨대, 부담스러운 설교가 결국 피곤한 목회를 만들고, 부담스러운 교인이 목사를 지치게 만든다. 설교자는 사람의 입장에서 환경을 보지 말고 하나님의 입장에서 환경을 보고 "오늘의 압박감은 내일의 기쁨"을 잊지 말자.

셋째, 목사의 입장에서 볼 때, 좀 떠나 주었으면 좋겠다는 교인은 떠나지 않고 꼭 있어야 될 교인이 상처 받고 떠나는 경우가 있다. 이것은 목자가 양을 먹일 때와 비슷하다. 이스라엘 백성들이 목축을 할 때, 양 우리에 염소를 한 마리

넣어 둔다. 이것은 염소 한 마리가 양을 훈련시키는 역할을 하기 때문이다. 그런데 너무 황소 같은 염소 한 마리가 순한 양을 도망가게 만드니 문제이다.

마지막으로 피곤한 방법론이다. '교회 가봐야 그 소리가 그 소리'라고 일반적으로 불신자들은 생각한다. 그런데 목회가 특징이 없다면 문제이다. 예로 들면, 전도지 한 장에 휴지 한 통을 넣어 주며 전도한다.

이것은 예전에도 해봤다 그러나 별로 효과가 없더라는 것이다. 새로운 방법론을 찾아야 한다. 현대 사회에서 불신자들은 교회에 대하여 무엇을 원하는가? 무엇보다도 지역사회의 복지를 원한다. 대부분 국가에서 국민총생산량(GNP)이 삼만 달러 이상이면 복지국가를 지향한다.

특히 우리나라는 노인인구가 급속도로 증가하기 때문에 노인복지 문제에 교회가 관심을 돌려야 하고, 또한 장애인에 대한 배려와 가정과 청소년 문제에 항상 귀를 기울여야 한다. 이러한 현대병을 치유하기 위하여 속히 한국 교회가 지역사회에서 불신자들에게 그리스도의 사랑을 보여 주는 복지 시스템의 구축이 필요하다.

3. 예수님 관심의 우선순위를 알라

목회는 자신에게 주어진 성령의 은사에 맞추어야 한다. 즉 자신의 목회 스타일을 발견하는 것이 필요하다. 교회의 주인은 예수님이므로 교인들의 환경에 좌우되지 말아야 한다. 새 신자를 교육하는 것이 이 교회 저 교회 떠돌아다니다가 등록한 교인보다 양육하기 쉽다. 이미 배운 것을 다시 지우고 새롭게 배우게 하는 것은 처음 가르치는 것보다 더 힘들기 때문이다.

위대한 작곡가이자 음악가인 모짜르트는 그를 찾아오는 사람에게 항상 이러한 질문을 던지곤 했다. '전에 음악을 배운 적이 있습니까?' 만일 배운 적이 있다고 대답하면 모짜르트는 수업료를 두 배로 청구했다. 그리고 전혀 음악을 배운 적이 없다고 말하면, '그럼 좋습니다. 수업료를 반만 내십시오.'라고 말하곤 했다.

이것은 너무도 부당한 처사였기 때문에 사람들은 어리둥절했다. '음악을 전혀 모르는 사람이 오면 수업료를 반만 내라고 말하고 십 년 동안이나 음악을 공부한 사람이 오면 수업료를 두 배로 내라고 하는데, 도대체 무슨 까닭입니까?' '거기에는 이유가 있습니다.' 모짜르트가 말했습니다.

'음악을 배운 사람들의 경우 우선 나는 찌꺼기를 거두어 내야 합니다. 이것은 더 힘든 작업입니다. 그 사람이 가지고 있는 잘못된 것을 파괴하는 것이 가르치기보다 훨씬 힘든 일입니다.'

이와 같이 오래 습관화 되어 있는 신앙관을 새로운 스타일의 신앙으로 바꾸는 것은 수업료를 두 배를 지불해야 하는 만큼 무척 힘들다는 것이다. 습관화된 것을 뿌리 채 뽑고 새로운 것을 심는 것이란 무척 힘든 일이므로, 만약 성도들이 가지고 있는 기존의 신앙생활이 성경에 위배되지 않는 다면, 목회자가 성도들의 관심사를 배워 가는 것도 코이노니아의 방법이 될 수 있을 것이다.

다시 말하면 교인의 상태를 살피는 것이 필요하다. 보편적으로 교회를 부흥시킨 한국교회 목사들의 경우를 보더라도 이와 비슷하다.

옥한흠 목사의 경우는 제자훈련을 강조한 목회였다. 부유한 지역인 서울의 강남 같은 데서는 부유한 사람들이 예수님을 만날 수 있는 방법으로는 범죄에 길에 들어서지 않도록 논리적으로 가르쳐야만 하는 것이다.

김삼환 목사의 경우는 새벽기도를 강조하는 목회이다. 서울 명일동 지역을 보면 별로 부유하지 않지만 새로 이사 와서 그곳에 둥지를 털었던 사람들이 대부분이었다. 그 사람들이 바라는 것은 삶의 터전을 마련하고 부유하게 되는 것이었다. 그 방법으로는 일찍 일어나서 기도하고 일과를 시작하는 것이 부유하게 되는 최선의 방법이었을 것이다.

조용기 목사의 경우는 개척 당시 가난하고 병든 사람들 속에서 그들과 함께 할 수 있는 길은 성령님의 도우심에 호소하는 길 밖에 없었다. 그래서 성령님의 도우심으로 병든 사람들이 치유함을 받게 되고, 일자리를 마련하게 되어 교회 부흥의 기반을 다졌던 것이다.

김진홍 목사의 경우도 가난한 사람들과 함께 공동체를 이루어 나가는 것을 강조하여 두레마을을 통하여 공동의 가치를 공유하도록 하였다. 그러므로 목사는 자신에게 주어진 예수님의 특별은사를 분명히 발견하고, 교인들의 관심이 무엇인가? 를 바로 알고 목회를 하여야 할 것이다.

4. 긍정적인 사고를 가지라

목회자는 항상 긍정적인 사고를 가져야 한다. 그래서 교인들도 긍정적인 생각을 갖게 되는 것이다. 윌리엄 부스의 예를 들어보자.

구세군의 창설자 윌리엄 부스는 83세 때 안질환으로 실명선고를 받았다. 아들 브람웰이 아버지를 바라보며 눈물을 흘렸다. '아버지가 앞을 보지 못한다는 사실이 두렵습니다.' 부스는 아들의 손을 꼬옥 잡으며 말했다.

'이제 네 얼굴을 볼 수 없다는 뜻이로구나. 그러나 하나님은 새로운 계획을 준비하고 계실 것이다.' 두 사람 사이에 한참동안 침묵이 흘렀다. 부스는 무언가를 곰곰이 생각하더니 밝은 표정으로 입을 열었다. '내가 두 눈을 가진 상태에서 이웃을 위해 봉사할 수 있는 일은 일단 끝났다. 이제부터는 두 눈 없이 사람들을 위해 봉사할 수 있는 일을 찾아야지' 윌리엄 부스는 매우 긍정적인 사람이었다.

그는 실명을 당하고도 결코 절망하지 않았다. 오히려 그것을 통해 새로운 봉사를 다짐했다. 사실 우리의 주변을 돌아보면 감사할 것들이 얼마나 많은가. 단지 부정적이고 비관적인 생각들이 감사의 조건들을 가로막고 있을 뿐이다.

이와 같이 목회자는 항상 실패를 두려워하지 말고 실패를 거울삼아 새로운 도전의 기회로 삼는 것이 필요하다. 잠언 14장 4절에서도 "소가 없으면 마구간은 깨끗하거니와 소의 힘으로 얻는 것이 많다"고 하였다. 다시 말하면 도전이 없으면 실패도 없을 것이지만 도전을 통하여 얻는 것이 더 많다는 것을 교훈하여 주는 것이다. 새로운 도전을 위하여 몇 가지 제언을 소개한다.

첫째, 끝이 좋은 사람이 되라, 끝은 새로운 시작이기 때문이다. 둘째, 오지 않는 사람에 대한 불쾌감으로 설교하지 말고, 앉아있는 사람에 대한 감사함으로 설교하라. 눈치 빠른 교인들은 목사의 생각을 너무 잘 안다. 강단에 올라 설 때 주보지 내용을 보고 무슨 설교인지 짐작한다.

이때 목사는 설교를 시작할 때, 그들이 대충 짐작하고 있는 설교내용에 대한 고정관념을 깨뜨리는 것이 필요하다. 또한 설교시간에 딴 생각이나 다른 데 보는 사람보고 섭섭한 마음으로 설교하지 말고, 앉아서 경청하는 몇 명의 성도를 보고 설교하는 것이 필요하다.

셋째, 목회자의 자존감을 유지하라. 많은 목회자들이 현실과의 타협으로 사역의 객체로 밀려난다. 목회자는 사역의 주체가 되어야 한다. 그러기 위하여 목회자는 항상 기도하는 자세가 필요하다. 하나님께서 우리에게 혀를 주신 이유가 주님께 기도하고 그분과 대화하는 것임을 알아야 한다. 넷째, 사랑에 길이 있다. 목회성공인가? 아니면 영혼사랑인가? 목회자는 카우보이가 아니라 목자이다. 다섯째, 유머감각이 필요하다.

신바람(신이 부여해준 바람)나는 설교와 웃음과 행복이 가득한 교회를 교인은 바란다. 여섯째, 남이 자기 속에 보이면 성공이다. 남을 통해 자기가 보이기 시작하면 방법을 찾을 수 있다. 그러나 자기가 자기 속을 보지 못하면 끝이다. 내 꼴이 뭐야? 나는 못 하는 줄 아느냐?

이런 마음이 들어오면 시험에 든다. 마귀가 예수님을 시험할 때, 네가 하나님의 아들이거든 뛰어 내리라고 하였다. 그때 예수님께서는 하나님 아버지를 시험하지 말라고 하며 시험을 물리쳤다. 마지막으로 전문성을 기르라. 일반 가게에도 이것저것 모아 놓은 편의점보다 하나라도 확실한 전문점이 더 유명하다. 목회자는 자신만의 은사와 브랜드를 길러야 한다.

믿음의 경주자(히브리서 12:1~3)는 목적을 세우고 몸을 가볍게 하고 인내심을 가져야 한다. 몸을 가볍게 하기 위하여 영적인 군더더기 살을 빼야 한다. 올림픽 마라톤에서 '맨발의 왕자'라고 하는 아베배(Abebe Bikila)를 기억할 것이다.

아프리카 에티오피아의 마라톤 선수였던 그는 1960년과 1964년 올림픽에서 맨발로 달려서 연속 우승을 했다. 연습도 맨발로 했다. 몸을 가볍게 하고 달린 것이다. 장거리를 뛸 때는 신발도 무겁다. 황영조 선수의 신발도 매우 가벼웠다. 목회도 군더기 살을 빼고 특징적이고 전문적인 사역이 필요하다.

5. 성장을 포기하면 성장이 보인다.

교회는 경쟁심과 성공주의를 포기할 때 성장한다. 사람의 방법으로 억지로 교인을 끌어 모아 놓으면 나중에 더 큰 어려움에 봉착하게 된다. 목회자는 예수님보다 앞서면 안 된다. 그러나 현실적으로 부딪치면 자신이 예수님보다 앞섰는지 아닌지 알지 못할 때가 많다.

가끔씩 동료 목사로부터 조언을 받기도 하지만 제대로 귀에 들어오지 않을 때도 있다. 사실 바둑 둘 때 훈수 두는 사람이 더 잘 보듯이 실제로 바둑 두는 사람은 바둑판의 길을 잘 못 보는 경우가 허다하다.

성장을 포기하라. 그 이유는 내가 힘을 빼면 하나님께서 하시기 때문이다. 교회성장에 대한 강박감이 있으면 영적인 눈이 보이지 않는다. 설교할 때 목사가 부담감을 가지면 교인들은 더욱 부담감을 갖는다.

예로 들면, 친구목사는 개척한지 3년 만에 500명이 넘었다고 하는데 나는 겨우 50명이라고 생각하는 강박감은 더욱 설교자가 부담감을 갖게 되고 교인들도 자연히 부담감을 갖게 만든다. 그분은 그분의 은사가 있고 나는 나의 은사가 있다. 이것을 개발해 가는 것이 먼저이다. 한 가지 예화를 들겠다.

어느 바닷가에 갈매기 한 마리가 살고 있었다. 어느 날 그 갈매기는 부둣가에 버려진 썩은 물고기 한 마리를 낚아채 입에 물고 하늘로 날아올랐다. 그런데 그것을 보고 수많은 갈매기들이 달려들었다. 갈매기는 '썩은 물고기'를 빼앗기지 않으려고 몸부림을 쳤다.

그러나 갈매기들은 집요하게 추격했다. 그 갈매기는 썩은 물고기를 물고 하늘 높이 날아올랐다. 그리고 움켜쥔 '썩은 물고기'를 바다로 떨어뜨렸다. 그러자 수백 마리의 갈매기들이 그것을 쫓아 바다 쪽으로 일제히 날아갔다. 그때 갈매기는 파란 창공이 자신의 몫이라는 것을 깨달았다. 움켜쥔 '썩은 물고기'를 포기하는 순간, 넓은 하늘이 한눈에 들어온 것이다. 작고 하찮은 것을 포기한 순간부터 큰 것이 눈에 들어온 것이다.

인간의 삶도 마찬가지다. 하찮은 욕심을 포기하면 세상이 한눈에 들어온다. 움켜쥔 몇 푼의 재물 때문에 창공을 보지 못하고 걱정 속에 사는 사람들이 많다. 사람은 죽으면 그 몸은 벌레에 먹힌다. 살아있는 사람의 영혼은 '근심'이라는 이름의 벌레에 먹힌다. 목회도 성장이라는 욕심을 포기하면 주님의 목장이 한눈에 들어온다. 교인의 숫자로부터의 자유로워야 한다.

성도는 상품이 아니다. 목회는 사랑의 원리가 필요하다. 교회의 크기는 나의 개념이 아니라 하나님의 부분이라는 사실이다. 목양도 건강하게 기르기만 하면 자연히 새끼를 낳게 된다고 하는 자연의 이치를 상고할 필요가 있다.

제 2 절 교회복지와 지도자

여유 있는 삶

세 명의 벽돌공이 부지런히 벽돌을 쌓고 있었다. 어떤 사람이 그 벽돌공에게 물었다. "무엇을 하고 있습니까?" 첫 번째 벽돌공이 이렇게 대답했다. "벽돌을 쌓고 있어요." 두 번째 벽돌공이 대답했다. "시간당 9달러 30센트짜리 일을 하고 있소." 세 번째 벽돌공은 이렇게 대답했다. "나요? 나는 지금 세계 최대의 성당을 짓고 있어요." 이 세 사람의 미래는 과연 어떻게 변해 있을까?

아무리 거대한 성당도, 만리장성도, 피라미드도 작은 벽돌 하나로 시작됩니다. 크게 생각하는 것이란, 자기가 하는 작은 일에 큰 의미를 부여하는 것입니다. 지금 하는 일이 작고 미미할지라도 나중엔 위대하리라 믿고 큰 기쁨 속에 벽돌을 쌓아가는 것입니다. 크게 생각할수록 크게 이룰 수 있습니다.

1. 누가 교회복지 지도자인가?

누가복음 15장 8~10절에 잃어버린 한 드라크마와 가지고 있는 아홉 드라크마에 대한 비유가 나온다. 이 말씀을 통하여 이방인과 평신도, 그리고 교회지도자에 대하여 어떤 차이가 있는가를 살펴보겠다.

잃어버린 한 드라크마를 나 자신에 비유하여 보고, 가지고 있는 아홉 드라크마를 세상에서 자랑할 만한 것들로 비교하여 본다. 이것을 숫자로 대치하여 잃어버린 한 드라크마의 '1'이란 숫자를 나 자신에 비유하고, 가지고 있는 아홉 드라크마를 각각 '0'으로 하여 '0'이란 숫자를 세상에서 자랑할 만한 것들 즉 명예, 돈, 미모, 학벌, 건강, 지식, 유머, 취미, 사교로 생각하여 본다.

이방인은 '1000000000'란 숫자의 형태로서 나 자신(1)이 제일 먼저이고, 다음에는 9가지의 세상 자랑들이 있다. 이 세상 자랑들은 사람에 따라 다를 수 있고 그 순위도 바뀔 수 있다.

그래서 세상 사람들은 나 자신에게 9가지의 세상 자랑들이 함께 있으면 가장 많은 숫자가 되므로 출세한 것으로 생각한다. 그러나 '1'이라고 하는 나 자신이 없어지면 '0'이란 숫자가 아무리 많아도 '0(무)'이다. 그래서 불교의 성철이라는 사람도 죽을 때 '무(無)'라고 하였다. 자신이 죽으니 모든 것이 허무뿐이었다는 의미이다. 불교는 분명히 허무주의이다. 내가 죽으면 이생의 자랑하는 모든 것이 끝난다는 것은 사실이다.

그러나 인생을 이렇게 알고 살아 왔다는 것은 자기 자신을 잘못 알고 살아 왔다는 것이다. 분명히 성경은 전도서에 사람의 본분은 하나님을 경외하는 것(전 12:13~14)이라고 하였다. 이것이 자신을 바로 알고 올바로 사는 것이라는 의미이다.

불신자와 교인과의 차이는 교인은 내가 다른 9가지 보다 더 중요하다는 것을 알고 자신이 누구인가는 알고 있다는 점에서 다르다. 그래서 성도는 '0000000001'의 형태로 이뤄지므로 세상에서 자신이 부족한 존재라는 사실을 알고 하나님을 의지해야 된다는 것을 안다.

특히 교인들 중에 교회 직분자와 평신도의 차이점을 살펴보면, 평신도는 자신이 부족한 존재이므로 하나님을 의지해야 한다는 사실을 인정한다. 그러나 교회 직분자들은 그러한 평신도의 신분에 더하여 세상의 것을 가지면 가질수록 나 자신의 부족함과 작아짐을 느끼게 되어, 겸손과 섬김을 통하여 신앙생활을 하게 된다.

그러므로 교회제직은 평신도의 경우와 달리 소수점이 맨 앞에 하다 더 붙어있는 '.0000000001'의 형태로 이루어진다고 볼 수 있다. 즉 주님을 위하여 세상의 자랑들을 하나씩 포기함으로 더욱 숫자가 작아지듯이 자신을 버림으로 주님께서 채워주시는 방법을 알고, 그것을 실제로 경험하며 살아간다.

즉 나 자신의 존재를 의미하는 '1'이란 숫자는 명예를 포기함으로 소수점 7째 자리로 되고, 또 돈을 포기하므로 소수점 8번째 자리로 되니 숫자는 점점 포기하면 포기할수록 낮아지면서 주님을 만나는 기회는 점점 더 가까워지는 것이다. 왜냐하면 주님은 낮은 곳에 계시기 때문이다.

더 나아가, 목사의 경우는 자기 자신까지도 부인하여야 하는 것이다. 그래서 숫자의 형태는 '.000000000(1)'의 형태로 되어 마지막 나 자신을 의미하는 '1' 조차도 없어지는 것이다.

다시 말하면 나 자신이 죽어 없어지고, 예수님이 맨 앞에 오게 하는 것이다. 그리고 그 결과로 성령의 9가지 열매를 맺혀가는 것이다. 즉 세상의 자랑에 대한 9가지가 아니라 성령의 열매 9가지 (사랑과 희락과 화평과 오래 참음과 자비와 양선과 충성과 온유와 절제)를 맺는 것이다.

숫자의 형태는 '1.000000000'형태로 되는 것이므로 9가지의 성령의 열매를 맺을수록 더욱 숫자가 높아지듯이 믿음이 견고하여지고 주님의 인정하심이 충만하여지는 것이다. 이것은 주님이 낮아지면 높아지리라고 하신 가르침과 일맥상통한다고 볼 수 있다.

그런데 만약 목사나 교인이 교만하여 주님의 자리에 자신이 올라 앉아있고 육체의 소욕(갈5:19~21: 음행과 더러운 것과 호색과 우상 숭배와 술수와 원수를 맺는 짓과 분쟁과 시기와 분냄과 당 짓는 것과 분리함과 이단과 투기와 술취함과 방탕함)과 이생의 자랑으로 가득 차 있다면 이것을 두고 죄악이라고 한다. 그 숫자의 형태는 목사의 경우와 똑 같이 '1.000000000'으로 이루어져 있지만 내용에서 확실히 다른 것이다.

그래서 목사는 두렵고 떨리는 마음자세로 항상 목회에 임하여야 한다. 사실 우리 인생은 아주 보잘 것 없는 미물과 같은 존재이다. 아는 것(과학)은 모르는 것(하나님의 창조)을 증명하는데 불과하다.

태양계를 보면, 태양을 중심으로 9개의 혹성이 주기별로 돌고 있다. 수성은 88일, 금성은 225일, 지구는 365일, 화성은 687일, 목성은 11년, 토성은 29년, 천왕성은 84년, 해왕성은 165년, 명왕성은 248년을 주기로 태양을 돌고 있다. 이러한 태양계와 같은 것이 우주에 30개 이상이 존재한다. 그럼에도 불구하고 우주에 비해 티끌과 같은 자기 자신은 변하지 않으면서 우주가 변하여야 된다고 하는 어리석음과 교만한 마음을 가진 사람들이 있다.

예수님께서는 드라크마의 비유와 같이 자신을 바로 알고 회개하는 심령을 찾고 계신다. 방 한 구석 마루 틈새에 끼어 먼지더미에 묻혀 져 있는 한 개의 동전 같은 나 자신을 주님이 등불을 켜고 빗자루로 쓸면서 찾고 계신다.

그래서 예수님을 믿지 않는 불신자들에게 회개의 기회를 주시며 지금도 주님은 구원 받을 백성을 찾고 계신 것이다. 뿐만 아니라 교회를 다니면서도 자신의 정체성에 대하여 잘 모르는 교인들에게 주님은 지금도 너 자신이 어떤 존재인가를 가르쳐주시고 계신다. 주님의 교훈을 깨닫는 방법은 오직 믿음과 사랑, 그리고 성령의 열매로서만 알 수 있다.

성경은 우리에게 다음과 같이 네 가지의 집약된 교훈과 원리를 가르쳐 준다. 하나님은 당신을 사랑하십니다(요3:16). 우리는 죄인입니다 (롬3:10~13). 하나님께서 예수그리스도를 통하여 우리의 죄의 문제를 해결하여 주셨습니다(빌2:5~11). 우리가 그분을 영접하기만 하면 하나님의 아들이 되는 권세를 얻습니다(요 1:12~13). 그러므로 예수님을 영접하십시오. 이렇게 성경의 원리를 간단하게 정리한 것이 4영리이다.

그런데 교인들 중에는 주님을 사랑한다고 고백하지만 정작 주님이 나를 사랑하는가? 에 대해서는 생각하지 않는다. 호주에 사는 많은 한국인들은 차 뒤에 'I love Jesus'라고 써 다니기를 좋아한다. 그런데 어느 날 한 집사님이 'No Standing' 자리에 차를 주차하고 잠시 가게에 들어가서 물건을 사고 나왔다. 그랬더니 호주 백인이 보고는 차 뒤에 'Jesus doesn't love you'라고 써 놓았다.

아무리 사랑을 외쳐도 실제 사회의 질서도 사랑하지 못하는 교인들이 많이 있다. 사랑의 행위가 무엇보다 절실히 요구되는 시대에 우리는 살고 있다. 또한 현대 교인들 중에는 내가 주님을 믿는다고 하면서 정말 주님이 나를 믿고 주님의 사역들을 맡겨 주시는가? 에 대하여는 별로 주의를 기울이지 않는다. 교회만 열심히 다닌다고 성도가 되는 것은 아니다. 주님을 바로 알고 주님의 뜻을 바로 실천하여야만 주님의 제자가 되는 것이다. 예화를 들어보겠다.

어느 마을에 독실한 신자인 듯이 예배당에 열심히 나가고 있지만, 그러나 품행이 좋지 않은 사람이 있었다. 랍비가 하루는 그를 불러서 품행을 단정히 하라고 주의를 주자 그 사나이는 말했다. 나는 정해진 날은 하루도 빠짐없이 예배당에 나가는 충실한 신자인데요. 랍비는 그에게 다시 말하였다. 동물원에 매일 매일 간다고 해서 동물이 되는 것은 아니잖나.

주님은 행위의 열매를 보신다. 즉 우리로 하여금 사랑의 실천을 보시고 평가하신다. 어느 날 테레사 수녀가 사원에서 병든 자들을 보살피고 있을 때, 힌두교의 승려들이 경찰서장에게 찾아와서 테레사 수녀와 그의 일행을 그 사원으로부터 내보낼 것을 요구하였다.

그때 경찰 서장이 테레사 수녀와 그의 일행이 남을 위하여 희생하며 봉사하는 모습을 보고 감동하여, 그 승려들을 찾아가서 말하기를 '당신들이 테레사 수녀 대신에 그 일들을 하시오. 그러면 그들을 내보내겠소.'라고 하였다. 그랬더니 다시는 테레사 수녀의 하는 일에 간섭하지 못했다.

이처럼 말로만 하는 사랑을 쉽게 외면할 수 있을 지라도 행동으로 보여주는 사랑은 외면할 수 없다. 동물은 몸무게에 의하여 가치가 평가되지만, 사람은 인격에 의하여 평가된다. 교회지도자는 진실로 자신의 행위에 의하여 인격이 평가된다는 사실을 명심하여야 한다.

2. 무엇을 갖추어야 하는가?

교회복지 지도자가 갖추어야 할 성공적인 리더십의 4가지 요인을 살펴보면 다음과 같다.

(1) 열정(passion) (골3:23, 빌3:13~14, 사40:31)

열정은 평범한 일꾼과 뛰어난 일꾼을 나누는 경계선이다. 열정이란 뜻은 라틴어에서 '수난 (passio)'로부터 나왔는데 그 의미는 그리스도의 십자가의 수난을 의미할 때 사용되었다.

비슷한 의미에서 열정(Enthusiasm)이란 단어의 뿌리는 고대 그리스어에서 들어오다(en)와 신(theos)이라는 단어의 조합으로 이루어졌다. '인투지아즘(enthusiam)' 즉, '열정'이란 뜻은 후기 라틴어의 '주님 안에 있다'에서 파생된 말로 열정적인 삶은 주님 안에 있을 때에 가능하다는 의미이다.

다시 말해 열정은 그리스도께서 몸을 버리시기까지 열정적으로 인류를 사랑하신 것 같이 하나님이 우리 안에 들어오심으로 우리가 그분의 열심 있는 삶을 살게 된다는 것을 의미한다. 그래서 열정은 항상 하나님에 의하여 이루어지는 수동적인 의미를 가지고 있다. 자신이 스스로 열정을 가지려 해도 믿음의 열정은 타오르지 않는다.

단지 성령님께서 우리의 영혼 속에 내주하여 역사하셔야만 열정이 나타나게 된다. 이러한 열정을 가진 사람과 함께 생활하면 자신도 열정을 가질 수 있다. 성공적인 목회지도자는 항상 똑똑한 사람이나 냉담한 사람보다 열정적인 사람을 선택해서 함께 일한다.

엔진이 꺼진 차는 운전할 수 없고, 닻을 내리고 가만히 떠 있는 배는 항해 수 없고, 냉담한 사람을 가르칠 수 없다. 왜냐하면 움직이고 있지 않기 때문이다. 열정은 바로 명사가 아니라 움직이는 동사라는 사실을 교회복지 지도자는 기억하여야 할 것이다.

(2) 마음자세(attitude) (빌4:4),

우리가 높이 날려면 마음의 자세가 중요하다. 우리의 마음자세가 우리의 고도를 정해 주기 때문이다. 말씀은 우리의 마음자세와 인생의 고도에 대한 정보를 끊임없이 가르쳐 준다. 어느 목회자는 말하기를 내 생애에서 마음가짐이 가장 나빴던 시기는 내가 너무 빨리 움직일 때라고 하였다.

어떤 경우든 환경에만 눈을 돌리는 것은 교회복지 지도자의 마음자세에 치명적인 잘못을 저지르는 처사이다. 교회복지 지도자는 그리스도를 향해 눈을 돌려야만 한다(빌2:7~14). 마음의 자세가 흐트러지는 느낌이 든다면 다음과 같이 자신을 점검해 보아야 한다.

◎ 위를 처다보라. 하나님이 하늘나라에서 하시는 일에 초점을 맞추라. 위에 것을 생각하고 땅에 것을 생각지 말라 (골3:2~3).

◎ 속도를 줄이라. 잠시 멈추면 보다 나은 결정을 내릴 수 있다.

◎ 손을 뻗으라. 다른 사람들이 능력을 발휘하도록 도와줄 수 있다.

항상 교회복지 지도자는 이러한 점검표(checklists)를 마음속에 간직하고 사역에 임해야만 한다. 때때로 우리가 차를 몰고 갈 때 누군가 내 차 앞에 끼어들 수도 있다. 이것은 내가 선택한 일이 아니지만, 그 상황에 어떻게 반응할 것인지는 바로 나의 몫이다. 그러므로 우리의 마음자세는 우리의 세계를 보여 준다고 볼 수 있다.

(3) 협동심(teamwork) (전4:9~12)

그리스도인은 함께 모이는 것이 시작이고, 계속 함께 있는 것이 방법이며, 함께 일하는 것이 성공이다. 여호수아는 새로운 지도자로 부름을 받자 사람을 한꺼번에 모두 불러 모으고 새로운 명령을 내렸다(수1:10~11). 이스라엘 백성들은 여호수아가 새로운 팀을 이루려는 노력을 어떻게 받아들였으며 그때 어떻게 이스라엘 백성들은 성공적으로 팀을 구성할 수 있었는가? 활력 있는 팀의 다섯 가지 특성(수1:16~18)을 살펴보면 다음과 같다.

◎ 협력이다. 당신이 우리에게 명하신 것을 우리가 다 행할 것이요.
◎ 유연성이다. 당신이 우리를 보내시는 곳에는 우리가 가리이다.
◎ 헌신이다. 우리는 범사에 모세를 청종한 것 같이 당신을 청종하리니
◎ 충성이다. 누구든지 당신의 명령을 거역하며 무릇 당신의 시키시는 말씀을 청종치 아니하는 자 그는 죽임을 당하리니.
◎ 격려이다. 오직 당신은 마음을 강하게 하고 담대히 하소서.

이런 협동심(teamwork)을 발휘한 이스라엘 백성들은 성공적으로 약속의 땅에 들어갔다. 이들의 모습을 통해 오늘 우리의 사역에서 어떻게 활력 있는 팀을 만들 수 있을지 살펴보아야 할 것이다.

(4) 존경(honor) (롬12:10)

나무의 모양을 잘 살펴보자. 가장 오래된 가지가 어디에 있는가? 가장 오래된 가지는 제일 밑에 뿌리와 가장 가까운 데 있다. 그 위에 새로운 가지가 하나씩 하나씩 나와서 나무가 된다. 그러면 교회는 어떤가? 교회에 가장 오래 다닌 사람 혹은 가장 중직자가 위에 있다. 이런 교회는 시끄러운 교회이다. 진정으로 섬김의 자세를 잘 갖춘 중직자는 가장 뿌리에 가까운 곳, 즉 신앙의 뿌리 되신 예수님에게 가까운 곳에서 봉사한다.

새로 오는 사람들이 잘 적응하게 도와주고 보살펴 주는 교회를 주님은 기뻐하신다. 서로를 존경하는 교회가 성장하는 것이다. 때로는 피곤하겠지만 때가 되면 주님이 높여주실 것이다. 새가 쉴 수 있는 것은 전선이나 전봇대, 나뭇가지나 땅이 있기 때문이 아니라 새 안에 생명이 있기 때문이다. 우리의 마음속에 그리스도의 생명이 있는가? 그리스도의 생명이 있다면 쉴 수 있는 때가 있을 것이다.

결론적으로 위의 네 단어, 즉 열정(passion), 마음자세(attitude), 협동심(teamwork), 존경(honor)의 첫 글자를 따면 'PATH', 즉 '길'이 된다. 건강한 교회복지 지도자는 이 네 가지 안내 표지를 잘 따라가면 분명히 성공에 이르게 될 것이다.

3. 무엇을 해야 하는가?

(1) 개인과 교회조직의 목표를 조화시키는 역할

리더십의 본질적인 역할은 조직 내의 수많은 활동들을 응집성 있게 유지하는 것이다. 이는 구성원들에게 그들의 업무가 교회조직의 공통 목적에 맞는 방향으로 이루어지게 설득함으로써 조장된다.

즉 개인의 목표와 교회조직의 목표를 조화시킬 필요가 있는 것이다. 개인의 목표와 교회조직의 목표가 조화되는 최적의 상태는 바로 교인들이 교회목표를 추구하는 것이 바로 자기 자신의 개인적 목표와 일치되고, 따라서 이를 지원하게 될 것이라고 인식하는 상태이다.

(2) 동기부여자로서의 역할

교회 제직들을 동기 부여시킨다는 것은 리더십에 있어서 매우 복잡한 과제이다. 교인들이 교회지도자에게 반응하는 유형 중 명확하게 정의 되고 상당히 설득력이 있는 연구들이 있지만, 일반적으로 이에 적용할 보편적인 규칙은 존재하지 않는다.

따라서 교회지도자가 교회 내에서 일어날 수 있는 동기부여에 효과적으로 대처하려고 한다면, 교회지도자는 항상 교회 전체의 상황에 주의를 기울이고 있어야 한다.

(3) 조정자 혹은 통합자로서의 역할

오늘날 교회지도자의 역할 중에서 중요한 것이 바로 고등교육을 받은 교회구성원들의 다양한 기능과 과업을 조정하고 통합하는 일이다. 교회지도자들은 교회의 실제적인 운영 면에서 전문성에 기초한 교인들의 능력에 의존해야 하는 경우(예, 교회 건축에 관한 전문법률)가 생길 때, 이와 동시에 이를 하나의 응집성 있는 전체로 조직하려는 노력을 기울어야만 한다.

그래서 교회구성원들을 지휘하고 동기 부여하는 과제가 효과적으로 수행된다면, 교회전체의 업무를 조정하고 통합하는 일이 자연히 이에 뒤따르게 된다. 이때 교회구성원들은 자신의 다양한 기능들이 교회전체의 맥락에서 어우러져야 한다는 인식을 가져야 하고, 교회지도자는 교회구성원들에게 이런 시각을 주입시킬 책임이 있다.

(4) 촉매자 혹은 쇄신자로서의 역할

교회지도자의 과제 중에 교회에서 일을 부추기는 사람, 즉 점화장치와 같은 역할에 대한 개념은 전통적으로 폭 넓은 인정을 받아 왔고, 이는 오늘날에도 상당히 타당한 것으로 받아들여지고 있다. 그러나 교인들 속에 만연해 있는 특별한 상황들은 교회지도자가 촉매자로서의 역할을 할 기회를 놓치게 할 수도 있다.

(5) 외부에 대한 대변인으로서의 역할

교회지도자의 가장 중요한 과제 중의 하나는 외부환경에 대해 교회의 관점과 이익을 대변하는 것이다. 이에는 교회외부의 사람들에게 교회의 공식적인 입장을 분명히 밝히는 것이 포함된다.

또한 교회가 새로운 자원을 추구하거나 기존의 자원을 유지하려고 할 때, 주창자의 역할을 수행하는 것이 포함된다. 이런 대변인으로서의 역할은 교회가 복잡할 때, 특히 대규모 계층구조 내에서의 교회부서의 지도자에게 특히 중요한 의미를 갖는다.

(6) 위기관리자로서의 역할

최근에 여러 기관의 교회지도자들은 재정압박의 증가로 인한 교회의 위기를 관리하는데 초점이 맞춰져 있다. 이러한 재정압박과 관련하여 등장한 교회의 감량경영(cutback management)의 확대가 교회지도자의 위기관리 책임을 더욱 어렵게 만들고 있다.

제 3 절 교회복지 지도자와 실천원리

여유 있는 삶

　　미국 독립의 아버지라 불리는 토마스 제퍼슨은 열두 살 때 할아버지로부터 자신의 인생에 많은 영향을 준 편지를 받았다. 제퍼슨은 이 편지를 평생 동안 인생의 좌우명으로 생각하고 시간이 있을 때마다 꺼내서 읽어보곤 했다.
　　"오늘 할 수 있는 것을 내일로 미루지 말라."
　　"자신이 할 수 있는 일을 가지고 다른 사람과 다투지 말라."
　　"물건이 싸다고 필요 없는 것을 사지 말라."
　　"교만하지 말라."
　　"과식하지 말라."
　　"화가 났을 때는 말하기 전에 열을 세고, 매우 화가 났을 때는 백을 세어라."
　　"자기 분수에 맞게 살아라."
　　"항상 겸손하고 감사하는 마음으로 살아라."
　　제퍼슨의 할아버지가 손자에게 말한 중요한 요점은 살아가는 데 인내할 줄 알고, 절제하고, 그리고 다른 사람을 존중할 줄 아는 마음자세를 가지라는 것이다.

　　우리 인생에서 가장 중요한 것은 자기 자신의 위치를 지켜 나가는 것이다. 위치를 지켜나가는 것은 쉬운 일이 아니다. 목사가 되는 것도 쉬운 일이 아니지만 목사가 되어서 살아가는 것은 더욱 어렵다. 공부도 그렇다. 1등 되기도 어렵지만 1등을 계속 유지하기란 더욱 힘들다. 그렇게 될 수밖에 없는 것이 인생(life)이란 글자자체가 그렇다고 본다.

　　영어 문자대로 보면 'LIFE'는 처음 문자인 'L'과 마지막 문자인 'E' 사이의 'IF (만약)'라는 가정법이기 때문이다. 여기서 'L'은 'launch'(배를 처음 진수시키다)라는 의미로 보고, 'E' 는 'eternal world'(영원한 세계)라는 뜻으로 이해하면, 인생이란 어머니의 배속에서 항해를 처음 시작하여 영원한 세계에 들어가는 순간까지 '만약'이라고 하는 가정법에 의하여 만들어져 가는 여정이라고 볼 수 있다.

　　'만약'이란 단어가 성경에서는 17 번 나온다. 만약이라고 하는 가정법이 주어져 있기 때문에 최고가 되기보다도 최고의 위치를 지켜나가는 것이 더욱 어렵다는 것이다.

교회의 지도자와 직분자들도 직분을 받기보다도 받고 나서 그렇게 살아가기가 더욱 힘들 것이다. 하나님께서는 직분을 받기 전과 받을 때와 받고 난후 모두 한결같으신 분을 사랑하신다. 다윗은 소년시절에 목동이었으므로 양을 이리와 사자의 입에서 건져내었다.

그는 왕이 되고 나서도 여전히 여호와는 나의 목자이시니라고 고백하면서 자신이 양을 위험으로부터 구해 낼 때의 심정을 회상하며 주님을 목자로 인정하였다. 다윗의 한결 같은 마음을 하나님은 사랑하였다. 복을 많이 주어도 여전히 하나님께 예배드리며 찬양하고 봉사하는 자세를 변치 아니하는 자를 하나님께서는 다윗과 같이 마음에 합당한 자로 여기신다.

이렇게 한결 같은 마음의 자세가 하나님께서 더 많은 일들을 맡기시는 통로가 되는 것이다. 지미 카트 대통령도 그런 사람이었다. 많은 정치가들은 백악관의 주인이 되고자 일생 전부를 바치지만, 그러나 그는 백악관이 그의 전부가 아니었던 유일한 대통령이었다.

대통령이었을지라도 주일학교 교사를 맡는다는 것은 쉬운 일이 아니다. 그는 이란 인질 사태를 평화적으로 해결하고자 무척 애를 쓰고 있는 중 재선에 도전하였다. 그 당시의 일들을 이렇게 고백한다.

"나는 이렇게 기도의 응답을 받았습니다. 하지만 하나님께서는 제 기도를 제가 원하는 것보다 좀 늦게 들어주셨습니다. 만약 제 기도가 1980년 대통령 선거 일주일 전에만 응답되었어도 저는 재선에 성공했을 것입니다. 그러나 저는 하나님께서 다른 방법으로 기도에 응답하셨다고 이해합니다. 하나님께서는 때로는 '알겠다'고 응답하시지만 때로는 '안 된다'고 응답하십니다. 때로는 응답이 늦어지기도 하고, 때로는 '말도 안 되는' 대답도 하십니다. 만일 내게 신앙이 없었더라면 내가 그렇게 인내심을 가지고 기다릴 수 없었을 것입니다."라고 고백했다.

그러면 교회복지 지도자는 어떻게 하여야 하는가?

데살로니가 전서 5장 11~15절에 그 원리를 제시해 주고 있다.

"그러므로 피차 권면하고 피차 덕을 세우기를 너희가 하는 것 같이 하라 형제들아 우리가 너희에게 구하노니 너희 가운데서 수고하고 주 안에서 너희를 다스리며 권하는 자들을 너희가 알고 저의 역사로 말미암아 사랑 안에서 가장 귀히 여기며 너희끼리 화목하라 또 형제들아 너희를 권면하노니 규모 없는 자들을 권계하며 마음이 약한 자들을 안위하고 힘이 없는 자들을 붙들어 주며 모든 사람을 대하여 오래 참으라. 삼가 누가 누구에게든지 악으로 악을 갚지 말게 하고 오직 피차 대하든지 모든 사람을 대하든지 항상 선을 좇으라." (살전 5:11~15).

본문에서 교회복지 실천의 5가지 원리가 제시되고 있다. 첫째는 덕을 세우는 것, 둘째는 수고하는 것, 셋째는 화목하는 것, 넷째는 오래 참는 것, 마지막으로 항상 선을 좇는 것이다. 이러한 다섯 가지 원리를 구체적으로 살펴보면 다음과 같다.

1. 덕을 세우라

서로가 덕을 세운다는 것은 자기의 유익만을 위한 것이 아니라 남에게도 유익이 되게 하는 것이다. 서로에게 덕을 세우기 위하여 승리자가 되지 말고, 사랑하는 자가 되어야 한다. 승리자가 되면 곁에는 패배자가 있기 마련이지만 사랑하는 자가 되면 곁에는 사랑 받는 자가 있기 마련이기 때문이다.

오늘날 정보화 시대에 움켜쥐는 구두쇠는 나쁜 소문도 움켜쥐기에 성공의 문이 닫히고, 나누는 사람은 좋은 소문도 나누어지기에 성공의 문이 열린다. 왜냐하면 혼자 움켜쥐는 사람에게는 희열은 없고 비열만 남게 되기 때문이다. 진실로 인간다움은 '나누는 삶'에 있고, 위대함은 나눔의 주체가 되는 '삶'에 있다.

만약 사람들이 소유에 집착하면 양심과 도덕성을 잃고, 나중에는 '자신' 마저 잃는다. 그것은 '소유의 소외'는 많지만 '소유의 행복'은 적기 때문이다. 그러므로 교회복지 지도자는 혼자 움켜짐과 소유의 환경으로 부터 자유로운 삶을 살도록 노력해야 한다.

그렇게 될 때 매사에 덕을 세울 수 있기 때문이다. 사람은 '해야 한다'는 강박관념을 가지고 있으면 아무것도 이루어지지 않는다. 이러한 강박관념을 떨쳐버리기 위하여 교회복지 지도자는 행동에서 느낌을 얻지 말고, 느낌을 행동으로 옮기는 것이 필요하고, 만족을 얻으려 행동하지 말고 이미 만족함을 느끼며 행동하는 것이 필요하다. 이러한 행동의 덕목들을 살펴보면 다음과 같다.

① 혼자 하려고 하지 말라. 둘 셋의 힘이 훨씬 위대하기 때문이다.

② 손발 보다 머리가 부지런해야 하고 머리보다 가슴이 바빠야 한다.

③ 언로를 막지 말라. 막는 순간에 이미 의심을 받게 된다. 하늘과 역사를 백 그라운드(background)로 삼아라.

④ 자신을 높이려면 자신을 낮추어라. 자신을 알아주지 않는다고 하지 말고, 알아주지 않으면 안 되도록 하라.

⑤ 인간관계의 기준은 지금의 좋은 관계가 아니고 헤어진 후를 기준으로 하라. 인간관계의 상생구조는 밀어주고 당겨주는 p&p (push&pull)이기 때문이다.

⑥ 작은 것 (작은 약속까지)을 소홀히 하면 큰 것을 할 수가 없다. 큰 것을 쉽게 할 수 있는 것은 작은 것의 처리능력에서 나온다.

⑦ 솔선수범은 열 마디의 웅변보다 값지다.

⑧ 토론의 판단 기준은 언제나 교회의 유익이 첫 번째 판단 기준이다. 교회에 유익이 되면 모든 교인들에게 유익됨으로 그것을 향유 할 수 있다.

⑨ 행위는 벌하더라도 인간은 버리지 마라.

⑩ 한 입에 두 말하지 마라. 리더십은 두 개의 가치관에서 나올 수 없기 때문이다.

이웃과 함께 아픔을 나누지 못하고 자기 멋대로 사는 사람에 대한 이야기를 하나 하고자 한다.

세상에서 방탕하며 술, 담배, 여자를 좋아하며 살던 어떤 사람이 죽을 때가 되니 걱정이 되었다. 내가 죽으면 틀림없이 지옥 갈 텐데 큰 일 났구나? 그런데 이 사람이 어느 날 꿈을 꾸었는데 자신이 정말 죽은 것을 보았다. 이 사람이 천국 문에 이르니 천사가 천국과 지옥을 구경시켜 주었다.

이 사람은 먼저 천국을 구경하게 되었다. 천국에는 흰옷을 입은 성도들과 천사들이 모여서 하나님을 찬양하고 하나님께 영광을 돌리는데 세상에 살면서 이런 훈련이 전혀 안된 사람이 뒤에 앉아있으려니 좀이 쑤시고 따분해서 도저히 견딜 수가 없었다.

아이고! 천국생활이 왜 이렇게 따분하고 지겹다냐! 원 재미가 있어야지! 이번에는 지옥을 구경했는데 지옥에는 술집도 있고, 카바레도 있고, 카지노도 있고,

여자들도 많아 정말 신이 났다. 야! 지옥도 이렇게 좋은 곳이 있네! 뭐! 지옥도 괜찮네! 그래서 천사에게 "저는 아무래도 지옥 체질인 것 같습니다. 그러니까 저를 지옥으로 보내주세요."

그랬더니 정말 지옥으로 보내졌다. 가보니까 굴 깊숙이 들어가서 뜨거운 유황불 속에서 일을 하라고 했다. 천사에게 "이거 아까 와 틀리지 않습니까? 아까 왔던 곳은 이곳이 아닌데요." 이때 천사가 하는 말이 아까는 관광비자로 구경 왔기 때문에 마음껏 구경하고 놀 수 있었지만 이번에는 영주권을 가지고 이곳에 영원히 살기위해 왔기 때문에 이곳 뜨거운 유황불속에서 죽도록 일해야 한단다. 이 사람이 깨어보니 꿈이었다. 이때부터 이 사람은 술, 담배를 끊고 정신 바짝 차리고 예수를 잘 믿었다고 한다.

2. 수고를 감내하라

누가복음 19장 12~26절에 한 므나로 열 므나를 남긴 비유의 말씀과 같이 교회복지 지도자는 하나님의 말씀을 지켜나가기 위하여 수고를 감내해야 한다.

예수님께서도 마귀에게 시험을 받으실 때, 돌로 떡을 만들 수 있었지만 그렇게 하시지 않으셨다.

그것은 하나님의 창조의 원리를 지키시기 위함이었다. 즉 돌과 떡은 서로가 다른 물질이므로 이 종류의 물질에서 다른 종류의 물질로 바꾸어 버린다면 하나님의 창조의 원리가 깨트려지기 때문이다. 그래서 주님은 배가 고프셨지만 수고의 고통을 감내하셨던 것이다.

교회는 수고의 열매로 성장하는 것이다. 어느 날 어떤 목사님이 너무 마음이 고통스러워 산에 가서 가운데가 썩은 고목을 보고 말하기를 "나무야 나무야 너는 목회도 안 하는데 어떻게 그렇게 속이 다 썩었니?"라고 탄식하였다. 교회복지 지도자들도 사역을 감당하다가 보면 어떤 한계에 부딪힐 때가 있을 것이다.

역경에 부딪힐 때 어떻게 하여야 하는가? 그때는 외부환경으로부터 해결방안을 찾지 말고 자신의 사역의 수준으로 부터 해결방안을 찾아야 할 것이다. 자신이 생각하는 수준보다 조금 낮추면 해결되는 경우가 있기 때문이다. 예로 들면 차가 터널을 통과하다가 꽉 끼어 움직일 수 없다면 어떻게 하겠는가? 그때는 타이어 바퀴에 바람을 조금 빼면 지나갈 수 있다.

또한 교회복지 지도자는 목표가 분명하고 문제해결의 방법을 고객들에게 제공하여 주어야 한다. 한 가지 예화를 소개하겠다.

사업차 오하이오 주를 여행하던 어떤 감리 교인이 한 도시의 커다란 교회에서 예배를 드리게 되었다. 예배가 끝나자 그는 목사에게 오늘의 예배와 설교가 매우 훌륭했었노라고 말하고는 다음과 같이 덧붙였다.

"그렇지만 목사님이 만일 제가 고용하고 있는 세일즈맨이라면 저는 목사님을 해고할 것입니다. 목사님의 표정, 목소리, 몸짓이라든가 기도, 성경 봉독, 설교의 논리 등은 저의 관심을 끌기에 충분할 정도로 훌륭했습니다. 또 목사님의 설교는 저를 크게 감동시켜 그 속으로 깊이 빠져들어 가게 만들었습니다. 그런데 아쉽게도 목사님은 제게 목사님의 설교하신 것에 대해 무엇인가를 실천하도록 요구하시지도 않고 끝내 버리셨습니다. 제가 하고 있는 사업에서 가장 중요한 것은 사람들로 하여금 계약서에 사인을 하게 만드는 것이지요."

이 교인과 같이 교회복지 지도자들도 사역을 하면서 분명한 목표가 있어야 한다. 아무리 많은 복지 프로그램이라고 할지라도 그 프로그램이 추구하는 목표가 달성되지 않는다면 그것은 고객의 기억 속에서 금방 사라져 버리는 것이다. 그래서 교회복지 활동이 고객들에게 기쁨과 평안과 그들이 원하는 필요를 공급하여 주는 목표를 달성하지 못하면 그것은 성공적이라 볼 수 없다.

마더 테레사는 목표를 분명히 정하고 교회복지 활동을 차근차근하게 성공적으로 진행시켜 나갔다. 테레사는 말하기를 "제일 먼저 발견한 사람을 구하지 못하면 수십만, 수백만 사람들을 한 사람도 구하지 못할 것입니다. 어떤 일이든 첫걸음부터 먼저 시작하여야 합니다."라고 하였다.

그러므로 수고는 제일 처음 자신의 마음에 감동이 오는 순간부터 시작하는 것이다. 그 시작이 목표를 향하여 내딛는 첫걸음이기 때문이다. 나중에 하는 것이 아니라는 사실을 교회복지 지도자는 마음에 깊이 새겨야 할 것이다.

3. 화목하라

현대는 정보화 및 무한 경쟁시대에 돌입하고 있다. 이러한 시대적 소용돌이 속에서 우리들의 삶은 '가까운 타인'의 삶으로 전락해 버린 듯싶다. 낚시 바늘의 뒤로 꼬부라진 부분을 '미늘'이라고 부른다. 한번 걸린 물고기가 빠져나가지 못하는 것은 '미늘' 때문이다.

우리는 서로가 가까운 타인으로 살아가지만 마음 한구석에 미늘을 감추고 살아갈 때, 너와 나 사이에 가로놓인 벽 앞에 모두가 타인이 되어 버린다. 사람들이 만든 화평의 방법은 서로가 악수 하는 것이다. 즉 양쪽 손에 칼을 차고 있지만 칼을 빼는 손으로 서로 잡으면 칼을 뺄 수 없으므로 화친하는 것이다.

이것은 다른 의미에서 잡았던 손을 서로 놓을 때 언제든지 칼을 뺄 수 있다는 의미이다. 이러한 꼬부라진 미늘이 있는 한 서로의 진정한 화해와 화목은 이루어진 것이 아니다. 영국의 국회의사당이 서로가 칼을 뽑아 싸울 수 없을 만큼의 거리를 두고 여당과 야당이 대치하고 있다. 과연 이것이 화목한 것일까?

언젠가 어느 모임에서 한 사람이 뜻밖의 질문을 했다. (5-3=2) (2+2=4)가 무슨 뜻인지 알겠느냐는 것이었다. 그리 어렵게 생각이 들지 않는 계산이라 쉽게 말했는데 그 사람의 설명은 아래와 같았다. (5-3=2)란 어떤 오해(5)라도 세 번(3)을 생각하면 이해(2)할 수 있게 된다는 뜻이고, (2+2=4)란 이해(2)와 이해(2)가 모일 때 사랑(4)이 된다는 뜻이었다. 우리는 세상을 살아가면서 다른 사람을 오해할 때도 있고 오해를 받기도 한다. 오해는 대개 잘못된 선입견, 편견, 이해의 부족에서 생기며 결국 오해는 잘못된 결과를 가져온다. (5-3=2)라는 아무리 큰 오해라도 세 번 생각하면 이해할 수 있다는 풀이가 새삼 귀하게 여겨진다.

예수님께서는 우리들에게 마태복음 9장 50절에 "너희 속에 소금을 두고 서로 화목하라."고 하셨다. 소금은 녹을 때 소리를 내지 않는다. 이처럼 남과 화목하려면 차분하고 조용하게 자신을 더듬어 보면서 남을 이해하여야 한다.

사실 영어로 '이해'를 의미하는 'understand'는 '밑에 서다'라는 뜻으로 그 사람 입장에 서서 생각하고 바라보는 것이 이해이다. 이해와 이해가 모여 사랑이 된다는 말 너무도 귀하다. 단순하게 말하자면 사랑은 이해인지도 모른다. 따뜻한 이해와 이해가 모일 때 우리는 그것을 '사랑'이라고 부르는 것이다.

만약 서로가 서서 싸우면, 상대방의 잘못만 보이고, 앉아서 싸우면, 내 잘못이 보이기 시작한다. 그리고 누워서 싸우면, 서로의 좋은 점만 보이므로 웃고 만다. 이것은 서로가 낮은 자세, 즉 밑에 서서 상대방을 바라보면 이해가 된다

는 의미이다. 우리의 마음에 잔잔한 감동을 주는 작자미상의 '마음만 먹는다면'
이란 시를 소개하기로 한다.

우리가 아무리 절실하게 원한들
이 세상을 바꿀 수야 있겠습니까만
마음만 먹는다면
우리 자신이야 바꿀 수 있는 것 아니겠습니까!

우리가 아무리 애절하게 원한들
저 사람을 바꿀 수야 있겠습니까만
마음만 먹는다면
우리 마음이야 바꿀 수 있는 것 아니겠습니까!

바꿀 수 없는 이 세상 때문에
바꿀 수 없는 저 사람 때문에
내려 받은 시간을 방황으로 끝내서야 되겠습니까!
오기로 객기를 부려서야 되겠습니까!
될 대로 되라는 식으로 막 나가서야 되겠습니까!
그래 보았자

이 세상, 저 사람은 눈 한번 꿈적이지도 않습니다.
오직 우리 자신만 축나고 말 뿐입니다.
세상만사 마음먹기 달렸다고들 말합니다.
그렇습니다, 마음만 먹는다면 우리는
언제 어디 서고 얼마든지 달라질 수 있습니다.
이 나이 들어 분명히 깨달아 아는 것은
마음먹고 제 마음을 바꾸었더니
이 세상도, 저 사람도
덩달아 바꾸어지더라는 것입니다

4. 오래 참으라

상자 속의 사과를 큰 것부터 골라먹는 사람은 그 사과를 다 먹을 때까지 언제나 그 상자에서 제일 큰 사과만을 먹게 된다. 이런 사람이 긍정적인 사람이다. 반대로 아껴먹느라고 작은 것만 골라 먹으면 다 먹을 때 까지 매번 제일 작은 사과만을 먹게 되는데 이런 사람은 부정적인 사람이다. 여기에 실패를 기회로 삼고 성공한 한 사업가의 사례를 소개하겠다.

미국의 빅터 카이엄씨는 엄청난 이익을 남길 수 있는 신제품을 개발할 기회를 놓쳤다. 그러나 그는 이것에 연연하지 않았다. 그때는 억장이 무너져 내리는 심정이었다. 그러나 길거리에서 1센트짜리 동전을 못보고 지나친 것으로 간주했다. 그는 실패를 빨리 잊고 세계적인 면도기 제조업체인 레밍턴사를 설립했다. 리더스 다이제스트에 실린 '승리자들의 다섯 가지 계명'을 소개했다.

첫째, 실패의 기억을 오래 남겨두지 말라. 둘째, 자기비하는 실패의 가장 큰 원인이다. 셋째, 사업은 위기를 즐기는 게임이다. 그러므로 항상 실패를 맞을 준비를 해 두라. 넷째, 실패가 예견된 사업이면 빨리 포기할수록 좋다. 다섯째, 실패는 마지막이 아니다. 새로운 출발점일 뿐이다.

이 이야기의 요점은 실패를 이겨내지 못하면 성공은 더 멀리 있게 된다는 것이다. 오래 참는 것은 교회복지 지도자가 지녀야 할 가장 귀중한 덕목 중에 하나이다. 소심한 사람은 쉬운 것을 어렵게 여기다 실패한다.

교만한 사람은 어려운 것을 쉽게 생각하다 실패한다. 실패를 통해 지혜를 배우면 그것은 절반의 성공이다. 그러므로 긍정적인 사고를 가지고 실패를 두려워하지 말고 실패를 통하여 교훈을 배운다면 성공을 앞당기는 기회가 되는 것이다. 이 넓은 세상에서 자신을 정복할 수 있는 단 한 사람 바로 자신이지만, 이 넓은 우주에서 자신을 버릴 수 있는 단 한 사람도 바로 자신이라는 사실을 기억하여야 할 것이다.

세계 제2차 대전을 배경으로 한 '빠삐용'이라는 제목의 영화에서 연합군의 장교가 "모든 것이 탈로 났다 자폭하자"라고 했을 때, 그 중 한 젊은이가 "아직 끝나지 않았소. 우리가 꿈을 포기하는 날이 끝 입니다"라고 하였다.

이와 같이 교회복지 지도자는 긍정적인 사고와 함께 오래 참는 자가 되어야 목표에 도달할 수 있을 것이다. 특히 교회복지 지도자는 목표를 분명히 정하고 매사를 '확실히' 하여야 한다. 유태인의 상술을 소개 하고자 한다.

유태인이 운영하는 한 출판사가 있었다. 다른 출판사는 불황에 허덕였으나 유독 이 회사는 호황이었다. 그것은 유태인 사장의 철저한 교육 때문이었다. 사장은 매일 직원들을 모아 놓고 다음과 같은 이야기를 들려주며 분발을 촉구했다.

'여러분, 프로 세일즈맨은 상품이 필요 없는 사람에게 물건을 팔아야 합니다. 에스키모인 들에게 동물을 잡을 수 있는 총을 파는 것은 아무나 할 수 있습니다. 그러나 진정한 프로는 에스키모인 들에게 제빙기를 팝니다. 또 여기에 그쳐서는 안 됩니다. 제빙기를 산 에스키모인이 자신의 구매행위에 흡족한 마음을 갖도록 설득해야 합니다. 그래야 진정한 프로라고 할 수 있지요. 여러분이 그런 프로가 되십시오.'

이것이 바로 유태인의 상술이다. 그들은 이런 방법으로 돈을 모아 선한 일에 사용했다. 21세기는 프로가 각광 받는 시대다. 사람을 무력하게 만드는 가장 무서운 바이러스의 이름은 '적당히'다. 교회복지 지도자는 이 무서운 바이러스에 감염되지 말아야 하며, 그 예방백신은 오직 오래 참는 일이라는 사실을 명심하여야 한다.

러시아에서 출간된 작자미상의 예수의 기도라는 제목의 책을 오강남 박사가 번역한 것인데 기독교서회에서 출판하였다. 이 책을 간단히 소개하면 20대의 한 러시아의 시골 청년이 교회에서 설교를 듣던 중에 데살로니가전서 5장에 나오는 쉬지 말고 기도하라는 내용의 설교를 듣고는 의문에 빠지게 되었다.

어떻게 하는 것이 쉬지 말고 기도하는 것일까? 사람이 살아가는 동안에 해야 할 일이 많은 데 어떻게 기도만 하고 살 수 있을까? 하는 의문들이었다. 그 청년은 이 의문을 해결하기 위해 여러 스승을 찾아다니며 질문을 하던 중에 어느 한 수도원에서 큰 스승을 만나게 된다.

그 스승이 청년에게 '예수의 기도'란 제목의 간단한 기도를 끊임없이 되풀이 하라고 일러 주었다. 그 기도는 다음과 같이 간단하다. '주 예수 그리스도여, 제게 자비를 베푸소서. (Oh, Jesus Christ, have mercy on me).'이 기도를 처음에는 하루에 삼천 번 되풀이 하게 하였다.

다음에는 6000번, 그 다음에는 12000번을 되풀이 하게 되었는데, 그는 입술과 마음과 정성을 오로지 은혜 받는 일에 집중하고 기도하였더니 그 청년의 소박하고 간절한 마음이 어느 순간 은혜와 기쁨이 넘치게 되었고, 그 결과 자나깨나 걸어가면서도 주님만을 생각하게 되었다는 줄거리의 이야기다. 오래 참는 것은 은혜를 받아들이는 그릇을 준비하는 것과 같다. 목표를 정하고 오래 참고 길을 가다가 보면 분명히 목적지에 도달하게 된다.

5. 항상 선을 쫓으라

　주님의 기도의 응답은 항상 객관식이 아니라 주관식이다. 문제는 똑같이 주어질 지라도 모든 사람에게 똑같은 해답이 아니다. 인간에게는 이성과 감성이 있다. 라즈니스는 말하기를 '이성은 바깥쪽으로 움직이고 타인에게로 열린다. 그러나 감성(마음)은 안쪽으로 움직이고 자신에게로 열린다.'라고 하였다.

　이러한 이성과 감성의 조화 속에서 하나님의 말씀을 읽어야 한다. 성경의 원리는 하나님의 약속이다. 만약 네가 이렇게 하면 내가 이렇게 하리라는 약속이다. 만약이라는 조건 절에는 나의 의지와 결단이라는 주관적인 개념이 나 자신의 미래를 결정하여 준다는 것이다.

　하나님은 아무도 지옥에 보내지 않으신다. 이것은 자신의 선택여하에 달려있다. 예수님을 받아들이느냐 혹은 거절하느냐의 결정에 달려있다. 다시 말하면, 하나님은 사랑이시다. 만약 어떤 사람이 하나님을 거절하면 그는 사랑이 없는 곳으로 갈 것이다. 이것은 그의 선택이었기 때문이다. 그러므로 사람은 누구나 자신이 선을 선택할 수도 있고 악을 선택할 수도 있다. 그러나 그 결과는 오직 자신에게 달려있다.

　그러면 선을 선택한 사도 바울이 과연 한 인간으로서 행복했을까? 이 의문은 조지 뮬러의 사례를 살펴보면 사도 바울은 진실로 행복하였을 것이라는 결론에 이르게 된다.

　조지 뮬러가 5만 번의 기도응답을 받았다면, 우리 인생을 100년으로 잡아도 36500일인데, 하루에 약 1번 반의 기도응답을 받았다는 결론이다. 일평생 36500일을 살아도 한 번도 기도응답 받지 못한 사람이 수다한데 하루에 한번 이상 응답을 받는 삶을 살았다는 것은 주와 항상 동행하였다는 것이다.

　뮬러는 항상 그의 마음속에 감사가 넘쳤다는 것은 바로 사도 바울도 한 인간으로 보아서는 고통이었지만 그도 행복하게 살았던 것이라고 볼 수 있다. 왜냐하면 인간은 외적 조건보다는 내적만족으로 인하여 행복이 좌우된다고 볼 수 있기 때문이다.

　마태복음 6장 19~21절에 "너희 보물을 땅에 쌓아 두지 말고 하늘에 쌓아두라"고 한다. 쌓아 둔다는 것, 즉 저장하여 둔다는 것은 언제가 도로 찾아 쓸 수 있다는 것이다. 우리가 꼭 천국에 가서만 천국에 저장하여 둔 것을 찾아 쓸 수 있을까? 아니다. 그것은 잘못된 것이다.

이 땅에 살면서도 천국의 저장된 것들을 찾아 쓸 수 있다. 그래서 마태복음 6장 30~34절에 "오늘 있다가 내일 아궁이에 던 지우는 들풀도 하나님이 이렇게 입히시거든 하물며 너희일까 보냐 믿음이 적은 자들아. 그러므로 염려하여 이르기를 무엇을 먹을까 무엇을 마실까 무엇을 입을까 하지 말라 이는 다 이방인들이 구하는 것이라 너희 천부께서 이 모든 것이 너희에게 있어야 할 줄을 아시느니라. 너희는 먼저 그의 나라와 그의 의를 구하라 그리하면 이 모든 것을 너희에게 더하시리라"라고 하였다.

여기에서 무엇을 하늘에 저축하는 것인가? 돈, 명예, 지식, 학식, 혹은 권력인가? 그것이 아니라 보물을 저축하는 것이다. 여기서 보물은 무엇인가? 재물인가? 아니다. 바로 그 보물은 믿음인 것이다. 천국에 저축된 믿음은 내가 믿는다고 되는 것이 아니라 하나님께서 믿어 주셔야 다시 찾게 되는 것이다. 천국에 저축된 믿음은 우리에게 물질로, 건강으로, 명예로, 지식으로, 권력으로, 지위로 찾을 수 있다는 것이다.

그래서 천국통장은 좋은 것이다. 만약 돈을 저장하고 돈으로만 찾는 다면 별로 유익이 없다. 돈을 저축하고 건강이나, 생명이나, 명예를 얻는다면 더욱 좋을 것이다. 사도 바울과 조지 뮬러는 천국은행에 종합통장을 가지고 있었던 것과 같다. 교회복지 지도자들은 천국은행에 복지통장 개설하여야 한다. 최신 상품일수록 이자가 많다. 창조 때부터 있어왔지만 한국에는 10년밖에 안된 새롭게 개발된 신상품이다.

조지 뮬러는 이 복지통장을 개설하여 일평생 그 이자로 5만 번의 기도응답을 받았던 사람이다. 그 기도 응답 중에는 물질도 있었고, 건강도 있었고, 돈도 있었고, 영혼구원도 있었고, 명예도 있었다. 무디가 30대 이였을 때, 대서양을 건너 영국으로 60대가 된 조지 뮬러를 찾아 왔던 것을 보면 조지 뮬러의 명성은 이미 대서양을 넘었다.

천국통장에 예치 된 보물을 찾기 위하여 기도할 때 마다 자기의 비밀번호가 있어야 한다. 다시 말하면 교회복지 지도자는 천국은행과의 비밀 통로가 있어야 한다. 천국은행장 되신 하나님께서는 각 천국은행 고객들의 본인 확인 도장을 확인하고 청구서대로 주신다.

본인 확인도장은 처음 계좌를 개설할 때의 도장이어야 하는데 자기 자신이 하나님을 처음 만났을 때의 첫 사랑으로만 가능하다. 미모, 지식, 명예, 부, 건강 등으로는 도장이 달라서 청구서를 받아 줄 수 없다. 만약 첫 사랑의 도장으로 통장에 저축된 것을 찾게 된다면, 잔고가 적어도 신용만 든든하면 마이너스 통장도 개설하여 주신다. 여기서 신용은 사랑이다.

기도는 열심히 하지만, 그 속에 하나님의 사랑이 빠져있다면 하나님께서 주시지 않으신다. 백화점 왕인 존 워너 메이커는 말하기를 자신이 투자한 것 중에 가장 큰 투자는 12살 때 2달러 50센트를 주고 성경을 샀던 것이라고 하였다. 기도와 사랑은 투자이다. 폭풍을 주먹으로 이길 수 없다.

사랑만이 이길 수 있다. 초등학교 교과서에 '아낌없이 주는 나무'라는 제목의 이야기가 있다. 그 이야기를 읽노라면, 요즘 세상은 가진 자가 빼앗기지 않으려고 발버둥치고, 없는 자는 그것을 빼앗으려고 온갖 짓을 다하고 있는 것 같다. 욕심을 버리고 선을 실천할 수 있어야 진정한 존경과 행복이 주어지는 것이다.

일본 오부치 총리의 부인 지즈코는 아담한 총리 관저에서 살고 있다. 지즈코는 남편의 아침과 저녁식사를 준비하고 옷가지를 세탁하는 일에 거의 대부분의 시간을 보낸다고 한다. 가정부나 요리사를 두는 일은 상상도 할 수 없다. 전임 하시모토 총리의 부인 구미코는 일주일에 한 번씩 단골 슈퍼마켓에 들러 음식재료를 구입했다.

또한 자녀들의 도시락을 손수 준비하느라 새벽부터 관저의 불이 환하게 밝혀져 있었다. 일본의 퍼스트 레이디들은 한결같이 청빈하고 검소한 삶을 살았다. 그리고 이런 모습들은 일본 국민들에게 생생한 교훈이 됐다. 미국 조지 W 부시 대통령이 텍사스 주지사였을 때 그는 백만장자였다.

그러나 그의 부인 로라는 그 마을에서 가장 값이 저렴한 월마트의 단골손님이었다. 로라는 주말마다 월 마트에서 딸들과 함께 알뜰 쇼핑을 하는 것이 큰 즐거움이라고 말했다. 윗물이 맑아야 아랫물이 맑다. 국민들은 지도자의 '말'이 아니라 '삶'에서 감동을 받는다. 마찬가지로 교인들도 교회복지 지도자의 사랑에 의하여 감동을 받는다. 항상 선을 좇는 사람이 되어야 한다.

제 6 장 **목회상담과 복지**

여유 있는 삶

어떤 부인이 수심에 가득 찬 얼굴로 정신과 의사를 찾아갔습니다. 더 이상 남편과 같이 살기 힘들 것 같아요. 너무 신경질적이고 자기 하고 싶은 대로 하고 살아요. 의사는 생각에 잠겼다가 말합니다. 병원 옆에 신비의 작은 샘이 있습니다. 그 샘물을 담아 집으로 가져가서 남편이 집에 돌아오시면 얼른 한 모금 드십시오. 절대 삼키시면 안 됩니다. 부인은 의사의 말대로 물을 떠서 집으로 돌아왔습니다.

밤늦게 돌아온 남편은 불평과 불만을 털어놓습니다. 예전 같으면 또 싸웠을 텐데 그날은 신비의 물을 입안 가득히 물고 있었기 때문에 입을 꼭 다물고 있을 수밖에 없었습니다. 그 후 그 부인은 언제나 남편 앞에서 신비의 물을 입에 머금었고 남편은 눈에 띄게 변해 갔습니다.

부인은 남편의 변화에 너무 기뻐 의사를 찾아갔습니다. 감사합니다. 신비의 샘물이 정말 효능이 좋더군요. 남편이 싹 달라졌어요. 의사는 웃으며 말했습니다. 남편에게 기적을 일으킨 것은 물이 아닙니다. 당신의 침묵입니다. 침묵과 이해는 사람을 변화시킵니다.

제 1 절 상담의 의의

1. 상담의 정의

카운슬링(Counseling)의 중요성을 깨닫기는 이미 오래된 일이지만, 이것은 주로 학교학생을 대상으로 하는 것이라는 사고방식이 지배적 이었다. 그러나 카운슬링은 학교 학생에게만 필요한 것이 아니라 사회생활을 하고 있는 모든 사람에게 필요한 제도이다.

카운슬링의 목적에 대하여 마이어(Norman R. F. Maier)는 "정서적 혼란상태에 있는 사람을 그의 직무와 생활에 좀 더 좋아지게 순응시키도록 도와주는 것"330)이라고 하며, 기셀리(Edwin E. Ghiselli)는 "카운슬링의 목적은 작업환경이나 조건을 변경하기보다는 직원으로 하여금 자신의 태도와 욕구대상의 변경을 통하여 직무와 생활에 새롭게 순응케 함으로써 개인적 문제를 해결하는 것"331)이라고 한다.

이와 같은 정의를 요약해 보면 인사상담(personnel or employee counseling)이란 욕구불만, 갈등, 정서적 혼란 등 부적응 문제를 가진 직원들로 하여금 스스로 문제를 해결하도록 협조하기 위한 일종의 개인적 면담방법을 말한다. 이러한 정신심리학요법(Psychotherapy)이 정신질환을 치유하는데 사용될 수 있는 체계적이고 과학적인 치료수단으로 발전된 것은 단지 20세기에 이르러서 였다.332) 상담(counseling) 이라는 용어는 우리나라에서 1957년에 있었던 학교상담자 양성을 위한 학습서를 계기로 하여 사용되기 시작하였다.

당시 카운슬링, 즉 상담의 이론과 실제는 학교생활 지도의 한 방법으로 소개된 것이다. 이러한 연유 때문에 상담의 개념은 흔히 훈육과 대조되는 방법으로 이해되는 경우가 있다. 훈육은 규율과 처벌을 위주로 하는 학생지도 방법임에 반하여 상담은 학생이해를 위주로 하는 방법이라 생각하는 것이 그것이다. 물론 상담의 과정에서 나타나는 양상은 훈육의 과정과 비교될 수 있다. 그러나 상담이 전통적인 훈육을 대치할 수 있는 학생지도의 방법으로 시작된 것은 아니다. 상담은 학생지도 이상의 의미를 지니고 있는 것이다.333)

이런 맥락에서 볼 때, 카운슬링의 일반적 목적은 조직성원이 보다 나은 정신건강을 개발하도록 도움을 줌으로써, 그들이 자신감, 이해력, 자제력과 효과적으로 근무하는 능력을 증진시키고자 하는 것이라고 말할 수 있다.334)

사실상 오늘날과 같이 복잡다단한 사회에 있어서 우리 인간들은 정서적 혼란을 일으키기 쉬우며, 종종 자신의 기분과 감정에 대하여 동정의 귀를 기울이는 사람과 함께 할 기회를 갖고자 원하게 된다. 사람은 그렇게 함으로써 자기의 심

330) Norman R. F. Maier, *Principles of Human Relation: Applications to Management*, New York: John Wiley, 1952, p.413.
331) E. Ghislli and C. W. Brown, *Personnel and Industrial Psychology*, New York: McGraw-Hill, 1955, p.443.
332) Edwin Ringel, '*Psychotherapy*(정신요법)', 「기독교 대백과사전」 제13권 (서울: 기독교교문사, 1982), p.985.
333) 정원식. 박성수 공저, 「카운슬링의 원리」 (서울: 교육과학사, 1982), p.28.
334) Keith Davis and John W. Newstrom, *Human Behavior at Work: Organizational Behavior*,8th ed., New York: McGraw-Hill Book Company, 1989, p.494.

리를 억압하고 있는 장애물을 제거 시킬 수 있고 심리적 긴장을 풀게 되며 또한 자신의 정서적 안정을 유지해 나갈 수 있는 것이다. 어느 조직체에서도 개인적 문제를 해결하는 데 있어서 도움을 줄 수 있는 상담자의 역할은 실로 조직의 발전과 원활한 인간관계를 기하는 데 대단한 공헌을 할 수 있는 것이다.

즉 이러한 상담을 통하여 당해 직원의 정서적 불안과 혼란의 원인을 찾아 낼 수 있으며 또한 개인이나 조직에 중대한 영향을 미칠지도 모르는 사태의 야기를 미연에 방지 시킬 수 있는 것이다. 따라서 카운슬링이란 상담자와 내담자 사이의 역동적인 과정을 통하여 내담자들의 문제해결을 위하여 전문적인 조력을 제공함으로써 그 사람의 인격적 성장을 촉진시키는 역할을 한다고 볼 수 있다.

2. 목회상담의 개념

하워드 클라인벨(Howard Clinebell)은 상담을 목회간호 혹은 보호(pastoral care)와 목회상담(pastoral counseling)과 목회심리치료 (pastoral psychotherapy)로 세분하였다.[335]

그의 구분에 따르면 목회간호는 일평생을 통해 교회와 그 지역사회 안에서 위기와 문제들과 갈등들을 예방하고 그 해결책을 강구하며 상처를 치료하고 전인적인 성장을 위해 노력하는 넓은 의미의 일반적인 보살핌을 가리킨다.

목회상담은 목회보호의 한 부분으로서 단기간에 걸쳐 다양한 치료의 방법을 동원해서 위기를 만나 심각한 상황에 처하여 있거나 이미 상처를 받아서 침체상태에 있는 사람들을 도와 치료와 회복과 전인적인 성장을 하도록 해주는 좁은 의미의 전문적인 보살핌을 의미한다.

그리고 목회 심리치료는 장기간에 걸쳐 개조적인 심리치료의 방법을 이용하여 어린 시절의 욕구 불만적인 경험이나 삶에서 거듭 당하는 위기로 말미암아 심각하게, 혹은 만성적으로 전인적인 성장에 장애를 겪고 있는 사람을 도와주는 아주 좁은 의미의 전문적인 치료를 뜻한다. 이러한 의미에서 볼 때 목회상담은 상담자가 내담자의 말을 듣고 응답을 하는 과정을 통해서 상호 간에 신뢰를 기

---

335) Howard Clinebell, *Basic Types of Pastoral Care & Counseling: Resources for the Ministry of Healing and Growth*, Nashville, Kentucky: Abingdon Press. 1984, pp.25~26.

반으로 한 특별한 관계를 맺고 내담자가 필요로 하는 도움을 주는 사역으로서 내담자의 삶에서 당면하는 문제나 갈등, 상처, 혹은 위기를 효과적으로 극복하고 치료하고 해결하여 바람직한 회복과 변화와 전인적인 성장을 추구할 수 있도록 도움을 주는 사역이라고 볼 수 있다.

　성경적인 관점에서 목회상담을 목회보호(pastoral care)와 동일한 것으로 전제할 때 기독교는 목회상담에 대한 보다 오래된 역사적 기원과 과정을 재구성할 수 있다. 목회상담이란 단어는 근래에 와서 본격적으로 사용하기 시작하였고 또 중요시되는 것처럼 논의되고 있지만 이미 수천 년 전에 예수 그리스도는 훌륭한 상담자(wonderful counselor:모사)로 묘사되고 있다. 따라서 상담이란 인간의 고충을 지적인 면과 영적인 면을 골고루 치유해 주는 방안이 되는 것으로 정의될 수 있다.

여유 있는 삶

나는 여기서, 모든 인간은 시대를 막론하고 자유인과 노예로 나누어진다고 주장하고 싶다. 하루의 3분의 2를 자신을 위해 쓰지 않는 사람은 노예로 분류될 수밖에 없다. 가족이나 친구가 보고 싶어도 너무 바빠서 만날 수 없는 사람들이 노예이지, 어떻게 삶의 주인이라 할 수 있겠는가?
－ 프리드리히 니체의 <어떻게 살 것인가> 중에서 －

우리가 진정으로 만나야 할 사람은 그리운 사람이다.
곁에 있으나 떨어져 있으나 그리움의 물결이 출렁거리는 그런 사람과는 때때로 만나야 한다. 그리움이 따르지 않는 만남은 지극히 사무적인 마주침이거나 일상적이고 스치고 지나감이다.
－ 법정의 <맑고 향기롭게> 중에서 －

그리움은 나누는 것이다.
그대가 향기로운 것은 내 마음이 그리워하기 때문이다.
꽃의 향기가 꽃잎만의 것이 아니듯
내 그리움을 나누고 또 나누면
나 또한 누군가의 그리운 사람이 되어
향기로울 수 있을 것이다.

제 2 절 목회상담의 역사적 배경

여유 있는 삶

도스토예스프스키를 위대하게 만든 것은 간질병과 사형수의 고통이었고, 로트레크를 위대하게 만든 것은 난장이라는 고통이었다. 생텍쥐페리를 위대하게 만든 것은 그를 일생동안 대기 발령자로 살아가게 한 평가절하의 고통이었으며, 베토벤을 위대하게 만든 것도 끊임없는 여인들과의 실연과 청신경 마비라는 음악가 최대의 고통이었다.

빌리그레함은 가난하여 방학 때 머릿 솔 팔고 다니며 신학교 다녔고, 교도소에 소개 받고 설교를 했는데 너무 시원치 않아 죄수들이 야유했다. 그리고 다른 사람들은 목회가 아닌 다른 길로 가는 것이 좋겠다고 권고도 했다. 그러나 그에게 가난과 야유와 조롱은 그를 위대하게 만들었다. 고통은 불행이나 불운이 결코 아니다. 고통이란 스스로 극복했을 때 자신의 삶을 아름답게 만드는 축복이 아닐까?

여러 각도에서 목회상담의 역사적 배경을 살펴볼 수 있겠으나 대략 네 단계로 살펴볼 수 있다. 즉 창세의 시대, 구약의 시대, 예수님의 당시, 신약의 시대로 나눠 볼 수 있다.

1. 창세의 시대

상담의 역사는 에덴동산까지 거슬러 올라갈 수 있다. 최초의 목회 상담자는 하나님이셨고 내담자는 아담과 하와였으며 상담의 주제는 인류의 타락이었다. 아담과 하와가 당면한 문제는 선악을 알게 하는 나무의 실과를 먹음으로써 하나님과의 교제가 단절이 되고 "정녕 죽으리라"(창2:17)는 선고가 집행되는 일이었다.

아담과 하와는 당면한 위기를 극복하려는 시도에서 우선 무화과 나뭇잎을 엮어 치마를 하고 하나님의 낯을 피하여 에덴동산 나무 사이에 숨었다. 그들의 마음은 두려움과 죄책감과 수치심에 사로잡혀 있었을 것이다.

둘 다 범죄를 하였으므로 그들이 당하게 될 처지가 서로 같았으므로 행동을 같이하여 함께 숨은 그들은 서로를 보며 저으기 위로가 되는 것을 느끼기도 했을 것이다. 또한 그들을 유혹한 뱀이 원망스러웠고 자기에게 실과를 따 준 아내가 한스러웠을 것이다. 이제 앞으로 어찌 될까 하는 불안과 좌절이 엄습했을 것이다. 그러나 어느 한 사람도 아직 자기의 그러한 문제를 해결한 경험이 없기 때문에 상대방에 대해서 별 도움이 될 수는 없었다.

이러한 상황에서 그들에게 나타난 근본적인 해결책을 제시하신 분이 바로 하나님이시다(창3:8~21). 하나님께서는 아담과 하와가 처하여 있는 위기의 현장에 찾아오셨다. 아담을 부르시고 그 숨은 곳을 향해 '네가 어디 있느냐?' 말씀하셨다. 그리고 문제의 핵심에 대화의 초점을 맞추고 아담과 대담하셨다.

숨은 이유를 물으시고 그 책임의 소재를 확인하셨다. 아담은 하나님이 자기에게 주신 아내 때문이라고 책임을 전가하였고, 하와는 뱀이 자기를 꾀었기 때문이라고 책임을 전가하였다. 하나님께서는 그들 모두에게 책임이 있음을 깨우쳐 주시고 각각 행한 대로 벌을 주었다.

그리고 아울러 '여자의 후손(예수 그리스도)' (창3:15)에 대한 약속을 통해서 궁극적이고 근본적인 해결책을 제시해 주셨다. 이에 아담은 그 약속을 믿고 자기 아내를 '하와(생명)'라 이름하였다. 하나님께서는 또한 아담과 그 아내를 위하여 '가죽옷(예수 그리스도의 대속을 예표)'을 지어 입히심으로써 위기를 극복하게 해 주셨다.

물론 아담과 하와는 에덴동산에서 쫓겨나고 노동과 해산이 수고를 감당해야 했으나 하나님과의 만남이 있었기에 넉넉히 이겨낼 수 있었다. 이것이 인류 최초의 목회상담의 사례이다.

2. 구약 시대

하나님께서는 에덴으로부터의 추방 이후 가인, 노아, 아브라함, 이삭, 야곱, 요셉, 모세, 여호수아, 사사들, 열왕들, 선지자들, 사도들, 그리고 개개인의 성도들에게도 삶의 현장에서 여러 모양의 위기와 문제와 갈등에 처할 때 그리스도 안에서 약속된 은혜에 따라 영적인 목자의 보살핌을 주었다.

역사적인 관점에서 목회상담은 예수님 이전시대 부터 찾아 볼 수 있는 근거가 존재한다. 구약시대의 이스라엘의 역사가 바벨론, 이집트, 그리스 그리고 로마 등의 문화적 영향을 받았거나 그 영향권 내에서 형성되었다고 볼 때, 이교사회 의 어떤 제도 등은 후에 목회상담에 영향을 주었을 것이다. 승려는 영적인 충고 자를 대변하는 고대의 어떤 기준이었으며, 일반적으로 그의 임무는 신도와 신과 의 사이를 중재하는 것으로 저들의 고민을 돕기도 하고 특별히 영적인 것을 제 공할 수 있는 자로서 간주되었으며, 다른 말로 승려란 의사와 영적인 충고자 였 다.[336]

한편 다윗은 고백하기를 "여호와는 나의 목자시니 내가 부족함이 없으리로 다."(시23:1)라고 고백하였으며, 뿐만 아니라 "우리가 같이 재미롭게 의논하며 무리와 함께 하나님의 집안에서 다녔도다(We took sweet counsel together, and walked unto the house of God in company.)(시55:14)"라고 하여 목회 상담자의 성경적인 구약의 원형을 찾아 볼 수 있다.

하나님께서는 또한 그 은혜를 체험한 사람들이 얻은 지혜를 가지고 주위의 다른 사람들을 돕는 것을 기뻐하셨다. 예를 들면 모세가 "재덕이 겸전한 자 곧 하나님을 두려워하며 진실 무망하며 불의한 이를 미워하는 자"를 빼서 백성 위 에 세워 천부장과 백부장과 오십부장과 십부장을 삼아 그들로 때를 따라 백성 을 재판하게 한 일이 있다 (출18:13~27).

그 당시 이러한 공식적인 재판과 함께 사생활의 영역에서 신앙의 선배가 후 배에게 제공한 여러 가지 모양의 보살핌은 오늘날 교회를 중심으로 이루어지는 목회상담의 원초적인 사역이었다고 말할 수 있다.

이사야 선지자는 메시야를 가리켜 '하나님이 우리와 함께 계신다 (임마누 엘)'(사7:14), '놀라우시다 혹은 경이로우시다(wonderful)' 혹은 '상담자 혹은 모사(counselor)' (사9:6)로 부르고 있다. 이처럼 예수 그리스도는 우리에게 훌 륭한 상담자(wonderful counselor)가 되신다는 사실을 구약성경을 통하여 알 수 있다.

336) Wruth G. Brillenberg, *Christian Counseling in the Light of Modern Psychology*, The Presbyterian & Reformed publishing Company, Philadelphia; Pennsylvania, 1962, p.4.

3. 예수 그리스도의 시대

예수 그리스도께서 그의 생애를 통해서 수많은 무리의 영적, 정신적, 정서적, 육신적 필요를 채워 주셨다. 예수 그리스도께서 그의 인격과 삶과 사역에서 우리의 구원을 이루시는 가운데 도움을 필요로 하는 사람들에게 관심을 가지시고 실제적인 도움을 주셔서 위기와 갈등, 질병과 상처를 치료하여 주시고, 인격의 계발과 성숙을 경험하게 하시는 상담자로서 친히 모범을 보여주신 것이다.

수많은 예들 가운데서 몇 가지만 든다면, 세리 장으로서 심적 갈등을 안고 있던 삭개오의 고민을 해결하여 주신 일(눅19:1~10)과, 연약한 베드로의 심적 갈등을 풀어 주신 일(눅22:31~34, 45, 54~62; 요21:1~23), 니고데모의 신앙적인 문제에 답을 주신 일(요3:1~15, 7:50,5 1; 19:39~41), 사마리아 여자의 문제와 갈등을 해결하여 주신 일(마15:21~28), 그리고 수많은 병자들과 약한 자들을 고쳐 주신 일 등이 있다. 이처럼 예수 그리스도는 지상 생활을 목회상담자로서 이미지를 남겼는데 그것은 죄인에 대한 위대한 상담자이었다. 특히 요한복음 4:1~42에서는 예수 그리스도가 사마리아 여인과 1문 1답을 통해서 현실 사회상에서부터 인생문제. 영혼문제. 죄 문제. 예배문제 그리고 메시야에 대한 문제까지 세부적이며 구체적으로 상담하셨다.

그의 십자가 죽으심, 무덤에 장사되심, 부활 그리고 승천 등을 통해서 우리의 놀라우신 상담자가 되시는 예수께서는 부활하신 후에 제자들에게 말씀하시기를 "하늘과 땅의 모든 권세를 내게 주셨으니 그러므로 너희는 가서 모든 족속으로 제자를 삼아 아버지와 아들과 성령의 이름으로 세례를 주고 내가 너희에게 분부한 모든 것을 가르쳐 지키게 하라. 볼지어다. 내가 세상 끝날 까지 너희와 항상 함께 있으리라"(마28:18~20)고 하셨다.

이것은 넓은 의미로 해석할 때, 열 두 사도들에게만 국한되는 명령이 아니라 모든 시대의 모든 신자들에게 해당되는 명령이다. 모든 신자들은 주님께서 분부하신 모든 것을 다른 사람들에게 가르쳐 지키게 해야 할 명령을 받고 있다.

주님께서 분부하신 모든 것 속에는 삼위일체, 구원, 교회, 권징, 천사들, 마귀와 귀신들, 천국과 지옥, 부활, 심판, 재림 등의 교리적인 것만 포함되어 있는 것이 아니라 부부관계, 부모자녀관계, 노사관계, 다양한 인간관계, 그리스도의 형상을 본받는 전인적인 성숙, 사랑 등등 그리스도인의 삶에 관한 것도 포함되어 있다. 그러므로 예수 그리스도의 상담은 모든 상담의 근원적인 모델이 되는 것이다.

4. 신약 시대

오순절 성령강림 이후 예루살렘 교회가 온 유대와 사마리아와 땅 끝까지 확산되면서 복음이 언어와 민족과 지역을 뛰어넘게 되자 성도들이 신앙생활에서 당면하는 위기와 갈등과 문제들은 점점 더 복잡해졌다. 신약성경의 교회 지도자들은 신자들이 함께 모여 예배하며 믿음 안에서 서로 인간관계를 맺고 교제하도록 격려하였다.

이러한 교제를 통하여 그들의 삶에서 체험한 하나님의 은혜를 나타내게 하였다. 신자들 간의 교제는 예수 그리스도 안에 있는 믿음으로 말미암아 성령의 능력으로 하나님과 맺어진 새 삶의 증거들을 나타내었다. 신자 개개인만 이러한 증거를 나타낸 것이 아니라 신자들로 이루어진 공동체가 양질의 인간관계 안에서 인간의 삶에 나타난 하나님의 능력을 드러내게 되었다 (행2:37~47).

그 결과 믿음의 공동체인 교회를 통해서 인간 안에 나타난 하나님의 각종 지혜와 능력이 알려지게 된 것이었다(엡3:10, 16). 따라서 신약성경의 서신 서들은 이들의 문제들에 대한 해답과 처방이 되었다.

세계도처에 세워진 교회 성도들의 필요를 채워 주기 위해서 사도들과 그 제자들이 동분서주하며 때로는 직접 대면해서, 때로는 동역자를 파송해서, 때로는 서신으로, 때로는 기도로 보살폈다. 사도시대에 사도 바울은 탁월한 상담자로서 그는 목회서신이나, 고린도 전·후서에서 인간들이 당면한 실제적이고 구체적인 문제들 즉 목사와 신자 또는 성도 간에 일어난 불화, 결혼, 성생활, 가정불행, 주종관계 등의 복잡한 문제를 잘 다루는 상담자이었다. 즉 그는 어떤 문제의 해결을 교권이나 명령 등의 방법으로 하지 않고 교인들과의 상담을 통하여 해결한 목회상담자였다.

중세시대의 사제들은 상담자로서 보다는 중심주제가 언제나 참회나 고백 그리고 죄의 문제를 취급했고, 영적인 충고자로 행동했다. Augustine은 그의 저서 「영적 충고자(The Spiritual Adviser)」를 통하여 성도의 영적인 관리에 대해 깊은 관심을 표명했다.

종교개혁 시대 때에 새로운 개혁교리를 중심으로 목회보호가 진행되는데 마틴 루터는 목회상담에 깊은 관심을 갖고 그의 많은 설교, 주석, 편지에 언급하고 있다. 이러한 과정을 통하여 전개되어 온 목회상담 사역이 교회의 목회현장에서 주목을 받게 되고 신학계에서 실천신학 분야의 독립된 학문으로 발전한 것은 금세기에 들어와서였다. 현대 목회상담 사역의 필요성과 그 사역을 위한 전문적인 훈련의 긴급성을 처음 강조했던 사람 중 하나는 미국의 앤튼 보이슨(Anton T. Boisen, 1876~1965)이다.337) 그는 비록 단기간이었으나 급성 정신질환으로 세 차례나 병원에 입원하여 치료를 받은 경험이 있는 인물이다. 병상에 있는 동안에 수련의사들이 회진하면서 직접 환자들을 대하고 훈련을 받는 것을 목격한 그는 1925년에 매사추세츠 우스터 주립병원의 원목(chaplain at Worcester State Hospital, Massachusetts)으로 일하면서 생도들을 데려다가 3개월씩 병원에서 연구와 실습을 하게 하는 훈련과정을 개설하였다.

신학교 교실에서 단순히 이론으로만 배우는 것보다 병상의 환자들을 직접 대면하여 상담실습을 아울러 배우는 것이 훨씬 더 유익했다. 보이슨 자신도 정신과 환자의 처지에 있어 보았기 때문에 이러한 훈련의 효과를 더할 수가 있었다.

보이슨의 신학생들을 위한 병원 임상훈련은 그 효과가 인정되어 나중에는 임상 목회교육운동(Clinical Pastoral Education Movement)으로 발전하였고, 1930년에 발족된 임상훈련 위원회(Council of Clinical Training)와 함께 이 훈련방법은 전 세계 여러 신학교들의 교과과정에 포함되었다.

한편 영국에서는 1935년에 레슬러 웨더헤드(Leslie Weatherhead)가 심리학을 목회사역 현장에 적용하는 면에 두각을 나타내었다.338) 그는 정신과 의사의 치료와 동시에 목회자의 도움을 필요로 하는 사람들을 위해 런던의 시티 템플(City Temple)에 특별한 진료소를 세워서 운영 하였다. 오늘날에는 대부분의 신학교들에서 목회상담을 정규과목으로 가르치고 있고, 목회상담 사역도 교회 안에서만 아니라 일반사회에서 상담실을 개설하여 내담자들을 돕는 예들이 전 세계적으로 늘어가고 있다.

---

337) David G. Benner, ed., *Baker Encyclopedia of Psychology*, Grand Rapids, Michigan: Baker Book House, 1985, p.803.

338) *Ibid.*

제 3 절 상담의 기능

1. 일반상담의 기능

카운슬링이란 일반적으로 조직성원의 정신건강을 향상시키고자 하는 것으로
서, 다음과 같은 여섯 가지의 기능을 수행한다.[339]

(1) 조언(advice)

많은 사람들이 카운슬링을 주로 조언을 제공하는 것으로 보고 있지만, 실제
로 조언기능은 카운슬링이 수행하는 기능 중 하나에 불과하다. 조언을 한다는
것은 상담자가 내담자의 문제에 대해 판단을 하고 행동과정을 설정한다는 것을
의미한다.

여기에서 타인의 복잡한 문제를 완전히 이해한다는 것은 거의 불가능할 뿐만
아니라, 그 문제에 대해 무엇을 하라고 말하는 것은 더욱더 어려운 일이므로,
조언의 제공에는 상당한 어려움이 있게 된다.

또한 조언을 제공하는 것이 내담자들로 하여금 열등감을 갖게 하거나 상담자
에게 의존하는 관계를 낳을 수도 있다. 하지만, 일반적으로 내담자들은 조언을
기대하고 관리자들 또한 이를 제공하려고 하기 때문에, 조언은 일상적인 상담
과정에 있어서 자주 나타나게 된다.

(2) 안도감의 부여(reassurance)

상담은 내담자에게 당면한 문제를 대처할 수 있는 용기를 주거나 적절한 행
동과정을 추구할 수 있는 자신감을 부여함으로써 내담자에게 안도감을 제공할
수 있다. 예를 들어 상담자는 '당신은 상당한 발전을 하고 있어요' 혹은 '걱정하
지 마시오. 그 문제는 앞으로 잘될 거요'라는 말로 안도감을 줄 수 있다.

---

[339] Keith Davis and John W. Newstrom, *Human Behavior at Work: Organizational Behavior*,
op. cit. pp.494~497.

이와는 달리 상담자가 안도감을 부여하는 것과 관련된 문제는 내담자가 이를 받아들이지 않는다는 것이다. 내담자는 자신의 문제가 앞으로 잘 해결될지를 상담자가 알 수 없다고 생각할 수 있다. 설혹 내담자가 안도감을 갖게 되더라도, 다시 자신의 문제에 직면하게 될 경우에는 이런 안도감은 사라지게 되는데, 이는 곧 카운슬링을 통하여 내담자가 개선된 점이 전혀 없다는 것을 의미한다. 자신감을 부여하는 방법은 그 자체 위험이 있기는 하지만, 이는 때에 따라 유용하기 때문에 이 방법은 조심스럽게 사용되어야 한다.

(3) 의사소통(communication)

카운슬링은 상향적·하향적 의사소통을 촉진시키는 기능을 한다. 상향적 의사소통에 있어서는 조직성원이 교구장이나 부교역자에게 자신의 감정을 표현하는 것이 핵심이 되는데, 카운슬링은 개인의 신원은 비밀로 한 채, 감정의 표현을 집단화하여 부교역자에게 전달함으로써 상향적 의사소통을 촉진시킨다.

카운슬러(부교역자)의 주요한 역할이 바로 교회정책과 관련된 감정적 문제들을 인식하고 이를 담임 목회자에게 설명하는 것이다. 또한 카운슬러는 교회조직성원과 함께 교회조직활동에 관한 문제를 논의할 때, 교회조직활동을 교회조직성원에게 설명하는 데 도움을 주기 때문에, 카운슬링은 하향적 의사소통을 조장한다.

(4) 감정적 긴장상태의 완화(release of emotional tension)

카운슬링의 가장 중요한 기능은 바로 감정적 긴장상태를 완화시켜 주는 것이라 할 수 있는데, 이는 때로 감정적 정화작용(emotional catharsis)이라고 부른다. 사람들은 타인과 말할 기회가 있을 때마다 자신의 좌절이나 문제에 대한 감정적 완화를 얻으려 한다.

사람들은 자신의 문제를 동정적인 목회자에게 설명함으로써, 긴장상태를 완화시키며 보다 응집력 있고 합리적인 사고를 가지게 된다. 이런 긴장상태의 완화가 반드시 문제를 해결해 주는 것은 아니지만, 문제해결에 대한 정신적인 장애를 제거시킴으로써 자신의 문제를 다시 건설적으로 생각할 수 있게 한다.

(5) 사고의 명확화(clarified thinking)

사고의 명확화는 보통 감정적 완화상태의 결과이지만, 카운슬러는 이 과정에 적절한 도움을 줄 수 있다. 사고의 명확화는 내담자와 카운슬러 가 대화할 때마다 발생하는 것이 아니며, 카운슬링이 진행된 결과로서 후에 그 전부 혹은 일부가 나타날 수도 있다. 사고의 명확화로 인하여 개인은 감정적 문제에 대한 책임을 인정하게 되거나 자신의 문제해결을 보다 현실적으로 생각할 수 있게 된다.340)

(6) 사고의 전환(reorientation)

카운슬링의 또 하나의 기능은 사고의 전환이다. 사고의 전환이란 단순히 어떤 문제에 대해 단순히 감정적 완화나 사고의 명확화 이상의 의미를 지닌다. 이는 기본적인 목표와 가치의 변화를 통하여 교회 구성원의 정신적 자아상태를 변화시키는 것과 관련된다.

사고의 전환 과정은 대개 그 용례와 한계를 숙지하고 있으며 이에 필요한 훈련을 받은 전문적인 목회자의 일이다. 따라서 목회자가 해야 할 일은 사고전환이 필요한 교인을 인지하여 교인들이 적시에 전문적인 도움을 받을 수 있도록 하는 것이다.

이상에서와 같이 카운슬링의 기능을 살펴보았는데, 이 중 사고전환 과정을 제외한 다섯 가지의 카운슬링 기능들은 목회자에 의해 성공적으로 수행될 수 있다. 또한 전문적인 카운슬링 제도가 수립되어 있는 경우에도 목회자들은 자신들의 모든 카운슬링 책임이 카운슬러에게 위임되었다고 결론지어서는 안 된다.

2. 목회상담의 기능

윌리암 클렙쉬(William A. Clebsch)와 찰스 제클(Charles R. Jeakle)은 목회상담의 기능을 치료(healing), 부양(sustaining), 안내(guiding), 그리고 화해(reconciling), 이렇게 네 가지로 제안하였다.341) 여기서 치료는 상처로 인해 기능이 마비되거나 손상을 입은 사람을 온전히 회복시키거나 이전의 상태에서

---

340) P. Paul Heppner and Charles J. Krauskopf, "An Information-Processing Approach to Personal Problem Solving", *The Counseling Psychologist*, July 1987, pp.371~447.

341) William A. Clebsch and Charles R. Jaekle, *Pastoral Care in Historical Perspective*, Englewood Cliffs, New Jersey: Prentice-Hall, 1932, p.33.

더 발전해 나아가도록 이끌어 주는 것을 의미한다. 부양은 상처를 받은 사람이 원래의 상태로 회복되거나 치료가 불가능해 보이는 상황을 극복할 수 있도록 부양해 주는 것을 뜻한다.

안내는 복잡한 상황에 처한 사람을 도와서 현재와 미래에 바람직한 영향을 미치게 될 생각을 하고 행동을 취하도록 안내해 주는 것을 가리킨다. 그리고 화해는 자기 자신이나 이웃과의 관계 혹은 하나님과의 관계가 막히거나 손상을 입은 사람이 자기 자신과 이웃과 하나님으로 더불어 화해하도록 도와주는 것을 말한다.

여기서 하워드 클라인벨은 양육(nurturing)의 기능을 하나 더 추가하였다.342) 그가 말하는 양육의 기능은 사람들이 한평생 살아가면서 깊은 골짜기를 통과하든지, 산봉우리에 오르든지, 평지를 지나든지 항상 하나님이 주신 잠재능력들을 최대로 계발할 수 있도록 해 주는 사역을 가리킨다. 이것은 구원 얻은 성도가 '성화(sanctification)'의 과정을 통해서 이루어 갈 일이라고 하겠다.

목회상담이 이러한 기능을 하는 사역이라면 그 궁극적인 목표는 전인 구원에 두고 있다. 목회상담은 인간이 범죄 하여 잃어버린 모든 것을 완전히 회복하는 데에 이르기를 힘쓴다.

모든 죄와 그 형벌로부터 구원을 얻어(요3:16; 5:25) 세상에서 썩어질 것을 피하여 신의 성품에 참여하는 자가 될 것(벧후1:4)을 바라본다. 그러므로 이러한 궁극적인 목표에 이르기 위해서 거쳐야 하는 과정이 성화인데 이 성화의 과정에서 목회상담은 그 기능을 수행하고 있는 것이다.

---

342) Howard Clinebell, *opt.cit.*, pp.26, pp.42~43.

제 4 절 상담의 방법

1. 인지(認知)적 상담법

인지적 상담법이라고 하면 상담자가 피상담자의 문제해결을 도울 때 피상담자의 인지적 사고력을 강조하여 상담과정을 이끌어 나가는 방법이다. 여기에는 지시적 상담이론, 합리적. 감명적 방법, 절충적 방법, 상호 제지법 및 행동주의적 방법 등이 있다.

(1) 지시적 상담이론(Directive Counseling)

E. G. Williamson을 중심으로 한 미국의 미네소타 대학교 학파가 이룩해 놓은 이론이다. 이 학파에 속하는 다른 학자들로는 Walter, Bingham, John, Darley 및 Donald G.Paterson등을 들 수 있다.

이 지시적 상담이론은 상담자 중심의 상담(counselor-centered counseling)이론 이라고도 불리어 진다. 이것은 카운슬러가 클라이언트(cliente:내담자)의 과거 경력을 안다는 것은 현재의 행동을 이해할 수 있는 단서의 확보를 의미한다는 가정 하에 클라이언트에 관한 정보 및 자료를 수집하고, 그를 진단하고 그에게 조언하는 식의 인사상담을 말한다. 그러나 궁극의 문제해결은 역시 클라이언트에게 달려 있다.

본 이론에서는 인생을 능력, 흥미, 태도 및 기질 등과 같은 상호 의존적인 특성 또는 요인들로 이루어진 체계로 본다. 이 이론의 기본적인 가정은 인간이 각자의 잠재력을 발달시키는 수단으로서 자신의 능력을 알고 또 이해하게 된다는 것이다.

그래서 Williamson에 의하면 상담의 현대적 개념은 피상담자 개개인을 독특한 개체로 보고 그가 가진 독특성을 객관적 측정을 통해서 발견해 내는 것이라고 한다.[343]

---

343) E. G. Williamson, *Vocational Counseling*, N. Y.: McGraw Hill Book Co. Inc., 1965, p.56.

그는 또 상담의 목적을 피상담자로 하여금 인간생활의 모든 면에서 최대한의 능력을 발견할 수 있도록 도와주는데 두고 있다. 따라서 피상담자는 상담관계를 통해서 당면한 여러 가지 문제를 직시하고 문제점을 밝혀내어 해결할 수 있다고 믿는다.

이러한 경험을 가진 피상담자는 문제 해결의 방법을 배우게 되고 또 미래에 이와 비슷한 사례에 처했을 때 혼자서 해결할 수 있게 된다는 것이다.

결론적으로 본 상담이론에서는 상담자가 피상담자의 발달에 적극적인 영향을 미친다. 피상담자는 자신의 개성을 결정할 구체적인 자료가 없고 자신에 대한 이해도 완전하지 못하므로 상담자는 피상담자의 객관적인 측정자료를 모집하여 제시함으로써 피상담자로 하여금 자기 이해를 높이도록 하는 것이다.

따라서 이 방법은 흔히 카운슬러 중심적 방법 이라고 불리어지며, 내담자의 과거에 관하여 될 수 있는 대로 많은 자료를 수집하여 여러 가지 테스트를 이용하려고 한다. 그렇기 때문에 이 방법은 인간행동의 감정적 측면을 무시하고 다만 인지적 요소만을 중요시한다는 비판이 있다.344)

지시적 카운슬링은 대개 조언기능을 수행하지만, 또한 안도감, 의사소통, 감정적 완화와 사고의 명확화를 이룰 수도 있다. 그러나 사고의 전환은 지시적 카운슬링에 있어서는 거의 이루어지지 않는다.

그러므로 지시적 상담이론은 인간의 문제를 해결하는데 과학적 방법을 사용하였다는 점과 객관적 검사 자료를 사용함으로 해서 각종 심리검사 의 발달에 기여한 점, 그리고 진단을 강조함으로써 문제발생의 원인과 그 원인을 제거하는데 관심을 갖게 한 점 등은 주요한 공헌이 되지만, 이와 반대로 본 이론은 원래 교육적 입장에서 발전한 것이기 때문에 그 대상이 학생으로 제한되고, 너무 객관적 자료만을 강조하여 피상담자의 정(情)적 측면을 무시한다는 비판을 받는다.345)

(2) 합리적-감명적 상담이론(Rational-Emotional Approach)

합리적 · 감명적 상담이론은 Albert Ellis가 주장한 것이다. Ellis는 피상담자

---

344) 박연호, 「현대 인간관계론」 (서울: 박영사, 1994), p.204.
345) Lee, S. L., *A Study on Effective Pastoral Counseling based on biblical and Jesus' Counseling*, California: California Graduate School of Theology, 1988, p.27.

로 하여금 자신의 문제해결을 위한 통찰력을 강조한 전통적인 분석절차를 사용함으로써 피상담자의 심리 깊숙이 파 묻혀 있는 공포와 적의를 주목할 수 없다고 생각하여 이 새로운 이론을 발전시킨 것이다.

본 이론의 주요소는 인간의 사고(thinking)와 정서(emotion)가 두개의 분리된 정신과정이 아니라는 가정이다. 단지 사고는 주어진 사태에 관해서 비교적 냉담하고 덜 직접적인 것이며, 정서는 어떤 사람이나 대상에 관한 편견적이며 매우 직접적이고 감정적인 평가라고 하였다.346)

특히 본 이론에서 중요한 개념은 인간의 정서적 행동의 대부분은 '혼잣말(self-talk)'에서와 같이 내재화된 문장에서부터 생겨난다는 것이다. 즉 사람이 혼잣말을 하면 그것이 곧 그의 생각이고 정서라는 견해이다.

그리고 이와 같은 내재화된 문장들이 사람에게 정신병을 야기시킨다고 본다. 따라서 이런 부정적인 정서를 일으키는 비논리적인 속어(internalized talk)를 수정하여야만 건전한 사람이 된다고 본 이론이 주장한다.

따라서 상담자의 책임은 피상담자에게 비논리적 사고가 그의 불행을 초래하는 것이라는 사실을 깨우쳐 주고 이러한 비논리적 사고 때문에 생기는 나쁜 태도와 행동을 합리적인 것들로 바꾸어 놓는데 있다고 하겠다.

결론적으로 상담자는 상담과정에서 피상담자에게 그의 문제는 왜곡된 지각과 사고 때문에 생긴다는 것과 만일 노력한다면 문제의 원인을 제거하도록 자신의 지각과 사고를 쉽게 재구성하는 방법이 존재한다는 것을 보여 주어야 한다고 엘리스는 말한다.347)

그러므로 합리적·감명적 상담이론은 치료과정을 상담실 밖의 실제생활 장면까지 연장시키고 상담자가 피상담자의 회복과정에 적극 참여하도록 한 점은 긍정적으로 평가되어야 하나, 너무 인지적인 측면만을 강조하여 인간의 감정적 단면을 무시한 점은 비판이 표적이 된다.

(3) 절충적 상담이론(Eclectic Approach)

이것은 Frederick C. Thorne이 제창한 이론이다. 최근에는 Lawrence Brammer가 이를 지지하는 논문을 발표했다. 이 방법은 여러 가지 상담이론이

---

346) Albert Ellis, *Reason and Emotion in Psychotherapy*, N. Y.: Lyle Stuat, 1967, pp.46~49.
347) *Ibid.*, p.36.

나 방법 중 가장 적절한 것만 채택하여 적용한 것이다.

즉 어떤 한 가지 이론만으로는 너무도 부족하므로 피상담자의 문제를 해결하도록 도와주는데 적합한 기술과 절차의 개념을 취사선택하여 활용하여야 한다고 주장한다. 그래서 상담이란 재교육과 치료의 과정이며 또 피상담자를 훈련시키는 것으로 보고 상담의 목적은 정서적인 강박적 행동과 지적 차원을 최대한으로 이용한 합리적 적응행동으로 대체시키는 것이라고 한다.

Thorne는 상담이란 심리학 분야에서 숙달된 상담자가 성격적인 문제 때문에 괴로워하는 피상담자를 행동적으로나 또는 말로 도와주려고 애쓰는 face-to-face의 관계라고 정의한다.[348] 따라서 상담과정에서 상담자의 주목표는 피상담자의 정신건강을 지키는데 있다.

상담자는 적응이상이나 정신장애를 일으키는 원인적 요인을 예방하거나 또는 수정함으로써 이를 성취시킨다. 피상담자는 미래에 생길지도 모를 적응이상을 미리 피하고 안도감을 얻고 쓸데없는 압력이나 벌을 피하고 또 성공을 하기 위해 상담을 받으러 오지만 상담자는 문제의 원인을 밝히는데 주관심이 있고 그 다음에 그 문제 때문에 생긴 병상에 관심을 기울인다.

구체적인 상담의 과정은 첫째, 상담관계를 형성하는 일, 둘째, 문제의 원인과 증상 속에서 특별히 능동적인 태도나 방법을 사용할 필요가 없는 한 상담자는 대체로 수동적인 태도를 취한다.

특히 절충적 상담이론에 있어서는 상담을 하려면 다른 여러 가지 상담이론에 대해 명확한 지식을 가지고 있어야 한다. 그래야만 상담자가 피상담자를 대할 때 그의 문제의 성격과 또 그 피상담자의 인성을 고려하여 이에 적합한 상담법을 선택하여 적용할 수 있기 때문이다.

결론적으로 절충적 상담이론은 상담과정을 체계화하려 하였으며, 어떤 다른 이론에서보다도 광범위하게 문제의 병리적 요인을 취급하는 점 그리고 한 이론에만 국한되려는 독단성이 최소한으로 줄여진 점 등을 그 주요 공헌으로 볼 수 있겠다. 그러나 한 가지 상담방법만 충분히 익히는 것도 어려운데 하물며 다른 여러 가지 방법을 골고루 익힌다는 어려움과 상담방법을 자주 바꾸면 피상담자가 불안해 한다는 점 등은 비판의 요소이다.

---

348) Frederick C. Thorne, *Principals of Personality Counseling*, Brandon, Vt.: Journal of Clinical Psychology, 1950, p.85.

(4) 상호제지이론(Reciprocal Inhibition Method)

상호제지이론 또는 역제지 이론(Psychotherapy by Reciprocal Inhibition)
이라고 불리는 상담이론은 Ivan Pavlov와 B. F. Skinner등을 중심으로 한 여
러 학자의 학습이론을 응용하여 Joseph Wolpe가 확립한 이론이다.[349]

본 이론에서 인간은 환경에 의해서 그 성격이 형성된다. 자신의 의지나 자유
의사라는 것은 없고 다만 환경이 주는 자극에 대하여 반응할 뿐이다. 즉 인간은
합리적이거나 객관적이 될 수는 없으며 그의 모든 사고는 조건화된 반응과 욕
구에 의해서 영향을 받으며 이에 의하여 합리화된다는 것이다.

그래서 Wolpe는 어떤 자극 사태에 반응하는 인간 생체에 습성을 영구적으로
변화시키는 것은 성장과 장애와 학습의 세 가지 과정에만 국한된다고 주장했
다. 그는 또 신경증적 행동이 학습에서 기인하기 때문에 이를 제거하려면 학습
된 것을 번복(unlearn)시켜야 된다고 주장한다.

따라서 그는 인간의 신경증적 반응을 상호 제지시킴으로써 기본적인 심리치
료의 효과가 달성된다고 판단한다. 그리고 월프는 인간의 신경증적 반응을 상
호 제지 시키는 수단으로 반발반응, 성적반응, 근육이완법 및 호흡반응의 네 기
지를 사용한다.

이중 어떤 방법을 선택하느냐 하는 것은 피상담자에게 불안을 일으키는 자극
이 무엇이냐에 따라서 결정한다. 대체로 반발반응은 직접적인 대인관계에서 일
어나는 불안에 대해서, 성적반응은 성적관계의 불안에, 그리고 근육이완반응은
어떤 자극에 대해 즉각적인 반응을 못하고 불안해하는 사람에 대해서 그리고
호흡반응은 막연한 불안에 대해 사용한다.

이와 같은 여러 가지 방법을 사용하여 피상담자는 상담과정에서 자기가 가진
여러 가지 불안을 제지 시키는 방법을 배우고 또 이를 연습함으로써 일상생활
에서 스스로 불안상태를 제거 시키는 것을 체득하게 된다.

결론적으로 이 이론은 꾸준한 연구의 결과 발견된 지식을 상담에 응용한 점
과 상담의 효과를 평가함에 있어서 구체적인 행동의 변화를 사용한 점, 그리고
환경 속에서 여러 가지 제약을 제거하거나 감소시키는 방법을 예시한 점 등에

---

[349] Joseph Wolpe, *Psychotherapy by Reciprocal Inhibition*, Stanford: Stanford University
Press, 1985, p.4, p.32, p.71.

서 기여를 하였다. 하지만 상담관계가 너무 냉정하고 조작적이며, 상담의 목적
보다는 기술면을 더 중요시 여긴 것, 상담의 목표가 상담자에 의해서 정해진다
는 것 등은 그 비판의 중요 내용이라 할 수 있다.

(5) 행동주의적 상담이론 (Behavioral Counseling Theory)

행동주의적 상담이론은 John D. Krumboltz, Carl E. Thorsen,[350] 그리고
Rey Hosford [351]등이 발전시킨 상담이론이다. 이들은 인간의 행동을 유전과
환경의 상호작용으로써 생긴다고 보고 겉으로 관찰할 수 있는 인간의 행동에
주관심을 기울이고 있다.

행동주의 상담이론가들은 인간의 행동은 거의 모두가 학습된 것이므로 새로
운 학습사태를 만들고 이를 조직함으로써 행동을 수정할 수 있다고 믿고 있다.
Thorsen 은 행동주의적 상담을 다음과 같이 특정 짓고 있다. (a) 인간의 행동
은 거의 모두가 학습된 것이므로 변화시킬 수 있다. (b) 인간의 환경을 변화시
킴으로써 이와 관련된 그의 행동도 변화시킬 수 있다. (c) 강화의 사회적 본보
기 등 사회적 학습의 원리가 상담의 과정에서 사용될 수 있다. (d) 상담의 효과
와 결과는 상담관계 밖에서 나타나는 피상담자의 행동변화에 의해서 평가될 수
있다. (e) 상담의 과정은 일정하거나 고정된 것이 아니라 피상담자가 가진 문제
의 성질에 따라 적당히 조절될 수 있다.

이러한 행동주의적 상담이론의 기본요소는 강화(reinforcement)의 이론이다.
여기서 강화란 어떤 행동의 유발을 촉진시킬 수 있는 바람직한 결과를 만드는
것이라고 정의할 수 있다. 사람이 어떤 행동을 했을 때 칭찬하던가 벌을 주던가
함으로써 그 행동을 강화해 줄 수도 있고 또 그 행동을 소거 시킬 수도 있다.

이 때 전자를 정(正)적 강화요인이라 하고, 후자를 부(否)적 강화요인이라 한
다. 그리고 일단 정적 강화요인에 의하여 강화된 행동이라 할지라도 더 이상 강
화를 해 주지 않으면 그 행동은 자연히 소거된다. 뿐만 아니라 부적 강화요인에
의해 소거된 행동이라 할지라도 더 이상 강화하지 않으면 소거된 행동이 다시

---

350) John D Krumboltz and Carl E. Thoresen(ed), *Behavioral Counseling: Cases and The Critique*, N. Y.: Holt, Rinehart and Winston, Inc., 1969.
351) Rye Hanford, *Behavioral Counseling: The Counseling Psychologist, A Contemporary View*, Vol.1, 1969, pp.1~33.

나타난다.

이 원리에 의해서 상담자는 피상담자의 행동을 조작할 수 있다는 것이 행동주의 상담이론이다. 따라서 이 이론에서 상담은 하나의 학습과정이다. 그리고 구체적 상담의 방법으로는 도구적 학습법, 모방학습법, 지적학습법 및 정서적 학습법 등이 사용된다.

결론적으로 행동주의 학파의 주장들은 인간의 책임을 무시하였고 하나님의 형상으로 지음을 받은 인간 존재의 존엄성을 부정한다. 또 죄와 구원을 하나의 신화로 본다. 그리하여 인간의 도덕적 관계나 궁극적 결과 등을 모두 부인했다는 비판을 받을 수밖에 없다.

2. 정의(情意)적 상담법

정의적 상담이론(Affectively Oriented Approaches to Counseling)은 어떤 문제에 대해서 피상담자가 느끼고 있는 감정을 중심으로 상담을 이끌어 나가는 방법을 말한다. 여기에는 피상담자 중심의 상담이론(비지시적 상담이론), 정신분석학적 상담이론, 실존주의적 상담이론 및 행태주의적 상담이론 네 가지가 있다.

(1) 비지시적 상담이론(Nondirective Counseling)

비지시적 상담이론(Nondirective Counseling Theory)은 자아이론(Self Theory) 또는 피상담자 중심 상담이론(Client Counseling Theory) 및 로저스 상담이론(Rogersian Counseling Theory) 등의 이름으로도 불린다.

이 이론은 Carl Ransom Rogers가 확립 시킨 것이며 Cecil H. Patterson, Nicholas Hobbs, E. T. Gendlin 등의 학자들이 중심이 되어 발전시킨 상담 이론이다. 그래서 이것을 내담자 중심의 인사상담이라고도 한다.

여기서는 내담자(정서적 혼란이나 불안을 갖고 있는 사람) 자신이 인사상담의 진행에 있어서 주도적 역할을 한다. 카운슬러는 단지 내담자가 자유롭게 자기의 심정을 토론하는 것을 경청하고 이해하며, 문제해결을 위해 내담자를 조력해 줄뿐이다.

본 이론에서 인간은 사회적이며, 진취적이고, 합리적이며 동시에 현실적이라고 본다.352) 또한 본 이론에서 중심개념을 이루는 인간의 자아(self)는 현상학적인 장에서 지각되는 자아로서, 그것은 자기 자신에 관해 그려진 형상을 이루고 있으며 학습된 속성이다. 즉 자아는 '나'라는 것이며 '나'가 존재하고 활동하는 사실을 '알고 있다'는 것이다. 그러나 사람이 실제로 경험하고 있는 현실과 자아개념과의 사이에 차이가 생길 때 인간은 불안하게 되어 자신에게 발생한 사건을 거부하거나 왜곡하게 된다고 한다.

특히 건강한 사람은 이러한 사건을 왜곡함 없이 받아 드리고 상징화하지만 정서적으로 불안정한 사람은 곤란을 받게 되는데 후자의 경우에 상담이 필요하게 된다. 따라서 비지시적 카운슬링은 내담자로 하여금 곤란한 문제를 설명하고, 이해하고, 적절한 해결책을 결정하도록 자극하는 과정이다. 이는 판단과 조언자로서 카운슬러보다는 내담자에 초점을 두기 때문에 내담자 중심적이라고 한다.

이러한 비지시적 상담이론은 내담자가 자기의 억압된 감정을 해소하고 자기의 감정을 명료하게 알게 되며 자기의 행동을 이해하게 되고 자기 자신을 현실에 적응하게 된다. 그렇게 함으로써 그는 자기의 환경에 대한 인식방법을 변경시키게 되며, 나아가서는 현재의 직무와 생산에 대하여 자신을 순응화시키는 결과를 가져오는 것이라 하겠다.

즉 카운슬링 관계를 통하여 카운슬러는 감정을 평가하기보다는 이를 수용하는 것이 중요. 비판하거나 칭찬함으로써 감정을 판단하는 것은 내담자가 진실한 감정을 표현하지 못하게 할 수 있다. 따라서 내담자로 하여금 감정을 토로하게 하고 해결책을 찾으며 현명한 결정을 내리게 하는 것이 비지시적 카운슬링의 기본적인 사고이다.

이러한 비지시적 방법은 상담에 대한 전문지식과 풍부한 경험을 갖고 있지 않은 관리자가 행한다 하더라도 조금도 해를 주는 것이 아니며, 오히려 내담자에게 어느 정도의 도움을 주는 것이라고 할 수 있다.353)

한편 전문적인 카운슬러는 보통 비지시적 카운슬링을 실행하며, 카운슬링의 기능 중 다음의 네 가지를 수행한다. (a)상담자를 통하여 의사소통이 상향적·

---

352) Lawrence Brammer and Everett Shostrom, *Therapeutic Psychology*, 2nd ed., EnglewoodCliffs N. J.: Practice Hall, Inc., 1968, p.48.
353) Norman R. F. Maier, *op.cit.*, p.441.

하향적으로 흐를 수 있다. (b)지시적 상담보다는 감정적 완화가 보다 효과적으로 이뤄지며 사고의 명확화가 뒤따른다. (c)사고의 전환을 일으킬 수 있다 (d)직접적인 문제를 다룬 다기보다는 사람의 변화를 강조한다.

결론적으로 피상담자 중심이론 즉 비지시적 상담이론에서는 피상담자를 상담과정의 중심 또는 결정권자로 만든 점, 성격변화를 원만하게 하는 주요한 원인은 상담관계라고 본 것, 상담관계에 영향을 주는 것은 상담자의 기술보다는 그의 태도라고 보는 점, 그리고 정서나 감정을 상담의 주 관심으로 생각한 점 등은 이 이론의 주요 공적으로 평가된다.

하지만 정서나 감정을 행동의 주 결정요인으로 보고 지적 합리적 요인을 간과한 점, 피상담자에 관한 객관적 정보자료를 사용하지 않는 점, 자아를 극대화시킨다고 하는 상담의 목표가 막연한 까닭에 그 효과를 측정하기 어렵다는 점, 그리고 상담과정에서 상담자가 자신의 가치관을 전혀 개입시키지 않을 수 없다는 것 등은 이 이론의 약점이라 하겠다.

(2) 정신분석학적 상담이론(Psychoanalytic Approach)

정신분석학적 상담이론(Psychoanalytic Approach to Counseling)은 Sigmund Freud에 의하여 성립된 이론이다. 그러나 현재에 와서는 Freud의 이론을 기본적으로는 받아 드리지만 동시에 현대 심리학적 발견을 통합하여 Freud의 이론을 현대화하려는 신 프로이드(Neo Freudian)와 Freud의 이론 중 대부분을 좀 더 논리적으로 확장시키려는 자아 분석가 (Ego Analysts)의 두 분파로 나누어져 있다.

전자에 속하는 학자로는 Alfred Adler, Carl Jung, Wilhelm Reich, Karen Horney, Theodore Reik, Harry Stack Sullivan 등이 있으며, 후자는 Heinz Hartmann, Anna Freud, David Rapadort, Erik Erikson 등이 있다. 대체로 정신분석의 목적은 피상담자로 하여금 그 자신의 적응기제를 이해하게 함으로써 자신의 근본적인 문제를 해결하도록 하는데 있다.

원래는 이 방법이 신경증을 치료하기 위한 것이었으나 다른 여러 가지 심리적 문제를 치료하는데도 사용되고 있다. Freud에 의하면 인간은 본질적으로 생물이며 만족을 위한 본능적 충동을 갖고 태어난다.

이러한 인간은 'Libido'라는 기본적인 성적 에너지를 갖는다. 그에게는 인간

행동에 관한 두 가지 기본가설이 있는데, 첫째, 모든 사람의 정신적 사건은 그가 경험한 이전의 사건에 의해서 결정된다는 것이고, 둘째, 인간의 의식(consciousness)은 정신과정의 특이한 작용이라는 것이 두 번째이다.

따라서 정신분석학적 상담이론에서 상담자는 피상담자를 방어기제의 정신구조 틀 안에서 이해한다. 상담자는 먼저 피상담자에게 그의 행동과 태도가 그가 알지 못하는 정서적 요인에 의해서 형성 되었는데 그것들을 이해하고 효과적으로 취급하려면 무의식적인 동기가 무엇인지를 밝혀내야 한다고 판단한다.

결론적으로 Freud가 공헌한 점으로 '인간은 자신이 인지하거나 또는 인정하지 않는 것에 대한 충동이나 행동을 자주 유발한다'고 밝힘으로써 아동양육방법에 관한 주의를 환기시켰고, 치료방법으로서 면접을 사용하는 점, 치료자의 비판적 태도의 중요성을 강조한 점, 그리고 이론과 실제기술과의 사이에 일치를 가져온 점 등은 긍정적으로 평가된다.

(3) 실존주의적 상담이론(Existential Counseling Theory)

실존주의적 상담이론은 Soren Kierkegaard, Paul Tillich 등 신학자와 Martin Heidegger, Jean Paul Sartre 등 철학자 및 Eugene Minkowski, Ludwing Binswanger, Rollo May, Viktor Frankl 등 정신의학자 및 심리학자들이 발전시킨 상담이론이다. 이 중 Vikto Frankl은 의미요법(logotherapy)을 독자적으로 창안하여 실존주의 상담이론의 발전에 공헌하였다.354)

본 이론에서는 인간을 있는 그대로 이해하려고 한다. 인간은 우주 속에 던져진 하나의 존재이며, 그 던져진 조건을 선택하거나 변화시킬 자유는 없다. 그러나 주어진 환경의 테두리 속에서 선택하고, 현실을 직시함으로써 자신의 생을 행복하게 만들 자유는 있다.

즉 정상적인 사람은 누구나 주어진 환경 속에서 자유로이 행동할 수 있으며, 자신의 행동에 책임질 수 있다는 것이다. 이러한 존재론적 죄의식을 지닌 피상담자를 위하여 상담자는 피상담자의 잠재능력을 확장시키려 노력한다. 따라서 상담자는 피상담자의 독특한 세계를 이해하여야 한다.

이러한 상담관계 속에서 피상담자는 도움을 받는 대상이 아니라 '당신(thou)'

---

354) Rollo May, Ernest Angel and Henri Ellen Berger(ed), *Existence*, N. Y.: Basic Books, Inc., Publishers, 1958, p.50.

이 된다. 상담을 통해서 상담자는 피상담자의 심리적 세계 내에서의 자유를 추진시키고 피상담자로 하여금 타인(상담자)과 마주 대하고 있다는 사실을 깨닫게 하며, 피상담자의 실존에 대한 의미를 발견하게 하는 등의 목적을 달성시키게 된다.355)

결론적으로 실존주의적 상담이론은 인간의 개성이나 자신에 관한 인식이 행동의 결정요인이라고 보며, 실제로 설명할 수 있는 과학적 사실을 논거하지 않고 주관적 관찰방법을 도입하여 인간행동을 연구한 것, 그리고 상담자의 기술보다는 그의 자아의 중요성을 강조한 점 등은 본 이론의 강점이다. 그러나 용어가 너무 생소하다는 것과 상담의 방법이 체계적이지 못한 점, 또 비과학적이라는 한계를 동시에 내포한다.

(4) 행태주의 상담이론(Gestalt Theory)

행태주의 상담이론은 근본적으로는 실존주의적 입장과 같으나 의학과 과학과 우주와의 사이에 조화를 이루려 한다는 점에서 차이가 있다. 이 이론은 Frederik S. Derls 에 의하여 형성된 이론이다.

행태주의 이론에서는 여러 가지 주요 개념을 가지고 있는데, 그 중에서 행태(gestalt), 우성(topdog), 열성(underdog), 욕구좌절(frustration) 이란 용어 등은 그 대표적인 개념이라고 할 수 있다. 본 이론에서 상담의 목적은 피상담자로 하여금 그가 타인에 의존하지 않고 독립할 수 있음을 말하여 준다.

즉 개인의 성장을 진척시키고 그의 인간적 잠재력을 발달시키며 자기입장을 내세울 수 있도록 하는 것이다. 특히 Derls의 상담기술 중 한 가지 중요한 것으로는 피상담자로 하여금 꿈을 없애게 하는 것이다. 꿈을 해석함으로써 얻어지는 것은 거의 없고, 자기의 꿈을 행동함으로써 피상담자는 자신의 성격조작들을 함께 모을 수 있다는 것이다. 이렇게 함으로써 그는 자기의 상실했던 잠재력을 다시 소유하게 된다고 본다.

결론적으로 행태주의 상담이론은 실존주의 이론에서 언급된 것들과 거의 흡사하다고 여겨진다. 단지 인간의 행동을 하나의 전체로 파악한 점과 비언어적 행동의 중요성을 인식한 것이 실존주의 상담이론과 다른 점이다. 하지만 너무

---

355) Edward S. Dreyfus, *Existentialism in Counseling*, The Humanist View Personnel and Guidance Journal, Vol.43, Feb. 1965, p.560.

특이한 용어를 사용한 점과 상담의 효과를 경험적으로 증명할 만한 연구가 없다는 단점도 있다.

3. 아담스(Jay E. Adams)의 권면적 상담(Nouthetic Counseling)

아담스는 비기독교적 전제를 바탕으로 한 상담이론을 배격하고 성경적 방법(Biblical approach)을 통한 상담이론을 개발하였는데 그는 왕이시며 교회의 머리되신 그리스도께서 개인적인 문제를 가진 하나님의 백성을 상담하는데 성경을 통하여 말씀하고 계신다고 하였다.[356]

이것을 권면적 상담(Nouthetic counseling)이라고 한다. 그의 상담이론을 분석해 본다면 세 단계로 이뤄지는데 그것은 전제적 단계, 상담의 단계, 문제해결의 단계로 나눠 볼 수 있는데, 이것을 규정하는 것은 권면적 상담의 개념을 규정하는데 유익하며 상담의 전개와 처리 부분에서도 통일적인 방향을 제시해 준다.[357]

첫째, 권면적 상담은 내담자가 항상 문제를 내포하고 있으며 극복해야만 하는 장애물을 전제로 하고 있다. 즉 만나는 사람들의 삶에 어떤 잘못이 있다는 것을 전제로 함을 의미한다. 둘째, 권면적 상담은 문제를 언어적 수단에 의해서 권면적으로 해결한다. 즉 이것은 R. C. Trench가 말한 것처럼 말에 의한 훈련이며, 충고. 비난. 책망에 의한 훈련도 필요할 때에 해야 한다는 것을 암시한다.

행동에 관한 훈련도 교육(paideia)의 한 방법이다. 그러나 권면의 명백한 특징은 입에서 나온 말에 의한 훈련이라는 것이다. 셋째로 권면적 상담은 피상담자를 괴롭히는 그의 생활을 변화시키는 것을 의미한다. 따라서 그 목적은 장애물을 정면에서 부딪치고 극복하게 하여 피상담자를 돕는 것이다.

이러한 세 가지 요소로 구성되는 권면적 상담의 보다 궁극적 목적은 두 가지로 나눌 수 있다. 하나는 영혼 구원이며, 다른 하나는 성숙한 인격과 성화인 것이다. 그로 인해 Adams의 권면적 상담은 S. Freud나 C. R. Rogers, 그리고 S. Skinner가 가지지 못했던 상담의 큰 능력을 원리로 소유하게 되었다. 즉 상담

---

356) Jay E. Adams, *Competent to Counsel*, 정정숙 역, (서울: 총신대학교 출판부, 1981), p.41.
357) Jay E. Adams, *What about Nouthetic Counseling?*, Nutley, N. J.: Presbyterian and Reformed Publishing Co., 1976, pp.41~64.

의 목적에 부응하는 새로운 원리는 다음과 같다. (a) 성경은 목회상담의 필수적인 교과서라는 원리이다. (b) 죄의 고백과 간구가 상담의 원리이다. (c) 성령의 역사가 상담의 원리이다. 이러한 전제적인 요소를 기초로 하여 상담의 단계에서는 첫째, 목회상담의 교과서를 성경에 두고, 둘째, 죄의 고백과 간구를 통하여, 그리고 셋째로 성령의 역사하심을 기도하는 것이다.

특히 Adams는 문제해결을 위해서 첫째, 경청(listening)(잠언18:13), 둘째, 이해 (understanding)(딤전1:5), 셋째, 권면(nouthetic confrontation), 넷째, 성화 (sanctification)(엡4:13)를 제시하였다.

결론적으로 Adams의 상담이론은 지시적인 성격이 두드러지기 때문에 상담자의 역할이 매우 중요하다. 그래서 상담자의 자질이 상담의 성공과 실패에 크게 영향을 준다는 점과 아무리 성경적인 상담방법이 이상적이라 해도 실제적인 적용에 있어서 많은 어려움을 예상할 수 있는 점, 또 상담자들이 성경원리를 모를 때 성경적 상담방법의 체계화는 너무 오랜 시간이 걸린다는 것 등은 아담스 이론의 약점이라고 하겠다.

4.크랩(L. J. Crabb)의 성경적 상담

Lawrence J. Crabb 는 성경에서 모든 문제의 근원을 찾고 성경적 입장에서 문제를 해결하며 성경적 목적으로 상담목표를 설정해야 함과 동시에 상담의 효과를 위해서는 심리학적 역동성들과 치료학 상의 처치. 기술적인 연마가 있어야 한다고 주장한다.

그는 먼저 교회에서 이루어지는 상담을 크게 세 종류로 나눈다.358) 첫째는 모든 그리스도인들이 서로 서로 어려운 점을 도와주고 격려하는 것이고, 둘째는 목회자나 교회의 특별한 지도자들이 성경적 원리의 삶을 살도록 가르치는 것이며, 셋째는 다루기 힘든 문제들을 해결하기 위해 특별히 훈련 받은 자가 장시간에 걸쳐 치료해 가는 방법이라는 것이다.

그는 일반상담 이론과 관련된 요점을 피력하면서 다음과 같이 말한다.

---

358) Lawrence J. Crabb, *Effective Biblical Counseling* (정정숙 역), 성경적 상담학 (서울: 총신대학교 출판부, 1982), p.16.

Rogers는 감정을 새롭게 하고, W. Glasser는 행동을 새롭게 하고, Skinner는 환경을 새롭게 하려 했으나, 예수 그리스도는 마음을 새롭게 하신다359)라고 하였다. 이러한 생각을 바탕으로 Crabb은 현대의 문제를 다음과 같이 설명한다.

"현대에 와서는 전인적인 인격과 인간의 가능성, 그리고 자아의 자유에 강조점을 두고 있기 때문에 예수 그리스도를 닮아 가려는 열망은 사라지게 되었고 자기도 모르는 사이에 우리 자신조차도 행복의 길이라고 생각되는 인간적인 관심사에 더욱 마음을 쏟고 있다".360)라고 하였다.

대체로 이 이론의 상담과정은 일곱 단계로 구성되는데 (a) 문제의 감정을 확인하라. (b) 문제의 행동을 확인하라. (c) 문제의 사고를 확인하라. (d) 성경적 사고를 명백히 하라. (e) 안전한 결단을 내려라. (f) 성경적 행동을 계획하고 수행하라. (g) 영적으로 조절된 감정을 확인하라 등이다.361)

이러한 Crabb의 이론이 Adams의 이론과 비슷하다고 하겠으나, 사실은 명백한 차이점이 존재한다. 비록 크리스천의 성숙이 성경적 상담의 중심적인 목표라는 점에서 두 이론의 견해는 일치한다고 하더라도 권면적인 전략이 목표를 성취하는 모든 다른 가능한 방법을 배제한다고 생각지 않는 점에서 Adams의 이론과는 구별된다. 즉 강하고 견고한 권면이 옳고 필요할 때도 있지만, 부드러운 지원, 격려, 관심 있는 경청, 내적인 역동성의 탐구, 감정의 반영, 분석, 용납 등이 바람직할 때가 있다고 본다.

결론적으로 Crabb은 Adams의 이론적 단점을 보완하고자 한 것이 바로 그의 상담이론이다. Crabb은 Adams의 상담에 대한 목표를 추종하면서도 동시에 그 목표에도 달할 수 있는 길을 오직 성경에만 국한하지 않고 다양한 접근을 허락했다. 이러한 사실을 크랩이론의 강점이자 동시에 인본적인 위험을 내포한다는 것을 지적할 수 있을 것이다.

5. 솔로몬(C. R. Solomon)의 영적 상담

C. R. Solomon은 Grace(은혜), Fellowship(교제), Interrelation(관계)를 통하

359) *Ibid.* p.158.
360) *Ibid.*, p.23.
361) *Ibid.*, pp.171~184.

여 영리치료(spirituotherapy)라는 새로운 분야를 개척하였다. 이 영리치료는 상담을 통한 인간의 영적 욕구의 회복을 의미하는 것이다. 따라서 솔로몬의 상담 이론은 영리치료와 대단히 밀접한 연관 속에 있으며 영리치료에 대한 그의 견해가 그 자체로써 상담 이론이라 명명될 수 있다. 솔로몬의 상담이론은 실제적인 상담 사례의 결과들에서 비롯된 신앙적 결집이라 하겠다.

그는 마틴 마리에터 항공회사에서 상담사 역할을 하면서 다양한 상담체험을 하게 되는데, 그의 풍부한 상담경험은 이제까지 인간의 병적 심리증세를 치료하는데 사용되었던 정신분석학, 절충적 치료법 등이 영적인 변화(spiritual trans-formation)로서의 치료방법으로 받아들여지지 않았다는 결론을 얻게 되었다.

그래서 영적인 치료는 사람들의 관심 영역밖에 존재한다는 사실에 주목하여 이제까지 도외시되어 온 인간의 영적 측면의 중요성을 재발견하고 이러한 영적인 인간 욕구를 충족시키는 작업이 영리치료 혹은 상담이라고 보았다. 그러므로 상담자는 치료자가 아니라 다만 하나의 영적인 안내자일 뿐이며, 치료자의 주인은 바로 성령이 되신다고 하였다.

6. 콜린스(G. Collins)의 기독교 상담

Collins는 그의 저서인 「크리스천 카운슬링(Christian Counseling)」[362]과 「효과적인 상담(Effective Counseling)」[363]에서 그의 상담이론을 잘 요약하고 있다. 그는 상담이란 상담자가 내담자를 충고하거나 격려하고 보조해 줌으로 말미암아 인생의 문제에 보다 효과적으로 대처하도록 도와주는 두 사람 또는 둘 이상 사이의 관계라고 정의한다. 또한 Collins는 상담의 정의에 앞서 상담의 목표가 다양할 수 있음을 전제한다.

상담의 목표는 내담자의 행동, 태도 또는 가치관을 변화시키는 것과 보다 심각한 문제가 일어나지 않도록 예방하는 것, 사교술을 가르치는 것, 감정표현을 도와주는 것, 곤고할 때 지원해 주는 것, 통찰력을 심어 주는 것, 결정을 내릴 때 인도해 주는 것, 책임을 가르치는 것, 영적 성장을 자극하는 것, 내담자가 위기에 처했을 때 자신의 내적 자원을 도와주는 것 등이 포함된다.

---

[362] Gray Collins, *Christian Counseling*, 피현희. 이혜린 역, (서울: 두란노서원, 1984)
[363] Gary Collins, 「효과적인 상담」 정동섭 역, (서울: 두란노서원, 1984)

특히 그는 상담을 심리치료와 구별하여 인격을 현저하게 변화시키거나 변조시키는 것을 목표로 하지 않는다고 밝힌다. 이와 아울러 효과적인 상담을 하기 위해서는 상담이 이루어지는 무대 상황에 세심한 주의를 해야 하고, 상담에 참여하는 사람들의 개인적 특성과 태도에 유의해야 하며 상담자가 요령과 기술에 익숙해야 된다고 말한다.

할 수만 있다면 상담자는 내담자가 도착하기 전에 면담을 위해 준비를 갖추어야 하며, 일단 면담이 시작되면 상담자는 피상담자 즉 내담자와 좋은 관계를 맺기를 노력하고, 주위를 기우려 경청하고 관찰해야 한다고 그는 설명한다. 또한 기도와 성경낭독, 상담에 대한 노트 기록 등도 지도한다.

결론적으로 Collins의 상담이론은 대단히 종합적이라는 사실을 지적할 수 있다. 따라서 Collins의 상담에 대한 이론은 지극히 상식적이며 대중적이라는 강점을 가질 수 있다. 그러나 자신만의 뚜렷한 개성이 보이지 않는다는 약점도 지니고 있다.

제 5 절 상담심리

상담에서 인간의 심리적 작용은 기술적인 면에서 중요하다. 인간이 변화된 환경조건에 대처하지 못한다고 느끼거나, 신체적으로든 심리적으로든 자기에게 해를 끼칠 것으로 우려되는 상황에 부딪치게 되면 긴장과 불편을 느끼기 시작한다. 이것이 흔히 말하는 '스트레스' 이다.

인간이 스트레스를 느끼는 정도는 인간에게 위험을 주는 환경자극의 실제적 위험도와 인간이 환경변화에 대해 위험을 느끼는 정도, 환경자극에 대한 이전의 경험 및 학습내용, 그리고 책임감의 부담에 따라 대체로 결정된다고 볼 수 있다. 그러면 이러한 스트레스에 직면했을 때 어떻게 적응 혹은 대처해 나가는가를 심리적으로 살펴보는 것이 중요하다. 여기서는 직접적인 대처와 방어적인 대처로 나눠 볼 수 있다.

1. 직접적 대처

우리가 좌절되고 갈등이 생기게 되면 우리가 처한 불편한 상황을 변화시키려 하거나, 우리 자신을 변화시키거나, 불편한 상황으로부터 피하려고 하는 것이다. 즉 공격, 태도 및 포부수준의 수정, 철수(撤收) 등 직접적인 대처방법 중의 하나를 선택하게 된다.

(1) 공격적 행동과 표현

공격적 행동은 해롭고 위험하다고 생각되는 대상으로부터 자기를 보호하는 한 방법이 되며 스트레스를 해소하는 길이다. 공격적 행동은 여러 가지 원인에 의해 여러 가지 형태로 난다.

어떤 경우는 접근하고 싶은 타인으로부터 거부되거나 소외됨으로써 나타나기도 하고, 또한 어떤 경우는 자기가 바라는 목표물이나 보상을 획득하지 못했기 때문에 나타나기도 한다. 이러한 공격적 행동이 신체적이든 언어적이든, 그리고 직접적이든 간접적이든 다음 두 가지 조건에 의해 그 성공 여부가 좌우된다.

첫째는 목표달성 과정에서 장애가 되거나 위협적인 요소가 무엇인지를 확실히 알아야 한다. 이것은 항상 가능한 일이 아니다. 가령, 예상외로 낮은 점수의 성적표를 받아 쥔 학생이 성적표를 내던지거나 찢어 버린다고 해서 문제해결이 되는 것은 아닐 것이다. 일시적인 기분 풀이는 될지언정 나쁜 성적에 대한 원인 규명은 되지 않는다.

교회생활에서도 교인들이 부부싸움을 한 경우 자신들의 잘못을 마치 목사의 실수 때문인 양, 목사 앞에서 화를 내며 분을 풀기도 한다. 이때 목사 앞에서 화를 내고 분풀이를 한들 부부의 문제가 해결되는 것은 아니다. 이와 같은 공격적인 행동과 표현들이 교회에서도 가끔 일어나고 있다. 그러나 교인들은 목사가 자기의 감정을 들어만 주어도 나중에는 고마움을 느끼는 것이다.

둘째는 적과 적어도 비슷한 위치에 있을 때라야 한다. 사람들은 효과적으로 반격을 가해 올 것으로 생각되는 대상에 대해서는 적대적 행동을 거의 하지 않는 것이 상례이다. 예컨대, 다른 상점에 얼마든지 갈 수 있는 상황에서는 부당하다고 생각되는 특정 상점 주인에게 큰소리로 화를 낼 수 있지만, 그러나 쉽게 하숙을 옮길 수 없는 상황에서는 집주인에게 방 수리를 빨리 해주지 않는다고 고함을 칠 수 없을 것이다.

즉 교회를 마음대로 옮길 수 있는 상황에서는 목사 앞에서 당돌하게 말을 할 수 있지만 그렇지 못한 상황에서는 함부로 말을 할 수 없는 것이다.

이와 같이 공격적인 행동과 표현이 교회나 사회적으로 용납될 수 있으려면 파괴적인 충동과 행동을 통제하면서 이성을 가지고 좌절이나 위협적인 대상에 대해 감정을 표현해야 할 것이다.

여러 가지 운동경기나 연극 혹은 소설을 통한 대리적 방법으로 공격적 감정을 표출 하는 길도 있으며, 기도원에 가서 마음껏 자신의 감정을 하나님께 호소할 수도 있다.

(2) 태도 및 포부수준의 조정

융통성이 있으면 적응을 잘한다는 사실을 우리는 익히 알고 있다. 자신의 태도와 목표에 대한 포부수준을 조절함으로써 스트레스를 덜 받기 때문에 적응이 잘될 가능성을 높이는 것이다. 그래서 갈등과 좌절에 직접적으로 대처하는 수단으로 가장 흔한 것이 '타협'인지도 모른다.

또한 건강한 성격이나 정서적 안정성은 좌절에 대한 내구심과 욕구충족의 방해요인에 대해 어떻게 반응하느냐에 따라 크게 좌우될 것이다. 즉, 건강한 사람은 방해와 좌절을 비교적 잘 참아 낸다. 그리고 원래의 포부수준을 다소 낮추거나 대치된 목표에 도달할 수 있는 방도를 강구한다.

그러나 신경증 환자일수록 여의치 않은 상황에서 원래의 목표를 끝까지 고집하거나 좌절을 소화하지 못하는 경향이 뚜렷하다. 좌절이 너무 크고 빈번하면 불안정하게 되고 우울해지기 마련이지만, 좌절이 너무 적거나 없으면 인간의 동기수준이 낮아지고 무감동한 상태가 되기 쉽다.

따라서 적절한 수준의 좌절은 건강한 사람에게는 훌륭한 도전으로 느껴질 수 있는 것이다. 이것은 곧바로 기독교인의 참된 정신인 "환난은 인내를 인내는 연단을, 연단은 소망을 이룬다."(롬5:3, 4)는 의미와 일맥상통한다.

(3) 철수(撤收)

흔히 스트레스를 해결하는 데 가장 효과적인 것은 그 장면에서 철수하거나 후퇴하는 것이다. 한 예로, 느닷없이 지방 근무자로 발령 난 사람이 그 회사를 그만두고 다른 직장을 구하는 것이나, 혹은 부모들로부터 하기 싫은 피아노 연습이나 야구 연습을 하도록 권유 받은 어린이가 반나절 동안 공원에 가서 시간을 보내는 것 등이 그 예이다.

문제 상황으로부터의 철수는 문제에 직면하기를 거부하는 것처럼 보이기 쉽다. 그러나 스트레스를 주는 대상이 우리 자신보다 강하고, 우리 자신의 태도를 효과적으로 수정하기 힘들고, 또 공격적인 행동도 비생산적일 경우에는 문제 상황으로부터의 회피 행동인 철수가 하나의 적극적이고 현실적인 적응방법이 된다.

철수와 같은 회피행동의 큰 부작용은 원래의 문제 상황과 유사한 모든 상황을 피하는 데까지 확대될 가능성이 있다는 사실이다. 예컨대 앞에서 말한 지방 근무를 싫어하는 사원이 그 직장에서 사직할 뿐만 아니라 다른 직장도 들어가기를 회피하는 식이다.

이런 경우의 철수 행동은 비적응적인 회피이며 아무런 효과가 없다. 따라서 어떠한 형태의 철수 및 회피 행동도 장점과 단점을 가지고 있다. 즉 스트레스는 스스로의 부작용과 위험성을 안고 있다. 이러한 양면적인 현상은 다음에 언급할 방어적 대처 방법에도 있다.

2. 방어적 대처

방어적 대처는 무엇이 위협적인지 분명치 않는 애매한 상황일 때나, 자아개념(또는 자존심)을 위협하는 심리적 갈등이 있을 때 주로 일어난다는 것이 특징이다.

가령, 한 여고생이 학급 동료들과 캠핑을 가고 싶으나 부모님이 허락하시지 않는다고 하자. 이 여학생은 부모님의 반대를 무릅쓰고 떠나면 죄책감을 느끼게 될 것이라는 사실도 알고, 또 가지 않으면 동료들을 실망시키고 자신의 독립적 존재 의식에 먹칠을 하게 될 것이라는 사실도 안다.

하지만 한편으로는 부모님이 반대한 것을 다행으로 생각할 수도 있다. 작년에 캠핑을 갔던 학생들 중 남학생과 밤늦게 시간을 보낸 여학생이 있다는 소문을 들은 이 여학생으로서는 그런 이성교제의 가능성이 두렵게 느껴질 수도 있기 때문이다. 그래서 자기 방에 들어가서 라디오를 크게 틀어 놓고 모든 계획을 잊어버리려고 할 것이다.

이렇게 망각은 해결하기 힘든 복잡한 문제를 처리하는 데 사람들이 활용하는 하나의 대처수단이라고 볼 수 있다. 또한 부모님의 반대에도 무릅쓰고 교회에 나오는 주일학생이나 중·고등부 학생일 경우, 수련회를 떠나려니 부모님의 추궁이 두렵고, 교회 친구들의 권유를 뿌리치자니 따돌림을 당할까봐 두려워서 수련회를 떠나지 못한 다른 친구 집에 가서 마음을 달래며 모든 것을 잊으려 하는 경우가 있다. 이처럼 방어기제에는 많은 것들이 있을 수 있다.

(1) 부정(Negation)

부정은 고통스러운 환경과 위협적인 정보를 거부하는 것으로 가장 흔한 방어기제 중의 하나이다. 부정의 방어기제에는 두 가지가 있다. 하나는 위협적인 정보를 의식적으로 거부하는 것이고, 다른 하나는 현실화된 그 정보가 타당하지 않고 잘못된 내용이라고 간주하는 것이다.

대개 처음에는 정보 자체를 부정하고, 그 다음에는 부정적 해석을 하기 마련이다. 예컨대, 자녀가 학교에서 도둑질을 했다는 경찰의 연락을 접한 부모가 처음에는 '그럴 리가 없어, 우리 아이는 그런 아이가 아니야'하다가 다음에는 '뭔가 잘못이 있어. 담임 선생님과 경찰이 오해를 했을 거야'라는 식으로 부정함으로써 자신의 불안으로부터 도피하는 것이다.

(2) 퇴행(Regression)

퇴행은 생의 초기에 성공적으로 작용했던 생각이나 만족스러웠던 행동양식에 다시 의지함으로써 현 상황에서의 위협이나 불안을 해소시키는 방어 기제이다. 어린아이에게서 발견되는 전형적인 퇴행은 대소변을 잘 가리던 연령 단계에서 동생이 태어난 후 부모들의 주의가 온통 그 쪽으로 쏠림으로써 자기의 욕구가 충족이 되지 않으니까 어린 동생처럼 방바닥에 소변을 보거나 심지어는 기어 다니는 행동을 하는 것이다.

성인들도 이와 같은 적응 방식에 의존하는 경우가 있다. 노신사가 중학교 동창회에 가서 마치 옛날의 중학생처럼 행동하는 것은 즐거운 일시적 퇴행이고, 정신분열증 환자는 흔히 만성적인 퇴행 행동이다.

(3) 동일시(Identification)

자기의 바람직하지 못한 감정을 다른 사람에게 귀속시키는 투사와는 반대로, 자신의 불안과 부족감을 피하기 위해 다른 사람의 바람직한 점을 자기 것으로 끌어들이는 것이 동일시이다.

예를 들면, 어린이들은 소꿉놀이나 병정놀이 같은 놀이를 통해 성인을 모방하며, 성인의 도덕적 가치나 성(性)역할을 배우게 된다. 즉 투쟁적인 행동이 남자 어린이 보다는 여자 어린이들에게 더 나쁜 것으로 학습되는 것은 이러한 성인모방의 놀이에서 많이 이루어진다.

(4) 승화(Sublimation)

Freud는 성적·공격적 충동이 사회적으로 용납되는 형태로 바뀌는 것이 승화이며, 승화는 성격 발달의 기초라고 믿었다. 그러나 넓은 의미의 승화는 무의식적이든 의식적이든 사회적으로 잘 용납되지 않는 충동 및 욕구가 사회적으로 바람직한 형태로 변형되어 적응에 도움을 주는 것이면 모두 승화로 보는 것이 타당할 것이다.

(5) 반동형성(Reaction formation)

자기가 느끼고 바라는 것과는 정반대로 감정을 표현하고 행동하는 것이 반동형성이다. 앞에서 말한 부정의 행동적 형태라고도 볼 수 있다. 투사나 부정적 행동이 과장해서 나타날 때 그것을 반동 형성이라는 방어 기제로 본다.

대체로 반동 형성은 자기의 욕구나 감정이 용납될 수 없는 것이어서 그 때문에 무거운 죄의식에 휩싸일 때 나타나는 반응 양식이다. 예컨대, 경쟁자를 지나치게 칭찬하는 사람은 상대방의 성공을 질투하거나 적개심을 은폐하고 있다고 볼 수 있다. 전처의 자식을 후처가 지나치게 사랑하는 것이나, 성적 욕구가 강한 사람이 지나치게 성을 혐오하는 것도 반동 형성의 예들이다.

(6) 주지화(Intellectualization)

이 방어 기제는 부정의 교묘한 형태이다. 골치 아픈 문제로부터 벗어나거나 위협적인 감정에서 자기를 떼어 놓기 위해, 우리는 가끔 문제 장면이나 위협 조건에 관한 지적인 토론 및 분석을 하는 경우가 있다. 즉 스트레스를 부정하는 고등 수단이라고 볼 수 있다.

따라서 지능이 높거나 교육정도가 높은 사람에게서 발견되는 방어기제이다. 주지화는 부정과 같은 다른 방어기제들처럼 근본적인 문제해결은 되지 않지만, 순간의 위협적인 감정으로부터 자신을 보호하는 데는 효과적일 수 있다.

중상환자를 치료하는 의사의 냉정한 태도나 죽음의 길이 될지도 모르는 위험한 여행을 하면서 태연할 수 있는 것은 다 주지화의 방어기제가 작용한다고 보아야 할 것이다.

주로 주지화는 감정적인 혼란상태를 그대로 인정하기보다는 시간을 소모해 가며 문제의 원인이 무엇인가를 분석하는 데서 볼 수 있다. 겉으로는 당면문제를 처리하는 듯하지만 실제로는 혼란감정에서 자신을 떼어 놓는 수단이 되는 것이다.

(7) 환치(Displacement)

환치는 만족되지 않은 충동 에너지를 다른 대상으로 돌림으로써 긴장을 완화시키는 방어기제이다. 예컨대, 자녀를 갖고 싶으나 갖지 못하는 어른이 이웃집 어린이를 끔찍이 사랑하거나 고양이 또는 강아지 같은 애완동물에 집착하는 경우이다. 또한 하루 종일 직장 상사에게 굽실거리며 기를 펴지 못하던 남편이 집에 돌아와서 아내와 자녀에게 고함을 치거나 신경질을 부리는 것도 환치의 한 예이다.

(8) 투사(Projection)

자기 자신의 동기나 불편한 감정을 다른 사람에게 돌림으로써 불안과 죄의식에서 벗어나고자 하는 방어기제이다. 투사에는 문제의 소재를 가상적인 원인으로 돌리거나, 개인의 성격적 결함으로 돌리거나, 다른 사람의 책임으로 돌리는 등의 세 가지 유형이 있다.

이 세 가지 가운데 첫 번째와 두 번째는 별로 해로운 결과를 초래하지는 않으나, 세 번째 유형의 투사는 비정상적인 현실왜곡이나 관계망상 등을 포함하는 경우가 가끔 생긴다. '일이 이렇게 된 것은 다 당신 때문'이라는 식의 책임회피나 지나친 비판 및 편견 등은 다 투사의 예라고 볼 수 있다.

(9) 억압(Repression)

망각의 한 형태인 억압은 아마도 고통스러운 감정과 경험에 대한 의식을 봉쇄하는 가장 흔한 방어기제일 것이다. 수치스러운 생각, 죄의식을 일으키는 생각, 고통스러운 기억 등을 의식수준 아래로 밀어내는 반응으로 대개 자신도 모르는 사이에 일어난다고 본다.

억압의 극단적인 형태는 과거의 일부를 완전히 잊어버리는 기억상실증일 것이다. 전투상황에서 졸도한 군인이 졸도 직전까지의 경험을 전혀 기억해 내지 못하는 것이 그 예이다.

(10) 합리화(Rationalization)

합리화는 사회적으로 용납되지 않는 감정 및 행동에 대해 용납되는 이유를 붙여 자신의 행동을 정당화함으로써 사회적 비판이나 죄의식을 피하는 방어기제이다. 먹고 싶으나 먹을 수 없는 포도를 '신 포도이기 때문에 안 먹겠다'고 말하는 것이나, 실력이 부족한 학생이 '출제의 방향이나 문제의 초점을 맞추지 못해 점수가 나쁘게 나왔다'고 변명하는 것들이 다 합리화의 예들이다.

여유 있는 삶

일이란 기다리는 사람에게 갈 수도 있으나, 끊임없이 찾아 나서는 자만이 획득한다.

- 아브라함 링컨 (미국 16대 대통령) -

제 6 절 예수님의 대표적 상담사례

1. 제자들의 논쟁 (막9:33~37)

제자 중 일부는 방금 전에 변화산의 기적을 체험한 직후였다. 나머지 제자들은 간질병 걸린 소년을 고치지 못해 좌절을 체험하였다. 예수님은 자기가 고난을 받을 것이라는 또 다른 예언을 하였는데 제자들은 놀라지도 않고 무서워하기만 하였다.

이때에 '누가 가장 크냐'(막9:34)라는 논쟁이 그들 가운데서 벌어졌다. 예수님께서는 적당한 시기까지 기다리시다가 전혀 책망 섞이지 않은 듯한 질문을 그들에게 던지신다. 그들이 침묵하였다는 사실은 그 토론의 내용이 하찮고 유치한 것이었음을 시사해 준다.364) 그러나 예수님은 그 사건을 심각하게 다루셨다. 그 논쟁이 비록 유치하고 무익하다 할지라도 이는 그들의 진심을 표현하고 있기 때문이었다.

예수님께서는 제자들에게 이런 생각을 하면 안 된다고 말씀하지 않으셨다. 피상담자들의 분위기를 통해서 문제를 파악하고 계셨다. 예수님은 그들이 으뜸이 되는 것에 관한 진정한 의미와 그것이 어떤 삶인가를 가르쳐 주셨다.

종의 정신을 가지고 작고 비천한 자가 되는 것을 용납할 줄 아는 것이 첫째가 되는 자의 표적이다. 예수님은 세상의 영광과는 판이한 가치기준을 그들에게 주셨다.

여기서 예수님이 가르쳐 주신 것을 살펴보면, 예수님은 불안의 문제를 심각하게 다루셨고, 제자들에게 본질적인 문제, 즉 진정으로 큰 자와 참다운 안전이 무엇인지를 지적해 주셨다. 예수님은 제자들을 정죄하지 않으셨고, 그들이 어리석게 행하고 있다고 말씀하지 않으셨다.

그분은 그 문제를 애정을 가지고 다루셨다. 상담자는 이론적인 것을 뒷받침하기 위해서 구체적인 실례와 모형을 드는 것이 좋을 때가 있다. 여기서도 보면

---

364) Richard C. H. Lenski, *The Interpretation of St. Mark's Gospel*, 백영철 역, (서울: 백합출판사, 1976), pp.36~37.

예수님은 어린아이를 그들 가운데 세우고 안으시며 그 문제를 항상 기억할 수 있도록 실물교육을 시키셨던 것이다(막9:37).

2. 간음 중 잡혀 온 여인 (요8:3~11)

성전에서 많은 사람들에게 둘러싸여 가르치시던 예수님은 진퇴양난의 위기에 처하게 되었다. 율법은 간음한 자를 사형으로 처벌하라고 분명히 선언하고 있다. 만일 예수님이 이 여인을 돌로 치지 말라고 하면 모세의 율법을 어기게 되며 또한 로마법에도 걸리게 된다.

그렇다고 사랑을 가르치던 그가 죽이라고 한다면 그의 가르침과 실천이 일치하지 않으므로 모순적인 존재가 된다. 서기관과 바리새인들은 단순히 예수님을 공격하기 위하여 간음한 여인을 이용하고 있을 뿐이고 실제로 잡으려는 표적은 예수님이었던 것이다.

결국 예수님은 간음한 여인과 정죄하는 무리들을 다른 방식으로 대했다. 위기에 처한 예수님은 몸을 굽혀 손가락으로 땅에 낙서하며 침묵을 지키셨다. 예수님은 죽음에 직면해 자신의 선고를 기다리고 있는 여인의 처지와 소위 예루살렘의 종교가들이라는 자들의 악한 동기를 생각하셨다.

동시에 그 간음한 여인으로 하여금 자신의 모습을 스스로 통찰할 수 있도록 여유를 주셨다. 아울러 살의에 가득 차 있는 종교계의 지도자들과 군중들에게도 스스로 자신의 모습을 통찰할 수 있도록 긴 침묵을 지키셨다. 이 침묵은 말보다도 더 큰 위엄과 경외감을 주었다.

Rogers는 침묵에 관하여 다음과 같이 말하고 있다. "상담 중에 치료를 위해 침묵을 사용한다는 것은 어찌 보면 묘한 일이라 생각할지도 모르나 침묵도 어떻게 사용하느냐에 따라 치료에 도움이 될 때가 있다. 더욱이 침묵을 깨뜨리기 위해서 무엇인가 말해야 된다고 느낄 때 내담자의 머리 속에 떠오르는 생각은 자신의 문제와 중요한 관련이 있는 것일 때가 많다."365)

예수님은 그 여인의 죄를 가볍게 여기지도 않았고 그녀를 정죄하는 군중의 편에 서지도 않으셨다. 그러므로 예수께서 그 상황을 어떻게 처리하셨는가를

---

365) C. R. Rogers, *Client-Centered Therapy*, Boston: Houghton Mittlin, 1951.

분석해 볼 필요가 있다.

첫째, 예수님은 전혀 정죄하는 태도를 취하지 않으셨다. 이 사건에 나오는 모든 사람들은 여인이 죄를 지었다는 사실을 알았다. 그들이 알아야 하는 것은 죄의 범위였다.

둘째, 예수님은 종교지도자들과 여인에게 매우 사랑스럽고 온유한 태도를 취하셨다. 삶과 죽음의 상황에서 그분은 생명이셨다.

셋째, 예수님은 올바른 질문을 던지셔서 군중들로 하여금 진정한 문제가 무엇인지를 알게 하셨다.

넷째, 간음한 여인을 제 갈 길로 가게 하신 것은 그녀의 행위를 묵인하신 것이 아니라 그녀에게 새 생명의 기회를 주신 것이다.

이와 같이 예수님께서는 상황의 성격을 파악하시고 그 안에서 당신의 구원적 능력을 발휘하셨다. 예수님이 상담자로서 위대한 점은 부도덕하고 죄인 된 내담자를 아무런 이해 관계없이 있는 그대로 수용하시고 그 내담자 자신에게 최고의 가치를 두신 데 있다. 우리는 놀라운 예수님의 지혜를 본받아야 할 것이다.

3. 사마리아 여인 (요4: 5~42)

우물가에 있던 사마리아 여인의 이야기는 내적인 공허와 영적인 공백으로 가득한 삶을 살아온 한 사람의 이야기이다. 특히 여기서 예수님이 내담자의 생에 있어서 가치관의 갈등을 취급한 것은 주목할 만한 것이다.

예수님은 유대로부터 갈릴리로 가는 길에 일부러 유대인들이 통과하지 않는 사마리아 지역을 통과하도록 작정하셨다. 그리고 지금 사마리아의 한 우물가에 앉아서 그 지역의 한 여인과 대화를 나누고 계신다.

예수님은 먼저 그 여인의 동정심에 호소하여 "물을 좀 달라"(요4:17)고 하심으로써 화목(rapport)을 형성하셨다. 그런 후 예수님은 자연스럽게 상담을 시작하셨다. 그 결과 예수님은 그녀가 "주여 그 물을 제게 주셔서 제가 목마르지 않고 또 물을 길으러 여기에 다니지 않도록 해 주십시오"(요4:15)라고 자연스럽게 대답할 수 있도록 하셨다.

예수님이 사마리아 여인의 생애에 있어서 가치관의 갈등을 취급한 것은 주목할 만한 것이다. 간략하고 명확하게 간추려진 이 사건의 내용은 예수님이 그 여인의 복잡한 결혼생활에 대해서 어떻게 알았는지 분명치 않으나 그 여인은 마을의 다른 여인들과 사귈 수 있는 이른 아침에 물을 길으러 오지 않고 오히려 낮 정오에 왔다는 사실에서 하나의 분명한 암시를 읽을 수 있다.

그 여인이 동네 여인들과 친절하게 대화를 주고받는 기회를 갖지 못하는 것은 곧 그 동네의 여인들과의 사이에 심각한 괴리감을 보여주는 것이었다. 예수님은 그녀의 부도덕한 문제를 피하지 않으시고 직접적으로 관통하는데 주저하지 않으셨다. 즉 진정한 사랑의 관계를 파괴하는 부도덕적인 관계를 무시하지 않는 것은 때때로 상담에서 좋은 진행과정으로 생각할 수 있다.

이러한 상황에서 사마리아 여인은 진실을 고백하고, 예수님을 만나 자신의 삶에 대해 깊이 이해하게 된 것을 기뻐했다. 그래서 그 여인은 자신이 물을 긷고 있었다는 사실조차 잊어버리고, 예수님 앞에서 헌신하는 모습을 보였다. 그 여인이 다른 사람들을 예수님께로 인도하여 예수님과 대화하도록 한 것은 그 여인에게 행하신 예수님의 사역이 효과적이었음을 증명해 준다.

여유 있는 삶

사람의 성품은 물과 같다.
물이 한번 쏟아지면 다시 담을 수 없듯이
성품이 한번 방종해지면 다시 돌이킬 수 없다.
흐르는 물을 막으려면 둑을 쌓아 막듯이
성품을 바로 잡으려면 반드시 예법으로 해야 한다.?

(**명심보감** 景行錄)

현상적 교회복지와 인적자원관리

눈과 귀가 열리지 않은 헬렌 켈러 여사가 '3일 동안만 볼 수 있다면'이란 수필을 쓰면서 다음과 같이 말을 했다.

"첫째 날에는 친절과 우정으로 내 삶을 가치 있게 만들어 준 사람들을 보고 싶다. 손으로 만져보는 것이 아니라 친구들의 내면적인 천성까지라도 깊숙이 보고 싶다. 둘째 날은 새벽에 일찍 일어나서, 밤이 낮으로 바뀌는 가슴 떨리는 기적을 보고 싶다. 그리고는 박물관으로 가서 손끝으로만 보던 조각품들을 보면서 과거와 현재를 살펴보고 싶다. 셋째 날에는 많은 사람들이 오가는 평범한 길거리에서 시간을 보내고 싶다. 오가는 사람들의 모습을 보면서 그들의 일상생활을 이해하고 싶다. 도시의 여기저기에서 행복과 불행을 동시에 눈여겨보며 그들이 어떻게 일하며 어떻게 살아가는지 보고 싶다." 그러면서 그는 보고들을 수 있는 사람에게 한 가지 교훈을 준다. 그것은 마치 내일이면 눈이 멀지도 모른다는 생각으로 자기 눈을 사용하고, 내일이면 귀가 멀지도 모른다는 듯이 노래와 새 소리를 듣고 오케스트라의 멋진 하모니를 음미하라는 것이다. 모든 감각을 최대한으로 사용하여 자연이 우리에게 제공하는 온갖 아름다움과 기쁨과 그 안에 있는 하나님의 영광을 맛본 다음, 아직 우리 안에 무엇인가 있다고 생각될 때 하나님께 감사하라는 것이다.

가시적 교회복지의 유형은 일반 사회복지의 대상별 유형과 다를 바가 없다. 단지 이러한 유형에 따라 기독교의 복음이 함께할 때 이것을 교회복지라고 볼 수 있다. 따라서 여기에서는 사회복지에서 이루어지고 있는 복지의 유형에 대한 개념과 서비스 체제에 성경적 근거를 제공하고 기독교 사랑이 실천될 때 비로소 교회복지의 형태가 되는 것이다. 이런 맥락에서 사회복지의 대상별 유형에 따라 가시적 교회복지의 유형을 나누어 보고 그 개념의 정의에 성경의 원리를 소개하겠다.

제 1 장 인성과 인적자원관리

여유 있는 삶

겉으로 보기에는 늘 푸른 듯 한 상록수도 때가 되면 잎갈이를 한다. 사철 청청하던 숲도 봄이 되면, 겨울을 버티던 묵은 잎은 지고 그 자리에 새잎이 돋아난다. 잎이 두텁고 윤기가 흐르는 태산목도 꽃망울이 부풀어 오르고 연초록 새 잎이 펼쳐지면 묵은 잎은 미련 없이 자리를 비켜준다. 소나무도 서릿바람이 불어올 때 부분적으로 누렇게 진 잎을 내다가 이듬해 봄이 오면 새로 돋아난 잎에 그 자리를 양보한다.

자연의 이와 같은 대사 작용을 지켜보면서 생태계의 그 질서 앞에 숙연해질 때가 더러 있다. 묵은 잎과 새 잎의 교체가 없다면 늘 푸른 나무일 수가 없고, 숲은 이내 말라죽고 말 것이다. 피어 있는 것만이 꽃이 아니라 지는 것도 또한 꽃이다. 그렇기 때문에 꽃은 필 때도 아름다워야지만 질 때도 고와야 한다. 지는 꽃도 꽃이기 때문이다.

모란이나 벚꽃도 필만큼 피었다가 자신의 때가 다하면 미련 없이 무너져 내리고 훈풍에 흩날려 뒤끝이 산뜻하고 깨끗하다.

'사람이 어떤 일이나 직위에 나아가고 물러남도 이 모란과 벚꽃처럼 산뜻하고 깨끗했으면 얼마나 좋을까' 하고 자연계의 말없는 교훈 앞에서 고개를 끄덕일 때가 있다.

제 1 절 인간의 본성

인간은 하나님의 형상을 따라 창조된 피조물 중에서 가장 훌륭한 존재이다. 이러한 인간의 본질을 좀 더 기술적으로 살펴본다면 다음과 같은 요소들을 인정해야 할 것이다. 인간에 대한 개인차, 전인격적 존재로서의 인간, 동기 부여된 행동, 인간의 존엄성 등이다.

1. 개인차

인간은 공통된 점을 많이 가지고 있지만, 또한 많은 개인차를 갖고 있다. 예컨대 모든 인간이 각각의 상이한 지문을 갖고 있는 것처럼 모든 인간은 서로 다르다. 개인차에 대한 생각은 원래 심리학으로부터 나왔는데, 인간 각자는 출생 시부터 다르며 출생 이후의 개인의 경험은 그를 다른 사람들과 훨씬 더 상이하게 만드는 경향이 있다.

개인차를 인정한다는 것은 구성원을 각기 다르게 관리함으로써 구성원들을 가장 잘 동기 부여 시킬 수 있음을 의미한다. 만약 개인차가 존재하지 않는다면, 구성원들을 다루는 모든 부서에 적용할 수 있는 몇 가지 표준만이 요구되어 질 것이다. 따라서 개인차의 인정은 구성원들에 대한 관리자의 접근방식이 개별적이 되어야지 일률적이어서는 안 된다는 것을 의미한다. 각각의 사람들이 모든 다른 사람들과 다르다는 믿음은 특징적으로 개인차의 법칙이라고 불리어 진다.

성경에서도 "은사는 여러 가지나 성령은 같고 직임은 여러 가지나 주는 같으며 또 역사는 여러 가지나 모든 것을 모든 사람 가운데서 역사 하시는 하나님은 같으니 각 사람에게 성령의 나타남을 주심은 유익하게 하려 하심이라"(고전 12:4~7)고 하여 각 사람의 은사에 따른 개인차를 인정하였다.

2. 전 인격성

어떤 조직에서는 오직 종업원의 기술이나 두뇌만을 채용하거나 빌릴 수 있기를 바랄지 모르지만, 실제로 조직들은 어떤 특성보다도 '전인적 존재'로서 종업원을 고용하게 된다는 사실을 알아야만 한다.

여러 단체나 개인으로부터 상이한 인간의 자질들이 분리되어 연구되고 있지만, 최종적으로 그것들은 모두 전인으로서의 한 부분들을 연구하는데 불과하다.

이런 맥락에서 기술은 그 사람의 배경이나 지식과 분리되어 존재할 수 없고, 가정생활이 직장생활과 완전히 분리된다고는 볼 수 없다. 그리고 사람의 감정 상태가 육체적 상태와 완전히 분리될 수 없음을 기억해야 한다. 따라서 인간은 전인적 존재로서 모든 조직에 기능 한다고 볼 수 있다.

이런 개념을 가지고 교역자는 교회조직 속에서 교인의 행동을 관리할 때, 단지 더 나은 성도를 만들려고 할뿐만 아니라, 성장과 자아실현의 관점에서 더 나은 성도의 인격을 개발시켜야만 된다. 이런 관점에서 볼 때, 목회자의 직무는 성도들을 여러 관점에서 다소 교회조직의 틀에 짜 맞춘 결과가 되므로, 교역자는 각 직무들이 전인적 존재로서의 성도들에게 미치는 영향을 세밀히 살펴야 할 필요가 있다.

따라서 교역관리는 성도들이 업무를 수행하는데 미치는 모든 요인들을 분석하여, 보다 더 효율적으로 교회조직의 목표와 개인의 목표를 달성하도록 하는 장치가 되는 것이다.

성도들은 그들의 교회 이외에 여러 다른 조직에도 속해 있으며, 그들은 교회 안팎에서 여러 가지 역할을 하고 있다. 만약 전인성이 개발된다면, 성도들은 자기의 소속 교회를 넘어서 각각의 성도들이 살고 있는 더 커다란 사회로 환원될 것이다. 이것은 곧바로 기독교 사랑의 인격체를 의미하는 것과 같은데 교회공동체를 통하여 사랑을 넓혀 간다면 그리스도인은 사회와 인류를 위한 평화의 작은 초석이 될 수 있다는 것이다.

그래서 성경은 기록하기를 "이는 너희로 온전하고 구비하여 조금도 부족함이 없게 하려 함이라"(약1:4)고 말하고 있다. 이는 그리스도인은 인내를 통해 온전한 전 인격성을 개발해야 하고, 결국 사회의 작은 빛과 썩지 않는 소금으로서 환원되어야 한다는 의미이다.

3. 존엄성

인간의 존엄성이라는 개념은 과학적인 결론이라기보다는 기독교 윤리적인 철학이라는 이유 때문에 앞의 세 가지와는 다르다. 다시 말하면 인간은 하나님의 형상을 따라 창조되었고 모든 피조물들을 정복하고 다스릴 수 있는, 우주에서 고등 질서를 지닌 존재이기 때문에 다른 구성요소들과는 달리 존엄성을 가지고 다루어져야만 한다는 것이다.

모든 직무는 단순하더라도 그것을 수행하는 인간에게 그들만의 독특한 열망과 능력에 대해 적절한 인정과 존경을 받아야 한다는 것이다.

한편, 옛날이나 지금이나 인간의 경험에 의해 확립된 인간의 존엄성은 윤리적 철학 속에 반영되어 있다. 윤리적 철학에서 인생은 종합적인 목적을 지니고 있다는 것을 인식시키고, 각 개인의 내적 고결함을 받아들이도록 한다. 따라서 교회조직의 행위는 항상 교인들과 관련되기 때문에, 기독교 윤리철학은 각각의 행동 하나 또는 다른 방식 및 타인과도 관련되어 있다.

그 결과 교회의 의사결정은 영적 혹은 인격적 가치와 분리될 수 없으며 분리되어서도 안 된다. 그래서 교회가 어떤 결정을 할 때는 반드시 기도하고 난 후에 결정하여야 한다. 그 이유는 생각하면 내가 일하지만 기도하면 하나님이 일하시기 때문이다.

제 2 절 인적자원관리의 이해

오늘날 조직이 직면한 문제는 기술과 관련된 것이라기보다는 오히려 인간과 관련된 문제이기 때문에 조직의 효율성을 높이기 위하여 인간문제를 해결하여야 한다. 이러한 측면에서 인적자원관리가 요구되는데 인적자원관리에는 자기(自己)관리와 대인(對人)관리가 있다. 자기관리란 자신이 스스로 자기조절을 통하여 환경을 지배하며 다스리는 방법이다.

대인관리란 두 사람 이상으로 구성되어 있는 조직에서 가능한 것이므로 대인관리를 조직관리의 측면에서 살펴보아야 한다는 것이다. 따라서 대인관계의 증진을 위해서는 단순한 지식 교육만으로 부족하므로 조직 구성원의 의식을 바꾸고 행동의 혁신을 가져와야 대인관계가 증진될 수 있고, 더 나아가 조직발전이 이루어질 수 있다.

즉 어떤 조직의 훈련장에서 자기와 타인의 행동과 그 상호작용을 체험하고 환류해 보는 체험학습을 통해 자신의 행동을 알게 되고 대인관계의 기술을 익히게 되는 것이다. 그러면 '우리가 어떻게 조직을 관리해 나갈 것인가?'하는 것이 문제가 되며, 또한 일시적으로 전문가의 손을 거쳐 현재에 사용하는 방식으로 발전해 온 것과 같이 조직을 발전시켜 나가는 것이 문제이다.

1. 조직체로서의 교회

사회학은 각 조직의 행태가 하위체제 임을 밝히고 있다. 사회의 하위체제로서 교회의 조직행태는 신앙적, 심리적인 법칙뿐만 아니라 사회적 법칙에 의해서도 지배를 받게 된다. 인간은 욕구를 지니고 있기 때문에 누구나 사회적 역할과 지위를 갖기를 원한다. 따라서 한 교인의 행동은 개인적인 충동뿐만 아니라 그들의 소속 교회에 의해서도 영향을 받기도 하고 주기도 한다.

하나의 교회체제가 존재한다는 것은 교회조직 환경이 교회조직 기구표에 나타난 것과 같이 정태적인 것이 아니라 동태적으로 변화한다는 것을 의미한다. 교회체제의 모든 구성요소는 상호의존적이며, 다른 요소에 의해 영향을 받는다.

즉, 모든 것은 다른 모든 것과 관련이 있다. 교회체제는 교회조직의 행위를 분석하는 데 분석의 틀을 제시해 주며, 그것은 또한 조직행동이라는 문제를 이해할 수 있고 관리할 수 있게 해 준다.

2. 인격체로서의 교회

교회는 유형교회와 무형교회가 있는데 조직체로서의 교회는 주로 유형교회를 다루고, 인격체로서의 교회는 주로 무형교회를 다룬다. 그러나 두 교회형태는 모두 서로 유기적인 관계를 지니고 있으므로 하나를 무시하고 다른 하나만 존재할 수 없다. 그러므로 인격체로서의 교회의 활성화를 위하여 동기부여가 중요하다.

심리학자들에 의하면 인간의 행동 뒤에는 욕구가 숨어 있다고 한다. 그리고 인간은 이러한 욕구충족을 위해서 동기가 부여된다고 한다. 외부의 관찰자에게는 인간의 욕구가 비현실적일 수도 있으나, 당사자에게는 대단히 중요한 것이다. 이 사실은 인간을 동기 부여시키는 두 가지 기본적 관리방식, 즉 '어떤 특정한 행동이 어떻게 그들의 욕구충족을 증대시키는가?' 또는 '그들이 바람직하지 못한 행동노선을 따를 때 어떻게 그들의 욕구충족을 감퇴시킬 수 있도록 위협을 주는가?'이다.

이 두 가지 중에서 욕구충족을 증대시켜 주는 일이 더 나은 접근방식 이다. 그러기 위해서 영적, 물질적, 정신적인 충족이 필요한데 기독교는 이들 모두를 성취하는 것을 목적으로 한다.

그러므로 성경은 "그러므로 염려하여 이르기를 무엇을 먹을까 무엇을 마실까 무엇을 입을까 하지 말라. … 너희는 먼저 그의 나라와 그의 이를 구하라 그리하면 이 모든 것을 너희에게 더하시리라"(마 6:31~34)고 하였다.

동기부여는 조직을 운영하는 데 있어 필수적인 것이다. 한 조직이 기술이나 장비를 얼마나 가지고 있든지 간에, 이러한 것은 동기 부여된 인간에 의해 빗장을 풀고 관리되어지기 전까지는 사용될 수가 없다.

기차가 움직이기 위해서는 모든 필요한 장비와 손님이 있어야 하지만, 원동력이 공급되기 전까지는 한 치도 움직일 수 없다. 이와 마찬가지로 교회조직에서도 동기부여는 조직이 운영되도록 하는 원동력이 된다. 그러므로 교역관리를 위해서는 동기부여가 매우 중요하다.

3. 상호이해관계

상호이해관계는 '조직은 인간을 필요로 하고, 인간 또한 조직을 필요로 한다.'라는 말에 잘 나타나 있다. 교회조직은 신적이며 인간적인 목표를 지니고 있으므로, 그 구성원 사이의 이해관계 혹은 상호성에 기초하여 형성되고 유지된다.

따라서 조직이 조직목표를 달성하는 데 인간을 필요로 하는 반면에, 인간은 조직을 볼 때 자기 목적을 달성할 수 있도록 도와주는 수단으로 본다. 여기에 보이는 지상교회의 중요성이 나타난다. 만약 상호성이 결여된다면, 이룩해야 할 것에 대한 공통적인 기초, 즉 구원의 필요성이 존재하지 않기 때문에 교회조직을 형성하고 조직의 상호협력을 발전시키는 것은 아무런 의미가 없다.

상호적인 이해관계는 교인과 교회조직의 노력을 통합시키는 상위목표를 제공해 준다. 그 결과로 교인과 교회조직은 서로를 공격하기보다는 교회조직의 문제점을 서로 공략하게 된다.

4. 통합적 상호관계

현대 인간관계론은 인간과 조직관계를 전인적이고 전 집단적. 전 조직적. 전 사회체제적 관점에서 이해하려는데, 이것은 조직과 인간에 관한 통합된 개념을 제공해 주는 것이다.

다시 말하면 가능한 한 조직 속의 인간의 행동에 영향을 미치는 많은 요인을 이해하려는 노력에서 인간에 관한 전반적인 관점을 취하고 있는 것이다. 그러므로 교회구성원의 인간관계 또는 교회조직 행위는 고립된 사건 또는 문제의 관점에서보다는 그들에 영향을 미치는 전체 상황, 즉 가정문제, 사회문제, 신앙문제 등의 다양한 관점에서 분석되어야 한다는 것을 의미한다.

여유 있는 삶

귀하게 자라서 부엌일을 안 해본 여자가 결혼해서 처음으로 시아버지 밥상을 차리게 되었습니다. 오랜 시간을 걸려 만든 반찬은 그런 대로 먹을 만했는데 문제는 밥이었습니다. "식사준비가 다 되었느냐?"는 시아버지의 말에 할 수 없이 밥 같지 않은 밥을 올리면서 죄송한 마음으로 며느리가 말했습니다. "아버님, 용서해 주세요. 죽도 아니고 밥도 아닌 것을 해왔습니다. 다음부터는 잘하겠습니다."

혹독한 핀잔도 달게 받겠다는 며느리에게 뜻밖에도 시아버지는 기쁜 얼굴로 말했습니다. "아가야, 참 잘됐다. 실은 내가 몸살기가 있어서 죽도 먹기 싫고 밥도 먹기 싫던 참이었는데 이렇게 죽도 아니고 밥도 아닌 것을 해왔다니 정말 고맙구나."

그 이후 며느리는 시아버지를 극진히 섬겼다고 합니다. 상대방의 입장을 헤아려주는 한 마디가 상대방을 기분 좋게 합니다. 화를 내는 대신에 기쁨의 말을 주고받으며 살아갑시다(잠 15:1~4)

"주여, 내가 변화시킬 수 없는 일에 대해서는 그것을 받아들일 수 있는 평정을 주시고 내 힘으로 고칠 수 없는 일에 대해서는 그것을 고칠 수 있는 용기를 주시며 그리고 이 두 가지 차이를 깨달아 알 수 있는 지혜를 허락하여 주소서. 오, 주여! 나로 하여금 변화에 대해 두려워하지 않게 하소서."
라인홀드 니부어(1892-1971)의 기도문

제 2 장 교회조직과 복지행정

여유 있는 삶

하나님의 손으로 말미암은 인생을 살면서 받은 이 수 많은 축복들에 대해 감사하기를 그치지 않고, 그가 허락하시지 않는 것들에 대해 결코 불평하지 않으며, 하나님의 섭리와 통치에 투덜거리지 않고, 내 인생의 모든 실수와 죄에 대한 그의 용서하심을 간구하기를!

첫 번째 연두교서를 시작하면서,   −1825년 12월 6일

미국 제 6대 대통령(1825~1829)
John Q Adams(1767~1848)

제 1 절 교회조직 이론

1. 개요

기독교인들은 하나님과 함께 일하는 관계를 알고 있고, 또한 하나님이 그의 구속적 사명의 결과를 사람들의 여러 가지 능력 위에 놓아둔다는 사실도 알고 있다. 이런 까닭에 목사와 여러 교회 지도자들은 능력개발을 위해 계속 다양한 워크샵과 신학교 졸업 이후의 학위과정에 등록하고 있다.

오늘날 목회자들은 성서, 신학, 예배의식 등에 있어서 의식구조를 갱신하여야 할 뿐만 아니라, 목회의 블루오션(Blue Ocean)을 찾기 위해 가장 효율적인 조직구조와 관리절차 등에 주의를 기울이지 않으면 안 되게 되었다.

그 결과, 성서, 신학, 예배의식, 교회건축 등 목회와 관련된 모든 것이 교회조직구조와 행정의 기술을 요구한다. 그러므로 오늘날 교역자는 모든 교인들에게 다음

과 같은 여러 가지 기회를 마련해 주어야 할 막중한 책임을 지고 있다.366)

① 영적인 성장과 갱신

② 하나님 앞에서 자신이 가진 자원들을 통하여 봉사하고 청지기의 직분을 완수하는 것

③ 지역공동체와 전 세계에 있는 사람들의 영적, 사회적, 그리고 육체적 요구에 대하여 응답하고 교역하는 것

이러한 일들을 하기 위하여서 목회자는 교회조직의 구조와 목표설정 및 목표를 실행하는 방법을 알아야 한다. 어떤 교회일지라도, 교인들의 개인적인 목표와 관심은, 인간적이고 영적인 성장에 도움이 되는 블루오션의 조직구조, 정책, 그리고 풍토를 마련하려는 담임목사의 의지에 달려있다.

그래서 목사는 균형 잡힌 사역을 위하여, 효과적으로 조직을 기획하고 관리하는 일, 뿐만 아니라 설교하는 일과 신학 및 상담에 있어서도 기술을 소유하지 않으면 안 된다. 그러므로 교회조직이론에 대해 시카고의 맥코믹신학교(Mccormick Theological Seminary)에 있는 로버트 월리(Robert Worley)는 다음과 같은 논문을 발표하였다.367)

"교회조직과 지도력에 대한 지식의 필요성을 느끼면 당황하게 된다. 우리는 … 이 당황의 근원을 알기 위하여 그리스도에게 맡겨진 직임에 대한 칼빈의 서술을 다시 볼 필요가 있다. 칼빈이 제시한 바와 같이 그리스도의 직임은 예언적. 사제적 그리고 왕 같은 직무로 구성된다.368)

칼빈은 그리스도가 지닌 직무의 세 가지 활동이 그리스도 안에서 하나님의 일을 하는데 필요한 지식이며, 또한 이 일의 훌륭한 결과는 우리들에 의하여 이루어지는 것이라고 주장했다.

예언적, 사제적, 그리고 왕 같은 활동은 그리스도 안에서 하나님의 성업을 증거하고 함께 나누며 또한 표현하는 데 있어서 필수적인 것이다. 그렇지만 개신교회에서 예언적 설교와 성례적인 목회의 역할들은 오래 전부터 강조되어 왔으

---

366) Alvin J. Lindgren, *How to Realize Your Church's Potential Through a Systems Approach*, (교역관리론, 대한기독교출판사, 박은규, 옮김, 1977) 재인용.

367) Robert C. Worley, *A Gathering of Strangers: Understanding the Life of your Congregation* 을 통해 개체교회에 관한 월리의 최근의 관점을 참고 함.

368) John Calvin, *Institutes of the Christian Religion,* trans. John Allen, Book II, Ch.XV, Grand Rapids: Eerdmans, 1949, pp.540~550.

나, 왕 같은(조직적) 역할이나 행정 혹은 현명한 치리의 활동은 크게 무시되어
왔다. 특히 성직자의 탄원은 교회조직에 있어서의 거친 파도와 같았고, 적어도
이러한 탄원에 대한 부분적 해답으로써 목사는 조직과 행정기능에 초점을 두지
않으면 안 된다.

칼뱅은 그리스도 안에서 하나님의 성업을 실천하는데, 이 세 가지 활동, 즉
예언적, 사제적, 왕 같은 활동은 필수적인 것이라고 보았다. 이 세 가지는 서로
밀접하게 관련되어 있다. 그리고 다른 요소와 통일성을 이루어 나가면서 각기
담당한 일을 감당하여 간다. 때때로 이 세 가지 활동들이 서로 일치하지 않을
가능성도 있다. 교회사역에 있어서 그리스도의 성역과 그 관련성에 대해 통일
된 이해의 부족으로 교회 전문가들은 교회조직관리에 대하여 신학적이고 실제
적인 문제를 지니고 있다.

그러므로 현명한 행정치리는 그리스도의 백성들이 하나님의 성업을 증거 하
도록 돕는 예언적이고 사제적인 활동과 함께 교회의 필수적인 활동들 중의 하
나이다. 또한 현명한 행정치리는 그 성업에 대한 증거 그 자체로서 신학적 사상
을 실제적이고 구체적(concrete)으로 표현하는 하나의 활동이다.369)

칼뱅은 예언적, 사제적, 왕 같은 직능을 목사의 역할이라고 생각했다. 칼뱅에
게는 이 세 가지 직능들이 교회 생활과 복지에 똑같이 중요했고, 균형 잡힌 교역
을 마련하는 데 필요했다. 이 세 가지 직능들을 간명하게 설명한다면 다음과 같
다.

① 예언적 직능(prophetic function) : 교회로 하여금 인간의 사랑과 정의를
   위한 도전과 경각심을 일으키며 경고하도록 요청하는 일로서 이 직능은
   설교활동 속에서 가장 분명히 나타난다.

② 사제적 직능(priestly function) : 교회로 하여금 위안, 위로, 용납, 용서의
   직능을 요청하는 일이다. 직능은 목회적, 성례적 활동(예, 성례를 집례하
   는 일, 상담하는 일 등)에서 가장 분명하게 표현된다.

③ 왕 같은 직능(kingly function) : 하나님이 교회에 부여한 여러 자원
   (resources) 을 현명하고도 효과적으로 관장하는 일로서 이 직능은 조직
   활동(예, 관리, 조직, 훈련 등)에서 가장 분명하게 표현된다.

---

369) Robert C. Worley, 'The King Is Dead: An Inquiry into Wise rule in the Church,' February
1971. pp.8~9, '70년대의 교역'에 관한 대회에서 발표한 논문.

　하나님이 목사에게 요청하는 교역의 실천은 조직에 대한 사역과 개인에 대한 사역에 모두 관련된다. 관리와 조직의 책임을 하나의 필요악이라고 보는 목사는 누구나 불균형적인 교역으로 인하여 위협을 당하는 사람이다.

　사역의 예언적 직능과 사제적 직능의 영역에 대해서는 자신이 충분히 준비하고 갱신하면서도 조직적 직능에 있어서 준비와 갱신을 업신여기는 목사는 누구나 교회에 대하여 균형 잡힌 사역을 시도하지 못할 것이다.

　목사의 역할 중에서 왕 같은 직능은 교회 조직구조와 과정에 대한 사역이다. 목사는 예언적 혹은 사제적 사역을 포기하지 않으려는 것만큼 왕 같은 사역도 포기해서는 안 된다. 진실로 교인들의 개인적 목표, 요구, 그리고 관심들은 조직된 프로그램과 집단활동을 통해서 성취될 수 있다. 그래서 목사가 사람들을 목회할 수 있는 한 방도는 교회의 조직적 측면을 잘 활용하는 것이다.

　개 교회에서 선교와 자신의 사명을 성취하기 위해 하나님과 함께 일하는 것은 언제나 중대하고도 복잡한 일이다. 그러나 이 과업은 사회환경의 변화로 말미암아 더욱 복잡해지고 있는데, 이것은 교회의 조직구조와 정책이 예전보다 더 많이 변화를 요구하고 있다는 것을 의미한다. 이처럼 필요한 변화들은 목사들로 하여금 조직이론과 행정에 더 많이 관심을 갖고 연구할 것을 요구한다.

　사회학과 행정학에서 말하는 조직이론은 어떻게 조직들이 구조를 이루며 관리되어야 하는지, 어떻게 사람들이 그 조직 안에서 서로 관계를 이루어야 하는지, 그리고 무엇이 적합하고 지도력있는 행동을 조성하는지에 관해 연구하는 학문이다. 어떤 사람들은 날 때부터 타고난 지도자인 경우가 있는데, 그들은 어디로 가든지 그 교회를 다 함께 활동하게 하고 선교와 교회사역을 향하여 전진한다. 그러나 천부적인 지도력을 갖지 못한 사람들은 조직의 개념들과 행동에 대하여 생각할 필요가 있고, 또한 유용한 조직이론과 유형의 영역을 탐구할 필요가 있다.

　모든 교회지도자들은 교회조직이 어떻게 구성되어야 하고 관리되어야 할 것인지에 대한 견해를 가지고 있다. 그렇지만 자신들의 지도력에 대하여 만족하는 사람과 만족하지 않는 사람들이 교회 안에 있을 수 있고, 또한 자신들의 견해에 찬성 혹은 거부하는 결과를 가져올 것인지를 예측하지 못하는 경우가 있다.

　왜냐하면 많은 사람들은 자신의 견해들을 요모조모 생각하는 시간을 갖지 않아서 무의식 수준에서 일어나는 애매모호한 의향과 마음속에 품고 있는 의견들을 그냥 남겨 놓고 지나 쳐 버리기 때문이다. 그러나 문제는 자신의 생각이 애매모호하고 논리적으로 분명치 않아서 그냥 지나친 경우라 할지라도, 무의식적으로 그 생각들은 교회 조직체제, 지도력의 유형, 교인들에게 영향을 끼치면서 강력한 동기부여의 요인으로 작용한다는 것이다.

이처럼 조직기획과 지도력 행위에 관해서 의식적으로나 무의식적으로 생각하는 이념들은 자신이 선호하는 교회조직의 이론을 구성하고 있다는 사실이다. 그래서 교회지도자들은 자신의 이론이 어떤 것인지 분명히 알아야 하고, 그 이론을 알고 실제 생활에 적용하는 일은 교회를 위해 바람직한 일이다. 이러한 조직관리 이론들이 교회조직에 어떻게 영향을 미치고 있는가를 교회조직이론의 유형과 관련하여 리더십이론을 살펴보고자 한다.

2. 전통이론(Traditional Theory)

전통이론은 현상유지를 보존함으로써 전통을 지속시키려는 욕구에 초점을 둔다. 이 이론에 있어서 지도자의 주요한 기능은 전래적 전통을 계승하는 일과 의례적 업무에 참여하는 일이다.

이 이론에 있어서 조직은 하나의 정적인 세습 제도이므로 언제나 전통에 대한 하나의 위협이라고 간주되는 변화로부터 사람들을 보호하려고 한다. 이 이론에 있어서 조직의 구성원들은 새로운 발단을 별로 일으키지 않고, 발전하려는 욕망도 갖지 않으며, 별로 창의적인 일도 하지 못하게 된다. 왜냐하면 현상유지에 대한 내부적인 위협은 외부적인 위협보다 더 큰 혼란을 일으키기 때문이다.

북미의 많은 교단을 제외한 세계 굴지의 여러 교단에서 이 전통이론을 채택하여 왔으며, 어떤 교회지도자들은 의식적 혹은 무의식적으로 이 이론에 기초하여 강력한 지도력을 행사하기도 한다.

3. 카리스마적 지도자 이론(Charismatic Leader Theory)

카리스마적 지도자 이론은 내면을 깊이 보는 직관력, 거시적으로 앞을 보는 상상력, 혹은 천부적 소명에 초점을 둔다. 지도자의 주요 기능은 메시지를 해석하고 선포하며, 사람들로 하여금 현상유지를 거부하게 하면서 조직의 사명을 함께 추구해 나가도록 격려하는 일이다. 이 이론은 조직 안에 있는 사람들이 지도자를 참된 봉사자로서, 활동적이며 능력 있는 사람들이라고 본다. 그러나 때때로 공세적이고 지배적인 지도자로 생각하기도 한다.

카리스마적 지도자 이론은 미주의 종교 공동체의 경우 전통이론보다 더 일반적인 이론이다. 이 이론의 실례를 든다면, 빌리 그래함 부흥협회(Billy Graham Evangelical Association), 오럴 로버츠 협회(Oral Roberts Association), 그리고 마틴 루터 킹 목사의 강력한 지도력을 들 수 있다.

4. 인간관계 이론(Human Relations Theory)

인간관계 이론은 조직 안에서 개인적 성장을 경험하고 그들 자신의 목표들을 달성하려는 욕구에 초점을 둔다. 이 이론에 있어서 조직은 사람들을 위해 봉사하는 도구이고 또한 자신의 가치와 표현 그리고 개인의 목표달성을 경험할 수 있게 하는 수단이라고 생각한다. 지도자의 주요한 기능은 모든 사람들이 마음을 열고, 의사를 표현하고, 민주적으로 참여하게 하는 분위기를 조성하는 일이다.

인간관계 이론에 근거한 종교조직의 실례로는 유니태리언 (Unitarian) 세계주의자 협회와 윤리적 인도주의자 협회가 있다. 그렇지만 미국의 종교체제에 끼친 인간관계 이론의 가장 큰 영향은 사람들의 느낌과 상호용납, 그리고 개인의 목표에 주의를 집중하는 것이다.

5. 고전이론(Classical Theory)

고전이론은 일반적으로 관료적 이론으로 통칭되는데, 조직의 목표를 성취하려는 데 초점을 둔다. 이 이론에 있어서 구성원들은 조직의 봉사자(servants), 즉 조직의 목표를 달성하는데 도움을 주는 하나의 수단으로 간주된다. 이 이론은 규칙준수를 강요하고, 또한 상부에서 결정을 내려 통제를 지속시키는 일이 지도자의 기능이라고 본다. 이 고전이론에 근거를 둔 종교조직체의 실례로서 연합감리교회와 가톨릭교회를 들 수 있다.

인간관계 이론과 고전이론은 북미의 종교공동체 안에서 가장 많이 시행하는 조직이론이다. 실로 거의 모든 교단이나 종교단체는 이 두 이론 중 어느 하나를 선택하고 있다. 그 외에 이 두 이론은 조직 안에서 하나로 혼합되는 경우도 상당히 많다. 예를 들면, 가톨릭교회의 구조는 고전적 조직이론에 근거되어 있으면서도 가톨릭교회의 카리스마 운동은 인간관계의 접근을 용이하게 한다는 것이다.

6. 체제이론(Systems Theory)

체제이론은 이상에서 논의된 이론들 중에서 가장 최근의 것인데 1960년경에 시작되었다. 이 이론은 조직을 구성하는 요소들이 상호 유기적인 관계를 맺어 하나의 집합체를 형성하는 시스템을 이루고 있다고 본다.

이 체계이론은 아마도 북미의 종교조직체들 중에서 가장 적게 알려져 있고 가장 적게 사용되는 이론일 것이다. 그러면 왜 우리는 이 체계이론에 관심을 두어야만 하는가? 이것은 바로 다른 이론들이 지니고 있는 대부분의 건설적인 요인들이 체제이론 안에 두루 섞여 있고 또한 여러 가지 전망을 제시해 주기 때문이다.

조직의 체제는 전반적인 목표달성을 위해 함께 일하고, 또한 처해 있는 환경과 한계를 가진 구성 요소들의 집합체이다. 만일 어떤 사람에게 교회의 구성 요소들을 확인해 보라고 한다면, 그 사람은 주일학교, 여선교회, 남선교회, 청년회, 실행위원회, 성가대, 당회와 같은 조직들을 실례로 들어 전형적인 대답을 해 줄 것이다. 그러나 주의 깊은 사람은 각 조직이 이미 제시한 체제에 대한 서술뿐만 아니라 그들은 서로 서로 조화를 이루고 있다고 설명할 것이다.

이와 같이 교회 내의 여러 조직들은 서로 간에 구별될 수 있지만, 각 조직은 전반적인 목적을 달성하기 위해 함께 일하는 구성 요소들이다. 다시 말하면, 이 조직들은 교회체제 안에 있는 하부체제들이고, 많은 하부체제들은 그 자체적으로 위원회, 연령층에 따른 부서, 교회학교 학급 등과 같은 더 작은 하부체제를 가질 것이다. 그렇지만 어떤 조직 체제이든지 다음과 같은 필수적인 구성 요소들을 가지고 있다.

① 투입체계(Input System)   ② 전이체계(Transforming System)
③ 산출체계(Output System)   ④ 환경(Environment)
⑤ 경계(Boundary)   ⑥ 피이드백(Feedback)

이와 같은 구성 요소들을 통하여 하나의 조직체제로서의 교회는 각 하부조직과의 유기적인 관계를 맺으며 존재하고 있다.

7. 제 이론 간 상호관계

체제이론은 급격한 환경변화의 와중에서 조직의 유효성을 가장 잘 나타내어 주는 접근방법이다. 체제이론이 교회조직에 미친 특별한 공헌은 다음과 같다.
① 체제이론은 문제들을 알아내는 데 필요한 진단의 도구를 제공하고, 교회로 하여금 참다운 교회가 되도록 하는 역동성 위에서 운행해 나갈 수 있게 한다.
② 체제이론의 관점은 계획성과 통제를 필요로 하는 교회 내부의 구성요소와 교회주변의 구성요소를 알아냄으로써 어떠한 계획과정에서라도 효과성을 크게 증대 시킬 것이다.
③ 체제이론은 전체조직 운영에 대한 관심을 일으킨다. 즉 각 교인은 교회 내의 특수한 조직에 가담하기 때문에 가끔 쉽게 간과하게 되는 전체교회 운영에 대하여 총체적인 관심을 증대시켜 준다.
④ 체제이론의 접근은 지도자나 집단으로 하여금 선택의 여지가 있는 행동진로의 결과에 대해 보다 더 정확히 예측할 수 있게 한다.
⑤ 체제이론은 교회로 하여금 지역사회 안에 있는 다른 조직체제들과 관계를 갖도록 종용해 주기 때문에 단순히 교회 자체에만 전적으로 초점을 두지 않게 해 준다.
⑥ 체제이론은 교회의 주위환경, 목표, 그리고 특성의 조건에 따르는 융통성 있는 지도력의 습성을 창출해 준다.
이와 같이 체제이론은 교회조직관리에 긍정적인 영향을 줄 수 있다. 왜 체제이론은 다른 이론에 비하여 건설적인 점이 많은가? 그것은 관료적 조직은 조직

494 기독교 사회복지학 총론

의 목표달성에 초점을 두고, 인간관계의 조직은 구성원들의 목표를 성취하는 데 초점을 두는 반면, 체제이론은 조직의 성장과 목표달성, 구성원들의 성장, 그리고 조직 안에서 각 구성원 자신들의 목표를 성취하는 일을 다 똑같이 중요하게 여긴다.

만일 어떤 조직이 과업 지향적이라면, 관료적 유형이 가장 유효하다고 생각할 것이다. 또한 만일 어떤 조직이 주로 인간 지향적이라면, 인간관계 유형이 가장 효과적이라고 볼 것이다. 그러나 만일 구성원들이 자기 자신의 목표들을 성취하기 위하여 조직과 구조를 필요로 한다면, 그리고 만일 조직의 목표들을 달성하기 위하여 조직이 구성원들을 필요로 한다면, 체제이론이 가장 효과적일 것이다. 왜냐하면 체계이론은 조직의 목표와 구성원들의 목표를 똑같이 중요시하기 때문이다.

우리는 아직도 완전한 체제이론을 실행하는 교단이나 종교단체를 찾아내기 쉽지 않다. 이것은 체계이론이 부적당하다든가 비효과적이기 때문이 아니라, 최근에 나타났고 아직 덜 익숙한 조직기획이기 때문이다. 체제이론은 급변하는 환경조건에 적절히 대처하기 위한 조직관리 방식으로서, 앞으로 많은 교회조직들이 계속적으로 변화하는 환경으로부터 생존하기 위하여, 그리고 그 사명을 성취하기 위해 체제이론을 더 많이 채택하리라 본다.

8. 요약

앞에서 제시된 다섯 가지 이론들 가운데 체제이론이 보다 현실적이긴 하지만, 어느 한 이론만을 고집하는 것은 위험하다. 효율적인 조직관리를 위해서 각 사회의 문화와 배경, 그리고 특수성을 고려해야 하기 때문에 하나의 이론이 절대적인 모델이 될 수 없다는 것이다.

그러나 각 교회들은 가장 적절한 조직관리 유형을 선택하여 다른 조직관리 이론들로부터 필요한 요소를 공유하는 것이 바람직할 것이다. 이 조직 이론들의 특성을 요약하면 <도표 22>과 같다.

〈도표 22〉 교회조직관리 이론의 특징

특징 이론	조직과 신학적 관계	조직의 개념	결정수립과정	지도자 유형
전통이론	· 조직: 계승적 · 신학: 하나님의 백성	전통의 보존	연장자가 수립 발표, 속도조절	전통보존, 현상유지, 계승적, 사제적
카리스마적 지도자 이 론	· 조직: 직관적 · 신학: 새로운 창조	직관의 추구	지도자가 자발적, 즉흥적	개인적 호소 , 예언적, 동기부여, 영감적
인간관계 이론	· 조직: 집단적 · 신학: 민주적	집단의 지도	원활한 관계 비공 식적, 친숙	참여와 표현의 분위기 창출
고전이론	· 조직: 관료적 · 신학: 하나님의 건축물	기계의 운행	외부의 명령, 의식 적, 합리적	지시와 순응, 공세적 계획적
체제이론	· 조직: 유기체적 · 신학: 그리스도의 몸	체계의 적용	환경에 적합한 목적을 적용함	목표규명, 환경해명 변화권고, 전문적

제 2 절 교회조직 운영의 3대 기능

1. 교육

기독교 교육은 기독교 교육철학 혹은 신념에 의해 결정되는데 기독교에 대한 교육관은 매우 다양하다.[370] 그러나 대표적인 예로서 C. Adrian Heaton은 말하기를 목표는 그리스도 중심(Christo-Centric), 교육방법은 학생중심(Student- Centric), 교육과정은 성경중심(Bible-Centric), 방법론은 경험중심(Experience-Centric), 행정은 교회중심(Ekklesia-Centric)이라고 설명했

---

[370] J. Edward Hakes, '기독교 교육학 개론'(정정숙 역) (서울: 성광문화사, 1983), pp.301~303 참조.

다.371)

따라서 기독교 교육은 하나님의 말씀을 올바로 가르치고 예수님의 형상을 닮게 하며, 그리스도의 생활을 본받아 새사람으로 변화하게 하여 그리스도의 인격에 이르기까지 북돋워 주는 것이므로 목사는 교육에 등한히 할 수 없다. 통계에 의하면 "유태교에서는 1년에 325시간의 교육, 로마 가톨릭교회에선 200시간, 개신교에서는 17시간의 교육을 받는다."372)고 한다.

왜냐하면 개신교에서는 1년 52주일에 한 번씩 출석하면 52시간이 되는데 이것도 단계가 이뤄져 있지 않는 공과와 결석 등을 간주하면 17시간 밖에 되지 않는다는 것이다. 그래서 한국교회는 수요일 저녁을 성경공부시간으로 정하여 정례화하고 있는데, 이것은 아주 좋은 현상이라고 본다. 한국의 기독교 교육 실태를 보면, 한국고유의 전통문화에 의해 많은 영향을 받고 있다는 사실을 알 수 있다.

즉, 유교에 의한 분파 혹은 파벌주의의 영향으로 각양각색의 신학교가 난립하는 현상이라든지, 교회학교의 비실질적인 교육방법, 즉 유교문화의 영향으로 형식적, 표면적인 외형체제는 갖추었으나 내실은 결여되어 있으므로 실질적인 효과를 충분히 기대할 수 없다는 것이 그 예이다. 뿐만 아니라 합리적인 인사행정 보다 정실에 근거한 인간관계를 중시하는 유교주의 사상으로부터 나타난 교사임명의 문제, 그리고 교사 자신들의 자질과 헌신도의 문제가 실제 교회학교 내부에 존재하고 있다는 것이다.

그러므로 한국의 기독교 교육은 교육의 3대 요소인 교육자 · 피교육자 · 교육내용 중에서 교육자의 자질 문제와 피교육자의 교육에 임하는 태도와 교육내용에 문제를 안고 있다. 피교육자인 학생은 단지 교회학교에서 공부하는 것은 학교공부와는 별개의 것으로 생각하여 재미있는 소설 이야기와 친구를 사귀기 위한 장소로 간주하는 경우가 있기 때문에 피교육자가 교육에 보다 더 신중히 임할 수 있도록 하기 위해서 교육자의 노력과 헌신이 필요하다.

교육내용도 보다 체계적인 공과를 단계 별로 공부해 나가는 방법과 이미 학생들이 성경책을 통하여 혹은 목사님의 설교를 통하여 알고 있는 사실들도 교회학교에서는 가르치고 질문하는 것이 필요하다.

---

371) C. Adrian Heaton, "The Gospel and the Beatniks" *Eternity* volume 11, issue 2. Feb,1960.
372) Charles U. Wagner, *The Pastor, His Life and Work,* Illinois Regular Baptist Press, 1976, p.217.

위의 예들 외에도 목사의 목회연구실이 있느냐 없느냐의 문제, 있으면 교회에 혹은 사택에 있느냐의 문제, 또한 언제 어떻게 교사들 혹은 구역장들에게 교육을 시킬 것이며 제직들에게 어떠한 세미나를 배려할 것인가의 문제 등이 있다.

(1) 교회학교의 운영원리

교회학교의 운영은 사회·심리학적인 측면에서 살펴봄으로써 좀 더 내실을 기할 수 있을 것이다. 인간의 발달 단계는 제 사회·심리학자들에 따라 다른 의견을 제시하고 있지만, 일반적으로 분석해 본 결과 8 단계로 나눠 볼 수 있다.

즉, 태아기(수태부터 출산), 유아기(분만~18개월), 초기 아동기(18개월~6년), 후기 아동기(6년~12년), 청년기(12년~20년), 성년기(20년~45년), 장년기(45년~65년), 노년기(65년~사망)로 나눠 보는데 각 단계마다 나타나는 인간의 형태는 특징적이다.[373]

이러한 인간의 발달 심리학을 중심으로 하여 교회학교는 체제를 갖추고 있는가? 라고 스스로 질문 해 볼 수 있다. 대체로 큰 교회에서는 교육관을 구비하여 제대로 운영하고 있는데, 적은 교회에서는 무척 힘든 일이고 실제로 불가능할 때가 많다.

그러나 한국의 대부분 교회들은 영아부와 유아부를 구별하거나 혹은 영아부(4~5세)와 유치부(6~7세)의 미취학 아동들로 구분하여 교육하는데 이것은 피아제의 아동인지 발달 과정을 상고해 볼 때, 교회의 미취학 어린이들의 교육방식은 바람직한 현상이라고 볼 수 있다. 그러면 위에서 언급한 인간발달 단계에 따른 특징들을 살펴보겠다.

1) 인간발달단계

① 태아기(Prenatal Period) : 수정에서 출생까지의 기간으로써 이 동안에는 수정란의 정착기 (Blastocyst Period), 배아기(Embryonic Period), 태아기(Fatal Period)를 거쳐 수정 후 약 280일이 경과하면 개체가 탄생하게 되는데 이 기간을 말한다.

② 유아기(Babyhood) : 보통 분만 후부터 18개월 혹은 2년까지의 기간에 해당되는데 출생 후 약 2주간의 짧은 기간을 신생아기라고 하여 아기가 새

---

373) 이장호, 「심리학 개론」 (서울: 한국방송통신대학 출판부, 1983), p.96 참조.

로운 태 외의 환경에 적응하는 시기로써 생후 약 1주일 동안은 체중이 약간 감소한다. 그 후 정상적인 영아들은 상당히 독립적인 존재로 성장한다. 즉 혼자 앉고 서고 걸을 수 있을 정도로 자기 몸을 가눌 수 있게 되고 간단한 물건의 조작과 주위 사람들과의 의사소통이 가능해 진다.

③ 초기 아동기(Early Childhood) : 이 시기는 6세 까지를 가리키는데 이 시기에는 근육발달로 인해 용변통제가 가능해 지고, 자조기술이 발달하며, 언어가 급속히 발달하고, 성 유형이 이루어지며, 기본적인 행동양식 및 가치체제가 내면화 되어 간다.

④ 후기 아동기(Later Childhood) : 이 시기는 6세부터 12세 까지 기간을 말하는데 보통 이 기간 동안에는 바로 앞 단계에서 획득한 운동기능이 정교화 된다. 인지적인 측면에서는 수 개념, 서열개념, 양의 보존 등이 획득되어 구체적인 조작의 사고를 이루며 이 시기가 끝날 무렵부터 형식적 조작의 사고를 이루기 시작하며, 곧 사춘기의 과정으로 진입하게 된다.

⑤ 청년기(Adolescence) : 청년기는 사춘기의 기간을 거쳐 법정의 성년기인 20세 까지를 말하는데 초기 성년기에는 매우 짧은 기간 동안 신체발달이 매우 급속하여 2차로 성의 징후가 나타나 정서적으로 매우 불안정하며, 이 시기를 노도질풍의 시기라 부르기도 한다. 그 후 자아정체감(Ego-Identity)의 확립에 노력하는 시기로써 긍정적 자아정체감이 순조롭게 형성되지 않을 때는 심한 갈등을 느끼며, 때로는 문제 행동이나 비행을 저지르게 되므로 이 청년기를 정체감의 위기라고 부른다. 또 부모로부터 심리적 독립을 성취하며, 동료집단에 대한 소속감을 희구하는 동시에 이성에 대한 관심도 높아지며, 그들의 사고는 논리적이며 미래 지향적이다.

⑥ 성년기(Adulthood) : 이 시기는 고등학교 교육을 끝낸 시기부터 약45세~50세까지의 기간을 말하는데 이 단계는 거의 모든 면에서 성숙과 발달을 완성하고 독립된 사회인으로서의 생활을 시작한다. 직업을 시작하고 배우자를 찾으며, 공민의 권리와 책임을 행사하면서 자기의 인생을 독자적으로 설계해 나가며, 안정과 정착의 단계를 지향하며, 인생의 정상을 향해 능력과 창의력을 마음껏 발휘하므로 가장 생산적인 활동을 하는 시기이다. 이 시기가 넘어서면 갱년기를 맞이하게 된다.

⑦ 장년기(The Prime of the life) : 이 시기는 약 45세부터 65세 혹은 회사

의 정년퇴직 기간까지를 말하는데 이 시기에는 차차 갱년기를 맞이하게
되어 여성은 생리가 끝나고 차차 노화현상을 드려 내기 시작한다. 따라서
창의적이기보다는 보존적으로 움직이며, 자신보다는 차차 자녀들에게 신
경을 쓰게 된다. 그래서 정착의 완성을 이룩한다.

⑧ 노년기(Senescence) : 이 시기는 정년퇴직 후 사망에 이르는 기간으로 활
　동이 급속히 줄어들고 신체적 기능이 쇠퇴하여 운동능력이나 감각기능이
　저하되며 따라서 인지적 기능도 감지할 수 있을 만큼 감퇴된다. 정년퇴직
　으로 말미암아 심리적인 동요를 경험하게 되며, 심리적 동요와 함께 사회
　적 지위의 변화에 대한 새로운 적응이 요구된다.

2) 교회학교의 효율적 운영

　위의 인간의 발달단계를 교훈 삼아 교회학교도 신적 측면과 인간적 측면을 고
려하여 적절하게 교육되어야 할 것이다. 그러므로 교회학교는 크게 다섯 과정으
로 이뤄져 있다고 볼 수 있다.

　다시 말하면 유·초등부, 중·고등부, 청년부 혹은 대학부, 장년부, 노인학교
등이 바로 그것인데, 유·초등부 교육의 경우에는 피아제(Piaget)의 아동인지 발
달 단계를 중심으로 살펴보겠고, 중·고등부, 청년부·대학부인 경우에는
Kohlberg의 도덕 심리적 발달단계를 중심으로 살펴보겠으며, 그리고 장년부와
노인학교인 경우에는 Erikson의 심리·사회적 위기의 발달단계를 중심으로 주의
깊게 살펴보겠다.

① 유·초등부 : 교회학교의 주일학교 중, 유·초등부는 대개 세 단계로 구별
　할 수 있는데, 이것은 영아부(0~2세) 유년부(3~6세) 초등부(7~12세)로 나
　뉘진다. 이 단계를 피아제의 인지발달단계와 비교하여 보면서 교회의 주일
　학교 운영이 인적인 면에서도 충분히 고려된 프로그램을 가지고 있는가를
　살펴보겠다. 374)

　- 영아부(감각운동기: Sensorimotor Stage) : 이때에는 주로 감각에 대한
　　반사활동을 통하여 외부세계와 접촉하면서 감각운동적 지능을 발달시킨
　　다. 일반적으로 단순히 선천적인 반사활동으로부터 시작하여 순응적·의

---

374) 상게서, p.77~79

도적 반사활동을 거쳐 초보적인 개념적 사고가 시작되는데, 그 후 어떤 대
상이 시야에서 사라지더라도 그 대상이 계속 존재한다는 사실을 인식할 수
있는 대상영속성 개념(Concept of Object Permanence)이 생기게 된다.
- 유년부(전 조작기:Preoperational Stage) : 이때에는 사물을 판단할 때 그
  것의 외관, 즉 눈에 보이는 지각적 속성에 의해서만 판단할 뿐, 그것의 내재
  적인 연관성. 규칙 또는 조작을 이해하지 못한다. 또한 타인의 관점이나 조
  망을 받아들이지 못하기 때문에 자기 자신의 관점이나 조망에 얽매여 자아
  중심적 사고(Egocentrism)를 갖게 된다. 예를 들면, 자기에게 재미있는
  T.V 어린이 프로그램이 왜 어른들에게는 재미없는지를 이해하지 못한다.
- 초등부 (구체적 조작기:Concrete Operational Stage) : 이 기간에는 양 ·
  무게 · 부피 등의 보존개념을 이해하게 되고, 자아 중심성을 탈피하여 타인
  의 조망이나 입장을 이해할 수 있게 된다. 즉 탈 중심화 능력(Decentering
  Ability)이 획득되어 이전 단계에서 일어났던 일면적 사고에서 다면적 사
  고로 이행해 간다. 그리고 다소 체계적인 사고가 가능하게 되지만 이는 구
  체적인 대상에만 국한된다.
② 중 · 고등부 : 교회의 주일학교 중에서 중 · 고등부는 사춘기를 겪게 되는 어
  려운 시기이며, 공부에 얽매여 무척 많은 갈등을 겪는 때이다. 이때 교사들
  은 인간적인 측면과 도덕 심리적인 측면에서 학생들을 이해하여야만 보다
  더 잘 지도할 수 있을 것이다. 이 시기의 후기, 즉 고등학교 2 · 3학년 정도
  에서는 자기의 특유성이나 참모습을 자각하게 되어 자신의 처지 · 능력 · 소
  임을 깨닫게 되고, 자아정체감(Ego-Identity)이 형성되는데, 그 반면에 자
  기역할이 혼미해 질 수 있다. Kohlberg는 도덕성의 발달단계를 7단계로 나
  눴는데[375] 1 · 2 단계는 주로 초등학생들의 가치판단이 저급하여 순전히
  도구적 쾌락주의(Naive Instrumental Hedonism)에 빠져드는 경우를 말한
  다. 3 · 4 단계는 인습적 도덕성에 속하는 단계로써 주로 중 · 고등학생들에
  게 해당되는 시기인데, 3 단계에는 타인으로부터의 비난을 피하기 위하여
  행동하며, 인생의 가치를 가족과 타인에 대한 애정과 연민에 둔다. 예로 들
  면 '어차피 죽을 환자가 고통을 피하기 위해 죽여 달라고 할 때 의사는 안락
  사를 시켜야 하는가?'하는 물음에 남편이 환자(부인)를 무척 사랑하고 보고

---

375) 상게서, p.91

싫어 빨리 죽기를 원치 않기 때문에 안락사를 시킬 수 없다는 식의 반응이다. 4단계는 권위자의 규칙에 따르며 행동결과로 인해 생기는 죄를 피하기 위해 행동한다. 인생은 신성한 것으로 느껴서 사회적·문화적 법과 질서를 강조하기 때문에 의사는 환자를 안락사 시킬 권리가 없으며, 어느 누구도 생명을 빼앗을 수 없다고 판단한다.

③ 청년·대학부 : 교회학교의 청년·대학부인 경우에는 자율적 학습과 신앙의 실천에 중점을 두는 편이 좋은 지도방침 일 것이다. 이 시기에는 주체성이 확립되고 성 발달이 완전하며, 이성과의 사이에 서로 친근성을 가지고 사랑하며 신임하고 살 수 있게 된다. 그러나 자신이 없고 성적 결함이 있으면, 이성에 대해 격리감을 느끼고 자기에만 몰두 하게 된다. 이 시기를 Kohlberg의 도덕성에 비추어 주로 5단계에 속한다고 볼 수 있는데, 이때 사회복지적인 측면에서 보면, 공명정대한 제 삼자의 입장을 취하며, 인생을 사회복지와 보편적인 권리와의 관계에서 평가한다. 예로 들면, '중대장은 어떤 병사에게 부대를 구하기 위해 사지로 가도록 명령해야 하는가?'와 같은 물음에 대해 많은 생명을 구하기 위해서는 보낼 수밖에 없다는 식의 반응을 보인다. 즉 이 단계는 계약과 인권, 민주적 법칙의 도덕성을 가지고 사회복지에 동조하는 단계이다.

④ 장년부 : 이 시기에는 주로 자녀를 낳고 지도하는 일에 몰두하게 되는데 이것이 안 되면 강박적인 친근성이나 반발, 침체감과 흥미상실이 나타나는데 이때는 생산성이 잘 발달하게 되므로 교회의 직분들을 신앙의 정도에 따라 맡기게 된다. 현실이나 대인관계에 잘 적응할 수 있는 프로그램을 만들고 창조적인 교회활동을 할 수 있도록 유도한다.

⑤ 노인대학 : 이 시기에는 자기와 역사의 통일을 이룩하고 자기완성을 이룩하는 때로서 잘못하면 절망과 자기혐오가 생기기 쉬운 때이므로 담당 교사는 매사에 언행을 조심해야 할 것이다.

(2) 교회학교의 운영실제

1) 수련회

수련회의 목표는 봉사·전도·영적훈련·교제 등의 목표를 설정하고, 기도를 통한 자기극기 훈련 및 새로운 신앙계획을 설계한다. 방법은 자연 가운데서 하나님께 예배하고 특별히 집중 성경공부를 통한 신앙체계 확립 및 전도의 방법을 교육 하고, 충분한 교제기회를 마련하도록 한다.

수련회를 통한 기대효과는 영적인 면에서 자기의 생활전체를 하나님 중심으로 더욱 성숙케 하고, 정신적인 면에서는 복잡한 사회 속에서 혹시 잃어버렸을지도 모르는 자신을 자연과 접함으로써 하나님의 섭리에 대한 새로운 신앙을 인식할 수 있다.

그리고 신앙생활과 교회환경에 대한 자유로운 토론의 기회를 가질 수 있고, 실제 자신의 몸으로 공동생활과 봉사생활을 체험케 할 수 있으며, 사회의 계급을 초월한 협동심을 기를 수 있고, 새로운 조화의 기회를 마련할 수 있다. 수련회의 종류는 주로 학생 수련회. 제직 수련회 혹은 전교인 수련회 등으로 나눠 볼 수 있는데 이들은 각각 좀 구체적이고 특징적인 효과를 기대할 수 있도록 프로그램이 조성되어야만 한다.

2) 성경학교

① 어린이 성경학교 : 어린이 동계 하계 성경학교를 위한 프로그램들은 다양하게 마련할 수 있다. 주로 어린이들은 활동력이 강한 시기이므로 예배와 공부 시간을 너무 길게 하는 것보다 율동과 찬송을 배우게 하고, 적합한 교재를 선정하여 성경공부나 성경동화를 잘 이해시키도록 하며, 교사 자신들이 친히 모범을 보이도록 한다.

고학년들에게 스스로의 봉사활동에 참여하도록 장려하고 성경을 외우게도 하지만, 스스로 실천할 수 있는 기회를 가지도록 하고, 교사 또한 어린이와 함께 동화하여 서로 자유롭게 의사소통이 되도록 한다. 그리고 어려운 말보다는 쉬운 말을 사용하며, 교회의 예배당은 아이들이 노는 놀이터가 아니라 하나님께 예배드리는 성전임을 인식시켜 주며, 성수주일을 철저히 교육시키고, 아이들로 하여금 교회의 소속감을 고취시키도록 노력해야 한다.

② 제자훈련 공부반 : 주로 성년들이 주님의 가르침을 몸소 생활에 실천하기 위하여 어떻게 하여야 보다 더 승화된 신앙생활을 할 것인가를 공부하는 것이다. 따라서 이때에는 교재가 중요한 역할을 한다. 그래서 주로 크로스웨이 성경공부교재, 벧엘 성서 공부교재 등 일반적으로 보편적 기독교 교

리를 좀 더 체계적으로 설명하여 놓은 교재들을 선택하여 적당한 시간을 정하여 함께 공부하고 연구하며 실행하는 과정을 말한다.

③ 노인대학 : 주로 나이가 많은 60~65세 이상으로 구성되어 있는데, 사회로 부터의 소외감을 서로 나눔으로써 그들은 스스로의 위로를 주님으로부터 찾으며, 죽음에 대한 두려움 보다 육신의 죽음이 영혼에서의 영생이 된다 는 사실에 대해 감격을 체험하도록 교육한다.

또한 그들로 하여금 인생의 황혼기에 주님을 위해 조금이라도 봉사할 수 있는 기회를 제공하여 줌으로써 그들이 참여의 기쁨을 누릴 수 있게 한다. 뿐만 아니라 젊은이들에게 선임자로서의 본을 나타낼 수 있게 한다. 즉 그들로 하여금 우표를 수집한다든지 동전을 수집한다든지 하도록 하여, 그것으로 얻은 수익을 선교를 위해 헌금함으로써 후배들도 노인들의 본을 받아 더욱더 선교에 동참하게 한다.

3) 특별신앙 훈련

① 교사강습회 : 교회학교의 교육과정을 위해 교회자체 내에서 혹은 외부에 가서 교사들은 강습회에 참여하여 교육훈련을 받는다. 이때 좋은 프로그 램을 교회들끼리 서로 교환함으로써 더욱 좋은 새로운 아이디어를 구상할 수 있다.

② 찬양의 밤 : 주로 학생회와 청년회가 주최하여 그들이 학교에서 익히고 배 운 악기와 찬양으로 하나님께 영광을 돌리게 한다. 이것은 온 성도들로 하 여금 찬양의 중요성을 고취시키는 계기가 될 수 있다.

③ 재롱잔치 : 주로 유·초등부 학생들이 찬양과 율동으로 부모님들과 노인 들을 즐겁게 해 주고, 또한 유년 주일학교의 교육상황을 한 꺼 번에 전 교 인 앞에서 평가 받는 계기가 되기도 한다. 이것은 아이들에게 특별활동에 참여할 수 있는 계기를 마련해 줌으로써 내성적인 아이들도 함께 융화되 어 더욱 활기찬 유년 주일학교를 이룩할 수 있게 한다.

유년 주일학교의 교육이 얼마나 중요한가는 미국의 지미 카트 대통령이 주 일학교 때 철저히 신앙교육을 받았으므로 그는 대통령이 되어서도 교사의 직분을 포기하지 않고 계속 봉사하였던 역사적인 실례가 있다. 그래서 모 든 유능한 정치인들은 정치윤리의 모범으로 지미 카트를 선호하고 있다.

2. 심방

(1) 심방의 어원

원래 심방(visit)이란 구약성경에 히브리어로 'pakath'라고 하여 보살피다 (looking)라는 의미가 내포되어 있다. 70인 성경에는 이 'pakath'를 'episkepto' (감독하다. 보살피다)로 번역되었는데, 이들의 개념은 목양(shepharding)의 기능과 연결되어 있다.

잠언 27:23에 "네 양 떼의 형편을 부지런히 살피며 네 소떼에 마음을 두라"고 하였으며, 예레미야 23:2에서는 "그러므로 이스라엘의 하나님과 여호와가 내 백성을 기르는 목자에게 이같이 말하노라. 너희가 내 양 무리를 흩으며 그것을 몰아 내려고 돌아보지 아니하였도다. 보라 내가 너희의 악행을 인하여 너희에게 보응하리라 여호와의 말이니라."고하였다.

그리고 신약시대에 들어 와서도 사도 바울은 에베소 장로들에게 "… 성령이 저들 가운데 너희로 감독자로 삼고 하나님이 자기 피로 사신 그 교회를 치게 하셨느니라."(행20:28)라고 하여 심방은 목회자가 양 떼들을 돌보는 사명을 대 목자장 되시는 주님께로부터 부여 받았다.

그러므로 Jay E Adams는 "심방이란 목회에 있어서 돌보고 훈련시키는 활동 (care and discipline)을 의미하며 성도들의 필요를 충족시키고자 하는 능동적 관심, 교인들과의 상담 등이 심방에 있어서 주요한 관심이 될 것이다."[376] 라고 했다.

(2) 심방의 목적

심방의 목적은 양 떼들을 돌보는 것인데, 예로 들면 환자를 위로하고 격려하는 것, 결신한 성도를 방문하고 대화와 신앙을 격려해 주는 것, 새로운 신자를 환영하고 격려해 주는 것, 모든 성도들이 복음을 실생활에 어떻게 적용하는가를 살피는 것, 가정환경을 잘 살펴보며 위로와 권면을 하는 것, 그리고 신앙상담의 장을 마련하는 것 등을 목적으로 한다.

---

[376] Jay E. Adams, *Shepherding God's Flock*, 전게서 참조.

(3) 심방의 필요성

심방은 '왜 교회생활에서 필요한가?'라는 질문의 대답은 교인들이 그들의 사정에 따라 목사의 중보 기도를 함께 드릴 수 있는 좋은 기회를 갖기 때문이다. 목회자의 입장에서 보면 심방은 과연 교회에서 설교한 내용이 교인들의 가정에서 실제로 실천되고 있는가를 점검하는 기회가 된다.

또한 교인들의 좋은 신앙체험을 통해 설교자료를 수집하는 기회도 되며, 어려운 교인들을 위한 기도의 제목도 얻을 수 있고, 불신자의 전도에도 매우 효과적일 수 있기 때문이다. 그리고 심방을 통하여 교인 간의 유대관계도 강화될 수 있을 것이다.

더구나 한국 사람들은 주로 유교적 문화의 영향으로 자신의 것을 감추려는 의식이 강하므로 이 심방의 기회를 통해 목사는 그들의 감추려는 심리적 부담을 상담을 통해 덜어 줌으로써 그들을 좀 더 자유롭게 할 수 있다.

(4) 심방의 방법

심방은 목적을 달성해야만 효력이 있다. 그러기 위해서 세심한 준비가 필요한데, 적절한 성경본문과 찬송, 그리고 그 가정에 부합되는 말씀을 골라서 전해 줘야만 한다. 또한 시간은 될 수 있으면 10~20분을 넘기지 말고 간단히 해야 한다. 그리고 또한 조심해야 할 것은 생활이나 교육의 정도가 높거나 교회의 직분이 있다고 해서 자주 심방 하는 일은 삼가 해야 한다.

목사는 그가 행한 모든 심방의 기록을 보관하여야 하며, 심방자료들을 노트에 기록해야 한다. 그래야 상담 때에 자료가 될 것이다. 만약 부재중이라면 자신의 방문 카드를 남겨 두어야 한다. 그리고 간단한 서신을 심방 전에 띄워 두는 것도 좋다.

특히 남녀 간의 윤리의 관점에서 한국에는 남편이 직장에 나가며 부인은 가정을 지키므로 심방을 할 때, 이성 간의 유혹을 피하기 위해 여전도사·장로·집사로 심방대원을 구성한다. 권사 및 권찰제도가 생긴 이래로 그들이 목사의 심방수행원이 되며, 그렇지 못한 경우에는 목사 부인을 대동할 수 있다.

사정상 목사 혼자서 부인만 있는 가정을 심방할 경우에 목사는 방에 들어가지 않고 마당에서 안부를 묻고 권면을 한 후 돌아 올 수 있다. 또 피치 못할 사정으로 꼭 방에 들어가 예배를 드려야 할 경우에는 방문을 활짝 열어 놓고 예배를 드리기도 한다. 목사는 앉을 자리와 설 자리를 구별할 줄 알아야 하고, 또한 할 일과 해서는 안 될 일을 분명히 알아야 한다.

(5) 심방의 종류

심방에는 일반심방과 특별심방이 있다. 일반심방은 대심방이라고도 하는데 그 목적은 성도들과 교제하는 기회를 가지며 교인들의 가정상황을 파악해서 목사와 교회가 영적으로 도움을 주도록 하는데 있다. 특별심방에는 유고심방 혹은 병원심방, 새신자 심방 등이 있다.

3. 행정

(1) 배경

목회자의 역할은 시대에 따라 변천해 왔는데, 주로 종교개혁 이전에는 사제적 기능(priestly function)으로서 단지 예배의 집례자로서의 역할을 담당해 왔으나, 종교개혁 이후 초기에는 주로 설교자로서 신학의 이론정립에 주안점을 두어 왔다.

그리고 근세에 이르러서는 18c 기독교의 대 부흥과 함께 주로 선교사(missionary) 로서의 역할을 담당하게 되었는데 현대에 이르러서는 다원화된 사회에서 다방면의 업무를 맡게 됨으로써 주님의 사역자(His Worker)로서의 역할을 수행하므로 실행적 기능(executive function)을 더욱 중요시하게 되었다.

따라서 Leonard Mayer는 "행정은 직능 혹은 임무를 결정하며, 또한 그것들을 명확히 하고, 정책방침을 공식화하여 이를 진행하며, 권위를 위임하고, 책임자를 선정하며, 직원을 훈련하고, 이를 위한 모든 유효한 조직과, 조직의 목적들을 달성키 위한 방법과 자원의 동원"[377] 이라고 정의하였다.

즉 그는 행정기능을 강조하였다. 그러나 H. B. Trecker는 행정을 정의하기를 "행정은 회중과 함께 목표를 수립하며, 조직체들의 유기적 관계를 수립하여 의무를 분배하고, 모든 계획과 사업(program)을 지휘하며, 달성한 바를 재검토하는 일의 진행이다"[378] 라고 하였다. 그래서 그는 전 회중의 참여를 중요시하였다.

---

[377] 조동진, 「교회행정학」 (서울: 크리스천 헤럴드사, 1990), p.55에서 재인용
[378] 상계서에서 재인용

두 견해를 살펴 볼 때, 목사는 행정기능과 회중의 참여를 독려하여야 할 책임이 있다. 그러므로 목사는 설교자 · 제사장 · 교사의 역할 이외에 교회조직체의 운영과 관리, 그리고 전 목회영역에서 조직적이며 영적인 미학을 창출해 내는 교회행정가로서의 역할이 중요시되고 있다.

(2) 원리

목사가 행정가의 역할을 한다는 것은 단지 목양의 차원보다 사역자의 차원에서 다뤄져야 할 문제이다. 바울은 롬12:6~8에 "우리에게 주신 은혜대로 받은 은사가 각각 다르니 혹 예언이면 믿음의 분수대로 혹 섬기는 일이면 섬기는 일로 혹 가르치는 자면 가르치는 일로 혹 권위하는 자면 권위하는 일로, 구제하는 자는 성실함으로, 다스리는 자는 부지런함으로 긍휼을 베푸는 자는 즐거움으로 할 것이니라."고 하였다. 이 말씀의 의미는 목사도 자신들이 가진 은사가 다를 수 있다는 것이다. 그 결과 목회는 교육중심적인 목회, 선교중심적인 목회, 치유중심적인 목회 등 목사의 은사에 따라 목회 현장이 달리 나타날 수 있다.

행정가로서의 목사는 교사, 설교자 그리고 제사장으로서 만이 아니라 조직체로서의 교회를 이해하고 관리. 경영을 잘할 줄 알아야 한다. 교회행정가는 세속적인 리더십(secular leadership)보다는 섬기는 종으로서의 리더십(servant leadership)에 그 근본기초를 둔다. 다시 말하면 지배와 군림보다는 사람들 가운데 봉사하는 자세를 가지며, 권위주의적 행정통일 혹은 일치보다는 상호협조적 연합(reciprocal unity)을 원하고, 명령(command) 보다는 본보기 (model)를 그 수단으로 한다.

이런 맥락에서 볼 때, 교회행정가로서 목사는 계획적인 연구와 훈련이 필요하며. 행정의 근본동기를 사랑(love)에 밑바탕을 두고, 봉사(service)를 행정의 수단으로 여기며, 구속(redemption)을 행정의 목표로 하는 이른바 작은 예수가 되어야 하는 것이다. 그렇게 되기 위해서 교회행정가는 큰 비전을 가져야 하는데, 그 이유는 "네 입을 넓게 열라 내가 채우리라"(시81:10)고 한 성경 말씀에 근거하고 있다.

(3) 기능

1) 효율적인 교회운영

교회조직의 운영과 관리의 측면에서 Ordway Tead 교수는 목회행정의 관계를 대략 열 가지로 나눠 보았다.[379] 다시 말하면 ① 계획수립 ② 조직완료 ③ 참모진 구성 ④ 활동개시 ⑤ 권한위임 ⑥ 지도관리 ⑦ 업무감독 ⑧ 상호협동 ⑨ 분석평가 ⑩ 동기유발(새로운 계기)로 나누어서 교회행정 관리를 단계별로 살펴보았다.

그러나 이것들을 좀 더 크게 세 부분으로 나눠 볼 수 있는데, 그것은 첫째 조직구성(1~3), 조직활동(4~8), 조직평가(9~10)로 구분지어 볼 수 있다. 그리고 더 나아가 Steven G. Mackie는 거시적인 측면에서 교회 공동체의 운영을 크게 네 가지 형태로 나누고 있다.

다시 말하면, 첫째는 지방회 중심의 목회유형(Parish-Centering Ministry)으로서 여기에는 시골목회(Town and Country Ministry), 대도시 목회(Urban-area Ministry), 도심지역목회(Inner-city Ministry), 위성도시 혹은 중·소 도시지역목회(Suburban Ministry) 그리고 기타 지역적으로 고립된 목회(Other Geographically Fixed Ministry) 등으로 나눠 보았다.

둘째는 팀 목회(Team Ministry)로서 여기에는 복수 직원제 목회(Multiple Staff Ministry)와 협동 지방회 목회(Cooperative Parish Ministry), 전 연합 팀 목회(Ecumenical Team Ministry) 등으로 세분될 수 있다. 셋째는 전문화된 목회(Specialization Ministry), 넷째는 자급자족 목회(Tent-Making Ministry) 로 나누었다.

따라서 현대의 목회유형은 각 교단 별로 매우 다양하다. 현대목회의 흐름은 좀 더 세분화 혹은 전문화된 목회 쪽으로 기울어져 가고 있다. 그렇기 때문에 일반 대학에서 일반학문을 연구한 사람들이 신학을 공부하여 그들의 전공분야와 함께 신학을 잘 접목시켜 하나님의 나라를 확장시켜 나가고 있다.

2) 전문적 관리

목사는 교회행정가로서 해야 할 일들이 매우 다양하고 많다. 보다 더 사회가

다양화, 전문화되어 감에 따라 목회의 업무량도 많아져 목사가 수행해야 할 행정적 책임은 날이 갈수록 가중되고 있다.

예로 들면 교회조직의 운영관리 측면에서 볼 때, 구역 및 권찰회의 관리, 새신자 보호육성, 제직훈련, 각급 주일학교의 운영과 지도관리 · 각 선교기관의 관리, 재정출납의 조정, 교회건물유지관리, 사무처리 등이 있고, 대외관계 유기적 측면에서는 각 지역 교회협의회의 협력, 사회복지단체들과의 관계유지, 각 공공기관과의 관계, 노회 및 총회와의 관계 등이며, 예배의 미학적 측면에서 음향시설의 조율, 강대상 및 의자의 배치, 꽃꽂이의 색상과 배열, 성가대의 위치, 출입구에서의 안내와 인사, 주보지의 효율적 활용 등 모든 사항들이 적용된다.

(4) 자세

교역자는 요셉과 같이 근면해야 하고(창37:19) 욥과 같이 인내 (Perseverance)해야만 한다. 더구나 사도 바울과 같이 어려울 때마다 강해질 수 있는 사역자로서의 훈련(discipline)을 필요로 한다. 그러므로 목사는 인격적 · 영적 · 학적인 준비를 모두 갖추어야만 교회행정을 원활히 운영해 나갈 수 있을 것이다.

웨스트민스터 신학교의 Jay E. Adams 교수는 말하기를 "기독교는 기록된 계시의 종교(Religion of a written revelation)"[380]이기 때문에 기독교가 전파되는 곳마다 읽고, 쓰는 능력과 교육에 대한 관심이 유발되었다.

이것은 하나님께서 형식에 대한 무지와 부주의와 결핍을 결코 용납하지 않으신다고 하는 분명한 증거이다. 그래서 교회행정가로서의 목사는 학적인 지식을 충분히 갖추어야 한다는 것을 강조하고 있다. 이러한 학적인 기초 위에 목사는 교회의 내부행정을 기획하여야 하는데, 이 기획의 과정으로서 J. E. Adams는 여섯 단계를 제시하고 있다.[381]

즉 ① 목적을 명백히 할 것 ② 상황을 분석할 것 ③ 가능한 실천방안을 모색하고 개발할 것 ④ 결심할 것 ⑤ 세밀한 계획을 수립할 것 ⑥ 집행할 것 등이다.

---

380) Jay E. Adams, *Shepherding God's Flock –A Preacher's Handbook on Pastoral Ministry Counseling, and Leadership,* Grand Rapids: Baker Book House, 1983, pp.18~19.
381) *Ibid.,* pp.32~35.

(5) 분류

1) 내부행정

교회의 내부행정을 크게 인사관리와 재무관리로 나눠 볼 수 있는데, 이러한 두 영역에서의 분명한 방향을 설정해야만 하는 것이 교회행정 기획의 중요한 목적이 된다. 그래서 존 칼뱅(John Calvin)은 「기독교 강요」 제 4 권의 교회론에서 교회정치 원리를 제시하고 있는데, 그는 교회(Church), 성례전(sacraments), 그리고 시정(civil government) 등 대략 세 부분으로 나눠서 언급하고 있으며, 그의 개혁원리는 바로 초대교회의 사도적 교회에 뿌리를 두고 있으며 오늘날 많은 교회론에서도 이 원리를 결코 벗어나지 않고 있다.

'대한예수교장로회 헌법'에서 분류한 교회정치체제는 교황정치 · 감독정치 · 자유정치 · 조합정치 그리고 장로회정치로 나누고 있는데, 헌법에서 취하고 있는 장로회 정치는 지 교회 교인들이 장로들을 선택하여 당회를 조직하고, 그 당회로 치리권을 행사하게 하는 주권이 교인들에게 있는 민주적 정치를 말하고 있다.382) 그리고 장례식 · 결혼식 등의 행사에서 목사는 주례를 설 때, 고려해야 할 점은 불신자들도 하객으로 참석하게 됨으로 말씀의 선택과 행동에 있어서 모범이 되어야 할 것이다.

2) 외부행정

목사는 외부적 행정관계에 대해 적절히 대처해야만 할 것이다. 첫째는 총회 노회 · 각 지 교회들과의 관계가 원활히 이뤄질 수 있도록 해야 할 것이다. 둘째는 지역사회의 교회연합회 활동에 적극 참여할 수 있어야 하며 셋째는 공공기관에서의 전도활동을 원활히 해야만 할 것이다.

예로 들면 병원전도 · 경찰서 전도 · 교도소 전도 · 군부대 전도 · 예비군 전도 · 직장 전도 등 다양한 전도활동에 적극 참여할 수 있는 자라야 한다. 넷째는 타 교회에서 말씀 증거 하는 경우이다. 부흥사경회를 개최하는 경우, 그리고 각 헌신예배의 초청설교 담당, 각종 예식의 설교 그리고 외부에서 세미나 개최 등 다양한 경우가 있을 수 있다. 이러한 대외활동에 적절히 대처하기 위해 목사는 철저한 자신관리와 시간과 장소관리를 해야만 할 것이다.

---

382) 대한예수교장로회총회 교육부, 「대한예수교장로회 헌법」 서울: 대한예수교장로회 총회출판부, 1984,p.57

제 3 절 성경적 교회운영 이론

1. 교회의 권위

일반적으로 권위의 개념에 대하여는 여러 학자들에 의하여 다양하게 정의되고 있다. 예컨대, 카츠(D.Katz)와 칸(R.L.Kahn)은 권위란 '정당한 권력'(legitimate power)이라고 하였고, 힉스(H.G.Hicks)는 '무엇인가 할 수 있는 권리'(the right to do something)라 하였으며, 베버(M.Weber)는 '명령에 일정한 사람들을 복종케 할 가능성'이라 하였다.

특히 베버는 권력(power)과 권위(authority)를 구별하여, 전자는 사회적 관계에서 행위자가 저항을 물리치고 그 자신의 의사를 관철시킬 수 있는 가능성이라고 하였고, 후자는 명령에의 복종이 자유의사에 기인하는 자발적인 것으로써 그것은 정당성에 대한 합리적 신념에 근거를 두고 있다고 하였다.

이러한 맥락에서 교회의 권위를 조명하여 본다. 교회의 권위란 성경에서도 다양하게 사용되고 있으나 여기에서는 하나님의 능력 혹은 권능(Power:고전 1:18)적 권위, 권세(authority:요19:11,마9:8)적 권위, 권리(right:마28:18~20; 7:7~11)적 권위로 나눠 보았다.

(1) 권능(능력)적 권위

교회란 유형교회(눈에 보이는 교회)와 무형교회(눈에 보이지 않는 교회)가 존재하고 있으며, 유형교회란 참된 종교(기독교)를 고백하는 전 세계 모든 사람들과 그들의 자녀들로 구성된 가시적으로 보이는 지상의 교회들을 의미하고, 무형교회는 교회의 머리되신 그리스도 아래 하나로 모인 과거, 현재, 미래의 모든 택함 받은 자들의 총수를 말하는데, 이것은 하나님과 하나님의 백성 사이에 이루어지는 그리스도의 교회이다.383)

그러므로 성경은 "십자가의 도가 멸망하는 자들에게는 미련한 것이요 구원을

---

383) 정기화, 「52주 완성 평신도를 위한 조직신학」 (서울: 규장문화사), 1991, p.146. 참조.

얻는 우리에게는 하나님의 능력이라"(고전 1:18)고 하여 교회의 능력, 즉 권위는 무형교회의 기초 위에 서 있다. 이런 의미에서 볼 때 성경에서 말하는 권위란 하나님의 절대성을 하나님의 백성들이 믿음으로 말미암아 하나님으로부터 주어지는 능력이라고 볼 수 있다.

그런데 현재 한국교회에서 말하는 교권적 권위는 사회적인 관습과 문화에 의해 일방적 강권을 강요하는 형식으로 기울어져 있다. 성경적 권위란 하나님의 절대적 권위를 인정하는 것일 뿐 교회지도자나 교회의 주요 요소를 권위화한 것이 아니다. 따라서 교회의 권위란 교회의 외형적 웅장이나, 찬란한 건축양식의 예술적 가치와 같은 인위적인 창출에 있는 것이 아니다.

만일, 교회의 외형적 웅장이나 건축양식에 교회의 권위가 있다면, 로마의 베드로 사원은 권위가 있고 도시 변두리 빈민촌에 세워진 교회는 권위가 없다는 말이 된다. 또한 교회의 권위는 교인의 예배출석, 교인의 수, 재정적 능력 또는 출석하는 교인들의 사회적 지위의 높고 낮음에 기인하는 것도 아니다. 이런 외적 조건에는 아무 상관이 없다는 것이 교회 권위의 특징이다.

따라서 성경은 "하나님의 미련한 것이 사람보다 지혜 있고 하나님의 약한 것이 사람보다 강하니라"(고전 1:25)고 하여 인간의 인위적인 지식으로 창출되는 권위는 교회의 권위와는 다르다는 것을 지적하고 있다.

그러므로 한국교회 내의 권위주의적 목회는 권위에 대한 인식이 잘못되어 물의를 일으키고 있다. 장로가 위세를 부리며 목회자를 고용하려는 태도라든가 … 외국에 다녀오는 회수에 따라 권위를 인정한다던가, 능력 있다는 부흥사나 담임목사를 하나님의 대리자로서 오도하여 강요하는 것이 물의를 빚는다.[384]

또한 목사가 강대상에서 목소리를 거룩하게 하려는 처사, 노인 같은 걸음으로 점잖게 걷는 태도, 큰 성경을 가슴에 끼고 위용을 보이는 것을 좋아하는 의식, 주의 종이란 명목으로 높은 강대상을 세우려는 태도[385] 등은 교역자들이 권위에 대한 인식을 잘못 알고 있는 데서 비롯된 것이다.

때로는 목사나 장로로서 그 지위에 마땅한 언행이 있어야 하며 또 권위도 있어야 함은 사실이다. 그러나 문제는 그 권위가 하나님께로부터 위임된 것이 아니고 인위적으로 조작한 것이며, 그 권위행사에 있어서 인간적 교만에 의한 것

---

384) 한완석, 목사와 신종, 「복된말씀」, 13권 (1960년 5월), p.49.
385) 김리태, 권위주의의 극복, 「복된말씀」, 20권 (1973년 5월), p.1.

으로, 과대한 위신 내세우기와 권위남용으로 행정상 잡음과 투쟁 내지 분열이 교회의 안팎에서 연출되고 있다는 것은 분명히 문제가 아닐 수 없다.

(2) 권세적 권위

교회의 권위를 국가와 교회의 상관관계 속에서 해석하여 보는 측면이 바로 권세라는 용어로 이해되어지고 있다. 국가는 인간 공동체에서 출현하는 근원적이며 필수적인 메커니즘이며, 동시에 인간공동체의 질서를 위해 나타난 인위적 결과이고, 교회는 하나님과의 관계회복을 위한 인간 공동체의 근본적 모델이 된다.

따라서 하나님과 인류의 개념 안에서 교회는 근원적이고 기초적인 반면에, 국가는 하나님의 사랑 안에서 하나님의 법을 실행하기 위하여 인간 공동체에 의해 나타난 결사체이다.

그러면 하나님의 본질인 사랑의 개념에서 교회는 하나님의 사랑 그 자체 속에 내재하며 하나님의 영광을 위해 인간 공동체 안에 존재하는 사랑의 결집체이고, 국가는 하나님으로부터 인간에게 전가된 하나님의 법을 실행하고 하나님의 공의를 집행하기 위해 인간 공동체에서 강제력을 지닌 결사체라고 볼 수 있다.

따라서 국가와 교회는 하나님의 주권이란 개념 안에서 본질적으로 동일하다. 이런 의미에서 종교 개혁자 마틴 루터는 "하나님의 오른손에는 교회를 왼손에는 국가를 쥐고 계신다."고하여 하나님의 작정 안에서 큰 두 가지 목적인 사랑과 공의를 실현하기 위한 하나님의 섭리가 된다고 보고 있다. 같은 맥락에서 예수님과 사도 바울과 베드로는 권세라는 개념을 다음과 같이 이해한다.

예수님께서 "가이사의 것은 가이사에게 하나님의 것은 하나님께 바치라"(막 12:17; 마22:21)고 하셨을 때 시민은 국가에 대하여 필요한 세금을 바쳐야 하며 또한 법을 지켜야 할 의무가 있고, 교회에 대해서는 하나님께서 형식적인 제사보다도 긍휼과 자비와 순종하는 마음을 원하시기 때문에(호6:6; 마 9:13,12:7; 삼상15:2) 우리가 가지고 있는 영적인 자질과 마음 전체를 하나님께 드려야 할 의무가 있는 것이다.

그래서 가이사의 것을 가이사에게 바치라고 하신 것은 가이사의 권세를 인정하셨고, 시민은 그 권세에 복종하여 국가를 위해 세금을 바쳐야 한다는 것이다. 뿐만 아니라 예수님께서는 빌라도가 "내가 너를 놓을 권세도 있고 십자가에 못 박을 권세도 있는 줄 알지 못하느냐"(요19:10)고 했을 때 이렇게 대답을 하셨다.

"위에서 주지 아니하셨다면 나를 해할 권세가 없었으리니 그러므로 나를 네게 넘겨준 자의 죄는 더 크니라."(요19:11)라고 한 이 말씀은 모든 권세가 하나님으로부터 주어진 것임을 의미하므로 우리는 국가의 위정자들에게 복종할 의무가 있다. 더구나 예수님께서는 빌라도에게 사용하신 용어 자체에서도 그러한 의미가 내포되어 있다.

예수님께서는 권세자인 빌라도에게 'you(너)'라고 말하지 않으시고, 'thou(그대)'라고 하는 높인 말을 사용하셨다(요18:34). 또한 사도 바울의 경우를 보더라도 마찬가지이다. "각 사람은 위에 있는 권세들에게 굴복하라 권세는 하나님께로 나지 않음이 없나니 모든 권세는 다 하나님의 정하신 바라. 그러므로 권세를 거스리는 자는 하나님의 명을 거스림이니 거스리는 자들은 심판을 자초하리라."(롬13:1~2)

사도 바울 또한 권세를 국가와 교회의 측면에서 이해하여 볼 때 그리스도인은 하나님으로부터 나온 국가의 권세에 복종해야 한다는 것을 강조하고 있다. 더욱더 나아가 사도 베드로도 이렇게 말하고 있다. "인간이 세운 모든 제도를 주를 위하여 순복하되 혹은 위에 있는 왕이나 혹은 악행하는 자를 징벌하고 선행하는 자를 포장하기 위하여 그의 보낸 방백에게 하라"(벧전2:13~14).

여기서도 모든 권세는 하나님의 섭리로부터 나오므로 순복해야 한다는 것이다. 그러므로 이 권세는 단지 정부 관리들에게만 한정되는 것이 아니라 성직자들에게도 해당된다.

즉 국가와 교회전체의 권세자들에게 해당된다. 따라서 이 내용은 하나님께서 지정하신 기능들을 수행할 의무가 있는 제도나 관습의 수행자들에게 해당된다. 그 결과 관원들은 악을 행하는 자를 벌하기 위하여 하나님께서 제정하시고 권한을 주시고 규정하신 도구인 것이다.

그리고 그들은 그들의 임무로서 범죄를 공평히 판단하므로 말미암아 그들은 하나님이 제정하신 의지를 수행할 뿐 아니라 하나님의 명령적인 뜻을 이루는 것이다.[386] 그러나 만약 예외적인 상황에 놓일 때는 베드로와 다른 사도들의 견해를 참조해야 할 것이다. 즉 우리는 사람보다 하나님께 복종해야 한다(행 5:29, 4:19,20).

이상에서 본 바와 같이 하나님의 본질 안에서, 교회와 국가는 하나님의 사랑

---

[386] cf, *The Westminster Theological Journal*, Vii, 2, May 1945, pp.188ff.

을 수행한다는 의미에서 동일한 성격을 내포하고 있다. 그러나 그들의 기능 면에서, 국가의 기능이 권선징악이라고 한다면 교회의 기능은 사랑의 실천에 있는 것이다.

따라서 국가의 권선징악과 교회의 사랑 실천, 이들 모두 하나님께서 제정하신 뜻 안에 있는 것이므로 우리는 하나님의 법칙에 순종해야 하며 그 법칙을 이행해야 할 의무가 있는 것이다. 그래서 교회공동체와 국가 간에는 하나님의 섭리 안에서 그리고 인간공동체의 의무로서 하나님의 사랑을 이행한다는 관점에서 불가분의 관계에 있다.

다시 말하면 교회와 국가는 하나님의 작정 안에서는 동일한 목적을 가지고 있지만, 기능적 측면에서는 서로 분리된다. 즉, 교회는 하나님과의 관계회복을 위해 사랑의 공동체를 추구하지만 국가는 하나님의 법을 실현하기 위해 인간의 제재와 권선징악, 그리고 사회정의를 추구하는 공의를 위한 결사체이다.

따라서 넓은 의미에서 교회는 인간 개인이 하나님과의 관계회복을 위해 성경의 진리를 배우며 믿고 따르는 부르심을 입은 자들의 공동체인 반면에, 국가는 인간공동체 전체가 하나님 앞에 바로 서기 위해 권력을 행사하며 사회정의를 위해 여러 가지 제재를 가하고 사회질서 유지를 위해 법을 실행하는 결사체, 이른바 사회가 하나님 앞에서 권선징악을 실현하기 위해 나타난 필연적 결과인 것이다.

이러한 권세적 권위가 한국교회에 두 종류의 뚜렷한 흐름을 조성하여 왔다. 즉 국가적 정책결정에 적극적으로 참여하고 간섭하여 잘못에 대해서는 저항하는 진보주의적 측면과 국가의 정책결정에 소극적으로 참여하는 대신 위정자들을 위하여 교회에서 순종과 사랑으로 기도하는 보수주의적 측면이 조성 되었다.

이 둘은 모두 성경적인 근거를 지니고 있다. 그러나 한국 교회의 권위주의적 관점에서 살펴 볼 때, 진보주의는 보다 합리주의적인 권위를 조성하고 보수주의는 보다 초월주의적 권위를 조성하게 되었다고 볼 수 있다.

합리주의적 사고와 초월주의적 사고는 모두 다 성경적 근거를 가지고 있으므로 어느 것이 옳다 혹은 나쁘다고는 할 수 없지만, 성경적 복음의 관점에서 사회적 문화와 상황에서 분석해 보면 성경적 합리주의란 "너희 중에 누가 망대를 세우고자 할진대 자기의 가진 것이 준공하기까지에 족할는지 먼저 앉아 그 비용을 예산하지 아니하겠느냐 … 어느 임금이 다른 임금과 싸우러 갈 때에 먼저

앉아 일만으로서 저 이만을 가지고 오는 자를 대적할 수 있을까 헤아리지 아니
하겠느냐(눅 14:28~32)"에 그 근거를 가지고 있지만, 그러나 이것이 한국교회
에 인간의 이성 중심적인 인본사상을 조성하였다.

성경적 초월주의는 "과부의 소청에 대한 불의한 재판관의 판결(눅18:1~8)"
과 같은 경우이지만 이것은 기도를 통한 신비적인 체험과 함께 무속적 카리스
마 지배를 조성시켰던 것이다.

(3) 권리적 권위

권리적 권위는 "너희 중에 누가 아들이 떡을 달라 하면 돌을 주며 생선을 달
라 하면 뱀을 줄 사람이 있겠느냐 너희가 악한 자라도 좋은 것으로 줄줄 알거
든 하물며 하늘에 계신 너희 아버지께서 구하는 자에게 좋은 것으로 주시지 않
겠느냐(마 7:9~11)"라는 성경말씀으로부터 아들은 당연히 아버지에게 빵을 구
할 권리를 가지고 있다는 것과 같이 하나님의 자녀는 하나님 아버지에게 당연
히 무엇이던 구할 권리를 가지고 있다고 본다.

따라서 하나님의 자녀가 하나님 아버지께 구하여 얻는 권리인 수용적 권리가
있다. 반면에 "예수께서 나아 와 일러 가라사대 하늘과 땅의 모든 권세를 내게
주셨으니 그러므로 너희는 가서 모든 족속으로 제자를 삼아 아버지와 아들과
성령의 이름으로 세례를 주고 내가 너희에게 분부한 모든 것을 가르쳐 지키게
하라 볼지어다 내가 세상 끝날 까지 너희와 항상 함께 있으리라 하시니라(마
28:18~20)"고 하여 예수님께서 제자들에게 자동적으로 부여하여 주신 능동적
권리가 있다.

이러한 수용적 권리와 능동적 권리로서 하나님의 나라를 건설하는 하나님의
자녀가 가지는 교회의 권위를 구체적으로 살펴보면 첫째로는 그리스도의 영적
권위, 둘째로는 교회의 위탁권, 마지막으로는 봉사권을 생각할 수 있다. 교회의
영적 권위는 그리스도의 왕권적 영적 통치를 의미하며, 교회의 위탁권은 그리
스도께서 교회에 위탁하신 권리(혹은 권세)를 의미하고, 봉사권은 교회가 하나
님께 쓰임 받을 권리를 의미한다.

이것을 좀 더 구체적으로 살펴보면, 교회의 영적권위(The Spiritual Power
of the Church) (혹은 그리스도의 왕권적 통치)란 하나님의 말씀과 성령의 인
도를 받는다는 의미이다. 그러므로 이 땅 위의 교회는 하나의 유기체로서 예수

그리스도의 몸이며 예수 그리스도는 이 땅 위의 제도적 교회의 통치자이시라는 것이다.

그리고 교회의 위탁권(The Commission Power for Christ's reign)이란 그리스도께서 예언자, 제사장, 왕으로서 직접적으로 교회를 통치하시며, 그리고 승천하신 후 그리스도께서는 하나님의 보좌 우편에서 지금 지상교회에 대해서 직접 영적으로 통치하심에 있어서 말씀과 성령에 의하여 행하시는 동시에 지상교회에 그 통치권을 위탁하셨다는 의미이다.

마지막으로 교회의 봉사권(The Ministerial Power of the Church)이란 교회가 언제나 그리스도에게 쓰임 받는 능력을 의미하는 것으로 교회의 직원은 그리스도의 영적 통치권 아래에서 하나님으로부터 부르심을 받은 자로서 사명을 받은 자이다. 그러므로 하나님으로부터 받은 모든 은사적 기능을 충분히 발휘하여 하나님의 쓰임에 합당하게 활용하여야 하는 의무인 동시에 권리인 것이다.

그런데 한국에서의 권리적 권위는 위의 세 가지 중에서 위탁권을 다른 두 가지보다 더 강조하는 형평성을 잃고 있다. 즉 영적권위에서 예수 그리스도께서 지상교회의 직접적인 통치자이신 것을 인위적인 교회의 권위, 즉 제도적으로 이뤄진 당회에 권위를 부여하여 통치하게 하는데 이때 당회장은 위탁권을 강조하여 교회를 통치하는 것이다.

뿐만 아니라 교회의 봉사권의 경우에서도 하나님으로부터 쓰임을 받는다는 의미에서의 봉사권인데 이것도 담임 목사가 위탁권을 강조하여 혼자서 모든 일들을 처리하고 자기의 유익이 있는 대로 교회를 운영하여 가는 것이다.

2. 맥그리거(Douglas M.McGregor)의 XY이론

맥그리거는 인간을 관리의 대상으로 동기부여하기 보다는 인간자체를 어떻게 이해하는가에 초점을 두고 동기부여를 논한다. 그는 인간관리의 전제조건은 인간에 대한 올바른 이해와 신념, 즉 정확한 인간관의 확립 여하에 달려 있다고 본다. 맥그리거가 제시하고 있는 전통적 인간관(X이론)과 현대적 인간관(Y이론)의 주요한 가정은 다음 <도표 23>와 같다.[387]

---

387) Douglas McGregor, *The Human Side of Enterprise*, New York: McGraw-Hill, 1960, pp.30~34.

〈도표 23〉 맥그리거의 XY이론

X 이론	Y 이론
· 보통의 인간은 본래 일하기를 싫어하며 가급적 일을 회피하려고 한다. · 대다수의 사람들은 별로 야심이 없고 책임회피를 좋아하며 오히려 명령받기를 좋아한다. · 대다수의 사람들은 조직문제를 해결할 만한 창의력이 없다. · 동기부여는 생리적, 안전적 수준에서만 나타난다. · 대다수의 사람들은 엄격히 통제되어야 하며, 조직목표를 달성하도록 강제되어야만 한다.	· 일이란 조건이 허락하면 놀이나 휴식처럼 자연스러운 것이다. · 조직목표를 달성하려는 자기통제가 가능하다. · 대체적으로 인간은 조직문제해결을 위한 창의력을 갖고 있다. · 동기부여는 생리적·안전적 수준뿐만 아니라 친화, 자존, 자기실현의 수준에서도 나타난다. · 인간은 적절히 동기부여만 되면 일에 대하여 자율적이며 창조적이고 자기통제적이다.

X이론의 가정과 동기부여 방법은 명령·통제적 관리철학에 의한 것으로서 조직목표를 향한 자발적인 동기를 부여하는 방법으로는 부적당하다.

즉, X이론은 인간의 최소공분모(the least common denomination)에 기초하고 있으므로 이 이론은 이미 낮은 수준의 욕구를 충족하고 보다 높은 수준의 욕구를 추구하고자 하는 조직구성원들에 대한 동기부여방법으로는 적합하지 못하다.

한편 Y이론은 인간을 본성적으로 성장과 발전의 잠재력을 갖춘 행동주체로 보고, 인간에 대한 동태적 견해를 대표한다. 맥그리거에 의하면 모든 관리자는 인간에 대한 X이론식의 가정과 사고를 반성하고, Y이론에 입각한 관리방식으로 전환하여야 한다고 주장한다.

그러나 Y이론은 인간중심적 관리철학을 기초로 한 관리자의 행동노선을 제시해 주기는 하지만, 지나치게 이상주의적인 요소가 강하고, 또한 작업현장(on the job)에서 욕구충족을 간과하고 있다는 비판을 받는다.

맥그리거의 XY이론을 교회조직으로 적용시키는 데는 다음과 같은 이유에서 다소 물의가 따를 수 있다.

첫째, 교인을 하나님 안에서의 한 동아리로 보기보다는 서로 다른 두 부류의 인간으로 볼 수 있다는 것이다.

둘째는 Y이론에만 치우치게 되면 교회의 질서가 마비될 우려가 있으므로 교회의 헌법과 같은 실제적인 작용들이 무력화되어 버리기 쉽다는 것이다.

셋째, X이론을 강조할 때 교인들은 주로 자기의 의를 강조하는 바리새인적인 현상을 초래할 우려가 있다. 그러므로 교회조직에서 XY이론을 적용시키려면 먼저 담임목사가 초신자와 교회 직분자를 구별하여 교회직무를 맡기는 것이 바람직하다고 본다(딤전4:6 참조).

3. 리커트(Rensis Likert)의 관리체제이론

러커트는 관리체제의 유형을 착취적 권위형, 온정적 권위형, 협의적 민주형, 참여적 민주형으로 분류하고, 생산성이 높은 조직일수록 참여적 민주형에 가까운 관리체제를 갖는다고 한다.[388] 리커트의 관리체제이론은 다음 <도표 24>와 같다.

<도표 24> 리커트의 관리체제이론

관리체제 유형 조직의 변수	착취적 권위형	온정적 권위형	협의적 민주형	참여적 민주형
(리더십 : 상사가 부하에 대한 신뢰정도)	부하를 신뢰치 않음	주인이 머슴을 대하듯 특혜적 신뢰를 지님.	신뢰하고 있으나 충분치 못함.	부하를 전적으로 신뢰 함.
(의사결정 : 결정의 계층)	대부분 최고 관리층	정책은 최고 관리층, 주어진 부분은 하위층	전반적 결정은 최고관리층, 세부사항은 하위층	결정은 모든 조직 에서 다룬다.
(의사전달)	거의 없음.	조금 있음.	상당한 정도임.	매우 원활 함.
(동기부여)	공포,협박,처벌 및 때로는 보상	보상 및 간접적, 실제적인 처벌	보상, 처벌의 암시와 참여	참여를 통한 보상제도

착취적 권위형은 과업지향적(task oriented)이며 극히 구조화된 권위주의적

---

388) Rensis Likert, *The Human Organization*, New York: McGraw-Hill, 1967, pp.3~13; *New Patterns of Management*, New York: McGrqw-Hill, 1961, pp.222~236.

관리방법인데 반하여, 참여적 민주형은 팀워크(team work)에 기초를 둔 상호
신뢰적이고, 인간관계 지향적인 관리방법이다. 조직이 위기에 처해 있거나 또
는 단기적으로 급속한 생산성을 향상시키고자 하는 경우에는 착취적 권위형의
관리방법이 효율적일는지 모르나, 장기적인 관점에서 조직 구성원들로 하여금
조직목표에 기여하려는 의욕과 태도를 향상시키기 위해서는 참여적 민주형이
바람직한 것이다.

이러한 관리유형들은 목회자의 세계에서도 찾아볼 수 있다. 가장 바람직한
것은 성경에 근거한 조직관리 방식이지만, 목회방식을 보다 전문화하려고 할
때, 주로 온정적 권위형과 참여적 민주형의 중간형을 취하는 것이 중요하다.

왜냐하면 착취적 권위형은 거의 전적으로 성경의 교훈에 반하는 것이고, 교
회관리체제가 온정적 권위형에 치우치면 담임목사가 교회의 직분을 자신의 마
음에 드는 사람들에게 특혜로 임명하는 결과를 초래하게 되며, 또한 참여적 민
주형에 치우치게 되면 교회목표의 능률성을 저해하는 경우를 초래할 수 있다.

즉 어떤 결정을 하려 할 때 모든 교인의 참여를 위해 공동의회를 열어야 하
는데 매사 마다 공동의회의 결정에 의해 모든 결정이 이뤄진다면 교회는 성도
간의 교제와 하나님 말씀의 실천보다는 오히려 회의를 열다가 귀중한 시간을
허비하는 경우가 많게 될 것이다.

그러므로 협의적 민주형에 가깝게 교회관리를 운영한다면 담임목사에게도
결정권이 주어지고 또한 다른 부서의 장에게도 세부적인 문제에 대한 권한이
주어짐으로 보다 신속한 의사결정을 할 수 있게 될 것이다.

4. 오우치(W.Ouchi)의 Z이론

오우치(William Ouchi)는 미국의 경영방식을 A형, 일본의 경영방식을 J형,
그리고 미국기업에서 일본식 경영방식을 채택하는 것을 Z이론(Theory Z)라 부
르고 있다. 그는 위 두 나라의 기업관리 방식을 비교하면서 일본의 관리방식이
미국의 관리방식에 비해 조직의 생산성을 높이는 데 유리하다고 주장한다.

즉, 전통적인 미국의 조직관리 하에서는 극단적인 업무의 세분화로 종업원이
직장에서 보람이나 의미를 찾지 못하며, 단순히 종업원의 역할과 관리자의 역

할을 엄격히 분리함으로써 무기력증(powerlessness)을 초래하였다는 것이다.

또 종업원과 조직과의 관계는 단편적이고 단순한 계약관계에 있기 때문에 종업원의 귀속감이나 애사심이 미약하며, 업적평가가 빨리 이루어지고 승진이나 급여가 개인의 능력에 따라 현격히 달라지기 때문에 조직구성원 간에 협동을 확보하는 것이 어렵다는 것이다.

이와 같은 상황 하에서는 조직구성원들이 심리적 성공감을 얻기 어려우며, 이것은 결국 생산성이나 품질의 저하로 나타나게 된다는 것이 오우치의 주장이다.

이 이론을 교회조직에 적용시키는 데는 난점들이 많이 있다. 미국의 경영방식과 같이 너무 세분화된 전문성은 인간의 전 인격성을 해칠 우려가 있고, 또한 일본의 관리형태인 종신제 고용은 다분히 교회조직에서는 위험성을 지니고 있다. 하나님에 대한 사명과 직임은 평생직이지만 보이는 교회에 대한 담임권한은 평생직이 아니라 하나님의 필요에 따라 바뀔 수 있는 직분이다.

그러므로 일본의 조직관리 방식과 미국의 조직관리 방식 모두 문제점을 안고 있으므로 교회조직에 이 이론을 전반적으로 도입하는 것은 다소 문제가 있다. 교회의 관리는 오직 하나님을 향한 인간의 최선의 노력에 불과할 뿐이다. 그러므로 이러한 교회의 직분을 평생직으로 생각하여 담임목사가 교권을 자기 마음대로 행사하게 하는 것은 잘못된 것이다.

5. 통솔범위 이론

인간이 효율적으로 지도력을 발휘할 수 있는 데는 한계가 있다. 그래서 일반 조직이론에서는 통솔범위의 원리가 적용되고 있다. 통솔범위(span of control)란 한 사람의 상관 또는 감독자가 직접 효과적으로 통솔할 수 있는 부하의 수를 말한다. 그래서 교회성장의 차원보다 교회관리의 차원에서 교회인적관리의 능률화를 위하여 통솔범위를 적절히 규정하는 것이 필요하다.

통솔범위는 심리학적 개념인 주의력의 범위(span of attention)를 관리에 적용시킨 것이다. 따라서 통솔범위 이론은 인간의 능력에 한계가 있기 때문에 상관은 일정한 수의 부하를 통솔하여야 한다는 원리이다. 그런데 이러한 통솔의 범위를 얼마로 정해야 하느냐에 대해서는 학자들마다 여러 가지로 그 수를 제시하고 있다.

영국의 홀데인 위원회(Haldane Committee)가 건의한 바에 의하면 내각은 소수 인으로 구성하여야 한다고 주장하면서, 10명을 이상적으로 보고 12명을 초과해서는 안 된다고 보았다.

화욜(H.Fayol)은 한 사람의 상관이 통솔할 수 있는 적정부하의 수는 5명 내지 6명이라고 보았으며, 어윅(L.Urwick)은 상위책임자에 있어서 이상적인 부하의 수는 4명이며, 하위층은 8명 내지 12명이 좋다고 보았다.[389]

또한 프랑스의 관리이론가인 그레뀌나(V.A.Graicunas)는 계층제에서 상층부의 경우는 5명 내지 6명, 그리고 말단은 20명을 한도로 삼고 있다.[390] 그에 의하면 감독자(통솔자)와 피감독자(부하)간의 관계는 직접단순관계(direct single relationship), 교착관계(cross relationship), 직접집단관계(direct group relationship)의 셋으로 구성되어 있다고 한다.

직접 단순관계란 감독자와 피감독자 개개인과의 관계를 말한다. 즉, 피감독자(부하)의 수가 n이라면 직접단순관계의 수도 n이 된다. 교착관계란 피감독자 상호간의 관계를 말한다. 이 관계의 수는 n(n-1)에 의하여 표시된다. 직접 집단관계란 감독자와 피감독자들의 각 집단 간의 관계를 말한다. 즉 감독자가 고려하여야 할 총관계의 수(N)를 다음과 같은 수학적 공식으로 도출하였다.

$$N = n (2^n/2 + n-1)$$

따라서 이 공식에서 n(부하직원의 수)이 증가함에 따라 N(부하와 상사의 관계)이 기하급수적으로 증가한다는 것을 알 수 있다. 이 공식을 교회조직에 적용시켜 본다면 다음과 같이 될 수 있다.

$$N = n (2^n/ 2 + n-1)$$
범례 : N= 총 업무관계의 수. n= 부교역자의 수

여기에서 한 명의 담임목사가 관리할 수 있는 업무관계의 수와 관련하여 볼

389) Lyndall Urwick, 'Axioms of Organizations,' *Public Administration Magazine*, London, October 1955, pp.348~349.
390) V. A. Graicunas, 'Relationship in Organization', In Gulick and Urwick (ed.), *Papers on the Science of Administration*, New York: The Institute of Public Administration, 1937, pp.183~187.

때, 한 명의 담임목가 4명의 부교역자를 관리할 때 담임목사의 총업무관계의 수가 44개, 10명의 부교역자가 있을 때는 5,210개, 12명의 부교역자가 있을 때는 24,708개가 된다.

인간의 능력을 고려할 때 이상적인 관리능력은 5,000개의 업무관계를 다룰 수 있을 것이다. 그 때에 이상적인 최대 부교역자의 수는 약 10명으로 잡아 볼 수 있을 것이다. 이것을 그림으로 나타내면 <그림 13>과 같다.

<그림 13> 교회 조직 구조의 통솔 범위

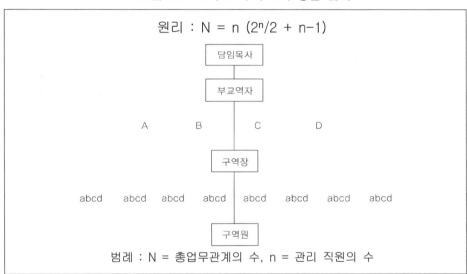

따라서 통솔범위 이론에 근거하여 한 명이 통솔할 수 있는 이상적인 범위를 4~12명 정도로 하고, 가장 이상적인 수를 10명으로 보았을 때, 교회조직은 주로 3 단계로 나눠져 있으므로 한 명의 담임목사가 이상적으로 통솔할 수 있는 최대 교인 수는 약 1,000명이 된다.

즉 부교역자 10명에 각 부교역자가 10개 구역을 관리하고 각 구역장은 10명의 구역원을 각각 관리한다고 볼 때의 예이다. 그러나 인간이 이상적인 관리범위를 넘어선 최대의 능력은 20명까지 가능하다고 본다면, 이때 한 명의 담임목사가 관리할 수 있는 최대의 능력은 8,000명이 될 수 있다. 구체적으로 살펴보면 다음과 같다.

　① 최소는 64명(4명의 부교역자, 각 부교역자에 4개의 구역담당, 각 구역장
　　에 4명의 구역원)

　② 최대한계능력은 8,000명(20명의 부교역자, 각 부교역자가 20개의 구역담
　　당, 각 구역장이 20명의 구역원 담당)

　③ 이상적 최대 한계능력은 1,000명(5명의 부교역자, 각 부교역자가 10개 구
　　역담당, 구역장은 20명의 구역원 담당)

　그러나 주로 상층으로 올라가면서 수는 줄어든다고 볼 때 한 명의 담임목사
가 5명의 부교역자를 거느리고 각 부교역자가 10개 구역을 맡고 구역장은 20
명의 구역원을 관리한다고 할 때 담임목사가 통솔할 수 있는 이상적인 한계통
솔 범위는 1,000명이 된다. 그러면 이때에 만약 최대한계통솔능력을 넘어선
경우(8,000명 이상)는 카리스마적인 요인이 있다고 볼 수 있다. 그래서 카리스
마적인 요인을 더한다면 다음과 같은 공식이 나올 수 있다.

$$N = n \left(2^n / 2 + n-1 \right) + \alpha$$
범례 : α= 카리스마적인 요인

　이때 만약 부교역자가 적당한 구역장의 수가 주어졌는데도 계속 구역의 활동
이 저조하다면 동기부여에 문제가 있다고 볼 수 있기 때문에 동기요인을 보강
하여 주어야 할 것이다.

　그런데 부교역자가 적당한 구역장의 수를 배당 받았는데 계속하여 구역들이
활성화된다면 이때에 + α가 높다고 볼 수 있는데 이때는 구역장의 수를 다시
조절하여야 한다. 왜냐하면 카리스마적 요인이 높을수록 위험부담율 또한 높기
때문이다.

　즉 부교역자의 이동이 생기게 되면 구역들이 큰 상처를 입게 된다. 점조직의
세포분열과 같은 현상의 성장은 지도자가 움직이면 모든 조직원들이 심한 타격
을 받든지 아니면 함께 이동하게 될 위험성이 매우 높다고 볼 수 있다. 그러므
로 +α는 위험률 δ와는 비례함으로 $\alpha \propto \delta$과 같은 공식이 성립하게 된다.

제 3 절 교회 지도자의 리더십

옛 말에 양병십년 용병일일(養兵十年 用兵一日)이란 말이 있다. 병사를 키우는 데는 10년이 걸리지만 병사를 사용하는 데는 하루밖에 걸리지 않는다는 뜻이다. 다른 말로 하면 하루를 쓰기 위하여 10년을 준비한다는 뜻이다. 하루를 쓰기 위한 10년의 준비는 헛된 것이 아니다. 하나님의 사람은 하루를 쓰기 위하여 평생을 훈련하고 있다.

그러므로 교회의 리더십은 그리스도의 십자가 군병을 길러내는데 그 목적이 있다. 영국의 윔블던 테니스장은 일 년에 두 주간을 사용하기 위하여 일 년 내내 준비하고 가꾼다. 책임을 맡은 매니저는 한 해 동안 꾸준히 잔디를 관리하며 두 주간의 대회를 기다리는 것을 보람으로 여긴다. 그가 하는 일은 준비하는 일이다. 준비 그 자체가 교회복지 지도자에게는 의미 있는 일이다. 그 준비를 위하여 리더십에 대한 지식을 넓혀놓는 것이 필요하다.

1. 리더십의 개념

행정에 있어서 리더십이란 조직의 바람직한 목표를 달성하기 위하여 조직 내의 개인 및 집단의 의욕을 고취하고, 능동적인 활동을 촉진하며 조정하는 기술 및 영향력이라고 정의할 수 있다.[391] 즉 리더십이란 다른 사람에게 영향력을 행사하여 그들로부터 공동체의 목표달성에 기여할 수 있는 행동을 이끌어내는 과정이라고 볼 수 있다. 달리 말하면 모든 조직활동에 동기를 부여하고 촉진하여, 다양한 집단활동을 일정한 목표로 향하도록 일체감을 조성하는 기능이라고 볼 수 있다.

한 마디로 표현하면 조직목표 달성과정에 있어서 구성원들이 지니고 있는 주관적 입장을 기꺼이 변경케 하여 지도자가 제시하는 하나의 바람직한 방향으로 협조케 하는 기능이라고 할 수 있다. 뛰어난 지도자(Leader)의 특징으로는

---

391) 박연호, 「행정학 신론」(서울: 박영사), 1994, pp.530.

다음 <그림 14>와 같이, 지능, 지식과 전문적 능력, 타인 지배성향, 자신감, 열
정, 스트레스극복의 힘(즉 위기관리 능력), 도덕성과 정직, 성숙성 등이 골고루
갖추어진 지도자가 탁월한 리더이다.

<그림 14> 탁월한 리더십의 특징

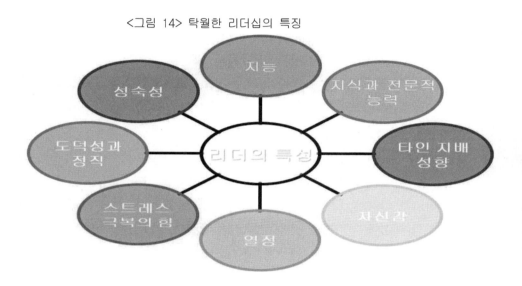

　따라서 담임 목회자 혹은 교회복지 지도자는 하나님께로부터 하나님의 양무
리를 일임 받은 작은 목자로서 양들을 잘 이끌어 푸른 풀밭, 잔잔한 물가로 인
도할 책임이 있다. 이런 맥락에서 현대 교인들의 높은 지식과 전문성을 잘 활용
하지 못한다면, 그것이 오히려 교회운영에 걸림돌이 될 수 있다. 그러므로 양들
로 하여금 그들의 주관적인 입장들을 예수 그리스도의 입장으로 바꿔 나가도록
지도자는 설득시키는 리더십이 필요하다.

2. 자질이론(Trait Theory)

　누가 지도자가 될 수 있는가에 관한 이론과 가설에 대해 아직도 많은 논쟁의
대상이 되고 있는데, 리더십 연구는 초창기에 '훌륭한 지도자는 남다른 특성이
있다'고 생각하여 그 지도자 개인의 특성을 추출하려고 노력하였다. 이를 리더십
의 자질이론이라고 한다.

다시 말해서 자질이론은 특정인이 특정자질을 갖고 있기 때문에 지도자가 될 수 있다고 생각하는 사고방식이다.

버나드(C. I. Barnard)는 인성적 자질과 능력의 측면에서 다음과 같은 것들을 리더십의 자질적 요소로 들고 있다.392)

① 박력과 지구력(vitality & endurance) : 이것은 어떠한 난관에서라도 목표를 관철하겠다는 강한 의지력을 말한다.

② 결단력(decisiveness) : 이것은 조직에 어려운 문제가 발생하였을 경우, 우유부단하지 않고 해결책을 단행하는 태도를 말한다.

③ 설득력(persuasiveness) : 이것은 다양한 사고와 행동을 이성과 성의를 가지고 꾸준히 납득시켜 합의를 구할 수 있는 능력을 말한다.

④ 책임감(responsibility) : 이것은 자기 판단 하에 명령과 지시를 내리고 그 결과에 대해서도 전적인 책임을 지는 용기를 가지고 있어야 함을 말한다.

⑤ 지적·기술적 능력(intellectual & technical capacity) : 이것은 올바른 사리판단을 위한 다방면의 지식과 분별력을 말한다.

그러나 이러한 자질론에 대해서는 다음과 같은 한계점이 제기되고 있다. 첫째, 과연 그와 같은 우수한 자질을 구비한 사람이 현실적으로 존재할 수 있는가, 둘째, 그 자질 중 우선순위를 결정할 수 있는가, 셋째, 자질이 풍부하더라도 상황에 따라 충분히 리더십을 발휘할 수 있겠는가 등이 그것이다. 이 이론을 교회조직에 적용시키는 것 또한 어렵다.

그러나 성경에 근거하여 볼 때, 지도자의 자격은 책망을 받을 것이 없으며, 한 아내의 남편이 되며 절제하며 근신하며 새로 입교한 자가 아니어야 한다(딤전 4:1~13)고 하였다. 따라서 경건한 성도 중에서 교회지도자가 나와야 한다는 의미로 요약할 수 있다

3. 행동이론(Behavioral Theory)

지도자 개인의 특성 추구에 실패하게 된 초창기의 리더십 연구는 점차 외부로

---

392) Chester I. Barnard, *Organization and Management*, Cambridge: Harvard University Press, 1948, pp.80~110; C. I. Banard, *The Nature of Leadership: Human Factors in Management*, New York: Harper, 1946, pp.23~26.

나타나는 지도자의 행동을 관찰하는 방향으로 진행되었다. 즉 성과와 이러한 성과를 내는 지도자의 행동양식 간의 관계를 규명하고자 하였다.

따라서 지도자의 행동에 착안하여 리더십의 유형(leadership style)을 연구의 대상으로 삼게 되었는데, 이러한 연구방향을 리더십의 행동이론이라고 부른다.

교회조직에서는 담임교역자의 행동이 지도력에 영향을 많이 미치고 있는 현실을 감안할 때, 행동이론은 목회에서 연구할 가치가 있는 분야라고 인식되지만, 이 이론을 교회조직에 그대로 적용시키는 데는 한계가 있다. 목회는 교인들 중심으로 교회를 관리하여 나간 다기보다는 하나님 중심으로 교회를 이끌어 가야 하기 때문이다.

4. 환경이론(Situational Theory)

이는 특정인이 처한 환경이 갖고 있는 요소가 리더십을 결정지어 준다는 사고방식이다. 즉 리더십은 그가 속하는 조직의 목표와 성격, 그 조직이 속하는 사회·문화적 성격과 유형 및 발전 정도 그리고 피지도자의 기대와 욕구 등의 산물이라고 보는 이론이다.

다시 말하면 리더십의 유효성이라는 관점에서 지도자가 처한 상황적 변수가 다르면 효율적인 리더십 유형도 달라진다는 주장이다. 그러나 이 이론 역시 이의가 제기되고 있다.

즉 이 이론이 주장하는 것처럼 상황이 리더십의 결정요인이라면 동일한 상황 하에서 다른 사람을 물리치고 어떤 특정인이 리더가 되는 이유를 명백히 해 주지 못하고 있다. 그럼에도 불구하고 이 이론은 교회조직의 특수성을 감안할 때, 매우 타당성이 있는 이론 중의 하나일 수 있다.

즉 농촌목회자와 도시목회자의 상황이 다르며, 또한 특수선교의 현실일 때는 더욱 달라질 수 있기 때문이다.

5. 추종자 중심이론(Follower Theory)

추종자 중심이론은 리더십의 결정요인이 추종자의 태도나 능력에 달려 있다고 보는 이론이다. 즉 지도자와 구성원과의 관계를 중심으로 지도자의 행동 스타일을 연구하는 이론이다. 그러나 이 이론의 한계는 지도자의 자질이나 상황 등을 도외시함으로 '교회조직이 어떠한 상태로 발전하겠는가?'하는 문제가 제기된다. 이 이론은 앞의 행동이론과 맥을 같이하고 있다고 볼 수 있다.

6. 상호작용 . 통합이론(Interaction Theory)

리더십은 어느 하나의 변수에 의해서 결정되는 것이 아니라 많은 여러 가지 변수, 즉 리더의 개인적 자질(trait), 그가 처한 상황(situation), 추종자(follower)간의 상호작용에 의해 결정된다는 이론이다.

따라서 이를 공식화시켜 보면 $L=f(t.s.f.)$ 로 표시될 수 있다. 그러나 이 이론 역시 너무 많은 변수를 결합하고 있어 세밀한 과학성을 결여하고 있다는 비판이 제기되고 있다.

7. 화이트(R.K.White)와 리피트(R.Lippitt)의 관계이론

리더십의 유형이란 조직이나 집단의 구성원에 대한 지도자의 전형적인 행동 방식을 뜻하므로 지도자의 성격 · 상황 및 목표 등의 요소에 의해서 다양하게 분류할 수 있다. 화이트와 리피트는 다음과 같이 리더십의 유형을 분류하고 있다.[393]

① 권위형(authoritarian type) : 지도자 자신의 판단이 최상이라고 생각하기 때문에 구성원의 의견은 받아들이지 않고 항상 자신의 욕망과 신념에 의하여 종업원의 복종만을 강요하는 형이다. 대부분 한국의 목회자들은 권위적인 성향을 많이 지니고 있다.

② 자유방임형(laisses-faire type) : 지도자 자신은 의사결정 등에 전적으로 관여하지 않고 수동적으로 행동하고 구성원들의 자의적 활동이 되게끔 하는 형이다. 이런 유형은 때때로 목회자들이 교회의 부흥을 위해 시도해 보

---

393) Ronald Lippitt and Ralph K. White, 'An Experimental Study of Leadership and Group Life', In Eleanor E. Macoby et al.(eds.), *Readings in Social Psychology*, New York: Holt, 1958, pp.406~511.

는 교회도 있다. 즉 담임목사는 교회치리를 장로에게, 그리고 교회의 심방
과 교육은 부교역자에게 일임하고 담임목사는 주로 주일 설교만을 담당하
는 경우도 있다. 이것은 교회의 담임자로서 책임성에 문제가 야기될 수도
있다.

③ 민주형(democratic type) : 의사결정 내지 업무활동에 있어서 집단참여
및 집단중심적이며, 지도자는 이에 적극적인 토의나 적절한 조언의 역할
을 하는 형이다. 이것은 교회조직 운영을 위해 보다 바람직한 유형이며
담임목사는 전 교인의 참여 속에 교회의 의사를 결정하고 교회의 목표를
수행하여 나가는 것이다. 그러나 앞에서의 지적과 같이 너무 지나친 참여
적 민주형은 오히려 교회의 특수한 사정 하에서 고려하여 볼 때, 하나님
의 목적에 다소 빗나갈 수 도 있다는 것을 인식해야만 한다.

8. 레딘(W.J.Reddin)의 3차원(3D-Theory) 이론

레딘은 2차원 유형의 '기본형'을 토대로 이 이론을 발전시켜 이른바 삼차원
유형(Third dimension model)을 제시하였다.[394]

즉 그는 네 가지의 기본형(관리형, 통합형, 분리형, 헌신형)으로부터 8가지의
삼차원 유형(수동형, 인화형, 독재형, 타협형, 관료형, 개발형, 선의독재형, 유인
형)으로 분류하였다. 이들 여덟 가지 유형의 특징을 보면 다음과 같다.

① 수동형(deserter) : 수동적이고 소극적인 평가를 받는 리더십 패턴이다.
② 인화형(missionary) : 인화 및 조화에 흥미를 갖는 리더십 패턴이다.
③ 독재형(autocrat) : 신뢰성이 없으며, 불유쾌한 평가를 받고 목전의 과업
에만 치중한다.
④ 타협형(compromiser) : 무능한 의사결정자로 평가받으며, 장기계획이 없
고 목전의 문제만을 해결하려는 리더십 패턴이다.
⑤ 관료형(bureaucrat) : 규칙과 절차에 따르고 양심적인 평가를 받는 리더
십 패턴이다.
⑥ 개발형(developer) : 신뢰성이 있는 평가를 받으며 구성원을 개발시키는

---

394) William J. Reddin, *Managerial Effectiveness*, New York: McGraw-Hill, 1970. p.230.

데 관심이 많다.

⑦ 선의독재형(benevolent autocrat) : 반발을 사지 않고 업무를 수행시킬 수 있는 경우이다.

⑧ 유인형(executive) : 훌륭한 동기를 유발시킬 수 있을 뿐만 아니라 구성원의 개인차를 인정하고 또한 팀워크에 의한 관리를 하는 리더십 패턴이다.

교회조직의 경우는 상황에 따라 다를 수 있겠지만 주로 선의독재형 혹은 유인형과 개발형, 그리고 가끔 관료형을 취하는 경우가 있다.

9. 피들러(F.E.Fiedler)의 상황이론

피들러는 지도자의 행동유형들이 상황변수의 중요성 여하에 따라 효과성이 판가름 된다고 보고, 그 상황에 따른 리더십 행동이 요구된다는 것이다.395) 그래서 그는 지도자의 리더십의 상황은 다음의 세 가지 요소로 구성된다고 본다.

① 지도자-구성원(leader-member) 관계 : 지도자가 집단구성원들로부터 받는 신임, 충성의 정도 및 지도자가 구성원들에 의하여 매력적인 인물이라고 인지되는 정도에 따라 효과성이 평가된다고 본다. 이러한 지도자와 구성원간의 개인적 관계는 소시오메트리나 집단분위기 척도에 의하여 측정된다. 특히 이것은 교회지도자에게 중요하게 작용되는 요인이다.

② 과업구조(task structure) : 이것은 과업이 상부로부터 주어진 정도에 따라서 지도자가 무엇을 해야 하고 누구에 의해서 무엇 때문에 해야 하는가를 결정할 수 있기 때문에 과업이 보다 구조화되어 있을수록 그 상황조건은 지도자에게 호의적이다. 이러한 과업의 구조화 정도는 목표의 명확성, 목표에 이르는 수단의 다양성 정도, 의사결정의 검증가능성, 의사결정의 특정성 등에 의해 측정된다. 주로 담임목사와 부교역자 사이에 이러한 관계유지는 필요한 것이다.

③ 지도자의 직위권력(leader's position power) : 이것은 지도자의 직위가 집단성원들로 하여금 명령을 받아들이게끔 만들 수 있는 정도를 뜻한다.

---

395) F. Fiedler and M. M. Chemers, *Leadership and Effective Management*, Glenview, Ill.: Scott, Foresman and Company, 1974, p.146.

따라서 권위와 보상, 그리고 처벌권 등을 가질 수 있는 공식적인 직위가
상황에 가장 호의적이다. 이러한 지도자의 직위권력은 지도자의 합법적
권력, 보상적 권력 등에 관한 항목에 의해 측정된다. 교회지도자의 권위는
오직 성경에 의해서만 주어질 수 있다.

그러므로 성경에 목회자의 어떤 행위에 대하여 권위를 상실하는 것을 규정하
고 있다면 인간적인 권위를 내세워 권력을 유지하려 하지 말고 성경의 권위에
순종하여야만 한다.

이상의 세 요소의 종합에 의해 지도자에 대한 상황의 호의성(favorableness
of the situation)이 결정된다. 여기서 상황의 호의성이란 그 상황이 지도자로
하여금 자기집단에 대해 영향력을 행사할 수 있게 하는 정도이다. 이 모형에서
는 세 요소의 결합방법에 따라 상황이 지도자에게 가장 호의적인 데서부터 가
장 비호의적인 데까지 많은 요소들이 나올 수 있다.

이 요소들 중 지도자에게 가장 호의적인 상황은 그 집단의 모든 구성원들이
그 지도자를 선호하고, 명확하게 정의된 직무를 지시할 수 있으며, 지도자가 강
력한 직위를 점하고 있는 상황이다. 이것은 교회지도자들이 곧바로 딤전
4:1~13, 디도서의 교훈을 올바로 인식해야 되는 것을 말해 주는 것이다.

10. 하우즈(Robert J.House)의 경로-목표 이론

하우즈(Robert J. House)는 에반스(M. G. Evans)의 연구를 발전시켜 동기부
여 이론 중 기대이론에 기초를 두고 경로-목표모형을 개발하였다.

이 모형은 지도자가 효과적으로 리더십을 발휘하기 위해서는 특정상황에 가
장 적절한 유형을 선택하여야 한다는 것이다.396) 그는 이러한 이론에 기초하여
네 가지의 리더십의 유형을 제시하였다.

① 지시적 리더십(directive leadership) : 이 유형은 Lippitt와 White 의 권
   위주의적 지도자 유형과 유사하다. 즉 구성원들은 자신들에게 기대되어지
   는 것을 정확히 알고 있고, 지도자는 구성원들에게 구체적인 지침을 제공

396) R. J. House, 'A Path-Goal Theory of Leadership', *Administrative Science Quarterly*,
    vol.16, 1971, pp.321-338.

하며, 구성원에 의한 참여는 이루어지지 않는다.

② 후원적 리더십(supportive leadership) : 이런 유형의 지도자는 구성원들에게 다정하며, 구성원들의 복지에 진실한 관심을 보여 준다. 그리고 구성원들 간에 상호 만족스러운 인간관계 발전을 강조한다.

③ 참여적 리더십(participative leadership) : 지도자는 구성원들이 문제에 대한 제안을 하도록 하며 이를 이용하지만 최종적인 결정은 아직도 지도자 자신이 한다.

④ 성취지향적 리더십(achievement-oriented leadership) : 지도자는 구성원들에게 도전적인 목표를 설정하고 그들이 이러한 목표를 능히 달성할 것이라는 확신을 보여 준다.

경로-목표이론에서는 동일한 지도자가 상황에 따라 실제로 네 가지 스타일을 자유로이 사용할 수 있다고 본 점에서, 리더십을 비교적 고정적으로 본 피들러의 이론과 차이가 있다. 이것은 교회의 리더십의 유형 중에서 가장 적당한 분류 중의 하나이다. 즉 교회의 상황에 따라서 성경에 어긋나지 않는다면 지도유형은 자유로울 수 있다는 것이다.

11. 섬김의 리더십 이론

교회복지 지도자의 리더십은 한마디로 섬김의 리더십 (Servant Leadership)이다. 예수님의 리더십은 마가복음 10장 45절에 "인자가 온 것은 섬김을 받으려 함이 아니라 도리어 섬기려 하고 자기 목숨을 많은 사람의 대속물로 주려 함이니라(For even the Son of Man did not come to be served, but to serve, and to give his life as a ransom for many.)"라는 말씀에 집약되어 있다.

'servant(섬김, 종, 하인)'는 인간의 본질이며 하나님의 긍휼을 닮은 사랑의 리더십을 말하는 것으로 성공과 성취를 목표로 한 리더십과는 달리, 리더의 자리에 있으나 다른 사람을 섬기는 것을 말한다. 예수님께서도 친히 제자들의 발을 씻기셨다. 그러나 제자들은 섬겨야할 상황이 다가오자, 정치적 판단, 문화적 상황에 따라 모두가 긍정적으로 반응하는 것은 아니었다.

그러나 정치적, 문화적으로 받아들이기 어려운 상황에서도 진정한 섬김은 변화를 가져온다. 그 섬김을 수용하고 그 섬김에 반응하는 사람들이 있다. 예를들면 제중원(濟衆院)397)을 세운 의료선교사, 호러스 뉴턴 알렌(Horace Newton Allen, 1858년 4월 23일 ~ 1932년 12월 11일)이 그의 동역자 헤론(John W. Heron)과 함께 1886년 미국 북장로회 해외 선교 본부에 제출하기 위해 작성한 《조선정부병원 제1차년도 보고서》에 따르면, '제중원은 개원 이래 첫 1년 동안 10,460명의 환자를 진료했다'고 했다. 이들 북미 선교사들의 헌신과 사랑은 오늘날 모든 한국인의 감사와 존경을 받고 있다. 호주호스피스협회 제9기 자원봉사자 교육(2024.4.)에서 대구동산병원 책임원목으로 계신 오정윤 목사의 탁월한 섬김의 리더십의 12가지 특성에 대한 강의를 살펴보면 다음과 같다.

(1) 사랑(Love-Agape)

①사랑은 리더십의 자양분이다. ②사람은 사랑으로 산다. ③리더는 참된 우정이 있어야 한다. ④ 아가페 사랑에 대한 성경구절은 성경전체의 맥락에서 찾아 볼 수 있다. (요한1서 4:7~8/ 고린도 전서 13:4~8/ 누가복음 6:27~34/ 마태복음 22:37~39). ⑤ 내가 속한 공동체 사람들에게 사랑을 표현하라.

(2) 겸손 (Humility)

① 능력과 지식을 겸손의 바구니에 담아라. ② 겸손한 리더의 생명력은 길다. ③ 겸손은 하나님께서 사용하시는 최우선 자격조건이다. ④ 예수님의 겸손에 대한 대표적인 성경구절은 (빌립보서 2:2~3)이다. ⑤ 겸손을 실천할 때에 원칙: 첫째, 자신이 무지하다는 것 인정하라. 둘째, 자신에 대해 너무 심각하게 생각하지 마라. 셋째, 경외하는 마음을 가져라. 넷째, 실패를 두려워하지 마라. 다섯째, 자신보다 다른 이들을 먼저 생각하라.

---

397) 1885년 조선 정부가 최초로 설립한 서양식 교육병원으로 미국북장로회와 에비슨이 국립병원 제중원을 수탁 운영하기 시작한 후, 에비슨은 개인적으로 의학도들을 모아서 의학교육을 시작하였다. 이후 1899년 안식년을 맞은 에비슨이 미국의 대부호 세브란스 (L.H. Severance)로부터 교육에 필요한 자금을 마련하여 1900년 9월 제중원의학교를 정식으로 설립하고, 보다 본격적으로 의학교육을 시작했다.

(3) 경청 (Listening)

① 경청은 소통의 지혜이다. ② 경청은 섬김의 지도자 성품의 핵심이다.
③ 경청은 생각과 마음에 귀 기울이는 것이다. ④ 경청은 내적 치유의 첫걸음
이다. ⑤ 경청에 관한 성경구절은 야고보서 1:19이 대표적이다. ⑥ 경청의 종류
에는 몇 가지가 있다. 첫째, 판단하며 듣는 사람, 둘째, 질문하며 듣는 사람, 셋
째, 조언을 하며 듣는 사람, 넷째 감정이입을 하며 듣는 사람 등이 있다.

(경청지수 채점하기: 나는 100점 만점에 몇 점일까?)
① 남의 말을 들을 때 남의 이야기를 끊지 않고 끝까지 듣는 편이다( )
② 누군가 나에게 말할 때 내가 다음에 말할 내용을 생각하지 않는다( )
③ 남의 말을 들을 때 나는 내가 듣고 싶은 내용에만 집중하지 않는다( )
④ 상대방의 말의 내용을 잊어버렸을 때 다시 말해달라고 부탁하는 편이다()
⑤ 누군가 나에게 말할 때 자신의 경험과 연관시키지 않고 객관화한다( )
⑥ 누군가 나에게 말할 때 나는 몸짓과 표정을 통해 반응하는 편이다( )

(4) 공감 (Empathy)

① 공감은 가슴으로 듣는 것이다. ② 공감은 바이러스처럼 전염된다.
③ 공감은 리더십을 표현하는 도구이다. ④ 공감은 주님의 마음으로 깨닫는
   것이다.⑤ 공감에 관한 성경구절은 빌 2:5~11 말씀을 참조하자.

(공감지수 채점하기: 나의 공감능력은 어느 정도일까?)
① 남의 이야기를 들을 때 남을 이해하려고 노력하는 편이다( )
② 공감을 표현할 수 있는 방법들을 알고 있는 편이다( )
③ 다른 사람의 이야기를 들을 때 상대방의 이야기나 감정을 공감하지
   못하게 하는 요소를 제거하고 듣는 편이다( )
④ 상대방의 이야기를 들으면서 상대방이 울 때 함께 울며, 웃을 때 함께
   기뻐하는 편이다( )
⑤ 팀원이 겪고 있는 어려운 일들을 듣게 되었다. 그를 만나 그에게 무슨 일이
   있었는지를 이해하는 마음과 그에게 해줄 수 있는 말을 하는 편이다( )

(공감 배우기: 공감지수가 낮다면 개선하여 볼까?)

① 시선이나 자세를 상대방 쪽으로 향한다. 부드럽고 부담 없는 시선으로 응시하며 자세를 상대방 쪽으로 약간 기울인다. ② 처지를 바꾸어 본다. 상대방의 처지가 되어 그럴 수밖에 없는 이유가 무엇인지를 찾는다. (Get into one's shoes. 먼저 자신의 입장을 이해한다.) ③ 말의 내용뿐 아니라 내면의 감정에 주의를 기울인다. 겉으로 표현된 말뿐 아니라 그 속에 담겨 있는 동기나 욕구와 감정을 탐색한다. ④ 의문점이 있으면 질문한다. 그래야 관심을 기울이고 있는 것을 상대방이 알 뿐 아니라 공감 수준도 깊어진다. ⑤ 판단하지 않는다. '옳다, 그르다', '착하다, 악하다'와 같이 상대방을 평가하거나 판단하지 말고 상대방이 느끼고 행동하는 것 자체를 공감한다. ⑥ 선입견이나 편견에서 벗어난다. 상대방의 과거, 전해 들었던 말, 신체적 특성 등에 의한 선입견과 주관적인 판단에 좌우되지 않고, 상대방이 '지금, 여기'에서 느끼고 행하는 바가 무엇인지 초점을 맞추어 듣는다. ⑦ 결점이나 문제점 보다 감추어진 장점과 잠재력을 찾는다.

(5) 치유 (Healing)

① 치유는 변화시키고 통합하는 힘이다. ② 상처를 치유하는 해독제는 용서이다. ③ 치유에 관한 성경구절은 골로새서 3장13절 " 누가 누구에게 불만이 있거든 서로 용납하여 피차 용서하되 주께서 너희를 용서하신 것 같이 너희도 그리하고." 라는 말씀을 생각한다. ④ 빈 의자 기법을 활용하여 "사람은 누구나 빈 의자를 남긴다." 라고 한다.398) ⑤ 용서를 구하는 사람들과 환경들을 생각해보고 그들을 향해 용서의 기도를 하라.

(6) 인식 (Awareness)

① 자기 인식은 건강한 공동체를 이끄는 힘이다. ② 섬김의 지도자에게 구성원은 소중한 존재이다. ③ 인식은 하나님과의 관계 속에서 이해되어야 한다.

---

398) 호주 시드니 스트라스필드에 위치한 Retirement Village, Marian Court Unit, (은퇴한 수녀님들이 거주하는 곳) 뒤뜰에 놓여 진 빈 의자에 이런 글귀가 적혀 있다. "IN LOVING MEMORY OF BRIAN McNALLY. "I want to find a quiet place to sit with you a while, to talk about the happy times and hope that makes you smile." ("브라이언 맥널리를 추모하며. "저는 당신과 함께 앉아서 행복한 시간과 당신을 웃게 만드는 희망에 대해 이야기할 조용한 장소를 찾고 싶습니다.")

'인간의 힘'보다 '하나님의 계획과 역사'를 인식하고 하나님을 의뢰하는 삶을 살아갈 때 두려움, 불안, 걱정에서 벗어날 수 있다는 긍정적 자기 인식을 하라. ④ 인식에 관한 성경구절은 마태복음 5:14~16 " 너희는 세상의 빛이라. 산 위에 있는 동네가 숨겨지지 못할 것이요 사람이 등불을 켜서 말 아래 두지 아니하고 등경 위에 두나니 이러므로 집 안 모든 사람에게 비치느니라. 이같이 너희 빛을 사람 앞에 비치게 하여 그들로 너희 착한 행실을 보고 하늘에 계신 너희 아버지께 영광을 돌리게 하라."를 기억하라.

(7) 설득 (Persuasion)

① 설득은 삶을 이끄는 대화이다: 수직적 관계보다는 수평적 관계에서, 지시와 명령보다는 대화와 담론을 통해서, 일방적이고 독단적인 실행력보다는 조직의 통합과 목표 실현을 기대하는 합리적인 체계가 필요하다. ② 원활한 의사소통인 설득은 진심으로 이르는 통로이다. ③ 설득에는 훈련이 필요하다: 미묘한 감정의 흐름을 파악. 서번트 리더는 파트너 십(partnership)을 느끼게 하며, 팀원들이 스스로 의사결정 할 수 있도록 돕는다. 그것이 설득의 과정인 것이다. ④ <빌레몬서>를 통해 본 설득의 리더십을 살펴보자. 첫째, 바울은 빌레몬의 노예인 오네시모를 주인과 종으로 설정하지 않고 동등하게 대우한다. 둘째, 바울이 호소하는 도입부분은 오네시모를 칭찬함으로써 읽는 사람인 빌레몬이 긍정적으로 결정 할 수 있도록 돕고 마음의 문을 열게 한다. 셋째, 오네시모에 대한 빌레몬의 선처가 필요한 이유를 신앙적으로 거론하며, 그가 긍정적인 판단을 내리도록 유도하고 있다. 다시 한 번 빌레몬의 결단을 요청하면서 바울의 설득은 절정에 이른다. 넷째, 바울은 다른 사람과 일할 줄 아는 넓은 아량과 포용력을 지니고 있었다. 명령하고 지시하기보다 설득하는 대화법을 활용했다. 다섯째, 바울은 자신이 로마 가옥에 갇혀 있을 때 빌립보 교인들을 돌아볼 디모데를 대신 보내며 자신과 같이 대우해 줄 것을 간절히 설득하여 빌립보 교인들을 크게 고무시킨 적이 있다.

(8) 비전 (Conceptualization)

① 리더십은 비전을 보여주는 능력이다. ② 비전은 창조이며, 과정이자, 실행이다. ③ 큰 그림을 그리고 보여주는 비전 리더십의 방정식을 살펴보면 다음과

같다. Result (결과) = Vision (비전) * Doing (행함) ④ 하나님의 비전을 품어라. 첫째, 섬김의 지도자는 자신의 비전이 하나님에게서 온 것인지, 아니면 자신의 생각과 기대에서 온 것인지를 구별해야 한다. 둘째, 인간의 비전은 자신을 기쁘게 하는 것에 기반을 두나 하나님의 비전은 하나님을 기쁘게 하는 것을 반영한다. 셋째, 인간의 비전은 한계를 넘어서려고 힘들게 하지만, 하나님의 비전은 겸손과 순종으로 우리를 이끈다. 넷째, 비전은 가슴에서 가슴으로 전파되는 희망의 불씨이다.

우리가 비전(VISION)을 세울 때 고려할 사항은 'V-I-S-I-O-N'의 머리 글자 (Initials)를 따라서 다음과 같이 해석해 본다.

V (Valuable): 가치 있는 것인가 I (Inspired): 생각하면 흥분되고 고무 되는가 S(Specific): 달성하고자 하는 바가 구체적인가 I(Illustrate): 구체화시켜 설명할 수 있는가 O(Obtainable): 노력하면 달성할 수 있는가 N(Need): 진정으로 원하고 필요한 것인가?

(9) 예지력 (Foresight)

① 예지력은 앞을 내다보는 힘이다. 리더로서 팀과 팀원, 주위 사람들에 대한 깊은 사랑과 관심, 진정한 인식이 뒤따른다면 예지력은 강화된다. ② 믿음이 있을 때 발휘되는 예지력: 장기적인 안목이 필요한 프로젝트에 대해 예지력이 발휘되어야 한다. 리더로서 자신의 예지력에 대한 믿음이 없다면, 그 계획은 무의미하며 실행할 수 없을 것이다. ③ 예지력은 하나님이 주는 은사이다: 공동체에서 중요한 사안을 놓고 기타 모든 사안을 적용한 다음에 지혜로운 사람이 분별력과 겸손, 통찰력, 공정함과 올바름으로 분명한 방향을 제시한다면 얼마나 좋겠는가? 하지만 이처럼 지혜로운 사람을 만나는 일은 드물다. ④ 여호수아와 갈렙: 가나안 땅을 바라보는 예지력은 하나님께 초점을 맞추는 능력이었다. ⑤ 예지력을 발휘하는 일은 조직의 성장과 발전에 결정적으로 중요하다. 성경이 우리에게 말한 바와 같이, 우리가 미래에 대한 계획을 세울지라도 우리의 발걸음은 주님께서 지도하신다. ⑥ 공동체를 이끌고 관리하는 협력관계에서의 리더는 자신의 공동체가 맞이하게 될 갖가지 도전들을 확인하고 앞을 내다보며 행동하는 사람이 되어야 한다.

(10) 청지기 의식 (Stewardship)

① 청지기 의식은 대신 맡아 관리하는 섬김의 정신이다. ② 청지기 의식이 뛰어난 리더는 인격적이다. ③성경구절: 누가복음 12:42 "주께서 이르시되 지혜있고 진실한 청지기가 되어 주인에게 그 집 종들을 맡아 때를 따라 양식을 나누어 줄 자가 누구냐." ④청지기 의식은 어떤 의사결정이나 행동을 할 때 그 결과가 팀원에게 미치는 영향을 먼저 고려하는 태도와 행위로 서번트 리더의 가장 기본적인 자세이다. 청지기 의식은 다른 누군가를 대신하여 무엇인가를 맡아 관리하는 것이다.

(11) 성장지원 (Commitment to the Growth of People)

① 따르는 사람이 없는 리더는 리더가 아니다. 섬김의 지도자는 독창을 하는 것이 아니라 오케스트라를 연주하는 지휘자와 같아야 한다. ② 서로 보완하고 수정하는 리더와 동역자가 되어야 한다. ③ 따르는 법을 알지 못하면 좋은 리더가 될 수 없다. ④ 모세와 여호수아를 섬긴 갈렙의 리더십을 배우자. ⑤ 섬김의 지도자로서 당신은 구성원의 지속적인 성장에 친밀한 관심을 기울여야 한다.

(12) 공동체 구축 (Building Community)

① 진정한 공동체 구축이 시너지 효과를 가져 온다. ② 좋은 '섬김'은 바르게 '세움'이다. ③ 공동체의 지속적인 변화 과정을 창조해야 한다. ④ 사랑의 공동체를 위한 성찬의 의미이다. ⑤ 공동체 구축에 관한 성경 구절은 에베소서 4장 16절 "그에게서 온 몸이 각 마디를 통하여 도움을 받음으로 연결되고 결합되어 각 지체의 분량대로 역사하여 그 몸을 자라게 하며 사랑 안에서 스스로 세우느니라." 이다. ⑥ 내가 속한 공동체의 본질은 무엇인가?

제 3장 현상적 교회복지 현실과 과제

제 1 절 한국의 종교별 교세 현황

1. 코로나 사태 전·후 교세 현황

2011년 문화체육관광부 한국종교현황 자료에 의하면, 전체 인구의 53.08% 가 종교인으로 나타났다. 2011년에 개신교 내 교단 수는 232개(이단 및 미완료 집계 교단 114개 포함)이며, 개신교회 수는 77,966개, 개신교 목회자 수는 140,483명으로 파악되었다.[399] 2005년 통계조사에 따르면, 개신교인 수는 8,616,438명(안식교 2,201,868, 여호와증인 99,103, 그 외 이단 포함)이다. 이 통계자료에서 미집계된 개신교단이 114개나 되고 신도수에서도 다수의 이단이 포함되어 있으므로 자료의 기준에 의문이 가지만 그러나 센서스에서 자신이 분명하게 기독교라고 표시한 사람을 기준으로 통계를 내었으므로 통계수치 자체에는 신빙성이 높다고 볼 수 있다.

코로나 사태 이후 2024년 12월 11일에 문체부의 "종교인구 현황과 종교활동"에 대한 "종교인식조사" 자료를 살펴보면 다음과 같다.[400]

한국리서치 정기조사 '여론 속의 여론'은 2018년 1월에 처음 조사를 시작했다. 2019년 2월까지는 월 1회, 그 이후부터는 격주 1회 조사를 진행하고 있다. 매 조사에서 믿는 종교가 있는지, 있다면 무엇인지를 물어보고 있다. 2018년 이후 주요 종교별 종교인구 비율은 큰 변화 없이 유지되고 있다. 개신교 20%, 불교 17%, 천주교 11%, 믿는 종교 없음 50% 내외 이었다.

2024년 1월부터 11월까지 진행한 22번의 조사결과(각 조사별 1,000명, 총

---

399) 이단 (여호와의 증인, 제칠일안식교 등)을 포함하고 있으며, 집계되지 않은 교단이 114개나 되지만 정부의 공식적인 통계자료이므로 본 연구에서는 이 자료를 사용한다. (한국의 종교현황, 문화체육관광부, 2012.3)

400) 이동한, [2024 종교인식조사] '종교인구 현황과 종교 활동' 2024년 12월 11일 (문화체육부) 조사일시: 2024년 11월 22일~11월 25일 조사기관: ㈜한국리서치(대표이사 노익상)

응답자 수 22,000명)를 종합해 2024년 종교 인구를 추산해 보면, 전체 인구의 20%가 개신교를 믿고 있으며 불교를 믿는 사람은 17%이다. 천주교를 믿는 사람은 11%, 기타 종교를 믿는 사람은 2%이다. 그리고 전체 인구의 51%는 믿는 종교가 없다. 이는 2023년 '여론 속의 여론' 조사를 종합해 추산한 종교 인구 현황과 동일한 결과이다. 2024년 종교인구 비율은 개신교 20%, 불교 17%, 천주교 11%, 종교 없음 51% 이었다.

   2018년 처음 시작한 '여론 속의 여론' 조사 결과를 기준으로 연간 종교 인구 추이를 살펴보면, 개신교와 불교, 천주교 종교 인구 모두 큰 변화가 없다. 2019년 이후 개신교 신자의 비율은 전체의 20%, 불교 신자의 비율은 17%, 천주교 신자의 비율은 11%를 유지하고 있다. 믿는 종교가 없는 사람의 비율 역시 50% 내외 수준을 유지하고 있다. 개신교, 천주교, 불교 모두 연령대가 높을수록 신자 비율도 증가하였다. 18-29세 10명 중 7명(69%)이 '무교', 70세 이상에서는 30%만이 '무교'이었다.

   세대와 성별, 지역별 종교인구 현황을 살펴보면, 남성은 개신교(18%), 불교(16%), 천주교(10%) 순으로 많고 55%는 믿는 종교가 없다. 여성 또한 개신교(22%), 불교(17%), 천주교(12%) 순으로 많고 47%는 믿는 종교가 없다. 남성보다는 여성의 종교 인구 비율이 높다.

   개신교와 천주교, 불교 모두 연령대가 높아질수록 신자의 비율도 높아진다. 각 연령대별 개신교 신자 비율은 13%(18-29세) → 16%(30대) → 20%(40대) → 20%(50대) → 23%(60대) → 29%(70세 이상)이다. 불교 역시 8% → 11% → 14% → 20% → 23% → 22%로 연령대가 높아질수록 신자의 비율이 높아지며, 천주교도 7% → 9% → 9% → 9% → 14% → 18%로 높아진다. 반대로 믿는 종교가 없는 사람의 비율은 연령대가 낮아질수록 높아지는데, 18-29세에서는 10명 중 7명(69%)가 믿는 종교가 없는 반면, 60대에서는 38%, 70세 이상에서는 30%만이 무교이다.

   종교 인구가 고령화되면서, 각 종교에서 고령층 신자가 차지하는 비중도 높다. 전체 신자 중 60세 이상 신자 비율만 놓고 보면 천주교 47%(60대 23%, 70세 이상 24%), 불교 44%(60대 24%, 70세 이상 20%), 개신교 41%(60대 20%, 70세 이상 21%)이다. 신자 10명 중 4명 이상이 60세 이상 고령층인 것으로, 전체 인구에서 60세 이상이 차지하는 비율(32%, 60대 17%, 70세 이상

15%)을 크게 웃돈다. 반대로 전체 신자 중 2·30대 청년이 차지하는 비율은 개신교 23%(18-29세 11%, 30대 12%), 천주교 22%(18-29세 10%, 30대 12%), 불교 18%(18-29세 8%, 30대 10%)로, 전체 인구에서 2·30대가 차지하는 비율(31%, 18-29세 16%, 30대 15%)에 미치지 못한다.

　만 18세 이상 전체 인구에서 남녀 구성비는 49:51로 거의 비슷하지만, 개신교와 천주교 신자의 성비는 각각 45:55로 여성이 더 많다. 불교는 이보다 덜하지만, 역시 47:53으로 여성 신자의 비율이 높다. 반면 믿는 종교가 없는 사람의 성비는 53:47로 남성이 여성보다 높다. 요약하자면, 3대 종교 모두 남성 및 젊은 층의 신자 수를 더 늘려야 하는 공통적인 과제를 갖고 있는 가운데 불교는 수도권, 개신교와 천주교는 비수도권에서의 교세 확장이 필요한 시점이다.

　개종률을 종교별로 살펴보면, 1년 전인 2023년 11월에 개신교 신자였던 사람 중에서는 8%가 현재는 무교이며, 1%는 다른 종교로 개종하였다. 1년 전 천주교 신자였던 사람 중에서는 5%가 신앙을 잃었고, 2%는 다른 종교로 전향했다. 1년 전 불교 신자였던 사람 중에서는 10%가 현재는 믿는 종교가 없으며, 2%는 불교 외에 다른 종교를 믿는다.

　종교가 있는 사람의 31%는 매주 종교 활동 참여하였다. 종교가 있지만 종교활동에 참여하지 않는 사람은 감소 추세이었다. 현재 믿는 종교가 있는 사람 중 31%는 예배나 미사, 불공 등 종교활동에 매주 참여한다. 이는 지난해(29%)와 큰 차이 없이 비슷한 수준이다. 반면 한 달에 1번미만으로 참여하는 사람은 21%, 아예 종교활동에 참여하지 않는 사람은 19%로, 종교가 있는 사람 10명 중 4명 정도가 종교활동에 사실상 무관심하다. 다만 종교활동에 무관심한 사람은 감소 추세인데, 종교활동에 한 달에 한 번 미만 참여하는 사람은 2021년(26%) 이후 매년 소폭 감소하고 있으며, 종교활동에 참여하지 않는 사람의 비율도 2021년(24%)보다는 5%포인트가 줄었다. 코로나19의 영향에서 벗어나며, 종교활동 참여 빈도 또한 조금씩 늘어나고 있는 것으로 해석된다.

　매주 종교활동에 참여하는 신자의 비율, 개신교 55%, 천주교 27%, 불교 4% 천주교 신자 31%, 불교 신자 19%, 개신교 신자 10%는 '종교활동에 참여하지 않는다.' 이들 결과를 종합하면, 개신교 신자는 다수가 종교활동에 적극적으로 참여하고 있다. 천주교 신자는 자주 참석하는 사람과 전혀 참석하지 않는 사람이 양분되어 있으며, 불교 신자는 대부분이 종교활동 참여에 소극적이다.

3대 종교 중, 개신교 신자의 인식 변화 폭이 크다. 개신교 신자 중에서는 81%가 본인의 삶에서 종교활동이 중요하다고 평가한다(매우 중요 38%, 중요한 편 44%). 이는 지난해(70%)보다 11%포인트 증가한 결과이며, 천주교 및 불교 신자와 비교해서도 높은 것이다. 천주교 신자 중 종교활동이 삶에서 중요하다는 평가는 53%(매우 중요 12%, 중요한 편 42%)로 지난해(52%)와 비슷한 수준이며, 불교 신자 중에서는 33%만이 종교활동이 중요하다고 답했다. 다른 종교 대비 낮은 수준이 지속되고 있다. 매우 중요 4%, 중요한 편 29% 이라고 했다.

2. 5대 장로교단별 복지시설 현황

본 연구 자료는 대표적인 5대 장로교 교단을 중심으로 살펴 보았다. 그러나 코로나 사태 이후에는 개폐현상의 매우 높아 통계가 불분명하다. 대략적으로 코로나 사태 이전 복지시설의 추이자료가 현황파악에 도움이 될 것이다 . 2005년의 보건복지부 통계자료에 따른 장로교 교단별 복지시설분야 현황을 보면 <도표 25>과 같다.

<도표 25> 2005년 장로교 교단별 복지시설분야 현황

구분	종합복지관	아동	청소년	모자	장애인	부랑인	노인	시설합계
예장합동	1		1				7	9
예장통합	5	1		3	1		13	23
기독교장로회	2		5					7
합계	8	1	6	3	1		20	39

자료: 보건복지부 통계자료,「주요 교단 전국 복지시설 현황」, 2001-2004

이와는 별도로 본 연구에서 2013년 6월 7일-23일까지 본 저자가 직접 총회본부에 전화설문조사를 실시한 결과는 <도표 26>와 같다. 고신총회 본부에서는 통계자료가 없다고 하여 유보하기로 하였다. 실제로는 개 교회에서 사회복지시설을 운영하는 경우와 성도 개인이 운영하는 복시시설의 경우는 제외 되었으므로 이 자료를 보편적인 자료로 활용하기에 한계가 있다. 그러나 이 자료는 장로교단의 분야별 복지사업에 대한 방향성을 점검하는데 유용하다고 볼 수 있다.

<도표 26> 2013년 6월 장로교 교단별 복지시설분야 현황

구분	종합지역 복지관	영유아 아동 청소년	가정 모자	장애인	부랑인	노인	시설합계
합동	1	21		2	5	17(기타 10)	56
통합	5	15	10	12	-	52	94
기장	52	16	8	11		기타(27)	114
고신							현황 미파악
대신	1	9	1		기타(2)	1	14
합계	59	61	19	25	7	107	278

 * 자료: 개 교단 총회본부에 전화조사 (2013.6.7~6.23)
 * 참조: 교단에 보고되지 않는 시설과 개교회 자체에서 운영하는 미등록 사업체는 제외

위의 두 도표<도표 25>과 <도표 26>를 종합해 볼 때 약 10년 사이에 장로교는 2005년도에 총 복지시설이 39개에서 2013년에는 278개로 증가하였으므로 복지에 대한 관심도가 무척 높았다고 볼 수 있다.

세부적으로 볼 때 합동측은 영유아 청소년 복지 분야가 2005년에 1개소에서 21개소로 증가하여 아동 청소년 복지 분야에 관한 관심이 매우 높았고, 통합측은 노인복지분야에서 2005년에 13개소에서 2013년에 52개소로 증가하여 노인복지분야에 많은 관심을 보였다.

반면에 기장 측에서는 종합지역복지관 분야에서 2005년에 2개소에서 2013년에는 52개로 크게 증가하였으므로 종합복지관의 유형에 관심이 집중되고 있음을 알 수 있다. 대신측은 대체로 타 교단에 비하여 복지 분야에 대한 관심도가 약한 편이지만 다른 복지 분야보다 아동청소년 분야에 관심을 갖기 시작하였다고 볼 수 있다.

이러한 결과를 토대로 하여 각 교단의 성향을 정확히 말하기는 다소 무리는 있지만, 일반적인 각 교단의 성향에 따라 분석에 보면, 보수(합동, 고신, 대신), 중도 혹은 정통(통합), 진보(기장)로 분류된다고 볼 때, 보수적인 장로교단에서는 주로 아동 청소년복지 분야에 많은 관심을 갖고 있고, 중도적인 성향에서는

노인복지 분야에 더 많은 관심을 가졌으며, 진보적인 성향에서는 종합복지관의 유형으로 발전해 나가고 있다.

결론적으로 본 연구에서 제시하는 것은 장로교의 보수와 진보 진영이 연합하여 복지시설들을 공유하면서 운영한다면 한국 사회 전체의 복지를 아우를 수 있을 것으로 사료된다.

기독교가 타 종교에 비하여 복지 분야에서 많은 공헌을 하고 있지만 앞에서 언급한 대로 현 상태로 간다면 타종교의 맹렬한 추격을 버티어 내기 힘들어 10년 내에는 천주교, 20년 내에는 불교에게 1위의 자리를 내어주어야 할 것이다. 그러므로 한국의 장로교는 다소 서로의 목회철학과 사상의 차이는 있을지라도 복지 분야에서는 보수와 진보가 손을 잡고 함께 나아가야 할 시점이다.

특히 종합복지관은 국가에서 건물을 지어주고 위탁 운영하는 제도적인 복지 유형이 많으므로 진보 측에서 더 많은 위탁운영을 할 수 있도록 보수 측에서 지원해 주어야 할 것이고, 진보 측에서는 종합복지관 운영에 대한 경험과 노하우를 보수 측에서 운영하는 아동청소년, 장애인 및 노인 복지시설 등에 전수해 줌으로써 서로가 하나가 되어 시너지 효과를 창출해 나가야 할 것이다.

제 2 절 현상적 복지와 생산적 선교

1. 교회의 생산적 복지의 이해

한국의 사회복지 서비스는 코로나 이전과 이후는 큰 변곡점을 그었다. 코로나 이전에는 주로 사회적 취약계층을 대상으로 하는 구제 사업이 중심으로 되어있고, 서비스 제공방식은 주로 공급자 위주로 진행되어 일방 통행적이며 경직되어 있다. 그 결과 시대정신에 따라 변화하는 고객의 복합적인 욕구(needs)를 제대로 반영할 수 없고 상당수의 복지서비스 프로그램들은 욕구를 단순화하여 그 욕구에 대응하는 수준에 머물고 있다. 하지만 코로나사태를 겪으면서 전염병 관리와 위생보건에 대한 관심이 높아진 가운데, 코로나 이후 세계경제 7

위권으로 진입하면서 개인의 물질적 풍요와 삶의 질에 대한 관심이 급속히 높아짐에 따라 개인의 생활권에 대한 인식도 크게 달라졌고 이용자 개인의 복합적인 욕구가 중시되는 시대를 맞이하게 되었다. 특히 코로나 사태 이후 크게 위축된 교세는 코로나 이전으로 회복되기는 현실적으로 어렵다는 견해이다. 그러므로 기독교 사회복지 서비스도 그동안 교회의 범주 안에서만 머물러왔던 사회봉사(diakonia)가 교회의 담을 넘어 사회와의 유기적은 관계를 통해 고객 중심의 선제적 맞춤식 복지(initiative social welfare)를 지향해 나가는 생산적 복지가 되어야 할 것이다. 이 시점에 전체 한국기독교401)의 절반이상의 교세를 차지하는 장로교의 복지현황을 살펴보고 21세기에 새로운 생산적 복지대안을 제시하고자 한다. 본 연구를 수행함에 있어서 자료 수집 및 통계분석의 한계를 살펴보고 대략적인 장로교의 복지사업 방향을 논의해 보고자 한다.

사회과학분야에서 조사방법과 통계분석은 시민의 생활지표와 욕구 및 미래의 방향을 제시하는데 아주 중요한 요인이 된다. 특히 사회복지분야에서 빈곤지수와 복지지표를 산출하는데 통계자료는 매우 중요하다. 그런데 통계자료 분석에 한계가 있다. 연구자들이 조사한 비공식 자체보고 자료는 그 통계자료들이 지닌 한계점 때문에 서로가 상반된 결과를 초래할 수 있다. 특히 공식적인 통계자료들과 비공식적인 자체보고 자료들이 지니고 있는 각자의 한계점도 있으므로 통계자료들을 활용하여 정확하게 상황을 파악하기란 현실적으로 어렵다. 이러한 통계자료들의 한계점과 관련하여 무크지(Satyanshu K. Mukherjee)의 통계자료 분석이론402)을 중심으로 본 연구의 한계점을 살펴보고자 한다.

첫째, 사회 복지적 관점에서 볼 때 어디까지가 기독교의 영역이고 어디까지가 비기독교의 영역인지 거의 차이가 없어졌다. 즉 기독교라고 정의하는 단체가 너무 다원화되어 어디까지를 기독교라고 볼 것인가의 문제이다. 그 결과 정부의 공식적인 자료에서는 비기독교적인 단체를 기독교라는 카테고리 속에 포

---

401) 본 연구에서는 기독교와 개신교를 문맥상 혼용하여 사용하였다.
402) S. K. Mukherjee, "Juvenile Delinquency: Dimensions of The Problem", *Juvenile Delinquency in Australia*, Sydney: Methuen Australia Pub., 1987. (그는 청소년 비행 및 범죄통계에 문제점을 지적하였다. 거의 모든 사람들이 범죄를 저지르고 있으므로 '범죄(crime)'라고 정의하는 행동과 '범죄가 아니다(non-crime)'라고 하는 행위 사이에는 차이가 거의 없어 졌다는 것이다. 그러므로 범죄의 범주를 어떻게 정하는 가에 따라 통계수치가 달라진다. 그 결과 공식적인 통계는 그 자체에 모순을 갖고 있다고 본다.)

함시키고 있다. 이것은 기독교 사회복지의 일반화 혹은 보편성을 대표해 주고 있다. 하지만 이러한 정부의 공식적인 자료 자체의 모순에도 불구하고 많은 연구자들이 정부의 공식적인 자료를 그대로 사용하고 있다는 것이다. 예를 들면 정부에서는 '제 칠일 안식교'와 '여호와의 증인'과 같은 종교단체도 기독교라고 보고 통계수치에 포함시켰다는 것이다. 한편으로 한국기독교총연합회(이하 한기총)과 같은 기독교단체에서는 비공식적인 자체보고 자료에서 이단을 제외한 수치를 기독교 교세로 포함시키므로 연구자들이 이 두 통계자료 중 어떤 자료를 참조하느냐에 따라 그 결과가 달라질 수 있다.

둘째, 공식적인 통계에 의한 연구들이 특별한 상황에서의 자료를 기초로 하였음에도 불구하고 언제든지 보편적으로 받아들여지고 있다는 것이다. 예를 들면 비공식 자체연구 보고에서 종교별 혹은 교단별 교세가 많이 차이가 나서 어떤 단체들 사이에는 2배 이상의 격차가 날 때도 있다. 이것은 비공식 자체연구 보고가 응답자의 90%이상이 제적(등록) 교인을 중심으로 보고한다는 것이다. 그러나 어떤 비공식 보고는 출석교인만을 중심으로 보고함으로 교인의 수를 규정하는 기준점이 모호하다는 것이다. 뿐만 아니라 조사의 실시 시기에 따라 그 수치가 다를 수 있다. 여름 바캉스 시기와 가을 등산 시기, 또는 12월과 1월에 조사를 실시할 경우 상당한 차이가 있을 수 있다. 이것은 공식적 혹은 비공식적인 통계가 지닌 한계이다. 이러한 한계에도 불구하고 본 연구에서는 공식적인 통계자료와 비공식 자체보고 자료들을 활용하여 한국 기독교의 복지현황과 생산적 방향을 모색하고자 한다.

더 나아가 역사적으로 볼 때 정부에서 대(對)국민 서비스가 부족하였을 때 교회는 가난한 자들에게 자비의 손길을 더욱 강하게 펼쳐왔다. 20세기에 이르러 시민권이 된 복지 분야의 업무를 국가가 떠맡게 되었고, 교회의 복음화 사업은 더욱 국가정책과 가까워졌다. 오늘날 서구 기독교 사회복지기관은 점차 높은 수익을 올리는 집단에 의해 운영되었고, 부유한 사립학교의 운영으로부터 병원사업, 구제 사업, 사회적 기업에 이르기까지 다양하다.

그래서 교회 복지기관이 정부보조금을 얻기도 하고 교회의 복지 전문 인력이 정부에 종사하기도 하였다. 현대에는 교회의 복지사업이 구제나 자선이라는 교회의 본질적인 면보다는 물질문명과 함께 상업화되어 갔다고 혹자는 주장하며, 과연 어디까지가 교회의 몫이고 어디까지가 국가의 책임인지 분명하지 않다고

말하는 목회자들도 있다.403) 이러한 시대정신에 따라 교회와 국가는 국민을 상
대로 복지라는 카테고리 안에서 상호 협력 및 경쟁 관계를 형성하게 되었다.404)

따라서 교회의 범주 안에서만 머물러왔던 사회봉사(diakonia)가 교회의 담을
넘어 사회와의 유기적은 관계를 통해 고객 중심의 선제적 맞춤식 복지
(initiative social welfare)를 지향해 나가는 생산적 복지가 되어야 할 것이다.

선제적 맞춤식 복지(initiative social welfare)는 평등을 근본으로 하며 그
결과는 생산적이야 한다. 인류평등은 하나님 앞에서 행하는 믿음에 있고, 믿음
은 평등을 정당화하는 근거가 된다. 따라서 부(富) 자체도 우리의 삶에서 중요
한 것이지만 부의 균등한 분배는 우리의 삶에서 더 중요하다. 그래서 국가는 부
의 분배정책에 초점을 두고 사회복지를 수행하고 있다. 그럼 왜 오늘날 교회복
지기관들은 정부의 복지사업에 점점 더 많은 관심을 갖게 되고, 왜 정부는 교회
에 손짓하는가? 이것은 호주에서 2002년에 Victoria주 교회의회에서 사회문제
를 다루었을 때 주된 의제가 되었다.405) 정부의 복지사업에 교회가 참여하는
문제가 심도 있게 다루어졌는데, 그때 Paul Oslington은 국가가 복지와 노동문
제에서 교회에 손짓하는 이유를 여덟 가지로 요약하고 있다.406)

첫째는 저 비용 때문이다. 둘째는 서비스의 높은 질 때문이다. 셋째는 정부의
책임 있는 사회정책 때문이다. 정부는 사회적인 병폐 및 실업해소에 대한 책임
이 있는데 이것을 다른 비정부조직(NGO)에게 떠넘길 수 있다. 비록 궁극적인
책임은 정부가 지더라도 실제적인 책임에서는 그 NGO가 지게 된다. 그래서 정
부는 복지수혜자로부터의 일차적인 불만을 줄일 수 있다. 그리고 정부계약자인
NGO는 정부정책에 대한 비판을 하기 힘들게 되므로 정부로서는 일거양득을
얻는 셈이다.407) 넷째는 축적된 경험과 기초간접자원의 확보이다. 다섯째는 이
타적인 노동력 때문이다. 여섯째는 기부하는 정신 때문이다. 일곱째는 고객에
대한 신용도 때문이다. 마지막으로는 참여도의 확충 때문이다. 이상과 같은 이

---

403) 호주한인연합교단 소속 목사의 일부(Rev. William Crew 등)
404) 김장대, 「세계 12개국 사회복지실천기술론」 (대전: 교회복지연구원출판부), 2011,
   pp.150-172
405) Victoria Council of Churches (eds.), *Australian Theological Forum*, Melbourne, Australia, 2002.
406) Paul Oslington, "Economic and Theological Issues in Contracting out of Welfare and
   Labour Market Services," In the Victoria Council of Churches (eds.), *Australian
   Theological Forum*, Melbourne, Australia, 2002, pp.13~53.
407) 김장대, 「세계기독교 NGO총론」 (서울: 경희대학교 출판국), 2001.

유에서 정부는 비영리 교회복지기관이나 NGO들에게 복지에 관한 서비스를 위탁하려고 한다. 그러므로 21세기의 생산적 기독교 사회 복지는 정부의 정책에 참여하여 정부의 정책을 주도해 나가면서 시민들과 소통하고 설득하면서 시대정신에 맞추어 복음화 전략을 수립하는 것이 필요하다.

2. '찾아가는 복지목회'로 전환

'초청하는 목회'에 대한 성경 말씀은 잔치의 초청(마22:1-10, 눅14:15-24)에 근거를 두고 있으며 한국 장로교회의 부흥도 부흥사경회를 통하여 수많은 사람들을 교회로 초청하여 집회를 개최하였다. 그래서 양적으로 급성장하였다는 것은 부인할 수 없는 사실이다. 그러나 1980년대 후반부터 수적인 교회의 부흥은 거의 멈추게 되었고 21세기에 접어들면서 차츰 교회에 대한 사회적 이미지가 나빠지기 시작하였으며 작금에 이르러는 몇몇 대형교회의 부조리에 대하여 언론의 질타를 받게 되었다. 이것은 반드시 대형 장로교회 목회자들만의 잘못이라고 볼 수 없다. 단지 한국 장로교회가 그동안 주창해 온 '초청하는 목회'의 한계를 드러낸 것이라고 볼 수 있다. 그러므로 21세기 한국 장로교회는 목회의 패러다임을 '초청하는 목회'에서 '찾아가는 복지목회'로 바꾸어 나갈 필요가 있다고 본다.

'찾아가는 복지목회'는 예수님의 복음전파 사역에 초점을 두고 있다. 예수님께서는 12제자를 선택하시고 그들을 보내시며 그들로 하여금 직접 집을 방문하여 복음을 전파하게 하시고(막6:7-13, 눅9:1-6), 다음에는 70인을 제자로 삼으셔서 그들을 보내시며 그들로 하여금 집에 들어가서 천국복음을 전파하게 하셨다(마11:20-24, 눅10:1-24). 따라서 예수님의 사역은 소수 정예의 제자들을 길러 내셨고 그들과 함께 철저하게 '찾아가는 복지목회'를 지향하였다고 볼 수 있다.

오늘날 한국 장로교회는 이러한 예수님의 '찾아가는 복지목회', 즉 찾아가서 행복을 나누는 문제를 어떻게 받아들여야 할 것이며, 또한 급변하는 문명의 도전에 대해 어떻게 응전해 나가야 할 것인지 깊이 고민하여야 할 것이다. 이제 한국 장로교회는 '초청하는 목회'를 지향하여 교회를 대형화시키려고 모든 수단을 동원하기보다는 목회자가 스스로 자기를 부인하고 예수님께서 친히 실천하셨던 소수 정예의 '찾아가는 복지목회'로의 패러다임 전환이 필요하다. 그렇다고 사도 바울이 행하였던 '자비량선교' 방식을 통한 '찾아가는 복지목회'만을 고집하자는 것은 아니다. 현대 사회구조 안에서 선교의 방법론을 달리할 수 있다는 의미이다.

다시 말하면 교회건물의 대규모화 혹은 개 교회의 교세 확장보다는 수평적으로 넓혀가는 것을 의미한다. 예를 들면 1만 명의 대형교회 1개 보다는 100명의 소형교회 100개 혹은 1,000명의 중형교회 10개가 더 시대정신에 합당하다는 의미이다. 비록 예수님 당시의 인구구조와 현재 한국 사회의 인구구조는 상당한 차이가 있고 문화와 환경도 다를 수 있지만 그러나 예수님의 본질적인 전도방식은 모든 시대와 어떤 사회에서도 적용될 수 있다고 본다. 그러므로 21세기한국 장로교회의 복지 패러다임은 이웃 주민을 교회로 초대하는 행복으로의 초청목회(inviting ministry)보다는 이웃 주민을 찾아 가서 행복을 나눠 주는 복지목회(welfare visiting ministry)사역이 시대정신이 되어야 하며, 행복 전도자로서 '찾아가는 복지목회' 철학은 오늘날 생산적인 장로교 사회복지 실천의 기초라고 볼 수 있다.

3. 생산적 보건복지 관리

오늘날 우리나라에서 사회적 소외 자들은 경제, 사회, 문화, 교육, 보건, 노동 등 다양한 분야에서 복지 수혜자로서 장애인, 노인, 기초생활수급자, 학교폭력 희생자, 가정폭력희생자, 저소득다문화가정 및 한 부모가정 등이 될 수 있다. 한국 장로교회는 시대정신에 따라 이들에 대한 정부의 정책에 참여하여 정부의 정책을 주도해 나가면서 시민들과 소통하고 설득하면서 시대정신에 맞추어 복음화 전략을 수립하는 것이 필요하다. 본 연구에서는 이들 소외 자에 대한 21세기의 선제적 맞춤식 장로교 사회 복지의 대안으로 생산적이고 포괄적인 목회 패러다임을 제시하고 현재 우리 사회에서 가장 관심이 집중되고 있는 보건과 교육 분야에 초점을 맞추어서 다음과 같은 방향을 제시하고자 한다.408)

---

408) 김장대, 「기독교사회복지학 총론」 상게서.

일반적으로 사회복지란 인류사회의 궁극적인 목적이고 그 가치는 인간의 존엄성, 자유, 평등, 인도주의를 기본으로 하며, 그리고 삶의 내용으로는 살기 좋은 사회(well-being society), 풍요로운 사회 (abundance society), 혹은 인간의 기본적인 생활욕구가 충족된 상태 등 이상적인 사회의 규범으로 이해하고 있다.409) 사회복지가 인간이 주체가 되어 이상적인 사회를 지향하는 것과는 달리 교회복지란 영원히 변치 않는 그리스도의 희생과 봉사의 정신으로 어두운 사회를 밝혀주고, 부패한 사회를 맑게 해주기 위하여 교회가 시대적 요청에 따른 현실적인 당면 과제들을 선도하는 일련의 복지 사업이라고 볼 수 있다. 이렇게 시대정신에 따른 교회복지적인 측면에서 볼 때, 이제 한국 장로교회는 통계 결과에서 보여 준 것과 같이 각 교단의 성향을 정확히 말하기는 다소 무리지만, 일반적으로 보수(합동, 고신, 대신), 중도 혹은 정통(통합), 진보(기장)로 분류해 보면 보수적인 장로교단에서는 주로 아동 청소년복지 분야에 많은 관심을 갖고 있고, 중도적인 성향에서는 노인복지 분야에 더 많은 관심을 가졌으며, 진보적인 성향에서는 종합복지관의 유형으로 발전해 나가고 있다.

그러므로 본 연구에서 장로교의 보수와 진보 진영이 연합하여 복지시설들을 공유하면서 운영한다면 한국 사회 전체의 복지를 아우를 수 있을 것으로 사료된다. 다시 말하면 근본보수와 자유진보의 사상적인 대립은 접고, 보다 생산적인 복지를 향하여 과제 중심적으로 협력하여야 할 시점에 와 있다고 본다.

이제 장로교회가 사회를 품기 위하여 신학사상의 벽을 넘어서 보수와 진보의 융합으로 보다 더 효과적(effective), 효율적(efficient), 접근성(accessibility) 있게 복지를 실천하는 제도적 장치로 발돋움하여 이웃과 함께 사랑의 공동체를 이루어 가야할 것이다. 통계분석에서 언급한 대로 기독교가 타 종교에 비하여 복지 분야에서 많은 공헌을 하고 있지만 현 상태로 간다면 타종교의 맹렬한 추격을 버티어 내기 힘들어 10년 내에는 천주교, 20년 내에는 불교에게 1위의 자리를 내어주어야 할 것이다. 그러므로 한국의 장로교는 다소 서로의 목회철학과 사상의 차이는 있을지라도 복지 분야에서는 보수와 진보가 손을 잡고 함께 나아가야 할 시점이다.

특히 종합복지관은 국가에서 건물을 지어주고 위탁 운영하는 제도적인 복지

409) 이계탁, 「복지행정론」 (서울: 고려원, 1986), p.16.

유형이 많으므로 진보 측에서 더 많은 위탁운영을 할 수 있도록 보수 측에서 지원해 주어야 할 것이고, 진보 측에서는 종합복지관 운영에 대한 경험과 노하우를 보수 측에서 운영하는 아동청소년 및 노인 복지시설에 전수해 줌으로써 서로가 하나가 되어 시너지 효과를 창출해 나가야 할 것이다.

생산적 보건복지 관리(health care management)의 등장배경은 정부의 복지비 지출은 선택이 아니라 필수가 되었고, 희망사항이 아니라 당연사안이 되었다는 인식의 변화와 함께 복지는 자선구휼행위로부터 시민권의 일부 혹은 전부로 의식이 변화되어 왔다. 따라서 현대에는 환자의 욕구에 따라 다양한 질병 관리를 위한 선제적 맞춤형 보건복지 서비스 체계를 수립하는 것이 필요하다는 인식에서 생산적 보건복지 과리가 출발하였다. 그러므로 현대에는 앞에서 언급한 바와 같이 교회와 국가의 상생(win-win)의 방법이 선제적 맞춤형 보건복지관리라고 볼 수 있다. 국가는 국민의 필요를 공급해 주고, 교회는 선교사업의 활성화(특히 농어촌교회)를 위하여 필요하므로 국가와 교회가 서로 시대적인 부름에 응답할 과제로 볼 수 있다. 다시 말하면 생산적 보건 복지관리 제도는 동시대에 교회는 없는 것을 있는 것 같이 부르시는 하나님의 응답일 수 있고, 복지국가를 지향하는 정부는 맞춤식 보건복지관리가 국민들에게 봉사하는 필요불가결한 정책이 될 수 있다는 것이다.

4. 21세기 학원복음화 전략

초·중·고등학교 교육을 통하여 한국인의 마음에 어릴 때부터 불교문화를 전통문화로 인식하게 만들어 왔다. 그래서 한국 정부에서도 외국인들에게 한국을 소개하는 방편으로 불교의 "템플스테이(Temple Stay)제도"를 지원하고, 학생들에게 방학을 이용하여 청소년 수련의 방편으로 소개되었다. 이것은 그동안 기독교 학원복음화가 성경 말씀의 보급에만 치중하였지 학생들이 배우는 교과서에 관심을 소홀히 하였던 결과였다고 볼 수 있다. 그러므로 21세기에 필요한 한국교회의 학원복음화 전략을 시대정신에 따라 정부와의 유기적인 관계를 통하여 새롭게 마련할 필요가 있다.

<u>학교폭력예방을 위한 기독교의 대책 안</u>

① 학교폭력예방을 위하여 기존의 겸임교사 제도를 활용할 수 있는 방안을 모색하도록 한다. 목사는 학교의 겸임교사의 자격요건을 갖추도록 미리 준비하고 학교폭력예방을 위한 인성교육 지침서를 마련하는 것이 필요하다.

② 인성교육 강화를 위하여 종교단체의 학교교육 참여를 적극적으로 홍보하여야 한다. 학교의 인성교육 프로그램을 사회에 개방하도록 유도하고 사회인사의 학교 인성교육의 참여를 독려하여야 하며, 학교운영위원회를 통하여 학교의 재량수업을 지역사회와 공조하는 방안을 모색하여야 한다.

<u>대안학교 설립을 위한 조건규제 완화</u>

① 대안학교 설립을 위한 대폭적인 조건규제 완화 및 법적 제도적 장치가 마련되어야 한다. 우선 초교파적으로 도시의 중형교회 3~5개 연합이 이루어져야 하고, 한 개의 대안학교 설립을 위한 법적인 요건 충족과 상시 교육관을 활용할 수 있고 자원봉사 교사의 확보가 문제이다.

② 사교육비를 줄이는 방안으로 교회가 앞장서서 방과 후 교육을 실시할 수 있도록 충분한 준비를 갖추는 것이 필요하다.

③ 기존의 대안학교를 양성화하는 방안을 모색하여야 한다.

여유 있는 삶

꽃밭 길과 가시밭 길

"우리 주 예수 그리스도의 은혜를 너희가 알거니와 부요하신 자로서 너희를 위하여 가난하게 되심은 그의 가난함을 인하여 너희로 부요케 하려 하심이니라."(고린도후서 8장 9절) 부담 없이 읽을 수 있는 책 중에 도꾸가와 이에야스(德川家康, 1542~1616)의 『인간경영』이란 책이 있다. 이 책에서 이에야스가 삶을 쓰는 용인술(用人術)을 설명하고 있다. 그는 한 사람에게 부를 주든지 권력을 주든지 명예를 주든지 어느 한 가지만 주었다고 하였다. 부와 명예와 권력까지 모두 차지하려는 사람들이 있다. 그렇게 용심을 내다가는 결국은 모든 것을 잃게 된다.

그렇다면 예수를 따르는 크리스천들의 경우는 어느 경우일까? 부를 따를 것인가? 명예를 따를 것인가? 아니면 권력을 따를 것인가? 한국교회에는 신학적으로 두 가지 흐름이 공존하고 있다. 첫째는 '번영신앙'이라 할 수 있겠고 둘째는 '고난신학'이라 할 수 있겠다. 번영신앙은 주로 부흥사들이나 은사(恩賜)주의 목회자들이나 대교회 목회자들이 주도한 흐름이다. 크리스천들이 하나님이 주시는 마땅한 축복으로서 부와 건강과 행복을 누림이 복음이라고 말한다. 이런 신앙을 다른 말로 표현하자면 '성공신앙'이라 할 수도 있을 것이다. 그러나 성경에는 하나님께서 자기 백성들에게 물질의 축복을 주신다는 말씀도 물론 있지만 "자신의 소유를 버리지 아니하면 나의 제자가 될 수 없다"는 말씀도 있다. "하나님과 재물 중에 어느 한 가지를 섬기라"는 말씀도 있고 "자기를 부인하고 자기 십자가를 지고 예수를 따르라"는 말씀도 있다. 그리고 "그리스도와 함께 영광을 누리려면 먼저 고난을 선택하라"는 말씀이 있다. 이런 흐름을 일컬어 '고난신앙'이라 할 것이다. 고난신앙은 다른 말로는 '십자가 신앙'이라고 할 수 있겠다. 번영신앙을 꽃밭길이라 한다면 고난신앙은 가시밭길이라 할 수 있을 것이다. 크리스천들이 어느 길을 택할 것인가? 번영신앙을 품고 꽃밭 길을 갈 것인가? 아니면 고난신앙을 품고 가시밭길을 갈 것인가? 고린도후서 8장 9절에서 정답을 일러 준다. 부요한 자이지만 그리스도와 이웃을 위하여 가난의 길, 고난의 길을 선택하는 가시밭길을 가라고 일러 준다. 그 길이 그리스도께서 걸으신 길이라 일러 준다.

한국과 호주의 보건복지 비교

어린 소녀가 큰 물고기에 관하여 그의 선생님과 함께 대화를 하고 있었다. 그 선생은 말하기를 비록 매우 큰 물고기라 할지라도 물고기의 목구멍이 작아서 실제적으로 물고기가 사람을 삼킨다는 것은 불가능하다고 하였다. 그 소녀는 계속 말하기를 요나는 물고기 배속에 들어갔다고 했다. 그러자 그 선생은 말하기를 절대 그럴 수 없다고 했다. 그 때 그 소녀는 말하기를 내가 천국에 가면 요나에게 물어봐야겠다고 했다. 그러나 선생은 말하기를 만약에 '요나가 지옥에 갔다면 어떻게 하겠니?' 그러자 그 소녀는 그러면 '당신이 물어보세요'라고 말했다. 성경은 믿음의 대상이지 지식의 대상이 아니다라는 사실을 기억하여야 한다.

제1장 한국과 호주의 사회복지제도

여유 있는 삶

어떤 부인이 수심에 가득 찬 얼굴로 정신과 의사를 찾아갔습니다. 더 이상 남편과 같이 살기 힘들 것 같아요. 너무 신경질적이고 자기 하고 싶은 대로 하고 살아요. 의사는 생각에 잠겼다가 말합니다. 병원 옆에 신비의 작은 샘이 있습니다. 그 샘물을 담아 집으로 가져가서 남편이 집에 돌아오시면 얼른 한 모금 드십시오. 절대 삼키시면 안 됩니다. 부인은 의사의 말대로 물을 떠서 집으로 돌아왔습니다.

밤늦게 돌아온 남편은 불평과 불만을 털어놓습니다. 예전 같으면 또 싸웠을 텐데 그날은 신비의 물을 입안 가득히 물고 있었기 때문에 입을 꼭 다물고 있을 수밖에 없었습니다. 그 후 그 부인은 언제나 남편 앞에서 신비의 물을 입에 머금었고 남편은 눈에 띄게 변해 갔습니다.

부인은 남편의 변화에 너무 기뻐 의사를 찾아갔습니다. 감사합니다. 신비의 샘물이 정말 효능이 좋더군요. 남편이 싹 달라졌어요. 의사는 웃으며 말했습니다. 남편에게 기적을 일으킨 것은 물이 아닙니다. 당신의 침묵입니다. 침묵과 이해는 사람을 변화시킵니다.

제 1 절 한국의 사회복지 제도

1. 한·호 관계의 역사적 고찰

한국과 호주의 관계는 초기 선교사의 역사와 맥을 같이 한다. 한국에 선교사를 파송했던 장로교 선교부는 미국북장로교(PCUSA, 1884), 호주 장로교(PCV, 1889), 미국 남장로교(PCUS, 1892), 그리고 캐나다장로교(PCC,1898) 등 4개 장로교회였다. 이 중 호주장로교 선교부는 선교지역 분할협정에 따라 부산 경남 지역에서 사역하게 되었다. 410) 호주 장로교회는 한국에 선교사를 파송한 1889

410) 이상규, 부·경 교회사 연구, 부산·경남기독교역사연구회, 「창간호」, 2006, 3, p.34

년부터 1901년 이전까지는 '빅토리아주 장로교회'(The Presbyterian Church of Victoria)가 주체가 되었는데, '빅토리아주 장로교회'는 1859년에 조직 되어 1860년에 주총회 내에 해외선교부(Foreign Mission Committee)를 조직하였다.

1901년에 호주연방정부가 구성되었는데, 1860년 당시 빅토리아주는 호주연방정부가 성립되기 이전이었으므로 영국의 직접적인 통치 하에 있었고, 빅토리아주 총회는 주로 뉴 헤브리디즈(New Hebrides)와 원주민 선교에 치중하였다.

그러나 1850년대부터 시작된 골드러쉬(Gold Rush)로 인하여 중국 인구가 증가되자 이들을 대상으로 제 3의 선교가 이루어졌고, 빅토리아주 장로교회가 조직된 지 약 30년이 지난 1889년 최초로 데이비스(J. H. Davies)를 한국에 파송함으로서 본격적인 극동아시아 선교가 시작되었다. 빅토리아주 장로교회는 데이비스를 한국 선교사로 인준했으나, 청년연합회의 지원으로 1889년 10월 2일에 내한하였고, 6개월 후인 1890년 4월 5일 부산에서 사망하게 되는데 이것이 한국 선교의 모태가 되었다.

초기에 빅토리아주 장로교회는 '청년 연합회(YMFU)'와 여전도회 연합회(PWMU)의 후원과 지원으로 선교가 이루어졌으나, 이후 1900년대부터 해외선교부가 선교사의 인준과 관리 등 총회의 해외 선교업무를 총괄하였다. 이 청년연합회는 1889년 데이비스를 파송한 이래 1890년에는 맥카이(James Mackay)목사 부부, 1894년에는 아담슨(Andrew Adamson)목사 부부, 1902년에는 커를(Dr. H. Curell)의사 부부를 파송하게 되었다.

1910년부터는 한국이 호주장로교회의 주요 선교지로 인식되어, 1910년에 왓슨(R. D. Watson)목사 부부, 1916년에는 토마스(F. J. Thomas) 목사 부부를 파송하게 되었는데, 1920년대에는 해외선교비의 70% 상당이 한국에 집중되었으며, 1929년에는 볼란드(F. T. Borland)목사 부부를 한국에 파송하였다.

'여성들에 의해서 여성들을 선교하는 단체'(Mission work among by women)를 표방했던 여전도회 연합회는 1891년 맨지스(Belle Menzies), 페리(Jean Perry), 그리고 퍼셋(M. Fawcett) 등 세 사람의 미혼 여선교사를 파송하였고, 이 때부터 해방 전까지 35명의 선교사를 파송하였는데, 이는 동일 기간 동안 내한한 호주선교사 총수의 60%에 달했다.

내한한 선교사들의 활동 상황을 살펴보면, 1890년 4월 5일 최초의 호주 선교사 데이비스가 사망하자 호주 장로교회에서는 '데이비스 모범'이 강조되었고,

1891년 10월에 맥카이 목사 (Rev. J. Mackay)부부와 세 사람의 미혼선교사인 맨지스(Miss B. Menzies), 페리(Miss J. Perry), 퍼셋(Miss M. Fawcett) 등 제2진 선교사 5명이 내한하였는데, 이들은 1891년 10월 부산에 도착하여 부산에 정주하였다.

그 후 1892년에 무어(Miss E. S. Moore)가 내한하였고, 아담슨(Rev. A. Adamson, 1894), 브라운(Miss A. Brown, 1895), 레인(Miss Rain, 1896), 엥겔 (Rev G. Engel, 1900), 커를(Dr. Hugh Currell, 1902), 켈리(Miss M. Kelly, 1905) 등이 내한하여 선교 활동을 펼쳤다.

그 당시 호주 선교부는 예양협정(禮讓協定, Comity Arrangement)에 따라 미국 북장로교 선교부와 함께 부산과 경남지역에서 사역해 왔는데, 1913년 말에 미국 북장로교 선교부가 부산, 경남지방에서 완전히 철수 함으로서 1914년 이후에는 경남지역 전역은 호주 장로교 선교부의 관할 하에 있게 되었다. 1910년부터 1914년까지 8명의 남자(목사, 의사) 선교사와 9명의 미혼 여선교사가 내한하였으며, 호주 선교부는 기존의 부산진과 초량 등 부산지부(1891) 중심으로 사역했으나, 곧 이어 진주(1905), 마산(1911), 통영(1913), 거창(1913) 등 5개 지부를 중심으로 경남지역 전역에서 사역을 하였다.

주로 그들은 교육과 의료 활동을 통하여 선교사역을 펼쳐나갔는데 대표적인 기관으로는 마산 창신중고등학교 (1908)와 부산 일신기독병원(구 일신부인병원: 1952.9.17)이 있으며, 교회는 부산진 교회 (1891)가 있다.

더 나아가 호주 선교부는 평양과 서울에서도 활동을 하였는데 왕길지(Gelson Engel)선교사는 1906년부터 평양의 조선야소교 장로회 신학교 강사로, 1919년부터 은퇴할 때인 1935년까지는 신학교 교수로 봉사하였다. 또한 의료선교사인 마라연(Dr Vharies McLaren)는 당시 한국에서의 유일한 신경정신과 의사로서 1923년부터 1938년까지 세브란스병원과 의전에서 진료와 교육을 담당하였다.

오늘날 대한민국과 호주는 전통적 상호 우방 관계로, 1950년 6월 6.25 전쟁 발발 당시 호주군이 주한영연방군의 일원으로 참전하여 당시 경기도 가평 등에서 영국을 비롯한 같은 영연방 국가인 캐나다, 뉴질랜드 등과 가평 전투를 통해 북한군, 중공군과 교전을 벌였던 적이 있으며 이로 인해 대거의 사상자를 내기도 했다. 이 때문인지 호주 육군에는 가평 대대라고 이름을 붙인 부대가 있다.

　1961년에 대한민국과 외교관계를 맺었으며 이후 범죄인도조약, 이민협정 등이 체결되기도 하였다. 대한민국과 호주는 당시 미국과 밀월관계를 맺으려 했기에 다른 국가들이 명분이 없다며 외면한 베트남 전쟁에도 대한민국과 호주는 군대를 파병하였다.

　2013년부터 2년마다 양국 외교장관과 국방장관이 참여하는 2+2 회담을 개최해 왔다. 가장 최근의 회담은 2021년 열렸으며 양국은 신남방정책과 인도태평양 전략의 협력 방안 모색, 에너지 자원과 과학기술분야 협력 증진, 역내 정세, 사이버 및 우주분야 협력 등에 대해 논의하였다

　2014년 BBC 조사에 따르면 62%의 호주인이 한국을 긍정적으로 보고 있고, 27%만이 부정적으로 보고 있어 호주는 한국과 친하다고 분류되는 국가들인 미국, 튀르키예, 프랑스, 캐나다, 영국, 러시아, 아랍에미리트, 인도네시아, 칠레, 아르헨티나를 뛰어넘어 세계에서 한국을 가장 긍정적으로 보는 나라라는 결과가 나왔다. 이 통계 수치는 호주의 일본에 대한 인식보다도 더 양호하다. 이 조사는 좀 빡빡해서 한국인조차 한국에 대해 68%가 긍정적, 26%가 부정적인 수준에 불과할 정도라 호주의 여론조사 결과는 한국에 매우 우호적인 수준이다.

　2020년 들어서 AS-21 레드백 장갑차나 K-9 헌츠맨 자주곡사포등이 호주에 소개되면서 호주의 밀리터리 동호인들 사이에서 한국과의 군사협력을 강화해야 한다는 의견들이 나오고 있다. 그런데 한국의 경우, 호주가 필요로 하는 무기류(특히 해상장비와 육상장비) 중 상당수를 상당히 높은 수준으로 자체제작하고 있으며 대외 판매시에 기술이전도 다른 국가들에 비해 후한 편이다.

　한편 경제교류의 측면에서 소고기 수출국이라는 이미지는 미국산 소고기 파동 사건 이후 더 가속화 되었는데 2011년 기준으로 대한민국 수입 소고기 중 가장 높은 비율을 차지하고 호주 기준에서도 전체 호주산 소고기 수출의 13%를 차지하는 등 소고기는 한호무역관계에서 중요한 역할을 차지하고 있다.

　축산물 외에도 호주의 천연자원 수출에서 한국이 차지하는 비중도 상당하다. 한국은 호주와의 무역에서 만성적인 무역적자를 보는데 광물 자원을 포함해서 워낙 많이 수입하기 때문이다. 흔히 일반인들 사이엔 소고기가 제일 유명하지만 사실 호주의 對한국 수출에서 유연탄, 철광 등 광물자원이 차지하는 비중이 50%에 육박한다. 2009년 기준으로 한국은 중국, 일본에 이어 호주가 3번째로 수출을 많이 하는 국가이다.

2. 현상적 교회복지 제도의 역사

인생이란 얻는 것과 잃는 것으로 얽혀져 있다. 사람들은 하나같이 얻는 것을 좋아하고 잃는 것을 싫어한다. 명예가 됐건, 지위가 됐건 혹은 친구나 돈, 물건 등 무엇이든지 얻는 것을 좋아하고 잃는 것을 싫어한다. 그러나 세상일이란 지금 당장의 눈앞의 일만 가지고 손익을 따져서는 안 된다.

전 생애의 과정을 통해서 어떤 선택과 결단이 참으로 얻는 것이 되고 잃는 것이 되는지, 또 그와 같은 선택과 결단이 사회적으로 어떤 의미를 지니는지 열린 눈으로 내다볼 수 있어야 한다. 그러므로 잃는다는 것이 잘못된 것도 나쁜 것만도 아니다. 때로는 잃지 않고는 얻을 수가 없다. 크게 버릴 줄 아는 사람만이 크게 얻을 수 있다. 전체가 되기 위해서는 일단 무(無)가 되어야 한다.

자기중심적인 개체의 삶에서 자타를 넘어선 전체의 삶으로 탈바꿈이 되지 않고서는 거듭나기 어렵다. 이런 맥락에서 내적 혹은 불가시적 교회복지는 뭔가를 더 얻으려고 하는 자신의 탐욕을 버리는데 초점이 주어져 있다.

한편 현상적 혹은 가시적인 교회복지는 하나님과 사회와의 관계 속에 이루어지는 일련의 조직체로서의 행위들을 말한다고 볼 수 있다. 사회는 두 명 이상의 사람들이 공동체를 이룰 때 발생하는 매카니즘(Mechanism) 으로서 사회구조 속에서 다양한 조직들이 이루어지고 있다.

예로 들면 혈연으로 이루어지는 가정조직, 교육을 위한 학교조직, 삶의 터전을 위하여 일하는 직장조직, 신앙의 공동체를 이루는 종교조직 등 수많은 조직사회를 이루고 있다. 그러므로 현상적인 교회복지를 이해하기 위하여 먼저 두 명 이상의 사람으로 구성되는 인간과 조직의 구조에 대하여 살펴보아야 한다.

특히 조직체로서의 교회는 일반 사회조직들의 기술적인 측면을 먼저 이해하고, 교회가 수용여부를 결정하여, 변화하는 사회구조 속에서 보다 효율적으로 대응하여야 한다. 그러기 위하여 현상적 교회복지는 현대적 블루오션(Blue Ocean) 선교전략에 기여하는 것이 목적이다.

더 나아가 복지행정은 인간다운 사회생활을 영위하는데 필요한 기본적 요구에 대응하기 위하여 창출된 새로운 행정 분야로서 이제 인간의 요구와 부적응을 치유하는 새로운 사회질서의 형성, 유지, 조정자로서의 역할을 하고 있다. 따라서 교회조직과 복지행정을 연관 지어 볼 때, 조직체로서의 교회에 대한 연구가 활발히 이루어져야 할 것이다.

한국교회는 초기에 선교사들의 교육과 의료 및 구제 사업을 통하여 뿌리를 내렸고, 그들의 헌신과 수고의 결과로 오늘날 한국교회는 세계 역사상 찾기 힘든 급성장을 이루어 왔다.

그러나 1990년대 이후 한국교회가 나눔과 섬김의 복지에 대한 시대적 책임을 다하지 못하고, 교회의 대형화에 총력을 집중하였으므로 이웃 주민보다는 교인들의 친교에 더 많은 관심을 가져왔다. 급기야 오늘날에 이르러 대형교회들은 수많은 문제들로 사회의 지탄의 대상이 되었고, 성장이 둔화되었다.

따라서 21세기에는 시대정신에 적합한 기독교 사회복지 실천기술에 대한 새로운 패러다임을 모색할 필요가 있다. 이제 우리나라도 경제선진국 10대 국가 대열에 진입하고 있으므로 시혜적 차원에서의 복지가 아니라 국민의 권리로서의 복지철학이 자리매김하여야 한다. 여기에서 우리나라 사회복지제도의 전개 과정을 살펴보고 오늘날 AI 시대정신에 적합한 현상적 교회복지와 호주의 보건복지 제도를 비교하여 봄으로서 바람직한 실천 방향을 모색해 보고자 한다.

3. 국민기초생활보장제도

우리나라는 국민기초생활보장법에 의하여 공적 부조가 이루어지는데 동법 제3조에 수급권자란 부양의무자가 없거나 부양의무자가 있어도 부양할 능력이 없거나 부양받을 수 없는 자로서, 소득 인정 액이 최저 생계비 이하인 자로 규정하고 있다. 따라서 종례의 생활보호법에서 규정하였던 거택보호와 수용보호를 필요로 하는 사람으로서 생계가 곤란한 생활무능력자와 자활보호대상자의 구분이 없어졌다.

역사적으로 볼 때 우리나라의 공적 부조는 삼국시대까지 거슬러 올라간다. 우리나라 아동애호사상은 신라 유리왕 5년(서기28년) 왕명으로 부모 없는 아동에 대한 급식과 양육을 실시하였고, 그 후 서기 194년 고국천왕이 진대법(賑貸法)[411]을 실시하여 흉년에 기아민(飢餓民)에게 곡식을 나누어 주고, 또한 봄에

양곡을 대여하고 가을에 추수 후 거두어 들였다.

고려 성종 13년(994년)에는 고아로서 대리 양육자가 없는 경우 10세에 이르기까지 관에서 급식을 담당하였으며, 조선 정조 7년(1783년)에 유기 및 부랑아 보호법령인 자휼전칙에서 요보호아동에 대한 국가의 개입을 볼 수 있다.412) 그러나 부분적이고 단편적인 구빈사업에 지나지 않았으며 일제 식민지 하에서의 구빈사업도 명목적인 것에 불과하였다.

1944년에는 조선구호 령에 의거하여 구호활동이 필요에 따라 실시되기도 하였으나 보다 체계적인 공적부조제도는 1961년 12월 30일 생활보호법이 제정, 1969년 11월 10일 공포된 때부터이다.

1961년에 군사원호보상법, 1962년에 재해구호법, 1965년에 자활지도사업에 관한 특별조치법, 1968년 7월에 자활지도에 관한 임시조치법을 제정하여 영세민의 근로구호 취로사업, 1977년에 의료보호법이 제정되어 1978년에 시행되었다. 1979년에 생활보호대상자 중학교과정 수업료지원규정이 제정되었고, 1982년 2월에 영세민 종합대책이 수립되었고 동년 12월 생활보호법이 전면 개정되었다.

1987년에 저소득층 밀집지역에 동사무소 사회복지 전담공무원을 배치하였고, 1995년에 사회보장기본법을 제정하여 사회보험과 공공부조, 사회복지서비스, 관련복지제도로 구성하였으므로 '공공부조'라는 명칭을 명문화하였다.

그 후 1999년 9월에 국민기초생활보장법이 제정되어 2000년 10월부터 시행되었으며, 최저생계비에 미달하는 부족분을 지원해주는 보충급여제도가 도입되었고, 2006년에 실시되고 있는 공적부조제도는 국민기초생활보장제도, 일시긴급구호사업, 국가보훈사업 등이 있다.

구체적으로 과거의 생활보호법과 국민기초생활보장법을 비교하여 보면 <도표 27>과 같이 바뀌었다.

---

411)《삼국사기》<고국천왕본기>에는 194년(고국천왕 16) 10월에 고국천왕이 사냥을 나갔다가 길에 앉아 울고 있는 사람을 만나게 되었는데, 그 연유를 묻자 '저는 빈궁하여 품을 팔아 어머니를 봉양해 왔는데, 금년에는 흉년이 들어 품을 팔 곳이 없어 울고 있습니다.'하였다고 한다. 이 사건과 국상(國相) 을파소(乙巴素)의 건의에 따라, 매년 3~7월에 관가의 곡식을 가구(家口)수에 따라 차등을 두어 대여하였다가 10월에 환납(還納)하는 것을 상식(常式)으로 시행하도록 하였는데, 이것이 한국에서의 진대법 실시의 최초의 기록이다.
412) 대한예수교 장로회,「교육목회」2000년 여름호.

<도표 27> 생활보호법과 국민기초생활보장법의 비교

구분	생활보호법(1982.12)	국민기초생활보장법(1999. 9)
법적 용어	국가에 의한 보호적 성격 -보호대상자, 보호기관	저소득층의 권리적 성격 -수급권자, 보정기관, 생계급여 등
대상자 선정 기준	소득과 재산이 기준 이하인자 1999년 기준 월 소득23만원 재산 2900만원(가구)	2002년까지 소득평가액과 재산이 기준 이하인 자 2003년부터 소득인정액이 최저생계비 이하인 자 소득인정액=소득평가액+재산의 소득환산액
대상자 구분	인구학적 기준에 의한 대상자 구분 -거택보호자: 18세 미만 아동, 65세 이상 노인 등 근로무능력자 -자활보호자: 인구학적으로 경제활 동 등 가능한 근로능력자	대상자 구분 폐지 -근로능력이 있는 조건부생계급여 대상자는 구분 * 연령기준 외에 신체, 정신적 능력과 부양, 간병, 양육 등 가구여건 감안
급여 수준	생계보호 -거택보호자에게만 지급 의료보호 -거택보호: 의료비 전액지원 -자활보호: 의료비의 80% 교육보호: 중, 고 자녀 학비전액지원 장제보호, 해산보호 등	생계급여 -모든 대상자에게 지급 주거급여 신설 -임대료: 유지수선비 등 주거안정을 위한 수급 품 긴급급여 신설 -긴급필요시에 우선 급여를 실시 의료, 교육. 해산, 장제보호 등은 현행과 동일
자활지 원계획	신설	근로능력자 가구별 자활지원계획 수렴 -근로능력, 가구특성, 자활욕구 등을 토대로 자활 방향 제시 -자활에 필요한 서비스를 체계적으로 제공

　　이와 같은 변화의 핵심은 자선의 개념에서 보장의 개념으로 확대되어 국가가 보다 적극적인 빈곤정책의 개입과 좀 더 세부적이고 체계적인 사회지원 서비스를 구축하는 것을 목적으로 시혜적 단순 보호차원의 생활보호제도로부터 저소득층에 대한 국가의 책임을 강화하는 생활보장시책으로의 전환을 의미하며, 보호가 필요한 절대빈곤층의 기초생활을 국가가 보장하되, 종합적 자활·자립 서비스의 체계적 지원을 통해 생산적 복지를 구현하는데 그 의의가 있다.

　　국민기초생활보장제도의 주요 특징은 다음과 같다.

　　첫째, 최저생활보장에 대한 헌법상의 권리를 실제적으로 규정한 법률로써 큰 의의를 가진다. 즉 복지는 국민의 권리이며 국가의 의무로 보는 복지철학의 대전환을 가져 왔다.

　　둘째, 최저생계비 이하인 국민기초생활을 국가가 보장한다는 점이다. 국민기초생활보장법에서는 근로능력의 유무에 관계없이 국가의 보호를 필요로 하는 빈곤선 이하의 국민은 최저생활을 보장받게 되었다.

셋째, 근로능력이 있는 국민에게는 체계적인 자활지원서비스를 제공하여 일할 수 있도록 하는 생산적 복지를 구현한다는 점이다. 기초생활을 권리로서 보장하되, 근로능력이 있는 사람에게 노동의 기회를 부여함으로써 개인의 능력을 최대한 발휘하게 하여 개인의 행복추구는 물론 이웃과 사회 그리고 국가에 이바지할 수 있도록 하여 궁극적으로 사회통합을 지향하고자 하는 취지이다.

국민기초생활보장 수급자로 선정된 자에 대해서는 생계급여, 주거급여, 의료급여, 교육급여, 해산급여, 장제급여 및 자활급여를 지급하며, 급여수준은 가구의 소득인정액을 포함하여 최저생계비 이상이 되도록 설계되어 있다.

예를 들면 저소득층 지원을 위한 의료급여는 저렴한 비용으로 의료이용을 할 수 있도록 국가가 지원하는 제도로써 1977년에 도입되었으며, 급여범위와 의료수가(가격)는 건강보험을 준용하여 건강보험과 동일하게 보장성을 강화해 왔다. 이 제도가 도입되었을 당시에는 국가의 시혜차원의 보호개념으로 인식되었으나, 2000년 10월 국민기초생활보장 제도가 도입되고, 2001년 5월 의료보호법이 의료급여법으로 전면 개편되면서 의료급여는 생계, 주거, 교육급여와 더불어 국민의 권리로서 보장받게 되었다.

더 나아가 2005년 12월에 긴급복지지원법이 제정되어 2006년 3월 24일부터 긴급복지지원제도가 시행되고 있는데, 긴급복지지원제도는 가구의 주 소득자가 사망, 행방불명, 구금시설 수용 등으로 소득을 상실하였거나, 가구구성원이 중한 질병 또는 부상을 당하거나, 화제로 주거를 상실하는 등의 사유로 생계유지가 어렵게 된 저소득층을 적극 발굴하여 생계, 의료, 주거비 등을 우선적으로 지원하고 사후에 지원의 적정성 여부를 조사하는 응급 복지지원제도이다.

특히 국민연금제도는 1988년 1월 1일부터 시행되어오는데, 이 제도의 취지는 소득활동을 하는 사람이 소득활동기에 보험료를 납부하였다가 나이가 들거나 갑작스런 사고나 질병으로 사망 또는 장애를 입어 소득활동이 중단된 경우, 본인이나 유족에게 연금을 지급함으로써 안정된 생활을 할 수 있도록 해 주는 소득보장제도이다. 그럼에도 불구하고 국민연금 가입자가 적었고, 또한 가입자의 경우에도 향후 노인빈곤문제로부터 완전히 자유롭지 못하였다. 그래서 국민연금의 사각지대를 해소하고자 2006년 기초노령연금제도를 도입하게 되어 동년 12월말 기준으로 사업장 가입자는 모두 861만 명, 지역가입자는 909만 명으로 총 1,774만 명에 이르렀다.

이와 같은 현상은 1960년 도입된 최초의 공적연금인 공무원연금을 볼 때, 연금에 대한 인식이 낮았던 80년~90년대 초반까지는 연금선택률이 30%~50% 정도에 머물렀으나, 1998년 IMF 경제위기 이후 급상승하기 시작해 2009년에는 91.5%로 높아졌다는 데서 더욱 분명해 진다.

특히 2008년 이후 세계적인 경제난으로 인해 노후생활의 불안과 기대수명의 증가 등으로 퇴직 후 개인 소득을 안정적으로 보장하는 연금에 대한 사회적 관심이 높아지게 되었기 때문이다. 그러므로 국민연금의 단일화를 위하여 2009년 말에 국민연금과 직역연금413)간 연계제도가 시행되었고, 점차 국민연금과 기초노령연금의 통합이 추진되고 있다.

이러한 연금제도의 변화는 복지국가를 향한 발걸음이라고 볼 수 있다. 그러나 현재 우리나라 사회복지 지출 규모는 최근 많이 증가하였지만 여전히 다른 선진국에 비해서는 적은 편이다. OECD 통계에 의하면, 2005년 우리나라의 공공사회복지지출은 GDP 대비 6.9%로 OECD 평균인 20.6%에 비해 턱없이 낮은 수준이다. 특히 저 출산, 고령화, 저성장, 저고용 시대에 증가하는 서비스 수요에 효과적으로 대응하고, 인적자본의 생산성 향상 및 고용창출을 도모하기 위해 사회서비스414) 확충의 중요성은 나날이 커지고 있다.

한편 사회보험제도는 근로능력이 있는 국민을 질병, 은퇴, 사망, 장애, 실업 등에 의하여 발생하는 경제적 불안으로부터 보호하는 것을 목적으로 하며, 국민의 연대의식과 위험분산을 극대화하기 위하여 강제가입을 원칙으로 하고 기여를 전제로 한 급여를 제공함으로써 사회적, 자조적, 사전적인 차원에서 소득보장을 달성하기 위한 제도적 장치이다.

---

413) 연금제도는 크게 국가책임 하에 운영되는 공적연금과 개인이나 기업책임 하에 운영되는 사적연금으로 구분되는데, 우리나라의 공적연금은 일반 국민을 대상으로 하는 국민연금과 공무원, 군인, 사립학교교직원, 별정우체국 등 특수직역에 종사하는 자를 대상으로 하는 직역연금으로 구성된다.

414) 사회서비스는 대인사회서비스(person social services), 복지서비스(welfare services), 사회사업서비스(social work service) 혹은 사회적 돌봄(social care) 등과 같은 용어들과 혼용되고 있다. 하지만 일반적으로 광의의 사회서비스는 주택, 보건, 교육, 사회복지, 고용, 여가 그리고 대인사회서비스 등을 모두 포함하는 의미로 사용되고 있으며, 협의로 볼 때에는 사회적 돌봄 서비스(social care service) 영역을 의미한다.

4. 사회보장의 종류

사회보장이란 용어는 1940년에 개념이 확립되었으나, 처음으로 사용된 것은 1935년 미국에서 사회보장법(Social Security Act)이 제정된 때부터이며, 그 이후에 보편적으로 사용되어 왔다.

ILO가 1942년에 발표한 사회보장에의 접근이라는 보고서에 의하면 "사회보장은 사회 구성원이 부딪히는 일정한 위험에 대해서 사회가 적절한 조직을 통해 부여하는 보장"이라고 정의하였으며, 이는 사회보장제도가 국민 생활상에 닥치는 불의의 위험이나 소득의 중단이 온다 하더라도 정상적인 생활을 유지할 수 있도록 그 생활을 보장하는 수단을 국가가 책임을 지고 수행하는 제도인 것이다.

사회보장을 의미하는 영어는 Social Security 인데, 그 Security의 어원은 Se(=Without, 해방) + Cura(=Car, 근심 또는 괴로워하는 것)에서 비롯된 것으로 '불안을 없게 한다.'는 뜻이다.

우리나라는 1960년 제4차 개정헌법에서 처음으로 "국가의 사회보장에 관한 노력"을 규정하였고, 1963년 11월 법률 제1437호로 전문 7개조의 "사회보장에 관한 법률"을 제정하였다. 그 후 1980년 10월 개정된 헌법에서 "사회보장"이라는 용어를 최초로 사용하였다.

사회보장기본법 제3조 제1호에 의하면,"사회보장이란 질병·장애·노령·실업·사망 등 각종 사회적 위험으로부터 모든 국민을 보호하고 빈곤을 해소하며 국민생활의 질을 향상시키기 위하여 제공되는 사회보험, 공공부조, 사회복지서비스 및 관련 복지제도를 말한다."라고 정의하고 있다. 사회보장법의 종류를 보면 다음과 같다.

① 사회보장 일반에 관한 법 : 사회보장에 관한 법률
② 사회보험법 : 국민연금법, 공무원연금법, 사립학교교원연금법, 군인연금법, 선원보험법, 의료보험법 등.
③ 공적부조법 : 생활보호법, 자활지도사업에 관한 임시조치법, 의료 보험법 등.

④ 사회복지사업법(좁은 의미의 사회복지법) : 사회복지사업법, 사회복지
사업기금법, 아동복지법, 장애인복지법, 노인복지법, 모자 복지법, 기타
관련사회복지사업법 등.

⑤ 사회복지관련법 : 보건 및 공중위생과 연관된 법, 주택관련법, 노동 및
고용과 연관된 법, 교육관련법, 재활과 연관된 법 등.

(1) 사회보험

사회보험은 사회정책을 위한 보험으로서 사회보장기본법 제3조 제2호에 의
하면, "사회보험이라 함은 국민에게 발생하는 사회적 위험을 보험방식에 의하
여 대처함으로써 국민건강과 소득을 보장하는 제도를 의미한다."라고 정의하고
있다.

구체적으로 살펴보면 사회보험은 국민을 대상으로 질병·사망·노령·실업 기타
신체장애 등으로 인하여 활동 능력의 상실과 소득의 감소가 발생하였을 때에
보험방식에 의하여 그것을 보장하는 제도라고 할 수 있다. 이와 같이 사회보험
은 운영과 방법론에서 보험기술과 보험원리를 따르고 있다는 점에서 공공부조
와 상이하다. 사회보험은 사회의 연대성과 강제성이 적용되며, 사보험과는 다
른 주요한 특성을 다음과 같이 갖고 있다.

사회보험에서 다루는 보험사고로는 업무상의 재해, 질병, 분만, 폐질(장애),
사망, 유족, 노령 및 실업 등이 있으며, 이러한 보험사고는 몇 가지 부문으로 나
뉘어 사회보험의 형태를 이루게 된다. 즉 업무상의 재해에 대해서는 산업재해
보상보험, 질병과 부상에 대해서는 건강보험 또는 질병보험, 폐질·사망·노령 등
에 대해서는 연금보험, 그리고 실업에 대해서는 고용보험제도가 있으며 이를 4
대 사회보험이라 한다.

(2) 공적(공공)부조

공공부조는 나라마다 상이하게 표현되고 있지만, 우리나라와 일본, 미국에서
는 법률상 공공부조 또는 공적부조 (Public Assistance)로, 영국에서는 국가부
조(National Assistance)로, 프랑스 에서는 사회부조(Social Assistance)로 표

현한다.

우리나라의 복지재원은 대부분 국민의 조세일부와 기업으로부터 갹출을 통하여 재원을 조달하고 있다. 그리고 사회보장혜택도 영세민에 대한 보조금과 국민연금관리공단 혹은 공무원 연금관리공단으로부터 수혜자 기준에 따라 차등 지급하고 있다.

사회보장기본법 제3조 제3호에 의하면,"공공부조라 함은 국가 및 지방자치단체의 책임 하에 생활유지 능력이 없거나 생활이 어려운 국민의 최저생활을 보장하고 자립을 지원하는 제도를 의미한다."라고 정의하고 있다. 종래에는 "공적부조"라는 용어를 사용하였으나, 1995년 12월 30일 제정된 사회보장기본법에서 "공공부조"라는 용어로 변경하였다.

공공부조에 대한 또 다른 협의의 개념은 자본주의 사회의 모순이 심화됨에 따라 그 구조적 산물로서 빈곤이 발생됐다는 역사적 인과관계를 인정하여 국가의 책임 하에 일정한 법령에 따라 공공비용으로 경제적 보호를 요구하는 자들에게 개인별 보호 필요에 따라 주게 되는 최저한도의 사회보장을 일컫는 데 이 역시 사회보장의 일환으로 이해되고 있다.

이와 같이 공공부조는 빈자의 생활보호 기능에서 그 의의를 찾아 볼 수 있는데 생활보호는 최저한의 수준에 그쳐야하며 이를 국가최저(National Minimum) 또는 사회최저(Social Minimum)원칙이라 부른다.

공공부조제도는 사회보험계획을 추진하는 과정에서 대상자 적용에 문제가 발생하는 경우에는 이를 보완하기 위하여 사용할 수 있다. 따라서 공공부조가 지니는 제한점에도 불구하고 빈곤퇴치 대책의 일환으로 이를 적용하게 된다. 공공부조와 관련해서는 의료급여법과 국민기초생활보장법이 적용되고 있다.

(3) 사회복지서비스

사회복지서비스의 대상은 정상적인 일상생활의 수준에서 탈락, 낙오되거나 또는 그러한 우려가 있는 불특정 개인 또는 가족이며 구체적으로 빈곤, 질병, 범죄, 또는 도덕적 타락으로 나타나게 되는데 이러한 내용을 E.F Devine은 3D(Destitution 빈곤, Disease 질병, Delinquency 비행)로 설명하기도 한다. 그러므로 사회복지서비스의 목적은 정상적인 일반생활의 수준에서 탈락된 상태의 사회복지서비스 대상자에게 「회복·보전」하도록 도와주는 것을 말하며 이는 개별적·집단적으로 보호 또는 처치를 행하게 된다.

사회보장기본법 제3조 제4호에는 "사회복지서비스라 함은 국가·지방자치단체 및 민간부문의 도움을 필요로 하는 모든 국민에게 상담, 재활, 직업소개 및 지도, 사회복지시설 이용 등을 제공하여 정상적인 생활이 가능하도록 지원하는 제도를 의미한다." 라고 정의하고 있으며 종래의 사회보장체계에서 일반적으로 사회복지로 불리던 것이 사회복지서비스로 변경하였다.

사회복지서비스와 관련해서는 모자·장애인·아동·노인복지법, 모자보건법, 사회복지사업법 등이 적용되고 있다.

제2절 호주의 사회보장 제도

1. 호주 사회보장 제도의 배경

인류역사는 무병장수(無病長壽)를 추구하며 끝없이 의료기술과 의약품을 개발하여왔다. 현대에 이르러 장기간 수명의 연장과 건강의 유지는 노인 인구를 급격히 증가시켜 왔다. 호주의 복지는 요람에서 무덤까지 생활보장이 이루어지고 있다.

호주의 역사를 말하자면 1688년 최초로 영국은 호주를 탐사했으며 그 후 1770년 8월 22일 James Cook 선장이 이끄는 죄수 유배선이 호주 시드니에 도착함으로 호주를 영국의 한 부분으로 간주하게 되었고. 몇 차례의 탐사 후 1788년 1월 26일 영국의 제 1 함대가 11척의 선박, 2척의 전함, 3척의 화물선 및 6척의 죄수 수송선이 시드니에 도착하게 되어 본격적인 영국의 이주 작업이 시작되었다.

그 당시 영국의 국왕인 조지3세조지3세(George Ⅲ: George William Frederick, 1738.6.4~1820.1.29)는 그의 치세 기간(1760.10.25~1801.1.1)중에 함대사령관으로 Arthur Phillip을 임명하였고 최초의 정박지를 당시의 영국

내무장관 이였던 Viscount Sydney의 이름을 따서 Sydney(시드니)라고 부르게 되었다.

그 당시 호주는 250개의 부족과 250개의 언어가 있었으며 최초의 정박지인 New South Wales주의 총독으로 Arthur Phillip을 임명하였다. 당시의 영국 내무장관이었던 Viscount Sydney의 이름을 따서 최초 정박지를 Sydney(시드니)라고 부르게 되었다.

그 후 1829년에 이르러서는 제도적으로 호주를 영국의 식민지로 선포하게 되었다. 그래서 호주의 역사를 말할 때는 1788년 1월 26일로 부터 시작된다고 볼 수 있으며 1988년 1월 26일은 호주의 건국 200주년 기념식을 했다.

지난 200여 년 동안 한 민족을 형성, 발전시켜 오는 과정에서 얻어진 나름대로의 특성이 없지 않지만 영국적인 특성이 농후하고, 백인사회를 만들어 보려는 노력과 함께 독특한 호주의 특성을 발전시키려고 노력하였다.

호주로 유배 온 죄수 중에는 영국의 식민통치에 항거하던 아일랜드의 독립투사들과, 엘리자베스 여왕의 미온적 종교정책에 반대하여 투옥된 자들 그리고 자의 반 타의 반으로 상점에서 빵 한 덩어리를 훔친 죄인들이 주로 호주로 강제 이주되었다.

이들은 영국과 다른 호주만의 특성을 살리기 위해 많은 노력을 하였는데 그 예로는 영국에서 엘리자베스 1세에 의해 1601년에 실시된 구빈법으로 구빈원(Work House)이 생기게 되었는데 그곳에는 노동을 할 수 없거나 게으른 자들을 입소시켜 제도적인 강제노동을 시킨바 있다.

따라서 호주로 이주된 자들 중에는 나름대로의 굴욕적인 구빈원제도의 병폐를 방지하기 위해 한 이념 아래 뭉쳤는데 그것은 신세계인 호주에서만은 영국의 모순적인 사회계급 제도와 빈곤이 저주의 대상이 되어서는 안 된다고 하는 강한 신념으로 정의롭고 평등한 사회를 만들어야 하겠다는 것이었다. 그래서 그들은 평등한 사회의 건설을 기치로 호주사회를 건설하여 나갔던 것이다.

이러한 정신은 호주 국가의 가사(Australia Lyrics of National Anthem)에서도 잘 나타나 있다.

...   ...

To make this Commonwealth of ours   온 토지의 명성과 함께
Renowned of all the lands;   우리의 연방복지국가 건설을 위하여;
For those who've come across the seas   바다를 건너오는 사람들을 위하여
We've boundless plains to share;   우리는 끝없는 들녘을 공유할 수 있다.
With courage let us all combine   호주를 정당하게 발전시키기 위하여
To advance Australia fair.   용기를 가지고 모두 협력하자.
In joyful strains then let us sing   그러면 우리는 기쁨으로 노래하리.
"Advance Australia fair!"   "호주여 정정당당하게 나아가자!"

그러나 1850년대의 'Gold Rush'와 함께 호주는 백호주의의 의식을 굳혀 가게 되었다. 최초로 금광의 붐을 일으킨 사람은 1834~1849년 사이에 대농장을 경영하던 에드워드 하그레이브(Edward Hagrave)라는 영국인이었는데 그는 1849년에 수천 명의 동료 호주인들과 캘리포니아로 갔었다.

캘리포니아의 지형, 지질과 흡사한 점이 많다는 것을 관찰한 그는 호주에도 금광이 있을 것이라는 확신으로 열심히 돈을 모아 귀국한 후 자기의 생각을 실천에 옮겨 보는 것이었다. 그 때가 바로 1851년이었고 첫 금광채굴을 시도해 본 지역이 써머 힐 크릭(Summer Hill Creek)이라는 얕은 강변이었다. 몇 사람의 잡역부만을 데리고 일을 시작했는데, 첫 냄비에 금이 가득 차게 나왔다. 그는 바로 무진장의 금더미 위에 서 있었고 자기가 발견한 이 금이 호주의 역사에 얼마나 큰 의미를 지니게 된다는 것을 직감할 수 있었다.

호주 정부 측에서는 미국 캘리포니아의 금광 붐을 통하여 이미 호주에서 미국으로 건너간 수많은 사람들을 이번 기회에 다시 불러 올 수 있고 인구도 증가시킬 수 있다고 생각하여 이 금광을 채굴하는데 호주 정부는 적극적으로 나서게 되었다. 이러한 여파로 New South Wales 주 만이 아니라 Victoria 주에서도 금광이 발견되었는데 그것이 바로 유명한 밸라래트(Ballarat)와 밴디고(Bendigo) 광산이다. 그래서 농부, 목동, 의사, 변호사, 공무원들까지도 노다지를 찾아 나서게 된 것이다.

이러한 금광의 붐으로 호주정부의 인구유입 정책을 성공을 거두게 되어 1851년 노다지 붐(Gold Rush)이 시작되기 전에 이미 약 16만 명(영국계 백인) 이상의 죄수들이 영국으로부터 유배되어 왔으며 'Gold Rush'와 함께 영국계,

독일계, 중국계의 인종이 몰려들었으며, 그 외에도 뉴질랜드, 폴란드, 미국, 스칸디나비아, 헝가리 등에서도 광부들이 몰려들었다. 그 결과로 1850년에 405,000명 정도였던 백인의 인구가 1861년에는 1,168,000명으로 증가하게 되었다.

그러나 유독 중국인만을 대상으로 하여 1854년에 중국인 입국제한 법(Chinese Restriction Act)이 제정되었다. 이러한 백호주의적인 입법은 더욱 호주인의 의식 속으로 숨어들었던 것이다. 그런데도 호주 국민 들은 '백호주의'가 국가적 정책이 아니라고 부인하지만 여전히 이민 대상자들은 백인들에게 호의적으로 선발되었다.

호주 문화의 형성적 측면에서 볼 때 호주의 문화형성 단계를 다섯 단계로 나눌 수 있다. 그것은 첫 단계로는 1788년 호주의 제도적 건국으로부터 1850년대의 금광의 발견까지로서 이때는 주로 죄수의 유배와 강제이민이 이루어졌던 시기이며, 두 번째 단계로는 1850년대부터 1901년 연방정부 수립까지로서 이때는 무제한 자유이민이 이루어 졌는데 그 결과 백인과 유색인종, 특히 중국인과의 관계에서 백호주의 정책이 대두하게 되었고, 세 번째 단계로는 1901년부터 1945년 제 2차 대전까지 통제된 이민정책에 따라 소수의 이민만 수용하게 되어 과도기적 문화변혁이 이루어졌다. 그리고 네 번째로는 1945년부터 다문화 정책이 대두되어 마침내 1973년에 백호주의 정책의 폐지가 공식화되었으며 대규모의 이민시대를 맞이하게 되었다.

마지막으로 1973년 이후 현재에 이르기까지 제도적으로는 다문화 정책을 고수하고 있다. 그러나 극히 선별적인 이민과 함께 현실적으로는 다소의 복고주의 적인 경향을 견지하고 있지만, 정책적으로는 경제성에 기초한 선별이민에 초점을 두고 있다.

따라서 이러한 정치적, 사회적, 문화적인 영향으로 현대 호주교회는 보수적인 교회와 진보적인 교회의 두 주류를 형성하게 되었다. 1970년대 후반부터 호주교회는 연합을 토의하여 오다가, 1980년대 초에 호주 감리교회, 회중교회, 장로교회가 통합하여 호주 연합교회(Uniting Church in Australia)를 설립하게 되어 주로 진보적인 성향을 지니게 되었고, 현재 일부 호주장로교회는 그대로 남아 맥을 유지하고 있으며, 보수적 성향을 지닌 호주 성공회교회(Anglican Church)도 호주 연합교회와 강단교류를 시도하고 있다.

2. 호주 사회보장 제도의 특징

호주의 사회보장제도는 대부분의 여타 선진국의 사회보장 제도와 달리 단일율에 의한 현금지급체계로서 전적으로 일반재정수입을 재원으로 하고 있으며 일반적으로 소득감정에 의존하고 있다. 다른 선진국들의 보험제도는 그 재원을 기업주와 피고용자의 보험료로 하고 있으며 보험지급률은 보험료 납부자의 과거 수입에 연관 지어져 있고, 보험 제도의 혜택을 못 받는 그룹에 대해서는 지방자치단체의 임의적 지원으로 보전할 수 있도록 하는 특징이 있다. 특히 호주는 복지국가를 유지하기 위하여 총 국가 예산의 40%, 또 국민 총생산의 12.8%를 복지비로 지출하는데 복지예산의 60% 정도가 소득세에서 충당하고 있다.

호주의 사회보장은 사회민주자본주의의 성격을 강하게 지니고 있으며, 일반재정수입(Tax)으로부터 사회보장비용을 충당하고 있다. 그러므로 소득수준에 근거한 재분배가 원활히 이루어지고 있고, 전국적으로 거의 동일하게 사회보장 혜택을 누리고 있다.

0세에서 5세까지는 태어날 때 이미 우유 값과 특별 유아수당을 받게 되는데 이때 어머니가 수당을 수령하게 된다. 그리고 6세부터 16까지 우유 값을 받고 초등 및 중등 학교교육을 무상으로 지급 받는데, 학교가 집에서 먼 경우 교통카드를 발급 받고 무료로 대중교통수단 (버스, 기차, 연락선)이용할 수 있다.

17세에서 24까지는 'Austudy' 혹은 'Youth Allowance'를 지급 (2주당 총액은 $706.20)받을 수 있고, 만약 부모가 직장을 가지고 있지 않을 경우는 많이 지급되지만 부모의 수입이 많을 경우 차등 지급된다. 25세부터 67세까지 실업자나 학생이면서 가족을 가지고 있는 경우는 'Family Allowance'를 지급 받는다.

또한 직장을 구할 때까지 구직 장려 수당 (Job Seeker) 을 받을 수 있고, 직장을 잃을 때 실업자 수당을 받을 수 있다. 만약 장애자 일 때는 장애수당을 받을 수 있고, 집도 저렴한 가격(혹은 국가 보조금)으로 임대할 수 있다. 남자는 67세 여자는 67세 이상이면 양로연금(Pension)을 받을 수 있다. 사망 시에는 장례비용도 받을 수 있다. 현 시점에서 볼 때 성공한 사회주의 국가라고 볼 수 있다.

그러나 미국과 유럽의 선진국의 경우는 산업자본주의를 통하여 대부분 기업의 보험료(insurance)로부터 충당하고 있으며, 지방의 임의재원에 의존하고 있으므로 지방간 격차가 심하다. 호주의 사회보장제도를 좀 더 구체적으로 살펴보면 다음과 같다.

3. 호주의 사회보장 수혜대상

호주의 사회보장혜택은 노동을 할 수 없는 것으로 판단되는 사람(고령자, 무능력자, 자식이 없는 부모, 자식이 없는 과부, 실업자, 병자, 학생 등)에게 균등하게 지급된다.

① 양로연금(Pension) : 67세 이상의 남자와 여자에게 일정기간(약 10년) 호주에 거주한 사실과 소득에 대한 감정을 통하여 지급된다. 70세 이상의 남녀는 소득 감정이 면제되며 장님도 마찬가지이다.

② 무능력자 연금 : 16세 이상의 사람 중 일반인 능력의 85%의 범위까지 일을 할 수 없는 무능력자이거나 완전히 실명한 사람으로 일정기간 거주한 사람에게 지급된다. 70세 이상의 남녀는 소득 감정이 면제되며 장님도 마찬가지이다.

③ 피보호 고용수당 : 공인된 피보호 직장에서 일하는 사람에게 지급된다.

④ 부녀자 연금 : 양로연금 및 무능력자 연금을 받는 사람의 부인으로서 혼자서는 연금을 받을 수 없는 사람에게 소득감정 결과에 의해 지급된다.

⑤ 미망인 연금 : 남자가장의 지원을 상실한 미망인에게 지급된다.

⑥ 부양부모 급부 : 여타의 연금을 받지 않는 자식이 없는 남녀 부모에게 지급된다.

⑦ 실업급부 : 16세 이상 67세 사이의 남녀 중 유급으로 일하는 직장에서 일을 할 수도 없고 할 의욕도 없는 사람과 그러한 직장을 얻기 위한 중간단계를 밟고 있는 사람과 노동쟁의 이외의 사유로 해고된 사람에게 지급된다.

⑧ 병원급부 : 16~67세 나이로 질병 혹은 피해발생으로 일시적으로 일을 할 수 없게 되어 소득면에서 손실을 받게 된 사람에게 지급된다.

⑨ 특별급부 : 각종 연금이나 급부를 받지 않고 있거나 받을 자격이 없는 사람으로서 그 자신이나 부양자가 생계를 유지하는 데 충분할 만큼 벌지 못하고 있는 사람에게 지급된다. 지급여부나 지급률은 실업이나 병원급부의 지급

률을 초과하지 않는 범위 안에서 결정된다.

⑩ 가족수당 : 무능력자 연금을 받고 있거나 대학교육(제3교육)을 받고 있는 학생을 제외한 어린이가 있는 가정에 지급된다.

⑪ 가족소득보조금 : 어린이가 있으나 사회보장을 받고 있지 않는 저소득가정에 추가적인 소득보조로 지급된다.

⑫ 심신장애자녀수당 : 심신장애자녀에게 지급된다.

⑬ 이중유아연금 : 부모 중 한 명 이상을 잃은 어린이에게 지급된다.

호주의 사회보장제도를 요약하여 살펴보면 〈도표 28〉과 같다.

〈도표 28〉 호주의 사회보장 혜택

보험 및 수당	자 격 기 준	거주지 조건	혜 택	기 타
양로연금	-남 67세 이상 -여 67세 이상	시민권 및 영주권 소지자로서 대개 10년 이상 호주에 거주했어야 함	의료, 가옥세 보조, 취학 아동의 교육비 보조, 전화 및 지방세 보조	각 개인의 상황에 따라 차등지급
장애자 연금	-16세 이상 65세 미만, 85%이상의 장애 및 영구 실명자 (2013년부터 NDIS로 통합 됨)	상동	부부의 경우: 2주당 $1682.80 (2025년기준)	장애등급에 따라 차등지급
미망인 연금	-Class A: 부양자녀와 동거함 -Class B: 50세 이상으로 부양 자녀가 없음 -Class A+B 해당자인 경우, 남편의 사망 3년 전까지 남편에 의하여 부양되어 온 여인, 이혼한 여인, 6개월 이상 남편에 의해 유기된 자, 남편이 6개월 이상 형을 받게된 경우.	시민권 및 영주권 소지자로서 최소한 5년에서 10년 이상의 거주자	독신인 경우: 2주당 최대 $1116.30 (2025년기준)	물가상승에 연동함
독신부모 수당	-독신으로 자녀를 양육하는 경우 -남, 여에게 공통으로 적용됨. -이혼자 및 별거자 -미혼모, 홀부모가 자녀를 양육할 때 -기타 연금이나 수당에 해당되지 않는 경우, 배우자 장기질병 또는 기타의 사정에 의하여 함께 동거할 수 없는 경우	상동	상동	

보험 및 수당	자 격 기 준	거주지 조건	혜 택	기 타
부인연금	-양로연금, 장애자 연금 또는 보호작업장 취업인의 부인으로서 기타 연금 및 수당에 해당되지 않는 자	시민권 및 영주권 소지자	양로연금 해당자와 동일한 기타 혜택을 지급 받을 수 있음	물가상승에 연동함
보호자 연금	-장기간 동안 신체장애 또는 질병의 남편, 또는 근친을 간호하는 경우 *보호를 받는 대상을 양로보험, 장애자 연금 등의 수혜 해당자이어야 한다. *단 보호자 연금 신청자는 기타의 사회보장 수혜에 해당되지 않는 자라야 한다.	상동	상동	
보호 작업장 수당	*남(16-65세), 여(16-65세) *대개 장애자 연금이나 기타의 수당에 해당될 자로서, 보호작업장에 취업하는 경우	시민권 및 영주권 소지자, 10년 이상 거주 증명	취업 장에 나가는 것을 권장하기 위해 지급. 가옥세보조는 해당 안 됨	
질병 수당	*남(16-64세), 여(16세-62세) *질병으로 잠정적인 실업상태 *질병이나 사고로 수입이 감소되었어야 함	시민권 및 영주권 소지자로서 2년 이상 거주 증명	대개 양로연금 수혜자와 동일하지만 주에 따라 다름	
실업자 수당	*남(16-67세), 여(16-67세) *실업자로서 취업의사와 능력이 있는 자 *꾸준히 취업물색, 직업소개소 등록해야 함 * 55세 이상 67세까지는 주 15시간 자원봉사활동으로 Job Seek 수당 받음	시민권 및 영주권 자로서 2년 이상 호주에 거주한 자 (단 조건부 영주권자인 경우 조건충족하여야 함)	2주당 총액 $771.50 (2025년기준)(기타 혜택은 질병수당 수혜자와 동일함)	물가상승에 연동함
자녀 양육비	*부모에게 직접 지급 *학업지원비(Austudy)를 받지 않는 자녀 *자녀들에게 수입정도에 따라 지급 *쌍생아 및 장애 아동수당은 별도로 특별 지급됨	시민권 및 영주권자	2주당 총액 $706.20 (부모의 연봉에 따라 차등지급) 독신육아양육비: 2주당총액 $1006.50 (2025년기준)	물가상승에 연동함
교통비 보조	16세 이상 장애자로서 취업활동을 권장하기 위하여 교통비 보조함	시민권 및 영주권자		물가상승에 연동함

⑭ 효도수당(노인가정방문지원서비스:Community Aged Care Packages CACP): 65세 이상으로 집에서 편의를 제공받기를 원하는 사람은 CACP에 도움을 요청할 수 있다. 제공되는 서비스는 개인 위생관리 및 보호, 식사 준비 및 쇼핑을 돕는 서비스, 세탁 및 간단한 가사 활동, 가벼운 정원 관리, 약속이 있을 때 교통편의 제공 및 동행(예 : 병원진료), 사교활동, 그 외에도 노인들의 편의에 따른 다양한 서비스를 제공한다. 그러나 만약 자녀 혹은 친척들이 이러한 부모 혹은 친척을 모시고 있을 경우 CACP의 기준에 따라 그 비용을 지원 받을 수 있는 제도가 2002년부터 시행되고 있다.

4. 호주의 의료, 교육, 정착 보장

보건 서비스는 정부기관의 모든 차원에서 제공되고 있으며, 원칙적으로 그것은 주정부와 연방정부의 헌법상 책임이다. Medicare Card는 모든 시민권자 및 영주권자에게 지급되며, 사설 개인 의료보험(AMP, Medibank 등)에 가입하는 경우도 많이 있다.

병원은 주로 정부에서 운영하는 국립병원인데 사설병원 들도 많이 늘고 있으며 여기에는 Medicare Card(의료보험카드)로 보장되지 않는 경우도 많다. 특히 치과(Dental Clinic)와 전문의(Specialist)의 경우에는 거의 Medicare로는 보장되지 않으므로 많은 사람들이 사설 개인 의료보험에 보험료를 내고 가입하고 있다. 그 종류는 사람의 환경과 조건, 그리고 자신이 선택하는 카테고리에 따라 보험료가 다르게 적용된다.

반세기 전에 장로교회 John Flynn(1880~1951)목사에 의해 시작된 항공의료 서비스 (Royal Flying Doctor Service) 조직은 벽지에 살고 있는 주민들을 돕고 있는데, 응급 시에 구조를 요청한 사람은 하루 24시간 동안 2~3분 내에 무전으로 의사와 통화할 수 있다. 12개의 주요기지가 있으므로 의료 구조에서 2시간 이상 걸리는 환자는 거의 없다. 이 서비스에는 모든 벽지에 대한 정기적인 임상방문, 전문의의 왕진 및 일부지역에 대한 치과의사의 방문도 포함되어 있다. 응급 구조 자격증은 복지기관에 근무하고자 하는 사람에게는 필수적이다.

호주는 초등학교(Primary School: 1~6학년)와 중등학교(Secondary school:

7~12학년), 그리고 고등교육기관(Tertiary education: TAFE College, Business College, University, 등)으로 나누는데, 중등학교 교육기간 중 10학년이 되면 직업교육을 위한 TAFE College에 갈 수 있고, 종합대학교로 가려면 12학년을 마치고 High School Certification (HSC) 시험을 치루고 그 점수에 의해 지원하게 된다.

12학년까지 학비는 무료이고 16세가 되면 학업지원비(Austudy) 혹은 청소년수당(Youth Allowance)을 신청하게 된다. 그러면 정부로부터 학비 보조수당을 받고 대학, 대학원 공부는 'Research work'일 때 무료이고, 'Course work'일 때는 HECS-Help 혹은 Fee Helper에 의해 학점 당 학비를 부담하지만 졸업 후 직장을 구하면 분납한다.

호주로 이민을 오면 각 지역 'Center Link(지역복지기관)'에 가서 먼저 등록을 하고, 이민자영어학교(AMEP: Adult Migrant English Program)에 510시간 등록하여 영어를 배우면서 호주사회에 대한 문화와 의식구조를 익힌다. 그리고 영어공부를 더 하고자 하면 TAFE 에 가서 약 1년 동안 계속 영어를 배울 수 있다.

그 후로는 저렴한 학비를 내고 다녀야 한다. 영어가 어느 정도 수준에 이르면, 'Job Center'에 가서 취업 등록을 하면, 'Job Seeker Number'를 받을 수 있다. 이 번호는 직장을 구할 때 까지 계속해서 필요하다. 최초 2년 동안은 위에 명시된 수당을 받을 수 없으며, 다만 자녀양육 보조비(우유값) 정도를 받을 수 있다. 특별한 경우 가끔 방세보조비(Rent aid)도 받을 수 있다.

5. 호주 사회보장 제도의 취약점

현실적으로 봉급자는 봉급의 약 30%를 세금으로 내야 한다. 만약 연봉 약 28,000불(500불/주) 이하를 받게 된다면 실업자로서 사회보장 혜택을 받는 편이 더 낫다고 본다. 왜냐하면 사회보장의 혜택을 받는 경우 약 400불/주(2명의 자녀일 경우)에는 가정의 형편에 따라 의료 보험금 면제(무료 의료 혜택), 교통비 보조, 전기세, 지방세 등의 면제 또는 할인 혜택을 받게 되므로 간접적인 소득 액수가 늘어난다. 그러나 취업을 하게 되면 사회보장 수혜를 받지 못한다. 그러므로 자발적인 실업자 또는 만성, 만년 사회보장 수혜자가 늘어난다는 것이 문제이다.

실업자의 경우에는 직장을 물색하고 있다는 조건으로, 직업소개소에 등록을 하는 조건 등을 실시하고 있으나 절대빈곤(absolute poverty)이 아닌 상대빈곤 (relative poverty)이 존재하는 풍요한 사회에서는 실제로 수입이 적더라도 직장 보다는 복지를 택하는 수가 많은 것이 현실이다. 그러므로 저임금 노동자와 사회 보장 수혜자 사이의 적당한 간격을 유지하는 것이 현실적인 문제이다.

호주로 이민 올 수 있는 경우는 보통 6종류가 있다. 독립기술이민, 지명초청기 술이민, 가족초청이민, 유학생기술이민, 투자이민, 특별이민 (난민, 인도적 차원 등) 등이 있는데, 홈 페이지 (www.immi.gov.au)를 참조하면 많은 정보를 얻을 수 있다.

여유있는 삶

기다리는 신앙

1858년 시카고의 한 교회 주일학교 교사 에즈라 킴볼은 자기 동네에 사는 양화점 점원을 전도하고 싶었다. 가게 앞에서 한참을 머뭇거리던 킴볼은 마침 내 용기를 내어 안으로 들어갔다. 이 양화점 점원의 이름이 바로 드와이트 무 디였다. 킴볼은 결국 무디의 마음을 움직이는 데 성공했고, 무디는 나중에 세 계적인 전도자로 이름을 떨쳤다.

내가 정작하고 싶은 이야기는 이제부터다. 1879년 당시 작은 교회의 목사였 던 프레드릭 마이어는 무디의 설교를 듣고 새로운 눈을 뜨게 되었다. 마이어 는 훗날 저명한 신학자가 된 인물이다. 세월이 흘러 마이어가 무디 신학교에 서 강연을 하고 있을 때였다. 그 강연은 뒷줄에 앉아 있던 한 청년, 윌버 채프 먼의 종교관을 바꿔 놓았다. 그리하여 채프먼은 YMCA의 목회자가 되었다. 채프먼이 YMCA의 간사로 모집한 사람 중에는 프로야구 선수 출신의 빌리 선 데이라는 청년이 있었다. 선데이는 훗날 유명한 전도자가 되었다. 한 부흥회 에서 선데이의 설교에 감동한 나머지 그 지역 사람 몇 명이 모여 기도 모임을 결성했다. 이들은 모르데카이 햄(Mordecal Hamm)이 이끄는 선교단에서 활 동하다가 자신들의 고향에서 부흥회를 개최했다. 그 부흥회에서 햄의 설교를 들은 한 청년이 목회자가 되기로 결심했다. 그가 빌리 그레이엄이다.

교사들이여, 학생을 지도하다가 낙담될 때 이 말을 기억하라. "교사의 영향은 영원하다. 그런데 그들은 자신이 미친 영향의 끝이 어디인지 알 길이 없다."

제 2 장 호주의 케어 서비스 실태

제 1 절 개관

1. 케어 서비스 역사적 배경

호주의 케어 서비스는 세계적으로 최고의 시스템을 가지고 있다. 특히 장애인과 노인에 대한 케어 서비스는 지구상 어느 나라에서도 찾아 볼 수 없을 만큼 잘 조직되어 있다. 9세부터 65세까지 장애인에 대한 케어 서비스를 보다 체계적으로 업그레이드 한 것이 2013년에 법률에 근거하여 시범적으로 시작하여 2015년에 본격적으로 시행된 장애인 사회보장제도인 NDIS (The National Disability Insurance Scheme)이다. 9세 미만의 영유아 장애에 대한 접근 방식은 발달 지연이 있는 6세 미만의 어린이 또는 장애가 있는 9세 미만의 어린이를 직접 돕고, 영유아 파트너는 어린이와 가족이 어린이의 개별적인 필요와 상황에 맞는 지원과 서비스에 접근할 수 있도록 돕는 영유아 교육자와 연합하여 건강 전문가를 고용하여 편의를 제공한다. 영유아 파트너는 또한 지역 사회 건강 서비스, 놀이 그룹 및 교육 환경과 같은 다른 적절한 지원과의 연결을 돕는다.

65세 이상으로서 장애인의 경우에는 오래 전부터 주어지고 있는 Aged Care Scheme 에 의해 보장되고 있으며, 9세 미만의 건강한 영유아일 때는 Child Care Scheme 에 의해 보장되고 있다. 그러므로 호주의 사회보장제도는 요람에서 무덤까지 장애인이든 비장애인이든지 국가로부터 보호를 받으면서 젊고 건강할 때 열심히 일하여 국가에 세금을 많이 부담하고 나이가 들고 약할 때 함께 동행 하는 "Common Wealth (부의 공통 분배)" 정부를 지향하고 있는 것이다.

현대에 이르러 장기간 수명의 연장과 건강의 유지는 노인 인구를 급격히 증가시켜 왔다. 1996년도를 기준하여 호주의 65세 이상의 인구는 전체 인구의 12%였으나 2006년에는 13%로 증가하였고 노령화는 급속히 진행되어 2011년에는 베이비 붐 세대가 65세가 되므로 훨씬 많아 졌다.

노령화는 호주 정부의 노인 케어 계획에 큰 영향을 미치게 된다. 2006년 6월 30일 기준으로 65세 이상 인구는 약 270만 명인데, 그 중 여성이 55%이었으며, 85세 이상에서는 68%가 여성이었다. 여성의 장수속도는 남성보다 더 증가하고 있지만 앞으로 그 간격은 점차 줄어들고 있다.[415] 65세 이상 인구는 2021년 17.2%에서 2041년 21%으로 증가할 전망이다.

고령인구의 증가는 주거 노인 케어 시설로 입소하는 평균연령이 높아진다는 의미이다. 1988~9년에 80세 이상의 입소 율은 64%였고, 이것은 2005~6년에 70%로 증가하였다. 이 수치는 80세 이상 고령인구가 증가하여 시설케어로 입소하는 비율이 높아진 반면에 한편으로는 65세 이상 80세 미만의 노령인구는 집에 거주하면서 인근 지역사회 노인 케어 센터를 이용하는 경우가 많다는 의미이다.

그 결과 지역사회 노인 케어(community-based aged care)가 시설 노인 케어 보다 급속히 확장되었다. 그러므로 보건관리 서비스(care management services)를 공급하는 케어 패키지는 지역사회 노인 케어 패키지와 재택 노인 케어를 포함하는 주거 노인 케어의 대안으로 검토되었다. 그것은 고령화의 속도가 너무 빨리 진행되기 때문이다. 호주의 노인 케어 제도는 대략적으로 병원 치매 서비스 제도(Hospital Dementia Services: HDS)[416], 노년연구사업[417], 노인연구 온라인 사업[418], 비공식 케어 서비스[419] 등이 있다.

---

415) ABS, *Labour Force, Australia, Detailed—lectronic Delivery*, Cat. no. 6291.0.55.001. June 2007, Canberra: ABS.
416) 병원에 입원하고 있는 환자를 중심으로 NHMRC (National Health and Medical Research Centre)에서 3년간 기금을 지원하는 제도이다.
417) 노인에 대한 정기적인 조사연구와 수많은 전문연구 프로그램을 수행하며 노인건강을 위한 책자도 발간한다. 국가전략은 다음 네 가지 핵심영역에서 수행되는데, 첫째, 독립 및 자립(고용 노인 노동자)에 대한 전략, 둘째, 태도와 삶의 스타일 그리고 공동체 지원에 대한 전략, 셋째, 건강한 노년생활 전략, 넷째 세계 수준의 노인요양 전략 이다.
418) 온라인상에서 하는 노인연구(ageing research online)사업으로써 주로 주택문제인데 이것은 노인주택연구소(Building Ageing Research Capacity: BARC)에서 웹사이트를 통하여 이루어지고 있다.
419) 가족과 친구에 의하여 공급되어지는 노인 케어인데 최근에는 시설주거 노인 케어로부터 지역사회 내에서의 케어로 재빨리 바뀌고 있다.

2. 맞춤식 케어 서비스

호주 여성 1인당 출산율이 1960년대 초반부터 감소세를 보였으며, 2025년 6월까지 사상 최저 수준인 1.5명을 유지하다가 2032년이 되어서야 1.62명으로 소폭 증가할 것으로 예측하였다. 2024년 12월 현재 남성의 기대수명은 81.1세, 여성은 85.1세로 나타났다. 높은 기대 수명으로 인해 65세 이상 인구 100명당 근로 연령 인구 (15~64세)의 비율을 나타내는 노령부양비율이 1983년 15%에서 2024년 26.5%로 늘어났으며 2065년에는 39%에 이를 것으로 예상 되었다.

호주의 케어서비스는 0~16세까지는 부모에게 양육보조금이 지급된다. 그러나 장애인일 경우는 다르다. 9세 이상 65세미만의 장애인일 경우 NDIS의 자격기준에 해당된다면 등급에 따라 맞춤식 장애인 케어 서비스를 받을 수 있다. 65세 이상 고령인구의 증가는 주거 노인 캐어 시설로 입소하는 평균연령이 높아지고 있다.

<도표 29> 호주 총 인구 대(對) 65세 이상 인구 (2006년~2025년)

(범례: 명)

나이(세)	2006년	2016년	2021년	2025년
전체인구	20,622,539	24,376,709	25,760,867	27,594,464
65~84세	2,407,429	3,242,658	3,830,566	4,315,459
85세 이상	279,685	481,962	536,580	546,103
65세 이상 총계	2,687,114	3,724,620	4,367,146	4,914,620
총인구 대 65세 이상 인구 비율	13%	15.3%	17%	17.8%

참조: Australian Bureau of Statistics, 2006, 2016, 2021, 2025

<도표 29>에서 2006년부터 2025년사이 약 20년 통계를 살펴보면 호주 총 인구 2006년에 20,622,539명에서 2025년 25,594,464명으로 약 700만 명이 증가하였으며, 65세 이상 인구가 2006년에 2,530,885명에서 2025년 4,914,620명으로 2,383,735명 증가하였다. 총인구 대비 65세 이상 인구 비율

을 살펴보면, 2006년 13%, 2016년 15.3%, 2021년 17%, 2025년 17.8% 로 완만하게 증가하고 있다.

ABS (Australian Bureau of Statistics))는 2025년 5월 8일 총 인구 27,594,464명이 10년 뒤인 2035년에는 400만 명이 늘어나 3,100만 명이 될 것이라고 내다보았다. 2025년 65세 이상 인구의 비율은 전체 17.8%이지만, 2035년에는 70세 이상인구가 140만 명 늘고, 2041년에는 65세 이상 인구가 전체 인구 대비 21%로 증가할 것으로 예상하고, 2065년까지 65세 이상 인구가 전체 인구의 25%에 이를 것이라고 전망하였다.

1988~9년에 80세 이상의 Aged Care 입소 율은 64%였고, 이것은 2005~6년에 70%로 증가하였다. 이 수치는 80세 이상 고령인구가 증가하여 시설케어로 입소하는 비율이 높다는 의미이고 한편으로는 65세 이상 80세 미만의 노령인구는 집에 거주하면서 인근 지역사회 노인 케어 센터를 이용하는 경우가 많다는 의미이다.

그 결과 지역사회 노인 케어(community-based aged care)가 시설 노인 케어 보다 급속히 확장되었다. 그러므로 보건관리 서비스(care management services)를 공급하는 케어 패키지는 지역사회 노인 케어 패키지와 재택 노인 케어를 포함하는 주거 노인 케어의 대안으로 검토되었다. 그것은 고령화의 속도가 빨리 진행되기 때문이다. 노령화는 호주 정부의 노인 케어 계획에 큰 영향을 미치게 된다. 호주 전체 인구에서 65세 이상의 인구는 1996년도의 12%에서 2006년에는 12.3%로 증가하였고 노령화는 급속히 진행되어 2011년 이후에는 베이비 붐 세대가 65세가 되므로 훨씬 많았다.

아래 <도표 30>과 같이 65세 이상 인구를 약 20년 간격을 두고 2006년 6월 30일 기준 통계와 2025년 5월 8일 기준 통계를 비교하여 보면, 약 270만 명 (2006년 6월 30일)에서 약 500만 명(2025년 5월 8일)으로 약 230만 명이 증가하였는데, 여성이 55%(2006년)에서 53%(2025년)으로 감소한 반면에 남성 비율이 45%(2006년)에서 47%(2025년) 으로 높았다. 그런데 85세 이상에서 여성 비율이 68%(2006년)에서 56%(2025년)으로 크게 감소되었다. 앞으로 여성의 장수 속도는 남성보다 더 증가하고 있지만 그 간격은 점차 줄어들 것이다.[420] 65세 이상 인구의 분포를 보면 <도표 30>과 같다.

〈도표 30〉 호주 65세 이상 성별 인구 (2006년 6월 30일/2025년 5월 8일 기준)

(범례: 2006.6.30./(2025.5.8.) 기준)

나이(세)	남자	여자	전체인구	남자	여자	전체인구
	인원(명)			인원 비율(%)		비율
65-59	385,226	393,943	779,169	31.8	26.7	29.0
70-74	302,778	326,360	629,138	25.0	22.1	23.4
75-79	252,158	299,330	551,488	20.8	20.3	20.5
80-84	166,000	239,328	405,328	13.7	16.2	15.1
85 이상	104,337 (243501)	217,654 (302602)	321,991 (546103)	8.6	14.7	12.0
65이상 전체	1,210,499 (2296530)	1,476,615 (2618090)	2,687,114 (4914620)	100.0	100.0	100.0

참조:ABS 2007a. Labour Force, Australia, Detailed—lectronic Delivery, June 2007. Cat. no. 6291.0.55.001.; May 2025 ABS (Australian Bureau of Statistics)

노인 장애가 급격히 증가 함으로 노인에 대한 지원이 크게 필요로 하게 되었다. 2003년에 실시된 장애, 노령 및 보호자 조사가 ABS에 의하여 실시되었는데 65세 이상 노인인구의 23%가 심각한 장애와 장애 증상, 즉 자기 케어, 이동과 의사전달에 지원을 항상 혹은 자주 요구되는 것을 느끼는 것으로 나타났다. 85세 이상 노인인구의 58%가 이러한 장애 수준에 있는 것으로 나타났다. 2003년의 통계는 1999년의 통계와 확실히 다른데 그것은 수명의 연장은 장애와 함께 생활하는 것과 장애 없이 생활하는 것이 서로 조화를 이루고 있다.

1998~2003년 사이의 장애 유형을 분석해 보면 65세 이상 남성 수명이 27%(이 기간 동안 1.5년)이 늘었는데, 그 중 장애나 장애증상을 가진 사람의 수명은 0.4년 늘었고, 나머지 1.1%는 장애나 장애 증상이 없이 수명이 늘었다. 여성의 경우 65세 이상 노인 인구의 수명은 58%(이 기간 동안 1.2년)이 늘었는데, 그 중 0.7년은 장애와 함께 수명이 늘었고 나머지 0.5%는 장애 없이 수명이 늘었

---

420) ABS, *Labour Force, Australia, Detailed—lectronic Delivery*, June 2007. Cat. no. 6291.0.55.001. Canberra: ABS.

다.421)

이러한 통계는 매년 노인인구가 빨리 늘어나고 있다는 것이며 수많은 노인들이 재정적 혹은 비 재정적인 지원과 보조를 필요로 한다는 것이다.

2006년 AIHW(Australian Institute of Health & Welfare)의 조사보고서 제3장에서는 노인연금의 중요성을 다루고 있는데 그것은 퇴직연금에 대한 수입의 원천으로써 주어지는 것이다.422) 노인연금 자격자의 75%는 노인연금이나 그와 비슷한 재향군인연금을 받는다. 이 비율은 각 개인의 강제 기여금납부액과 자발적인 기여금 납부액에 따라 다르다.

그럼에도 불구하고 호주정부는 2007년에 발표하기를 노인연금은 2008~7년에 GDP의 2.5%에서 2046~7년에는 4.4%까지 증가할 것이라고 하였다. 결국 그것은 노인 케어 서비스 비용이 2006~7년에 GDP의 0.8%에서 2046~7년에 2.0%로 증가할 것이라는 의미이다.

70세 이상 노인인구가 주거 케어 장소에서 거주하는 비율이 2002년 이후로 꾸준히 증가하여 왔는데 이것은 2002년 후에 새로운 노인 케어 시설의 배분율을 조절하여야 한다는 것을 말해준다. 그리고 고령인구의 증가는 주거 노인 케어 시설로 입소하는 평균연령이 높아진다는 의미이다.

1988~9년에 80세 이상의 입소 율은 64%였고, 이것은 2005~6년에 70%로 증가하였다. 동시에 영구 거주하는 허약한 노인은 계속 증가하여 2006년에는 모든 영구 거주하는 노인들의 80%였는데 이것은 2000년의 61%보다 높았고 2006년에 그 의존율은 최고치인 23%는 2000년에 14%에 비하여 높았다.

그 결과 지역사회 노인 케어(community-based aged care)가 주거시설 노인 케어 보다 급속히 확장되었다. 그러므로 보건관리 서비스(care management services)를 공급하는 케어 패키지는 지역사회 노인 케어 패키지와 재택 노인 케어를 포함하는 주거 노인 케어의 대안으로 검토되었다. 그것은 고령화의 속도가 너무 빨리 진행되기 때문이다.

호주의 노인 케어 제도는 대략적으로 병원 치매 서비스 제도(Hospital Dementia Services: HDS)423), 노년연구사업424), 노인연구 온라인 사업425),

---

421) AIHW(Australian Institute of Health & Welfare), "Life expectancy and disability in Australia 1988 to 2003." *Disability series. Cat. no. DIS 47.* Canberra: AIHW, 2006, ch.3.
422) *Ibid.*

비공식 케어 서비스426) 등이 있다.

3. 장애인 케어 서비스

　호주 정부에서 추진하는 케어복지의 제도와 현실을 구체적으로 살펴보면 다음과 같다.427) 정부의 공식적 케어는 수많은 정부 프로그램을 통하여 장애인과 노인에게 공급되어 진다.

　NDIA (The National Disability Insurance Agency, 국가 장애자 보험국)는 누가 NDIS (The National Disability Insurance Scheme, 국가 장애 보험 수급 제도) 참여자가 될 자격이 있는지 여부와 자격이 있다면 얼마나 많은 자금을 받을 것인지에 대한 결정을 내린다.428) NDIS 는 장애인을 위한 호주 최초의 국가 제도로서 장애 자격이 있는 사람들에게 가족 및 친구와 더 많은 시간을 보내고, 더 큰 독립성을 갖고, 새로운 기술, 일자리 또는 지역 사회에서 자원봉사에 참여하고, 삶의 질을 향상시키기 위한 자금을 개인에게 직접 제공하는 제도이다.

　2013년에 추진된 NDIS 법률에 근거하여 합리적이고 필요한 장애 자금 지원

---

423) 병원에 입원하고 있는 환자를 중심으로 NHMRC (National Health and Medical Research Centre)에서 3년간 기금을 지원하는 제도이다.

424) 노인에 대한 정기적인 조사연구와 수많은 전문연구 프로그램을 수행하며 노인건강을 위한 책자도 발간한다. 국가전략은 다음 네 가지 핵심영역에서 수행되는데, 첫째, 독립 및 자립(고용 노인 노동자)에 대한 전략, 둘째, 태도와 삶의 스타일 그리고 공동체 지원에 대한 전략, 셋째, 건강한 노년생활 전략, 넷째 세계 수준의 노인요양 전략 이다.

425) 온라인상에서 하는 노인연구(ageing research online)사업으로써 주로 주택문제인데 이것은 노인주택연구소(Building Ageing Research Capacity: BARC)에서 웹사이트를 통하여 이루어지고 있다.

426) 가족과 친구에 의하여 공급되어지는 노인 케어인데 최근에는 시설주거 노인 케어로부터 지역사회 내에서의 케어로 재빨리 바뀌고 있다.

427) Australia's welfare 2007.

428) 자격요건은 연령과 신분, 그리고 장애정도에 따라 판단한다.
　연령 요건은 만 9세에서 65세 사이 호주 시민, 영주권자 또는 보호 특별 범주 비자 소지자로서 호주에 거주해야 하며, 영구 장애로 인해 장애 혹은 일상생활을 완료하기 위해 일반적으로 장애별 지원이 필요한 사람입니다. 이때 신청 자격 심사가 필요합니다. 특히 미래에 큰 장애를 예방하기 위해 조기 개입을 필요로 하는 경우에도 지원 자격이 됩니다. 또한 가족이 장애 수급자를 도울 수 있는 기술을 쌓을 수 있도록 자금 지원이 필요하다면 지원이 가능하다. 만약 그렇지 안다고 하더라도 지역 코디네이터가 다른 주정부 및 커뮤니티 지원과 연결되도록 도울 수 있다.

과 서비스를 명시하고 있다. NDIS는 장애가 있는 모든 사람을 지역 사회 서비스와 연결하는데, 여기에는 의사, 지역 사회 단체, 스포츠 클럽, 지원 그룹, 도서관 및 학교와의 연결이 포함되며, 각 주 및 준주 정부에서 제공하는 지원에 대한 정보도 제공한다.

NDIS는 2024년 현재 500,000명 이상의 장애가 있는 호주인이 필요한 서비스와 지원을 받을 수 있도록 지원하고, 여기에는 약 80,000명의 발달 지연 아동을 지원하고, 그들이 평생 최상의 결과를 얻을 수 있도록 조기에 지원을 받도록 하는 것이 포함된다. NDIS는 개별적인 필요에 따라 자격 등급이 맺어지며 등급에 따라 개인에게 자금과 서비스 및 장비들을 제공한다.

2023 10월 3일부터 수급자는 다양한 지원 항목 중에서 승인된 37개 카테고리[429]에만 NDIS 자금을 사용할 수 있다. 예로 들면 음식을 제공 받는데 4주에 3,000달러 승인을 받았으면 음식에만 3,000달러를 사용하여야 한다. 다른 항목, 즉 차량 지원, 헬스장, 의류구입, 영화구경 등에는 그 자금을 사용할 수 없다.

그러나 특별한 환경에 처한 경우에는 수급자가 대체 지원 목록에서 대체를 요청할 수 있다. 대체지원을 하게 될 경우와 대체지원 항목은 규정되어 있는데, 아래와 같은 특별한 경우에 지원항목을 표준적으로 시중 판매 가정용품 등으로 교체할 수 있다.

• 장애 또는 조기 개입 요구 사항을 충족하는 수급자의 장애 유형과 품목이 구체적으로 관련이 있다는 명확한 증거가 있는 경우인데, 이때 대체 품목은 전체 작업 독립성을 높이고 지원 근로자 또는 장애별 보조 기술의 필요성을 줄이거나 없애야 한다. 지원할 수 있는 품목은 소모품과 보조 기술 등이다.

• 통신 및 접근성 요구 사항을 충족하는 데 필요한 스마트 시계, 태블릿 또는 스마트폰을 사용해야 하는 수급자인 경우, 예를 들어, 복잡한 통신 요구 사항이

---

429) NDIS 지원 범주 37개는 다음과 같다. 숙박 지원 또는 임대 지원/ 보조 동물/ 인생 단계, 전환 및 지원 조정 또는 관리 지원/ 고용 또는 고등 교육 접근 및 유지 지원/ 그룹 또는 공동 거주 환경에서 일상생활 과제 지원 / 여행 또는 운송 준비 지원 / 레크리에이션을 위한 보조 장비 / 가사 작업을 위한 보조 제품 / 개인 관리 및 안전을 위한 보조 제품 / 의사소통 및 정보 장비 / 지역사회 간호 관리 / 맞춤형 보철물(보조기 포함) / 일상적인 개인 활동 / 일상 관리 및 생활 기술 개발 / 장애 관련 건강 지원 / 유아를 위한 조기 개입 지원 / 운동 생리학 및 개인 웰빙 활동 / 그룹 및 센터 기반 활동 / 청각 장비 / 고강도 일상 개인 활동 / 주택 개조 설계 및 건설 / 가정 과제 / 혁신적인 커뮤니티 참여 / 통역 및 번역 / 지원을 위한 자금 관리 /커뮤니티, 사회 및 시민 활동 참여 /개인 이동 장비 /전문 긍정적 행동 지원 /전문 장애인 편의 시설(SDA) /전문 운전자 교육 /전문 청각 서비스 /전문 지원 고용 /지원 조정 /치료 지원 /차량 개조.

있는 수급자가 태블릿을 대체 통신 장치로 사용하는 때, 이것이 의사소통의 유일한 수단이므로 공유할 수 없으며, 이것이 요구 사항에 가장 적합한 솔루션인 경우를 말한다. 참고로 추적 목적으로 사용되는 모든 스마트 기기는 제한적 관행으로 간주될 수 있으며 그에 따른 소모품과 스마트 시계, 태블릿, 스마트폰, 앱 등 보조 기술은 대체 지원을 받을 수 있다.

아무리 그럴지라도 일상생활과 건강에 유익하는 않는 경우에 NDIS 는 지원할 수 없다. 성(性)적 서비스 및 성(性) 노동, 알코올 또는 마약 약물을 포함하는 지원은 하지 않는다. 뿐만 아니라 NDIS 지원이 아니고 이미 다른 곳으로 부터 일상 생활비와 관련된 지원을 받고 있는 경우, 또는 다른 정부 시스템이나 지역 사회 서비스에서 자금을 지원해야 하는 지원 등은 지원하지 않는다.

4. 노인 케어 서비스

노인주거 케어와 지역사회 케어 프로그램들을 살펴보면, 가정과 지역사회 케어(Home and Community Care: HACC), 재택 노인 보호자 지원(Extended Aged Care at Home: EACH) 패키지, 재향군인 재택보호(Veteran's Home Care), 주간 물리치료 센터(Day Therapy Centres : DTCs) 등이다.

전 국가적으로 노인 케어 프로그램을 실시하는데 그것은 노령 노인 케어 장치(Ageing and Aged Care Unit)가 노인복지 서비스에 관한 통계정보를 제공하고 있다. 구체적으로 공식적 케어 서비스를 소개한다.

(1) 지역사회 케어 서비스 (Community-based Care Services)
지역사회에서 자신의 집에 살면서 노인을 보호하게 하는 것을 목적으로 한다. 따라서 노인 주거케어시설로 가기에 부적당한 입소와 너무 이른 입소를 방지해 준다.

(2) 가정과 지역사회 케어 (Home and Community Care: HACC)
다양한 기관들이 특별한 지원서비스를 제공한다. 예를 들면 개인 케어, 가정 지원, 간호 케어, 사회지원, 보건 케어, 일시적 위탁 케어, 센터 중심 주간 케어,

음식서비스, 가사지원, 가정변모서비스, 교통, 공식적인 린넨 제품 지원서비스, 상담/지원/ 정보와 변호, 평가, 사례계획/검토 및 조정 등이다.

(3) 지역사회 노인 케어 지원제도(Community Aged Care Packages: CACP)
이것은 자급 주거 노인 케어 자격을 갖춘 복합적인 지원을 필요로 하는 수혜자를 보호하기 위하여 조정된 총괄적인 처리를 공급한다. 조정된 총괄 처리가 주어지려면 먼저 노인 케어 평가 팀에 의한 승인이 주어져야한다. 서비스는 HACC에서 제공되는 것들보다 적은데 간호케어와 보건 케어는 제외되고 서비스는 보건관리사(care manager) 혹은 조정관(coordinator)에 의해 조정된다.

(4) 재택 노인 보호자 지원 (Extended Aged Care at Home Packages: EACH)
이것은 고급 주거 노인 케어 자격을 가진 수혜자들을 위해 만들어진 조정 패키지이다. 서비스를 받으려면 노인 케어 평가 팀에 의한 승인이 주어져야하며, EACH에 의해 공급되는 서비스는 CACP 수혜자와 간호케어와 보건 케어도 포함한다.

(5) 주간 물리치료 센터(Day Therapy Centres: DTC)
이것은 물리치료, 예를 들면 신체적 치료, 언어 치료 및 직업병 치료 등을 노인들에게 공급하는데 그들 자신의 집에 남아서 서비스를 제공받을 수 있고 저급주거 케어를 통해 받을 수 있다.

(6) 임시 위탁 케어(Respite Care)
이것은 재택 서비스로서 가족보호(family care)가 힘들고 가족이 돕기 어려울 때 노인보호자(aged carer)가 와서 돕는 것을 말한다. 즉 보호자에게 보호업무로부터 일시 휴가를 얻게 하는 제도인데 재택 일시적으로 위탁 케어 내에서 주간보호에 기초하여 제공되지만, 케어 수혜자에 대한 주거 임시 위탁 케어의 형태로써 주어질 수 있다. 기금은 보호자 프로그램 혹은 국가 일시 위탁 서비스에 의하여 조달된다. 이 제도는 만간에 위탁하여 수행하는 민영복지제도로서 사회적 기업이라 할 수 있다. 노인보호자(aged carer)와 노인요양지원사역자(support worker)의 차이점은 고정된 임금을 받는 것과 받지 않는 것의 차이이다. Aged carer는 임금을 받지 않고 support worker는 임금을 받는데, 한 명의 감독관(supervisor)이 몇 명의 support worker 들을 관리한다. Support worker의 종류로는 요양보호사(care worker) 등이 있다. 65세가 되면 무조건 케어의 대상이 될 수 있고 원주민(aboriginal people)과 Trait South Island 사람들은 50세를 연금개시 연령으로 하고 있다.

(7) 재향군인 재택보호(Veterans Home Care)
재향군인에 대한 부가적인 지원은 국가보훈처에서 제공되는 재택 보호 제도에 의해 가능하다. 그러나 이 프로그램에 대한 유용한 정보는 매우 빈약하다. 최근에 노령 노인 케어 제도가 재향군인과 관련된 많은 사업을 시작하였다.

(8) 서비스와 프로그램의 연결 망(Links between Services and Programs)
호주 노인들은 노인 프로그램 중 하나 이상에서 지원을 받는데, 점차적으로 호주 보건복지원(AIHW)은 서비스와 노인 보호 프로그램을 통한 운동과 동시에 한 프로그램 이상으로부터 수혜를 받을 수 있도록 하는데 주목하고 있다. 통계 연결 장치는 수혜자들의 이용에 대한 가치 있는 정보를 제공하며, 비밀과 사생활 보호에 침해당하지 않는 다른 서비스 혹은 프로그램의 유형들 사이를 연결해 준다. AIHW는 서비스와 프로그램의 연결 장치를 조사하는 프로그램을 개발 중이다.

점차적으로 정부의 전체 부처에서 서비스 공급과의 연결을 더욱 강조하고 있다. AIHW의 지역사회 서비스 통합 및 연결 장치와 노인 케어 장치는 노인 케어 제도 수혜자의 흐름을 파악하도록 꾸며져 있다. 이 연구는 방법론적인 자료 연결 장치의 사용을 요구하며 비밀보호와 사생활보호의 배려를 많이 고려해야만 한다. AIHW 윤리위원회로부터 윤리적 승인이 연구 프로젝트를 수행할 때 필요하며 명확성이 다른 조직의 윤리 위원회로부터 요구된다. 호주 보건원은 행정적 혹은 규제력을 지닌 목적에 대한 자료의 연결을 허락하지 않는다.

(9) 개인 사생활 보호와 연결 협약(Privacy and linkage protocols)
호주보건복지원(The Australian Institute of Health and Welfare: AIHW)은 1987년 호주 보건복지법에 의하여 운영되는데 그것은 1988년 사생활보호법

(Privacy Act 1988)에 의하여 자료의 보장과 비밀을 보호하는 것을 포함하고 있다. AIHW는 보건복지국에 의한 승인과 절차를 문서화해 왔는데 그것은 자료 보호에 대한 강력한 문화형성과 이런 주제들에 대한 것을 포함한다. 모든 근무자들은 비밀협약에 사인을 하고 AIHW 법의 비밀 유지를 어길 때는 벌금(징역)을 규정하고 있다.430)

(10) 통계적 연결 장치(Statistical Linkage)

환자 혹은 고객관리상의 연결 장치는 각 개인이 분명히 동일인이어야 하지만 통계적 목적으로 볼 때 100% 정확해야 한다는 것은 요구하지 않는다. 대략적인 정보는 통계연결 장치 열쇠(statistical linkage key: SLK)를 사용하여 자료를 받을 수 있다. AIHW의 노령 노인 케어 유닛 내에서 수행되는 대부분 연구는 시초에 SLK가 HACC 최소자료 세트를 위하여 개발되어 있다.

이 SLK는 본인 성(surname)의 둘째, 셋째 다섯째 글자를 사용하고, 이름의 둘째와 셋째 글자, 그리고 생일과 성별에 기초하여 만들어 진다. 이 SLK는 HACC MDS, CACP/EACH 조사 자료 수집, ACAP MDS, CSTDA MDS에 사용되며 다른 자료수집에서도 특별한 배려 하에 사용되기도 한다.

(11) 특수 집단에 대한 지원(Provision of Services to Specific Groups)

특별한 집단에 대한 특별한 서비스를 공급하는데, 예를 들면 토착인, 다문화 민족, 시골과 도서지방에 사는 사람, 장애를 가진 사람, 치매노인, 재향군인 혹은 여자인 경우가 많다. 이들을 위하여 특별한 웹사이트를 마련하여 준다.

호주는 1997년 노인 케어 법(Aged Care Act 1997)을 마련하여 호주의 노령화에 대처하는 국가전략을 개발하였는데 10년이 지난 2007년에 1997년의 법을 재평가하는 기회를 가졌다. 1997년 노인 케어 법은 주거노인케어에 대한 구조적 개혁에 초점을 두었는데 2007년에는 노령화 대책 국가전략을 보다 더 폭넓은 프로그램과 서비스의 공급에 초점을 맞추었다. 그 내용은 주로 건강한 노년, 생활스타일과 태도, 세계수준의 케어 등이었는데, 노인의 자급 및 자립의 문제는 1999년과 2000년에 걸쳐 해결되었으므로 새로운 노령화대책국가 전략

---

430) Australian Institute of Health and Welfare Act 1987, Sect 29.

이 2001년에 마련되었다.431)

그 다음 해인 2002년에 최초로 세대 간 연구 보고서가 발간되었고432) 2007
년에 두 번째로 그 연구 보고서가 발간되었는데433) 이 보고서에 따르면 지난
10여년에 걸쳐 추진해 온 노인 케어는 그 방법이 급속히 발전해 왔고, 그동안
노인 인구구조의 변화는 전 노인 정책영역에 변화를 가져왔으며, 마침내 고령
화 사회로 진입하게 만들었다는 것이다. 그래서 2007년 노인정책의 주된 이슈
와 주제는 다음과 같다.

- 노동력 참여와 생산성, 그리고 보건과 노인 케어를 포함하여 적당한 노동
  공급을 유지하는 것
- 퇴직 및 퇴직으로의 전이, 즉 퇴직에 대한 적당한 공급 및 수명연장과 관련
  사안
- 보건과 케어 비용, 그리고 어떻게 이들에 영향을 주는 요소들, 즉 건강과
  장애의 상태분석, 비공식 케어 공급, 공식 케어 서비스의 질과 유형, 그리
  고 보건과 케어를 위해 적당한 재정 조달문제
- 사회와 지역공동체의 영향, 그리고 어떻게 건강하게 사회적, 경제적 참여를
  통하여 긍정적인 노년의 삶을 증진할 것인가? 즉 간접기초자본 구조, 기술
  과 정보를 통하여 적당한 서비스와 지원을 받게 하는 것

이와 같이 각기 다른 주제들에 대해 깊이 논의되어 왔는데 더 자세한 것은
"Australia's health" 라는 책자에서 다양하게 정보를 공급하고 있다.434)

---

431) K. Andrews, *National strategy for an Ageing Australia: an older Australia, challenges and opportunities for all*. Reprint with amendments 2002. Canberra: Department of Health and Ageing. 2001; DoHA (Commonwealth Department of Health and Ageing), *Residential care manual*. Canberra: DoHA, 2001.
432) P. Costello, *2002-3 Budget Paper 5: intergenerational report 2002-3*. Canberra: Commonwealth of Australia, 2002.
433) P. Costello, *Intergenerational report 2007*. Canberra: Commonwealth of Australia, 2007.
434) AIHW, *Australia's health 2004. Cat. no. AUS 44*. Canberra: AIHW, 2004; AIHW, *Australia's health 2006. Cat. no. AUS 73*. Canberra: AIHW, 2006.

제 2 절 호주의 케어 서비스 제도 분석

호주에서의 장애인 케어 (NDIS) 및 노인 케어(aged care)는 몇 분야로 나누어서 분석해 볼 수 있다. 장소적인 면과 건강의 질적인 면, 그리고 지역 조정 서비스와 지원 단체와 원격 네트워크 등을 살펴보겠다.

1. 케어 장소의 효율적 배치

호주 정부에서 제공하는 공식적인 노인 케어는 케어의 내용뿐 아니라 장소가 중요하다. 그 장소가 집인지 시설인지 아니면 제 3의 장소인 지역 사회인지에 따라 노인 케어의 방법이 결정되어 진다. 그 내용을 보면 다음과 같다.

① 시설보호 (residential facilities): 예전에는 노인 케어 시설들을 'Old Place Home'이라고 불렀지만 현대에는 'Retirement Village,' 'Hostel,' 'Nursing Home' 등 다양한 용어들로 불리게 되었다.

'Retirement Village'는 주로 정부에서 지원을 받고 민간인에 의해 운영되는 시설이다. 주로 입소자들은 그곳에서 노년을 보낼 수 있다. 'Hostel'은 주로 특수 질병에 대한 시설인데 주로 정신적인 질환 (mental illness)을 가진 자로서 특별한 보호가 필요한 사람에게 주어지는 시설이다. 그러나 항상 가이드를 필요로 하는 육체적인 질병인 다운증후군(dawn syndrome)과 같은 질환을 가진 자들도 있다. 'Nursing Home'은 보통 6개월 정도 사는 말년의 인생을 보내는 사람들이 거주하는데 그곳에는 요주의 노인(high dependency care unit)들이 입소한다. 그렇지만 때로는 가벼운 질환자(low care level)들도 입소할 수 있다. 따라서 그곳에는 high care level과 low care level로 구분하여 운영하는데, 경치가 좋은 시드니 인근 Palm Beach 등에 위치하면서 정부에서 운영하는 Nursing Home은 2년 정도 기다려야 할 만큼 사람들이 많다. 특히 노인보호자(aged carer)는 시설수용자들의 ADL(activities, daily, living)을 돕는데, 주로 신체적 활동(physical activities)을 보조해 준다.

② 가정과 지역사회 케어 (HACC: Home and Community Care): 재택 보호

는 주로 오랜 시간에 걸쳐 보호를 필요로 하는 경우에 지원되며, 가정에 기초를 둔 서비스로서 주로 지방정부(local government)에서 자금을 지원한다.

③ 주간 근린 케어 센터 (Day Community Care Centre): 이곳에 가입한 노인은 매일 정하여진 하루의 일과에 따라 행동한다. 예를 들면 컴퓨터, 읽기, 독서, 쇼핑, 혹은 게임하는 것 등 모든 것을 일과계획에 정해 놓고 그곳에 등록된 사람들에게 정해진 스케줄대로 버스를 이용하여 자유롭게 지역의 시설들을 순회하면서 활동하게 한다. 그래서 그곳에는 planned activity group, routine schedule, gardening service 등을 제공한다.

④ 임시 위탁 케어 (Respite Care): 이것은 재택 서비스로서 가족보호(family care)가 힘들고 가족이 돕기 어려울 때 노인보호자(aged carer)가 와서 돕는 서비스이며, 65세가 되면 무조건 케어의 대상이 될 수 있고 원주민(aboriginal people)과 Trait South Island 사람들은 50세를 연금개시 연령으로 하고 있다.

2. 향상된 질적 서비스 공급

사람들은 늙어가면서 신체적, 정신적 문제뿐 아니라 쉽게 다치고, 시력과 청력이 약해지고, 감각이 둔해지고, 생각과 피부와 몸무게도 서서히 변한다. 그로 인해 사회적 태도에서도 신체적 변화, 인지적 변화, 사회적 변화, 가족구성과 보호자의 변화, 삶의 방식의 변화, 독립성에서의 변화, 그리고 잃음과 슬픔 등에 따른 모든 환경들이 변한다. 이러한 변화에 어떻게 대처하여야 할 것인가를 연구하여야 할 것이다.

예를 들면 신체적 변화에 대한 대처방안으로 첫째, 적당한 운동을 하고 매사에 주의하면서 환경을 잘 살피고, 적당하게 움직이고 감정적으로 반응하는 훈련이 필요하다. 이러한 방안들을 효율적으로 적용하기 위한 프로그램을 개발하는 것이 요구된다.

따라서 노인의 상태변화에 따른 질적인 수준을 향상시키는 것이 중요한데, 그러기 위하여 질병의 종류와 그 정도에 따라 맞춤형 노인케어시설이 주어지도록 하여야 한다. 예를 들면 치매(dementia)의 경우, 그 원인과 종류가 너무 다양하여 상태와 정도에 따라 적당한 수용시설이 결정된다. 대체로 환자의 분류는 SRS(supported, residential, service)에 의하여 결정되는데, 이때 노인보호사(aged carer)의 진술은 큰 도움이 된다. 이러한 평가절차에 의하여 주간 근린 케어 센터(Day Community Care Centre), 혹은 Nursing Home 등 노인시설이 결정된다. 그러나 그렇지 않고 사설노인요양시설에 수용되기도 하는데 사설노인요양시설로는 질적 수준이 매우 높은 Sunshine Village 등이 있다. 더 나아가 노인수용시설의 근로자(예, 요양보호사)들에게는 철저한 안전관리(risk management)가 이루어지고 있는데 그 내용을 보면 다음과 같다.

① 개인 보호 장비(PPE: Personal Protective Equipment)의 정의
PPE는 작업장에서 건강 및 안전에 대한 위험을 방지하기 위해 고안된 피복 혹은 장비를 말한다. PPE에 포함되는 것은 다음과 같다.
· 눈 보호(고글(goggle), 안전유리 안경) · 청력 보호(귀마개, 방한용 귀 덮개)
· 호흡기 보호(방독면, 안면 보호용 마스크, 집진기) · 발 보호(안전화)
· 몸 보호(높은 가시성 보호 복, 보온 내복, 가슴받이 작업바지, 앞치마, 안전 벨트) · 건강 보호에 쓰이는 물질(자외선 차단제)
· 겉옷(반사 조끼, 형광 재킷) · 머리 보호(안전모, 헬멧, 햇빛 차단 모자)
PPE는 위험을 다루는 것이 아니고 단지 근로자를 보호하는 방어 수단으로만 제공하기 때문에 작업장에서의 건강과 안전 문제에 대한 최소한의 해결책이다. 따라서 고용주는 근로자에게 최고 수준의 안전을 제공하는 다른 위험 방지 수단으로 PPE로 대체하려 하기보다는 그런 최고의 위험 방지 수단에 추가하여 PPE를 사용해야 한다.
② 근로자의 의무
작업장에서 근로자는 어떻게 해야 하는가? 법적으로 근로자는 고용주의 건강 및 안전 요구에 협력해야 한다. 이는 고용주가 근로자에게 PPE의 사용을 요구할 때 PPE를 사용해야만 한다는 뜻이다. 만일 근로자가 PPE를 착용 혹은 사용하기를 거부한다면 고용주는 징계 조치를 취할 수 있고 그 근로자는 고발당할 수 있다.
PPE를 공급하거나 이를 위해서 돈을 지불하는 것은 근로자의 책임이 아니다. 하지만 PPE가 공급된다면 근로자는 이를 방해하거나 함부로 취급하거나 오용해서는 안 된다. PPE가 어떤 방식으로든 손상되거나 고장 나거나 결함이 있는 경우 고용주에게 알려야 한다. 또한 PPE가 불편하거나 잘 맞지 않는 경우

에는 관리자에게 말할 수 있다. 누군가가 PPE를 사용해야 하는 상황에서 이를 사용하지 않는 것을 보면 그들이 당할 위험을 경고하고 즉시 매니저에게 알려야 한다. 고용주가 PPE를 공급하기 때문에 근로자는 작업장을 떠날 경우 PPE를 돌려주어야 한다.

③ 고용주의 책임

고용주는 무엇을 해야 하는가? 고용주는 작업장에서 근로자의 건강과 안전을 위해서 필요한 경우 근로자에게 PPE를 제공해야 한다. 고용주가 근로자에게 안전 장비를 위한 비용을 부과하는 것은 법률 위반이다. 고용주가 근로자에게 PPE 사용을 요구하는 경우 고용주는 적절한 교육 및 훈련을 시켜주어야 한다. 또한 고용주는 PPE가 청결하고 위생적인 상태로 제공되어야 하며 적절히 유지되고 수리되는지 확인해야 한다. 또한 위험 검토서에 PPE가 필요한지 아닌지 명시되어야 한다. 고용주가 서면의 위험 검토서를 갖고 있지 않으면 호주 NSW 주 Work Cover Agency에 연락하여 안내를 받아야 한다.[435]

3. NDIS 지역 조정(LAC) 파트너

지역 조정 파트너는 호주 일부 지역에서 지역 조정 서비스를 제공하기 위해 자금을 지원하는 지역 기반 조직이다. 지역 조정 파트너는 9세에서 64세 사이의 장애인과 협력한다. 이 연령대의 대부분 사람들에게 지역 조정자는 NDIS에 대한 주요 연락처가 된다.

지역 조정은 장애인이 목표를 만들고 이를 위해 노력하고, 스스로 결정하고 선택할 수 있는 역량을 키우고, 선택한 삶을 사는 데 필요한 지원을 받을 수 있도록 지원한다. 지역 조정은 또한 지역 사회와 여러 정부 기관이 보다 포괄적인 사회를 만들고 모든 장애인에게 더 나은 결과를 제공할 수 있도록 지원한다.

4. 원격 커뮤니티 네트워크

NDIS 고리망라고도 하는 원격 커뮤니티 네트워크는 원격 및 매우 먼 지역

---

435) http://www.workcover.nsw.gov.au

사회에서 NDIS를 제공하는 데 중요한 역할을 한다. 여기에는 장애가 있는 원주민과 문화적, 언어적 다양성이 있는 배경을 가진 사람들이 포함된다. NDIS 커넥터는 장애인, 그 가족 및 지역 사회의 삶을 개선하기 위해 함께 일하는데, 그들은 이러한 지역 사회를 지원하는 데 필요한 다양한 문화와 고유한 접근 방식을 인식하여 임무를 수행한다. NDIS 커넥터가 모든 장애인이 NDIS에 액세스할 수 있도록 지원하는 방법을 모색하며 다양한 매뉴얼을 제공한다.

여유 있는 삶

행복

하나님께서 인간을 처음 창조하셨을 때 행복을 주셨다. 그런데 그 행복을 제멋대로 사용했다. 그래서 천사들이 행복을 회수하기로 결정했다. 행복을 어디다 숨겨놓아야 할지 의논을 했다. 한 천사가 제안했다. "저 깊은 바다 밑에 숨겨놓으면 어떨까요?" 천사장이 고개를 흔들었다. "그건 안 돼. 인간은 머리가 비상하기 때문에 바다 속쯤은 금방 뒤져서 찾아낼 거야." "그러면 저 산꼭대기에 숨겨 놓으면 어때요?" "인간의 탐험정신 때문에 아무리 높은 산 위에 숨겨두어도 찾아내지." 한참 고민을 하며 의논한 끝에 결론을 내렸다. "인간의 마음속에 숨겨두기로 합시다. 아무리 저들의 두뇌가 비상하고 탐험심이 강해도 자기들 마음속에 숨겨져 있는 것은 좀처럼 찾아내기 어려울 거요. 그래도 찾아내면 그 사람은 행복을 누릴 자격이 있지요." 행복은 마음속에 있다. 우리는 마음속에서 행복을 찾아내야 한다. "무릇 지킬 만한 것보다 네 마음을 지키라. 생명의 근원이 이에서 남이니라."(잠 4:23). 이것은 현대사회에서 절실하게 증명되고 있다. 1970년대 중반, 에드 로버츠라는 사람이 세계 최초로 지금 누구나 사용하고 있는 개인용 컴퓨터를 고안해냈다. 빌 게이츠라는 당시 19세의 학생을 고용해 소프트웨어를 만든 것이다. 로버츠는 1977년 컴퓨터 사업을 게이츠에게 팔고 농장을 샀다. 7년 후, 그는 41세의 나이로 의과대학에 입학했다. 현재 게이츠는 세계에서 제일 큰 소프트웨어 회사의 사장이 됐다. 가장 돈 많은 부자가 된 것이다. 로버츠는 조지아주에 있는 조그마한 마을의 의사로 일하며 행복한 인생을 살고 있다. 로버츠는 "개인용 컴퓨터를 만든 것이 제가 한 일 중 가장 중요한 것으로 알고들 있지만, 저는 그것이 사실이라고 생각하지 않습니다. 저는 그 일 못지않게 중요한 일들을 여기서 매일 제 환자들과 함께 하고 있습니다." 자신에게 맞는 일을 일찍 발견하는 것이 행복한 인생을 사는 길이다. 남이 행복하게 여기는 것이 반드시 내게도 행복한 것은 아니다.

제 3 장 한국 케어 서비스 실태와 개선방안

제 1 절 한국의 장애인 · 노인 케어 서비스

우리나라의 출산율은 2010년부터 본격적으로 베이비 붐(baby-boom)세대[436]의 은퇴로 인해 저 출산, 고령화 현상은 가속되어 왔다. 노인인구의 급증은 경제성장 둔화로 인한 세입기반의 잠식은 물론 연금 수급자의 증가와 노인의료비의 증가로 이어져 사회보장의 재정 부담을 가중시키고 있다. 2025년 5월 8일 우리나라 인구구조를 보면 전체인구 51,684,564명, 유소년 인구 (0~14세)는 10.2%, 생산연령 인구(15~64세)는 69.5%, 고령인구(65~)는 20.3% 로서 <도표 31>과 같다. 노년부양비와 노령화 지수를 다음 산식[437]에 따라 계산하였다.

<도표 31> 한국의 인구현황 (2025년 5월 8일 기준)

노년부양비(%) = (65세 이상인구) / (15~64세 인구) ＊ 100

---

[436] 베이비 붐 세대는 교육과 노동시장에서 수요를 증폭시켰던 1955년부터 1963년생 712만 명, 1968년에서 1974년까지의 605만 명을 의미하는데 이들이 향후 10년간 은퇴하면서 내수위축을 가속화 시킬 것으로 예상된다.
[437] 보건복지가족부, 「2010년 보건복지통계연보」, 2010 참조.

노인부양비의 결과 2025년 5월기준으로 노년 부양비가 29.3%, 그리고 유소년부양비가 14.6% 로 나타났다. 그러므로 생산연령의 총 가족부양비는 43.9% (29.3% + 14.6%) 이다.

노령화 지수 = (65세 이상인구) / (0~14세 인구) * 100

노령화 지수의 결과 2025년 5월 기준으로 노령화 지수는 199.9% 로 나타났다. 이것은 출산율이 노인인구 사망률보다 훨씬 적다는 의미이다. 그 추이를 보면 2009년 인구의 노령화 지수는 63.5로 10년 전(1999년) 32.3%에 비해 31.2% 증가하였으며, 2016년에 98.4%, 2017년에 105.1%로 고령인구가 유소년인구를 초과하였고, 2020년에는 129.3% 으로 고속으로 증가하다가 2025년 5월에 199.9 로 1년 이내에 고령인구가 유소년인구의 두 배 이상으로 증가할 것이다.

따라서 우리나라 노인요양보호문제가 현실적으로 매우 심각한 수준에 이르고 있다는 것을 알 수 있다.[438] 보건복지부 소관 노인복지시설수는 2007년 1,498개소에서 2009년 2,992개소로 두 배 가량 증가하였다. 그 후 계속 증가하여 2019년 79,392 개소, 2020년 82,544개소, 2023년 93,056개소로 증가하였다.[439]

1. 노인요양복지 실태

우리나라는 급속한 고령화의 진전으로 노령·치매·중풍 등으로 장기요양을 필요로 하는 노인 수는 늘어나고, 가족에 의한 간병은 핵가족화, 여성의 사회 참여 증가 등에 따라 약화되었다. 따라서 2000년에 노인장기요양보호정책기획단을 발족시키고 2001년 2월에 노인장기요양보호종합대책의 수립과 함께 동년 8월 15일 고령화 시대에 대비한 노인요양보장제도 도입을 발표하였다.

그 후 몇 차례의 수정과 함께 2007년 4월 2일 노인장기요양보험법이 국회를 통과하여 4월 27일 공표되었다.

노인장기요양보험법의 주요 내용을 살펴보면 다음과 같다.[440]

---

438) 보건복지가족부, 「2009보건복지백서」, 2010, p.150.
439) e 나라지표, 「노인복지시설현황」, 2025.
440) 보건복지가족부, 「2009보건복지백서」, 2010, pp.156~157.

첫째, 제도의 적용대상은 전 국민이며 장기요양신청대상자는 65세 이상 노인 및 노인성질환을 가진 65세 미만 국민으로 하되, 6개월 이상 혼자 일상생활이 어려운 자로서 장기요양등급판정위원회에서 등급판정을 받은 국민으로 한다.

둘째, 장기요양등급판정은 1차적으로 건강보험공단의 조사요원이 방문조사를 통해 파악한 기능상태(5영역 52개 항목) 결과를 수형분석도에 적용하여 장기요양인정 여부 및 장기요양등급을 산출하도록 하고, 그 다음 등급판정위원회에서 1차 판정결과와 특기사항 및 의사소견서, 기타 심의 참고자료 등을 종합하여 최종적으로 결정한다.

셋째, 급여종류는 재가급여와 시설급여, 그리고 특별현금급여로 구분하였다. 재가급여는 요양보호사, 간호사 등이 수급자의 가정을 방문하여 신체활동 및 가사활동 등을 지원하는 서비스로 방문요양, 방문목욕, 방문간호, 주야간보호, 단기보호, 기타재가급여(복지용구) 서비스가 있다. 시설급여는 수급자가 노인요양시설 등에 장기간 동안 입소하여 신체활동지원 등의 서비스를 제공받는다. 이외에도 특별현금 급여인 가족요양비, 특례요양비 및 요양병원간병비가 급여서비스에 포함되었다.

넷째, 보험료는 국민건강보험료 액에 장기요양보험료율을 곱하여 산정하며 국민건강보험료와 구분하여 통합 징수하되, 각각의 독립회계로 관리 운영하는 것으로 하였다.

다섯째, 노인장기요양보험에 필요한 재원은 장기요양보험료, 국가지원, 본인일부부담으로 구성된다. 장기요양보험료는 건강보험료 액에 장기요양보험료율을 곱하여 산정하며, 장기요양위원회의 심의를 거쳐 대통령령으로 정하도록 되어있다. 국가지원은 보험료예상수입액의 20%와 의료급여수급권자 장기요양급여비용을 부담(국가와 지자체 부담)하는 것을 내용으로 한다. 또한 본인도 비용을 일부 부담하는데 시설급여는 20%, 재가급여는 15% 부담하도록 되어 있다. 단, 의료급여수급권자와 소득·재산이 일정금액 이하인 저소득층은 각각 1/2로 경감(시설: 10%, 재가: 7.5%)하며, 국민기초생활수급노인은 전액무료이다.

정부는 2008년 11월 25일에 2009년도 장기요양보험료율을 건강보험료의 4.78%로 결정하였다. 이는 소득 대비 2008년 0.206%에서 2009년에는 0.243%로 인상된 금액이다. 2024년도 장기요양보험료율은 소득대비 0.9182% 로 인상되어으나 이것은 물가변동율에 비하여 현저히 낮다. 노인 장기요양급여는 2019

년 7조 7천억 원이었으나 2025년에는 14.7조로 5년 만에 2배가 증가하였다.

시설급여 장기요양기관은 2008년 7월에 1,395개소(이용자 46,114명), 동년 12월에 1,717개소(이용자 56,370명), 2024년 12월에는 6,323개소로 증가하였다. 재가급여 장기요양기관은 2008년 7월에 6,340개소, 2024년 12월에는 22,735개소로 증가하였다.441) 국민건강보험에서 자율공시된 기관현황은 <도표 32>와 같다.

<도표 32> 2024년 12월 장기요양기관 현황   (단위 : 개소)

연도	총계	시설급여 기관수	재가급여 기관수	재가급여 종류별 기관수						
				소계	방문 요양	방문 목욕	방문 간호	주야간 보호	단기 보호	복지 용구
2024	29,058 (100%)	6,323 (21.8%)	22,735 (78.2%)	38,398 (100%)	18,012 (46.9%)	11,894 (31.0%)	846 (2.2%)	5,432 (14.1%)	103 (0.3%)	2,111 (5.5%)
2023	28,366 (100%)	6,269 (22.1%)	22,097 (77.9%)	37,518 (100%)	17,475 (46.6%)	11,799 (31.4%)	830 (2.2%)	5,235 (14.0%)	108 (0.3%)	2,071 (5.5%)
2022	27,484 (100%)	6,150 (22.4%)	21,334 (77.6%)	36,660 (100%)	16,850 (46.0%)	11,789 (32.2%)	828 (2.3%)	5,090 (13.8%)	126 (0.3%)	1,977 (5.4%)
2021	26,547 (100%)	5,988 (22.6%)	20,559 (77.4%)	35,444 (100%)	16,214 (45.7%)	11,506 (32.5%)	801 (2.3%)	4,832 (13.6%)	137 (0.4%)	1,954 (5.5%)
2020	25,383 (100%)	5,762 (22.7%)	19,621 (77.3%)	33,948 (100%)	15,412 (45.4%)	11,086 (32.7%)	774 (2.3%)	4,587 (13.5%)	148 (0.4%)	1,941 (5.7%)

- 주 1) 재가급여 기관수 : 재가급여를 제공하는 기관 수(장기요양기관 기호 기준)
- 주 2) 재가급여 종류별 기관수 : 재가급여기관에서 제공하는 급여종류별 현황
- 예시) 1개 재가급여기관에서 방문요양, 방문목욕 등 2개 이상의 서비스 가능함
참조: 국민건강보험 https://www.nhis.or.kr/announce/wbhaec11502m01.do

2. 재가복지

재가 복지사업은 법정 재가복지사업과 재가복지 관련 사업으로 분류해 볼 수 있는데, 재가복지사업은 보건복지법에서 정신적·신체적인 이유로 일상생활을 수행하기 곤란한 노인 및 그 가정에 대하여 필요한 각종 서비스를 제공함으로써 노인이 지역사회에서 가족 및 친지와 더불어 건전하고 안정된 생활을 영위할 수 있도록 하고 가족의 수발 부담을 덜어주기 위한 사업으로 규정하고 있다.

---

441) 상게서, pp.164~165.

법정재가복지사업에 해당하는 것으로는 가정봉사원 파견사업, 주간 보호사업, 단기 보호 사업이 있다. 한편 재가복지 관련 사업은 거동불편노인 식사배달사업, 가정간호사업, 방문보건사업, 간병인 파견사업 등이 있다. 이들을 간략히 살펴보면 다음과 같다.[442]

가정봉사원 파견 사업은 신체적 정신적 장애로 일상생활을 영위하기 곤란한 노인이 있는 가정에 가정봉사원을 파견하는 사업이다. 가정봉사원 파견 사업을 위한 시설로는 노인복지법에 의거하여 운영되는 가정봉사원 파견시설, 노인종합복지관, 서울시 가정도우미, 그리고 사회복지 사업법에 근거한 재가복지봉사센터가 있다. 20년 전의 상황을 살펴보면 다음과 같다.

2003년 통계에 의하면 가정봉사원 파견시설과 노인종합복지관은 165개소였고, 서울 가정도우미는 25개소, 재가복지 봉사센터가 250개소였다. 재원은 모두가 정부에서 지원되었는데, 가정봉사원 파견시설이나 노인종합복지관은 중앙에서 40%, 지방에서 60%를 부담하였다. 서울시 가정도우미는 서울시가 전체 지원하였으며, 재가복지 봉사센터의 경우는 중앙에서 70%, 지방에서 30%를 부담하였는데, 서울시의 경우는 100% 지방비로 충당하였다.

그러나 7년이 지난 2009년에는 사회복지시설이 사회서비스의 개념으로 바뀌면서 2009년 개정 법률에 의하면 노인요양에 초점을 두고 재가복지사업이 방문서비스로 변화하여 적극적, 생산적인 종합대책을 마련하였다. 코로나 사태를 넘기면서 2024년말에는 상기 도표와 같이 많은 변화를 가져왔다.

주간 및 단기 보호사업의 경우는 부득이한 사유로 가족의 보호를 받을 수 없는 심신이 허약한 노인과 장애노인을 낮 동안 시설에 입소시켜 필요한 각종 편의를 제공하는 사업이다.

이 사업은 주간보호시설과 노인종합복지관에서 추진되며, 주간 보호 사업을 담당하는 주간보호시설과 노인종합복지관의 수는 2003년에 155개소가 있었으며, 단기 보호 사업을 담당하는 단기보호시설과 노인종합복지관의 수는 481개소였고, 재원은 중앙에서 40%, 지방에서 60%로 충당하고 있다.

그 후 점차 노인복지시설의 인프라가 구축되면서 2009년 말에는 보건복지가족부 소관 사회복지시설 수는 3,770개소였으며, 생활인원은 142,254명이였고,

---

442) 김장대, 『기독교사회복지학총론』 전게서, pp.432~434.

시설종사자 수는 62,183명으로 노인 복지시설에 약 70%가 종사하였다.443) 특히 2009년 12월 장기요양시설은 2,627개소, 재가시설은 19,074개소로 2008년 12월 장기요양시설 1717개소, 재가시설 10,224개소로 요양시설은 53%, 재가시설은 80.4% 증가하였다.444)

또한 2009년에 재가 급여수가 일부 지역에서 제도시행 초기 과열경쟁 양상을 보이므로 방문요양, 방문목욕 등에 대해서는 동결하는 대신, 방문간호 서비스에 대해서는 욕창치료가 필요한 노인에게 양질의 재료를 공급할 수 있도록 재료대 비용을 추가 산정하여 지급하고 있다. 그래서 노인장기요양보험료는 2008년 부과세대 약 2,700원에서 3,090원으로 390원 정도 인상하였고, 2008년 12월 말에는 전체노인인구의 4.3%인 21만 명, 2009년 12월 말에는 전체 노인인구의 5.5%인 28만 명이 혜택을 받게 되었다.

노인돌봄서비스는 2007년 5월부터 시행하고 있는 사업으로 가구 소득이 전국 가구평균소득의 150%이하인 65세 이상 노인 중 치매, 중풍, 노인성 질환 등으로 거동이 불편한 노인에게 식사도움, 세면도움, 취사, 청소, 생활필수품 구매, 외출 동행 등 가사 및 활동지원서비스를 제공하여 스스로 독립생활을 영위토록하고 가족의 부양부담을 경감시켜주는 사업이다. 65세 이상의 노인인구 증가에 따라 수급자의 수가 2023년 6,650,000명에서 2024년 7,006,000명으로 5.3% 증가하고 물가상승률 3.3%를 반영하여 기준 연금액이 2023년 321,950원에서 333,840원으로 증가하였다. 2024년에 개정된 노인맞춤돌봄서비스 수혜자 선정 기준을 살펴보면, 65세 이상 ①국민기초생활수급자, ②차상위계층 ③기초연금수급자 또는 직역연금 수급자 중 소득·재산이 일정 기준 이하인 자로서 유사중복사업 자격에 해당되지 않는 자 (다만, 시장·군수·구청장이 서비스가 필요하다고 인정하는 경우 예외적으로 신청 가능)로 규정하고 있다.

독거노인 현황조사를 통해 파악한 독거노인 욕구를 기반으로 주기적 방문 등을 통한 안전 확인, 공공기관 뿐 아니라 지역 내 민간기관의 노인복지서비스 연계, 그리고 보건, 복지, 교육, 문화 등에 관한 다양한 프로그램 교육 및 정보제공 등의 생활교육 서비스를 제공한다.

2007년 6월부터 '독거노인생활관리사 파견사업'으로 시작된 노인돌봄서비스

---

443) 보건복지가족부, 「2010년 보건복지통계연보」, 2010.
444) 보건복지가족부, 「2009보건복지백서」, 2010, p.164.

를 통해 서비스대상 독거노인의 91%가 서비스에 대해 만족한 것으로 평가하였으며, 2009년에는 약 14만 명의 독거노인에게 서비스를 제공하였다.[445]

노인돌봄서비스는 2010년부터 노인돌봄종합서비스로 명칭이 변경되었으며, 이 사업은 노인장기요양보험제도의 등급에서 제외된 자를 대상으로 가사 및 활동지원 서비스를 제공함으로써 가족의 사회, 경제적 활동기반을 조성함과 동시에 안정된 노후생활보장을 목적으로 한다. 동 사업은 이용자 및 그 가족의 희망, 생활상의 문제 등을 종합적으로 고려한 후 작성한 구체적인 서비스 제공계획에 따라 시행되는 이른바 이용자 중심의 서비스이다.

노인장기요양 등급제외 판정(A, B)을 받은 거동이 불편한 노인으로서 가구소득이 전국가구 월평균소득의 150% 이하인 경우, 월 18,000원~48,000원의 본인부담금을 납부하면 월 27시간 또는 36시간의 서비스를 받을 수 있다. 노인돌봄종합서비스는 노인장기요양보험에서 탈락한 등급의 사람을 대상으로 실시하였는데, 2009년에 15,223명의 노인이 이용하였다. 가사간병서비스를 받는 65세 이상 기초생활수급 노인도 2010년부터 노인돌봄종합서비스를 제공받고 있다.

가사간병도우미 서비스는 2004년부터 복권기금으로 사업을 시작하였으며, 법적 근거는 「복권 및 복권기금법」 제23조 제3항 제3호(저소득층, 장애인 및 성폭력, 가정폭력, 성매매 피해여성, 불우청소년 등 소외계층에 대한 복지사업)에 기초하여 운영한다.

전략적 목표는 저소득 노인, 중증질환자, 장애인 등 저소득 취약계층에게 무료 가사, 간병서비스를 지원하고 동시에 근로능력이 있는 저소득층에게 사회적일자리를 제공함으로써 복지의 사각지대 해소 및 사회 통합에 기여하는데 취지를 두고 있다.[446] 2009년에 방문도우미로 저소득층 5,000여명(실제소득이 최저생계비의 180%이하인 자)이 참여하였고, 기초생활수급자 등 88,000여 명에게 서비스를 제공했다.

3. 시설복지

노인복지법은 몇 차례의 개정을 거쳐 2007년 4월 25일 개정 법률에는 기초

---

445) 보건복지가족부, 「2009보건복지백서」, 2010, p.39.
446) 보건복지가족부, 「2009보건복지백서」, 2010, p.141

노령연금법이 신설되어 대폭 수정되었다가 다시 2009년 1월 30일부로 전면 개정되어 노인일자리, 노인사회참여 지원, 경로우대, 독거노인, 치매관리 등 세분화 되었다. 동법 제31조 노인복지시설의 종류는 노인주거복지시설. 노인의료복지시설, 노인여가 복지시설, 재가노인복지시설, 노인보호전문기관으로 나누었다. 시설의 취지와 내용을 보면 다음과 같다.

　동법 제32조 노인주거복지시설과 취지는 다음과 같다.
　① 양로시설 : 노인을 입소시켜 급식과 그 밖에 일상생활에 필요한 편의를 제공함을 목적으로 하는 시설
　② 노인공동생활가정 : 노인들에게 가정과 같은 주거여건과 급식, 그 밖에 일상생활에 필요한 편의를 제공함을 목적으로 하는 시설
　③ 노인복지주택 : 노인에게 주거시설을 분양 또는 임대하여 주거의 편의ㆍ생활지도·상담 및 안전관리 등 일상생활에 필요한 편의를 제공함을 목적으로 하는 시설

　동법 제 34조 노인의료복지시설과 취지는 다음과 같다.
　① 노인요양시설 : 치매ㆍ중풍 등 노인성질환 등으로 심신에 상당한 장애가 발생하여 도움을 필요로 하는 노인을 입소시켜 급식ㆍ요양과 그 밖에 일상생활에 필요한 편의를 제공함을 목적으로 하는 시설
　② 노인요양공동생활가정 : 치매ㆍ중풍 등 노인성질환 등으로 심신에 상당한 장애가 발생하여 도움을 필요로 하는 노인에게 가정과 같은 주거여건과 급식·요양, 그 밖에 일상생활에 필요한 편의를 제공함을 목적으로 하는 시설
　③ 노인전문병원 : 주로 노인을 대상으로 의료를 행하는 시설

　동법 제36조 노인여가복지시설과 취지는 다음과 같다.
　① 노인복지관 : 노인의 교양ㆍ취미생활 및 사회참여활동 등에 대한 각종 정보와 서비스를 제공하고, 건강증진 및 질병예방과 소득보장ㆍ재가복지, 그 밖에 노인의 복지증진에 필요한 서비스를 제공함을 목적으로 하는 시설
　② 경로당 : 지역노인들이 자율적으로 친목도모ㆍ취미활동ㆍ공동작업장 운영 및 각종 정보교환과 기타 여가활동을 할 수 있도록 하는 장소를 제공함을 목적

으로 하는 시설

③ 노인교실 : 노인들에 대하여 사회활동 참여욕구를 충족시키기 위하여 건전한 취미생활 · 노인건강유지 · 소득보장 기타 일상생활과 관련한 학습프로그램을 제공함을 목적으로 하는 시설

④ 노인휴양소 : 노인들에 대하여 심신의 휴양과 관련한 위생시설 · 여가시설 기타 편의시설을 단기간 제공함을 목적으로 하는 시설

동법 제38조 재가노인복지시설과 취지는 다음과 같다.

① 방문요양서비스 : 가정에서 일상생활을 영위하고 있는 노인(이하 '재가노인'이라 함)으로써 신체적 · 정신적 장애로 어려움을 겪고 있는 노인에게 필요한 각종 편의를 제공하여 지역사회 안에서 건전하고 안정된 노후를 영위하도록 하는 서비스

② 주 · 야간보호서비스 : 부득이한 사유로 가족의 보호를 받을 수 없는 심신이 허약한 노인과 장애노인을 주간 또는 야간 동안 보호시설에 입소시켜 필요한 각종 편의를 제공하여 이들의 생활안정과 심신기능의 유지 · 향상을 도모하고, 그 가족의 신체적 · 정신적 부담을 덜어주기 위한 서비스

③ 단기보호서비스 : 부득이한 사유로 가족의 보호를 받을 수 없어 일시적으로 보호가 필요한 심신이 허약한 노인과 장애노인을 보호시설에 단기간 입소시켜 보호함으로써 노인 및 노인가정의 복지증진을 도모하기 위한 서비스

④ 방문 목욕서비스 : 목욕 장비를 갖추고 방문하여 목욕을 제공하는 서비스

⑤ 그 밖의 서비스 : 그 밖에 재가노인에게 제공하는 서비스로써 보건복지부령으로 정하는 서비스

동법 제39조의 5에 노인보호전문기관의 설립취지를 살펴보면 다음과 같다.

① 노인학대의 예방 및 방지를 위한 홍보

② 학대받은 노인의 발견 · 상담·보호와 의료기관에의 치료의뢰 및 노인복지시설에의 입소의뢰

③ 노인학대행위자, 노인학대행위자로 신고 된 자 및 그 가정 또는 업무 · 고용 등의 관계로 사실상 노인을 보호 · 감독하는 기관이나 시설 등에 대한 조사

④ 노인학대행위자에 대한 상담 및 교육

⑤ 그 밖에 학대받은 노인의 보호를 위하여 필요한 사항

한편 「2009년 보건복지백서」447)에 따르면 노인전문요양시설은 치매, 중풍 등 중증의 질환노인을 입소시켜 무료 또는 저렴한 요금으로 급식, 요양 기타 일상생활의 편의를 제공하는 시설이고, 유료노인전문요양시설은 치매, 중풍 등 중증의 질환노인을 입소시켜 급식, 요양 기타 일상생활의 편의를 제공하고 일체비용을 입소자로부터 수납하는 시설이며, 노인전문병원은 노인 대상 의료서비스를 제공하는 병원이라고 정의하고 있다.

4. 노인 부양비와 사회적 부담

우리나라는 세계에서 가장 급격한 출산율 감소와 빠른 고령화가 동시에 진행되고 있다. 우리나라의 합계출산율, 즉 가임여성 15~40세 1명이 평생 출산하는 자녀의 수는 1983년을 기점으로 출산율 2.1명을 계속 밑도는 저 출산 현상이 25년 이상 지속되어 오다가 2009년에는 1.15명으로 세계에서 가장 낮은 수준이다.

반면에 65세 이상 노인인구는 2009년 519만 명, 2010년 536만 명에서 2020년 770만 명, 2030년에는 1,181만 명으로 계속 증가할 전망인데, 특히 75세 이상 노인 인구가 크게 늘 것으로 보인다. 그 이유는 2020년경부터 1950년 한국전쟁 직후의 베이비 붐 시대에 출생한 연령층이 노인세대로 대량 진입하게 되어 노인인구는 급격하게 증가할 전망이다.

이 같은 노인 인구의 증가세는 앞으로도 계속되어 오는 2018년에는 우리나라 노인인구 비중이 전체인구의 14%를 넘어 '고령사회'로 진입할 전망이며, 2026년에는 노인인구 비율이 20.8%로 '초 고령 사회'가 될 전망이다. 현재 추세가 지속될 경우 2050년에는 노인인구 비율이 40%에 육박하여 일본을 제치고 세계 최고령국가가 될 전망이다.

21세기에 접어들면서 정부는 경제활동인구의 감소와 건강보험제정의 악화가 예상되어 2003년 3월에 '공적노인요양보장추진기획단'을 구성하고, 2004년 2

---

447) 보건복지가족부, 「2009보건복지백서」, 2010, p.170.

월에 제도의 기본 골격 안을 마련하였으며, 동년 3월에는 실행위원회를 구성하여 동년 8월에 '노인요양체계시안'을 마련하고 공청회를 개최하였다.

그럼에도 불구하고 5년이 지난 2009년에 생산가능 인구는 2009년 3,537만 명에서 2016년 3,619만 명을 정점으로 점차 감소할 전망이다. 반면, 생산가능 인구의 평균연령은 2005년 38세에서 2020년 41.8세, 2030년 43.1세로 계속 높아질 것이다. 이처럼 생산가능 인구가 감소하고 평균 근로연령이 상승하면 노동력이 부족하고 노동생산성이 낮아진다.

더 나아가 인구 고령화와 생산가능 인구의 감소는 저축, 소비, 투자를 위축시키고, 급기야 정부의 재정수지를 악화시켜 경제 활력 저하와 국가 경쟁력 약화를 초래한다. 이럴 경우 우리나라의 잠재 성장률은 2000년대 5.08%에서 2020년대 3.04%, 2040년대 1.53%로 감소할 것으로 우려된다.

특히 우리나라는 2000년에 고령화 사회로 접어들었고 2018년에 고령사회로 이행하는데 18년이 소요될 전망인데 이러한 속도는 프랑스 115년, 독일 40년, 이탈리아 61년, 미국 73년, 일본 24년에 비해 아주 빠르다.

「2010년 보건복지통계연보」에 따르면 2009년 인구의 노령화 지수는 63.5%로 10년 전(1999년) 32.3%에 비해 31.2%로 증가하였으며, 2016에 이르면 노령화 지수가 100.7%로 고령인구가 유소년 인구를 초과할 것이다.[448]

이러한 노령화 사회에서 노인요양의 필요성이 높아졌고, 노인성 질환인 치매와 중풍환자 중에서 요양보호가 필요한 노인의 추이를 보면, 2005년에는 65세 이상 노인인구(4,367,000명)의 약 9.1%인 352,000명, 2009년에는 전체 노인인구(5,193,000명)의 10.7%인 445,000명 정도가 치매노인으로 추정되었고 앞으로 계속 증가할 것으로 예상하고 있으며, 2015년에는 전체 노인인구의 12.9%인 578,000명, 2020년에는 전체 노인인구의 15.6%인 750,000명이 치매로 인한 요양이 필요할 것으로 추산되고 있다.[449]

또한 이러한 인구구조의 급격한 변화로 생산연령 인구에 대한 고령자의 인구 비율인 노인부양지수가 1970년 5.7%에 불과 하였으나 2000년에는 약 10.1%로 두 배 가까이 증가하여 생산가능 인구 10명이 1명의 노인을 부양하였지만, 2009년에는 14.7%로 1999년의 9.6%에 비하여 5.1% 증가하였고, 2020년에는

448) 보건복지가족부, 「2010년 보건복지통계연보」, 2010.
449) 보건복지가족부, 「2009보건복지백서」, 2010, p.173.

21.7%로 5명이 1명의 노인을 부양해야 하는 실정으로 노인부양부담이 증가하고 있다.

실제적으로 노인의료비가 1995년 7,281억 원에서 2001년에는 3조 6,356억 원으로, 2003년에는 4조 3,723억 원으로, 2005년에는 17조 9,886억 원으로 급격히 증가하였다. 2009년에는 28조 9,164억 원으로 국민이 납부한 총 건강보험료 26조 1,661억 원을 초과하였다. 환산하여 보면 국민 1인당 보험료 부담액은 540,432원이었고 1인당 노인요양급여비는 597,237원 지출되었으므로 1인당 건강보험료는 56,805원 적자운영을 하였다고 볼 수 있다.[450] 그러므로 계속적으로 노인요양보호비는 증가할 것으로 예상되고, 저 출산율은 더욱 국가의 복지재정지출을 압박할 것이다.

노인부양비의 추세를 보면 2010년에는 생사가능인구 6.7명이 노인 1명을 부양하였으나, 2018년에는 5.1명, 2030년에는 2.6명, 2050년에는 1.3명, 2065년에는 0.9명으로 노인 부양부담이 계속 증가하는 추세이다. 좀 더 구체적으로 생산가능인구(15세~64세 인구) 100명이 부양해야 할 65세 이상 인구의 수를 계산하여 노인부양비를 산정해 보면 그 수식은 다음과 같다.

노년부양비 = (65세이상인구/15세~64세 인구) x 100

<도표 33> 노인요양비 국제비교 (2010~2060)

	2010	2020	2030	2040	2050	2060
<세계>	11.7	14.4	18.0	22.1	25.2	28.8
선진국	23.7	30.2	37.4	42.4	46.0	48.7
개도국	9.0	11.3	14.8	19.0	22.3	26.2
아프리카	6.2	6.4	7.0	8.0	9.6	11.4
아시아	10.1	13.2	17.5	23.3	27.8	33.6
유럽	24.0	29.7	37.4	43.4	48.7	51.6
라틴아메리카	10.3	13.1	17.8	23.5	30.5	38.1
북아메리카	19.5	25.9	33.7	36.2	37.2	40.6
오세아니아	16.5	20.4	24.7	27.5	29.4	32.2
남한	14.6	22.1	37.9	55.3	66.3	73.3
북한	12.8	13.2	18.7	29.0	31.1	35.6

<출처 : UN(World Population Prospects, 2017 Revision)>

---

450) 상게서.

노인부양비 국제비교를 살펴보면 <도표 33>과 같다. 유럽의 경우 생산인구 100명이 노인 인구를 2010년에 24.0명, 2030년에 37.4명, 2050년에는 48.7명으로 증가한다. 부가메리카의 경우 2010년에 19.5명, 2030년에 33.7명, 2050년에 37.2명으로 증가한다. 한국의 노인부양비는 2030년부터 선진국보다 높아질 것으로 예상된다.

5. 노인부양기능과 전망

고령자의 보호(aged care)는 전통적으로 가족과 함께 이루어져야 한다는 생각은 최근 들어 가족에 대한 가치관이 변하고 자녀 세대의 노부모 부양의식이 약화됨에 따라 그 방법이 변화되었다. 노년부담비 증가는 노인인구 부양을 위해 생산가능인구의 조세, 사회보장비 부담 증가로 세대 간 갈등을 유발할 가능성이 있으며, 연금 수급권자 증가에 따른 연금재정 위기, 노인의료비 증가에 따르 건강보험 재정 불안 등 젊은 세대의 경제적 부담 증가를 초래할 것이며, 전통적 가족문화 양화에 따른 노인의 사회적 부양책임 문제가 대두될 것이다.

핵가족화와 노인 단독가구의 증가, 평균가구원 수의 축소, 여성의 사회참여 증대 등으로 인하여 가족만으로는 지탱하기 어려운 상황이 분명해지고 있다. 또한 가족이 노인을 부양하는 경우에도 가족수발자의 84.7%가 부양부담을 느끼고 있는 것으로 나타나고 있다.451)

특히 장기간에 걸쳐 요보호노인을 부양한다는 것은 가족구성원들에게 신체적. 정신적, 경제적으로 상당한 부담이 될 수 있으며, 가족들은 부양으로 인하여 많은 희생과 고통을 겪고 있다.452) 그래서 부양자들은 신체적 수발에 따른 신체적, 정서적 및 사회적 스트레스를 경험하게 되며, 과다한 의료비 지출에 의한 경제적 부담을 갖게 된다.453) 이러한 문제들이 장기적으로 누적되면 부양자는 노인에 대한 보호를 소홀히 하게 되거나 노인을 부양할 수 있는 능력을 상실하게 되며, 그 결과 가족관계의 악화로 연결될 가능성이 많다.

---

451) 정경희 외, 「장기요양보호대상노인의 수발실태 및 복지욕구」(서울: 한국보건사회연구원, 2001)

452) 박영란, 「한국사회복지와 인권」(서울: 인간과 복지, 2001)

453) 이가옥 외, 「더불어 만드는 삶과 희망」(서울: 나남출판, 1999)

또한 배우자가 부양하게 되는 경우 배우자의 고령화로 인하여 고령자가 고령자를 부양하는 이른바 '노노부양 (老老扶養)'도 현실적 상황이다. 더구나 독거노인의 증가는 가족에 의한 부양방법 자체의 수정을 압박하고 있다. 이러한 노인의 가족구조의 변화는 가족에 의한 노인의 부양 및 요양보호기능이 한계에 이를 것이라는 것을 단적으로 말해주고 있다.

6. 노인 자살률의 증가

우리나라 국민의 자살사망률이 경제협력개발기구(OECD) 국가 중에서 가장 높은 것으로 나타났다.[454]

2010년 3월 24일 발표와 2025년 2월 9일 발표된 보건복지부에 따르면 우리나라의 인구 10만 명 당 자살사망자는 2006년 21.5명에서 2007년 23.9명, 2008년 24.3명, 2015년 26.5명, 2020년 25.7명, 2023년 27.3명으로 지속적으로 늘면서 OECD 30개 회원국 가운데 가장 높았다.

2010년에는 한국에 이어 헝가리 21명, 일본 19.4명, 핀란드 16.7명, 벨기에 15.8명, 프랑스 14.2명, 뉴질랜드 12.2명, 미국 10.1명 순이었다. 그러나 2025년 조사에서는 리투아니아가 20.3명(2020년)으로 2위, 슬로베니아가 15.7명(2020년)으로 3위다. 이 밖에 벨기에와 에스토니아는 15.2명(벨기에-2018년, 에스토니아-2020년)으로 4위, 라트비아는 14.9명(2020년)으로 6위, 헝가리는 14.8명(2019년)으로 7위, 일본은 14.6명(2019년)으로 8위, 미국은 14.1명(2020년)으로 9위, 핀란드는 13.4명(2019년)으로 10위이다.

OECD 주요 회원국 자살률 추이를 보면, 2011년에는 대한민국이 OECD 주요 회원국 중 가장 높았으나 대한민국의 자살률이 감소하고 리투아니아는 2014년 30.4명으로 최고치를 기록하여 2014년부터 2017년까지는 리투아니아가 대한민국보다 높았다. 이후 대한민국의 자살률이 증가하여 2018년부터 2020년까지 대한민국이 가장 높았다. 라트비아는 2014년에 18.4명, 2015년 18.6명으로 전년

---

[454] 「국민일보」 2010.03.24 인터넷 보도자료 및 「나무위키」 2025.02.09. 인터넷 보도자료. 2022년 이전에는 2010년 OECD 표준인구를 사용했으나, 2022년에는 2015년 OECD 표준인구를 사용하여 이전 자살률 수치와 상이할 수 있음. OECD 연령표준화 자살률: OECD 표준인구를 사용하여 국가별 연령구조의 차이에서 비롯된 사망 수준의 차이를 보정한 자살률.

대비 증가하였지만 2016년부터 2019년까지 감소 후 2020년에는 증가하여 14.9명이다. 슬로베니아는 증감을 반복하고 있으며 2020년에는 전년 대비 1.5명 감소하였다. 벨기에는 14.8명~16.5명대를 유지하고 있으며, 에스토니아는 2014년부터 2016년까지 감소하였으나 2017년에 다시 증가 후 14.0명~15.2명대를 유지하고 있다. 일본은 지속해서 감소하여 2019년에는 2014년 대비 3.4명(-18.9%) 감소하였고, 핀란드는 2017년에 전년 대비 증가하였으나 2014년부터 2019년까지 전반적인 감소 추세이며, 헝가리는 2018년을 제외하고 지속해서 감소하여 2019년에는 14.8명이다.

최근 연도 기준 OECD 회원국 노인 자살률 평균은 16.3명이다. 대한민국은 41.7명(2020년)으로 1위이며, OECD 평균보다 2.6배 높다. 뒤이어 슬로베니아가 39.3명(2020년)으로 2위, 리투아니아가 31.4명(2021년)으로 3위다. 헝가리는 28.8명(2019년)으로 4위다. 이 밖에 오스트리아는 27.4명(2021년)으로 5위, 스위스는 21.9명(2019년)으로 6위, 벨기에는 21.8명(2018년)으로 7위, 일본은 17.8명(2020년)으로 14위, 핀란드는 12.3명(2020년)으로 22위이다. 노인 자살률이 가장 낮은 국가는 튀르키예로 5.2명(2019년)이다.

2014년부터 2021년까지 OECD 주요 회원국 노인 자살률 추이를 보면, 대한민국이 가장 높은 자살률을 유지하고 있는데, 2015년과 2018년 전년 대비 소폭 증가를 제외하고 매년 감소하고 있는 추세로 다른 OECD 주요 회원국 자살률과의 차이가 점차 줄어들고 있다. 슬로베니아는 2016년에 31.6명까지 감소하였으나 2017년부터 증감을 반복하며 최근 2020년에는 39.3명으로 증가하였다.

우리나라의 자살은 전체 사망원인 가운데 암(28%), 뇌혈관질환(11.3%), 심장질환(8.7%) 다음의 5.2%로 4위를 기록했다. 자살 사망자의 약 70%는 남자로, 여자보다 2배 이상 많다. 개발도상국에서는 남녀 자살률 차이가 1.5배 정도이지만, 선진국에서는 3.5배로 그 차이가 크게 벌어지는데, 대한민국의 경우 선진국치고는 남녀 자살률 차이가 작은 편이다.

자살 시도자는 일반적으로 자살 사망자의 8~10배로 추산되며 여자가 남자의 4배에 달하는 것으로 추정되는데, 이는 남자가 여자보다 더욱 치명적인 방법을 사용하기 때문에 발생하는 차이이다. 미국의 경우 남자는 총기, 목맴, 투신 등 시도하면 돌이키기 어려운 방법을 많이 선택하지만, 여자는 수면제 등 향정신성의약품이나 독극물을 주로 사용하는 경향이 있어 치료를 통해 생존하는 사례가 많다.

날로 심각해지는 자살문제를 해결하기 위해 보건복지부는 한국종교지도자협의회와 함께 2010년 3월 24일 한국프레스센터에서 '자살 없는 건강사회 구현'이라는 제목의 종교지도자 대국민성명을 발표했다. 이들 종교지도자는 "절대 자살을 미화하거나 동정어린 시선의 대상으로 취급하지 말아야 한다."며 "어떤 경우도 자살은 용납될 수 없고 고통으로부터 도피수단이나 문제해결 방법이 될 수 없다는 사회적 인식이 확산돼야 한다."고 말했다. 이들은 또 종교계에 생명 존중의 가치관과 희망의 사고를 심어주도록 하는 한편 자살예방과 자살징후 파악을 위한 교육을 실시하고 충동적 자살을 예방하기 위한 분노조절 프로그램, 용서프로그램 등을 마련할 것을 촉구했다.

제 2 절 한국 케어복지 현실과 개선방안

1. 케어 서비스 체계 개선

한국과 호주의 케어 서비스제도를 비교해 보면 한국은 제도적인 면을 강조하고 있지만 호주는 기술적인 면을 강조하고 있다. 그 결과 우리나라는 제도개선에 치중하므로 현장에서의 실제적인 케어 기술개발이 부족하다. 다시 말하면 호주는 '어떻게 노인에 대한 케어가 실제적으로 이루어져야 효과적인가?'에 대한 초점이 맞추어져 있다. 예를 들면 노인요양소에서 노인 요양사가 손을 씻는 보건 위생문제와 화재나 비상시에 대처하는 요령 등을 강조하고, 특히 보건위생에 관한 기초적인 지식과 의학용어들을 반드시 숙지하고 있어야 한다.

또한 우리나라는 노인요양사 자격을 먼저 취득하게 하고 현장에 투입되어 이론을 실제에 적용시키도록 하므로 의사소통에서 대체로 수직적이다. 수직적인 소통이 때로는 필요하지만, 현장에서 실제적인 케어 서비스가 중요하므로 의사, 간호사, 요양보호사, 사회복지사, 환자사이 의사소통이 수평적이고 자연스러워야 한다.

더 나아가 케어 서비스는 하드웨어보다 소프트웨어가 더 많이 개발되어야 한다. 예를 들면 호주에서 시행하고 있는 Respite제도(풀타임 간병인에게 휴가를 주는 제도)와 같은 것도 도입되어야 한다. 부모의 3년 병상수발하는 효자는 찾기 힘들다는 말이 있듯이 3년 정도 병간호를 하면 지쳐버린다. 현대의 복잡하고 바쁜 시대에 간병에 매달리면 노동보다 더 힘들 수 있기 때문에 간병인에게 휴식이 필요하다. 그래서 호주에서는 대체인력 간병인을 항상 대기시켜 두고 있다. 요컨대, 우리나라는 맹목적인 하드웨어 강요 보다는 현장중심의 소프트웨어가 더 많이 개발되어야 하고, 그 소프트웨어 중심으로 케어 서비스의 제도적인 틀을 마련해야 할 것이다.

2. 현장중심적 케어 서비스공급

한국과 호주의 캐어 서비스 기술을 비교해 보면, 호주는 현장 중심의 케어에 초점을 두고 실천적 기술을 통하여 제도가 마련되는데, 반면에 한국은 먼저 제도를 만들고 그것을 실행에 옮겨서 효과를 기대하는 유형이다. 예를 들면 호주의 노인요양소에서는 노인 요양사의 보건 위생문제(예, 손 씻기, 개인보호장치(PPE) 등), First Aid, 화재나 비상시에 대처하는 요령 등이 현장에서 필요하므로 제도화 되었고, 그 제도가 강화되고 있다. 그러므로 노인보호사 및 간병인들은 기초 의학용어들을 숙지할 수 밖에 없고, 공중 예절(예, 기침 예절, 약자 우선 배려, 엘리베이트 예절 등) 을 반드시 지켜야 한다. 그것은 자신과 환자와 방문객 등 모든 이들을 위하여 필요한 것이다.

3. 수요자 중심의 인프라 확충

한국보건사회연구원의 「1998년 전국노인생활실태 및 복지욕구조사」[455]에 의하면, 65세 이상 노인의 약 86.7%가 관절염, 고혈압, 당뇨 등 각종 노인성 만성질환을 갖고 있는 것으로 나타났다. 아울러 중풍, 뇌혈관질환의 유병 율이 4.4% (148,000명), 치매 출현 율이 8.3%(330,000명)로 매우 높게 나타났다.

---

455) 한국보건사회연구원, 「1998년 전국노인생활실태 및 복지욕구조사」 1998.

특히 치매노인의 유병 율은 「2009보건복지백서」에 의하면 2005년에 8.1%에서 2009년에는 8.6%로 증가하였고, 2023년 보건복지부의 치매 역학조사 결과, 2020년에는 10.3%, 2030년 10.6%, 2040년 12.7%, 2050년 16.1%에 이르게 될 것으로 보고 있다. 2023년 기준으로 60~64세에서 2.55%, 65~69세에 4.52%, 70~74세에서 8.52%, 75~79세에 19.24%, 80~84세에 27.13%, 85세 이상에서 38.2%의 치매 유병율를 보여 대략 5세 증가할수록 유병율도 2배 증가하는 추세이다.

한편 일본 내각부가 일본, 미국, 독일, 한국, 스웨덴 등 5개국을 대상으로 5년마다 실시하는 「고령자의 생활과 의식에 관한 국제비교조사」456) 에서도 건강하다는 비율이 한국의 경우 37.9%로, 일본 등 3개국의 56.6~60.4%에 비해 주관적인 건강상태도 좋지 않게 나타나고 있다. 결국 이러한 제 지표는 우리나라 노인의 건강상태가 저조함을 단적으로 보여주는 것이다.

또한 한국보건사회연구원의 「2001년 노인장기요양보호 욕구실태조사 및 정책방안」457) 에서 2003년 장기요양보호가 필요한 노인의 규모는 시설보호 필요 노인이 7만8천명, 재가보호 필요노인이 51만9천명으로 추산되었으며, 「2009보건복지백서」에 의하면 노인요양시설의 수용정원은 2009년 12월 기준으로 88,266명인데 이용자 수는 65.450명으로 오히려 미달상태에 이르고 있는데 비해, 재가급여 장기요양기관은 19,074개소로 2008년 7월 6,340개소에 비하여 3배정도 확충되었다. 그러나 노인요양의 추세는 시설보호보다 재가보호를 선호하고 있으므로 재가복지에 초점을 두고 정책인프라를 구축할 필요가 있다. 특히 방문요양과 방문목욕 및 방문간호가 급속히 증가하는 추세이므로 집중적으로 지원할 필요가 있다.

보건복지부에서는 노인요양시설 확충을 위하여 꾸준히 노력하고 있다. 그동안 요양시설이 기초생활보장 수급자 등 저소득 노인위주로 확충되어 중산, 서민층 노인들이 이용할 수 있는 시설이 절대적으로 부족한 점과 유료요양시설 이용 시 비용부담이 너무 과중한 점 등이 큰 문제로 지적되었다. 이것을 개선하기 위하여 요양보호 인프라가 구축을 위해 노력한 결과, 2009년 12월 기준으로 요양시설은 2,627개, 재가시설은 19,074개로 2008년 12월 대비 요양시설

---

456) 일본 내각부, 「고령자의 생활과 의식에 관한 국제비교조사」 2000.
457) 한국보건사회연구원, 「2001년 노인장기요양보호 욕구실태조사 및 정책방안」 2001.

은 53%, 재가시설은 80.4% 증가하였다. 2024년 12월 기준 장기요양시설은 67,323개, 재가시설은 22,735개로 대폭 증가하였다.

요양보호 인프라는 보편적인 공적요양보장체제를 구축하는데 반드시 필요하다. 시스템 확립에 필요한 시설과 인력의 확충에는 장기간이 소요됨으로 급격한 고령화가 진행되는 우리나라의 경우 인프라를 계획적이고 종합적으로 정비해 나가야 할 것이다. 뿐만 아니라 21세기에는 국민소득이 3만 달러를 넘고 선진국으로 진입하는 시점에 선진국과 같이 맞춤식 요양시설을 확충해 나가야 할 것이다.

4. 전문 인력 양성의 제도화

요양보호 서비스의 질적 보장을 위해서는 전문 인력의 양성체계를 조기에 구축할 필요가 있다. 정부는 「노인보건복지종합대책」에서 노인의학전문의, 노인전문간호사 및 간병전문 인력의 양성제도화의 기본방향을 명확히 한 바 있다.[458] 그 중에서도 특히 일선현장의 간병전문 인력은 가정봉사원, 간병복지사, 복지도우미, 간병사 등으로 다양화되어 있고, 통일적인 양성체계가 없어 서비스의 양적, 질적인 측면에서 많은 문제를 안고 있다.

이에 따라 간병전문 인력의 양성 제도화를 서두를 필요가 있다. 전문 인력 양성의 제도화를 위한 기본방향은 첫째 서비스의 질을 보장하고 효과성 제고를 위해 보건, 의료, 복지의 팀 접근법(team approach)을 중시하고, 둘째는 전문인력의 조기 확보, 비용효과 등을 고려하여 신규인력의 양성보다는 기존 전문인력을 최대한 활용하는 것이다.

특히 간병전문 인력은 일본의 홈헬퍼(home-helper) 및 개호복지사, 독일의 요양복지사(Altenp-fleger, AP) 등 선진국의 케어워크(care worker)제도를 참고하여 우리 실정에 맞는 제도를 확립해 나가야 될 것이다.

또한 간병전문 인력은 일본의 홈헬퍼 2급 정도의 100~150여 시간의 교육(강의 40~60여 시간, 연습 20~30여 시간, 실습 40~60여 시간)을 보건복지부장관이 지정한 교육훈련기관에서 받고 소정의 필기시험에 합격한 사람에게 자

---

458) 노인보건복지대책위원회, 「노인보건복지종합대책」 2002.

격증을 수여하는 제도가 바람직할 것이다. 이와 함께 간호조무사, 유급봉사원 등 일정시간 이상의 경력자는 보수교육을 거쳐 자격을 부여하는 방안이 적극 검토되고 있다.

더 나아가 대상자의 욕구평정(needs assessment), 케어플랜(care plan) 작성, 서비스 조정 등의 업무를 수행할 보건복지 관리사(health care manager)도 필요하므로 사회복지사, 간호사 등 기존의 보건의료, 복지 유자격자를 대상으로 일정시간이상 교차교육(예, 간호사의 경우에는 사회복지 및 노인복지교육, 사회복지사의 경우에는 간호, 의학 기초교육 등)과 국가시험을 거쳐 자격을 부여하는 방안이 논의되어야 할 것이다. 더 나아가 비상시 환자의 대피 요령도 간호사와 간병인 모두에게 숙지시키도록 하여야 할 것이다.

여유 있는 삶

그 나라로 들어가는 문

하나님 아버지, 우리 집 문을 넓혀 주사
인간의 사랑과 교제를 원하는 모든 사람을 영접하게 하소서.

하나님 아버지, 우리 집 문을 좁혀 주사
탐심과 교만과 다툼이 들어오지 못하게 하소서.

하나님 아버지, 우리 집 문지방을 낮추 사
어린아이나 비틀거리는 사람이 걸려 넘어지지 않게 하소서.

또한 거칠고 강한 문지방도 되게 하사
유혹하는 자들이 들어올 수 없게 하소서

하나님 아버지, 우리 집 문이 영원한 당신의 나라로 들어가는 문이 되게 하소서.
- 토마스 캔 -

제4장 바람직한 한국 보건복지 정책 방향

여유 있는 삶

러시아의 문호 톨스토이는 딸에 대한 사랑이 각별했다. 한번은 열 살 된 딸이 큰 소리로 울면서 집에 들어왔다. 한 소년에게 막대기로 심하게 얻어맞은 딸은 화를 내며 톨스토이에게 호소했다. "저 심술꾸러기 녀석이 막대기로 나를 때렸어요. 제발 저 아이를 좀 혼내주세요" 톨스토이는 빙그레 웃으며 딸을 꼭 껴안고 속삭였다. "아빠가 그 아이를 때려주면 소년은 너와 원수가 될 텐데…. 그 아이를 미워하는 것보다 사랑하는 것이 훨씬 낫단다. 너의 사랑이 전해지면 다시는 너를 괴롭히지 않을 거야" 톨스토이는 햄 샌드위치를 만들어 딸에게 들려주며 말했다. "얘야. 이것을 그 소년에게 갖다 주렴" 그 후 딸은 소년과 사이좋은 친구가 됐다. 나그네의 외투를 벗기는 것은 강풍이 아니라 따뜻한 햇볕이다. 사랑은 바윗돌 같은 마음도 녹인다. 사랑이 풍성한 사람은 삶 속에서 매일 행복을 발견한다.

제 1 절 개관

1. 보건위생에 대한 기초 지식

보건위생(health hygiene)은 공중위생(public health)과 동의어로 사용되기도 하지만 공중위생보다 넓은 분야에서의 보건, 즉 의료도 포함되는 개념이다. 급성질환이나 감염증의 예방·치료뿐 아니라 만성질환에 대한 대책도 포함되며 때로는 넓게 재활까지 포함된다. 따라서 질병의 조기발견, 건강유지도 포함하는 개념이므로 포괄적 보건과 같은 용어라 할 수 있다. 역사적으로는 전염병 대책이나 환경개선(모기, 파리 없애는 것) 등이 주된 일이었으나 최근에는 건강증진, 건강관리, 건강생활 그리고 성인병예방, 질병조기발견 등으로 중점 사업이 옮겨지고 있다. 이것은 행정의 노력뿐만 아니라 개인이나 가족, 지역적 조직들이 협력해서 실시해 나간다면 보다 효과적인 사업이 될 것이다.

① 미생물(M.O.: Microorganism)

미생물(M.O.) 중에는 병을 유발할 수 있는 세균(germs)들이 있는데 이들은 주로 영양소 안에 존재한다. 예를 들면 물, 식품, 비타민, 미네랄, 단백질 등에 포함되어 있는데 육안의 가시한계를 넘어선 0.1mm 이하의 크기인 미세한 생물이다. 주로 단일세포 또는 균사로서 몸을 이루며, 생물로서 최소 생활단위를 영위하는데 미생물의 균주개발에는 유전자공학적인 방법이 도입되어 이용되고 있다. 자연계에서는 동식물의 시체 · 배설물 · 부후물(腐朽物) 등을 분해하는 청소부 역할을 함에 따라 식품, 의약품 등 생산 공업이나 생물자원, 수질환경 및 토양의 지력보존(地力保存)에도 이들 미생물이 많이 이용된다.

예를 들면 조류(algae), 세균류(bacteria), 원생동물류(protozoa), 사상균류(fungi), 효모류(yeast)와 한계적 생물이라고 할 수 있는 바이러스(virus) 등이 이에 속한다. 이들은 지구상 어디에서나 습기가 있는 곳에는 생육할 수 있으며 인간생활과 밀접한 관계가 있다. 그리고 공기 미세포로는 다양한 것이 있지만 한 예로서 Oxygen(산소)의 경우, 산소를 필요로 하는 것을 에어로비(aerobe)라고 하는데 그것은 산소를 의학용어로는 'aerobic organism' 이라고 부르기 때문이다. 그래서 'unaerobic'란 의미는 oxygen organism이 없는 상태를 말하는 것이다.

사람을 비롯한 동식물에 질병을 가져오는 병원미생물, 독소를 생성하여 식중독을 일으키는 미생물, 의식주에 관계되는 각종 물질을 변질 · 부패시키는 원인인 유해미생물도 잘 알려져 있다. 이러한 미생물의 특유한 성질을 활용하여 식품 · 의약품, 그 밖의 공업생산품 등 생산 공업에도 많이 사용하며, 간편한 시설로서 계속 배양시킬 수 있는 생물자원으로도 각광을 받고 있다.

따라서 전염(infection)이란 미세균(micro gyms)이 몸의 어떤 부분을 침입하는 것을 말하고, 침입(invasion)이란 수없이 많이 번식(multiplying)하는 것을 의미하며, 침입억제(infection control)란 미세균이 다른 사람에게 퍼지는 것을 방지하는 것을 뜻한다. 전염의 종류는 직접전염(direct infection)과 간접전염(indirect infection), 공기전염(airborne)으로 나누어지는데 직접전염은 직접 무언가를 만짐으로써 옮겨지는 것을 말하고, 간접전염은 어떤 전염체(transmission or vehicles)를 통하여 이동하는 것을 말한다. 예를 들면 환자의 기구나 의복 등을 통하여 전염되는 것과 모기를 통하여 말라리아가 전염되는 것 등을 말한다. 공기전염은 공기를 통해 바이러스가 퍼지는 것으로 대표적인 것은 감기와 같은 것이 있다. 그러므로 만약 기침을 하면 손과 소매로 입을 막고 기침을 하여야 전염체가 퍼지는 것을 줄일 수 있다.

② 미생물학(microbiology)의 구성요인(factors)

미생물이 전염원(infectious agents)인데 그것을 구성하고 있는 주요 요인들을 살펴보면 다음과 같다.

첫째, Bacteria(박테리아)이다. 박테리아는 그 종류가 수천가지이다. 주요특징은 단수구조이고 단세포(simple cell)이며 형태(shapes)는 매우 단순하다. 예를 들면 원형, 사각형, S자형 마름모 꼴 등이 있는데, 특히 마름모 꼴 형태를 Basyla 유형이라 부른다. 박테리아는 삽시간에 너무 많이 증식하고 매우 빨리 침입하는 특징이 있으며, 온도에 의해 자체적으로 자주 변하는데(mutated), 그것은 항생제(antibiotic)를 사용하면 거의 사라지지만 요즘은 새로운 super-bacteria가 생겨 항생제가 먹히지 않는 경우도 있다.

'Staphylococcus aureus'라는 박테리아는 약 20년 전에 밝혀진 박테리아의 일종인데 이것을 요즘 MRSA(Muti Resistant Staphylococcus Aureus)라고 부른다. 박테리아가 생식하기 위하여 영양분과 온도가 적당해야하므로 그것들을 조절해야 죽일 수 있다. 박테리아의 보편적 대처방법으로는 적당하게 먹고, 운동하고, 환기시키고, 일터에서 손 씻기를 자주 해야 한다. 특히 신체의 위장은 항상 강한 산성을 지니고 있는데, 박테리아는 P.H. level을 필요로 하므로 다음 <그림 15>와 같이 P.H.수치를 조절하는 것이 필요하다.

<그림 15> 박테리아 살균 방법

P.H.: measurment scale		
0	7	14
acid level (P.H level)	neutral level	alkaline level (ex. baking soda)

둘째, Protozog(단세포동물, 원생동물)로써 'malaria'와 같은 질병의 원인이다.

셋째, Fungi (fungus 의 복수, 사상균류)로써 이것은 가장 열악한 온도 속에서도 살아남는 특징이 있어서 인체의 면역조직(immune organs)을 공격한다.

넷째, Virus(바이러스)로써 이것은 1950년경에 발견되었는데 이것은 매우 적어 그 시기는 현미경이 발명된 후에 발견되었다. 매우 특별한 세포조직을 가지고 있는데 핵반응과 같이 퍼져 나간다. 이것은 Happitaism(Hb, 예방접종)에 의해서도 제거되지 않으므로 자연적으로 대처하는 것이 중요하다. 대처방법은 푹 쉬고, 면역기능을 강화하고, 백신을 맞아야 한다.

다섯째, parasites(기생충)로써 이것은 우리 몸에서 영양분을 얻어 자란다. 주로 오염원은 열린 기관(anus(open) organs), 즉 입, 코, 귀, faeces(항문) 등을 통해 침투한다. 따라서 오염(contamination)되어 더러워진 곳과 피가 나는 곳을 철저히 소독하여야 한다. 그 외에도 Tinya Infection 등이 있다.

2. 전염경로 (chain of infection)

병균의 전염은 공기를 통하여 전염되기도 하고, 대변, 소변, 피, 땀, 눈물, 가래 등 몸의 물기를 통하여 전염되기도 한다. 뿐만 아니라 피부접촉, 키스 및 성관계, 음식과 음료 등을 통하여 전염되기도 한다. 그러므로 직접 접촉 혹은 간접접촉을 통하여 병균들이 전염되어 질병의 원인이 되므로 사용한 물건은 바꾸고 합리적으로 처리해야한다. 그리고 환자가 바뀔 때는 항상 사용하는 용구를 바꾸고 또한 일지에 기록을 하여야 한다. 세균의 전염경로를 보면 <그림 16>과 같다.

<그림 16> 세균의 전염경로

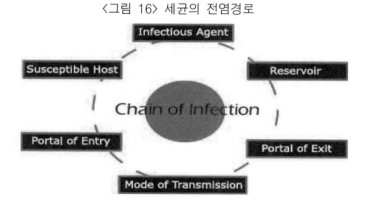

자료: http://faculty.ccc.edu/tr-infectioncontrol/chain.htm

이 모델은 전염과정을 이해하기위하여 만들어 졌는데 그림의 원형에서 나타난 바와 같이 서로가 연결고리를 가지고 있다. 각 연결은 전염이 일어나는 연속적인 과정이다. 이러한 과정을 이해하는 것은 간호사 혹은 보호자가 허약한 환자를 보살피는데 많은 도움이 되며 전염을 차단하는데도 도움이 된다. 뿐만 아니라 간호사나 보호자의 자기 보호에도 도움이 된다.

① 전염원 (Infectious Agent or Pathogen)

전염원(infectious agent)은 질병을 야기하는 세균조직으로써 그 조직의 증식력과 침투력과 발병률이 높으면 높을수록 그 조직은 발병의 가능성이 높다. 전염원으로 박테리아(bacteria), 바이러스(viruses), 세균류(fungi), 그리고 기생충(parasites), 단세포 동물 혹은 원생동물(Protozog), Tinya infection 등이 있다.

② 세균 저장기관 (Reservoir)

세균 저장기관은 미생물이 증식하고 살 수 있는 장소로써 예를 들면 미생물은 물, 식탁 위, 그리고 문고리와 같은 무생물이나 인간과 동물과 같은 곳이다.

③ 세균이 저장에서 활동으로 시작 (Portal of Exit or Mode of Escape)

이것은 세균이 저장 장소를 떠나기 위하여 미생물에게 길을 공급해 주는 통로로서 예를 들면 미생물은 재채기나 기침을 할 때 코와 입을 통하여 저장기관을 떠난다. 그러면 우리 몸으로부터 얼굴까지 옮겨 다니는 미생물 또한 감염되어 저장소를 떠나게 된다.

④ 세균의 이동 매개체(Mode of Transmission)

이것은 미생물이 한 장소에서 다른 장소로 이동하면서 변화되는 방식을 말하는데 예를 들면 간병인들의 손은 한 사람에서 다른 사람으로 박테리아를 옮기는 매개체가 될 수 있다.

⑤ 세균의 진입(Portal of Entry or Mode of Entry)

이것은 미생물이 호스트로 들어오도록 허락하는 열려있는 상태를 말하는데 그 문은 인체의 구멍, 점액 막 혹은 피부가 절단된 부분이 해당된다. 또한 그 문은 인체의 구멍에 놓여있는 튜브, 즉 소변 도뇨관 혹은 정맥혈관과 같은 침투과정을 거쳐 진입한다.

⑥ 의심스러운 세균 보균자(Susceptible Host)

미생물이 몸으로 침투하여 증식하고 전염을 일으키는 것을 막지 못하는 사람을 말하는데 그 호스트는 질병을 일으키거나 면역을 약화시키며 병균의 침투를 이기려는 신체적 저항을 약화시킬 수 있다.

3. 기본예방법 (standard precautions)

문제는 '어떻게 점염의 위험을 최소화할 수 있는가?'이다. 먼저 위험관리(risk management)기준이 마련되어야 하고, 그러기 위하여 예방관리(청소, 목욕, 손 씻기)지침이 만들어 져야한다. 특히 HID virus(hyper immune defection virus)와 같은 경우는 그들의 연결고리(chain)를 끊어야 하는데 그러기 위하여 최신 면역기능을 강화하여야 하고 환경을 조절해야 한다. 또한 몸에 열려 있는 기관(mucous membrane)들 즉 입, 코, 항문, 눈, 귀 등을 조심해야 한다.

(1) 손 씻기 위생관리(hand hygiene)

주로 손 씻기 위생관리는 병원에서 전염되는 전염원을 차단하기 위한 기본적인 위생관리이다. 손 씻기 위생관리의 5단계(5 Moments for Hand Hygiene)를 소개하면 <그림 17>과 같다.

<그림 17> 손 씻기 5단계

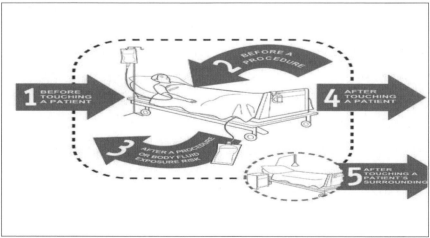

자료: 'Based on the 'My 5 moments for Hand Hygiene',
URL: http://www.who.int/gpsc/5may/background/5moments/en/index.html © World
Health Organization 2009'

① 환자를 만지기 전

언제: 환자에게 접근할 때 환자를 만지기 전에 손을 씻는다.

왜: 손에 묻어 있는 해로운 세균으로부터 환자를 보호하기위하여 손을 씻는다.

② 청결 및 무균의 절차를 수행하기 전

언제: 청결과 무균 절차를 수행하기 전에 즉시 손을 씻는다.

왜: 환자 자신의 세균을 포함하여 간병보호자 자신의 신체에 들어 온 유해 세균으로부터 환자를 보호하기 위하여 손을 씻는다.

③ 체액을 만지거나 위험에 노출된 후

언제: 체액으로 위험이 노출된 후 (혹은 장갑 제거 후) 즉시 손을 깨끗이 한다.

왜: 환자의 유해한 세균으로부터 의료 환경을 보호하기 위해 손을 씻는다.

④ 환자를 만진 후

언제: 떠날 때 환자와 보호자의 가까운 주변을 만진 후 손을 깨끗이 한다.

왜: 유해한 환자의 세균으로부터 의료 환경을 보호하기 위해 손을 씻는다.

⑤ 환자 주변을 만진 후

언제: 떠날 때 환자의 가까운 주의에 있는 가구나 물체를 만진 후 손을 깨끗이 씻는다. 심지어 환자를 만지지 않았더라도 손을 씻는다.

왜: 환자의 유해한 세균으로부터 의료 환경을 보호하기 위해 손을 씻는다.

(2) 살균소독(sterilization)

살균은 모든 미생물을 죽이는 과정을 말하는데, 가능한 최고 수준에서 미생물을 죽이는 것을 의미한다. 살균방법으로 열, 증기 또는 액체, 화학 등을 사용할 수 있다. 살균기(예, 증기 압력기, Autoclave)는 세 가지 효과를 가지고 있다. 첫째, 기계 표시기 및 계기는 기기가 자체적으로 작동을 올바르게 표시해 준다. 둘째, 살균 봉지 위에 있는 열에 민감한 표시기 또는 테이프는 열 또는 증기의 적절한 수준을 나타내면서 열에 따라 색상이 변한다. 세 번째로 가장 중요한 것은 높은 열이나 화학적 살균에도 내성을 가진 미생물(주로 박테리아 번식)이 표준으로 선정되도록 하는 생물학적 테스트이다. 만약 이 과정에서 미생물을 죽이면, 살균기는 효과 있는 것으로 간주된다. 그것이 효과적으로 작동하기 위해 집기를 깨끗이 해야 한다. 달리 말하면 치명적인 과정을 거쳐 미생물을 차단하고, 보호 장벽을 형성하도록 별도로 깨끗이 청소해야한다.

마찬가지로 살균 기기가 사용되기 전에 오염되지 않도록 하기 위해 살균 후에 작업을 해야 한다. 일반적으로 소독은 질병을 일으키는 미생물을 죽일 수 있도록 실내 온도와 표면에 액체 화학 물질을 사용하는 것을 말한다. 이것은 박테리아 번식을 없애는 것이 아니기 때문에 소독은 살균보다 덜 효과적이다.

살균이 제대로 된다면 박테리아의 확산을 방지할 수 있다. 살균은 의료기기 또는 장갑 등을 세탁하는데 사용하는데, 그것은 혈류 혹은 접촉으로 인해 미생물이 번식될 수 있으므로 모든 의료용품들은 무균 티슈로 살균되어야 한다.

살균방법으로 주로 네 가지 방법이 사용된다. 자동 압력기와 같이 고압 증기를 사용하는 방법(steam sterilization), 오븐 혹은 열 건조기(dry heat sterilization) 사용, 그리고 glutaraldehydes이나 formaldehyde solutions와 같이 화학 살균기(chemical sterilization)방법, 혹은 방사선(radiate sterilization)방법에 의해서도 살균효과를 가져 올 수 있다.

처음 두 가지는 가장 쉽게 사람들이 사용하는 살균방법이다. 특히 고압증기살균(steam sterilizations)이 가장 많이 사용된다.

고압증기살균만으로 제대로 효과를 달성하기 어려운 경우가 있지만, 일반적으로 의료 시설에서 사용되는 기기는 이 방법으로 소독한다. 이 경우 효과적인 살균을 위해 증기가 소독되는 모든 물체의 표면에 접촉이 되어야 한다는 것이다. 한편으로 오븐과 같이 열 건조 살균은 금속이나 유리로 만들어진 의료기기를 소독하는 데 사용할 수 있지만 이런 방식으로 살균하려면 매우 높은 온도로 살균하므로 유리 또는 금속으로 만들어 지지 않은 기구는 녹아 버릴 수 있으므로 조심해야 한다.

고압증기(스팀)살균(steam sterilization)은 보통 106 kPa (15 lbs/in2)의 이중압력과 121℃ (250℉) 혹은 132℃ (270℉)에서 이루어진다. 이러한 조건에서 각 기구들을 20분 동안 살균해야 하며, 봉지에 싸여진 품목은 필요한 온도에 맞추어 30분 동안 살균하여야 한다. 고압증기살균을 효과적으로 하기위하여 다음 네 가지 조건이 필요하다. 살균기기들과 적절한 접촉, 충분히 높은 온도, 정확한 시간과 충분한 수분이다. 열 건조 살균(dry heat sterilization)은 보통 160C (320^{0}F)의 온도에 두 시간 혹은 170^{0}C (340^{0}F)에서 한 시간 동안 살균하기도 하고, 121^{0}C에서 최소한 16시간 동안 살균한다.

화학 살균(chemical sterilization)은 저온 살균을 하는데 보통 위에서 설명한 두 가지 살균과정(고압증기살균, 열 건조 살균)을 통하여 소독될 수 없는 것을 살균한다. 저온살균 집기들은 일반적으로 정기적인 살균에 의해 손상될 수 있는 품목들이다. 보통 glutaraldehydes(글루타랄데히드)가 화학 살균 과정에서 사용하지만, 그 방법은 다르다. glutaraldehydes의 경우 집기는 적어도 10시간 동안 2~4% 용액에 적셔있어야 하지만, formaldehyde(포름알데히드)은 24시간 이상 동안 8%용액에 집기들을 적셔 소독하여 한다.

화학 살균은 일반적으로 증기 살균보다 비싸므로 이것은 다른 방법으로 소독할 수 없는 집기에 사용된다. 집기가 화학 솔루션에 적셔 진 후 그 집기들은 그 잔류물들을 완전히 제거하기 위하여 살균 물로 헹궈 주어야만 한다. 그 이유는 그 잔류물이 집기를 소독하는데 사용된 화학물질에 의하여 남겨질 수 있기 때문에 살균 물로 깨끗이 씻어주어야 한다. 예를 들면 바늘과 주사기 같은 것은 화학 살균 방법으로 모두 살균될 수 없기 때문이다.

또한 다른 의료집기들도 원활한 치료행위를 수행하기 위해 화학 살균 후 살균 물로 씻어주어야 한다. 비록 formaldehyde(포름알데히드)이 glutaraldehydes(글루타랄데히드)보다 값이 저렴하여 많이 사용된다. 하지만 그것은 눈, 피부 및 호흡기에 더 자극적이고 또한 잠재적인 발암 물질로 분류되어 있다.

다른 살균방법은 가스 살균, 자외선(UV) 살균, 산성 살균(peroxyacetic), 방사선 살균(radiate sterilization), 그리고 파라포말 살균(paraformaldehyde), 가스 플라즈마 살균(plasma) 등이 있지만 그들의 효율성은 아직도 논란이 되고 있다. 그럼에도 불구하고 이러한 방법들도 사용되고 있다.

뿐만 아니라 일반 가정에서도 감염의 발생을 막을 수 있는 방법이 있다. 가정에서의 감염 기회를 줄이기 위해 각 개인이 질병의심 지역방문 또는 신체 체액과의 접촉 후에 반드시 손을 씻는 것과 그리고 세균의 성장을 방지하기 위해 정규적으로 쓰레기를 폐기함으로 좋은 위생 상태를 유지하는 방법이다.

제 2 절 원격 케어 보건복지 서비스

1. 원격 케어 복지 관리의 등장

원격 케어 보건복지 관리(health care management)의 등장배경은 정부의 복지비 지출은 선택이 아니라 필수가 되었고, 희망사항이 아니라 당연사안이 되었다는 인식의 변화와 함께 복지는 자선구휼행위로부터 시민권의 일부 혹은 전부로 의식이 변화되어 왔기 때문이다. 따라서 환자의 욕구에 따라 다양한 질병 관리를 위한 보건복지 서비스 체계를 수립하는 것이 필요하다. 그러기 위하여 다음과 같은 방법이 요구된다.459)

① 의사중심에서 환자중심으로 의료서비스 개선
② 병원중심에서 재가중심으로 의료장소 이동
③ 사후 처방적 의료체제에서 사전 예방적 보건복지 서비스로 이동
④ 현대 AI 시대의 다양한 질병관리를 위한 신 보건 복지 서비스 체계수립

초현대 (포스트모던: post-modern)사회는 AI 시대로 접어들면서 정부는 국민의 다양한 요구를 수용하여야 하고 국민의 보건복지 지원에 효율성을 높이기 위한 대책을 마련하여야 한다. 정부는 다음과 같은 시대적 과제를 안고 있으므로 맞춤형 원격 보건복지 관리를 필요로 한다.

① 의료 지출이 늘어나는 것을 막아야 하기 때문이다.
② 고비용 요주의 상태의 환자나 장기요양 치료를 요하는 환자가 늘어나고 있기 때문이다.
③ 의사 처방에 따라 투약 및 회복을 위한 습관유지(예: 음식조절), 그리고 간단한 물리치료(예: 체온 및 혈압체크) 및 응급처치를 필요로 하는 환자가 급증하고 있다.
④ 건강계획(예: 운동량 측정, 적당한 운동요법) 및 다양한 기구사용(예: Wheelchair)에 대한 사전 예방 교육 및 관리가 필요하다.

---

459) 김장대, 「세계12개국사회복지실천기술론」(대전: 교회복지연구원 출판부, 2011), pp.303~306.

⑤ 환자가 병원을 방문하여 병원에서 다른 병의 전염을 예방할 수 있다.

⑥ 병명이 밝혀지면 환자 자신이 자신의 건강 상태를 체크할 수 있으므로 의사 중심에서 환자 중심의 진료효과를 극대화할 수 있다.

⑦ 환자의 병력자료를 계속 비축하여 모아놓을 경우, 3대에 걸쳐 가족 병력을 알면 DNA 검사를 통하여 질병의 원인을 보다 정확히 진단 할 수 있다.

2. 원격 케어 복지 서비스 체제

각 지역 병원을 중심으로 각 분야 전문 의사(외과, 내과, 안과, 치과 등)를 몇 명씩 두고 24시간 대기하면서 그 지역에 몇 개의 보건관리 분소를 두어서 환자의 병력관리체제(data base)를 구축한다. 보건관리사(care manager)는 각 가정의 환자를 방문하여 컴퓨터와 그 환자의 병력기록(medical records)을 가지고 주기적으로 환자의 건강상태를 살핀다. 그리고 전문 의사는 중앙 점검실에서 모니터를 여러 대 두고 보건관리사(care manager)와 서로 인터넷과 화상대화를 통하여 환자를 모니터링 한다. 중앙 점검실(control center)에서는 지정된 노트북 컴퓨터를 보건관리사에게 주어서 중앙 컴퓨터실(control box)에서 연결을 허락할 때 환자의 병력기록서(medical records)를 보건관리사가 볼 수 있도록 하고 복사는 안 되도록 하여 보안을 철저히 한다. 기독교 케어복지의 관리체제를 모니터링(monitering)하기 위한 체제를 그림으로 보면 다음 <그림 18>과 같다.

<그림 18> 원격 케어 보건복지의 관리체제 및 모니터링

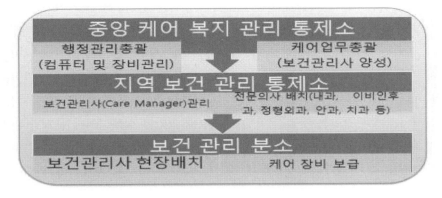

3. 원격 케어 서비스의 실행

원격 케어 보건복지 서비스의 실행과정(processing)으로는 문제 진단(사정, 계획), 개입(연결, 조정), 평가(지속, 종결)등 세 단계로 진행된다. 이것을 그림으로 살펴보면 다음 <그림 19>와 같다.

<그림 19> 원격 케어 보건복지의 실행단계

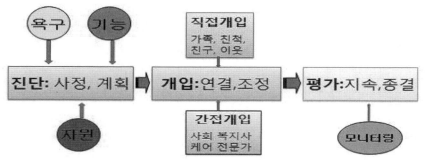

① 문제 진단 단계는 문제를 확인하고 관계를 형성하며, 의뢰가 이루어지는 단계로 사정과 계획을 수행한다. 사정 과정에서는 정보수집, 문제 정의 등이 이루어지는데 클라이언트의 문제 정의는 만족스러운 서비스 제공의 기초가 됨으로 매우 중요하다. 계획 수립은 구체적인 목표, 즉 표적대상을 설정하게 되며 케어계획을 구상하게 된다.

② 개입단계는 서비스가 본격적으로 제공되는 단계로써 노인이나 장애인의 특성상 의료, 보건, 복지 등과 관련된 모든 분야의 서비스가 통합적으로 제공 된다.

③ 평가 단계는 클라이언트와의 약속된 모든 서비스를 제공하거나 계약서에 정해졌던 기간이 종료되거나 클라이언트의 문제가 해결 되었을 때, 전문가 입장에서 볼 때, 현재 제공되는 서비스로써는 클라이언트의 문제해결 가능성이 없을 때 케어서비스가 종결되는 것을 의미 한다. 이 때 평가가 이루어지며 문제가 완전히 해결 되면 서비스가 완전히 종료 되며, 문제가 완전히 해결되지 않거나 다른 문제가 발생했을 때는 재계약과 함께 재 사정을 하여 서비스를 제공하게 된다.

하지만 원격 케어 보건복지 서비스 대상자의 특성상 케어 서비스는 매우 장기적이며 완전한 문제해결이 어려움으로 인해 서비스 과정이 정상적으로 이루어지지 않을 경우가 많이 있으며 완전한 종결도 이루어지기 어렵다. 서비스 대상자의 특성이란 노인이나 중증장애인은 정상인으로 회복이 불가능에 가까운 상태임으로 서비스의 완전종결이란 서비스 대상자가 사망했을 때 가능하게 된다. 그러므로 케어 복지에서 호스피스 기능도 매우 중요하다.

4. 원격 케어 서비스의 기대효과

원격 케어 복지, 특히 보건관리사 제도를 통하여 얻게 되는 편익성을 살펴보면 다음과 같다.

① 호주의 장애자 지원 프로그램인 NDIS 원격 네트워크 시스템의 일부를 도입하면, 각 문화가 다를지라도 또한 장애의 종류가 다양할지라도 서로가 연결망을 구축함으로써 보호자 간의 소통과 협력을 원활히 할 수 있다.

② 의사의 내진일 경우 보통 3~5분 정도의 대화로 처방이 내려지지만 보건관리사의 방문을 통해서는 충분한 환자와의 대화와 교감 및 상담을 통하여 심리적인 안정을 찾게 해 줄 수 있고, 영성을 회복시키는데 도움이 된다.

③ 병원을 방문할 경우 많은 대기 시간을 요구하지만 컴퓨터로 처방전을 받을 수 있으므로 보다 신속하게 처방을 받을 수 있고, 보건관리사가 자세하게 약 처방에 대한 설명을 해 줌으로써 약물 복용에 따른 부작용(side effect)을 알 수 있다.

④ 의사가 직접 진단하지 않아도 될 일들을 보건관리사가 대신해 줌으로써 의사의 일손을 덜어주고 환자에게 더욱 편리한 서비스를 제공해 줄 수 있고, 한명의 의사에 대하여 더 많은 환자 구성원을 얻게 함으로써 의료행정에 효율성을 높일 수 있다.

⑤ 보건관리사가 상시 대기하고 있으므로 응급 환자일 경우 의료 관련 정보 및 서류를 찾는데 시간을 줄일 수 있고 보건관리사 간 정보교류가 상시 이뤄질 수 있어 의사의 환자 진료가 편리하다.

⑥ 일반 의원의 의사와 약국 사이에 보건관리사가 개입하게 되므로 병원 의사와 약국과의 병원 진료비 관계를 투명하게 할 수 있다.

제 3 절 원격 케어 보건복지 서비스 실행 과제

맞춤형 원격 케어 보건복지 분야의 과제로는 3대 장애를 극복하는 문제와 보건관리사의 책무와 관련된 해결과제가 있다.

1. 원격 케어 서비스의 3대 장애

① 법과 제도의 신설 혹은 개정이 필요하며, 외국의 사례를 실제 제시한다.

② 의사협회의 설득이 문제이지만 간호사 협회와 응급구조사 협회, 사회복지사협회 등은 적극적으로 찬성할 것이다. 각 관련단체의 공조를 통하여 의사협회를 설득하는 문제이다.

③ 기독교 케어 복지사의 공급의 문제인데 목회자가 어떻게 케어 및 사회복지사 자격을 취득할 것인가? 신학교에 사회복지사 자격 및 간호보조사 자격과정을 통합적으로 신설하여 5년간 전문적으로 공부하게하고 졸업 요건을 강화하여 보건관리사 자격을 부여하는 방안이 마련되어야 한다.

2. 보건관리사의 책임과 과제

① 계속적인 업무관리제도 정착: 계속적인 업무관리제도가 정착되어 환자에 대한 차트(chart)가 신속하게 처리 되도록 요약 정리될 수 있어야 한다.

② 환자의 privacy 관련 자료 보관 철저: 계속적인 환자 체크 리스트를 관리하여야 하며, 환자의 privacy 와 관련된 자료 보안이 강화되어야 한다.

③ 보건관리사(care manager)의 자기역량 개선: 보건관리사는 개인적으로 논문연구 및 비디오를 보면서 자기 역량을 향상시켜 나가야 하고 업무 추진평가위원회를 구성하여 개인의 업무성과를 평가한다.

④ 행정지원(service delivery)의 효율화: 각 지역 기독병원을 중심으로 각 분야 전문 의사(외과, 내과, 안과, 치과 등)를 몇 명씩 두고 24시간 대기하면서

그 지역에 몇 개의 분소를 두어서 자료통제소를 구축하고 보건관리사는 각 가정의 환자를 방문하여 컴퓨터와 그 환자의 차트(chart)를 가지고 환자의 상태를 살핀다. 그리고 전문 의사는 자신의 중앙 점검실에서 모니터를 여러 대 두고 보건관리사와 서로 인터넷과 화상대화를 통하여 환자를 모니터링 한다. 통제소에서는 지정된 컴퓨터를 보건관리사에게 주어서 통제소에서 연결을 허락할 때 환자의 차트를 보건관리사가 볼 수 있도록 한다.

⑤ 의사협회의 반발과 설득 방법: 시골병원 의사들은 환자가 없어서 문을 닫을 위기에 있고, 또한 도시 소규모 의원들도 살길을 찾아야 한다. 따라서 시골 병원 의사의 경쟁력강화와 새로운 의료체계 구축으로 일자리가 창출되도록 하여야 한다. 따라서 충분히 의사협회에서도 논의될 가능성이 있다.

⑥ 환자의 분류: 의사는 환자를 4~5단계로 나누어서 전문가의 방문의 자격을 규정한다. A급: 장기요양 중환자(의사＋보건관리사), B급: 장기요양 환자(간호사＋보건관리사), C급: 요양보호 환자 (간호조무사＋보건관리사), D급: 예방 보호(보건관리사) 등으로 나누어서 법적, 제도적, 지역사회 여건에 맞게 분류 및 조정한다.

⑦ 관련부처와의 관계: 보험사 · 의사 · 환자의 상호관련 부처와 협력하여 의료비 부담을 책정할 수 있다. 특수의료 전문의(specialist)에게는 전부 혹은 일부는 개인이 진료비를 부담하고, 정부지원을 받는 저소득 빈민계층일 경우 정부보험으로 부담하도록 한다. 병원장(CEO)은 반드시 의사가 아니라도 가능하도록 하고, 보건지식을 가진 경영자(혹은 보건관리사)가 경제성과 효율성을 높이기 위하여 전문적으로 경영하여야한다. 실례로 2011년 10월 25일에 삼성의료원은 높은 질적 향상을 위하여 원장을 전문경영인으로 바뀌었다.[460]

---

460) 신임 윤 순봉(55세)사장의 공식 직책은 삼성의료원 산하 3개 병원 중 하나인 서울 일원동 삼성서울병원의 '지원총괄 사장 겸 의료사업 일류화 추진단장'. '삼성의료원장'이 아니다. 의료원장은 공석으로 했다. 그러나 이는 의료법상 전문경영인이 의료법인의 대표이사를 맡을 수 없기 때문에 취한 조치일 뿐, 실제로는 윤 사장이 삼성서울병원과 강북삼성병원, 경남 삼성창원병원 등 3개 병원을 모두 이끌게 된다는 게 삼성 측의 설명이다.(중앙일보 인터넷신문 2011년 10월 26일 보도)

3. 원격 케어 보건복지 서비스의 한계

원격 케어 보건복지 서비스를 시행하는 데는 다음과 같은 한계가 있다.

① 시간이 많이 소비된다. 홈닥터 시스템이 도입되어 장기간에 걸쳐 개인진료 자료를 모으는 것이 필요하다.

② 노동 비용이 높다. 보건관리사(care manager)의 급료를 어느 수준으로 할 것인가 하는 문제이다. 현 보건관리 체제에서 불법 의료행위를 근절시키면 일부 자금 조달이 가능할 수 있지만 대학병원 간호사 수준과 학교 교사수준의 급료로 봉사하는 것이 적당하다고 본다.

③ 고도의 IT 시스템 및 보건관리사(care manager)들의 관리가 어렵다. 수많은 정보를 재빨리 제공해 주어야 하기 때문에 전문적인 컴퓨터 체제관리가 필요하며, 보건관리사의 타 직종 이동으로 공백이 생길 때 새로운 직원을 채용하고 교육하는데 시간이 걸릴 수 있다.

④ 지속적인 친절과 봉사정신이 요구된다. 거의 모든 일은 손으로 하여야 하고 경우에 따라서 환자에게 불만족을 줄 수 있으므로 희생정신이 필요하다.

⑤ 보건관리사의 의료보건 교육 및 연수가 필요하다. 때때로 보건관리사에게 의료상식을 넘어 전문적인 지식이 요구될 때가 있다

⑥ 허위 혹은 과대 보험료 청구의 문제이다. 병원과 환자가 서로 공모하고 환자가 입원하고 있지 않는데 있는 것처럼 하여 의료보험 공단에 비용을 청구하였다가 적발되었다.461)

⑦ 정보유출의 문제이다. 국가안전기획부에서 범인 수사를 위하여 정보를 요구할 때 어떻게 보안 유지 할 것인가? 천주교의 고해성사와 같은 자료를 어떻게 보존할 것인가? 여기에 대한 대책을 강구하여야 한다.

---

461) KBS뉴스(2009.12.5.21:00)

제 5 편

기독교 사회복지의 유형

1832년에 한 미군이 블랙 호크(아메리카 인디언 소크족의 추장) 전투로 알려진 인디언 원주민과의 혈전에 참전했다.

대위였던 이 청년은 진급하고 싶은 열망으로 가득 찼지만 그의 기대와는 달리 전쟁이 끝날 무렵 이등병으로 강등됐다. 반역죄를 저지르지 않는 한 대위가 이등병으로 전락한다는 것은 있을 수 없는 일이었다. 그러나 이것은 현실이었다. 분명히 그는 최악의 인디언전 참전용사였다. 장교로서 영락 없는 실패자였다. 사병으로서도 더 이상 내려갈 수 없는 최말단 계급으로까지 추락했다.

얼마나 큰 굴욕감을 느꼈을까. 전쟁이 끝난 뒤 이 비쩍 마르고 멋쩍고 우스꽝스럽게 생긴 청년은 뭔가 할 일을 찾았다. 그리고 대성공을 거두었다. 그의 이름은 에이브러햄 링컨 이다.

한 가지 일에 실패했다고 해서 모든 일에 실패하는 것은 아니다. 인디언전에서의 실패가 링컨 전 인생의 실패는 아니었다. 어떤 일에 실패했다고 위축되거나 절망하지 말자. 또 다른 일이 기다리고 있다. 그 일에는 성공할 수 있다.

제 1 장 대상별 유형

여유 있는 삶

그는 한없이 정겹고 순하디 순한 아이들이 좋았다. 그가 시골 학교의 선생님으로 부임한 지 1년이 되던 어느 날, 서울에 사시는 어머니께서 먹을 것이며 옷가지를 바리바리 싸 들고 아들을 만나러 내려오셨다. "어머니, 제가 좀 늦었습니다. 고생 많으셨죠?" 아들은 수업이 끝난 뒤 어머니를 마중하러 나갔고, 어머니는 어느새 자라서 제법 의젓한 교사가 된 아들을 보고 대견해 했다. 모처럼 어머니 숨소리를 자장가 삼아 푸근히 자고 난 다음 날 아침, 그는 지각하지 않으려고 서둘러 집을 나섰다. "다녀오너라. 내 걱정은 말고 아이들 잘 가르치거라." 어머니는 대견스러운 눈빛으로 아들을 향해 손을 흔들었다. 자취 집에서 학교까지의 거리는 15분, 그리 먼 길은 아니었지만 도중에 개울을 건너야 갈 수 있었다. 그런데 그만 징검다리 돌 하나가 잘못 놓여 개울물에 빠지고 말았다. 그는 옷을 갈아입으려고 자취 집으로 발길을 옮겼다. 온 몸이 물에 젖어 물을 뚝뚝 흘리는 아들을 보고 어머니가 놀라서 뛰어 나왔다. "아니, 이게 무슨 일이냐?" "별일 아니에요." 징검다리를 잘못 디뎌서요. 어머니를 안심시킨 뒤 옷을 갈아입으려 하는 바로 그때, 어머니의 엄한 목소리가 들려왔다. "그래, 그 돌은 바로 놓고 왔느냐?" 어머니의 물음에 그는 어쩔 줄 몰라 하며 얼굴을 붉혔다. "그래 가지고 어디 선생이라 할 수 있다더냐? 어서 돌부터 바로 놓고 와서 옷을 갈아입어라." 하는 수 없이 그는 개울로 달려가 뒤뚱대는 돌을 바로 놓았다. 세월이 흘러 처음 교단에 섰을 때의 마음이 흐트러질 때마다 그는 어머니의 그 호된 질책을 떠올렸다. "돌은 바로 놓고 왔느냐?"

제 1 절 아동과 복지

1. 아동복지의 정의

아동복지라는 용어는 각국의 경제, 사회 및 문화적인 특성에 따라 그 탄력성을 갖고 있어 다양하게 정의 된다. W. Friedlander에 의하면 "현대의 아동복지라는 말은 보다 넓은 의미를 가지며, 단지 빈곤아동, 기아, 걸식아, 부적응아동 및 비행아동의 보호에만 한한 것이 아니다. 아동복지는 아동의 신체적, 지능적, 정서적 발달에 관하여 모든 아동의 복지를 지키며 보호하고자 하는 공공단체 혹은 개인단체의 사회적, 경제적, 보건적 활동과 일체를 이루는 것으로 이해되어야 한다."462) 고 하였고, Lela B. Costin 은 "아동복지란 주로 아동과 그 가족의 복지, 그리고 보다 광의로는 모든 아동과 청소년의 복지증진에 관한 것"463)이라고 하였다.

한편 미국아동복지연맹(The Child Welfare league of America)에 의하면 "아동복지는 부모가 양육의 책임을 다할 수 없거나 지역사회가 아동과 그 가족이 요구하는 자원 및 보호를 제공하지 못하는 아동 및 청소년에게 사회적 서비스를 제공하는 것이고, 아동복지 서비스는 부모가 할 수 없는 기능을 보강·보충 또는 대체하며, 기존의 사회제도를 수정하거나 또는 새로운 제도를 만듦으로써 아동과 그 상태를 개량하도록 설계된 것"464)이라고 하였다.

이상의 개념을 요약하여 보면 아동복지란 서비스의 한 분야, 아동의 서비스 프로그램의 요구에 적용되는 사회사업의 한 특수한 형태, 전반적인 아동의 복지, 아동의 복지에 기여하는 정책과 행동 등으로 볼 수 있다.

따라서 광의적인 관점에서 아동복지란 아동의 복지를 직접 또는 간접으로 보호 및 증진함을 목적으로 하는 공공기관이나 사적기관에 의하여 행하여지는 모든 사람들의 활동을 말한다고 볼 수 있으며, 협의로서의 아동복지란 주로 공적 책임을 중심으로 하여 법률에 준거하여 행해지는 보호, 원조, 지도, 지원, 치료 등 공공 및 사적 서비스를 말한다고 볼 수 있다.

한편으로 성경적인 개념을 살펴보면, 예수님께서는 어린아이들을 친히 사랑하셨다. 마가복음 10장 13절부터 16절까지 보면, "사람들이 예수의 만져주심을 바라고 어린아이들을 데리고 오매 제자들이 꾸짖거늘 예수께서 보시고 분히 여겨 이르시되 어린아이들의 내게 오는 것을 용납하고 금하지 말라 하나님의 나라가 이런 자의 것이니라. 내가 진실로 너희에게 이르노니 누구든지 하나님

462) Walter A. Friedlander, *Introduction to Social Welfare*, N. J. Prentice-Hall, Inc. 1961, pp.344.
463) Lela B. Costin, *Child Welfare: Policies and Pratices*, New York: McGraw-Hall Book Company, 1972, p.3.
464) Alfred Kadusin, *Child Welfare Service*, New York: The Macmillian Company, 1972, p.4.

의 나라를 어린아이와 같이 받들지 않는 자는 결단코 들어가지 못하리라 하시고 그 어린아이들을 안고 저희 위에 안수하시고 축복하시니라"고 하였으므로 당시에 천대 받던 어린아이에게 참다운 사랑과 권리를 회복시켜 주시는 아동복지의 시작을 이루셨다.

그러므로 오늘날 교회는 예수님의 본을 받아 유년 주일학교를 운영하며 어린 아이들에게 복음을 심어주기 위하여 노력하고 있다. 더 나아가 선교원을 개설하여 이웃의 불신가정 아동들에게도 복음을 심으려 노력하고 있다. 이러한 보육사업 및 주일학교운영이 넓은 의미에서 아동복지의 일익을 감당한다고 볼 수 있다.

2. 아동복지의 기본이념

아동복지의 기본이념은 주로 자본주의 사회에서는 'humanism'에 기초를 두고 있는데, 여기에는 주로 아동의 권리보장이 아동복지의 이념으로 되어 있다. 아동의 권리에 관한 제네바 선언 이후, 세계 각국은 제각기 어린이 헌장을 만들어 아동애호사상을 고취시키기에 힘썼다.

미국은 1909년 제1회 백악관 아동회의(White House Conference on Children)에서 긴급하고 불가피한 경우를 제외하고는 아동을 가정으로부터 떠나게 해서는 안 된다고 하였고, 1930년 제3회 회의에서는 아동의 보건 및 보호에 관한 사회적 책임이 강조되어 '어린이 헌장'이 채택되었다. 일본은 1946년 아동복지의 기본이념이 담긴 '일본국 헌법'에 규정된 '아동복지법'을 위시하여 1951년에는 '어린이 헌장'을 선포하였다. 이와 같은 국제적인 노력에도 불구하고, 많은 개발도상국가에서는 아동복지에 큰 진전을 이루지 못하였다. 이에 따라 국제연합은 아동의 권리선언을 공포하게 되었는데, 주로 아동의 권리와 아동복지의 이념은 여기에 포함되어 있다.

1959년 11월 20일에 발효된 '국제연합 아동 권리선언'은 전문과 10개조로 이루어져 있다. 그 내용은 대략 차별금지, 법률에 의한 보호, 사회보장, 교육 및 의료혜택, 장애아의 권리, 인간성의 발육을 위하여 고아의 보호, 그리고 아동의 방임, 학대, 착취로부터의 보호 등을 규정하고 있다.

그 후 UN 총회의 결의에 따라 1971년 12월 20일에 정신박약아를 위한 권리선언이 선포되었고, 연이어 1976년 제31차 국제연합총회에서는 '세계아동의 해'에 관한 결의가 채택되어 1979년에는 그 결의가 법적 구속력을 가지고 선포되었다.

1979년에 인권위원회가 협약초안을 작성하였고, 이 협약은 1989년 11월 20일 제 44차 국제연합총회에서 채택되어, 1990년 9월 2일 20개 비준국의 찬성으로 발효하였다. 이러한 국제연합의 정신을 이어받아 각 국의 정상들이 국제연합에 모여 '어린이에게 미래를 돌려주기'로 결의하고, 그들은 1990년부터 향후 10년 동안 어린이를 기아, 질병, 무지로부터 구출하기로 하였다.

우리나라에서 현대적인 아동복지의 발달은 서구 선진국에 비하여 다소 늦게 시작되었다. 그러나 일제하에서도 방정환 선생을 중심으로 한 '조선 소년 운동 협회'가 1923년에 조직되었는데, 그것은 국제연맹의 제네바 선언보다 1년 전의 일이었다. 1923년 5월 1일에 첫 어린이날 행사가 이루어진 것은 획기적인 일이었다. 이러한 소년운동협회의 어린이 해방운동이 갖는 역사적 의의에도 불구하고, 일제하에서의 아동복지는 근본적으로 개선되지 못하였다.

광복 후에도 6.25의 전화 속에서 양산된 고아들에 대한 시설보호사업에서 크게 벗어날 수 없는 실정이었다. 1950년 2월에 후생시설 설치 기준이 제정되어 아동복지에 다소 기여하였다. 그 후 1957년 2월에 내무, 법무, 문교, 보건사회 등 4부 장관의 공동명의로 사회적 협약으로서 전9조의 '어린이 헌장'을 공포하였다.

동 헌장 제1조에 있어서는 "어린이는 인간으로서 존중되어야 하며 사회의 한 사람으로서 올바르게 키워야 한다."라고 규정하고 있으며, 제3조에는 "어린이에게는 마음껏 놀고 공부할 수 있는 시설과 환경을 마련해 주어야 한다."라고 규정하고 있어, 인격주체로서의 아동, 사회적 존재로서의 아동, 그리고 환경주체로서의 아동이라고 하는 아동관의 3원칙이 잘 명시되어 있다.

그 후 1961년에는 아동복리법이 제정되어 우리나라도 아동복지에 큰 관심과 노력을 기울이게 되었으며, 1973년 2월 8일에는 모자보건법이 제정되어 모성의 생명과 건강을 보호하고 건전한 자녀의 출산과 양육을 도모함으로써 국민의 보건 향상에 기여하게 되었다. 특히 1981년 4월 13일에 아동복리법을 아동복지법으로 개정하면서 대상아동을 요보호아동뿐만 아니라 일반 아동까지 확대하게 되었다.

이러한 아동복지에 대한 사회적 이념들이 성경의 교훈과 맥을 같이하고 있다. 첫째는 어린아이를 인격체로 보고 있다는 점이다. 예수님께서도 무시당하는 어린아이를 한 명의 인격체로 대우하셨던 것이다(마19:13~15).

둘째는 어린아이들을 방임 혹은 유기하여서는 안 된다는 점이다. 즉 사회적 주체로서의 아동을 주장하고 있다. 예수님께서도 어린아이들을 사랑하시었기 때문에 결코 방임의 상태를 용납하시지 않으시고, 주님께 오는 것을 용납하고 금하지 말라고 하셨으므로(막10:14) 어린아이들도 당연히 사회로부터 보호를 받으며 자랄 수 있다는 것이다.

셋째는 어린아이들에게는 마음껏 놀고 공부하며 올바르게 자랄 수 있도록 환경을 마련하여 주어야 한다는 것이다. 예수님께서도 누구든지 하나님의 나라를 어린 아이와 같이 받들지 않는 자는 결단코 천국에 들어가지 못할 것(막10:15)을 선포하셨으므로 어른들도 그들의 신앙이 어린아이들과 같이 그들의 신앙환경이 깨끗하고 순수하게 자라야 한다는 것을 강조하신 것이다. 뿐만 아니라 "누구든지 내 이름으로 이런 어린 아이 하나를 영접하면 나를 영접함이니"(마18:5)라고 하시어 예수님께서는 믿음을 가진 순수한 어린아이의 신앙환경을 강조하셨다.

그러므로 이러한 아동복지의 기본 이념은 성경에서 찾아 볼 수 있으므로 기독교의 복음이 함께 한다는 아동복지는 교회복지의 일환이 될 수 있는 것이다.

3. 아동복지 사업의 범혁

우리나라의 아동복지사업은 보육사업으로부터 시작되었다고 볼 수 있다. 우리나라의 보육사업은 1921년 서울 태화 사회관이 탁아 프로그램을 개설한 것에서 비롯되었다.[465]

대체로 우리나라 보육사업은 네 단계로 나누어 볼 수 있는데, 첫째는 해방 이후부터 1960년까지의 아동 구호시기, 둘째는 1961년에서 1982년까지의 어린이 집 시기, 셋째는 1982년부터 1987년까지의 새마을 유아원 시기, 넷째는 1988년 이후 보육사업의 발전 시기로 구분할 수 있다.

(1) 1945년~1960년
이 기간 중에는 주로 전시 및 전후의 위급한 상황에서 구호적인 복지정책을

---

465) 김정자, 한국탁아사업의정책과 방향, 「한국사회복지학」 통권 제17호, 한국사회복지학회, p.20.

실시하였던 시기였으므로, 임시적, 구호적 성격을 갖는 것으로서 미미하게 존재하고 있었다.

(2) 1961년~1982년

1961년에 아동복리법이 제정·공포되면서 보육사업은 아동의 복지 증진과 보호를 위한 성격으로 변화 및 발전하게 되었고, 1962년부터 어린이집 691개소를 설치 및 운영하여 왔으나 경제발전으로 인해 탁아의 수요가 늘어나 시설의 부족이 심화되자, 정부는 1968년 '미인가 탁아시설 임시조치 요령'을 공포하였다.

임시조치요령은 민간설립 탁아시설의 증설을 꾀하였고, 명칭을 '어린이 집'으로 고쳐 부르도록 권장하여 단순히 보호의 차원을 넘어서 교육도 가능하다는 인식을 심어 시설이용자를 증가시켰다. 그러나 취업모가 늘고 입소대상 아동이 증가하자 보건사회부는 1978년 어린이집을 일반가정 아동에게 개방하고, 수탁료를 7,000원까지 받을 수 있도록 '탁아시설운영방안'을 발표하였다. 이것은 시대적 요청에 호응하는 정책이기는 하였지만, 도시지역 빈곤계층 아동의 건전한 성장을 도모하고 경제적 어려움을 완화해 준다는 탁아 본래의 목적을 퇴색시켰고, 중산층 위주의 수익자부담원칙에 입각한 시설로 변화되었다.466)

(3) 1982년~1987년

1982년 유아교육의 문제점과 보완대책에 관한 대통령의 지시에 따라 유아교육진흥종합계획이 수립되었고, 이어 '유아교육진흥법이 제정됨에 따라 우리나라 보육사업이 큰 변화를 겪었던 시기이다. 이 법에 따라 보건사회부가 관장하던 어린이 집 691개소와 내무부가 1981년 이래 새마을 사업의 일환으로 설립 및 운영하던 새마을 합동유아원 263개소, 그리고 농업진흥청에서 관장하던 392개소의 농번기 유아원을 모두 '새마을 유아원'으로 통합 및 일원화하여 내무부에서 관장하기 시작하였다.

이와 함께 새마을 유아원에 대한 운영 및 관리는 행정자치부가, 장학지도 및 교재개발은 교육인적자원부가, 보건위생 및 아동복지업무는 보건복지부가 각각 담당하였다. 이로써 우리나라에서는 공인된 탁아시설이 없어지고, 유치원과 새

---

466) 주정일, 한국탁아사업의 어제, 오늘, 내일, 「전국탁아세미나 자료집」 한국행동과학연구소, 1990, pp.6~7.

마을 유아원만 유아교육기관으로 존재하게 되었다.

(4) 1988년~현재

1987년 '남녀고용평등법'에 의한 '직장탁아제'가 도입 · 실시되었으나, 기존 새마을 유아원의 보호기능 미흡과 보육시설의 절대 부족으로 취업여성의 자녀 보육이 문제시 되었다. 한편 한국여성개발원은 시설에도 맡길 수 없는 영아 혹은 장애아 등을 맡을 수 있는 가정탁아제도의 정착을 위하여 1984년에 연구보고서를 내놓고 이를 근거로 1985년 탁아모를 시범 배출하여 가정탁아를 개설 및 운영하도록 유도하였다.467)

이러한 상황 하에서 1989년 보건사회부에서는 아동복지법 시행령 상에 보육사업의 실시근거를 부활시켜 우선적으로 저소득층 지역을 대상으로 실시하게 되었다. 그러나 내무부, 교육부, 노동부 등 관장부서의 다원화로 인하여 체계적이고 효율적인 사업추진이 곤란함에 따라, 별도의 입법을 통하여 보육사업을 보건사회부로 일원화함과 아울러 보육사업의 체계화에 보육시설의 조속한 확충을 도모하고자, 사회 각계각층의 다양한 의견을 수렴하여 1991년 1월 14일자로 '영유아보육법'을 제정 및 공포하게 되었다. 여기에서는 영유아의 건전한 보호와 교육을 동시에 중요시하여 기존의 '탁아'라는 용어를 '보육'으로 대치하였다.

4. 아동복지의 전달체제

아동복지 서비스의 전달체계를 살펴보면, 먼저 주무 담당 중앙정부 부서는 보건복지부로서 사회복지정책실 아동복지과를 중심으로 아동복지시설, 상담시설, 입양 및 결연사업, 연장아동 직업보도, 유관사업단체 등의 지도 감독 등 아동복지정책에 관한 종합계획의 수립 및 조정업무를 관장하고 있다.

이 밖에 내무부 치안본부와 법무부에서는 소년의 비행 및 범죄에 관한 업무를, 교육부에서는 특수아동에 관한 업무를, 그리고 노동부에서는 근로청소년에 관한 업무를 각각 담당해 오고 있다. 또한 1977년부터는 국무총리를 위원장으로 하는 청소년대책위원회가 설치되어 청소년 선도 및 보호에 관한 종합적인 대책을 심의

---

467) 한국여성개발원, 「가정탁아제 정착을 위한 시업사업」 사업보고서, 한국여성개발원, 1986, pp.5~7.

하고 있다.

　그러나 아동복지 서비스에 관한 업무관장기구가 여러 부처에 분산되어 있어 비록 국무총리 산하의 청소년대책위원회가 있기는 하나, 부처 간의 유기적이며 종합적인 체계를 이루고 있지 못하며, 특히 효율적이며 독립적인 사회복지행정전달체계가 확립되어 있지 않아 아동복지 서비스 행정전달체계상의 문제를 안고 있다. 다음 <그림 20>과 같이 아동복지서비스 업무는 지방자치단체 수준에서 먼저 시 · 도에서는 가정복지국 가정복지과에서, 시 · 군 · 구에서는 아동상담소를 중심으로 아동복지지도원이 업무를 담당하고 있다.

<그림 20> 아동복지 전달 체계

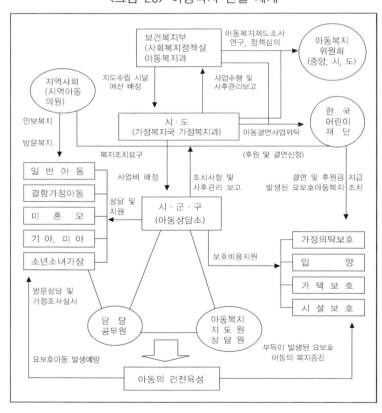

5. 아동복지 정책의 개선방안

(1) 가정 · 학교 · 지역사회의 기능강화

아동들에게 영향을 가장 많이 미치는 곳은 가정, 학교, 지역사회이다. 오늘날 공업화, 도시화 및 핵가족화에 수반하는 급격한 사회변동은 아동의 성장에 큰 영향을 미쳤다. 즉 핵가족화는 가족기능을 약화시켜 부모와 자식 간의 의사소통이 결여되고 이혼 및 맞벌이 부부의 증가로 인하여 아동의 발육에 큰 장애적 요인이 되고 있다.

따라서 가정의 기능을 강화하기 위하여 가정복지사업을 통한 재가구호사업을 적극 추진하여 가족수당을 지급할 수 있도록 하여야 하며, 가정복지관을 중심으로 다양한 프로그램들을 통한 가정복지 서비스를 적극적으로 추진하여야 할 것이다. 그리고 학교의 경우 교사와 학생 수의 비율이 과대하여 생활교육에 철저하지 못하고 교사권위가 하락하여 참다운 교육자상이 퇴색하고 있다.

뿐만 아니라 지나친 입시위주의 교육으로 지식은 향상되지만 인간성이 상실되는 모순을 범하고 있다. 따라서 학교교육에서 인간성회복을 위한 제도적 장치가 마련되어야 할 것이다. 한편으로는 가정과 학교와 더불어 지역사회에서도 학생들에게 관심과 이해를 가지고 건전한 아동 육성을 위하여 사회적 교육기능을 강화할 필요가 있다.

(2) 아동복지시설의 확충

특수한 범주에 시설수용아동의 복지를 위해서 오늘날 아동복지의 방향이 시설보호 중심에서 가정보호 중심으로 지향하는 현대적 추세에 따라 영 · 유아시설의 단위를 축소화하는 한편, 지역사회 내에서의 양육을 지향하면서 지역사회 내의 아동을 위한 각종 복지시설을 지방자치단체가 중심이 되어 확충하여야 할 것이다.

따라서 절대 수가 부족한 어린이 공원, 어린이 놀이터, 아동회관 등을 지방자치단체가 중심이 되어 증설하여 나가야 할 것이며, 또한 유자격 전문요원을 확보하여 이들 시설에서 종사하도록 하여야 할 것이다.

(3) 시설수용 불우아동 대책

영·유아 시설에 수용 보호되고 있는 불우아동을 위해서는 전술한 바와 같이 요보호아동은 그 경향이 이전의 시설보호 중심으로부터 가족보호 위주로 지향해 나갔다. 그러다가 1997년 11월 이후 IMF(국제통화 기금) 로부터 구제금융을 융자 받아야 하는 한국의 경제적인 상황과 기업의 구조조정과 맞물려 수많은 실업자가 나타나자 부모가 아동을 양육할 능력에 한계가 있어 또다시 시설보호 중심으로 되돌아가는 경향이 있다.

그러므로 정부에서는 시설보호에 따른 시설과 장비 및 유자격 교사들로 구성된 교육시스템을 개발하는 것이 필요하며, 아동복지 예산을 확충하는 일이 시급하다.

여유 있는 삶

독일의 낭만주의 작곡가이자 피아니스트 인 요하네스 브람스의 아버지는 호른과 더블베이스를 연주하는 유랑 악사였다. 넉넉하지 않은 형편에서도 어린 아들에게 피아노를 가르쳐 훌륭한 작곡가가 될 수 있는 바탕을 마련해 주었다. 그리고 브람스가 세상에 널리 알려진 뒤에도 아버지의 형편은 예전보다 특별히 달라진 것이 없었다. 그는 자신이 직접 연주해서 번 돈으로 생계를 꾸려갔다. 브람스는 아버지께 몇 번이나 용돈을 드리려고 했지만, 자존심이 강한 아버지는 좀처럼 받지 않으셨다. 그래서 브람스는 아버지를 돕고 싶을 때면, 언제나 아버지가 혹시 기분이 상하지나 않으실까 염려했다.

연주를 위해 세계 이곳저곳을 여행하던 브람스는 오랜만에 아버지를 찾아갔다. 아버지는 여전히 자신의 힘으로 생활을 꾸려나가고 있었다. 브람스는 안타까운 마음이 들었지만 겉으로 표현하지 않고, 그 동안 못했던 대화를 나누었다. 음악에 대해 이런저런 이야기를 나누던 끝에 브람스는 조심스럽게 말을 꺼냈다.

"아버지! 아버지께서 기운이 없거나, 급한 일이 생겼을 때, 또는 아버지께 용기를 불어 넣어줄 무언가가 필요하다고 느끼실 땐 저기 책장에 꽂혀 있는 헨델의 '사울'이란 옛 악보를 펼쳐 보십시오. 아버지께서 필요로 하시는 것을 꼭 찾으실 수 있을 겁니다."

얼마 후, 브람스의 아버지에게 여러 가지 어려운 일이 생겼다. 아버지는 혼자서 끙끙 앓다가 예전에 아들이 했던 말을 기억해 내고, 책장에서 낡은 악보를 찾아 펼쳐 보았다. 아버지는 책장을 넘기며 아들의 이런 세심한 배려에 흐뭇한 미소를 지었다. 브람스는 아버지를 위해 책갈피마다 지폐를 정성스럽게 끼워 놓았던 것이다.

제 2 절 노인과 복지

1. 의의

(1) 노인복지의 필요성

현대사회는 양질의 보건의료제공, 생활향상 등에 의하여 사망률의 저하, 평균수명의 연장, 질병양상의 변화로 계속적인 치료와 관리가 장기적으로 요구되는 만성퇴행성 질환을 지닌 노년층 인구의 증가와 노령인구의 노령화 현상을 보이고 있다.[468]

또한 사회의 변화로 산업사회의 도시근로자들은 농촌에서 성장하였으나 취업을 위하여 도시로 유입된 젊은 층으로 핵가족 형태의 가정을 꾸려 나가게 되었으며, 개인주의 가치관, 자녀 적게 갖는 가치규범 등을 선호하게 되었다. 도시 생활의 특징이 주택부족, 교통문제, 맞벌이 부부의 증가 등의 요인으로 노부모를 모시고 생활하기에는 적당하지 않은 상태로 변화하게 되었다.

한편 경제성장의 결과로 생활수준은 향상되어 영양 상태는 좋아지고 보건의료 분야의 발전은 평균 수명을 연장하게 되어 우리나라도 인구의 고령화현상이 나타나게 되었다. 평균수명의 연장과 출산율 감소에 따라 노인인구의 수적 증가현상은 가속화되고 있으며, 전체인구에서 노인인구 가 차지하는 상대적 구성 비율도 증가하고 있어 생산연령 인구의 증가 속도보다 빠르게 진행되고 있다.

이러한 노인인구의 증가추이는 대단히 빠르게 진행되고 있으며, 외국의 평균수명을 보면 1990년에 일본은 78.5세, 미국은 75.9세, 대만은 74.0세로 집계되었다.[469] 그러나 코로나 사태를 겪으면서 2019~2021년에 평균 수명이 1.5년 감소하면서 2024년 5월 WHO는 건강 기대수명은 61.9세, 기대수명 71.4세로 10년전 수준으로 되돌아갔다.

우리나라의 평균수명은 통계청의 2001년 「장래인구추계」를 보면 1990년

---

468) 새건강신문사, 「주간새건강」 (서울: 새건강신문사, 1993).
469) 이가옥 외, 「노인정(경로당) 활성화 방안」 (서울: 한국보건사회연구원, 1992).

에 71.7세로 연장되었으며 2000년에는 75.9세(남자 72.1세, 여자 79.5세)로 높아졌고, 2023년에는 83.5세(남자80.6세, 여자 86.4세)이였다.470) 우리나라 노인 인구의 비율은 1960년의 2.9%에서, 1980년에는 3.8%, 1995년 5.9%, 2000년 7.1%, 그리고 2030년에는 19.3%로 증가하여 선진산업국과 같은 노령국으로 변화될 전망하였다.471) 그러나 2024년 12월 23일 통계청 조사에 따르면 65세 이상 주민등록 인구수는 10,244,550명으로 전체 주민등록 인구의 20%를 차지하여 이미 초 고령화 사회에 진입하였다.

노인인구가 전체 인구 중 구성 비율이 7.0%가 넘게 되면 고령화 사회로 되었다고 보며, 이러한 고령화 사회에서는 노인 문제가 개인이나 가정의 문제에서 사회문제화하게 된다. 따라서 오늘날 폭발적인 인구증가와 노령인구의 증가 추세는 노인복지제도의 적극적인 추진을 촉진하는 중요한 요인이 되고 있다.

일반적으로 과학의 발전은 세계 인구구조에 커다란 변화를 가져다 줄 것이다. 개발도상국에서는 인구 증가율이 높아질 것이며, 선진국에서는 노령인구가 현저하게 증가하리라고 전망되고 있다. 그리고 이 노인계층의 증가는 노인복지 대상 인구의 증가를 의미하는 것이므로 이러한 현상에 대한 새로운 인식이 요구되는 것이다.

노령인구의 증가는 가족구조의 변화와 그에 따른 부양문제, 노동구조, 노후 연금제도 및 의료보장의 문제 등 노인과 관련된 많은 문제에 대하여 미리 예측하고 대비하여야 할 중대한 현안들을 예고하는 것이다. 노인과 관련되는 문제들 중에서도 노인의료제도의 정비는 우리사회가 시급하게 해결하여야 할 중요한 현안문제가 되고 있다.

(2) 노인복지의 개념

사회복지적인 측면에 볼 때 아동복지와 마찬가지로 노인복지란 사회복지의 일환으로 대상이 노인에게 주어지는 경제적, 정신적 복지 혜택을 말한다고 볼 수 있다. 이러한 노인복지의 필요성이 대두된 것은 오늘날의 일이 아니다. 성경에서는 구약 시대부터 부모공경의 율법을 강조하였으므로 노인복지는 옛날부터 야기되어 온 일이다.

---

470) 통계청, 「생명표」 (서울: 통계청, 2024).
471) 통계청, 「장래인구추계」 (서울: 통계청, 1997).

아브라함과 이삭과의 관계 속에서 사람은 노인복지의 근본이 부모에게 순종하는데서 부터 시작된다고 볼 수 있다. 이삭은 아버지 아브라함이 제물로 자기를 하나님께 드릴지라도 순종하는 자세를 취하였다(창 22:1~19). 또한 요셉은 자신이 애급의 총리가 되었어도 아버지 야곱의 안부를 잊지 아니하였고(창 43:27), 아버지 야곱을 노년에 편히 모시는 효성을 다하였다(창46장4~7장).

한편 예수님께서는 특별히 노인복지에 대한 의미를 "하나님이 이르셨으되 네 부모를 공경하라 하시고 또 아비나 어미를 훼방하는 자는 반드시 죽으리라 하셨거늘 너희는 가로되 누구든지 아비에게나 어미에게 말하기를 내가 드려 유익하게 할 것이 하나님께 드림이 되었다고 하기만 하면 그 부모를 공경할 것이 없다 하여 너희 유전으로 하나님의 말씀을 폐하는 도다"(마15:4~6)라고 바리새인들을 힐난하셨다.

여기에서 부모라는 개념을 예수님께서는 육체적으로 낳아 주신 분뿐만 아니라 "누구든지 하나님의 뜻대로 하는 자는 내 형제요 자매요 모친이니라."(막3:35)고 하셨으므로 모든 하나님의 뜻대로 행하는 노인들을 지칭하는 것으로 볼 수 있다.

따라서 교회복지의 일환으로써 노인복지의 성경적 기본이념을 부모공양에서 시작된다는 것이며 부모는 하나님의 뜻대로 행하는 모든 노인들이 해당된다고 볼 수 있다. 이런 맥락에서 노인복지란 세 가지의 요소를 지니고 있다.

첫째는 부모공양이라는 요소이다. 이것은 십계명의 제5계명에 해당되는 것이다. 둘째는 어른 섬김이라는 요소이다. 이것은 예수님께서 육체적인 부모의 개념을 영적인 어른의 개념으로 받아들이셨다(막3:31~33). 그리고 셋째는 복음이라는 요소이다. 이것은 하나님의 뜻대로 행하는 자(막3:35)라고 하셨으므로 복음이 내포되어 있다.

2. 고령화와 인구구조

노화현상은 경제수준, 의학의 발달, 문화수준에 따라 다르게 나타난다. 노화현상은 평균수명의 변화와 깊은 관련성을 지니게 되는데 평균수명은 시대에 따라, 나라에 따라 다르게 나타난다. 역사적으로 보면 BC 500년경에 인류의 평균수명은 18세에 불과하였고, AD 100년경에는 25세였으며, 19세기 중엽에 와서야 선진국 평균수명이 45세로 증가하게 되었고, 1980년에 비로소 세계평균수명이 60세에 달하였다.

OECD 국가의 평균수명을 WHO는 2019년에 1위 일본(84.3세 남:81.5 여:86.9), 2위 스위스(83.4세 남:81.8 여:85.1), 3위 대한민국 (83.3세 남:80.3 여:86.1), 4위 싱가포르 (83.2세 남:81.0 여83.2), 5위 스페인 (83.2세 남:80.7 여:85.7), 6위 키프로스 (83.1 남:81.1 여:85.1), 7위 이탈리아 (83.0 남:80.9 여:84.9), 8위 호주 (83.0 남:81.3 여:84.8), 10위 노르웨이 (81.1 남:84.1 여:82.6) 이다.

우리나라의 평균수명을 다음 <도표 34>에서 보면 1960년에 52.4세였으나 2001년에는 76.5세로 30년 사이에 약 24세가 높아졌고, 2010년~2015년에 평균수명이 81.27세로서 80세를 넘겼다. 2016년에는 82.35세. 2019년에는 83.3세이면서 최초로 남자 평균수명이 80세가 되었고, 2024년에 남녀 각각의 평균수명은 5년 전 대비 남성의 평균수명은 80세에서 82.8세로, 여성의 평균수명은 86세에서 88.2세로 증가하여 각각 2.8세와 2.2세 증가했다.

<도표 34> 한국인의 평균수명

연 도	평 균	남 자	여 자	차 이
1960	52.4	51.1	53.7	2.6
1970	62.3	59.0	66.1	7.1
1975	63.8	60.2	67.9	7.7
1980	66.2	62.3	70.5	8.2
1985	68.4	64.5	72.8	8.3
1990	71.7	67.7	75.9	8.2
1995	73.5	69.6	77.4	6.8
2000	75.9	72.1	79.5	7.4
2001	76.5	72.8	80.0	7.2
2010~2015	81.27	77.9	84,5	6.6
2019	83.3	80.3	86.3	6.0
2024	85.5	82.8	88.2	2.2

*자료: 통계청(2019), 「장래인구추계」 및 통계청(2024),「생명표」

인간의 수명은 오늘날 게놈지도를 완성하고, DNA를 조작하여 복제인간을 만드는 정도의 기술을 인류가 가지고 있는 이상, 의학과 과학이 더욱 발달할수록 평균수명은 더욱 향상될 것으로 보인다. 국제연합과 우리나라에서는 65세 이상의 사람을 노인으로 규정하고 있다.

UN에서는 65세 인구가 총인구의 7%이상이면 고령화 사회, 14%이상이면 고령사회, 20%이상이면 초 고령사회가 된다고 정의하였다. 한국은 2000년에 65세 이상이 7.2%로 고령화 사회에 들어섰으며, 2019년에는 14.4%로 고령사회가 되고, 다시 5년 뒤인 2024년 12월 23일 기준에는 65세 이상 주민등록 인구수는 1천24만4천550명으로, 전체 주민등록인구의 20%를 차지하여 초 고령사회에 진입하였다. 성별로 보면 남자는 17.83%, 여자는 22.15%로 여자 비중이 남자보다 4,27% 높았다. 고령인구 비율은 꾸준히 증가하여 2008년에 10%였던 65세 인구 비율이 16년 만에 두 배로 늘면서 초 고령 사회에 진입하였다.

한국의 인구고령화 속도는 세계에서 가장 빠른 것으로 나타났다. 고령화사회에서 고령사회로 가는데 프랑스는 115년, 미국은 72년, 일본은 24년인데 비하여 한국은 19년이 소요되었고, 고령사회에서 초 고령사회로 가는데 프랑스는 40년, 미국은 16년, 일본은 12년인데 반해 한국은 5년이 걸렸다. 2040년에는 전체 인구의 3분의 1이상(34.3%)이 노인 인구로 채워질 것으로 전망했다.

한국의 100세 이상 장수노인은 2003년 7월말에 총 1,872명, 2024년 7월 14일 행정안전부 보고에는 8,722명으로 조사되었다. 이처럼 한국의 인구구조가 급속도로 변화되고 있기 때문에 예기치 못했던 많은 문제들이 제기되고 있다.

3. 노인과 건강

(1) 노인병

노인의 건강은 노화과정과 밀접한 관계가 있어서 그 정도에 따라 몸의 조직과 기능이 소모되어 낡아지면서 기능저하, 기능장애, 기능상실 및 더 나아가 병리적인 변화까지 오게 되어 건강문제가 야기되며 생물학적 혹은 신체적인 문제와 정신적인 문제가 있게 된다. 대체로 내분비계, 순환기계, 골관절계, 위장계 등이 문제가 되고 또 정신적인 기능장애가 따르게 되며 대개 노인의 주요 질환은 만성퇴행성질환이 대부분이며 이들의 퇴원 시 간호의 연구는 높다.

　날로 증가하는 노인들의 질병현황을 질병별 진료현황을 진료건수비율로 살펴보면, 1992년 통계에서 가장 진료를 많이 받는 질환은 호흡기계 질환으로 전체의 19.3%였고, 그 다음으로 소화기계 질환이 19.2%, 근골격계질환과 결합조직질환이 14%, 신경계 및 감각기 질환이 12%로서 이들 네 가지 계통의 질환이 전체의 64.8%를 점하고 있었다.472) 그러나 30년이 지난 2023년 질병관리청의 사망원인 분석자료에 의하면, 전체 인구별로는 암과 심장질환, 그리고 뇌혈관질환이 제일 많았고, 주로 노인성 만성질환인 치매(알츠하이머병, 파킨슨병, 혈관성치매, 등), 당뇨병, 고혈압 등의 질환은 <그림 21>과 같이 증가 추세이다.

<그림 21> 2023 한국인 사망원인 분석

순위	사망원인	사망자 수(비율)	'22년 순위 대비
1	악성신생물(암)	85,271명(24.2%)	-
2	심장질환	33,147명(9.4%)	-
3	폐렴	29,422명(8.3%)	↑(+1)
4	뇌혈관질환	24,194명(6.9%)	↑(+1)
5	고의적 자해(자살)	13,978명(4.0%)	↑(+1)
6	알츠하이머병	11,109명(3.2%)	↑(+1)
7	당뇨병	11,058명(3.1%)	↑(+1)
8	고혈압성질환	7,988명(2.3%)	↑(+1)
9	패혈증	7,809명(2.2%)	↑(+2)
10	코로나19	7,442명(2.1%)	↓(-7)

* 만성질환

참조: 질병관리청 '2024 만성질환 현황과 이슈'

　또한 치매, 뇌졸중, 동맥경화 등 노인성질환으로인한 사회참여기회의 감소에 따른 경제적 곤란과 고독 등 현재 노인문제들이 더욱 심화될 것으로 예상된다.

　노인병의 특성을 살펴보면 30년 전이나 2025년이나 별 다름없이 다음과 같다.473) (가) 그 증상이 애매모호 하다. (나) 노화와의 구분이 어렵다는 점으로 자연스러운 노화현상인지 아니면 어떤 질병에 의한 불편함인지를 가려내기가

---

472) 「새건강」, 1992, 63호.
473) 「새건강」, 1992, 64호.

쉽지 않다. 그러나 2025년 현재 AI 기술로 이 문제는 극복되고 있다. (다) 거의
모든 노인병은 단 한 가지 질환으로 오는 경우가 드물며 적어도 두 가지 이상
의 문제가 함께 온다. (라) 정신, 심리적 이유가 발병의 주요한 요소이다. (마)
식사요법, 운동요법 등의 치료방침과 목표가 고려되어야 한다. (바) 치아문제가
거의 모두에게 있다. (사) 만성적으로 퇴행적이라는 점을 지적하고 있다.

　이러한 현상과 맥을 같이하여 Brunner는 노인현상과 약화된 저항력에 대한
연구로 65세 이상의 노인 중에 75%가 한 가지 혹은 두 가지 이상의 만성질환
에 걸려 있다고 하였다.474)

　한편 노인의 건강과 관련하여 신체적인 상태와 더불어 사회문화적인 배경,
즉 농경문화권에서 산업문화권으로의 변천, 근대화에 수반되는 대가족제도로의
이행 등에 따르는 문제, 특히 자녀들과의 관계에 따른 제반 여건 등이 노인으로
하여금 심리적인 부담감을 가중시킴으로써 신경증과 정신병을 증가시키는 요
인이 된다고 하였다.475)

(2) 간병제공과 파급효과

　간호 제공자는 역할과다로 자신들이 개인 활동을 일시적으로 또는 장기적으
로 포기하여야 하는 상황에 부딪히게 되고 자신의 역할간의 갈등과 환자를 돌보
는 새로운 역할에 대한 정보부족으로 환자를 돌보는데 어려움을 느끼게 된다.

　이처럼 일상생활의 어려움도 경험하고 있으므로 결국 환자를 돌보는 역할로
인한 심신의 부담을 위협할 수 있고 그 영향은 환자에게 전이되어 환자의 심리
적 건강상태를 저하시킬 수 있으며 더 나아가 환자의 건강을 악화시키는 요인
이 될 수 있다.

　따라서 간호제공자의 대부분은 가족으로서 남편이 아플 때, 부인이 돌보는
역할을 맡는 것을 당연한 것으로 받아들이고 부인이 받는 신체적, 심리적인 영
향은 별로 고려하지 않는다.476)

　그래서 Archbold 는 대부분의 간호 제공자가 자기의 역할과 관련된 문제에

474) L. S. Brunner & C. P. Emerson, *Medical Surgical Nursing*, Philadelphia: Lippincott, 1990.
475) 김순범, 신경정신과 노인환자에 대한 임상적 고찰, 「신경의학」, 16권 2호, 1977.
476) 양영희, 만성입원환자를 돌보는 가족원의 역할 스트레스와 건강에 관한 이론적 구조모형, 서
　　울대학교 박사학위논문, 1992.

대하여 그들은 환자간호를 방해하게 될까 봐 자신들의 건강을 위한 행동을 취하지 않게 되는데, 만약 노인 가족을 돌보는 간호 제공자는 노인환자 간호와 자신을 돌보는 간호를 선택할 때 노인환자 간호를 더 선호한다는 것이다.477)

한편 Pruchno와 Postashnik는 치매환자를 돌보는 배우자 395명을 대상으로 한 연구에서 정상인에 비하여 배우자들이 당뇨, 관절염, 빈혈, 궤양 등의 만성질환이 많았고, 정신적인 증상으로 약물을 더 많이 복용하였으며, 무기력, 동통, 두통, 심계항진 등의 증상을 많이 나타내었다478)라고 한다.

이처럼 간호제공자의 특징은 (가) 가족위주로 이루어져 있으며 (나) 남성보다는 여성으로 이루어져 있고 (다) 젊은 층보다는 중년층이 더 많고 (라) 자신의 건강보다는 환자의 건강에 치우쳐 자신의 건강을 오히려 해치는 결과를 가져온다는 것이다. 따라서 간호 제공자의 지각에 기초한 성공적인 중재 장치가 필요하며, 환자와 간호 제공자 사이의 모두에게 이익이 되는 새로운 장치가 마련되어야 할 것이다. 그러기 위하여 가족 외의 전문적인 간병인에 대한 특별한 교육시스템이 개발되어야 할 것이다.

4. 외국의 노인요양운영 실태

(1) 미국

미국에서는 장기적인 보호시설은 가정에서 감당하기 어렵거나 돌봐 줄 사람이 없는 경우에 국한하며, 가족이 감당할 수 있는 경우에는 집에서 돌볼 수 있도록 지원한다. 단기보호 서비스는 재가보호 및 간호인이 가족지원 프로그램인 가정 중심의 서비스로 제공된다.

노인환자의 가정을 유료간병인이나 가정복지봉사원, 가정방문간호사 등이 직접 방문하여 가정건강보호(숙련된 간호, 재활치료, 주사, 약물치료 등을 포함), 대인보호(노인들을 침대에서 일어나게 도와주는 것과 개인적 위생, 목욕, 식사, 옷 입는 것을 도와주는 것), 가정봉사원서비스(가계관리 및 집을 지켜주거나 음

477) P. G. Archbold & B. J. Stewart, "Mutuality and Preparedness as Predictors of Caregiver Role Strain", *Research in Nursing & Health,* 13, 1994, pp.375~384.
478) R. Schutz; P.Vinsirtainer & G.H. Williamson, "Psychiatric and Physical Morbidity Effects of Care-giving," *The Journal of Gerontology,* 1990, p.45.

식준비 등을 포함) 등의 서비스를 제공하고 있다.

특히 장기보호서비스는 장기보호시설을 이용하게 된다. 미국의 요양원은 숙련간호시설(SNF: The skilled nursing facilities)과 중급요양 시설(Intermediate care facilities), 주거노인요양소로 대별되며 이들 요양원은 노인환자들의 의료이용이 용이하도록 병원부근에 위치하고 있으며 장기간 머물러 요양을 할 수 있도록 계획되어 있다.

주거노인 요양소는 비교적 중증노인을 수용하며, 이 분야의 정규교육을 받은 간호사가 담당한다. 또한 간호요양소는 대학병원과 연계되어 노인병 의학에 대한 교육과 숙련, 그리고 연구를 위한 장소로도 이용되고 있다.

장기요양시설의 서비스는 입소자의 주요 임상적 특성 및 기능 상태에 따라 자원이용이 다른 7개의 군으로 분류된다. 즉 재활집중군 (rehabilitation), 진료집중군(extensive services), 특수치료군(special care), 복합증후군(clinically complex), 인지장애군(impaired cognition), 행동장애군(behavioral problem), 그리고 신체기능저하군(reduced physical functions)이다.

(2) 영국

영국의 의료전달체제는 일반개원의(general practitioner), 그리고 지역사회간호사(community nurse)나 보건서비스 방문자(health service visitor)로 구성된 지역사회 보건서비스를 일차적으로 이용한다.

영국정부는 1980년대 이후 노인들이 가급적 가정에서 생활 할 수 있도록 재활과 치료에 적극적 접근을 시도하고 있고, '전 국민을 위한 보건(health of the nation)' 계획에서 건강과 질병예방을 위하여 국가적 목표를 정하고 예방을 추진함으로써 노인보건 향상에 크게 기여하고 있다.

영국의 의료서비스 형태는 4개 지역인 잉글랜드, 웨일즈, 스코틀랜드, 북아일랜드에 따라 차이가 있지만, 대부분의 경우 거의 무료로 의료서비스를 받을 수 있다. 노인에게 서비스를 제공하는 병원은 노인병의학, 외상수술, 정형외과수술과 일반외과 등 4개의 서비스를 제공한다.

의료서비스를 제외한 보호서비스(예: 재가보호 서비스)는 사회서비스 기관(social service department)에서 제공하고 있으며, 노인보호에 소요되는 자금은 중앙정부와 지방정부에서 지원하고 있다. 노인들이 이용 가능한 보건의료 및 시설서비스는 공적, 사적, 자선적 부분으로 나눌 수 있는데, 이를 시설형태와 서비스 수준에 따라 7단계로 분류하여 정의하면 다음과 같다.

① 가정간호(care at home): 노인들이 집에서 제공되는 개별 간호와 실질적인 도움을 제공받는다.

② 노인주거간호(adult placement) : 간호자의 집에서 간호인과 함께 생활한다.

③ 주간보호 : 국가보건서비스나 지역보건당국의 일과시간 병원(daytime hospital)이 있다.

④ 노인보호주택(sheltered housing) : 주거시설 안에서 노인들이 개별 적인 주거공간을 이용하면서 간호사로부터 관찰, 보호, 지원을 제공 받는다.

⑤ 노인특별보호주택(very sheltered housing or housing with extra care) : 노인들이 모여 사는 지역사회나 마을개념의 공동체가 있어 촉탁의사와 간호사를 고용하여 건강관리를 하고 유사시 인근 종합 병원에 이송(transfer) 된다.

⑥ 숙련요양원(skilled nursing home) : 간호서비스를 제공받는다.

⑦ 국가보건 서비스체계(national health service system)하의 지속적인 보건의료서비스와 요양원, 그리고 호스피스, 단기 서비스 재활전문병원 등이 있다.

영국보건부(Health Department)의 추정에 의하면 480,000명 이상이 시설에 머물고 있으며, 국가보건서비스 병상 가운데, 34,100병상이 장기요양 을 필요로 하는 노인들로 점유되고 있다. 85세 이상 노인의 50.0% 이상이 시설보호를 받고 있으나, 노인 전체에서 시설보호 비중은 5.3%에 불과하다.

전체 시설수용자의 60.1%가 주거보호 집(residential care home)에 32.8%가 요양원에, 7.1%인 3만 여명의 노인이 병원에 기거하고 있다. 노인보건서비스와 관련되어 영국정부가 밝히고 있는 미래의 방향은 장기요양서비스의 확대이다.

개혁안에는 장기요양서비스 와 시설이용비용의 무료화, 보건서비스와 사회서비스의 연계, 중간요양 서비스의 개발, 그리고 각종 보건의료서비스의 확대 등이 포함되어 있다.

(3) 스웨덴

스웨덴의 65세 이상 노인인구는 2000년에 이미 전체 인구의 17.3% 를 넘어섰고, 이 가운데 80세 이상의 노인은 전체노인의 29%로 고령노인의 비중이 매우 높다. 스웨덴은 'Social Service Act'와 'The health and Medical Service Act'를 통해 각 자치단체에 고령인구를 대상으로 한 노인 간호와 케어의 의무를 부가하고 있으며, 보건의료는 원칙적으로 국가의 공공기관이 책임을 지고 있다.

보건의료정책 중 가장 중요한 비중을 차지하고 있는 스웨덴의 노인 의료서비스는 가정간호(Home nursing), 장기치료(Long term care), 장·단기보호, 양로 및 요양시설, 집단주거시설, 가정봉사서비스 및 가정 의료 서비스는 보건의료법에 근거하며, 인력은 지방자치단체에서 고용한 간호보조원과 가정봉사원들이다. 과거에 이와 같은 서비스를 받을 수 있었던 대상은 65세 이상이었으나, 1980년부터는 그 대상을 80세 이상으로 제한하고 있다.

노인병원은 장기치료에 해당하는 경우로, 목적은 가능한 빨리 회복시켜 가정으로 복귀시키는데 있다. 단기 및 주간보호서비스는 치료, 재활 및 간병인에 대한 휴식제공 등이 포함되며, 주간보호 활동은 노인성 치매나 정신장애, 기타 치료와 재활을 필요로 하는 사람들은 낮 동안 치료하고 재활시키는 지원제도이다.

스웨덴의 요양시설은 세 가지로 구분되는데, 중앙시설(Central nursing home)은 일반적으로 노인병원에 부속되어 운영되고, 지방요양시설 (Local nursing home)의 경우는 당국이 지정하는 지역의사로부터 일차 진료를 받는 서비스체제를 갖고 있다. 사립 요양시설(Private nursing home)은 개인이 운영하는 경우로 총 장기진료 요양시설의 4%나 차지하고 있다. 집단주거시설(Group dwelling)은 미국이나 캐나다의 노인용 특수요양시설과 같은 성격의 것으로 주로 치매환자들을 대상으로 하고 있다.

(4) 일본

일본은 1983년 노인보건제도가 창설되어 노인 병원 수가개편(월 정액제) 및 노인에 대한 재가 기능훈련서비스 및 보건사업 실시, 이어서 1987년 노인보건시설, 1993년 방문간호서비스 실시와 1987년 '사회복지사법' 및 '개호복지사법' 제정으로 맨 파워를 양성하였으며, 1989년 골드 플랜 책정으로 10년간 시설기반정비를 추진하여 급증하는 노인 요양비 및 노인의료비 증가에 대응하기 위해 1997년 12월 '개호보험법'을 제정하여 2000년 4월부터 실시하여 몇 차례의 개정을 거쳤는데, 2003년에는 재가 서비스 중심으로 개정되었고, 2006년 개호보수개정은 첫째, 경증 고령자 예방중시형시스템의 확립, 둘째, 시설급여의 재검토, 셋째, 서비스 질의 향상 등이었다.

원만한 시행을 위해 96~99년 시법사업 실시 및 노인에 대한 보험료 면제(6개월간)와 50%경감(1년간)을 하였다. 이러한 '고령자 보건복지 추진 10개년 전략'은 2회에 걸쳐 수정되고 조정되어 '골드 플랜21'을 책정하여 추진하고 있다. 그 내용은 서비스 기반정비와 이를 지원하기 위한 지원시책으로 이루어져 있다.

개호보험의 피보험자는 65세 이상의 노인을 대상으로 하는 1호 피보험자와 40~60세를 대상으로 하는 제2호 피보험자로 나누어진다. 개호보험의 급여는 제1호 피보험자보다는 요개호상태나 요지원상태 (허약)에 있다고 판단되는 경우, 제2호 피보험자는 초로기 치매, 뇌혈관질환 등 15개, 노화관련 질환으로 요개호 또는 요지원상태에 있다고 판단되는 경우에 제공된다.

요개호 또는 요지원상태의 판단은 주치의 의견을 바탕으로 시정톤에 설치된 개호인정 심사회에서 내린다. 개호보험에서는 이전의 복지서비스와 노인보건제도에서 제공되던 개호 서비스를 대상으로 한다. 과거에는 노인보건제도에서 제공되던 가정방문 사업이 개호보험에서 제공되고, 특별양호 노인 홈에 대한 급여가 추가 되었다.

(5) 독일

수발보험 도입 시행 전까지 질병보험과 사회부조제도에서 장기요양 서비스 또는 현금급여를 실시하였다. 질병보험은 ① 재가 현물서비스 또는 현금급여 ② 재가 간호 급여 ③ 보장구 지급 ④ 요양보호 예방을 위한 의학적 예방조치 등이며, 사회부조는 ① 시설개호 ② 보조용구 지급 ③ 재가 요양서비스 비용의 상환 ④ 심한 요양보호 대상자에 대한 요양수당지급 ⑤ 가사원조 등이며, 시설요양비 및 사회부조비의 급격한 증가에 따른 지방정부제정 감당이 어려워 사회보험 방식에 의한 수발보험 제도를 1995년 도입하였다.

재가서비스는 95년 4월부터, 시설 서비스는 96년 7월부터 단계적으로 실시하였다. 또한 요양보장방안으로 ① 질병보험의급여를 확대하여 요양급여를 제공하는 방안, ② 공적요양 보험을 창설하여 질병금고가 운영하는 방안, ③ 연방정부와 주 정부 부담에 의한 요양급여법 제정안, ④ 민간보험법 제정 등이 20여 년간 논의되고 있다.

5. 미국의 노인간호(Harmony : 영리법인)의 시설운영

　미국의 경우 노인의료보장제도의 핵심을 이루는 것은 Medicare와 Medicaid이다. 이것은 1965년에 개정된 사회보장연방법에서 도입된 프로그램인데, Medicare Program은 65세 이상 노인의 병원 및 의료비용을 위해서 마련된 연방정부의 건강보험제도(Federal Health Insurance Program)이다.

　그리고 Medicid는 가난한 사람과 장애자들을 도와주는 의료보장제도이며, 주정부가 연방정부의 보조금을 받아서 운영하는 State Program이다. Medicaid Program은 거의 모든 의료 서비스를 제공하고 있으며, Medicare Program을 보충해 주는 성격을 가지고 있어서 Medicare에서 부담할 수 없는 장기간에 걸친 간호 및 재활시설 서비스도 제공한다. 대부분의 노인들은 이 Medicare와 Medicaid Program 에 의해서 불안 없는 노후생활을 보장 받고 있다고 할 수 있다. 또 간호 및 재활시설에서는 각종 기금에서 입주자 일인당 매월 2000달러 이상의 비용을 받고 있으므로 입주자에 대한 서비스도 높은 수준이라고 보아야 한다.

(1) 운영관리체제
　Harmony는 Medicare와 Medicaid의 수혜자를 대상으로 하여 전문 간호서비스와 재활 서비스를 제공하는 전문 간호 및 재활시설이다. 그리고 Harmony는 미국의 많은 간호재활시설이 그러하듯이 영리법인이기 때문에 노인복지 서비스를 제공하면서도 자체의 영리를 추구할 수 있다.

　Harmony의 운영체제는 10개의 부서로 구성되어 있으며[479] 각 부서에서 Director가 있어 업무처리는 이 Director를 중심으로 이루어진다. 모든 업무는 기본적으로 입주자 중심으로 수행되기 때문에 각 부서의 업무는 유기적으로 연계되어 있다. 이들 부서 중에서도 다른 부서와 가장 빈번하게 접촉하는 부서 직원은 Social Service Department 소속 사회봉사요원들이다.

　그들은 입주자가 처음 입주하면 연방정부와 주정부에서 규정하는 각각 30개 항목에 달하는 입주자의 권리를 "Resident Rights-State와 Resident Rights

---

[479] Administration, Account, Physical Therapy, Care Plan, Dietary, Admission, Nurse, Activity, Psycho-Social, Social Service Department 이상 10개 이다.

-Federal"이라는 유인물을 갖고 설명을 듣는다. 그리고는 그 내용을 이해했다는 확인을 받고, DNR (Do Not Resuscitate)480)와 관련된 서류를 작성한다.

따라서 Harmony 의 구성원은 직원, 사회봉사요원, 간호사 및 간호보조사 그리고 계약에 의하여 매일 출근하는 물리치료사로 이뤄지는데 이들은 의료수혜대상자를 상대로 입주자들을 돌본다. 직접 의사가 와서 돌보기도 하고, 필요하다고 판단되면 병원으로 가서 치료 받도록 하는 경우도 있다. 뿐만 아니라 회복이 어렵다고 판단되는 말기 환자에 대해서는 미리 계약된 호스피스(hospice)로부터 특별한 서비스를 받도록 하고 있다

(2) 건물, 시설 및 방 배정

Harmony는 5층 콘크리트 건물로 된 현대식 건물인데 각 층에는 건강상태와 필요한 요양의 정도에 따라서 조건이 같은 입주자들끼리 함께 생활할 수 있도록 배치하고 있다. 이른바 Skilled Care가 필요한 입주자는 4층, Intermediate Care를 요하는 입주자는 3층, LT. Intermediate Care가 필요한 입주자는 2층으로 배정하고 있다. 그러나 입주자의 상태변화에 따라 수시로 층과 방을 배정한다.

(3) 생활일과

Harmony 입주자들의 생활 일과를 보면 매우 단조로운데 하루 3회의 식사와 원하는 사람에게는 간단한 음료와 쿠키 등을 공급한다. 식사는 의사의 지시에 의한 메뉴에 따라 제공되며, 대부분은 식당에 와서 식사를 하고, 혹시 Wheelchair를 사용하는 분은 간호조무사와 Activity 부서의 직원들이 도와서 식당에 오게 하고, 만약 자기 방에서 식사하기를 원하면 식사를 가져 다 준다.

식사 후에는 매일 Activity 담당직원이 음악에 맞추어 운동을 시키고, 점심 후에는 춤을 추거나 빙고와 같은 게임을 하는 등 오락시간을 갖는데 담당자는 거의 예외 없이 오락 전문가들이다. 또한 물리치료가 필요한 자는 미리 정해진 시간표에 의하여 물리치료사에게 물리치료를 받으며, 혼자 활동하지 못하는 입주자에게는 하루에 2회씩 침대에서 일으켜서 Wheelchair에 태우고 움직여 준다.

---

480) 의사가 환자의 상태를 회복 불가능하다고 판단하고, 치료를 계속하는 것은 단지 생명을 연장하는 것뿐이라고 할 때에는 입주자 본인이 심장 폐질환 등의 치료를 계속하지 말라는 의사표시를 미리 해두는 절차이다.

간호사와 간호조무사는 3교대로 24시간 근무하는데 층마다 간호사와 간호조무가 2~3명으로 구성되어 입주자를 돕고 있다. 특히 대소변을 스스로 처리하지 못하는 입주자의 기저귀 교환과 화장실 사용을 돕는 일은 간호조무사가 담당한다.

(4) 입주자의 형태

입주자의 대부분은 Medicare와 Medicaid의 수혜자들이다. 처음에는 Medicare의 수혜자로 입주하지만 수급이 종료하면 다시 Medicaid의 수급혜택 (PA)을 받아서 여생을 Harmony에서 마치는 경우가 많다.

65세 이상의 모든 노인에게 지급되는 Medicare 혜택은 병원보험의 혜택이며, 또 수급기간도 원칙적으로 1회 90일로 제한되고 있어서 의료혜택을 계속 받을 수는 없다. 그래서 재산이 있는 사람은 자기부담으로 의료비를 지불하지만 자기부담의 능력이 없는 사람은 Medicaid의 혜택을 다시 받게 된다.

(5) 서비스 향상 프로그램

Harmony는 서비스의 향상을 위하여 수시로 입주자들의 의견을 수렴하고 있다. 일일방문을 통하여 사회복지요원, 사회심리 전문가와 Activity 직원들이 생활실태 내용들을 기록에 남긴다. 이것은 각 입주자들에게 매 3월마다 열리는 요양계획 회의(Care Plan Conference)에 제출되는데 이 회의는 매주 월요일부터 목요일까지 하루에 3~4명을 대상으로 연중행사로 진행한다. 이때에 불편사항, 건의사항 등을 요구할 수 있다. 또한 매일 아침 운동과 오후의 오락 프로그램이 이루어지며 춤추기, 노래 부르기 등 즐겁고 재미있게 오락을 진행한다.

또한 입주자 가족회의가 있어 입주자의 가족을 초청하여 입주자 서비스에 대한 의견을 교환하는데 이 회의는 3개월마다 열린다. 또한 매 2개월마다 열리는 입주자회의가 있고 서비스 촉진을 위한 프로그램들이 다양하게 있다.

6. 미국의 노인간호(Harmony : 영리법인) 서비스

(1) 시설관리

매월 또는 2~3주마다(환자가 있는 경우) 방에 있는 옷장까지 모두 복도에 내

어놓고 철저한 청소와 소독을 실시하고, 매일 침대시트를 갈아 주고 세탁물을
가져 다 처리해 준다.

(2) 일반 사무직원의 서비스

일반적으로 미국인 사무직원의 서비스 정신은 매우 철저한 편이어서,
Harmony 직원들도 업무에 관한 사항에 대한 문의가 있으면 자세하게 설명해
주고 가능한 일이면 모두 받아들이고 있다. 그러나 원칙에 맞지 않는 일이면 너
무나 분명하게 거절한다.

(3) 직접 서비스 종사 직원

입주자와 매일 접촉하는 사회봉사요원과 Activity 담당직원, 그리고 사회심
리 전문가들은 항상 가까이 있으면서 이야기도 들어주고, 어려움도 살펴주고
있으므로, 시간이 지나면서 친구가 된다. 그래서 차츰 속에 있는 이야기도 하
고, 자식들에 대한 서운한 마음도 털어 놓는 경우도 있다.

(4) 간호사, 의사, 물리치료사 서비스

실제로 몸이 불편할 때, 외출을 하고 싶을 때, 의사를 부르고 싶을 때, 직접
상의하는 상대는 간호사이며 매일 시간을 맞추어 약을 주는 것도 간호사의 일
이다. 그래서 실제로는 매우 친한 관계를 유지하지만, 입주자들은 그들의 요구
가 즉시 받아들여지기를 원하지만 간호사는 그들의 요구를 들어 줄 수 없을 때
가 있다.

그래서 종종 오해를 받는 경우도 있다. 의사들의 서비스도 좋은 편이다. 안과
의사, 이비인후과 의사, 내과전문의 등이 주기적으로 진찰을 하여 주는데 입주
자들은 보다 자주 와서 살펴주기를 원한다. 특히 물리치료사의 경우 좋은 효과
를 거두고 있는데 이것은 노인들의 경우 노화에 의해 발생하는 증상들이 많이
있으므로 오히려 약물치료보다 기대효과가 클 수가 있다는 것이다.

(5) Diaper(기저기) 및 Toilet(화장실) 서비스

대소변을 가리지 못하는 입주자들에 대해서는 간호조무사가 기저귀도 갈아
주고, 침대에서 일으켜서 화장실로 데려가 대소변을 보도록 도와준다. 그리고

그러한 서비스를 받는 입주자들은 화장실에 가고 싶을 때는 'Call Light'를 눌러서 간호조무사를 부르고 신호가 있을 때 간호조무사는 즉시 달려와서 함께 도와 일을 신속히 끝낸다.

(6) 목욕 및 세탁 서비스

입주자들은 매주 2회의 목욕 서비스를 받고 있는데 한국인과 일본인은 때밀이를 원하는데 간호조무사들은 온몸에 비눗물을 부어놓고 물만 뿌리고 끝낸다고 불평한다. 그러나 피부를 보호하기 위하여 그렇게 해야 한다는 것이다.

또한 세탁 서비스는 매일 세탁부들이 침대 카버와 벗어 놓은 옷들을 큰 통에 담아가고, 세탁을 해서 돌려주는데 좋은 옷은 없어지는 경우가 허다하다. 매일 쏟아지는 빨랫감을 숫자와 종류별로 기록을 하지 않고 가져가기 때문에 한 번 없어지면 확인할 방법이 없다.

(7) 기타 서비스

음식서비스와 냉장고 이용 서비스 그리고 이민족과의 대화 서비스, Roommate 와의 대화 서비스, Room change 서비스 등 다양한 서비스들이 주어진다.

(8) 노인수용과 문제점

국제 퇴직센터에 의해 노인 수용자들 사이에서 실시된 조사에 의하여 노인들은 노인 복지시설의 어떠한 편리한 혜택보다도 가정의 따뜻한 사랑을 원한다고 밝히고 있다.

노인들에게는 자신이 오랫동안 익숙해진 생활에서 벗어나는 것이란 최악의 충격이 되므로 그의 가족적인 배경이나 그가 살아 온 장소에서 머무르게 하는 것이 가장 바람직하고 노인들을 수용하는 일은 가능한 피해야 한다는 점에 모든 전문가들은 동의하고 있다. 여기에서 가족적인 배경이란 반드시 자녀들의 집에서라야 함을 의미하는 것은 아니다.

그러나 무엇보다 노인들이 가장 고통스러워하는 것은 그들의 익숙한 삶에서 떠나는 것보다 오히려 그들을 노인들만의 공동체로 묶는다는 사실이다. 이것은 바로 '나머지 공동체와의 격리'를 의미하는 것이라고 본다. 그러므로 노인은 자신이 계속 살아온 집에 거하면서 안정감을 갖고 독서나 작업 등의 취미생활을 할 수 있고, 독립성 있는 생활의 기쁨을 누릴 수 있도록 하는 것이 가장 중요하다.

한편 사회학자들이 조사한 바에 의하면, '조부모, 부모, 청소년들의 관계'에 대한 설문에서 그들은 피차 한 집에서 함께 사는 것을 반대하는 것으로 나타났다. 그 이유 중에 노인의 경우에는 첫째, 자녀들에게 짐이 되기 때문, 둘째, 손자를 돌보고 같이 키움으로 자유가 없기 때문, 셋째, 고부간의 갈등 때문으로 나타났다. 그러므로 노인들은 유료양로원을 찾게 된다고 한다.

그러나 집에 자녀들과 함께 있든지 아니면 유료양로원에 공동생활을 하든지 노인 자신의 건강이 악화되어 더 이상 자신이 스스로 거동하기가 어렵게 되었을 때 외부의 도움이 필요하게 된다. 이때 그들을 자신의 현 상태에서 계속 지내도록 가사를 돌보며, 쇼핑을 해주는 '자녀' 혹은 '돕는 자'를 구하게 되는 데 이 일들을 가족이 해 주느냐 사회봉사단체가 해 주느냐가 문제이다.

그래서 서구에서는 사회봉사단체와 교회자원봉사단에서 거동이 불편한 노인들에게 필요를 공급하여 주는 노인복지 체제가 확립되어 있지만 우리나라에서는 아직 부족한 현실이다.

제 3 절 빈민(수급권자)과 복지

1. 의의

(1) 시대적 배경

사회복지의 역사적 발전과정에 대해서 많은 연구가 시도되어 왔는데, 우리나라는 정부수립이후부터 4.19까지의 복지사업은 두 가지로 나누어 볼 수 있다. 첫째, 주요사업은 1948년부터 6.25까지의 귀향동포, 응급구호, 귀향조치 및 생활안착사업 등이었고, 둘째, 주요사업은 6.25로 인한 전쟁의 후유증을 뒷바라지 하기위한 의·식·주 등 후방 국민의 기본생활 수요문제를 해결한 사업이었다고 할 수 있다.

1962년부터는 새로 제정된 생활보호법 등의 실시로 일제 때의 구호령은 폐지되었다. 특히 1962년부터의 구호사업은 자조근로사업에 중점을 두고 종전의 소비적이고, 미봉책적인 구호를 지양하고 장기적·생산적인 구호를 실시함으로써 요구호자의 자립자활의 기반을 조성하게 되었다.

우리나라는 1961년 이후 지속적이고 급격한 경제성장을 하여 매년 GNP의 급격한 증대, 산업구조의 개선 및 수출의 신장 등으로 발전을 지속하고 있다. 이에 따라 많은 새로운 문제점이 70년대 초부터 대두하게 되었던 바, 그 중에서 도 복지문제, 특히 생활보호사업에 대해서는 아직도 문제점이 많이 있고, 미해결 상태이다.

즉, 국민의 사고와 행동에 있어 사회복지사업을 아직도 자선사업 또는 구호사업과 동일시하는 경향이 많으며, 따라서 보다 전문과학적인 구호사업, 구호행정이 개발되어야 하겠다.

따라서 빈민계층의 보호를 국가적인 차원에서 제도적으로 실시해야 한다는 사회적 요구에 의하여, 1961년 12월 30일 법률 제913호로 '생활보호법'이 제정되었다. 그러나 이 법을 실시하기 위한 시행령은 그로부터 8년 후인 1969년 11월 10일에 와서야 대통령령 제4218호로 공포되었으며 그 후 다시 1976년 12월 30일 대통령령 제8320호로 개정되어 오늘에 이르고 있다.

(2) 성경적 개념

성경에서 빈민 혹은 수급권자란 개념을 살펴보면 먼저 어원적으로 가난을 의미하는 용어는 두 가지가 있다. 하나는 절대적 빈곤을 의미하는 푸토코스(Ptokos)이고 다른 하나는 상대적 빈곤을 의미하는 페네스(Penes)이다. 주로 신약성경에서는 푸토코스가 34~36회 정도 나오는데(예, 마5:3; 눅19:8 등등) 비해 페네스는 1~2회 정도(고후9:9) 나온다.

특별히 누가복음에서는 절대적 빈곤을 나타내는 가난한 자에 대하여 전반부에 많이 사용되었고, 부자에 대하여는 주로 후반부에 사용되었다. 예를 들면 의에 주리고 목마른 사람, 가난한 자는 복이 있나니(눅6:20) 등이 있고, 후반부에는 부자와 거지 나사로의 비유를 통하여 부자에 대한 저주(눅16:19~31)가 기록되고 있다.

　　이런 맥락에서 볼 때 예수님께서는 빈민들과 함께 하셨으며 그들에게 복음이
전파되도록 하셨던 것이다. 그래서 빈민구제, 즉 수급권자 복지의 근거가 되는
성경말씀은 성경전체에 기록되어 있지만 그 중에서 몇몇 중요한 말씀을 보면,
누가복음 4:18~19에 "주의 성령이 내게 임하셨으니 이는 가난한 자에게 복음
을 전하게 하시려고 내게 기름을 부으시고 나를 보내사 포로된 자에게 자유를
눈먼 자에게 다시 보게 함을 전파하며 눌린 자를 자유케 하고 주의 은혜의 해
를 전파하게 하려 하심이라"고 기록하고 있으므로 가난하고 소외된 자에게 참
된 교회복지를 공급하여야 한다는 것이다.

　　또한 누가복음 12:33에 "너희 소유를 팔아 구제하여 낡아지지 아니하는 주
머니를 만들라 곧 하늘에 둔 바 다함이 없는 보물이니 거기는 도적도 가까이
하는 일이 없고 좀도 먹는 일이 없느니라."고 하여 빈민구제에 힘 쓸 것을 강조
하셨으므로 영세민복지, 즉 교회복지의 참된 의미를 여기에서 찾을 수 있다.

2. 근거법 및 사업의 주체

　　(1) 헌법 제 34 조 : ① 모든 국민은 인간다운 생활을 할 권리를 가진다. ②
　　　　국가는 사회보장, 사회복지의 증진에 노력할 의무를 가진다. ③ 신체장애
　　　　자, 질병, 노령 기타의 사유로 생활능력이 없는 국민은 법률이 정하는 바
　　　　에 의해 국가의 보호를 받는다.
　　(2) 생활보호법 제 5 조 : 보호의 수준은 건강하고 문화적인 최저생활을 유지
　　　　할 수 있는 것이어야 한다.
　　위의 두 법에 의하여 생활보호를 받게 되는 데, 특히 생활보호법 제 3 조는
보호대상자의 범위를 규정하고 있는데, 부양의무자가 없거나 부양의무자가 있
어도 부양할 능력이 없는 자로서 그 기준은 세대단위가 아닌 개인의 단위를 원
칙으로 삼고 있다.

　　또 생활보호법 제 17조는, 국가는 매년, 요보호대상자의 실태를 파악할 의무
를 가지고 있다고 규정하고, 제 18조에는 보호를 받고자 하는 경우에 요보호자
와 그 친족 기타 관계인은 요보호자의 보호를 관할 보호기관장에게 신청할 수
있는 신청보호의 원칙을 적용하고 있다.

그러나 실제에 있어서는 신청보다는 관할 기관에 의해서 정해진 기간에 선정된 자가 보호를 받게 된다. 생활보호의 수준은 동법 제 14조에 "건강하고 문화적인 최저생활을 유지할 수 있는 것이어야 한다."는 최저생활 보장의 기본원리가 적용되고 있다. 사업의 주체는 생활보호법 제 2조 제2호에 의하면 보호기관을 국가 및 지방자치단체로 규정하고 있다.

3. 사업 대상자의 선정기준

(1) 대상자 구분
① 생활보호 대상자는 주거와 근로능력의 유무를 중심으로 거택보호 대상자, 시설보호 대상자, 자활보호 대상자로 구분되고 있다.
② 대상자별로 보호의 방법과 내용을 달리하고 있다.

(2) 선정기준
① 저소득층에 대한 일제조사 결과와 경제성장률, 물가상승률 등 제반 여건을 감안하여 그 다음해의 책정기준을 설정하고, 이 기준에 미달하는 자를 대상자로 선정하고 있다. 2025년 2월 선정기준은 〈도표 35〉과 같다.

〈도표 35〉 2025년도 급여종류별 수급자 선정기준

(단위 : 원)

구분＼가구규모	1인가구	2인가구	3인가구	4인가구	5인가구	6인가구	7인가구
생계급여수급자 (기준중위소득 32%)	765,444	1,258,451	1,608,113	1,951,287	2,274,621	2,580,738	2,876,297
의료급여수급자 (기준중위소득 40%)	956,805	1,573,063	2,010,141	2,439,109	2,843,277	3,225,922	3,595,371
주거급여수급자 (기준중위소득 48%)	1,148,166	1,887,676	2,412,169	2,926,931	3,411,932	3,871,106	4,314,445
교육급여수급자 (기준중위소득 50%)	1,196,007	1,966,329	2,512,677	3,048,887	3,554,096	4,032,403	4,494,214

② 선정기준은 1987년 이후부터 지역별 차등 없이 똑같이 적용되고 있는데, 1995년 선정기준은 거택보호대상자는 1인 당 월평균 소득이 19만 원이하, 가구 당 재산액은 2,500만 원이하이고, 자활보호대상자는 1인 당 월평균 소득이 20만 원이하, 가구 당 재산액은 2,500만 원이하이다. 2024년 생계급여 선정기준은 1인 가구 기준 월 713,102원으로 2023년 대비 89,734원이 증가하였으며, 4인 가구 기준 월 1,833,572원으로 2023년 대비 213,283원이 증가하였다. 그 외에도 주거급여, 의료급여, 교육급여 등을 지급받는다.

(3) 대상자 수

법정요건과 선정기준에 의하여 책정된 생활보호대상자의 수는 1995년 4월에 약 1,755,000명으로 전 인구의 3.9%이다. 2025년 1월 기준 기초생활수급자 수는 일반수급자 2,576,338 명과 시설수급자 99,521명을 합쳐서 총 2,675,859명으로 2025년 1월 기준 총인구는 51,217,221명으로 총인구의 5.22% 이다.

(4) 자산조사 및 행정조사

① 자산조사
 - 공적부조는 일정소득 이하의 대상자에게 급여를 주는 제도이기 때문에 자산조사가 불가피하다.
 - 현 제도에서는 가구 당 소득과 재산을 고려하고 있다. 소득의 경우, 가구주와 가구원의 소득을 모두 합하여 월평균 소득으로 나누고 있으며 소유 또는 거주하고 있는 주택을 포함한 부동산이 재산액 산정의 핵심이 되고 있다.

② 행정조사
 - 생활보호대상자 선정을 위해 매년 9월 전국적으로 저소득층에 대한 행정조사가 일괄적으로 이루어지고 있다.
 - 행정조사에 의한 생활보호대상자 선정은 일시에 행해지기 때문에 많은 인력동원과 조사내용의 정확성이 문제가 되고 있다.

4. 지원의 내용

　생활보호의 기본방향은 생활무능력자에 대해서는 국가가 최저생활을 보장하고, 노동능력이 있는 대상자는 이를 개발하여 자립능력을 향상시켜 안정된 직업과 소득을 확보할 수 있도록 지원하는 것이다. 이러한 기본방향에서 현재 생활무능력자인 거택보호대상자와 시설보호 대상자에게는 생계보호 등을, 자활보호대상자에게는 직업훈련, 생업자금 융자 등의 자활보호를 행하고 있다.

(1) 생계보호
　노령, 불구, 폐질 등으로 노동능력이 없는 거택보호대상자와 시설보호대상자에 대하여 생계비를 지원하고 있다.

(2) 의료보호
　의료보호는 생활보호대상자와 일정수준 이하의 저소득층을 대상으로 국가재정으로 의료 서비스를 제공하는 급여이다. 대상자 및 급여내용은 <도표 36>과 같다.

<도표 36> 의료보호 현황

종 별	대 상	급 여
1종	거택보호대상자 시설보호대상자	외래, 입원 : 전액무료
2종	자활보호대상자	외래 : 전액무료 입원 : 진료비의 20% 부담. 단, 10만원 초과액은 대불

(3) 교육보호
　취학적령기에 있는 생활보호대상자 등에게 최소한의 교육기회를 제공함으로써 빈곤이 세습되지 않고 자립할 수 있도록 지원하는 제도인데, 1979년부터 중학생에 대하여 수업료와 입학금을 지원하기 시작하였고 1987년부터는 중학교 졸업만으로는 취업이 곤란한 점을 들어 실업계 고등학생에게도 학비를 지원하고 있다.

(4) 자활보호

자활보호는 노동능력은 있으나 자립능력이 부족하여 빈곤이 세습되는 자활보호 대상자가 빈곤에서 탈피하여 자활이 가능하도록 그 기반을 조성해 주기 위한 것으로써, 그 내용으로는 직업훈련, 생업자금 융자, 취로사업이 이루어지고 있다.

1) 직업훈련

① 1981년부터 노동력이 있는 자활보호대상자에게 취업이 용이한 직업훈련을 실시하고 취업을 알선해 주고 있으며, 1993년부터는 노동부에 직업훈련을 위탁하여 실시하고 있다.

② 직업훈련자에 대하여 훈련기간 중 가계보조수당 등을 지원하고 있다.

2) 생업자금 융자

취업조건이 부적합한 자활보호대상자에게 생업자금을 융자해 줌으로써 소규모 자영업으로 자립기반을 마련하도록 하는 제도이다.

3) 취로사업

노인세대, 모자세대 등에게 취업기회를 보장하고자 시작된 취로사업은 생활보호대상자의 구호뿐만 아니라 지역의 환경개선에도 기여하고 있다.

4) 장제보호

보호대상자가 사망한 경우 사체의 검안, 운반, 화장 또는 매장, 기타 장제조치를 행하도록 하며 장제를 행하는 자에게 필요한 비용을 지급하고 이에 의하는 것이 적당하지 않을 경우에는 현물급여를 규정하고 있으며, 1995년에 거택 및 시설보호자에게는 30만원을 지급하였다.

5) 해산보호

생활보호대상자가 분만할 때 조산과 분만 전후에 필요한 조치와 보호를 하고 있으며, 보호기관을 지정하여 보호대상자가 일반의료 수혜자와 같은 자격으로 보호 받을 수 있도록 하고 있다.

5. 생활보호정책의 개선방안

(1) 생활보호 정책의 문제점

우리나라의 생활보호 정책에서 나타난 일반적인 문제점으로는 첫째, 대상자 선정과정에 있어서 통장과 반장의 추천에 의해 결정되거나 적격유무를 판단하는 서류가 엄격하지 않는 등 비합리적 요소가 나타나 있고, 둘째, 급여수준이 매우 낮아 생계비의 절반에도 미치지 않으며, 셋째, 전달체제가 비효율적인 동시에 담당인력이 비전문화 되어 있고, 넷째, 자활 책이 미흡하다는 점이다.481)

이러한 문제점들은 주로 국가의 재정과 직결되므로 단기간에 해결하기는 어렵지만 행정절차, 예컨대 대상자 선정방법 등과 같은 것을 보다 합리화시켜 한정된 자원 내에서 효율성을 극대화함으로써 급여의 질을 향상시킬 수 있을 것이다. 이런 맥락에서 몇 가지 사항을 살펴보겠다.

1) 자산조사의 미흡

① 소득조사의 미흡 : 우리나라의 경우 대상자 선정기준에 있어서 소득과 재산을 고려하지만 이것은 대상자 유무만을 판별하는 기준이지 급여액을 정하는 기준은 못되고 있다. 다시 말해서 이 기준에 의해 일단 대상자로 선정이 되면 거의 획일적이고 일률적인 급여가 제공된다는 것이다. 또한 가구 당 소득을 파악하는데 있어서도 가구주와 그 배우자 및 자녀 모두의 소득을 무차별적으로 합산하는 방법도 재고될 사항이다.

즉 부양자녀의 소득까지 포함시키는 점은 곤란한 것이다. 더욱이 우리나라의 경우 소위 비공식부문에 종사하는 취업자가 총취업자 중에서 높은 비율을 차지하고 있는 실정에 있다.

그러나 이 비공식 부문의 취업자는 지극히 불안정한 취업상태로 있어 그들의 소득을 정확히 파악한다는 것은 불가능하며, 또한 이들은 주로 날품, 행상, 영세상업 등인 점을 고려한다면 그들의 소득을 정확히 파악하는 것은 더욱 어렵다. 따라서 이들의 소득이 불규칙하고 정확한 파악이 어렵다는 문제

---

481) 김영모, 생활보호사업의 문제점과 개선방안, 사회정책연구 (한국사회복지정책연구소, 제 8집, 1986.8), pp.78~112.

와 또한 생활보호 대상자 선정으로는 소득이라는 기준 외에는 다른 기준이 거의 없다는 문제가 서로 상충되어 딜레마에 빠지게 된다.

② 재산조사의 미흡 : 자산조사에 있어서 재산을 고려하는 문제는 소득의 경우보다 더욱 복잡하다. 미국과 영국의 경우, 비록 재산이 기준 액보다 많다 하더라도 초과액에 한하여 소득이 있는 것으로 간주하여 소득에 합산한다. 아울러 재산에서는 소유하고 있는 주택과 비품 및 사업밑천 등은 제외시키고 있다. 그러나 우리나라는 일정한 재산 이상을 소유한 자는 아예 생활보호 대상이 될 수 없을 뿐 아니라 소유 또는 거주하고 있는 주택을 포함한 부동산이 재산액 산정의 핵심이 되고 있다.

특히 도시의 경우는 주택, 농촌의 경우는 농지가 재산의 대부분을 차지하고 있는 우리나라의 실정에서 보면 서구식으로 주택 등을 재산에서 제외시킬 수 없는 입장이다. 그러나 생활용품과 전세보증금의 일정액만큼은 재산산정에서 제외시키는 것이 바람직할 것이다.

2) 대상자 선정기준의 비합리성

소득기준의 내용에서 1인 당 소득기준에 의해, 또는 가구 당 농지, 부동산에 의해 정해지는데, 그것의 산정방법에서 '어떻게 계산을 하느냐?'가 문제이다.

즉 물가상승률에 따른 'Market Basket'방식으로 할 것인지, 음식비의 비율에 따른 'Engel'식 방식을 선택할 것인지 등의 문제이다. 다음으로는 부동산의 기준 액에서도 '어떻게 가구당 자산을 평가할 것인가?'가 문제인데 한창 부동산 투기의 대상지역에서 이것은 더욱 큰 문제가 된다.

3) 행정조사에 의한 일괄적인 선정

우리나라의 생활보호 대상자 선정은 정부에 의해 일괄적으로 이루어진다. 담당 행정기관은 매년 2월에 생활보호대상자 조사와 책정기준을 결정하여 3월까지 생활보호대상자 조사를 위한 지침 및 교육내용을 각 시, 도, 군에 시달하고 있다. 각 시, 군은 이에 따라 4월 1일부터 30일 까지 요보호대상자 조사를 실시하여 그 결과를 6월말까지 상급기관에 보고토록 되어있다.

그리고 해당기관은 조사결과를 선정된 대상인원에 따라 소요예산을 재경원에 요구하며 심의 후 확정예산을 통보 받는다. 해당 기관(보건복지부)은 확정된 예산의 규모에 따라 대상자 수를 재조정하여 각 도를 통해 시, 군에 통보하고, 시, 군은 이에 따라 그 지역의 대상자를 확정한다.

따라서 말단기관인 동, 면사무소에서 당초에 선정되었던 대상자가 실제의 보호대상에는 포함되지 못하는 경우도 많다고 한다.482) 이와 같이 전국의 생활보호대상자가 일시적인 행정조사에 의해 일괄 선정되어야 하기 때문에, 조사하는 데에 많은 인력이 동원되어야 할 뿐만 아니라 한 달 동안 모든 조사가 완료되어야 하므로 조사내용의 부실 및 빈곤층의 의사가 반영되지 못하는 문제점이 있다.

(2) 개선방향

1) 법 · 제도적인 측면

생활보호사업은 중앙의 주무부서인 보건복지부내의 사회국 산하에 있는 생활보호과에서 담당하고 있다. 그러나 사회복지 업무는 보건복지부 뿐만 아니라 다른 부처에서도 많이 참여하고 있으므로 전체적인 사회복지기능을 통합하여 조정하는 것이 타당하다.

따라서 복지국가 지향적인 현대국가의 정책방향을 살펴 볼 때 이제는 보다 더 거시적인 측면에서 총괄부처를 설치함이 좋을 것이다. 그래서 정부는 1994년 12월 23일 대대적인 정부기구 통폐합을 선언하고 보건사회부를 보건복지부로 개명을 한 것은 국민복지에 더욱 관심을 높이겠다는 의지로 볼 수 있다.

2) 전문 인력의 양성

사회복지업무를 담당할 수 있는 전문 인력이 많이 부족한 실정이다. 1990년대 초부터 사회복지사의 자격을 정부에서 부여하기 시작하였으나 아직도 심히 부족한 실정이며 기존의 복지행정을 전공한 전문 인력들에게 충분한 유인책을 공급하여 수급하는 방향을 모색해 볼 필요가 있다.

또한 자원봉사자들을 충분히 유입하고, 종교단체기관(예, Y.M.C.A., Y.W.C.A. 등)들에게도 전문자격증을 취득할 수 있는 교육기회를 주어 자원봉사와 함께 사회복지사 자격을 취득할 수 있도록 하는 것이 바람직할 것이다.

---

482) 한국개발연구원, 「빈곤의 실태와 영세민 대책」 (서울: K.D.I., 1981.10.), pp.183~184.

3) 생활보호대상자 선정의 합리화

① 자산조사 기준의 합리화 : 영세민의 자산조사에 있어 소득과 재산을 고려하지만, 이는 대상자 유무만을 판별하는 기준일 뿐, 이 기준에 의해 선정된 모든 대상자에게 거의 획일적이고 일률적인 급여가 제공된다.

그러나 영국 혹은 미국과 같이 일정소득의 기준 액을 정해 놓고 그 이하의 소득을 갖는 자를 일단 대상자로 간주한 다음 그 사람의 능력을 화폐가치로 환산하여 그 차액만큼을 정부가 지원하는 방식을 채택함이 좋겠다. 또한 부양가족을 고려하여 기준 액을 차등 화시키는 방법도 고려해 봄직하다.

② 대상자 선정기준의 합리화 : 현재 생활보호 대상자의 선정기준으로는 1인당 소득기준으로 하는바, 이는 비합리적이다. 그래서 부동산의 기준 액도 일정한 금액을 정해 놓고 그 이상이 될 경우 일정비율만큼의 소득이 있는 것으로 간주하는 편이 합리적이며, 생계보호의 단위를 개인으로 하기 보다는 한 가구를 단위로 해야 한다. 왜냐하면 '생활보호'라고 할 때의 생활은 가구단위의 생활을 의미하지 개개인의 생활을 의미하지 않기 때문이다.

6. 요약

현대국가의 목적은 복지국가의 실현으로 볼 수 있다. 헌법 제 32조는 "모든 국민은 인간다운 생활을 할 권리를 가지며, 국가는 사회보장과 사회복지의 증진에 노력할 의무를 지며, 생활능력이 없는 국민은 법률이 정하는 바에 의하여 국가의 보호를 받는다."라고 규정하고 있다. 따라서 사회복지의 궁극적인 정의는 인간다운 생활을 보장하는 것이라고 볼 수 있다.

그러나 이러한 생활보호정책에서 현대에는 여러 가지 문제점이 나타나고 있는데 즉, 생활보호대상자 선정의 비합리성과 담당 전문 인력의 부족 등 문제점이 나타났으며, 그리고 법·제도적인 측면에서 생활보호정책이 다원화됨에 따라 체제의 비효율성이 나타나는바, 이러한 문제점에 대한 개선방안으로 전문인력을 양성하여 대상자선정에서의 합리성을 높이며, 또한 법·제도적으로 생활보호업무의 능률을 기하기 위해 담당 부서들의 통합이 필요하다.

제 4 절 장애인(장애우)과 복지

1. 장애인의 개념

장애(handicap)란 한 개인이 일상생활에서 활동하는데 제약을 받게 하는 무능력을 의미하는데 대략 성년경제활동인구의 12~15%를 차지하고 있다. 1975년 12월 9일 선포된 UN의 장애인 권리선언 (UN총회 제 30차 결의 3447호)에 따르면, 장애인이라 함은 "선천적이든 후천적이든 신체적, 정신적 능력의 불완전으로 인하여 일상의 개인적 또는 사회적 생활에서 필요한 것을 확보하는데 자기 자신으로서는 완전하게 또는 부분적으로 할 수 없는 사람을 의미한다."라고 하고 있다.

그리고 세계보건기구(WHO)에서 정하고 있는 장애발생의 과정을 살펴보면, 질병(disease)을 거쳐, 손상(impairment)에 이르게 되면, 장애(disability)라고 보는데, 그 결과는 사회적 불리 (handicap) 순으로 이어진다는 것이다.

여기서 손상이란 신체구조학적, 해학적 지능 및 심리적인 구조나 기능의 일부가 상실한 상태를 말하는데, 예를 들면, 지적 기능, 기억, 사고의 손상과 의식 및 지각, 그리고 집중력의 손상, 언어기능 및 능력의 손상, 청각 및 시각의 손상, 내장 및 골격의 손상 등으로 나눠 볼 수 있다.

이러한 손상은 바로 장애로 연결되고 장애의 결과는 사회적 불리로 이어진다. 대체적으로 장애의 개념은 비슷하지만 나라에 따라 그 개념이 다소 차이가 있다. 각국의 장애의 개념을 살펴보면 다음과 같다.

(1) 미국
미국에서 장애인의 개념과 관련된 규정은 다음과 같다.

첫째, 1935년 새롭게 제정된 '사회보장법(Social Security Act)'에는 장애인을 의학적으로 판정하여 적어도 1년간 지속될 것으로 판정되는 또는 사망에 이를 것으로 판정되는 신체적, 정신적 손상으로 인하여 실질적인 소득활동에 참여하지 못하는 자로 규정하고 있다.

둘째, 1920년 '직업재활법(Rehabilitation Act)'으로 시작하여 1973년 새롭게 제정된 재활법에는 장애인을 일상적 활동분야 중, 한 가지 이상의 활동을 현저히 제한받는 신체적 혹은 정신적 손상을 가진 자, 그러한 손상의 이력이 있는 사람, 그러한 손상을 가진 것으로 간주되는 사람, 이러한 사람으로 그 상태가 12개월 혹은 그 이상 지속될 가능성이 있는 경우로 되어 있다.

마지막으로 1990년 제정된 '장애인법'에 따르면, 장애인을 개인의 일상생활 활동 중 한 가지 이상을 현저히 제한하는 신체적 또는 정신적 기능장애를 지닌 자, 이러한 기능장애의 기록이 있는 자, 이러한 기능장애를 가진 것으로 간주되는 자 등으로써 재활법과 동일하다. 주로 장애인이라고 할 때 장애인법에 의한 장애의 개념에 따른다.

이렇게 장애인으로 판명된 장애인들은 노동시장에서 다음과 같은 사회적 불리에 직면할 것이다. 미국에서 장애인의 경우, 첫째 낮은 보수로서, 둘째 전임직 보다는 시간제로 고용되며, 셋째 승진의 기회가 제약된 소규모의 비노조 사업장에 고용되는 경우가 많다. 다시 말하면 장애노동자는 노동시장에서 하찮은 부문으로 취급당하고 있다. 그러나 인사관리자가 장애자에 대해 알아 두어야 할 두 가지 사항이 있다.

즉 장애인들은 흔히 작업을 처리함에 있어서 많은 시간이 걸린다는 점과 연방정부가 '장애인 고용촉진법'을 통과시켰다는 점이다. 다른 법률에서도 고용주가 장애자에게 불리한 조치를 취하는 것을 금하고 있으며 고용주들이 장애자의 요구를 합리적으로 수용하여야 한다고 한다. 이러한 요구사항의 대부분은 각종 장애자들을 수용할 수 있는 직무설계 및 안전한 작업환경을 확보하여야 한다는 의미이다.

(2) 영국

영국은 1992년에 제정된 '장애인차별금지법'에 따르면, 장애란 정상적인 일상생활을 하기 위한 개인의 능력에 지속적이고 장기적으로 불리한 영향을 주는 신체적 또는 정신적 손상을 말한다고 한다.

여기서 손상이란 단지 정상적인 생활을 하는데 개인에게 영향을 주는 것으로 이동력, 손 기능, 신체 협응력, 사물이동의 지속력, 언어 및 청각 능력, 기억력 및 집중력, 학습이해력, 신체적 위험에 대한 지각력 등이 포함된다.

(3) 일본

일본은 1994년 개정된 '장애인기본법'에 장애인이란 신체장애, 정신박약 또는 정신장애가 있어 장기간에 걸쳐 일상생활 또는 사회생활에 상당한 제한을 받는 자라고 규정하고 있다.

그리고 신체장애의 종류로는 시각장애, 청각장애, 지체부자유, 심장취장호흡기 기능장애, 음성언어지적기능장애, 직장소장방광 기능장애 등으로 나누고, 정신보건법에 의한 정신장애인은 정신분열병, 중독성정신병, 정신박약, 정신병질 등의 정신질환을 가진 자로 규정하고 있다.

특히 정신박약자는 여러 가지 원인에 의하여 정신발육이 항구적으로 지연되고 그 때문에 지적 능력이 열등하고 자기의 신변에 대한 처리 또는 사회생활에의 적용이 현저히 곤란한 자로 정의하고 있다.

(4) 독일

독일은 1974년 제정된 '중증장애인법'의 의하면, 장애인란 생업능력상실률(MdE: Minderung der Erwerbsfhigkeit)을 기준으로 해서 MdE가 30% 이상인 사람을 장애인이라 하고, 50% 이상인 사람을 중증장애인이라 하며, 80% 이상인 경우 최중도장애인이라 한다.

장애의 유형은 크게 신체장애(시각, 청각, 지체, 언어장애 등)와 정신장애, 그리고 정서 및 심리장애로 구분하고 있다. 여기서 생업능력상실률은 모든 생활영역에서의 장애, 또는 신체적, 정신적 또는 심리적 능력의 결함으로 인한 결과라고 본다. 이러한 장애여부의 판정은 연방후생성에서 담당한다.

(5) 호주

호주는 1986년 제정된 '장애인 서비스법(Commonwealth disability service act)'과 1992년 제정된 '장애인차별금지법(Disability discrimination act)'에 의하여 규정하고 있다. 장애인 서비스 법에 의하면 장애인은 지능, 전신감각, 신체적 손상 등으로 의사소통, 학습, 이동 등에 지장이 있는 자로 정의하고 있고, 장애인 차별금지법에서는 장애를 신체적, 지적, 심리적, 정신적, 감각적, 신경적 장애와 추형, 기형 및 질병을 야기하는 유기체의 존재 (예, HIV 바이러스) 등을 모두 포함하며, 현재 뿐만 아니라 과거에 존재한 사실이 있거나 혹은 미래에 존재할 가능성이 있거나 가진 것으로 인지되는 장애도 포함하고 있다.

(6) 한국

우리나라에서는 1981년 제정된 '장애인복지법', 1977년 제정된 '특수교육진흥법', 그리고 '장애인 고용촉진에 관한 법률'에서 장애에 대한 규정을 두고 있다.

1989년에 개정된 '장애인복지법' 제2조에 의하면 장애인이란 지체장애, 시각장애, 청각장애, 언어장애 또는 정신지체 등 정신적 결함으로 인하여 장기간에 걸쳐 일상생활 또는 사회생활에 상당한 제약을 받는 자로서 대통령령으로 정하는 기준에 해당하는 자로 정의한다.

동 법 시행령에는 장애인의 기준을 두고 있는데, 지체장애, 시각장애, 청각장애, 언어장애, 정신지체 등 5개 장애만을 그 대상으로 하고 있고, 장애의 등급에는 6등급으로 나눠진다. 그리고 1994년 개정된 '특수교육진흥법'에 의하면 특수교육에 필요한 대상 장애인으로는 시각장애, 청각장애, 정신지체, 지체장애, 정서장애(자폐아동 포함), 언어장애, 학습장애, 기타 교육부령이 정하는 장애를 가진 사람으로 규정하고 있다.

2. 장애인 복지의 개념

장애인 복지에 대한 개념은 장애인을 어떤 시각으로 보고 있느냐에 따라 다를 수 있다. 장애인 복지에 대한 몇몇 개념을 살펴보면 다음과 같다. 세계보건기구(WHO)에서는 장애인 복지란 의료적, 사회적, 교육적, 직업적 서비스를 통합적으로 사용하여 개인을 훈련시키고 재훈련시켜 개인의 기능적 능력을 가능한 최고의 수준으로 높이는 것이라고 정의한다.

그리고 우리나라 국립재활전문위원회에서는 장애인 복지란 장애인의 신체적, 정신적, 사회적, 직업적, 경제적 가용능력을 최대한으로 회복시키는 것이라고 정의하고 있다. 이런 측면에서 볼 때, 장애인 복지는 장애인이 가지고 있는 잔존능력을 최대한 활용하여 사회적응이 가능토록 하고 지역사회복지를 통하여 장애인을 그 지역사회 내에 통합시켜야 한다는 정상화 이념에 기초하고 있다.

3. 장애인 복지의 발달과정

우리나라에서 장애인 복지가 발달하게 된 배경과 과정을 살펴보면 다음과 같이 시대적으로 그 의미를 달리 해 온 것을 알 수 있다. 삼국시대에는 구휼행정의 범위 안에서 각종 재해로 인하여 영농생산에 장해를 받고 있는 이재민을 구호 및 보호하며, 재산상에 복귀시킴과 동시에 농업생산과는 전혀 관계없는 무의탁 사궁을 구호하는 것이 장애인을 위한 하나의 복지제도로 볼 수 있다.

고려시대의 장애인복지제도도 삼국시대와 마찬가지로 구휼행정이라는 큰 틀 속에서 다루어졌는데 장애인을 위한 제도로는 휼형제도가 적용되어 80세 이상 10세 이하의 독·폐질자에 대한 규례에 의하여 장애인이 죄를 지을 경우에는 감형되었으며, 또한 장애인에게는 요역이 면제되었다.

조선시대에는 세종 원년(1419) 4월에 구휼을 위하여 묵은 쌀과 콩 600가마를 환과고독, 과독, 폐질자에게 주었으며, 세종 2년(1521)에는 장애인의 구휼을 한양일 경우에는 호조에서 맡고, 외방은 감사 책임으로 그 업무를 이양시켰다.

그러나 지방수령에게 이양된 장애인 구휼사업은 각 수령의 의무사항이 아니라 재량 사항이었기 때문에 그 사업이 효과적으로 이루어지지 않았다. 장애인을 수용 보호하는 대표적인 기관은 진제장과 동서활인원이다.

일제시대에는 ① 노동력이 없는 빈민 또는 일시적으로 각종재해를 당한 사람을 대상으로 하는 구호사업, ② 노동능력이 있는 빈민 즉 이 당시의 농촌빈민, 화전민, 토막민, 도시세궁민을 대상으로 하는 식민지 지배 당국의 정책 및 조치로 구분할 수 있다. 생활부조의 방법은 신청에 의해 실시되었고 이를 심사하기 위해 자산조사를 하도록 규정했으며, 구호는 거택보호를 원칙으로 했고 거택보호가 불가능할 때에는 구호시설에 맡겨 보호하도록 했다.

미군정 기에는 일제시대와 마찬가지로 장애인을 위한 독립적인 복지제도는 없었고 구빈문제나 아동, 부녀문제에 포함하여 검토하였다. 특히 손발병신, 나병환자로 육친이 없어 떠도는 사람은 그 친척에게 타이르고 관에서 그들에게 맡겨 안착하게 해야 하나, 그들 중 전혀 의지할 데가 없는 경우에는 고을의 유덕한 자를 선택하여 맡기고 그의 잡역을 면제하고 그 경비를 관에서 부담하게 해야 한다고 하였다.

근대 초기의 장애인 복지는 태동기(1948~63)로 볼 수 있는데, 정부수립 이후 6.25전쟁까지로 장애인 문제에 대한 독자적인 법령이나 제도를 찾아보기는 어렵고, 이 시기의 장애인 문제는 빈곤, 재난, 아동, 부녀문제에 포함되어 다루어졌으며, 주로 민간단체나 외국의 원조단체, 종교단체 등에 의하여 역할이 수행되었다. 단지 1950년 4월 14일 공포된 '군사원호법'과 1951년 4월 12일 공포된 '경찰원호법'은 상병군인, 상이 경찰관의 생계부조, 직업보호, 수용보호 등을 규정하고 이들이 신체와 정신에 현저한 장애가 있을 때 의료시설에 수용하여 가료할 수 있는 제도를 마련하였다.

근대 중기의 장애인 복지는 잠복기(1964~80)로서 국제적으로 장애인에 대한 관심이 제고된 시기로 UN을 중심으로 활발한 움직임이 있었는데 UN은 1971년 12월 20일 정신지체인의 권리에 관한 선언, 1975년 12월 9일 장애인의 권리선언을, 1976년 12월 16일에는 1981년을 세계장애인의 해로 지정하는 결의를 채택한 바 있다. 1980년대 장애인 복지는 발전기(1981~)에 접어들고 있는데, 이때는 우리나라의 장애인 복지가 구체적으로 틀이 형성되고 도약하는 시기라고 볼 수 있다.

국제적으로 1981년은 UN이 정한 세계장애인의 해였고, 1983~1992년은 UN이 정한 세계장애인 10년이었으며, 1982년 12월 3일 세계장애인 10년 행동계획을 채택하였고, 1988년 장애인 올림픽이 서울에서 개최되는 등 장애인계에 많은 변화가 있었으며, 그 변화는 2025년에 걸쳐 지금도 계속되고 있다.

4. 재활이론

1943년 샌프란시스코에서 개최되었던 미국재활전국회의에서 최초로 사용되었는데, 이 회의에서는 재활(rehabilitation)이란 신체적으로 장애를 가지고 있는 사람으로 하여금 그가 가지고 있는 잔존기능을 최대한으로 발휘시킴으로써 신체적, 정신적, 사회적, 직업적 그리고 경제적인 능력을 회복시켜주는 것이라고 정의했다. 분야를 살펴보면 다음과 같다.

① 교육재활 : 교육재활은 장애인의 통합적인 재활에서 교육적인 측면을 의미하는 것으로써 실제는 특수교육과의 구별이 필요하나 명확하게 구별될 수 없는 부분이 있다. 특수교육은 심신의 장애 때문에 초, 중, 고등학교 과정에서 통상적인 학급에서 교육 받기가 곤란한 아동이나 교육상 특별한 배려가 필요한 아동에게 특성에 맞는 교육적 환경을 마련해 주고 아동의 가능성을 최대한 발휘하게 하기 위하여 준비된 학교 교육의 한 분야이다.

② 직업재활 : 직업은 개개인의 삶의 형태와 그 내용을 결정하는 중요한 요인으로 우리의 삶과 분리해서는 생각할 수 없다. 그러나 장애인은 신체적 또는 정신적 손상의 결과 안정된 고용을 확보하고 유지할 가능성이 실질적으로 감소된 사람으로 직업을 갖는데 제한적이다.

국제노동기구는 직업재활이란 직무지도와 훈련 그리고 취업알선 등과 같은 직업적 서비스를 포함하는 연속적이고 협력적인 재활과정의 일부로써 장애인이 적절한 고용을 확보하고 유지할 수 있도록 원조하는 것을 의미한다고 규정하고 있다.

③ 사회재활 : 전인재활이라는 차원에서 사회적인 측면으로 장애인이 사회생활이나 가정생활에 잘 적응할 수 있도록 서비스하는 과정, 즉 장애를 가진 인간이 어떻게 하여 인간으로서의 존엄과 삶의 보람을 가지고 살아갈 수 있는가 혹은 그 인간을 둘러싸고 있는 사회에서 어떻게 해야 장애를 가진 사람들에게 적절한 생활환경을 마련하고 살아갈 수 있게 할 수 있는가를 의미하는 것이다. 국제재활협회의 사회재활위원회는 사회재활을 장애인이 사는 물리적, 사회적, 경제적, 심리적 환경조건들을 정비하여 인간다운 만족스러운 생활을 영위하는 것으로 정의하고 있다.

④ 심리재활 : 심리재활은 전인재활에 있어서 심리적인 측면으로 장애인과 가족 등 주위 사람들의 심리적 측면은 장애인의 의료, 교육, 직업, 사회재활 과정에 있어서 욕구, 정서, 관심, 가치관, 태도 등의 일련의 심리적 요인으로 작용한다. 따라서 장애인과 가족 등 주위 사람들에 대한 심리적 안정을 도와주는 과정을 심리재활이라고 한다.

심리재활은 의료, 교육, 직업, 사회재활과 함께 재활의 전문적인 한 분야

이나 심리재활은 다른 재활분야의 토대가 되고 재활서비스 향상의 기초가
된다는 점에서 차이가 있다.

⑤ 의료재활 : 장애인의 종합재활의 의학적인 측면으로써 재활의 중심적 역
할을 담당하는 분야이다. 뉴욕대학 러스크(Rusk) 교수는 의료재활을 외상
이나 질병에 대한 평소 치료만으로 끝나는 것이 아니라 환자가 장애를 갖
게 되었을 때 남아 있는 기능으로 일상생활은 물론 직장생활도 가능하도
록 훈련시키는 것이라고 정의한다.

5. 장애인 재활사업

장애인 재활사업은 장애인의 정의와 같이 다양하게 정의되고 있는데, 세계보
건기구(WHO)에서 정의하는 장애인 재활사업은 의료, 사회, 교육, 직업적인 서
비스를 통합적으로 사용하여 개인을 훈련시키고 재훈련시켜 개인의 기능적 능
력을 가능한 최고의 수준으로 높이는 것으로 보고 있으며, 국립재활전문위원회
에서는 장애인재활사업을 장애인의 신체, 정신, 사회, 직업, 경제적인 가용능력
을 최대한으로 회복시키는 것으로 본다. 그러므로 장애인 재활사업을 정의해 보
면 장애인 재활사업은 장애인이 가지고 있는 잔존능력을 최대한 활용하여 사회
적응이 가능토록 하고 지역사회사업을 통하여 장애인을 그 지역사회 내에 통합
시켜야 한다는 정상화 이념에 기초해야 한다는 의미로 해석될 수 있다.

6. 장애인 복지정책

우리나라 장애인 복지는 지난 30여년 동안 많은 변화과정을 겪고 있다. 특히
지난 1990년 미국 '장애인법'과 1992년 영국과 호주의 '장애인차별금지법' 그
후 2022년 시행된 호주의 국가장애인보험제도 (NDIS, National Disability
Insurance Scheme), 1994년 일본의 '장애인기본법' 등의 영향으로 장애인복
지를 기존에 해오던 일방적인 정부의 시책으로 접근할 것인지, 아니면 장애인
도 대한민국의 국민으로서 헌법에 명시된 기본권보장이라는 측면에서 접근할
것인지 논란이 되고 있다. 우리나라는 2026년 호주의 제도와 유사한 개인예산

제 전국 확대를 목표로 한다.

(1) 모자보건

모자보건사업은 임산부와 영유아를 대상으로 장애발생 위험요인을 사전에 발견하고 장애발생을 예방할 목적에서 실시되고 있는 사업으로, 전국의 모자보건센터 및 보건소를 중심으로 실시되고 있다.

(2) 산업안전

우리나라에서는 1960년대 이후 상업화 과정을 거치면서 산업재해로 인한 장애발생이 늘어나는 양상을 보이고 있다. 1963년 산업재해보상보험이 도입된 이래 매년 10만 여명이 산업재해로 인하여 부상을 당하였으며, 이 중 3만 여명이 신체장애를 입는 것으로 나타났다.

(3) 교통안전

자동차 보유대수의 증가, 교통 환경의 미비 등으로 인하여 교통사고로 인한 사상자가 지속적으로 증가하고 있다. 1983년부터 1996년까지 연평균 교통사고 증가율은 6.0%이며, 부상자는 연평균 9.1%가 증가하고 있는 것으로 나타났다. 1992년도 교통사고 건수는 25만 3천여 건으로 사망자가 1만 2천여 명에 이르렀고, 2024년 교통사고 사망자 수는 2,521명으로 지난해(2,551명)보다 1.2% 감소한 역대 최저치를 기록했다. 정부에서는 교통사고의 예방과 교통안전 증진을 위하여 교통안전정책심의위원회를 설치, 운영하고 있으며, 1983년부터 매 5년 단위로 교통안전기본계획종합대책 및 세부시행계획을 수립하여 시행하고 있다. 기본적으로 교통안전에 대한 의식개선을 위하여 1992년을 교통사고 줄이기 원년으로 지정하여 교통안전에 대한 국민의식개혁운동을 전개하였다.

(4) 의료보장

의료보험제도는 장애인 본인 또는 가구원이 평상시에 일정률의 보험료를 납부하고 의료서비스 이용 시 현물 또는 현금으로 급여를 받는 제도이다. 정부는 연간 210일로 제한되고 있던 요양급여기간을 96년 1월 1일부터 의료보험법 개정에 의거하여 연중 내내 급여가 가능하도록 하고 있다.

(5) 소득보장

공적 부조에 의한 소득보장은 생활보호제도, 생계보조수당, 장애인 자립자금 대여 등이 있고, 사회보험에 의한 소득보장으로는 장해연금 및 특수직역연금이 있다. 그리고 경제적 부담경감에 의한 소득보장은 세금감면으로 소득세인적공제, 상속세 인적공제, 수입물품 관세 및 부가가치세 면세, 자동차 특별소비세 면세, '자동차세, 등록세, 취득세 면세', '자동차 취득세 및 등록세에 대한 중과세 면세', 그리고 '전화요금 할인, 항공요금 할인, 공공시설 이용요금 면제', '고속도로통행료 감면', '이동통신요금 할인', 'LPG 사용허용' 등이 있다.

(6) 교육정책

장애인가구 자녀교육비지원(1992년~), 대학특례입학제도 등이 있다.

(7) 직업재활정책

고용정책, 의무고용제(일반고용), 장애인 고용사업주에 대한 무상지원 및 융자, 장애인 통근차량 구입비용 저리융자, 보호고용 등이 있다.

(8) 편의시설정책

건축법, 주차장법, 도시공원법 및 도시계획 시설기준에 관한 규칙 등에 의거하여 장애인 편의시설이 설치되고 있으며, 공공주택 특별공급 및 공동생활가정의 운영사업을 실시하고 있다.

(9) 교통

장애자운전면허 시험제도, 장애인 승용차 특별소비세 면세제도, 기타 재활정보센터를 운영하고 있다.

제 2 장 내용별 유형

여유 있는 삶

어느 날 새벽, 강도가 침입하여 잠자던 주인을 깨워 목에 칼을 들이댔다. 집 주인은 전 재산을 털어 3백 90환을 강도의 손에 쥐어주었다.

강도가 방을 나가려 하자 집주인은 강도를 불러 세워 말했다.

"돈을 줬으면 고맙다는 인사 정도는 해야지 아무 말 없이 그냥 가는 법이 어디 있단 말이오?"

"예, 무척 고맙소만 다음에 올 때는 좀 더 많이 준비해 놓으시오."

그런데 며칠 후, 그 강도가 경찰에 붙들려 수갑을 찬 채 현장 검증을 하기 위해 그 집으로 들어섰다.

집주인은 순경에게 대뜸 이렇게 말했다.

"그 사람은 강도가 아니오. 내가 돈을 쥐어주니까 나에게 고맙다는 인사까지 하고 갔다오. 그러니 그 사람은 강도가 아니라 우리 집 손님이지요. 어서 그 수갑을 풀어 주시오."

집주인은 그렇게 강도를 경찰의 손에서 구해 주었다. 그 뿐이 아니었다. 그 '손님'을 도와주며 평생 함께 살았다.

그 집주인이 바로 소파 방정환 선생이다. 강도는 사회보험에 가입하였을까?

제 1 절 건강(의료)보험

1. 배경

일상생활에서 발생하는 우연한 질병이나 부상으로 인하여 일시에 고액의 진료비가 소요되어 가계가 파탄되는 것을 방지하기 위하여, 보험원리에 의거 국민들이 평소에 보험료를 낸 것을 보험자인 국민건강보험공단이 관리 운영하다가 국민들이 의료를 이용할 경우 보험급여를 제공함으로써 국민 상호간에 위험을 분담하고 의료서비스를 제공하는 사회보장제도이다.

법적 근거는 우리나라 「헌법」에 국민의 인간다운 생활을 할 권리와 동 권리를 실현하기 위한 국가의 사회복지 증진의무를 규정하고 있다. 헌법 제 34조 제 1항에 "모든 국민은 인간다운 생활을 할 권리를 가진다." 라는 규정과 동 조 제 2항 "국가는 사회보장·사회복지 증진에 노력할 의무를 진다."라는 법적인 근거에 의한다.

더 나아가 사회보장에 관한 기본적인 「사회보장기본법」에서는 "사회보장이라 함은 사회적 위험으로부터 모든 국민을 보호하고 빈곤을 해소하며 국민생활의 질을 향상시키기 위하여 제공되는 사회보험, 공적 부조, 사회복지서비스를 말한다."라고 규정하고 있다.

특히 사회보장제도 중 건강보험제도는 국민의 질병·부상에 대한 예방·진단·치료·재활과 출산·사망 및 건강증진에 대하여 보험급여를 실시함으로써 국민건강을 향상시키고 사회보장을 증진함을 목적으로 「국민건강보험법」을 제정하여 생활유지 능력이 있는 국민을 대상으로 "건강보험제도"를 하고 있고, 「의료급여법」을 제정하여 생활유지 능력이 없거나 어려운 국민대상으로 "의료급여제도"를 실시하고 있다.

건강보험법은 성문법이며 사회법(사회보장법)으로 행정법의 일부를 지녔다는 면에서 공법의 성격을 가미하고 있으며, 법체계상 시행령 - 시행규칙 - 고시, 예규 등으로 하위체계를 이루고 있다.

(1) 목적

의료보험제도는 의료보험법 제 1 조에 의하면, 국민의 질병, 부상, 분만 또는 사망 등에 대하여 보험급여를 실시함으로써 국민보건을 향상시키고 사회보장의 증진을 도모함을 목적으로 한다고 하였다.

(2) 발전연혁

한국의 '의료보험법'은 1963년에 제정되어 1976년에 전면개정을 하여 500인 이상 사업장 근로자에 대한 당연적용(법에 의하여 강제적으로 적용되는 것을 의미)을 실시한 이래 사회적, 경제적 여건의 변화에 따라서 계속 당연적용 가입자를 확대, 1989년 7월 드디어 전 국민 의료보험을 실시하기에 이르렀다.

① 제 4차 경제개발 5개년 계획으로 의료보장사업실시
  - 의료보험법 제정 (1963.12)
  - 생활보호 대상자에 대하여 의료보호사업 실시(1977.1)
  - 의료시설 부족, 국민부담 능력 등을 고려하여 시행 가능한 임금소득 계
    층부터 점진적으로 의료보험 당연적용확대.
    (a) 1977.7. 500인 이상 사업장 근로자 의료보험 적용
    (b) 1979.1. 공무원 및 교직원 의료보험 적용
    (c) 1979.7. 300인 이상 사업장까지 의료보험 확대
② 1980년 이후 전 국민의료보험 확대실시를 위한 기반조성
    (a) 1981.1. 100인 이상 사업장까지 의료보험 확대
    (b) 1981.7. 지역의료보험 1차 시범사업실시(홍천, 옥구, 군위)
    (c) 1982.7. 지역의료보험 2차 시범사업실시(강화, 보은, 목포)
    (d) 1982.12. 16인 이상 사업장까지 의료보험 확대
    (e) 1984.11. 한방의료보험 시범사업 실시(청주, 청원)
    (f) 1987.2. 한방의료보험 전국 확대실시
    (g) 1988.7. 5인 이상 사업장까지 의료보험 확대
③ 1988.1.   농어촌지역 의료보험 실시
④ 1989.7.   도 지역 의료보험실시
⑤ 1989.10. 약국의료보험 실시
⑥ 1997.12.31. ‘국민의료보험법’이 제정
⑦ 1998.12. ‘국민건강보험법’ 142개 직장조합까지 포함한 완전 통합
⑧ 2000.7.1. ‘국민건강보험법’시행
⑨ 2003.7.1. 직장과 지역 건강보험 재정 통합
⑩ 2011.12.31. ‘국민건강보험법’ 전면 개정 – 소득수준에 따른 보험액
⑪ 2022.12.27. 체납 요양기관에 대한 급여비용에서 체납금 공제

(3) 특성
  ◉ 강제적용 : 법률에 의한 강제가입. 일정한 법적요건이 충족되면 본인의
의사에 관계없이 강제 적용되며, 보험가입을 기피할 경우 국민상호간 위험부담
을 통하여 의료비를 공동으로 해결하고자 하는 건강보험제도의 목적 실현이 어

렵기 때문이다. 또한 질병위험이 큰 사람만 역으로 보험에 가입할 경우 보험재
정이 파탄되어 원활한 건강보험 운영이 불가능하게 되기 때문이다.

◉ 부담능력에 따른 차등부담: 민간보험은 급여의 내용, 위험의 정도, 계약의
내용 등에 따라 보험료를 부담한다. 사회보험방식인 건강보험에서는 사회적인
연대를 기초로 의료비 문제를 해결하려는 것이 목적이므로 소득수준 등 보험료
부담능력에 따라 차등적으로 부담한다.

◉ 보험급여의 균등한 수혜: 민간보험은 보험료 부과수준, 계약기간 및 내용
에 따라 차등급여를 받지만 사회보험은 보험료부과수준에 관계없이 관계법령
에 의하여 균등하게 보험급여가 이루어진다.

◉ 보험료 납부의 강제성: 가입이 강제적이라는 점에서 강제보험제도의 실효
성을 확보하기 위하여 피보험자에게는 보험료 납부의 의무가 주어지며, 보험자
에게는 보험료징수의 강제성이 부여된다.

◉ 단기보험성격: 장기적으로 보험료를 수탁하는 연금보험과는 달리 1년 단
위의 회계연도를 기준으로 수입과 지출을 예정하여 보험료를 계산하며 지급조
건과 지급액도 보험료 납입기간과는 상관이 없고 지급기간이 단기이다.

2. 적용대상

(1) 적용대상 분류

의료보험 적용대상은 보험료 부담과 급여 형평성을 기하기 위하여 소득의 형
태, 소득파악율, 의료이용율이 비슷한 집단별로 보험자 집단을 구성하도록 분
류되었다. 먼저 소득파악이 용이한 임금소득자와 소득파악 이 어려운 비 임금
소득자는 다시 지역별로 도시 자영자와 농어민으로 구분한다. 이때 일반근로자
및 비임금 소득자는 의료보험법에 의하여, 공무원, 교직원은 공무원 및 사립학
교교직원 의료보험법에 근거하여 의료보험을 적용 받는다.

(2) 피보험자

의료보험에 가입한 당사자로서 직장 피보험자, 지역 피보험자, 직종 피보험자, 공무원 및 교직원 피보험자로 구분된다.

(3) 피부양자

피부양자가 되기 위해서는 부양요건과 소득요건을 모두 충족시켜야 한다. 피보험자(지역조합의 피보험자를 제외)의 배우자, 직계존속(배우자의 직계존속을 포함), 직계비속, 직계비속의 배우자, 형제자매 중, '피보험자에 의하여 부양 받고 있음이 인정된 자(부양요건)와 소득이 없거나 저소득으로 독립적인 생계를 유지할 수 없는 자(소득요건)'이어야 피부양자가 될 수 있다(보사부 예규 제89-568호 제2,3조). 지역 의료보험에는 가족 내 모든 대상자가 피보험자로 가입함으로써 피부양자의 개념이 성립하지 않는다.

3. 급여내용

(1) 급여형태

의료보험의 급여형태는 현금급여와 현물급여가 있는데, 한국에서는 현물급여를 원칙으로 한다.
① 현금급여 : 피보험자에 의하여 이미 지출된 의료비의 상환금 등 현금으로 지급되는 급여
② 현물급여 : 피보험자가 의료기관에서 제공받는 의료 서비스

(2) 급여종류

보험급여의 종류는 법정급여와 부가급여가 있다.
① 법정급여 : 법적으로 보장 받는 급여로 피보험자 및 피부양자의 질병, 또는 부상의 보험사고에 대하여 급여하는 요양급여, 요양비, 분만급여, 분만비가 있다(요양급여의 내용: 진찰, 약제 또는 치료재료의 지급, 처치, 수술, 기타의 치료, 의료시설에의 수용, 간호, 이송). 다만, 질병, 부상의 치

료목적이 아니거나 업무 또는 일상생활에 지장이 없는 질환, 기타 보험급
여의 원리에 부합되지 아니하는 진료는 법정보험급여 대상에서 제외된다.
② 부가급여 : 보험자의 재정 상태에 따라 임의적으로 지급되는 장제비, 분만
수당, 본인부담금, 보상금 등이 있다.

(3) 급여비용 지불방법

피보험자가 보건기관 및 의료기관에서 서비스를 받으면 치료를 제공한 기관
이 치료비용을 의료보험 연합회에 청구하여 의료보험 연합회의 진료비 심사를
거쳐 조합이나 의료보험 연합회로부터 지불 받는 (공립학교 의료보험의 경우는
의료보험관리공단에서 지불) 제3자 지불 제도를 취하고 있다.

보험자 부담의 요양급여기간은 현재 65세 이상자는 210일 이며(폐결핵으로
요양급여를 받는 경우에는 그 기간에 산입하지 아니한다), 보험자가 부담하는
요양급여의 비용이 연간 55만 원 미만일 경우에는 210일의 요양기간을 초과하
더라도 그 금액에 달할 때까지 급여기간을 연장할 수 있다.(보건사회부 고시 제
3-12호 II-4-라).

제 2 절 연금보험

1. 국민연금제도의 배경

(1) 의의

산업사회로 넘어오면서 환경오염, 산업재해, 실직 등 스스로의 힘만으로는
해결할 수 없는 각종 사회적 위험에 노출되고 부양 공동체 역할을 해오던 대가
족 제도의 해체로 노인부양 문제는 개인 차원을 넘어서 국가 개입의 필요성이
요구되는 사회적 문제로 대두되었다. 이에 따라 각종 사회적 위험으로부터 모

든 국민을 보호하고 빈곤을 해소하며 국민생활의 질을 향상시키기 위해 제도적 장치가 사회보장제도인데, 그 중 국민들이 노령, 장애, 사망 등으로 소득활동을 할 수 없을 때 기본적인 생활이 가능하도록 연금을 지급하는 제도이다.

국민연금제도는 일상생활을 영위해 가는 중에 노령, 사고, 질병, 사망 등으로 장해를 입거나, 소득능력이 영속적으로 상실, 감퇴하는 경우에 대비하여 일하고 있는 동안에 갹출료를 납부하여 두었다가 이러한 사고 발생 시 연급 가입자나 유족이 일정액의 연금을 지급 받는 장기적 소득보장제도이다.

구체적으로 보면, 국민연금은 국가가 보험의 원리를 도입하여 만든 사회보험의 일종으로 가입자, 사용자 및 국가로부터 일정액의 보험료를 받고 이를 재원으로 노령으로 인한 근로소득 상실을 보전하기 위한 노령연금, 주소득자의 사망에 따른 소득상실을 보전하기 위한 유족연금, 빌병 또는 사고로 인한 장기근로능력 상실에 따른 소득상실을 보전하기 위한 장애연금 등을 지급함으로써 국민의 생활안정과 복지증진을 도모하는 사회보장제도의 하나이다.

(2) 성격

① 가입의 강제성 : 법률에서 정한 가입요건에 해당하는 국민은 본인의 의사와 관계없이 당연히 가입해야 한다.

② 장기보험 : 의료보험과 산재보험이 단기보험 임에 비하여 국민연금은 갹출과 급여가 장기에 걸쳐 이뤄지는 장기보험이다.

③ 소득재분배 기능 : 저소득층에게 상대적으로 유리하도록 급여가 이루어지도록 함으로써 소득 재분배가 이루어진다.

2. 국민연금제도의 입법과정

1973.12.　　 : 국민복지연금법의 제정(1974년 1월 1일부터 실시예정)

1986.12.　　 : 국민복지연금법을 국민연금법으로 개칭하고 내용도 개정

1988.1.1.　 : 국민연금제도 실시

1995.7.1. : 농어민 및 농어촌지역주민으로 확대

1999.4.1. : 전국민연금실시 (도시지역주민으로 확대)

2003. 제1차 재정계산 이후, 2007년에 국민연금법이 전면 개정
2015. 전 국민 대상 노후준비 서비스 시행
2020.7. 지역가입자 연금보험료 지원
2023. 기금 1,000조 원 돌파

3. 국민연금제도의 내용

(1) 가입자
① 가입대상 : 국내에 거주하는 18세 이상 60세 미만의 국민. 다만 공무원연금
  법, 군인연금법, 사립학교교원 연금법의 적용을 받는 자는 제외.
② 가입자 분류
  – 사업장 가입자 : 당연적용 가입자로서 상시 5인 이상의 근로자를 사용하
    는 사업장의 근로자의 사용자.
  – 지역가입자 : 농어민, 기타 자영자는 본인의 희망에 따라 연금에 임의가입.
  – 임의계속 가입자 : 가입기간이 20년 미만인 경우 60세 이상 65세 미만의
    기간 동안 연장 가입한 자.

(2) 급여
국민연금의 급여는 기본연금액과 가급연금액으로 구성된다. 그리고 급여의 종류
는 크게 노령연금, 장해연금, 유족연금 및 반환일시금이 있으며 노령연금은 다시 가
입기간과 연령 및 소득원의 유무에 따라 5종류로 세분된다.

◉ 가입연금 : 가입연금은 연금수급권자가 그 권리를 취득할 당시 그 자에 의하여
생계를 유지하고 있던 배우자, 18세 미만 또는 장해등급 2급 이상의 자녀, 60세 이
상 또는 장해등급 2급 이상의 부모에게 지급된다. 가급 연금의 액수는 가입자의 보
수 크기에 일률적으로 배우자에 대해서는 연 6만원, 자녀 및 부모에 대해서는 연 3
만 6천원이다.
  ◉ 기본연금액 산출공식 : 기본연금액 = 2.4 (A+B) (1+0.05n)
  단, 2.4 : 기본연금액의 수준을 결정하는 상수(가입기간 20년에 대한 기준치)

2025년 현행 국민연금보험료 산정방법

국민연금보험료 = 가입자의 기본소득월액 x 연금 보험료율

(2025년 1월 현재 전 국민 9%로 동일함)

2024년 개정 연금액산정 방법 (수령액 = (가입기간 × 평균 소득 × 지급률))

노령연금액: $\{1.245*(A+B)*P20/P+ \dots +1.2*(A+B)*P23/P\}(1+0.05n/12)$ x 지급률

범례 : A : 연금수급 전년도의 전사업장 가입자 보수의 평균액

B : 가입자 개인의 가입기간 중의 보수월액의 평균액

p : 가입연수 0.05 : 가입기간 20년 초과 매 1년에 대한 가산 율

n : 가입기간 20년 초과연수

① 연금액의 최고한도 : 연금액은 가입기간 최종 5년간의 소득의 평균액을 초과할 수 없다(법 제49호).

② 병급조정 : 산업재해보상보험법에 의해 장해급여, 또는 유족급여를 받을 경우 국민연금제도에서는 장해연금 및 유족 연금액을 1/2만 지급(법 제52조)한다.

③ 특례 노령연금: 1988년 1월 1일 현재 45세 이상 60세 미만인 자는 가입기간이 5년 이상만 되면 노령연금을 지급(법 부칙 제5조).

4. 전달체계

연금제도의 전반에 걸쳐 기획, 입법, 시행에 대한 감독은 보건복지부 국민연금국에서 시행하고 있다. 국민연금국은 연금정책과, 기금관리과, 급여심사과 등 3개과로 구성되어 있다. 국민연금제도의 실제적 시행기관은 국민연금 관리공단이다. 국민연금 관리공단은 서울에 본부가 있으며 시 · 도 별로 1개씩 전국에 16개 지부가 있고 그 외에 지부의 역할을 보조하는 출장소로 구성되어 있으며, 전국이 일원적인 관리운영 조직체이다.

제 3 절 산업재해 보상보험

1. 의의

산업재해 보상보험제도는 줄여서 산재보험이라고 하며, 근로자의 업무상의 재해에 대하여 신속하고 공정하게 보상하고 이에 필요한 보험시설을 설치하여 운용함으로써 근로자를 보호하고자 하는 제도이다. 이 제도는 ILO(국제노동기구)에서 정한 사회보장급여 중의 하나인데 세계 각국이 실시하고 사회보장급여 중 역사가 가장 오래되고, 우선적으로 채택되고 있는 사회보장 프로그램이다.

산업재해보상보험법에 의거, 근로자의 업무상의 재해를 신속·공정하게 보상하기 위하여, 사업주의 강제가입방식으로 운영되는 사회보험. 산재보험으로 약칭한다. 근로자의 재해보상을 보장하기 위한 제도는 1884년 독일의 재해보험법을 효시로, 현재 많은 나라에서 채택하고 있다.

한국에서는 1963년 산업재해보상보험법이 제정되어 근로기준법의 적용을 받는 사업 또는 사업장의 근로자에 대한 업무상의 재해를 신속·공정하게 보상함과 동시에, 이에 필요한 보험시설을 설치·운영함으로써 근로자 보호에 기여하였다. 그 이전부터 근로기준법에서는 재해보상제도를 규정하고 있었지만, 이는 개별적인 사용자의 책임에 한정되었기 때문에 기업이 산업재해로 인하여 큰 손실을 입거나 도산하는 경우 등에는 보호를 받을 수 없었다. 따라서 어떠한 경우에도 재해보상이 확실히 보장되는 제도적 뒷받침이 필요하였는데, 이것이 곧 보험기술을 이용하여 단체적 책임 하에 재해를 보상하는 산재보험제도의 마련이었다. 이는 사용자의 입장에서 보아도 산업재해로 인한 위험부담을 분산·경감해 주고 안정된 기업활동을 할 수 있도록 도와주는 이점이 있다.

정부는 산업재해예방을 위한 종합적이고 체계적인 기능을 수행할 수 있는 기구를 설치키로 하고 1987년 5월 "한국산업안전보건공단" 을 의원입법으로 국회와 국무회의 의결을 거쳐, 1987년 12월 한국산업안전보건공단을 설립하게 되었다.

산재보험의 시행 초기에는 근로기준법상의 보상 수준을 그대로 대행하는 책임보험의 영역에서 벗어나지 못하였으나, 그 동안의 경제발전과 몇 차례의 법개정을 통하여 보험급여의 수준을 향상시켰고, 산재근로자를 위한 여러 복지시설을 설치·운영하는 등 사회보장제도로서 면모를 갖추었다. 특히, 1989년의 개정법률은 산재보험사업의 사무집행비를 일반회계에서 부담하고 사업소요비용을 국고에서 지원할 수 있도록 함으로써, 보험재정의 내실을 기하고, 산재보험의 적용대상을 근로기준법 적용대상에 한정하지 않고 모든 사업으로 확대하여 영세사업주도 보험에 가입할 수 있게 하였으며, 보험급여의 수준을 대폭 상향조정하였다.

근로자가 산재보상을 청구하기 위해서는 그 재해가 업무상 발생한 것이어야 한다. 업무상의 재해 여부는 업무수행성(業務遂行性)·업무기인성(業務起因性) 등을 고려하여 판단하는데, 그 기준으로 노동부예규 업무상 재해인정기준이 1983년부터 시행되고 있다. 이 법에 의한 보험급여는 근로기준법상의 보상의 종류 및 내용과 거의 같으나, 일시보상 대신 상병보상연금이 규정되어 있는 점과 민사상의 손해배상문제를 간편하게 해결하는 장해특별급여·유족특별급여 등의 특별급여제도가 규정되어 있는 점 등이 다르다. 우리나라의 산업재해 발생 수준은 OECD 주요 국가들에 비해 여전히 높은 편이다. 2000년대 초반 이래 한국의 사망사고재해 발생 수준이 낮아지면서 다른 국가와의 격차가 좁혀졌지만 여전히 차이는 상당히 크다. 한국의 수준은 미국과 함께 높다. 사망재해 수준이 가장 낮은 국가는 영국과 독일이고, 중간 수준인 국가는 호주와 일본, 프랑스, 이탈리아 등이다.

2. 제도의 변천사

1963. : 산업재해보상보험법 제정 및 공포
1964. : 상시 근로자 500인 이상인 광업. 제조업의 사업장을 대상으로 처음실시
1965. : 200인 이상 사업장 적용확대
1973. : 16인 이상 사업장 적용확대
1982. : 10인 이상 사업장 적용확대

1987. : 한국산업안전보건공단 설립
1992. : 5인 이상 사업장 적용확대
1995.05.01. 근로복지공단 설립(산재보험업무 개시)
2002.01.01. 근로자신용보증지원사업 수행
2008.07.01. 노사정 합의에 의한 산재보험제도 전면 개선
2012.01.22. 자영업자 고용보험(실업급여) 사업 확대
2012.05.01. 택배·퀵서비스기사 산재보험 적용
2012.07.01. 사회보험료 지원사업 실시

3. 산재보험의 종류

산재보험에 의한 보상을 받을 때 보험가입자는 그 한도 내에서 근로기준법상의 보상책임이 면제된다. 산재보험법에 보험급여는 요양급여, 휴업급여, 장해급여, 간병급여, 유족급여, 상병보상연금, 장의비, 직업재활 등 8종류가 있다. 보험급여의 종류와 내용은 다음과 같다.

①요양급여: 업무재해에 의한 상병을 치유하여 노동능력을 회복시키는 것을 목적으로 행해지는 급여로서, 현물급여가 원칙이다. 요양급여는 당해 상병이 치유될 때까지, 즉 상병의 상태가 고정, 안정되어 그 이상의 치료 효과를 기대할 수 없을 때까지 계속된다. 요양급여의 범위는 진찰, 약제지급, 처치수술, 의료시설에의 수용, 간호, 이송, 기타 고용노동부장관이 정하는 사항이다. 요양비의 전액으로 하되, 고용노동부장관이 설치한 보험시설이나 지정의료기관에서 요양을 하게 되며, 부득이 위의 지정 의료기관 등을 이용할 수 없는 경우에는 요양비가 지급된다. 요양급여의 범위는 진찰 및 검사, 약제 또는 진료재료와 의지(義肢), 그 밖의 보조기 지급, 처치·수술·치료비, 재활치료, 입원, 간호 및 간병 등이다.
②휴업급여: 업무재해로 인한 요양 때문에 근로할 수 없고, 임금을 받지 못하는 피해자에게 단기적 급여로서, 요양기간 중 평균임금의 70%를 지급한다.
③장해급여: 장해등급에 따라 장해보상연금 또는 장해보상일시금으로 지급된다. 장해 정도가 가장 무거운 1급에서부터 가장 경미한 14급까지 구분하여

급여가 주어지며 1~7급은 본인의 선택에 따라 장해보상연금 또는 장해보상 일시금이 주어지고, 8~14급은 장해보상일시금이 주어진다. 장해보상연금과 장해보상일시금 모두 평균임금을 기준으로 지급된다. 장애보상연금은 수급권자가 신청하면 그 연금의 최초 1년분 또는 2년분의 2분의 1에 상당하는 금액을 미리 지급할 수 있다.

- 장해특별급여 : 사업주의 고의 또는 과실로 업무상 재해가 발생하여 1~3급에 해당하는 신체상해를 입은 경우 수급권자가 민사상 손해배상 청구에 갈음하여 청구할 시 지급되는 급여이다. 이는 장해 특별급여의 민사배상액으로 함으로써 민사상 손해배상 문제가 신속히 해결되도록 하는데 목적이 있다. 따라서 장해 특별급여를 받은 수급권자는 동일한 사유로써 사업주에게 손해배상 청구를 할 수 없다. 장해특별급여는 노동부장관이 지급하며 노동부 장관은 급여액의 전액을 사업주에게 징수한다.

④간병급여: 요양급여를 받은 자 중 치유 후 의학적으로 상시 또는 수시로 간병이 필요할 경우 실제 간병을 받는 사람에게 지급한다.

⑤유족급여: 업무재해로 인하여 근로자가 사망한 경우에 그 유족에게 지급되는 급여로서 유족의 선택에 따라 유족보상연금 또는 유족보상 일시금이 지급된다. 유족보상연금 또는 유족보상일시금으로 지급된다. 유족보상연금을 받을 수 있는 자격은 근로자와 생계를 같이 하고 있는 배우자, 부모 또는 조부모로서 60세 이상인 자, 자녀 또는 손자로서 18세 미만인 자, 형제자매로서 18세 미만이거나 60세 이상인 자이다.

⑥상병보상연금: 업무재해로 요양급여를 받는 피해자가 요양 개시 후 2년이 경과된 날 이후에도 그 상병이 치유되지 아니하면, 장해의 정도에 따라 1~3급으로 나누어 연금이 지급된다. 1급은 평균임금의 329일분, 2급은 평균임금의 291일분, 그리고 3급은 평균임금의 257일분이다. 다시 말하면 요양급여를 받은 근로자가 요양을 시작한 지 2년이 지났을 때, 그 부상이나 질병이 치유되지 아니하였을 경우, 폐질(廢疾) 정도에 따라 평균임금의 257(3급)~329(1급)일분이 지급된다. 상병이 치유된 후 신체에 장해가 남아 있을 경우에 장해의 정도에 따라 지급되는 급여이다.

⑦장의비: 근로자가 업무상의 사유로 사망한 경우 평균임금의 120일분에 상당하는 금액을 장제(葬祭)를 지낸 유족에게 지급한다.

⑧직업재활급여: 장해급여 또는 진폐보상연금을 받은 사람이나 장해급여를 받을 것이 명백한 사람 중 취업을 위하여 직업훈련이 필요한 사람에게 지급한다.

4. 산재보험의 주요내용

① 산재보험은 상시 근로자 5인 이상인 모든 사업 또는 사업장에 당연적용된다. 다만 사업의 위험률, 규모 및 사업장소 등을 참작하여 대통령령으로 정하는 사업은 제외되는데, 이에는 농업, 임업, 수렵업, 어업, 도소매업, 금융, 부동산 및 사회 서비스업 등이 있다.

② 산재보험은 정부(노동부)를 보험자로 하고 사업주를 보험가입자로 하며, 피보험자의 개념을 별도로 규정하지 않고 있다. 사업주는 보험가입자로서 보험료를 부담하며, 그 보험료로써 산업재해를 당한 피해자 등에게 소정의 보험급여를 지급하게 된다.

③ 전달체계는 연금보험이나 의료보험과 달리 국가기관인 노동부에서 직접 관리운영하고 있다. 노동부 내 주무국은 노동보험국이며 예하에 보험관리과, 보험징수과, 재해보상과가 있다. 지방조직으로서 6개의 지방노동청과 35개의 지방노동사무소에서 그 업무를 담당하고 있다. 그 외에 별도의 독립법인체인 근로복지공사에서 산재보험환자 전용의 병원시설을 운영하고 있다.

건강보험, 연금보험, 산업재해 보상보험 외 4대 보험에 포함되는 고용보험은 근로자가 실직이나 휴직 등으로 소득이 끊겼을 때 생활을 유지하도록 돕는 사회보장보험이다. 실직하여 생활 안정을 위해 일정한 기간 동안 급여를 지급하는 실업급여사업, 구직자에 대한 직업 능력 개발 및 취업 알선을 위한 고용안정 제도이다. 실업급여 조건은 고용보험을 이직일 이전 18개월 내 180일 이상 가입한 실직자로, 비자발적 사유로 퇴사한 사람이 대상이다. 근로자와 사업주 각각 0.9%로 실업급여 보험료율은 1.8%이다. 150인 미만 기업은 사업주 0.25%, 1000인 이상 기업이나 국가 지방자치단체는 사업주 0.85% 보험료율을 적용한다.

제 3 장 영역별 유형

여유 있는 삶

춘추전국 시대에 제나라가 전 중국 정복 계획을 세우고 예의가 밝다고 알려진 인접국 노나라에 대군을 동원하여 침입해 들어갔다. 군사력이 열세인 노나라 사람들은 군대를 피해 달아나기 시작했다. 그 피난민 중에, 머리에는 무엇인가를 이고, 등에는 아이를 업은 채, 또 한 아이의 손을 잡아끌며 뒤 처져 가던 아낙이 있었다. 파죽지세인 제나라 군사의 추격이 가까워지자, 그 아낙은 머리에 인 것을 내던지고 업고 가던 아이를 땅에 내려놓더니, 손을 잡고 가던 아이만을 업고는 달아나는 것이었다. 진격하던 제나라 장군이 그 모습을 보고 이상하게 생각하여 급히 쫓아가 그 부인을 붙잡고 물었다. "남의 아이는 내버리고 당신의 아이만 업고 갈 수 있는 것입니까? 그러자 그 부인은, "아닙니다. 버린 아이가 내 아이고 새로 업은 아이는 내 언니의 아이입니다. 남의 아이와 내 아이를 다 양생치 못할 긴급한 때에는 남의 아이를 살리는 것이 우리 노나라 국민의 예의 입니다.라고 태연하게 대답했다. 이 말을 들은 제나라의 장군은 그 자리에서 화평을 약속하고 군대를 철수시켰다고 한다.

제 1 절 인성교육과 복지

1. 인성 교육의 목적

"우리가 다 하나님의 아들을 믿는 것과 아는 일에 하나가 되어 온전한 사람을 이루어 그리스도의 장성한 분량이 충만한 데까지 이르리니, 이는 우리가 이제부터 어린 아이가 되지 아니하여 사람의 궤술과 간사한 유혹에 빠져 모든 교훈의 풍조에 밀려 요동치 않게 하려 함이라. 오직 사랑 안에서 참된 것을 하여 범사에 그에게까지 자랄 찌라 그는 머리니 곧 그리스도라"(엡 4장 13~15절).

오늘날 지식전쟁의 시대에 살아가고 있는 현대인들은 한결같이 과거에는 국가 부강이 정병과 경제력에 있다고들 하였다. 그러나 앞으로의 국가 발전은 교육에 의한 지식에 있을 것이라고 생각하고 있다.

뿐만 아니라 오늘날 일본의 발전은 2차 대전 때부터 우등생은 징집을 보류하고 계속 학업에 열중하도록 하였던 교육력 강화에 전력을 기울인 때문이라고 생각한다. 그런데 비해 오늘날 우리나라의 교육은 '열등생의 천국'이요 '우등생의 지옥'이 되어 버렸다고 개탄하는 식자가 많다.

아무리 그러할지라도 교육에는 두 수레바퀴가 있다. 하나는 지식교육이요 다른 하나는 인성교육이다. 21세기에 도래할 지식정보 패권시대에 대비하기 위하여 지식교육을 강화할 필요가 있다. 하지만 아무리 지식이 높다고 할지라도 그 지식이 인류사회를 위하여 올바로 사용되지 않으면 그 사회는 결코 살기 좋은 곳이 되지 못한다. 그러므로 인성교육은 지식교육보다 앞서 강조되어야 할 덕목인 것이다.

사람은 하나님의 형상대로 지음을 받았다. 그러나 타락한 사람의 인성은 망망대해 위에서 한 토막의 나무 조각에 의지한 어린 양과 같이 향방을 찾지 못하고 헤매면서 푸른 초원을 갈망하는 어리석은 존재와 같다. 초원을 사모하지만 조그마한 통나무 위에서 바닷물을 마시게 되므로 더욱 갈증이 더하게 될 뿐이다.

땀을 흘려 수고하여야 먹을 것을 얻게 되고, 질병과 사망이 인생을 막다른 골목으로 이끌게 된다. 뿐만 아니라 여인은 해산의 고통을 더하게 되고, 남편을 사모하게 되어 시대의 영웅들을 사로잡은 여인의 시기와 질투가 인류역사를 변화시켜왔던 것이다. 이렇게 타락한 인성을 어떻게 회복할 수 있을 것인가? 그것은 오직 교육을 통해서만 가능한 것이다.

인류 사회에 교육이 없으면 인류의 자아상을 깨닫지 못하고, 더 이상 인류사회의 발전은 없을 것이다. 그러나 요즈음 교육의 방향이 인간과 사회중심이 아니라 물질과 경제 중심으로 나아가는 것이 불안하다. 타락한 인성에 대한 문제는 성경을 통하여야만 그 해답을 찾을 수 있다.

다시 말하면 성경은 인성교육의 지침서이며 원본이다. 그럼에도 불구하고 많은 인성교육에 관한 문헌들이 세상의 초등학문에 지나지 않는 철학에 의존하고, 원본에서 벗어나는 것이 문제이다. 단지 철학은 자기의 정체성을 자기중심에서 해결해 보려는 최선의 노력이고, 인간의 사상들을 체계적으로 정리해 놓은 인성교육의 사본일 뿐이다.

그래서 세상의 철학과 윤리만을 통하여 타락한 인간의 본성을 원래대로 회복시킬 수 없다. 성경적 인성교육의 목표는 타율적이 아니라 자율적으로 자아상을 확립하여 하나님 앞에서 사람으로서의 지켜야 할 도리를 다하는 것이다. 그러기 위하여 인간관계의 하위 목적들이 있을 수 있다. 그 목적들을 살펴보고자 한다.

첫째, 인성교육은 자아를 확립하고 공동생활에 필요한 예절과 규범을 익히고 실천하는데 그 목적이 있다. 요즈음 청소년들 중에 도덕적인 행동에 삶의 최고 가치를 두고 생활하는 사람은 과연 얼마나 될까? 더구나 인격을 갖춘 인간으로서 바르게 살아야 한다는 자의적인 필요성에 의해 능동적으로 예절을 지키는 청소년의 경우와 남의 눈을 의식하여 타의에 의해 피동적으로 행하는 물리적인 현상으로 지켜지는 청소년의 예절 중 어느 쪽이 더 많을까?

후자가 훨씬 많다는 것이 일반 교사들의 이야기이다. 그들은 체격에 걸맞지 않게 정서는 심약해지고 인성은 메마르고 있는 현실 속에 살고 있다. 특히 자기 눈의 들보는 감추어 두고 상대방 눈의 티는 지적하고 비판하는 책임 전가식 행동은 남을 헤아릴 줄 아는 여유를 사라지게 하고 자기만을 위한 메마른 사회풍조를 조성하게 되었다.

청소년들이 예절 바른 생활을 멀리하고 자기중심적인 사고와 행위는 실로 유감스러운 일이다. 우리가 살고 있는 이 시대는 자기의 잘못이 있을 때 '자기가 잘못했노라'고 솔직히 시인하며 용서를 구하고 책임 질 것은 책임지는 사람이 요구된다. 그러므로 인성교육은 인간관계의 예의와 질서를 바르게 지도하는 안내자의 역할을 하게 한다.

둘째, 인성교육은 가족과 이웃을 사랑하고, 노인을 공경하는 인간 존중 정신을 기르며 봉사 활동에 적극 참여하도록 교육하는 것이 목적이다. 현대 한국사회에서 규칙과 질서를 외면하고 이웃을 소중히 여기는 마음이 사라지는 등 인간관계의 장이 허물어지고 있는 것은 부모들의 과보호, 물질 만능주의가 낳은 인성경시 풍조의 산물이다. 이 시대가 얼마나 타락한 시대인가는 자타가 공인한다.

어느 여름날 어떤 가정에 남편이 낮잠을 잤다. 남편은 더워서 문을 열어놓고 있다가 깜박하고 잠이 들었는데, 그 사이 아내가 자식처럼 아끼던 강아지가 가출을 했다. 그 이후로 그 아내는 수시로 남편에게 개 타령을 했다. 결국 하루는 아내가 개 타령을 너무 오래 하자 화가 난 남편이 아내를 죽여 버렸다. 개 한 마리가 살인까지 일어나게 한 사건이다.

인성은 마르고, 엉뚱하게 짐승에게서 위로를 받으려는 짐승 같은 사람들이 늘어나는 시대가 바로 소돔과 고모라 같은 시대다. 인간의 생명경시 풍조는 종말의 일반적인 현상이다. 그러므로 이 시대는 인성교육을 통하여 인간의 생명존중과 이웃사랑의 실천을 절실히 필요로 한다.

셋째, 인성교육은 인간미가 넘치고, 나보다 남을 낫게 여기는 겸손한 심성을 수련하며, 나아가 세상의 빛을 밝혀주는 사람을 기르는데 그 목적이 있다. 살기 좋은 사회가 되려면 물질의 풍요보다 인성이 풍부한 사람이 많아야 한다. 오늘날 물질문명에 밀려 제 자리를 잃어버린 인간의 자화상이 한 가정에서 적나라하게 나타난다.

서울에서 잘 나가는 맞벌이 부부가 있었다. 시골에서 부모님이 아들이 보고 싶어 서울에 오셨다. 그런데 서울을 가볍게 보신 두 분이 가지고 온 연락처는 달랑 모발 폰 번호 뿐이었다. 다행히 파출소에 가서 순경에게 부탁을 하자 경찰아저씨는 그 번호로 전화를 했더니 며느리가 전화를 받고서 자기는 지금 바쁘니 경찰아저씨더러 '어디어디로 택시 태워 보내 달라'고 하고 끊었다.

경찰아저씨는 친절하게 택시를 잡아 운전사에게 시골에서 오신 분들이니 집까지 모셔드리라는 부탁까지 하고 보냈는데, 친절한 택시기사는 가르쳐 준 주소지 아파트 경비원에게 가서 안내를 부탁했더니 그 사람들은 이사 갔는데 어디로 간 곳을 모른다고 했다.

아뿔싸~~~ 택시기사는 모발 폰으로 전화를 하려고 번호를 물으니 노인부부다 찾은 줄 알고 번호적은 쪽지를 파출소에 두고 왔다고 하신다. 할 수 없이 택시기사는 그 파출소로 다시 돌아와서 그 사정을 말하자, 경찰아저씨는 깜짝 놀라며 휴지통에서 전화번호를 찾아 그 며느리에게 항의성 목소리로 전화를 한다. '아니 며느님이 되가지고 어쩜 주소도 바로 안 가르쳐주십니까?' 원 걸 며느리는 '살다 보면 그럴 수도 있지 별꼴'이라면서 되래 화를 내며 새로 이사 간 주소를 가르쳐 주었다. 그 이사 간 곳은 서울에서 분당 목 좋은 곳이었다. 택시기사는 차비를 재대로 받았는지 원……

지금이 이런 세상이다. 이것은 바로 인성 교육이 바로 되지 않은 때문이다.

인성교육은 사회에서 배울 수 없다. 주로 가정생활이 인성에 많은 영향을 미쳐왔다. 가정에서 자녀를 가르쳐야 하는데, 요즘 젊은 부부들은 자신들마저도 바른 인성교육을 받지 못하고 자랐다.

날로 퇴락하는 윤리, 빠르게 돌아가는 기계, 전자 문화들이 인간의 마음을 더욱 갈증 나게 만들기 때문이다. 오늘날 바른 인성교육은 교회가 책임져야 한다. 성도들은 진리의 말씀으로 세상에서 참 빛을 밝혀야 하는 사명을 가지고 있다.

2. 인성교육의 접근방법

인성교육은 크게 두 가지의 원리에 의하여 이루어진다. 하나는 사회학적인 교육원리와 다른 하나는 인체공학적 습관화 원리이다.

(1) 사회학적 교육원리의 접근

사회학적 교육원리는 인성교육을 한 개인의 사회화과정과 함께 이해하려는 접근이다. 굳이 루소, 페스탈로찌를 언급 하지 않더라고 현대에는 그들보다 앞서 인류의 복지와 평화에 지대한 공헌을 한 인물들을 꼽을 때 빼놓을 수 없는 인물이 현대교육의 창시자 코메니우스(Johann Amos Comenius:1592~1670)다.

현대교육과 코메니우스와의 관계는 현대과학에서 코페르니쿠스와 뉴턴, 현대철학에서 베이컨과 데카르트와 동일한 위치를 차지하고 있다고 말할 정도로 현대교육사에서 코메니우스의 위치는 대단히 중요하다. 코메니우스는 17세기에 이미 세계평화를 위한 새로운 교육사상을 정립해 인간교육의 새 지평을 열었다.

코메니우스는 1592년 3월 28일 체코공화국의 모라비아 지방에서 태어났다. 코메니우스는 체코 종교개혁 운동의 선구자였던 얀 후스의 순교정신과 경건사상으로 형성됐던 모라비아 형제교회의 진보적이며 개혁적인 풍토 속에서 성장했다. 코메니우스는 형제교회 최후의 감독이자 신학자로서 하나님이 지으신 자연과 성경을 토대로 사실주의 교육을 정립했다.

① 코메니우스의 일생

젊은 시절 코메니우스는 헤르보른대학과 하이델베르크대학 등에서 공부한 뒤, 조국으로 돌아와 형제교회가 세운 학교의 교사로 청소년들을 가르쳤다. 그러나 체코의 정치적 문제에서 촉발된 신·구교 간의 30년 전쟁(1618~1648)으로 조국이 멸망하자 그는 독일황제의 체포를 피해 체코를 떠나야 했다. 그 길로 1670년에 네덜란드에서 세상을 떠날 때까지 두 번 다시 조국 땅을 밟지 못하고 비운의 망명생활로 일생을 보냈다.

그가 폴란드에서 망명생활을 하고 있던 1641년 영국의회는 그를 영국으로 초청했다. 영국은 그에게 5년 전인 1636년 신대륙 미국에 설립된 하버드대학의 총장 직을 제의했다. 그러나 코메니우스는 그와 함께 망명생활을 하고 있던 그의 동족들과 조국을 생각하면서 그 제의를 단호하게 거절하고 '세계의 교사'가 될 것을 결심했다. 코메니우스는 자신이 평생 동안 경험한 전쟁과 종교적 박해, 망명생활을 통해 오히려 평화의 염원을 키웠다.

잿더미가 된 전장에서 더 이상 전쟁과 같은 갈등과 싸움이 없는 세계, 즉 평화와 공존의 새로운 인류공동체를 형성하려는 소망을 키운 것이다. 영국과 스웨덴, 폴란드 등 유럽을 떠돌며 오랜 사색과 연구를 한 끝에 코메니우스는 인류가 평화롭게 공존하는 공동체를 지상에서 실현하는 유일한 길은 하나님의 형상으로 태어난 모든 사람들, 특히 청소년들에게 새로운 인간성을 가르치는 교육뿐이라는 결론을 내렸다.

② 코메니우스의 교육 사상

코메니우스는 일생동안 교육 철학에 관한 200여권의 저서와 논문을 펴냈다. 그는 무엇보다 사람마다 흥미를 가지고 철저하게 배울 수 있는 새로운 교수법 개발에 몰두했다. 새로운 교수법의 원리를 정립하기 위해 우주 전체와 자연에 대한 면밀한 관찰과 과학적 분석에 힘을 기울였고 거기서 발견한 질서와 조화의 이치를 새로운 교수법에 적용했다. 그의 교육철학을 살펴보면 다음과 같다. 첫째, 언어를 가르칠 때 사물을 동시에 활용하여 제시하는 세계 최초의 시청각 방법을 고안했다. 이것은 곧 현대교육에서 컴퓨터를 활용하는 과학적 교수법의 효시로 평가 받고 있다.

둘째, 성경에서 제시하고 있는 인간이해를 통해 새로운 전인교육사상을 정립했다. 이 전인교육이라는 개념은 지금까지 일반교육은 물론 기독교 교육계에서도 잘못 이해돼 왔다. 인간의 전인성은 희랍사상의 영향으로 내면세계의 지·

정·의를 강조하는 이성적 심리적 요소들을 계발하는 것으로 이해되고 있다.

그러나 코메니우스는 창세기 1장 26절과 27절에 근거해 인간을 지성적, 도덕적, 신앙적 존재로 해석하고 인간의 전인성은 곧 인간의 내면세계에 내재하고 있는 지성과 덕성과 경건의 씨앗을 계발해야 한다는 총체적인 개념으로 규정했다.

셋째, 세상에 태어난 모든 사람들은 모두 평등하게 교육 받아야 한다는 범 교육(汎 敎育)을 주창했다. 그의 범 교육 사상은 하나님의 형상으로 태어난 '모든 사람들'이 하나님께서 창조하신 '모든 것'을 자연의 원리에 의한 '모든 방법'으로 배움 받아야 한다는 우주적 보편 교육사상이다. 코메니우스는 세상의 모든 분쟁과 갈등과 싸움은 단편적이며 왜곡된 지식과 그것을 교육하는 단편적인 학문에 주요 원인이 있다고 생각했다.

그래서 모든 지식과 학문을 통합하는 범지학(汎知學)사상을 고안, 발전시켰다. 현대적 맥락에서 그의 범지학은 다양한 지식과 학문체계를 활용하는 학제 간의 통합으로 이해될 수 있다. 아직도 우리가 해답을 찾지 못한 분야를 코메니우스는 이미 4세기 전에 예시해 놓은 것이다.

그러므로 그의 교육 방법에서는 직관주의와 언어의 결합, 전체 인류를 대상으로 하는 평등 교육, 교사의 전문성과 남녀공학, 단선제 학교교육제도, 아카데미 등의 구상이 모두 그에게서 나왔다. 그의 우주적 교육사상은 후대의 교육사상가들인 루소, 페스탈로치, 프뢰벨, 헤르바르트에게 지대한 영향을 끼쳤다.

③ 코메니우스의 교육 실천

코메니우스는 교육철학을 제시하는 데 그치지 않고 이런 이상을 실천하기 위해 그의 전 생애를 바쳤다. 그는 함께 망명한 고향 모라비아의 형제교회 교인들과 그들의 정착지였던 독일을 중심으로 현대 경건주의운동과 교육사상을 직접 실험했다. 그의 평화교육사상은 1957년 모든 인류의 인간성 회복과 세계평화의 이상과 꿈을 실현하기 위한 국제연합 교육과학문화기구(UNESCO·유네스코)의 창설로 이어졌다.

"전쟁은 인간의 마음속에서 시작된다. 평화의 방벽을 세워야 할 곳도 인간의 마음이다"로 시작되는 헌장으로 유명한 유네스코는 한국을 비롯한 전 세계 73곳에 사무소와 연구소를 두고 있으며 세계 교육의 균등한 향상과 과학의 발달, 그리고 다양한 문화의 상호교류를 주도하고 있다. 현대의 과학기술은 세계를 하나의 마을로 묶고 있지만 인간성과 자연생태계는 무서운 속도로 파괴되어 가고 있다.

인류는 새로운 전인격적 인격체들이 세우는 평화로운 세계 인류공동체 형성을 염원하고 있다. 21세기의 크리스천들은 위대한 크리스천이자 교육철학가인 코메니우스를 재발견하고 그의 사상을 새롭게 해석하는 것이 필요하다.

(2) 인체공학적 습관화의 접근방법

우리의 마음가짐은 두뇌로부터 출발한다. 두뇌에는 좋은 뇌, 나쁜 뇌가 있는 것이 아니고 뇌에 입력되어 있는 정보의 수준이 그 사람의 지적인 인격 수준을 좌우하므로 뇌를 잘 다루면 육체적, 정신적으로 건강할 수 있고 마음에 여유를 향유할 수 있다고 본다.

뇌는 오늘날 컴퓨터와 같은 기능을 하고 있는데, 컴퓨터는 컴퓨터 자체의 성능에 따라 다소 차이는 있지만, 대부분 동일한 컴퓨터를 가지고 있으면서 컴퓨터를 다루는 사람에 따라 활용도가 크게 달라진다. 이와 같이 인간의 뇌도 그 사람이 어떻게 활용하느냐에 따라 성능을 향상시킬 수 있다. 대부분 사람들은 자신의 마음을 다스리기가 어렵다고 하지만 뇌를 다스리는 원리를 알고 나면 생각보다 어렵지 않을 것이다.

뇌를 다루는 원리, 더 정확하게 말하자면 뇌에 입력된 정보를 다루는 원리에 입각한 인성교육이 현대에 정보 매개체를 통하여 소개 되고 있다. 그 과정은 컴퓨터의 데이터 입력과 비슷하다. 아무리 그럴지라도 우리는 하나님이 주신 인체의 일부를 단순히 공학적 논리에 적용시키는 것은 무리가 있다.

하나님은 인간을 단지 컴퓨터와 같이 하나를 더하면 하나가 되어야 한다고 고정시켜놓은 기계적인 모습으로 창조하시지 않았기 때문이다. 그럼에도 불구하고 정신세계에 대한 물질공학의 도전으로 다소의 과학적인 근거를 제시하려 노력한다. 뇌에 입력되는 정보는 몇 가지 유형이 있다고 본다.

첫째는 뇌의 정화이다. 뇌에 입력되는 정보에는 에너지 수준이 있어 탁한 에너지는 탁한 에너지 끼리, 그리고 맑은 에너지는 맑은 에너지 끼리 공명하므로 뇌세포의 에너지가 탁한 상태에서는 맑은 정보, 사랑, 평화, 용기 등의 정보는 뇌에 입력이 잘 안 된다.

그래서 뇌를 정화하면 맑은 정보가 잘 입력되고 처리되며 편도에 저장되어 있던 부정적인 감정에너지도 정화된다. 이때 순수하고 사랑과 평화가 존재하는 자신의 본래의 마음을 회복하게 된다는 것이다. 그러나 이것은 하나님의 신의 도움 없이 인간이 스스로의 노력을 통하여 정화될 수 있다고 가정하므로 성경의 가르침과 다르다고 볼 수 있다.

둘째는 뇌 작용의 이완으로서 이것은 긴장하고 방어하는 마음, 공격적인 마음일 때는 뇌파가 올라가므로 뇌파가 올라간 상태에서는 지식적 정보, 공격적 감성의 정보는 입력이 될 수 있지만 평화적 감성적 정보는 정보의 파장이 맞지 않기 때문에 뇌에 잘 입력이 안 된다. 그래서 뇌의 이완작용이 필요한 것이다.

셋째로 감각 회복인데, 이것은 돋보기로 햇볕을 모으면 열이 발생하듯이 마음을 집중하면 에너지가 모이고 그 에너지를 통하여 생각의 상태를 끊고 명상의 상태로 들어가게 되면 그 명상상태에서 뇌에 에너지를 집중하면 뇌세포의 감각이 살아나고 뇌가 건강해진다는 것이다. 그러나 이러한 명상상태의 체험과 같은 것은 기도생활과는 다소 차이가 있다. 성경에서는 쉬지 말고 기도하라고 하였지 쉬지 말고 명상하라고 하지 안 했기 때문이다.

그러므로 인성교육을 인체공학 혹은 뇌세포의 기계적인 작용을 통한 정보주입식 훈련방법은 공산당의 기계적 사상교육방법과 흡사하므로 이러한 교육방식은 인간의 자율성을 크게 훼손할 뿐만 아니라 하나님이 주신 자유의지를 인간이 스스로 제제하는 결과를 초래하는 것이므로 인성교육의 방법으로는 적당치 않다고 볼 수 있다.

3. 인성 교육의 원리

① 통합적 원리 : 인성 교육의 원리는 학교교육의 모든 영역에서 통합적으로 이루어져야 한다. 교과활동, 생활지도, 특별활동, 학교경영, 학급경영, 환경 등 모든 영역을 통해 인간적인 덕목의 학습 기회를 갖도록 해야 하며 전 영역간의 일관성 있는 지도가 이루어져야 한다.

② 지속성의 원리 : 학교, 가정, 사회 속에서 꾸준히 학습될 수 있도록 지속적으로 안내하고 지도해야 한다. 간혹 학생이 어떤 계기로 특징적이며 바람직한 행동을 했다할지라도 그것이 꾸준히 실천되지 못하면 내면화, 습관화되지 못한다.

③ 관계성의 원리 : 인성 교육은 어떤 요인보다도 교사, 학생, 학부모간의 관계가 중요하다. 학생들의 모범이 되고 자상한 안내자가 되는 교사와 학부모의 역할이 학생과 서로 교감이 이루어 질 때 교육적 효과가 더욱 높아질 수 있는 것이다.

④ 자율성의 원리 : 인성 교육은 궁극적으로 학생 각자가 스스로 올바른 의식을 갖고 이를 실천해 나가도록 돕는 과정이어야 한다. 자율적인 인격을 갖추기 위해서는 일상생활 속에서 당면하는 제반 문제를 학생 스스로 선택하고 결정하며 그 결과를 실천하는 기회가 제공되어야 한다.

⑤ 체험의 원리 : 언어적인 일러주기 방식의 교육 방법을 지양하고 실천을 통하여 직접 체험하거나 활동하는 기회를 풍부하게 제공해 주어야 한다.

⑥ 열린교육의 원리 : 학습자의 인격적 존엄성에 대한 엄숙한 태도를 바탕으로 한다는 것이다. 인간은 그 자체로서 목적적 존재라는 인간관을 바탕으로 그가 추구하는 이상과 가치를 존중하고 그가 실현하고자 하는 가능성과 잠재력을 귀하게 여기며, 자유로운 의지에 의한 선택을 행사하면서 성장할 수 있도록 돕는 것을 교육의 중심적 과업으로 삼는다는 것이다.

⑦ 성품교육의 원리 : 평소의 성격형성이 바람직하게 되도록 환경과 인간관계 등을 부드럽고 원만하게 해 주는 교육원리로서 정상적이라고 보기 어려운 성격을 교정함을 내포한다. 즉 인간의 본성과 관련한 교육환경을 조성하여 건강하고 전인적인 민주시민으로 성장시켜 생태적인 본성을 실현함으로써 보다 자유로운 삶을 누릴 수 있도록 교육적 경험을 제공해 준다.

4. 21세기 인성교육의 방향

인성교육은 황폐화되어 가는 학생들의 심성을 곱고 바르게 길러 보자는 것이다. 원래 인성교육은 옛날부터 가정의 몫이었던 것이 핵가족 제도가 보편화되면서 여러 가지 가정 여건의 미비로 가정에서 자녀에 대한 인성교육을 할 여력을 잃게 되자 학교가 인성교육을 맡게 되었다. 그러므로 인성 교육은 범위도 없고 영역도 없다. 학생들이 마주치는 모든 것이 인성교육의 대상이 되며, 사회구성원 모두가 인성 교육의 주체가 된다.

또한 인성은 제도적 교육, 그 자체로서 근본적으로 바르게 길러진다는 보장
도 없다. 그럼에도 불구하고 인성교육의 장소가 학교로 이관된 이상 학교에서
는 교육을 시킬 의무가 있다. 이런 시점에 청소년들에 대한 교사와 부모들의 관
심과 이해는 학생들의 인성교육을 위하여 반드시 필요한 것이다.

인성은 짧은 시간에 형성되지도 변하지도 않을 뿐만 아니라 어떤 내용과 방
법에 의해 영향을 받아 형성되었는지 검증된 바도 없다. 더구나 어떤 인성교육
프로그램을 가지고 이렇게 지도하였더니 이러한 성과가 있었다고 하지만 그것
이 모든 학생들에게 일괄적으로 맞는 것은 아니다.

따라서 바람직한 인성교육이란 착한 심성을 가진 도덕성 향상이라는 가정 하
에, 그 가정을 실현시키는데 도움이 되는 작고 다양한 요소의 체험활동으로 이
해되어 진다. 다만 그 작은 요소들이 어느 한 학생에게라도 적중되어 그에게 긍
정적 변화를 일으켜 준다면 그 인성교육의 효과는 있다고 보아야 할 것이다. 그
래서 인성교육은 고정적이 아니라 유동적이며, 수동적이 아니라 능동적이고,
특수성이 아니라 보편성을 지향하고, 획일성이 아니라 다양성을 지향한다. 인
성교육은 각 시대마다 변화하는 사회문화에 의하여 그 척도가 결정되어 질 수
있다.

예를 들면 우리나라의 전통적 생활양식으로서 여자의 경우 삼종지도(三從之
道)의 윤리의식은 그 당시에는 인성교육의 기본이었으나 오늘날에는 그 의미를
상실하고 있다. 이런 맥락에서 오늘날 급변하는 21세기의 정보화 사회 속에서
인성교육을 위한 지도 원리를 찾기란 쉬운 일이 아니다. 하지만 학교에서 인성
교육을 지도하여야 하는 의무가 있으면서도 아무런 대책을 세우지 못한다면 이
것 또한 문제이다.

여기에서는 단지 인성교육의 지도 원리를 찾기 위하여 몇 가지 방법들을 제
시하여 보겠다. 첫째, 학생들의 체험적 실천을 위주로 하며 궁극적으로 학생의
자율적 실천을 유도하는 방법 즉 학생이 학습의 주체가 되는 방법을 추구하여
야 한다. 둘째, 교육현장에서 실시 가능한 방법으로 우리 도덕규범의 문화적 배
경에 걸맞아야 한다. 셋째, 보다 더 인간적이고, 보다 더 학생 중심적 방법이 되
어야 한다. 넷째, 교사의 영향이 쌓여 은연중에 형성되는 것이지, 특정교사가
특정 학생을 대상으로 짧은 시간에 적용해 보고 효과를 거두었다고 그 프로그
램을 모든 학교에서 적용해 주기를 바라는 우를 범하여서는 안 된다.

이러한 지도 원리를 찾는 방법들은 어떤 준거의 틀을 통하여 형성되어 질 수 있다고 본다. 그 준거의 틀은 인간의 본질을 다루면서 모든 인류들에게 가장 보편적으로 적용되고, 모든 인류에게 평등하게 적용될 수 있는 것이어야 할 것이다.

따라서 인성교육을 위하여 죄와 벌, 사랑과 덕, 이해와 용서, 자연과 환경 등 인류의 생활양식에 기초가 되는 원리를 찾는 지침서를 마련하여야 한다. 사람들은 그것을 성경이라고 말하기도 한다. 성경은 우리 인생들이 왜 질병과 갈등의 고통 속에서 살아가야만 하는지, 그리고 어떻게 살면 그러한 고통의 수고를 극복할 수 있는지를 알려주는 원리의 지침서가 되기 때문이다.

결론적으로 인성교육은 어릴 때일수록 효과는 극대화 될 수 있다. 그러므로 주로 말을 배우기 시작하는 때부터 초등학교 시절을 거쳐 고등학교를 마치게 되면 기본적인 인성이 형성된다고 볼 수 있다. 인성교육의 정착을 위하여 인성에 대한 명확한 개념 정립이 우선이다. 인성은 인간의 성품과 밀접한 관계에 있으므로 인간의 본질을 아는 것이 필요하다. 그러기 위하여 먼저 성경의 원리가 도입되어야 한다. 성경은 인간을 하나님의 형상으로 지음을 받았다고 한다. 그러면 하나님으로부터 인간의 본질을 찾아야 한다. 그러기 위하여 성경공부가 보통(초등 · 중등 · 고등)학교에 도입되어야 한다.

다음으로 인성교육의 중요성을 인식하면서도 실제로는 학력신장에 주력하고 있는 교육현실을 범국가적인 차원에서 학력평가제도의 개선이 필요하다. 뿐만 아니라 인성교육 프로그램이 부족하고 인성교육이 너무 형식에 치우치고 있는 상황이며, 교사와 학부모간에 학생에 대한 인식차이가 크다.

교사는 인성이 매 말라 간다고 생각하는데 학부모는 자기 자녀의 인성은 풍부하다고 생각하며 다른 아이들의 인성에 문제가 있다고 한다. 이것이 학생들을 지도하는 교사들이 공감하는 현실이다. 교사는 인성교육을 위한 전문성 신장에 더 많은 노력을 기하여야 하고 그러기 위하여 교사의 전문성이 우선되어야 인성교육의 질이 향상될 수 있다.

제 2 절 청소년비행과 복지

여유 있는 삶

작전이 필요할 때 작전을 세우면 이미 너무 늦다. 꽃이 필요한 순간에 꽃씨를 뿌리는 것과도 같은 이치이다. 언제나 꿈을 가진 사람은 훗날을 도모하기 위하여 땅 속에 미리 씨앗들을 뿌리듯이 묻어 놓아야 한다. 씨앗은 신비의 덩어리이다. 씨앗 하나에 무성한 가지 수만 개가 있다. 꽃과 열매가 가득하다. 작은 씨앗 하나가 곧 생명이며, 씨앗을 뿌리는 사람은 생명을 뿌리는 사람이다. 희망과 행복의 열매를 키우는 사람이다.

청소년기는 자아의식의 발달과 독립심으로 말미암아 부모에 대한 신뢰감이나 존경심이 약화되고 자립적, 독립적 인간관계가 가능한 교우나 동료 집단 관계를 중시하게 된다. 즉 청소년기는 자신이 자주적으로 선택하여 상호 대등한 입장에서 자신의 내면적 생활에 대한 의견을 교환하는 친구에의 의존도가 높은 시기이다. 그러므로 이 때 독립적으로 성장하고자 하는 자아가 성인들로부터 수용 받지 못하고 거부당하거나 청소년 자신의 가치 및 이상과 맞지 않는 기성세대의 가치, 제도, 관습을 강요당할 경우, 청소년들은 자신의 정신적 자주성을 강하게 주장하면서 자기만의 세계로 이탈해 간다.

청소년은 한편으로는 독립적 욕구와 자기주장의 특권을 강조하면서도 또 다른 한편으로는 활동 영역이나 사회 경험의 반경이 좁고 능력이 아직 부족하기 때문에 부모나 다른 기성세대에게 의존하고 싶은 무의식적 욕망을 동시에 지니고 있다. 청소년은 아이로 취급하면 화를 내지만, 반대로 어른 취급을 하면 불안해하기도 한다. 청소년기에 확고한 자아 정체감을 형성하지 못하면 자신의 역할에 대한 혼란이 일어나 영웅과 같은 인물을 맹목적으로 추종하거나 비합리적인 집단행동을 우상화하게 된다. 또한 청소년 자신의 극단적 이상주의와 현실 부정, 현실 도피 경향간에 아무런 타협점을 찾지 못하면 자신의 부정 혹은 사회적인 부정으로 향하게 된다.

1. 개관

최근 우리 사회는 급격한 고도 산업화, 도시화, 정보화 및 세계화가 가속되면서 범죄 연령의 다양화, 비인간적 향락 문화의 확산, 환락·윤락지역의 확대 등 수많은 현대사회의 병리요인이 확산되고 있다. 이러한 현대사회의 병리적인 현상을 추방하기 위하여 오늘날 사회복지는 국가관의 변천과 국가기능의 변천에 따른 복지권이 시민권의 하나라고 하는데 사회적 합의를 보고 있다.

종래의 보충적인 서비스로부터 제도화한 서비스에로의 이행은 급속한 인구 증가, 확대하는 도시화, 사회적·경제적 변동으로 특징 되는 현대 산업사회의 요구에 대응하는 복지공급을 요구해 왔다.483)

이런 맥락에서 오늘날 청소년복지에 대한 인식도 다원화된 현대산업사회의 영향으로 전근대적인 사고에서 인식되었던 단순한 연령층으로서의 구별이 아니라 사회적, 정서적, 심리적인 집단으로서의 새로운 의미를 부여하고 있다. 청소년에 대한 새로운 의미 부여는 청소년의 비행에 대한 이해를 복잡하게 만들었으며, 한편으로는 더욱 전문적인 인식을 요구하게 되었다.

따라서 청소년 문제에 관한 많은 연구가 진행되어 왔는데, 특히 청소년 비행에 관한 연구들은 대부분이 비행의 원인에 대한 언급과 비행의 원인을 밝히는데 초점을 두어 왔다.

기존의 연구에서 제시된 비행원인의 변인들은 대체로 유전, 정신결함, 체질적 요인, 사회계층, 가정결손, 가족관계, 학업실패, 비행친구관계, 자존심, 성격, 아노미, 낙인, 지능 등 다양하다. 이러한 연구들은 나름대로 비행의 원인을 진단하고, 그 원인을 제거하여, 비행을 예방하는데 많은 노력을 기울러 왔다.

그러나 이러한 원인진단을 위한 많은 연구가 진행되었음에도 불구하고 청소년 비행에 대한 정확한 원인진단을 하였다고 보기에는 힘들다. 나아가서 원인진단이 올바로 이루어지지 않은 상태에서 정책대안이 제시되어 왔기 때문에 청소년 비행을 예방하기 위한 정책들이 실효성을 거두지 못하고 있다. 즉 청소년 비행의 예방정책이 실효성을 거두려면 무엇보다도 정확한 청소년 비행에 대한 원인진단이 필요하다고 할 수 있다.

기존의 연구에서 나타난 청소년 비행의 원인들을 살펴보면, 환경의 변화에도 변화하지 않는 정적인 상태요인484)과 상황에 따라 변화하면서 비행에 영향을 주는 영향요인485)이 있음을 발견할 수 있다. 상태요인은 어떠한 환경에도 절대

---

483) 이계탁, 「복지행정학 강의」 (서울: 나남출판, 1994), p.31.
484) 기존연구의 비행원인 중에서 유전, 정신결함, 체질, 자존심, 성격, 아노미, 낙인, 지능 등 주로 환경의 변화에 의하여 쉽게 변화되지 않는 유전적, 생리적 및 심리적인 요소들을 상태요인으로 볼 수 있다.
485) 기존의 비행원인 중에서 사회계층, 가정결손, 가족관계, 학업실패, 비행친구관계 등 주로 환경에 의하여 쉽게 변화할 수 있는 사회적, 문화적 요소 및 도덕 윤리적 요소들을 동적인 영향요인으로 볼 수 있다.

적으로 변화하지 않는 요소와 환경의 변화에 의하여 그 본질은 변화하지 않지만 영향요인으로 인하여 복합적으로 비행의 원인이 되는 요소가 있다.

그리고 영향요인에는 직접적으로 비행의 원인이 되는 요소와 간접적으로 상태요인에 영향을 미쳐 복합적으로 비행에 영향을 미치는 요소가 있음을 알 수 있다. 따라서 영향요인들을 통제 혹은 억제함으로써 청소년 비행의 예방에 효율화를 기할 수 있다.

2. 청소년비행의 개념

제 학문적 영역에서와 마찬가지로 청소년 비행에 대한 일률적인 개념의 정의는 시간, 지역, 학자, 사회체제, 그리고 관련법규에 따라 다르게 나타나므로 사실상 어려운 실정이다.

그러나 비행 청소년에 관한 연구를 진행하는 시점에서 일반적인 청소년에 대한 개념을 살펴보면, 청소년이란 성숙을 향하여 나아가는 아직 미성숙한 과정 안에 있는 사람들이라고 볼 수 있다. 그러므로 청소년기란 완전한 힘, 사회적 지위, 성인으로서의 책임 등이 주어질 때까지, 또는 신체적, 정신적, 사회적, 법적으로 독립할 수 있을 때까지라고 볼 수 있다.[486]

법률적인 개념에서 살펴보면, 우리나라의 청소년관계입법은 미성년자보호법(1961), 소년법(1988,전문개정), 아동복지법(1981, 전문개정) 등 청소년의 보호, 선도, 육성 등을 입법취지로 하는 경우와 교육법(1949), 학교보건법(1967), 사회교육법 등 청소년 일부를 대상으로 하는 경우가 있는데 각 법령별의 입법취지와 적용대상은 다르다.[487]

그리고 이러한 법률들은 부분적, 단편적으로 제정 시행되어 왔으므로 청소년

---

486) Guy J. Manaster, *Adolescent Development and the Life Tasks*, Boston: Allyn and Bacon Inc., 1977, p.13.
487) 소년법에서는 20세 미만 자를 소년이라고 하며, 아동복지법은 18세 미만을 아동이라 하고, 민법 및 미성년자 보호법은 20세 미만을 미성년자라고 하며, 근로기준법은 18세 미만 을 연소자, 15세 미만을 아동으로 각각 규정하고 있다. 특히 적십자의 경우 어린이 적십자는 11세부터 13세를 대상으로 하고 청소년적십자는 14세부터 19세로하며 대학적십자는 20세부터 23세를 대상으로 한다. 그러므로 청소년에 대한 법률적인 개념을 명확히 하기는 입법취지가 다르므로 쉬운 일이 아니다.

이란 용어와 연령구분이 서로 상이한 바, 입법내용의 임의성과 비현실성, 법적 용상의 중복, 누락, 형평성의 결여라는 문제점이 지적되고 있다.488)

따라서 본 연구에서는 청소년육성법에 의한 청소년 백서의 경우 9세부터 24세에 이르는 인구를 포함하여 다루고 있는데 이것은 청소년기본법 제 3조 1항과 동일하므로 이 기준에 따르고 있다.489)

한편 청소년 비행은 각 국가와 시대에 따라 죄질과 비행의 유형이 달리 나타남으로 한마디로 설명하기는 무척 어렵다. 그럼에도 불구하고 최근에 들어 청소년문제에 관한 우려의 소리가 높아지고 있으며 이에 따라 청소년문제에 관한 연구 및 논의도 활발히 진행되고 있다.

이들 논의를 살펴보면 우선 청소년 문제를 청소년비행과 동일시하여 청소년비행에 관한 연구에 초점이 모아지고 있는 경향을 보이고 있는 바, Cohen은 비행이란 사회체제 속에서 정당화된 것으로 인식되고 공유되는 제도화된 기재들을 위반하는 일탈행동(deviant behavior)이라고 보고 있으며, Merton은 사회 속에 사람들을 위해 마련된 규준에서 현저히 벗어난 행동이라고 하고, Clinard는 지역사회의 인내한계를 충분히 초과하는 정도의 행동으로서 동의 받지 못하는 방향으로 행해진 행동이라고 하였으며, Erikson은 사회통제기관의 관심을 요구하게 되는 행위라고 정의하고 있다.490)

이런 맥락에서 비행이란 사회적 일탈행위로서 개인의 욕구가 사회의 인내한계를 초과하여 현실 규범을 벗어날 때 일어나는 문제행동이라고 볼 수 있다. 따라서 청소년 비행이란 이러한 비행을 저지른 자가 청소년일 경우를 말한다고 볼 수 있다.

---

488) 함병수 외, 청소년관계제도 개선방안에 관한 연구-육성체계, 법령을 중심으로- 「한국청소년 연구원」 1991, p.101.
489) 청소년육성위원회, 「청소년백서」 (서울,청소년육성위원회,1988), p.9.
490) A. K. Cohen, *Delinquent boys: The culture of the gang*, N. Y.: Free Press, 1955; R. K. Merton, *Social structure and anomie, American Sociological Review*, 3, 1981; M. Clinard & R. Quinney, *Criminal Behavior System: A Typology*, N. Y.: Holt, Rinehart and Winston, 1973; K. T. Erikson, *Notes on the sociology of deviance*, N.Y.: Free Press, 1964.

3. 청소년비행의 원인과 제 이론

비행의 원인과 비행예방대책을 폭 넓게 종합적으로 전개한 최초의 사람은 이태리 범죄학자 Enrico Ferri이었는데, 그는 19세기말에 형벌보다 예방을 강조했었다. 그는 그의 저술 「Sociologia Criminale」에서 "일정의 사회환경이 일정의 개인적 환경조건을 동반하면 그곳에는 일정수의 범죄가 있으므로 하나의 증감도 허락하지 않는다."[491]고 하여, 사회환경이나 조건이 계속적으로 변함없이 작용한다면 아무리 체벌을 강화한다 할지라도 범죄 수는 일정하다는 것이다.[492]

따라서 그는 체벌보다는 예방을 강조하여 비행의 원인파악의 중요성을 역설하게 되었다.

그 후 비행예방에 대한 대부분의 이론들은 도시 하류계층의 청소년들 가운데 성행하였던 비행행위에 근거를 두고 있다. 1942년의 Mackay와 1954년의 Lander에 의해 시작된 비행행위에 대한 예방연구는 1950년대와 1960년대 초에 Merton, Cohen, Cloward and Ohlin, Wolfgang와 Ferracuti를 걸쳐 계속되어 왔으며, 1967년의 Lemert, 1969년의 Hirschi, 1972년의 Figlio & Sellin, 1978년의 Sutherland, 1981년에 Braithwaite, 그리고 1987년의 Hagan과 같이 공식적인 통계자료에 근거한 크고 작은 수많은 연구논문들이 계속하여 나오게 되었는데 이러한 연구들이 청소년비행의 원인을 파악하는데 초점을 두어 왔다.[493]

---

491) Enxico Ferri,(1882), *Sociologia Criminale (Criminal Sociology)*, Charlottesville, Va. : University of Voirginia Library, NetLibrary(1996).

492) Enrico Ferri는 처벌보다는 범죄등가물, 즉 형벌을 대신할 만한 수단을 이용하여범죄를 예방할 수 있다고 주장하였는데, 범죄등가물이란 정치, 경제, 민사,행정, 형사 등의 입법규정 등 위로는 커다란 사회제도에서 아래로는 생존에 대한 최소한의 부분에 이르기까지 인간활동력을 무익한 형벌로 위협하기보다 범죄를 일으키지 않는 방향으로 간접적으로 유도해서 개인의 활력과 욕구에 자유를 주도록 하며 자연성을 최소한으로 구속하고 범죄성을 일으키는유혹이나 기회를 최대한 제거하도록 사회구조에 장치를 두는 것이 보다 중요하다고 정화의 필요성을 강조했다.(안재정, 비행의 전조와 예방, 청소년총서 4권, 1983, p.59)

493) 생태학적인 접근방법의 연구는 다음을 참조 바람.

J. Braithwaite, The myth of social class and criminality reconsidered, *American Sociological Review*, 46, 1981, pp.36~57; T. Hirschi, *Causes of delinquency*, Berkley: University of California Press, 1969; M. E. Wolfgang, R. M. Figlio & T. Sellin, *Delinquency in a birth cohort*, Chicago: University of Chicago Press, 1972.

이와 같이 대부분 비행에 관한 연구들은 비행의 원인을 파악하는데 초점을 두고 있으므로 청소년비행의 원인을 파악하기 위하여 학자들이 주장하는 비행의 경로를 통하여 추적하는 것이 중요할 것이다. 따라서 일반적으로 청소년비행의 연구에 큰 영향을 미친 대표적인 몇몇 학자들의 이론을 소개한다.

첫째, 헤건(J. Hagan)의 권력통제이론(Power-Control theory)은 사회와 가정에서 '권력'과 '통제'가 제 위치에서 역할을 감당하지 못할 때 청소년들이 사회규범으로부터 일탈할 수 있다는 것이다.

즉 권력이 실제로 존재하는데 그것에 따른 통제가 부재하다면, 이때 통제부재 현상이 청소년들을 일탈하게 할 수 있다는 것이다. 더 나아가 사회에서의 권력-통제의 관계가 가정에서도 마찬가지로 부모 중에 어떤 분이 권력을 가지느냐에 따라 아들과 딸의 비행욕구에 각각 달리 영향을 미친다고 보고, 기본적으로 네 가지 기준을 제시하였다.494)

첫째는 가족의 계급관계(family class relation)와 가정 내 사회적 통제(domestic social control)의 관계, 둘째는 부모간의 권력관계(parental power relationships)와 가정 내 사회적 통제(domestic social control)의 관계, 셋째는 가정적 통제(familial control)와 비행(delinquency)간의 관계, 마지막으로 사회통제에 있어서의 성별차이(gender stratification)이다.

특히 Hagan은 부모간의 권력관계에 따른 가정의 계급구조(familial class structure)를 가부장제적 구조(patriarchal family structure), 모권적 구조(maternal family structure), 그리고 균형적 가족구조(egalitarian family structure)로 나누고, 이 세 유형 간에는 남녀의 비행에 차이가 있다고 한다.495)

여기에서 비행의 강도에 영향을 미치는 것은 '모험심'과 '아버지와 어머니간의 권력소재'가 큰 영향을 미친다고 보는데 그 내용을 보면, 가부장적 가정구조 하에서 아버지는 작업장에서 뿐만 아니라 가정 내에서도 권력을 지니고 있으므로 전통적으로 남녀사이의 역할분담이 분명하여 남자는 직접적인 생산과정에 참여하도록 학습되며 여자는 가사일과 소비에 대한 학습을 받는다.

따라서 소년들은 거칠고 모험심이 강하게 길러지며 소녀들은 보수적이며 가

494) J. Hagan, A. R. Gillis, and J. Simpson, "Class in the Household: A Power-Control Theory of Gender and Delinquency," *American Journal of Sociology*, 1987, pp.788~816.
495) J. Hagan, *Structural Criminology*, N. J. New Brunswick: Rutgers Univ. Press, 1989, cf. ch.7.

정적인 특성과 관련된 역할을 하도록 학습되므로 남자청소년의 비행유인 가능성이 여자청소년보다 높다고 볼 수 있다.

한편 아버지와 어머니의 권력관계가 균형적인 가정에서는 보수적이며 진보적인 양면성을 지니며 사회화된다. 그러므로 여자 청소년들은 모험심이 가부장제 하에서 보다 다소 강한 반면, 남자 청소년들은 특정화된 성(sex)역할을 덜 수용하기 때문에 비행율이 다소 낮다고 볼 수 있다.

마지막으로 모권적 가족구조, 즉 어머니가 권력을 가지고 있는 경우 혹은 편모의 가정 하에서는 여자 청소년들이 남성적(masculine)성향을 많이 지니도록 학습된다. 반면에 남자 청소년들은 여성성향(femininity)을 많이 지니므로 비행성향이 적게 나타난다고 본다.

따라서 권력관계에 대하여 Hagan은 사회계급에 대한 관심을 각자의 작업종사상의 권력관계와 그들 간의 균형에 초점을 맞추는데, 가족구조 역시 부모의 어느 한쪽에 의하여 자녀들이 영향을 받아 여성이 남성성향을 많이 지니고 남성이 여성성향을 많이 지닌다고 하였다.

따라서 Hagan은 가정에서의 부모의 통제가 자녀의 비행을 억제한다고 봄으로 주로 사회학적인 접근방법을 제시하고 있다.

이 이론과 연계하여 Fischer(1983)는 '부모의 감독과 비행'이라는 연구에서 부모의 감독과 비행 발생율 간의 경험적 분석을 통하여, 부모의 감독 역할의 강화가 자녀의 비행 발생율을 감소시킨다고 밝히고 있다. 한편 다른 학자들의 견해를 살펴보면 Seydlitz(1991)는 부모의 통제와 청소년 비행과의 관계를 나이와 성에 따라 비교해 본 결과, 부모의 통제가 청소년의 비행을 감소시키는 효과는 남자일수록, 중간 연령대의 청소년일수록 더 큼을 밝혀내었다.

그리고 가족관계의 변인들과 비행과의 관계를 회귀분석으로 밝힌 Campbell(1987)의 연구에서는, 가족 간의 의사소통, 훈육, 압력, 모녀간의 친밀도의 네 변인을 사용하였는데 이 가운데 모녀간의 친밀도가 비행에 가장 영향력이 큰 요인으로 나타나서 부모의 애정이 비행에 중요한 요인이 되는 것으로 나타났다.

또한 부모와의 애정의 관점에서 Gleuck는 어린 소년에게 있어서 미래의 비행 가능성을 예측할 수 있는 변인으로서, 부의 훈육, 모의 감독, 부의 애정, 모의 애정, 가족의 응집력 등 다섯 가지를 들었다. 따라서 부모의 통제와 애정은 청소년의 비행에 큰 영향을 미치는 것으로 나타났다.

둘째, 슈츠랜드(E.H. Sutherland)가 제시하는 차별적 접촉이론 혹은 차별적 관계이론(Differential association theory)은 사회화 과정의 차원에서 한 개인이 일탈하게 되는 원인 파악에 관심을 갖는다.496)

특히 Sutherland는 주장하기를 청소년은 비행을 조장하는 하위문화와 비행에 대하여 비판적인 상위문화의 상반된 문화적 역동과 대립 속에 살고 있으며, 비행에 대하여 비판적인 문화유형보다 비행을 조장하는 하위문화와 빈번히 관계를 맺게 되면 그 차별적인 관계를 통하여 비행 행위자가 된다는 것이다.

차별적 접촉이론의 특징적인 내용을 살펴보면, 청소년 비행은 타인과의 의사소통과정에서 학습되며, 학습될 때 기술, 동기, 추진력, 합리화, 태도 등도 같이 학습되는데 이들은 법규범을 준수하는 집단에 속해 있는지 위반하는 집단에 속해 있는지에 따라 비행의 유무가 결정되어 지며 법위반이 쉬운 환경에서 청소년 비행의 동기와 태도가 형성되기 쉽다는 것이다.

즉 법위반에 있어서 우호적 측면이 비판적 측면보다 클 때 청소년은 비행을 저지르게 된다는 것이다.

그러므로 슈츠랜드는 청소년의 비행원인들 중에서 주위환경의 중요성을 제시하고 있으므로 사회학적인 접근법을 제시한다. 이와 관련하여 Trasler(1978)는 학교에서의 긴장과 좌절이 비행 하위문화를 형성하여 청소년들로 하여금 비행을 저지를 수 있는 조건을 만들어 준다고 주장하여 학교환경을 강조하고 있다.

셋째, 리머트(E.M.Lemert)의 낙인이론(Labeling theory)은 사회가 개인의 행위를 일탈행위로 어떻게 낙인하여 행위자의 태도와 행동에 영향을 끼치는지에 관해 연구의 초점을 두고 있다.497)

따라서 Lemert는 청소년의 비행을 일차적 일탈과 이차적 일탈로 나누어서 보는데, 일차적 일탈은 청소년이 순간적으로 규범을 위반할 수 있지만 외부에 그 사실이 노출되지 않으므로 사회적 반응이 발생되지 않을 뿐 아니라 자신을 탈선자로 인식하지 않는 경우를 말하고 이차적 일탈은 행위자의 행위에 대해 사회적 평가나 반응이 나타나게 되고 행위자를 탈선자로 낙인찍게 되는 경우를 의미한다.

구체적으로 보면, 일차적 일탈(primary deviance) 상태에 있던 청소년이 점

---

496) E. H. Sutherland & D. R. Cressey, *Criminology*, P. A.: J. B. Lippincott, 1978.
497) E. M. Lemert, *Human deviance, social problems and social control*, Englewood Cliffs, N. J.: Prentice-Hall, 1967.

차 이차적 일탈(secondary deviance)상태로 변모하여 이차적 일탈자로 낙인찍히게 되는 과정을 강조하고 있지만, 일차적 일탈이 반드시 이차적 일탈로 발전된다고 보지는 않는다.

청소년은 일차적 탈선행위에 대해 비행이라고 오명이 찍히게 되면 사회생활에 큰 제한과 불이익을 받고 사회에서 소외되는데 소외될수록 그들은 경력 비행자가 된다고 본다.

따라서 낙인이론은 일차적 일탈로부터 이차적 일탈로 변화하는 과정을 강조하여 청소년의 경력비행을 방지하는데 중점을 두고 있다. 그러므로 리머트는 행위자에 초점을 두고 연구를 진행하고 있으므로 주로 심리학적인 입장에서 비행의 원인을 설명하고 있다고 본다.

이 이론과 맥을 같이하여 Becker는 일탈행위란 사람이 저지르는 행위의 특성이 아니라 타인이 행위자에 법과 제재를 가한 결과일 뿐이라고 주장하여[498] 낙인론자들이 주장하는 탈선행위란 행위자체가 나쁜 것이라기보다는 그 행위에 대해서 주위 사람들이 어떤 반응을 보이느냐에 따라 행위의 옳고 그름이 규정지어 진다는 것이다.

따라서 낙인이론은 두 가지의 심리적 반응을 예측할 수 있는데 하나는 낙인이라는 오명을 씻기 위해 책임을 자기에게로 돌리며 반성하는 경우와 다른 하나는 낙인이라는 오명을 자신의 잘못보다는 오히려 사회환경의 잘못으로 돌려 자신의 비행을 합리화시키든지, 아니면 자신에 대한 희망을 포기하는 경우가 있을 수 있을 것이다.

이러한 자기에 대한 부정감이 비행으로 연결된다고 보고 Ryan(1987)은 청소년의 성비행을 유발시키는 요인들을 연구하기 위하여 세 명의 사례연구를 들어 설명하고 있는데, 그 비행의 과정을 보면 먼저 청소년이 부정적인 자기이미지를 갖게 되면 사람들로부터 거부감을 느끼게 되고 그 결과 스스로 고립감을 체험하게 되며, 이때 자신의 주관적인 환상들을 발달시키게 되어 비행을 계획하고 비행을 실행하게 된다고 보고 있다.

Truckenmiller(1983)는 소외감이 폭력을 유발한다는 연구를 발표하였는데 특히 그는 폭력의 예측요인으로 동료의 압력, 낙인 경험, 사회적 소외 등을 변인

---

498) H. S. Becker, *Outsiders: Studies in the sociology of deviance*, New York: Free Press, 1963.

으로 사용하여 이들 변인들이 청소년으로 하여금 갱 집단에 참여하게 한다고 하였다. 따라서 낙인에 대한 부정적 심리의 요인이 비행을 유발하는 원인이 되는 것으로 볼 때, 비행자의 성격은 주요한 비행의 변수가 된다고 볼 수 있다.

넷째, 허쉬(Hirschi)의 사회통제이론(Social control theory)은 가정, 학교 및 친구와 관련된 요인들을 청소년비행의 주요 원인으로 다루고 있다.499)

그는 사회통제이론을 사회유대이론(Social bond theory)이라고도 하는데 그 이유는 사회유대가 약한 청소년의 비행은 사회유대가 강한 청소년의 비행 가능성보다 높다고 한다. 즉 사회의 적응력이 비행의 주된 원인이 된다고 보는 것이다.

허쉬는 이러한 사회의 유대관계를 설명하기 위하여 기본 가정을 제시하는데 하나는 인간이라면 누구나 일탈성향을 지니고 있다는 것과 다른 하나는 사회는 인간과 반대로 반 일탈적이라고 가정한다.

그래서 청소년은 일탈 가능성에 항상 놓여 있게 됨으로 이것을 통제할 수 있는 무엇인가 있어야 하는데 그것이 바로 사회라고 봄으로써 사회와의 유대가 강한 청소년일수록 일탈의 성향을 통제할 수 있게 된다고 본다.

따라서 이 이론은 사회 속에서의 인간을 강조하며, 특히 사회유대의 주요지표로서 애착(attachment), 관여(commitment), 참여(involvement), 신념(belief)을 제시하여 이들의 응집력이 높을수록 비행의 가능성은 줄어든다고 보므로 인간의 본능적인 욕구가 사회의 적응력을 상실할 때 비행이 저질러진다고 한다.

이런 맥락에서 허쉬의 사회통제이론은 비행의 보편성과 사회유대의 약화에 비행의 원인이 있다고 보며 사회적응력을 길러주는 학교, 친구, 가정 등이 청소년비행의 주요한 원인변수로 작용할 수 있다고 봄으로 허쉬는 사회학적인 접근을 시도하였다고 볼 수 있다.

더 나아가 Liska 와 Reed(1985)는 부모와 학교에 대한 애착이 비행과 어떤 관계가 있는가를 조사한 결과, 애착과 비행의 관계는 사회적 지위에 따라 달라짐을 발견하였고, 또한 Podell(1992)은 청소년들이 약물을 사용하게 되는 원인으로서 가정에서의 문제, 학교에서의 낮은 학업성취, 사회의 약한 유대감이 중요한 약물비행의 원인으로 지적하고 있다.

한편 유혜경(1986)은 친구집단의 비행성향과 청소년 비행과의 관계에 관한

---

499) T. Hirschi, *Causes of Delinquency*, Berkeley: University of California Press, 1969, pp.1~33.

연구에서 청소년은 주위에 비행적 경향을 띈 친구가 많을수록 비행적 가치관을 지니게 되므로 비행을 저지를 가능성이 많아진다고 하여 친구관계의 중요성을 역설하고 있다.

학교에서의 학업성취와 비행에 관한 연구로는, 서울 소년감별소(1981)의 조사결과가 있는데, 낮은 학업 성취도와 학교 부적응, 바람직하지 못한 또래관계가 청소년을 비행으로 이끄는 주된 원인이라고 하였다.

또한 Finn(1988)은 소년 법정을 거쳐 간 청소년들을 대상으로 한 연구에서 낮은 성적, 낮은 자존심, 낮은 학교 참여가 반사회적 비행으로 연결되는 통로임을 밝히고 있다.

다섯째, 브레이스웨이트(Braithwaite)의 재통합수치이론은 시계열자료 (longitudinal data)를 이용하여 범죄행위를 범죄참여 (participation in crime)와 범죄지속 (persistence in crime)으로 구분하여 그 상호관련성을 검증하는 것이다.500)

다시 말하면 범죄참여, 즉 정상적인 사람이 처음 범죄를 저지르는데 관련된 요인과 범죄지속, 즉 범죄경험이 있는 사람이 범죄를 지속하는 데에 관련된 요인은 동일하지 않다고 본다.

이것은 청소년이 사회적 유대의 단절로 말미암아 최초 범죄를 저지를 수는 있지만 이 청소년이 일단 범죄를 저지른 다음에는 사회적 유대의 회복만으로는 사회환원이 가능하지 않다는 것이다.

이 이론은 브룸스테인(Blumstein, 1986)에 의해 검증되고 있다. 한편 듈케임 (Durkheim, 1951)은 거시적인 측면(macro)에서 사회구조적인 영향을 고려하여 만일 사회적 통합정도가 낮으면 청소년들은 자신의 욕구를 자제하지 못하여 일탈행위를 하게 되고, 그리고 사회적 단위의 도덕적인 권위가 상실되면 사회성원은 삶의 의미나 생활의 지침을 잃게 되어 무규범의 상태에 이르게 된다고 보았다.

이런 기존의 이론들을 포괄하여 브레이스웨이트(Berithwaite)는 1989년에 「범죄, 수치, 재통합이론(Crime, Shame, and Reintegration)」을 발표하였다.

그는 범죄참여와 범죄행위의 시계열적 발달과정을 함께 다루면서 거시적 (macro) 측면뿐만 아니라 미시적(micro) 측면, 즉 청소년들의 가족, 친구, 학교적응, 사회경험 등과 같은 것들도 비행행위의 중요한 원인으로 작용한다고 보았다.

---

500) J. Braithwaite, *Crime, Shame and Reintegration*, New York: Cambridge University Press, 1989.

특히 그는 억제이론501)과 낙인이론502)을 동시에 다루면서 수치를 재통합적 수치(reintegrating shaming)와 낙인적 수치(stigmatizing shaming)로 나누었다.

재통합적 수치란 청소년비행자의 잘못을 비난하고 이후에 이들을 일상적인 생활에 재통합시키려는 노력에 뒤따르는 사회적 반응을 말하며, 낙인적 수치란 청소년비행자의 인간적 존엄성에 대한 애정이나 존경심을 유지하려는 노력이 없고 이들을 이방인으로 취급하여 사회로부터 격리시키고, 과거의 잘못을 용서하려는 시도를 하지 않는 등의 사회적 반응을 말한다.

따라서 재사회화 적응을 위하여 상호의존성과 공동체의식의 여부가 요구된다. 상호의존성(interdependency)이란 한 개인이 다른 사람들과 서로 의존하는 인간관계에 참여하는 정도를 지칭하는 것으로 그는 두 가지 측면에서 상호의존성을 말하고 있는데 하나는 다른 사람들과 얼마나 강한 애정적 관계를 맺고 있는가 하는 애착(attachment)의 정도이며 다른 하나는 일상적인 사회생활에 얼마나 개입하고 있는가 하는 관여(commitment)의 정도를 의미한다고 보았다.

그러므로 애착이나 관여 혹은 관심의 정도가 높을수록 비행율은 낮아진다고 하였는데 이것은 허쉬의 사회통제이론과 동일하다고 볼 수 있다.

한편 공동체적 특성에 있어서 도덕적 통합이란 양심이나 도덕의식이 강할수록 비행율이 낮은데 도덕의식은 사람들이 불안감을 야기하는 행위를 일반화하는 과정에서 형성된다고 보았다.

즉 잘못된 행위에 대하여 주위 사람들이 '나쁘다'고 계속적으로 반복하면 이러한 경험을 통하여 사람들은 '그것은 나쁘구나.' 하는 도덕의식이 형성될 수 있다는 것이다.

그러므로 공동체 의식을 많이 지닌 사람일수록 비행행위를 더욱 자제할 것이라는 것이므로 개인의 성격적 특성에 의하여 비행성향이 좌우될 수 있다고 봄으로써 그는 심리학적인 접근을 시도하였다.

---

501) 억제이론은 사람들이 비행을 저지르고 저지르지 않는 것은 비행에 대한 국가기관의 처벌이 얼마나 확실하고 엄격하고 신속하게 작용하느냐에 달려 있다는 견해로서 이 이론의 지지자들은 Gibbs, Tittle, Thomas and Bishop,Liska 등이 있다.
502) 낙인이론은 국가처벌이 범죄자에게 지울 수 없는 낙인으로 작용하여 차후에이들의 정상적인 사회생활에 장애요인이 되기 때문에 국가처벌은 범죄의 재발을 방지하는 데에 부작용이 있다는 것이다. 이 이론을 지지하는 자들로는Becker, Scheff, Lemert, Schur, Ageton and Elliott, Farrington 등이 있다.

따라서 성격과 비행의 관계에 관한 연구로 Wunderlich(1985)는 재판을 받은 청소년들을 대상으로 하여 그들의 성격 요인을 분석한 결과 비행청소년들이 주로 불신, 사회적 비관주의, 과민증을 가진 것으로 나타났으며, 구본용(1992)과 원호택(1990)의 연구에서는 호기심과 충동성이 비행행동과 높은 관련을 맺고 있는 것으로 나타났다.

또한 윤진(1991)은 청소년기는 또래 집단의 영향력이 가장 큰 시기이므로, 비슷한 연령의 또래 집단은 청소년기 행동의 기준과 모범이 되고 또한 사회적 압력으로 작용하면서 인간의 사회 및 성격 발달의 가장 중요한 매개체가 된다고 보고 있다.

여섯째, 머튼(R. K. Merton)의 아노미(Anomie) 이론은 아노미 즉 규범해체 및 무규범상태의 발생 원인을 문화적 목표와 이를 실현할 수 있는 경제적 기회 구조가 통합되지 않은 사회에서는 개인적 목표와 수단의 괴리가 불가피하고, 이와 같은 목표, 수단의 괴리는 규범체계의 와해 혹은 비행을 저지르게 하는 구조적 압력으로 작용한다고 본다.[503]

오늘날 기술문명의 발달은 경제적 부흥을 일으켜 온 반면에 사회구조적인 측면에서 많은 부정적인 영향을 끼쳤다. 기술이 인간 개인 또는 전체 사회에 미치는 영향에 관한 견해는 긍정적인 것과 부정적인 것으로 대립되어 있다. 긍정적인 견해에 의하면 기술은 모든 진보의 촉진자로서 혹은 사회문제의 해결자로서의 역할을 해 왔으며, 앞으로도 영원한 번영의 이상 세계로 인간을 유도할 것이라는 것이다.

반면에 부정적인 견해에 의하면 기술은 개인 사생활의 상실, 사회의 복잡화·번잡화, 환경의 오염 등을 초래하였고, 특히 자동화에 수반된 사회적 격변은 인간 소외화 현상을 초래했다는 것이다.[504]

이처럼 과학문명의 역기능으로서 나타난 인간소외현상은 집단의 목표와 개인의 수단이 괴리되어 아노미 즉 무규범상태를 발생시킬 수 있는데 이때에 청소년들은 일탈을 경험하게 된다는 것이다.

따라서 Merton은 청소년들이 목표달성을 위해서 주어진 사회 규범에 적응하

503) R.K. Merton, Anomie, anomia and social interaction: Contexts of deviant behaviour. In M. B. Clinard(Ed.), *Anomie and deviant behaviour*, New York: Free Press, 1964, pp.213~242.
504) 오세덕, 박연호 공저, 「현대조직관리론」 (서울: 법문사, 1997), p.337.

는 양식은 서로 다르다고 보며 다음의 다섯 가지 유형을 제시하였다. 동조형
(conformity)은 문화적 목표를 수용하고 사회적으로 제도화된 수단을 통하여 목
표를 추구하는 양식으로 비행이나 이탈성향이 매우 낮으며, 혁신형(innovation)
은 문화적 목표는 수용하지만 제도화된 수단은 거부하는 양식으로 부정한 방법
으로 목표달성을 하는 전형적인 형태로서 조직적인 청소년의 일탈성향으로 볼
수 있으며, 의식형(ritualism)은 문화적 목표는 거부하지만 제도화된 수단을 수
용하는 성향으로서 학문의 목적은 모르면서 기계적인 과제물에 충실한 청소년
에게서 볼 수 있는 의례적인 행동 양식으로 일탈의 성향은 낮다고 볼 수 있다.

그리고 퇴행형(retreatism)은 문화적 목표와 제도화된 수단을 모두 거부하고
도피해 버리는 행동 양식으로 청소년들이 성취동기를 상실할 때 나타나는 우발
적인 성향으로 비행가능성을 항상 내포하고 있다고 볼 수 있으며, 반역형
(rebellion)은 기존의 문화적 목표와 제도화된 수단을 모두 거부함과 동시에 새
로운 목표와 수단으로 대치하고자 하는 것으로 청소년들이 자신의 욕구불만족
을 사회로부터 보상을 받고자 하는 성향으로 전형적인 청소년비행의 유형이라
고 볼 수 있다.

그러므로 아노미 이론은 청소년이 문화적 목표와 경제적 구조의 불일치를 통
한 무규범의 상태를 경험하게 됨으로써 비행의 성향을 지닐 수 있다고 봄으로써
사회학적인 접근을 시도하고 있다. 그러나 이 주장과 서로 상반된 의견들이 있
는데 Shaw와 Mackay(1969)는 청소년이 속한 사회계층과 비행이 크게 관련이
있다고 밝히고 있다.

4. 비행경로의 심리학적 제 이론

앞에서 언급한 청소년들의 비행원인으로는 가정의 통제, 부모의 애정, 가족
의 응집력, 하위문화와의 접촉, 성격, 소외, 애착, 관여, 참여, 신념, 학업, 경제,
낙인, 수치, 공동체의식, 상호의존성, 사회적 비관, 과민증, 무규범상태, 사회계
층 구조, 부모의 학력 등 다양한 요소들이 지적되고 있다. 이 요인들은 거의 모
두 청소년들이 겪고 있는 고민들이 현실적인 불만으로 비화될 때 일어나는 일
탈현상으로 볼 수 있다.

　이러한 일탈현상은 크게 두 종류의 맥락에서 논의되고 있는 것을 발견할 수 있는데, 하나는 심리적인 측면과 다른 하나는 사회적인 측면이다. 이 두 요인을 명확히 구별하기는 어렵지만 일반적으로 구분하여 보면, 심리적인 측면에서는 주로 성격, 소외, 애착, 관여, 참여, 신념, 학업, 공동체의식, 상호의존성, 사회적 비관, 과민증, 낙인, 수치 등이 될 수 있으며, 사회적인 측면에서는 주로 가정의 통제, 부모의 애정, 가족의 응집력, 하위문화와의 접촉, 경제, 무규범상태, 사회 계층 구조, 부모의 학력 등이 될 수 있을 것이다.

　심리적인 요인은 주로 청소년 자신의 심리적인 상태와 작용으로 일어나는 변수들로서 행위자가 중심이 되어 있고, 사회적인 요인들을 주로 청소년 자신보다는 외부적인 요인과 복합적으로 나타나는 변수들로서 행위 중심이 되어 있다.

　따라서 여기에서는 선행연구들이 청소년비행 원인에 이론적으로 시사하는 점을 분석하여 보고, 기존이론들의 비행화를 경로도표로 요약하여 심리학적 측면과 사회학적 측면으로 각각 구별하여 살펴보고자 한다. 먼저 심리학적 측면에 이루어진 이론들을 살펴보면 다음과 같다.

　브레이스웨이트(Braithwaite)의 재통합수치이론[505]은 기존의 범죄이론 들을 복합적으로 통합하여 범죄행위를 중심으로 이론을 전개한 가정, 학교, 친구, 사회환경의 요인과 비행자중심으로 이론을 전개하는 성격요인을 청소년의 비행원인으로 파악하고 있다. <그림 22>는 그의 이론개요이다.

<그림 22> 브레이스웨이트의 재통합 수치이론의 비행경로도

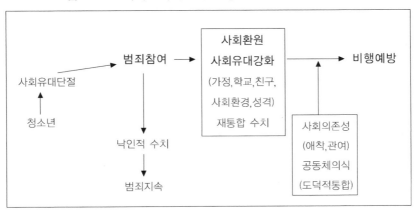

---

505) J. Braithwaite, *op. cit.*

이 이론은 '행위'와 '행위자'가 복합적으로 이루어져 있지만 주로 심리적인 측면에서 재통합적 수치를 기초로 하였다. 즉 범죄에 참여한 청소년은 사회유대관계를 강화하는 것만으로 사회복귀가 어렵다는 것이다.

이것은 사회환원 혹은 재사회화에 따른 재통합적 수치가 있기 때문인데 이것을 제거하기 위하여 사회의존성과 공동체의식을 길러주어야 한다는 것이다. 이러한 논의는 전통적으로 비행행위 위주로 청소년비행이론을 전개한 것에 비하면 큰 발전이라고 볼 수 있다.

그러나 이 이론의 한계점으로는 청소년을 능동적인 측면에서만 봄으로써 외부환경에 의한 급격한 변동 즉 전쟁이나 비상계엄령 혹은 비상시국 상태 하에서의 사회통제는 어렵게 될 수 있으므로 통제적인 측면에서 미약하다고 볼 수 있다.

또한 청소년들의 비행에 대한 수치를 단지 재통합적 수치와 낙인적 수치로 나눠 봄으로써 그들의 개성에 따른 수치의 정도를 측정하는 것을 무시하고 있다. 즉 똑같은 사회적 환경에서 똑같은 범죄를 저지른다 할지라도 어떤 사람은 큰 충격을 받음으로 스스로 좌절의 고통을 느낄 수 있으며 어떤 사람은 재통합적 수치이론과 같이 상호의존성과 공동체의식을 길러줌으로써 갱생의 기회를 가질 수도 있을 것이다. 그러므로 이 이론은 청소년의 잠재적 성향에 의한 수치의 정도를 충분히 고려하지 못하였다고 볼 수 있다.

그럼에도 불구하고 이 이론은 청소년의 비행원인을 다각적으로 모색하였고 특히 범죄참여 및 범죄지속을 차단하기 위하여 비행자의 공동체의식의 향상과 도덕성의 제고는 청소년 비행원인 중 성격의 영향을 도입시키는데 큰 기여를 하였다.

리머트(E.M.Lemert)의 낙인이론(Labeling theory)[506]은 사회가 개인의 행위를 일탈행위로 어떻게 낙인하여 행위자의 태도와 행동에 영향을 끼치는가에 연구의 초점을 두고 있으므로 행위자 중심에서 이론을 전개하고 있다.

이 이론의 한계점은 특정 청소년을 '문제학생', '불량청소년' 등의 낙인을 찍음으로써 자아개념에 영향을 주고 청소년들을 경력비행화시켜 더 많은 비행을 야기시킬 수 있다는 점과 일차적 탈선에서 이차적 탈선으로 진행되는 과정에

---

506) E. M. Lemert, *op. cit.*

초점을 둠으로 비행이 일차적 원인을 제시하지 못하고 그것에 대한 경험적 검 증이 미약하다는 점이다. 비행의 경로를 보면 <그림 23>과 같다.

<그림 23> 리머트의 낙인이론의 비행경로도

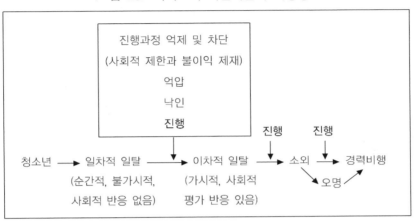

그러나 모든 비도덕적 행위들이 반드시 비행으로만 낙인이 찍히는 것이 아니 라고 본 점에서 비행과 비행자의 규정에 있어서 결정보다는 과정을 중시하는 점에서 청소년 비행이론에 공헌을 하였다고 볼 수 있다.

5. 비행경로의 사회학적 제 이론

사회학적 측면에서 비행의 원인을 찾는 경우는 주로 행위자보다도 행위 그 자체에 초점을 두고 연구를 진행한다는 것이다. 그 동안 대부분의 이론들은 행 위중심에서 연구를 진행하여 왔다. 즉 사회학적인 측면에서 비행원인을 진단하 는데 중점을 두어 왔다는 것이다. 몇몇 주요한 이론들을 살펴보면 다음과 같다.

헤건(Hagan)의 권력통제이론(Power-Control theory)507)은 사회계급에 대한 관심을 권력관계로 보았다. 즉 각 작업종사상의 권력관계와 그들 간의 균형관계 에 초점을 두고, 가족구조를 측정하여 부모 중 어느 한쪽에 의하여 자녀들이 영 향을 받아 여성이 남성성향을 지니고 남성이 여성성향을 지닐 수 있다고 하였다.

---

507) J. Hagan, *Structural Criminology, op. cit.*

그러나 현대 선진국에서의 여성취업인구가 부모의 권력구조와는 관계없이 정치적, 경제적, 문화적인 상황에 의하여 증가하고 있다. 뿐만 아니라 부부간의 권력관계는 단순한 종사상의 힘의 관계에 의해서만 결정되는 것이 아니라는 것이다.

그리고 가정 내의 권력구조를 지나치게 생물학적인 성(sex)에 의하여 치우치고 있으므로 사회적인 성(gender)의 성향들이 급변하는 정치적 사회적인 요인들에 의하여 충분히 설명되어 지지 못하고 있다는 한계점을 지니고 있다.

한편으로는 가족의 권력구조에 따른 성별간의 비행을 너무 기계적으로 다루며 부모-자녀간의 관계를 단순하고 일면적인 '감독' 중심의 '도구-대상'의 관계로 이해하고 있다. '부모-자녀'에 대한 애정은 사회 문화적 권력구조에 의하여 전적으로 평가될 수 없다는 것이 권력통제이론의 한계점이라고 볼 수 있다. 헤건의 이론을 요약하여 보면 <그림 24>와 같다.

<그림 24> 헤건의 권력통제이론의 비행경로도

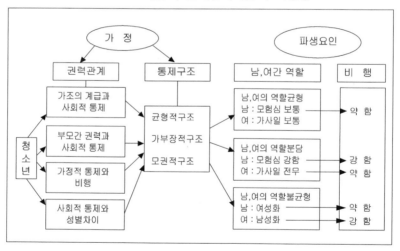

그럼에도 불구하고 청소년 비행의 원인을 가정의 환경과 구조로 진단하여 가정에서의 부모의 통제가 자녀의 비행을 억제하는 효과를 가진다고 본 것은 청소년비행의 원인을 밝히는데 중요한 기여를 하였다고 볼 수 있다.

머튼(E.Merton)의 아노미 이론508)은 규범해체 및 무규범상태의 발생 원인을

---

508) R. K. Merton, *op. cit.*

문화적 목표와 이를 실현할 수 있는 경제적 기회구조가 통합되지 않은 사회에서는 개인적 목표와 수단의 괴리가 불가피하고, 이와 같은 목표, 수단의 괴리는 규범체계의 와해 혹은 비행을 저지르게 하는 구조적 압력으로 작용한다고 본다.

따라서 그 아노미의 유형으로 동조형, 혁신형, 의식형, 반역형, 퇴행형 등 다섯 가지를 제시하고 있다.

이 이론의 한계점은 청소년을 완전하게 다섯 가지 중 하나로 유형화시킨다는 것은 불가능할 뿐만 아니라 혼합된 성향도 지닐 수 있다는 것을 간과하였고, 너무 획일적으로 사람을 문화적 목표와 제도적인 규율에 따라 유형화시킴으로 그 외의 국제적인 환경변화요인과 각 개인의 가정환경에 따른 심리적 영향을 충분히 고려하고 있지 못하다는 것이다. 이 이론을 도표화하면 <그림 25>과 같다.

<그림 25> 머튼의 아노미 이론의 비행경로도

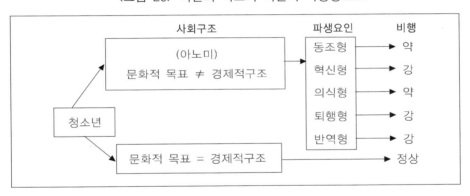

그러나 아노미 이론은 청소년비행의 원인파악에 있어서 사회적 목표와 경제적 기회에 대한 분명한 인식을 제공하였고, 여러 사회계층에 따른 가치관의 차이에 대하여 새로운 이해를 불러일으킴으로 사회학적 청소년비행이론에 많은 기여를 하였다고 볼 수 있다. 따라서 아노미 이론은 청소년 비행의 원인을 사회구조의 영향으로 진단하고 있는 바,

슈츠렌드(Sutherland)의 차별적 접촉이론[509]은 청소년이 하위문화와의 접촉으로 인하여 비행을 학습하게 된다고 본다. 이 이론의 한계점은 청소년이 사회화의 과정 속에서 비행을 학습한다고 보는데, 그러나 동일한 환경과 조건 하에

---

509) E. H. Sutherland & D. R. Cressey, op. cit.

서도 각 개인에 따라 비행이 학습될 수도 있고 안 될 수도 있다는 것과 청소년들은 사회환경 속에서 살고는 있지만 꼭 사회환경을 통하여 만 학습되는 것이 아니라 환경에 대한 도전의식과 본능도 강하게 잠재한다는 것을 간과하였다.

또한 인간의 잠재능력은 각 개인에 따라 시간과 상태에 따라 달라질 수 있으므로 청소년들이 외부 문화와의 접촉에 의해서만 사회화가 이뤄지는 것이 아니라 잠재적인 능력과 선천적인 요인도 작용하고 있다는 점을 간과하였다. 그의 이론을 도표로 나타내면 <그림 26>과 같다.

<그림 26> 슈츠랜드의 차별접촉이론의 비행경로도

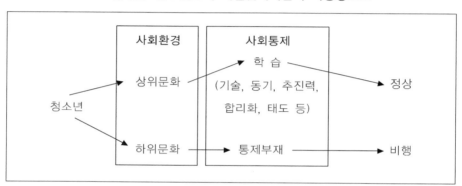

그러나 슈츠랜드는 청소년의 비행원인을 사회화의 과정 중에 나타나는 행동양식으로 보고 있으므로 사회환경을 주요한 원인으로 파악하는데 기여하였다.

특히 새로운 문화와 관련하여 볼 때, 오늘날 한국의 청소년들은 전과는 달리 가정에서보다는 가정 밖에서 생활하는 시간이 많아졌고 그만큼 학교와 동료집단, 학교주변의 유해환경, 학원 및 도서실, 매스미디어 등의 가정 외적인 요인에 의해 많은 영향을 받고 있는 것이 현실이다.

더욱이 산업화와 더불어 전통적인 가족의 기능이 점차 약화되어가고 있고 여성 주부들의 사회진출이 점차 증가되어가고 있는 상황에서 오늘의 청소년들은 그만큼 사회에 방치됨으로써 가정 밖의 거리에서 방황하게 되며, 이로 인하여 일탈과 비행에 접근할 가능성이 커지게 되는 것이다.510)

---

510) 장일호, "한국사회의 청소년의 가정사회화의 문제점에 대한 소고", 「사회과학논총」, 경희대학교 사회과학대학, 제12집, 1994년 12월, p.180.

그러므로 가정사회화가 건전한 방향에서 이뤄져야 하는데 이것이 하위의 사회
문화와 관계를 맺게 되면 비행을 경험하게 된다고 볼 수 있다.

따라서 슈츠랜드의 차별적 접촉이론은 인간의 사회화 과정 속에서 비행이 학
습된다고 봄으로 청소년비행의 원인이 사회환경의 변수에 의하여 많이 좌우될
수 있다고 본다.

허쉬(Hirschi)의 사회통제이론511)의 한계점은 사회유대란 비행통제요인의 유
무에 따라 설명될 수밖에 없으며, 그 결과 비행유인 및 동기요인은 비행을 설명하
는데 고려의 대상이 못되고 비행에 대한 통제요인만을 제시하는 결과를 가져온다
는 점과 청소년의 가정, 학교, 친구와의 유대정도가 청소년비행의 주요 요인으로
설명되어 지는데 이것들과는 달리 현대에는 다양한 사회환경적인 요인들과 청소
년자신의 요인들이 청소년비행을 부추기는 요소가 되고 있다는 것이다.

예컨대 1994년 청소년범죄의 동기를 살펴보면 청소년자신의 이욕을 위한 경
우(19.1%)와 사회적인 환경, 즉 사행심, 원한, 분노, 취중, 우연, 유혹, 부주의 등
의 경우(50.3%)를 합하면 약 70%가 된다. 따라서 사회유대의 결핍만이 절대적
으로 범죄에 영향을 미치는 것이 아니라는 사실이다.512)

한편 사회유대관계 중에서 친구와의 유대관계가 깊으면 자연히 비행유인동기도
적어질 것으로 가정하는데 이때에 집단비행은 어떻게 해석할 것인가? 더구나 한
국과 같은 사회문화 속에서는 의리의식이 강하다. 특히 비행집단 속에서는 그 응
집력이 더욱 높다는 사실에서 사회통제이론은 설득력을 갖기 힘들다고 본다.

마지막으로 사회통제이론은 인간의 범죄에 대한 자율적, 능동적인 대처능력 보
다는 타율적, 수동적인 대처능력을 중시하고 있다. 즉 사회유대가 약하게 되면 개
인의 본능적인 비행충동욕구가 통제되지 못하게 되어 비행을 저지르게 된다고 봄
으로 외부적인 통제를 통하여 사회유대를 강화하는 것이 바람직하다고 본다.

그러나 현대의 청소년비행의 유형을 보면 청소년 자신의 호기심과 기분전환이
범죄동기의 많은 부분을 점하고 있으므로513) 인간의 자율적인 통제능력과 능동
적인 성격도 범죄예방의 주요한 변인이 될 수 있다는 것이다. 이 이론의 경로도
표는 <그림 27>과 같다.

---

511) T. Hirschi, *op. cit.*
512) 청소년 백서, 전게서, p.411.
513) 상게서, p.411~415, 참조.

<그림 27> 허쉬의 사회유대이론의 비행경로도

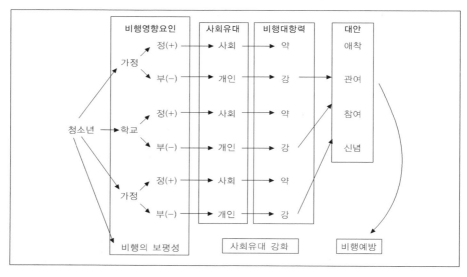

그럼에도 불구하고 허쉬의 사회통제이론은 비행의 보편성과 사회유대의 약화에 비행의 원인이 있다고 보며, 사회적응력을 길러주는 학교, 친구, 가정 등이 청소년비행의 주요한 원인변수로 작용할 수 있다고 봄으로 청소년의 비행원인 진단에 큰 공헌을 하였다고 볼 수 있다.

6. 비행원인의 이론적 검토 평가

선행연구들에서 본 바와 같이 우리나라의 비행에 관한 논의들은 주로 외국의 이론들을 검증하는 단계에 머물려 왔다는 것이다. 그 결과 비행의 원인에 대한 정확한 진단이 이루어지지 아니하여 서로간의 상반된 주장이 나오게 되었다. 이 같은 상반된 주장이 나오게 되는 것은 두 가지 원인으로 인한 것이라 본다.

하나는 비행의 원인을 단순히 비행과의 인과관계의 검증을 시도한 결과, 원인 자체의 분석이 제대로 이루어 지지 못하였기 때문이다. 즉 비행의 원인에는 환경에 의하여 변하지 않는 상태요인514)과 환경에 의하여 변화하는 영향요인515)

---

514) 비행원인에 대한 상태요인으로는 대체로 성격, 소외, 애착, 관여, 참여, 신념, 유전, 정신결함, 체질적 요인, 자존심, 아노미, 지능, 학업, 공동체의식, 상호의존성, 사회적 비관, 과민증, 낙인, 수치 등 청소년 자신으로 인하여 야기될수 있는 유전적, 심리적인 요인들이 될 수 있다.

이 있는데 이들을 구별하지 아니하고 복합적으로 원인 자체에 기준을 두고 비행과의 상관관계를 분석한 결과 서로가 상반된 주장이 나올 수 있었다는 것이다.

따라서 비행의 원인을 분석함에 있어 중요한 것은 환경의 변화에도 변화하지 않는 정적인 상태요인과 상황에 따라 변화하면서 비행에 직접적 혹은 간접적으로 영향을 미치는 동적인 영향요인을 구별하는 것이 필요하다.

상태요인과 영향요인을 명확히 구별하는 것은 어렵지만 대체로 상태요인은 유전, 생물학적 요인과 심리적인 작용으로 볼 수 있으며, 영향요인은 사회문화적인 요인과 윤리, 도덕적인 요인으로 볼 수 있다.

이러한 두 요인간의 상호 구분이 없이 단순히 비행의 원인과 비행행위와의 상관관계를 분석하는 것은 문화적 상황과 시간의 차이로 야기될 수 있는 변화요인들로 인하여 비행의 원인을 충분히 설명할 수 없을 것이다. 이러한 상관관계 분석의 한계점 때문에 앞의 이론적 연구결과를 검토하는 데는 비행의 경로를 분석하는 방법을 진행하였다.

다른 하나는 조사방법과 통계분석상의 문제인데, 연구자들이 조사한 비공식 자체보고자료는 그 통계자료들이 지닌 한계점 때문에 서로가 상반된 결과를 초래하였다고 볼 수 있다. 그래서 이것을 극복하고자 본 연구에서는 공식적인 통계자료를 통하여 기존의 이론들의 타당성을 조사하여 보았다.

그럼에도 불구하고 공식적인 통계자료들과 비공식적인 자체보고 자료들이 지니고 있는 각자의 한계점도 있으므로 정확한 통계분석은 어려운 현실이다. 이러한 통계자료들의 한계점과 관련하여 무크지(Satyanshu K. Mukherjee)의 통계자료 분석이론516)을 중심으로 기존의 실증적 연구의 한계점을 분석하여 보고자 한다.

최근까지 비행에 대한 대부분의 이론들은 생태론적인 측면에서 비행행위가 도시와 저소득계층의 남자들에 의하여 많이 이루어지고 있다고 가정하여 왔다. 그러나 현대에는 비행에 관한 이러한 전통적인 이론들이 세 가지 원인에 의하

---

515) 비행원인에 대한 동적인 영향요인으로는 가정의 통제, 부모의 애정, 가족의응집력, 하위문화와의 접촉, 경제, 무규범상태, 사회계층 구조, 부모의 학력, 가정결손, 가족관계, 학업실패, 비행친구관계 등과 같이 청소년 자신보다는가정적, 사회적 환경으로 인하여 야기될 수 있는 요인들이다. 특히 영향요인들은 직접적으로 비행에 영향을 미치기도 하고, 간접적으로 상태요인에 영향을 미쳐 상태요인들과 복합적으로 비행에 영향을 미치기도 한다.

516) S. K. Mukherjee, "Juvenile Delinquency: Dimensions of The Problem", *Juvenile Delinquency in Australia*, Sydney: Methuen Australia Pub., 1987.

여 공격을 받게 되었다.

첫째는 현대에는 비행이 사회계층과 나이와 성별에 차이가 없이 일어나고 있
다는 것과 거의 모든 사람들이 범죄를 저지르고 있으므로 '범죄(crime)'라고 정
의하는 행동과 '범죄가 아니다(non-crime)'라고 하는 것 사이에는 차이가 거의
없어 졌다는 것이다.517)

이것은 청소년비행의 일반화 혹은 보편성을 대표해 준다. 이러한 논의의 지
지자들은 전통적인 이론을 지탱시키는 주된 요인이었던 공식적인 통계가 너무
나 모순이 많다는 점을 지적하고 있다.

둘째는 일반적으로 비공식 자체연구 보고들에 의하면 비행은 나이와 도시화
혹은 사회계층과 관계가 없다는 것이다. 더욱이 어떤 비공식 자체연구보고에
따르면 응답자의 90%이상이 범죄로 단정 지을 수 있지만 발견되지 않은 행위
들을 저 지려 왔다고 하였다.

마지막으로 무크지의 이론이 상당한 지지를 얻고 있는 이유는 공식적인 통계
가 범죄행태 보다는 오히려 범죄재판제도의 역할을 대표해 주고 있기 때문이라
는 것이다.518)

그러므로 이 세 가지 원인들에 의하여 최근까지의 비행연구는 비판을 받고
있는데 현대에는 통계자료들을 다음의 세 가지 요인에 의하여 복합적으로 연구
함으로써 더욱 정확성과 신뢰성을 높일 수 있다고 본다. 즉 범죄재판기관에 의
해 발표된 공식통계, 비행에 관한 비공식 자체보고의 통계 수치를 사용한 연구,
그리고 학자나 연구자들에 의한 사례연구, 이 세 가지를 종합하여 보면 소년범
죄가 계속적으로 증가하는 주요 요인을 발견할 수 있을 것으로 보고 있다.

다시 말하면 무크지는 과거의 이론들이 주로 생태론적인 접근이었다면 그는

---

517) 범죄의 규정이 어렵다고 하는 의견에는 다음을 참조 바람.

　　E. M. Schur, *Radical non-intervention: Rethinking the delinquency problem*, N. J. Englewood Cliffs:
　　Prentice-Hall, 1973; I. Taylor, P. Walton & J. Young, *The new criminology: for a social theory of
　　deviance*, London: Routledge and Kegan Paul, 1973.

518) 이 견해에 대하여는 다음을 참조 바람.

　　G. Bushranger, Alternative criminology and prisoners' movements: Partnership or rip-off?
　　Alternative Criminology Journal, 1, 1975, pp.24~45; D. Brown, Some notes on the state of
　　planning in criminology, *Alternative Criminology Journal*, 2, 1978, pp.67~92; J. I. Kitsuse & A. V.
　　Cincture, A Note on the uses of official statistics, *Social problems*, 11, 1963, pp.131~139.; D. J.
　　Newman, The effect of accommodation in justice administration on criminal statistics, *Sociology
　　and Social Research*, 46, 1962, pp.144~155; R. Quinney, *Criminology*, M.A. Boston: Little Brown,
　　1979; S. Wheeler, Criminal statistics: A reformulation of the problem, *Journal of Criminal Law,
　　Criminology and Police Science*, 58, 1967 pp.317~324.

실증론적인 접근방법을 모색하고 있다는 것이다.519)

이를 뒷받침하는 연구로서 대부분 비공식 자체 조사의 응답자들은 그들의 어린 시절에 때때로 법을 위반했음을 자백하였으므로 이것은 비행에 대한 범주를 정하기가 어렵다는 한계를 지니게 한다. 한편 위법행위에 대하여 근본적으로 의문을 제기하고 있는데 이러한 것들이 각 조사들에 대한 한계와 조사 방법론상의 문제로서 가장 큰 비판의 대상이 되고 있다는 것이다.520)

또 다른 측면에서 공식적인 통계가 범죄재판기관의 정책과 행태들을 반영한다고 하는 이론들은 법강제집행기관의 활동과 정책의 변화, 법률의 변화, 기술의 변화 등에 비하여 범죄성의 차원에서의 변화, 즉 범죄의 강도를 대표해 주기 위한 취지로부터 그들은 지지를 얻고 있다.521)

그러나 공식적인 통계에 의한 연구들이 특별한 상황에서의 자료를 기초로 하였음에도 불구하고 언제든지 보편적으로 받아들여지고 있다는 것이다. 이것은 공식적인 통계가 지닌 또 하나의 한계인데 예로 들면 현재 심리 중의 사건에 대하여 과거의 공식적인 통계자료를 직접 관련시킨다면 이것은 현재법을 위반한 사람들에 대하여 간접적인 요인들, 즉 자주 변하고 있는 기술, 법, 정책의 요인을 고려하지 않고 심리를 진행한다는 문제를 야기한다.

그러므로 비행의 원인을 파악하기 위하여는 상황에 따라 변화하는 영향요인에 대한 분석이 전제되어야만 정확한 비행의 원인을 진단할 수 있고, 한편으로는 비행의 예방정책을 모색할 수 있을 것이다.

7. 비행원인의 실증적 검토 평가

선행연구를 통하여 나타난 비행원인의 요인을 크게 심리학적 접근과 사회학적 접근으로 나누어 보았기 때문에 우리나라 청소년 비행의 실태를 분석하기 위하여 여기에서도 청소년비행의 원인을 심리학적 접근과 사회학적 접근으로 나눠 살펴보았다.

---

519) S.K. Mukherjee, "Juvenile Delinquency: Dimensions of The Problem", *Juvenile Delinquency in Australia, Sydney*: Methuen Australia Pub., 1987, pp.19~22.

520) A. J. Reiss, Inappropriate theories and inadequate methods as policy plagues: Self-reported delinquency and the law, In N. J. Demerath, O. Larsen & K. F. Schuessler(Eds.), *Social policy and sociology*, N.Y.: Academic Press, 1975, pp.211~222.

521) D. Seidman & M. Couzens, Getting the crime rate down: Political pressure and crime reporting, *Law and Society Review*, 8, 1974, pp.457~493.

〈도표 37〉 우리나라 청소년 비행의 실태 평가

비행실태	비행이론의 가설	실태분석 결과	평 가
성(sex)	가부장제 하에서는 소년이 소녀보다 비행성향이 높다.	생리적 성(sex)과 사회적 성(gender)을 구별하지 못하고 있다.	성(sex)에 대한 본질적인 비행 성향을 구별되지만, 여성의 개방 물결과 함께 성(gender)에 대한 차별이 점차 무너지고 있는 바, 부분적으로 설득력이 있다.
개인적 차별접촉	개인이 하위문화와의 접촉을 통하여 사회화가 이루어지게 되면 자연히 비행을 저지르게 된다	하위문화 속에서 우발적으로 비행을 저지를 수 있는 경우와 비행경험자 와의 접촉을 통하여 유흥 및 도박 등을 위하여 비행을 저지르는 경우가 전체 범죄의 40%이상을 점유하고 있다.	우리나라에서는 현실적으로 설득력을 지니고 있다.
낙인	일차적 일탈에서 이차적 일탈로 진행된 행위자를 탈선자로 낙인찍으면 재범방지 및 비행억제를 할 수 있다.	전체 범죄 청소년 중에 전과가 있는 범죄자는 23.3%인데 이들 중 전과 1범에서 2범이 된 범죄자는40.6% 으로 많았으며 2범에서 3범으로 된 자는 81.9% 으로 더욱 그 비율은 높았다.	우리나라에서는 현실적으로 비행예방의 방법으로는 적당치 않다.
학교생활	하위문화접촉으로 인하여 청소년 비행은 발생한다.	학교동창으로 인한 집단 범죄는 거의 전체 집단 범죄의 과반수가 되고 있다.	정적인 인간관계의 정서를 가진 우리나라에서는 상당히 설득력을 지니고 있다.
가족의 사회 계급	문화적 목표와 경제적 구조의 불일치로 인한 사회구조적 불평등 및 사회계급과 비행 간에는 역의 관계이다.	우리나라에서 하류계층 자녀들의 비행은 감소하고 있지만, 중·상류층 자녀들의 범죄가 빠른 속도로 증가하고 있다.	빈곤계층의 자녀의 비행이 감소하므로 청소년의 비행과 경제적 요인과는 많은 영향이 없다.
핵 가족화와 결손가정	가정형태의 변화는 사회구조에 영향을 주고 사회구조는 비행에 영향을 준다.	결손가정의 경우에 1990~1995년의 통계에서 실부모가 있는 소년이 평균 77%로 가장 많고, 결손가족은 17.3%에 불과하였다.	청소년비행의 일반화를 대표해 주는 것인 바, 결손가정보다는 핵가족화가 비행에 영향을 미친다는 것은 설득력을 가지고 있다.
사회유대	청소년들의 비행 원인 을 청소년들이 사회 유대의 결핍으로 인하 여 소외된 개인이 개인끼리 어울려 비행을 저지르는 것으로 본다.	집단비행의 경우에는 문화의 차이를 고려하고 있지 못하다.	정적인 인간관계를 형성하고 있는 우리나라와 같은 사회에서는 사회유대의 결핍만이 청소년비행의 원인이 된다고는 볼 수 없다.
도시화	급속한 도시화는 청소년들의 정서에 영향을 주어 비행으로 발전할 수 있다.	1985~1990년의 영남권은 전체 비행소년이 28%이고, 호남권은 15%에 이르고 있다.	영남권은 호남권에 비하여 도시화가 빨리 진행된 바, 도시화는 청소년비행에 영향을 가지고 있다.

앞의 실태분석에서 나타난 특징들을 도표화시켜 보면 〈도표 37〉과 같은데 여기에서 중요한 시사점은 외국에서의 청소년비행의 이론들은 한국에서 적용하는 데는 문화적 차이로 인하여 어려움이 있다는 점과 주로 원인파악에 치중하여 원인에 영향을 주는 요인들을 간과하였다는 점, 그리고 그 결과 동적으로

변화하는 비행의 경로를 분석하기보다는 정적으로 이뤄진 원인 파악에 치중하
였다는 점이다.

따라서 본 연구에서는 실증적인 방법으로 비행의 원인에 영향을 미치는 동적
인 영향변수를 분석하여 보면서 정적인 원인파악에 초점을 두었다.

8. 비행원인과 대안개발의 방향

현재까지 기존의 연구에서 제시된 비행원인들은 대체로 유전, 정신결함, 체
질적 요인, 사회계층, 가정결손, 가족관계, 학업실패, 비행친구관계, 자존심, 성
격, 아노미, 낙인, 지능 등 다양하다.

이러한 청소년 비행의 원인들을 보다 정확히 분석하고자, 여기에서는 환경의
변화에도 변화하지 않는 정적인 상태요인과 상황에 따라 변화하면서 비행에 영
향을 주는 영향요인으로 구분하여 보았다.

따라서 환경에 의하여 변화하는 영향요인들을 통제 혹은 강화함으로써 청소
년 비행의 예방에 효율을 기할 수 있다고 본다.522)

본 연구에서는 기존의 비행원인들로부터 청소년 비행의 영향요인들로 가정,
학교, 친구. 성격, 사회의 다섯 요인으로 보고 이들을 중심으로 심층적으로 분
석하여, 각 지표에서 나타난 비행에 대항하는 긍정적인 부분과 비행과 밀접한
관계를 맺는 부정적인 부분을 명확히 구분하고, 그리고 비행을 예방하기 위하
여 긍정적인 부분은 더욱 강화하여 하위문화와의 관계를 사전에 차단하는 방법
으로 하였다.

반면에 부정적인 부분은 통제 혹은 억제하여 사전에 비행을 차단하도록 하는
방법으로 한다. 따라서 각 영향요인별로 나타난 지표를 긍정적인 부분, 즉 지표
의 좋은 상태를 중심으로 정(+)적인 것과 부(-)적인 것의 결과를 각 영향변수
별로 살펴보면 <그림 28>과 같다.

---

522) 김장대, 청소년비행의 원인과 정책대안에 관한 연구 경희대학교 박사논문, 1998, 1000여명
　　의 청소년을 대상으로 조사한 결과를 참조.

<그림 28> 청소년 비행 영향요인의 지표 값

가정환경 영향요인 (긍정적인 부분)	지표 값	부 호
부모의 애정	81.8%	(ㅡㅡ)
부모에 대한 애정	91.4%	(ㅡㅡ)
청소년의 교육관	56.6%	(ㅡ)
가정의 만족도	47.9%	(+)
과잉기대	44.7%	(+)
부모의 교육열	77.4%	(ㅡ)
부모의 관심	61.3%	(ㅡ)

학교생활 영향요인 (긍정적인 부분)	지표 값	부 호
교사의 애정	49.7%	(+)
교사에 대한 애정	64.0%	(ㅡ)
학교환경	70.2%	(ㅡ)
해외유학	43.2%	(+)
학업성적	18.9%	(++)
학습관	64.0%	(ㅡ)

친구관계 영향요인 (긍정적인 부분)	지표 값	부 호
애착	92.6%	(ㅡㅡ)
경쟁	58.5%	(ㅡ)
성 도덕관	64.9%	(ㅡ)
친구의 권유	62.0%	(ㅡ)
법 의식	82.6%	(ㅡ)
잘못된 의리의식	39.9%	(+)

사회 영향요인 (긍정적인 부분)	지표 값	부 호
관심	14.9%	(++)
신뢰도	24.0%	
일반매체	45.9%	(+)
종교기관의 역할	45.1%	(+)
물질관	84.2%	(ㅡㅡ)
문화의식	57.3%	(ㅡ)

성격 영향요인 (긍정적인 부분)	지표 값	부 호
자신감	61.8%	(ㅡ)
친구에 대한 관심	76.8%	(ㅡㅡ)
외국생활	53.6%	(ㅡ)
신념	73.7%	(ㅡ)
체격 및 외모	32.9%	(+)
비행의식	86.2%	(ㅡㅡ)
장래문제	81.3%	(ㅡㅡ)
공동체 의식	71.5%	(ㅡㅡ)

범례 : 지표값은 응답대상자에 대한 백분율임.

* + , - 의 표시는 다음과 같은 내용을 의미한다.

(ㅡㅡ) : 부정적 질문에 대해 '그렇다'라고 응답한 자가 20% 미만인 경우로서 비행에 강하게 대항 함.

(++) : 부정적 질문에 대해 '아니다'라고 응답한 자가 20% 미만인 경우로서 비행과 매우 무저항 함.

(ㅡ) : 부정적 질문에 대해 '그렇다'라고 응답한 자가 20%~50%인 경우로서 비행에 대체로 대항 함.

(+) : 부정적 질문에 대해 '아니다'라고 응답한 자가 20%~50%인 경우로서 비행과 대체로 무저항 함.

앞 <도표 36> 우리나라 청소년 비행의 실태 평가의 실증적 분석 결과를 종합적으로 평가한다면, 우리나라 청소년들의 친구관계, 가정환경, 성격은 대체로 비행에 대항하고 있는 반면 학교생활과 사회환경은 대체로 청소년 비행에 저항하지 못하고 있다고 볼 수 있다.

우리나라 청소년의 가정환경과 친구관계는 학교생활, 사회환경 그리고 성격에 비하여 비행과 상당히 높은 상관관계를 맺고 있는 것으로 나타났다.

비행의 영향요인들과 비행행위와의 상관관계를 살펴 볼 때, 친구관계는 0.297875, 가정환경은 0.174875, 사회환경은 0.132225, 성격은 0.099675, 학교생활은 0.0455 이였다. 이러한 결과는 친구관계, 가정환경의 개별 요인 중에서 비행과 정(+)적인 관계를 맺고 있는 요인들은 비행에 중요한 원인이 된다고 볼 수 있다.

즉 가정환경의 경우, 개별 요인 중에서 청소년들의 만족도와 부모의 과잉기대는 비행과 밀접한 관계(즉, 비행을 범할 수 있는 상태)를 맺고 있으며, 그리고 친구관계의 지표 중에서 비행청소년과의 접촉은 정(+)의 관계를 이루고 있기 때문에 이것들은 비행과 밀접한 관계가 있음을 알 수 있다.

그러므로 이들에 대하여는 억제하는 방안을 모색하여야 할 것이다. 반면에 가정환경과 친구관계의 지표 중에서 비행에 대항하는 부(-)적인 관계에 있는 것은 강화하여야 할 것이다.

종합적으로 결과를 살펴보면, 청소년 비행의 영향요인으로서 성격을 지표별로 살펴보았을 때, 부(-)적인 경우가 많기 때문에 청소년 자신의 성격은 비행에 대항한다고 볼 수 있지만 비행과의 상관관계에서 다른 영향요인들에 비하여 약하다. 특히 성격은 비행원인 중에서 영향요인 아니라 상태요인으로서 주어진 환경에 의하여 변화하지 않지만 외부 영향요인들과 결합하여 비행의 원인이 될 수 있는 간접적인 요인이다.

따라서 성격이 비행과의 상관관계가 약하지만 간접적인 영향으로 인한 비행을 유발할 수 있으므로 교육과 지도를 통하여 간접적인 예방효과를 더욱 높여 나가야 할 것이다.

한편으로 사회환경과 학교생활의 경우, 지표별로 살펴보았을 때, 정(+)적인 경우가 많으므로 다른 영향요인들과는 달리 대체로 비행과 밀접한 관계를 맺고 있다고 볼 수 있다. 이것은 우리나라 사회환경과 학교생활은 청소년의 비행에 대항하는 요소가 미약하다는 의미이다.

그리고 사회환경과 비행과의 상관관계가 대체로 높다는 것은 사회환경의 지표 중에서 개별적으로 비행과 밀접한 관계를 유지하는 정(+)적인 요인들을 강력하게 단속하여야 할 것이다. 그리고 학교생활의 경우에도, 비록 비행과의 상관관계는 약하지만, 사회환경과 마찬가지이다.

결론적으로 본 연구조사에서 나타난 결과를 보면 친구관계와 가정환경이 청소년 비행에 가장 큰 원인이 되고 있다는 사실에서 이들 영향요인들은 다른 요인들과는 달리 '사람'이 비행원인의 주체가 되어 있기 때문에 '행위자'에 대한 교육과 지도를 강화하는 것이 청소년비행예방을 위한 바람직하다고 볼 수 있다.

그럼에도 불구하고 우리나라 청소년 비행 예방정책은 '행위'가 비행의 주체가 된다고 보고 행위의 단속에 중점을 두어 왔다. 따라서 청소년비행예방의 효율화를 위하여 '행위중심의 단속' 보다는 '행위자 중심의 교육'으로 정책의 방향을 바꾸어야 할 것이다.

9. 비행예방의 개선방안

우리나라 청소년 비행 예방정책들의 기본방향이 단속과 제재를 통한 행위중심의 예방에 치중하고 있음을 보여 준다. 그러나 본 연구에서의 실증적 분석결과는 행위중심의 단속보다는 행위자 중심의 교육과 지도를 통한 예방이 효율적임을 보여주고 있다.

이러한 결과를 바탕으로 실증적 분석에서 조사된 비행원인의 지표들이 비행과 무저항(+)적인 관계를 형성하는 부분은 억제 혹은 제거하지만, 대항(-)적인 관계에 놓여 있는 부분들은 더욱 강하게 길러 주도록 하는 것을 예방정책 대안개발의 기본방향으로 설정하였다.

다시 말하면 예방정책의 방법으로는 두 가지가 있을 수 있는데 하나는 비행원인들을 직접적으로 억제 혹은 통제하는 방법이고, 다른 하나는 비행에 대항하는 요인들을 간접적으로 길러줌으로 비행을 예방하는 방법이다.

대체로 직접적으로 통제하는 방법은 행위중심에서 가해지는 단속과 제재에 의한 방법이고, 간접적으로 길러주는 방법은 비행자 중심에서 이뤄지는 교화에 의한 방법이다.

따라서 본 연구에서는 행위의 단속과 제재에 의한 통제적인 예방방법과 행위자의 교육과 지도에 의한 교화적인 예방을 동시에 사용하여 청소년비행의 예방적 정책대안을 개발하고자 한다.

이러한 맥락에서 각 영향변수들의 질문항목을 중심으로, 부정적인 질문에 대하여 '그렇다'고 응답한 자가 20% 미만일 때는 부(--)적인 경우로 하였는데, 이것은 결국 '아니다'라고 응답한 자가 80% 이상이 되므로 결과적으로 긍정적인 결과라고 볼 수 있다.

따라서 이 경우, 비행에 대항하는 결과를 가져 온 지표가 80%이상이 되기 때문에 이 요인을 더욱 강하게 길러주는 방안이 요구된다. 즉 하위문화와의 접촉을 멀리하도록 하기 위하여 행위자 중심에서의 교육 및 지도가 강화되어야 한다는 것이다. 따라서 이 경우에는 교화적인 차원에서 예방정책 대안을 개발하도록 한다.

한편 부정적 질문에 '아니다'라고 응답한 자가 20% 미만일 때는 강한 정(++)적인 경우로 하였는데, 이것은 결국 '그렇다'라는 응답자가 80% 이상이 되므로 비행에 무저항하는 경우이다. 이 경우에 단속과 제재에 의한 방안이 모색되어야 할 것이다. 즉 현재에 그들이 접촉하고 있는 하위문화와의 접촉을 차단하기 위하여 통제적인 차원에서 예방정책 대안을 개발하도록 한다.

그리고 각 질문의 응답이 정(+)적이든 혹은 부(-)적이든 20%~80%사이에 있을 때는 복합적인 경우로 하였는데, 이때에는 교화적 예방과 통제적 예방을 동시에 고려하여 예방정책 대안의 개발을 모색한다.

부가적으로 비행과의 상관관계분석에서 친구관계와 가정환경은 가장 깊은 상관관계를 맺고 있음을 감안할 때 친구관계와 가정환경의 지표 중에서 정(+)적인 요인에 대한 강력한 억제정책이 요구된다. 이러한 정책대안의 개발을 위하여 본 연구에서는 설문조사의 결과를 중심으로 개선방안을 다음과 같이 마련하였다.

(1) 가정환경 영향요인의 개선방안

설문조사에서 비행욕구를 우선순위로 정하였을 때 가정환경이 가장 높았다는 사실은 가정환경 중에서 비행과 정(+)적인 관계를 맺고 있는 무저항 요인들이 비행에 가장 큰 원인이 된다고 볼 수 있다.

따라서 본 연구의 실증적 분석에서 가정의 만족도와 과잉기대는 정(+)적인 요소가 많으므로 가정에서 청소년들의 불만족과 부모의 과잉기대는 비행과 밀접한 관계를 맺고 있음을 알 수 있다. 이 경우에는 통제적인 차원에서 비행예방이 이루어지는 것이 효과적일 수 있지만, 복합적인 관계를 이루고 있는 나머지 지표들과 교차적인 분석을 통하여 예방정책이 개발되는 것이 더욱 바람직할 것이다.

특히 비행과의 상관관계분석의 결과, 복합적인 관계를 이루고 있는 요인들의 해결을 위한 정책대안으로서 가정사회화를 위한 청소년의 날 제정과 생활권 수련시설의 확충을 제안한다.

(2) 친구관계 영향요인의 개선방안

친구관계의 경우, 그 지표로서 친구의 애착, 경쟁, 성 도덕관, 친구의 권유, 법의식, 잘못된 의리의식을 중심으로 정(+)적인 경우와 부(-)적인 경우를 살펴보았는데, 우리나라에서 청소년의 친구관계는 대체로 청소년의 비행에 대항하고 있다고 볼 수 있다.

친구관계의 지표 중에서 잘못된 의리의식인 경우에 정(+)적인 관계를 이루고 있기 때문에 이것은 비행과 밀접한 무저항의 관계에 있다는 것을 알 수 있다. 따라서 비행과의 상관관계분석에서 친구관계는 가장 깊은 관계를 가지고 있으므로 강력한 정책대안이 요구되는 바, 다른 복합적인 관계에 있는 경우와 종합하여 교화적인 방안을 모색하는 것이 바람직할 것이다. 이 경우에 예방정책대안으로서 학교 내 방과 후 교실을 설치할 것과 비행예방을 위한 전담기구를 설치할 것을 제안한다.

(3) 사회환경 영향요인의 개선방안

실증적인 결과분석에 따라 사회환경을 그 지표별로 살펴보았을 때, 정(+)적인 경우가 많으므로 비행과 밀접한 관계에 있다고 본다. 따라서 우리나라의 사회환경은 청소년의 비행을 허용하고 있다고 볼 수 있다.

설문조사에서 비행욕구를 조사하였을 때, 사회환경의 경우에는 직접적이든 간접적이든 낮게 청소년 비행에 영향을 미치지만 우발적이며 돌발적인 비행을 야기할 수 있다고 하였으므로 우리나라의 경우 청소년들이 사회환경의 영향으로 인하여 우발적인 비행이 많다고 볼 수 있다.

따라서 통제적인 방안과 교화적인 방안을 동시에 하도록 하여야 할 것이다.

즉 비행과 정(+)적인 요인을 억제하기 위하여 Computer Internet을 통한 음란물 접촉의 통제, 유해업소단속의 제도적 보완을 제안한다. 한편 비행에 대한 부(-)적인 요인을 강화하기 위하여 청소년 생활권 수련시설 내 열린학습장 개설, 청소년단체의 제도화를 제안한다.

(4) 학교생활 영향요인의 개선방안

학교생활의 경우, 그 지표로서 교사의 애정, 교사에 대한 애정, 학교환경, 해외유학, 학업성적, 학습관을 중심으로 정(+)적인 경우와 부(-)적인 경우를 살펴본 바, 우리나라의 학교들은 청소년의 비행에 대항하고 있다고 볼 수 있다. 그럼에도 불구하고 설문조사에서 비행욕구를 조사하였을 때, 제1순위(14%)부터 제5순위(14%) 모두 낮다. 그런데 비해 제2순위, 제3순위, 제4순위가 서로 비슷하게 22%~27% 골고루 이루고 있었다.

따라서 학교생활의 경우에는 직접적이든 간접적이든 청소년 비행에 영향을 미치지만 영향도는 낮다고 볼 수 있다. 예컨대, 정(+)적으로 나타난 학업성적은 비행과 관계를 맺고 있는 것이다. 특히 학교환경의 경우에는 거의 부(-)의 관계를 가지고 있으므로 비행에 대항하고 있다고 볼 수 있지만, 그러나 학업성적과 비행의 관계는 강한 정(++)적인 관계로 나타났다.

따라서 학업성적을 높이는데 제재를 가할 수는 없기 때문에 간접적으로 교육과 지도를 통한 사회교육 및 직업교육을 강조한다면 균형을 유지할 수 있을 것이다. 따라서 청소년 수련 프로그램의 재정비와 학교 내 직업학교 개설을 정책대안으로 제시한다.

(5) 성격 영향요인의 개선방안

성격의 경우, 그 지표로서 자신감, 친구에 대한 관심, 외국생활, 신념, 체격 및 외모, 비행의식, 장래문제, 공동체 의식을 중심으로 정(+)적인 경우와 부(-)적인 경우를 살펴 본 바, '체격과 외모'를 제외한 모든 지표가 부(-)적으로 나타났다. 부(-)적인 요인이 많으므로 대체로 비행에 대항한다고 볼 수 있다.

설문조사에서 비행욕구를 조사하였을 때, 성격의 경우 제1순위의 빈도(11%)와 제5순위의 빈도(34%)의 편차는 23%의 높게 나타났다. 특히 제2순위, 제3순위, 제4순위가 점차적으로 높아져 감으로 가정환경과 비교하여 보면 정반대를 이루고 있다. 따라서 성격은 다른 영향요인들에 비하여 가장 간접적으로 청소년 비행에 영향을 미친다고 볼 수 있다.

그러므로 체격과 외모의 지표 외에 모든 지표들은 교육과 지도를 통하여 간접적인 효과를 더욱 높여나가야 할 것이다. 따라서 비행과 정(+)적인 요인이 더욱 밀접하게 무저항적으로 진행되는 것을 사전에 억제하기 위하여 간접적인 교화의 방안으로 학교 내 청소년 미용학습관을 설치할 것과 비행과 부(-)적인 요인의 강화를 위하여 청소년상담의 전문화 및 보편화를 제안한다.

10. 비행예방과 교회의 역할

본 연구의 실증적인 분석결과에 따라 행위자 중심의 교육과 지도를 위하여 교회의 역할은 과거에 비하여 더욱 중하여졌다는 사실이다. 그런데 비하여 교회는 전문적이고 세부적인 실천계획이 없이 무조건 청소년을 돕겠다는 의욕만을 앞세워 왔다는 것이다.

따라서 교회의 역할은 피상적인 '선(善)' 의식 강조보다 선행의 실천을 강조하도록 초점을 두어야 할 것이다. 결국 청소년의 문제가 무엇인가라는 문제중심의 질문을 던지기 보다는 오히려 그들에 대하여 교회는 어떠한 도움을 제공할 것인가라는 행위자에 중점을 두고 청소년 문제에 대처해 나가야 할 것이다. 이런 맥락에서 본 연구에서는 교회의 역할을 몇 가지로 요약하여 보고자 한다.

(1) 가정사회화를 위한 청소년 주일의 제정

청소년들의 비행원인으로 가장 중요한 것은 사회구조적인 문제점으로 핵가족화와 맞벌이 부부들의 급증으로 인하여 청소년에 대한 대화와 관심이 부족하여 가정사회화가 이루어지지 못하고 있는데 원인이 있다고 본다.

즉 청소년들의 일탈을 예방하기 위하여 무엇보다도 가정이 청소년들의 안식처가 될 수 있도록 부모님의 관심과 애정이 필요하다. 따라서 교회가 가정사회화의 일환으로 청소년 주일을 제정하는 것을 제안하고자 한다.

우리나라의 교회는 5월을 가정의 달로 정하여 어린이 주일, 어버이 주일은 매년 지키고 있는데 청소년 주일은 정하여져 있지 못하다. 그러므로 5월을 가정의 달로 정하였으면 청소년 주일도 별도로 제정하여 청소년에 대한 교회의 관심과 나아가 부모들의 관심을 불러일으키는 것이 필요하며 최소한 매달 하루는 청소년과의 대화의 날을 정하여 교회에 가정사회화가 이루어지도록 하는 것이 청소년들의 비행방지를 위하여 바람직하다고 본다.

이것은 청소년들이 일주일에 한두 번 교회에 출석하는 제한된 시간이나 프로그램을 기반으로 그들을 지도하고 그들의 문제를 해결해 줄 수 없기 때문이다.

만일 청소년의 삶이 '교회-가정-학교-사회'라는 과정을 걷도록 한다면 그들의 삶은 생활현장에서 그리스도의 빛과 소금의 사명을 이루어 나갈 수 있을 것이다. 즉 교회 내의 생활이 가정과 학교 그리고 사회에서도 그대로 활용되도록 하는 것이 청소년의 비행을 예방하는 교회적 방안이 될 것이다.

(2) 학교교육에 기독교 문화의 토착화

학교생활 영향요인을 분석한 결과, 우리나라의 학교들은 청소년의 비행에 대체로 대항하고 있다고 볼 수 있다. 연구조사에서 정(+)적으로 나타난 학업성적은 비행과 밀접한 관계를 맺고 있는 것이다. 특히 학업성적과 관련하여 학교는 교육개혁의 일환으로 입시위주에서 탈피하여 전인교육으로서의 육성에 더욱 많은 노력을 기울어야 할 것이다.

따라서 본 연구에서는 전인교육을 위하여 목회자들은 학교 교과목의 비기독교적인 내용에 관심을 갖고 비판적으로 대응을 하여야 하며, 방과 후 교실(After School)을 각 학교에 설치하여 목회자들로 하여금 청소년들에게 주체의식을 고취시키고 한명의 인간으로서 스스로 할 수 있는 일들을 찾도록 도와주어야 할 것이다.

(3) 기독교 청소년 윤리강령의 채택

청소년 적십자사에서 채택하고 있는 윤리강령의 취지와 함께 교단적 차원에서의 청소년 기본윤리 강령을 채택하는 것이 바람직하다. 이러한 윤리강령이 제정되면 교육부에서 추진하는 청소년 교육에 보다 적극적으로 대처할 수 있을 것이며, 또한 청소년의 권리회복을 위하여 국가의 청소년 정책을 분석하고 이에 대한 참여와 비판을 가할 수 있는 교회의 공식적인 입장을 표명할 수 있을 것이다.

청소년의 윤리강령의 채택과 권리회복을 위한 취지로서 본 연구의 성격영향요인의 실증적 연구결과를 살펴보면, 친구가 어떻게 생각하느냐에 관심이 없다고 응답한 학생은 단지 16.7% 이였고, 나는 비행을 저지르고 만족한다고 응답한 학생도 단지 8.8%이였으며, 미래에 대해 깊이 생각 지 않는다고 응답한 학생도 단지 15.7%이였고, 나는 공동체 생활을 위하여 자신이 희생할 필요가 없다고 응답한 학생은 22.6% 이였는데, 이러한 강한 부(--)적인 요인들을 강화할 필요가 있다.

따라서 이것들을 강화하기 위하여 청소년의 심리적인 행동에 동기유발을 촉진시켜 주는 것이 필요하다. 그러기 위하여 교회는 청소년의 윤리강령을 채택하여 청소년들에게 현실을 극복하기 위한 도전의식을 고취시켜 주며, 한편으로는 전문적인 청소년 상담을 통하여 청소년들의 고충을 충분히 이해하고 그들의 고충을 해소시켜 주는 방안을 모색하여야 할 것이다.

본 연구조사에서도 나타나 바와 같이 청소년의 고민 중에 제1순위가 학업과 진학 이였고, 특히 청소년들의 비행과 관련하여 자신의 성격이 나쁜 경우 다른 영향요인들에 비하여 상대적으로 높은 영향을 미치는 것으로 나타났다. 이것은 청소년들의 성격이 도시화와 산업화로 인한 인간소외 현상 때문에 사랑이 결핍되고 공허한 심리적인 공백을 외부로부터 채우려는 욕구로 인하여 비행을 저지른다고 판단된다.

그러므로 목회자들은 청소년들의 이러한 심리적인 공백을 예수그리스도로 채울 수 있도록 청소년을 위한 기독교 윤리강령을 채택하고, 그 추진을 위하여 전문적인 인력양성이 요구된다.

11. 학교윤리교육의 개방화

청소년들의 전인교육을 위하여 목회자들은 학교교육에 적극적으로 참여하여 기독교 문화를 청소년들의 학교교육에서부터 토착화시켜 나가도록 하여야 할 것이다. 특히 학교의 윤리, 도덕, 국사 교육에 있어서 불교의 교리와 역사적 배경은 시험에 자주 출제하고 강조하면서, 기독교의 전래와 선교사들의 순교현장 및 기독교가 한국민들의 의식개혁과 국가발전에 미친 지대한 영향에 대하여는 등한시하고 있다. 교육부의 이러한 편협적인 역사 및 윤리의식 교육은 일선 지역교회에서 청소년을 향한 복음을 전하는데 상당히 걸림돌이 되고 있으며 또한 미래에 한국교회의 주인공이 될 청소년들이 기독교를 이해하는 시각에 있어서도 기독교의 본질을 변질시킬 우려가 있다. 따라서 교회는 학교 교과서가 불교 문화에 비하여 기독교 문화가 상대적으로 빈약한 점을 인식하고, 교육부에 시정을 촉구하도록 하여야 할 것이다.

한편 기독교 신자들이 전체 인구의 4분지 1을 차지하고 있으면서 학교의 계속되는 토속적이고 비기독교적인 윤리 및 역사교육을 마치 교육의 지표인양 일선 교사들이 강조하고 있는 것을 방관할 수 없다.

현재 한국의 윤리교사는 대학에서 국민윤리학과 같은 일정한 교과과목을 이수한 자들에 한하여 교육부가 부여하고 있다. 이것은 윤리교육이 이론적인 교육에 치중하고 있다는 의미이다. 윤리교육은 다른 교과목과는 달리 현실적인 실천교육이 더욱 중요한 만큼 각 지역사회에서 청소년의 윤리지도에 실제 참여하고 있으며 지역사회의 복지와 인류의 평화를 위하여 봉사하는 모범적인 종교 인사들에게 확대되어야 한다. 그러므로 목회자들의 적극적인 학교교육의 참여 기회가 주어지며, 학교교육에서 기독교 문화의 토착화 및 학원복음화를 앞당길 수 있을 것이다.

12. 학교보충수업 개선

본 연구의 친구관계 영향요소의 실증적인 분석결과에 나타난 강한 부(--)적인 경우 및 부(-)적인 경우, 그리고 정(+)적인 경우를 복합적으로 고려하여 교회의 역할을 살펴보고자 한다.

친구관계의 설문조사에서 친구는 나의 경쟁상대라고 생각한다는 질문에 39.6%나 '그렇다'라고 응답하여 친구 간 경쟁의식이 있는 것으로 나타났는데, 이것은 학교나 사회교육이 너무 지나친 경쟁의식을 강조함으로 순수하게 자라야 할 청소년들에게 이기심을 유발시켰다고 볼 수 있다.

예로 들면 신문이나 방송과 같은 언론매체들이 한결같이 국가경제가 다른 나라에 비하여 어떻다든지 혹은 우리나라 사람들의 국민성은 다른 나라 사람들에 비하여 어떻다든지 하는 지나친 국제간 경쟁 및 비교의식들은 청소년들의 정서에 도움이 되지 못하므로 지양되어야 할 것이다.

더구나 이러한 경쟁 및 비교의식들은 가정에까지 들어와서 부모는 자녀들을 향하여 누구 집 아이는 어떻다든지 하는 비교의식은 더욱 청소년들이 순수하게 지켜야 할 우정을 오히려 해치는 결과를 가져왔다.

성관계에 대한 질문에서도 33.1%가 도덕적으로 무관하다고 생각하고 있다. 따라서 성관계도 무조건적인 금지보다는 건전한 성관계에 대한 교육적 계몽이 필요하다. 흡연의 경우도 36.9%가 친구의 권유에 의하여 담배를 피웠다고 하여 많은 청소년이 경험한 것으로 나타났는데 이것은 친구관계가 청소년의 비행에 지대한 영향을 미치고 있다는 것을 의미하는 것으로 한 친구의 비행이 다른 친구에게 쉽게 전이되어 갈 수 있다는 것이다.

친구가 나의 비행사실을 알아도 나를 멀리하지 않을 것이라고 응답한 학생은 57.7%나 되어 이것은 한국의 문화적 배경에서 정적인 인간관계, 의리의식이 '친구'라는 요소에 많이 잠재되어 있는 결과로 보다 더 건전하고 합리적인 사고방식에 의한 친구의식이 필요하다. 이러한 경쟁의식, 성관련 의식구조, 친구관계의 의리의식 등은 한국의 전통문화와 결부되어 있는 것으로 교육적 의식개혁이 필요하다.

따라서 청소년들에게 세계관의 폭을 넓혀 주어 친구와의 경쟁의식보다는 더불어 사는 사회, 성에 관하여 건전한 교육프로그램, 그리고 정적인 인간관계도 중요하지만 정에 이끌려 사리를 분별할 수 없는 것보다 합리적인 사고의식을 고취하기 위하여 방과 후 교실(After School)이 학교에서 필요하다고 본다.

이곳에서는 학교교육보다 사회교육을 위한 프로그램들이 많이 개발되어 우리나라의 전통문화에 대한 재인식을 목회자들이 청소년들로 하여금 사회학습을 체험할 수 있도록 하는 것이 필요하다. 호주의 경우는 평신도들도 학교의 성경공부에 참여하여 전인교육을 실시하고 있다. 우리나라도 후주와 같이 학교에서의 사회교육의 활성화가 필요하다고 본다.

13. 생활권수련시설 연계활용

현실적으로 사회구조적인 변화로 인하여 맞벌이 부부가 늘고 있으며 이로 인하여 부모가 자녀들의 양육과 교육 등 정서적인 측면에 많은 시간을 할애할 수 없으므로 자연히 가정에서 청소년유기현상이 나타나게 되고 그 결과 청소년들은 그들이 부모로부터 받지 못하는 애정의 욕구를 친구를 통하여 보상 받으려

하기 때문에 친구와 가까이 지내게 되는데 이 때 인문계고등학생은 주로 진학의 문제로 학원과 학교수업의 연장선에서의 어떤 장소로 옮겨서 친구와 함께 서로의 욕구해소를 위한 방안을 모색하지만, 실업계 고등학생의 경우에는 사회학습을 중심으로 현실적인 문제를 해결하려 하기 때문에 자연히 학교친구 뿐만 아니라 사회친구와도 사귀게 되어 그들은 성인이 되면 문제가 되지 않는 청소년의 지위비행을 빨리 접하게 된다고 본다.

한편 사회환경에 대한 응답분포를 살펴보면, 어른들의 청소년에 대한 관심도는 83.5%가 관심이 부족한 것으로 나타났으며, 한국사회의 정치인과 경제인처럼 살고 싶지 않다는 응답이 70.9%로 나타났고, 한국사회의 문화와 관습이 싫다고 응답한 학생이 41.3%로서 상당히 한국사회에 대하여 부정적이며, 특히 구세대에 대하여 매우 좋지 않은 사고들을 가지고 있는 것으로 나타났다.

또한 과반수이상이 종교기관을 통하여 성취동기를 부여 받지 못한다고 하였다.

따라서 이러한 청소년들이 겪고 있는 현실을 감안할 때, 사회교육의 증대를 위하여 국가와 교회는 청소년들을 위한 생활권 수련시설들을 확충하고, 프로그램을 개발하여 청소년들에게 전인교육이 쉽게 이루어지도록 하여야 할 것이다.

특히 교회는 신 구세대의 화합과 일치를 위하여 청소년들의 문화행사에 구세대들이 함께 동참할 수 있도록 하고, 구세대들에게 신세대의 문화를 이해하도록 하기 위하여 각 청소년 생활권수련시설 내에 구세대를 위한 열린 학습장을 개설하는 것이 필요하다고 본다. 뿐만 아니라 청소년 수련시설 내에 부모와의 대화의 광장과 같은 프로그램이 개발되면, 부모와 자녀간의 대화가 자연스럽게 이루어지게 되며, 부모의 관심도 더욱 깊어질 수 있으므로 청소년 비행예방에 도움이 될 것이다. 더 나아가 목회자는 청소년들이 활용하는 생활권 수련시설들을 이용하여 그들과 자연스럽게 접촉으로 그들에게 전인교육의 일환으로 기독교의 박애정신을 지도하여야 한다. 이를 통하여 청소년들은 비행과 멀어질 수 있으며 청소년 복음화는 앞당겨 질 수 있을 것이다.

14. 요약

최근 우리나라의 청소년비행은 경제성장, 민주화 및 세계화와 함께 사회구조의 변화에 따라 다양화, 포악화, 일반화되고 있다. 이러한 제반 사회적 여건들은 청소년에 대한 인식변화를 초래하게 되었는데, 그들은 과거에 인식되었던 단순한 연령층으로서의 구별이 아니라 사회적, 정서적, 심리적인 집단으로서의 새로운 의미를 부여하게 되었다.

이러한 새로운 의미부여가 청소년비행에 대하여 다각적이며 전문적인 예방방안을 요구하게 되었다.

청소년 비행을 예방하기 위하여 무엇보다도 비행의 원인을 정확히 파악하는 것이 중요한 바, 본 연구에서는 비행의 원인파악에 초점을 두고, 비행의 예방정책 대안을 개발하는 것을 목적으로 하였다. 이런 맥락에서 선행연구에서 나타난 비행원인을 분석하여 본 결과, 환경의 변화에도 변화하지 않는 정적인 상태요인과 상황에 따라 변화하면서 비행에 영향을 주는 영향요인이 있음을 알 수 있었다.

따라서 환경에 의하여 변하지 않는 상태요인보다 환경에 의해 변화하면서 비행에 영향을 주는 영향요인들을 통제함으로써 비행의 예방에 효율을 기할 수 있다고 보았다.

따라서 본 논문에서는 이 시대에 청소년들이 겪고 있는 고민, 갈등, 욕구 등을 통하여 발생하는 청소년비행 원인을 중점적으로 연구하여 어떻게 하여야 청소년비행의 최소화 및 비행예방의 효율화를 극대화시켜 나갈 것인가에 초점을 두고 설문조사를 실행하였다.

본 연구조사의 결과 청소년들에게 사회환경이나 학교환경보다는 가정, 친구, 성격이 청소년의 비행욕구에 더 큰 영향을 미치므로 환경의 변화보다는 오히려 청소년들의 의식변화가 더욱 바람직한 비행예방이 될 수 있다는 것이다.

따라서 과거의 청소년비행 예방행정은 주로 청소년의 환경정화에 초점을 맞추어 유해업소단속, 음란출판물단속, 약물복용금지, 성문란행위금지 등 주위환경의 변화에 집중하여왔지만 이제는 환경보다는 청소년들의 사고를 변화시키는 것이 더욱 바람직할 것으로 판단된다.

그러나 본 연구조사의 한계는 청소년의 비행이 일정한 기준에 의한 것이 아니라 가변적이기 때문에 청소년비행의 원인의 상태요인 및 영향요인을 긴 기간을 통하여 주기적으로 변화상태를 측정하지 못한 것과 선행연구들의 사회학적, 심리학적 측면의 모든 변인들을 종합적으로 포함하지 못하였다는 점, 비행원인의 측정에 있어서 자기보고식 방법을 사용하여 응답자의 주관적인 요인들을 배제하지 못하였다는 점, 마지막으로 조사대상이 14세부터 20세까지의 학교청소년에 국한하였기 때문에 모든 청소년들에게 적용하는 데는 무리가 있다는 점이다.[523]

한편으로 우리나라는 갑작스러운 사회구조의 변화와 함께 청소년 비행이 다양화되고 있으며, 인간소외 현상과 사회계층적 갈등의 심화로 인하여 청소년 비행이 포악화 혹은 일반화 되어 가고 있다. 이러한 시점에서 청소년 비행원인을 진단하고 예방대책을 세우는 것은 쉬운 일이 아니다.

현실적으로 많은 한계점에도 불구하고 세상의 빛과 소금의 역할을 감당하고자 교회들은 많은 노력을 기울어 왔다. 그러나 이러한 연구들은 정확한 원인진단에 따른 과학적인 분석이 이루어지지 못하고 피상적인 원론에만 머물려 왔다.

그 결과 청소년 비행은 계속적으로 증가하여 왔으며 청소년들이 겪게 되는 고충은 한층 더 가중되어 왔다. 따라서 본 연구에서는 보다 정확한 원인진단에 따른 청소년 비행의 예방대책을 마련하고자 가정, 학교, 친구, 성격, 사회의 영향요인들을 통하여 청소년 비행의 원인을 분석하고 대책방안을 기독교적인 입장에서 제시하였다.

청소년 비행에 대한 기독교적인 대처방안으로는 가정사회화를 위하여 청소년 주일의 제정, 목회자의 학교교육 참여 방안으로 윤리교사자격을 종교인에게 부여하는 것과 방과 후 교실을 설치하여 목회자의 학교교육 참여기회를 늘리는 것, 그리고 청소년의 생활권 수련시설들을 통하여 사회교육의 일환으로 기독교 박애정신을 교육하는 것, 마지막으로 청소년 윤리강령을 교단적 차원에서 채택하는 것을 제시하였다.

이러한 대안들은 미래의 한국교회를 이끌어갈 청소년들에 대한 현재 기성세대들에게 주어진 사명일 것이다. 뿐만 아니라 청소년비행 예방을 위하여 행정적인 뒷받침이 반드시 필요한데, 이것은 청소년의 경우 법원의 형사처벌절차 보다는 행정적인 처분이 더욱 바람직하고 또한 급변하는 현대사회 속에서 지금의 청소년은 몇 년 후가 되면 성인이 되기 때문에 현 세대의 성인들은 현재의 청소년들을 위하여 필요한 대책을 마련하여야 할 것이며, 현재의 청소년들은 미래의 청소년을 위하여 그 시대에 맞는 교화행정을 이루어 나가도록 하여야 할 것이다.

---

523) 본 연구조사는 이러한 한계를 극복하고자 선행연구들을 참고로 하였으나 각 연구조사의 방법과 대상 및 시기의 차이와 한계들로 인하여 본 연구의 자료로 활용하는데 많은 어려움이 있었다.

제 3 절 학교폭력과 복지

1. 학교폭력의 현실

2000년 이후 학교폭력예방 정책의 특징은 주로 포괄적이고 전 방위적인 조치를 취하여 왔다. 하지면 학교폭력은 줄어들지 않고 더 조직적으로 심각하게 학교현장에 뿌리를 내리고 있다. 2010년 6월 지방선거에서 16개 시·도 교육감 선거에서서울과 경기지역을 비롯한 6개 지역에서 전국교직원 노동조합의 지원으로 교육감에 당선되어 이명박 정부의 정책과 마찰을 야기하고 있다. 그 결과 서울시 교육청에서는 학교폭력대책도 구체적인 시행 세칙도 마련하지 못한 상황에서 단위학교로 하여금 2010년 10월 말 까지 자체 학교폭력대책 안을 마련하라고 지침을 내려 보냈다. 졸속으로 마련된 자체 학교폭력대책 안을 기초로 해서 그동안 학교폭력으로 얼룩진 교단에 학교폭력 전면금지라는 카드를 내어 놓고 2010년 11월부터 전면 시행하게 되었다.

더구나 피해학생이 담임교사에게 피해사실을 말해도 학부모와 교육당국의 추문이 두려워 '너희들의 일은 너희들이 알아서 처리하라'고 하는 말밖에 할 수 없는 교권의 추락현상이 학교폭력을 키우고 있다. 2012년 1월 초 언론은 전체 초·중·고등학생의 과반수가 학교폭력을 경험하였으며 자살 충동을 느꼈다고 하였다.

이런 현실 속에서 2011년 10월 6일 SBS 아침 8시 뉴스에서 "학생들이 금품갈취를 위하여 아르바이트를 요구하면서 노동력을 착취하거나 혹은 강제로 성매매를 하게하여 금품을 요구하는 실정에 이르렀다."고 보도하였다. 뿐만 아니라 2011년 12월 또 한명의 대구 00중학교 학생이 학교폭력을 견디지 못해 아파트에서 몸을 던져 자살을 하였고, 연이어 광주, 대전에서도 비슷한 사건이 발생하여 정부에서는 대통령의 특별지시로 2012년 1월에 특단의 대책을 수립하기로 하고 117을 학교폭력전담신고 번호로 하였다.

2. 학교폭력의 경로

<그림 29> 학교폭력의 경로도

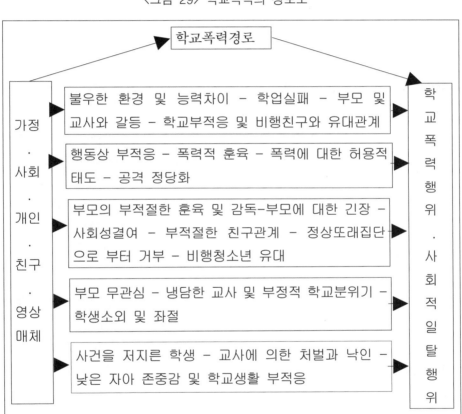

학교폭력의 경로를 살펴보면 다음 <그림 29>와 같다. 학교는 아동들이 사회화를 배우는데 많은 잠재적인 능력을 촉진하고 있다. 지역사회는 청소년들의 사회화를 위한 학교의 노력을 항상 지원하고 있으며, 청소년들로 하여금 준법정신을 지닌 시민으로 자라도록 격려하고 있다. 이러한 많은 노력에도 불구하고 폭력행위의 많은 요인들이 학교와 관련되어 있으므로 학교중심의 개입을 통한 변화를 요구하고 있다.

그러므로 위의 도표에서 보여주는 바와 같이 학교폭력의 원인은 주로 가정 · 개인 · 사회 · 학교 · 친구 · 영상매체 등의 영향으로 발생하는데 학교에서의 폭력은 최근 20년에 걸쳐 전 세계 여러 분야에서 많은 연구가 진행되어 왔다. 학생들 사이의 폭력행위는 분명히 오래된 현상이며, 모든 학교에서 어느 정도 존재해 왔다는 것이 이미 증명되었다.524) 성인들 중에 많은 사람들이 그들의 학창시절을 통하여 폭력을 경험하였을 것이다. 그런데 어떤 학생들은 주기적으로 혹은 조직적으로 다른 학생들에 의해 괴롭힘과 공격을 당하곤 하였다. 이때 학교폭력으로 인한 피해자는 심각한 문제를 야기하였다. 그 결과 1960년대 후반과 1970년대 초반에 스웨덴에서 최초로 학교폭력 가해자와 피해자문제에 대한 관심이 고조되었다.

스칸디나비아 반도의 학자들 가운데 올베우스(Dan Olweus)는 학교폭력행위에 대한 다양한 학문적 모델들을 제시하였다.525) 1980년대에 이르러서야 일본, 영국, 미국과 같은 나라에서 학교폭력에 관한 많은 관심을 기울이기 시작하였다. 한국은 1990년대에 이르러서 몇몇 학자들이 학교폭력에 대한 체계적인 연구를 시작하였고, 호주에서는 그보다 조금 이른 시기에 학자들이 학교폭력에 대한 연구를 시작하여 지금까지 계속하고 있는데, 그들 중에 릭비와 슬레(Ken Rigby & Phillip Slee)가 주도적인 역할을 하고 있다.526)

학교폭력은 복합적인 현상으로 다양한 방법에 의해 정의되고 있다. Peter K. Smith는 학교폭력이라는 용어가 각 나라와 각 문화에 따라 다양한 용어로 정의되고 있다고 하였다.527) 영어로 '학교폭력 (bullying)'이라는 용어는 오랫동안 'harass'라는 용어와 혼용되어 왔다. 일본에서 학교폭력과 가장 가까운 용어로는 '이지메(ijime)'가 있는데, 모리타, 쏘다, 다케(Morita, Soeda & Taki) 교수는 '이지메'를 학교폭력과는 다소 다른 의미에서 해석한다. '이지메'는 신체적

---

524) D. Olweus. *Aggression in the schools: Bullies and whipping boys*. Washington D. C.: Hemisphere. 1978.
525) D. Olweus. *Bullying at school: What we know and what we can do*. Oxford, U.K.: Blackwell Publishers.1993.
526) K. Rigby & P. Slee, *Bullying in Schools*. South Australia: Institute of Social Research University of South Australia, 1992.
527) P. K. Smith, H. Cowie, R. F. Olafsson & A. P. D. Liefooghe, (2002). "Definitions of Bullying: A Comparison of Terms Used, and Age and Gender Differences, in a Fourteen-Country International Comparison." *Child Development(July/August), 73(4)*, pp.1119-1133.

폭력이라기보다는 여성적인 행위와 관련된 사회적 괴롭힘이라고 말한다.528) 그러나 이탈리아에서 사용되는 'prepotenza' 와 'violenza' 는 신체적 폭력행위에 보다 더 가깝다고 볼 수 있다. 그러므로 Smith의 연구는 논리적으로 상당한 설득력을 지니고 있다고 볼 수 있다. 이런 맥락에서 학교폭력에 관한 이해를 넓히기 위해 비슷한 용어들 사이의 관계를 명확히 정의하는 것이 필요하다. 학교폭력의 개념들은 학자들이 폭력 가담자의 성격적인 특성과 함께 어떻게 학교폭력을 이해하는가를 잘 나타내어 준다.

3. 학교폭력의 제 이론

현재까지 진행되고 있는 학교폭력에 관한 이론들은 일반적으로 성장발달 상황이론, 생활양식이론, 사회학습이론, 하위문화이론, 그리고 혼합이론 등 다섯 가지로 요약할 수 있다.529) 이들을 살펴보면 아래 <도표 38>과 같다.

<도표 38> 학교폭력의 제 이론

이론	내용
성장발달 상황이론	폭력은 성장과정을 통하여 지속되는 행동의 일환으로 봄 (R. M. Lerner, J. V. Lerner, Flannery, P. K. Smith, Sharp)
생활양식 이론	사회구조나 문화 환경과 관계없이 사람들은 자신의 선택들 간의 상호작용을 통하여 폭력행위를 일상화하게 되고 때때로 가해자가 되기도 하고 피해자가 되기도 함. (Hindelang, Gottfredson, Garofalo, Jensen, Brownfield, Sampson, Lauritsen)
사회학습 이론	폭력에 지속적으로 노출된 아동들은 아동의 발달학습에 부정적으로 영향을 미치게 되므로 폭력은 학습된다고 봄. (Bandura, Prothrow-Stith, Quaday, Schwartz, Dodge, Pettit, Bates, Pearce)
하위문화 이론	폭력의 희생자는 쉽게 폭력을 정당화하는 하위문화의 기준 하에서 가해자가 되곤 하며, 또한 가해자도 폭력을 사용하여 갈등을 해결하려고 하는 하위문화의 가치기준 때문에 쉽게 피해자가 되기도 한다는 것 (Singer, 등)
혼합 이론	폭력 사건은 어떤 하나의 원인에 초점을 맞추기보다는 복합적인 요인들이 폭력 사건에 포함된다고 봄 (K. Rigby, Slee, 등)

---

528) J. D. Kim, "Bullying in schools: A comparison of anti-bullying policy and practice in primary schools in the state of New South Wales, Australia and Kyunggi province, South Korea," *Ph.D. dissertation*, The University of Sydney, 2005.

529) J. D. Kim, "Bullying in schools: A comparison of anti-bullying policy and practice in primary schools in the state of New South Wales, Australia and Kyunggi province, South Korea," *op. cit.* 참조.

첫째는 R. M. Lerner 과 J. V. Lerner 그리고 Flannery 와 Smith, Sharp 등에 의해 주장된 성장발달 상황이론이다. 그들은 주장하기를 신체적 폭력은 어린 시절에 더 보편적으로 나타나며 점차적으로 성장함으로써 줄어든다고 생각한다. 달리 말하면 폭력은 성장과정을 통하여 지속되는 행동의 일환이라고 본다.

둘째로 Hindelang, Gottfredson, Garofalo, Jensen, Brownfield, Sampson 그리고 Lauritsen 에 의해 주장된 생활양식이론이다. 생활양식이론의 기초는 사회구조나 문화 환경과 관계없이 사람들은 폭력행위를 일상화하고 때때로 힘없는 사람들은 적절치 않은 시간과 장소에서 피해자가 되곤 한다는 것이다. 그러므로 가해자와 피해자의 역할은 같은 환경에서 동시에 폭력행위에 기여하게 된다는 것이다. 그 결과 한 학생이 환경조건 및 사물의 인식과 자신의 선택들 간의 상호작용을 통하여 가해자가 되기도 하고 피해자가 되기도 한다. 다시 말하면 대부분 폭력의 피해자들은 다른 사람들에게 난폭한 자들이라고 본다. 뿐만 아니라 폭력에 대한 이 이론은 인구 통계적인 요인들과 경험을 통하여 폭력을 배운다는 것과는 무관하게 자연스럽게 피해자가 될 위험성이 높다는 것이다.

셋째로는 사회학습이론인데 이것은 Bandura, Prothrow-Stith, Quaday, Schwartz, Dodge, Pettit, Bates 그리고 Pearce 에 의해 주장되었다. 그들은 폭력에 지속적으로 노출된 아동들은 아동의 발달학습에 부정적으로 영향을 미치게 된다고 주장한다. 따라서 어떤 형태의 폭력이라도 배우게 된다는 것이다. 만약 폭력이 가르쳐진다면 많은 폭력 가해자들은 폭력에 의해 희생당한 그들의 과거 경험을 통하여 폭력을 배우게 된다는 것이다. 가해자들은 초기 사회화 과정에서 피해자와 마찬가지로 남의 권리 침해 행위에 영향을 미치며 신체적 학대를 경험한 소년들과 가정에서 성인들의 폭력을 목격한 자들은 보다 쉽게 난폭해 지고 청소년 시절에는 감성적으로 불안해지므로 가해자가 되기도 한다는 것이다.

넷째로 Singer와 같은 학자들에 의해 주장된 하위문화이론이다. 폭력적인 하위문화는 가해자와 피해자 사이의 관계에 대하여 전통적으로 주장되어 왔다. 어떤 하위문화 속에서 사람들은 가해자의 역할과 피해자의 역할을 선택하곤 한다. 뿐만 아니라 그 같은 상황은 어떤 사람이 가해자나 피해자 중에 하나의 범주에 속하기 보다는 오히려 자기학대행위의 양상으로 발달하게 만든다. 다시 말하면, 폭력의 희생자는 쉽게 폭력을 정당화하는 하위문화의 기준 하에서 가해자가 되곤 하며, 또한 가해자도 폭력을 사용하여 갈등을 해결하려고 하는 하위문화의 가치기준 때문에 쉽게 피해자가 되기도 한다는 것이다.

마지막으로 폭력의 혼합 이론이다. 어떤 전문가들은 주장하기를 폭력 사건은 어떤 하나의 원인에 초점을 맞추기보다는 복합적인 요인들이 폭력 사건에 포함된다고 본다. 가정 붕괴는 아이들이 학대를 받든지 아니면 신체적 폭력에 쉽게 노출될 수 있으며, 마약과 음주 남용과 같은 생활양식은 청소년을 비행과 폭력으로 나아가게 할 수 있고, 사회에서의 종족 간 긴장은 어떤 집단들 간에 싸움의 원인이 될 수 있다. 이 같이 한 사람의 폭력행위는 상호간의 복합적인 양상의 결과라고 볼 수 있다.

이러한 다양한 이론들에도 불구하고 학교폭력의 개념은 힘의 불균형, 고의성 그리고 반복성의 세 가지 요소를 지니고 있다. 따라서 일반적으로 학교폭력은 "고의적으로 자신의 유익이나 만족을 얻기 위하여 남에게 고통과 상처를 주고, 힘이 센 사람이나 집단에 의하여 약한 자에게 반복되는 심리적, 감정적 혹은 신체적인 공격 행위"530)라고 정의된다.

4. 학교폭력의 유형

대체적으로 학교폭력은 심리적 폭력과 신체적 폭력으로 구분된다. 심리적 폭력은 언어폭력, 몸짓에 의한 폭력, 그리고 상호관계에 의한 폭력으로 나눠진다. 예를 들면, 별명 부르기, 위협하는 몸짓, 스토킹 행위, 악의적인 전화행위, 어떤 이에 대해 악의적인 소문을 퍼뜨리는 행위 등이다. 신체적 폭력으로는 때리는 행위, 몽둥이로 패는 행위, 발로 차는 행위 등이다.

Rigby는 학교폭력을 일으키는 방법으로 직접적인 폭력과 간접적인 폭력으로 나누고 있다. 학생들이 계속적으로 때리거나 비웃는 행위와 같은 것은 직접적인 폭력행위로 보고, 다른 사람에 관하여 헛된 소문을 퍼뜨리는 행위는 간접적인 폭력으로 본다. 학교폭력행위의 유형은 다음 <도표 39>에서 나타난 것과 같다.

---

530) D. Olweus. *Bullying at school: What we know and what we can do.* Oxford, *op. cit.*

<도표 39> 학교폭력의 유형

	직접적 폭력	간접적 폭력
심리적 폭력 (언어폭력)	∘ 언어적 모욕 ∘ 편파적 비판 ∘ 별명 부르기	∘ 어떤 사람을 모욕 혹은 비난하도록 다른 사람을 설득하는 행위 ∘ 악의적은 소문을 퍼뜨리는 행위 ∘ 익명의 전화나 이메일로 비난하는 행위
심리적 폭력 (몸짓 손짓에 의한 폭력)	∘ 위협 혹은 외설 ∘ 몸짓 혹은 위협적으로 노려보는 것	∘ 고의적으로 외면하는 행위 혹은 사람을 무시하는 행위
심리적 폭력 (상호관계에 의한 폭력)	∘ 어떤 사람에 대항하여 충돌하는 행위	∘ 사람들에게 어떤 사람을 배제하도록 설득하는 행위
신체적 폭력	∘ 공격하거나 물건을 던지는 행위 ∘ 무기를 사용하는 행위 ∘ 제거하거나 숨기는 행위 ∘ 소속감을 해하는 행위 ∘ 때리고 발로 차는 행위 ∘ 침 뱉거나 돌을 던지는 행위	∘ 다른 사람으로 하여금 어떤 사람을 공격하도록 하는 행위

자료: Ken Rigby, *Stop Bullying: A handbook for schools,* 2001, p.10.

Ken Rigby, *Bullying in Schools: and What to do about it,* 1996, p.20.

2. 한·호 학교폭력의 실증적 검토

학교폭력에 대한 다양한 이론과 대책방안들이 제시되었지만 급변하는 사회현실과 복잡한 학교현장의 변수로 인하여 효율성이 저하되고 학교폭력은 더욱 심각하여 지고 있는 바, 국제적인 연대를 통하여 학교폭력예방 정책을 수립하는 것이 시급하다. 타 국가들에 비하여 보다 효율적인 학교폭력예방 정책의 인프라가 구축되어 있는 스칸디나비아 반도의 국가들과 영국 및 호주의 경우에는 학교폭력예방에 대한 국제적인 연구교류가 활발하게 진행되고 있다.

그 결과 이들 국가의 학교폭력예방실태는 매우 만족스럽다고 볼 수 있다. 이 시점에 우리나라에서도 학교와 사회를 통하여 어떻게 폭력을 근절할 것인가에 대하여 많은 연구를 해왔음에도 불구하고 동일한 정책들을 우리나라에 적용할 경우, 비효율적인 경우가 많이 있어 왔다. 그 이유는 다양하겠지만 첫째로 학교폭력에 대한 정의가 각 나라마다 다르기 때문이고, 둘째는 학교폭력에 대한 이론을 적용하고 실행하는 방법이 서로 달랐기 때문이며, 마지막으로 개인적, 혹은 사회적으로 타 문화에 대한 잘못된 인식으로부터 오는 차이 때문 일 수 있다. 이러한 차이점을 최소화하고 정책의 효율성을 극대화하기 위하여 국제적 정책 비교 연구는 많은 도움이 된다.

따라서 본 연구531)는 한국의 교육부와 호주 NSW주 교육부에서 실행하는 학교폭력예방정책들을 비교분석하여 각국의 학교폭력 예방의 다양한 접근 방법들을 살펴보고, 그들 사이의 차이점과 상호보완점을 조사하였다.

특히 이 연구는 기존의 학교학생들뿐만 아니라 다문화사회로 이미 접어들고 있는 호주의 다문화 학교와 한국으로 이주해오는 다문화 가정의 이민자 2세들이 학교생활에 적응하는데 따른 새로운 인식과 사회적 통합에 도움이 될 것이다. 이것을 요약하면 <도표 40>과 같다.

<도표 40> 호주와 한국의 폭력예방정책 비교

폭력예방정책		호주	한국
핵심정책평가	정책 집행 방향	원초적 교육을 통한 폭력예방대책	사후 단속을 통한 폭력예방대책
	정책접근유형	박애주의적 접근	도덕률 혹은 법적 접근
	정책 경향	탈 범죄적 접근 전략	단호히 처벌적 접근 전략
정책유형	정책집행	'학교안전프로그램'으로 원초적 폭력예방활동 강화	'자녀안심하고 학교보내기 운동'으로 사후 대처적 폭력예방활동 강화
	정책수행과정 원리	'학생복지정책'과함께 박애주의 중심으로 정책 수행	'학업성취 및 학벌강화정책' 으로 도덕률 중심으로 정책 수행
	정책방향	'다원 일체적 학교정책전략'으로 탈 범죄적 접근 경향	'대안학교 정책 전략'으로 처벌적 접근 경향 농후

이 연구의 주요 결과는 호주의 학생들은 학교폭력의 개념에 대하여 개인의 생각과 행동사이의 관계에 더 많이 관심을 기울이고 있지만, 한국 학생들은 집단을 중심으로 하는 집단주의에 기초를 두고 있으면서 도덕률의 영향과 그것의 실천사이의 관계에 초점을 두었다.

---

531) Kim, J. D. (2005), *op. cit.*

간략히 요약하면, 학교폭력예방 정책은 세 범주에 의하여 구분되었다. 각 범주에서 대체로 서로가 상반된 정책성향을 가지고 있었다.

첫째, 학교폭력 근절 프로그램의 내용이 서로 다르다. 호주는 성경공부를 중심으로 한 원초적 인성교육에 치중하여 사전예방에 주력하는데 비해 한국은 도덕적 훈계에 중점을 두고 부차적 사후 교정학습에 치중하고 있었다.

둘째, 학교의 정책 수행 원리에서 호주는 평등주의와 함께 학생 중심적 복지정책을 지향하고 있고, 민주적으로 폭 넓게 정책이 시행되고 있는데 비해 한국은 교사 중심적 훈계정책 혹은 학업 중심적이고 권위적으로 정책을 수행하고 있었다.

마지막으로 정책방향에서 호주는 탈 범죄적 접근 및 인도주의적 차원에 초점을 두고 있는데 비해 한국에서는 범죄적 기준에 의해 처벌적 도덕률에 초점을 두고 있다고 볼 수 있다. 특히 호주는 다원일체 학교정책을 지향하고 있으므로 대부분 가해자들은 범죄를 저지르지 않는 한 퇴학이나 정학 없이 학교에 머물고, 학교폭력예방 계획들은 교사, 학생, 학부모의 유기적인 협력을 통하여 이루어지도록 하고 있다.

이러한 탈 범죄적 접근으로 인해 교사들은 생활지도 및 학생복지의 역할까지도 전담하여야 한다. 그러나 한국의 학교폭력 예방정책에 따르면, 대부분 학교폭력 가해자는 다른 학생들을 보호하기 위하여 정학과 퇴학을 당하여 집단으로부터 분리되고, 주로 대안학교에 머무르게 된다. 이러한 한국의 처벌 중심적 예방정책은 가해자에 대한 훈계 및 법적 대응과 함께 대안학교 정책을 용인하게 되었다.

4. 정책 제안

여기서 제안하고자 하는 것은 정부차원에서는 법규에 따른 원칙만을 정하고 내용은 각 단위학교에 일임하여 주변 환경에 알맞은 맞춤식 학교폭력 대책을 수립하게 해야 한다.

그러므로 전국 16개 시·도 교육청은 각 단위학교의 학교폭력대책안에 개입하는 것을 지양하도록 하고 단위학교가 자율적으로 수행해 나갈 수 있도록 하여야 할 것이다. 즉 학교폭력대책은 정부주도하에 수행하되 시·도 교육청에 일임하는 것이 아니라 교육과학기술부와 단위학교간의 직접적인 관계에서 처리되도록 하는 것이 바람직 할 것이다.

구체적으로 매년 반복되는 학교폭력피해를 방지하기 위해 21세기 학교폭력 대책은 단계별 전략과 연계적 프로그램이 필요하다. 즉 단계별 전략으로는 예방전략, 개입전략, 치료전략으로 나누어서 대책을 수립하여야 하며, 연계적 프로그램은 각 단계전략에 따라 학교, 가정 지역사회(혹은 교회)의 연계체제를 구축하여 프로그램을 수행하는 것을 말한다. 보다 세부적으로 살펴보면 다음과 같다.

첫째, 예방 전략으로는 원초적인 인성교육시스템을 구축하여야 한다. 그러기 위하여 학부모 교육과 함께 학교의 도덕 및 윤리교육을 강화하여야 할 것이다. 예를 들면 예방전략 차원에서 단위학교는 기독교 윤리 교육을 실시하도록 외부 강좌를 개설하는 것이다. 실제로 호주에서는 일주일에 2시간 pastoral care 수업이 주어진다. 이때 타종교학생들은 그들이 선택하여 그 시간에 적당한 인성 교육 프로그램에 참석한다.

둘째, 개입전략으로는 학교폭력가담자들을 중심으로 다양한 채널을 통해 상담교육이 강화되어야 할 것이다. 예를 들면, The Olweus Bullying Prevention Program, 'No-Blame' approach, Pikas Method of 'Shared Concern', 'Circle Time' approach, 'Peer Counselling' method 등과 같은 학교폭력대책 Software는 이미 국제적으로 검정된 프로그램이지만, 그러나 우리나라의 지역적 특성을 고려하여 도입이 가능한 지를 심층 분석하고, 지역적 실정에 맞게 이들 프로그램들을 다양한 유형으로 재구성하여야 한다.

셋째, 치료전략으로는 상습적 학교폭력에 노출된 학생들의 교정교육을 위하여 병원과 연계된 상담심리 및 특수 대안 학교를 통하여 재사회화 교육 프로그램에 참여하도록 한다. 이와 같은 단계별 전략에 따라 학교와 가정, 그리고 교회의 상호연계 프로그램이 중요하다.

이런 맥락에서 다음과 같은 정책을 제안한다. '단위학교 맞춤식 학교폭력예방을 위한 Pin-Point전략 기법 개발' '학교폭력대책의 효율성 제고를 위한 실용적 교원평가제도 도입' '인성교육 경쟁력 강화를 위한 겸임교사제도 도입' '지역사회 대안교육 수용 및 사회봉사 현장체험 학점제도 도입' '민간 자원봉사자 중심으로 시민경찰제도 도입' '학교폭력 전담교사 및 보건관리사제도 도입' '정보통신망의 유해환경차단 및 학교폭력대책 국제연대 구축' 등을 제안한다.

7. Pin-Point전략 기법 개발

학교폭력대책 활성화 전략은 각 지역에서 발생하는 폭력의 유형과 성격에 따른 Pin-Point (맞춤식)전략이다. 정책제안을 위한 기법은 <그림 30>과 같다.

<그림 30> 학교폭력대책 활성화를 위한 Pin-Point 전략 기법

Pin-Point 전략 수립을 위하여 다음과 같은 몇 단계의 선행과정이 필요하다.
첫째 단계는 각 지역 폭력특성을 진단하기 위한 설문지 개발 및 기초조사단계이다. 앞에서 설명한 '이론적 검토'에서 학교폭력의 유형과 성격을 각 지역 단위학교별로 설문조사를 실시하여 명확히 규명한다. 즉 직접적 폭력이 많은지 간접적 폭력이 많은지를 조사하고, 신체적 폭력 혹은 심리적 폭력 중에서 어떤 유형의 폭력이 많은지를 철저히 조사한다.
두 번째 단계는 폭력의 유형이 규명되면 각 폭력의 강도와 빈도를 조사하여, 심층 분석하는 단계이다. 설문지 조사결과를 다차원등간분석기법(Multi-Dimensional Scaling Analysis: MDS)으로 분석하여 보면 폭력의 유형에 따라 점이 표시되는데, 그 점의 위치와 밀도에 따라 대처방법이 결정된다. 설문조사는 1년 주기로 단위학교별로 조사하면 더욱 확실히 학교폭력의 유형과 성격, 그리고 폭력의 강도와 빈도를 규명할 수 있을 것이다.

　세 번째 단계는 MDS분석의 결과에 따라 접근방법을 모색하는 단계인데, 앞에서 다루었던 '실증적 검토'에서와 같이 학교폭력예방정책의 방향과 처방을 내리게 된다. 폭력의 강도와 빈도에 따라 '원초적 예방 프로그램·예방대책 프로그램·처방적 대책 프로그램·행정조치 프로그램' 등으로 정책 프로그램의 단계적 유형이 결정될 수 있다. 예를 들면, MDS분석의 결과로 나타난 점들의 위치가 사반형의 중앙에 가까울수록 폭력의 문제는 심각하지 않으므로 주로 원초적인 예방에 초점을 둘 수 있다.

　그러나 사반형 중앙을 벗어나 상단에 위치하면 직접적 폭력이든 간접적인 폭력이든 그 강도가 강하므로 처방적 혹은 행정조치 프로그램이 더 효과적일 수 있다. 특히 MDS분석의 결과, 그 점들이 왼쪽 좌 반원 상단에 위치하면, 직접적 폭력이 강한 경우이므로 행정조치 프로그램에 중점을 둘 수 있다. 그러므로 폭력의 종류와 유형에 따라서 그 처방의 강도를 조절할 수 있다. 이러한 방법으로 정책원리(도덕적 원리, 법적 원리, 박애주의적 원리)와 정책방향(처벌적 범죄로 대응, 탈 범죄적 방향으로 대응)도 결정된다. 예를 들면 '직접적 폭력>간접적 폭력'일 때, 일반적으로 법적접근 원리를 활용하도록 방향을 잡고 프로그램을 개발하여야 할 것이다. 만약 '간접적 폭력>직접적 폭력'일 때는 도덕적 접근 원리에 기초한 프로그램 개발이 이뤄져야 할 것이다. 그리고 만약 '직접적 폭력 ⊒⊏간접적 폭력'일 때는 박애주의적 접근 원리와 탈 범죄적 방향으로 대응하는 것이 바람직할 것이다.

　네 번째 단계는 프로그램 개발단계로써 각 정책집행 프로그램들의 하위 프로그램들을 개발하는 단계이다. 하위 정책집행 프로그램, 예를 들면, The Olweus Bullying Prevention Program, 'No-Blame' approach, Pikas Method of 'Shared Concern', 'Circle Time' approach, 'Peer Counselling' method 등과 같은 학교폭력대책 Software는 이미 국제적으로 검정된 프로그램이지만, 그러나 우리나라의 지역적 특성을 고려하여 도입이 가능한 지를 심층 분석하고, 지역적 실정에 맞게 이들 프로그램들을 다양한 유형으로 재구성하여야 한다.

　이와 같은 단계를 거쳐 학교폭력의 성격을 정확히 분석하여 단위학교별로 '맞춤식 학교폭력예방을 위한 다원 일체적 Pin-Point 전략 기법'을 사용하여 주기적으로 설문조사를 실시하고, 대처 방안을 마련한다면 학교폭력대책의 인프라는 구축될 것이다.

결론적으로 '다원 일체적 Pin-Point 전략 기법'은 폭력의 종류와 유형에 따라 대처방법이 다르므로 각 지역의 학교폭력 특성에 따라 다양하게 프로그램이 개발되어야 하며, 또한 지속적 · 주기적으로 설문조사를 실시하여야 효과를 거둘 수 있고, 더 나아가 국제적으로 학교폭력대책 기법들을 공유하여야 효과를 극대화 할 수 있다.

8. 실용적 교원평가제도 도입

학생들의 가장 큰 생활영역이자 사회생활의 첫걸음이 되는 학교현장은 아동 · 청소년들이 사회화를 배우는데 잠재적인 능력을 촉진시키고, 지역사회는 청소년들의 사회화를 위한 학교의 노력을 지원하고 청소년들로 하여금 준법정신을 지닌 시민으로 자라도록 격려하고 있다. 이러한 많은 노력에도 불구하고 폭력행위의 많은 요인들이 학교현장과 관련되어 있으므로 시대정신에 입각하여 실용적 교원평가 중심의 개입을 통한 변화를 요구하고 있다.

그동안 학교폭력 문제가 사회에 알려질 경우 문제학교로 낙인찍히고, 학교 이미지가 손상되는 것으로 생각하여 교육당국이 방어적인 태도로 일관하였다. 그 결과 실제적으로 학교폭력이 줄어든 것이 아니라 음성화 되어 언제든지 표출될 수 있는 뇌관과 같으므로 학교폭력 문제는 이제 학교만이 해결해야 할 영역이 아니라 사회적 책임으로 온 국민들과 공감대를 형성하여야 한다. 따라서 그동안 이루어져 왔던 승진을 위한 수단으로써의 형식요건 충족적 교원평가가 아닌 실용적인 교원평가 제도를 도입할 것을 제안한다. 이 정책제안의 활성화를 위하여 다음과 같은 전략을 제시한다.

◦ 교사와 학생간의 신뢰도 측정을 위한 프로그램 개발: 학교폭력은 은밀하게 이루어지고 피해자들이 신고를 기피하는 경향으로 인해 학교폭력의 음성화는 더욱 가속화되므로 학생들의 폭력피해신고가 활성화되기 위해서는 먼저 학생과 담임교사와의 신뢰가 돈독하여야 한다. 학교현장에서 제 1차적인 인격적 교류는 담임교사와 이루어지므로 담임교사의 영향이 다른 어떤 상담교사나 학생부장보다 더 원초적이다. 만약 학생과 담임교사와의 신뢰가 무너진다면, 폭력피해 학생은 사회 안전을 책임지고 있는 경찰뿐만 아니라, 기성세대와 사회제

도를 불신하는 부정적인 생각을 갖게 된다. 결국 그들의 사회적 불신이 학교폭력의 피해신고를 기피하게 되어 가해자는 자신의 폭력행위를 정당화하고, 그 피해자들의 상처는 깊어만 가게 된다. 따라서 학생이 담임교사를 신뢰하는 것은 폭력피해신고의 활성화를 위한 선제요건이므로 담임교사와 학생간의 신뢰도 측정을 위한 프로그램이 개발되어야 하고, 다양한 기준에 의한 그 신뢰도 평가 결과를 교원평가에 실용적으로 반영하여야 한다.

◦ 개방형 교장 공모제 확대 실시: 폭력사건은 가해 학생이나 피해 학생의 개인적인 특성과 가정, 교우관계의 영향 등이 복합적으로 관련되어 있으므로 처리과정에서 보다 더 효율적인 방안을 마련하는 것은 학교경영의 문제이다. 학교장은 학급 담임교사들에 대한 관리 감독뿐만 아니라 이제 지역사회의 학교폭력에 대한 사회적 이슈에 관심을 가져야 한다. 따라서 학교경영마인드가 폭력예방에 상당한 영향을 미치므로 개방형 교장 공모제를 확대 실시하여, 교육당국은 학교폭력대책에 대한 우수실천 사례를 학교평가에 적극 반영하고, 또한 단위학교에서는 학생과 신뢰도가 높고 학교폭력대책에 현저히 공헌한 교사에게 실질적인 인센티브가 주어지는 실용적인 교원평가가 이루어지도록 하여야 한다.

◦ 1학교 2체제의 교육시스템 구축: 방과 후 교육활동을 전면 개방하여 각 학교의 형편에 따라 교과교육뿐만 아니라 사회인성교육을 활성화하여 교육경쟁력을 강화하겠다고 발표 한 바, 단위학교의 자율권을 확대하여야 한다. 이때 학교장 1인이 단위학교의 방과 후 교육까지 지휘 감독하는 것보다 수석교사제를 활성화하여 수석교사와 선임교사들이 방과 후 교육을 주도적으로 지휘 감독하는 체제로의 제도적 정비가 필요하다. 따라서 단위학교가 학교운영위원회의 결정에 따라 자율적으로 방과 후 교육을 1학교 2체제의 교육시스템으로 전환할 수 있도록 정부주도의 교육여건 개선뿐만 아니라 지역사회를 중심으로 능동적인 학교교육이 이루어지도록 법적·제도적 장치를 마련하여야 한다. 특히 1학교 2체제 학교교육시스템은 우수 교사(수석교사, 선임교사 포함)들로 하여금 방과 후 수업에 참석하도록 하므로 그들에게 대학교수 수준의 처우개선이 이루어지도록 다양한 인센티브가 주어져야 한다. 이 제도의 도입을 통하여 단위학교는 교사의 학습경쟁력을 고취할 수 있고, 교원평가가 단위학교 수준에서 자율적·합리적·실용적으로 이루어질 수 있다는 장점이 있으며, 특히 이 제도의

도입은 공부에 열중하는 '모범생(일명 범생이)'들에 대한 학교폭력의 피해를 줄일 수 있는 부가가치를 창출할 수 있다.

∘ 교육 경쟁력 강화를 위한 교사의 실용적 재교육 시스템 구축: 단위학교와 일선교사가 폭력사건에 대응하는 방법을 잘 인지하지 못해서 폭력사건 발생 시, 피해사건 자체보다는 피해 학생과 학부모의 책임으로 생각하는 경향이 많고, 그에 대응하는 학부모의 지나친 교권간섭으로 인하여 교사상이 붕괴되고 있다. 특히 교사와 학생이 서로를 입시라는 기능적인 수단으로 인식하고, 스승과 제자라는 인격적인 관계를 형성하기 어려운 교육현실을 감안할 때, 교육재건의 마인드를 가지고 일선교사들도 창조적 실용교육의 선구자로서의 시대정신에 합당한 신사고를 확립하여야 한다. 그러기 위하여 교육당국은 교사와 학생간의 신뢰 구축과 사제 간의 사랑과 도의를 정착시키고, 학교는 정기적인 학급회의를 통하여 학생들이 폭력문제를 논의하고, 교사와 학생, 학부모간의 수평적 합의에 기초하여 폭력에 대항하는 학급규칙을 만드는 등 조기예방대책뿐만 아니라 여러 가지 요소가 복합적으로 결합되어 있는 사건의 경우, 전문적인 상담 및 초기 대응능력이 중요하므로 학교폭력예방에 대한 교사의 재교육 시스템이 구축되어야 한다.

9. 인성교육 겸임교사제도 활용

학교폭력의 원인은 다양하고 복잡하지만, 실제적으로 인성교육의 질이 저하되면 학교폭력의 빈도는 높게 나타난다. 성장의 과도기에 있는 아동·청소년의 경우, 우리의 교육현실 속에서 자기성찰과 통제가 쉽지 않다. 그러므로 성적이 내려가서 부모에게 꾸중을 듣거나 학교성적이 계속 부진해지면, 시험에서 실패하는 등의 학업관련 학교생활, 학교선배와의 마찰이나 매 맞는 일, 동성친구의 배신이나 절교, 불량배에게 학교주변에서 피해보는 일과 같은 동료와의 인간관계 등이 학교생활을 부정적으로 만들고, 그 결과로 스트레스를 받게 되고, 학교 부적응 사태 및 학교폭력을 유발 하게 된다. 이러한 학교 부적응과 청소년의 정신적·심리적 압박감의 연결고리는 단지 외부환경의 정화를 통해서만 해결되는 것이 아니라, 무엇보다도 학생 스스로 부정적인 현실을 극복하도록 학교와 사회의 교육과 훈련을 필요로 한다.

학생의 인성교육은 학교의 교과교육과는 달리 사회, 가정, 문화 등 전인교육의 바탕 위에 인프라가 구축되어야 한다, 따라서 글로벌 시대를 주도할 지도자의 자질을 교육하기 위하여 21세기의 인성교육은 학교자체만의 고유한 책임이 아니라 외부사회조직과 연대하여 경쟁력을 강화할 때가 되었다. 이에 실용정부는 인성교육 경쟁력 강화를 위하여 지역사회의 인적자원을 현실적으로 활용할 수 있는 겸임교사 제도를 도입할 것을 제안한다. 이 정책제안의 활성화를 위하여 다음과 같은 전략을 제시한다.

◦ 인성교육의 경쟁력 강화를 위해 학교폭력전담교사의 개방 및 채용확대: 인성교육의 경쟁력을 강화하기 위하여 학교 주도로 이루어져 온 인성교육을 지역사회와 함께 공유하도록 하여야 한다. 따라서 실용정부에서는 원초적 학교폭력예방을 위하여 학교의 인성교육을 사회의 유력인사나 성직자들에게 개방하여 그들을 겸임교사로 활용하여, 적극적으로 지역사회와 함께 학교폭력에 실용적으로 대처할 것을 제시한다. 또한 그들에게 일정한 경력과 함께 교육과 연수를 받게 하고, 학교폭력대책을 위한 전문적인 자격을 갖추게 하여 학교폭력전담교사 응시자격을 부여하는 인센티브를 주는 것도 검토하여야 한다.

◦ 학생의 인성교육 및 학교폭력전담교사로서의 겸임교사의 역할 및 자격: 학교교육은 전문성을 지닌 교사들의 다양한 수업지도 및 유기적인 교육활동을 통해 제도적 구속력과 사회적 책임을 필요로 한다. 따라서 사회교육과는 달리 학교교육을 담당하는 겸임교사에게는 다음과 같은 기본적인 자격을 갖추어야 한다.

첫째, 인간형성자로서 학생의 현실적 모습을 마땅히 되어야 할 당위적 모습으로 변화시키면서 잠재된 소질과 가능성을 최대한 그리고 최적의 모습으로 계발시킬 수 있어야 한다. 둘째, 유의한 지식과 학문의 전달자로서 맡은 영역에 대해 해박한 지적 성취가 있어야 한다. 이것은 지식전수가 없는 학교의 인성교육은 무의미하기 때문이다. 셋째, 교육예술가로서 직관력, 창의성, 미적 감각과 뜨거운 열정 및 정교한 기술을 복합시켜 인간조형을 수행할 수 있어야 한다. 넷째, 학습자로서 자신과 학생 및 인성교과와 시대적 상황에 대해 평생학습자이어야 한다. 즉 남을 가르치는 자는 스스로 배우기를 게을리 하지 않아야 한다는 평범한 원리를 실천할 수 있어야 한다.

◦ 학습평가체제의 다원화: 학생들의 학교생활 부적응 현상을 개선하려면, 무엇보다 학교의 교육여건이 대폭 개선되어 각 개인의 자율학습 생활공간이 확장되어야 하고, 입시위주로 운영되는 학교교육을 전인 교육과정 중심으로 크게 전환하여야 할 것이다. 그러기 위하여 그동안 폐쇄적 철학수업 위주의 도덕·윤리 교육보다는 현장체험학습을 통한 사회봉사와 섬기는 자세에 대한 실천적인 교육을 강화하여 보다 개방적이고 실용적인 학습평가체제를 마련하여야 한다. 즉 학습평가체제를 다원화시켜 인성교육에 대한 경쟁력을 강화하여야 한다.

◦ 시대정신에 입각한 학습자 중심의 창의적 신사고: 학생의 인성교육은 전인교육에 바탕을 두고 있는 바, 학교성적에 관계없이 학교는 모든 학생들에게 의미있는 곳, 유익한 곳, 그리운 곳, 그리고 생활 터전으로서의 학교가 되기 위하여, 학교의 교육현장이 교사와 교과중심에서 학습자 중심으로 전환되어야 한다. 그러기 위하여 교사의 역할이 학과내용을 잘 가르치는 데 있는 것은 사실이지만 학생들의 내면적 욕구를 이해하고 격려와 사랑을 줄 수 있는 것도 대단히 중요하다는 것을 교사들은 인식하여야 한다. 이것은 성인이 된 후 기억에 남는 교사는 학과지도 능력보다 인간적 만남에서 성공한 경우가 더 많기 때문이다. 이것은 학습자 중심의 자기 주도적 학습과는 다른 의미이다. 예로 들면 가정이나 학교에서 친구나 후배를 대하는 언행이나 태도에 대한 교육과 교내에서의 선후배 간의 예의나 도리, 그리고 사회에서 노약자에 대한 보호와 사랑에 대해 가르치는 것 등은 교사들이 학습자들에게 자기 주도적인 학습을 주입함으로 이루어지는 것이 아니다. 따라서 일선교사들도 사회에서 유입되는 겸임교사들을 통하여 스스로 자기개발에 매진해야 하므로 인성교육의 경쟁력은 부가가치를 높일 수 있을 것이다.

10. 현장체험 학점제도 도입

21세기 학교폭력대책 패러다임은 공교육 부적응 아동·청소년의 사회화교육을 촉진하기 위하여 공교육과 대안교육의 연계를 필요로 한다. 실용주의 교육을 주창하고 있는 정부는 다양화, 다변화되고 있는 글로벌 사회에서 "공교육의 입시 교과목만이 우리의 교육경쟁력을 강화할 수 있는가?" 하는 문제를 심각하게 고민하여야 한다.

세계는 지금 '교육은 이상이 아니라 현장'이라는 명제 하에 교육과 사회복지를 함께 연계하고 있는 추세이다. 이제 한국도 유교의 이상주의 교육에서 벗어나 실용주의 교육으로 전환하여야 한다. 교육의 백년대계는 이상을 고집하는 것이 아니라 현실에 적응하는 능력을 기르며 이상을 실현하는 것이다. 따라서 공교육도 입시라고 하는 일률적인 교과목 학습이 아니라, 또한 특기적성교육이라는 비현실적인 용어보다는 실용적인 '취미학습'이라는 새로운 교육 아이템의 창출이 필요하다. 이러한 시대정신에 입각하여 학교폭력대책은 그동안 일괄적인 폭력행위의 처벌과 단속 보다는 취미학습을 통한 긍정적인 태도의 변화와 새로운 교육 아이템의 창출이라는 진취적인 전략으로 전환되어야 한다.

대부분 학교폭력가해자의 경우, 열정은 있는데 그 행위가 사회적으로 받아들일 수 없는 행위이므로 그 행위의 교정이 필요할 뿐이다. 그런데도 불구하고 지금까지의 학교폭력대책은 그들에 대한 전인적인 교육과 설득 보다는 단호한 처벌로 인하여 그들이 가지고 있는 그 열정의 교정 기회까지 빼앗아 버렸다. 그 결과 폭력가해자는 사회적 오명과 낙인으로 인하여 재범을 저지를 수밖에 없는 악순환이 계속되어 왔다. 이러한 결과는 재범의 확률이 초범보다는 훨씬 높다는 통계에서 증명되고 있다.

취미학습은 무엇보다도 열정을 필요로 한다. 그 열정에 대한 전인적인 평가가 요구되며, 그 평가에 대한 합리성을 재고하고자 '사회봉사 현장체험 학점제도'를 전략으로 제시한다. 이것은 공교육 적응 학생에게는 교육의 목표가 사회봉사라고 하는 중요성을 재인식시키고, 공교육 부적응 학생에게는 대안교육을 통하여 그들의 특성화된 현장체험 학습이 제도권 교육에 수용되므로 인해, 그들의 열정이 이제 사회적으로 인정받는 기회가 되므로 학교폭력예방의 교육효과는 부가가치를 창출할 수 있을 것이다. 그러므로 다음과 같은 이 정책제안의 활성화 전략을 제시한다.

◦ 법적 규제완화: 대안학교 설립의 취지는 주로 반사회적 범죄 행위를 저지른 청소년의 재사회화 교육과 공교육 부적응 아동·청소년들에게 제 2의 교육기회를 지역사회가 제공하는 것이다. 그러므로 대안학교도 학교폭력대책적인 측면에서 보면 크게 두 종류로 나눠 볼 수 있다. 하나는 반사회적 범죄행위를 행한 학생들에게 '소년원' 유형의 사회재적응 교정교육을 받게 하는 특수 대안학

교와 다른 하나는 공교육 부적응으로 인하여 타의적으로 선택되는 학생 혹은 자기의 취미활동과 자기개발을 위하여 자율적으로 선택하는 학생들에게 주어지는 일반 대안학교이다. 전자의 경우 교정교육을 통하여, 후자의 경우 각 학교의 특성에 따라 취미학습이 주어지게 하여, 공교육과 함께 공동학점 및 공동학력과정을 운영하여 공교육과 상호 교류하는 교육 시스템이 도입되어야 한다. 특히 일반 대안학교의 설립 및 운영에 관한 법적 규제를 대폭 완화 및 철폐하여 지방자치단체와 함께 공교육 부적응 아동·청소년에 대한 인성교육에 능동적으로 참여하도록 하고, 특성화 사립학교의 취지에 맞게 자립형 사립학교 수준으로 발전할 수 있도록 대안학교의 자율성 및 교육기회를 보장하여야 한다.

ᄋ 제도적 보완: 특성화된 사립학교 촉진법을 제정하여 대안학교의 제도권 수용 및 운영에 대한 기준을 명확히 하고, 대안학교 교원의 자격기준을 '선 채용 후 연수'형태로 전환하여 고객으로서의 학생이 학교교육으로부터 만족할 만한 교육서비스를 받을 수 있도록 교원 자격제도를 다양화 하여야 한다. 일반적으로 공교육 당국에서는 교사자격을 각급 일반 교사자격과 특수교사자격으로 나누고 있으나, 이제는 시대정신에 부합되는 교사자격제도가 필요하다. 대안학교의 "선 채용 후 교육"을 통하여 채용된 교사들이 일정한 교육경력을 갖춘 경우, 그들에게 학교폭력전담교사 응시자격을 부여한다면, 대안학교 교사의 처우개선 뿐만 아니라 공교육으로의 유입의 길이 열리게 되어 공교육의 경쟁력을 가속화할 수 있을 것이다.

공교육과 대안교육의 유기적 연대: 공교육의 경쟁력을 강화하기 위하여 자립형 사립학교 및 대안학교를 활성화하여 공교육을 다시 살리는 계기가 되도록 하여야 하며, 공교육 부적응 학생들의 공교육 복귀 및 사회진로에 불편함이 없도록 제도적 장치를 마련하여야 한다.

이를 위하여 실용정부에서는 공교육 학생들의 사회봉사 현장체험을 학점제로 정착시켜 대학입학 전형에서 각 대학이 자율적·적극적으로 반영할 수 있도록 제도적으로 보완하여야 하며, 대안 교육에서는 취미학습의 질 향상을 위한 전문적인 전인 학습 프로그램을 개발하여 학교폭력예방을 위한 원초적 교육동력을 확립하여야 한다.

11. 학교폭력 전담교사제도 도입

급변하는 학교환경과 정보매체의 홍수 속에 내재해 있는 유해매개체를 단속하기 위해 그동안 정부 · 학교 · 지역사회는 환경정화 및 폭력행위의 단속에 수많은 인적 · 물적 자원을 투입하여 왔다. 그러나 폭력행위는 줄어들지 않고 여전히 학교 내에 잠재해 있고, 학생들의 내재적 사회부적응으로 인한 폭력유발요인은 더욱 음성화되고 있다. 따라서 실용정부에서는 보다 전문적이고 시대정신에 적합한 대책을 필요로 하는 바, 그동안 폭력행위의 단속과 환경정화에 치중하였던 폭력대책 시스템을 행위자 중심의 인성교육과 훈련으로 변화시켜, 아동 · 청소년들이 스스로 유해환경에 대처하는 능력을 기르게 하고, 자기 자신에 대한 사회적응 능력을 스스로 배양하게 하도록 하는 실용적 학교폭력대책 시스템으로 바꾸어야 한다. 이에 총체적으로 학교폭력에 대처하기 위하여 보건관리사(care manager) 제도를 도입하고, 단위학교에 학교폭력전담교사를 배치할 것을 제안한다. 이 제안의 활성화를 위하여 다음과 같은 전략을 제시한다.

◦ 보건관리사(care manager)의 양성: 학교폭력은 복잡하고 다양한 경로를 통하여 이루어지는 아동 · 청소년의 사회 및 자기 자신에 대한 부적응 행위이다. 따라서 학교폭력예방대책은 일선교사들이 담당하는 형식적인 생활지도의 차원을 벗어나 실용적인 학교정책의 차원에서 다뤄져야할 중대한 사안이므로 정부에서는 보건관리사(care manager)제도를 도입하여 보건교사, 사회복지사, 청소년지도사 및 간호사 등으로 하여금 학교폭력에 대한 전문적인 교육 및 연수를 받게 하고, 그들에게 보건관리사 자격과 학교폭력전담교사 응시자격을 부여하여 학교폭력의 원초적 예방교육, 상담, 대처방안 및 홍보, 폭력사건의 처리 및 재범 방지까지 총 망라한 학교폭력대책을 수립하여야 한다.

◦ 학교폭력전담교사의 채용 및 배치: 학교폭력전담교사는 주기적으로 학생의 신체적 · 정신적 · 심리적 상태를 점검, 진단, 평가하고, 지역사회와 연계하여 학교폭력의 예방, 교육, 상담, 설득 및 유해환경정비 등 일체의 처리과정을 책임진다. 이것은 그동안 학교폭력사건 발생시, 학교장이 포괄적으로 책임지는 형식적 대책에서 전문가에 의한 실용적 학교안전대책으로 학교폭력대책 시스템을 시대정신에 부합하게 전환하는 계기가 된다. 따라서 학교폭력전담교사의 양

성 및 배치는 시대적 요청인 바, 학교폭력전담교사의 지원 자격 및 활성화 방안은 다음과 같이 네 범주로 요약할 수 있다.

① 보건관리사의 전문적 활동: 보건관리사란 학생의 전인적인 상태를 주기적으로 점검관리하면서 학교폭력의 예상 징후를 포착하고 사전예방의 차원에서 전문적인 학교폭력예방교육을 실시하며, 지역사회와 연계하여 학교폭력예방 프로그램을 단위학교 수준에서 진행할 수 있는 맞춤식 학교폭력대책 활동을 전개하는 자로서, 그들에게 학교폭력전담교사 응시자격을 부여하여 그들로 하여금 단위학교별 학교폭력대책 프로그램을 개발하도록 하고 일체의 학교폭력에 대해 책임을 맡게 한다.

② 수석(선임)교사의 실용적 활용: 2007년부터 수석교사제를 시범적으로 실시하는 학교들이 있다. 수석교사제가 현실적으로 정착하기 위하여 우수교사들의 실용적인 활용이 최우선 과제이다. 우선적으로 우수교사들을 방과 후 교육에 투입하여 외부강사와의 경쟁을 유도하고 그것에 걸맞은 인센티브를 제공하여야 한다. 그러므로 선임교사 중 한명을 학교폭력전담교사로 전환하여 일정한 연수를 받게 하고, 그들을 학교폭력전담교사로 활용하는 방안이 검토되어야 한다.

③ 겸임교사의 현실적 활용: 학교폭력대책은 지역사회와의 연계가 중요하므로 학교안전정책의 최우선과제는 사회인적자원들의 실용적인 활용에 있다. 교육현장에서 사회인적자원들을 효율적으로 활용하면 예산절감 및 교육의 부가가치는 극대화될 것이다. 따라서 사회의 유력인사나 성직자들에게 학교의 인성교육 프로그램을 개방하여 그들로 하여금 겸임교사로서 적극적으로 학생의 인성교육에 참여하도록 하고, 그들 중 일정한 경력과 인품 및 교육적 자격요건을 갖춘 자들에게 학교폭력전담교사 응시자격을 부여하도록 한다.

④ 대안학교 전문경력교사의 제도권 교육현장 활용: 대안학교는 공교육 부적응 아동·청소년들에게 지역사회가 제2의 학습기회를 제공하는 교육 현장이므로 그들을 지도하는 교사는 청소년에 대한 사랑과 인내, 그리고 교육의 특수성과 전문성을 잘 이해해야만 한다. 따라서 대안학교 교사 중 일정한 교육경력과 인품을 가진 자들에게 교육적인 자격요건을 구비하게 하여 학교폭력전담교사 응시자격을 부여하도록 하고, 그들을 제도권 교육현장으로 활용하는 방안이 검토되어야 한다.

12. 시민경찰제도 도입

학교폭력대책은 무엇보다도 학부모 및 지역주민들의 자발적인 참여가 필요하다. 따라서 지역행정관청과 교육청은 지역주민들의 학교폭력에 대한 이해와 관심, 그리고 계도와 단속을 적극적으로 지원하고, 지역주민들로 하여금 아동·청소년들이 폭력에 쉽게 노출될 수 있는 유해환경을 정비하게 한다. 이를 위하여 민간 자원봉사자들을 모집하여 그들에게 일정한 교육과 연수를 제공하고, 사회봉사 활동에 대한 인센티브를 제공해 주며, 자발적으로 학교 주변의 환경정화 및 우범지역의 순찰을 담당하게 하는 시민경찰 제도(학교보안관 제도)를 도입할 것을 제안한다.

13. 국제연대 구축

학교폭력의 사전 징후 및 복잡한 폭력의 성격을 명확히 규명하고, 다원일체 Pin-Point 전략기법의 개발과 국제적인 정보통신망을 통한 유해한 환경을 차단하고, 실용적인 학교폭력 대책방안을 마련하기 위하여 국제적인 연대를 통한 사례분석 및 심층연구가 필요하다.

특히 교육당국은 시대정신에 적합한 전문적이고 체계적인 학교폭력대책을 수립하여 학교폭력의 음성화가 악순환되지 않도록 하여야 한다. 이를 위하여 담임교사와 학생간의 신뢰도 측정을 위한 프로그램 및 정책집행 하위 프로그램 등이 개발되어야 하는데, 이것은 국제적인 연대를 통하여 정보를 지속적으로 서로 공유할 때 가능하다. 따라서 시대정신에 적합한 호주의 학교안전정책 시스템을 살펴보면서 이 정책제안의 활성화 전략을 제시한다.

호주의 학교안전정책의 특징은 교육부와 교육지원센터의 협조로 각 지역 단위학교의 폭력특성에 따라 맞춤식 대책을 세우고 있다는 점, 지역사회와 유기적으로 연대하여 학교안전정책을 수립하고 집행한다는 점, 그리고 포괄적으로 민주주의적인 행정체제를 유지한다는 점이 특징이다.

사회공동체와 단위학교와 교육부는 다원 일체적으로 정책에 동참하고, 동시에 학교는 교육지원센터에서 공급된 정책지침 참고자료를 받는다. 그 지침자료는 학교가 스스로 어떻게 학교폭력예방 프로그램을 개발할 것인지를 도와준다. 특히 단위학교들은 지역사회에 문이 활짝 열려있어 지역사회와 함께 협력하여 다원 일체적으로 학교 폭력예방정책 프로그램을 개발하고 집행할 수 있다.

그래서 각 학교는 자유롭게 교육부나 지역사립학교협의회의 정책을 받아들일 수 있고, 그들의 정책결정에 참여할 수 있고, 스스로 프로그램을 개발할 수 있으며, 학교안전 프로그램 활동도 외부사회단체와 협력하여 스스로 집행할 수 있다. 포괄적으로 학교폭력사건에 대해 범죄형벌적으로 접근하는 한국과는 달리, 학생복지적인 측면에서 민주적으로 접근하므로 인해 어떤 학교들은 형편에 따라 매우 독특한 학교폭력예방정책들을 수행할 수 있다. 이것은 <그림 31>에서 보는 바와 같다.

<그림 31> 호주의 학교안전정책 체제

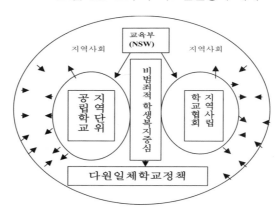

더구나 교육지원센터와 단위학교는 서로 정책결정과 집행에 협력하고, 단위학교는 학생의 안전과 복지를 구현하기 위한 지침서들을 개발한다. 한편 지역 교육지원센터와 사립학교협의회(예, 종교교육당국)는 효율적인 다원일체 학교안전정책을 수행하기 위해 자체적으로도 정책을 개발한다. 최근 교육부에서 공립학교에 대하여 폭력대책 교육을 강화하고 있지만, 여전히 단위학교는 자치적으로 학생복지정책, 학교안전 프로그램을 개발하고 교육한다. 하지만 교육부는 재난과 사망 및 상해 사건에 대해서는 학생인권의 차원에서 엄격히 다루고 있다.

호주와는 달리 우리나라의 경우, 단속과 처벌 위주의 정부 대책으로 인해 그

동안 신체적인 폭행과 금품갈취에 치우쳤던 학교폭력의 유형은 집단 따돌림과 괴롭힘의 양상으로 바뀌고 있다. 따라서 실용적인 학교폭력대책을 위하여 외국의 성공사례와 정책들을 검토·도입하고, 원초적인 예방대책수립을 위하여 국제적인 연대를 구축하여 학교안전정책의 인프라 기반을 다지는 것이 필요하다.

한편에서 ON – OFF 라인 상 유해환경을 차단하고, 유해포털사이트와 휴대폰 메시지 폭력에 대처하기 위하여 국제적인 연대가 필요하다. 학교폭력전담교사는 일정한 정보통신 유해 환경차단 및 건전한 청소년 프로그램 공급을 위하여 전문적·기술적인 교육을 받아 청소년 유해매체에 대처하여야 하며, 국제적인 연대를 통하여 '정보매체 폭력 예방 네트워크'를 구축하는 것이 필요하다.

14. 정책제안 종합해설

학교폭력은 세계적인 이슈로써 반 폭력으로의 접근은 학부모, 아동, 교직원, 언론, 경찰, 지방사업체 및 지역사회에 기반을 둔 조직단체들의 다원적·전문적인 개입을 필요로 하며, 더 나아가 다른 사람들에 대한 존경을 중시하는 학교의 교육철학과 다른 이들을 보호하는 가치로써 배려와 협력이 필요하다. 이런 맥락에서 단일 문화적 배경을 가진 한국학교와 호주 NSW주의 학교 폭력예방정책들을 상호 비교하여 보면서 보완점을 살펴보았다.

첫째, 한국의 교사 중심적 사고는 민주주의를 약하게 할 뿐만 아니라 학생들의 권리가 교사의 전통적 권위에 의하여 무시되곤 하였다. 특히 전통적으로 학생을 훈계할 때, 포괄적 학칙에 근거한 처벌적 접근은 학생의 인권을 침해하므로 한국 학교에서 개선되어야 한다. 호주와 같이 학칙은 세분화되고 미리 준비되어져야 하며, 그들은 각 학교의 상황에 따라 융통성 있게 가해자와 피해자의 문제를 학생 중심적으로 다루어야 한다. 따라서 한국의 학교정책들은 교사중심에서 학생중심으로 전환하는 것이 필요하다.

둘째로 호주의 학교 폭력예방 프로그램은 Cammeray 초등학교에서 실행하고 있는 종교교육 및 성경공부와 같이 원초적 인성교육 훈련에 초점을 두고 있는 반면, 한국학교에서는 신체적 폭력을 방지하기 위하여 처방적 대책 프로그램에 초점을 두고 있다. 달리 말하면 주로 호주의 반 폭력 프로그램은 Budgewoi 초등학교에서와 같이 장기적인 계획과 원초적 예방 교육을 강조하는 다원 일체적 폭력대책 인프라가 구축되어 있지만, 한국은 학교폭력이 발생한 후, 임기응변으로 처방적 근절대책에 치중하였으므로 정규 학교 부적응 학생들은 대안학교로 가서 검정고시를 치루고 대학을 입학하는 사례가 생기게 되었다.

그러므로 호주와 한국의 학교폭력대책을 비교한 결과, 한국의 단위학교는 인성교육 및 정신·심리적 치유상담을 더욱 강화하고, 지역 사회조직과 종교기관과의 긴밀한 관계를 유지하는 것이 필요하다고 본다. 정책 제안의 요점을 정책진단 <그림 32> - 정책과제 <그림 33> - 기대효과 <그림 34>로 정리 하였다.

<그림 32> 학교폭력예방을 위한 정책 진단

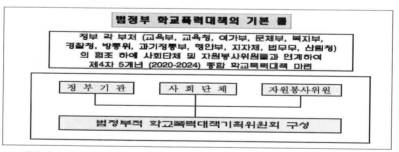

〈그림 33〉 학교폭력예방을 위한 정책 과제

Ⅱ 정책과제

행복한 교육환경으로 Vision Seeker 육성

안전한 학습 환경 · 폭력 없는 학교생활

현장중심 · 실용적 폭력대책 패러다임으로 전환

초등학교 VISION 1	단속위주 정책집행 (행위중심 처벌)		인성교육을 위한 산학협력 겸임교사도입 (행위자중심 교육)

중고등학교 VISION 2	백화점식 전시행정 (청소년보호정책)		다원 일체적 Pin-Point 전략 (학교안전정책)

* 교육부와 시민단체 간 유기적 협력
* Post COVID-19 대비하여 선제적 On-Off 라인 국내외 연대 구축
* 좌 편향된 학생인권 조례로 실추된 교사의 교권회복
* 민간자원봉사자의 실용적 활용 방안 마련

〈그림 34〉 학교폭력예방정책 제안에 대한 기대 효과

Ⅲ 기대효과

1. 연간 30% 경제적 비용절감

◉ 백화점식 청소년보호 전시행정으로 인한 비효율적 방만한 예산집행 타파
◉ 다원일체 Pin-Point 대책으로 년 30% 예산 절감
◉ 각 부처 간 유사 청소년 보호사업의 중복 지원 타파
◉ 단위학교 중심의 실용적 실태조사 및 연구사업 실시

2. 약 3만개 이상 일자리 창출

◉ 인성·학교안전교육 담당 산학협력 겸임교사제 도입 (초중등교육법 제22조)
◉ 창의적 체험학습(주 2시간) 혹은 "도덕" 관련 교과(2시간)를 인성·학교안전교육에 배정
◉ 초중고등학교(11,710개교 169,726학급)에 주당 2시간을 인성·학교안전교육 시수에 배당
◉ 겸임교사가 1주일에 5개-7개 학급 (주10-14시수) 담당하면 약3만개 일자리 창출

3. 실용적 공교육 내실화

◉ 학교폭력에 대한 포괄적 교장 책임보다 수석교사와 학교폭력전담교사의 실용적 책임 및 역할 분담
◉ 인성교육과 준법교육 시간에 실시되는 사회봉사활동을 수행평가에 도입함으로 공정과 상식이 자리 잡는 실용교육 경쟁력 강화
◉ 다원일체 Pin-Point (맞춤식) 학교폭력대책을 통해 학교폭력의 징후, 진단, 처방, 상담 및 재범방지에 이르기까지 전 방위적인 전략 수립

4. 선제적 학교폭력 예방 기반 구축

◉ Post COVID-19 및 4차 산업 인재 육성을 대비하여 "범생이 왕따"시대 종식시킴
◉ 폭력 발생 이전과 이후에 나타나는 심리적 압박감에 능동적으로 대처
◉ 일선교사와 학생간의 학급신뢰도 측정을 통해 음성화된 폭력예방 효과
◉ 일선교사를 대상으로 학교안전보호교육을 수시로 시행하는 실용적 예방 시스템 구축
◉ 학교폭력전담교사 모집을 재외동포에게 개방하면, 미래에 도래할 지식교육 F.T.A.에 대비하여 우수인력의 해외유출을 줄이고, 재외동포의 우수인력을 국내에 유치하는 시너지 (Synergy) 효과

5. 능동적 사회통합 시너지(Synergy)효과

◉ 성직자와 청소년 전문가의 학교교육 유입으로 인성교육 기반 구축
◉ 민간 자원봉사자의 능동적 공교육 참여
◉ 정부와 종교와 사회의 벽을 한층 낮게 하여 사회통합 시너지(Synergy) 효과
◉ 좌 편향된 학생인권조례로부터 실추된 교사의 교권회복에 기여

제 4 절 교정훈련과 복지

1. 교정복지 의의

교정복지의 용어는 영어의 'correctional welfare'의 영역이다. 'correction'
은 삐뚤어진 것을 바로잡아 고친다는 의미이며, 그것은 본래 의학적으로 인간
의 질병이나 성격을 교정, 재활의 의미를 갖고 있다.

교정복지는 사회복지의 한 분야로서 사회적응에 실패한 범법자 및 비행청소
년의 갱생을 위해 도와주는 제반 활동을 뜻하며, 범법행위로 교정시설에 수용
되어 있거나 퇴원 및 퇴소원 수형자의 반도덕성을 자주적으로 극복시키고 사회
적 적응 능력을 배양시켜 반사회성을 교정, 개선함으로써 재범에 빠지는 일이
없도록 하는 데 목적이 있다.[532]

따라서 교정복지란 범죄자를 단지 처벌한다는 단순한 차원을 넘어서 사회복
지의 차원에서 그들이 교정, 교화될 때까지 사회적 지원이 이루어져야 한다는
것에 사회적, 국가적인 사명감을 갖는 것이다.

개별사회사업(case work), 집단사회사업(group work), 지역사회사업(community
work) 등과 같은 기초적인 사회 방법론을 활용하여 범죄인이나 비행청소년이 심
리사회적으로 가장 편안한 상태를 유지하면서 사회에 적응하여 활동 할 수 있도록
돕는 활동이다. 그러므로 교정복지란 범죄와 비행 관련자들에 대한 복지 영역이다.

(1) 교정복지의 법 · 제도적 개념

교정복지란 실정법 위반 등 반사회적 요소를 요보호성 또는 범인성으로 보고
정상에서 이탈하거나 규범에서 벗어난 행위를 시정하기 위하여 행하는 보호 또
는 행형 작용이다.

다시 말해 교정은 범죄인 및 비행청소년의 건전한 육성 또는 인격도야와 개

---

532) 남세진, 「인간과 복지」, (서울: 한울 아카데미), 1999, p.227.

과천선을 촉진하는데 목적을 두고 있으며 이는 교육법이 정하고 있는 자주적
생활능력과 공민으로서의 자질을 소유하게 하는 목적과 같은 취지이다.

다만, 교정은 교육과는 달리 그 대상이 실정법을 위반하였거나 위반할 우려
가 있는 자가 된다는데 차이가 있다. 교정복지는 범죄자나 비행청소년의 재활
과 정상인으로서의 사회복귀를 돕고 범죄사건으로 인한 제반영향을 해결하기
위한 전문적 사회복지의 한 분야이다.

이러한 교정복지의 개념에는 범죄자와 범죄피해자, 그들의 가족, 나아가 범
죄가 발생되는 지역사회에서 문제해결과 예방적 관점에서 범죄와 비행으로 인
한 영향으로부터 정상적 상태로 회복시키고자 행해지는 일체의 활동과 이들을
위한 정책을 수립하고 행정을 위한 개인이 자신을 돌아보고 과거의 태도를 변
화시킬 수 있도록 도와주며 그의 잠재력 개발과 사회에의 재적응을 지원하는
것으로 매우 협의에 머물렀다.

그러나 교정복지는 교정의 문제를 사회 복지적 목적은 범죄자의 갱생에 있
다. 범죄를 저지른 개인이 자신을 돌아보고 과거의 태도를 변화시킬 수 있도록
도와주며 그의 잠재능력을 개발하여 사회 환경에 적응하도록 원조해야 한다,
이 목적을 위하여 장애 요소를 제거해 줄 필요가 있으며, 사회 심리적으로나 경
제적으로 자립할 수 있도록 사회적 네트워크에 연결시켜 사회로의 복귀를 도와
건강한 사회구성원이 되도록 지원해야 한다.

(2)교정복지의 사회교육적 개념

교정복지는 범죄인이나 비행청소년에 대하여 국가, 공공단체 또는 개인이 개
별적 또는 집단적으로 시설 내에서 교정교육하고, 사회 내에서 보호관찰하는
조직적 활동과 그들의 재활을 돕는 사업을 의미한다.

다시 말하면 범죄인 및 비행청소년들에게 사회적, 형사적, 의료적 및 심리학
적 처우를 행하여 재범방지와 사회복귀를 용이하게 하기 위하여 행하는 교정복
지 활동으로서 교정처우를 시설 내 교정과 사회 내 처우로 구분되는데, 시설 내
교정은 교도소나 소년원 및 감호소와 같은 교정시설에 수용하여 교정처우하는
것이며, 사회 내 처우는 범죄인을 교정시설에 수용하지 않거나 수용된 범죄인
이라도 가석방 또는 가퇴원의 절차를 거쳐 만기가 되기 전에 석방하여 사회 내
에서 지도, 감독 및 보도, 후원의 방법으로 교정처우하는 것으로 보호관찰제도

와 갱생보호제도가 있다533).

보다 더 광의적이고 적극적인 개념에서 교정의 문제를 사회 복지적 차원에서 대처함으로써 범죄인이나 비행청소년의 개인 차원은 물론이거니와 그들을 둘러싼 사회 환경에 개입함으로써 당면한 문제뿐 아니라 재범 예방차원에서 효율성을 증진시키고 범죄나 비행이 야기 시킨 부정적인 결과를 제거하여 사회 구성원의 복지증진에 기여하고자 체계적으로 연구하는 분야이다.

그러므로 범죄와 비행과 관련된 전 사회 구성원을 대상으로 그 의미와 영역이 확대되고 있다. 그러나 교정복지는 징벌과 관용이라는 모순된 복합적 개념을 지니고 있어서 교정이론, 교정정책 및 교정 프로그램을 수립하는데 큰 혼란을 야기 시키고 있다. 또한 범죄와 비행을 예방하고 교정하는 사업은 아직도 과학적인 운영이 되지 않고 있다. 그 결과 비행이 야기될 만한 환경에 대한 예방 프로그램이 결여되어 있고, 발견된 비행에 대한 합리적 교정복지가 이루어지지 않고 있는 현실이다.

요컨대, 교정복지란 ① 사회적응에 실패한 범죄자 및 비행청소년들의 사회적 적응능력을 배양 ② 재 비행과 재범을 방지 ③ 원만한 사회복귀를 도와 건전한 시민으로 살아갈 수 있도록 하는 복지적 처우와 조직적 서비스의 지원활동을 포함하고 있는 사회복지의 한 부분이다.

(3) 소극적 교정복지와 적극적 교정복지

전통적 혹은 소극적 교정복지는 종래의 형사정책사조에 따라 주로 범죄자를 일정한 시설에 유치하거나 구금하여 사회와 격리시킴으로써 사회의 안전을 도모하는 것이었다. 과거로 거슬러 올라 갈수록 범죄자의 구금에는 인권이나 생활보호라는 복지적인 처우가 제대로 따르지 않았다.

그러나 사회가 발전하면서 비록 범죄를 한자라 하더라도 자기가 지은 죄의 대가로 치러야 하는 것 외에는 인간적인 보호를 받아야 한다는 형사정책사조가 나타났다. 세계 각 국도 범죄자의 인권과 생활을 보호하도록 법으로 규정하기에 이르렀다. 교정복지도 이러한 맥락에서 구금시설을 중심으로 범죄자의 의식주를 비롯한 인간의 기초 생활보호와 장래 사회복귀 후의 사회적응을 위한 교

---

533) 남세진, 전게서, p.227.

육과 직업훈련 등의 형태로 이루어지고 있다.

따라서 현대의 적극적 개념에서의 교정복지는 범죄자의 우범자 및 그들의 문제 그리고 유해환경 등을 대상으로 사회복지실천방법의 지식과 기술, 사회복지정책의 법과 제도적 장치 등을 활용하여 대상자들의 재범방지와 사회복귀는 물론 관련 환경의 개선을 도모하는 사회적 노력과 활동이라고 할 수 있다.

(4) 사회복지와 교정복지

사회복지의 용어는 영어의 'social welfare'의 영역이다. 'social'은 사회의, 사람들의 이라는 의미이고, 'welfare'는 인간의 욕구와 열망을 충족시키는 사회적 노력이라고 한다.

그런데 사회복지라는 용어의 뜻을 영국에서는 'social service', 미국에서는 'social welfare'로 사용되고 있으며, 사회사업은 영국에서는 'social service', 그리고 미국에서는 'social welfare'로 통용되고 있다. 사회복지의 개념은 그 시대적 배경과 각국의 경제적, 정치적, 문화적 배경과 논자에 따라 다양하며 1950년 유엔의 관련 보고서에 의하면 보건, 영양 사회보장제도, 교육, 고용, 주택, 마지막 사법제도의 일곱 가지를 중요한 분야로 제시하고 있다.

이와 같이 사회복지의 중요한 분야를 점하고 있는 교정복지는 사회복지와 밀접한 관계를 가진다. 교정복지의 중심은 시설내처우로서의 교정적복지와 사회내처우로서의 보호적 복지이며 주체는 국가기관인 교도소와 보호관찰기관이다. 객체는 교정시설 구금자와 보호관찰 대상자이며 방법은 교정처우와 출소자의 지도와 원호 등 이다. 교정복지는 시설내구금자, 피보호관찰자만이 아니라 그를 포위하고 있는 지역사회의 복지와 안전에도 깊은 관심을 두어야 하므로 교정복지의 사회복지적 접근은 필수적이라 할 것이다.

2. 교정복지의 필요성

사회복지는 인간의 존엄성과 변화의 능력을 인정하고 인간을 돕는 정신을 바탕으로 태동하고 발전하였기 때문에 다른 여타 분야보다도 사회복지 분야에서 범죄인의 재활을 돕고 원조하는데 적극적으로 개입할 수 있다. 사회복지에서 중요시되는 것 중의 하나는 넓은 관점에서 대상자에게 접근을 시도한다는 것으로, 이것은 사회복지가 다른 분야에 비해 보다 전인적이고 통합적인 차원에서 범죄인의 재활에 효과적으로 대응할 수 있는 것이다.

사회복지실천가는 그 개인의 능력에 따라 클라이언트가 지니는 심층적인 문제까지도 접근할 수 있는 기술을 개발하고 있어 범죄인에 대한 팀접근(Team Approach)이나 케이스 매니저로서 대상자에 대한 다양한 지원망을 연결하고 대입하여 도움을 제공하는 이점을 지니고 있다. 요컨대 교정복지의 필요성은 사회복지 분야에서 범죄인의 재활을 돕고 원조하는데 적극적으로 개입하여 전인적이고 통합적인 차원에서 범죄인의 재활에 포괄적으로 대응하고 대상자에 대한 다양한 지원망을 연결하고 대입하여 도움을 제공하는 것으로 요약할 수 있다.534)

이 밖에 경제적인 관점에서 교정복지 활동은 민간차원의 자원봉사자나 지역사회자원을 활용하고, 재소자에 대한 사회 내 처우를 중시한다는 점에서 상당한 비용을 절감할 수 있다. 또 사회적으로는 재범방지와 재활을 도움으로써 상습적인 범죄가 줄어들고, 사회 안정에 기여하는 면에서 교정복지가 필요하다.

3. 교정복지의 기능

교정복지의 기능은 다양하겠지만 다음 세 가지 기능을 포함하고 있다.535) 첫째, 범죄인 및 비행청소년의 적응을 돕는 것으로 심리사회적 서비스나 환경개선을 통해 그들이 인간다운 생활을 누릴 수 있고 환경에 적응할 수 있도록 하는 기능이다. 둘째, 범죄인의 특정한 질병이나 장애의 치료에 대한 협력을 제공한다. 비행청소년 및 범죄인의 특성이 다양해지면서 이들의 재활에 교정복지 전문가가 개입하여 이들의 치료를 직접 혹은 간접적으로 돕는 기능을 하게 되었다. 셋째, 보호관찰갱생보호기관과의 협력을 들 수 있다. 교정복지 분야에 있어 보호관찰은 핵심부분이라 할 수 있을 정도로 교정복지의 기술과 접근방식이 보호관찰제도에 기여하고 있다.

---

534) 배임호 외, 「교정복지론」 (서울: 양서원), 2004, 참조.
535) 최옥재, 「교정복지론」 (서울: 학지사), 2003, 참조.

4. 비행청소년 처리제도

우리나라는 1988년 12월 31일 소년법 및 소년원법이 개정되고 1989년 7월
1일 시행됨과 동시에 보호관찰법이 새롭게 제정 · 시행됨으로써 소년사법제도
는 보호처분의 종류와 기간 등에서 변경이 있었다.

소년법에 의하면 심판의 대상이 되는 비행소년은 촉법소년에 해당되는 연령
은 12세 이상 14세 미만, 범죄소년에 해당되는 연령은 14세 이상 20세 미만,
그리고 우범소년의 연령은 12세 이상 20세 미만으로 되어 있다. 소년에 대한
심판은 가정법원 소년부 또는 지방법원 소년부에서 행해지도록 하고 있다.

우리나라는 검사선의제도를 채택하여 14세 이상의 범죄소년은 성인의 형사
사건과 동일하게 검사에게 송치되어, 검사가 개전의 정이 있는 자에게 선도조
건부 기소유예 처분 내릴 수 있게 하고 있는데, 소년범죄처리체계를 보면 다음
<그림 35>와 같다.

<그림 35> 한국의 청소년범죄처리 체계도

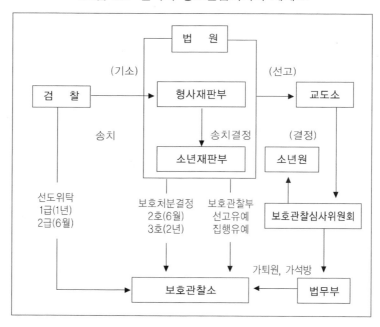

검사선의제도로 인하여 우리나라는 소년범죄에 대하여 일반 형사소추 절차에 의한 형사처벌 이외에 비행소년의 교육과 선도를 목적으로 한 보호처분 등을 인정하고 있다. 죄질이 극히 불량하여 선도교육이 불가능하다고 판단되는 범법소년에 대하여서만 형사처벌을 하고, 개선 가능성이 있는 범법소년에 대하여는 선도 및 보호측면에서 교육적인 처우를 하고 있다.

개정 전의 소년법에 따르면, 보호처분의 종류로는 첫째 보호자 또는 그 밖의 적당한 자의 감호위탁, 둘째 소년보호단체, 사원 또는 교회의 감호 위탁, 셋째 병원 또는 요양소 위탁, 넷째는 감화원 송치, 다섯째는 보호관찰의 6종류가 있었는데, 개정 뒤 소년법 제32조에 의하면, 둘째와 넷째가 폐지되고 새롭게 단기보호관찰, 아동복지시설 및 소년보호시설의 감호 위탁, 단기소년원 송치의 3종류가 추가되어 7종류로 되었으며, 그리고 첫째의 보호자 또는 그 밖의 적당한 자를 개정 후에는 보호자에 갈음하는 자로 바뀌게 되었다. 비행소년의 처리 기관은 경찰, 검찰, 법원 등이 있다.

소년범죄는 범법소년 개개인에 대하여 주변 환경, 개선, 범행유발원인 등을 상세히 조사하여 개전의 정이 없고, 죄질이 극히 불량한 흉악범, 상습범, 조직폭력배 등에 대하여는 중벌을 과하고, 선도가 가능하다고 판단되는 소년범에 대해서는 선도, 보호에 중점을 두어 선도조건부 기소유예제도를 활용하고 있다.

다시 말하면, 우리나라는 소년에 대한 심판은 가정법원 소년부 또는 지방법원 소년부에서 행해지도록 하고 있지만, 소년범죄에 대하여는 검사선의제도를 채택하여 14세 이상의 범죄소년은 성인의 형사사건과 동일하게 검사에게 송치되어, 검사가 보호처분을 받게 하기 위해 사건을 소년부로 송치할 것인가를 결정한다.

이때 검사는 일반형사 사건과 동일하게 기소유예의 처분을 내릴 수 있고, 그 경우 '선도조건부 기소유예'라는 실무상의 권한을 가지고 있다. 이 조처는 갱생의 전망이 있는 소년에 대하여 기소 또는 소년부 송치를 일정기간 유예하고, 본인의 동의하에 그 기간 동안 지역사회에서 학식이나 덕망이 있는 선도위원의 지도를 받게 하는 것이다.[536]

제도적으로 보면, 검찰은 선도조건부 기소유예제도와 소년원이나 교도소를

---

536) 한국청소년연구원, 「소년비행의 국제비교」, 한국청소년연구원, 1991, pp.75~76.

방문하여 선도하는 방문선도제도를 활용하여 범죄청소년의 교화를 맡고 있고, 법원은 소년분류심사제도와 함께 소년법원의 역할을 통하여 범죄청소년의 교정을 맡고 있다.

(1) 선도조건부 기소유예제도

선도조건부 기소유예제도537)는 1978년 광주지방검찰청에서 소년에 대한 소년선도보호의 일환으로 처음 시행하기 시작한 후 1981년 1월 20일에 법무부 훈령 제88호 소년선도보호지침이 제정되어 전국적으로 실시하게 되었다. 선도조건부 기소유예제도란 통상의 기소유예 결정을 함에 있어 계속 선도할 필요가 있다고 판단되는 범법소년에 대하여 지방검찰청 검사장의 위촉을 받은 민간 소년선도위원의 선도를 조건으로 기소유예의 결정을 하는 제도를 말한다고 볼 수 있다.538) 소년선도위원은 지역실정에 밝고 사회적 신망이 두터우며 일정한 직업과 시간적 여유가 있고 소년비행의 예방과 교정에 깊은 관심을 가지고 있는 사람 중에서 지방검찰청 검사장이 위촉하는 임기 2년의 무보수, 명예직으로서 소년선도 및 지역사회정화활동에 필요한 자료를 검찰에 요청할 수 있으며, 연임이 가능하다.

(2) 방문선도제도

검찰은 범법소년의 선도보호를 위하여 선도조건부 기소유예와 더불어 1982년 1월 1일부터 소년원이나 교도소를 방문하여 원생 및 소년수형자들에게 면접, 상담 등의 선도활동을 펼치는 선도방문제도를 실시하고 있다.

(3) 분류심사

우리나라 소년법은 소년범죄에 대하여는 소년분류심사원을 두어 성인범죄와 달리 취급하고 있다. 소년분류심사원은 가정법원 또는 지방법원소년부에서 위

---

537) 선도조건부기소유예라 함은 소년선도위원의 선도를 조건으로 기소유예처분하는 것을 말하며(소년선도보호지침 제3조 제1항), 범죄내용의 경중에 관계 없이 재범가능성이 희박한 18세 미만의 범죄소년을 대상으로 한다. 다만 공안사범, 마약사범, 흉악범, 조직적 또는 상습적 폭력배, 치기배, 현저한 파렴치범은 원칙적으로 그 대상에서 제외한다(소년선도보호지침 제13조 제1항).
538) 「청소년백서」, 전게서, p.433.

탁한 소년을 수용보호하면서 이들의 자질을 과학적으로 진단하여 분류심사하는 시설로서 위탁소년 수용여부는 소년법 제18조 제1항 제3호 및 소년원법 제7조의 규정에 따라 법원소년부의 결정서에 의한다.

분류심사란 비행소년의 요보호성 여부를 과학적으로 진단하여 교정치료를 위한 구체적인 방법을 밝혀 주는 일련의 활동을 말한다. 여기에서 요보호성이란 소년의 성격과 행동에 나타난 여러 가지 문제점을 방치할 경우 범죄로 심화될 위험요인을 말하는 것으로서, 요보호성 여부의 판별은 분류심사의 중요한 관건이다.

분류심사는 대상에 따라 수용분류심사와 외래분류심사, 실시방법에 따라 일반분류심사와 특수분류심사로 구분한다. 수용분류심사는 법원소년부로부터 위탁된 소년을 대상으로 하며, 외래분류심사는 가정, 학교, 사회, 보호단체 등에서 의뢰한 문제소년을 대상으로 한다.

일반분류심사는 전체소년을 1차 대상으로 하되 그 중 문제 또는 비행요인이 비교적 간단한 소년에 대하여 면접조사와 신체 의학적 진찰, 표준화검사, 자기기록 및 행동관찰 등을 주로 실시하며 특수분류심사는 일반분류심사결과 문제 또는 비행요인이 중대하고 복잡한 소년에 대하여 개별검사와 정신 의학적 진단, 자료조회 및 현지조사 등을 추가하여 실시한다.

이와 같은 조사를 바탕으로 담당분류심사관과 관련 제 학문에 조예가 깊은 전문가 등으로 구성된 분류심사위원회에서 요보호성 또는 재비행 위험성 정도를 판정한다. 소년분류심사원은 판정결과를 종합하여 문제점의 분석, 처우지침, 예우 및 판정종류 등을 기재한 분류심사결과를 법원소년부에 송부하여 심리자료로 제공하고 보호처분 집행기관인 소년원, 보호관찰소 또는 위탁소년의 보호자 등에게 지도 자료로 제공하고 있다.

(4) 소년법원

소년법원은 경찰, 검찰, 법원으로부터 보내 온 소년사건에 대하여 비행원인을 조사, 심리하여 최적의 보호처분을 행하는 재판기관이다. 우리나라 소년법에 의하면 16세 이상의 소년에 대해서는 보호관찰처분과 함께 사회봉사명령이나 수강명령을 부과할 수 있게 되어 있으며, 보호처분의 기간은 개정 전 소년법에서는 별도의 규정이 없었지만 개정 뒤 소년법 33조에는 보호자와 다른 기관에의 위탁, 단기보호관찰 및 단기소년원 송치의 기간은 원칙적으로 6개월, 보호관찰의 기간은 원칙적으로 2년으로 규정되어 있다.

특히 소년에 대한 감형처분은 소년법 제59조에 의하면 범행 시 18세 미만의 소년이 사형 또는 무기형에 상당하는 범죄를 저질렀을 경우에는 15년의 유기징역을 과하도록 하고 있고, 소년이 법정형 장기 2년 이상의 유기형에 해당되는 범죄를 저질렀을 경우에는 그 법정기간의 범위 내, 즉 장기는 10년, 단기는 5년을 초과할 수 없게 하여 부정기형을 언도하도록 되어 있다. 또한 소년범에 대해서 조기에 가석방을 허용할 수 있도록 하기 위한 예외규정을 두고 있다.

소년법원은 서울가정법원, 대구·부산·광주에 지방법원 소년부지원, 대전·춘천·청주·전주에 지방법원 소년부 등 8개소가 있다.

소년법원은 소년의 성격, 환경, 비행경위, 재비행성 여부 등에 대한 조사관의 의견과 소년분류심사원 분류심사관의 심사의견, 그 밖에 필요한 경우 관련 전문가의 조언 등을 참고하여 처분결정 하도록 되어 있다. 소년법원의 판사는 검찰로부터 송부된 사건 기록과 조사관의 조사의견을 종합하여 심리개시 여부를 결정하고 심리도 비공개로 진행한다. 소년법원에서 행하는 보호처분의 종류와 현황은 다음과 같다.

1) 1호 처분

소년의 보호자 또는 보호자를 대신하여 소년을 보호할 수 있는 자에게 감호를 위탁하는 처분이다. 보호처분의 내실을 위하여 보호자의 보호능력이 부적절하다고 인정되는 경우 자원보호제도를 두고 자원지도자의 지도와 감독을 받도록 하고 있다. 보호자 등에 대한 감호위탁의 기간은 최단기간을 6월로 하고 최장 1년까지로 하도록 되어 있고, 2호 처분 및 3호 처분과 병행하여 처분의 효율을 높이도록 하고 있다.

2) 2호 처분

소년을 보호관찰관의 단기보호관찰을 받게 하는 처분으로 전문보호관찰관에 의하여 사회 내에서 6개월 동안 지도와 원호를 받아 건전하게 사회에 복귀할 수 있도록 한다. 이 경우에는 16세 이상 소년에게 50시간 이내의 사회봉사명령과 수강명령을 명할 수 있도록 되어 있다.

3) 3호 처분

소년을 보호관찰관의 보호관찰을 받게 하는 처분으로 그 기간은 2년으로 하고 필요에 따라 1년의 범위 안에서 연장할 수 있으며, 16세 이상 소년에 대하여는 200시간 이내의 사회봉사명령 또는 수강명령을 명할 수 있도록 되어 있다. 보호관찰관은 전국 12개 보호관찰소와 9개 지소에서 담당하고 있다.

4) 4호 처분

소년을 아동복지법상의 아동복지시설 기타 소년보호시설에 감호를 위탁하는 처분으로 위탁기간은 6월로 하되 6월의 범위 안에서 연장할 수 있도록 되어 있고 소년원 송치처분에 비하여 강제적 요소가 약한 대신 복지적 성격이 강하다. 사회 내의 비수용처분과 시설수용처분 사이에 있는 중간적 처분이다. 서울 가정법원에서 지정한 수탁시설로는 경기도 광주의 사랑의 집인 연성원, 서울의 서울적십자 청소년복지과, 대전의 성지교호직업보도원 등이 있고 교육 및 직업보도를 위주로 하고 있다.

5) 5호 처분

병원, 요양소에 위탁하는 처분이다. 그 위탁기간은 6월로 하고 6월의 범위 안에서 연장할 수 있다.

6) 6호 처분

단기로 소년원에 송치하는 처분으로 그 수용기간은 6월을 초과하지 못하도록 되어 있다.

7) 7호 처분

소년원에 송치하는 처분으로 소년의 자유에 대한 강제적 제약정도가 가장 과중하다. 전국에 11개 소년원이 있고 교과교육, 직업훈련, 생활지도 등의 교육을 실시하고 있으며 특히 개정 소년원법에 따라 교과교육 소년원으로 초등학교 11개, 중학교 8개, 고등학교 4개 소년원을 지정하여 초 · 중 · 고등학교 교육과정을 수업하고 소정의 교육과정을 졸업한 원생에게는 종전에 재학했던 학교장

명의의 졸업장을 수여하고 중도에 퇴원하는 원생에게는 일반학교에 편입학 할
수 있도록 하고 있다.

(5) 교정교육

우리나라의 범죄청소년 교정교육은 주로 청소년 보호주의적 입장에서 학교
교과 교육 및 직업훈련을 실시하여 재사회적응화를 목적으로 하고 있는데 소년
원과 소년교도소, 그리고 보호관찰활동 및 갱생보호활동으로 나눠 볼 수 있다.
이것은 각각 범죄소년의 죄형 양에 따라 결정되어 진다.

소년원의 교육단계는 입원에서 퇴원에 이르기까지 입원자교육, 기본교육, 사
회복귀교육의 3단계로 구분하고 있다. 입원자 교육단계에서는 10일간에 걸친
분류조사와 병행하여 생활규범지도, 정신교육, 체육훈련 및 심성훈련 등 기초
교육과 훈련, 기타 시설적응에 필요한 생활안내 등을 실시하여, 새로운 각오와
안정된 마음가짐으로 소년원생활을 보다 유익하게 보내도록 하는 것을 주 내용
으로 한다.

기본교육단계는 소년원의 교정교육이 집중적으로 시행되는 단계로서, 이 단
계에서는 단기보호소년을 대상으로 하는 생활교육, 교육법에 의한 각급 학교
교과교육 또는 직업훈련기본법에 의한 직업훈련, 왜곡된 행동의 교정과 인격적
성장을 돕는 생활지도, 보호소년의 개성 및 특기계발을 위한 특별활동 등을 내
용으로 하여, 보호소년으로 하여금 교정목적을 조기에 달성토록 하고 있다.

사회복귀교육단계는 출원예정자의 신상정리 진로상담과 출원 후 대책을 강
구하는 단계로써 그 기간은 30일 이다.

소년교도소는 형사처벌을 받은 소년범죄자를 성인범죄와 분리 수용하고 청
소년에 맞는 교정처우를 실시하기 위한 시설로 천안 소년교도소와 김천 소년교
도소가 있다. 천안 소년교도소에는 20세 미만의 남자소년 수형자로 중학교 졸
업 혹은 중퇴자 이상의 초범자를, 김천 소년교도소에는 20세 미만의 남자소년
수형자로 국민학교 졸업이하의 자와 누범소년을 수용하고 있다.

교정교육은 범죄적 심성을 순화시킴으로써 재범에 이르지 않고 사회에 유용
한 일원으로 복귀시키는데 목적을 두고 있으며 수용자 정신교육, 학교교육, 생
활지도, 직업훈련 등으로 구분한다.

소년원과 비슷하지만 다른 점은 약간 장기적이란 점인데, 수용자 정신교육은

수용자에게 심성순화를 통한 건전한 국민정신을 계도하여 민주시민으로서의 자질함양과 의식구조 개선 및 규율생활에의 순치(馴治)로 자기 개선의지를 촉진시키기 위하여 실시하며, 학교교육은 무교육자 및 학업중단 소년에게 소정의 교육을 실시하여 구금으로 인한 학업중단 사례를 방지하고 지적능력을 개발, 배양시켜 인격도야와 개과천선을 촉진하는데 그 목적을 두며, 생활지도 교육은 건전한 수용생활자세를 확립해 주고 사회에 복귀 후 원만한 적응을 할 수 있도록 소년 수용자들에게 교육하기 위함이다.

직업훈련은 소년 수용자들의 적성에 따라 출소 후 생업에 필요한 기능을 연마시켜 재범방지와 국가기능인력개발에 기여하는 것을 목적으로 1969년부터 천안, 김천 소년 교도소에 공공직업훈련소를 설치하고 자동차 기관정비, 전기용접 등 14개 직종과 1995년부터 동아건설 주식회사의 직업훈련원에 건축배관 종목의 외부출장직업훈련을 실시하고 있다.

보호관찰은 중앙 감독기관인 법무부 보호국 산하에 5개 보호관찰심사위원회가 고등검찰청 소재지인 서울, 대전, 부산, 대구, 광주에 설치되어 있으며, 지방검찰청 및 주요지청 소재지마다 보호관찰소 및 지소를 설치하여 12개 보호관찰소 및 9개 지소가 있다.

보호관찰은 단순한 감시적 동태 관찰이 아니고 대상자의 심성을 순화시키고 자립기반을 구축할 수 있도록 도와준다는 적극적 활동으로써 그 내용으로는 지도·상담, 원호·응급구호, 집합선도교육으로 나눠 볼 수 있다. 지도 및 상담을 위하여 보호관찰관과 보호선도위원은 정기적 또는 수시로 매월 1회 이상 대상자를 소환하거나 직접 방문하는 등 긴밀한 접촉을 가지고 항상 그 행동 및 환경 등을 관찰하며 준수사항 이행 여부를 확인하고, 기타 대상자의 건전한 사회복귀를 위하여 필요한 조치를 취함으로써 인간적 신뢰관계를 형성하고 이를 바탕으로 심성 및 행동의 변화를 유도하여 재범을 방지하고 나아가 건전한 사회복귀를 도모한다.

갱생보호는 갱생보호법 제2조 및 제6조에 의하면, 선행을 장려하고 환경을 조성시켜 재범을 방지하는 관찰보호활동과 친족, 연고자로부터 원조를 얻을 수 없는 경우에 자활을 위한 생업을 지도하거나 취업을 알선하는 등의 보호를 제공하는 것을 말한다고 규정하고 있다.

다시 말하면 비행청소년에 대한 사후관리제도로서 형사처분 또는 보호처분

을 받고 소년교도소나 소년원 등에서 성행교정에 대한 수용과정을 마치고 사회
에 복귀한 자에게 사회환경적 장애로 인하여 재비행에 빠질 것을 우려하여 사
회 적응·자립을 할 수 있도록 도와주는 제도를 말한다.

5. 각 국 비행청소년처리과정

청소년범죄를 완전히 뿌리 뽑는다는 것은 불가능하겠지만 효과적이고 체계
적인 범죄통제 전략들을 통하여 범죄와 범죄에 대한 두려움을 감소시킬 수는
있을 것이다. 현대 청소년 범죄의 특징은 비행의 일반화, 저년령화, 집단화, 약
물남용의 범람, 가정 혹은 학교 내 폭력 다발 및 재범율 증가 등의 제 현상이
두드러지고 있으며, 특히 청소년범죄 중 상당수가 범죄를 반복하여 결국 성인
범죄자로 성장하여가고 있다는 점이다.539)

이러한 청소년 범죄의 방지와 비행청소년의 처우 및 재범방지를 위한 노력이
꾸준히 연구되어 오고 있는 바, 이제는 청소년범죄의 문제가 어느 한 국가의 문
제로만 그치는 것이 아니라 국제적인 연대 속에서 공동으로 대처방안을 강구하
기에 이르렀다.

따라서 많은 나라들의 범죄정책은 범죄의 처리보다는 오히려 범죄를 예방하
고 감소시키기 위하여 좀 더 능동적인 대책들을 개발하는데 관심을 쏟고 있으
며, 경찰, 법원, 교도소 등을 계속 지원하는 비용보다 훨씬 경제적이며 범죄문
제에 좀 더 성공적으로 대처할 수 있는 범죄예방대책을 강구중에 있다.540)

그러나 범죄예방에 대한 연구는 범죄의 발생요건이 복잡할 뿐만 아니라 그
원인이나 처리에 있어서도 상당히 복잡하여 방법론상의 문제가 야기되기 때문
에 청소년범죄의 예방과 처리는 그 나라의 문화와 환경에 따라 달라 질 수 있
으며, 범죄행정제도에 있어서도 많은 차이가 있을 수 있다. 여기에서는 미국,
일본, 영국, 프랑스, 호주의 범죄처리제도와 범죄예방제도를 살펴보고자 한다.

---

539) 박재윤, 비행소년에 대한 효과적인 재범방지대책,「청소년범죄연구」, 법무부, 1991, 제9집,
    p.8. 참조.
540) 최인섭, 범죄예방에 대한 이해를 위하여, 「자녀안심하고 학교보내기 운동 백서」 서울지방
    검찰청 동부지청, 1992, 7월, p.283.

(1) 미 국

1) 미국의 청소년범죄 처리제도

미국의 소년사범은 각 주에서 주단위로 운용되며 주경찰과 주의 형사사법기관에 의하여 처리되고 있다. 미국에서 독립된 소년재판소에 의한 소년사법절차가 개시된 것은 1890년대 후반의 일이었다. 그 이념은 이른바 국친사상(Parens Patriae)으로서, 소년에 대하여는 처벌이 아니라 보호와 갱생을 목적으로 하여 주가 소년의 부모로서의 기능을 수행하여야 한다는 것이다.

소년재판소의 절차는 형사절차가 아닌 민사절차, 형식적, 법률적 절차가 아닌 비형식적, 행정적 절차로 되었다. 소년이 어떠한 범죄를 범하였는가에 관심을 갖지 아니하고, 소년을 어떻게 보호 및 교정시킴으로써 그 이익을 지킬 것인가에 관심을 가졌다. 그러나 소년에 대한 교정과 교육의 효과에 대한 의문, 소년에 대한 재판소의 '지나친 관대'에 대한 반발, 전혀 줄어들지 아니하는 소년범죄의 현실에 대한 실망과 위기감, 그리고 소년에 대한 적정절차 보장의 요청 등으로부터 이와 같은 국친사상에 기초한 전통적 소년사법절차는 많은 비판을 받게 되었다.

그 결과 1960년대에 들어서 청소년사건에 대한 형사 사법적 측면을 도입하기 시작하였다. 청소년사범의 처리절차를 보면 각 주마다 약간의 차이는 있으나 우선 민사절차에 의한 경범죄에 해당하는 청소년은 선도의 목적으로 소년재판소로 보내어지고 형사절차에 의한 중범죄에 해당하는 청소년은 성인사건으로 심리하기 위하여 형사재판소로 이송되어 소년재판소의 관할권으로부터 벗어나게 된다.

워싱턴 D.C.의 경우 일단 청소년의 범죄가 발생하여 체포되었을 때 경찰은 소년부로 통보하게 되어 있다. 그리고 체포한 경찰관이 범죄의 성질, 소년의 비행정도를 참작하여 신병의 구속이 필요 없다고 판단될 때는 소년을 석방하여 부모, 후견인, 기타 감호자에게 인계하여 수일 내에 재판소로 출두하게 하든지 재판 외에 소년을 사회봉사위원회에 위탁하여 봉사활동을 하도록 명령할 수 있다. 재판소에서 비행사실이 유죄로 인정되면 처우결정심판으로 이송되어 피해회복명령이나 보호관찰 그리고 집단수용을 통한 공동생활을 함으로 카운슬러와 함께 주어진 의무를 다하도록 한다.

2) 미국의 청소년범죄 예방제도

미국에서 범죄예방조직이 등장하게 된 것은 1968년 J. C. Klotter 교수에 의해서 이었는데 그는 영국의 경험을 토대로 하여 효율적인 범죄통제를 위해서는 경찰부서 내에 범죄예방조직을 설립하는 것이 필요하다고 주장하였다.

이 Klotter 교수의 연구결과로 1971년에 국립범죄예방연구소(National Crime Prevention Institute :NCPI)가 설립되었다. NCPI는 연방이나 주의 범죄예방프로그램의 발전에 필요한 교육적, 기술적 자원을 제공하였으며, 범죄예방을 담당하는 개인, 기관, 조직의 성장을 위하여 기술적인 자원과 정보를 계속적으로 제공하여 오고 있다.

미국의 범죄예방정책은 이 NCPI가 설립된 이후부터 크게 발전하여 왔는데 1986년에는 도시의 85%이상이 경찰부서 혹은 시의 다른 부서에 범죄예방 전문가를 두고 있다.541) 그리고 또한 국립범죄예방위원회(National Crime Prevention Council: NCPC)가 생겨나게 되어 범국민적인 범죄예방운동을 펼쳐 나가게 되었으며 종합적인 범죄예방을 위하여 법무성(Department of Justice)에서 이 위원회를 후원하고 있다.542) 미국의 범죄예방정책을 살펴보면 다음과 같은 특징이 있다.

첫째는 환경설계를 통한 범죄예방(Crime Prevention Through Environmental Design: CPTED)이 있는데 이것은 1971년 미국의 국립 법집행 및 형사사법연구소(National Institute of Law Enforcement and Criminal Justice)가 전기회사인 Westinghouse사에 'CPTED'라는 이름의 프로젝트를 위탁 한데서 연유한 말인데 이것은 사회를 방어하기 위해 사회적 망을 형성하는 것과 같은 물리적 방법으로 범죄를 억제하는 모델을 말한다.

그러므로 CPTED란 물리적 설계, 주민의 참여, 경찰활동 등 3요소를 종합적, 계획적으로 접합시키는 방법을 통해서 지역사회 전체, 특정구역, 교육기관, 교통수단 등을 범죄로부터 안전하게 보호하고 범죄에 대한 공포를 제거하는 방범기법을 지칭하는 용어이다.543)

---

541) National Crime Prevention Institute, *Understanding crime Prevention*, Butterworth Publishers, 1986, pp.14~15, 참조.
542) *Ibid*, p.191.
543) National Crime Prevention Institute, *op., cit.*, p.123, 참조.

둘째는 학교범죄예방활동인데 이것은 주로 청소년의 범죄예방대책으로서 하나는 부적응이나 개인적인 장애 등의 증상을 나타내는 학생들에게 치료적 프로그램을 제공하는 것이며, 다른 하나는 어린이나 청소년을 사회화시키는데 실패한 일들을 인지하고 그것을 개선하기 위하여 학교의 조직적 개혁을 목표로 하는 것이다.

이러한 청소년 범죄예방대책 프로그램으로서는 유아원 프로그램(preschool programs)과 중·고등학교 프로그램, 그리고 직업교육프로그램이 있는데, 유아원 프로그램은 학교에 들어갈 준비가 되어 있지 않은 어린이에게 기본적인 사회적 기술을 제공하는 수단으로서 학문적인 성취능력을 고취시키고 특수교육과 보충활동의 필요를 감소시키며 학교에 대한 긍정적인 태도를 촉진시키고 고등학교 졸업률을 증가시키는 결과를 가져오기 위하여 1967년 대통령 직속의 사법위원회(President's Commission on Law Enforcement and the Administration of Justice)에 의하여 설치되었다.544)

그리고 중·고등학교 프로그램은 실패를 경험했거나 문제행동을 한 학생들의 필요에 맞게 특수화된 교육 프로그램을 제공하여 교육적인 면에서 도움이 되며 학교에 대한 우호적인 태도를 향상시키고 이렇게 함으로써 비행을 예방할 수 있다는 점에서 고안되었다.545)

또한 직업교육 프로그램들은 실업과 범죄는 매우 밀접한 상관관계를 가지고 있다고 보고 청소년들에게 직업교육과 기술훈련을 제공함으로써 비행을 예방하자는 의도에서 이루어졌는데 이것은 청소년들을 이 프로그램에 참여시키고 참여한 청소년들을 대상으로 상담하는 일과 한달 이상 16시간의 기술훈련을 제공하는 일 그리고 청소년들이 이 프로그램에 참여하면서 서약했던 것을 수행하게 하는 일들이 기술훈련에 포함되고 있다.546)

544) S. P. Lab, *Crime Prevention Approaches -Practices and Evaluations-*, Anderson Publishing Co., 1992, pp.183~184.
545) E. H. Johnson, *Handbook on Crime and Delinquency Prevention*, Greenwood Press, 1987, p.206.
546) S. P. Lab, *op., cit.*, pp.190~191.

(2) 일 본

1) 일본의 청소년범죄 처리제도

일본은 명치이후 1880년대에 구미제국의 제도가 들어오기 시작하여 불량소년처우의 방법으로 감화원(感化院)의 설치가 거론되어 오다가 1900년에 감화법이 제정되어 제도적으로 비행소년에 대한 통제가 이뤄지기 시작하여 1922년에 비로소 소년법과 교정원법이 제정, 공포되었다.

이것은 초기에 동경과 오사카를 중심으로 한 대도시에서만 주로 시행되다가 1936년에는 전국적으로 시행되었다. 소년법에 의한 보호처분은 사법성 산하의 소년심판소를 중심으로 이뤄졌는데 제2차 대전 이후에 전면적인 헌법개정과 법률개정을 통하여 소년보호법은 새로 개정된 아동복지법에 흡수되고 소년법은 사법성에 의하여 전면 재검토되어 1948년 6월1일 국회에 제출되어 동년 7월 15일 법률 제 168호로 공포되어 1949년 1월 1일부터 시행되었다.

소년비행에 대한 조직은 크게 비행방지를 위한 조직과 비행처우를 위한 조직으로 나눠 볼 수 있는데 소년비행방지를 위한 조직으로는 총무청, 법무성, 경찰청 그리고 여러 가지 지방조직을 들 수 있고 소년비행 처우를 위한 조직으로는 경찰, 검찰, 가정재판소, 소년감별소, 소년원, 소년형무소, 지방갱생보호위원회와 보호관찰소 등이 있다.

총무청에서는 1979년부터 매년 7월에 '청소년을 비행으로부터 지키는 전국강조월간'으로 정하여 전국비행방지대회를 개최하고 있으며, 법무성에서는 1951년부터 매년 7월에 '사회를 밝게 하는 운동'을 펴 나가고 있고, 경찰청에서도 매년 2회씩 봄과 가을에 '전국가출소년발견보호강화월간'을 정하였다.

그밖에 지역조직으로서 소년보도센터, 방범협회, 학교경찰연결협의회, 직장경찰연결협의회, 어머니회 등이 있다.547) 다른 한편으로는 비행청소년 처우를 위하여 검찰은 경찰이 송치한 비행소년이나 또는 직접 발견한 비행소년을 인지하여 수사를 한 뒤 가정재판소에 처우에 관한 의견을 첨부, 송치하는 한편 가정재판소에서 역송하여 온 사건에 대하여는 공소를 제기하고 있으며, 가정재판소는 경찰 또는 검찰에서 송치한 비행소년에 대하여 조사와 심판을 통하여 보호

---

547) 總務廳靑少年對策本部, 「靑少年白書」, 1991년, 462면 이하 참조.

처분 또는 검찰에의 역송을 하는 기관이다.

한편 비행소년을 수용하거나 감별하는 소년감별소, 비행소년을 수용하여 교정교육을 실시하는 소년원, 비행소년을 수용하여 형집행을 하는 소년형무소 등의 소년감별 교정기관이 있다. 또한 지방 갱생보호 위원회와 보호관찰소 등의 갱생보호기관도 있다.

구체적으로 청소년범죄의 처리과정을 살펴보면 소년 A와 B가 절도를 범한 경우 경찰관은 두 소년을 조사한 뒤 검사에게 송치한다. 검사는 구류장의 발부를 받아 두 소년을 구류하고 수사를 계속한 뒤 가정재판소에 송치한다.

가정재판소는 두 소년을 관찰보호조치에 처하여 조사 · 심판을 행하여 만약 A에 대하여는 보호관찰의 결정을, B에 대하여는 검사에의 송치결정으로 역송의 결정을 내리면, 그 결과 A는 보호관찰소의 보호관찰을 받게 되지만, B는 다시 검사에게 보내어지고 결국 지방재판소에 기소되어 진다. 그리하여 공판이 개시되고 통상의 절차에 따라 심리 되어져 유죄로 결말이 나면 판결시에도 B가 아직 소년일 경우 "1년 이상 3년 이하"와 같이 부정기형이 선고된다. 이 판결이 확정되면 B는 소년형무소에 수용되어져 형의 집행을 받는다.

2) 일본의 청소년범죄 예방제도

일본의 청소년비행예방활동은 주로 교육적인 차원에서 다뤄지고 있는데 학교에는 '도덕교육'이라는 교과목을 통하여 인성교육을 받고 방과후에 서클활동을 권장하여 청소년이 범죄를 저지를 수 있는 환경을 미리 제거하며 또한 학교와 경찰이 연합하여 학교 내에서의 법집행과 관련된 일들에 대하여 의견을 교환한다.

또한 청소년, 부모, 경찰, 학교가 입체적으로 청소년비행예방에 참여하고 있고 각 프로그램을 각 시의 복지부서 산하에 있는 청소년부 혹은 청소년과에서 후원함으로써 청소년의 건강한 발달을 촉진시키고 있다. 일본에서는 청소년 비행자를 주로 가정법원에서 다루는데 가정법원은 청소년비행에 대하여 보호관찰, 소년원수용, 교호원위탁 등으로 교정활동을 펼치고 있다.

그러므로 일본은 청소년의 범죄예방을 위하여 경찰이 민간인과 협력하여 효율적으로 운영하고 있는데 특히 방범협회의 조직은 민간인이 주축이 되어 경찰이 후원하는 단체로서 자원봉사자들의 참여가 두드러지고 있다.

뿐만 아니라 경찰서의 스포츠 도장들을 개방하여 청소년들에게 유도, 검도를 자유롭게 지도하며 그들로 하여금 취미를 키우도록 유도하고 있다. 재범방지를 위하여 소년원에서는 직업훈련의 기회를 공급하여 교도소 내 공장과 상점에 고용되어 사회교육의 한 형태인 '생활지도'를 받게 되며 사회복귀를 위한 다양한 프로그램들이 제공되고 있는데 그 중에 밝은 사회를 위한 운동과 갱생보호 부인회의 활동을 들 수 있다.

(3) 영 국

1) 영국의 청소년범죄 처리제도

영국은 1908년에 잉글랜드와 웨일즈에서 소년재판소 제도가 도입되어 7세 이상 16세 미만의 소년을 관할하여 14세 미만인 자에게는 구금형을 폐지하고 14세 이상 16세 미만인 자에게 구금사용제한의 규정을 두었다.

이것은 1933년에 8세 이상 17세 미만으로 개정하여 14세 이하의 소년범죄에 대하여 배심재판 청구권을 폐지하고 1963년에는 책임의 하한 연령을 10세 이상으로 하였으며 1969년에는 소년범죄에 대한 사법모델로부터 소년복지 모델로 변화하였다.

그러나 1982년과 1988년에는 형사재판법에서 소년범죄의 증가로 인하여 고전적 사상에 근거한 응보이념이 강조되어 다시 사법정의의 실현을 강조하게 되어 시설수용처분명령을 하게 되었다. 1991년의 형사재판법의 개정은 보다 응보이념을 강조하여 법의 보수성을 강조하였는데, 특히 소년재판소를 청소년재판소로 개칭하게 되었으며 대상연령을 18세 미만으로 하여 민사상 성인인 18세를 기준으로 하였다.

개정된 형사재판법에 의한 청소년범죄처리제도는 첫째는 10세 미만 자에게는 형사상 책임을 물을 수 없고, 둘째 10세 이상 14세 미만인 자는 아동(child)이라고 부르며 형법상 범죄수행의 의사능력이 없는 것으로 추정을 받는데 다만 살인죄, 공범자가 성인인 경우를 제외하고는 청소년재판소의 심판을 받는다. 셋째, 14세 이상 18세 미만은 'young person'이라 부르며 살인죄, 공범자가 성인, 성인일 경우 최고 14년 구금형을 내릴 수 있는 범죄를 범한 자를 제외하고는 청소년재판소의 심판을 받도록 하고 있다.

넷째, 18세 이상 21세 미만의 자는 'young adult'로 부르며 통상은 성인으로 취급을 받는데 이때는 청소년재판소가 아닌 치안재판소 또는 왕실재판소에서 심판을 받고 재판관의 재량에 의하여 시설수용처분의 경우 소년수용시설에 송치할 수 있다는 것이다.

2) 영국의 청소년범죄 예방제도

영국의 청소년 범죄예방제도는 1970년대 이전까지는 소극적이었는데 1970년대에 들어와서야 주된 관심사로 나타나게 되었다. 그 이유로는 첫째 1950년대 이래로 청소년에 대한 공식통계상의 범죄율이 계속적으로 증가하여 왔으며, 둘째로 공식통계 외에 실제로 발생하는 청소년 범죄가 많으므로 제도적인 방법으로만 대처할 수 없게 되었다는 것이고, 셋째는 범죄행위의 원인을 개인의 성격 때문으로 보는 입장보다는 범죄에 대한 상황적인 원인, 즉 사회환경의 요인이 범죄에 많은 영향을 미치고 있다는 점이다.

마지막으로는 경찰의 문제 지향적인 접근방법이 주로 고정적이고 의례적인 면에서 벗어나 다양한 범죄문제에 대처하는 방법이 고안되어야 한다는 점이었다. 그러므로 1970년대의 범죄예방제도의 진전으로부터 1980년대에는 좀 더 제도적으로 대처하기 위하여 정부정책에 포함시켰는데 그 중에 1983년에는 내무성에 범죄예방부서(Crime Prevention Unit)가 설치되었다.[548] 영국의 청소년 범죄예방제도의 특징을 살펴보면 다음과 같다.

첫째는 'Safer City Program(SCP)'계획으로서 이것은 영국 내무성에 의하여 1988년에 시작되어 몇몇 대도시, 즉 잉글랜드와 웨일즈에 20개소, 스코틀랜드의 4개소 등 다양한 사회적, 경제적 문제들을 해결하고자 정부가 도입한 계획인데 그 목적은 범죄를 줄이고 범죄에 대한 두려움을 감소시키며 기업과 지역사회의 공동참여로 보다 안전한 도시를 만들자는 것이었다.

주로 자동차 범죄에 대한 예방책 마련과 지하철범죄예방, 그리고 주거지역에서의 절도예방책으로서 이웃감시프로그램을 도입하는 것 등이었다. 둘째는 학교의 범죄예방대책으로서 주로 청소년을 대상으로 한 범죄예방 프로그램들인

---

548) P. Ekblom, "Urban Crime Prevention: Development of Policy and Practice in England", *International Society for Criminology XLVII, International Course on Crime Prevention in the Urban Community*, 1992, pp.213~215.

데, 특히 학교에서의 청소년 절도에 대하여 연구한 보고서를 보면 'Small(작고)', 'Old(오래되고)', 'Close(조밀한)' 학교는 'Large(넓고)', 'Modern(현대적)', 'Spread(퍼져 있는)' 학교보다 범죄율이 낮다고 ILEA(Inner London Education Authority)연구의 결과는 말해 준다.

그 이유는 SOC학교는 주변의 담이 벽돌로서 높게 이뤄져 있으며 또한 외부문이 튼튼하고 감시의 기회가 많이 주어지기 때문인 것으로 나타났다. 그런데 비해 LMS 학교의 경우에는 조명을 밝게 할 때 절도율이 낮게 되었다. 그러므로 학교의 범죄예방을 위하여 환경과 관리의 능률이 효과적이라는 것을 알게 되었다.

셋째로는 학교휴일에도 청소년들에게 그들의 욕구를 충족시킬 수 있는 프로그램을 공급하여 줌으로서 즉흥적인 청소년의 범죄를 예방할 수 있도록 하였다.

(4) 프랑스

1) 프랑스의 청소년범죄 처리제도

프랑스의 소년범죄처리제도는 1945년 2월 2일 오르도낭스(Ordonans) 법으로부터 시작된다고 보아야 할 것이다. 범죄소년에 대한 형사책임은 오르도낭스 제2조 제1항에 원칙적으로 소년에 대하여는 교육처분만이 허용되고 형사제제는 허용되지 않는다고 되어 있는데 13세 이하의 소년은 절대적 무책임이고 13세부터 16세까지의 소년에 관하여는 원칙적으로 재판소는 '보호, 원조, 감독 내지 교육처분'을 과하도록 하고 있으며 16세부터 18세까지는 여기에 해당되지 않는다.

그러나 1990년 6월에 프랑스 사법성에서 제출한 법안에 의하면 경범죄에 관하여는 16세의 소년에게도 구금형 대신 교육처분을 과하고, 성인까지, 경우에 따라서는 21세까지 이를 계속시킬 수 있도록 하고 있다.

구금형은 중대한 법익침해를 가져오는 범죄(살인, 강도 등)에 대하여서만 과할 수 있고 또한 비록 형벌을 과하는 경우라 할지라도 벌금, 공익봉사노동형을 우선으로 하도록 하고 있다. 주로 소년법은 노동법, 가족 및 사회복지법, 민법과 형법이 소년보호라는 공통의 목적 하에 통합되고 있는데 교육원조라는 것은 범죄 예방적인 차원에서 주로 하는 것이며 현재의 제도도 수용처분보다는 개방된 환경 속에서 가족을 원조할 수 있는 것을 중심으로 하고 있는데 1985년 이후 소년에 대한 사회복지는 도의회 의장의 관할로 되어 있다. 가족 및 사회복지법 제40조는 곤란한 상태에 있는 소년 및 21세 미만의 성인에게 물적, 교육적, 심리적 원조를 주는 것을 소년복지의 목적으로 하고 있다.

청소년범죄에 대한 처리절차를 보면 청소년이 범죄를 저질렀을 경우 우선 사법성 검사국 내의 소년전문검사에게 넘어가게 된다. 소년범죄 전문검사는 학교교육 담당자와 경찰과 연계를 잘 유지하면서 다음 네 가지 중 한가지의 처분을 내릴 수 있다.

첫째는 불 처분, 둘째는 훈계를 수반하는 불 처분, 셋째는 소년판사에 대한 심리신청에 의하여 예심이 시작되게 할 수 있고, 넷째는 예심개시결정처분을 할 때 검사는 소년과 면접한 후 소년판사와 15일 이내에 회담을 결정함과 동시에 재판소교육국에 사건을 위탁할 수 있다. 그래서 소년은 경찰유치 후 15일 이내에 소년판사에게 나아가게 됨으로 신속하게 소년범죄를 처리한다. 범죄소년에 대한 예심은 항상 진실발견 뿐만 아니라 교육적인 예심이어야 함으로 예심판사는 사회조사, 심리학, 의학적 검사, 직업적성검사 등을 고려하여야 하며 주로 신속하고 가벼우면서도 가시적인 해결책을 주어야 한다.

또한 소년에 대한 변호도 할 수 있게 하여 예심판사는 국제연합소년 권리조약의 기본원칙을 준수하여야 하며 청소년에 대한 구금도 예외적으로 인정하는데 미결구금(未決拘禁)인 경우에는 1987년 6월 17일 파기원(破棄院 : Conseil d'Etat)판결에서 소년이 16세 미만인 때에는 미결구금은 10일을 초과할 수 없다고 판시하고, 1987년 12월 30일 법률은 13세 미만의 소년 전부에 관한 미결구금과 16세 미만의 소년의 경범죄에 관한 미결구금이 폐지되었다.

1989년 7월 6일의 법률에서는 한층 더 미성년자의 미결구금을 제한하고 있다. 뿐만 아니라 사법적인 보호처분도 네 종류로 나눠 볼 수 있는데 이것은 보호, 원조, 감독, 교육의 네 가지이지만 모두가 교육적인 차원에서 이뤄지는 것이다. 그러므로 범죄소년에 대한 형벌 자체도 교육적인 차원에서 이뤄지는 것이며 형사재판은 예외적인데 주로 형벌은 공익봉사명령이 대중을 이루고 있다.

2) 프랑스의 청소년범죄 예방제도

프랑스는 청소년보호협회에서 전문 팀들이 구성되어 다음과 같은 활동을 하며 청소년범죄예방을 위하여 노력하고 있다. 첫째는 오락장 등 청소년들이 떼를 지어 모이는 장소에 대한 순찰을 하는데 이때에도 조급하게 부정적인 판단을 내려서는 안 된다. 둘째는 사회 속에서의 접촉을 통하여 범죄를 예방하는데 위험한 상황에 있는 소년에 대하여 조심스럽게 개입하는 것이다. 셋째는 범죄의 결과에 대한 신속한 분석과 개별적인 원조를 하도록 한다.

넷째는 범죄소년이 사회 속에서 적응을 잘할 수 있도록 돕는다. 다섯째는 여러 가지 청소년들의 적성을 분석하여 청소년들에게 공급하여 줄 수 있는 지방조직을 창설한다. 여섯째는 다른 복지단체나 행정기관, 그리고 지방의회의원들과 연계하여 청소년 범죄예방을 위하여 노력한다.

이처럼 청소년비행을 교육적인 차원에서만 주로 고려하고 있는데 청소년범죄에 대한 교육처분도 구김살 없는 환경에서 소년을 성장시키기 위하여 안정된 가정적 활동력을 확립시킴을 목적으로 한다고 하고 있다.

(5) 호 주

1) 호주의 청소년범죄 처리제도
호주는 기본적으로는 영미계의 법체계를 가지고 있으며 각 주마다 차이가 있지만 대부분은 비슷한데, 뉴사우스웨일즈(N.S.W.) 주를 중심으로 소년범죄처리제도를 살펴보고자 한다.

최근에 호주의 소년범죄처리는 '시설수용주의'에서 '사회 내 처우주의'로 변화하고 있으며 또한 '소년재판소중심주의'에서 '다원적 소년범처리주의'로 변화하고 있다. 특히 과거의 '국친사상'을 탈피하여 새로운 소년법제를 실현하려는 노력이 강하게 일고 있다. 특히 일례로는 과거에는 청소년의 범죄사건과 우범사건을 소년재판소가 독립적으로 관할하였으며 광범위한 재량권을 행사할 수 있게 하였다.

그러므로 소년재판소란 18세 이하의 소년범죄 즉 살인과 법정형의 무기징역의 범죄를 제외한 모든 범죄와 우범사건, 그리고 소년의 복지를 해하는 성인사건을 관할하는 치안재판소의 특별부였다고 볼 수 있다. 이러한 소년법제를 근본적으로 수정하고자 1984년 9월 소년법제를 개정하기로 하였는데 그 내용은 주로 시설수용주의로부터 탈피하여 사회 내 처우 위주로 전환하여 지역사회의 참가의 중요성을 강조하였다.

소년형사사건의 처리방향은 소년의 복지실현만이 지상과제가 아니고 소년이 개인으로서의 이익보호와 사회공공이익의 보호와의 적정한 조화 점을 찾는데 있으며 소년재판소 등 형사사법기관의 소년문제에의 개입은 가능한 한 회피되어져야 한다는 점을 강조하고 있다.

그래서 규칙 제18조 1에 "가능한 한 시설 내 처우를 피하기 위하여 다양한 처분이 권한 있는 당국에 의하여 활용되어져야 한다." 그리고 규칙 13조 1에 "심판을 받기 위한 소년의 신병구속은 다른 방법이 없는 경우의 최후수단으로서 선택되어져야 하며 그 기간도 가능한 한 단기간으로 하여야 한다"고 되어 있다.

따라서 'Diversion(다원적 소년범처리 주의)'란 소년범죄자를 지역사회로의 재통합을 목적으로 주된 재판절차에 의한 처리보다는 우회적이며 비공식적인 절차에 의하여 사건을 처리함으로써 종료시키는 편의적인 제도로서 이것은 아주 소수의 사건에 한정될 수밖에 없지만 그러나 이 제도를 통하여 소년의 복지관계사건은 '보호사건절차'로서 소년재판소에 그 관할권을 인정은 하지만, 처리절차는 물론 처우선택도 범죄사건절차와는 별도로 취급하고 복지적인 서비스나 카운슬링 서비스의 제공 등 비강제적인 처우에 의하여 처리함으로써 범죄사건으로부터 완전히 분리시키는 제도이다.

만약 청소년 범죄가 이루어 졌을 때 제 1단계로는 전문직원이 소년과 가정, 학교의 문제점을 명확히 파악하고 관계자간의 연락과 조정을 통하여 통상적인 등교활동을 허용한다.

이러한 노력이 실패할 때 제 2단계로 부모에 대한 소추, 소년에 대한 시설수용을 포함한 정규절차 개시를 시작한다. 제 2단계에 걸쳐 심판이 이뤄지면 사회봉사명령을 내리게 되는데 이 제도는 1985년에 정식으로 도입되어 성공적으로 이뤄지고 있다.

2) 호주의 청소년범죄 예방제도

호주의 범죄예방제도는 영국과 미국의 제도를 혼용하여 사용하고 있다. 특히 'Diversion'제도는 청소년의 범죄처리 및 예방을 위하여 사용되는 제도인데 이것은 청소년으로 하여금 부모나 친척 등 소년에 대한 영향력이 큰 사람들이나 친숙한 환경으로부터 소년을 분리시킴으로 말미암아 발생되는 바람직하지 아니한 영향을 최소한도에 그치도록 하기 위하여, 소년범죄자의 처우는 거주지 또는 가능한 한 그 주변지역에서 생활이 가능하도록 함으로써 지역사회로부터의 많은 원조가 주어지도록 배려하여야 한다는 것이다.

그러므로 소년범죄자는 시설에 수용되지 아니하고 계속 자택에 거주하면서 취학, 취직을 계속할 수 있도록 특별히 배려하고, 이를 위하여 지역사회에 기반을 둔 일련의 프로그램이라고 볼 수 있으며, 특수한 전문직원의 기술적 원조를 필요로 하는 소년범죄자에게는 그 필요한 전문적 서비스를 받을 수 있도록 그 지역사회에 설치된 소규모시설에서 전문직원에 의한 집중적 지도를 받을 수 있도록 고려하는 것이다.

특히 N.S.W. 주의 City Council에서는 청소년을 위한 취미 프로그램을 개발하여 청소년으로 하여금 After School (방과 후 교실)을 운영한다. 그리고 학교 프로그램을 많이 활용하여 청소년으로 하여금 직업의식을 주입시켜 10학년(한국의 고등학교 1학년)이 되면 스스로 자신이 취업인지 진학인지를 결정하게 하고 취업을 선택한 학생에게는 취업교육을 위하여 각 전문기관(Business College)에서 일정한 교육을 마친 후 자격증을 취득하여 취업을 알선하여 준다.

그러므로 학교와 사회생활이 분리되는 것이 아니라 자연스럽게 학교생활의 연장선에서 사회생활을 할 수 있도록 유도하는 프로그램들을 마련하고 있다. 따라서 호주는 교육 제도적인 측면에서 청소년의 범죄를 예방하기 위하여 노력하고 있다.

제 6 절 가정위기와 복지

1. 가정의 의미

어원적으로 볼 때 가정은 히브리어로 '미슈파하'로써 가족 개인들의 가족적 친족, 지파, 민족을 의미하며, 헬라어로는 '파르리아'로 아버지라는 개념에서 나왔다. 라틴어로는 '파밀리아(FAMILIA)' 또는 '파물루스(FAMULUS)'로서 재산,

노예 또는 집에 속한 사람을 뜻하며 혈연관계로 결합된 기초 집단을 의미한다.549)

한편 가정이란 사회학적으로 사회와 국가를 이루는 기본적인 공동체의 단위이고,550) 일반적으로 동일한 가정에 공동으로 주거하면서 소비생활을 영위하는 친족 공동체, 전체 사회에 대하여 하나의 통합된 부분적 사회집단, 사회체제이다.551)

가정의 구성원으로서 가족이란 부부와 자녀로 구성된 기본 사회집단, 즉 애정의 혈연집단, 동거동재집단, 가족만의 고유한 가풍을 갖는 문화 집단, 가정생활을 통해 인간의 기본적 인성이 형성되는 인간 발달의 근원적 집단이다.

이러한 가족의 개념을 통하여 인간은 일생동안 두 개의 가족을 경험하는데 성장하면서 생활하는 방위 가족과 자기가 새로 형성하는 생식 가족이다.552) 따라서 사회학적으로 볼 때 가정(home)이란 가족(family)들이 단지 잠자고 밥 먹는 생리적인 기능을 하는 집(house)이라는 개념 이상의 어떤 의미가 있다고 볼 수 있다.

성경적인 의미에서 가정이란 하나님을 중심으로 한 하나의 보금자리라고 볼 수 있는데 그 의미는 다양하다. Martin Luther는 가정이란 복음의 일부가 아니라 창조의 일부이다553)라고 하여 가정은 하나님께서 만드신 가장 근본적인 신적 기관이라고 해석하고 있다.

그래서 John Calvin은 가정을 통해 하나님께서는 언약을 맺으셨고 선하고 아름답고 거룩한 공동체를 통해 당신의 뜻을 이루시기를 기뻐하셨다554)고 하였다. 이러한 맥락에서 성경적인 개념에서 가정이란 하나님 사역의 일부로서 사회나 국가보다 먼저 제정되어진 가장 근본적인 신적 기관으로서 하나님의 사역을 이루는 부분이 될 수 있다는 것이다.

이런 의미에서 Edith Schaeffer 여사는 그의 저서 「What is Family?」에서

---

549) 유영주, 「가족관계학」(서울: 교문사, 1983), p.13.
550) 은준관, 「교육신학」(서울: 기독교서회, 1978), p.197.
551) 유영주, 「신가족관계학」 (서울: 교문사, 1986), p.15.
552) 신창수,「교회성장을 위한 가정목회 프로그램에 관한 연구」 (*A study of family ministry program for church growth*), Fuller Theological Seminary, D. Min 논문,1987년 9월, p.5.
553) Jay E. Adams, *Christian Living in the Home*, Grand Rapid Baker House, 1976, p.44.
554) John Calvin, *Institutes of the Christian Religion*, Philadelphia: The westminsterpress, 1939, ?, 19, p.33.

가정은 생명체요 올바른 행위를 필요로 하는 하나의 예술로서 지적, 정서적으로 서로 영향을 미치는 개인들의 모임이다555)라고 정의 하면서 다음과 같은 가정의 성격을 말하고 있다.

① 가정은 변천하는 생의 수레바퀴이다. 인간의 성격으로 만들어진 가장 다양하며, 변화무쌍하고 살아 움직이는 정교한 수레바퀴이다.

② 가정은 사회 생태학적으로 균형 잡힌 분위기이다. 자연의 생태계에 보호자가 있듯이 인간생활에는 본질적인 생태학적 균형이 있는데, 실수, 사랑의 헌납, 잘못이나 미안해 함, 연약함, 풍부한 상상력과 대화 등 이런 인간적인 상황들은 가정을 통하여 사회 생태학적으로 균형 잡힌 분위기를 형성하게 된다.

③ 가정은 창조력의 출생지이다. 아이디어나 취미를 서로 간의 이해와 신뢰, 그리고 격려로 탄생시키는 요체이다.

④ 가정은 인간관계를 형성하는 중심지이다. 어떤 처지에도 그리스도인의 가정은 긍정적인 사랑을 매순간 나타내어 충성심과 책임감과 타인의 필요와 이해심이 뿌리를 내리도록 해야 한다.

⑤ 가정은 폭풍우 가운데 은신처이다. 피곤하고, 상처 입은 남편, 그리고 입시에 시달리는 자녀, 연로하여 불편한 몸과 마음의 노부부, 이러한 모든 가족들이 가장 어려울 때, 그들의 가족 얼굴을 떠 올리며 힘을 얻고 위로를 받을 수 있는 포근한 보금자리이다.

⑥ 가정은 진리의 영원한 릴레이다. 하나님의 진리의 버턴을 자녀에게 물려주는 영원한 릴레이의 장이 가정이다.

⑦ 가정은 경제단위이다. 부정적이고 소극적인 사고방식으로 인하여 나중해야 될 일들 때문에 현재 필요한 것들을 빠뜨리는 잘못된 생각을 버리고, 주어진 현재의 상황에 충실하고 미래를 주님께 맡기며, 수입보다 지출을 더 지혜롭게 하는 가정이 되어야 한다.

⑧ 가정은 교육의 조정 기관이다. 하나님의 지혜의 말씀에 귀를 기울이고 자녀들의 마음에 지, 정, 의를 갖춘 인격과 교양을 교육하는 훈육의 장이 되어야 한다.

---

555) Edith Schaeffer, *What is a Family?* Translated by Jonathan M. Kwon, Seoul: Voice Publishing Company, 1980, pp.20~41.

⑨ 가정은 추억의 박물관이다. 노인이 되어서 자신의 과거의 삶을 회고해 볼 때, 가정은 희로애락의 시절이 공존하였던 추억의 박물관이 되는 것이다.

⑩ 가정은 돌쩌귀와 자물쇠가 달린 문이다. 이웃을 위하여 나누어 줄 것을 마련하기 위하여 문을 닫고 준비하며, 이웃을 위하여 나누어 주기 위하여 문을 활짝 열어야 하는 자물쇠가 달린 문과 같은 것이다.

⑪ 가정은 혼합된 균형이다. 가정은 균형 있는 삶을 위하여 서로 의존하고, 서로의 필요에 민감하며, 영원히 서로를 잡아주며 존중하는 곳이다.

⑫ 가정은 선교의 요체다. 하나님은 가정을 통해서 복음사역을 이루시기를 기뻐하시기 때문에 가정은 선교의 전초기지가 되는 것이다.

이상에서 가정의 성격에 대하여 살펴보았는데, 요약하여 보면 가정이란 학교 이전의 학교이고, 교회이전의 교회이며, 사회이전의 사회이고, 국가이전의 작은 국가이며, 그리고 천국이전의 천국이 되어야 할 곳이다.

2. 가정복지의 배경

로마 공화정(Roman Republican)으로부터 전통의 영향을 강하게 받았던 초기 기독교 사회에서는 가족(family)이라는 것은 사회집합체에 매우 중요하였을 뿐 아니라 결속력이 강한 사회적 단위(social unit)였다.

당시의 가족이라 함은 광범위한 의미에서 먼 친척들과 다른 사람들도 포함하기도 하였다. 그리고 가족의 일원이 됨은 가족이라는 집합체에 대한 여러 가지 형태의 의무 사항을 이행함으로써 이루어졌다.

당시 공화정치 사회에서는 가족들 간의 상호관계가 중요한 정치적 요소였으며 A.D. 1세기 까지도 그 중요성은 계속 유지되었다. 그래서 역사가 듀란트 (Durant)는 말하기를 '가정은 문명의 핵'으로서 인간상호관계를 형성하는 가장 중요한 제도적 기능을 해왔던 것이다.

더구나 사도 바울은 사람이 자기 집을 다스릴 줄 알지 못하면 어찌 하나님의 교회를 돌아보리요(딤전3:5)라고 하여 가정의 안정이 바로 교회의 안정이 된다고 하였으며, 동양의 '수신제가 치국평천하 (修身齊家治國平天下)'라는 말도 결국 가정이 인간의 생활에 중심이 된다는 의미이다.

이렇게 강한 결속체의 역할을 하는 가족 혹은 가정이라는 개념은 신약성경의 여러 곳에서 언급되고 있다. 신약성경을 상고해 보면, 기독교인들도 이러한 결속력있는 가족단위를 형성하였고 그에 따른 가족의 의무를 다하여야만 했음을 알 수 있다.556)

한편 신약성경에서는 때때로 '가족규범(household codes)'에 대한 여러 말씀들이 계시되었다(벧전2:18~3:7, 골3:18~4:1, 엡5:21~6,9). 여기에서 가족규범에 대하여 언급하는 이유는 당시 사람들이 처해있던 가족제도라는 특정한 상황에 적절한 일련의 교훈을 하여 주기 위함이었다.

따라서 기독교인의 가족규범의 형태와 내용은 비기독교인들의 가족규범에도 큰 영향을 미쳤다고 볼 수 있다. 이처럼 신약성경에 나타나는 가족규범은 기독교인의 가족에 국한하는 것이 아니라 전 세계의 가족규범이 되어야 한다는 것을 보여준다. 즉 성경이 계시하는 가족제도에 다한 참된 진리는 기독교 가족제도는 물론 전 세계를 포함하는 것이다.

예를 들면 베드로 전서에서는 부부와 종에 대한 교훈이 나타나는데, 특히 여기에서 '아내들'이란 불신 남편을 둔 여자들도 포함됨을 의미하므로 가족들은 가장의 종교를 따랐을 것임을 암시하여 준다.

그리고 남편들에게 주는 교훈으로써 '아내들을 귀히 여기고 생명의 은혜를 유업으로 함께 받을 자로 알라'는 부탁은 아내의 존엄성을 높이려는 뜻이 함축되어 있으므로 가정은 남편과 아내가 서로 믿음으로 대하며 격려하는 처소가 되어야 한다는 것이다. 한편 골로새서와 에베소서에서는 보다 광범위하게 아내와 남편, 아버지와 자녀, 상전과 종들에 관하여 기록하고 있는데, 특히 에베소서는 결혼과 더불어 남편과 아내의 관계의 중요성에 대하여 차원 높은 교훈을 하고 있다.

이러한 성경의 교훈들은 신학적, 윤리적 기초를 제공하여 주는 주요한 가족규범 및 제도로서 의미를 더하여 주고 있다. 이러한 맥락에서 바빙크(H. Bavinck)는 말하기를 가정은 부부가 하나님의 사업을 공동으로 일해 나가는 일터라고 정의함으로 가정목회의 배경을 설명하고 있다.

---

556) E. A. Judge, *The Social Pattern of Christian Groups in the First etury*, Inter-Varsity Press, 1960, p.90.

성경에서 살펴볼 때, 예수님께서는 삭개오의 가정, 나사로와 마르다 그리고 마리아의 가정을 회복하여 주셨을 뿐 아니라 귀신들려 자기의 보금자리인 가정을 잃고 죽음의 그늘 무덤가에서 자학하던 젊은이를 온전케 하셔서 가정으로 되돌아가게 하셨으며, 수많은 병든 가정들을 회복시켜 주셨다.

베드로는 고넬료의 가정을 회복시켜 주었고, 사도 바울은 수많은 마게도냐 지역의 가정들을 마귀로부터 구하여 주님께로 인도하였다. 이처럼 가정목회는 예수 그리스도께서 이 땅에 오신 가장 중요한 목적 중에 하나가 되었으며, 사도들도 타락한 가정의 회복을 중요한 사역으로 삼았다.

3. 현대가정의 위기

우리는 제1의 물결인 농업혁명, 제2의 물결인 산업혁명, 제3의 물결이 정보화 물결을 거쳐 제4의 물결인 통합화의 세대에 접어들었다. 이러한 시대적 물결을 통하여 한국 사회도 서구의 민주주의와 개인주의의 팽배로 서구화의 물결에 휩쓸리고 있다. 특히 우리나라는 유교적 전통으로부터 서양의 문화양식으로 변모하는 과도기 속에서 제대로 문화와 의식의 방향을 잡지 못하고 있다.

그래서 요즘 신문지상에서 흔히 접하는 가정파탄, 이혼급증, 인신매매, 가정파괴범, 성폭력사범의 증가, 중년의 위기, 낙태, 동성연애, 사생아의 증가, 노인학대. 아동학대, 아내구타, IMF형 남편구타 등 새로운 용어들이 우리들의 의식 속에 자리 매김을 하고 있다.

이러한 현상은 현대 가정들이 점점 붕괴되어 가는 인상을 주고 있으며, 불안한 위기에 직면해 있다는 것을 암시하여 준다. 특히 높아 가는 이혼율, 부모와 자식 간의 괴리현상, 그리고 유동적으로 변해가는 부부역할 등은 우리의 가정을 혼란 속으로 빠뜨리고 있다.

전통적으로 가정은 성적인 기능, 경제적인 기능, 생식의 기능, 자녀의 사회화와 양육기능, 등을 수행하여 왔으며, 가정을 통하여 보호, 오락, 휴식, 종교, 지위부여의 역할을 하게 되었다.

그러나 50여 년 전부터 전통적 가족의 기능이 교회와 학교, 국가 등 사회의 전문 집단으로 이양되면서 약화되기 시작하였고, 산업화, 기계화로 인하여 일터와 가정이 분리되고 생활양식이 질적, 양적으로 바뀌면서 가족의 기능은 빠르게 변화하기 시작하였다.

다시 말하면 출산은 병원에서, 교육은 유치원이나 학교에서, 신앙교육은 교회에서, 식사는 식당에서, 잠은 어디든 편리한 곳에서 자게 되므로 가정의 기능은 크게 약화되었다. 가정은 단지 휴식과 오락, 소비, 성적욕구 충족, 자녀의 양육 등으로 그 기능이 크게 약화되어 마치 하숙집과 같은 곳으로 바뀌어 가고 있다. 그러므로 현대 가정은 가정기능의 약화로 인하여 위기를 맞고 있는 것이다.

한편 가정을 신학적 의미에서 조명하였던 에밀 부루너(E. Brunner)는 그의 저서 「신의 명령」에서 현대 가정의 근본적인 위기는 가정의 존재를 구성하는 근거의 상실에 기인한다고 지적하였다. 그래서 그는 기독교 신앙이란 객관적이며 개인적인 이해를 초월하여 보다 근원적인 실체를 존재론적인 측면에서 가정이란 인간의 의지와 관계없이 이미 존재하고 있는 하나님의 의지로서 '하나님의 창조질서'의 근본이 되는 것으로 이해한다.

이러한 가정에 대하여 현대인들은 하나님의 의지와는 달리 자신의 의지대로 마구 훼손하고 있기 때문에 가정이 위기를 맞고 있는 것이다. 가정의 변화와 해체를 가져오는 위기요인들은 매우 많은데, 최근 들어 증가하는 요인 중의 하나가 이혼에 의한 가족의 해체이다.

한국에서 이혼은 가족해체의 전형적인 양상으로서 이혼의 통계를 보면 지속적으로 증가하는 추세를 보여주고 있다. 한국의 이혼율은 OECD 국가 중 3위에 이르는데, 2004년도 통계청 자료에 의하면 2003년 한해 이혼건수는 16만 7,100건으로 2002년도에 비하여 2만 1,800건(15.0%)이 증가한 것으로 나타났다.

이혼은 가족해체의 원인이 될 뿐만 아니라 파급되는 많은 문제들을 야기하게 된다. 우선 이혼으로 인하여 영향을 받는 집단들을 보면 가장 직접적으로는 당사자인 부부는 물론 자녀에게 가장 큰 상처가 된다. 그러므로 이혼은 단순히 가족해체의 원인으로서만 작용하는 것이 아니라 그 파급효과로서 많은 새로운 복지문제를 초래하게 된다.

4. 가족구성의 변화와 이해

가족구성의 변화를 보는 관점은 크게 가족위기론과 가족진보론으로 나눠 볼 수 있다. 가족위기론자들이 주장하는 가족의 위기란 단순한 표면적 변화를 의미하는 것이 아니라 근본적인 구조 및 기능상의 쇠퇴와 그에 따른 삶의 방식에 있어서의 혼란과 갈등을 의미한다고 본다.557)

위기론자들은 가족의 가장 근본적이고 기본적인 단위로서 핵가족을 보고 그 핵가족 자체가 분열되고 있는 현실에 주목한다. 그들이 볼 때 이혼은 혼외출산의 증가와 함께 가족제도의 위기를 드러내는 결정적 증거가 된다.

가족의 해체위기와 관련하여 가장 큰 사회적 문제는 아동의 양육과 노인의 부양문제이다. 증가하는 편부모 가족 속에서 특히 심각하게 대두되는 아동들의 복지문제는 빈곤의 문제와 재혼가정에서의 아동들의 적응문제이다.

노인부양도 심각한 가족복지의 문제로 대두되는데, 노인부양을 일찍이 사회화함으로써 가족의 부담을 최소화시킨 스웨덴을 비롯한 복지선진국에서도 막대한 복지비용의 지출에도 불구하고 노인들의 삶의 질이 만족스러운 수준이 아닌 것으로 지적되고 있다.

가족변화의 심각성을 강조하는 학자들은 새로운 가족형태의 등장원인을 극단적인 개인주의가 가족에게까지 영향을 미치기 때문으로 분석한다. 따라서 개인의 행복과 자아실현을 절대적 이상으로 삼는 현대사회에서 가족 구성원들의 희생과 사랑을 바탕으로 한 가족공동체에 대한 신념은 현저히 퇴색되고 있다는 것이다.558)

결국 문제의 근원이 극단적인 개인주의와 쾌락주의에 따른 가족주의의 실종에 있는 만큼 그 해결책은 가족주의의 재건을 통한 개인주의와 쾌락주의의 견제에서 찾을 수 있다.559) 기본적으로 이러한 주장은 중산층의 가치체계에 바탕

557) D. Popenoe, *Disturbing the Nest*, New York: Aldine De Gruyter, 1988.
558) N. Glenn, "What's Happening to American Marriage?" *USA Today*, May 1993; Bella, R. N., et. al., *Habits of the Heart: Individualism and Commitment in American Life*, Perennial Library: Harper & Row Publishers, 1985.
559) D. Blankenborn, (ed.), Rebuilding the Nest, *Family Service America*, 1990; Glenn, N., "What's Happening to American Marriage?", *USA Today*, May 1993; Popenoe, D., *Disturbing the Nest*, New York: Aldine De Gruyter, 1988.

을 둔 이상화된 가족을 전제하고 개인적 도덕성 제고를 통하여 그 이상적 상태로 돌아가고자 하는 복고적이고 보수적인 주장이라 할 수 있다.560)

한편 가족진보론자들은 위기론자들이 말하는 위기현상을 다른 각도에서 이해한다. 즉, 위기론자들에 의해 가족쇠퇴의 현상으로 제기되는 이혼율의 증가나 결혼율의 감소로 낙관적 관점에서 바라본다.

이혼증가나 결혼감소가 가족이나 결혼에 대한 근본적인 가치의 변화를 의미한다기 보다는 불행한 가족 그리고 결혼생활을 굳이 지속할 필요가 없다는 인식상의 전환, 그리고 가족 내의 보다 개방적이고 민주적인 의사소통과 생활방식을 통해 개별 성원들의 삶의 질을 향상시켜야 한다는 보다 적극적인 생활방식을 반영한 것이다. 또한 이러한 변화가 가족과 결혼제도를 존속할 수 있게 하고 보다 성숙한 가족관계를 가능하게 하는 것이라고 할 수 있다.

진보론자들은 편모가정의 빈곤문제는 사회적 불평등이라고 하는 다른 각도에서 접근할 문제이고 이혼 및 재혼가정에서 발생하는 아동들의 적응상의 문제들도 부모의 이혼 및 재혼 그 자체에 기인하는 문제라기보다 근본적으로 부모와 자녀간의 관계 그리고 가족 내의 갈등구조상의 문제로 접근할 문제라고 본다.

즉, 불행한 가정생활의 지속보다 차라리 이혼하는 편이 자녀의 복지를 개선하는 것이 되며, 부모가 이혼하더라도 부모와 자녀간의 지속적인 심리적, 정서적 유대를 통하여 자녀들의 새로운 환경에의 적응은 별 문제가 없고 일부 발생하는 문제들은 사회사업적 개입을 통하여 해소될 수 있다고 본다.561)

사실 편모가정에서 나타나는 아동빈곤화의 문제는 그 원인이 편모가정 그 자체에 있는 것이 아니라 노동시장에서 여성이 받는 성차별과 소극적인 복지정책에 더 근본적인 원인이 있다는 것이다

가족문제의 원인도 보다 구조적이고 근본적인 원인으로서 가부장제의 모순과 자본주의 경제구조의 불안정성을 지적해야 한다고 한다.562) 이러한 낙관적 가족진보론이 사회정책적 측면에서 설득력을 갖는 것은 대부분의 현대사회에

---

560) 이혁구, 탈근대사회의 가족변화와 가족윤리: 21세기 가족복지의 실천방향, 「한국가족복지학」 제4호, 1999, pp.223~224.

561) S. Cootz, *The Way We Never Were*, New York: Basic Books, 1992; Frustenberg, F. & Cherlin, A., *Divided Families*, Cambridge: Harvard University Press, 1991.

562) J. Scanzoni, "Families in the 1980s: Time to Refocus Our Thinking", *Journal of Family Issues*, 8, 1987.

서 가족의 구조와 기능상의 변화가 진행되고 있지만 각 나라마다 문제의 성격과 심각성이 다르게 나타나는데, 그 이유는 바로 가족의 변화에 대한 각 국의 복지정책에 차이가 있기 때문이라는 것이다. 이상을 정리하여 보면 〈도표 41〉과 같이 서로 비교될 수 있다.563)

〈도표 41〉 가족위기론과 가족 진보론의 비교

	가 족 위 기 론	가 족 진 보 론
이상적 가족 형태	-성별 분업에 기초한 핵가족	-존재하지 않음
중심적 가족 가치	-가족 공동체, 특별한 정서적 유대, 상호의존	-개인적 만족, 자기발전, 독립성
이상적 부부관계	-성별분업에 기초한 동반자(남성 중심적)	-동업자(남녀평등 강조)
새로운 가족유형들 (편부모, 동거 등)	-가족제도의 위기징후	-대안적 가족형태
가족변화의 원인	-개인주의, 이기주의, 쾌락주의	-가부장제의 모순과 자본주의 경제구주의 불안정성
대책	-전통적 가치의 복원 및 분명한 성역할 정립	-적극적 사회복지정책을 통한 전통적 가족기능의 사회화

5. 이혼과 가족해체의 원인

가족해체의 원인이 되는 이혼의 원인은 현상적인 측면과 이론적인 측면에서 살펴볼 수 있다. 현상적인 측면에서는 두 가지 접근 방법에서 살펴볼 필요가 있다. 하나는 근본적으로 이혼율이 증가하는 원인을 찾는 것이고, 다른 하나는 구체적으로 이혼을 야기하는 원인들이 어떻게 변화하여 오느냐 하는 것이다.

전자는 사회학적 접근방법으로 이혼율이 증가하는 요인은 산업화 및 도시화와 밀접한 연관성이 있다고 본다.564) 즉 예전의 농업을 바탕으로 유지되어 온

---

563) 이혁구, 전게서, pp.225~227.

공동체적 생활방식이 산업사회로의 진전과 함께 감소하면서 가족관계의 결속력을 악화시키는 요인으로 작용하였다.565)

후자는 개인적 환경영향요인이 많이 작용하고 있다. 예로 들면 성격차이라든지 경제문제 가족 친지간 불화 등의 요인이 작용하였다고 볼 수 있다. 한편 이론적인 측면에서 이혼의 원인을 살펴보면 다음과 같다.

첫째는 고학력 여성이 증가하고 여성 취업문이 넓어짐에 따라 부부간의 경제적인 의존도가 낮아지고 평등적 의식이 높아졌다는 것이다.

둘째는 사회적으로나 법적, 도덕적으로 이혼을 억제할 수 있는 장치들이 약화됨에 따라 결혼생활에 불만을 느끼는 부부들이 이혼을 택하는 경우가 많다는 것이다. 즉 핵가족화와 빈번한 지리적 이동으로 인하여 친척들이나 이웃과 소원한 관계를 유지하기 때문에 사회적 압력을 크게 느끼지 않아도 되고, 협의 이혼(민법 제834조)의 성립이 법적으로 보장되어 있으며 이혼을 비난하는 이들도 줄어들고 있어서 도덕적 비판으로부터도 비교적 자유롭다는 것이다.

셋째는 결혼에 대해 비현실적인 높은 기대와 이혼에 대하여 낭만적인 신화를 갖고 있는 이들이 많아졌다는 것이다. 즉 이혼자들 가운데는 자신의 부부관계에 큰 문제가 있어서 라기 보다는 비현실적인 기대와 막연한 불만 때문인 경우가 많고,566) 이혼하고 나면 스트레스와 갈등이 줄고 많은 자유와 자기발견의 기회를 누릴 것이란 기대도 큰 비중을 차지한다.567)고 한다.

넷째로 결혼의 성격변화이다. 경제적인 후원과 자녀 양육에 대한 책임의 목적을 위한 사회적 제도568)라고 인식하였던 기존의 시각이 지속적인 사랑의 관계라는 시각으로569) 변화하였다.

564) 이원규, 이혼으로 가기 쉬운 사회구조에 대한 사회학적 분석, 「목회와 신학」, 제147권, 2001; 김정옥, 이혼의 사회적 배경과 이혼원인의 이론적 고찰, 한국가족연구회 편, 「이혼과 가족문제」, 하우, 1993.
565) 허미화, 한국사회의 이혼율 증가 원인 및 이혼가정 아동의 부적응에 관한 문헌적 고찰, 「아동교육논집」, 제6권 2호, 2002.
566) L. Framo, "The Friendly Divorce", Psychology Today, 11, 1979.
567) E. Hetherington, M. Cox, & R. Cox, "Effects of Divorce on Parents and Young Children", In M. Lamb (ed.), Non traditional Families: Parenting and Child Development, Hillsdale, N.J.: Erlbaum, 1982.
568) M. A. Lamanna, & A. Riedmann, Marriages and Families(4th ed.), Wadsworth Publishing Company, 1991.
569) 김정옥, 이혼의 사회적 배경과 이혼원인의 이론적 고찰, 한국가족연구회편, 「이혼과 가족문제」, 하우, 1993.

다섯째로 남편과 아내 사이의 현격한 의식격차로 인한 문화지체현상이 원인이다.[570] 이것은 남성 혈통 중심의 가부장제적인 요소가 가족을 지배하게 되고 이로 인하여 발생하는 부부간의 갈등과 마찰이 결과적으로 이혼을 초래하는 요인이 된다고 본다.

여유 있는 삶

영국에서 있었던 일이다. 도시에 사는 한 소년이 시골로 여행을 왔다. 소년은 시냇가에 혼자 앉아 물장난을 하다가 그만 물에 빠지고 말았다. 헤엄을 칠 줄 모르는 소년은 물속에서 한참 동안 허우적거렸다. 마침 지나가던 한 시골 소년이 그 광경을 보고 다급히 뛰어들어 소년을 구해 주었다. 시골 소년은 고마워하는 도시 소년에게 대수롭지 않은 일이라는 듯 순박하게 웃어 보였다.

두 소년은 간단히 자신들의 이름을 소개하고 헤어졌다. 10여 년의 세월이 흘러 그들은 청년이 되었다. 도시 청년은 자신을 죽음으로부터 구해준 시골 청년을 잊을 수가 없었다.

어느 날 도시 청년은 그 때 그 곳을 다시 찾아가 자기를 건져준 시골 청년을 만났다. 그러나 시골 청년은 도시 청년을 쉽게 알아보지 못했다. 겨우 기억을 되찾은 시골 청년에게 도시 청년은 미래의 소망이 무엇이냐고 물었다. 시골 청년은 의사가 되고 싶지만 가정 형편이 어려워 뜻을 이루기 어려울 것 같다고 말하였다.

도시 청년은 런던으로 돌아와 부자인 자기 아버지에게 자초지종을 이야기하고, 그 시골 청년을 데려다가 의학 공부를 시켜줄 것을 간청하였다. 아들의 간청을 받아들인 아버지는 시골 청년을 데려가 의과대학에 입학시켰다.

훗날, 페니실린을 발명한 알렉산더 후레밍 박사가 바로 이 시골 청년이다. 또한 후레밍이 의학박사가 되도록 도와준 도시 청년이 바로 윈스턴 처칠이다. 1940년 5월, 처칠은 수상이 되었다. 당시는 독일군의 침공으로 나라가 어려운 시기였다. 수상 취임 후 처칠은 중근동 지방의 전황을 살피려고 출장을 다니던 중 뜻하지 않게 폐렴에 걸렸다. 지금은 그리 큰 병이라 할 수 없지만 그 때만 하더라도 몹시 위험한 병이었다. 바로 그 때, 후레밍 박사가 발명한 페니실린으로 처칠의 병을 고칠 수가 있었다.

---

570) 곽배희, 한국`사회의 이혼실태 및 원인에 관한 연구, 이화여대 박사학위논문, 2002.

제 6 절 노동현장과 복지

1. 노동에 대한 성서적 이해

"하나님이 그 지으신 모든 것을 보시니 보시기에 심히 좋았더라. 저녁이 되며 아침이 되니 이는 여섯째 날이니라. 하나님의 지으시던 일이 일곱째 날이 이를 때에 마치니 그 지으시던 일이 다하므로 일곱째 날에 안식하시니라"(창 1:31~2:2). 하나님께서는 여섯째 날 동안 일하시면서 매일 '좋았더라.'고 하셨기 때문에 노동이란 하나님께서 창세전에 정하셨던 순수하고 아름다운 창조물이라고 볼 수 있다. 이같이 노동이라고 하는 고귀한 것을 하나님께서 인간에게 선물로 주셨는데, 그것은 최초로 아담에게 모든 만물들의 이름을 짓도록 명령하신 데서 찾아 볼 수 있다(창2:19~20).

이때 아담은 자율적으로 이름 짓는 일을 하였으므로 노동은 하나님으로부터 부여된 인간의 자유의지의 산물이다. 그러나 인간이 하나님의 명령을 어기고 타락한 이후에 하나님께서는 인간에게 노동이라는 고귀한 가치에 수고라고 하는 짐을 주셨던 것이다. 그래서 인류의 타락 이후에는 노동의 의미가 자율적인 노동으로부터 타율적인 노동으로 바뀌게 되었다.

즉 종신토록 수고하여야 그 소산을 먹게 되며, 얼굴에 땀이 흘러야 식물을 먹게 된다(창3:17, 19)는 것이다. 결국 노동은 원래 순수하고 아름다운 산물이었으나 인간의 범죄 이후에 노동과 함께 수고라는 짐이 지워지므로 인간이 하고 싶지 않는 일이라 할지라도 생활을 위하여 하여야만 하는 고통이 주어지게 된 것이다.

(1) 일의 개념

예수님께서는 노동의 개념을 하나님의 절대적 속성의 맥락에서 말씀하신다. 베데스다 연못가에서 38년 된 병자를 안식일에 치유하여 주심으로 인하여 유대인들이 예수님을 핍박하였을 때 예수님께서는 유대인들에게 "아버지께서 이제까지 일하시니 나도 일한다."(요5:17)라고 하셨으므로 하나님께서 영원 전부터 일하셨고 지금도 일하고 계시므로 노동을 하나님의 성품 속에 내재해 있는 절대적 가치로 인정하셨다.

그 노동의 가치는 하나님 아버지의 성품 속에 계셨던 것과 마찬가지로 예수님께서도 지니고 계셨으며, 또한 인간에게도 자연히 주어진 복된 산물인 것이다. 그러므로 참된 노동의 대가는 하나님께서 만물을 지으시고 좋다고 하셨던 것처럼 또한 예수님께서 기쁨으로 공생애의 사역을 감당하셨던 것처럼 항상 좋은 것이다. 성경은 이러한 노동의 참된 가치를 강조하면서 "누구든지 일하기 싫어하거든 먹지도 말게 하라"(살후3:10)고 하였다.

예수님께서도 노동에 참된 가치를 부여하셨으나 '수고'에 대하여는 인류의 죄로 야기된 저주의 산물이란 것을 분명히 하여 주셨다. 즉 "수고하고 무거운 짐 진 자들아 다 내게로 오라 내가 너희를 쉬게 하리라"(마11:28)고 하시면서 수고에 대한 짐을 주님께서 대신 짊어져 주시겠다고 하셨는데, 여기서 '쉬게 하리라'의 의미는 노동으로부터의 해방이 아니라 수고로부터의 해방을 의미한다.

따라서 성경에서 가르치고 있는 노동의 개념은 아주 순결하고 아름다운 하나님의 창조물로서, 최초의 노동은 하나님께서 아담에게 만물들의 이름을 짓게 하시므로 시작되었고, 그 노동은 만물의 영장으로서 인간에게 주어진 특권인 동시에 하나님의 고귀한 선물인 것이다.

(2) 창조질서로서의 일

성경에서 일은 하나님의 창조 역사와 함께 시작된다. 하나님의 창조 사역은 분명히 고통스러운 일이 아니라 기쁜 일이었다. 즉 그것은 창조적인 예술가의 왕성한 활동이었고 방해물을 극복하면서 좋은 결과를 내기 위해 물리적 여건들과 싸워야 하는 부담도 없는 기쁨과 생동감이 충만한 것이었다.

세상을 창조하신 하나님의 활동은 창조를 시작하신 지 6일 후에 안식을 취하셨고 6일 동안 일을 끝내시고 쉬셨다. 즉 일과 안식이 계속 반복된 것이다. 성경에 따르면 하나님의 사역은 세상 창조로 끝나지 않았고, 창조, 섭리, 심판, 구속 등으로 나누어 계속되고 있다.

시편12편에 "하나님께서는 졸거나 주무시지 않고 그의 백성을 보호하신다."고 기록하고 있으며, 예수님께서도 요한복음 9장 4절에 "때가 아직 낮이매 나를 보내신 이의 일을 우리가 하여야 하리라 밤이 오리니 그때는 아무도 일할 수 없느니라."고 하셨다. 이처럼 그리스도 역시 일하시는 분이셨는데, 특히 육체적 노동과 관련하여 그분은 30세까지 목수인 아버지 요셉의 일을 도우셨다 (눅2:51; 마13:55).

하나님의 일은 창조적이며 질서가 있고 건설적이다. 또한 우주적일 뿐만 아니라 사람과 피조물에게 유익한 것이다. 하나님의 창조 사역에서 볼 수 있는 부가적인 것으로 "그 지으신 모든 것을 보시니 보시기에 심히 좋았더라."(창1:31)는 말씀이다.

여기에 하나님께서 지으시고 원칙적으로 '좋았더라' 혹은 '선하다'고 하신 말씀 속에 바로 인간으로 하여금 일하도록 허락하신 내용이 내포되어 있으므로 이 세상에서 하는 인간의 평범한 일조차도 하나의 일이 될 수 있다고 본다.

알랜 리처드슨(Alan Richardson)은 「일에 대한 성서적 교리」라는 책에서 구약성경에 나타난 일의 개념은 하나님께서 정해주신 인간의 삶에 대한 필수적이고 참된 기능이라고 보면서 인간이 일하는 것은 인류에게 보편적인 것이므로 인간은 불평 없이 일을 받아 들여야 하고 인간을 존재하도록 만드신 창조주의 뜻에 충만한 기쁨으로 순종하여야 한다. 성서적인 전제는 일이 인간의 생활에 대한 하나님의 포고령이므로 일은 자연법칙에 의해 이 세상에 들어온 것이라고 하였다.571)

즉 일과 하나님의 천지창조 사이의 연결점이 바로 자연 법칙이라는 것이다. 이처럼 일이란 합법적으로 인류에게 주어진 자연스런 의무와 권리이므로 일은 인류를 위한 자연의 법칙이요, 하나님께서 인류를 창조질서의 일부에 두신 섭리인 것이다.

더 나아가 일은 하나님께서 창조물을 위해 위임하신 임무이며, 이미 충만한 창조를 더 충만케 하는 역할을 수행케 하는 도구이다. 이것은 일에 대한 적절한 동기를 부여하는 것으로 인간이 오늘날 일하는 이유는 생계를 유지하기 위해서도, 사치품을 얻기 위해서도, 성공을 위한 것도 아니다. 단지 일하는 인간으로 하여금 땅을 다스리게 하시는 하나님의 계획 때문이라는 사실을 명확히 하고 있다.

---

571) Alan Richardson, *The Biblical Doctrine of Work*, London: SCM Press, 1952.

(3) 여가의 의미

1) 자유시간으로서의 여가

여가란 필연성과 책임에서 비롯된 구속으로부터의 자유나 일, 가족사회와 같은 책임이 있는 것에서 분리되는 휴식, 오락, 교양을 넓히는 일 등과 같이 개인이 의지적으로 바꿀 수 있는 활동을 말한다. 이런 의미에서의 여가는 핵심적인 기능이 없고 여가 그 자체로서 일을 보완한다는 점에서 의미가 있다.

2) 활동으로서의 여가

문화적 가치를 추구하기 위한 전통적 여가 활동은 독서, 음악회 참석, 연극관람, 미술관 관람을 말하며, 레크레이션은 여가 활동의 두 번째 영역으로 스포츠에서부터 휴가 여행까지를 말한다.

현대의 여가 활동 중 세 번째 영역은 연예와 오락이다. 그 중에서 인터넷 게임과 같은 대중 매체가 제일 많은 부분을 차지한다. 여가활동의 세 번째 영역으로 다양한 사회 활동들이 있는데, 이것은 친구나 친척방문, 가족 소풍, 교회에서 식사하는 것 등이 있다. 여가활동과 관련해서 여가를 정의하는 마지막 의미는 자유로운 시간이다.

그러나 자유로운 시간이 여가의 선행 조건이긴 하지만 여가와 자유로운 시간은 동의어가 아니다. 즉 여가는 즐거움과 만족이 있으면서 자유롭게 선택된 활동을 위해 사용되는 시간을 말하지만, 자유로운 시간은 소일(killing time)과 같은 의미도 포함될 수 있기 때문이다. 이 모든 여가 활동들은 노력이 필요하며 심지어 육체적으로 혹은 정신적으로 열심을 내야 하는 것도 있다.

3) 공동체 형성기능으로서의 여가

여가는 사회 속에서 공동체를 형성하는 특별한 기능을 갖고 있다. 여가는 많은 사회적인 성격을 갖고 있는데, 그 중에서 특정한 사회적 활동은 여가로 인하여 그 특정 공동체 그룹의 결속력이 강화될 수 있다는 것이다. 뿐만 아니라 가족생활에서 여가의 역할은 매우 중요하다.

여가는 가족들이 공유하고 나눠야 할 것들 중에서 가장 중요한 부분이다. 가족은 여가를 배우고 여가는 사회화의 기초적이고 일차적인 배경이 된다. 그리고 가족생활 형태의 상당 부분이 여가를 함께 하는 동반자이고, 휴가여행을 가는 것이나 함께 식사를 하고 교회를 가는 것 등이 통상 가족 단위로 이루어지는 여가활동이며, 부부의 결혼 만족도와 여가 활동을 함께 하는 시간 사이에는 상당한 상호 관계가 있다. 최상의 상태에서 여가는 많은 기능을 한다.

여가는 휴식과 긴장해소, 그리고 즐거움과 육체적, 정신적 건강을 제공한다. 이것들은 인간의 가치를 명확하게 회복시키고, 인간관계를 맺어주고, 가족의 결속을 강화시키고, 자신을 세상과 자연 속에 있게 한다. 그러므로 완전함과 감사, 자기표현과 자기실현, 창조성, 인격성장, 성취감 등은 여가를 통하여 얻을 수 있는 인간의 소중한 가치들이다.

2. 노동복지의 선교적 의미

(1) 성서적 경제윤리

일반적으로 사람들은 돈을 벌기 위해 하는 일과 생계를 유지하기 위해 하는 일을 통상적으로 직업(job) 혹은 노동(labor)이라고 부른다. 달리 말하면 노동을 통하여 대가를 얻는데 그 대가의 가장 편리한 교환수단으로 화폐가 생기게 되었으며, 그 화폐의 일환이 돈이다.

그러나 이 돈을 누가 언제 만들었는지 아무도 알 수 없지만 신석기 시대에 기본적인 의 · 식 · 주를 해결하기 위하여 노동을 하였는데, 당시에는 주로 가족 단위의 생활을 영위하면서 자급자족을 하였다. 그러나 점차 가족이 부족으로 확대되면서 사람들의 생활이 복잡해지고 갖고자 하는 욕망이 커짐에 따라 다른 공동체와의 교환이 시작되었는데 그 교환의 수단이 바로 돈이 된 것이다.

성경에서는 돈에 대한 두 가지 흐름이 있다. 하나는 돈의 어두운 면이고 다른 하나는 돈에 대한 밝은 면이다. 즉 돈을 소유의 수단으로 생각하는 것과 관리의 수단으로 생각하는 것이다.

성경은 분명히 돈은 관리의 대상이지 결코 소유의 대상으로 여겨서는 안 된다고 가르치고 있다. 청지기 직분에 관한 성경 말씀을 보면 돈은 중립적이고 비인격적으로 간주되고, 단순히 교환의 매개체로서 하나님이 인간에게 사용하고, 관리하며, 잘 다스리기 위한 매개체로서 주셨던 것이다(눅16:1~13).

뿐만 아니라 사도 바울은 빌립보서 4장 12절에 "내가 비천에 처할 줄도 알고 풍부에 처할 줄도 알아 모든 일에 배부르며 배고픔과 풍부와 궁핍에도 일체의 비결을 배웠노라"고 하면서, 디모데 전서 6장 10절에 "돈을 사랑함이 일만 악의 뿌리"라고 단언하고 있다. 이것은 결코 돈을 소유의 대상으로 여겨서는 안 된다는 것을 가르쳐 주고 있다.

(2) 기독교와 노동의 가치

오늘날 경제문제에 대한 기독교인의 접근방식은 노동의 의미를 재해석함으로써 이루어져야 한다. 18세기의 경건주의(pietism)는 경제문제를 인간이 금전이나 재산을 어떻게 사용하느냐 하는 문제로 환원시켰다.

그러나 20세기에 접어들면서 소비에 관한 윤리도 중요하지만 생산에 관한 윤리도 중요하다는 것을 인식하게 되었다. 이러한 맥락에서 21세기의 산업목회는 이제 생산과 관련된 윤리의식을 재해석함으로써 이루어지는 현장목회로서, 물질적인 것을 생산하고 분배하는 일에 인간의 활동과 신의 목적을 결부시키는 새로운 신학적 접근이 전개되고 있다.

산업목회에서의 직업윤리란 소명, 즉 직업에 관한 기독교적 교리의 해석을 요구하는 문제이기도 하다. 21세기를 맞이한 현시점에서 세계는 고도의 산업화, 정보화 사회를 지향하면서, 금융위기에 직면한 많은 국가들은 I. M. F.라고 하는 새로운 경제 질서에 혼란을 거듭하고 있다. 따라서 구조조정에 의한 실업률의 증가 현상은 노동자의 인권을 유린하는 현상까지 이르게 되었으므로 기독교의 노동복지 사역은 현대에 들어서 중요한 시대적 요청이라고 볼 수 있다.

소명(calling)을 갖는다는 것은 신과 인간의 실제적 관계를 회복하는 것으로 하나님 백성의 공동체로 다시 호출되는 것을 의미한다. 즉 신으로부터의 소명 혹은 직업을 갖는다는 것은 도덕적, 신비적으로 어떤 뛰어난 능력을 가졌다는 의미가 아니라 이 세상과 어떤 새로운 관계를 가진 자로서 호출되는 것을 말한다. 이것은 인간이 성도로서 바로 호출(calling)되었다는 의미이다. 성경에는 단 한 가지 소명밖에 없다. 그것은 모든 기독교인들에게 공통되는 것인데 신의 자녀가 된다는 것, 그리고 그러한 자로서 살아간다는 것을 말한다.

이러한 삶이 신의 힘(강한 야훼의 능력), 신의 역사를 믿게끔 하고, 이 믿음을 통하여 인간은 이 세상에서 따돌림 받는 것이 아니라 도리어 그들이 어디 있든

지 직업을 갖게 되고, 그 직업과 함께 신의 응답에 복종하며 살아가게 된다는
것이다. 따라서 노동에 대한 몇몇 학자들의 견해를 살펴보면 다음과 같다.

　리처드슨(Alan Richardson)은 "노동이란 죄와는 전혀 상관없이 신이 인류에
대하여 의도한 것이다. 그러나 인간의 죄 때문에 노동은 저주 아래 있게 되고
그리고 그것은 우주적 무질서를 초래하고 그 결과 대지가 이전과 같지 아니한
상태에 빠지게 되었다."572)라고 했다.

　다시 말하면 이것은 인간의 노동에 따라야 할 모든 조건과 질서가 인간의 죄
로 인하여 나쁜 형태에 빠져 들어갔다는 것을 표현하는 것이다. 그 예로서 노동
의 결실로 아벨과 가인이 제사를 드렸는데, 죄의 형태가 가인으로 하여금 아벨
을 죽이게 하는 살인으로 나타났고, 그로 인하여 가인에게 땅은 그 효력을 내지
아니함으로 땅에서 쫓겨나 유리 하는 신세가 된 것이다(창4:1~12).

　복스(Wade H. Boggs)는 바울(Paul)이 각 사람이 부르심을 받은 그 부르심
그대로 지내라(고전 7:20)고 하는 성경구절에서 '부르심(calling)'이란 가장 보
편적이고 가장 세속적인 직업이 전능한 신, 그 자신에 의해 직접적으로 우리들
에게 과해진 사명으로 받아들여져야 한다고 하였다.

　그래서 복스(Boggs)는 '부르심'에 대한 해석을 그리스도인 각자의 사회적 또
는 직업적 상황, 그 자체를 그의 소명으로 인식하여야 한다.573)는 것으로 설명
하고 있다.

　이러한 맥락에서 복스(Boggs)는 리처드슨(Richardson)의 노동이란 해석이
불충분하다고 보면서 인간의 노동은 그리스도인의 삶에 적극적인 의미로 해석
되어져야 하며, 또한 노동은 그 자체가 많은 사람들이 그들의 손과 두뇌를 가지
고 그들에게 주어진 소명에 대하여 간증하는 가장 중요한 기회가 된다고 명백
히 하고 있다.

　따라서 복스는 리처드슨이 말하였던 노동에 대한 본질적인 이해에 덧붙여서
하나님의 영광을 위한 간증의 기회로 노동현장을 봄으로써 더욱 노동의 기능적
인 해석까지 하고 있다.

　한편 黑崎幸吉은 고린도전서 7:20의 '부르심'에 대한 해석을 유대인이라는
자격을 가지고 자랑할 아무 것도 없고, 그렇지 못하다고 해서 부끄러울 것도 없

---

572) Alan Rechardson, *The Biblical Doctrine of Work, op. cit.*, p.25.
573) Wade H. Jr. Boggs, *All Ye Who Labor*, Richmond: John Knox Press, 1961, p.41.

으며, 기독교 국민과 이교도 국민은 똑같은 것이므로, 그러한 것에 조금이나마 자랑이나 차별을 가져서는 안 되며, 오직 하나님의 계명을 지켜 하나님을 기쁘시게 해드리는 일만이 중요한 문제라고 하여 그는 모든 인류가 직업에 대한 소명을 지니고 있다는 것을 확실히 하고 있다. 그러므로 직업은 신의 역사라는 사실을 강조하고 있는데 이러한 측면에서 영국의 경제학자 만비(Munby D. L.)는 다음과 같이 말하고 있다.574)

"특히 우리들은 사회적, 경제적 질서의 모든 영역이 신과 관계를 가지고 있는 것으로 확실히 인식해야 할 것이다. 가령 그리스도인이 그것을 생각조차 하지 않고 또 내부에서 책임을 가지고 행동함에 실패하였다하더라고 그것은 이미 신의 질서 속에 있는 것이다. 신은 인간들이 항상 신이 일하고 있음을 인식하지 않더라도 신은 역시 그 속에서 일하고 계시는 것이다. 인간들은 이들 영역의 내부에서 생각하고 행동하는 것을 신에 대한 인식과 관계 지을 수가 있으면 있을수록 인간들은 인간의 세계에 대한 신의 의지를 실행하도록 바랄 것이다. 또 그러함으로써 더욱 인간들은 신에게 영광 돌리기를 바랄 것이며, 그리하여 세계는 더욱 신이 바라고 의지하는 것을 위하여 의식적으로 변혁되길 바랄 것이다. 인간들이 바라고 구하고 있는 것 중에 이 이하의 길은 존재하지 않는다."

여기서 만비(Munby)도 역시 직업에 대한 하나님의 부르심은 인간의 본질 속에 내포되어 있는 것으로 이해하며, 노동은 인간의 죄로 인하여 그 본래의 '자율적 의미'를 상실하였다고는 하지만 여전히 노동이란 인간에 대한 신의 의지라는 것을 인식해야만 한다는 것을 주장하고 있다.

그래서 시편 104:23에 "사람은 나와서 노동하여 저녁까지 수고하는 도다"라고 하여 인간은 노동을 함으로써 신의 의지의 일부로서 그에게 정해진 사명을 완수한다는 것이다. 그 결과 신의 본질은 창조 이래 종말까지 일관하여 일하시는 분이라는 것을 시사하고 있다.

이러한 노동과 기독교적 생활과의 관계에 있어서 통찰의 범위를 넓혀 모든 산업현장에서 참된 노동에 대한 의미를 인식시키며, 그 노동의 의미와 함께 일하도록 만드는 것이 교회복지의 역할이다.

---

574) D. L. Munby, (ed.), *Economic Growth in World Perspective*, New York: Association Press, 1966.

(3) 산업체 선교의 의미

이상에서 경제와 노동에 대한 성서적인 개념과 함께 산업체 사역 혹은 산업목회의 의미를 살펴보았는데 이러한 산업체 사역의 궁극적인 의미는 무엇인가? 우리는 네 가지 측면에서 살펴보아야 할 것이다.

1) 노동은 이웃(neighbor)에 대한 봉사이다.

에밀 브루너(Emil Brunner)는 노동이란 공동체에 봉사하는 근본적 질서의 하나라고 주장하면서 다음과 같이 말하고 있다.575)

"그리스도인이 경제세계에 있어서 물어야 할 제1의 질문은 나는 그 속에서 어떻게 봉사할 수 있는가?이다. 즉 신의 은총으로 이 부패한 세계까지도 우리들이 이웃에 대하여 봉사할 수 있는 영역이 되고 또 그러한 봉사를 위하여 도구가 됨에 우리들도 부적당하지 않다"는 것이다.

질서가 존재하지 않는 그러한 질서 속에서도, 그리고 공동체라고 생각될 수 없는 그러한 공동체에서도 만약 인간들이 올바른 방법으로 그리스도의 삶에 참여한다면 인간들은 아직 사랑을 펴기에 가능한 것이다. 여기에서 브루너(E. Brunner)는 세계를 목회의 현장으로 보며 산업체 사역에 있어서의 이상을 사랑의 실천 내지는 이웃의 봉사라고 정의하고 있다.576)

한편으로 에반스톤 회의(The Evanston Assembly)577)에서는 모든 충실한 노동은 사회에 주어진 봉사이다. 비기독교인 사이에서도 이 진리는 인정되고 있으며 이것이 인간의 기쁨의 원천이 된다. 이웃에 대한 봉사가 기독교적 교훈에 타당한 것은 명확하다. 존경을 받는 사람이건 아니건 모든 인간은 누구에게나 이웃이 된다. 그리고 크리스천은 그의 노동이 비록 비천하더라도 의로운 자나 악한 자에게 똑같이 해를 비추고, 비를 내리는 신의 은총을 반영할 수 있는 것을 기뻐해야 한다고 하였다.

여기에서 강조되는 것은 충실한 노동은 모든 인간의 기쁨이 되며 이것을 통하여 이웃사랑이 이루어 질 수 있다고 하는 노동의 가치를 강조하고 있다.

---

575) Emil Brunner, *The Divine Imperative*, London: Luther-Worth, 1937, p.41.
576) Emil Brunner, *The Divine Imperative*, *op.cit*. p.41.
577) The Evanston Assembly of the World Council of Churches, *The Christian hope and the task of the Church, Section VI*, 1998, pp.11~12

그러므로 노동복지 사역의 기능은 참 노동의 가치가 이웃에 대한 봉사와 함께 이루어 질 수 있다고 보는 것이다.

2) 노동을 통하여 세계는 발전되고 인간의 복지를 위해 세계 속에 포함된 잠재력은 실현된다.

복스(Boggs)는 노동의 의미를 푸는 성서적 열쇠로 "생육하고 번성하여 땅에 충만 하라, 땅을 정복하라, 바다의 고기와 공중의 새와 땅에 움직이는 모든 생물을 다스리라"(창1:28)고 하는데 두고 있다. 그는 땅을 정복하라고 하는 신의 명령을 "전 세계를 신의 의지에 복종시켜라. 내 백성의 복지와 안전에 해가 되는 모든 것의 힘을 복종시켜라. 이 세계를 안전하고 생산적이고 순종적으로 신을 두려워하며 살 수 있도록 하라"578)고 이해하고 있다.

여기에서 복스(Boggs)는 노동을 인간의 복지향상의 수단으로 보고, 모든 것을 하나님에게 복종시키는 것이 인간의 사명으로 생각한다. 따라서 노동복지 사역의 궁극적인 목표는 하나님에 대한 순종과 인간의 복지에 있다고 볼 수 있다.

3) 노동은 기독교의 목적을 향하여 이루어지는 인격적 훈련이다.

신약시대의 많은 기독교인들은 노동을 하기 위한 이상적인 조건을 갖추고 있지 못하였다. 오히려 더욱 열악한 현실 속에서 일을 하였다. 일부 기독교인들은 주인에게 구속된 노예로서의 노동자였다. 리처드슨(Richardson)은 베드로 전서 2장 8~14절의 말씀을 다음과 같이 해석하고 있다.

이곳에서 공동서한의 기자는 크리스천 노동자가 부정 앞에서 인내로 참아 가는 것이 참다운 그리스도의 모방(Imitatio Christic)이라고 하며, 이사야의 예언에 있는 수난의 종인 그리스도는 기독교 노동자들이 따라야 할 모범579)이라고 하였다.

4) 노동은 창조적 활동에의 참여이다.

올댐(J. H. Oldam)은 노동을 인간의 본성이 그 속에서 바른 행위와 기쁨을 발견하고 그리고 그것이 신의 영광을 위해서 완수해 나가야할 하나의 방법이다

---

578) Wade H. Jr. Boggs, *All Ye Who Labor, op. cit.*, pp.5~15.
579) Alan Richardson, *op.cit.*, p.43.

… 신의 형상대로 만들어진 인간은 해야 될 가치가 있는 것을 더 잘하기 위하여 신이 그것들을 만들어 내는 것 같이 조건을 만들어야 한다.580)고 설명하였다.

여기에서 올댐은 노동을 창조의 도구로 해석하며 노동을 통하여 더 좋은 사회를 건설할 수 있다고 하는 창조적 의지를 강조하고 있다. 한편으로 에반스톤 회의(The Evanston Assembly)에서는 "바르게 이해되기만 한다면 인간이 노동에 있어서 창조적인 경험을 할 때 거기서 자연히 흘러나오는 기쁨은 창조의 목표인 자유의 증거요, 인간이 땅을 정복하고 그것을 지배한다는 진리의 징후."581)라고 하였다.

여기에서 노동이란 계속적으로 창조되어 가는 과정이라는 것이다. 따라서 교회복지 사역의 이상은 바로 '창조'라고 볼 수 있다.

(4) 기독교 노동복지의 성격

기독교적 소명의 한 표현으로서 바람직한 사회적 환경(social environment)을 만들어 내는 것이 기독교 윤리적 사회실천이라고 한다면 그런 기독교 윤리적 사회실천의 일반적 방향과 목표는 무엇일까? 이 물음에 대한 답을 얻기 위해서라도 우리는 신의 계획에 대한 노동의 목적을 더 상세히 고찰하지 않으면 안 된다.

노동이 신의 예정 중에 하나라는 생각만으로 이 답을 얻기에 충분하지 못하다. 우리들은 피조물에 대한 신의 계시된 목적 전체에 그의 예정을 관련시킬 것을 시도해야 한다. 그러므로 노동은 인간의 행위 중에서 혼자 독립해서 또 분리해서 얻어지는 영역이 아니라 세계의 창조와 구원에 있어서 신의 행위의 큰 계획에 속하는 것582)이라고 말할 수 있다.

이런 맥락에서 주기도문에서 '오늘날 우리에게 일용할 양식을 주옵시고' 란 의미는 개인의 직업을 통하여 얻어지는 보수로 가족들이 일용할 양식을 구하고 생활하는 것을 뜻하는 것으로만 생각해서는 안 된다.

오히려 그 보다는 현대의 다원적 산업사회에서 서로 관련된 산업의 복잡한 구조에서의 연계 효과로 얻어지는 개념으로 이해되어야 할 것이다. 즉 경제구조 속에서 '인근성(neighborhood)'에 의한 '인인성(neighborliness)'의 협동으로 말

---

580) J. H. Oldam, *Work in Modern Society*, New York: Morehouse Gorham Co., 1950, p.52.
581) The Evanston Assembly of the World Council of Churches, *op. cit.*, p.165.
582) Walter Muelder, *Foundations of the Responsible Society*, New York: Abingdon Press, p.185.

미암은 파트너쉽에서의 산물로 산업체가 존재하며, 그 산업체를 통하여 생활을 유지하게끔 인도하신 하나님에 대한 감사의 기도로 주기도문이 드려져야 한다.

이것은 현대 산업사회에서 광대한 기구인 기업과 제도들이 근대적인 국가의 체제로서 어느 개인이나 집단의 힘보다 역사를 주관하시는 신의 은총에 의하여 경제 체제가 움직여짐에 감사하여야 한다는 의미이다. 따라서 일꾼의 자세는 주인과 종의 관계를 분명히 하는데서 노동의 윤리가 세워지는 것이므로 모든 노동의 주인은 하나님이 되는 것이고 우리들은 그의 종으로서의 일꾼에 지나지 않는다는 사실을 기억하여야 할 것이다. 그 결과 우리가 노동의 대가로서 얻게 되는 물질은 소유의 대상이 아니라 주인의 것을 관리하는 관리의 대상이라는 것 또한 기억하여야 할 것이다.

그래서 산업체의 본질이 하나님께서 주신 노동의 신성한 은총에 대한 감사의 표현으로 이루어진 경제조직이라면 기업가는 자신이 운영하는 산업체가 자신의 소유물이 아니라 모든 근로자들로 하여금 그들이 누리는 노동에 대한 인간적 대가와 신에 대한 감사로 이어지도록 관리하는 사람에 불과하다는 사실을 기억하여야 할 것이다.

이런 관점에서 기독교 산업체의 의식계몽 운동이 필요하며, 이를 위하여 경제윤리교육의 보급과 경제윤리실천의 감시 등 다양한 활동들이 요구된다. 특히 현대 산업체들이 전문성을 가지고 있으므로 오늘날 산업체 선교를 위하여 기독교 노동복지의 역할은 더욱 다양화되고, 전문화되어야 할 것이다.

여기에서는 직업과 관련하여 다문화주의(multiculturalism) 전통을 가지고 있으며, 다른 나라에 비하여 보다 체계적이고 합리적인 미국의 노동정책 및 직장 현실, 그리고 법체계 및 고용평등 등을 소개하면서 교회복지의 활동 방향을 모색하도록 하겠다.

4. 직장과 환경

예수님께서는 "누구든지 자기의 모든 소유를 버리지 아니하면 능히 내 제자가 되지 못하리라"(눅14:33)고 하셨다. 여기에서 소유라는 개념은 노동의 대가로 얻게 된 물질 그 자체를 의미하는 것이 아니라 물질에 대한 소유욕, 혹은 소유의식을 없애야만 주님의 제자가 될 수 있다는 의미로 해석되어진다.

즉 물질의 참 주인은 하나님이 되시므로 하나님만이 소유하시는 것이지만, 그 물질의 관리는 사람들에게 맡겨졌으므로 물질의 소유에 대한 욕심을 버리고 물질을 잘 관리할 수 있는 방법을 터득하여야 주님의 제자가 될 수 있다는 의미인 것이다.

노동에 대한 개념을 바로 세운다면 우리들은 먹든지 마시든지 주의 영광을 위하여 할 수 있는 참된 기독교인이 될 수 있을 것이다. 따라서 산업체라는 개념을 여기에서는 직업 혹은 소명이라는 개념과 함께 사용하여 직장과 환경과의 관계를 성서적 의미와 사회학적인 측면에서 고찰해 보면서 노동의 기능에 초점을 두고 살펴보겠다.

(1) 성서적 관점

신학적인 측면에서 직업(소명)과 노동과의 관계는 무엇인가? 그리스도에게 복종하게끔 소명된 인간은 노동을 신이 정해준 것으로 받아들여야 하며 그것은 그리스도를 통해 실현해야 한다. 따라서 노동이란 돈을 벌기 위한 수단이 아니라 하나님께서 주신 명령이요, 사명 그 자체인 것이다.

즉 노동이란 인간이 그리스도인으로서 소명을 받았다는 것이다. 이런 관점에서 노동의 현장인 직장이란 우리에게 삶의 터전이요 하나님의 영광을 나타내는 고귀한 장소인 것이다.

구약성경의 창조에 얽힌 사건은 노동을 인간이 인간으로서, 그리고 신의 피조물로서 존재함을 밝히고 있다. '노동' 그 자체를 죄의 결과로써 가해진 저주로 보는 것은 큰 잘못이다.

오히려 노동은 죄의 결과로써 가해진 형벌이라기보다는 하나님의 형상대로 지음을 받은 인간이 신의 대리인으로서 일한다는 의미이다.

그러므로 하나님이 그들에게 복을 주시며 그들에게 이르시되 "생육하고 번성하여 땅에 충만 하라. 땅을 정복하라. 바다의 고기와 공중의 새와 땅에 움직이는 모든 생물을 다스리라 하시니라"(창1:28)고 하셨다.

여기에서 '정복하라(subdue it)'는 뜻은 '억제한다'는 의미이고, '다스린다(have dominion)'는 '통치하다 혹은 지배한다'는 의미로서, 정복하고 다스리기 위하여 노동을 하여야 하는 것이므로 노동이란 신의 대리인으로서 피조물을 다스리기 위한 인간 본질의 일부인 것이다. 한편으로 인간은 에덴 동산에서 "여호와 하나님이 그 사람을 이끌어 에덴동산에 두사 그것을 다스리며 지키게 하시고"(창2:15)라고 했는데, 여기에서 '다스리며(to dress it)'란 '보존한다. 보수한다. 가진다'라는 뜻이다.

즉 인간은 피조물의 세계에서 신의 위탁을 받은 관리자로서 손질하고 만지며 정리하는 노동을 하여야 한다는 의미이다. 그러므로 에덴동산은 인간에게 주어진 최초의 일터, 즉 직장이었던 것이다.

(2) 사회학적 관점

사회학적인 측면에서 직장이란 한사람의 노력으로는 달성할 수 없는 특별한 목표를 달성하기 위하여 모인 개인들의 집합이라 정의할 수 있다. 이를 위해서 직장은 그들의 업무가 분화되고 그들의 활동이 조정되어야 하는데 이것이 직장이 갖는 두 가지 특징인, 직장업무의 분리와 직장활동의 조정이다.

현대사회에서는 사회의 특별한 기능을 수행하는 여러 개의 조직으로 세분화되어 있다. 예를 들면 교육기관은 생산적인 시민들로서 어린아이들과 성인들을 가르치는 기능을 하고, 병원은 환자들을 돌보는 기능을 하며, 기업들은 사회의 필요한 재화나 용역을 제공하는 기능을 한다.

그리고 노동조합은 노동자의 이익을 보호하는 기능을 한다. 이들 조직체들이 사회를 위해 다양한 기능을 수행하는데 비해 사회 내에서의 조직체는 정부에 의해서 조정되어 진다. 정부의 조정형태는 매우 다양하여 사회단체, 종교계 그리고 다른 조직에 대해 자금을 지원하거나 세금의 감면혜택을 줌으로써 조직의 활동을 촉진시킨다.

현대사회의 기관들은 기능적으로 분류되어 있고 이들의 활동은 대개 시간적, 공간적으로 분류되어 있다. 그래서 각기 다른 조직들은 각각의 활동을 수행하고 있는데 그 활동들을 조정하고 보충하기 위하여 노동복지의 역할이 요구되고 있다.

기능적인 측면에서 직장의 개념을 살펴 볼 때 직장은 작업조직 혹은 노동현장을 위하여 다음의 내용을 포함하고 있다.

① 영리 지향적 기업은 그 존속을 위해서 타 영리기업과 경쟁한다.
② 조직은 그들 관련자의 요구를 시기적절하게 충족시켜 줄 수 있도록 노동

과 조정의 활동을 분리하여야 하며 그렇게 함으로써 조직의 존속을 위한 그들의 목적을 수행한다.

③ 조직들은 그들이 어떻게 노동을 분리하고 활동을 조정하는가에 대해 어느 정도의 통제력을 가진다.

④ 사회의 문화와 가치 그리고 적당한 행위의 규범과 공정한 대우는 산업조 직 내부에서 발생하는 문화에 영향을 미친다.

⑤ 각 개인들은 각각 다른 조직에 속해 있으므로 노동조직은 고용인의 행위 에 대해 사회내의 다른 조직과 경쟁하여야 한다.

이러한 직장의 활동 내용들을 구체적으로 살펴봄으로써 전문적인 노동복지 의 사역을 탐색하여 나가야 할 것이다.

5. 직장과 조직구조

(1) 조직구조의 개념

기독교 사회윤리가 노동문제와 관련을 갖는 것은 직업별로 조직된 남녀노동 자의 단체가 생겨나고, 이것이 그들이 속하는 직업의 노동구조 개혁에 막대한 영향을 끼치는 중요한 요소가 되고 있기 때문이다. 이때 직무활동의 조정과 노 동을 어떻게 기능적으로 분리할 수 있는가? 하는 것이 문제인데, 에반스톤 세 계교회회의(The Evanston Assembly of the World Council of Churches)에 서는 이 문제를 다루기 위하여 다음과 같은 원칙을 세웠다.583)

"일반적으로 어떤 개인도 한 사람의 힘으로는 그 직업이 갖는 구조의 변화를 바꿀 수 없다. 노동조합, 농민단체, 의료조합 등은 노동단체의 기관이고 그것을 통하여 그 공동체에 속하는 각 기관의 멤버(member)가 노동에 속하는 사회적, 정치적 책임을 수행하는 것이라고 하였다. 여기에서 주장하는 것은 경제다원주 의(economic pluralism)인데 이것은 현대사회의 복잡성과 상호충족도가 노동 자들의 제2차 집단과의 관계를 강화하고 기독교 노동자 개념에 새로운 여러 가 지 요소를 더하고 있음을 인정하고 있는 것이다."

그러므로 노동의 분리 및 업무활동의 조정은 가정이나 사회 그리고 종교적

---

583) The Evanston Assemble of the World Council of Churches, *op. cit.*

조직에서 행하는 것보다는 더 체계적으로 접근하여야 한다. 소규모의 조직에서는 노동의 분리와 업무활동의 조정을 비공식적인 방법으로 실시할 수도 있다.

소규모조직의 관리자가 그들의 고용인들에게 비 업무적인 부문에 대해서 재량권을 허용하는 분위기를 조성한다면 이러한 비공식적 조직의 목표와 개인의 욕구가 일치하도록 일을 수행해 나갈 수 있을 것이다.

그러나 대규모조직의 생산이나 서비스의 성장에 관하여는 각 분야에서 실시되고 있는 작업표준처럼 다양한 활동이 요구된다. 고객의 욕구를 충족시키기 위해서는 고용주가 더 많은 사람을 고용해야하므로 업무의 분리나 활동의 조정을 비공식적으로 행하는 것이 어려워지며, 또한 고용주의 사적 분야에 대한 권한을 규정하기가 어려워진다. 따라서 비공식조직은 점점 공식적으로 구조화된 조직으로 발전하게 된다. 여기에서 구조란 말은 (1) 조직의 모든 구성원들에게 조직의 역할인 기본업무, 책임, 의사결정권 등을 할당하고, (2) 이러한 권한구조를 통하여 각 역할사이의 관계를 조정하는 것을 말한다. 이러한 산업구조를 이해하기 위하여 기능적 조직이 가장 보편적이므로 기능적 조직의 발전 4단계를 살펴보고자 한다.

(2) 기능적 조직구조

기능적 조직구조는 특별한 기능을 수행하는데 필요한 활동들을 분류함으로 노동을 분리하는 공식적인 장치를 말한다. 기능적으로 분화된 조직과정은 네 단계를 거친다.

① 제 1 단계 : 규칙과 절차의 수립 : 소규모 조직에서는 역할의 분담이 구두로 가능하지만 대규모 조직에서는 조직원들이 수긍할 수 있도록 최소한의 작업표준을 규정한 직무명세서에 의해 업무가 배분되어 진다.

직무명세서는 개개인의 의사소통의 필요성을 줄이고, 신규고용인은 직무명세서가 요구하는 사항에 맞추면 된다. 그래서 직무명세서는 피고용인들이 독자적으로 그들의 업무를 수행할 수 있도록 해주며, 수행하여야 할 일을 누군가가 행하도록 조정하는 한 방법이 될 수 있다.

② 제 2 단계 : 운영권한의 확립 : 운영권한의 수립은 고용주들이 그들의 업무를 수행하는 과정에서 직면하는 업무가 다양해지고 복잡해짐에 따라 고용주는 피고용인의 행동에 대한 조정과 통제가 어렵게 된다.

이러한 문제점을 해결하기 위해 조정과 통제는 기능별로 전문화된 기술을 소유한 하부관리자의 지휘 하에 두게 된다. 이 과정에서 노동활동의 조직은 규칙이나 절차 그리고 기능적 관리자들에 의해 수행되는 것이다.

③ 제 3 단계: 각 관리계층의 관할권 확립 : 관리계층이란 조직 내에서 관리단계의 수를 말하는데 기능별 부서의 업무할당은 업무의 수와 다양성 그리고 복잡성에 따라 달라진다.

예를 들면, 소규모조직의 인사 부서에서는 한 사람만으로 전체 인사업무를 수행해 낼 수 있다. 그 사람을 인사책임자(Personnel Generalist)라고 한다. 최고인사관리자(혹은 고용주)는 인사책임자에게 생산 부서와 마케팅 및 심지어는 재무부서의 일까지도 총괄하도록 하고, 인사 실무책임자가 해결하기 곤란한 문제는 최고인사관리자에게 자문을 구한다. 그러나 전체조직은 피고용인의 숫자 증가 및 다양하고 전문화된 기술인력에 대한 수요가 증가함에 따라 역부족현상이 일어 날 것이다.

이러한 문제를 해결하기 위해서 최고인사관리자는 추가 인원고용계획과 하부 기능 부서를 추가하여, 조직의 구조조정을 실시하게 된다. 이때 인사기능은 4개부서, 즉 생산부서, 영업부서(마케팅), 재무부서, 인사행정부서로 나누어지고, 인사관리에서 각 부서에 책임이 있는 4명의 하위 인사전문관리자를 가지게 된다. 그리고 4개의 하위 전문 부서에서도 2개의 관리계층, 즉 사무행정부서와 그 부서의 본연의 업무를 담당하는 부서(예, 생산, 영업, 재무 등)가 형성된다.

그 결과, 재화와 용역을 생산하기 위하여 요구되는 관리자(각 전문 부서의 관리자)와 그 관리자의 통제와 조정을 위해 요구되는 관리자(각 사무행정부서의 관리자) 사이에는 조직 구조조정에 직접적인 관계가 있게 된다.

그 이유는 조직이 확대됨에 따라 각 전문분야의 재화와 용역을 직접 생산하는 부서는 더 많은 사람과 하위 부서를 필요하게 되고, 조직전체의 업무량이 많아짐에 따라 전체 인사행정 부서의 인원도 많아지고, 하위 부서의 구조도 변화하여 사무행정부서의 인원도 증가하게 된다. 그러므로 하위 전문계층에서도 점점 전문적인 기능을 필요로 하게 된다.

한편으로 하나의 독립된 부서에 인원충원과 업무배치 그리고 직업훈련 등 모든 참모활동이 위임되어 있는 경우, 주로 3단계의 관리계층이 생기게 된다. 즉 부서의 최고관리자의 지시를 받기 위한 계층, 그리고 효율적으로 전문관리자들을 조정하기 위한 계층, 상위 부서로부터 위임된 업무 수행을 위한 계층으로 권한이 각 관리계층으로 위임된다.

그래서 고용주가 전체업무 가운데서 일부만 수행하도록 업무가 나누어져 있는 경우 이를 분화라고 하는데, 분화된 각 직무에서의 직원들은 감독자의 지시와 통제 아래서 자신의 일들을 시간 내에 완벽하게 끝내야 하는 책임이 있다. 대부분의 이런 조직에서는 전문화 및 분화에 의해 업무를 분할하고 있다. 이러한 전형적인 형태가 제조회사이다.

예를 들면 600명의 종업원을 고용하고 있는 제조회사의 경우, 경영에 있어서 3단계 계층, 즉 경영분야계층, 전문분야계층, 기능분야계층으로 분화된다. 그리고 책임(전문분야)에 있어서 7분야, 즉 경영관계 부서(3)와 전문 부서(4)로 나누어진다. 그 기능은 8개의 기능별 부서로 분화되어 수행되는데, 그것은 생산전문 부서에서 하위 경영관계 부서가 둘, 책임직무 및 의사결정권에서 여섯이다.

이것은 다시 책임직무에서 기계책임자의 업무수준으로 전문화되고, 그 하위 수준에서는 더욱 세분화되어진다. 즉 기계의 담당자는 기계의 작동에만 책임을 지고, 기계의 관리자는 기계의 부속을 조립하거나 제거하는 일에만 책임을 진다. 그리고 일반 노동자들은 기계를 다루지 않으며 단지 작업장의 청소 및 페인트를 칠하는 일 등에만 전념한다. 이와 같이 조직이 성장하고 업무가 복잡하여 짐에 따라 조직은 새로운 기능을 첨가하고 기존의 기능을 통제 및 조정이 용이해진 관리계층으로 이동시킨다.

그러나 그 제조회사가 더 큰 규모의 기업으로 성장한 경우와 소규모의 회사가 대규모 조직으로 변하게 되면, 3계층의 관리 계층에 추가로 법적 기능이 부가된다. 즉 전자의 경우, 생산의 기술적 기능이 소규모회사의 최고관리 계층의 기능과 법적 기능을 추가하게 된다. 그리고 후자의 경우 생산의 기술적 기능이 소규모회사의 최고관리 계층에서 대규모회사의 한 공장의 최고관리자로 3단계나 전락하게 된다.

그런데 비하여 소규모회사와 같은 곳에서는 통제 및 조정을 하는 모든 기능적 활동에 대한 책임과 주요한 의사결정은 사장이 소유하게 된다. 소규모 조직과 대규모 조직의 차이점은 업무를 조정하는데 사용되는 관리계층의 수의 차이이다.

대규모 조직에서의 관리계층은 6단계를 지니고 있지만, 소규모 조직에서는 3단계의 관리계층을 지니고 있다. 다시 말하면 대규모 조직에서의 직무는 10단계(6단계의 관리계층+ 전문화된 고용계층)로 나누어져 있지만 소규모 조직에서는 7단계(3단계의 관리계층+ 전문화된 고용계층)로 나누어져 있기 때문이다. 그리고 대규모 조직에서는 최고관리 계층(회장)을 추가하며 공장관리자 이하의 기능별 형태는 소규모 조직의 그것과 같다.

④ 제 4 단계 : 피고용인에 대한 의사결정권의 위임

대규모 조직과 소규모 조직은 직무분리의 방법에 있어서 비슷하지만, 조직의 업무를 조정하는 문제에 있어서는 대규모 조직이 소규모 조직보다 문제점이 많다고 볼 수 있다. 왜냐하면 대규모 조직에서는 행위의 조정범위가 넓어서 어떤 문제를 상위계층에 보고하는 과정에서 지연현상이 발생할 수 있기 때문인데, 이 문제는 대규모 조직에서 비 관리 계층에 있는 사람이 신속하게 결정할 수 있는 방법을 개발하면 해결될 것이다.

그래서 대규모 조직에서는 때때로 업무의 목표나 목적을 감독자와 하위자의 합의에 의하여 결정하게 하고, 합의된 사항에 대한 하위자의 업무수행은 그들의 업무 수행 정도를 평가하는 기준이 되게 하므로, 합의에 대한 책임이 그들의 업무수행과 함께 부과된다. 이처럼 신속한 직무목표와 업무수행에 대한 동의를 획득하는 과정이 목표에 의한 관리(MBO)인데 이것이 대규모 조직에서 필요한 것이다.

이상의 조직 구조를 간략히 말하면, 공식적 조직구조에서는 (1) 규칙과 절차, (2) 전문화된 단위, (3) 관리계층의 권한, (4) 피고용인에 대한 의사결정권의 위임을 수립하는 4단계를 거치면서 발전한다. 이 4단계는 직무를 효율적으로 분류하고 인간의 행위를 조정 통제하고자 하는 조직의 요구와 직접적으로 관계가 있고, 이러한 발전단계를 거친 크고 복잡한 조직이 바로 관료제 조직이다.

따라서 기독교 지도자는 산업체에서 직장의 구조를 잘 이해하고, 기업구조조정에 적절히 대응할 수 있는 프로그램을 개발하여야 할 것이다. 그렇게 된다면, 직장 노동조합의 활동도 이해할 수 있을 것이므로, 보다 더 기독교 사회복지의 활동을 활성화 할 수 있고, 더 나아가 기독교 윤리적인 측면에서 조직의 구조조정에 접근한다면 직장이 기독교 공동체로 발전하여 나가게 할 수 있을 것이다.

(3) 기능적 조직구조의 한계

여기서 다루는 모든 인적자원활동은 관료제가 인적자원을 효율적으로 그리고 효과적으로 관리하는 것을 돕기 위한 것이지만 그것은 쉬운 것이 아니다. 그 이유 중의 하나는 노동과 조정활동들이 분리되는 체제는 조직의 관점에서는 합리적일 수 있지만 관료제를 후퇴시키는 결과를 가져오기 때문이다.

교회조직도 교인의 수가 증가하면 할수록 모든 조직에서 그렇듯이 분화되어 간다. 예를 들면 중대형교회(교인 수 : 500~1000명)로서 역사가 오래된 교회일수록 분화 현상은 더욱 짙으나, 역사가 짧고 급성장한 대형교회(교인 수 : 1000명 이상)에서는 예외적으로 카리스마적인 경향이 짙게 나타나고, 하부조직은 관료제화 되어 있다. 이러한 조직구조의 딜레마는 왜 생기는가? 그 이유는 다양하겠지만 몇 가지로 분석하여 볼 수 있다.

① 조직의 규모는 고용주의 조직에 대한 공헌을 감소시키기 때문이다.

조직 규모가 크면 클수록 고용주의 조직에 대한 공헌도는 감소된다. 소규모 조직에서는 그들의 최고관리자와 피고용인들 간의 직접 대면을 통한 의사소통이 가능하지만 대규모 조직에서는 최고관리자가 누구인지 조차도 모르고 있는 경우가 많으므로 조직의 대규모화는 업무 자체를 생업을 위한 수단에 불과한 것으로 볼 수 있다. 즉 조직에 대한 충성심이 약하여 진다는 것이다. 그래서 Hewlett-Packard, IBM, 3M, AT&T, J. C. Peny, Heneywell 같은 회사에서 실시하고 있는 효과적인 인사정책이나 계획 및 활동은 대규모 조직의 고용인에게서 발생할 수 있는 직무에 대한 무관심을 줄이고, 조직과 직무에 관한 고용주의 위임을 증대시키는 주요한 수단이 되고 있다. 교회조직에서도 대형교회에서의 부목사의 역할과 개척교회에서의 담임목사의 역할은 비교할 수 없을 정도로 개척교회 담임목사의 역할이 크다고 볼 수 있으며, 교인들의 소속감은 소규모 교회일수록 더 강하다고 볼 수 있다.

② 기능별 분리는 부서간의 갈등을 야기한다.

전문화가 가속되면 기능별 부서로 그룹이 형성되므로 한 부서 내의 사람들 간에는 상호이해와 일의 진척에 대한 이해의 가능성이 증대한다. 이것은 부서의 목표달성을 촉진할 수도 있지만 부서간의 마찰을 유발시키기도 한다. 기능별 부서는 타부서의 기능에 대해 이해를 하지 못하고 있기 때문에 그들 부서 자체만의 업무를 유일한 것으로 인식하고 타부서가 그들의 목표달성을 방해하는 것으로 보는 경향이 있다.

대규모 조직에서 자주 발생하는 이러한 현상은 부서간의 협력을 저해한다. 이러한 현상은 교회조직에서도 가끔 발생한다. 아동 부서와 중·고등 부서 사이의 교사 간 갈등과 제1청년부 담당교역자와 제2청년부 담당교역자와의 갈등이 바로 그것이다. 그래서 교회조직에서도 부교역자론이 점점 강조되고 있는 추세에 있다.

③ 업무수행능력평가를 위한 공식체제는 보다 더 엄격하다.

공식적인 직무의 분할이 대규모 조직에서는 필수적인 것이기 때문에, 업무수행능력의 평가는 피고용인들에게 할당된 조직역할의 수행정도에 의해서 이루어져야 한다. 이러한 경우에 피고용인들은 업무수행능력 평가체계에 의하여 측정되고 있는 업무만을 수행하고 다른 업무의 수행은 무시하는 경향이 있다.

업무의 수행정도만을 강조한다면, 피고용인은 할당된 조직의 기능에 대해서는 아주 능숙해 질 수 있지만 조직의 목표달성을 위해서 아주 중요한 다른 업무를 무시해 버릴 수 있다. 예를 들면, 대학교수의 책임영역은 학생들을 가르치는 것이므로 학생을 가르치는 데는 매우 능숙하다. 그러나 학생이 등록문제를 가지고 상담을 하러 올 때 교수는 학생등록을 누가 담당하고 있는지 조차도 알지 못하는 경우가 있다.

따라서 인적자원관리(P/HRM)의 주요한 내용은 피고용인에게 요구되는 업무수행능력평가제도를 본질적인 행위에 근거하여 규정하고 있으므로 과거의 전통적인 방법보다는 더 융통성이 있고 예측 가능하며, 더 많은 유인효과를 가질 수 있지만, 그러나 자기 전문분야와 다른 피고용인이나 고객들에 대해서 충분한 역할을 감당한다고는 볼 수 없다. 그러므로 이것은 분명히 조직의 효과성을 감소시킬 수 있다는 것이다. 또 다른 업무수행능력제도의 예기치 못한 결과는 목표환치(goal displacement)인데, 이것은 조직활동들이 고유의 업무목표를 달성하려할 때, 그 고유목표 내에서 수행되는 업무 자체가 목적들이 되는 것을 말한다.

다시 말하면 업무수행기준들이 조직의 목표성취에 기여하지만 거기에 따른 상태들은 때때로 그 기준의 변화와 상관없이 변화할 수 있기 때문에 이러한 상태들이 고유목표로 대치될 수 있다. 예를 들면 사람들의 업무는 변화할지 모르지만 조직은 그 변화한 업무에 대해 직무분석을 실행하지 않음으로 그 결과 고용인은 과거의 부적당하고 진부한 기준들에 근거하여 평가되어질 수 있고 또한 새로운 업무창출을 꺼린다는 것이다.

특별히 인사관계전문가들은 그들의 활동에 있어서 목표환치에 대해 알아야만 할 것이다. 그래서 관료제의 큰 문제점은 의사결정의 효과성과 하위고용인의 업무수행에 대한 동기부여를 저하시키고 평가과정에서 불합리성이 나타난다는 것이다.

그 결과로 인적자원관리 프로그램이 인간을 보다 효율적으로 관리하는 수단이 되는 것이라고 볼 때, 그 프로그램 자체가 목표가 된다면 직무의 수요와 예측하지 못한 상황에서의 대처가 어렵고 피고용인은 조직으로부터의 보상을 위해서만 일할 것이다.

이러한 목표환치 및 조직의 관료제화 현상에 대하여 기독교 산업체 NGO들은 깊이 연구하고, 그 산업조직의 목표와 잉여가치가 제대로 근로자 혹은 사회에 환원되고 있는지를 밝히고, 그렇지 않다면 교육과 의식개혁운동을 통하여 계몽하는 것이 필요하다.

(4) 조직 구조의 새로운 패러다임

비록 기능적 조직구조가 제한된 생산과 서비스 제공이라는 측면에서는 대규모 조직 내에 널리 알려져 있지만, 기능적 조직구조는 관료제 하에서 많은 한계점을 가지고 있다. 따라서 조직구조의 새로운 방안으로 다음 두개의 다른 구조형태, 즉 분업구조와 매트릭스 구조가 현실적으로 많이 알려져 있다. 그것을 살펴보면 다음과 같다.

1) 분업 구조

조직이 직접적인 관련이 없는 생산이나 용역으로 다양화됨에 따라 의사결정이 최고관리자에게 집중되는 결과를 가져와서 수요에 대한 대응이 지체된다.

따라서 시장수요에 대응하기 위해서는 특정 생산이나 용역 및 시장의 상황에 따라 의사결정이 신속히 이뤄질 수 있는 제도가 필요하다.

예를 들면, 어떤 의료제조회사의 구조는 네 종류의 다양한 생산라인, 즉 건축시설, 장난감, 여성 고급패션 의류 그리고 자재 창고 부서로 나누는데, 대체로 조직 구성원은 고객의 몇몇 다른 유형의 수요, 즉 건축가들, 어린이들, 여성들 그리고 자재구입자들을 복합적으로 만나야 한다. 그런데 이들은 서로 다른 조직구조들을 가지고 있고, 정부의 규제 또한 다르기 때문에 제도상 의사결정이 신속히 이뤄지지 못한다.

따라서 조직의 분업적 구조는 조직이 상대적으로 다른 부서와 독립적으로 운영되도록 하는 것인데 이러한 행위들은 기능에 의한 분업이라기보다는 또 다른 새로운 조직집단을 형성한다고 볼 수 있다. 이렇게 형성된 새로운 집단은 생산이나 용역에 의해서 이뤄지고 가끔 특별한 프로젝트나 지리적인 상황에 의해 운영되기도 한다.

이 분업구조의 장점은 각 제품의 생산 및 마케팅을 책임지고 있는 관리자가 제품이나 용역에 대한 독자적인 의사결정을 허용한다는 것이다. 그러므로 분권화된 조직과 분권화된 의사결정이라는 용어는 서로 분업된 구조에서는 동의어로 사용되고 있다. 또한 분업은 신속한 의사결정을 보장해 줄 수 있다는 장점이 있다. 이런 장점에도 불구하고 단점은 기능별 부서가 서로 번복되어 제품의 원가를 상승시키고 이로 인해 조직의 효율성을 저하시킬 수 있다는 점이다. 주로 이러한 분업구조는 판매영업 담당 부서에서 신속성을 요구하기 때문에 활용되고 있다.

2) 매트릭스 구조

매트릭스 구조는 가장 복잡한 구조형태인데 이것은 기능별 조직구조와 분업적 구조의 결합이라고 볼 수 있다. 이 조직 구조는 기능적인 면을 담당하는 관리자가 있고, 생산, 용역, 프로젝트 및 지역적인 특색을 관장하는 부서의 관리자가 있는데, 이들은 한 관리책임자가 다른 관리책임자에게 예속되는 것이 아니라 서로 동등한 지위를 가진다.

그러므로 모든 관리지위체제는 그 조직의 최고경영자에게만 보고하는 동등한 부서의 조직지위를 갖는다. 그 결과, 기능부서의 관리자들은 복합적으로 기술문제들을 해결해 나가므로 이 조직 하에서는 두 사람 이상의 부서장(Boss)이 있을 수 있다.

즉, 기술적인 업무수행능력과 관계되는 기능적 관리자의 업무와 고용인의 행위를 연관시키는 생산 또는 프로젝트 관리자가 있다. 이 조직에서의 고용인은 조직 전체를 자유롭게 이동할 수 있으므로 때로는 그 부서의 고위 관리자 보다 업무를 더 잘 파악할 수도 있고 담당자들이 스스로의 조정을 통하여 기본 업무를 수행할 수 있게 한다.

매트릭스 조직구조는 어떤 조직보다도 환경의 변화에 신속하게 대응할 수 있으나 그 조직의 복잡성 때문에 다음의 세 가지 요소를 충족시키지 못하면 목표달성이 어렵게 된다. 즉 ① 이중목표의 필요성, ② 정보처리과정에 대한 높은 수요, ③ 자원이용의 규모 있는 경제의 필요성 등이 존재해야만 이 조직구조 형태가 바람직할 것이다.

또 다른 매트릭스 구조의 특징은 담당자들이 동시에 여러 관리자들에게 소속되어 있으므로 정확한 업무위임이 어려워지며 작업환경이 계속 변화함에 따라 불확실한 외부환경에 대한 의사결정이 더욱 애매모호하여 진다는 것이다. 그러나 매트릭스 구조는 갈등이 없는 구조형태이다.

왜냐하면 기능적 관리자와 생산 및 기획 관리자들의 권한이 동등하고 직원들이 동시에 다른 관리자들 아래서 일하게 되기 때문이다. 근래에는 이러한 조직구조를 이용하여 보험판매회사와 일부 신종 다단계 판매회사 및 밴처(Venture)기업과 같은 조직에서 많이 활용하고 있다. 그러나 책임소재가 명확하지 못한 것이 문제이다.

지금까지의 내용을 요약하여 본다면, 조직들이 어떻게 노동과 조정활동들을 분리하는가를 선택하는 데는 조직구조들이 그들의 외부적 환경조건과 얼마나 효과적으로 맞는가? 그리고 얼마나 내부 인적 자원과 일치하는가? 에 달려있다. 따라서 조직구조의 선택은 시장에서 제공되는 생산이나 용역의 다양한 환경조건에 의해 이루어져야 한다.

기능별 조직구조는 비교적 안정하고 미래에 대한 예측이 가능하며, 생산이나 용역의 생산라인이 한정적인 경우에 적합하며, 분업 조직구조는 조직이 보다 복잡하고 다양하며 각 부서의 의사결정이 외부 환경적인 요인을 고려할 때 적당하다. 그리고 매트릭스 조직은 ① 조직이 복잡한 기술을 요하고 높은 업무실적을 요구하는 동시에 고객의 다양한 욕구를 만족을 주어야 할 때, ② 외부환경이 매우 예측 불가능할 때, ③ 자원이용에서 규모경제가 필요로 할 때 적당하다. 이러한 세 가지의 조직형태를 이해한다면 노동조합의 활동과 각 조직구조의 조정 및 P/HRM 과의 관계를 이해하는데 도움이 될 것이다.

6. 고용기회 평등(EEO)의 유형

미국의 고용문제에는 여타의 많은 금지조항들이 있겠지만 그 중에서 중요하게 들 수 있는 것으로 연령, 종교, 신체적 장애, 민족과 시민권 등을 지적할 수 있겠다. 더구나 미국 정부의 고용인들은 특별히 EEO의 규칙을 따라야 할 것이다. 이들은 다음의 다섯 경우에 적용될 것이다.

① 시민권리규정 7조 외에 다른 부칙들도 나이, 신체적 장애, 민족 그리고 시민권 때문에 차별하는 것을 규제하고 있다.

② EEOC외의 다른 기관은 신체적 장애로 인한 차별을 규제하고 있다. 그러나 다른 것들은 연방정부고용인들에 대해 EEO의 규제를 받는다.

③ 미국 헌법은 종교로 인한 차별과 정부고용인에 대한 EEO의 규정에 영향을 미친다.

④ BFOQ(선의적인 차별)의 예외규정은 성차별에 대한 것보다 나이로 인한 차별과 신체장애로 인한 차별에 대해 더욱 관대하다.

⑤ 적당한 적용여부는 특히 종교나 신체장애로 인한 차별규정에 영향을 미친다.

(1) 연령으로 인한 차별

연령에 관한 주요 법령으로는 1967년의 고용법에 있어서 나이차별 조항을 규정하고 있다. 이 연령규정 조항은 시민권리규정 제 7조와 상당히 비슷한 점이 많지만 연령규정조항에서는 40세 이상의 사람에게 직접적인 차별이 가해졌을 때만을 불법으로 간주하기 때문에 시민권리규정 제 7조보다는 관대한 것이라고 하겠다.

그러므로 예를 들면 40세 이하의 사람을 차별하는 것은 고용법에 있어서는 제약을 받지 않는다. 연령규정과 시민권리규정 제 7조의 또 다른 차이점은 고용규정의 4항인데 이는 나이보다 합법적인 요인을 강조하고 인정하는 것이다. 육체적인 힘을 요구하는 분야는 노인에게 불리한 영향을 미친다.

일반적으로 연령규정 하에서의 합법적인 것으로 보호되는 분야는 시민권리 규정 제 7조 하에서의 관련업무라는 의미보다 범위가 넓다.

간단히 말해서 연령규정은 나이보다 합법적인 요인에서 그리고 직업특성상의 선의로써 나이를 정당화하는 관리에 보다 관대하다는 이유에서 시민권리규정 제 7조와는 다르다. 인종차별이나 성차별은 근거기준이 모호하여 차별대우가 행해진 후에도 고용주가 변명을 하고 자신을 보호할 구실이 있을 수 있다는 허점이 남게 된다.

(2) 신체장애로 인한 차별

연령에 의한 차별과 같이 신체장애자에 대한 차별은 시민권리규정에는 포함되지 않지만, 1973년의 복직법(Vocational Rehabilitation Act)에 의하여 규정되어 있다. 이 규정은 시민권리규정 7조와 연령차별 금지법과는 아주 다르지만 정부계약자들에게 적용하는 행정명령 11246호와는 비슷하다. 이 행정명령은 EEOC보다는 덜 진취적인 것으로 생각되는 노동성의 고용기준행정청에 의해 수행되어지고 있다.

1) 신체장애의 정의

복지법 제 7(6)(B)에 의하면 신체적 장애란 육체적 정신적 결함으로 인간의 기본적인 활동에 중대한 제약을 받는 것을 의미한다. 여기서 말하는 인간의 기본적 활동이란 의사소통, 거동, 자기보호, 운송과 직업을 갖는 것 등이 포함되는 개념이다.

2) 적당한 수용시설

노동성에서는 고용주와 장애인의 합리적 조정을 유도하여 차별을 없애려 하는데 그 구체적인 사항으로는 업무에의 접근성 확보(예를 들면, 휠체어가 다니는 경사로의 건설), 업무설계(예를 들면, 휠체어를 타고 있는 상황을 고려한 업무설계)와 무관한 특성 요구의 제거(예를 들면, 업무와 무관한 민첩성 등의 요구), 피고용자를 지원(예를 들면, 알콜중독자나 약물 중독자를 돕는 프로그램

개발) 그리고 호의적인 대우(예를 들면, 신체장애와 상관없이 다른 사람과 동등
하게 대우할 것)등이 있다.

(3) 종교로 인한 차별

시민권리규정 제 7 조의 701항에서는 종교를 다음과 같이 정의한다. 종교는
사람들이 믿음으로써 행하는 모든 종교적 의식과 행동을 포함하는 것이다. 종
교에 대한 차별은 가장 소홀히 다루어진 문제이다. 평등고용기회위원회(EEOC)
에서는 고용주에게 피고용인의 종교행위의 다양성을 인정하는 작업환경을 조
성하도록 강력하게 지시하였다.

(4) 민족과 시민권

시민권리규정 제 7조에서도 민족의 차이로 인한 차별을 금지하고 있고 특히
1986년의 이민개혁법에서 이를 강조하고 있다. 1986년의 이민 개혁법은 주로
불법체류 외국인의 고용을 다루고 있는데, 고용주들은 ① 다른 민족 출신의 미
국시민 ② 미국시민 지원자보다 더 나은 조건을 갖춘 합법적인 외국인들에게는
차별대우는 해서는 안 되고 불법 체류자들은 절대 고용해서는 안 된다.

(5) 정부고용인의 경우

공공부문과 사적부문의 평등한 고용기회를 제공하는 데는 두 가지 차이점이
있다. 첫째는 미국 인력관리 사무국이 공공부문, 특히 연방정부에 대한 평등한
고용기회를 제공하고 시행하는 집행기관이라는 것이다(사기업 부문의 EEOC에
해당). EEOC는 지방 및 주정부를 조사하기도 하지만 그것에 대한 최종적인 합
법성과 조사의 결과를 처리하는 곳은 미국 법무성이다.

둘째는 미국헌법이 사기업 부문의 시민권리규정 제 7조와는 달리 공공부문
의 고용을 관장한다. 미국헌법에서 지적하고 있는 차별금지조항은 보다 폭 넓
고 광범위한 것이다. 이것은 또한 미국헌법의 5번째 수정안(1791)과 14번째
수정안(1868)에 나타나 있다.

7. 차별철폐조치

차별철폐조치는 첫째 채용할 때, 둘째 경영방식이 변화할 때, 셋째 차별적인 장애를 제거할 때, 넷째 호의적인 대우(특혜)를 해야 할 때 이러한 조치들이 필요하다. 차별철폐조치에는 노동력 중에서 대중성을 갖지 못하는 집단(예를 들면 여성이나 소수집단)을 고용하고 이러한 집단들에 대해 관리자와 감독자가 가지는 선입관을 불식시킴으로써 관리 자세를 바꾸고 이러한 집단에 불이익이 되는 불필요한 고용행태를 재조정하여 차별적인 장애물을 제거하고 이들 집단에 특혜적인 대우를 취하는 것 등이 포함된다. 특히 정부 계약자들은 행정명령 11246의 차별철폐조치를 따라야만 한다.

(1) 특혜적 대우의 법적 지위
여성이나 소수그룹에 대한 특혜가 합법적인 경우도 있고 비 합법적인 경우도 있다. 이러한 상황은 호의에 대한 법원의 판례와 판례가 아닌 것 사이의 차이가 있다.

1) 법원에서 인정한 호의
법원에서는 일반적으로 형평의 원칙에 어긋나므로 호의를 명령할 수 없지만 고용주가 시민권리규정 제 7조를 위반하였을 때는 법원이 고용, 승진, 해고 등의 의사를 표명할 수 있다. 하지만 법원에서 인정한 특혜는 합법적인 선임자의 특권(선례)을 무효와 시킬 수 없다는 한계가 있고 해고를 결정하는데 있어서 인종에 대한 호의가 다른 사람들에게 피해를 주는 경우는 적용될 수 없다고 대법원에서 판결을 내렸다.

2) 법원에서 인정하지 않는 호의
고용주가 고소를 피하기 위해서 정부의 대행기관과 여성과 소수집단의 관계를 좋게 유지하기 위해서 법원의 명령 없이 여성이나 소수집단에 특혜를 주려 한다. 하지만 이러한 특혜는 불법적인 것이다.

(2) 정부와의 계약자에 대한 차별철폐조치

여성과 소수집단의 고용을 촉진시키는 일련의 조치에는 다음과 같은 중심내용이 담겨져 있다.

① 이용분석의 실시: 이용분석은 실제의 노동력과 노동시장의 노동력을 비교검토하여 노동시장에서는 대중적이고 대표적인 집단이 실제의 작업현장에서는 소수의 고용율이 저조한 집단을 선별해낸다.

② 목표설정과 시간표 작성: 고용율이 저조한 집단을 없애기 위한 목표설정과 목표달성을 위한 시간표를 작성한다.

③ 목표달성을 위한 계획관리 조치: 여성이나 소수집단에게 보다 매력적인 집단을 만들기 위해 불필요한 장애요소를 제거한다.

인적자원에 대한 예측이 계획관리 행동의 결과를 예측할 수 있도록 돕는다. 즉 차별철폐조치와 이러한 목표를 달성하기 위한 계획관리 행동사이의 상관성을 보장하도록 도울 수 있다.

8. 평등한 고용기회보장의 영향

(1) 계획에 대한 영향

① 업무구성 : 고용주는 장애인 피고용자들과 협의를 재구성하고 또 고도의 교육 수준이나 경험들을 요구하는 업무를 제외시킴으로써 고용율이 낮은 집단의 고용을 촉진시키기 위해 업무를 재구성한다.

② 업무분석 : 업무분석은 선택된 절차가 업무와 관련된 것을 증명하는데 이용된다.

③ 인적자원의 계획과 예측 : 이런 방법은 고용율이 낮은 집단의 고용에 대한 관리행동의 영향을 계획하는데 사용된다.

④ 경력문제 : 고용주는 교육수준과 경력증명들을 요구하지 않고 대표성이 낮은 집단에게 유리하도록 새롭게 구성되어져 있다.

(2) 실행에 대한 영향

① 채용 : 소수집단이나 여성들을 고용하기 위한 적극적 프로그램의 개발

② 선택 : 선출방법과 업무와의 연관성을 높이고 불평등한 영향을 줄이기 위한 노력

③ 훈련 및 개발 : 업무에 어울리는 교육 프로그램의 개발

④ 업무수행능력평가 : 새로운 평가기술의 개발로 업무와의 상관성 확보

⑤ 임금 : 임금고용체제의 개선. 예, 여성과 같이 낮은 임금을 받는 사람의 고려

⑥ 이익수당 : 장기근속자나 퇴직 후의 피고용인들에 대한 연금제도의 확보

⑦ 노동자 관리관계 : 선입관으로 인한 불이익의 제거

⑧ 훈련, 상담 그리고 고용인 보조 : 장애자들을 돕기 위한 보조 프로그램 개발과 징계의 자율권 보장

(3) 평가에 대한 영향

인적 자원관리의 전통적인 척도로 이익, 생산성, 성장등과 같은 것들이 제시되었으나 평등한 고용기회 보장(EEO)은 여기에 새로운 척도로 여성과 소수집단의 고용정도를 첨가하여 기업체의 사회적 기여에 중대한 영향을 미쳤다.

9. 요약

노동에 대한 일반적인 개념과 고용조건에 대해서 미국의 예를 들면서 살펴보았다. 먼저 고용차별에 금지된 조항으로 인종, 피부색, 성별, 나이, 종교, 그리고 신체장애 상태에 대하여 그리고 다음으로 정부고용인에 대한 EEO와 차별철폐조치에 대하여 설명하고 있다.

EEO의 법률 중에서 가장 중요한 법인 시민권리 규정 7조는 다섯 가지 즉 종족, 피부색, 종교, 성, 그리고 국적(민족)에 근거한 차별금지를 규정하고 있다. 시민권리규정 7조를 해석하기 위해 법원은 그 법이 통과할 때에 국회와 관련된 경제적 불공정과 인종차별의 문제를 진지하게 고려해야 한다. 따라서 법원은 보통 차별동기가 없는 곳에서 조차도 차별의 결과를 가져올 수 있는 상황도 금지해 왔다.

인종차별문제는 일반적으로 생각하는 경우에 해당되지만, 성차별은 항상 보다 더 평범한 상태에서 일어나고 있다. 그래서 여기서는 네 종류의 성차별 즉 구직조건으로서의 성, 성과 관련된 부수적 차별, 성에 근거한 일반적인 상황, 성적인 고충 등이다.

나이차별에 대한 규정은 성에 대한 것보다 더 쉽게 자행되고 있다. 신체장애자 차별금지에 대한 "적당한 수용시설"의 요구조항은 고용주로 하여금 구직조건을 포기하도록 강요하지는 않는다. 그리고 종교적 차별에 있어서도 동일한데 적당한 수용시설에 대한 시민권리 규정 7조는 편리하게 해석될 수 있다.

민족차별은 항상 불법이며, 시민권에 대한 차별은 때때로 불법인 경우가 있다. 헌법은 꼭 여기에서 기록하고 있는 금지 항목들에 기초한 것이 아닐지라도 정부고용에 있어서 모든 임의적인 인사결정으로 인하여 파생되는 법적인 결과에 대해서도 관련이 있다고 한다.

차별철폐조치에 대해서는 두 분류로 나눠지는데, 하나는 호의적 대우에 대한 적법성 여부인데 호의가 법원에 의하여 승인된 것인가 아닌가에 대한 것이고, 다음은 이러한 요구 조건들을 채우기 위해 유용성 분석과 목표수립 그리고 시간표 작성에 대한 것이다.

인적자원관리에서 EEO는 큰 영향력을 지니고 있다. 대부분 EEO 전문가들은 내무국에서 출판된 '올바른 고용행위에 관한 지침 시리즈'와 상업어음 교환소에서 발행된 '고용행위 안내서' 등을 자료로 활용한다. 이 자료들의 발행자들은 가입자들에게 마음대로 끼웠다 뺐다 할 수 있는 노트를 보내 주어서 정기적으로 법령, 조례, 해석 그리고 법원 판례를 알게 해준다.

그리고 최근의 판례들을 계속 보내줌으로써 폐물이 된 것들을 빼버리고 새로운 자료들을 끼워 넣도록 하고 있다. EEO를 정규적으로 다루는 정기 간행물들은 '피고용인 관련법 저널'과 '노동법 저널'이 있다. 이런 여러 자료들 중에서 특별히 유용한 출처는 Schlei와 Grossman의 '고용차별법(1982)'과 Ledvinka의 '인사 및 인적 자원관리의 연방 조례(1982)'이다.

우리나라도 EEO의 규정에서 예외는 아니다. 외국노동인력이 2005년에 40만 명에서 2025년에는 150만 명에 육박한 현재, 우리나라도 인종차별 문제 및 성차별, 나이차별 등에 많은 관심을 기울려야 할 것이다. 특히 외국인 노동자에 대한 인권문제는 심각히 고려해야 될 시점에 와 있다.

이미 2세들이 한국에서 태어나 영주하고자 하는 외국 인력들에게 정착할 수 있도록 교회와 정부, 그리고 사회 모든 분야에서 어떻게 한국문화에 적응 혹은 그들이 소수민족 문화로 정착해야 할 것인가 고민할 시점에 와있다. 2005년도 우리나라에서 일하고 있는 외국 인력의 현황은 <도표 42>에서 잘 나타내어 주고 있다.

<도표 42> 2005년 한국의 외국인 노동자 현황

(단위 : 명, %)

전 체	합 법 체 류 자						불 법 체류자
	소 계	취업사증 소지 근로자			산 업 연수생	해외 투자 기업연수생	
		비전문 취업자	전 문 기술인력	연 수 취업자			
332,653 (100.0)	142,919 (43.0)	31,352 (9.4)	22,712 (6.8)	48,994 (14.7)	33,185 (9.9)	6,680 (2.0)	189,724 (57.0)

※ 불법체류자수에는 비경제활동인구(15세 이하 및 61세 이상) 미포함(21,638명)

2005년 8월 31일 현재 법무부에서 제공한 자료에 따르면 총 인원 332,653명 중 불법 체류인이 189,724명이다. 전체 외국인 노동자의 57%가 불법체류를 하고 있다. 그 후 20년이 지난 2019~2024년 외국노동인력과 장단기 체류외국인 전체 현황 추이는 <도표 43>과 같다. 특징적인 것은 COVID-19 기간 동안 본국으로 귀국하였다가 2022년부터 다시 계속 증가하여 2024년 말 기준 국내 체류외국인은 2,650,783명으로 전년 대비 5.7% 증가하였다.

<도표 43> 2019~2024년 한국의 외국인 노동자 및 체류인 추이

(단위 : 명, %)

구 분	2019년	2020년	2021년	2022년	2023년	2024년
전체 인구	51,684,564	51,829,023	51,638,809	51,439,038	51,325,329	51,217,221
외국인 노동자	110만	95만	105만	120만	130민	140만
장단기 체류인	2,454,515	2,038,075	1,956,781	2,245,912	2,507,584	2,650,783

※ 장단기 체류인 통계에 유학생을 포함 함.

체류외국인을 국적별로 살펴보면 한국계 중국인을 포함한 중국이 36.2%(958,959명)를 차지하고 있으며, 베트남 11.5%(305,936명), 태국 7.1%(188,770명), 미국 6.4%(170,251명), 우즈베키스탄 3.6%(94,893명) 순이었다. 2024년 말 기준 국가별 체류외국인 현황은 <도표 44>와 같다.

<도표 44> 2024년 말 기준 주요 국적별 외국인 현황

(단위 : 명, %)

구 분	2020년	2021년	2022년	2023년	2024년	비율
중국	894,906	840,193	849,804	942,395	958,959	36.2%
베트남	211,243	208,740	235,007	271,712	305,936	11.5%
태국	181,386	171,800	201,681	202,121	188,770	7.1%
미국	145,580	140,672	156,562	161,895	170,251	6.4%
우즈베키스탄	65,205	66,677	79,136	87,698	94,893	3.6%
필리핀	49,800	46,871	57,452	64,055	70,392	2.7%
일본	26,515	28,093	46,741	58,438	65,216	2.5%
기타	461,440	453,735	619,529	719,270	796,366	3.0%

정부와 교회 및 NGO에서 외국인 노동인력에 대한 특별한 관심과 배려가 요구되고, 국가 재정이 허락한다면 일반 사면령을 내려주던지 아니면 성실한 노동인력을 선임하여 영주할 수 있게 하는 제도적 장치가 필요하다고 본다.

참 고 문 헌

▣ 국내문헌

곽배희(2002), "한국사회의 이혼실태 및 원인에 관한 연구", 이화여대 박사학위논문.

곽안전 (1973), 「한국교회사」 서울: 대한기독교서회.

권육상 (1999), 「사회복지실천론」 서울: 학문사.

구자헌 (1979), 「한국복지행정론」 서울: 한국사회복지연구소.

기독교대한감리회 교육국 (1975), 「한국감리교회사」 서울: 기독교대한감리회 교육국.

김기봉(2019), "'저출산'에 대한 문명사적 조망: '정해진 미래'에서 '만드는 미래'로," 「시민인
　　　　　문학」 36, pp.9-41.

김리태 (1973), "권위주의의 극복," 「복된말씀」 20권 5월.

김상균 (1992), 「현대사회와 사회정책」 서울: 서울대학교출판부.

김순범(1977), "신경정신과 노인환자에 대한 임상적 고찰," 「신경의학」 16권 2호.

김양선 (1985), "한국기독교사연구," 「기독교문화연구 총서」 제II집 서울: 기독교문사.

김영모 (1985), 「지역사회복지론」 서울: 한국복지정책연구소출판부.

김영모(1986), "생활보호사업의 문제점과 개선방안," 사회정책연구 「한국사회복지정책연구소」
　　　　　제 8집,. 8월호.

김영모 (1973), 「한국사회복지론」 서울: 경문사.

김영미(2018), "저출산고령사회 기본계획에 대한 젠더 분석: 저출산 담론의 재구성을 위하여."
　　　　　「비판사회정책 59」 pp.103-152.

김영한 (2010), 「기독교세계관 -21c 시대의 올바른 지침서- 」, 서울: 숭실대학교출판부.

김영한 (2005), 「한국기독교 문화신학」 서울: 도서출판 불과 기둥.

김영한(2024. 10. 28), "종교개혁의 십자가 신앙·성화의 영성·욕망 내려놓기 실천하자" 「크리
　　　　　스천 투데이」 샬롬나비.

김장대(1987), "한국의 권위주의적 행정문화에 관한 연구" 단국대학교 석사논문.

김장대 (1994), 「교회행정학」 서울: 솔로몬출판사.

김장대(1998), "청소년비행의 원인과 정책대안에 관한 연구" 경희대학교 박사논문.

김장대(1998), 「기독교사회복지학」 서울: 도서출판 진흥.

김장대(2001), 「세계기독교 NGO총론」 서울: 경희대학교 출판국.

김장대(2011), 「세계 12개국 사회복지실천기술론」 대전:교회복지연구원출판부.

김정옥(1993), "이혼의 사회적 배경과 이혼원인의 이론적 고찰," 「이혼과 가족문제」, 한국가족
　　　　　연구회편, 하우.

김정자, "한국탁아사업의정책과 방향," 「한국사회복지학」 통권 제17호, 한국사회복지학회.

김한주(1981), 「한국사회보장론」 서울: 법문사.

남세진(1999), 「인간과 복지」 서울: 한울 아카데미.

노인보건복지대책위원회(2002), 「노인보건복지종합대책」

대한예수교총회 교육부(1984), 「대한예수교장로회 헌법」 서울: 대한예수교장로회 총회출판부.

대한예수교 장로회 교육부(2000), 「교육목회」 서울: 대한예수교 장로회 (통합) 총회 출판부, 여름호.

대한예수교 장로회 교육부(2003), 「교육목회」 서울: 대한예수교 장로회 (통합) 총회 출판부, 봄호.

대한예수교 장로회 총회(1995), 「강도사고시 예상문답지」 서울: 대한예수교장로회 대신출판부.

민경배(1982), 「한국기독교회사」 서울: 대한기독교출판부.

민유기(2022), "치료냐 예방이냐? 결핵 퇴치 운동의 우선권 논의: 20세기 전환기 프랑스를 중심으로," Uisahak. 2022 Dec; 31(3): 691-720.

박연호(1994), 「행정학 신론」 서울: 박영사.

박연호(1994), 「현대 인간관계론」 서울: 박영사.

박영란(2001), 「한국사회복지와 인권」 서울: 인간과 복지.

박재윤(1991), "비행소년에 대한 효과적인 재범방지대책,"「청소년범죄연구」 법무부, 제9집.

박정규(1991), "발상의 대전환:소년형사사건처리 이래서는 안된다,"「善導」 제2호.

배은경(2010), "현재의 저출산이 여성들 때문일까?: 저출산 담론의 여성주의적 전유를 위하여."「젠더와 문화」 3(2), pp.37-75.

배임호(2004), 「교정복지론」 서울: 양서원.

백낙준(1973), 「한국개신교회사」 서울: 연세대학교 출판부.

법무부(1995),「소년선도보호지침」 제3조 제1항 제13조 제1항.

새건강신문사(1993),「주간새건강」 서울: 새건강신문사.

신대순(2004), "지역사회복지에 있어서 사회단체의 역할 노인재가복지를 중심으로"「지역복지정책」 사단법인 한국지역복지정책연구회편.

신무영, "성경의 사회복지정신과 한국 기독교사회복지의 현황과 개선방안," 석사학위논문, 가야대학교 행정대학원 2012, 재인용.

신창수(1987), "교회성장을 위한 가정목회 프로그램에 관한 연구,"(A study of family ministry program for church growth), Fuller Theological Seminary, Doctor of. Ministry 논문집, 9월.

안재정(1983), 비행의 전조와 예방, 「청소년총서」 4권.

양영희(1992), "만성입원환자를 돌보는 가족원의 역할 스트레스와 건강에 관한 이론적 구조 모형,"서울대학교 박사학위논문.

오세덕, 박연호 공저(1997),「현대조직관리론」 서울: 법문사.

오신휘, 김혜진,「보건사회연구」 (2020), 40(3), pp.492-533 Health and Social Welfare Review 492. (http://dx.doi.org/10.15709/hswr.2020.40.3.492)

오유석(2015), "저출산과 개인화: '출산파업론' vs '출산선택론'."「동향과 전망」94, pp.45-92.

원형근(1975), "조선천주공교회약사,"「한국학연구총서」 3권, 서울: 성진문화사.

유영주(1983), 「가족관계학」서울: 교문사.

유영주(1986), 「신가족관계학」서울: 교문사.

유홍렬(1962), 「한국천주교회사」서울: 카톨릭출판부.

은준관(1978), 「교육신학」서울: 기독교서회.

이가옥(1992), 「노인정(경로당) 활성화 방안」 서울: 한국보건사회연구원.

이가옥(1999), 「더불어 만드는 삶과 희망」 서울: 나남출판.

이계탁(1994), 「복지행정학 강의」서울: 나남출판.

이계탁(1986), 「복지행정론」서울: 고려원.

이상규(2006), "부·경 교회사 연구,"「부산·경남기독교역사연구회」창간호, 3월.

이상원(2006), 「라인홀드 니버 (Reinhold Niebuhr)」 서울: 살림.

이수원(1993), 「심리학-인간의 이해」서울: 정민사.

이원규(2001), "이혼으로 가기 쉬운 사회구조에 대한 사회학적 분석, "「목회와 신학」 제147권.

이원순(1980), "한국문화의 서구적 기초,"「한국사학」한국정신문화연구원 사학연구실.

이윤진(2018), "저출산 대응 법제 분석과 향후 과제: 관련 법에 나타난 저출산 정책 관련 내용 분석을 중심으로,"「사회복지법제연구」9(1), pp.3-37.

이장호(1983), 「심리학 개론」서울: 한국방송통신대학 출판부.

이춘란(1972), "한국에 있어서의 미국선교의료활동, 1884-1934,"「이대사원」제10집, 이화여자대학교 사학회.

이혁구(1999), "탈근대사회의 가족변화와 가족윤리: 21세기 가족복지의 실천방향,"「한국가족복지학」 제4호.

장인협(1998), 「사회복지학개론」서울: 서울대출판부.

장일호(1994), "한국사회의 청소년의 가정사회화의 문제점에 대한 소고,"「사회과학논총」 경희대학교사회과학대학, 제12집, 12월.

전광희(2018), "인권의 관점에서 본 인구정책,"「한국인구학」41(2), pp.1-30.

정경희 외(2001), 「장기요양보호대상노인의 수발실태 및 복지욕구」서울: 한국보건사회연구원.

정기화(1991), 「52주 완성 평신도를 위한 조직신학」서울: 규장문화사.

정길홍(1998), 「사회복지개론」서울: 홍익제.

정세정, 신영규(2024년 9월호), "복지국가 환경 변화에 대한 시민 인식 비교"-디지털전환과 인공지능(AI) 기술에 관한 인식과 태도에 대한 10개국 비교-「보건복지포럼」.

정원식·박성수 공저(1982), 「카운슬링의 원리」서울: 교육과학사.

조동진(1990), 「교회행정학」 서울: 크리스천 헤럴드사.

주정일(1990), "한국탁아사업의 어제,오늘,내일,"「전국탁아세미나자료집」한국행동과학연구소.

청소년육성위원회(1988),「청소년백서」서울: 청소년육성위원회.

청소년위원회(2005),「청소년백서」서울: 청소년위원회.

총무청청소년대책본부 (1991), 「청소년백서」총무청.

최석우(1982), 「한국교회사의 탐구」서울: 한국교회사.

최순향(2003), 「복지행정론」서울: 신원문화사.

최옥재(2003), 「교정복지론」서울: 학지사.

최인섭(1992), "범죄예방에 대한 이해를 위하여,"「자녀안심하고 학교보내기 운동 백서」서울: 서울지방검찰청 동부지청, 7월.

최일섭(1999), 「지역사회복지론」서울: 서울대출판부.

최지현(2020), 「글로벌人사이드」"①빌과 잡스의 사랑과 전쟁... 애증의 말말말" (2020. 8. 31.).

최지현(2016), "빌게이츠와 워렌 버핏, 25년 나이차 넘은 25년 우정" (2016. 7. 6.).

최지현(2019), "빌 게이츠와 워렌 버핏, 놀랍도록 닮은 행복론" (2019. 3. 24.).

통계청(1997), 「장래인구추계」서울: 통계청.

통계청(2001), 「장래인구추계」서울: 통계청.

통계청(2024), 「생명표」서울: 통계청.

한국개발연구원(1981), 「빈곤의 실태와 영세민 대책」서울: K.D.I., 10월.

한국보건사회연구원(1998) 「1998년 전국노인생활실태 및 복지욕구조사」.

한국샬트르 성바오로 수도회(1973), 「바오로뜰안의 애환 85년」서울: 가톨릭출판사.

한국여성개발원(1986),「가정탁아제 정착을 위한 시업사업」사업보고서, 서울: 한국여성개발원

한국청소년연구원(1991),「소년비행의 국제비교」서울: 한국청소년연구원.

한완석(1960), "목사와 신종,"「복된말씀」13권, 5월.

함병수(1991), 「청소년관계제도 개선방안에 관한 연구-육성체계, 법령을 중심으로-」서울: 한국청소년 연구원.

허미화(2002), "한국사회의 이혼율 증가 원인 및 이혼가정 아동의 부적응에 관한 문헌적 고찰,"「아동교육논집」제6권 2호.

▣ 번역서

Adams, J. E. (1981), *Competent to Counsel* (정정숙 역) (서울: 총신대학교 출판부)

Bloomingtom, 「현대 복지국가론」 (김한주·황진수 역) (서울: 고려원)

Collins, G. (1984), *Christian Counseling*, (피현희·이혜린 역) (서울: 두란노서원)

Collins, G. (1984), 「효과적인 상담」 (정동섭 역) (서울: 두란노서원)

Crabb, L. J. (1982), *Effective Biblical Counseling* 「성경적 상담학」 (정정숙 역) (서울: 총신대학교 출판부)

Furniss, N. and Tilton, T. (1983). *The Case for the Welfare State*, Indiananiversity Press,

Hakes, J. E. (1983), 「기독교 교육학 개론」(정정숙 역) (서울: 성광문화사)

Lindgren, A. J. (1977), *How to Realize Your Church's Potential Through a Systems Approach* 「교역관리론」 (박은규 역) (서울: 대한기독교출판사)

Lenski, R. C. H. (1976), *The Interpretation of St. Mark' s Gospel* (백영철 역) (서울: 백합
출판사)

Luther, M. (2003). "독일 기독교인 귀족들에게 보내는 편지", (1520), (손규태, 「마틴루터의
신학과 윤리」, 서울.

Richard Middleton. J. & Walsh Brian (1987.5.1.), *The Transforming vision : shaping a
Christian world view* (황영철 옮김, 「그리스도인의 비전」한국기독학생회출판부,
1987.05.01, (ISBN 10-8932845026, ISBN 13-9788932845029)

Ringel, E. (1982), *Psychotherapy*「정신요법」(기독교 대백과사전 역)제13권 (서울: 기독교
교문사)

Robson, W. A. (1977), *Welfare and Welfare Society,* George Allen & Unwin, London,「복지
국가와 복지사회」 (김영모 역) (서울: 경문사, 1979)

Sire James W. (1985). The Universe Next Door: A Basic World view Catalog, (김헌수 옮김,
「기독교 세계관과 현대사상」', IVP.

Warson, R. & Brown, B. (2001) *The Most Effective Organisation in the US* , 「구세군의
리더십」 (구세군 대한본영 문학부 감역) (서울: 한국경제신문, 2002)

▣ 외국문헌

ABS, "Labour Force, Australia, Detailed—lectronic Delivery," (June 2007). *Cat. no.
6291.0.55.001.* Canberra: ABS.

Abrahamowitz, Finn (2000), *Grundtvig Danmark til lykke (in Danish),* Copenhagen: Høst &
Søns Forlag, ISBN 87-14-29612-8.

Adams, J. E. (1976). *Christian Living in the Home,* Grand Rapid Baker House.

Adams, J. E. (1983). *Shepherding God's Flock-A Preacher's Handbook on Pastoral Ministry
Counseling, and Leadership,* Grand Rapids: Baker Book House.

Adams, J. E. (1976). *What about Nouthetic Counseling?,* Nutley, N. J.: Presbyterian and Publishing Co.

AIHW(Australian Institute of Health & Welfare), "Life expectancy and disability in Australia
1988 to 2003." *Disability series. Cat. no. DIS 47.* Canberra: AIHW, 2006, ch. 3.

Allchin, Arthur Macdonald (1997), *NFS Grundtvig,* Århus: Århus University Press.
ISBN 87-7288-656-0.

Allport, G. W. (1937). *Personality: A Psychological Interpretation,* New York: Holt, Rinehart & Winston.

Ami, S. Ben (2009). "Palliative care services in Israel". *Middle East Cancer Consortium.*
Retrieved 2009-02-21.

Andrews K. (2001). *National strategy for an Ageing Australia: an older Australia, challenges and
opportunities for all.* Reprint with amendments 2002. Canberra: Department of Health and Ageing.

Andrew, Marr. (2008), *A History of Modern Britain,* Macmillan, ISBN 978-0-330-43983-1.

Andrew Zimbalist, ; Howard J. Sherman; Stuart Brown,. (1988). *Comparing Economic*

Systems: A Political-Economic Approach. Harcourt College Publishing.

Archbold P. G. & Stewart, B. J. (1994). "Mutuality and Preparedness as Predictors of Caregiver Role Strain", *Research in Nursing & Health*, 13, pp.375~384.

Armartya, S. (1999). *Development as Freedom,* New York: Alfred A Knopf,.

Arrow, K. (1963). *Social Choice & Individual Values,* 2nd ed., New Haven, Comm.: Yale University Press.

Australian Bureau of Statistics, Census of Population and Housing 2016 and 2021 (https://profile.id.com.au/australia/five-year-age-groups)

Baker, A. E.; Bell, George (1946). *WilliamTemple and his Message.* London:Penguin.

Baldock, John; Manning Nick & Vickerstaff Sarah(eds.) (2007). *Social Policy,* Oxford University Press.

Bammer, K. & Newberry, B. H. (eds.) (1982). *Stress and Cancer,* Toronto: Hogrefe.

Banard, C. I. (1946). *The Nature of Leadership: Human Factors in Management,* New York Harper.

Barnard, C. I.(1948). *Organization and Management,* Cambridge: Harvard University Press.

Barth, B. (1922). *The Epistle to the Romans.* ISBN 0-19-500294-6.

Becker, H. S. (1963). Outsiders: Studies in the sociology of deviance, New York: Free Press.

Bella, R. N., et. al. (1985). *Habits of the Heart: Individualism and Commitment in American Life,* Perennial Library: Harper & Row Publishers.

Benner, D. G. (ed.) (1985). *Baker Encyclopedia of Psychology,* Grand Rapids, Michigan: Baker House.

Berkman, H. W. & Neider, L. L (1987). *The Human Relations of Organizations,* Belmont, Calif.: Wardswork, Inc.,.

Bernat, James L. (2008). *Ethical Issues in Neurology (3, revised ed.).* Lippincott Williams & Wilkins. p.154. ISBN 0-7817-9060-3.

Biesteck, F. P. (1968). "A General Systems Approach to Human Groups", In Robert Dubin(ed.), *Human Relations in Administration: With readings*, Englewood Cliffs, N. J.: Prentice-Hall, Second Edition.

Blankenhorn, D. (ed.) (1990). "Rebuilding the Nest", *Family Service America.*

Bloomberg, Charles (1989), *Christian Nationalism and the Rise of the Afrikaner Broederbond in South Africa, 1918-48,* Palgrave Macmillan, ISBN 978-1-349-10694-3.

Boggs, W. H. (1961). *All Ye Who Labor: A Christian Interpretation of Daily Work,* Richmond: John Knox Press.

Braithwaite, J. (1989). *Crime, Shame and Reintegration,* New York: Cambridge University Press.

Brammer L. & Shostrom, E. (1968). *Therapeutic Psychology,* 2nd ed. Englewood Cliffs N. J.: Practice Hall, Inc.,.

Briggs A. (1961). "The Welfare State in historical perspective," *European Journal of Sociology.*

Brillenberg, W. G. (1962). *Christian Counseling in the Light of Modern Psychology,* The Presbyterian & Reformed publishing Company, Philadelphia; Pennsylvania.

Brown, D. (1978). "Some notes on the state of planning in criminology", *Alternative Criminology Journal,* 2, pp.67~92.

Brunner, E. (1937). *The Divine Imperative,* London: Luther-Worth.

Burnner, E. (1947). *Christianity and Civilisation,* London: Gifford Lectures delivered at the University of St. Andrews.

Brunner L. S. & Emerson, C. P. (1990). *Medical Surgical Nursing,* Philadelphia: Lippincott.

Bushranger, G.. (1975). "Alternative criminology and prisoners' movements: Partnership or rip-off?" *Alternative Criminology Journal,* 1, pp.24~45.

Caldwell, Robert Granville (1965) [1931]. *James A. Garfield: Party Chieftain.* New York, New York: Dodd, Mead & Co. OCLC 833793627, pp.139~142.

Calmette, A.; Guerin, C.; Weill-Halle, B. (1924). "Essai d'immunisation contre l'infection tuberculeuse," Bulletin de l'Académie nationale de médecine 91.

Calvin, J. (1939). *Institutes of the Christian Religion,* Philadelphia: The Westminster Press.

Calvin, J. (1949). *Institutes of the Christian Religion,* trans. John Allen, Book II, Ch.XV Grand Rapids: Eerdmans.

Canadian Hospice Palliative Care Association. (December 2004). *Fact Sheet: Hospice Palliative Care in Canada.* Retrieved 2009-02-21.

Chris Jenks (1998). *Core Sociological Dichotomies.* London; Thousand Oaks, CA; New Delhi: SAGE Publishing.

Clebsch W. A. & Jaekle, C. R. (1932). *Pastoral Care in Historical Perspective,* Englewood Cliffs, New Jersey: Prentice-Hall.

Clinard M. & Quinney, R. (1973). *Criminal Behaviour System: A Typology,* N. Y.: Holt, Rinehart and Winston.

Clinebell, H. (1984). *Basic Types of Pastoral Care & Counseling: Resources for the Ministry of Healing and Growth,* Nashville, Kentucky: Abingdon Press.

Cohen, A. K. (1955). *Delinquent boys: The culture of the gang,* N. Y.: Free Press.

Connor, Stephen R. (1998). *Hospice: Practice, Pitfalls, and Promise.* Taylor & Francis. p.4.

Connor, Stephen (2009). *Hospice and Palliative Care: The Essential Guide (2nd ed.).* CRC Press. p.202. ISBN 0-415-99356-3.

Costello, P. (2002). "2002-3 Budget Paper 5" *intergenerational report 2002-3.* Canberra: Commonwealth of Australia.

Costello, P. (2007). *Intergenerational report 2007.* Canberra: Commonwealth of Australia.

Costin, Lela B. (1972). *Child Welfare: Policies and Pratices,* New York: McGraw-Hall Book

Cootz, S. (1992). *The Way We Never Were,* New York: Basic Books.

Cummings, T. G. & Cooper, C. L. (1979). "A Cybernetic Framework for Studying Oupational Stress," *Human Relations,* May, pp.395~418.

David Clark, PhD (July-August 2000). "Total Pain: The Work of Cicely Saunders and the Hospice Movement". *APS Bulletin 10 (4).*

Davis, K. & Newstrom, J. W. (1989). *Human Behaviour at Work: Organizational Behaviour,* 8th ed., New York: McGraw-Hill Book Company.

Dicker, S. G. (1981). *Faith with Understanding,* Sydney: Unichurch Publishing.

Dillistone, F. W. (1983). "William Temple: A Centenary Appraisal", *Historical Magazine of the Protestant Episcopal Church, June, pp. 101-112.*

Dreyfus, E. S. (1965). "Existentialism in Counselling," *The Humanist View Personnel and Guidance Journal, Vol.43,* Feb., p.560.

Dubin, R. (ed.) (1968). *Human Relations in Administration: With readings,* Englewood Cliffs, N. J.: Prentice-Hall, Second Edition.

Duffy, Andrew, "A Moral Force (2007): The Story of Dr. Balfour Mount". Ottawa Citizen. Retrieved January 1, 2007.

Dumphy, D. (1987). "The Historical Development of Human Resource Management in Australia", *Human Resource Management Australia,* July, pp.40~47.

Ekblom, P. (1992). "Urban Crime Prevention: Development of Policy and Practice in England," *International Society for Criminology XLVII, International on Crime Prevention in the Urban Community,* pp.213~215.

Elaine Sternberg. (2015). "Defining Capitalism". *Economic Affairs. 35 (3):* pp.380-396.

Ellis, A. (1967). *Reason and Emotion in Psychotherapy,* N. Y.: Lyle Stuat.

Erikson, K. T. (1964). *Notes on the sociology of deviance,* N.Y.: Free Press.

Esping-Andersen G. (1990). *The three worlds of welfare capitalism,* Cambridge: Polity Press.

Feldberg, Georgina D.; Molly Ladd-Taylor; Alison Li (2003). *Women, Health and Nation: Canada and the United States Since 1945.* McGill-Queen's Press - MQUP. p. 342. ISBN 0-7735-2501-7.

Ferri, E. (1882). *Socidogia Criminale (Criminal Sociology),* Charlottesville, Va. : University of Voirginia Library, NetLibrary(1996).

Fiedler F. & Chemers, M. M. (1974). *Leadership and Effective Management,* Glenview, Ill.: Scott, Foresman and Company.

Foley, Kathleen M.; Herbert Hendin (2002). *The Case Against Assisted Suicide: For the Right to End-of-life Care.* JHU Press. p.281. ISBN 0-8018-6792-4.

Forman, Walter B.; Denice Kopchak Sheehan; Judith A. Kitzes (2003). *Hospice and Palliative Care: Concepts and Practice (2ed.).* Jones & Bartlett Publishers. p.6. ISBN 0-7637-1566-2.

Framo, L. (1979). "The Friendly Divorce," *Psychology Today, 11.*

Frederico, R. (1976). *The Social Welfare Institution,* 2nd ed., Lexington: Heath.

Frederickson, H. G. (1971). "Toward a New Public Administration," In F. Marini, (ed.), *TowardNew Public Administration,* Scranton, Pa. : Chandler.

Friedlander, W. A (1961). *Introduction to Social Welfare,* N. J. Prentice-Hall, Inc.,.

Friedlander, W. A & Apte, R. Z. (1974). *Introduction to Social Welfare,* 4thed., Engle Cliffs, N. J.: Prentice-Hall. Inc.,.

Friedman M. & Rosenman, R. H. (1974). *Type A Behavior and Your Heart,* New York: Alfred A. Knopt.

Friedlander Walter A. & Apter, R. E. (1974). *Introduction to Social Welfare,* Englewood Cliffs, N.J.: Prentice-Hall.

Frustenberg, F. & Cherlin, A. (1991). *Divided Families,* Cambridge: Harvard University Press.

Ghislli, E. & Brown, C. W. (1955). *Personnel and Industrial Psychology*, New York: McGraw-Hill, p.443.

Glenn, N. (1993). "What's Happening to American Marriage?," *USA Today*, May.

Gormley, Beatrice (2017). *Pope Francis : the people's pope*. New York: Aladdin. ISBN 978-1481481410. OCLC 973067191.

Graicunas, V. A. (1937). "Relationship in Organization," In Gulick & Urwick (ed.), *Papers on the Science of Administration*, New York: The Institute of Public Administration, pp.183~187.

Grant, Robert. (1945). "A Communication: William Temple (1881-1944)", *The Sewanee Review, Spring*, pp.288-290.

Grosser, C. E. (1965). "Community Development Programs Serving the Urban Poor," *Social Work, New York: National Association of Social Workers*, 10 (3), July.

Grossman, L. (1969) "Program Action Issues and Action Organizing Tasks," In R. M. Kramer & H. Specht (eds.), *Reading in Community Organization Practice*. Englewood Cliffs, New Jersey: Prentice-Hall.

Hagan, J. (1989). *Structural Criminology*, N. J. New Brunswick: Rutgers Univ. Press.

Hanford, R. (1969). *Behavioral Counseling: The Counseling Psychologist, A Contemporary*, Vol.1, pp.1~33.

Hayek, F. A. (1976). *The Constitution of Liberty*, London: Routledge.

Heaton, C. Adrian (Feb,1960). "The Gospel and the Beatniks" *Eternity* volume 11, issue 2.

Hellriegel, D, Slicum, J. W. Jr. & Woodman, R. W. (1989). *Organizational Behaviour*, 5th ed. New York: West Publishing Co.,.

Heinz Eduard, Todt (June 2007). *Authentic Faith: Bonhoeffer's Theological Ethics in Context*. Wm. B. Eerdmans. p.3. ISBN 978-0-8028-0382-5.

Heppner P. P. & Krauskopf, C. J. (1987). "An Information-Processing Approach to Problem Solving," *The Counseling Psychologist*, July, pp.371~447.

Herzberg, F. (1977). "The Motivation-Hygine Concept and Problems of Manpower," *Personnel*, In F. Luthans, *Organizational Behavior*, New York:McGraw-Hill.

Hetherington, E., Cox, M. & Cox, R. (1982). "Effectsof Divorce on Parents and Young Children," In M. Lamb (ed.), *Non traditional Families: Parenting and Child Development*, Hillsdale, N.J.: Erlbaum.

Hicks, H. G.. (1972). *The Management of Organization*, 2nd edition, New York: McGraw-Hill.

Hiliard, E. R (1952). *Introduction to Psychology*, New York: Harcourt' Brace and Co.,.

Hirschi, T. (1969). *Causes of Delinquency*, Berkeley: University of California Press.

Hodgetts, R. M. (1984). *Modern Human Relations at Work*, Dryden Press.

Hogan, C., Lunney, J. Gabel, J., & Lynn, J.(2001). "Medicare beneficiaries' cost of life in the last year of life." *Health Affairs. 20(4)*. pp.188-195.

House, R. J. (1971). "A Path-Goal Theory of Leadership," *Administrative Science Quarterly, Vol.16*, pp.321~338.

House of Commons Public Accounts Committee,(30 March 2009), *End of life care: 1. The current place and quality of end of life care*, paragraphs 1-3.

Howe, B. (2002)."Foreword: The Church and Markets,"In the Victoria Council of Churches (eds.), *Australian Theological Forum*, Melbourne, Australia, pp.1~12.

Ivancevich, J. M. and Matteson, M. T. (1987). *Organizational Behaviour and Management*, Plano, Tex.: Business Publication.

Japan Hospice Palliative Care Foundation (2009). "Objectives". Retrieved 2009-02-21.

Joachimsen, Paul (1931). *Der deutsche Staatsgedanke von seinen fängen bis auf Leibniz und Friedrich den Großen*. Dokumente zur Entwichlung, München.

Johnson, E. H. (1987). *Handbook on Crime and Delinquency Prevention*, Greenwood Press.

Jones, R. Tudur (1985) *The great Reformation: From Wyclif to Knox-two centuries that changed the course of history*, England: Inter-Varsity Press.

Judge, E. A. (1960). *The Social Pattern of Christian Groups in the First Century, Intervarsity Press*.

Kadusin, A. (1972). *Child Welfare Service*, New York: The Macmillian Company.

Kapoor, Bimla (October 2003). "Model of holistic care in hospice set up in India". *Nursing Journal of India*. Retrieved 2010-02-06.

Kapoor, Bimla(2008). *Clinical Pain Management*. CRC Press, p.87. ISBN 978-0-340-94007-5. Retrieved 30 June 2013.

Kapoor, Bimla (1994). "In 1986, Professor D'Souza opened the first Indian hospice, Shanti Avedna Ashram, in Mumbai, Maharashtra, central India."; (Singapore), *Academy of Medicine*.

Kapoor, Bimla (2013). "Annals of the Academy of Medicine, Singapore." *Academy of Medicine*. p.257. Retrieved 30 June 2013.

Kim, J. D. (2005). "Bullying in schools: A comparison of anti-bullying policy and practice in primary schools in the state of New South Wales, Australia and Kyunggi province, South Korea," *Ph.D. dissertation, The University of Sydney*.

Kitsuse J. I. & Cincture, A. V. (1963). "A Note on the uses of official statistics," *Social problems*, 11, pp.131~139.

Koontz, H. & O' Donnell, C. (1972). *Principles of Management*, New York: McGraw-Hill.

Krumboltz J. D & Thoresen C. E (ed) (1969). *Behavioral Counseling: Cases and The*, N. Y.: Holt, Rinehart and Winston, Inc.,.

Kuyper, Abraham (1998). "Sphere Sovereignty". In Bratt, James D. (ed.). *Abraham Kuyper: A Centennial Reader*. Grand Rapids: Wm. B. Eerdmans, p.461. ISBN 978-0-8028-4321-0.

Kynaston, David (2008). *Austerity Britain 1945-51*. London: Bloomsbury, p.55. ISBN 978-0-7475-9923-4.

Lab, S. P. (1992). *Crime Prevention Approaches-Practices and Evaluations-*, Anderson Publishing Co.

IAHPC Board of Directors (2009). *International Association for Hospice & Palliative Care*. Retrieved February 21, 2009.

IAHPC History (2009). International Association for Hospice & Palliative Care. Retrieved Febuary 21 2009.

Lai, Yuen-Liang; Wen Hao Su (September 1997). "Palliative medicine and the hospice movement in Taiwan". *Supportive Care in Cancer 5 (5)*: p.348. doi:10.1007/s005200050090. ISSN 0941-4355.

Lamanna, M. A. & Riedmann, A. (1991). *Marriages and Families*(4th ed.), Wadsworth Publishing Company.

Lammers, Stephen E (1991). "William Temple and the Bombing of Germany: An Exploration in the Just War Tradition". *The Journal of Religious Ethics Spring.* 19 (1): pp.71–92.

Lee, S. L. (1988). *A Study on Effective Pastoral Counseling based on biblical and Jesus' Counseling,* California: California Graduate School of Theology, p.27.

Lemert, E. M. (1967). *Human deviance, social problems and social control,* Englewood Cliffs, N. J.: Prentice-Hall.

Lewin, K. (1957). *Field Theory in Social Science,* Casrtwright (ed.) Harper&Row.

Lewis, Milton James (2007). *Medicine and Care of the Dying: A Modern History.* Oxford University Press US, p.20. ISBN 0-19-517548-4.

Likert, R. (1961).*New Patterns of Management,* New York: McGrqw-Hill.

Likert, R. (1967). *The Human Organization,* New York: McGraw-Hill.

Lindeman, E.C. (1921). *The Community,* New York: Association Press.

Lippitt, R, Watson, J. & Westley, B. (1958). *The Dynamics of Planned Change,* New York: Harcourt Brace.

Lippitt, R. & White, R. K. (1958)."An Experimental Study of Leadership and Group Life," In E. E. Macoby et al.(eds.), *Readings in Social Psychology,* New York: Holt.

Lundgreen-Nielsen, Flemming, (2007). *NFS Grundtvig (Biografi) (in Danish), DK: Arkiv for Dansk Litteratur,* archived from the original on 3 July 2007, Retrieved 8 August 2007.

Luthans, F. (1989). *Organizational Behavior,* McGraw-Hill, Inc.,.

Luther, Martin (1827). *Sämtliche Werke 11,* Erlangen.

Luther, Martin (1883). "Werke", *Kritische Gesamtausgabe 7,* Weimar.

MaCarov, D. (1978). *The Design of Social Welfare,* N.Y.: Holt, Rinehart and Winston Ltd.,.

MacIver, R. M. (1953). *The Web of Government.*

Macquarrie, John (1977), *Principles of Christian Theology,* New York: Charles Scribner's Sons.

Maier, N. R. F. (1952). *Principles of Human Relation: Applications to Management,* New York: John Wiley.

Manaster, G. J. (1977). *Adolescent Development and the Life Tasks,* Boston: Allyn and Bacon Inc.

Margaret O'Connor & Peter L Hudson (2008). *Palliative Care in Australia and New Zealand,* p.1257.

Marsh, D. C. (1980). *The Welfare State,* 2nd ed., London and New York : Longman.

Marshall, T. H. (1963). *Sociology at the Crossroads.*

May, R., Angel, E. & Berger, H. E. (ed) (1958). *Existence,* New York.: Basic Books, Inc., Publishers.

McAlister, Lester G.; Tucker, William E. (1975). *Journey in Faith: A History of the Christian Church (Disciples of Christ).* St. Louis, Missouri: Chalice Press.ISBN 978-0-8272-1703-4.

McClelland, D. C. (1962). "Business Drive and National Achievement," *Harvard Business Review, Vol. 40,* pp.99~112.

McGregor, D. (1960). *The Human Side of Enterprise,* New York: McGraw-Hill.

Merriam, C. E. (1945). *Systematic Politics,* ch.I.

Merton, R. K. (1964). Anomie, anomia and social interaction: Contexts of deviant behaviour. In M. B. Clinard(Ed.), *Anomie and deviant behaviour*, New York: Free Press, pp.213~242.

Merton, R. K. (1981). "Social structure and anomie," *American Sociological Review, 3.*

Miller, A. (1946). *Christian faith and my job*, New York: Association Press.

Molendijk, Arie L. (2011), "'A Squeezed Out Lemon Peel'. Abraham Kuyper on Modernism", *Church History and Religious Culture, 91 (3):* pp.397-412, doi:10.1163/187124111X609397, ISSN 1871-241X.

Morris, R. (ed.) (1977). *Encyclopaedia of Social Work*, New York: National Association of Social Work.

Morris, R. & Binstock, R. (1966). *Feasible Planning for Social Change*, N. Y. : Columbia University Press.

Mouw, Richard J. (2011), *Abraham Kuyper: A Short and Personal Introduction,* Grand Rapids: Wm. B. Eerdmans, ISBN 978-0-8028-6603-5

Muelder, W. *Foundations of the Responsible Society,* New York: Abingdon Press.

Mukherjee, S. K. (1987). "Juvenile Delinquency: Dimensions of The Problem," *Juvenile Delinquency in Australia,* Sydney: Methuen Australia Pub., pp.19~22.

Munby, D. L. (ed.) (1966). *Economic Growth in World Perspective,* New York: Association Press.

Murray, E. J. (1965). *Motivation and Emotion,* Englewood Cliffs, New Jersey: Prentice- Hall.

Murray, John F.; Schraufnagel, Dean E.; Hopewell, Philip C. (2015). "Treatment of Tuberculosis. A Historical Perspective," *Annals of the American Thoracic Society 12-12,* pp.1749-1759.

Mycobacterium ulcerans:Hayman J. (1984). an infection from Jurassic time? Lancet. 1984; 324 (8410): 1015-1016,

National Crime Prevention Institute (1986). *Understanding crime Prevention,* Butterworth Publishers.

Newman, D. J. (1962). "The effect of accommodation in justice administration on criminal statistics", *Sociology and Social Research,* 46, pp.144~155.

Newman, Laura (September 27, 2009). "Josefina Bautista Magno" 327 (7417). p.753.

Nichols Jr. Hunt, Everett. (1980) *Protestant Pioneers in Korea,* New York: Orbis Books.

Niebuhr, R. (1932). Moral Man and Immoral Society: A Study of Ethics and Politics, Charles Scribner's Sons, Westminster John Knox Press 2002. (ISBN 0-664-22474-1)

Oldam, J. H..(1950). *Work in Modern Society,* New York: Morebourse Gorham Co.,.

Organ, D. W. & Bateman, T. S. (1991). *Organizational Behaviour,* Boston, Ma.: Richard D. Irwin, Inc.

Pang, Samantha Mei-che (2003). *Nursing Ethics in Modern China: Conflicting Values and Competing Role.* Rodopi. p.80. ISBN 90-420-0944-6.

Parry, Eldryd High Owen; Richard Godfrey; David Mabey; Geoffrey Gill (2004). *Principles of Medicine in Africa (3 revised ed.).* Cambridge University Press. p.1233.ISBN 0-521-80616-X.

Paul, Oslington (1993). *Causality in Economics: The Hermeneutic Contribution of Max Weber.*

Paul, Oslington. (2002). "Economic and Theological Issues in Contracting out of Welfare and Labour Market Services", In the Victoria Council of Churches (eds.), *Australian Theological Forum,* Melbourne, Australia, pp.13~53.

Peskin, Allan (1978). *Garfield: A Biography.* Kent, Ohio: Kent State University Press, pp.6~7. ISBN 978-0-87338-210-6,

Pia Andersen (2005). "N.F.S.Grundtvig". *Forfatterweb.* Retrieved 15 December 2015.

Plocher, David W.; Patricia L. Metzger (2001). *The Case Manager's Training Manual.* Jones & Bartlett Publishers. p.222. ISBN 0-8342-1930-1.

Poor, Belinda; Gail P. Poirrier (2001). *End of Life Nursing Care.* Boston: Toronto: Jones and Bartlett. p.121. ISBN 0-7637-1421-6.

Popenoe, D. (1988). *Disturbing the Nest,* New York: Aldine De Gruyter.

Quinney, R. (1979). *Criminology,* M.A. Boston: Little Brown.

Rassen, Mohammed (1530) *Art.: Wohlfahrt, in: Historisches Lexikon zur politisch-sozialen Sprache in Deutschland.*

Reddin, W. J. (1970). *Managerial Effectiveness,* New York: McGraw-Hill.

Reed, Christopher (August 31, 2004). "Elisabeth Kubler-Ross: Psychiatrist who identified five stages of dying – denial, anger, bargaining, depression and acceptance". *The Guardian.*

Reich, Ebbe Kløvedal (2000), *Solskin og Lyn — Grundtvig og hans sang til livet (in Danish),* Copenhagen: Forlaget Vartov, ISBN 87-87389-00-2

Reiss, A. J. (1975). "Inappropriate theories and inadequate methods as policy plagues: Self-reported delinquency and the law," In N. J. Demerath, Larsen & K. F. Schuessler(Eds.), *Social policy and sociology,* N.Y.: Academic Press, pp.211~222.

Richardson, A. (1952). *The Biblical Doctrine of Work,* London: SCM Press.

Richardson, A. & Bowden, J. (ed.) (1983). *A New Dictionary of Christian Theology,* London: SCM Press Ltd.

Robbins, S. P. (1983). *Organizational Behaviour Concepts, Controversies, and Application,* 2nd ed. Englewood Cliffs, N. J.: Prentice-Hall, Inc.,.

Robbins, S. P. (1983). *Organization Theory: The Structure and Design of Organization,* Englewood Cliffs, N. J.: Prentice-Hall, Inc.,.

Robert Gilpin. (1988). T*he Challenge of Global Capitalism : The World Economy in the 21st Century.* Princeton University Press. 2018(2nd).

Robson, W. A. (1977). *Welfare and Welfare Society,* George Allen & Unwin, London.

Rogers, C. R. (1951). *Client-Centred Therapy,* Boston: Houghton Mittlin.

Roguska, Beata, ed. (October 2009). "Hospice and Palliative Care". *Polish Public Opinion (CBOS): 1.* ISSN 1233-7250.

Romanyshyn, J. M. (1971). *Social Welfare,* New York Random House: Charity to Justice.

Ross, M. G. (1967). *Community Organization: Theory, Principles, and Practice,* 2nded., New York: Harper & Brothers.

Rothman, J. (1968). "Three Models of Community Organization Practice," *National Conference Social Welfare, Social Work Practice,* pp.26~27.

Rushford, Jerry Bryant (August 1977). "Political Disciple: The Relationship Between James A. Garfield and the Disciples of Christ (PhD)". *Churches of Christ Heritage Collection. Item 7.* University of California, Santa Barbara. Retrieved December 17, 2022.

Rushford, Jerry B. (2004). "James Abram Garfield (1831-1881)". In Foster, Douglas A.; Blowers, Paul M.; Dunnavant, Anthony L.; Williams, D. Newell (eds.). "The Encyclopedia of the Stone-Campbell Movement: Christian Church (Disciples of Christ)," *Christian Churches/Churches of Christ, Churches of Christ.* Grand Rapids, MI: Wm. B. Eerdmans. ISBN 978-0-8028-3898-8.

Rutkow, Ira (2006). *James A. Garfield.* New York, New York: Macmillan Publishers. ISBN 978-0-8050-6950-1. OCLC 255885600, p.17.

Sanders, I. (1966). *The Community: An Introduction in a Social System,* New York: Ronald Press.

Saunders, Cicely M.; David Clark (2005). *Cicely Saunders: Founder of the Hospice Movement: Selected Letters 1959-1999.* Oxford University Press. p. 283. ISBN 0-19-856969-6.

Scanzoni, J. (1987). "Families in the 1980s: Time to Refocus Our Thinking," *Journal of Family Issues, 8.*

Schermerborn, J. R. Jr., Hunt, J. G & Osborn, R. N. (1985). *Managing Organizational Behaviour,* 2nd ed., New York: John Wiley & Sons, pp.658~659.

Schaeffer, E. (1980). *What is a Family?* Translated by J. M. Kwon, Seoul: Voice Company.

Schur, E. M. (1973). *Radical non-intervention: Rethinking the delinquency problem,* N. J. Englewood Cliffs: Prentice-Hall.

Schutz, R., Vinsirtainer, P. & Williamson, G. H. (1990). "Psychiatric and Physical Morbidityof Caregiving," *The Journal of Gerontology,* p.45.

Seidman, D. & Couzens, M. (1974). "Getting the crime rate down: Political pressure and crime reporting," *Law and Society Review,* 8, pp.457~493.

Spicker Paul (2008). *Social policy: themes and approaches,* Prentice-Hall 1995; Yuhikaku (Tokyo) 2001; *Policy Press.*

Spratt, John Stricklin; Rhonda L. Hawley; Robert E. Hoye (1996). *Home Health Care: Principles and Practices.* CRC Press. p. 147. ISBN 1-884015-93-X.

Standards for Palliative Care (2009). *Provision. International Association for Hospice & Palliative Care.* Retrieved Febuary 21, 2009.

Stooner, J. A. F. (1978). *Management,* Englewood Cliffs, N. J.: Prentice-Hall, Inc.,.

Strohm, T. (1993). "Luthers Wirtschafts-und Sozialethik," i*n: ders., Diakonie und Sozialethik,* Heidelberg.

Sullivan, Patricia. (2008). "Florence S. Wald, 91; U.S. Hospice Pioneer", T*he Washington Post,* Retrieved November 13, 2008.

Sutherland, E. H. & Cressey, D. R. (1978). *Criminology,* P. A.: J. B. Lippincott.

Szilagyi, A. D. Jr. & Wallace, M. J. Jr. (1980). *Organizational Behaviour and Performance,* California: Goodyear Publishing Co.,.

Taylor, I., Walton, P. & Young, J.(1973).*The new criminology: for a social theory of deviance,* London: Routledge and Kegan Paul.

Tead, O. (1959). *Administration,* New York: Harper.

Temple, Wiliam. (1915). *Church and Natio.*

The Evanston Assembly of the World Council of Churches (1998). *The Christian hope and the task of the Church, Section VI, North Cook Assembly of United Power for Action and Justice draws over 1000 people on July 6.*

Thoenes, P. (1996). *The Elite in the Welfare State.*

Thorne, F. C. (1950). *Principals of Personality Counseling,* Brandon, Vt.: Journal of Clinical Psychology.

Titmuss, R. M. (1967). *Welfare State and Welfare Society.*

Titmuss, R. (1968). *Commitment to Welfare,* Allen & Unwin, London.

Urwick, L. (1955). "Axioms of Organizations," *Public Administration Magazine.* London, October, pp.348~349.

Victoria Council of Churches (eds.) (2002). *Australian Theological Forum,* Melbourne, Australia.

Violet-Lagomarsino, A (2000). *Hospice and Palliative Care: A Comparison.* PBS.

Wagner, Charles U. (1976). *The Pastor, His Life and Work,* Illinois Regular Baptist Press.

Weintraub, E. R. (1983). "On the Existence of a Competitive Equilibrium: 1930~1954", *Journal of Economic Literature,* Vol.21, No.1, March, pp.1~39.

Wheeler, S. (1967). "Criminal statistics: A reformulation of the problem," *Journal of Criminal Law,* Criminology and Police Science, 58, pp.317~324.

Willard, R. (1960). *The Blinding Homilies: Early English Manuscripts in Facsimile X,* Copenhagen, pp.451~55.

Williamson, E. G. (1965). *Vocational Counseling,* N. Y.: McGraw Hill Book co. Inc.,.

Wilson, W. (1887). "The Study of Administration", *Political Science Quarterly,* Vol.2, No.1, June, pp.197~222.

Wilensky, H. L. (1975). *The Welfare State and Equality,* The University of Berkley.

Wolf, Ernst (1954). *Peregrinatio 1,* München.

Wolpe, J. (1985). *Psychotherapy by Reciprocal Inhibition,* Stanford: Stanford University Press.

Worley, R. C. (1971). '*The King Is Dead: An Inquiry into Wise rule in the Church,* ' February 8~9.

Worley, R. C. (1971). *A Gathering of Strangers: Understanding the Life of your Congregation.*

Wright, Michael; Justin Wood, Tom Lynch, David Clark (November 2006). "Mapping levels of palliative care development: a global view (Report)". *Help the Hospices,* National Hospice and Palliative Care Organization. p.14. Retrieved 2010-02-06.

■ 인터넷

https://www.sisajournal.com/news/articleView.html?idxno=194563

https://ko.wikipedia.org/wiki/%EB%94%94%ED%8A%B8%EB%A6%AC%ED%9E%88_%EB%B3%B8%ED%9A%8C%ED%8D%BC

https://en.wikipedia.org/wiki/William_Temple_(bishop)

https://www.jayuskole.net/%ED%8F%B4%EC%BC%80%ED%98%B8%EC%9D%B4%EC%8A%A4%EC%BD%9C%EB%A0%88/%EA%B7%B8%EB%A3%AC%ED%8A%B8%EB%B9%84

https://www.jayuskole.net/%ED%8F%B4%EC%BC%80%ED%98%B8%EC%9D%B4%EC%8A%A4%EC%BD%9C%EB%A0%88/%EA%B7%B8%EB%A3%AC%ED%8A%B8%EB%B9%84

https://ko.wikipedia.org/wiki/%EC%95%84%EB%B8%8C%EB%9D%BC%ED%95%A8_%EC%B9%B4%EC%9D%B4%ED%8D%BC

https://en.wikipedia.org/wiki/Abraham_Kuyper#CITEREFMouw2011

https://en.wikipedia.org/wiki/Abraham_Kuyper

https://ko.wikipedia.org/wiki/%EC%A0%9C%EC%9E%84%EC%8A%A4_A._%EA%B0%80%ED%95%84%EB%93%9C

https://en.wikipedia.org/wiki/James_A._Garfield

http://www.onlineopinion.com.au/author.asp?id=4050

https://plato.stanford.edu/entries/dilthey/

https://en.wikipedia.org/wiki/Karl_Jaspers

https://en.wikipedia.org/wiki/Friedrich_Schiller

https://en.wikipedia.org/wiki/Friedrich_Nietzsche

https://namu.wiki/w/%EC%8B%9C%EC%A7%84%ED%95%91

https://namu.wiki/w/%EB%B8%94%EB%9D%BC%EB%94%94%EB%AF%B8%EB%A5%B4%20%ED%91%B8%ED%8B%B4

https://namu.wiki/w/%EB%8F%84%EB%84%90%EB%93%9C%20%ED%8A%B8%EB%9F%BC%ED%94%84

https://youtu.be/UxVrK9KGGUM?si=ZhuDg2eAObZPsq5Z

https://ko.wikipedia.org/wiki/%EC%9D%BC%EB%B3%B8%EC%9D%98_%EC%9D%B8%EA%B5%AC

https://ko.wikipedia.org/wiki/%ED%94%84%EB%9E%91%EC%8A%A4%EC%9D%98_%EC%9D%B8%EA%B5%AC

https://english700.com/wizbbs/b_view.html?i_code=comm8&CATEGORY=&PAGE=1&i_id=302&i_key=name&i_value=&i_order=&i_order_exec=

https://www.kihasa.re.kr/hswr/assets/pdf/1189/journal-40-3-492.pdf

https://www.nrc.re.kr/board.es?mid=a10301000000&bid=0008&act=view&list_no=0&otp_id=OTP_0000000000011995

https://www.chpress.net/news-detail.html?cate=1&id=13032

https://www.unikorea.go.kr/unikorea/policy/Mplan/Pabout/

https://news.skhynix.co.kr/post/all-around-ai-1

https://eng.snu.ac.kr/sites/default/files/notice/4.%20%EC%97%B0%EA%B5%AC%EB%85%BC%EB%AC%B8%20%EB%B6%80%EB%AC%B8%20%EC%A3%BC%EC%A0%9C%ED%95%B4%EC%84%A4.pdf

https://n.news.naver.com/mnews/article/001/0014962094?rc=N&ntype=RANKING

https://www.google.com.au/books/edition/A_Memoir_of_the_Future/NJtYDwAAQBAJ?hl=en&gbpv=1&pg=PT10&printsec=frontcover

http://inside.chosun.com/chosun/rel_inside.html?wid=2013101600247&gid=2013101600816

https://ko.wikipedia.org/wiki/%EB%B9%8C_%EA%B2%8C%EC%9D%B4%EC%B8%A0

https://ko.wikipedia.org/wiki/%EC%9B%8C%EB%A0%8C_%EB%B2%84%ED%95%8F
https://en.wikipedia.org/wiki/Hospice
http://www.medicare.gov/what-medicare-covers/part-a/how-hospice-works.html
https://en.wikipedia.org/wiki/Balfour_Mount
http://www.helpthehospices.org.uk/about-hospice-care/facts-figures
https://online.mcd.edu.au/course/view.php?id=277
http://missionmagazine.com/main/php/search_view.php?idx=365
http://www.workcover.nsw.gov.au
https://www.nhis.or.kr/announce/wbhaec11502m01.do
http://www.who.int/gpsc/5may/background/5moments/en/index.html

■ 기타

馬場品雄, "組織行動の心理學"(東京: 白桃書房,1970)
ILO 노동통계연보 (2002)
UN 세계인구전망 (2002)
기독교 대연감」 (기독교문사, 1992).
두산백과사전
보건복지가족부, 「2009보건복지백서」, 2010
보건복지가족부(2010), 「2010년 보건복지통계연보」
보건복지부 통계자료, 「주요 교단 전국 복지시설 현황」, 2001-2004
이동한, [2024 종교인식조사] '종교인구 현황과 종교 활동' 2024년 12월 11일 (문화체육부)
    조사일시: 2024년 11월 22일 ~ 11월 25일 조사기관: ㈜한국리서치(대표이사 노익상)
일본 내각부 (2000), 「고령자의 생활과 의식에 관한 국제비교조사」
「새건강」, 1992, 63호 64호 75호.
한국의 종교현황, 문화체육관광부, 2012.3
About World Hospice and Palliative Care Day (visited 24. July 2014).
AIHW, *Australia's health 2004. Cat. no. AUS 44.* Canberra: AIHW, 2004.
AIHW, *Australia's health 2006. Cat. no. AUS 73.* Canberra: AIHW, 2006.
Australian Institute of Health and Welfare Act 1987, Sect 29.
Australia's welfare 2007.
"Bradbury Hospice". Hospital Authority, Hong Kong. Retrieved 2009-02-21.
DoHA (Commonwealth Department of Health and Ageing), *Residential care manual.*
    Canberra: DoHA, 2001.
"Russia's first hospice turns ten". Russia Today. September 21, 2007. Retrieved
    2009-02-21.Facts and figures". Help the Hospices. Retrieved 2012-10-02.
"Total Scores/Overall Rankings | C-SPAN,   Survey on Presidents 2021 | C-SPAN.org".
    www.c-span.org. Retrieved February 16, 2024.
The Korea Herald. (1993. 11. 23), No.12, 493.

The Westminster Theological Journal. (May, 1945), Vii, 2, pp.188ff.

The Westminster Theological Journal, Vii, 2, May 1945.

"What do Hospice and Palliative Care Programs in Africa Do?". Foundation for Hospices in Sub-Saharan Africa. Retrieved 2010-02-06.

색 인

(A)

Adams, Jay E. 461,509

Adolf von Harnack 14,

AI: Artificial Intelligence)
    4,62,63,80,132,133,134,135,136,137

Adler, Alfred 458

Alderfer Clayton 331,338

Anglicare 50

Apter, R. E. 86

Armartya, Sen 108

Arthur Phillip 570

(B)

Baldock, John 86

Balfour Mount 299

Barnard, Chester I. 325

Bentham 90

Beveridge, William 84,87,90, 184

Bismarck 90

Brammer, Lawrence 452

Briggs Asa 88

Braithwaite, J. 715,721,725

Bruce, Maurice 84

(C)

Chief Rabbi Joseph Hertz 25,

Collins, Gray 464,465

commonwealth 7

COVID-19 3,4,6,7,52,57,62,84,114,116

Crabb, Lawrence J. 462,463

Crews, William David 209

(D)

Derls, Frederik S. 460

Devine, E.F 569

Dicker, Gordon S. 79

Drones 5

Dulles, Avery 177

Dumphy, Dexter 62

(E)

ECUMENISM 11, 25, 28

Ellis, Albert 451

etat 59

Exodus 재단 211

(F)

Fabian 90, 182

Ferracuti 715

Ferri, Enrico 715

Figlio, R. M. 715

Frederickson, George H. 61

Friedlander, Walter A. 86

Furniss, N. 90

(G)

Garfield, Allan Peskin 38

Gendlin, E. T. 456

Glasnost·Perestroika 7

Glasser, W. 463

GØsta Esping-Anderson 88

(H)

Hagan, J. 715,716,727

Henri de Lubac 178

■ 약 력

김 장 대 (金 張 大 Kim, Jangdae)

호주 The University of Sydney 교육 사회복지 대학원 졸업 (2007,Ph.D.)
경희대학교 대학원 졸업 행정학과 복지행정 전공 (1998,박사)
호주 The University of Sydney 공공정책 대학원 졸업(1991, N.P.O 전공)
호주 Commonwealth Bible College/Global University (B. Th.)
호주 United Theological College (B. Th. 수학)
단국대학교 행정대학원 행정학과 졸업(석사)
한국 방송통신대학교 초등교육학과 및 행정학과 졸업
안양대학교 영문과 및 신학대학원 신학과 졸업

■ 주요 저서 와 논문

* 기독교 NGO (교회복지연구원출판부, 2012)
* 세계 12개국 사회복지실천기술론 (교회복지연구원출판부, 2011)
* 기독교사회복지학총론 (교회복지연구원출판부, 2006)
* 세계 기독교 NGO 총론 (경희대학교 출판국, 2001)
* 기독교사회복지학 (도서출판 진흥, 1998)
* 교회행정학 (솔로몬 문화사, 1995)
* 청소년비행의 원인과 정책대안에 관한 연구 (한국 경희대학교 박사논문)
* Bullying in Schools: A comparison of anti-bullying policy and practice in primary
  schools in the state of New South Wales, Australia and Kyunggi Province, South Korea
  (호주 The University of Sydney 박사논문) 외 다수.

■ 주요 경력

현 호주호스피스협회 (Australian Association of Cancer Care Incorporated) 대표 (2015년 ~)
  (대한민국 국무총리 단체상 수상(2021) 및 City of Ryde, Award of Volunteer Recognition (2019)
  (MOU 기관 및 단체: 기독교복음방송 GOOD TV, 대구 계명대 동산의료원, 부산 고신대 복음병원,
  안양 샘병원, Leigh Place Aged Care (Sydney))
* 서울대학교 교육연구소 객원연구원 (2008년~2012년)
* 숭실대학교 기독교학대학원 초빙교수 및 겸임교수 (2008년~2011년)
* 호주 The University of Sydney, Visiting Scholar (2009년 객원교수)
* 개혁주의이론실천학회(샬롬나비행동) 초대사무총장 (2012년)
* 호주 The University of Sydney, PRSS 연구 장학생
* 한국연구재단 사회과학분야 사회복지분과심사평가위원 좌장 (2010년)
* 서울교회복지연구원 원장
* 호주 장애인 시설 설립자격 (Disability Certificate IV)
* 호주 노인요양시설 설립자격(Aged Care Certificate IV)
* 승문교회 개척 담임목사 역임

기독교 사회복지학 총론 (증보판)

초 판 1쇄   2006년 12월 7일
증보판 1쇄   2025년 5월 28일
지은이   김장대
E-mai   jkim2619@gmail.com
펴낸이   허승혁
펴낸곳   화산문화기획
출판등록   제2-1880호(1994. 12. 18.)
주소   서울시 종로구 자하문로 55, 201호
전화   02)736-7411   팩스 02)736-7413
전자우편 hwasanbooks@naver.com
Ⓒ 김장대, 2025
ISBN 978-89-93910-69-8   03220

정가 40,000원